U0922401

中国信息化年鉴
2015

工业和信息化部　主管

《中国信息化年鉴》编委会　编

電子工業出版社

Publishing House of Electronics Industry

北京·BEIJING

图书在版编目（CIP）数据
中国信息化年鉴．2015 /《中国信息化年鉴》编委会编．—北京：电子工业出版社，2016.7
ISBN 978-7-121-29386-3

Ⅰ．①中… Ⅱ．①中… Ⅲ．①信息工作－中国－2015－年鉴 Ⅳ．①G203-54

中国版本图书馆 CIP 数据核字（2016）第 162035 号

主　　办：中国通信工业协会
协　　办：海尔集团
　　　　　北京宁远图志文化交流中心
责任编辑：李　敏
特约编辑：刘广钦　刘红涛
印　　刷：涿州市京南印刷厂
装　　订：涿州市京南印刷厂
出版发行：电子工业出版社
　　　　　北京市海淀区万寿路 173 信箱　邮编 100036
开　　本：880×1 230　1/16　印　张：36.5　字　数：1221 千字　彩　插：16
版　　次：2016 年 7 月第 1 版
印　　次：2016 年 7 月第 1 次印刷
定　　价：480.00 元

凡所购买电子工业出版社图书有缺损问题，请向购买书店调换。若书店售缺，请与本社发行部联系，联系及邮购电话：（010）88254888，88258888。
质量投诉请发邮件至 zlts@phei.com.cn，盗版侵权举报请发邮件至 dbqq@phei.com.cn。
本书咨询联系方式：010-88254753 或 limin@phei.com.cn。

《中国信息化年鉴》编委会

山西省经济和信息化委员会　副主任	朱　鹏
内蒙古自治区经济和信息化委员会　副巡视员	荆玉林
辽宁省经济和信息化委员会　处长	胡　强
吉林省工业和信息化厅　副厅长	孙大维
黑龙江省工业和信息化委员会　副主任	刘爱丽
上海市经济和信息化委员会　副主任	邵志清
江苏省经济和信息化委员会　副主任	胡学同
浙江省经济和信息化委员会　副主任	吴君青
安徽省经济和信息化委员会　副主任	王灯明
福建省发展和改革委员会　副主任	吴亮碧
江西省工业和信息化委员会　副主任	王亦斌
山东省经济和信息化委员会　副巡视员	张忠军
河南省工业和信息化厅　副厅长	孟西林
湖北省经济和信息化委员会　副主任	卜江戎
湖南省经济和信息化委员会　副主任	李　球
广东省经济和信息化委员会　处长	肖良颜
广西壮族自治区工业和信息化委员会　巡视员、副主任	兰红星
海南省工业和信息化厅　总工程师	董学耕
重庆市经济和信息化委员会　副主任	马奇昌
四川省经济和信息化委员会　副主任	李建疆
贵州省经济和信息化委员会　常务副主任	马宁宇
云南省工业和信息化委员会　副主任	张建明
西藏自治区工业和信息化厅　厅长	徐　飞
陕西省工业和信息化厅　副厅长	蔡苏昌
甘肃省工业和信息化委员会　副主任	王海峰
青海省经济和信息化委员会　副主任	张洪溢
宁夏回族自治区经济和信息化委员会　副主任	张宏年
新疆维吾尔自治区经济和信息化委员会　副主任	苏国平
新疆生产建设兵团工业和信息化委员会　副主任	姜玉波
南京市经济和信息化委员会　副主任	郑加强
宁波市经济和信息化委员会　副主任	杜永华
西安市工业和信息化委员会　副主任	赵　平
济南市经济和信息化委员会　副主任	赵炳跃
广州市工业和信息化委员会　总工程师	饶　坚
成都市经济和信息化委员会　主任助理	台宪青
青岛市经济和信息化委员会　处长	张金凯

大连市经济和信息化委员会　处长	冯宇军
武汉市信息中心　主任	王留军
中国信息通信研究院　总工程师	余晓辉
上海贝尔股份有限公司　总经理	王建亚
中国电子科技集团公司　副总经理	王　政
大唐电信科技产业集团　副总裁	陈山枝
中国盐业总公司　董事会办公室主任	范　志
中国中钢集团公司　信息管理中心总经理	李　红
中国北车股份有限公司　信息管理部部长	王顺强
中国远洋海运集团有限公司　科技与信息化管理本部总经理	刘一凡
鞍钢集团公司　信息化管理部部长	贾凤泳
中国核工业集团公司　科技与信息化部副总工程师	田佳树

《中国信息化年鉴》编辑部

联系电话：010-56293293

传　　真：010-83293239

电子信箱：zgxxh@zgxxh.org.cn

《中国信息化年鉴》官方网址：www.zgxxh.org.cn

编辑说明

《中国信息化年鉴》是全面反映我国信息化建设实况的大型专业资料工具书。本年鉴由中华人民共和国工业和信息化部主管，中国通信工业协会主办，《中国信息化年鉴》编委会编辑出版，旨在总结中央及地方信息化发展的全面情况，聚焦工业化和信息化融合的实际问题，深入研究及探讨信息化发展面临的突出问题，集中展示我国信息化建设的成就与经验，分享两化融合带来的深刻产业变革，集纪实性、实效性与案例参考性为一体，为国家相关部委、各级人民政府、各类企事业单位及相关领域的信息化发展决策者提供强有力的信息支持与实例参考。

《中国信息化年鉴》自2014年起，每年编印一卷，重点记载上一年与当年我国信息化建设发展的整体情况及信息化与工业化融合的实际情况。2015卷主要收录了2014年全年的相关资料，按内容分类编排，文章表述方式以条目为主；检索部分包括中文目录、图表索引。

《中国信息化年鉴2015》共10篇和1个附录，包括内容如下。

（一）综述篇：概述我国信息化发展总体情况。

（二）部委篇：国家重点部委信息化建设与发展的最新进展情况及近期信息化工作重点和举措。

（三）地区发展篇：全国各省、自治区、直辖市、计划单列市、新疆生产建设兵团及港澳台地区信息化发展情况。

（四）两化融合篇：全国工业化和信息化融合的进展情况，先进城市推进两化融合进程中的主要做法和成效，示范企业的先进经验。

（五）专题研究篇：国家信息化发展的焦点、热点、难点等方面的专家观点和研究报告。

（六）政策法规篇：主要收录我国通过或颁布的关于信息化建设的纲要、法规、条例及地方政府推进信息化建设的政策措施等。

（七）先进典范篇：重点介绍全国信息化建设优秀城市和先进典范单位以及信息化专家的经验和成果。

（八）信息化大事记：记录国家、行业和地方的信息化相关事件，包括政策法规、重大技术变革、重要活动及会议等。

（九）国际资料篇：介绍世界信息化发展现状及特点。

（十）基础数据篇：（1）历年信息化相关基础数据；（2）历年全国各省、自治区、直辖市、计划单列市、新疆生产建设兵团及港澳台地区信息化相关基础数据；（3）国际组织及世界各国信息化方面的相关统计数据。

（十一）附录：信息化领域相关参考资料。

由于我们的水平及编辑力量有限，本年鉴肯定存在不足及需要改进的地方，恳请读者批评指正，以便在今后的工作中不断提高完善，进而提高来年年鉴的整体编辑水平。

本年鉴在编撰过程中，得到了国家、地方、各企业信息化相关部门领导及专家学者的大力支持，使《中国信息化年鉴2015》编撰工作得以顺利开展，在此一并表示诚挚的感谢。

《中国信息化年鉴》编辑部

2016年4月

目　　录

综述篇

中国信息化发展概况

《中国信息化年鉴》编辑部

2014年是我国全面深化改革的第一年，是完成“十二五”规划的关键一年。在这一年，我国信息化建设取得了长足进展，呈现出新的特点，在国家各项信息化政策措施的强有力推动下，2014年我国宽带网络覆盖范围不断扩大，传输速率和接入能力不断增强，信息技术创新应用不断加快，信息领域新产品、新服务、新业态大量涌现，信息通信产业实现跨越式发展，信息化已经成为推动产业升级和改善民生服务的重要推动力，成为提升国家综合实力的新引擎。

2014年，我国信息网络加速完善，信息通信技术继续深化应用，信息化应用效益提升明显，全国信息化发展呈现出以下几个特点。

一是信息化发展指数保持快速增长态势。2014年全国信息化发展指数比2013年增长了9.65%，高于同期GDP增速。其中，增长幅度超过8%的有4个省份，分别为贵州、重庆、湖南、浙江；增长幅度在5%以上的有20个省份，增长幅度超过全国平均增长水平的有14个省份。

二是信息网络建设受政策驱动影响明显。在网络就绪度、信息通信技术应用、应用效益3个分指数中，网络就绪度指数增长最快，2014年比2013年增长了10.05，增长率达到19.75%，全国31个省份的网络就绪指数增长幅度均超过7个点。这主要得益于国家政策强力支持宽带网络建设。2013年，国家发布了《关于促进信息消费扩大内需的若干意见》、《“宽带中国”战略及实施方案》。工业和信息化部制定了《信息化和工业化深度融合专项行动计划（2013—2018年）》，组织实施了“宽带中国2013专项行动”，住建部组织开展193个智慧城市试点。这些政策有力地促进了各地信息网络基础设施的演进升级。

三是东部和中部地区信息化发展水平差距基本保持不变，东部、中部地区与西部地区的差距小幅缩小。2014年，东部和中部地区的信息化发展指数增长幅度均为5.6，西部地区增长幅度达6.26，明显高于东部和中部地区。这主要得益于国家大力支持西部地区开发建设，加大了对西部地区的财政转移支付力度，促使西部地区网络基础设施建设和信息通信技术应用大幅提升。

信息技术在工业和社会各领域的应用继续向更广阔和更深层次拓展。2014年，随着《中国制造2025》战略实施，制造业等经济领域信息化全面推进，两化融合深入发展，成为推动传统产业转型升级、转变发展方式的重要动力。信息通信技术在工业研发设计、生产流程、企业管理、物流配送等关键环节的应用不断深化，装备、化工、钢铁等重点行业信息化开始步入集成应用新阶段；航天、航空、机械、船舶、汽车、轨道交通装备等行业数字化设计工具普及率超过85%，钢铁、石化、有色金属、煤炭、纺织、医药等行业关键工艺流程数控化率超过65%，ERP装备率超过70%，大幅提高了精准制造、极端制造、敏捷制造能力。电子商务应用不断取得突破，互联网金融创新活跃，移动电子商务成为创新焦点，电子商务在拉动消费、带动就业、促进产业结构转型升级等方面发挥了重要的促进作用。服务民生的社会领域信息化步伐进一步加快，银行、保险、交通、旅游、物流等领域信息化程度大幅提高，教育、医疗卫生、社会保障、人口就业、食品药品监管等重要民生领域信息化应用蓬勃发展，为实现基本公共服务均等化奠定了坚实基础。网络文化产业快速发展，信息网络成为文化生产、文化传播的新途径。智慧城市建设持续推进，泛在连接和数据开放推动城市公共服务更趋普惠包容，城市管理、公共安全、应急救灾、交通运输、环境治理、社区服务等领域创新应用大量涌现，不断拓展城市公共服务新渠道。

信息产业对经济贡献进一步增强，国家信息化建设加快推进，信息化整体水平大幅提升。2014年，规模以上电子信息制造业增加值在全国41个工业行业中增速居第7位，高于同期工业平均水平3.9个百分点；收入和利润总额占工业总体比重分别达到9.4%和7.8%，比2013年提高0.3个和1.2个百分点。电子信息产品进出口总额达13237亿美元，贸易顺差2557亿美元，占全国外贸顺差的66%。软件业实现业务收入3.7万亿元，同比增长20.2%，高于电子信息制造业10个百分点。2014年，电信业务总量增长16.1%，比2013年提高0.7个百分点；电信综合价格指数同比下降10.8%；电信行业固定资产投资规模完成3992.6亿元，达到自2009年以来投资水平最高点；全国新建光缆线路300.7万千米，同比增长17.2%；新增移动通信基站98.8万个，是2013年同期净增数的2.9倍；互联网宽带接入端口数量比2013年净增4160.1万个，同比增长11.5%，其中光纤接入端口占互联网接入端口的比重由2013年的32%提升至40.6%。互联网普及率为47.9%，较2013年年底提升了2.1个百分点；其中手机上网人数占比由2013年的81%提升至85.8%；固定互联网宽带接入用户突破2亿户，其中光纤接入用户占宽带用户总数的比重达到34.1%，比2013年提高了12.5个百分点；8Mbps以上宽带用户总数占宽带用户总数的比重达到40.9%，比2013年提高了18.3个百分点。全国各地区信息化整体水平持续呈上升趋势，但不同地区信息化发展程度在结构上存在差异，各地区间信息化发展不均衡问题仍比较突出。

智慧城市建设步伐加快。经过2013年的大范围试点，2014年我国智慧城市建设进入大力推广阶段。党中央、国务院批准实施《国家新型城镇化规划》，明确提出推进智慧城市建设及发展方向，为我国智慧城市建设提供更大发展动力。截至2014年年底，全国共有193个城市开展智慧城市试点建设。2014年8月，国家发改委联合七部委发布《关于促进智慧城市健康发展的指导意见》，对促进我国智慧城市顶层设计、指导各地智慧城市统筹规划、适度建设、引领社会各领域参与智慧城市建设具有重要意义。在政策利好和市场需求加大的推动下，智慧城市业务迎来快速发展，神州数码、东软等信息技术服务企业与各地政府签署众多智慧城市战略合作框架协议，主要围绕政务、交通、医疗等方面，并逐步由小部分项目开始实质性落地。

全国农业信息化工作不断向纵深推进。2014年，农业信息化工作紧紧围绕中央一号文件《关于全面深化农村改革加快推进农业现代化的若干意见》不断向纵深发展。农业信息化基础设施进一步完善，村通工程深入实施，行政村通宽带比例从年初的91%提高到93.5%，20户以上自然村通电话比例从年初的95.6%提高到95.8%；农村地区广播电视"户户通"工程继续推进，直播卫星公共服务覆盖面逐步扩大。农业生产智能化水平不断提高，农业物联网试验示范成果丰硕，在设施园艺、规模种养、大田"四情"监测、农产品质量安全追溯等方面的应用积累了丰富经验。农业电子商务基础环境不断向好，农产品电商平台建设卓有成效，农产品电子商务交易额高速增长，推动涉农电子商务快速发展。"金农"工程一期顺利验收，农业政务信息化水平大幅提升。全国开展信息下乡活动的乡镇覆盖率达到86%，农业信息服务能力明显增强；信息进村入户试点取得阶段性成果，较好地解决了农村社会化服务资源分散、渠道不畅等问题。2014年，移动互联网、云计算、大数据、物联网等新一代信息技术与农业生产、经营、管理和服务深度融合，在加快转变农业发展方式、建设现代农业方面发挥了重要作用。

电子政务建设稳步推进，电子政务应用进一步深化，电子政务与政府核心业务日益融合，成为推动行政管理创新和改进公共服务的重要手段。2014年，电子政务建设更趋规范化、标准化，更加注重顶层设计，以“金”字工程为代表的国家重大电子政务工程建设不断取得可喜成果，“金关”（海关）、“金税”（税务）、“金盾”（公安）、“金审”（审计）、“金保”（社保）等一批国家重点信息应用系统达到国际先进水平。政府网站建设突出部门特色，互动宣传更加多元、亲民，服务能力大幅提升，政府门户网站已成为政府信息公开、政民互动、网上办事的重要渠道。2014 年，互联网政务服务呈现出智慧化转型的新趋势，云计算、物联网、大数据、移动互联网等技术正加快向政务领域渗透，各类创新应用不断涌现，中央部门和地方政府开始积极尝试政府大数据应用，中国气象局、国家统计局、上海市、北京市已取得积极进展；政务微博、微信、移动 App 应用已成为各级政府部门发布权威信息、加强政民互动、引导网络舆论、提升社会治理能力的一个重要组成部分。电子政务应用成效日益凸显，在提高行政办事效率，节约行政成本，推进信息资源共享，提升政务部门的宏观调控、市场调节、社会管理的能力等方面继续发挥着越来越重要的作用。

网络与信息安全状况总体保持平稳状态。2014 年，基础网络安全防护水平进一步提升，公共互联网络治理取得了明显成效。但是，信息化的迅猛发展也带来诸多网络安全威胁等伴生性问题，中国基础网络仍存在较多漏洞和风险，域名系统面临严峻的拒绝服务攻击，网络攻击威胁日益向工业互联网领域渗透，分布式反射型的拒绝服务攻击日趋频繁，针对重要信息系统、基础应用和通用软硬件漏洞的攻击利用活跃，网站数据和个人信息泄露现象依然严重，移动恶意程序不断发展演化，环境治理仍然面临挑战。与此同时，党中央高度重视网络安全工作，2014 年中国网络安全和信息化国家战略迈出了重要步伐，成立了中央网络安全和信息化领导小组，党的十八届四中全会明确提出加强互联网领域立法，政府工作报告首次出现“维护网络安全”表述，相关管理办法和指导意见先后出台，各类宣传和竞赛活动接连开展，提高了各行业、各领域对网络安全的关注和重视，网络安全意识水平不断提高，网络安全建设投入逐年增大，国家网络安全保障能力进一步提升，在维护国家安全和促进经济社会发展中发挥了重大作用。

经济领域信息化

【工业领域信息化】

2014 年，新一代信息技术在工业领域加速渗透，传统行业互联网化步伐加快，工业产品智能化水平不断提升，智能制造发展步伐加快，企业两化融合水平不断提高，国产工业软件应用取得明显进展，宽带网络对两化融合的支撑能力进一步增强。

（一）原材料工业

1．钢铁行业

钢铁行业持续完善基础设施，加强企业信息化发展战略规划，规范信息化管理体系。2014 年，钢铁行业信息化自动化总投入约 41.2 亿元，其中管理信息化投入比重略大于自动化投入；92%的企业主干网覆盖核心办公区域，68%的企业主干网覆盖内部核心生产区域；近95%的企业制定了信息化发展战略；约80%的企业，其个人电脑建立了统一的防病毒体系，可以随时更新病毒库；数据中心的硬件资源、数据库资源和应用软件资源统一集中管理的企业依然较少，占43.8%。

钢铁企业不断夯实生产过程信息化基础，加强企业精益化生产，提高生产精准化控制，提升精细化管理水平。在精益化生产方面，钢铁企业逐渐提高业务集中管控程度，特别是MES与计划、产线产能、订单转换等集成，逐步构建与客户、市场密切衔接的协同MES系统。2014年，河北钢铁集团唐钢分公司实施了公司级高级排程系统，实现了有限产能约束下的销产转换和钢轧一体化的优化排程；武汉钢铁集团完成了静态按周交货生产计划辅助排程系统功能，提高了按时按量的准时交付率；福建三明钢铁为加强各业务系统对接，改造、优化MES、EMS程序，自主开发圆棒圆钢生产相关配套MES系统、一炼钢热送圆棒MES程序，以及后台自动值守程序、高线、中板异常管理系统，新增能源EMS采集点988个，满足生产及信息系统管理的需求。在精准控制方面，钢铁企业在拓展在线采集与精准控制数据分析、预警功能的同时，基于基础自动化控制、集控操作与监视科学合理配置，使其控制的效率与质量达到统一。河北钢铁集团唐钢分公司通过公司级订单设计系统建设，实现了全订单、全产品、全流程的质量设计标准化，实现了基于炼钢集约化生产要求的炼钢记号统一设计，降低了生产成本；武汉钢铁集团推进技术质量数据分析系统、炼钢PI系统上线运行，实现了炼钢生产过程监控可视化，充分满足个性化数据样本采集，为产品质量深度分析和提升提供支撑。在精细管理方面，各企业通过运用现代化管理系统实现企业专业管理的精细化。宝钢股份2014年开始了全流程物流跟踪与成本盈利分析项目第一阶段（厚板、热轧）产线功能；河北钢铁集团唐钢分公司实施了质量管控系统建设，实现了工艺流程的全面质量控制；武汉钢铁集团开发了“零库存”管理系统；福建三明钢铁通过智能化物流调度管理平台，对车辆进行管理，实现了车辆信息的采集及识别；首钢总公司首秦大物流系统面向首秦公司制造部总调室，为其提供实时直观的全厂生产、设备、物流及报警等综合信息。

钢铁企业对于大数据、云计算、移动互联网等新技术应用仍以探索应用为主。宝钢集团完成了《宝钢股份SAS合约到期后数据仓库技术路线与大数据中心建设研究》，制定了完整的宝钢数据仓库和大数据中心长期发展技术路线；宝信软件借助云计算与互联网技术，同盐城市经济开发区和盐城市经信委成功签约“盐城市工业企业云”服务平台项目合作协议，打造盐城工业企业云，逐步扩大企业客户群；武汉钢铁集团利用云平台、大数据分析等新技术，建立了基于客户分类的武钢电子营销与服务平台，实现销售供应链上的各个业务单位的信息融合与业务协同；马鞍山钢铁初步建立了基于云计算、物联网的能源环保云服务平台；移动互联网也在电商、社交等领域得到了蓬勃的发展，宝信软件在中小企业产品化软件基础上集成了移动商务的应用，并首次在北海诚德产供销管理系统中成功运用，得到用户的一致好评。

环境信息化管理为企业环保经营提供了机遇和挑战。2014年，马鞍山钢铁依托马钢全流程环境管理进行研究与开发，构建了集环境信息基础管理、环保监测监控、环保指标排放评价预测、环保成本、环保绩效、报表生成等功能为一体的环境信息化综合管理平台，建立集成的信息化管理平台。实现钢铁冶金环境在线监测、宏观管控、指标体系建立—评价—分析、排量预测等。重点总量减排设施监控率达到100%，主要污染物排放监控率达到100%。

2. 石油石化行业

2014年，中国石油化工集团公司（以下简称中国石化）智能石化试点、经营管理平台集中集成、移动应用、IT共享服务中心4项示范工程建设工作全面推进。智能工厂试点工程初步形成了涵盖业务标准、数据标准、技术标准等内容的智能工厂标准化体系；智能化应用已初见成效，4家试点企业的先进控制投用率、生产数据自动数采率分别提升了10%、20%，均达到了90%以上；智能化管线管理系统已在管道储运、茂名石化、销售华南等7家试点企业建成并上线运行，实现了39条（1939千米）长输、厂际管线和27座站场生产运行的数字化、可视化管理。建成了集成、优化的ERP大集中模板，流程标准化率达到94%，在胜利油田、镇海炼化、江苏石油等10家企业开展了ERP大集中系统试点建设并成功上线运行。自主研发建成了中国石化统一的移动应用平台，已开始在生产经营管理各领域推广应用。建成了财务共享服务技术服务平台（SSF），建立了中国石化IT运维平台框架，搭建了中国石化统一的基础设施云平台。中国石化对经营管理系统和生产营运系统进行了完善提升。对联合石化、管道储运公司等17家企业ERP组织架构进行了调整，完善了33家油品销售企业、润滑油22家单位的ERP系统功能；初步搭建了经营大数据分析平台，在北京石油、上海石油等5家销售企业开展了非油品类分析大数据应用；新版物资采购电子商务系统（5.0）上线，2014年网上采购率达到96.6%；生产计划优化系统（PIMS）覆盖了所有炼化企业，利用优化模型进行网络排产，原油资源配置优化效果显著，2014年综合增效5.83亿元；炼油、化工生产调度指挥系统得到提升，炼油装置实时监控报警准确率提高到90%以上；一体化安全管理信息平台，已在42家企业推广，实现了炼化企业全覆盖应用，在线监控企业154项安全指标；环境保护系统在线监测功能上线运行，实现了对企业362个国控和省控污染源外排口的在线监测；生产执行系统（MES）在炼化企业全覆盖应用，炼化生产企业MES系统与化工销售公司的销售管理系统实现集成；能源管理、操作管理等系统在炼化企业成功试点，燕山石化、扬子石化两家试点企业年节约能源成本1168万元；炼油技术分析及远程诊断系统在138套炼油装置投用，累计达到315套炼油装置，实现6大类炼油主装置全覆盖；在石油工程建设单位推广了石油工程决策支持系统。

2014年，中国石油天然气集团公司ERP应用集成、物联网和云技术平台建设取得重大进展，全年共完成15个项目建设，持续推进17个项目实施，新启动12个项目，已建信息系统在各业务领域持续推进、应用逐步深入，信息化对企业提质增效的作用日益显著。信息系统建设方面，ERP应用集成建设取得阶段性成果，形成了9条集成主线的总体设计方案，目前已在23家单位完成上线运行；搭建了集成平台、用户平台、决策支持平台、非结构化数据管理、权限管理、软件开发6套云化平台；油气生产物联网系统累计完成5064口油气水井、189座站库的现场实施工作，在塔里木、新疆、西南、青海、吐哈、南方勘探6家试点油气田上线运行，实现了对生产运行情况的动态管理；集中统一的云技术平台搭建完成，依托“两地三中心”建成了全局性云管理平台和共享式资源池，形成管理两万台物理服务器、100PB存储空间的能力，分阶段设计面向业务应用的规范云服务，建立了以数据安全为目标的云安全技术架构，已完成ERP、电子邮件系统的云化实施；炼化物料优化与排产系统（2.0）实现了“优化—计划—效益测算—结果分析”的闭环管理；装备制造设计与生产管理系统提高了标准化设计能力，实现了异地协同设计，有效缩短了产品研发周期和生产过程精细化水平；应急管理系统实现了应急保障“一张网”、应急作战“一张图”、应急指挥“一条线”的总体目标。信息系统应用方面，信息系统有效管理了30余万口井的生产数据、588TB的勘探开发技术数据、8个渠道投资、10个类型项目、60大类物资、24大类设备；炼油与化工运行系统新集成15家炼化企业共计2800余路现场视频信息，通过系统提高生产业务自动化水平，数据报送准确率提高约10%，化验数据审核效率提高12%；加油站管理系统累计在19600余座加油站实施；5.4万千米管道储运计划、调度、计量等业务和完整性管理在信息系统中进行，1165亿立方米天然气销售实现在线结算；ERP系统在中油国际津德尔炼厂建成并投入试运行，实现财务、物资、设备、生产、项目的系统化运行；3274支工程技术作业队伍通过信息系统进行物探、钻井、录井、测井、井下作业等管理。

2014年，中国海洋石油总公司（以下简称中海油公司）加快落实“建设数字海油、推动智能发展”的“十二五”信息化规划目标，推动信息化与生产经营管理的深度融合。基础管理方面，中海油公司依据生产经营规划和企业架构不断完善信息化规划体系，开展信息系统顶层设计试点工作，进一步明确未来系统架构和建设方向；加强项目管理，对重要信息系统进行统一建设和深化应用，实现主要业务信息系统延伸至生产经营各环节的最末端；强化数据管理，启动“实时数据平台应用前期研究”科研项目；优化信息化资产，开展信息系统梳理工作，共完成近700个系统的登记和梳理，同时按照业务支持能力和基础支持能力两个维度给出了系统关、停、并、转的初步策略，为进一步加大系统整合力度、逐步消灭信息孤岛打下基础。信息安全方面，开展信息安全总体规划，以业务发展为向导、数据安全为核心，规划未来3～5年的信息安全实施路径；组织信息安全综合治理工作，统一管理互联网出口，制定并实施互联网出口安全管理规范和边界防护策略、海外互联网出口设置原则，开展互联网出口安全监测；部署动态口令管理平台，完成了562台设备的动态口令管理，实现集团总部及各大区域中心主要网络设备、安全设备和服务器系统的动态口令管理；加强终端安全管理，对集团1134台客户端进行终端安全管理，做到有防护、有检测、可控制、可审计；建立网络与信息安全通报机制，提升了集团网络安全通报范围和对网络安全事件（事故）的监控、响应和处置能力。生产信息化方面，完成智能油田规划及试点方案设计，构建了智能油藏、智能地面工程、生产运营一体化为核心组成部分的智能油田应用架构框架；开展超远距离通信技术解决方案的研究，正式启用的超视距宽带微波系统已经完全取代了卫星通信网络，开启了番禺油田陆地与海上平台间“宽频网络”新时代，改变了远距离离岸油田向外通信只能依靠卫星的状况。

3．煤炭行业

2014年以来，煤炭行业面对煤炭经济持续下滑的形势，通过推进两化深度融合，促进行业转型升级，在一些领域实现新的进展和突破。

智能开采技术及装备取得突破性进展。以实现工作面无人化为目标的一系列煤炭开采智能化关键技术取得突破。新建成神华神东锦界煤矿、神华宁煤梅花井煤矿、陕西陕煤红柳林煤矿、黄陵一号煤矿等一批智能化矿山。由神华集团等单位完成的“智能矿山建设关键技术与示范工程”项目获得煤炭工业科学技术奖特等奖；由国家发改委、财政部、工业和信息化部联合实施“智能制造装备发展专项”——“煤炭综采成套装备智能系统开发与示范应用”项目达到国际领先水平；平煤神马集团发布实施了智能矿山企业标准。

煤炭在线交易发展迅速。2014年，神华煤炭交易网累计成交2.67亿吨，同比增长181%；太原煤炭交易中心全年网上煤炭交易量达13.13亿吨，交易额达6521亿元；陕西省煤炭网上交易量累计突破1亿吨，成交额达348亿元；内蒙古煤炭交易中心全年线上交易量超过8000万吨，交易额近200亿元。

新技术新业态加速转化。神东煤炭集团运用3D打印技术修复刮板输送机；神华宁煤利用“神宁私有云”，实现了23个关键业务系统的统一按需发布和“双网”融合，资源利用率提高了12倍，数据中心建设成本降低到传统建设成本的1/4；兖矿以西安兖矿科技公司为基地，加快形成以北斗导航为龙头的战略性新兴产业基地；开滦集团获批成立煤炭行业矿山物联网工程研究中心；江西省煤炭集团公司设立江西省煤炭交易中心，推出了“煤炭交易及互联网金融平台”。

两化融合成效逐步显现。神华集团财务管理实现“四流”（业务流、信息流、资金流和价值流）整合，月结时间缩短70%。中煤集团通过ERP系统采购集中度达90%以上，每年节约资金超10亿元。开滦集团通过信息系统智能综合分析，矿井故障处理时间平均减少30%，每年创效益2亿元以上；矿井生产减员增效，每年节省人工成本2亿元以上。陕煤化集团通过财务管理平台，整体月结、年结时间缩短50%。伊泰集团实现13万种物资、3150家供应商全部在线管理，采购周期由30天缩短至10天；物资出入库时间由15分钟缩短至3分钟。

“降本增效”等两化融合实用项目推进步伐加快。虽然目前行业面临着巨大的脱困压力，部分企业两化融合因此受到影响。但据调研发现，如淮南、淮北等企业以“降本增效”为目标实施的如物资管理、采购管理、精细化管理等信息化项目推进速度有所加快。企业领导人对于应用信息化手段实现增收节支的认识显著增强，两化融合对企业的作用和价值得以发挥。

2014年，有15家煤炭及所属企业入选国家两化融合管理体系贯标试点企业名单。随着煤炭行业两化融合工作的不断深入，一些影响和制约因素也愈发明显。主要表现在三个方面：

一是严峻的行业运行形势给两化融合项目实施造成显著影响，大批项目因资金问题无法实施；二是随着两化融合工作的不断深入，对企业生产、经营、管理模式的变革，给固有制度、体系和思想等层面造成的冲击较大，阻力也较大；三是各企业通过系统采集、监测的数据信息资源量呈爆发式增长，但是对于海量数据的深度加工、分析、挖掘相对滞后，大量数据处于休眠状态，没有发挥应有的价值。

4．建材行业

2014 年，建材行业成立 CIO 联盟，搭建了交流与合作平台，促进建材行业信息化发展。在行业信息资源开发利用、研发建材大数据情报信息化建设和建材行业能源管理中心系统等适合行业特点的专用管理系统方面取得阶段性成果。

建材行业推进两化融合管理体系贯标工作，贯标试点企业在生产用能、财务业务一体化运营和生产管理一体化和精细化能力等方面的竞争优势已初步显现。华新水泥有限公司以打造提升“生产用能”能力为切入点，通过 IT 与传统产业相结合，形成以自动化技术和信息技术为基础的能源调度技术和能源管理技术，通过能源管理中心的建设提升公司能源管理水平、管理效率，降低生产成本，实现安全稳定、经济平衡、节能减排、优质环保的基本目标，贯标实施范围覆盖公司 36 个工厂，实现生产及消耗数据直接获取，带动生产运行全过程的实时控制与优化，实现对标管理，年节约能耗 8.474 万吨标准煤；南方水泥有限公司以打造财务业务一体化运营能力为切入点，建立了南方水泥两化融合管理体系，通过财务、业务一体化信息平台的建设，实现企业生产与管理基础信息标准化、系统权限精细化；财务业务数据无缝集成率达到 100%；实现信息数据实时生成，有效保障管理整合成果，为公司领导决策提供有效依据。徐州中联水泥有限公司围绕打造生产管理一体化和精细化能力为切入点，通过建设生产管理信息系统，进一步增进了生产和管理各环节业务协同，进一步提升了企业生产管理一体化和精细化管理水平，实现生产方式向智能化方向转变；通过优化工艺过程管理，提高管理实效性及工作效率，实现了降本增效；进一步提高对设备的状态和检修管理水平，提高系统有效运转率，主机设备运转率达 95%以上。

（二）消费品工业

1．轻工行业

2014 年，轻工行业大力推进信息化和工业化深度融合，轻工企业积极实施智能制造创新。海尔集团建成沈阳冰箱、郑州空调、佛山洗衣机、青岛热水器 4 个互联工厂，实现了工业化和信息化的深度融合，通过前联用户、后联研发，把用户需求和制造资源无缝聚合在一起，通过人、机、物的智能互联，实现智能制造下的大规模定制，满足用户个性化需求。以海尔沈阳冰箱互联工厂为例，单线体实现 500 多种型号的同步化生产，单线产能提升 80%，单位面积产出提升了 100%，订单交付周期由 15 天降低到 7 天，可以快速满足用户的个性化体验。伊利集团已建设并成功运行企业资源计划管理系统（ERP）、奶粉 CRM 系统、DCS 系统、主数据系统、原料奶管控平台、冷饮物流监控平台、液态奶 CRM 系统、产品质量追溯等一系列智能化系统。娃哈哈集团采用基于现代传感技术实现自动数据采集的实时数据库技术、智能化在线控制生产车间、运用物联网及智能机器人技术的物流管理系统等技术，集自动化、数字化、智能化为一体，全面提升了食品饮料生产流程的智能化水平。美克家居智能制造（MC+FA）项目采用国内外先进的制造、信息化、标准化、自动化等技术，探索家具行业的转型升级之路，构建智慧工厂平台，支撑未来大规模定制商业模式的实施。

2．纺织行业

2014 年，纺织行业信息化重点项目进展顺利。工业和信息化部两化深度融合专项——《基于在线生产监控的棉纺织行业企业管控集成试点与推广》项目取得阶段成果。无锡市第一棉纺织厂、鲁泰纺织股份有限公司、江苏悦达纺织集团有限公司和韶关市北江纺织有限公司 4 家项目第一批试点企业的“基于在线生产监控的棉纺织行业企业管控集成系统”已建设完成并通过验收，以两化融合提升企业效益和现代化管理水平的效果显著，项目即将进入行业推广阶段；纺织行业经济运行监测信息系统投入建设，用智能化、信息化手段大幅提升纺织行业经济运行监测和分析的能力；中国第一个用于规范纺织品二维码电子标签的国家标准通过审定，进入标准报批阶段，该标准将有效带动纺织服装生产、贸易及流通等领域的产业物联网发展。企业两化融合管理体系贯标试点工作在纺织服装行业稳步推进，已有 14 家纺织服装行业企业成为全国首批两化融合管理体系示范企业。纺织企业积极探索新型商业模式，2014 年 11 月红豆集团有限公司得到了工业和信息化部的虚拟电信运营商牌照，涉足移动电子商务、互联网金融、中小企业技术服务等业务，建立相应的服务平台，特别是移动互联服务平台，开发具有行业特点的软件，为传统产业两化融合提供服务，促进传统产业转型升级发展。以电子商务为核心的互联网应用正在形成与业内实体经济深度融合的发展态势，吉姆兄弟服装有限公司依托自行开发的技术平台，以互联网为中心，在传统行业的价值链中找到新的商业模式，并得到了快速的发展。

【农业和农村信息化】

2014 年，全国农业和农村信息化工作紧紧围绕贯彻落实党的十八大和十八届三中全会“四化同步”发展的战略部署，加快推进信息化与农业现代化的全面深入融合，继续完善农业信息化基础环境，着力抓好农业物联网应用示范、信息进村入户、信息资源整合、农业信息化重点项目建设等重要工作，推动农业和农村信息化快速健康发展。

（一）政策环境

农业信息化政策环境进一步完善。2014 年 1 月，中央一号文件《关于全面深化农村改革加快推进农业现代化的若干意见》提出，要深化农业科技体制改革，支持现代农业产业技术体系建设，建设以农业物联网和精准装备为重点的农业全程信息化和机械化技术体系，推进以设施农业和农产品精深加工为重点的新兴产业技术研发，努力走出一条生产技术先进、经营规模适度、市场竞争力强、生态环境可持续的中国特色新型农业现代化道路。中央一号文件充分显示出工业化、信息化、城镇化快速发展对同步推进农业现代化的迫切要求。2014 年 1 月，国家发改委、工业和信息化部等 12 个部委发布了《关于加快实施信息惠民工程有关工作的通知》，将在社保、医疗、教育、农业、养老等公共服务领域加强协同合作、资源共享，推进基本公共服务向基层延伸，切实支撑农村的民生发展。2014 年 4 月，农业部发布《关于开展信息进村入户试点工作的通知》，加快完善农业信息服务体系，促进信息服务惠及农村农民。2014 年 6 月，国家发改委发布《关于组织实施“宽带乡村”试点工程（一期）的通知》，加快推动农村地区宽带发展与普及，推动宽带进乡入村，全面支撑经济社会发展。此外，国家为促进涉农电子商务发展出台了一系列利好政策：商务部和财政部联合发布《关于开展电子商务进农村综合示范的通知》，推动电子商务在农村的应用；交通部等 4 机构出台政策，进一步改善农村物流环境；国务院扶贫办正式将电商扶贫纳入国家扶贫政策体系；全国供销总社加快了全系统的电商转型，启动了示范县工作；中央一号文件再次提出“加强农产品电子商务平台建设”。2014 年，在国家政策的引导下，中国农业和农村信息化建设不断健康发展。

（二）农村信息基础设施

2014 年，为落实促进信息消费和实施宽带中国战略相关举措，加快农村信息基础设施建设和农村信息化进程，国家继续深入实施通信村村通工程和直播卫星户户通工程，将信息服务向均等化推进，缩小城乡数字鸿沟。

通信村村通工程建设取得新进展。2014 年，在总结通信村村通工程实施十年来取得的经验基础上，工业和信息化部继续组织中国电信、中国移动、中国联通 3 家基础电信企业深入推进农村地区通信设施建设，全行业累计直接投资约 40 亿元；全年新增 1.4 万余个行政村开通宽带，行政村通宽带比例从 2014 年年初的 91%提高到 93.5%；新增 4500 余个自然村开通电话，20 户以上自然村通电话比例从 2014 年年初的 95.6%提高到 95.8%。全国 86%的乡镇开展信息下乡活动，新建成信息服务站点 1.4 万余个；为集中连片特困地区 1.8 万余个行政村实现互联网覆盖和近 1000 个偏远贫困农村中小学开通宽带。截至

2014年12月，中国农村网民规模达1.78亿，占整体网民比例为27.5%；农村网民普及率达到28.8%。

直播卫星户户通工程扎实推进。针对有线网络未通达的广大农村地区，国家2011年开始启动直播卫星"户户通"工程，着力推进农村地区广播电视由"村村通"向"户户通"延伸，用户通过直播卫星专用接收设施即可免费收听收看直播卫星电视和广播节目。该工程有力提升了广大农村地区广播电视公共服务水平，受到当地政府和广大农民群众的充分肯定和普遍欢迎。目前工程总体进展顺利，第一批整省推进的宁夏、甘肃、贵州、青海、内蒙古等省区已全面完成工程建设任务，基本实现户户通；第二批整省推进的户户通工程已在十余省区全面展开，其中广西、新疆、吉林、黑龙江等省区已经或基本完成建设任务。直播卫星户户通用户规模持续扩大，直播卫星户户通用户总数已达2968万户（另有村村通用户约2030万户），全国直播卫星公共服务用户总数已近5000万户，中国的直播卫星平台规模已经位居世界首位。

（三）农业生产智能化建设

2014年，国家继续以农业物联网应用示范为抓手推进现代信息技术在农业生产过程中的集成、组装和应用，农业生产智能化水平不断提高。

农业物联网区域试验工程有序推进。2013年以来，农业部启动区域农业物联网试验工程，试点建设天津设施农业与水产养殖物联网试验区、上海农产品质量安全监管试验区、安徽大田生产物联网试验区，以探索农业物联网应用主攻方向、重点领域、发展模式及推进路径。目前，农业物联网区域试验工程基本建成并取得明显成效，构建了农业物联网公共服务平台，开展了成功经验模式的推广应用。2014年1月，在上海召开农业物联网区域试验工程年度总结会，介绍试点省市的好做法、好经验，研究部署了下一阶段的工作重点；2014年6月，在天津开展农业物联网成果观摩交流活动，交流了天津、上海、安徽、北京、黑龙江、江苏农业物联网建设经验，展示了农业物联网新技术、新产品、新模式。

国家物联网应用示范工程得到进一步扶持。2011年，农业部将黑龙江农垦大田种植物联网应用示范、北京市设施农业物联网应用示范和江苏省无锡市养殖业物联网应用示范3个项目作为国家物联网应用示范工程智能农业项目，开展物联网技术在大田种植、设施农业、养殖业等领域的应用。2014年，北京、黑龙江、江苏3省市国家物联网应用示范工程智能农业项目建设进展顺利，均取得了良好的阶段性成果，推动了都市型现代农业向智慧农业大步迈进。为此，国家不断加大对物联网应用示范项目的扶持，国家发改委又对黑龙江农垦大田种植、北京设施农业、江苏宜兴养殖业3个国家物联网应用示范工程智能农业项目批复了后补助资金，并批复同意内蒙古玉米、新疆棉花两个大田国家物联网应用示范工程二期建设项目。

全国农业物联网应用主要在五个方面取得了成效：一是在农业资源的精细监测和调度方面，利用卫星搭载高精度感知设备，获取土壤、墒情、水文等极为精细的农业资源信息，配合农业资源调度专家系统，实现科学决策；二是在农业生态环境的监测和管理方面，利用传感器感知技术、信息融合传输技术和互联网技术，构建农业生态环境监测网络，实现对农业生态环境的自动监测；三是在农业生产过程的精细管理方面，应用于大田种植、设施农业、果园生产、畜禽水产养殖作业，实现生产过程的智能化控制和科学化管理，提高资源利用率和劳动生产率；四是在农产品质量溯源方面，通过对农产品生产、流通、销售过程的全程信息感知、传输、融合和处理，实现农产品"从农田到餐桌"的全程追溯，为农产品质量安全保驾护航；五是在农产品物流方面，利用条形码技术和射频识别技术实现产品信息的采集跟踪，有效提高农产品在仓储和货运中的效率，促进农产品电子商务发展。

（四）涉农电子商务发展

农产品电子商务平台建设进一步加强。2014年，按照中央一号文件指示精神，农业部积极推进电子商务工作，已基本建成农垦农产品质量追溯电商平台，指导广东、上海、黑龙江等垦区建设区域型、专业型自主电商平台；推动13家企业和单位共同组建种子电子商务平台公司；推动上线“农一网”，并组织大型农药企业利用信息化理念和手段改造传统销售渠道，在建立全程追溯、完善技术服务体系等方面作了积极尝试。商务部开通全国农产品商务信息公共服务平台，并先后组织两次网上农产品购销对接会。另外，农业部积极与相关企业开展合作，多次与阿里巴巴、京东、中国农业银行、中国邮政总公司等企业就平台建设、乡村网点布局、物流、支付、培训等方面达成了合作意向，并已在信息进村入户试点工作中取得合作成效。

农产品电子商务发展迅速。农产品电子商务交易额高速增长，2014 年农产品电子商务交易额突破 800 亿元，仅阿里平台完成的农产品交易额就达到 483 亿元，增速连续 4 年超过 100%，成为最耀眼的产品大类。生鲜产品电子商务异军突起，2014 年达到 260 亿元，增长 100%。农产品网商数量快速增长，截至 2014 年年底，仅在淘宝销售农产品的卖家就有 76 万家，增速为 98%。

农村网络购物快速发展。截至 2014 年 12 月，农村网民网络购物用户规模为 7714 万，比 2013 年增加 2229 万，年增长率高达 40.6%，是农村网民互联网应用中网民规模增速最快的应用。农村网民网络购物使用率为 43.2%，较 2013 年增加 12.1 个百分点。截至 2014 年 12 月，农村网民网上支付用户规模为 6276 万人，较 2013 年增长 38.1%。农村网民中网上支付使用率为 35.2%，高于 2013 年近 10 个百分点。

农村电子商务综合示范工作带动了县域电子商务。自 2014 年 7 月以来，商务部会同财政部推出《关于开展电子商务进农村综合示范的通知》，加大资金扶持力度，相继在河北、河南、湖北等 8 省 56 县和广大中西部 200 县，开展农村电子商务综合示范工作。在政策利好的带动下，县域电子商务被瞬间引爆。根据阿里研究院数据，2014 年中国“电商百佳县”浙江省就占到了 41 个，其中义乌名列榜首。2014 年 7 月，“首届县域经济与电商峰会”在杭州召开，180 个县市参会，成为县域经济发展的一个里程碑。

（五）农业政务信息化建设

农业政务信息化建设取得显著成果。农业部门系统推进农业政务信息化始于“金农”工程，2014 年 6 月 19 日，“金农”工程一期建设完成且顺利通过验收。“金农”工程一期项目是《国家信息化领导小组关于我国电子政务建设指导意见》（中办发〔2002〕17 号）中确定的 12 个国家重点建设的电子政务项目之一，是农业电子政务建设和农业信息化的重要基础项目。该项目建成了互联互通的国家和省两级农业数据中心、国家农业科技数据分中心、国家和省级粮食购销调存数据中心，开发了国家农业综合门户网站和农业监测预警、农产品和生产资料市场监管、农村市场和科技信息服务三大类应用系统，构建了部、省两级信息安全管理体系、技术体系、运维体系和农业电子政务标准规范体系。通过该项目，推进了现代信息技术改造传统农业管理方式，极大地提升了农业政务信息化水平。

农业行政管理效率大幅提升。通过“金农”工程项目的建设实施，各级农业部门信息化基础设施水平明显提升，政务信息资源建设和共享水平明显提高，部省之间、行业之间业务协同能力明显增强，有效提高了农业行政管理效率，以及服务“三农”的能力和水平，促进了服务型政府、法制型政府、责任型政府建设。具体表现在：一是统一电子政务标准规范体系建设为全国农业信息化标准先行奠定了基础；二是农业监测预警为防范农业风险和政府科学决策提供了有力支撑；三是农产品及生产资料市场监管提高了农业部门依法行政、市场监管工作质量和水平；四是农业科技市场信息为引导农业生产和促进农民增收提供了有力支持；五是应急指挥场所建设提升了农业部门应对自然灾害、处置突发事件的能力和效率。

积极筹划“金农”工程二期。在“金农”工程一期通过竣工验收的基础上，按照“资源共建共享、系统互连互通、业务协作协同”的原则，梳理农业部内各司局、各直属单位的建设需求，提出了“金农”工程二期建设框架，重点是完善国家农业监测指挥管理信息化体系、国家农业电子政务体系、服务支撑体系、信息资源体系，全面提升政府部门的组织、协调、指导、监督及突发事件的快速应急等工作能力，推进基础信息资源、农业行政管理及基层农村经营管理政务信息化等方面的建设。

（六）农业信息资源服务

“金农”工程一期项目的建成提高了农业信息服务的质量和水平。该项目建成的农业综合统计、物价监测、成本调查、农机事故、农情调度等16类主要业务数据采集系统，显著提升了农业系统各部门信息采集、处理和服务能力；项目开发的农产品监测预警平台，对小麦、玉米、稻谷、生猪等关系国计民生的 18 类重要农产品进行动态监测预警，有效提高了农产品市场风险监测能力和先兆预警能力；项目建成的国家农业综合门户网站，初步形成了覆盖部、省、地、县四级的农业网站群，网站群信息发布量日均2000余篇，充分发挥了引导社会力量有序参与农业信息服务的重要作用；项目建成的农产品批发市场价格信息服务系统、农村市场供求信息全国联播服务系统，实现了农产品价格行情数据每天在线填报，帮助农户与市场进行农产品产销对接，着力解决农产品买难卖难问题；项目构建的部省农业科技信息联合服务系统，拓宽了直接面向社会公众的服务咨询渠道，采集发布农业科技信息 3 万余条，有效促进了农业新技术、新品种的推广和农产品的流通，为农民增收致富架起信息桥梁。

启动信息进村入户试点工作。为贯彻落实党的十八届三中全会精神和 2014 年中央一号文件、《国务院关于促进信息消费扩大内需的若干意见》、《国务院关于大力推进信息化发展和切实保障信息安全的若干意见》有关要求，加快完善农业信息服务体系，切实满足农民群众和新型农业经营主体信息需求，农业部决定在部分省市开展信息进村入户试点工作。2014 年试点工作重点任务是在北京、辽宁、吉林、黑龙江、江苏、浙江、福建、河南、湖南、甘肃 10 个试点省市建成一批村级信息服务站，培育一批村级信息员，推动各类农业公益服务和公共服务资源接入村级站，并初步形成可持续运营机制；试点省市全面完成“12316”标准化改造，重点完成“12316”与农技推广体系融合；构建全国农业信息服务云平台，推进试点省市相应信息服务系统切换、并入和村级站的全面接入。

信息进村入户试点工作取得阶段性成果。2014 年以来，农业部在总结“12316”农业信息服务做法经验的基础上，积极推动信息进村入户试点工作并取得成效。目前已建成运营 5000 多个村级信息服务站，覆盖 22 个试点县行政村的 80% 以上，培训上岗村级信息员 11265 名。开展了公益服务、便民服务、电子商务和培训体验服务，且各类服务已经在农村落地生根，进到村、落到户；据统计，已累计提供公益服务 120 万人次，开展便民服务 750 万人次，涉及金额 1.2 亿元，实现电子商务交易额近 3.8 亿元；基本实现了农民群众足不出村、新型经营主体足不出户就能享受“买、卖、推、缴、贷、取”等服务。此外，探索出较为成功的信息服务市场化运行模式，即坚持“政府引导、市场主体”的原则，积极探索“羊毛出在牛身上”的利益置换机制，先后引入 22 家企业，推动形成“政府+运营商+服务商”共同推进的格局，探索出了一条不靠政府给钱、不增企业负担、不向农民收费的可持续发展之路，服务市场化运营机制初步建立。为此，信息进村入户深受参与各方的普遍欢迎，初步实现了政府得民心、企业有利润、信息员有钱赚、农民享实惠。

【电力行业信息化】

根据对国家电网公司、中国南方电网有限责任公司、中国华能集团公司、中国华电集团公司、中国电力投资集团公司、中国核工业集团公司、国家核电技术有限公司、中国长江三峡集团公司、神华集团有限公司、中国广核集团有限公司、浙江省能源集团有限公司、中国能源建设集团有限公司 12 家大型电力企业年度统计数据分析显示，2014 年与 2013 年相比，电力行业信息化投入总额增长比例为 2.27%，在各项信息化投入指标中，硬件投入增长 0.55%；IT 服务与运维投入增长 6.57%；信息安全投入和信息化培训投入比例增高。

特大型电力集团一体化信息系统工程关键技术与应用。本项目在国家科技计划的支撑下，联合了国内高校、科研机构、IT 厂商等近百家单位，对项目的关键技术进行了深入研究和应用。项目历时 5 年，直接参与人数超 3 万。项目建立了一体化信息集成平台，开发了涵盖核心业务和核心资源管理的应用系统，建立了安全、运行、标准等信息化保障体系，取得了一系列成果，实现了重大突破和实质性创新。项目成果已在国家电网公司各层级2292个单位全面应用，并成功推广到国家相关部委和能源、环保、交通、电信、烟草等行业。

面向智能电网的信息安全边界接入技术研究与应用。针对电力领域输变电线路在线监测、用户用电信息采集、移动作业、移动办公和电力光纤到户等业务终端通过无线公网安全接入电力信息内网的迫切需求，借鉴国际先进的可信计算和可信网络连接思想，设计电力系统信息安全可信接入架构，研究边界安全防护关键技术，研发信息安全接入系统，为电力系统信息安全接入提供基础性的安全支撑作用，其关键技术及成果已在行业内得到全面推广应用，并发挥了极其重要的作用。

智能电网信息安全防护及工控系统测评服务。项目针对我国电网工控系统特点，创新性地提出了覆盖电网工控系统各层次、全过程的综合安全测评体系，首次系统性地进行了典型工控系统安全测评机制、方法、技术、标准示范验证等工作，形成了一批具有自主知识产权的安全防护设备和专利，培养了一支专业化的工控安全测评队伍，有效增强了电网工控系统安全服务能力。项目提出的电网工控系统多维度组合性测试技术、统一安全可信接入技术、电网规约安全校验及通信密钥高速分发技术具有创新性，达到国际领先水平，具有良好的示范性和可推广性，为国家重要行业的工业控制系统提供安全技术借鉴及支撑。构建了覆盖电网工控系统各层次、全过程的综合安全测评体系；建成了支撑电网“输、变、配、用、调”五个典型的电网工控系统核心业务仿真与测评环境，在天津、上海、江苏电力进行了试点测评验证；掌握了工控系统安全测评关键技术和攻防渗透能力；建立了基于“分区分域、安全接入、动态感知、全面防护”策略的智能电网信息安全防御体系。

下一代互联网技术在智能电网应用关键技术研究与示范工程。项目应用IPv4向IPv6过渡的关键技术，电力移动作业应用IPv6，IPv6设备功能、互联互通等测试技术与方法规范，高可靠网络架构、网络管理及运维技术，从接入、汇聚到骨干的整体可靠网络架构设计和应用规范等内容；开展IPv6实验网络建设；建设包含总部，以及山西、江苏、辽宁、青海、宁夏等节点的IPv6试点网络；建设统一视频监控、输变电状态监测及“95598”互动服务网站3个示范应用建设；完成IPv6信息安全防护技术研究与信息安全防护总体方案。下一代互联网关键技术研究与示范工程推动下一代互联网技术在电力行业的规模应用示范，加快了智能电网建设，为智能电网的自动化、互动化等提供了更好的网络基础支撑，有效提高电力二次安全防护的能力和水平，并降低电力数据网迁移到IPv6后的整体信息安全防护费用，推动了智能电网相关的技术如物联网技术在电力系统的应用。

【服务业信息化】

（一）金融行业

1. 银行业

2014年，银行业信息化加大在信息安全、科技服务、标准化检测认证等领域的建设力度。

信息安全方面，加强金融业网络安全顶层设计，编制金融业网络安全规划，推进金融网络安全治理体系建设，加快推进国产密码算法应用，有序开展信息安全风险评估，加大金融信息安全宣传。

科技服务方面，推进金融IC卡全面应用。截至2014年年底，累计发卡12.26亿张，占银行卡发卡总量的24.41%。金融IC卡芯片使用率显著提高，ATM和POS渠道关闭降级交易工作已基本完成。明确移动金融应用创新作为国家电子商务创新发展要求，成都、广州、贵阳、合肥、宁波、深圳成为移动金融应用创新试点城市，SD卡模式在成都、广州等6个城市的局部效应初步显现，SIM卡模式在合肥、贵阳、宁波地区实现突破，全终端模式在深圳完成验证，6个试点城市开始推广手机电子现金、在线有卡支付、手机征信查询与信贷等应用，工行、农行、中行、建行、中国移动等20家机构接入移动金融安全可信公共服务平台（MTPS）。

标准化检测认证方面，信托、金融认证标准

实现零的突破。2014 年，共发布 16 项金融行业标准、1 项金融国家标准；推进金融认证体系建设，颁布非金融机构支付业务设施技术要求、检测规范两项行业标准，修订银行卡销售点（POS）、自动柜员机（ATM）两项终端规范，为支付业务设施检测认证奠定基础；参与国际标准化活动，全球法人机构识别编码（LEI）体系建设取得实质性突破，已为中国外汇交易中心等 40 家法人机构分配编码，实现编码国际互认。

2．证券业

2014 年，证券期货业全面推进信息化建设，加强信息系统安全维稳工作，有效保障了资本市场的安全、高效、平稳运行。

上海证券交易所联合港交所、中国结算等市场核心机构完成了沪港通核心系统技术部署和周边各项业务功能测试，有效保障了沪港通业务的正式开通；基本建成了覆盖移动 App、终端、主机、Web 系统的安全评估体系；全面推进信息安全管理体系（ISO 27001）建设；积极推进异地灾备及数据中心建设。

深证证券交易所完成了优先股、债券招投标、货币 ETF 基金、网络投票等创新业务的技术建设与改造；扎实推进期权的产品交易、风控、监察、合约管理、信息服务等系统建设；实施了新型监察指标体系、监察 BPM 系统、上市公司定期报告分析、中心数据库服务优化等系统项目建设，不断提升系统智能化水平；扎实推进第五版交易系统二期、新一代互联网应用平台新一代办公系统三期等项目建设工作。

上海期货交易所持续推进更新一代交易系统（NGE 2.0）建设工作，NGE 2.0 已基本具备上线运行的条件；完成网络基础实施升级改造工作，重构大厦和张江数据中心交易网络；完成交易所网站系统的技术改造、热轧卷板品种上市、标准仓单系统改造等技术支持工作；全力投入原油期货的技术准备工作，调整了应用系统及硬件环境配置，完成了技术系统准备工作。

大连商品交易所完成 17 个交易核心应用全面升级，以及新监察、会服、网站等九大外围业务系统不同程度的改造；全面推进新品种上市、期权业务及交割制度优化等领域的重点业务创新工作和技术系统优化；持续推进新一代交易系统（NGTS）建设；部署可视化运维平台，全面实现了交易运维自动化；完成了数据库系统升级整合项目需求论证、POC 测试工作。

3．保险业

各大保险公司加大互联网环境下技术创新力度，互联网金融初具规模。中国人寿保险股份有限公司以网站服务、手机 App 保单服务应用为核心的 e 宝账项目上线推广，短期险电子保单全面应用，国寿 e 家用户达 71 万人，云助理注册用户达到 47 万人；智能理赔平台上线，理赔平均处理时效提速 8.9%；推进“95519”呼叫中心归并扩大试点。中国平安的互联网总用户规模达 1.37 亿，互联网金融业务初步形成“一扇门、两个聚焦、四个市场”的战略体系，截至 2014 年 12 月 31 日，陆金所注册用户数超过 500 万，2014 年 P2P 交易规模同比增长近 5 倍，交易规模跃居中国市场第 1；万里通注册用户数超过 7000 万，全年发放积分 19.59 亿元，线上线下合作商户数超过 50 万家，交易规模近 50 亿元；一账通注册用户数达 4036 万；平安好车已成为中国最大的 C2B 汽车交易平台。中国太保“在线商城”为客户提供线上全流程的 82 款产品和 100 项服务，457 万客户使用保单查询等线上服务功能，全年线上互联网平台服务人次超过 7700 万；建设业内首家移动应用实验室，形成企业级移动应用产品孵化器；“神行太保”智能移动展业平台建成涵盖销售、服务、理赔、管理四大领域 29 个 App 应用的移动应用生态系统，设备发放超过 12 万台，全年服务客户超过 1600 万人次。

（二）交通行业

1．公路水路运输业

2014 年，交通运输业加大了应用系统建设力度。

智能交通系统建设方面，交通运输部启动了国家公路网交通情况调查数据采集与服务等工程实施；组织路网中心完成监测点管理系统建设；推动全国公路和桥梁管理信息系统联网项目立项，完成 2014 年 2.3 万千米国省干线公路路况信息数据和 40 座长大桥梁监测信息的采集和录入；启动了第二批城市公共交通智能化应用示范工程建设工作，明确了第二批试点城市和相关工作要求，以及示范工程建设思路、总体架构、系统功能等要求。

城市智能交通系统建设方面，各地继续在城市智能交通系统建设方面加大力度。省府及中心城市已建成的子系统有（以数量多少为序）营运车辆 GPS 安全监控及调度系统、公众出行综合交通信息服务系统、公交 GPS 运营调度系统和电子站牌系统、交通应急指挥系统、城市交通“一卡通”系统、出租车运营调度管理与信息服务系统、交通综合执法管理系统、智能停车诱导系统、路网管理与协调指挥系统、公共物流信息平台和客运综合枢纽管理信息系统。

高速公路信息化建设方面，河北、河南、辽宁等省高速公路联网收费比例已达 100%；河北、湖北、湖南、陕西等省电子不停车收费（ETC）车道开通率大幅攀升，计重收费车道在河南、江苏、辽宁、山东等省得到推广应用；17 个省份采用了歧义性路径识别技术；全程监控及交通事件检测技术在北京、河北、辽宁、黑龙江等 20 余个省市得以推广应用，95%的省有高速公路出行信息服务系统。

2．民航业

2014 年，民航信息系统投资 19.8 亿元，民航信息化建设在民航管理、便民服务等领域发挥重要作用。民航管理方面，2014 年，民航局进一步拓宽飞行标准监督管理系统（FSOP）覆盖范围，新增 121 部公共航空运输航空承运人运行合格审定子系统、129 部外国公共航空运输承运人管理子系统、维修单位审定监察子系统等新功能；2014 年使用 FSOP 系统完成 4 家新成立运输航空公司的运行合格初始审定，对 121 部运输航空公司完成 407 次补充审定、9604 次监察，对 129 部外国航空公司完成 675 次审定、485 次监察，对国内外维修单位完成 944 次审查。航班延误治理方面，打造航班运行信息平台，实现航班运行信息共享，推进使用 ACARS 系统或者卫星电话，建设空中交通信息平台，继续推进协同决策系统（CDM）建设。便民服务领域，完成了对新一代离港旅客处理系统（NewApp）改造、升级、研发、网络搭建等，结合国内信息化建设的安全性要求，加入了本地备份等安全机制，努力打造“不间断运行”的离港系统。截至 2014 年年底，国内共有 201 座机场使用航信离港系统为旅客提供值机、配载等服务；自助值机柜机已经在国内 90 余家机场运作，总装机量超过 1500 余台，每月可处理旅客超过 540 万人次，2014 年通过自助服务产品乘机的旅客量就超过了 9600 万人。

3．旅游业

2014 年，《国务院关于促进旅游业改革发展的若干意见》发布，其中明确提出：“坚持融合发展，推动旅游业发展与新型工业化、信息化、城镇化和农业现代化相结合，实现经济效益、社会效益和生态效益相统一”，旅游信息化发展迎来新契机。

各级旅游部门高度重视旅游官网建设。省级旅游部门共建设官方网站 68 个，栏目内容主要包括新闻信息、图片库、音视频资料等板块，栏目内容则因地制宜，整体上功能作用不断增强。四川旅游官网有信息 10 万余条，图片 5 万多张，视频 100 余个，与 Google、YouTube、百度等深度合作，推出四川旅游频道，以互动视频、图片、文字、地图等多媒介元素呈现四川旅游，点击率达 8000 多万次，点播量达 60 余万次。山西旅游局新版官方网站自上线运行以来，共上传信息 14500 条（篇），涉及景区 387 家，景区配图 13452 张，行程推荐 151 条，自有版权的视频资料达 220 部，素材资料时长约 2332 分钟，日访问量稳定在 6000 人次左右。

国家旅游局加大新媒体推广营销力度。2014 年度@中国旅游官方微博举办了“为中国加分”、“2014 国际旅交会”微博直播活动，共发微博消息 829 条，粉丝数达到 542 万多人。其中，原创微博 484 条、转发 345 条；原创微博内容主要为日常旅游消息，通过中国旅游官网、人民网旅游频道、新华网频道等网站摘录信息；转发微博内容主要摘录各省旅游局公告、旅游活动、游客提示等。平均每天粉丝数增长 300 人次左右，吸引粉丝眼球的主要为美图、微博活动。

4．其他行业领域

2014 年，物流企业加大信息化投资力度，物流信息技术应用更加普遍。根据中国物流与采购联合会统计结果显示，物流信息化投资率有所提升，物流企业在信息化建设形式上主要选择外包服务和自建信息系统两种模式，分别占到 52.18%

和 47.82%；物流信息技术应用方面，条形码、电子单证等技术得到基本应用。其中，条形码应用率达到 62.43%，较 2013 年增长 4.22%；电子标签应用率达到 40.58%，较 2013 年增长 2.58%；物流信息集成受到大多数企业的关注，53.87%的企业将构建信息平台（内部信息处理、OA、增值业务）作为信息化建设的重点，部分企业将软件开发、RFID/RF/GIS/GPS/条形码等信息技术的应用、数据分析、数据挖掘、网络建设等作为物流信息化建设的重点。

2014 年，海关系统全面推进“金关”工程二期建设，提升科技创新应用水平。“金关”工程二期进入全面建设实施阶段，十二大应用项目全面启动建设，全国海关监控指挥应用系统、企业信用信息调查系统和企业信用信息管理系统、加工和保税管理系统、物流监控系统、海关情报系统、移动应用支撑平台与应用系统 6 个重点应用项目群建设总体平稳顺利。海关云平台（大数据云、基础设施云和桌面云）建设有序开展，大数据云中心已完成平台部署工作；基础设施云平台完成了基本功能建设；桌面云在部分直属海关已完成建设。区域通关一体化改革进展顺利，顺利完成京津冀、长江经济带、丝绸之路经济带、东北地区和“泛珠”四省海关区域通关一体化系统切换工作，实现了区域通关一体化全国海关全覆盖。

社会领域信息化

2014 年，在倡导高效、便捷的信息化社会功能的环境下，我国教育、文化、公共卫生、人力资源和社会保障、环保、灾害预警等社会公共领域信息化工作有序推进，为建设和谐社会发挥了积极的促进作用。

【教育信息化】

2014 年，教育部以“三通两平台”作为重要抓手，有效推进了教育信息化的发展。

实施“宽带网络校校通”。探索“政府政策支持、企业投资建设、学校持续使用”的模式，实现各级各类学校宽带网络接入，建设网络教学环境，加快缩小区域、城乡、校际间信息化基础设施差距。全国中小学（除教学点）实现网络接入的比例达 83%，其中实现 10Mbps 宽带接入学校的比例已达 46%。全国义务教育阶段学校已建设多媒体教室 234.2 万间，占教室总数的 61.7%，73.4%的学校已实现至少拥有一间多媒体教室。

推进“优质资源班班通”。探索“企业竞争提供、政府评估准入、学校自主选择”的数字教育资源服务提供机制，启动实施“一师一优课、一课一名师”活动，推动在课堂教学活动经常性、普遍性应用。“一师一优课、一课一名师”活动报名教师人数达 409 万，晒课总数 270 万堂。全国 30%的义务教育学校建有校本资源，38%的学校实现全部班级应用数字资源开展课堂教学。安徽等地探索的“专递课堂”模式使教学点的国家规定课程开课率大幅提升，有效解决了教学点无法开齐开好国家规定课程的难题。

探索“网络学习空间人人通”。探索“政府规范引导、企业建设运营、学校购买服务”的机制，按照“教师率先使用、职业教育率先部署、发达地区率先示范”的原则，推动网络学习空间建设。全国已有超过30%的学校开通了网络学习空间，师生空间开通数量达4095万个，比2013年同期增长了近7倍，应用范围从职业教育扩展到基础教育、高等教育和继续教育。420多万名教师应用空间开展网络教研，327万名教师应用空间开展教学。

国家教育资源公共服务平台初具规模。2014年，国家教育资源公共服务平台总页面访问数近10亿次、访问用户5400多万人次、总资源下载数3000多万次。国家平台已实现与18个省级、8个市县级平台互联互通和资源共享，国家教育资源云服务体系初步形成。

国家教育管理公共服务平台全面应用。全国学生、教职工、教育机构（学校）等管理信息系统和国家级数据中心基本建成，实现全国学校“一校一码”、学生“一人一号”。全国中小学生学籍信息管理系统实现大规模应用，1.77亿学生信息入库，运行仅一年完成省内转学512万人、跨省转学66万人，跨省转学最快不到9小时即办理完成，粗略估算共计为转学学生家庭节省了30多亿元开支，节约了人力成本、时间成本和经济成本。

【文化领域信息化】

2014年，新媒体和数字内容产业蓬勃发展，文化信息资源更加丰富，服务平台建设加快推进，各文化领域信息化建设深入展开。

文化信息资源共享工程取得积极进展，资源内容进一步充实。经过10余年的发展，文化信息资源共享工程已基本建立覆盖城乡的六级公共数字文化服务网络，建成1个国家中心、33个省级分中心、333个地市级支中心、2843个县级支中心、31377个乡镇公共电子阅览室、21332个街道（社区）公共电子阅览室，与中组部全国党员干部现代远程教育网联建70万个村（社区）基层服务点。中央本级经费投入约5.67亿元，中央转移支付投入约33.74亿元。数字资源总量累计达到412.46TB；其中，本级整合普适性数字资源达到60.46TB，主要针对农村群众、社区群众、少数民族群众、少年儿童、视障人群等对象，研发、定制了集内容、系统、终端于一体的惠农系列资源包、社区文化生活馆、少数民族语言资源、科普视频库、心声音频馆、公共数字文化基础包等资源服务产品。地方建设数字资源总量达352TB。成立了新疆、西藏、内蒙古3个少数民族语言资源建设中心，建成了藏汉、维汉双语资源网站，译制完成并投入服务的资源包括维吾尔语、哈萨克语、朝鲜语、蒙古语、藏语，共计6594小时。

平台建设及服务推广加快推进。截至2014年年底，国家公共数字文化支撑平台国家级平台与省级平台建设均取得阶段性进展。国家级平台方面，研制、发布了数字资源分类、标识、加工格式、元数据四大标准规范，完成支撑平台云管理、资源共享、应用集成三大基础软件系统研发并上线试运行；省级平台方面，完成北京、广西、湖北、黑龙江、浙江、陕西、上海第一批地区的督导与系统联调，指导内蒙古、安徽、福建、山东、重庆、四川、新疆生产建设兵团第二批地区的各项建设，向宁夏、海南、辽宁、河北、云南、山西、甘肃、湖南、江苏、江西第三批地区下达建设任务书并启动建设。公共文化新媒体传播渠道进一步拓展。“全国文化信息资源共享工程 • 中国文化网络电视”，以“入户”模式进入百姓家庭，以“入站”模式进入文化共享工程基层服务点、公共电子阅览室及各级文化馆站、街道社区文化活动中心、工人文化宫、妇女儿童活动中心等公共文化服务场所，以“入手”模式进入个人数字媒体终端。在2013年云南、江苏试点基础上，2014年“入户”模式进入北京东城、重庆、广西等6省区，累计入户数达到600万户；“入站”模式进入新疆、内蒙古等14个省区，入站数达到4100个；“入手”模式开发了中国文化网络电视移动App并上线试运行。边疆万里数字文化长廊建设全面推进。2014年共建成9个乡镇示范点和18个数字文化驿站，形成了良好的示范效应，在此基础上进一步提升了内蒙古等10个省份810个乡镇服务点设备配置，建设3104个数字文化驿站。国家数字文化网影响力不断扩大。通过优化栏目与架构，形成了资讯、资源、工作三大板块9个常设频道下属181个固定专栏及若干个活动专栏。2014年，网站发布新闻类稿件9767篇，配合群文活动、专题资源新设专栏8个。

国家数字图书馆建设提速明显。全国共有包

括少儿馆在内的38家省级图书馆和473家地市级图书馆开展了数字图书馆推广工程建设，各地图书馆在网络建设、软硬件平台搭建、资源建设等方面发展迅速，全国数字图书馆整体建设实力明显提升。中央财政对数字图书馆推广工程的经费投入资金约 6.746 亿元，其中中央本级经费投入1.32 亿元，中央转移支付投入 5.426 亿元。31 家省级图书馆和 258 家市级图书馆完成硬件配置，完成 52 家图书馆与国家图书馆的虚拟网联通，并可以通过虚拟网实现数字资源的访问。26 个省（区、市）开展省内虚拟网搭建工作，累计联通地市级图书馆 232 家。此外，国家图书馆直连各省级图书馆，具备更高传输带宽和速度的专网建设全面开展，已完成 34 家省、市级图书馆专网建设工作。推广工程向全国各级公共图书馆共享数字资源总量超过 140TB，向少数民族地区推送的镜像资源量近 40TB。数字图书馆移动阅读平台共开通 145 个地方分站，为广大读者提供 7 万余册优质电子图书及 500 余种电子期刊资源，实现了手机、平板电脑等移动终端对推广工程共享资源的访问。

新闻出版信息化建设的保障措施继续完善。2014 年，修订发布《新闻出版广电总局新闻出版科技项目管理办法（试行）》，制定发布《新闻出版广电总局新闻出版科技项目成果管理办法（试行）》，为新闻出版行业科技项目及信息化建设提供了制度保障。电子政务建设加快推进，行业管理和公共服务能力不断提升。2014 年，新闻出版广电总局加强新闻出版政务信息门户网站等五大网站的性能优化和功能扩展，继续完善微博、手机客户端、微信公共服务账号、手机短信查询平台等移动应用，通过多种方式扩张公共服务方式。新闻出版电子政务平台已建成了财务综合管理系统（一期）、音像电子出版物选题管理系统等 16 个政务类系统，新闻出版机构查询系统、记者证查询系统等 6 个服务类系统，全国报刊电子样本库、国家版权监管平台、出版物进口管理平台（一期）等 11 个监管类系统。整合书号实名申领信息系统、在版图书编目信息系统、图书样本管理信息系统等，统一出版单位申报客户端，有效解决了出版社重复申报问题。新闻出版广电总局新闻出版方面涉密网启动了二期项目建设，有效保障了相关业务和数据的安全。

新闻出版行业重大科技工程项目建设成果显现。数字版权保护技术研发工程研发任务完成，进入测试检验阶段，启动了工程成果的应用示范工作；“中华字库工程”已完成资源收集整理及数字化工作，进入文字识别和确认阶段；“国家数字复合出版系统”工程正式启动，进入实质性建设阶段；“国家知识资源数据库项目”基本完成立项申报工作。2014 年新闻出版业数字化转型升级项目进入全面建设，其中新闻出版广电总局组织开展了《中国出版物在线信息交换（CNONIX）》、《多媒体印刷读物（MPR）》国家标准应用推广等重点项目的建设。2014 年中央文化企业数字资源库建设进入建设阶段，同时新闻出版广电总局结合项目建设，开展了专业数字内容知识服务模式试点工作。

广播电影电视等文化领域的数字化进程不断加快。全国各级电台、电视台台内高清化稳步推进。高清电视频道的节目质量和技术质量得到显著提高，上星播出的高清同播频道高标清同播率已经达到 100%。国家新闻出版广电总局共批准开办高清频道 81 个，央视常规频道全部实现高清播出，87%以上的省级电视台具备了高清电视制播能力，高清制播网络建设在各台加快普及。4K 超高清内容制播也从理论走向实践。

视听新媒体行业呈现出蓬勃发展的良好局面。目前，我国网络视频用户规模已达 4.39 亿，占网民的近 7 成，用户规模、市场规模等保持持续快速增长态势。广电主流媒体发展新媒体、推动媒体融合的步伐也大大提速，由“台网联动”、“台网互动”向“台网融合”转变。目前，全国省级以上广电机构和部分市县广电机构纷纷开办微信、微博、客户端等业务，探索建立融合式节目中心，积极开展视听内容的一次采集、多次分发、全媒体传播，一云多屏、多屏互动等新业态不断涌现。截至 2014 年年底，中国网络电视台网站年度日均独立用户超过 3000 万，月度独立用户总数超过 5 亿。各类视听新媒体新业务发展不断加快。IPTV 方面，各地用规范有序、内容丰富的 IPTV 拓展业务、占领市场，IPTV 节目内容日渐走向高清化。截至 2014 年年底，中国网络电视台 IPTV 集成播控总平台已经具备高清 8M 片源提供能力，高清节目库存量5000余小时，低码高清测试已在近10个地区完成。移动互联网方面，网络技术和移动智能终端的不断升级，视听节目在移动互联网流量中的占比节节攀升。2014年，中国网络电视台重点产品“CBox央视影音”客户端累计下载用户数突破3.3亿，“央视新闻”客户端和“央视体育”客户端用户数量分别达到2370万和717万。2014年，中国网络电视台的互联网电视业务总体用户数3574万，规模居行业首位。百视通推出新一代互联网电视机顶盒产品“NFC小红”，终端支持金融IC卡的近距离支付应用；华数传媒与支付宝合作开展互联网电视支付应用。

2014年，数字内容产业在网络游戏、动漫、数字影音等主要领域保持了较快的发展。网络游戏市场规模达到1062.1亿元，比2013年增长9.1%。其中，互联网游戏市场规模为793.5亿元，比2013年增长14.9%；移动游戏市场规模为268.6亿元，比2013年增长109.1%，增速明显远大于互联网游戏的增速，在网络游戏中所占比重也越来越大，从2010年的不到10%提高到2014年的34%；国产游戏出口26.8亿美元，比2013年增长194.5%。动漫产业规模首次超过1000亿元，达到1001.48亿元，比2013年增长15%。网络音乐用户数量达到4.78亿人，市场规模达到75.5亿元，比上年增长1.8%。数字影片总数达到3258部，数字电影院线总数为303条。在线教育市场保持高速增长，2014年在线教育市场规模为1264亿元，比2013年增长38.7%；国内在线教育受到资本市场的大力追捧，2014年融资约10亿美元，助推着国内在线教育机构以每天平均2.6家的速度快速增加。2014年移动数据及互联网业务收入占到电信业务收入的23.5%。

【卫生计生领域信息化】

2014年，卫生计生信息化在人口健康信息业务应用、人口健康信息标准和安全建设取得了进展。

人口健康信息业务应用方面，推动国家人口健康数据中心和国家人口基础数据库建设工作，完成国家人口健康数据中心与44家委属管医院的联通工作，并初步与上海、江苏、浙江省级平台联通。编制公共卫生、医疗服务、计划生育、医疗保障（新农合）、药品管理和综合管理六大类业务信息系统建设方案，推动29个省份开展居民健康卡建设。

人口健康信息标准和安全工作方面，制定人口健康信息标准217项，发布102项，在13个省份的17个区域、19家医院开展卫生信息标准化试点建设及互联互通成熟度等级测评。2014年5月印发《人口健康信息管理办法（试行）》，明确了人口健康信息的管理职责，确立了人口健康信息安全互联和共享利用的基本规范。开展卫生计生行业信息安全规划前期研究，建立卫生计生行业网络与信息安全通报制度，构建信息安全管理平台，组织实施卫生计生领域信息安全专项检查。推进系统内电子认证服务体系建设。

【人力资源和社会保障信息化】

社会保障卡工作实现“发用并举”。截至2014年年底，社会保障卡持卡人数达到7.12亿，覆盖52.4%的人口，实际发卡地区354个，覆盖除西藏外的31个省份（含新疆生产建设兵团，下同），覆盖率92.2%。社会保障卡广泛支持统筹地区范围内的医疗费用持卡即时结算。在持卡缴费和领取待遇应用中，146个地市实现领取养老金，130个地市实现个人缴费，50个地市实现领取失业金和工伤、生育津贴。

跨地区应用取得新成效。截至2014年年底，全国招聘信息公共服务平台覆盖29个省份156个地区（含省本级），纳入196家公共就业人才服务机构；社会保险跨地区转移系统实现了30个省份的321个地市、2627个社保经办机构入网，通过系统办理业务64.37万笔；21个省份参与全国协助认证工作，协助认证率72.8%；30个省份入网基本养老保险参保状态比对查询系统，累计查询3542万人次。

数据资源开发利用深入开展。截至2014年年底，就业及养老（职工和城乡居民）、医疗（职工和城镇居民）、失业、工伤、生育保险联网数据月上报量分别达到2.63亿人、8.65亿人、5.29亿人、1.57亿人、1.60亿人和1.65亿人。

数据中心和信息网络进一步完善。截至2014年年底，多数省级数据中心具备了省级集中系统和跨地区业务的实时处理能力，市级数据中心业务覆盖面和功能扩展进一步提升。28个省份建立了DNS系统，11个省份建立了全省集中的数据级灾备，5个省份建立了全省集中的应用级灾备。

【气象领域信息化】

气象信息化以信息网络业务系统建设为重点，主要包括气象通信网络系统、数据存储管理与服务系统、高性能计算机、远程会商系统。气象通信网络系统方面，建成“天地一体化”的通信网络系统，覆盖国家、省、地、县四级气象部门，国家级地面广域网络的传输能力升级到600Mbps，区域级传输能力升级到20Mbps，省级传输能力升级到16Mbps，地级市平均传输能力达到11.2Mbps，县级平均传输能力达到4.83Mbps；数据存储管理与服务系统方面，开展基于全国综合气象信息共享系统（CIMISS）的国家和省级集约化数据环境试验；高性能计算机方面，初步建立起全国高性能计算资源统一管理调度系统，国家级高性能计算机系统峰值计算能力达每秒1360万亿次（TFLOPS），存储容量为6532TB，提升了对大量观测数据分析运算处理能力，为天气数值预报模式和气候预测提供基础支撑；远程会商系统方面，采用1080P高清技术，在国家、省、地、县四级建设高清远程会商系统，图像质量和系统稳定性得到增强。2014年年底，山西、重庆、西藏等14个省（区、市）气象局已建成覆盖到县级的高清远程会商系统。另外17个省（区、市）正在开展高清远程会商系统建设。

【地震监测信息化】

2014年，地震信息化在基础设施保障能力建设、推动数据资源共享、提升服务能力等方面取得进展。完成了地震行业骨干链路的扩容与优化，建成了各省级中心采用双信道，分别与北京、广州两中心连接的双星备份网络，有效提高了地震行业网络的服务与容灾能力。启动了西安国家地震数据灾备中心和广州国家地震速报灾备中心建设，建成了由22个节点组成的地震高清视频分析会商系统。国家地震科学数据共享服务能力进一步增强，国家地震科学数据共享平台新增数据量19670GB，在线和离线数据服务总量约46424GB，服务各级各类科技项目273个，支持国家“863”和“973”重大项目8个。测震连续波形数据服务了多个行业40余家单位科研工作，推进了系统内外GNSS观测资源整合，接入了四川省测绘工程院等单位的119个站点，实现了科学台阵项目中480个台站的波形数据实时共享，建立了活动断层探测数据应急服务机制。“12322”地震速报公益平台在全国范围内实现了为关键应急岗位人员服务的能力，对象包括国家应急办、31家防震减灾联席会成员单位、8家主流媒体和省级防震减灾联席会成员等单位应急人员，服务用户突破6000人，2014年全年发送服务短信超过315万条。

【民政信息化】

2014年，全国最低生活保障信息系统通过验收，全国低保系统包括救助业务子系统、信息服务子系统、信息交换子系统、资金管理子系统、业务监管子系统、统计分析和决策支持子系统、预警监测和响应子系统7个子系统，共247个功能模块，1890个功能点。系统覆盖业务包括城市低保、农村低保、农村五保供养、城乡医疗救助、临时救助、专项救助及其他救助业务七大类救助业务。全国各级数据中心已存储数据7000多万人，约占全国保障对象人数的96%。

全国最低生活保障信息系统建设成效显著。全国低保系统实现了社会救助业务审查、审核、审批等全业务流程的网上处理，使用系统后县级用户的资金发放和救助对象统计汇总工作由三四天时间缩短到几分钟，大大提高了业务办理效率，减轻了基层工作人员的工作量。全国低保系统有效解决了手工操作管理的随意性和违规操作，有效防止了骗保、重复救助等问题，实现了业务操作的规范性、科学性，促进了公平救助、透明救助，提升社会救助工作的规范化管理水平。全国低保系统实现了数据集中与信息共享，提供了救助信息的查询、统计分析功能，避免了统计过程中传统手工操作存在的误报、漏报，各级民政部门可以全面、及时、准确地获取救助业务信息，为制定政策和宏观决策提供依据，从而提高宏观决策效率和宏观决策的科学水平。全国低保系统通过信息化手段，对业务办理和资金发放过程进行实时监控，加大了业务办理、政策及资金的监管力度，有效防止人情保、关系保等问题，减少和避免资金的流失，提高救助资金使用效益。

【环保信息化】

环保领域继续以国家环境信息与统计能力建设项目为核心，加强生态环境保护信息化建设。2014 年，国家环境信息与统计能力建设项目完成了工程、技术、档案、财务 4 个分项的验收工作，建立了部、省两级联动的项目运维体系，形成了“一套标准、一张网、一个通道、一个平台、一个库、一张图和一套运维体系”的环境信息化基础支撑能力；初步完成环保专网资源池建设，搭建完成环保私有云平台管理系统、云平台门户等云计算框架，实现了专网环境中基础计算资源整合和软件化管理；完成了国家级自然保护区多媒体演示系统功能开发，实现全国自然保护区图文信息的可视化管理，国家级自然保护区 GIS 系统上线运行，实现保护地理位置、生态系统、动植物等信息的查询和检索功能。

【其他社会服务领域信息化】

2014 年，公安应用系统多层架构平台共部署及更新应用系统 15 次，试运行平台应用系统共部署及更新 7 次，测试平台应用系统共部署及更新 13 次。全国公安交通管理信息综合查询系统及全国机动车驾驶人资源库升级版本、部级人口信息管理系统上线试运行，全国违法犯罪人员信息系统及全国违法犯罪人员信息资源库、消防安全重点单位信息资源库、全国民用爆炸物品信息管理系统上线测试。

检察院系统大力推进基础网络建设。全国共有 3559 个（占总数 99.6%）检察院建成局域网并联入检察专线网，绝大多数省级院实现全覆盖，全国检察机关一级专线网带宽升至 22Mbps，全国联入检察专线网的分支网节点 2667 个，达到分支节点总数的 74.6%。实现了统一业务应用系统全面上线运行，网络平台、应用支撑平台和安全保密平台等基础性设施全面建成，规范了司法行为，提高了办案质量和效率，强化了内部监督，提高了管理决策水平。

全国法院业务网络实现了全覆盖。人民法院数据集中管理平台已经实现全国 3511 个法院数据全覆盖，汇集全国近 4 年 5000 余万件案件数据和 2700 万份裁判文书，四级法院案件数据自动生成、实时更新，并向各高院主要领导开放，不少法院利用数据动态分析功能，为当地经济社会发展提供司法建议和决策参考。

电子政务

经过“十二五”的快速发展，我国电子政务在各个领域都取得了明显进展，成为各级政府平稳运转和高效履职不可或缺的有效手段。2014 年，我国电子政务在网络基础设施、网上公共服务、政务业务应用、同比政策服务、政策环境等各方面都有明显提升。

【网络基础设施】

国家电子政务内网建设稳步推进，按照国家统一规划和部署，计划在2015年年底前完成中央和省（区、市）两级电子政务内网网络平台和安全体系建设。

全国电子政务外网接入贯通率进一步提高。在中央层面，新增12家中央政务部门接入政务外网，已接入政务外网的中央政务部门和相关单位已达97家。从纵向联通情况看，政务外网省级覆盖率已经实现100%，地市、区县网络接入工作明显加快，网络覆盖率分别达到94.3%、83.5%。其中，实现政务外网全覆盖的省份累计达到23个；从各地横向接入情况看，政务外网接入省及以下各类政务部门累计达到14.1万家，接入终端超过180万台。业务承载能力不断增强，国家部委纵向部署全国性业务应用系统达到35个，部委间横向业务应用系统达到9个。地方承载业务应用范围和深度也不断加强，浙江省通过统一部署建设并在全省广泛应用省政务服务网，推进了跨部门跨地区政府机构间信息共享和业务协同。安徽、湖北、山东、广东、云南等地统筹外网传输通道和数据存储能力建设，在推进各级政府大规模简政放权、提升事中事后服务及监管模式等方面进行了大胆创新，有效保障和支撑了政府履职。

【政务业务应用】

（一）政府数据开放开始起步

中央部门和地方政府开始积极尝试政府大数据应用，取得了积极进展。中国气象局与阿里云达成战略合作，双方将联手完善中国首个物流数据平台——物流预警雷达，挖掘气象大数据的深层价值，这是中国国家部委首次采用民营科技公司提供的数据服务。国家统计局开通国家数据网站（data.stats.gov.cn），提供由统计系统产生的，与GDP、CPI、人口、总人口、出口、房价、社会消费品零售总额、货币、PPI、固定资产等有关的各种开源数据。2014年，上海明确了190项重点开放的政府数据资源，涉及公共安全、公共服务、交通服务、教育科技、金融服务、能源环境、健康卫生、文化娱乐等11个领域。北京市政务数据资源网（bjdata. gov.cn）已上线发布了36个政府部门306类400余个数据包，覆盖旅游、教育、交通、医疗等领域，多达36万条地理空间等原始数据资源，以及软件与信息服务业、文化创意产业相关政策文件1475件。此外，其他地方也都在积极为政府数据开放做准备。

（二）各类创新应用不断涌现

云计算、物联网、大数据、移动互联网等新技术正加快向政务领域渗透，形成一系列创新应用，在网络舆情引导、政民互动、市场监管、社会管理和为民服务等方面发挥越来越重要的作用。审计署重点推进基于“云计算”的审计数据分析系统和基于“物联网”的电子审计指挥系统。国家质检总局推广RFID、二维码、条形码等技术应用，全面实现产品质量检测数据采集自动化和监测数据应用分析智能化。同时，政务微博、微信、移动App应用已成为各级政府部门发布权威信息、加强政民互动、引导网络舆论、提升社会治理能力的一个重要组成部分。2014年9月10日，国家互联网信息办公室下发通知，大力推动政务微博微信服务，要求“全国各地网信部门推动党政机关、企事业单位和人民团体积极运用即时通信工具开展政务信息服务工作”。新华网舆情监测分析中心发布的《全国政务新媒体综合影响力报告（2014）》显示，截至2014年12月底，我国政务微博认证账号（含新浪微博、腾讯微博两大平台）达到27.7万个，累计覆盖43.9亿人次，在发布量明显增长的同时，评论转发比、原创微博量方面也有明显提升。另据腾讯微信团队联合腾讯研究院发布的《“互联网+”微信政务民生白皮书》统计，截至2014年年底，全国政务微信总量已达40924个，涵盖公安、医疗、交通等多个政务民生热点领域，覆盖全国31个省、自治区、直辖市（不含港澳台），省市级部门开通的政务微信总量占比为84.7%，平均每个政务微信公众账号关注用户数超过3.6万人。

【网上公共服务】

（一）政府网站服务能力大幅提升

据 CNNIC 发布的数据显示，截至 2015 年 6 月 30 日，我国以 gov.cn 为结尾的域名数为 57923 个。100%的国务院组成部门和省级政府、99.1%的地市及 85%以上的县（区）政府都建设了政府网站。据中国软件评测中心发布的“第十三届（2014 年）中国政府网站绩效评估”结果显示，政府网上服务呈现四大亮点。一是政府网站可用性水平进一步提升，部委、省、副省级、省会政府网站的首页链接全年可用性已经达到了 99.3%。二是重点领域公开效果持续改善，60 家部委网站按照统一的标准规范公开了本部门的行政权力清单，省、市、区县政府网站也进一步加大了公开力度，开通了相关专栏的网站比例达到了 43%，超过 30%的网站提供了行政权力运行流程图。三是互动宣传更加多元、更加亲民，部分地方、部门重视整合互动资源，利用多元化的互动渠道提升交流效果，拉近政民沟通的距离。四是多媒一体的引导效果日趋增强，各级政府在进驻微博、微信等新媒体的同时，逐步重视并加大了网站与新媒体信息同步、协作发布的力度，以多渠道强化对互联网舆论的引导。

（二）互联网政务服务呈现新趋势

除政府网站外，部分地方借助云计算、移动互联网、物联网、大数据等新技术探索和培育适应互联网新趋势的在线服务模式，实现政府服务的智慧化转型，形成 3 类比较有代表性的服务模式。一是基于 O2O 的服务场景融合。近年来，政务 O2O 模式悄然兴起，特别是在民政和公安等领域逐渐普及，如护照办理、签证等都是网上申请、网下办理，这种模式不仅可以优化政府办事流程、提高效率、节省资源，同时也能为公众服务带来更好的体验。2015 年 3 月 18 日，支付宝宣布和各地政府机构合作共同建设发布“城市服务”移动便民平台，将其打造成为地方移动 O2O 生活服务平台。据悉，杭州已率先体验与推广，随后这项服务还将登陆上海、广州、深圳、厦门、长沙、南昌、苏州及山西全省等共 30 多个城市。二是多媒一体的服务渠道融合。微博、微信、移动 App 已成为实现政务服务的“新宠”。目前，很多地方政府和部门进一步推进电子政务与新兴媒体与技术的深度融合，整合多种媒体、多个渠道，以满足公众的多元化服务需求。三是基于社会化的网络服务平台整合。经过 20 多年的发展，中国互联网领域已涌现出一批平台级的企业，与一批可称为“互联网基础设施”的平台级应用，借助社会化的网络平台资源推进政府服务，成为政府服务转型的重要方向。例如，由中国移动全力打造的“无线城市”平台，覆盖社保查询、医讯通等 294 项与群众生活、工作息息相关业务应用。蚂蚁金融服务集团、阿里巴巴集团与新浪微博共同启动“互联网+城市服务”战略，联合各地政府，提供“智慧城市”的一站式解决方案。

【政策环境】

电子政务政策文件密集出台，政策保障不断增强。自 2014 年领导小组成立以来，党中央、国务院出台了多个文件，为电子政务发展提供政策指导。中央办公厅、国务院办公厅印发了《关于进一步加强国家电子政务内网建设的指导意见》（厅字〔2014〕28 号），对国家电子政务内网建设作出全面部署；2014 年 12 月，国务院办公厅发布《关于促进电子政务协调发展的指导意见》（国办发〔2014〕66 号），从加强顶层设计，统筹电子政务协调发展；深化应用，提升支撑保障政府决策和管理的水平两大角度提出未来 5 年电子政务发展的指导意见，该文件也必将对“十三五”我国电子政务发展产生重要影响；2015 年 1 月，国务院发布《关于促进云计算创新发展培育信息产业新业态的意见》（国发〔2015〕5 号），提出“电子政务云计算发展新模式”，推动政务信息资源共享和业务协同；同月，发布《关于规范国务院部门行政审批行为改进行政审批有关工作的通知》（国发〔2015〕6 号），要求积极推行网上集中预受理和预审查，创造条件推进网上审批，加快实现网上受理、审批、公示、查询、投诉等，为进一步发挥电子政务优势提供良好的契机。此外，在工程项目领域，国家发改委发布了《关于开展国家电子政务工程项目绩效评价工作的意见》（发改高技〔2015〕200 号），重点针对国家电子政务项目建成后所达到的建设目标和应用效果评价提出了明确要求；在政府网站建设方面，中央网信办发布了《关于加强党政机关网站安全管理的通知》（中网办发文〔2014〕1号），国务院办公厅还出台了《关于加强政府网站信息内容建设的意见》（国办发〔2014〕57号）、《国务院办公厅关于开展第一次全国政府网站普查的通知》（国办发〔2015〕15号）等文件，为政府网站建设和管理提供政策指导。

【发展水平比较】

（一）我国总体处于全球中等发展水平

从近10年来联合国发布的全球电子政务排名上看，我国电子政务呈现“先上升、再下降、再上升”的“N”字形变化，如图1所示。根据联合国发布的《2014年全球电子政务调查报告》，2014年中国的电子政务发展指数（EDGI）为0.5450，位列全球第70名，与2012年的调查结果相比上升了8位，是近5年以来排名最靠前的一次，也是近10年以来排名首次出现上升，这在一定程度上表明“十二五”期间中国电子政务取得了较大的发展与进步。但是，也要看到，我国电子政务整体发展水平仍然不高，在全球尚处于中等水平，与先行国家（2014年韩国电子政务发展指数最高，为0.9462）的差距依然十分明显，如表1所示。

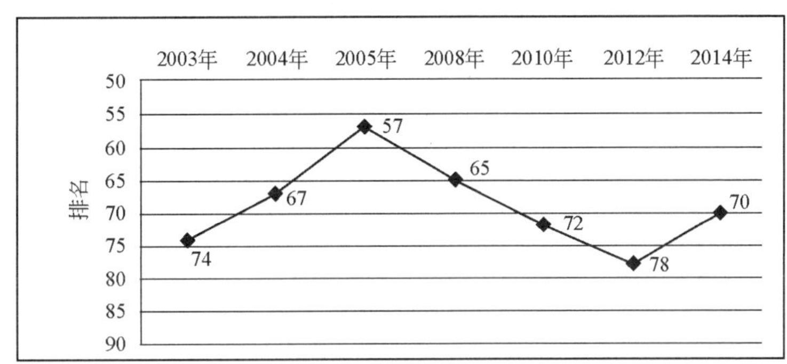

图1　我国电子政务全球排名变化

表1　我国与全球电子政务准备度得分对比

准　备　度	2003年	2004年	2005年	2008年	2010年	2012年	2014年
最高得分国家	美国 0.927	美国 0.9132	美国 0.9062	瑞典 0.9157	韩国 0.8785	韩国 0.9283	韩国 0.9462
全球平均得分	0.402	0.4217	0.4657	0.4514	0.4473	0.4882	0.4721
中国得分	0.416	0.4356	0.5078	0.5017	0.47	0.5359	0.5450
中国排名	74	67	57	65	72	78	70

数据来源：《联合国全球电子政务调查报告》，2003—2014年

（二）国内城市电子政务发展水平有所提高

根据《2015中国城市电子政务发展水平调查报告》显示，2015年中国36个主要城市电子政务发展指数（EDGI）平均值为50.42，排名前十的城市依次为北京、上海、广州、青岛、深圳、厦门、杭州、福州、武汉、南昌。整体来看，与2014年相比，我国主要城市电子政务发展水平有了一定程度的提高，适应了移动互联时代的大背景和大趋势，取得了一定建树和成果。北京、上海、广州和深圳等一线城市依然是国内电子政务发展建设的领航者，青岛、南京、郑州等城市通过提升在线服务服务能力，在电子政务发展上进步迅速。

电子信息产业发展与创新

2014 年，我国电子信息产业按照党中央、国务院的决策部署，深入贯彻落实中央一系列稳增长、促改革、调结构、惠民生、防风险的政策措施，坚持稳中求进的工作总基调，产业整体保持了平稳增长。总体来看，经济运行态势稳中向好，结构调整不断优化，产业升级势头初显，质量和效益稳步提升，有力促进了社会信息化发展水平的提高和两化深度融合，并为国民经济在新常态下保持平稳运行发挥了积极作用。

【规模与地位】

产业规模稳步扩大。2014 年，我国规模以上电子信息产业企业个数超过 5 万家，其中电子信息制造业企业 1.87 万家，软件和信息技术服务业企业 3.8 万家。全年完成销售收入总规模达到 14 万亿元，同比增长 13%；其中，电子信息制造业实现主营业务收入 10.3 万亿元，同比增长 9.8%；软件和信息技术服务业实现软件业务收入 3.7 万亿元，同比增长 20.2%，如图 1 所示。

电子信息制造业领先于全国工业。2014 年，我国规模以上电子信息制造业增加值增长 12.2%，高于同期工业平均水平 3.9 个百分点，在全国 41 个工业行业中增速居第 7 位；收入和利润总额分别增长 9.8%和 20.9%，高于同期工业平均水平 2.8 人和 17.6 个百分点，占工业总体比重分别达到 9.4%和 7.8%，比 2013 年提高 0.3 个和 1.2 个百分点，如图 2 所示。

软件业比重持续提高。2014 年，我国规模以上电子信息产业中，软件和信息技术服务业收入增速快于电子信息制造业 10 多个百分点，软件业比重达到 26.6%，比 2013 年提高 1.6 个百分点，比“十一五”末提高 9.1 个百分点，对传统制造业的渗透带动作用进一步增强，如图 3 所示。

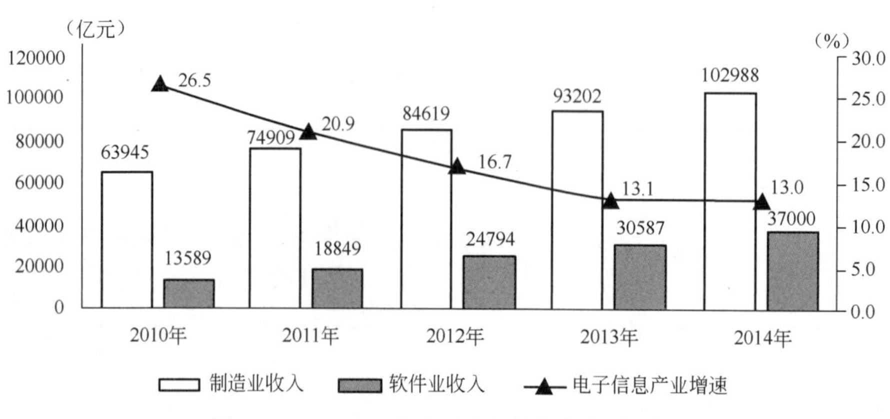

图 1　2010—2014 年我国电子信息产业增长情况

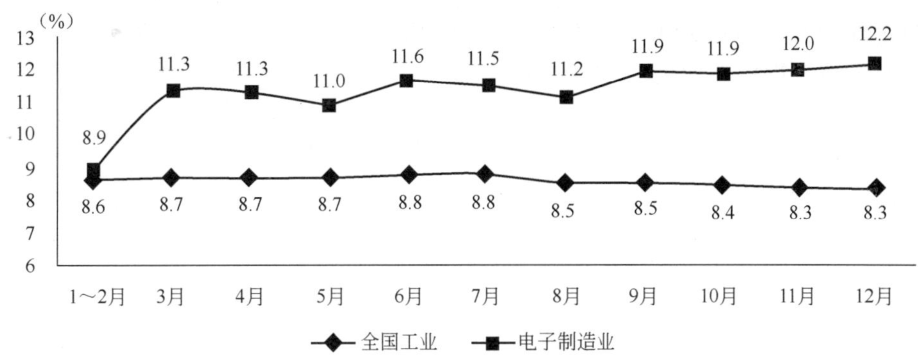

图 2 2014 年电子信息制造业与全国工业增加值累计增速对比

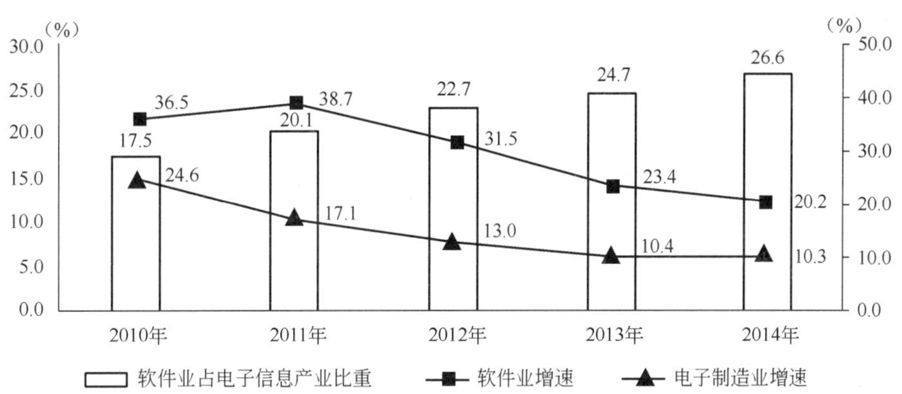

图 3 2010—2014 年我国软件产业占电子信息产业比重变化

主要电子信息产品产量稳步增长。2014 年，我国共生产手机、微型计算机和彩色电视机 16.3 亿部、3.5 亿台和 1.4 亿台，分别增长 6.8%、-0.8% 和 10.9%，占全球出货量比重均达半数以上；生产集成电路 1015.5 亿块，增长 12.4%，增速比上年提高 7.1 个百分点。

软件技术服务发展迅速。2014 年，我国软件和信息技术服务业中，信息技术咨询服务、数据处理和运营类服务收入分别增长 22.5%和 22.1%，增速高出全行业平均水平 2.3 人和 1.9 个百分点；占软件业比重分别达 10.3%和 18.4%，同比提高 0.2 个百分点和 0.3 个百分点。

【固定资产投资】

投资总额增长放缓。2014 年，我国电子信息制造业 500 万元以上项目完成固定资产投资额 12065 亿元，同比增长 11.4%，增速比 2013 年下降 1.5 个百分点，低于同期工业投资增速 1.5 个百分点，如图 4 所示。

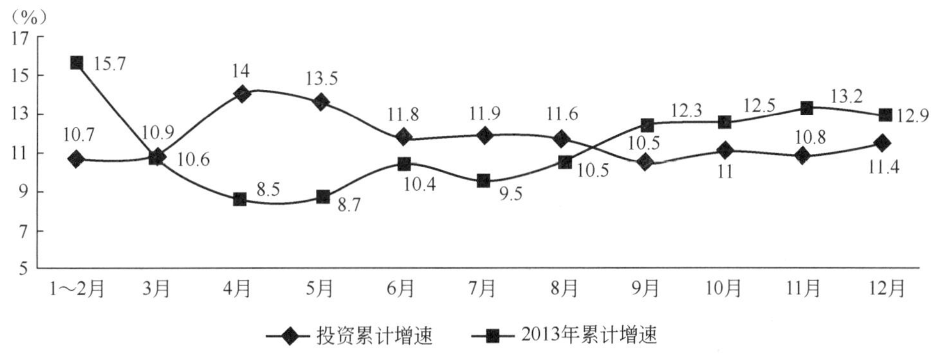

图 4 2014 年电子信息产业固定资产投资累计增速

投资结构持续改善。分行业看，在信息产业移动化趋势下，通信设备行业完成投资 1085 亿元，同比增长 21%，成为全行业投资增速最快领域，电子元器件、专用设备等上游产业投资增速快于全行业平均水平，特别是集成电路行业在上年基数较高的情况下，完成投资额 644.5 亿元，同比增长 11.4%；分地区看，中西部地区投资加速明显，分别完成投资 3959 亿元和 2013 亿元，同比增长 16.9%和 22.1%，高于平均水平 6.5 个和 10.7 个百分点，比重均提高 1.5 个百分点；从投资主体看，内资企业完成投资 9986 亿元，同比增长 13.8%，增速高于平均水平 2.4 个百分点，比重达到 82.8%，比 2013 年提高 1.8 个百分点。

投资新增长点有待培育。2014 年，我国电子信息制造业 500 万元以上本年新开工项目 8028 个，同比增长 1.0%，增速比 2013 年回落 4 个百分点。其中，项目最集中的电子元件行业新开工项目数下滑 3.4%，但通信终端设备、家用视听设备行业新开工项目数增长 8.2%和 26.2%；分区域看，江苏仍是新开工项目最为集中的地区，增长 2.1%，广东、陕西二省新开工项目分别增长 35.4%和 36.8%，甘肃、青海等省区增长也较快。

【国内市场】

内销比重进一步提升。2014 年，我国规模以上电子信息制造业实现销售产值 103902 亿元，其中内销产值 51883 亿元，同比增长 14.9%，高于出口交货值 8.9 个百分点；内销产值占销售产值比重（49.9%）接近一半，比 2013 年提高 1.6 个百分点；内销产值对电子信息制造业的贡献率达到 69.5%，如图 5 所示。

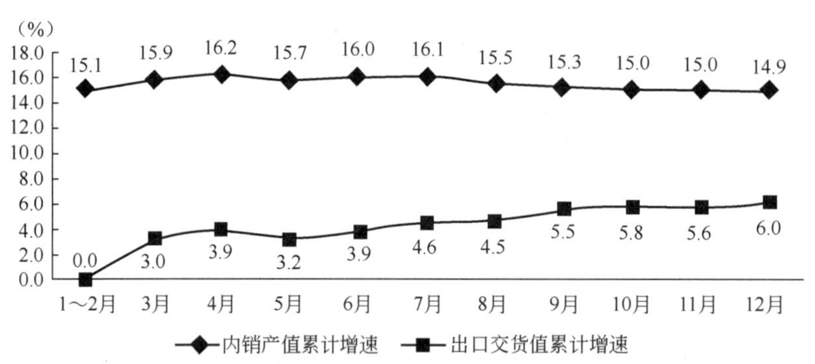

图 5 2014 年电子信息制造业内外销产值累计增速对比

内需市场对产业影响增强。2014 年，随着国内面板、集成电路及部分电子元件产业的升级，电子元器件的国内配套率明显提高，电子元件和电子器件行业的内销产值占比达 57.5%和 39.4%，分别比 2013 年提高 2.6 个和 2.5 个百分点；整机类行业国际化竞争激烈，国内外市场对通信设备和家用视听行业的影响较为均衡，其内销产值占比分别为 52.2%和 53.8%，计算机行业内销产值占比仅 23.6%。此外，内资企业的内销产值占比达 80.7%，中、小型企业内销产值占比 72.2%，对国内市场的依赖度仍较高；三资企业和大型企业内销比例均不同程度提高。

【进出口贸易】

电子信息产品进出口下滑中逐步回升。2014 年，我国电子信息产品进出口总额达 13237 亿美元，同比下降 0.5%，增速低于全国外贸进出口 3.9 个百分点；其中，出口 7897 亿美元，同比增长 1.2%，占全国外贸出口比重为 33.5%，比 2013 年下降 1.8 个百分点。进口 5340 亿美元，同比下降 2.8%，占全国外贸进口比重为 27.1%，比 2013 年下降 1.1 个百分点。贸易顺差 2557 亿美元，同比增长 10.7%，占全国外贸顺差的 66%，如图 6 所示。

软件出口增速回落。2014 年，软件和信息技术服务业实现出口 545 亿美元，同比增长 15.5%，比 2013 年下降 3.5 个百分点，如图 7 所示。其中嵌入式系统软件出口和外包服务出口增长平稳，同比增长 11.1%和 14.9%，分别比 2013 年提高 8.9 个百分点和 1 个百分点。

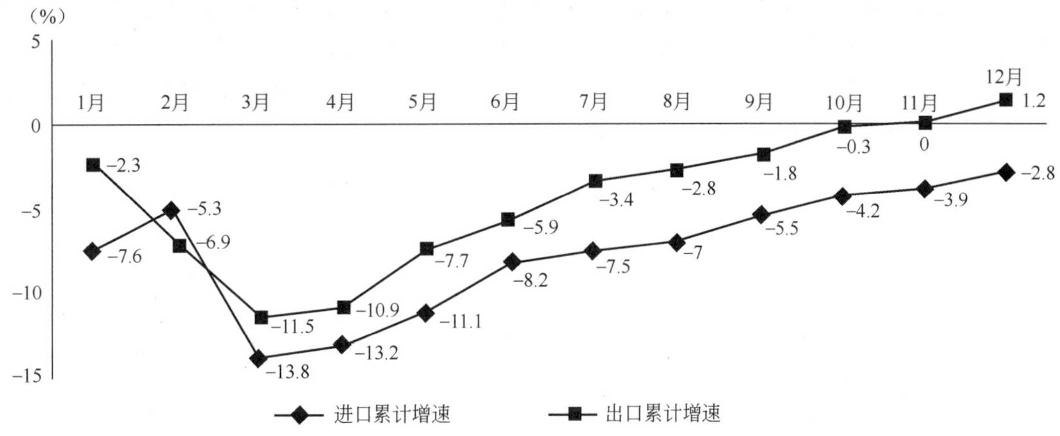

图 6 2014 年我国电子信息产品进出口累计增速

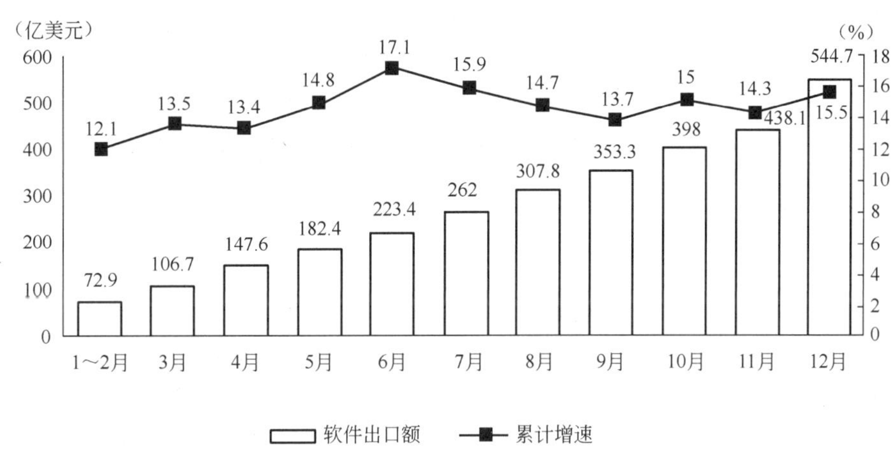

图 7 2014 年我国软件业出口增长

外贸方式、市场及主体多元化发展。在贸易方式上，一般贸易比重持续提高，出口额 1784 亿美元，增长 17.8%，增速高于平均水平 16.6 个百分点，比重（22.6%）比 2013 年提高 3.2 个百分点，保税仓库进出境货物及边境小额贸易等贸易方式出口增势突出，分别增长 55.6%和 61.4%；在贸易主体上，内资企业出口 2136 亿美元，下降 0.4%，其中民营企业下降较多，但国有和集体企业保持 7.2%和 18.6%的增长；在贸易伙伴结构上，对主要贸易伙伴出口延续增长态势，对新兴市场的开拓速度加快，对越南、阿联酋和俄罗斯的出口增速达到 25.4%、34.3%和 14%；在区域结构上，部分中、西部省市出口增势迅猛，重庆、陕西、安徽和江西出口增速达到 24.1%、77.2%、84%和 67.9%，内蒙古、宁夏、贵州等省份出口增速则超过 100%。

【结构调整】

内资企业贡献率提高。2014 年，我国规模以上电子信息制造业中，内资企业实现销售产值 38078 亿元，同比增长 20.7%，高出全行业平均水平 10.4 个百分点，在全行业中占比提高至 36.6%，对全行业贡献率达 67.5%，比 2013 年高 15.6 个百分点。三资企业实现销售产值 65824 亿元，同比增长 5.1%，增速低于平均水平 4.7 个百分点，如图 8 所示。

中西部发展持续推进。2014 年，我国规模以上电子信息制造业中，中、西部地区分别实现销售产值 12574 亿元和 9376 亿元，同比增长 25.9%和 26.2%，增速高于平均水平 15.6 个和 15.9 个百分点，在全国所占总比重达到 21.1%，比 2013 年提高 2.1 个百分点；中、西部地区软件业务收入增长26.7%和23.5%，增速高出全国平均水平6.5个和3.3个百分点，在全国所占比重达15.2%，比2013年提高0.5个百分点。东部和东北地区电子信息制造业分别完成销售产值80524亿元和1428亿元，增长6.8%和0.2%，增速低于全国平均水平3.5个和10.1个百分点；东部和东北地区软件业平稳增长，增速分别为20.5%和11.6%，如图9所示。

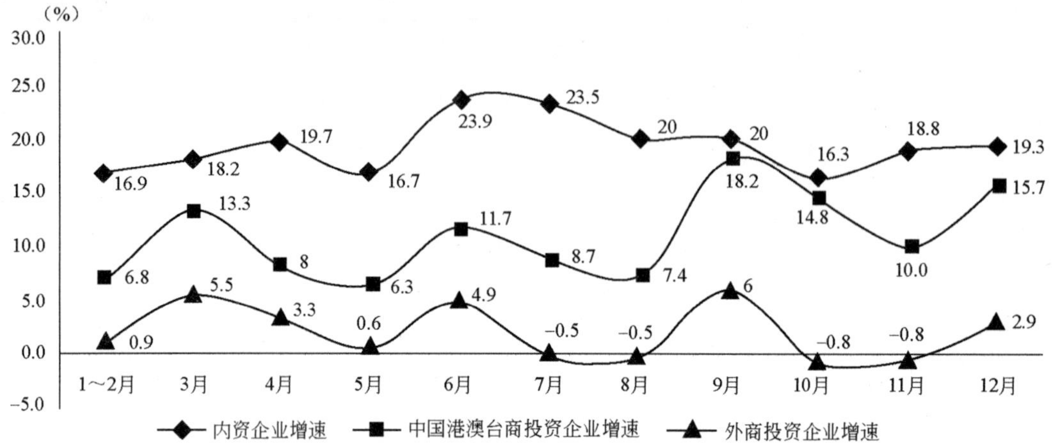

图8　2014年电子信息制造业不同性质企业销售产值分月增速对比

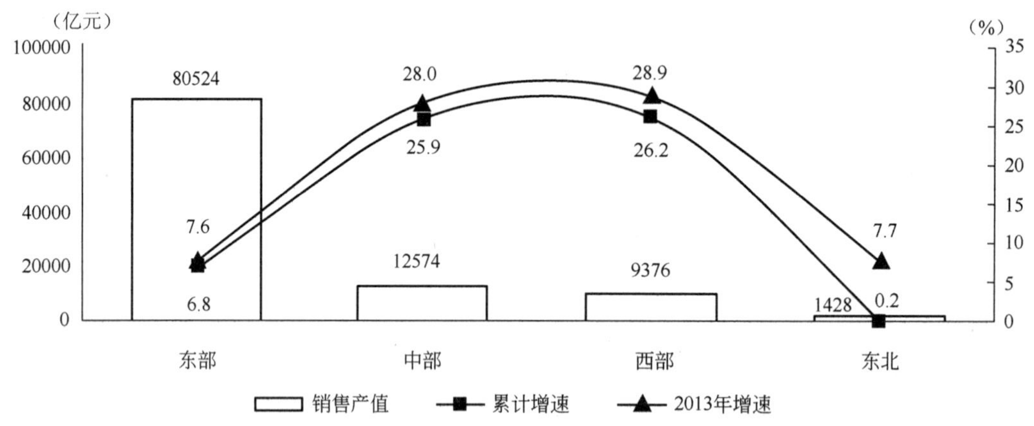

图9　2014年东、中、西、东北部电子信息制造业发展态势对比

软件业延续在中心城市集聚发展的特点。2014年，全国4个直辖市和15个中心城市合计软件业务收入超过3万亿元，占全国比重达81%，其中超过1000亿元的城市已达到11个，比2013年增加1个。15个中心城市软件业务收入增速达21.1%，高于全国平均水平0.9个百分点。

电子信息产品智能化趋势凸显。据对重点生产企业的监测显示，国内生产的手机中智能手机的比例已经超过70%，彩电中智能电视的占比超过40%，智能手表、智能眼镜等新型可穿戴设备及智能家居等领域快速成长。

【经济效益】

产业效益逐步向好。2014年，我国规模以上电子信息制造业实现利润总额5052亿元，同比增长20.9%。产业平均销售利润率4.9%，低于工业平均水平1个百分点，但比2013年提高0.4个百分点；每百元主营业务收入中平均成本为88.4元，仍高于工业平均成本2.8元，但比2013年下降0.2元；产成品存货周转天数为12.2天，低于工业1.1天。全行业亏损企业的亏损额下降20.4%。

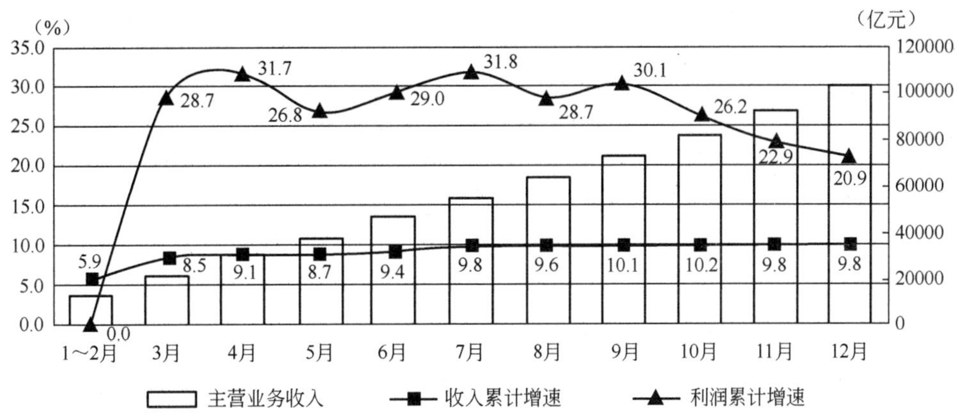

图 10　2014 年我国规模以上电子信息制造业收入及利润情况

赢利能力不断提高。2014 年，我国规模以上电子信息制造业每百元资产实现的主营业务收入为 136.8 元，高于工业 11.6 个百分点；平均总资产贡献率为 10.1%，比 2013 年提高 0.2 个百分点；资产负债率为 57.8%，比 2013 年下降 0.5 个百分点。

支撑效益增长的重要力量持续增强。从主体看，内资企业占全行业收入和利润的比重达到 36.4%和 47.7%，分别比 2013 年提高 3.3 个和 0.4 个百分点，对全行业效益增长的贡献率超过 50%；从规模看，小型企业继续保持较强的发展活力，收入和利润增速分别为 19.1%和 27.1%，高于平均水平 9.3 个和 6.2 个百分点，对全行业效益增长的贡献率达 30%左右；从分行业看，部分行业效益增长较快，通信设备行业收入和利润增长达到 17.3%和 22.6%，远超行业平均水平，电子元器件、专用设备行业效益也较为良好。

【科研创新】

企业创新意识和能力不断增强。2014 年，第 28 届中国电子信息百强企业和第 13 届软件业务收入前百家企业研发投入强度分别达 4.8%和 6.5%，高出行业平均水平 2 个和 1.5 个百分点，全年研发经费增长均超过收入增速。企业专利成果丰硕，华为首次进入全球创新机构百强，京东方 2014 年新增专利申请量超过 5000 件。参与国际标准制定的话语权不断增强，2014 年我国积极主导制定了在云计算、物联网、射频连接器、同轴通信电缆等领域的国际标准，对自主技术和产品走出去起到了重要的推动作用。

在重点技术领域不断取得突破。集成电路领域，28 纳米处理器成功制造；国内首款智能电视 SoC 芯片研发成功并量产，改变了我国智能电视缺芯局面。国内首条、世界第二条 8 英寸 IGBT（绝缘栅双极型晶体管）专业生产线建成投产，打破国外垄断，有效提升我国在船舶、电网及轨道交通车辆方面的智能化水平。自主可控国产软件系统已基本具备国产化替代能力，上下游企业“抱团”竞争，应用推广取得新进展。

2014 年，国民经济迎来“新常态”发展的历史性新起点，经济增长从高速转向中高速发展阶段，国内外环境错综复杂，经济发展面临不少困难和挑战。我国电子信息产业发展的基本面仍较为良好，但是处于加快转型升级的关键阶段，长期结构性问题、关键技术受制问题与短期困难相互交织，形势较为复杂，提升产业发展质量和效益的任务仍较为艰巨。下一阶段，需要认真贯彻落实中央经济工作会议精神和党中央、国务院各项决策部署，坚持稳中求进，坚持以提高产业发展质量和效益为中心，主动适应经济发展新常态；贯彻创新驱动发展战略，积极培育信息消费，发展智能制造，促进两化融合，为国家信息安全做好支撑；加强科学监测，做好形势预判并及时采取应对措施，推进电子信息产业持续健康发展。

【附表】

2014 年电子信息产业主要指标完成情况

	单 位	全年完成额	增 速（%）
一、规模以上电子信息制造业			
主营业务收入	亿元	102988	9.8
利润总额	亿元	5052	20.9
税金总额	亿元	2021	9.2
固定资产投资额	亿元	12065	11.4
电子信息产品进出口总额	亿美元	13237	-0.5
其中：出口额	亿美元	7897	1.2
进口额	亿美元	5340	-2.8
二、软件和信息技术服务业			
软件业务收入（快报数据）	亿元	37235	20.2
三、主要产品产量			
手机	万部	162719.8	6.8
微型计算机	万台	35079.6	-0.8
彩色电视机	万台	14128.9	10.9
其中：液晶电视机	万台	13865.9	13.3
集成电路	亿块	1015.5	12.4

通信运营业发展与创新

2014 年，我国通信运营业认真贯彻落实中央稳增长、促改革、调结构、惠民生、防风险等政策措施，深入推进“宽带中国”战略，提升 4G 网络和宽带基础设施水平，积极发展移动互联网、IPTV 等新型消费，全面服务国民经济和社会发展，全行业保持健康发展。

【规模与地位】

行业运行平稳，业务总量与收入增速差距拉大。经初步核算，2014 年电信业务收入完成 11541.1 亿元，按可比口径测算同比增长 3.6%，比 2013 年回落 5.1 个百分点，如图 1 所示。电信业务总量完成18149.5亿元，同比增长16.1%，比2013年提高0.7个百分点。电信业务总量与电信业务收入增长的剪刀差由2012年的1.8个百分点持续拉大至12.5个百分点。电信综合价格指数同比下降10.8%。

行业转型步伐加快，用户结构和业务增长日趋优化。2014年，行业发展对话音业务的依赖大幅减弱，非话音业务收入占比由2013年的53.2%提高至58.2%；移动数据及互联网业务收入对收入增长的贡献率突破100%，占电信业务收入的比重从2013年的17%提高至23.5%。移动宽带（3G/4G）用户加快发展，高速率宽带用户占比提升明显。移动宽带用户在移动用户中的渗透率达到45.3%，比2013年提高12.6个百分点；8Mbps以上宽带用户占比达40.9%，光纤接入（FTTH/0）用户占宽带用户的比重突破1/3。融合业务发展渐成规模，截至12月底，IPTV用户达3363.6万户。

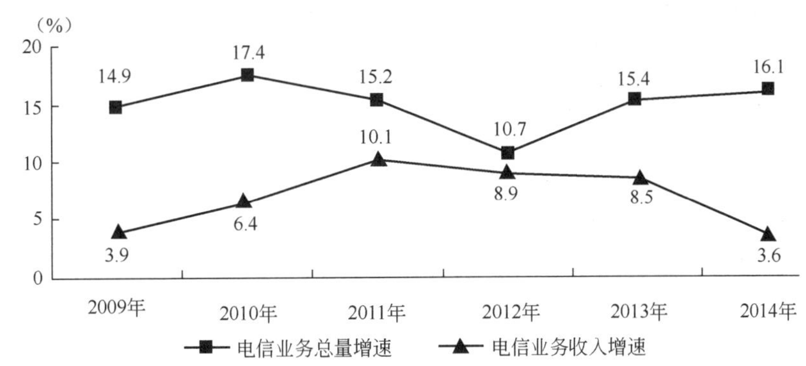

图1 2009—2014年电信业务总量与业务收入增长情况

【用户规模】

移动电话普及率稳步提升，10省市突破100部/百人。2014年，全国电话用户净增3942.6万户，总数达到15.36亿户，增长2.6%，比2013年回落5个百分点。其中，移动电话用户净增5698万户，总数达12.86亿户，移动电话用户普及率达94.5部/百人，比2013年提高3.7部/百人。全国共有10省市的移动电话普及率超过100部/百人，分别为北京、辽宁、上海、江苏、浙江、福建、广东、海南、内蒙古和宁夏，其中海南、宁夏首次突破100部/百人。固定电话用户总数2.49亿户，比2013年减少1755.5万户，普及率下降至18.3部/百人，如图2所示。

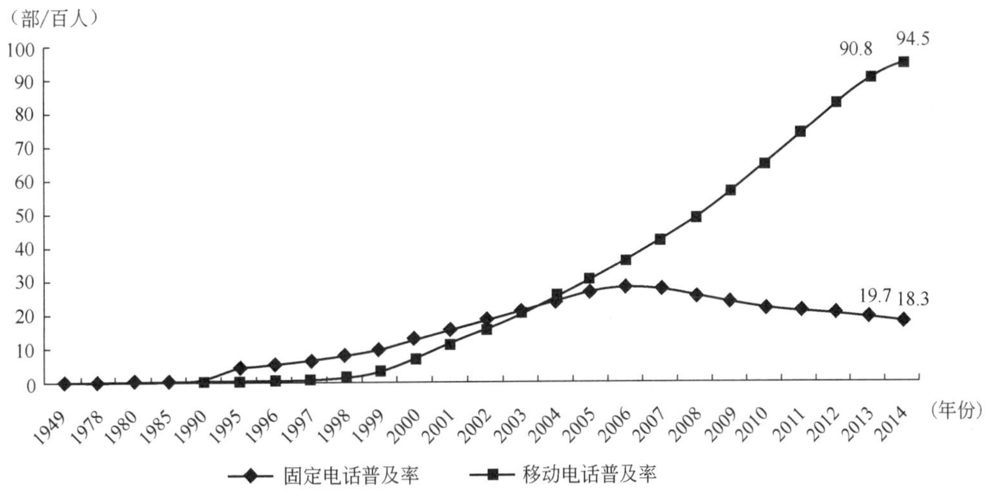

图2 1949—2014年固定电话、移动电话用户发展情况

移动用户结构加速优化，4G移动电话用户发展迅速。2014年，2G移动电话用户减少1.24亿户，是2013年净减数的2.4倍，占移动电话用户的比重由2013年的67.3%下降至54.7%。4G用户发展速度超过3G用户，新增4G和3G移动电话用户分别为9728.4万户和8364.4万户，总数分别达到9728.4万户和48525.5万户，在移动电话用户中的渗透率达到7.6%和37.7%。其中，TD-SCDMA和TD-LTE用户总净增1.43亿户，比2013年净增数多4000万户，在用户增量、总量中的份额达到79.1%和57.4%。

光纤接入用户和高速率宽带用户占比提升明显。2014年，三家基础电信企业固定互联网宽带接入用户净增1157.5万户，比2013年净增减少748.1万户，总数突破2亿户。宽带城市建设继续推动光纤接入的普及，光纤接入（FTTH/0）用户净增2749.3万户，总数达6831.6万户，占宽带用户总数的比重比2013年提高12.5个百分点达到34.1%。8Mbps以上、20Mbps以上宽带用户总数占宽带用户总数的比重分别达40.9%、10.4%，比2013年提高18.3个、5.9个百分点。城乡宽带用户发展差距依然较大，城市宽带用户净增1021万户，是农村宽带用户净增数的7.5倍。

【网络基础设施】

宽带基础设施日益完善，“光进铜退”趋势明显。2014年，互联网宽带接入端口数量突破4亿个，比2013年净增4160.1万个，同比增长11.5%。互联网宽带接入端口“光进铜退”趋势更加明显，xDSL端口比2013年减少968.7万个，总数达到1.38亿个，占互联网接入端口的比重由2013年的41%下降至34.3%。光纤接入（FTTH/0）端口比2013年净增4763.9万个，达到1.63亿个，占互联网接入端口的比重由2013年的32%提升至40.6%，如图3所示。

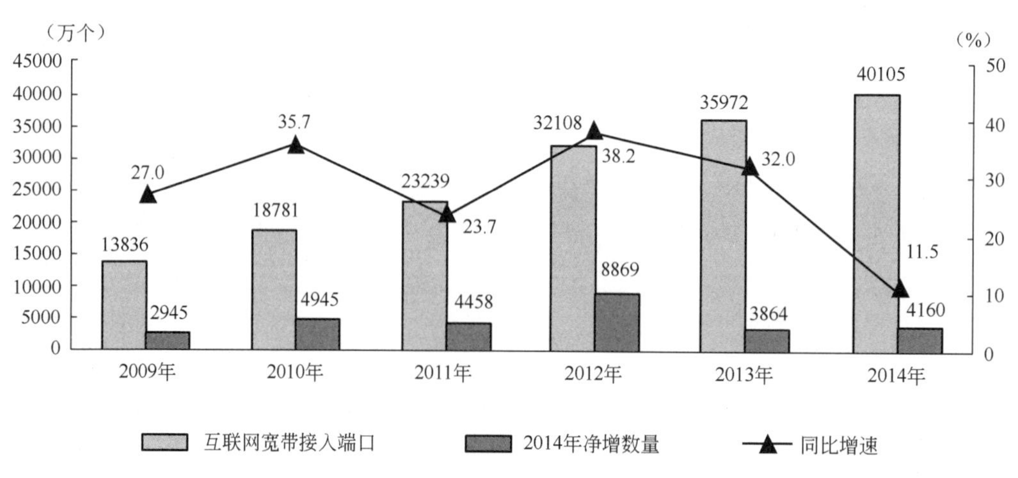

图3　2009—2014年互联网宽带接入端口发展情况

移动通信设施建设步伐加快，移动基站规模创新高。2014年，随着4G业务的发展，基础电信企业加快了移动网络建设，新增移动通信基站98.8万个，是2013年同期净增数的2.9倍，总数达339.7万个，如图4所示。其中，3G基站新增19.1万个，总数达到128.4万个，移动网络服务质量和覆盖范围继续提升。WLAN网络热点覆盖继续推进，新增WLAN公共运营接入点（AP）30.9万个，总数达到604.5万个，WLAN用户达到1641.6万户。

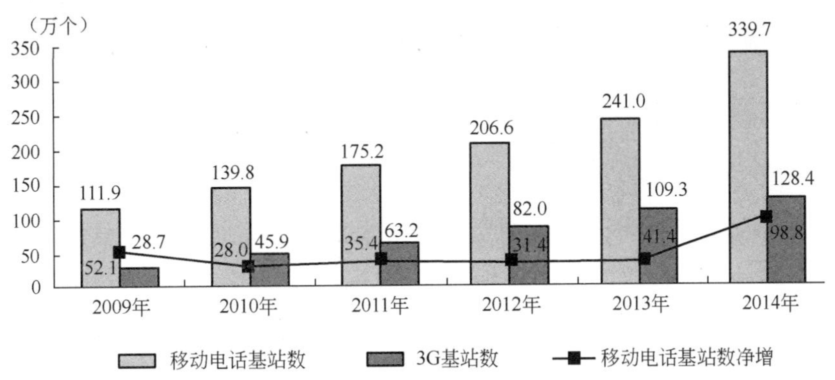

图 4　2009—2014 年移动电话基站发展情况

传输网设施不断完善，本地网光缆规模与增长居首。2014 年，全国新建光缆线路 300.7 万千米，光缆线路总长度达到 2046 万千米，同比增长 17.2%，比 2013 年同期回落 0.7 个百分点，整体保持较快的增长态势。全国新建光缆中，接入网光缆、本地网中继光缆和长途光缆线路所占比重分别为 46.8%、48.7%和 4.5%。接入网光缆和本地网中继光缆长度同比增长 16.6%和 19.4%，分别新建 136.1 万千米和 160.7 万千米；长途光缆保持小幅扩容，同比增长 3.4%，新建长途光缆长度达 3.8 万千米。

【固定资产投资】

投资完成额创 6 年新高，同比增长 6.3%。2014 年，全行业固定资产投资规模完成 3992.6 亿元，达到自 2009 年以来投资水平最高点。投资完成额比 2013 年增加 238 亿元，同比增长 6.3%，比 2013 年增速提高 2.4 个百分点，如图 5 所示。

移动通信投资比重加大，同比增长超过 20%。2014 年，移动投资稳占电信投资的重点，完成投资 1618.5 亿元，同比增长 20.2%，占全部投资的比重达 40.5%，比 2013 年提高 4.6 个百分点。传输投资比重逐步加大，其中，传输投资完成 967 亿元，同比增长 1.6%，占比达到 24.2%。互联网及数据通信投资规模与占比有所下降，完成 398.6 亿元，同比下降 22.1%，占比由 2013 年的 13.6% 下降至 10%。

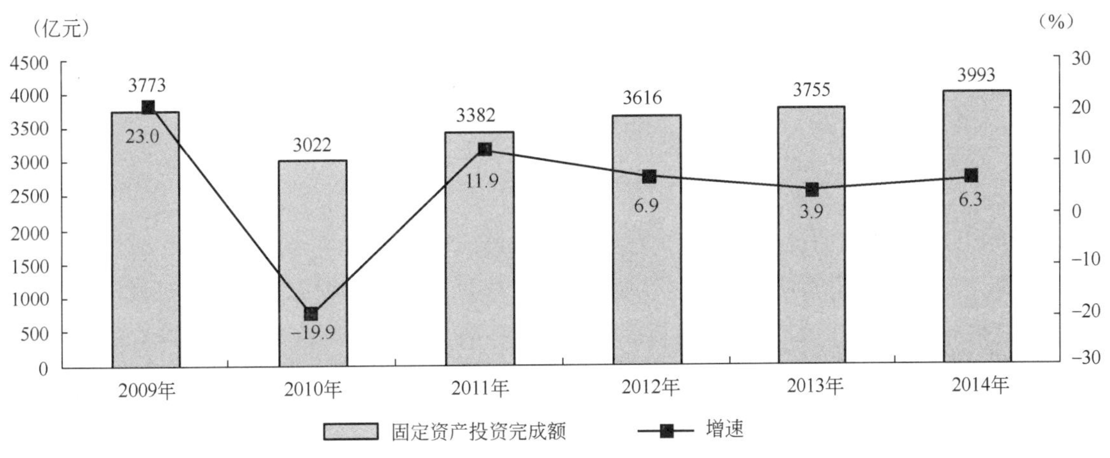

图 5　2009—2014 年电信固定资产投资完成情况

网络与信息安全

2014年以来，我国网络与信息安全呈现新的发展局面，国家信息安全管理体制进一步完善，网络空间法治建设步伐明显加快，酝酿和出台了一批法律法规和重要政策，举办了一系列具有广泛影响的全国性活动，基础信息网络继续保持平稳运行态势，公共网络规范治理成效显著。但我国网络空间的安全形势依然十分严峻，各种网络攻击、入侵、信息窃取、网络恐怖主义、网络犯罪活动等，对我国网络空间安全仍构成严重威胁。

【基本状况】

基础信息网络运行保持总体平稳，防护水平进一步提升。根据国家计算机网络应急技术处理协调中心（CNCERT）发布的报告，2014年，围绕基础信息网络的安全防护措施落实、网络数据安全、用户个人电子信息保护等，行业主管部门继续推进基础网络的安全防护工作，各基础电信企业不断加大网络安全投入，加强体系、制度和手段建设。根据抽查结果，各企业符合性测评平均得分均达到90分以上，风险评估检查发现的单个网络或系统的安全漏洞数量较2013年下降72%，检查发现问题的难度也进一步加大。我国境内木马僵尸网络感染主机数量稳步下降。据抽样监测，2014年我国境内感染木马僵尸网络的主机为1108.8万余台，较2013年下降2.3%，境内木马僵尸控制服务器6.1万余个，较2013年下降61.4%。2014年，在工业和信息化部的指导下，CNCERT协调基础电信企业、域名服务机构等成功关闭744个控制规模较大的僵尸网络，累计处置767个恶意控制服务器和恶意域名，成功切断黑客对98万余台感染主机的控制，有力净化了网络安全环境。

公共网络规范治理取得明显成效。2014年6月20日，国家互联网信息办公室召开铲除网上暴恐音视频专项行动动员会，集中封堵境外暴恐音视频，在全国开展全网清理网上暴恐音视频、查处一批违法网站和人员、落实企业管理责任、畅通民间举报渠道等行动。2014年下半年，北京警方以群众反映强烈、严重影响社会治安秩序的网上治安问题为重点，全力开展网上违法信息清理、涉网违法犯罪打击、网上治安问题综合治理工作。共清理网上违法信息1000余万条，破获涉网案件2900余起，抓获违法犯罪嫌疑人6200余名，网络110违法犯罪线索举报日均同比下降12%。2014年4月至9月，工业和信息化部联合公安部、工商总局开展打击治理移动互联网恶意程序专项行动，CNCERT、基础电信企业、域名注册服务机构、安全企业、应用商店和数字认证服务企业等多家单位积极参与，取得明显成效。专项行动期间，及时有效处置了“××神器”病毒大规模传播事件，协调处置移动恶意程序控制服务器和传播源链接1.01万个；开办主体主动关停或监管部门依法关停应用商店283家；中国互联网协会反网络病毒联盟（ANVA）、电子认证服务机构、应用商店、手机安全软件厂商和手机终端生产企业等多方力量联合，试点开展移动应用程序开发者第三方数字证书签名与验证，以实现移动应用程序的防篡改和可溯源；持续推进自律黑白名单共享工作，发布移动恶意程序黑名单4.9万条、传播地址黑名单1187条，发布中国农业银行、奇虎360、百付宝、搜房4张移动互联网应用自律白名单证书。

通过有效的宣传普及，社会大众对网络安全风险的认识和防范意识得到提高。2014 年 11 月 24 日，中央网信办和有关职能部门共同在北京启动了首届国家网络安全宣传周，各省、自治区、直辖市也同期举办相关主题活动，在全国掀起网络安全宣传的高潮。宣传周以“共建网络安全，共享网络文明”为主题，围绕金融、电信、电子政务、电子商务等重点领域和行业网络安全，针对社会公众关注的热点问题，举办网络安全体验展等系列主题宣传活动，全面展示我国网络安全工作的新成就、新进展、新成效，普及网络使用的安全知识和基本的网络安全防护技能。

基础网络设备仍存在较多安全漏洞风险。随着基础网络安全防护工作的深入推进，发现和处置的深层次安全风险和事件逐渐增多。2014 年，CNCERT 协调处置涉及基础电信企业的漏洞事件 1578 起，是 2013 年的 3 倍。国家信息安全漏洞共享平台（CNVD）收录与基础电信企业软硬件资产相关的漏洞 825 个，其中与路由器、交换机等网络设备相关的漏洞占比达 66.2%，主要包括内置后门、远程代码执行等类型。涉及重要行业和政府部门的高危漏洞事件增多。2014 年，CNVD 收录并发布各类安全漏洞 9163 个，较 2013 年增长 16.7%，平均每月新增收录漏洞 763 个；其中高危漏洞 2394 个，占 26.1%，可诱发零日攻击（披露时厂商未提供补丁）的漏洞 3266 个，占 35.6%。漏洞研究者对重要企事业单位信息系统安全问题的关注程度日益提升，在 2014 年收录的漏洞中，涉及电信行业的占 9%，涉及工控系统的占 2%，涉及电子政务的占 1.9%，CNCERT 全年向政府机构和重要信息系统部门通报漏洞事件 9068 起，较 2013 年增长 3 倍。

域名系统面临的拒绝服务攻击威胁进一步加剧。据抽样监测，2014 年针对我国域名系统的流量规模达 1Gbps 以上的拒绝服务攻击事件日均约 187 起，约为 2013 年的 3 倍，攻击目标上至国家顶级域名系统，下至 CDN 服务商的域名解析系统。与往年相比，攻击发生频率更高、流量规模更大。6 月，我国某权威新闻网站的域名服务器遭受拒绝服务攻击，峰值流量达 1.6Gbps。同月，国内某主要 CDN 服务商的域名服务器遭到大规模异常流量攻击，由于其承载国内大量重要网站的 CDN 加速服务，导致对这些网站的访问均受到严重影响。10 月，国家.cn 顶级域名系统继 2013 年 8 月 25 日之后再次遭受大规模流量攻击，由于系统加强了安全防护措施，未受到严重影响，但反映出我国顶级域名系统面临的严峻外部威胁。12 月，我国多个省份的递归域名解析服务器受到攻击，造成部分地区的互联网使用受到影响。

网络攻击威胁日益向工业互联网渗透。针对工业控制系统的攻击方法和手段逐渐成熟，有能力影响物理生产运行环境。根据国际有关机构披露，2014 年 9 月出现一种远程木马“Havex”，它利用 OPC 工业通信技术，具有很强的针对性，其主要功能是扫描发现工业系统联网设备，收集工控设备详细信息并秘密回传，预置后门并在必要时接收、执行控制端发送的恶意代码，全球能源行业的数千个工业控制系统曾被其入侵。据监测，我国境内已有部分 IP 地址感染了该恶意程序，所对应的控制端均位于境外，并存在部分 IP 地址持续向控制端发送信息的情况。

针对政府部门和重要行业单位网站的攻击频度、烈度和复杂度增加。据监测，2014 年我国境内被篡改的政府网站 1763 个，被植入后门的政府网站 1529 个，分别占全部被篡改网站的 4.8%和全部被植入后门网站的 3.8%。针对我国政府部门网站的攻击依然频繁。“匿名者”等黑客组织先后篡改了我国 400 余个网站，在针对中国大陆和香港政府网站的“OpHongKong”攻击行动中，黑客组织宣称对我国 150 余个重要政府部门的网站发动大规模攻击，并公布了大量攻击目标的 URL 链接、网站服务器类型、IP 地址等详细信息，据 CNCERT 监测其攻击成功的网站达到 40 余个，除网页篡改和植入后门外，还发现许多技术手段复杂、流量规模大的拒绝服务攻击，以及窃取网站内存储的用户信息并公布的情况，严重影响网站的正常运行。

围绕互联网共治共享的国际交流与合作进一步推进。自 2007 年成立以来，中美互联网论坛已举办 7 届，第 7 届中美互联网论坛于 2014 年 12 月 2 日在华盛顿召开，我国代表发表了主旨演讲，就中美互联网交流提出了要“彼此欣赏而不是互相否定、互相尊重而不是对立指责、共享共治而不是独善其身、沟通互信而不是相互猜疑、合作共赢而不是零和博弈”五点主张。11 月 19 日至 21 日，由我国发起并举办的首届世界互联网大会在浙江乌镇举行。这是我国举办的规模最大、层次最高的互联网大会，旨在搭建中国与世界互联互通的国际平台和国际互联网共享共治的中国平台。大会以“互联互通共享共治”为主题，就“加强国际合作，共同打击网络恐怖主义”、“中外互联网领袖高峰对话”、“网络空间安全和国际合作”、“全球互联网治理”、“网络空间法治化”等重要议题开展了广泛交流。

【保障工作】

中央成立了网络安全和信息化领导小组。2014 年 2 月 27 日，中央成立了网络安全和信息化领导小组，统筹协调涉及经济、政治、文化、社会及军事等各个领域的网络安全和信息化重大问题，研究制定网络安全和信息化发展战略、宏观规划和重大政策，推动国家网络安全和信息化法治建设，加强了最高决策层对国家网络安全和信息化工作的决策指挥和统筹协调，国家信息安全管理体制进一步完善，也标志着我国网络安全保障进入“一把手”时代，迎来新的发展阶段。

网络空间法治建设步伐加快。2014 年 1 月 17 日，国务院总理签署《中华人民共和国保守国家秘密法实施条例》（国务院令第 646 号），自 2014 年 3 月 1 日起实施。2014 年 4 月 14 日，十二届全国人大常委会第二十一次委员长会议通过了全国人大常委会 2014 年立法工作计划，明确将制定《网络安全法》。2015 年 6 月，全国人大常委会第十五次会议初次审议了《中华人民共和国网络安全法（草案）》，并面向社会公开征求意见。2014 年 11 月 11 日，十二届全国人大常委会通过了《中华人民共和国反间谍法》，以现行国家安全法的内容为基础，突出反间谍工作特点。2015 年 7 月 01 日，《中华人民共和国国家安全法》经十二届全国人大常委会第十五次会议通过，正式发布并于发布之日起实施。该法第二十五规定：“国家建设国家网络与信息安全保障体系，提升网络与信息安全保护能力，加强网络和信息技术的创新研究和开发应用，实现网络和信息核心技术、关键基础设施和重要领域信息系统及数据的安全可控；加强网络管理，防范、制止和依法惩治网络攻击、网络入侵、网络窃密、散布违法有害信息等网络违法犯罪行为，维护国家网络空间主权、安全和发展利益。”

制定实施网络安全审查制度，加大安全可控管理力度。2014 年 5 月我国政府宣布，为维护国家网络安全、保障中国用户合法利益，我国将推出网络安全审查制度，对关系国家安全和公共利益的系统所使用的重要技术产品和服务，实施网络安全审查。审查的重点在于产品的安全性和可控性，旨在防止产品提供者利用提供产品的方便，非法控制、干扰终端用户系统，非法收集、存储、处理和利用用户有关信息，对不符合安全要求的产品和服务，将不得在中国境内使用。并首先启动了云计算服务安全审查的试点示范工作，组织起草了《云计算服务安全指南》和《云计算服务安全能力要求》两项国家标准，召开了标准宣贯专题会议，借鉴美国政府的实施经验针对政府使用的云计算服务开展安全审查工作。与此同时，中央国家机关政府采购中心发布《关于进行信息类协议供货强制节能产品补充招标的通知》，对中央国家机关政府采购中心本期协议供货的便携式计算机、平板电脑、台式计算机、一体机、激光打印机、平推打印机、滚筒打印机 7 个品目的强制节能产品品目进行补充招标，要求所有计算机类产品不允许安装 Windows 8 操作系统。

开展国家级重要信息系统和重点网站安全执法检查。2014 年年底，公安部、国家发改委和财政部联合印发通知，明确要求对 500 个国家级重要信息系统的所在单位每年开展一次网络安全执法检查。

大力加强信息安全标准化工作，信息安全标准体系进一步完善。2014 年，全国信息安全标准化技术委员会结合国家网络安全保障重点工作，加强了关键急需标准的制修订，加大标准应用推广力度，批准发布了 2 项云计算服务安全国家标准、审查待发布标准 25 项，形成国家标准报批稿 27 项。组织开展了 2014—2015 年度信息安全国标计划申报工作，共征集项目提案 128 项，确定了 22 项标准制定项目、7 项标准修订项目和 9 项标准研究项目，批准立项信息安全国标制修订项目 35 项，并研究形成了新的国家信息安全标准体系框架。

结合等级保护测评工作，针对全国等级测评机构，重点行业、部门信息系统运营使用单位的管理人员和技术人员，开展了信息安全等级保护相关标准的宣贯培训活动，推动了等级保护标准的实施应用和等级保护工作。电力、广电、银行、教育、税务、证券、卫生等 20 余个行业根据等级保护有关国家标准，结合行业实际，相继出台了 40 多个行业标准，为行业等级保护工作提供了技术支持。

部委篇

人力资源和社会保障信息化发展概况

2014年，人力资源社会保障部深入贯彻落实党的十八大和十八届三中、四中全会精神，围绕人力资源社会保障改革的新形势新任务，按照部党组“完整、正确、统一、及时、安全”的总要求，坚持“数据向上集中、服务向下延伸”的总原则，以社会保障卡和持卡人员基础信息库建设为引领，全力推动信息系统省级集中建设，增强业务支撑能力，促进信息服务创新，推进人力资源社会保障信息化建设快速、协调、安全、可持续发展。

【信息化基础设施建设进一步完善】

部、省两级数据中心的实时业务处理能力显著增强，多数省级数据中心具备了省级集中系统和跨地区业务的实时处理能力，市级数据中心业务覆盖面和功能扩展进一步提升。28个省份建立了DNS系统。城域网在向社会保险经办机构、就业服务机构、人事人才服务机构覆盖的同时，加速向街道、社区、乡镇基层服务机构延伸。市级单位、县级单位、街道、社区、乡镇联网率分别为93%、92.9%、93.7%、81.1%、91.2%。11个省份建立了全省集中的数据级灾备，5个省份建立了全省集中的应用级灾备。

【社会保障卡工作实现发用并举】

截至2014年12月底，全国社会保障卡持卡人数达到7.12亿，覆盖52.4%的人口，提前完成全年6.5亿人的发行计划。实际发卡地区覆盖30个省和新疆生产建设兵团的354个地市，覆盖率为92.2%，其中，26个省份已实现所辖地市全部发卡。目前社会保障卡已广泛支持统筹地区范围内的医疗费用持卡即时结算。在此基础上，140个地市进一步实现了医院挂号、诊疗、取药等就医全流程应用，98个地市实现了工伤和生育医疗费用结算应用。在持卡缴费和领取待遇应用中，146个地市实现了领取养老金应用，130个地市实现了个人缴费应用，50个地市实现了领取失业金和工伤、生育津贴应用。此外，部分地区在求职招聘、就业失业登记、享受职业培训补贴、小额担保贷款，以及金融支付、居民健康信息查询、公积金领取等业务中开展了应用。目前28个省份已形成社会保障卡对省内异地就医结算的支撑能力，其中172个地市实现了医院异地就医结算业务，94个地市实现了异地药店购药结算业务，71个地市实现了跨地区金融支付业务，47个地市实现了异地领取养老金业务等。各地结合各类服务渠道广泛开通了社会保障卡服务事项。印发了《人力资源社会保障部关于加快推进社会保障卡应用的意见》（人社部发〔2014〕52号），并在47个地区开展综合应用试点。印发了社会保障卡发行管理流程、密钥载体安全管理办法等制度，进一步规范了对社会保障卡的管理。起草了《具有金融功能的社会保障卡发行和服务流程》，完成社银接口规范研究，推动人社部门与合作商业银行的系统衔接与服务联动。印发《关于开展社会保障卡持卡人员基础信息库建设的通知》（人社部发〔2014〕36号），指导各地加快基础信息资源库建设，构建一体化的系统建设格局，为实现社会保障一卡通创造条件。完成了全国统一的社会保障卡持卡人员基础信息库系统的软件开发，并在13个省份开展持卡人员基础信息库建设试点，进一步推进“一卡通”进程。

【社会保障业务信息化水平持续提高】

为贯彻落实国务院关于建立统一的城乡居民基本养老保险制度的意见，印发了《关于印发城乡居民基本养老保险信息系统功能调整方案的通知》（人社信息函〔2014〕14号）。结合新农保项目，部级平台增加对城乡跨制度转移的支撑功能。截至2014年12月底，社会保险关系转移系统的城镇职工养老保险关系转移，共有30个省份（含新疆生产建设兵团）的321个地市、2627个社保经办机构正式入网，入网地区通过系统办理业务64.37万笔，较2013年增长37%。制定了军人保险关系转移信息系统建设方案，与总后军保中心共同完成了系统开发，在部级平台增加军人退役养老保险关系转移的支撑功能，并与军人保险关系转移系统实现对接。全国72个地级以上城市正式接入流动就业人员基本医疗保险关系转移系统，入网地区2014年通过系统办理转移业务2.5万笔。异地居住人员领取社会保险待遇资格协助认证系统2014年新接入8个省份，共计21个省份参与全国的协助认证工作，上传异地居住人员信息93.85万人，协助认证率为72.82%。基本养老保险参保状态比对查询系统共有30个省份接入，2014年累计查询3542万人次。升级完善了基本医疗保险医疗服务监控系统，初步起草了机关事业单位养老系统建设思路和建设框架，以及全民参保登记、基础养老金全国统筹、商保经办门诊大病等系统支撑方案。

【人力资源应用系统建设稳步推进】

进一步推进就业监测系统使用和技术支持工作。启动了就业监测系统二期项目建设工作。进一步推动全国招聘信息公共服务平台建设，开展了网站改版升级建设，截至2014年12月底，联网机构覆盖29个省、156个地区（含省本级）的196家公共就业人才服务机构；累计发布招聘岗位信息767.81万条，涉及招聘人数4977.07万人、用人单位95.08万条；累计发布招聘会信息5.13万条。按照2014届毕业生实名登记管理工作要求，指导各地开展实名登记工作，做好高校毕业生实名登记信息的汇总分发工作。稳步推进外国人和我国港澳台人员就业管理系统建设，组织开展跨地区的就业管理系统接口试点工作，支持跨地区的就业管理工作。开展人事人才一体化平台设计，推进职称评审系统建设，完成留学回国人员服务系统的升级开发，启动计划安置军转干部系统的研发工作。开展劳动保障监察信息监测工作，截至2014年12月底，30个省份完成系统实施，上报劳动保障监察监测信息27.23万条。劳动监察“两网化”管理全国地级城市覆盖率达到80%。劳动保障监察执法监督系统已在27个省建设部署，调解仲裁办案系统已在19个省级单位建设部署。全国仲裁员管理系统实现对全国3274个省、市及县级调解仲裁机构和4.5万名调解仲裁工作人员的管理。1955个人社部门利用劳动用工备案系统开展用工备案工作。

【信息资源开发利用取得新成效】

各级人社部门之间的信息交换渠道基本建立，联网数据采集软件已在全国30个省份和新疆生产建设兵团部署实施。截至2014年12月底，就业及养老（职工和城乡居民）、医疗（职工和城镇居民）、失业、工伤、生育保险联网数据上报量分别达到2.63亿人、8.65亿人、5.29亿人、1.57亿人、1.60亿人和1.65亿人。在全国范围内开展联网数据质量专项整改工作，整改指标数据平均错误率下降到2.5%以内，较2013年下降近6个百分点。基金监管系统已在全国29个省份和新疆生产建设兵团完成部署，地市覆盖率达到91%。跨部门信息共享长效机制建设取得进展，参与建设的国家人口基础信息库项目，已进入实施阶段。与公安部共同推进《信息快速查询协作执法合作协议》的执行，地方人社部门陆续开展了与公安部门的数据交换工作。

【公共服务体系建设进一步推进】

“12333”电话咨询服务实现省级全覆盖，全国共有319个地市级以上人社部门开通了

“12333”电话咨询服务，开通率达到 87%，咨询员 3400 余人，坐席总数 3610 个，年来电总量达 7000 多万次。结合窗口单位改进作风专项行动，开展了全国“12333”电话咨询服务质量监控行动。举办了以“走进农民工”为主题的第三届“12333”全国统一咨询日”活动。组织开展了“12333”电话咨询服务课题研究工作，形成了 33 篇研究报告。启动全国统一的移动信息服务平台建设工作，完成了各项开发与实施任务，现已形成以“掌上 12333”为品牌的移动应用程序系列，并在河北、河南等省份的部分地区进行推广。

【信息安全保障能力进一步巩固】

全国各级人社部门重要信息系统的等级保护工作进一步深入。调查摸清了全国各级人社部门 1127 个重要信息系统的等级保护工作进展情况，金保工程二期中规划建设的 31 个部级信息系统完成了预定级备案，初步完成部涉密系统分级保护整改工作。人力资源和社会保障部被公安部确立为“网络安全重点保卫单位”，社会保险跨地区业务管理系统、社会保障卡密钥管理系统和国家公务员招考网上报名系统被列为国家级重要信息系统。完成了 486 台次数据中心服务器的风险评估和安全加固工作。进一步推进人社系统省级电子认证基础设施建设，重庆、云南等省份新开展了电子认证系统建设。继续加强电子认证的推广应用，扩大全国联网数字证书应用的覆盖面，部级签发数字证书累计 7.3 万张。

【规划、标准、规范与重大项目建设同步推进】

根据人社事业发展和改革的需要，结合信息技术发展趋势，按照从“人社信息化”向“信息化人社”转变的要求，确定了信息化工作的长远发展方向，并以此为指导开展“十三五”信息化建设规划，完成了金保工程二期等重大项目的总体设计工作。在此基础上，全力推动重大项目建设，协助有关单位编制了信息惠民工程跨地区医保结算平台项目的初步设计，并按照国家发改委意见，将该项目与金保工程二期的项目建议书进行了合并。经专家组评审，现已完成金保工程二期项目建议书及 30 个共建省份建设方案的调整工作，正在国家发改委审批。完成了《社会保障卡规范》、《社会保障卡读写终端规范》行业标准的编制并通过了专家评审。印发了《人力资源和社会保障数据中心应用系统安全管理规范（试行）》（人社厅发〔2014〕47 号）和《人力资源社会保障数据中心数据库安全管理规范（试行）》（人社厅发〔2014〕48 号）。

国土资源信息化发展概况

2014 年，国土资源部在以信息技术手段规范和创新管理的理念引领下，继续以国土资源“一张图”及综合监管平台、电子政务办公平台、共享服务平台三大平台和业务系统网上并轨运行为建设重点，不断拓展深化电子政务、门户网站、数据共享服务、网络安全等方面的建设与应用，信息化建设取得了显著进展。此外，配合国土资源管理职能的调整，2014 年启动了“国土资源云”和不动产登记信息基础平台建设工作。

【电子政务建设情况】

（一）四级全业务流程网上运行基本实现

国土资源部本级实现行政办公和所有审批事项的网上运行。在统一的政务办公平台上，建立和运行了办公自动化系统和行政审批系统，公文运转全流程实现无纸化，所有行政审批事项实现网上运行，各项业务基本实现信息化管理。部机关办公自动化系统进一步完善，新开发通讯录、文件共享、会议计划管理、政务信息报送等一批完整的功能模块，公文处理系统中公文处理、内部邮件、文件监控等10余项功能进一步优化。初步建立版式电子文档库，实现对所有文书类电子文件及其元数据的统一规范的集中管理。进一步推广电子公文远程传输交换系统与电子签章系统的应用，实现了公文远程电子化交换。

各省（区、市）行政办公和行政审批等主要管理业务实现全流程网上运行。全国31个省（区、市）和新疆生产建设兵团办公自动化系统全部实现上线运行，其中，北京等 27 个省（区、市）实现非涉密事项无纸化办公；辽宁等 9 个省（区、市）实现行政审批系统与电子监察系统的对接和数据共享；北京等 3 个省（区、市）实现了移动办公；江苏等4个省（区、市）实现了电子签章；河南等3个省（区、市）实现短信提醒功能。绝大多数省级国土资源主管部门实现本级建设用地预审、建设用地审批、矿业权审批等主要行政审批业务联动审批，除涉密事项外，做到了“不上网的事情不办、不上网的申请不批”。

半数省（区、市）实现三级联网审批。北京等16个省（区、市）已实现省、市、县三级联网审批。贵州等6个省（区、市）主要业务已延伸至乡镇国土所。云南等4个省与部分市、县实现联网审批。山西等4个省已实现省与部分市、县三级主要行政审批业务网上运行和远程报件。新疆生产建设兵团与师的部分业务实现网上运行和远程报件。已实行联网审批的地方实现建设用地预审、建设用地审批、矿业权审批等重要行政审批系统网上办理远程报件、会审会签等，提高了行政效能，取得了良好的社会效益。

（二）全程、全覆盖动态监管初步实现

国土资源部本级建成覆盖土地和矿产资源管理、开发利用全过程的综合监管平台，实现常态化应用和持续完善拓展。以“一张图”为基础，建成部综合监管平台，在全国四级国土资源主管部门和用地、用矿单位部署了18个网络化信息监测系统和12个综合统计网上直报系统，信息采集覆盖17大类、421子类、8000余项指标，涵盖四级土地、矿产资源管理和开发16个环节的信息，每年实时汇总约200万条动态信息，信息监测覆盖到土地规划计划、预审、审批、征收、供应、评估、市场交易、利用、登记发证、土地整治、占补平衡和城乡建设用地增减挂钩等土地管理和开发利用环节，以及全国四级矿业权登记发证和矿产资源勘查、开发。目前，部综合监管平台的应用覆盖全国四级国土资源管理部门及相关事业单位和9个派驻地方的国家土地督察机构，用户超过7万人，在卫片执法检查、耕地占补平衡、增减挂钩、矿业权整合等方面发挥了重要作用，系统应用已成为日常监测、业务审批、综合统计、形势分析、问题预警、调控决策的依据。

25 个省（区、市）建立覆盖本辖区的综合监管平台，得到初步应用。北京、天津、上海、广西等地综合监管平台已基本上实现常态化应用，融入土地和矿产资源开发全程监管业务中。各地不断探索创新应用模式，北京建立“局长桌面”决策系统，动态掌握全市保障房供地等 4 大类、19 小类的关键指标数据，综合分析和预判各种可能影响群众利益和社会稳定的苗头性问题，成为局领导离不开的参谋助手；河南加强数据分析、挖掘和展示，重点关注建设用地审批、供应等重要监测指标的走势和去向，以月报、季报、年报、公报的形式加以整理和发布，为宏观调控提供了强有力的信息支持；内蒙古建成覆盖三级全辖区的综合监管平台，初步实现资源状况动态监测与预警、信息比对核查、信息综合分析研究功能；浙江等14个省（区、市）初步建立综合监管平台，应用于土地批后监管、卫片执法检查等专项工作。福建等3个省建成覆盖土地管理全业务的综合监管平台。陕西等4个省初步建立综合监管平台原型，部分业务开始上线运行。天津等地探索建立了基本农田、矿山违法用地行为易发区视频监控网，现场景象及时、清晰地传送到指挥监控中心，执法部门可远程发现违法违规占地。

【政务大厅和网站建设情况】

（一）政务大厅职能不断强化

以“便利升级、服务升级，打造电子政务服务大厅”为目标，加强对行政审批事项、政府信息依申请公开和政务服务的研究。2014年获得了中央机关工委“建设服务型机关党组织最佳案例”奖，树立了国土资源部优质服务社会、为民、亲民、便民的良好窗口形象。2014年新增加了油气探矿权、油气采矿权、放射性矿产探矿权、放射性矿产采矿权、资源储量登记、矿业权价款评估、矿业权价款评估报告备案、建设项目压覆重要矿产资源、国土资源部质量监督检测中心认定、国土资源行业公益性项目十大类29项业务，目前政务大厅接收报件的业务已达75项。截至2014年12月15日，全年共接收各类报件4000余件，发送受理、补正通知、用地批复、采矿证、勘查证、地质灾害资质证书、地质勘查资质证书等7400件，发送探矿权、采矿权使用费（价款）发票1600余件，平均每日接待办事群众200余人次，每日接听办事群众咨询电话近300次，全年接待办事群众近6万人次。

（二）国土资源网站服务水平不断攀升

国土资源部门户网站信息服务不断丰富，政民互动能力进一步强化。认真贯彻落实《国务院办公厅关于进一步加强政府信息公开回应社会关切提升政府公信力的意见》和《国务院办公厅关于加强政府网站信息内容建设的意见》精神，以“网上政务”为核心理念，继续做好国土资源政府信息公开，第一时间发布重要通知公告160余条，集成发布全国地质灾害气象预警预报信息522条，“土地市场”平台全年共发布信息51.9万条，矿业权市场网全年累计发布数据59310条，集成发布省、市、县各级地方国土资源主管部门网站各类政务信息6000余条。开展服务搜索和网站微门户建设，继续做好办事服务类信息发布。进一步完善对公众意见的收集、处理和反馈机制，“部长信箱”累计处理邮件7573封，日均处理邮件35封，内容涵盖咨询、建议、举报三类内容，编发《部长信箱邮件摘编》3期，提供部领导参阅。开通运行“国土资源违法违规曝光台”，以文字和视频形式，共发布部和地方通报的违法违规案件175条，对地方国土资源主管部门查处国土资源违法违规案件进程起到了监督作用，跟踪国土资源工作热点，报道部主要活动41次，现场直播重大会议和活动12次，制作各类专题9个，发布国土资源视频数据492部。继续整合集成地方各级国土资源主管部门土地、矿产、地质、科技等各类国土资源信息，为社会提供国土资源“一站式”服务。

各地国土资源公共服务网站逐步完善，政务服务水平进一步提升。通过连续第10年对全国31个省级国土资源主管部门和新疆生产建设兵团、333个市级国土资源主管部门和15个新疆生产建设兵团农垦师、3027个县级国土资源主管部门和175个新疆生产建设兵团团场的国土资源政务信息公开网上情况进行全面检查，结果表明，2013年全国各级信息公开内容深度和广度不断深化，公众参与功能和效果明显提升，国土资源工作的透明度、社会的认可度、群众的满意度不断增强。截至2013年年底，全国所有省级和市级单位、89%的县级单位实现了不同程度的政务公开，其中，28个省的县级政务信息网上公开覆盖率达到100%，信息公开的规范性、准确性、及时性和有效性明显提升，信息公开内容更加丰富，在线服务形式不断创新，政民互动渠道逐渐健全、便捷。

【数据资源建设与信息共享】

（一）“一张图”核心数据库体系基本建成

国土资源部本级基本完成“一张图”核心数据库体系建设，形成动态更新机制。以覆盖全国的遥感影像为本底的“一张图”核心数据库体系，整合集成了基础地理、基础地质、土地利用现状、新一轮全国土地利用总体规划、基本农田、全国各级开发区、矿产资源规划、矿产资源储量、矿业权实地核查等基础数据，以及建设用地审批、土地供应、矿业权、矿业权设置方案等管理数据，支撑部政务办公平台、综合监管平台及各类业务应用系统运行，通过开展数据中心智能分析环境建设和影像管理与集成服务功能建设，基本实现了海量多源数据的统一管理。目前，共享数据17类、发布服务接口30余个，已为20多个省提供各类数据服务。为进一步加快“一张图”核心数据库数据更新和应用，增加低丘缓坡开发、工矿废弃地复垦等数据上图入库，以及矿产资源规划等10个专项规划、6类地质矿产、2009—2011年度土地利用现状矢量等数据的整理、加工、检查和入库，已基本形成“一张图”与国土资源调查评价等相关专项联动的数据动态更新机制。

29个省（区、市）初步建立了覆盖本辖区的“一张图”。北京等23个省（区、市）基本建成了较为完整的“一张图”数据库架构，初步形成规划、调查评价、监测、管理与国土资源数据库建设和更新同步的机制，构建了覆盖全域全流程的土地、矿产和地质环境等主要业务的核心数据库和统一的管理平台，实现了各类数据的统一管理及与审批系统的对接，为行政审批、监测监管、辅助决策、综合事务等各项业务提供全面、精准的数据支撑。吉林将17大类58个数据库和部反馈的各类备案数据都纳入本地“一张图”数据管理系统。云南“一张图”核心数据库与厅电子政务系统平台带图审批和压盖分析等日常办公系统对接，并应用于综合监管平台、耕地保护系统和执法监察系统。安徽利用全省30米分辨率的三维影像数据，实现“一张图”数据二维、三维立体展示。

（二）社会化共享服务局面逐渐展开

国土资源信息数据共享进一步深化推进。开展国土资源相关的基础信息资源建设、管理和利用总体方案的编制，推进土地调查、矿产资源储量和地质环境等国土资源信息数据的共享。编制《第二次全国土地调查成果数据共享服务工作方案》，进一步加快推进二次调查成果数据共享服务和开发利用，加强其在政府部门和国土资源行业的共享与服务，带动各个行业提高二次调查成果数据的整体应用水平和科学研究能力。对“二调数据”等67个国土资源重要数据资源的覆盖范围、主要内容、比例尺或粒度、数据总量、数据类型、数据格式、数据时限、公开情况、数据产生情况、数据存储位置等内容进行梳理，形成《国土资源重要数据公共服务目录》，为进一步开展数据公共服务奠定基础。

全国地质资料信息集群化共享服务平台开创地质资料管理与服务的新思路，成为国土资源信息化的重要突破。通过共享服务平台在全国地质资料馆、国土资源实物地质资料中心及全国31个省级地质资料馆的部署和应用，以国土资源部门户网站为总入口，初步构建了互联互通的地质资料网络服务体系。目前，平台提供了30余万档资料在线服务，有近万档地质资料和近10万件电子文件提供全文服务，提供元数据、公开数据和产品数据等多层次共享服务及目录查询、全文检索、地图查询、整装勘查区等多种查询方式，形成了多层次服务、全方位地质资料网络服务能力。自上线以来访问量达36.43万次，电子文档访问量约4.17万次。

各地国土资源数据社会化共享服务局面逐渐展开。在全国105个重点城市推广应用的银行国土信息查询系统，全年完成银行提交查询请求600多条。上海等地形成了完善的地质资料集群化服务体系，为地质找矿、抗震救灾、抗旱找水、国家和行业重大项目规划提供了有力的支撑；北京与41个委办局实现数据共享交换；福建在“数字福建”的共享平台上提供土地和地质资料等信息服务；一些地方还利用网络或离线方式为其他行业部门或社会提供多种形式的公益性信息服务，增强了国土资源部门的公信力。

【网络安全及标准化建设】

国土资源业务网接近全覆盖。除青海、西藏外，30个省（区、市）全部覆盖到市级，新疆生产建设兵团覆盖到师级。29个省（区、市）覆盖全部县级，北京等19个省（区、市）不同程度地延伸到乡镇国土所，湖南等8个省（区、市）已实现省、市、县、乡四级全覆盖。网络互联覆盖面的扩大有力地支撑了视频会议、电子数据远程报送和联网审批。北京等23个省（区、市）完成省、市、县三级视频会议系统建设，山西等6个省（区、市）视频会议系统连通全部市级单位。

网络安全建设进一步推进。开展部机关内外网升级改造，优化数据中心运行环境，完成“国土资源部视频会议系统升级改造”部分工程，全年为32次全国性的会议和培训提供保障。对单向网闸、下一代防火墙、主干网安全认证网关、虚拟安全桌面系统进行部署，建立了部机关局域网终端准入控制管理机制，进一步强化保障部本级网络、网站及终端的安全运行。为进一步加强指导、推进国土资源行业开展网络安全建设，在全行业开展网络安全检查。

信息化标准加强统筹研制。研究制定2014年度标准制修订工作计划，拟申请报批标准计划2项，拟开展预研究标准计划建议6项，在研标准项目计划备案17项。开展“一张图”与监管平台标准体系框架研究，完成“一张图”数据整合规范等3个标准初稿。收录已发布和试用的22项标准，出版《国土资源信息化标准汇编》，进一步加强了国土资源信息化标准的宣传、推广与应用。

【“国土资源云”与不动产登记信息平台建设】

2014年启动了“国土资源云”与不动产登记信息基础平台建设建研究，目前形成了“国土资源云”总体框架和不动产登记信息管理基础平台的技术设计，国土资源国家级云机房建设也即将启动实施。

环境保护信息化发展概况

2015年，环保部认真学习贯彻党的十八大、十八届三中全会、四中全会和五中全会的精神，主动适应环境保护和社会经济发展新格局，紧紧围绕环境保护重点工作，以重大专项、业务应用、标准建设、信息安全为抓手，以“互联网、内网、专网”三大网络资源平台为依托，推动各项环境信息化工作取得显著成效。

【信息化工程规划实施取得进展】

（一）探索生态环境大数据建设，推动数据资源整合共享

启动生态环境大数据建设工作，配合办公厅，完成《生态环境大数据总体方案》、《数据整合集成工作方案》、《生态环境大数据管理平台建设方案》、《政府网站大数据应用建设方案》、《环保云建设方案》编制工作，组织评估中心、监测总站、应急中心分别完成环评、监测、应急大数据应用方案编制工作。牵头编制完成《2016年度生态环境大数据工作方案》。组织地方申报大数据应用试点。完成大数据与环境管理专题培训，环保部系统近5000人参加。

开展数据资源整合工作。完成涉及环保部总量司等6个业务部门15个业务系统的数据整合和接入工作，完成14类业务数据入库工作，整合结构化数据量达3.36亿条，初步形成业务数据应用基础条件。

完成2015年度环保专网信息资源中心（三期）项目建设工作，编制形成多维度信息资源目录体系；与全国组织机构代码中心合作，完成基于2015年国控重点源名录的污染源主数据库建设；引入互联网等外部数据，进一步扩大资源中心数据范围。

（二）推动生态环境保护信息化工程项目立项

围绕当前国家生态环境保护工作重点，结合国家重大信息化项目申报要求，组织协调工业和信息化部等9个共建部委开展了生态环境保护信息化工程项目立项工作。组织完成项目建议书（环保分册）和项目可行性研究报告（环保分册）的编制工作。协调组织项目共建部委完成项目建议书（总册）和可行性研究报告（总册）的编制工作。编制了生态环境保护信息化工程信息共享协议，并组织共建部委完成会签。

（三）完成环保部电子政务内网建设项目立项

根据中办、国办对国家电子政务内网平台建设工作的有关要求，编制完成《环境保护部电子政务内网建设方案》、《国家电子政务内网建设集中立项初步设计文件》并报送发改委，完成部门立项工作。开展国产化软硬件的调研工作，编制完成环境保护部电子政务内网建设技术方案。

【网络建设与运行维护稳健推进】

（一）专网建设与运维管理

完成“环境保护部派出机构及直属单位网络和安全系统建设项目”建设，实现所有部署直属单位和派出机构接入专网。成立集中运维组，启动统一运维体系建设。规范环境保护部到32个省级节点、5个计划单列市节点100Mbps互联网及VPDN业务网络建设。组织各省完成2015年度线路租用工作。实施各省连通率年度考核，推动省、市、县采用专线方式接入专网。对部机关到网控中心线路，网控中心到卫星中心、监测总站和核安全中心3个分资源池线路升级至千兆裸光纤。

（二）内网建设与运维管理

完成部机关身份证书管理系统升级改造工作，实现内网身份证书统一管理。对网络设备和服务器进行梳理，实现统一管理和监控。根据内网运维要求，部署相关管理工具，增强网络智能化运维水平。

（三）互联网接入管理

调整互联网出口带宽资源、流量控制和负载均衡设备配置，提升互联网出口带宽承载能力和利用效率。保障联通VPDN网络正常运行，重新规划流量池应用，加强了移动办公上网卡管理。采用双运营商策略，新建电信VPDN网络，保障移动办公应用。

（四）“环保云”建设与运维管理

根据“环保云”建设思路，实施软硬件基础资源的集约化建设。以中心业务系统“云化”为目标，实现服务器虚拟化率90%以上，初步形成“一朵云，两个资源池”的基本架构。截至2015年年底，环保云平台共部署业务系统44个，承载逻辑服务器128台（不含测试开发服务器），仅计算能力一项统计，产出效益达1280万元（相比传统架构经费节约一半以上）。

（五）基础设施改造与日常维护

组织实施环境保护部应急视频会商系统改造项目，完成环境保护部四楼中厅和二楼多功能厅会议室改造并投入使用。承担会议室多媒体技术支持工作，保障多功能厅、四楼中厅及其他小型会议室正常使用1330次（比2014年增加3%），支持重要会议召开共计264次。承担部机关客户端维护工作，处理解决客户端问题5418次，同比2014年增加260次。

【政务系统建设运维进一步加强】

（一）保障电子政务综合平台及内网核心政务系统运行稳定

完成416个环境保护部内网栏目调整。对使用频繁的6个公文文种发文代字进行调整和修改，增加为120种代字。落实运维规范化管理，实行“申请—审核—确认—存档”的运维管理流程，基本实现运维工作标准化规范化。开展内网运维管理系统建设。2015年共计组织日常巡视700余次，处理运维服务工单2000余条，处理故障事件6次，保障了部机关内网办公平台及相关应用系统的稳定运行。

（二）专网电子政务信息交换平台及业务应用系统运行维护

承担专网各应用系统运行维护工作，共完成巡检 3000 余次，处理故障近 200 个，响应用户服务咨询 6000 余次，处理运管平台工单 71 条。积极开展应用系统的建设和专网应用推广工作。完成电子政务信息交换平台与值班管理等 7 个系统的集成，累计整合办公厅、人事司、总量司、国际司、宣教司等系统 15 个。开展专网用户管理系统建设，实现全国环保系统 23 万工作人员信息整理和入库。完成了环保部机关、派出机构、事业单位及省级环境保护厅（局）、计划单列市环境保护局全部接入电子公文传输系统的工作，实现电子公文单轨制传输。完成建设项目行政审批系统与投资项目在线审批监管平台对接工作。组织电子政务应用系统培训班、专网运维工作培训班，累计培训 220 人左右。

【部网站管理运维水平不断提高】

（一）加强部政府网站管理与运维

贯彻落实政府信息公开工作要求，确保信息发布及时准确有效。配合环境热点及重要活动，适时推出专栏专题，开展主题活动宣传。2015 年 1～11 月，网站新增发布文章 17000 余篇，政府信息公开目录新增公文 1384 篇，新增 7 个专题栏目，转载国务院重要会议、领导人活动及政策解读等信息 830 余篇。网站数据中心完成水质周报 GIS 发布系统；新增数据近 312 万条，其中全国重点城市空气质量小时报数据新增 294 万条；发布城市空气质量日报的城市由 2014 年的 174 个扩大到 367 个。英文网站累计发布全英文信息 586 篇。加强网站运维，保障部网站安全稳定运行。全年实行 7×24 小时安全监控并有针对性地开展安全巡检。编制完成《环境保护行政主管部门网站建设与维护技术导则》（已发布）。启动政府网站升级改版工作。

（二）推进政府网站栏目和互动渠道建设

配合办公厅开展部系统网站整改工作，整改 17 个部门子站。开通部长信箱，配合纪检监察部门开发纪检举报平台，并与“12369”污染举报平台进行整合。

（三）开展政府网站普查自查和整改

配合开展第一次全国政府网站普查，承担自查和整改工作。整合调整 120 余处不再产生信息和内容更新不及时栏目，处理 30 余处不可用链接，完善两处网站互动功能。

（四）开展网站群建设与维护

开展网站群研究建设工作。编制《环境保护部网站群建设方案》，以派出机构为试点，陆续启动华东站、华南站、西北站、西南站和东北督察中心网站建设工作。

【信息安全保障能力进一步巩固】

（一）做好特殊时期网络信息安全保障工作

加强“两会”与“抗战纪念日”期间网络与信息安全保障工作。“两会”期间，对 10 家在京重要直属单位网站进行远程监控，每日向国家网络与信息安全信息通报中心汇报安全动态。“抗战纪念日”期间，安排专业安全技术团队，对部网站与各派出机构、直属单位网站进行远程检测，发现问题，及时要求整改，并加强网站 7×24 小时的安全监管。

（二）开展环境信息安全“十三五”规划研究与编制工作

制定《环境信息安全规划项目实施方案》；研究起草《环境保护部信息化建设审核管理办法》等文件；制定《环境信息安全“十三五”规划》大纲，明确“十三五”期间信息安全工作指导思想、总体目标与具体任务。

（三）积极开展行业信息安全检查工作

制定《2015 年度检查工作方案》；收集整理各单位自查报告，启动远程技术检测工作，编制现场抽查工作手册，制定现场抽查工作方案；制定现场安全检查实施计划，分 5 组完成 17 家单位现场检查工作；完成《关于 2015 年环境保护行业信息安全检查情况的报告》、《2015年环境保护行业信息安全检查总结报告》并上报办公厅。

（四）认真做好数字证书管理工作

配合人事司、评估中心、固废中心，完成601个用户证书制作和发放；配合环监局VOC排污收费征收管理系统建设，研究RA系统升级改造方案及证书服务模式；梳理各系统接入专网用户管理要求与RA制证流程，起草《环境信息专网用户管理办法》；研究起草《环境保护部RA系统管理方案》等；完成基于互联网身份认证的认证网关与RA服务器采购，拓展RA系统认证功能。

（五）积极发挥行业安全技术引领先导作用

编制完成环保行业信息安全综合监管平台建设方案，完成平台架构初步构建。编制完成《环境保护部电子政务内网普通密码设备配置方案》并上报办公厅。加强重要信息系统安全监管，2015年第1～3季度对部派出机构、直属单位与省环保厅（局）共计62个网站进行远程监控，形成风险报告，通知各单位安全扫描情况并要求整改。组织召开首次环保行业信息安全培训班，培训规模约70人次。

【信息化交流与宣传不断创新】

组织召开全国信息中心主任会、环境信息资源开发应用研讨会等；配合国际司完成部领导接访IBM总裁事宜，完成IBM副总裁接访工作；完成赴英国剑桥访问联合国环境署—世界保护地监测中心、赴美访问美国环保局及ADMI公司等学术交流任务；积极开展部委、地方调研，不断加强环境信息化工作交流与创新。与《中国环境报》开展合作，全年完成49期“数字环保”专版报道。

交通运输（公路、水路）信息化发展概况

2014年是深入贯彻党的十八届三中、四中全会精神，全面深化改革的开局之年，也是推进交通运输部党组提出“综合交通、智慧交通、绿色交通、平安交通”战略的关键一年。这一年，面对复杂的经济形势和艰巨繁重的改革发展任务，交通运输行业认真贯彻落实中央决策部署，坚持主题主线，坚持稳中求进，着力破解难题，努力推进交通运输科学发展，交通运输基础设施建设进一步优化，供给能力进一步增强，服务效率和水平进一步提升。

交通运输业的快速持续发展为信息化发展提供了广阔的空间，信息化发展也有力促进了交通运输业的健康发展。可以说，交通运输电子政务、运行管理和运输服务信息化都取得了快速发展和长足进步，部分业务领域的信息化已达到较高水平，高速公路不停车收费、路网监控、重点运输车辆联网联控、智能公交、船联网、物流信息平台、出行信息服务、数字航道、港口信息化、智慧海事等已成为行业信息化成就的显著代表。与此同时，随着信息技术的快速发展和商业模式的推陈出新，越来越多的企业和社会力量活跃在交通运输信息化建设和服务领域，领域信息消费增长迅速。总体上，综合运输体系建设和物流业发展有效推进，科技进步和信息化水平进一步提高，绿色交通运输体系建设取得新进展，安全应急保障能力明显增强，行业科学发展水平不断提高，

为经济社会平稳较快发展提供了重要保障。

2014 年，交通运输部印发行业信息化相关指导文件 12 项，推进了部级重大信息化工程 4 项，启动了省级行业信息化重大工程 28 项、重点领域试点示范工程 45 项、行业科技示范 2 项、信息化技术研发项目 17 项，有力促进了信息化发展和应用水平。行业信息化发展取得的主要进展：一是信息化相关规划、标准规范及信息化管理制度的制定与时俱进，紧密结合行业实际，取得新的突破；二是交通运输电子政务围绕机关信息化、政府网站建设与管理、道路运输信息系统联网、网络与信息安全等方面开展工作，更加务实深入；三是智能交通系统在发展现代交通运输业中的作用明显提升；四是以联网收费、联网监控、电子不停车收费（ETC）、出行信息服务等为主要内容的高速公路信息化建设与应用水平进一步提高；五是信息化在交通物流业发展中的作用进一步加强，物流信息平台的建设和应用取得新的进展；六是信息化重点项目的建设发挥了积极的示范和带动作用，整体上提升了信息化技术应用水平。

【基础环境建设】

2014 年我国交通运输信息化的基础环境建设进一步改善。

（一）政策与标准化

在政策制度方面，围绕部党组提出的“四个交通”战略部署和重点工作任务，交通运输部组织制定了《2014 年部信息化工作要点》和《2014 年部信息化工作要点任务分解表》；启动了交通运输行业“十三五”发展规划的编制工作；完成了京津冀交通一体化规划中信息化部分的编制工作，形成了《京津冀交通一体化率先突破方案》中信息化有关任务的推进计划，为推进京津冀地区信息化协同发展奠定了良好基础；印发了《国家交通物流公共信息平台建设 2014 年工作要点及任务分工》、《关于规范行业信息化建设项目前期工作管理的通知》等，推动了行业信息化建设的规范管理。

在标准制修订方面，编制发布了安全应急、市场信用、运行监测、省域道路客运联网、12328 系统、综合执法等工程建设指南；编制完成了《交通信息数据标准符合性检测管理办法（送审稿）》；发布了《公路电子收费联网运营与服务规范》；编制完成了《救捞系统信息化应用系统技术规范》、《救捞系统信息数据元》标准，编制发布了《交通运输物流信息互联共享标准》、《物流园区互联应用技术指南》等技术文件，进一步推动了交通运输物流公共信息平台的跨区域互联互通。印发了集装箱海铁联运、安全应急、市场信用、公交智能化等工程标准编制工作方案；推进了《加快推进交通运输信息化发展的实施意见》和《交通运输行业网络安全规划》的编制工作；《交通信息共享数据交换通用规则》、《安全应急系统数据交换》、《电子口岸信息数据交换等标准》已进入标准审定程序；各省厅在交通运输信息化标准制定方面取得进展，包括对国家、交通运输部发布的相关标准的细化；地方在国家、行业信息化标准的指导下自行制定了标准并进行了相关研究，制定出台了一系列标准和要求。

（二）行业门户网站

在行业门户网站方面，交通运输行业全面推进政府网站建设与管理工作。一是印发了《关于进一步加强部政府网站管理的若干意见》、《2014 年交通运输政府网站工作要点》等文件，进一步明确了部政府网站管理机制和 2014 年网站工作目标任务。二是组织开展了 2014 年部网站共建绩效考评和行业政府网站绩效评估工作，修订了评估指标体系，完善了部政府网站移动版，完成了部政府网站司局子站改版，完善了网站无障碍服务系统；在中国软件测评中心等 2014 年度中国政府网站绩效评估中，交通运输部政府网站获得部委网站绩效排名第四的成绩。三是组织召开 2014 年度交通运输政府网站管理工作培训会。四是组织开展部网站手机版客户端软件升级工作，进一步拓展了部网站对外服务渠道。

（三）网络与信息安全

2014 年，交通运输行业加强行业网络与信息安全管理，网络安全保障水平显著提高。一是在全面总结、系统评估网络与信息安全信息通报试点情况基础上，建立了覆盖行业的信息通报机制，编制印发了《关于建立交通运输行业网络与信息安全信息通报机制的通知》，初步形成了纵向对接国家、横向覆盖行业的信息互通共享有效渠道；印发了《交通运输行业网络与信息安全信息通报管理办法》，通报工作进入制度化、规范化轨道，实现了通报工作的高效有序开展，有力支撑了行业网络安全保障工作。二是印发了《交通运输部网络与信息安全突发事件应急报告及处置方案》，同时将网络与信息安全突发事件应急处置纳入行业应急处置体系当中，提升至与重大安全事故、溢油、救援事件等应急处置工作同等重要位置。三是组织实施部机关电子政务信息安全等级保护设备购置、测评单位、互联网扩容。四是完成部机关、部属单位及所属机构非涉密网络和重要信息系统安全保密风险评价工作。五是完成了海事协同管理和综合服务平台门户框架建设和网络信息体系建设、《交通运输部海事局信息系统安全等级保护及海事信息主干网设备购置工程》项目建设、信息系统运维管理及监控系统建设，基本建成了部海事局网络安全技术保障体系。六是按照中央网络安全和信息化领导小组办公室要求，组织完成政府及交通运输行业网络安全检查工作，以查促建、以查促改、以查促防，完成了 38 个地方交通运输主管部门、17 个部属单位的门户网站、21 个公众出行服务信息系统等行业重要信息系统网络安全检查，网络安全风险和安全漏洞大幅降低，网络安全防护能力得到明显提高。

（四）应用系统建设

2014 年，围绕促进交通运输行业提质增效升级，信息应用系统建设取得显著成绩。在公路方面，启动了省域公路客运联网售票系统；推进了 ETC 联网系统建设，成立了全国 ETC 联网工作领导小组、专家组和管理委员会，并完成了联网测试工作，建立收费公路联网结算管理中心，基本完成 ETC 全国客服网站建设，实现了 14 个省市的 ETC 联网工作；完成了 2.3 万千米国、省干线公路路况信息数据和 40 座长大桥梁监测信息的采集和录入；推进了公路交通气象观测站网建设。在水运方面，完成了《珠江水系内河航运综合信息服务系统建设项目可行性研究报告》；组织开发了水路运输建设综合管理信息系统；完成了水运生产快速统计系统需求调研；初步完成邮轮运营统计信息功能开发；印发了《渤海湾水路运输旅客实名制试点方案》，形成了《渤海湾水路客票网络售票系统建设的前期研究报告》；依托部行政许可网上办理平台建立了两岸海上运输许可网上办理系统，实现全程网上办理。在运输方面，开展了全国道路运输运政信息系统软件应用及互联互通验证试点工作；组织开展省域道路客运联网售票系统工程建设；完善了统一版本的城市出租汽车服务管理信息系统通用软件，供各地免费使用；城市公共交通一卡通清分结算软件已进入试运行阶段；完成了汽车维修配件追溯验证平台的开发建设；启动了高速公路网运营与服务智能化平台配套科研项目的相关研究工作。

【信息资源开发、利用与共享】

2014 年，交通运输行业不断推动信息资源整合、开发和共享应用。围绕推动长江经济带发展重点工作，按照“一数一源”的原则，继续深入开展了异构、多类、海量的长江航运基础数据共享交换。在技术体系方面，针对当前行业信息资源体系不完善、共享数据质量不高等问题，推进开展了基于云平台的行业数据交换与服务平台研究和应用，启动了行业信息资源目录及数据管控机制研究，进一步明确了行业数据交换共享与整合应用的技术体系和管理机制，为下一步推进“以数据为中心”的行业信息资源深入整合应用奠定了基础。在地区示范方面，依托长三角地区自发组织开展的信息资源共享工作，选择浙江、上海、江苏三地需求紧迫、条件成熟的业务领域，推进开展了“长三角综合交通信息共享应用与服务科技示范工程”，实现了长三角地区综合交通运输重要信息资源的跨地域交换共享、业务协同和一体化服务，提升了区域交通运输信息化管理与服务水平。在与相关部门合作方面，与国家质检总局推进了口岸信息交换共享工作，与公安部实现了交通公安综合业务系统与公安部资源共享平台的对接，进一步丰富了行业信息资源，提高了综合应用效益。

【电子政务】

2014年，交通运输行业电子政务建设取得显著成绩。组织编制印发了《加强机关内网政务信息化实施方案》，启动了部机关信息化设备更新购置、部机关行政办公综合业务系统建设等，并组织对部内网办公平台开展了专项改进工作；推进了部机关信息安全等级保护购置工程和安全评估工作；组织完成了对部内网办公平台的专项改进工作；完善了行政许可网上办理平台和电子监察平台功能，调整补充了网上行政审批事项；完成了部机关行政办公综合业务系统初步设计批复，完成了招投标工作。

【重点项目、工程】

2014年，按照“十二五”规划要求，交通运输行业有序推进了多项重大工程和重点示范工程的实施。

一是启动建设了9个省级公路水路安全畅通与应急处置系统、11个省级公路水路建设与运输市场信用信息服务系统和8个省级交通运输经济运行监测预警与决策分析系统重大工程等行业信息化重大工程。二是完成了交通公安综合业务应用系统（一期）、全国船舶检验工作统一管理系统等行业重点信息化工程，完成了全国高速公路信息通信系统联网工程干线传输系统调试，数据网和北京网管中心正在安装调试。三是启动了第二批城市客运智能化试点示范工程、长三角综合交通运输信息共享应用与服务科技示范工程等工程项目；完成了完成了江苏省政企合作的综合交通出行信息服务科技示范工程评审，编制了政企合作出行服务科技示范工程的总体方案和共享目录；完成了国家安全生产监管信息化等行业重点信息化工程的立项审批。四是推动了全国交通运输行政执法综合管理信息系统建设，实施了国家物联网应用示范工程集装箱铁水联运工程建设，完成了远洋运输管理国家物联网应用示范工程实施方案。

2014年，交通运输行业信息化发展取得了一定的成绩，但问题依然存在，需要在今后的发展中逐步加以解决，主要包括：对信息化的认识不够，未能充分认识信息化促进行业转型升级的引领作用；信息化工作的顶层设计不足，统筹规划水平仍须提高；信息资源整合应用水平亟待提升，规范有效的信息资源整合共享机制尚未建立；信息化建设资金依然是制约信息化发展的瓶颈；信息化建设仍缺乏充足的人才储备和供应；标准规范建设仍有待完善；区域信息化发展依然不平衡；部政府网站服务功能与管理机制仍有待完善；网络与信息安全保障仍须加强等。以上问题已成为制约行业发展的突出难题，在今后的工作中，需要各级交通运输主管部门以问题为导向，聚焦重点领域和关键环节，科学谋划信息化发展蓝图，把准信息化脉搏，结合行业实际需求，将信息化工作推向更高的水平。

农业信息化发展概况

2014年以来，国务院陆续对推进“互联网+”行动、促进大数据发展、发展电子商务等作出重要部署。这些重大政策措施，都把农业摆在了突出重要的位置，为驱动农业“跨越发展”、助力农民“弯道超车”、缩小城乡“数字鸿沟”提供了难得的历史机遇。特别是党的十八届五中全会提出

"创新、协调、绿色、开放、共享"的五大发展理念，与农业信息化的发展高度契合。互联网与农业农村经济发展紧密相连，互联网思维和互联网技术在农业中的应用日益广泛，给农业生产、经营、管理和服务带来了深刻变革。

【"互联网+"现代农业取得了令人振奋的可喜成果】

在农业生产上，农民越来越根据政策、技术、市场价格等信息安排生产，信息的引导作用明显增强。农业物联网从无到有，国家物联网应用示范工程和区域试验工程深入实施，先后推出420多项农业物联网产品、技术和应用模式。在农业经营上，最为突出的就是农业电子商务迅猛发展，正在形成跨区域电商平台与本地电商平台共同发展、东中西部竞相迸发、农产品进城与工业品下乡双向互动的发展格局。同时，种子、化肥、农药等农资电商平台迅速涌现，休闲观光农业和民俗旅游电子商务异军突起。在农业管理上，农业电子政务建设成效明显。通过"金农"工程一期项目的实施及信息监管平台在一些地方的创新应用，"用数据说话、用数据决策、用数据管理、用数据创新"的管理机制初步建立。在农业服务上，农业部门户网站已经成为世界最有影响力的农业网站之一，形成了部、省、地市、县的农业网站群。12316全国农业公益服务热线及信息进村入户试点工作扎实推进。

【信息化发展战略研究聚焦热点】

为进一步归纳总结信息化能力对促进现代化发展的方式方法和重大举措，农业部信息中心持续从事农业信息化战略研究，深化部省联动、市场协作、院所联合，在前期工作基础上，聚焦开展了农产品市场消费大数据分析、大城市郊区农村电子商务发展、节本增效农业物联网技术应用、移动互联农业应用、畜牧兽医大数据应用等研究，并组织开展全国农业信息体系建设情况监测。围绕"互联网+"现代农业主题，农业部信息中心组织青年同志与合作伙伴共同开展"互联网+"系列专题研究，从农业发展全局着眼寻求跨界融合点，涉及粮食安全、市场监管、农村社会治理、面向"三农"公共服务、农业环境保护、农业组织创新、农产品市场预警、农业保险产品创新等相关专题研究。通过把握时代脉搏、紧盯信息技术发展前沿、深入剖析农业信息化实践应用案例、抽象归纳普适规律，进一步丰富农业信息化理论，探索推动农业信息化应用落地。

【标准规范体系建设走上快车道】

为进一步强化涉农电子政务不同系统间融合、有序推进全国"三农"信息服务协同发展，电子政务数据共享规范和全国12316平台体系管理技术规范编制等获得立项。加强网络安全顶层设计，开展《农业部网络安全管理制度体系框架》研究与编制。完成了《全国12316规范与制度》，为实现全国"三农"信息服务整体联动奠定了基础。农业部信息中心联合有关部门、企事业单位等加快推动农业领域OID的实践应用，与中国电子技术标准化研究院（国家OID注册管理中心）合作完成农业领域OID架构设计和农业领域OID虚拟注册站点建设工作；配合国家农产品质量安全追溯管理信息平台项目建设，编制完成《农用二维码使用技术规范》，为基于OID的追溯码编码规则和二维码作为追溯信息载体信息表达提供依据。《农业部办公厅关于进一步规范电子政务信息系统建设的通知》（农办〔2015〕46号）第一次明确了农业部信息中心在农业部电子政务信息系统建设中的技术审核职责；在农业部市场与经济信息司的推动下，启动了农业部农业信息化标准化技术委员会筹建相关工作，以上对于规范农业信息化建设意义重大。

【信息化基础设施优化升级】

为支撑"互联网+"现代农业及大数据行动计划有效实施，农业部开展国家农业云建设，完成了国家农业数据中心云化升级技术方案及异地灾备中心选址等工作。云化升级依托国家电子政务外网和现有资源，促进农业信息资源的整合、共享和开发利用，满足未来国家农业数据中心应用需求。异地灾备中心用于灾难性事故发生时，接替国家农业数据中心业务系统运行，进行数据处理和支持关键业务功能运作，保障和维护日常行政和业务工作的正常进行，提高抵御灾难打击能力和灾难恢复能力。加强运维管理，提高运维服务水平。组织实施了国家农业数据中心综合运行监控大屏系统建设工作，实现对基础环境、网络系统、主机系统、数据库、中间件系统、业务应用系统的统一、实时监控，及时处理系统运行中出现的告警、问题和故障，有效提升数据中心运行监控与维护服务能力、服务水平，为保证农业部各重要业务信息系统高效稳定运行发挥重要作用。

【安全管理工作稳步实施】

认真落实中央网信办、公安部、农业部有关要求，组织力量对农业部系统网络安全和各单位网站进行抽查，提出针对性整改意见并督促落实，确保两会期间部网站和重要信息系统安全运行。加强部机关信息系统安全保密检查，全面排查安全隐患。对农业部政务外网进出口网络流量、安全设备运行状态、安全事件进行监测和分析，及时进行有效处置。对农业部门户网站群重要页面进行实时监测，定期检查门户网站的安全性、完整性和可用性。各项安全管理工作稳步实施、有效推进，为网络、信息系统和网站安全运行提供了重要保障。

【信息资源建设取得突破】

进一步加强信息资源建设工作，不断拓宽数据资源渠道，丰富信息资源内容，基于农业部自身应用系统，采集、加工、整理了大量一手信息。为加强农业系统内部信息资源的整合与开发利用，启动了数据资源整合平台建设工作，统一规划、逐步实施，梳理农业部信息资源目录，搭建基本农情动态数据库架构，建设农业部信息资源共享服务平台。选择重点领域、试点部门，逐步开展信息资源梳理、系统对接、数据清理、目录建设和综合应用等工作，以重点突破带动整体工作推进，从已经运行的业务应用系统出发，对农业部信息资源情况进行了调查和梳理，初步形成了农业部应用系统资源目录。为农业部以至国务院宏观决策提供了有力的信息支持，为涉农企业、农民及其他社会公众提供了很好的信息服务。

【业务应用系统稳定运行】

农业部各类重要业务应用系统有效地支撑了农业政务管理和为农服务工作。其中，农业部升级版办公自动化系统已初步建成，进入试运行阶段，节约了办公经费，提高了办公效率，提升了办公质量；农业部决策服务系统正式进入项目实施阶段，预期实现小麦等农产品在生产、消费、价格、贸易等环节的全链条数据分析与展示；农业部行政审批综合办公系统新增行政审批综合查询及场景服务功能，在提升服务水平、促进政务公开、提高行政审批工作效能上发挥了重要作用；农业部应急管理信息系统正式进入项目实施阶段，初步完成了系统需求分析报告和原型设计；农产品和生产资料市场监管系统通过农药网上审批子系统实现农药网上审批受理累计 5.8 万件，向海关电子口岸发送放行通知单累计 55.9 万条；农机监理系统累计办理拖拉机登记 51 万件，累计办理驾驶证申领 66.4 万件，累计处理许可品订单 9427 件；农业部绩效管理信息系统分解农业部 21 个司局、29 个直属事业单位绩效指标 2700 多项，实现对 300 多家省级农业部门落实专项绩效工作的网络化和电子化管理；农业地理信息平台的建设方面，通过对全国农产品批发市场位置数据进行补充完善，2015 年度完成了全国农产品批发市场地理位置信息“一张图”集中展示。

【全国农业视频会议系统作用突出】

在各省农业部门的大力支持配合下，以农业部为主会场、各地农业部门为远端会场共同组建的全国农业视频会议系统不断完善，为应对各类农业突发公共事件、部署“三农”重大工作、促进农业农村经济平稳较快发展起到了重要作用。目前视频会议的使用需求越来越旺盛，各省（区、市）的视频会议系统正快速、大范围地向地县级农业部门延伸，全国农业视频会议系统趋近完善，已有 27 个省（市、区）将视频会议延伸到地县级农业部门，地县分会场数量合计 1619 个，召开一次视频会议直接参会人数可达 3 万人以上，为国家节约了大量的会议经费。据统计，2015 年共计召开了11次视频会议，直接参会人数为11.6万人次，按照行业通常核算标准每人每次2000元计算，节约会议经费2.3亿元。视频会议系统已经成为农业部门进行工作部署、监测会商、农情调度、应急指挥等的重要手段，有效地提高了工作协同效率，降低了行政成本。

【农产品监测预警成效显著】

国家社科基金项目《市场化背景下农户、企业和国家粮食储备体系及其对粮价的影响的研究》和农业部软科学项目《我国粮经饲三元种植结构优化发展的对策研究》课题研究稳步推进，市场司粮棉油糖大宗农产品监测预警工作卓有成效。全年各品种分析师十余篇报告得到部长批示或被国办采纳，部分报告得到总理批示。河北、辽宁、吉林、黑龙江、江苏、山东、河南、广西、四川、甘肃、新疆等省（区）信息中心与农业部中心紧密配合，开展春耕、夏收、秋收部省联合调研，并成功举办农产品监测预警培训班。部省间协同、联动开展监测预警工作，监测预警工作基础不断夯实，分析队伍不断充实，预警工作质量不断提升，显著增强了对宏观决策的参考作用和微观生产经营的指导作用。

【三农舆情监测创新发展】

三农网络舆情监测工作以《网情择要》日常监测为抓手，每日及时为部领导及相关司局提供涉农网络热点和敏感信息，年平均报送150多期。相继开展了周报、月报、季报、年报、手机报、24小时应急报、不定期专报等业务，形成6大类11个舆情分析产品。深度分析产品涉及粮食安全、农产品质量安全、农业经营和土地管理、菜篮子产品价格、乳业、种业发展、转基因等农业部核心业务。三农舆情监测管理平台及移动客户端系统建成并进入试运行，监测站点覆盖主流网络媒体及各类新媒体481家，可抓取互联网信息，并与农业部“12316”三农综合信息服务平台体系等重要业务系统进行互联互通，借助大数据分析手段，可提前发现基层“弱信号”，实现舆情监测关口前移，提高舆情监测的前瞻性和预警力。

【网站宣传与影响不断扩大】

进一步发挥新媒体作用，加强农业信息宣传和服务工作，充分发挥了网站正面舆论宣传的引导作用。开设了“部长信箱”回应栏，有效解决了网站存在的“不及时、不准确、不回应、不实用”等问题。与国家气象局、文化部、中央农业广播电视学校、央视网、部分省区市农业信息中心等开展合作，整合共享信息资源，为行业生产者、加工者、销售者和农村、农民提供权威、及时、全面的信息服务。截至2015年12月3日，农业部网站群日均点击数633万次，日均独立IP访问者数达15万个，同比分别增长3.5%和11.2%。在中国社会科学院“2015中国政府网站绩效评估活动”中荣获“国务院组成部门第三名”，在“2015中国‘互联网+政务’评选活动”中被列入“优秀实践案例50强”。在第一次政府网站普查中，农业部被列为表扬对象之一，被抽查的包括部官网在内的13个网站全部合格。

【信息服务能力显著提升】

以“12316”三农综合信息服务平台为支撑，充分发挥组织、资源、专家等体系优势，形成了全国联动、资源共享、方式多样的农业信息服务格局。目前，“12316”服务已覆盖了全国98%的省（区、市），中央平台已与13个省（区、市）实现了数据对接，汇集了200多万条知识库、案例库、专家库等数据资源，初步开展了数据资源的挖掘利用，及时发现当前热点问题、热点诉求，及时响应、争取工作主动；初步搭建了基于搜索引擎的“12316”数据共享平台，为全国信息服务体系建设奠定了数据基础；短彩信平台司局和事业单位用户增至82个，全年发送短彩信超过3000万条，发送对象近40万人。在“互联网+”的大背景下，“12316”开展了多方合作，与成都市农委积极探索中央和地方联动创新的工作机制，与中航安盟财产保险有限公司共同实施“互联网+”、“三农”保险行动计划，与定州市试点试验“12316”信息服务落地。“12316”正以“集中平台、集聚资源、集约服务、集群商务”为目标，以“需求引导、与时俱进、转型升级、探索试验”为路径实现转型升级发展，作为信息进村入户工程的重要支撑，促进其建设成为“互联网+”

行动计划在农村落地的示范工程。

【2015 农业信息化高峰论坛和网络媒体联合推介系列活动成功举办】

在福州第十三届中国国际农产品交易会（以下简称农交会）期间围绕“互联网+”现代农业这一主题，成功举办了2015农业信息化高峰论坛(以下简称论坛）和网络媒体联合推介（以下简称推介）两大系列活动，论坛规模、层次及影响力均创历史之最，推介让观众现场感受了“互联网+”的魅力，这使“互联网+”元素成为本届农交会的一个突出亮点。论坛由一个主论坛、三个分论坛及沙龙活动组成，均以“互联网+”现代农业为主题。农业部屈冬玉副部长发表了题为《抓住机遇众筹共享扎实推进“互联网+”现代农业加快发展》的主旨演讲，工业和信息化部原副部长杨学山、吉林省副省长隋忠诚、中国工程院院士倪光南等嘉宾在主会场做了主题演讲与精彩分享，并同期宣布成立了全国农业信息化联盟。分论坛围绕农产品电商、农产品质量安全、农村金融服务 3 个专题，展开理论探讨与交流。在宣传上，实现了人民网、农业部网站、中国农业信息网的首次三网直播。论坛报名人数 1825 名，实际参加人数超过 2400 名。“一托三”的推介活动包括“互联网+”现代农业序厅，“互联网+”农交会板块、电子商务板块、市场主体板块。活动引发了社会各界对“互联网+”现代农业的广泛关注。新华网、人民网、凤凰网等 110 余家媒体对相关活动进行了报道。新华网评价指出，当前互联网思维和技术在农业的应用日益广泛，已经辐射到各领域和产销全过程；农交会上，“互联网+”现代农业有着诸多生动注解。这次系列活动实际上成为了部署推进“互联网+”现代农业工作的一个大平台。

文化信息化发展概况

2014 年，文化部立足于已有基础，稳步推进信息化建设，在基础运行维护、电子政务建设、数据业务发展和信息应用服务等方面取得进展，大大提高了文化行业管理水平和公共文化服务效率。

2014 年文化部成立了网络安全和信息化领导小组，全面推进文化部信息化建设，统筹保障网络安全。领导小组下设办公室，由文化部信息中心承担办公室日常工作。文化部网络安全和信息化领导小组主要负责研究制定文化部网络安全和信息化发展战略、宏观规划和重大政策，统筹协调涉及文化部网络安全和信息化工作的重大问题，推进文化部网络安全和信息化工作标准化、制度化建设等方面工作。

【推进业务信息专网建设】

文化部业务信息专网（以下简称专网）是文化部信息化工作基础性、支撑性的网络设施。通过建设文化部综合运维管理平台，实现了全国 37 条专网线路、501 台硬件设备参数配置及运行软件的统一管理，全面掌握了专网整体运行情况，规范和完善了运维管理流程，极大地提升了运维效率。

2014 年召开全国性视频会议 4 次，大大缩短了召开全国性会议筹备时间，为文化系统各单位节约费用数百万元。专网在保障视频会议、网吧监管平台等现有系统带宽需求的同时，还承载了科研项目申报平台、国家级非物质文化遗产项目管理平台、全国文化艺术之乡项目申报评审平台、全国文化文物统计等系统的运行。其中，“国家级非物质文化遗产代表性项目申报平台”获得了电子政务理事会颁发的2013年电子政务优秀案例奖。

【创新门户网站建设】

一是加强文化部网站群的日常管理，提高政府网站群建设水平。采取网站内容诊断检测系统与值班人员读网相结合的网站群日常管理方式，做好重大节日、重要敏感时期文化部政府网站群系统巡检、值班读网等工作，确保文化部网站群的安全运行；实施“文化部政府网站群内容管理云服务平台（二期）”建设项目，完善网站群管理后台功能。2014年通过开展文化部政府网站群绩效评估工作，促进了文化部系统政府网站建设水平的整体提升。

二是继续完善文化部政府门户网站功能。政务信息公开板块新增“新闻发布会”和“督察落实”栏目；开发文化部政府门户网站移动门户微信接口，实现网站信息的朋友圈推送功能；逐步完善了文化部信息采集报送工作平台功能。

三是继续加大文化部政府门户网站信息发布和新闻宣传工作力度。以文字、图片、视频等形式对文化部重要会议、重大文化活动进行全面宣传报道，内容翔实，形式多样，特色鲜明。截至2014年11月，文化部政府门户网站共发布各类政务信息9484条，开展各类网上直播20场，制作各类宣传视频20个，推出热点专题6个。

通过以上举措，文化部政府门户网站在中国社会科学院信息化研究中心举办的政府网站绩效评估中排名第10位。“网上直播”栏目被电子政务理事会评为“2014年中国政府网站信息公开精品栏目”。

【实施政务信息目录建设】

实施文化部政务信息资源目录建设项目，研发“文化部政务信息资源目录管理平台”，初步形成《文化部政务信息资源目录元数据标准》、《文化部政务信息资源标识符编码标准》和《文化部政务信息资源分类标准》三个标准规范。进一步明确了文化部电子政务建设总体需求，为推进政务信息资源开发和利用打下基础，为文化信息资源库的整体建设探索业务经验和工作模式。

【开展信息安全等级保护】

组织开展文化行业信息系统等级保护专项检查工作和2014年文化部系统等保测评统谈分签工作，开展2014年度等级保护测评工作，进一步推动等级保护测评和安全整改工作。建立并完善网络巡检制度，在2013年网络巡检工作基础上，全面梳理信息中心机房设备和服务器，建立设备台账，保证各应用系统正常运转。在开展等保建设的同时，也加强涉密网络安全管理，开展分级保护建设的有关工作。

【开展政务云平台试点】

在文化部原有办公网络基础上，研发了文化部电子政务云平台。前期已为部分业务司局试点部署了云桌面终端。计划通过云平台和云桌面的部署，推动文化部电子政务各项业务系统的全面整合，减少客户端操作的复杂性，提升业务专网的运行维护效率，提高业务网络的安全性。

【建设公共电子阅览室】

加大重点数字文化工程实施力度，文化共享工程数字资源总量累计达到400TB，建设公共数字阅览室53603个。公共电子阅览室管理信息系统覆盖31省区。截至2014年11月，全国3309个公共电子阅览室的52537台终端纳入系统统一管理，系统督管能力得到有效增强。

【推广数字图书馆】

在2013年工作基础上，国家数字图书馆工程验收准备工作基本就绪。完成异地灾备系统机房建设及光纤链路铺设、文献数字化加工中心场地规划和设备选型、核心系统第三方测评、标准规范项目成果出版等工程建设收尾工作，启动档案整理工作。

数字图书馆推广工程取得重要进展，30家省级图书馆和200家市级图书馆完成硬件配置，覆盖全国的公共数字文化服务网络基本形成。开展数字资源联合建设，共享资源近140TB，向少数民族地区推送镜像资源近40TB。

【建设文化产业管理平台】

推广使用业务应用系统，稳步推进全国文化市场技术监管与服务平台建设，文化市场管理规范化、服务公开透明的效果日益体现。截至2014年年底，文化市场业务应用系统在24个省（区、市）、207个地（市）部署上线试运行，推动了文化市场管理与执法业务的互联互通和数据共享。

建成线上国家文化产业项目服务平台，通过该平台面向社会征集文化产业重点项目，从中筛选1100个项目编印《中国文化产业重点项目手册》，并于第10届深圳文博会期间发布。依托平台建设特色文化产业及藏羌彝文化产业走廊重点项目库、弘扬社会主义核心价值观动漫作品扶持计划项目库。

【推进文化遗产保护工程】

非物质文化遗产保护管理水平进一步提升。研究起草了非遗抢救性记录的业务标准和数字化保护技术标准。在“中国非物质文化遗产数字化保护工程（一期）”基础上，升级完善了数字化管理系统，对天津、辽宁、上海等21个地区的55个非遗项目试点开展数字化采集著录。

文物和古籍保护工作更加科学有效。第一次全国可移动文物普查工作顺利开展，制定馆藏文物、出土（水）文物和馆藏自然类藏品登录规范，建成全国可移动文物信息登录平台，推进普查文物信息采集登录工作。启动了壁画彩塑数字化保护工程试点和智慧博物馆建设试点工作。大力开展古籍数字化，全国古籍普查登记数据库正式投入使用，同时加快“中华古籍数字资源库”建设。

文化部各单位充分利用现代信息网络技术提升业务水平、促进业务发展。故宫博物院根据业务需求，研发推出了公众微信号“微故宫”和“掌上故宫”智能导览应用，随着手机终端的日益普及，故宫及时推出若干款App应用，以更加丰富、多元、生动的数字文创产品，让馆藏文物“活起来”。全国美术馆藏品普查办公室组织开展了美术馆藏品普查工作的标准规范研究、项目人员培训、业务系统研发等多项基础性工作，项目工作手册和相关行业标准已经印发，应用信息技术手段开展的全国美术馆藏品普查工作正在有序进行中。此外，国家艺术基金管理中心、国家博物馆、中央文化干部管理学院、文化部恭王府管理中心、文化部民族民间文艺发展中心、中国艺术科技研究所等多家单位也在积极研究利用信息化手段有效提升核心业务能力。

工商信息化发展概况

2015年，国家工商总局信息化建设以党的十八大和十八届三中、四中、五中全会精神为指引，围绕商事制度改革，各项信息化工作取得突破性、创新性进展。

【统筹规划、顶层设计，协调推进重点信息化工程】

一是积极推进国家企业信用信息公示系统信息化工程规划。为了促进信息共享、部门协同，转变监管理念，创新监管方式，加强事中事后监管，按照李克强总理"利用现代信息技术手段，形成全国统一的企业信息公示大数据平台"的要求以及王勇国务委员的部署指示，先后完成了《国家企业信用信息公示系统信息化工程建设方案》和《国家企业信用信息公示系统信息化工程可行性研究报告》（代项目建议书）编制工作，指导各试点单位梳理跨部门信息归集公示工作中形成的业务需求、建设方案、地方性法律法规、政府文件、信息资源目录及技术方面的标准规范等，为加快工程立项实施奠定了技术基础。

二是编制完成大数据建设方案。为充分运用大数据理念、技术和资源，加强对市场主体的服务和监管，提高政府治理能力，按照《促进大数据发展行动纲要》（国发〔2015〕50号）和《国务院办公厅关于运用大数据加强对市场主体服务和监管的若干意见》（国办发〔2015〕51号）对工商行政管理的要求，形成《工商部门运用大数据加强市场主体监管和服务示范工程建设方案》。

三是牵头推进国家法人库相关工作。按照国家发改委《项目建议书》批复，牵头完成了国家工商总局、人社部、国家税务总局、国家统计局可研报告并报送国家发改委，协调组织中央编办、民政部、国家质检总局等部门加快编制可研报告。积极推动完成了国家法人库地方建设部分立项审批。

四是启动法人库先期项目建设。根据商事制度改革对信息化的迫切需要，按照发改委和财政部的项目资金使用规定，经总局党组会批准，先行启动了法人库项目中的14项建设任务，主要包括：大力推进云平台建设，完成云平台法人库一期（工商总局）应用支撑系统和云服务项目的技术方案。围绕支撑国家法人库建设、企业信用信息公示系统及各相关应用系统，启动数据中心升级改造项目。

五是健全完善法人库工程项目管理。完善法人库工程组织管理机制。积极发挥总集成商和监理的作用，保证重大项目规范管理。制定了《法人库工程建设管理规程》，建立了工商总局法人库联合项目办，召开了第一次联合项目办会议，启动法人库标准规范编制。

【全力以赴、攻坚克难，努力抓好商事制度改革信息化建设】

一是积极组织商事制度改革信息化试点工作。印发了《工商总局办公厅关于印发商事制度改革信息化试点工作任务分工和进度安排的通知》（办字〔2015〕85号），进一步整合、发挥地方工商、市场监管部门信息化力量。

二是积极推进企业信用信息公示系统建设。

加快推进企业信用信息公示系统升级改造工作，开发完成企业抽取（摇号）系统和行政处罚异地案件信息交换系统，建设敏感信息过滤系统，推进相关标准完善修订工作和运维保障工作，实施完成了全国企业信用信息公示系统手机移动应用（一期）开发建设。截至 2015 年 11 月，企业信用信息公示系统累计访问量接近 75 亿人次，在社会上已经具有相当的影响力。

三是积极推进电子营业执照和全程电子化工作。完成了电子营业执照技术方案和技术规范的修订，在 9 个试点单位完成了电子营业执照系统建设和业务系统的联调工作。积极开展电子营业执照系统在基于安全可控软硬件平台的迁移、重构和优化。实施工商总局企业名称全程电子化系统建设，于 2015 年 11 月 1 日在全国正式上线运行，已开通 31 个省（区、市）、46 个登记机关，办理业务 14145 件。

四是积极推进“三证合一、一照一码”信息化建设。按照国务院关于“三证合一、一照一码”有关要求和总局党组部署，积极沟通协调，排除体制机制障碍，克服时间紧、技术环境复杂等困难，主动作为，积极行动，制定规则，分配码段，设计方案，配合起草下发《工商总局关于“三证合一”登记制度改革信息化有关工作的通知》（工商办字〔2015〕120 号）和《工商总局 税务总局关于做好“三证合一”有关工作衔接的通知》（工商企注字〔2015〕147 号），组织修改相应信息系统，10 月 1 日全系统顺利实施“三证合一、一照一码”改革。

五是积极开展小微企业名录系统建设。配合梳理业务需求，开展小微企业名录系统建设工作，研究形成了《小微企业名录系统建设方案》、《小微企业判定标准》、《小微企业名录数据规范》和《小微企业名录系统格式规范》下发全系统执行，基本开发完成了总局的小微企业名录系统。积极指导各省的小微企业名录系统建设，做好各省与总局系统对接和共用部分的建设和相关技术支持工作。

【认真研究、深入分析，全力抓好数据综合应用】

一是积极推进大数据监管工作。配合推进运用大数据加强市场主体监管试点工作。督导试点单位以工商经济户籍库为基础，运用互联网、大数据、云计算等技术，提高防控系统性风险和加强事中事后监管的效率，努力形成可在全国推广的经验。

二是积极推进数据联网应用和共享服务。完成动产抵押主题库建设，做好高法失信被执行人联网、经营异常名录库建设工作。完成电子口岸数据中心综合资信库的建设、运维工作及电子口岸数据中心数据实时共享工作，抓好人社部大学生创业调查信息处理服务工作。完成企业档案电子化加工扫描工作及文书电子档案修复工作。

三是加强和完善统计数据从数据库生成工作。开展数据中心生成统计报表数据与各省上报统计报表数据的比对，配合修改《统计报表制度》，提高从工商总局数据中心生成市场主体主要数据的能力。

四是积极推进“12315”互联网平台和“12315”数据归集分析系统建设。起草“12315”数据归集分析系统建设方案并进行政府采购，起草并修改《全国“12315”互联网平台业务需求（征求意见稿）》、《全国“12315”互联网平台技术方案（征求意见稿）》。

【优化管理、提升服务，全力抓好机关信息化应用】

一是积极推进企业登记注册信息化建设。整合工商总局内、外资企业登记管理系统，统一内、外资业务流程，调整名称业务校验规则、文书样式，完成司法协助相关业务的系统调整，完成企业下放和系统功能调整工作，更好地实现了对企业服务便利化。

二是积极推进国家工商总局政府网站建设。积极推进工商总局政府信息主动公开。2015 年 1～10 月工商总局政府网站群面向社会公众共发布更新各类工商行政管理信息 11751 篇，移动门户共发布信息 1438 篇，流转网站公众留言 5097 件。启动网站升级改造项目，完成了工商总局 2015 年移动互联门户优化拓展项目。总局政府网站在第十四届（2015）中国政府网站绩效评估中综合排名列 71 家部委网站第 6 位，连续 4 年位于优秀部委网站行列。

三是积极推进总局办公自动化（OA）系统建设。完成了OA系统二期项目建设，启动实施OA系统存储改造项目、财务事项审批管理项目，开展OA使用培训，2015年1～12月，通过OA系统办理各类文件达4.5万余件次，OA系统在智能化、人性化、规范化，以及电子文件全流程办理和全生命周期管理等方面显著提升。

四是积极做好综合业务系统的日常运行保障和安全整改。调整总局向地方工商、市场监管部门发文和指导关系，2015年共支持上传下达发文955次，信息发布344次。针对应用框架漏洞共进行了3次系统安全漏洞整改。做好工商总局执法证管理系统的运行维护，配合完善流通领域商品质量检测系统并试用，做好打击传销、直销系统运行维护。

五是积极推进网络交易监管信息化建设工作。完成2015年国家工商总局网络商品交易监管信息化平台政府采购工作，保障网络监控室和取证实验室各项的正常运行，利用取证实验室开展对相关案件的调查取证工作。开展在线监测和搜索，配合开展网络交易监管平台外包服务评估工作。有力保障了网络交易监管平台正常运行。

六是积极推进商标信息化建设。稳步推进商标三期系统上线工作。推进审限管理系统建设。配合推进独任审查，组织协调对三期系统改、新建，独任审查系统已上线运行。适时启动了提高商标审查和评审效能信息化建设项目。完成商标外网存储系统的升级扩容，启动商标自动化系统（三期）存储扩容及灾备改造项目，有效解决商标生产核心存储空间不足和商标三期数据备份不健全的问题。

【夯实基础、强化保障，全力抓好信息安全和基础运行环境建设】

一积极做好信息安全各项工作。结合信息安全等级保护测评，公安部、网信办等有关部门组织的安全自查，以及国家网络与信息安全信息通报机制，做好国家工商总局信息安全体系建设，在业务专网上转发安全通报30期，不断完善总局网络与信息安全保障体系。

二是建成工商总局—曙光联合实验室。建立并正式启用工商总局—曙光联合实验室，为工商总局信息化项目建设提供了良好的试验验证和测试环境。

三是积极推进电子政务内网建设。编制完成了工商总局电子政务内网立项初步设计文件、应用系统建设方案，有效落实了国家电子政务内网建设要求。

林业信息化发展概况

【林业信息化发展综述】

2014年是智慧林业全面推进的第一年，按照2014年全国林业厅局长会议和《2014年林业信息化与电子政务工作要点》部署，围绕生态林业民生林业中心工作，以“四个服务”为宗旨，林业信息化工作扎实推进，成效显著。中国林业网完成第4次重大改版，打造成基于大数据分析的中国林业智慧政府门户，实现“一览无余、一网打尽、一站服务”，网站群规模达3000多个，日发布信息1000多条，日访问量100多万人次，中国林业网在 2014 年中国政府网站绩效评估中位列第 2 名，并获得新媒体融合发展领先奖、政务微博卓越奖等奖项，再次取得历史性突破。顶层设计进一步完善，28 个省（区、市）完成本级智慧林业规划编制。“金林工程”项目取得重大进展，林业云计算平台、林业网联网示范、高清视频会议系统、灾备中心、北斗示范应用等项目建设和林业电子商务试点积极推进。开展第二批全国林业信息化示范市县建设，示范市县达到 100 个。建立 OA 系统群，推广应用电子签章，内网访问量达到 300 万人次。国家卫星遥感林业平台、网络安全等级保护项目建设完成终验，建成全国林业系统信息安全等级保护体系。林业信息化标准规范、机构队伍建设进一步加强，信息化服务能力大幅提升，为提升林业行业社会影响力和林业治理现代化做出了重要贡献。

【林业信息化建设进展】

（一）推进顶层设计，深化引领指导

深入推进顶层设计。启动林业信息化“十三五”规划编制工作。积极开展智慧林业顶层设计解读、宣传和培训工作，推动 28 个省（区、市）完成智慧林业规划编制，加快全国智慧林业发展。编制了《中国林业云框架设计》、《中国林业物联网框架设计》，基本形成国家层面的林业云计算和物联网顶层设计。

策划组织开展一系列活动。组织召开了全国林业信息办主任会议暨智慧林业培训班，发布了 2013 年全国林业信息化发展水平评测、网站绩效评估结果，总结了信息办成立五周年以来林业信息化建设取得的成就与经验，深入解读了《中国智慧林业发展指导意见》，安排部署了下一阶段林业信息化的工作任务。

编著出版林业信息化丛书。编著出版了《中国林业信息化政策解读》、《中国林业信息化标准规范》、《中国林业信息化示范建设》、《中国林业信息化绩效评估》、《中国林业信息化政策研究》等第 2 套林业信息化丛书，系统总结和全面梳理了林业信息化快速推进 5 年以来的各项工作和建设成果，为全国林业信息化建设提供有益借鉴。

（二）突出重点工程，加快项目建设

“金林工程”等推进工作取得重大进展。完成“金林工程”项目需求评审、建议书编制、等保备案等工作，完善了 13 个试点省建设方案。局高清视频会议系统获得批复。

加强在建项目建设和管理。完成国家卫星林业遥感数据应用平台建设项目和国家林业局等级保护建设项目终验。推进全国林业一张图、网络博览会、国家苗木信息网、物联网示范项目建设。强化云计算、物联网、大数据、移动互联等新一代信息技术在项目建设中的推广和应用。

推进重要项目立项。积极推进局云计算平台、灾备中心、林业生态建设与保护北斗示范应用系统、林农林权服务平台、濒管办联网审批系统、全国植物检疫审批管理信息系统立项。向发改委提交全国林业电子商务试点工作汇报，加快林业电子商务发展。

加强示范建设。开展第二批全国林业信息化示范市、县、基地建设，加快实施智能林业物联网应用示范工程建设，进一步发挥林业信息化示范带动作用。

打造林业大数据。扩展中国林业数据库等系统的数据内容，参与空间地理信息资源库建设，丰富和完善遥感信息资源，加强数据挖掘和分析，积极推进大数据技术应用工作。

（三）打造智慧网站，提升服务能力

开展网站智慧化提升建设。开展中国林业网智慧决策系统建设，完成中国林业网第 4 次重大改版，打造成基于大数据分析的中国林业智慧门户。网站绩效排名在 72 个部委中位列第 2 名，再次取得历史性突破。新版网站增加了“走进林业”板块，建设了涵盖官方微博、微信、微视、移动客户端的“林业新媒体”，构建了“纵向到底、横向到边、特色突出”的站群体系，立足“服务大局、服务司局、服务基层、服务群众”四个维度，全面提升服务能力，实现林业全周期“一站式”在线服务。

加强网站内容建设和管理。通过采编、制作、购买和转载等方式多渠道采集信息资源，丰富网站内容、提高信息质量，提升网站服务能力。中国林业网主站及司局子站共编发信息 7 万余条，

百度收录量达 76.6 万条，被百度反链数量达 52 万条，内网编发信息近 7000 条，更新电子资料 18 万篇，电子大讲堂数据 4.5 万条。

进一步扩大林业网站群规模。加强网站群建设培训、指导与管理，积极推进国外林业子站、市县级网站群、森林公园、国有林场、种苗基地、自然保护区、主要树种子站等网站群建设，累计新上线子站 1500 多个。目前，中国林业网子站已达 3000 多个，位居国内前列。普及推广林业知识，扩大服务范围，大幅度提升了林业的影响力。

全力做好综合办公服务。优化 OA 系统，建设 OA 系统群，在全局范围内推广电子签章，开展综合办公系统应用服务。电话支持 3700 多次，上门服务 2470 余次。

积极开展“三微”工作。改版升级中国林业网微博发布厅和微信，增设了热点发布、政策引导、在线办事等功能，提高了“中国林业发布”微博和“中国林业网”微信社会影响力。开通中国林业网微视账号，将拍摄的短视频分享到微信、QQ 空间、微博等，成为展示林业形象的新平台。

积极开展网络生态文化建设。依托中国林业网组织策划了“唱响绿色旋律・奏出生态强音”司局长访谈，开展了第二届美丽中国大赛，大力弘扬生态文化。创新林业信息展现形式，完成 8 期林业重大政策文件图解工作。

（四）强化网络安全，做好服务保障

加强林业信息安全等级保护管理体系建设。建立全国林业系统信息安全等级保护联络员制度，完成局信息安全等级保护项目建设，全面推进等级保护管理体系工作。

开展网络信息安全检查。组织开展网络及系统安全、商用密码和保密工作大检查，完善了安全检查制度，增强了干部职工的保密安全意识。

加强网络基础设施建设。扩容网络带宽，保证了网站运行和互联网使用需求。加强我局内外网、专网管理。推进涉密网建设立项，为涉密数据及应用提供网络保障。大力支持林区网络设施建设。

全力做好服务保障。完成机房设备及系统日常运行维护工作，实现 365 天连续安全运行无事故。完成绿色大讲堂、视频会议支持与保障工作。制定《国家林业局使用正版软件规范》，积极推进软件正版化工作。

（五）开展技术培训，深化合作交流

举办两期“绿色大讲堂”。第一期邀请工业和信息化部原部长杨学山作了《大数据等信息技术发展现状与趋势》的专题报告，第二期邀请中国电信集团科技委主任韦乐平作了《云计算、大数据和物联网的发展与挑战》专题报告。

大力开展林业信息化技术培训。在北京大学举办第二届林业 CIO 高级研修班，与知名专家深入探讨智慧林业建设。多次举办信息化培训班和专题讲座，加强对各地信息化培训工作的指导，推进了信息技术在实际工作中的应用。

加快推进标准建设。推进已立项标准的制修订，编制完成 3 项林业物联网国家标准和 1 项行业标准。颁布实施《林业信息术语》等 7 项行业标准，使近年来林业信息化正式发布标准达到 30 项。

广泛开展合作交流。积极与有关高校、科研单位、国家部委和 IT 企业开展互动交流，增进彼此了解，促进共同进步。

（六）加强综合管理，强化自身建设

加强林业信息化机构与干部队伍建设。完成全国林业信息化机构和从业人员摸底调查，建立基础信息库，推动各地林业信息化机构队伍建设。

完成综合办公系统的修改完善及上线运行工作，进一步规范工作流程，提高管理水平，提升工作效率。

深入推进信息办文化建设。开展“信息化推动林业现代化”5 周年征文活动，出版《美丽生态佳作选》等书籍，推动网络生态文化建设。

知识产权与专利信息化发展概况

2014年，国家知识产权局深入实施创新驱动发展战略和国家知识产权战略行动计划，稳步推进知识产权强国建设和“十二五”规划实施，全面优化支持专利审批、公共服务、国际合作、行政管理等各项工作的信息化环境，持续提升信息化系统的智能化水平，不断丰富专利数据文献资源，知识产权与专利信息化工作保持健康快速发展。

【推进专利信息化项目建设】

（一）持续优化中国专利电子审批系统和专利检索与服务系统

电子审批系统增设专利事务服务系统为社会公众提供在线服务。专利检索与服务系统（审查业务部分）持续提升系统的检索能力，完成了快捷检索子系统的开发，为审查用户提供了快捷的检索和浏览方式。在系统性能方面完成了系统优化扩容工作，提升了浏览体验。

（二）建成开通专利数据服务试验系统

向社会公众提供国内外专利基础数据30个自然日内的更新数据的下载服务，主要包括中国、美国、欧洲、日本和韩国的各类专利基础数据资源共计20种。这是全球各知识产权机构中第一个除免费提供本国专利基础数据外，还向社会公众免费提供外国专利基础数据的平台。

（三）CEPCT系统正式上线

中国通过专利合作条约（PCT）向国外申请专利国际审查阶段和流程管理系统（CEPCT系统）正式上线，实现了PCT国际阶段申请的受理、国际检索和初步审查业务的无纸化审查。

（四）京外专利审查协作中心过渡期信息化建设项目基本完成

陆续投入使用远程会审系统、视频会议系统、网络（IP）电话系统和在线业务指导平台等，为国家知识产权局与各审查协作中心之间的业务沟通交流及导师带教工作提供了有力支持。

（五）智能审查系统建设

加大云专利审查试验系统推广力度并启动正式系统建设，开展智能审查系统建设。云专利审查系统为专利审查员提供一个与国外审查员基于同族案卷的审查智慧信息交流分享平台，促进各国审查员分享审查信息、交流审查经验。

【完善专利信息资源建设】

（一）专利数据资源收集与交换

国家知识产权局收集的专利文献资源与种类保持世界领先水平，专利文献总量已超过9073万件，全年共引进各类文献资源54种，资源覆盖了与审查业务相关的主要学科领域；继续保持与38个国家/组织/地区专利文献双边交换关系，获得各国专利文献450余种。与欧洲专利局（EPO）建立了文献传递合作途径，双方互相提供对方所需的通过专利合作条约向国外申请专利（PCT）的检索报告中引用的非专利文献。

进一步扩展国际数据交换，完成与21个国

家、地区或组织的数据交换工作，正式开展中美优先权电子交换，扎实推进《海峡两岸知识产权保护合作协议》，实施海峡两岸专利数据交换合作、探讨海峡两岸优先权电子交换事宜，推进与香港、澳门专利数据交换合作。2014 年，共接收国际交换数据约 4.35TB，提供用于国际数据交换的数据约 1.56TB。

（二）专利文献资源管理

在国家知识产权局官方网页（中、英文）公开发布中国专利权威文档，实现国家知识产权局权威文档数据正式对外开放；依据中美欧日韩五局共同文献项目中的欧美日韩四局专利文献权威文档，完成中国收录的欧美日韩图像全文光盘资源的比对核查工作和 25 国全文文本资源的分析，为检索系统的资源优化及有效应用奠定基础。

（三）专利数据标准化工作

开展“专利文献与信息标准体系”编制工作，为促进文献与信息相关工作的统筹规划及相关工作规范奠定了基础。完成《WIPO 工业产权信息与文献手册》第七、八部分翻译，有助于专利文献标准基础知识的应用推广。开展世界知识产权组织（WIPO）标准跟踪工作，及时掌握标准数据动态及更新情况。参加世界知识产权组织（WIPO）标准委员会会议，就 WIPO 标准修订提出我国意见。

（四）专利数据资源加工

编制完成《中国专利数据深加工质量控制工作指南》和《数据加工项目质量评价工作指南》。完成向欧洲专利局提供第一批使用联合专利分类体系（CPC）分类成品数据。全年共接收中国专利文献数据 4 个加工项目以及 CPC 分类和按照国际专利分类法（IPC）再分类数据共计 23 批，共 155 万件，抽检 1.23 万件。完成对各区域专利信息服务中心及地方知识产权局的数据提供工作，保障全国 74 个数据平台的数据更新任务。完成中国专利申请及中间文件代码化数据加工数量达 191 万件。完成发明、实用新型、外观设计三类专利翻译量共计 1973501 件，同比降低 5.46%。

【提升专利信息应用与服务能力】

（一）专利信息公共服务

积极推进专利基础数据的开放工作，建设完成专利数据服务试验系统，向社会公众提供最新的国内外专利基础数据资源。进一步优化国家专利数据中心数据申请流程，加强对各专利信息服务中心的数据支持。深入推动各区域专利信息服务中心的建设和服务工作，对区域专利信息服务（南京）中心进行验收并正式挂牌运营。制定《国家知识产权局地方专利信息服务中心管理暂行办法》，规范地方中心业务管理。

国家知识产权局知识产权陈列馆、专利展示厅及“影响世界的专利”主题展廊接待国内外团体参观 46 批次，全年接待社会公众 1784 人次，受理各类咨询 2000 余人次，受理委托检索 1400 余人次，提供文献 1.2 万件。开展面向青海、宁夏、贵州、甘肃、云南、广西、西藏、新疆 8 省（区）的专利信息利用帮扶活动，初步形成省份专利信息工作体系构建、利用能力培养、服务能力培训、专门人才培养等为主要内容的帮扶工作架构。

修订发布《全国专利信息公共服务指南》（下载地址为 http://www.sipo.gov.cn/ghfzs/xxgk/），介绍全国专利信息公共服务方针政策、国家专利信息资源、专利信息公共服务平台和公共服务方式等。专利信息公共服务平台包括专利检索与服务系统、重点产业专利信息服务平台等多个基本检索工具，均免费供社会公众使用。

继续开展国外知识产权环境研究发布工作，为企业“走出去”提供知识产权实用信息和导引。举办 2014 国外知识产权环境研究报告发布会。改版完善报告发布网页（http://www.sipo.gov.cn/freereport），全面更新、精简和规范 19 份国外知识产权环境报告，内容包括美国、欧盟、日本、韩国、新兴市场国家及东盟等国家和地区的知识产权环境信息，以及海关知识产权保护、美国国际贸易委员会 337 调查、企业上市、重组或并购知识产权服务等专题等。

（二）专利信息人才培养

在全国范围内开展专利信息领军人才评选和师资人才选拔工作，确定第三批全国专利信息领军人才 20 名，专利信息师资人才 80 名，高层次专利信息人才队伍基本形成；开展面向东北、华中、西北、中南、沿海等地区不同层次的专利信息技能巡回培训班 11 期，培训学员 1000 余人。专利文献馆 2014 年举办公益讲座 32 期，累计培训社会公众 1200 人次；开通了公益讲座网络课堂，培训人数达 600 人次。

（三）公共服务咨询

国家知识产权局客户服务中心 2014 年全年接受咨询 1100032 人次，其中电话咨询较多为 1038419 人次，日均咨询量 4436 人次，较 2013 年同期降低约 8%，如图 1 所示。

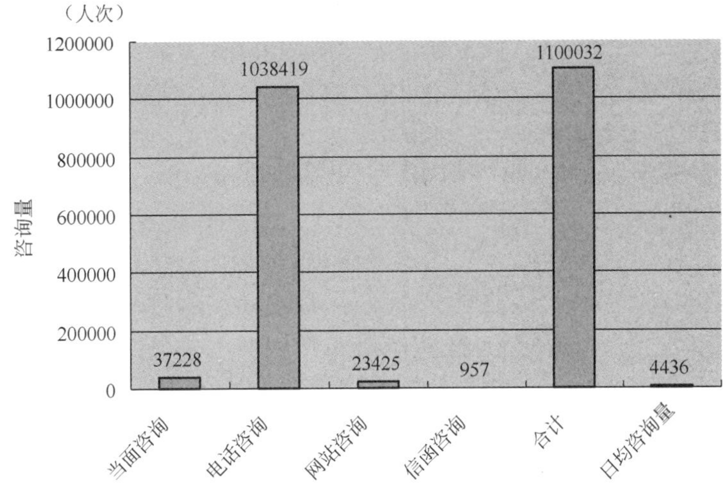

图 1　国家知识产权局 2014 年客户服务中心受理咨询量

【专利信息化基础环境建设】

开展网络规划工作，启动国家知识产权局内网网络改造和设备更新项目，对网络进行优化改造。持续开展内网存储优化工作，目前数据分析与存储规划已完成，存储空间已经具备使用条件，存储监控及流程管理系统已投入试运行。集中监控系统开展监控范围的扩容建设，将新投产的信息化系统纳入监控范围。

【信息安全工作】

2014 年，信息安全工作主要从信息系统等级保护建设、加强信息安全技术手段、安全检查、安全培训和信息安全规划研究这几个主要方面开展工作。开展中国专利电子审批系统、专利检索与服务系统和政府门户网站等系统的信息系统等级保护测评工作；启动网络边界整改项目，构建网络整体安全环境。开展对外服务网站安全监控工作，主动掌握对外服务信息系统安全态势；信息安全管理软件上线试运行。开展多次信息安全培训、下属单位安全检查工作，完成中网办、国家密码管理局和国家保密局信息安全检查工作。

【电子政务】

2014 年，国家知识产权局内部办公自动化系统办理请示件 5627 件，发文 1411 件，收文 249 件，如表 1 所示。国家知识产权局通过全国知识产权局电子公文交换系统，向地方知识产权局下发公文 216 件，接收 82 件。内部办公自动化系统与政府网站有效运转。

表 1　2014 年国家知识产权局内部办公自动化系统业务量统计

指　标	单　位	数　量
呈报文	件	5627
发文	件	1411
收文	件	249

表2为2014年国家知识产权局政府网站业务量统计。

表 2　2014 年国家知识产权局政府网站业务量统计

指　标	单　位	数　量
政府网站页面浏览总量	亿次	8.4
专利说明书下载量	亿页	0.8
主网站发布动态信息数	篇	5309
地方子站发布动态信息数	篇	12078
机关子站发布动态信息数	篇	303
图文直播	次	27（国家知识产权局 5+地方知识产权局 22）
在线访谈	次	3（地方知识产权局 3）
专题	个	19（国家知识产权局 10+地方知识产权局 9）
调查问卷	份	1（国家知识产权局 1）

【重大活动、事件】

2014 年 3 月 31 日，中国 PCT 申请国际阶段审查和流程管理系统（CEPCT 系统）正式上线，专利申请人可以通过 CEPCT 电子申请网站和 PCT-SAFE 电子申请软件两种方式提交 PCT 国际专利申请在国际阶段的相关文件。

2014 年 4 月 2～6 日，组织全国优秀发明项目代表赴瑞士日内瓦参加第 42 届日内瓦国际发明展。参展团员近 60 人，参展的 25 项发明项目，共获得了 18 金、7 银的优异成绩，同时还获得了来自其他国家和地区代表团的 10 项代表团奖。

2014 年 6 月，中日韩欧美五个专利局签署专利基础数据开放协议，明确本国专利基础信息，以及交换所得的国际专利基础信息将对社会开放。

2014 年 7 月 18 日，国外知识产权环境研究报告发布会在京成功举办。知识产权局系统、高校、科研院所、企业、知识产权服务机构等各方代表 240 余人参会。

2014 年 9 月 12 日，第五届中国专利信息年会在北京国家会议中心成功举办。国家知识产权局局长申长雨，世界知识产权组织副总干事王彬颖出席会议并发表致辞，世界知识产权组织、欧洲专利局、日本特许厅、韩国知识产权局都派出代表团参会，52 家参展商出展，2100 名代表参会。

2014 年 10 月 17 日，国家知识产权局区域专利信息服务（南京）中心正式挂牌运营。

2014 年 12 月 10 日，国家知识产权局举办专利信息资源开放新闻发布会，向社会公众免费提供最新的国内外专利基础数据的专利数据服务试验系统正式开通。

科学信息化发展概况

中国科学院作为科技国家队，自“九五”以来，信息化在连续三个五年计划的支持下取得了显著进展。“十二五”期间，围绕建设信息化科学院这一目标，抓住科研信息化、管理信息化这两条主线，通过实施“科研信息化应用推进工程”等六大工程，构建了“科技云”、“管理云”和“教育云”三类云集，不断提高中国科学院科研、管理和教育信息化水平，为建设良好的科技创新生态环境发挥了有力支撑作用。中国科学院的信息化工作正稳步推进，发展势头良好，信息化正深刻地改变着中国科学院的科研方式、管理机制和教育模式，意义深远、前景广阔。

【统筹规划，前瞻布局】

中国科学院“十二五”信息化发展的原则是：统筹规划，前瞻布局；需求导向，制度保障；整合集成，深化应用；共建共享，引领发展。发展思路是：紧密结合“创新2020”发展战略的布局，立足中国科学院科研和管理的需求，以信息化推动科技创新，以科技创新牵引信息化，突出抓应用、抓服务、抓安全，以实际应用带动能力建设，实现功效一流的信息化服务环境，为建设信息化中国科学院迈出关键和坚实的一步。

中国科学院“十二五”期间信息化工作主要可以概括为：“围绕一个目标、抓住两条主线、形成三类云集、提升四种能力、实现五大转变和实施六项工程。”围绕一个目标：面向“创新2020”发展战略，建设开放共享、功效一流、安全可靠的信息化环境，促进信息化与科技和管理创新活动的深度融合，引领我国科研信息化发展，逐步建成信息化中国科学院，为中国科学院实现创新跨越提供有力支撑。抓住两条主线：紧密结合“创新2020”发展战略的需求，围绕国家科技战略布局，抓住科研信息化和管理信息化两条主线，全面、深入地开展信息化建设和应用。形成三类云集：面向全院“科技海”用户群体，充分利用自主创新信息技术，形成面向全国、支撑科技创新的开放共享科技公有云——中科蓝云，形成服务管理创新的安全、高效管理私有云——中科绿云，形成培养创新人才的方便、快捷教育混合云——中科红云，服务不同层面及范围的用户，为科研、管理与教育活动提供高效实用、安全便捷的信息化环境。提升四种能力：着力提升资源整合共享、应用服务支撑、辅助决策支撑、网络安全保障四种基础能力。实现五大转变：不断创新体制机制，提升信息化发展理念，加速实现从硬件建设到环境构建、从强调建设到突出应用、从条块布局到整体推进、从单点示范到全面推广、从相对封闭到共建共享5个方面的转变。实施六项工程：真抓实干，务求实效，组织实施科研信息化应用推进、科技数据资源整合与共享、信息化管理与决策支持、信息化继续教育与科教融合、网络化科学传播服务、网络安全保障与服务六项工程。

2008—2014年中国科学院信息化评估的总体情况来看（见图1），中国科学院信息化整体水平在2008年的基础上稳步推进，2011年有明显提升，2012年和2013年的增长则相对平缓，表明目前中国科学院院属各单位的信息化建设水平稳步提升且日趋成熟和稳定，发展势头也逐渐放缓。总体来看，目前中国科学院信息化建设水平整体式已经具备较好的基础，院属各单位在信息化诸多方面的应用水平也取得了长足进步。

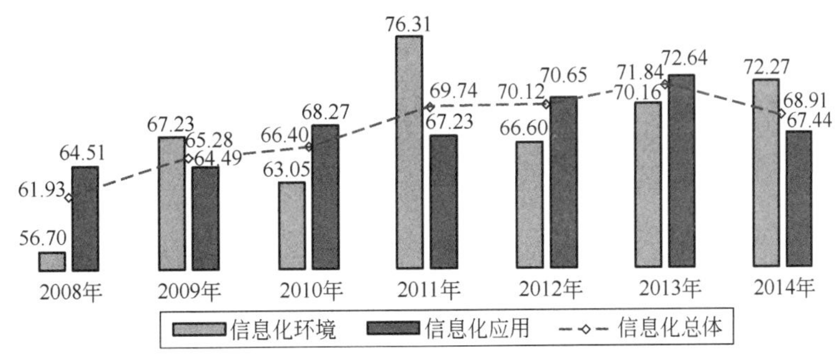

图1　2008—2014年中国科学院信息化评估平均得分年度对比

从中国科学院近三年各研究所在信息化各项平均得分的变化情况来看（见图2），各研究所在教育信息化应用以及ARP系统应用方面进步明显，在信息化管理、信息化安全保障、网络及IT设备环境、数据应用环境、协同平台以及数字文献资源等方面发展较为平稳，但在融合通信应用、网络科普、所级网站以及管理信息化典型应用等方面降幅明显。

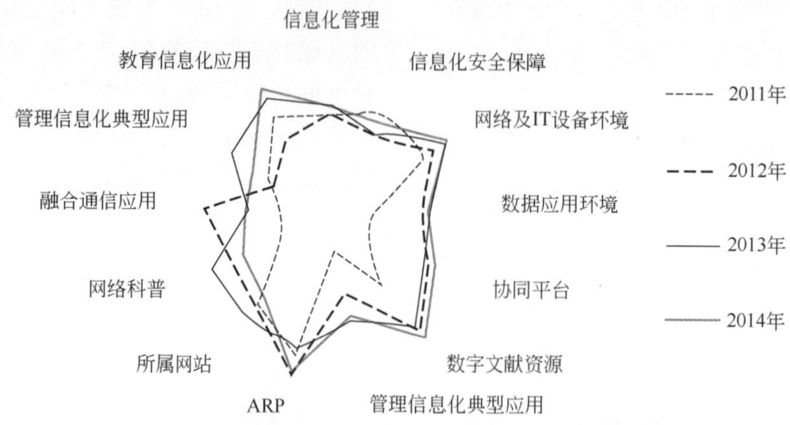

图 2　中国科学院各研究所信息化评估各分项平均得分情况年度对比

【提升科研信息化基础设施支撑能力】

"十二五"期间，中国科学院承担了国家发改委组织的中国下一代互联网（China Next Generation Internet，CNGI）之"核心网工程"、"驻地网工程"和"基于下一代互联网的科研信息基础设施建设和应用示范工程"建设任务，网络环境、超级计算环境、数据存储环境及数据处理能力全面提升。

（一）中国科技网环境

2008 年建设运行的中国科技网，已经成为覆盖全国的高速科研骨干网基础设施（见图 3），为中国科学院院属单位、国家地震局、国家气象局、中国林业科学院、中国农业科学院等科研机构和高技术企业提供互联网络服务，推动我国科研信息化发展。

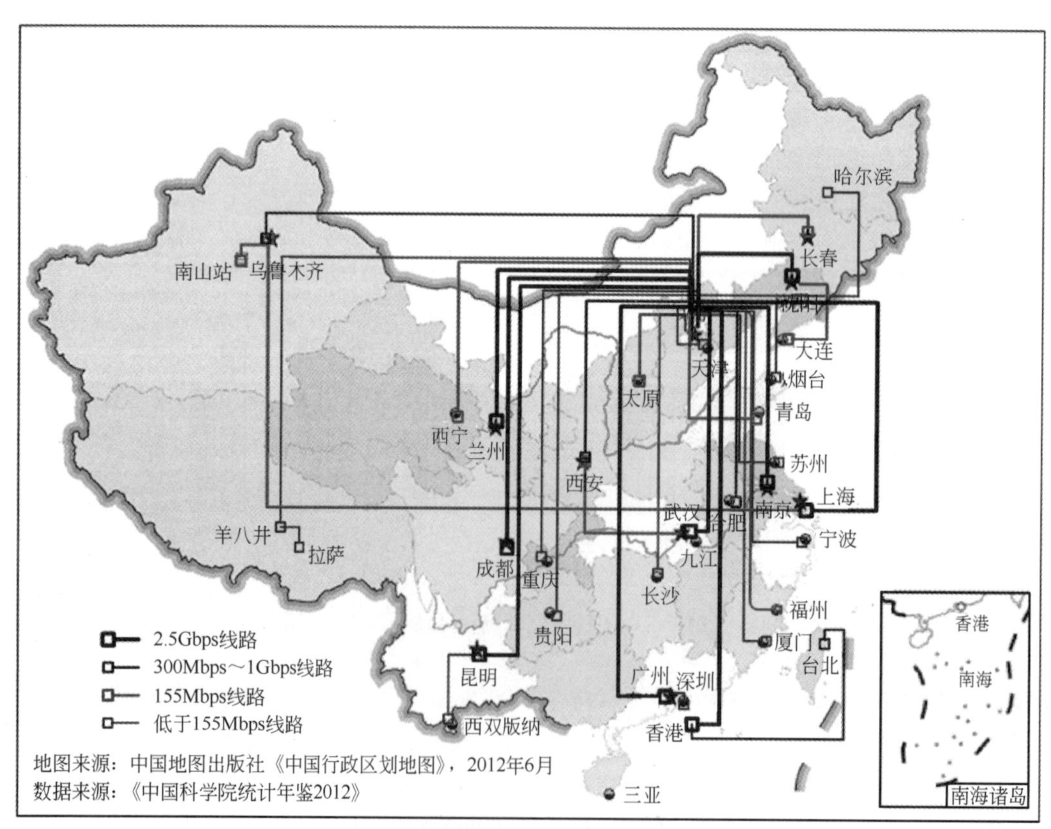

图 3　高速科研骨干网基础设施

中国科技网具有万兆交换能力的核心网、以 155Mbps～2.5Gbps 传输能力为主的长途骨干网和 1Gbps～10Gbps 城域网接入服务能力，7×24 小时提供 IPv4 和 IPv6 双线接入服务。中国科技网拥有多条通往美国、俄罗斯、韩国、日本等国际出口，并与中国香港、中国台湾等地区的主要互联网运行商实现了高速互联。目前，中国科技网的国际网络出口已达到 49Gbps，其中，中美、中欧之间均为 10Gbps。直接支持中科院 109 个研究所升级为 IPv6 网络，从核心网、城域网、用户网到应用桌面全面支持 IPv4/IPv6，并通过 10Gbps 环状骨干网络使 10 个高性能计算中心、10 个海量数据资源中心、40 个大科学装置和野外台站等科研基础设施高速互联。

（二）超级计算环境

三层架构的中国科学院超级计算环境在“十一五”期间建成，在“十二五”期间实现了超级计算能力、应用效果的稳步提高。实现了中国科学院超级计算总中心、9 家分中心、18 家所级中心计算资源的互通共享，整体提供达 400 万亿次的计算能力和 100 多种应用软件服务。

中国科学院超算中心的主超级计算机已升级为第六代超级计算系统——“元”，系统峰值为 2.36 万亿次（Petaflops）。系统采用通用处理器（CPU）和加速器（Intel Xeon Phi 和 GPU）混合组成的异构体系架构，主机安装于中国科学院计算机网络信息中心怀柔分中心。系统分为两期建设，计划于 2015 年第三季度完成全系统建设。一期系统已于 2014 年 6 月正式发布，计算能力为 303.4Tflops，存储裸容量为 3.041PB，聚合带宽 64.5GB/s，全系统采用全系统 56Gbps FDR InfiniBand 线速互联，为院内外广大超级计算用户提供计算服务。

中国科学院超级计算发展指数以超级计算生态环境合理量化综合评价为出发点，从环境建设、环境使用、用户直接科研产出、支持用户科研项目、人才培养和收入 6 个方面构建了评价指标体系，共包含 17 个三级评价指标、6 个分指数和 1 个综合指数。2006　2013 年，中国科学院超级计算发展分指数走势如图 4 所示。

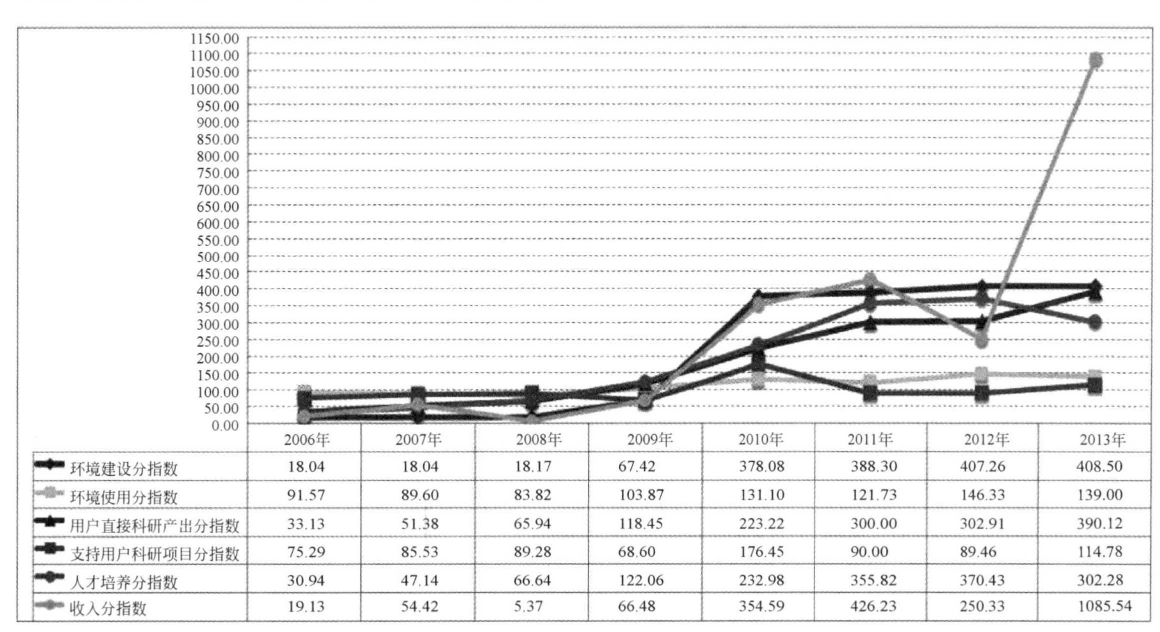

	2006年	2007年	2008年	2009年	2010年	2011年	2012年	2013年
环境建设分指数	18.04	18.04	18.17	67.42	378.08	388.30	407.26	408.50
环境使用分指数	91.57	89.60	83.82	103.87	131.10	121.73	146.33	139.00
用户直接科研产出分指数	33.13	51.38	65.94	118.45	223.22	300.00	302.91	390.12
支持用户科研项目分指数	75.29	85.53	89.28	68.60	176.45	90.00	89.46	114.78
人才培养分指数	30.94	47.14	66.64	122.06	232.98	355.82	370.43	302.28
收入分指数	19.13	54.42	5.37	66.48	354.59	426.23	250.33	1085.54

图 4　中国科学院超级计算发展分指数走势（2006—2013 年）

2013 年 9 月，由中国科学院超级计算中心联合国内各大超级计算中心，与多家高性能计算应用单位、超级计算相关技术和产品的研发、制造、推广、服务的企业、大学、科研机构等具备独立法人资格的单位或其他组织类机构，共同成立了“超级计算创新联盟”。截至 2014 年年底已发展到55家成员单位。

2014年，经中国科学院第七次院长办公会同意批准，依托中国科学院计算机网络信息中心成立院设非法人单元——计算科学应用中心。以大规模计算科学软件的研制和推进高水平应用为目标，搭建并行计算科学与其他学科交叉合作的高水平研究平台，实现高性能计算应用领域协同创新机制的突破；凝聚应用学科、算法研究、编程等多学科人才，打造产学研一体化成果产出平台，实现国产自主研发高性能计算应用软件质与量的突破。建设具有先进水平的高性能计算科学应用软件研发基地，为我国的学科发展和基础研究提供支撑。

2014年9月，国家网格服务环境示范专网开通，中国科学院超级计算中心、国家超级计算天津中心、国家超级计算济南中心和香港大学四个国家网格结点单位的超级计算资源实现了聚合与共享，并为用户提供服务。

（三）数据存储环境

截至2014年年底，中国科学院数据存储环境正式运行服务总容量达24PB，包括6PB云存储，1PB灾备环境和磁带库14PB，以及一般磁盘阵列3PB。提供可共享科学数据 456TB，每月存储数据增长50TB。共有65家中国科学院院属单位承担和参与数据工程，包括12家存储共建单位、20家重点数据库承担单位、20家专业数据库承担单位。已有院内外7.6万注册用户访问使用，有效支持了科研数据存储、备份、长期保存以及数据密集型计算的需求。

数据存储环境系统架构包括北京中关村主存储中心、怀柔总归档备份中心和12个区域存储节点，形成覆盖全院、辐射全国的云存储网络（见图5)。通过统一管理、运营和服务，面向院内外用户提供云存储、云计算和数据共享等公共服务能力。

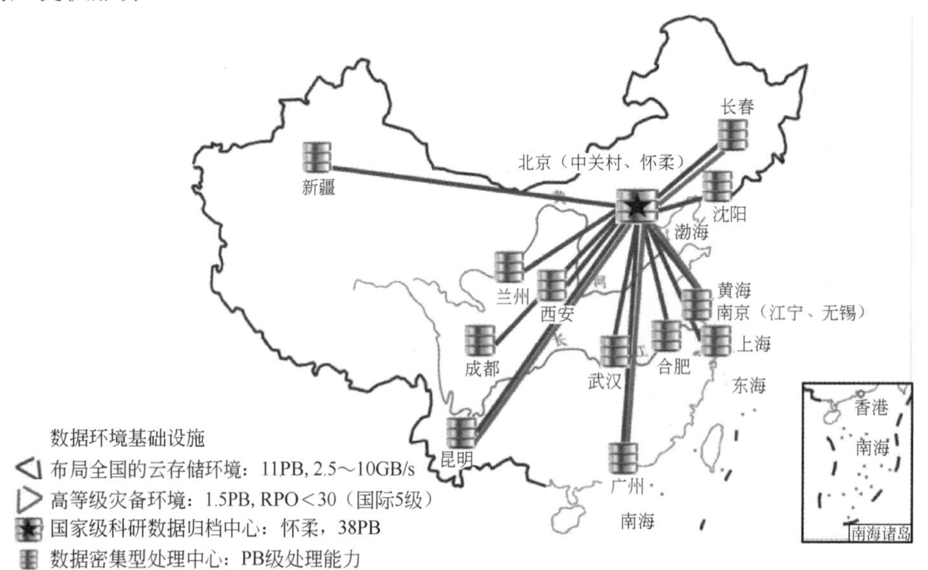

图5　数据存储环境基础设施分布

【三类云集显现成效】

（一）“科技云”

中国科学院“科技云”以网络环境为基础，开展各类信息化应用，包括超级计算、科学数据资源、协同工作，以及一系列基于中国科技网的增值服务；以科学数据为核心，形成云存储服务环境，开展面向领域的数据整合、集成、共享与应用；以超级计算方法为手段，形成三层架构的超算环境，开展面向学科的超级计算应用与专业超算软件研发。“科技云”服务总体架构如图6所示。

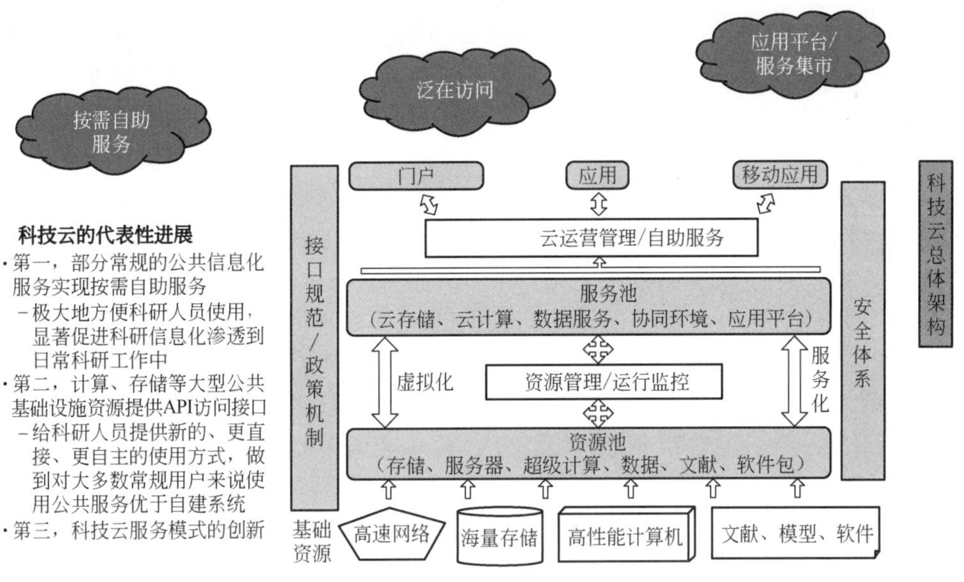

图6 “科技云”服务总体架构

“科技云”开展了各类各层次面向科技活动的信息化服务（见图7），一部分是面向共性需求，以面向科研的Duckling平台为软件基础，逐渐发展形成了以中国科技网通行证、组织通讯录、云运行管理等为代表的“科技云”基础服务。同时，结合中国科学院重大科研项目（工程）的需求，启动了一批面向专业的“领域云”，包括高能物理科技领域云、微生物科技领域云、高寒环境联合监测研究云、全球变化生态学领域云、空间科技领域云、天文学科技领域云等。

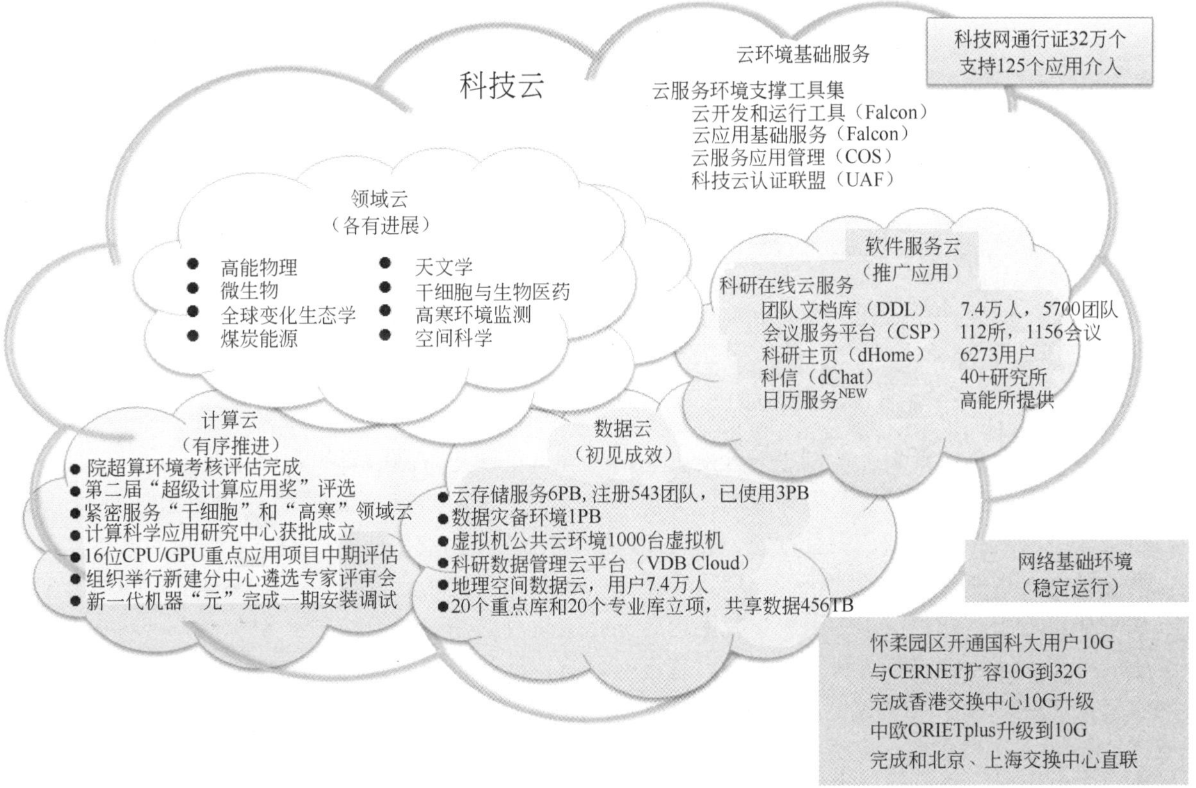

图7 “科技云”服务展示

（二）“管理云”

中国科学院“管理云”搭建了“管理云”数据中心，整合了中国科学院资源规划项目（简称 ARP）、网站群、科学网、科普网等系统的数据以及对科研管理辅助决策分析有益的外部数据资源，并针对性地收集整理了来自中国国家自然科学基金委、中文核心期刊等的科研项目、科研产出等外部数据共 62 万条；搭建了“管理云基础设施服务平台”，实现了资源监控统计、日志管理、调度管理、权限管理等功能；建立了信息资源目录体系，形成了《科研管理信息资源分类标准》（见图 8）。

中国科学院 ARP 系统建设已持续了三个五年计划。“十二五”期间，ARP 在体现信息资源积累方面发挥作用，朝着构建基于云计算的科研管理数据中心方向上迈进。2014 年 12 月发布 ARPV2.3 版，引入互联网思维，通过微创新手段在用户体验上予以重点提升，推出 ARP 泛云服务平台，建成通用申报审批服务平台，初步建成科研管理辅助决策平台，并完善移动应用中心，探索 ARP 的移动应用模式。

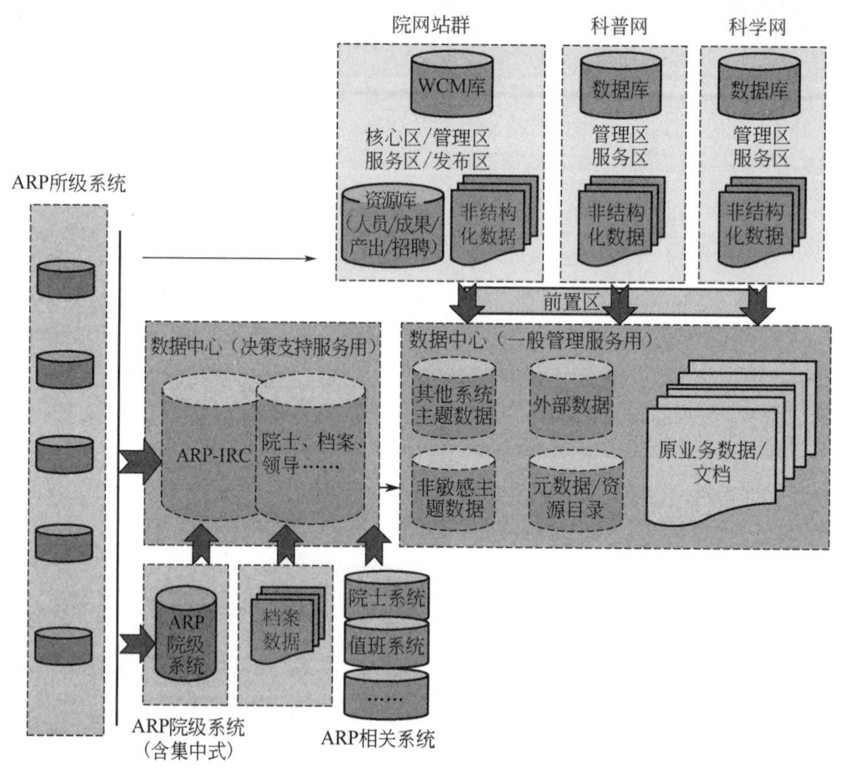

图 8　“管理云”数据中心逻辑架构

在“管理云”总体框架下，以“提升能力、加强创新、持续发展、精品示范”为原则，实现了从科普云主机到科普网站、科普专题、科普专栏、活动组织、视频分享、科普培训、项目申报等一系列科普应用，并支撑了中国科学院院内各研究所的科普空间、中国科普博览以及院科普工作网明智科普网的运行。2013 年，“掌上中科院”框架式 App 正式上线服务，完成了 Android 版本的开发，实现对应用的管理、资讯的同步更新。汇聚 20 多个特色应用，为院内人员提供科研、管理、生活等方面的资讯和应用服务。

中国科学院网站群通过运用云计算及 Web 2.0 技术，构建适应新时期发展需求的网络化信息发布与互动平台。目前，中国科学院网站群平台上运行的站点已增长到了 850 余个，网站内容丰富，运行稳定。2013 年 5 月 31 日，中国科学院在新浪微博开通了中国科学院的官方微博——“中科院之声”，6 月 4 日开通了同名微信。截至 2014 年年底，“中科院之声”微博共发布 6400 余条，累计被转发近 39 万次；粉丝 81 万余人。“中科院之声”微信发布 500 余期，累积关注人数 3 万余人。2014 年起，中国科学院主持编辑出版“中科院之声”手机报，截至 2014 年年底共发送手机报 98 期，每期发送号码数量在 1.4 万个左右。

（三）“教育云”

中国科学院“教育云”基础设施环境分别部署在中国科学院大学玉泉路校区与雁栖湖校区。目前“教育云”基础环境实现 50 台高性能服务器的虚拟化，能够提供 200 多台虚拟服务器的应用支撑环境。同时，逐步回收整合已有服务器资源，“十二五”末将能够提供 400 多台虚拟服务器的应用支撑环境。数据存储环境已经建成 344TB 的存储容量，其中，48TB 高性能存储和 48TB 的普通存储已经满负荷运行，“十二五”末将建成高性能存储 192TB，普通存储 1PB 的存储环境。

“教育云”采用云计算技术实现了基础设施虚拟化、管理和学习数据资源池化；通过统一数据平台、教育业务接入平台完成底层数据整合共享及与上层应用服务的无缝对接和权限管理，为全院学生、教师、科研人员、管理人员以及其他职工提供一站式学习和教育管理服务，支持教育全过程的业务服务整合（见图 9）。

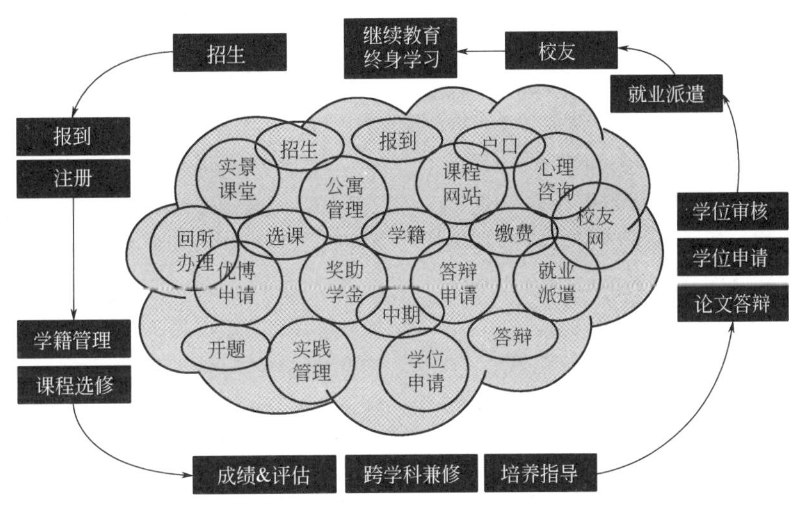

图 9　支持教育全过程的业务服务整合

截至 2014 年年底，“教育云”已积累课程和各类前沿讲座视频 2.4 万个片段，形成汇集讲义、课件、作业和讨论等内容的课程网站 1.2 万个；收集斯坦福大学、哈佛大学等国际名校公开放课程，北京大学、复旦大学等中国大学视频公开课，TED 讲座等各类视频资源 9791 个；积累学位论文 3 万余篇。这些资源主要分布在哲学、经济学、法学、教育学、文学、理学、工学、农学、医学、管理学 10 个学科门类。此外，实景课堂发布视频资源 29325 个，涉及 1328 门课程和各类学术前沿讲座、学生活动，资源容量 11117GB，视频点播次数达到 627.6 万人次；科研培训云已建成 113 个学习子平台，累计 1316 个课件资源。

【建成网络安全统一认证】

中国科技网安全服务平台的建设具备了对中国科学院全网安全态势、全网安全资产情况、全网安全探针运行情况、全球安全攻击分布情况以及全院安全风险漏洞分布情况的分析展示能力，大大提升了中国科学院的安全保障水平。

通过中国科技网安全服务平台，可实现对中国科技网各用户单位的网络安全事件监控，安全事件发现率大幅提高。同时，中国科技网安全服务平台具备网络安全风险评估自服务能力，院属单位可利用平台对授权范围内主机进行风险评估任务下发和查看。此外，安全信息共享与分析中心实现了对互联网网络安全情况的通报，包括互联网最新网络攻击等安全威胁信息资料、重要漏洞分析和处置报告、重要互联网网络安全事件分析和处置报告等。

目前，中国科技网安全服务平台已在104个中国科学院院属单位部署采集引擎。中国科技网网络安全应急小组每日对监控到的国内外网络安全事件进行及时准确的处理，每次事件进行详细的记录，每月对所处理的事件进行汇总。2013年1月至2014年12月，中国科技网网络安全应急小组共捕获安全事件378456次。其中，拒绝服务事件61022起，自定义类型事件83613起，系统状况/配置事件73362起，可疑活动35564起，扫描探测事件8149起，利用漏洞事件5655起，认证/授权/访问事件108833起，病毒/木马事件247起，违背策略事件2011起。

此外，建成中国科学院统一认证基础设施并在全院投入应用，强化了中国科学院ARP及各部门内部应用系统的安全性，提升了ARP平台的便利性和用户友好度。目前，院统一认证设施能支持各类认证方式，具备支持全院3万人的能力，成为中国科学院信息化基础设施的有机组成部分。

中国科学院持续提升对信息化工作的认识。通过中国科学院党校所局级领导干部特训班等既有渠道，同时建立了局级领导信息化工作研讨班及研究所信息化主管干部培训班等新渠道，形成了三级培训体系，完成了对信息化建设和运行单位用户的培训。同时，自2008年起实行了全院信息化评估，通过给院属每个研究所提供个性化的"诊断"反馈，使全院上下提升了对信息化理念的认识，形成了重视信息化、推动信息化落实的工作氛围。

针对信息化项目的工程性特色，中国科学院健全了信息化项目的咨询评议、过程管理、第三方监理、服务监督、反馈评估的闭环管理体系，并在各个环节充分听取用户、专家意见，确保了重大信息化建设项目的顺利完成。2014年，从实施与规划吻合度、进展与成效、经费执行效果等三个维度，对《中国科学院"十二五"信息化发展规划》的实施效果进行首次综合评估，并提出了建设任务、经费、机制体制以及规划内容等调整意见。通过评估，加强了信息化资源的整合与集成，改善了信息化服务环境，推动了中国科学院信息化水平的提升。

中国科学院积极引领国家科研信息化发展，2014年，承担了中国科学院学部咨询项目《国家科研信息化发展战略研究》，承担了国家信息化专家咨询委员会软科学项目《关于推动科研信息化发展的研究》，积极向国家提交国家科研信息化发展战略研究和建议报告。同时，面向院内外发布《中国科学院信息化发展报告》，联合国家有关部委连续举办"中国科研信息化发展研讨会"，编纂并发布《中国科研信息化蓝皮书》，系统展示了中国科研信息化整体发展情况，并对发展战略与态势作了分析，科研信息化理念与实践在国内产生了较大影响。

社会科学信息化发展概况

中国社会科学院信息化建设以深化信息化管理体制机制为抓手，积极整合网络信息资源，重点加强海量数据库和中国社会科学网建设，不断改善网络基础设施和网络安全环境，整体提升学术传播能力，提高科研信息化的保障能力和应用水平，取得了阶段性成果。

【信息化机制改革成效显著】

社科院党组对信息化建设和网络安全工作高度重视，把这项工作列入重要议事日程。院党组书记、院长王伟光同志曾多次对信息化工作做出重要指示，并召集相关部门针对我院信息化建设过程中取得的经验和存在的问题进行系统分析、对未来发展进行科学规划。为进一步理顺信息化建设体制机制，2013 年 8 月院党组印发了《中国社科学院信息化体制机制改革方案》，成为社科院信息化体制机制改革的纲领性文件。文件明确提出，“用 3～5 年时间，通过对‘一馆、一网、一库、两平台’的建设，全面提升我院信息化水平，实现科研手段现代化、信息资源一体化、办公自动化，基本实现数字化中国社会科学院。”

遵照文件精神，社科院于 2013 年 9 月实施了信息化体制机制改革。改革实行“管建分离”，成立了信息化管理办公室，专司管理职责；院图书馆（调查与数据信息中心）和中国社会科学杂志社（中国社会科学网）等单位成为院信息化的主要建设单位，承担重大信息化项目的建设职责。

【狠抓信息化工作落实】

2014 年年初，院党组决定成立院重大信息化建设项目领导小组，由副院长张江和院秘书长高翔分别担任正副组长，院主要职能局及建设单位负责人任小组成员，专门研究、决定重大信息化建设的重大问题。为抓好工作落实，建立了“名优建设工程协调会议”制度（“名优工程”指我院“报、刊、图书馆、网站、出版社、数据库、社科学术评价”7 个方面的建设）。会议由高翔秘书长主持，每周一次，研究讨论名优建设工程的相关议题，部署各项工作。2014 年，共召开了 23 次协调会议，研究决定了 191 项工作，并建立督办机制，督促事项的落实。院党组还将“名优工程协调会”议定事项纳入职能部门和直属单位创新工程绩效考评体系，使例会成为社科院信息化建设工作的有力抓手。2014 年 12 月 12 日，组织召开了中国社会科学院“七名”工作会议，对包括信息化工作在内的名优工程进行了全面总结与进一步部署。

【重视网络意识形态动态】

院党组非常重视网络意识形态领域的各项工作，要求社科院主要媒体加强网上引导，壮大网上主流思想舆论，弘扬主旋律，传播正能量。为防范、制止和有效处理工作人员发生网上不良行为，出台了《中国社会科学院网上不良行为处理办法》。为了及时掌握网络舆情，设立了网上舆情信息管理协调小组，指定相关部门监测网上不良行为。这些措施为社科院坚持正确舆论导向，培育健康向上的网络舆论生态，实现工作人员网上行为的规范性、合法性和适当性，防范、制止和有效处理网上不良行为，起到了良好作用。

另外，针对当前各种社会不良思潮借助互联网平台进行传播、造成较坏社会影响的形势，社科院自觉站在捍卫我国意识形态主导权的战略高度，密切关注互联网领域对重大思想、理论和时政热点问题的讨论，安排专门的部门摘编《网络舆情》，对每周思想理论界值得关注的重要观点进行摘编，报送院领导参阅。

【加强制度建设　规范工作管理】

在信息化建设中，在遵守国家法律法规的同时，迅速建立健全适合社科院情况的规章制度，通过制度进行管理，使各项建设做到“合法合规”，是 2014 年我院信息化建设的一项重要任务。

一年来，经院务会议批准，信息化管理办公室向全院印发了《院重大信息化项目管理办法》、《院创新工程重大社会调查项目管理办法》、《院属单位信息化工作经费管理办法》和《院信息化管理办公室管理工作细则》，为项目的审批、管理和经费的使用、执行提供了制度依据。

针对网站建设中的问题与发展需要，社科网牵头先后制定完善了《新闻值班制度》、《社科网突发事件应急预案》、《社科网学科频道基本规范》、《社科网互动社区版主管理规定》、《社科网互动社区用户登记制度》等一些制度，为院网站科学有序发展充实了制度保障。

图书馆制定了《中国社会科学院图书馆（调查与数据信息中心）数字资源筛选与审定流程》等多项规章制度、操作规程，有效地规范和指导了全院数字资源的整合。为保障网站发布平台的安全，2014 年还组织修订了《中国社会科学网发布平台信息系统安全管理制度》共计 23 份。

院监察局出台了《关于对我院信息化建设项目实施“三道监督”的工作方案》，对信息化建设项目从加强内控监督、部门监督和专业监督三个方面进行了明确要求，为信息化项目建设提供了制度保障和纪律约束。

这些规章制度的出台，为社科院信息化建设全方位、多角度地提供了制度依据，使信息化建设做到合法合规，稳步发展。

【狠抓信息化重点项目建设】

在院党组的有力指导下，在各相关建设单位的共同努力下，2014 年一大批信息化重点建设项目得到支持并取得了一定的成绩。2014 年，社科院共有“海量数据库建设工程（一期）”、“域外汉籍电子文库”、“互联网视听舆情智库”、“创新工程综合管理平台二期”等 25 个院重大信息化项目批准立项，有 13 个信息化项目完成结项。2014 年，社科院还同华为公司建立了战略合作伙伴关系，让国内著名的 IT 企业全面助力社科院信息化规划与建设，提升信息化项目建设的整体水平。

（一）海量数据库建设全面铺开

院党组提出要努力建设中国第一、世界一流的哲学社会科学海量数据库和综合集成实验室平台，社科院图书馆负责海量数据库建设工程项目工作，建设思路围绕“一个实验平台”、“两条工作主线”、“三个数据来源”、“四大方面内容”和“五个分数据库”。海量数据库建设工程项目（一期）含云平台建设项目、“社科云”海量数据库平台项目、安全保障和网络带宽等基础设施建设项目三个子项目。目前，相关项目的前期准备工作和技术论证工作已经完成，经过正式的招投标程序，已于 2014 年年底产生项目中标公司。

作为海量数据库子库之一的科研成果库，经过一年的调研、组织、数据收集与系统建设，已初具规模。经过前期数据收集，科研成果数据库正式立项、建设，并于 2014 年 12 月初正式上线试运行，12 月 23 日通过初验，目前正在调试完善中。该项目收录了科研成果数据 103025 条，其中 2011 年以来的科研成果数据 22868 条，人员信息 1 万余条（含离退休人员、调离人员、硕博士生等），机构信息 45 条，完成了科研成果知识智能分析系统、机构成果知识门户等模块建设，实现了数据检索、数据统计、聚类分析、对象比较、全文下载等功能。

（二）两次改版国家哲学社会科学期刊数据库

2014 年国家期刊库实现了两次改版升级，数据量增加了 50 多倍，功能日臻完善。截至 2014 年 10 月底，国家期刊库上线期刊 596 种，上线论文 258 万余篇。其中，371 种期刊已回溯至创刊年；139 种期刊已回溯至 1995 年以前。最新期刊更新至 2014 年 10 月，27 种期刊基本实现同步上线。同时，国家期刊库共与 622 家期刊编辑部签署作品使用协议。进入社科院、南大、北大三大核心体系的期刊共 454 种，其中包括国家社科基金遴选并重点资助的期刊 200 种、社科院主管主办期刊 80 种。中共中央机关刊物《求是》及《红旗文稿》也已加入期刊库。

目前，国家期刊库注册人数为 37009 人，比 2013 年年底的 9000 多人增长了 3 倍多；日最高点击量为 88 万次，日均点击量增加到近 30 万次。在有下载限制的情况下，累计下载量近 80 万篇。国内外不少机构，如国家图书馆、美国国会图书馆、香港大学、密歇根大学等都已将国家期刊库作为推荐资源。

期刊库不仅提供多种导航和检索方式，实现期刊浏览、论文检索、在线阅读、全文下载等基础性服务，还提供检索结果统计分析、期刊评价、作者简介与评价等多种特色功能。国家期刊库的新浪官方微博粉丝数近 15 万人。此外，数据库还开通了用户服务 QQ 群、期刊联络 QQ 群、腾讯微博、微信等各种公共服务平台，产生了很好的社会反响。

（三）社会调查项目成果显著

作为社科院信息化建设目标中“两平台”之一的社会调查平台，2014年完成了“中国公民的人大代表选举参与问卷调查”项目、“城市环境信息公开与公众参与民意调查”项目、“海淀区卫生系统满意度调查”项目等多个院内外调查项目，形成了多个质量高、社会影响大的调研成果，并参与出版了《中国社会形势分析与预测》等多本蓝皮书及刊物，在业内具有重要的影响力。

目前共有24项调查数据，包括132966个样本（案例）量、9642个字段（变量），涉及经济学、社会学、政治学、民族学、人口学等社会科学专业领域，其中有11项调查数据向国内外研究学术机构提供免费共享服务。已具备全国2870个区、市、县2010年的基本数据资料，包括常住人口数、GDP、生产产值、受教育程度及人口性别比等指标。同时有596个调查点村居的数据及地图资料及91万多条居民住宅信息。这些数据资料可为定性调查研究活动（如国情调研）、专题调研提供固定观测点和实践基地，也为调查数据库提供了基础资料。

（四）社科网向“全院一网”的战略目标迈进

中国社会科学网初步形成了包括主网、英文版、法文版等共计11个网站在内的网站集群。在新版社科网的资讯、学科、综合和互动4大版块、70个频道中，学术频道所占比例最大，基本涵盖了人文学科的一级学科。所有的学术频道，每天均得到更新。全天更新内容2000条左右。平均不足两天就有一个专题上线。此外，原创视频《社科播报》也集中于学术内容。一年来，社科网刊发了一系列具有鲜明特点的马克思主义好文章，引起了广泛关注，初步展示了马克思主义学术网站的正义力量与风采，也扩大了网站的知名度与影响力、公信力。

社科网建立了人文社区，注册会员稳步提升。博客聚合页面正在优化当中。官方微博平台覆盖新浪、腾讯和人民三大平台。官方移动客户端“学术要闻”，可以扫描二维码下载，是国内首款专业学术客户端。微信公众号“中国社会科学网”被广泛关注。社科网制作了大量的网络视频节目，每周播放独家制作的视频节目。网络视频直播技术越来越成熟。多次圆满完成网络视频直播任务，实现了异地网络视频直播。目前，社科网手机网实现上线。

为了实现院党组“统一资源”、“全院一网”的要求，杂志社与社科院32家单位签署《中国社会科学网频道承办书》，由各单位承办学科频道或建设子网。目前，全院各所局子网向社科网全面迁移工作正在紧锣密鼓地进行。

目前，社科网访问人数、浏览量稳步提升，最高浏览量达1050792（PV），最近90天日平均浏览量达628184（PV），日最高独立访客数是26万多人，日最高同时在线人数曾经冲高到4000多人，访客遍布世界各地。

（五）“远程访问系统”升级改造完成

2014年，为了在全院科研人员中推广“远程访问系统”，院图书馆开展了大量宣传推广的工作，并针对使用中所发生的问题，进行用户整理、登录页面改版、系统测试、资源优化等工作，进一步完善系统功能。2014年9月底，完成了“远程访问系统”升级改造工作，“全院远程访问系统”正式上线，实现了科研人员对院内海量数据的远程获取。目前，社科院远程访问系统用户总数已达7000余人，用户覆盖社科院50余家单位，可使用数据资源近200种。

（六）实施基础设施升级改造工程

网络及系统运维保障工作是社科院信息化建设的一项重要日常工作。社科院共有上网注册人数12514人，平均在线人数2300人左右，邮箱注册数8354个，互联链路22条，网络布线节点1万有余，网络设备200余台，以及机房的运维、托管管理工作。

在2014年5月将全院个人用户邮箱容量由原来的1GB扩容为2GB、500MB网盘空间不变的基础上，经过名优工程协调会研究，图书馆进行多轮调研与论证，2014年下半年启动了网络基础设施的升级改造工作。首先于9月将全院出口带宽扩容升级到电信600Mbps、联通400Mbps，大幅提升了用户访问互联网速度。11月初又将部门用量较大的学科片与院部的互联链路也进行了扩容升级工作，扩容比例为100%与150%。后续的升级工作也在积极推进。目前，基础设施建设项目已经完成了硬件采购，正在进行部署。

【常抓网络与信息安全】

2014年，在网络与信息安全工作方面，完成了对社科院所有在用信息系统的梳理工作，明确了系统对应的等级保护等级，完成了35个单位的定级备案表和定级报告，完成了18个单位的信息系统备案工作。还组织完成了全院网络安全检查、院内漏洞算法应用风险检查、商用密码检查、重要时期网络及网站信息安全部署，以及日常的病毒预报与监测等工作。

社科网的安全一直是社科院常抓不懈的重点工作之一。为保障社科院3套对外网站发布平台的安全，相关部门本年度共开展6次网站重保工作（包括“全国两会”、“APEC会议”等敏感时期），有效保障了社科院网站平台的安全平稳运行。在党的十八届四中全会期间，社科网新平台安全设备平均每天抵御安全攻击66401次，比平时每天的攻击增加了236倍。

2014年除了各系统内部的专业培训外，还由信管办和创新办两家单位联合组织了全院2014年科研信息化及创新工程评价考核工作培训班，院属各单位信息化工作人员及各片网管员参加了培训及交流，培训收到良好的效果。此外，社科院还配合中科院筹办了第十届两岸三院信息技术与应用交流研讨会，组织召开了“大数据与社会科学研究”学术研讨会等。

为提高社科院期刊质量与信息化水平，根据名优协调会的决定，2014年为各职能局、院属单位各期刊编辑部采购、分发了139套黑马校对软件并进行了安装和使用培训。同时，还由文献出版社承担了“全院期刊统一投稿与采编系统”建设任务，以提高院学术期刊编辑部信息化水平，规范编审流程。目前项目已完成招投标工作，社会科学文献出版社与技术公司开始投入采编系统安装工作。截至2014年12月31日，全院共14家期刊编辑部安装完毕，并投入试运行。

2014年，社科院为全面掌握信息化人才队伍建设现状，把握“名优”人才建设规律，根据院领导指示，由人事局牵头、多部门参与开展了“中国社会科学院报刊出版馆网库和评价中心人才资源状况”专项调研，目前已完成调研报告的撰写。

社科院2014年先后派人出席中央网络安全与信息化领导小组办公室召开的信息化形势分析专家高层研讨会、国务院办公厅召开的国务院网站英文版专家讨论会和由国家互联网信息办公室在广西南宁召开的中国—东盟网络空间论坛；承接中央网信办交办任务“关于‘十二五’时期社科国网络安全与信息化发展状况整体评价”报告的撰写；协助中科院科研信息化战略规划课题组组织相关研究工作。

地震监测信息化发展概况

党的十八大将信息化纳入“四化”同步发展的战略布局，成立了由习近平总书记担任组长的中央网络安全与信息化领导小组。习近平总书记指出“没有网络安全就没有国家安全，没有信息化就没有现代化。”中国地震局在《“十三五”防震减灾信息化规划》编制中提出了“加快推进防震减灾信息化是落实国家信息化发展战略，推进防震减灾治理体系和治理能力现代化的迫切需要”。从战略层面提高了对全局信息化工作的认识，在以信息化推动地震监测现代化发展中取得了长足进步。

【地震监测信息化工作重点】

（一）加强顶层设计，统筹全局信息化管理体系

为进一步贯彻落实国家信息化发展战略部署和各项重点任务，中国地震局在信息化发展中加强统一领导，强化顶层设计，充分发挥防震减灾信息化对事业发展的引领和支撑作用，努力提升防震减灾社会管理和公共服务现代化水平，统筹全局资源，在中国地震局党组的统一领导下建立了“中国地震局防震减灾信息化领导小组及办公室”，确立了“十三五”全局信息化发展坚持“支撑需求、引领发展、创新服务、推动变革”的原则，以解决防震减灾重大科学问题、政府和社会公众迫切关注问题为主线，以满足“3+1”体系和重大项目建设需求为目标，以信息新技术应用引领事业发展，以新产品、新手段、新途径改善公共服务，以“互联网+”防震减灾信息化新思维推动业务体系变革，切实提升防震减灾信息化水平，推进治理体系和治理能力的现代化，逐步实现防震减灾事业发展与建设的“数据资源化、应用云端化、服务智能化”。

（二）优化网络结构，全面提升信息化基础设施保障能力

中国地震局高度重视信息化基础设施保障能力建设，2014 年完成了地震行业骨干链路的扩容与优化，建成了各省级中心采用双信道，分别与北京、广州两中心连接的双星备份网络，这一网络架构的改造，有效提高了地震行业网络的服务与容灾能力；同时启动了广州国家地震速报灾备中心建设，并已初步具备自动速报信息灾备能力；建成的由 22 个节点组成，覆盖全部地震危险区省级地震部门的地震高清视频分析会商系统具备容灾能力，能力延伸可扩充至市、县级地震部门，系统拓展可通过软终端接入，组织专家随时随地召开网络会议；为强化全局数据灾备和统一存储能力，2014 年启动了西安国家地震数据灾备中心建设，目标是建设一个基于云架构的国家地震数据灾备中心，实现各级各类地震数据的异地灾备和地震信息服务骨干网站业务连续性的异地容灾和均衡负载，为国家地震数据、地震信息安全提供有力的支撑。围绕全局网络安全与数据服务保障总体目标设计的台网中心国家地震基础设施云平台，拟于 2014 年年底建设完成。这样，双星备份链路织成的地震行业网，北京、广州、西安三中心搭建的“铁三角”中心，成为地震局下一代信息化基础设施平台的核心架构，有力支撑业务发展，保障核心业务稳定运行。

（三）加强资源整合，推进地震行业数据共享体制机制完善

地震科学数据共享体制进一步完善，通过 2014 年印发的《地震科学数据共享服务实施细则》，进一步明确了地震科学数据共享服务管理体制，将地震科学数据共享服务纳入各单位的日常管理工作。国家地震科学数据共享中心组建了长期稳定的地震数据共享平台运行服务专职队伍，部门工作岗位、职责进一步明确化、具体化，使该项工作纳入常规运维体系成为可能。国家地震科学数据共享平台新增数据量 19670GB，在线和离线数据服务总量约 46424GB，服务各级各类科技项目 273 个，支持国家 863 和 973 重大项目 8 个。重点提升了连续波形数据、GPS 数据、科学台阵数据、活断层数据及历史地震数据资源的共享能力。测震连续波形数据服务了多个行业 40 余家单位科研工作，推进了系统内外 GNSS 观测资源整合，接入了四川省测绘工程院等单位的 119 个站点，实现了科学台阵项目中 480 个台站的波形数据实时共享，建立了活动断层探测数据应急服务机制，在盈江 6.1 级、景谷 6.6 级等突发性地震发生后半小时内提供的发震构造图件及断层破裂方向，为抗震救灾部署提供了有效的科技支撑。

（四）建设多层次信息服务平台，信息服务能力逐步提升且覆盖范围不断扩大

地震速报信息是目前最直接面向社会服务的技术手段之一。这些年来，以震后 1～2 分钟自动发布的地震速报信息为线索，以震后 5～10 秒发布预警信息为目标，打造的地震信息公共服务平台覆盖范围不断扩大、发布时效不断提升。

"12322"地震速报公益平台在全国范围内实现了为关键应急岗位人员服务的能力，对象包括国家应急办、31 家防震减灾联席会成员单位、8 家主流媒体和省级防震减灾联席会成员等单位应急人员，服务用户突破 6000 人，2014 年全年发送服务短信超过 315 万条。

依托社会力量探索信息服务新模式。基于优势互补和资源共享的原则不断拓宽地震自动速报及应急监测产品的发布途径，提升社会对公服务能力。与新浪签订战略合作协议，实现了 10 秒内向震中区域公众主动推送速报服务的能力，覆盖用户达到 3 亿人，全面提升了地震信息快速发布能力和覆盖范围。2014—2015 年，完成了和微博、腾讯等 13 家新媒体平台的地震信息自动发布对接，与中央人民广播电台、中央电视台签订信息发布对接协议。这种利用"借船出海"的创新思维，较短时间内实现了地震速报信息人口覆盖由百万量级到以亿为单位的能力提升。

【存在问题及下一步工作方向】

（1）信息化要求组织扁平化，全局的组织结构和业务布局是按照"国家—省—市县"分级，导致各个层级、各家单位信息基础设施资源建设分散、重复、交叉，有些单位"十二五"期间新建了信息机房，"十五"甚至"九五"期间的系统还在并行，信息化基础设施建设很多是简单叠加。从三个层面入手优化信息化基础设施布局及建设任务。一是最大限度地利用好社会购买服务资源，解决非涉密系统的公有云运行。二是最高效能地部署好国家层面"铁三角"信息资源。云平台不仅是解决部门信息基础设施重复投资、运维困难的有力途径，也代表了信息基础设施建设集约化发展的主流方向。三是最精简化地建设好各单位信息基础设施。各单位统一规划信息资源、虚拟化服务各业务领域。

（2）信息化要求数据资源化，而全局科学的数据管理体系还不够健全，尤其对一些尚未纳入业务流采集的科研类、探测类数据分散保管、遗失难追责、数量不可查、质量不可控等问题突出。从充分利用信息化理念和技术让数据共享充满活力和生机入手。不断转变观念、突破制度束缚、强化支撑平台等方面推动工作。

（3）信息化要求人才复合型，现状是全局信息化人才匮乏问题严重，新招录的信息岗位从业人员，不了解业务需求，导致信息工作在系统内成为孤岛部门。从两个方面入手打造信息桥梁性、复合型人才。一是在有效培训上下功夫。通过信息化青年骨干培训、一定的项目资助，以及反馈及时针对性强的微课传播，强化人才培训的有效性；二是在用人机制上下功夫。通过在各单位制定人才交流制度、人才引进机制和人才激励措施，提升信息从业人员跨学科发展视野和业务能力。

【发展目标与主要任务】

制定"互联网+防震减灾"和地震大数据行动计划，健全标准体系，完善基础设施，拓宽防震减灾数据、信息获取的渠道和方式，强化数据中心建设。增强防震减灾各部门间信息的互联互通能力，不断丰富防震减灾服务的内容和方式，为政府、社会和公众提供优质、智能服务。不断完善网络与信息安全、运行保障等系统建设，提升防震减灾信息化的安全保障和管理能力。

基础设施支撑能力。依托蓬勃发展的下一代国家互联网工程和移动互联网基础设施，构建优化地震"虚拟专用"通信网，承载能力达数万级终端的接入。其中，地震行业内网覆盖到市县地震机构、地震基准站和基础站点，规模数达千量级；基于互联网的地震专用仪器和应用接入能力达数万级。统筹建设地震基础设施云平台，虚拟机服务能力达数万量级，地震数据的在线存储、计算能力达数百 PB 级。

数据资源管理能力。建成国家地震数据共享中心（北京）、地震数据灾备中心（西安），构建全国统一、弹性扩展、异地容灾的地震数据资源管理与服务系统。

业务信息化与服务能力。加强全局信息化基础资源库建设，推进国家地震烈度速报与预警信息系统、农村民居地震安全信息系统、国家地震灾害防范与应对示范信息系统建设。推进地震电子政务系统建设，加强地震新闻发布和舆情信息系统建设，完善地震政务资源应用系统和门户网站建设。加强防震减灾基础服务体系建设，开展地震综合信息服务系统的研究和试验，提升防震减灾公共服务能力。

纺织行业信息化发展概况

【纺织行业信息化基本情况】

2014 年纺织行业信息化发展主要体现在以下几个方面：①纺织行业经济运行监测信息系统投入建设，用智能化、信息化手段大幅提升纺织行业经济运行监测和分析的能力；②我国第一个用于规范纺织品二维码电子标签的国家标准通过审定，进入标准报批阶段；③企业两化融合管理体系贯标试点工作在纺织服装行业稳步推进，已有 14 家纺织服装行业企业成为全国首批两化融合管理体系示范企业；④红豆集团有限公司布局移动互联网，积极探索传统工业与移动互联网相融合的新型商业模式；⑤纺织装备制造企业努力提升纺织行业智能制造水平；⑥以电子商务为核心的互联网应用正在形成与业内实体经济深度融合的发展态势；⑦打破电商渠道垄断、净化电商环境是纺织服装行业电子商务健康发展的当务之急；⑧工业和信息化部两化深度融合专项——《基于在线生产监控的棉纺织行业企业管控集成试点与推广》项目取得阶段成果，即将进入行业推广阶段。

【基础环境建设】

（一）纺织行业经济运行监测信息系统已投入建设

纺织行业经济运行监测信息系统于 2015 年年初已投入建设，系统建成后，可监测覆盖棉纺织、毛纺织、麻纺织、化纤、针织、印染、丝绸、家用纺织品、服装、产业用纺织品、长丝织造、纺织机械全部 12 个子行业，通过国家统计局、海关总署、重点企业、产业集群、专业市场、重点商场、电子商务平台等多种渠道，采集纺织服装产业生产、经济、进出口、投资、市场价格、电子商务等大类信息，较为及时、准确、全面地反映行业经济运行状况。

纺织行业经济运行监测信息系统，利用智能化、信息化手段提升我国纺织行业经济运行数据信息的监测能力，改进数据信息分析手段，提高监测分析、行业运行研究能力，提升数据信息研究发布服务能力，更好地为国家宏观管理部门的决策服务，为企业应对市场变化服务，促进行业平稳、健康、可持续发展。

（二）《纺织品二维码标签技术规范》通过审定

《纺织品二维码标签技术规范》经过多次研讨、修订，目前已通过标准审定，进入标准报批阶段。该标准是第一个用于规范纺织品二维码电子标签的数据内容、数据载体及标签形态等相关技术要求的国家标准。该标准的诞生能够有效促进二维码技术在纺织服装行业应用，推动与之相关的技术研发、标准制定、产业链与生态链打造等方面的进一步发展，有效带动纺织服装生产、贸易及流通等领域的产业物联网发展。

【企业信息化建设】

（一）企业两化融合管理体系贯标试点工作稳步推开

由工业和信息化部推动的两化融合管理体系贯标试点工作正在纺织行业稳步推行，14 家纺织服装行业企业通过认证，成为全国首批两化融合管理体系示范企业，另有23家企业入选2015年两化融合管理体系贯标试点企业名单。纺织服装企业积极建立两化融合管理体系，并通过管理体系的有效运行，持续提升两化融合管理水平，推动企业两化融合深入发展。

（二）红豆集团布局移动互联网，探索传统工业与移动互联网相融合的新型商业模式

地处江苏省无锡市的红豆集团有限公司于2014年11月得到了工业和信息化部的虚拟电信运营商牌照，涉足移动电子商务、互联网金融、中小企业技术服务等业务，立足于纺织服装行业的信息化解决方案，是一项具有战略意义的重要举措。

作为传统的纺织服装制造企业，能够拿到电信牌照实属不易，依托红豆集团的有利资源，积极探索传统工业与移动互联网相融合的新型商业模式，建立相应的服务平台，特别是移动互联服务平台，开发具有行业特点的软件，为传统产业两化融合提供服务，并且能够为传统产业转型升级发展做出贡献。

（三）纺织装备制造企业努力提升纺织行业智能化制造水平

中国纺织工业联合会2015年3月就纺织行业两化融合应用情况进行调研，主要包括数字化、智能化生产装备，企业信息化管理，服装大规模个性化定制，物联网、云计算、大数据、移动互联网等新一代信息技术在纺织行业的应用情况，调研期间座谈和走访了多家纺织服装企业、纺织服装装备制造企业和信息化服务企业。其中，纺织装备制造企业在纺机整机产品的数字化和智能化方面积极努力，并有所突破。例如，无锡宏源纺机股份有限公司在设备生产过程与产品自身都非常注重数字化、智能化应用。在生产过程中，通过应用DNC系统，实现对数控设备生产加工状态的全方位监测、管理和数据分析；通过应用EMES系统，集成企业设计和制造资源；在产品方面，开发了HY系列高速弹力丝机等数字化、智能化设备，安装了在线张力控制等计算机控制系统，还可以通过互联网实现远程监控和故障诊断分析；飞虎科技有限公司在全自动电脑织机、毛衫数码印花机等智能化装备的研制开发，为纺织行业智能装备的国产化发挥了积极的作用。

【电子商务发展】

（一）以电子商务为核心的互联网应用正在形成与业内实体经济深度融合的发展态势

以电子商务为核心的互联网应用正在形成与实体经济深度融合的发展态势。互联网创新应用蓬勃发展，部分纺织服装企业应用互联网技术，将企业资源和社会资源充分整合、开发和利用，实现了企业商业模式的创新发展，积极向服务型制造企业转型发展。

网购的快速发展，催生了以网购市场需求为导向创立的新型企业，吉姆兄弟服装有限公司就是一家专门从事男士衬衫网络个性化定制的“轻公司”，其管理和技术团队都是来自IT行业，思维活跃，应用新理念和新技术快，其发展思路和路径与传统服装企业相比特色鲜明。他们依托自行开发的技术平台，以互联网为中心，在传统行业的价值链中找到新的商业模式，并得到了快速的发展。

（二）打破电子商务渠道垄断、净化电商环境是纺织服装行业电子商务发展的当务之急

纺织服装产品作为时尚消费品，成为我国电子商务交易的第一大品类，然而由于电子商务应用成本的推高，纺织服装企业利润微薄。电子商务应用成本的推高主要表现在网络推广成本、设计成本和物流成本。为提高销售和增加信用指标，加大网络推广费用，吸引更多流量成为商家的必要措施；适应网络购物需求，防止仿冒，不断推出新款，生产的快速跟进造成费用上升；对于物流快递费用，单一商家无法达到优惠规模，运输成本不断攀升。这些成本的推高，背离企业商务本质，打击了企业电子商务应用的积极性，打破电子商务渠道垄断、净化电商环境是纺织服装行业电子商务发展的当务之急。

【重点项目工程】

（一）工业和信息化部两化深度融合专项即将进入行业推广阶段

工业和信息化部以棉纺织行业作为“开展以传

统产业升级为主要方向的行业整体提升行动”的试点行业，其两化深度融合专项资金支持的《基于在线生产监控的棉纺织行业管控集成试点与推广》项目由中国纺织工业联合会牵头，组织棉纺织行业协会、棉纺织试点企业及信息化服务企业共同实施。该项目分“试点阶段”和“推广阶段”两大阶段进行，目前，项目试点阶段工作已接近尾声，无锡市第一棉纺织厂、鲁泰纺织股份有限公司、江苏悦达纺织集团有限公司和韶关市北江纺织有限公司4家项目第一批试点企业的“基于在线生产监控的棉纺织行业企业管控集成系统”已建设完成并通过验收，以两化融合提升企业效益和现代化管理水平的效果显著。以试点企业系统建设为基础的、适合在棉纺织行业推广的管控集成应用整体解决方案——《棉纺织行业企业信息化管控集成应用解决方案》已基本成型，该项目即将进入行业推广阶段。

地区发展篇

北京市信息化发展概况

【电子信息制造业】

（一）基本情况

各项经济指标完成情况。2014 年 1～12 月全行业销售产值 2530.03 亿元，同比增加 7.4%；主营业务收入 3035.77 亿元，同比增长 9.1%；利润总额 129.94 亿元，同比增长 4.6%；出口交货值 997.20 亿元，同比下降 8.7%；固定资产投资额 53.2 亿元，同比下降 30.2%；从业人员达 116604 人，同比下降 3.54%。根据北京市统计局数据，北京市全年规模以上工业增加值按可比价格计算，比 2013 年增长 6.2%，计算机、通信和其他电子设备制造业增长 17%，行业增加值高于北京市工业增加值 10.8 个百分点。

产品产量总体与 2013 年同期相比基本持平。工业和信息化部要求填报的月报主要产品有 23 种，北京市电子信息制造业生产、统计了 17 种。移动手持机产量占全国手机产量的 10.9%；手机生产企业小米通讯公司 1～12 月手机产量为 6290 万部，同比上升 226.58%。液晶显示面板生产企业京东方显示和京东方光电产量稳步增长，全年生产液晶显示面板 19046.7 万片。

（二）经济运行特点

传统优势企业深度调整，部分企业风险显现。诺基亚在被微软并购后，调整升级效果未实现突破，在成本、资源限制的条件下，微软决定放弃中国诺基亚工厂，2015 年将整体转移至越南。索爱手机全球市场占有率进一步下滑，但凭借北京工厂的管理运营优势，在高端智能机市场仍占全球智能机市场约 4%的份额。联想 PC 业务全球市场占有率连续两年稳居全球第一，但受移动智能终端突起分割市场影响，联想近年来将部分业务调整至外地，致使对北京贡献值降低。

增量创新持续涌现打造全新经济增长点。小米全面覆盖消费电子各个领域，致力于打造互联网产品生态系统，手机、机顶盒、电视、路由器、智能穿戴等每款新产品市场表现都超过预期，带来了企业规模成倍增长。2014 年，小米销售手机 6112 万台，较 2013 年增长 227%；含税销售额 743 亿元，较 2013 年增长 135%。1～12 月累计产值 569.8 亿元，同比增长 167.3%。乐视构造“平台+内容+终端+应用”的垂直整合生态体系，以对传统家电领域的颠覆和突破带来可观的营收规模，市场占比持续高速扩张，几乎囊括了 39 英寸、50 英寸、60 英寸、70 英寸全部 TOP1 单品。紫光集团完成对展讯和锐迪科两大集成电路设计企业的收购，一跃成为我国最大的集成电路设计企业，并已获得英特尔 90 亿元的注资，实现强强联手。大唐集团对旗下联芯科技、大唐微电子、大唐恩智浦进行整合成立大唐半导体设计公司，力争在移动终端芯片、智能卡安全芯片、汽车电源管理驱动芯片等领域实现资本整合和技术共享，占领集成电路高端市场。紫光与大唐的产业整合逆转了北京在全国集成电路产业骨干城市的弱势地位，将成为未来我市电子信息产业新的潜力增长点。

企业横向联合促进产业链高端环节跨越发展。京东方显示产品实现在小米智能穿戴设备领域的应用，通过双方全面合作，将有可能打通小米手机、小米电视等高出货量产品的供应渠道。中芯北方与高通通过在 28 纳米工艺制程和晶圆制造服务方面紧密合作，提升了中芯北方 28 纳米制程的成熟度及产能，目前中芯北方已成功制造高通骁龙 64 位 410 处理器，从而有望进一步提升北京市集成电路设计企业在本地流片的份额，真正意义上实现芯片自主可控。

（三）存在的问题

市场需求不明朗，部分企业增长动力不足。计算机市场受智能终端冲击不断萎缩，移动通信企业正处于技术升级和产品转型期，加上受国内外经济形势影响，未来市场需求不明朗，联想、同方、索爱等部分传统品牌企业产值增速乏力。

产业结构调整和资源环境约束，导致产业投资形势严峻，重大项目接续不足。北京正在依据首都功能定位开展产业结构调整，空间、成本压力不断上升，资源环境限制不断收窄，部分企业正重新考虑在京投资计划。部分落地项目受碳排放指标不足、环评要求更严、工业用地审批暂停、交通限制等方面因素影响，建设进度趋缓。

基础领域关键技术创新与设备制造有待突破。大尺寸 OLED 生产工艺技术尚处于验证期，集成电路 28 纳米以下的制程工艺和专用设备研发与产业化遇到瓶颈等问题制约了电子信息产业形成新的高速增长点。

（四）产业运行趋势和调控目标

2015 年仍然是国际政治经济环境复杂多变，世界经济低速增长可能会持续相当长时间，扩大外需的难度还在增大。国内经济社会发展中不平衡、不协调、不可持续的矛盾和问题仍很突出，发展面临的困难很多。北京既面临着空间、成本压力和不断收窄的资源环境瓶颈，又要面对产业结构调整导致的产业外迁，预计未来一段时间，北京电子信息制造业仍将维持低速增长态势。

预计 2015 年北京电子信息制造业将呈现前高后低，增速逐月放缓态势，全行业增速将低于 2014 年，预计实现全年产值 2450 亿元，同比增长 4%，增加值增速 10%。

（五）未来电子信息制造业重点工作

打造高精尖产业、加强环保，和京津冀一体化加速产业升级。北京市产业将按照打造高精尖经济结构要求，围绕京津冀一体化发展进行布局调整。集成电路产业将成为电子信息产业发展的重中之重，新一代移动通信及终端应用是北京市重点推动的另一高精尖产业。另外，完成北京“清洁空气行动计划”控煤、减排等计划指标，鼓励企业采用废水、废气净化装置，实现生产工艺低排放、零排放。针对节能环保工作，引导企业引进节能降耗的新技术、新设备，优先选择节能、降耗、减排的新兴项目和企业落户北京，有序发展高新技术产业和战略性新兴产业，建设生态工业园区，不断推动产业结构优化升级。加强与京津冀周边地区合作，有序引导劳动密集型组装加工产业，高能耗、高排放的配套制造业外迁。

推动产业结构迈向中高端。制造业是北京的优势产业。要实施“中国制造 2025”，坚持创新驱动、智能转型、强化基础、绿色发展，加快从制造大国转向制造强国。采取财政贴息、加速折旧等措施，推动传统产业技术改造。坚持有保有压，化解过剩产能，支持企业兼并重组，在市场竞争中优胜劣汰。促进工业化和信息化深度融合，开发利用网络化、数字化、智能化等技术，着力在一些关键领域抢占先机、取得突破。

关注新兴领域促进信息消费。新兴产业和新兴业态是竞争高地，要实施高端装备、信息网络、集成电路、新能源、新材料等重大项目，把一批新兴产业培育成主导产业。推动移动互联网、云计算、大数据、物联网等与现代制造业结合，促进电子商务、工业互联网和互联网金融健康发展，引导互联网企业拓展国际市场。一是鼓励企业进行产品及业务模式创新，培育发展新型业态，挖掘和释放消费潜力。积极关注作为实现信息消费载体的可穿戴设备进展，促进君正、京东方、信维通信等产业链环节企业，积极对接小米、联想、百度等终端企业，抢占可穿戴设备市场先机。面向移动互联网、云计算、大数据等热点，研究探索新型商业模式，将“硬件+软件+互联网”和“硬件+软件+服务”等模式运用到更多消费电子领域。二是围绕高附加值、低能耗的新兴产业领域，开拓电子信息产业新的经济增长点。持续跟踪应用领域广泛的MEMS传感器技术发展趋势，寻求北京相关企业新兴培育方向，进行企业布局；依托汽车行业技术中心向汽车电子倾斜，将绿色环保、安全性和车联网一体的汽车电子引入北京，带动物联网等行业联动发展。推动北斗导航与移动通信、地理信息、卫星遥感、移动互联网等融合发展。

落实产业战略，布局关系国家安全的两大战略行业。平板显示方面，一是抓大项目，以京东方8.5代线为核心，重点保障京东方TFT—LCD产品工艺及良率提升，吸引驱动电路、触控芯片等领域的企业入驻数字电视产业园，稳步提升本土配套率。二是布局下一代新型显示领域关键技术及产业化项目。以前瞻性技术研究开发与成熟技术产业化并举为导向，分层次布局发展下一代新型显示技术。重点扶持京东方开展OLED、超高清电视关键器件及整机产业化项目，重点推进利亚德LED应用产业园项目进程，打造中国LED高端显示品牌。协调推进环球华影新型激光显示产业基地项目进展，布局激光显示技术，推出70英寸以上家用/商用全系列激光电视产品。

集成电路方面，重点推进集成电路产业园的建设。针对集成电路产业园水、电、气等基础设施，协调北京市规划委、市国土局、电力局、水务局等部门，共同推进园区建设及项目落地，有针对性地开展产业配套招商工作，重点吸引大硅片、大封装生产线项目进驻产业园。鼓励设计企业通过合并、股权收购多种方式整合资源，强化北京设计企业在移动通信、金融IC、智能北斗、驱动电路、触控芯片等领域的优势地位。配合市发改委、中关村管委会共同推进《北京市集成电路产业发展股权投资基金设立方案》的落实工作，加快基金启动进程，为集成电路企业发展提供投资支持，更快促进北京市集成电路产业发展。

聚焦优势，推进传统三强产业升级转型。一是借力“宽带中国”战略及4G牌照发放机遇，巩固移动通信产业优势地位。鼓励大唐电信、信威通信等企业利用3G/LTE领域自主标准优势，掌握一批拥有自主知识产权的核心关键技术，提升国际标准话语权。支持索爱、小米、百纳威尔等终端企业顺应市场主流需求进行产品升级或转型，开展3G、TD－LTE及其他技术制式的多模智能终端研发与推广应用。鼓励京内终端企业优先采用展讯、锐迪科、集创北方等企业的自主“中国芯”产品，共同建立起从技术标准、芯片设计和制造，直至整机系统的生存链和价值链。二是推动龙头企业引领变革，突破计算机产业困局。推动联想、同方等传统计算机龙头企业进行商业模式、服务模式创新，加速向移动互联转型。促成联想新的研发总部落户北京，鼓励其继续实施“PC+”与国际化战略，在保证计算机制造能力全球第一优势的同时，布局平板电脑、超级本等新一代智能终端，积极开拓新兴市场。协助同方、紫光、方正等企业以“信息安全”、“安防服务”为核心布局，整合上游自主安全芯片资源，面向智慧城市、安防监控等行业应用领域开展业务。三是加强电视整机企业与在京上下游企业的合作，构建新一代电视产业链自主共赢发展新体系。支持乐视、利亚德、环球华影等企业推出新型智能电视、高清大尺寸LED电视、激光电视等创新型产品。鼓励小米、乐视面向多样化用户需求，充分运用云计算、物联网等技术，推动跨平台、跨领域的内容服务平台建设，并与展讯、京东方、北京君正、兆易创新等本土供应链企业合作，构建新一代电视自主可控的产业生态圈。

【软件和信息服务业】

2014年以来，北京软件和信息服务业围绕“优化布局、加速升级、促进创业”的总基调，以高端化、平台化、国际化、自主化为发展方向，产业规模温和扩张，发展质量和效益稳步提高，企业创新进一步活跃，新业态蓬勃发展，产业转型升级取得明显成效。

（一）总体情况

政策效应陆续释放，产业增速稳步回升。随着促进信息产业发展政策的落实推进，全行业发展势头良好。2014年，全行业实现增加值2062亿元，同比增长11.7%，占全市GDP的比重为9.67%（见图1），较2013年提高0.3个百分点。实现营业收入5462.3亿元，同比增长10.6%。信息技术服务外包实现35.7亿美元，同比增长17.3%。

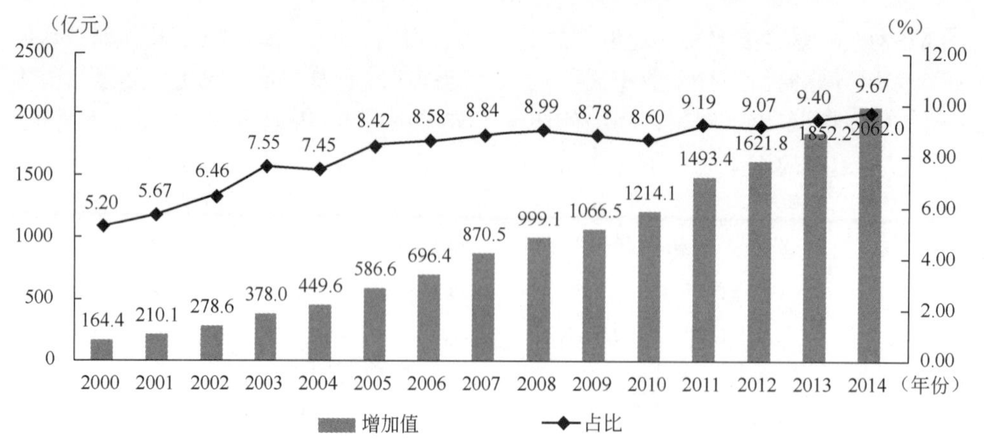

图 1　2000—2014 年软件和信息服务增加值及其在全市占比情况

产业提质增效显现成效，单位生产效益不断提升。规模以上企业平均营收约 2 亿元，同比增长 15.4%。人均营业收入持续提高，达到 87.4 万元/人，比同期提高了 5 万元/人。从业人员同比增长 2.1%，增速较 2013 年下降 2.3 个百分点。

结构调整初见成效，新增点多元发展。北京成为首批国家信息消费试点城市。产业互联网化、移动化、平台化趋势日益明显。互联网信息服务实现收入同比增长 23%，占全行业收入比重约 27.5%，比重较 2013 年同期提高了 2.2 个百分点。打造自主可控的信息安全产业链。新兴企业的新产品新服务日趋成熟，百度、京东和奇虎 360 等 9 家云服务商获得国内首批"可信云服务认证"证书。高端海外市场拓展取得新成效。出口向高端化转型，欧美市场占 70%。亚信、广联达等企业在挪威、芬兰等新的市场加快拓展。

社会资本对行业投入大幅上升，新一代互联网应用领域最受社会资本青睐。2014 年以来上市企业数已达 18 家（见图 2），融资额达 216.7 亿元。行业并购、融资活跃度远高于 2013 年同期，发生并购案例 121 起，是 2013 年同期的 2.5 倍，涉及金额约 463.4 亿元，是 2013 年同期的 1.1 倍；其中新一代互联网应用领域（含互联网教育、互联网金融、互联网游戏、社交网络及其他新一代互联网应用）发生 49 起，涉及金额 162.6 亿元；发生融资活动（含战略投资）485 起，为 2013 年同期的 4.6 倍，融资规模达到 639.4 亿元，为 2013 年同期的 5.8 倍；其中新一代互联网应用领域发生 248 起，涉及金额 214.9 亿元。

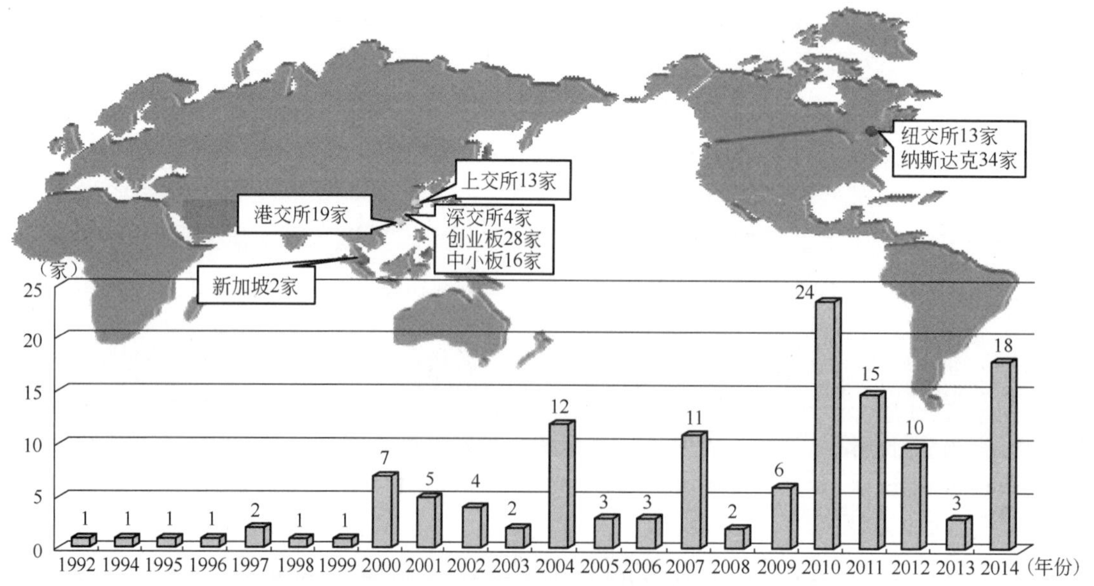

图 2　北京市软件与信息服务业上市企业交易所分布情况

（二）主要工作和亮点

加快推进新兴产业。深入实施“祥云工程”2.0版，一批云产品、云服务问世发布。由北京市政府倡导、百度牵头，与智能设备厂商和服务商联手打造的“北京健康云”服务平台已对接12家穿戴终端设备厂商，服务北京市民5万余人，辐射全国共计约21万人，朝阳、海淀等区域的健康云市民体验示范中心启动建设；国内首款具有自主知识产权的桌面云平台发布；中关村“创新云”发布，提供四大类30余种服务应用；智慧交通公共云服务平台项目已启动；云计算产业园迈入京冀协同共建新阶段，国电通张北云产业基地计划建成容纳20万台服务器规模的数据中心，首期2万台工作已启动。北斗产业化应用进一步加快。以总装备批复北京市成为国家区域北斗卫星导航应用示范区域为契机，围绕“城市精细管理、城市安全运行、便捷民生服务、高效产业提升”四大板块，开展11个示范项目建设，已完成新装北斗定位设备2.7万台套，成为全国北斗应用最广泛、终端推广量最大的城市。组织协调完成了北京市14个北斗地基增强站的改造升级工作。北斗产业公共平台加快建设，已有在线用户20万户。北京元心科技公司发布了首个自主可穿戴设备平台和首款可穿戴设备、全金属的Tick智能手表，打造国产智能移动终端开放平台，并推出手机操作系统，推动北京市信息消费产品升级。北京大数据交易服务平台正式上线服务。

着力实施信息平台战略。信息平台战略的实施促进我市信息产业向更加符合新一代信息技术走向、更加高端、更加轻型化的方向发展。一批骨干企业向信息网络平台型企业转型。网络入口平台型企业百度公司引导流量占全国的12.3%，移动互联网业务占总收入比重已超过30%，在中国的搜索份额为70%。电子商务平台型企业京东公司正式在美国纳斯达克挂牌上市，成中国最大的B2C电子商务公司。新媒体平台型乐视公司已成为全国最大的网络视频服务网站，拥有电视剧版权7万多集和电影版权4000多部，PC端用户过亿，移动端用户超过2000万人。智能设备平台型企业小米公司已聚集4000多万活跃用户、1000多家零部件、游戏企业和数字内容企业。骨干企业实力更加突出，32家企业入选“2014年中国软件业务收入百强”企业，数量连续13年居全国首位。27家企业通过国家运维通用要求符合性评估，约占全国的28%。

构建自主可信技术体系。推动高端计算系统的国产化进程，组织实施北京可信开放高端计算系统（TOP）产业化项目，首台具有自主可控的可信计算系统的新云东方Power System服务器全系列产品下线量产，打造自主、安全、可靠、国产化的Power产业链。推广可信计算技术，开展“白细胞”操作系统免疫平台在京试点，解决操作系统安全问题。建立信息安全产业联盟。神州数码、曙光、东方通等企业组成联盟，合作开展安全可靠解决方案的应用。信威集团自主研发并拥有知识产权的McWill技术（宽带无线通信技术）标准正式确认为国际短信联盟公共安全和救灾通信（PPDR）国际标准，是我国通信标准国际化的重要突破，如图3所示。

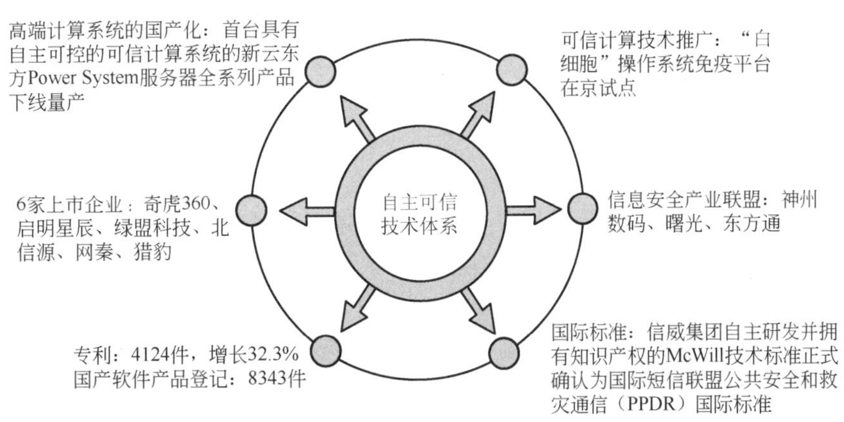

图3　北京市自主可控技术体系情况

多维度优化产业发展环境。出台《北京市关于促进信息消费扩大内需的实施意见》（京政发〔2014〕5号）、《北京市关于进一步促进软件产业和集成电路产业发展的若干政策》（京政发〔2014〕6号），进一步加强政策支撑，优化了发展环境。定位于下一代互联网及其产业集群中关键技术及应用项目的孵化的北京市首家软件企业创业孵化基地——同方科技园正式挂牌，并提供1亿元专项发展基金，集中资源扶植创新创业。组织完成互联网信息安全产业并购基金组建方案。产业公共服务平台不断完善，发布《北京市软件企业认定和软件产品登记管理实施细则》，企业办理“双软认证”所有事项均走网上审核，不需要提交纸质材料，基本实现“全程无纸化，企业零跑腿”，服务效率提高，办理时间缩短30%以上，2014年以来完成1958家软件企业的年审审核工作，完成8343件国产软件登记和1317家软件企业的认定。2014年，享受软件产品增值税“即征即退”减免税额达60亿元。根据工业和信息化部要求，取消了计算机信息系统集成企业资质认定等四项行政许可工作，移交相关行业协会，做好相关工作。

（三）面临的机遇与挑战

当前是北京市打造软件产业升级版的关键时期，产业在市场需求、政策推动、技术变革等多重因素推动下面临较好的发展机遇。一是国际国内市场软件市场需求在不断增长。二是国家政策利好效应将得以进一步释放。国家信息安全战略的实施、《关于进一步加强军队信息安全工作的意见》、国务院《关于促进地理信息产业发展的意见》、《关于促进智慧城市健康发展的指导意见》等将进一步激发产业的发展潜力。三是全球ICT行业正在向以云计算、移动化、大数据和社交为代表的新型平台技术演进。四是北京市企业综合实力不断提升。

同时，产业发展也面临挑战。第一，产业需要新增长点的支撑。总部型企业出现京外收入增幅高于在京收入的趋势，企业的研发、运营总部在京，但新增长业务在京外，且出口业务不计入总部；传统大企业的领域优势抵挡不住产业平台化、规模化、国际化的发展趋势，能否成功转型升级又存在不确定性；新兴企业规模尚不足以支撑全行业，培育尚需时日。第二，2015年是“十二五”规划收官之年，又是“十三五”规划启动之年。产业管理与促进工作在经济新常态下的思路和方式需要调整跟进。第三，产业融合发展的大趋势下，软件产业既是高精尖产业的一部分，又支撑高精尖产业的发展，对二者的认识需进一步加深。

【未来重点工作】

以构建高精尖产业体系为指导，以推动产业转型升级为主线，服务全市工作大局，以促进企业并购为主要抓手，引导企业在创新、转型中赢得新优势，推动软件和信息服务业继续保持稳中向好、稳中有进的发展态势，成为京津冀协同发展的助推器，增强对全国的引领作用和辐射能力。预计2015年产业发展目标为：营业收入达5900亿元，年均增长9.5%左右；产业增加值达2200亿元，同比增长10%左右，软件出口达50亿美元。

重点工作分为如下几点。

创优环境。推动发布高精尖产业行动计划和高精尖产品目录。做好软件和信息服务业“十三五”规划编制工作。继续落实北京市促进软件产业和集成电路产业发展的若干政策、促进信息消费扩大内需的实施意见文件。进一步简化、优化软件企业认定和软件产品登记审批流程。设立产业基金及高精尖并购基金。

引精项目。继续扩大开放，服务央企，鼓励创业，吸引企业进京发展，鼓励有实力的企业走出去。与首都经济圈和环渤海经济带中具备条件的城市建立合作机制，发布区域合作重点项目清单，探索“投资+技术+运营”的合作模式。

做强新兴。实施“祥云工程”2.0版，推进教育、健康、交通、政务、文化等领域的重大云应用。实施信息平台引领工程，启动大数据应用示范工程，建设大数据交易平台，推动交通、健康、环保、经济大数据示范开展。积极推进北京市北斗区域示范应用，继续推进国家级北斗导航基地项目落地。加强自主信息安全产品和服务的推广应用。

提升服务。强化全北京市软件与信息服务业公共服务平台的资源整合和服务功能，加强双软认定监督管理，做好信息系统集成资质事中事后监管工作。支持软件企业以产品合作、系统集成工程整包等多种形式开拓国际市场。积极落实人才政策，做好人才服务工作，开展高端人才培训工作。

天津市信息化发展概况

【信息化和工业化融合】

2014 年，天津市信息化和工业化深度融合工作坚持以促进工业转型升级、转变经济发展方式为主攻方向，加快推进应用大数据、云计算、物联网等新一代信息技术提升改造传统产业，培育壮大生产性服务业，全面提升企业在信息化环境下的新能力，实现“天津制造”向“天津创造”转变。

智能制造。应用信息技术提升改造传统产业成效显著，推动企业在集团管控、数据采集、设计协同、过程控制等关键环节向敏捷制造、柔性制造和绿色制造转型，生产效率明显提升。全市重点企业 ERP 应用达 63.9%，数控装备化率为 39.1%，生产环节 MES 普及率为 61.7%，供应链环节 SCM 普及率为 55.2%。

滨海工业云。“滨海工业云”作为国家工业云创新示范工程，依托国家超算天津中心计算等资源优势，聚集了天津市大专院校核科研院所等信息服务资源，为企业提供高性能计算、遥感数据、石油勘探、天气预报、动漫渲染、生物医药、工业设计仿真、建筑设计、施工造价、线缆工艺设计等云服务。

大数据建设。天津市已将物联网、云计算、大数据等新一代信息技术已纳入战略性新兴产业总体规划。物联网、大数据、云计算等新一代信息技术在城市管理、节能减排、食品安全、公共交通、现代物流和设施农业的一批国家和天津市示范项目通过验收。

农业信息化建设。天津市作为国家农业物联网应用试验区之一，建成了市农业综合服务平台，建立了农业生产、市场、农资等行业数据库 17 个，实现了 25 个生产基地传感数据在线采集；农业电子商务不断取得新进展，积极培育本市特色农业电商企业；农村党员培训、农技服务、农业气象等信息服务，通过网络、手机等多种方式服务广大农民。

两化深度融合。加强推进企业两化融合水平评估和管理体系建设，通过企业对标，总结、提炼、推广示范经验和成果，不断提升两化融合水平；开展了企业两化融合管理体系贯标试点，引领企业提升信息化环境下的新能力。全市 14 家企业列入国家贯标试点，长城（天津）质量保证中心等两家企业成为国家首批咨询服务机构。在全市评选 100 家两化深度融合示范园区和示范企业，组织实施一批两化融合示范项目，北辰区列入国家工业电子商务示范区，滨海工业云列入国家工业云创新示范项目，4 家企业列入国家级两化融合示范企业，6 个项目列入国家电子商务集成创新试点工程，两家企业列入国家农产品冷链信息化应用试点企业。

【电子政务】

2014 年，天津市大力推进电子政务公共平台建设，进一步加强政务公开，创新政府管理，促进政府提高管理和服务的水平。

推动电子政务顶层设计。圆满完成基于云计算的电子政务公共平台顶层设计国家试点工作，完成了天津市基于云计算的电子政务公共平台顶层设计书编制工作，制定了相关配套文件初稿12件。开展天津市电子政务项目管理办法等四项政府规章草案编制工作，其中《天津市电子政务管理办法（修订）》被列入2015年法制办调研项目。

推动重点应用项目建设。年度联网审计实现了100余家单位的在线审计。智能交通管理实现了对交通流量的监控和预测、实时人口分布显示和分析。楼宇经济动态监管服务实现了集监管、服务、信息查询、统计分析等功能为一体的动态监管服务平台。天津市小客车调控管理系统实现了车辆指标管理的公平、公正、公开。城市建设管理系统实现了城市建设管理领域的信息共享，搭建了统一的综合监管平台。市场主体信用信息公示平台对促进市场公平竞争、维护市场正常秩序起到了积极作用。民生档案数据资源建设工程为人民群众提供高效便捷的民生档案信息资源服务。以上重点应用项目推动了天津市政务信息化发展。政务云计算中心迁入公安、工信委、民政、食药监等10余个部门业务应用，部署的政务云服务平台和桌面云试点为近 20 个业务应用提供支撑服务。

民心工程项目进展顺利。以社区1.5～2千米半径范围开展社区商家的接入工作，已经初步纳入68项便民服务，推动网上15分钟社区生活服务圈建设，为社区居民提供咨询服务、家政服务、生活用品配送、社区信息、预定服务等。搭建物业公司与社区居民的互动平台，帮助社区居民解决安防、缴费、维修、停车、休闲娱乐等物业管理问题，大大提高了办事效率和服务水平。建立政府与市民互动平台，社区居民可通过手机对城市和社区管理中出现的污水跑冒、煤水电气、供热采暖、环境卫生等问题，通过市民报料系统进行上报，随时、随地拍照取证并上传到相应的管理部门，系统按照不同的事项类别自动分发到相关管理单位进行处理，并对问题的处理结果可以查询，为全体市民提供参与城市管理的新途径。

社会信息化惠民作用日益明显。天津图书馆建设完成包括3个关于天津地区非物质文化遗产专题内容子库的数据库，实现了数据库上网发布供读者免费使用，提供资源模糊检索，文本、图像、视频相结合的多媒体体验方式。“妇女就业创业网上综合平台”，将创业咨询、技能培训、就业信息、创业指导、创业融资等功能融入本平台，打造妇女创业就业一条龙服务综合平台。“印象·天津”信息港依托新华社的全球视野、海量资讯、先进技术优势，搭建“印象·天津”网上资讯平台，以独特的第三方视角客观地呈现国内其他地区眼中的天津变化、全球眼中的天津变化。

【信息基础设施】

2014年天津市抓住国家“宽带中国”建设的战略机遇，实施“宽带天津”工程，大力推进光纤宽带网络建设，不断优化第三代移动通信网络，加快建设第四代移动通信网络及公共区域无线局域网。

全市网络覆盖能力持续增强，互联网城市出口带宽达到2520Gbps。宽带用户260万户，住宅接入带宽具备100Mbps能力，光纤入户能力达到407万户，实际接入用户145万户；全市固定电话用户数360.6万户，固定电话普及率24.5部/百人。3G网络覆盖全市；4G基站建成超过1.1万个，网络覆盖了城区和主要乡镇；在高校、酒店、商场、机场及火车站等5000处热点地区建设了无线局域网（WLAN），共开通AP 9万个。全市移动电话用户数1351.8万户，移动电话普及率91.8部/百人。建成覆盖全市范围，具备下一代广播电视网络（NGB）主要功能的双向化数字化广播电视网络，全市有线电视双向化覆盖率近90%，城区基本实现全覆盖；农村有线电视网络改造加速推进，在农村110个乡镇中，77个乡镇数字电视平台的建设已经完成，网络双向化改造实施了20万户，发展用户超过15万户。

【信息安全】

2014年，天津市信息安全工作围绕国家和天津市的总体要求，重点保障基础信息网络和重要信息系统安全，切实加强电子政务安全管理，继续加强天津市信息安全保障体系建设，不断提高信息安全保障能力，促进信息安全产业发展，取得了良好的成效。在有效的措施和机制应对下，全市未发生重大信息安全事故。

2014年，在全市政务系统和市政领域开展了为期4个月的信息安全检查工作，重点对河西区政府、津南区政府、市科委、市口岸办、天津海事局等近30个单位的信息系统和全市政务部门共计500余个政府网站进行了现场抽查和远程检测，较为准确地掌握了各个单位系统网络安全状况，针对存在的问题提出整改意见，有效提高了信息安全防护能力，确保了政府信息系统安全稳定运行。

结合信息技术发展和信息安全形势，组织开展了全市各委办局、区县和其他重要信息系统共93家单位的信息安全岗位培训。同时，与市网信办、市教委、市公安局、市安全局、市通信管理局等部门配合，深入贯彻落实习近平总书记关于网络安全和信息化工作系列重要讲话精神，结合金融、电信、电子政务、电子商务等重点领域和行业的网络安全问题，通过主题宣传教育活动，增强全民网络安全意识，提高信息安全保护能力。

经过一年的前期筹备和紧张建设，天津市信息安全测评中心已经完成攻防实验室和政府网站信息安全监控平台建设，具备千兆以太网的实验室网络，各类专用的扫描工具、各类专业的网络性能测试设备，主要从事信息技术产品安全测评、信息系统安全测评、信息安全评估服务、信息安全管理体系咨询、岗位人员培训等为核心的业务，并在此基础上拓展包括产品功能选型测试、公共信息系统安全测评等多种业务类型。基本具备开展相关业务工作的能力。

在基础设施建设、市场规范和培育、核心技术引进和推广、产业政策完善等方面，进一步优化天津市信息安全产业发展环境。依托国家信息安全工程技术研究中心，组建天津国家信息安全产业基地信息安全工程技术推广中心，建设了科技成果转化区、信息安全技术服务区、综合服务区3个核心功能区。依托国防科技大学建设的天津市滨海军民融合创新研究院，首批启动了飞腾CPU产业化、麒麟操作系统、北斗导航产业化等5个国家级核心项目，数字中国联合会、天津密码行业联盟等4个行业联盟先后落户，有效带动一批信息安全企业向产业基地集中。

【云计算产业】

2014年，天津市大力发展云计算产业，形成了以天河、腾讯、曙光、惠普、联通、东软等企业为龙头的云计算产业体系。在核心产品方面，形成了较为完善的产业链，曙光高性能服务器达到50万台生产能力。在计算技术方面，天河一号目前已应用于石油勘探、生物医药、航空航天、气象预报等上百个领域，全球用户已突破500家。腾讯正式投入运行的天津数据中心已经成为腾讯亚洲首屈一指的数据中心，共计8万平方米，约20万台服务器。天津还与浪潮集团签署了合作协议，浪潮集团将与天津共同推动大数据与云计算产业的发展。

【无线电管理】

扎实落实天津港口使用无线电频率10年规划。推进基于TD-LTE技术的1.4GHz频段天津多媒体数字集群专网，目前已建设300多个基站，覆盖了天津市主要城区和港区。推进网格监测试验网建设，完成了92个站点建设和联网软件功能调试。推进天津市监测检测中心项目建设。

无线电台站和设备管理。积极开展无线电台站规范化管理专项活动，通过现场走访方式对176个设台单位的信息进行了更新。加强设备检测和环境测试工作，完成电磁环境测试11次，共派出人员22人次。累计测试时间48小时；共接收型号核准测试594个、电磁兼容检测接收测试样品326台。安规实验室完成6次委托测试和1次安全测试。环境实验室主要设备开机运行率超过65%。

项目建设。完成了《TD-LTE宽带集群系统射频标准规范研究》研究。完成了单兵无线电监测指挥系统项目。完成了多轴飞行器监测项目。

依法行政。全年共办理新设台站4734个，更换电台执照1578个，注销台站2567个，指配频率54条（对），指配呼号330个。向“审批中心”申报行政审批项目6388件。完成进口无线电发射设备审核143件，机电产品进口申请审批154件，型号核准初审 14 件，生产无线电发射设备备案 11 件。

【信息消费】

2014 年，天津市加快推进信息消费示范城市建设，创建了 15 个信息消费体验中心，组织实施一批信息消费示范工程，培育信息消费需求，增加有效供给，引导移动互联网、工业互联网、智能制造、电子商务等信息消费创新发展，全年信息消费规模达到 3000 亿元，增长 30%。

信息惠民试点。天津市被列入国家信息惠民试点城市，重点开展了智慧健康、智慧养老、智慧教育等 15 项信息惠民工程。到 2016 年基本建成一体化公共服务智慧应用体系，实现居民候诊时间较目前缩短 2/3 以上，城市居民健康信息档案覆盖率超过 98%，将在全市主要居家、日托和养老机构推广“移动护理”等智慧养老服务。

信息便民服务。政府网上办公大厅提供服务事项达 3100 余项。社保卡实现了医院就诊实时结算、社保缴费、养老金和低保发放等领域一卡通，银行卡消费额占社会消费品零售总额的比例达到 52%，互联网交通违法自助裁决和缴罚平台及“掌上路路通”App 上线运行，城市卡逐步实现了公共交通领域一卡通，“车来了”手机 App 方便市民出行，全市三级医院门诊综合预约率达 40%左右，通信、广电、电力、燃气、自来水、供热等公用领域实现网上缴费和客服。

电子商务。加快推进优势产业电子商务平台建设，促进企业供应链协同能力升级，渤交所、联交所、渤商网、爱商网、融宝支付、天物大宗商城、天士力大健康网、长荣健豪云印刷等一批行业电商平台投入运营。全市重点企业采购和销售环节电子商务应用率分别达到 15.2%和 12.6%。全国知名电商前 20 强聚集天津。

电子信息产品供给。软件和信息服务产业发展势头良好，软件收入 711 亿元，增长 28%，增幅高于全国平均水平 5 个百分点。科技服务业增加值达 405 亿元，增长 12%。娱乐类、游戏类、信息服务类等移动互联网应用软件及服务快速发展；全市移动终端生产能力超过 2 亿部，高性能计算机服务器、存储设备等产品制造能力位居全国前列。

信息消费政策环境。天津市政府办公厅已转发《关于促进天津市信息消费扩大内需的实施意见》、《天津市新一代信息服务产业发展行动方案》、《天津市推进电子商务发展三年行动计划》、《“宽带天津”实施方案》、《天津市促进互联网金融健康发展指导意见》、《天津市现代物流业三年行动计划》、《促进快递服务业发展的实施意见》等文件，各委办还制定了多个配套文件。全市信息消费政策环境不断完善。

【软件和信息服务业】

2014 年，天津市软件产业以“推进产业聚集、发展重点领域、突出产业特色、做好产学研对接”为战略发展举措，实现了产业稳步增长。软件产业实现业务收入 907 亿元，增长 29.4%，其中软件产品收入、信息技术服务收入和嵌入式系统软件收入分别占软件业务收入的 27.1%、60.3%和 12.6%。

天津市共认定软件企业 77 家，累计通过认定软件企业 621 家；登记软件产品 547 件，累计登记软件产品 3029 件；计算机软件著作权登记 949 件，累计登记著作权达到 12797 件。新增 12 家系统集成资质企业和信息工程监理资质企业，累计达到 130 家，完成 8 家资质单位换证；20 人获得系统集成（高级）项目经理和监理工程师资格证书，完成（高级）项目经理换证 9 人，累计达到 874 人。

2014 年，天津市软件和信息服务业涌现出基于“天河一号”超级计算机的多领域云计算平台、展讯通信公司的基于 28nm 的多核智能手机核心芯片、天地伟业数码公司的新一代安防解决方案、南大通用公司的支持大数据应用的国产新型数据库、书生公司的新一代云存储技术，以及 3D 打印、增强现实等为代表的一批涉及云计算、物联网、移动互联网、大数据和智慧城市的新技术和新产品。

在产业招商引资方面，天津市充分利用京津冀一体化发展战略，发挥京津科技研发、产业、土地等互补优势，开展全方位的产业转移和对接合作，吸引了一批北京知名软件企业、研发基地等来津发展。2014 年以来，赶集网、猎聘网、芯愿景等一批优秀的软件和信息服务业企业在天津市落户。此外，阿里巴巴、裂帛网、京东商城等一批颇具实力的电子商务企业加速在天津聚集。初步形成了以滨海新区为龙头的产业核心区，以周边区县软件园为主体的产业辐射区和以中心城区商务楼宇为核心的产业特色区，形成各有优势、各有特色的园区发展特点，实现资源互补和产业结构升级。

【软件产业发展三年行动计划】

按照《国务院关于印发进一步鼓励软件产业和集成电路产业发展若干政策的通知》要求，结合《天津市软件产业发展“十二五”规划》，制定了《天津市软件产业发展三年行动计划》，期限为2015—2017年。

《天津市软件产业发展三年行动计划》明确到2017年，天津市软件产业基本形成结构优、企业强、载体精的发展格局，软件业务收入达到1500亿元，其中2015年达到1000亿元，2016年达到1200亿元，平均增长20%左右；软件服务收入占软件业务收入的比重达到50%以上；亿元以上软件企业达到150家，10亿元企业达到25家；软件产业聚集区达到8个，聚集区面积达到1000万平方米，将天津市打造为京津冀软件产业创新成果转化承接地和中国北方软件产业聚集新高地。

主要围绕支撑软件产业规模发展、高端发展的核心关键要素，着力培育10家左右龙头企业，着力提高中小软件企业业务收入占全市的比重，着力引进5家左右龙头企业。重点加快大数据、IC设计、泛娱乐和软件服务外包四大领域的发展。同时，激发企业开拓精神，鼓励行业内企业建立战略共同体，实现优势互补、共同争取项目、技术创新和开拓市场，重点围绕数据库、数据安全、IC设计、动漫游戏、数字影视、服务外包、金融应用软件、移动互联网等领域，建设八大产业战略共同体。立足各区域的产业基础和发展空间，着力完善聚集区环境，引导软件资源定向聚集，促进软件企业孵化成长和产业规模化发展。

河北省信息化发展概况

【两化深度融合】

2014年在河北省委、省政府及省信息化和工业化深度融合工作领导小组的领导下，省直各部门和各地以党的十八届三中、四中全会和省委八届六次会议精神为指导，全面贯彻落实工业和信息化部《信息化和工业化深度融合专项行动计划（2013—2018年）》，按照省两化深度融合工作领导小组《2014年河北省两化融合重点工作安排及责任分工》要求，分工协作，积极推进，各项工作取得明显成效。

（一）两化融合管理体系贯标取得阶段性进展

企业两化融合管理体系标准建设和推广是国家专项行动的一号工程，河北省高度重视，积极组织贯标试点申报，24个企业和两个服务机构被工业和信息化部列为首批两化融合管理体系贯标试点企业和服务机构，数量在全国并列第5。加强贯标工作组织和督导，组织试点企业制定贯标实施方案，积极参加国家相关培训和会议，2014年9月30日，专门召开了省两化融合管理体系贯标督导座谈会，交流和探讨贯标工作思路和方法，优选12家企业列为今年重点贯标试点企业，目前试点工作进展顺利，取得了阶段性进展。

（二）圆满完成了两化融合整体性评估国家试点年度任务

为推动行业和区域两化融合水平的整体提升，根据专项行动计划河北省被工业和信息化部确定为企业两化融合整体性评估国家试点，2014年河北省围绕钢铁、石化、建材、装备、食品、纺织、医药7个重点行业，按照每个行业至少覆盖200家，每个市至少覆盖200家的原则，组织开展了两化融合整体评估工作。目前，共收集1531家企业数据，并已完成上报数据的整理、审核和汇总，完成整体性评估总报告和7个行业分报告初稿。从总体水平看，河北省参评企业中58%处于起步阶段、25%处于单项覆盖阶段、11%处于集成提升阶段、6%处于创新突破阶段，全省总体平均指数为36，总体处于单项覆盖阶段。石家庄市、唐山市超额完成企业数据上报任务，分别完成118.5%和115.5%。

（三）重点领域两化融合工作成效突出

探索推进细分行业两化融合整体解决方案推广应用。为解决企业信息化人才、技术能力和服务水平低、信息化建设成效不明显等问题，我们在全国范围内按细分行业找出了成效明显的典型案例，总结经验和模式，形成面向细分行业的两化融合整体解决方案，在行业企业进行推广应用。2014年重点选择钢铁、装备两个行业进行探索。分别于8月和9月组织召开了钢铁、装备企业两化融合现场观摩会暨两化融合解决方案推广培训会。邀请台湾中钢、徐工集团等国内两化融合一流企业介绍典型经验，组织上海宝信、北京自动化研究所等企业宣讲两化融合优秀解决方案，现场观摩前进钢铁、河北冀凯实际应用效果。仅辛集市就组织7个企业到冀凯集团进行方案对接。石家庄、唐山、衡水等市参照省厅做法，积极组织河北冀凯、冀东水泥、衡水板业等两化融合示范企业的信息化部门与当地工业企业进行两化融合服务对接，成效明显。

实施制造业信息化科技工程。一是重点支持了“构建轧辊产品的综合集成制造系统”、“离散型机械制造业全信息化精益管理模式创新集成及应用”等省级制造业信息化重点科研项目，带动企业投入信息化专项资金超过7000万元。二是认定了43家制造业信息化科技工程试点企业，大力推动华北制药集团经营基础数据平台、唐山轨道客车面向物联网的研发平台等制造业信息化科技工程首批试点企业信息化系统建设。三是重点面向承德仪器仪表、沧州管道、安平丝网等中小企业集群，建设了信息化服务支撑平台，提升中小制造企业的信息化综合应用水平。

加快发展电子商务。一是河北钢铁电子交易中心、秦皇岛海运煤炭交易市场、河北农产品电子交易中心等7个交易平台已初具规模，中国搜丝网、万户通箱包网、沙河玻璃交易网、辛集国际皮革城网等60余个县域特色电子商务交易平台，以及迁西板栗网、平泉活性炭网、围场马铃薯交易网等100多家单品电商平台上线运营。国大连锁集团爱购网、石家庄惠民网、邯郸美食林购物网、河北顺时针平台的上线运营，把电子商不断向社区、农村延伸，有效地解决了社区居民和农民“卖难买难”问题。全省盐业信息化综合服务平台建实现产品购销、资金结算、仓储管理及物流配送等服务功能。二是石家庄先后被授予国家电子商务示范基地和电子商务示范城市，河北慧聪电子商务产业园、白沟电子商务产业园区、辛集皮革城电子商务创业基地等7个省级电子商务园区（基地）已投入运营。三是安平“融贷通赢”、河北航证“月赢通”、石家庄“人文贷”、美创投资“都都贷”、夏日集团“夏日贷”、河北好日子公司“沧州贷”等互联网金融平台得到较快发展。河北省金融IC卡行业应用服务平台正式上线。石家庄中山路沿线、秦皇岛的太阳城商业区、北戴河石塘路市场等10个非接商圈可受理非接触金融IC卡的POS终端比例已经达到50%，截至2014年第3季度，新增银行卡2845万张，其中金融IC卡2112万张，金融IC卡新增占比为74%。四是河北省快递覆盖网络不断延伸，主要快递企业乡镇及以下网点占比达到42%，业务收入占比达到40.6%。

（四）项目带动和试点示范作用显著

印发了《2014年河北省百家两化融合重点企

业目标任务及责任分工》，确定了 109 家省级两化融合重点企业和 100 项两化融合重点推进项目。其中，50 个两化融合项目和两化融合公共服务平台项目列入省千项技改计划，18 个两化融合项目和 16 个两化融合公共服务平台项目获得省技改资金支持 2032 万元，东旭光电获得国家智能制造专项资金支持 6000 万元。培育认定 15 家省级两化融合示范企业、10 个省级两化融合公共服务示范平台，编印了示范交流材料。在项目组织和管理方面，唐山市走在了全省前列，全市 2014 年累计谋划实施两化融合项目 111 项，投资总额达 87.8 亿元，其中新建项目 33 个，续建项目 78 个，已完工项目 61 个，实际完成投资 59.8 亿元。

（五）信息消费快速增长

信息基础设施建设不断加快。一是为贯彻“宽带中国”战略，制定印发了《河北省人民政府关于贯彻落实“宽带中国”战略及实施方案的意见》（冀政〔2014〕31 号），石家庄市被确定为“宽带中国”示范城市。截至 2014 年 11 月，电信业务总量达到 663.2 亿元，电信主营业务收入达到 441.0 亿元；固定电话用户达到 1091.4 万户，移动电话用户达到 6205.9 万户，其中 3G 移动电话用户达 2411.8 万户；互联网宽带用户数达 1133.0 万户，已完成 509 个村的行政村通宽带任务，2014 年年底全省行政村通宽带率将达到 98.7%；完成 4G 投资 84.03 亿元，占全年总投资的 94.4%，新建 4G 基站（含室分）1.91 万个，占全年计划的 93.5%，发展 4G 用户 189.5 万户，占全年计划 94.7%。二是加快有线数字电视整体转换和双向化改造工作。目前，已完成全省城区和大部分农村有线电视数字化，11 个市区城区完成双向网改造，全省 1/3 的县区正在进行双向网改造。新增 VOD 影视点播、时移回看等增值业务，截至 2014 年 11 月，全省增值业务用户数量达到 3.76 万户。三是积极推进三网融合。建设完善 IPTV 和手机电视集成播控平台，调通河北卫视高清频道、石家庄电视台、保定电视台、邯郸电视台、CFC 中国金融的直播信号，并接入 IPTV 系统。截至 2014 年 11 月底，全省广电互联网用户已达到 30 万户，IPTV 用户也已达到 30 万户。

信息产业支撑作用显著增强。一是电子信息产业发展稳步回升。2014 年 1～11 月，累计完成主营业务收入 854.78 亿元，实现利税 70.25 亿元；完成出口创汇 25.13 亿美元；完成固定资产投资 26.68 亿元。全省入统企业 286 家，从业人员约 16 万人，4 家企业进入全国电子信息百强，11 家公司在境内外上市。目前，河北省云计算、大数据、可穿戴设备、智能家居等领域尚未形成市场规模，相关通信产业仍保持低速增长。1～11 月主营业务收入 125.76 亿元，同比增长 10.48%；实现利税 12.55 亿元，同比增长 48.50%，出口创汇 2.34 亿美元。投资 35 亿元的威县全德翰电子科技“年产 170 万套高端电子产品生产线项目一期”土建工程已基本完工；投资 58 亿元的河北曹妃甸汉能光伏“600MW 铜铟镓硒薄膜太阳能电池项目”已开工建设；旭新电子薄板玻璃第三条线顺利点火投产；总投资 10.18 亿元的汉光光电科技园项目进展顺利。全年共有 45 个项目获得国家和省级专项支持，其中，国家工业强基专项支持项目 1 个，国家电子发展基金支持项目 3 个，资金合计 3400 万元；25 个电子信息、16 个服务平台项目列入 2014 年省技改资金项目投资计划，补贴息资金 7557 万元。二是软件和信息服务业发展势头良好。制定印发了《河北省人民政府办公厅关于推进卫星导航产业快速发展的意见》（冀政办函〔2014〕8 号）。中电科卫星导航运营服务公司列入国家 2014 年北斗卫星导航产业重大应用示范发展专项，获国家支持 1300 万元；中电科导航车辆监控管理系统成为交通部重点运输过程监控管理服务示范系统工程，发展在线用户 2.5 万名；平安校园项目已在石家庄市 1.5 万名中小学生中应用；老人关爱监护项目已在石家庄市有特殊贡献的离退休干部、80 岁以上独居、空巢老人等 1 万名用户中示范应用。积极推进廊坊数据产业园区、中国人保北方信息中心项目和张北县祥云云计算产业园云联数据服务、“京北云谷”、全国教育云数据中心、阿里云数据中心等建设项目建设，石家庄卫星导航等 6 大物联网产业基地、河北广联国家二维码注册解析等 10 个公共服务平台、河北蓝海工业企业能耗监控等 9 个物联网应用示范工程进展顺利，康泰医学远程医疗系统等 3 个项目入选国家物联网示范应用案例，风帆股份、河北汉佳、先河环保、燕大燕软、天远科技5个项目获得国家专项资金支持，累计支持资金1850万元，截至11月，累计完成主营业务收入164.12亿元，同比增长10.83%，截至2014年年底，河北省通过软件企业认定并年审有效的企业350家，累计登记软件产品5027件，具备计算机信息系统集成资质企业达104家。

各领域信息化应用步伐加快。一是继续推进教育领域“三通两平台”建设。目前，河北省义务教育学校中已接入互联网的学校达15974所，已配备多媒体教室的学校13739所，河北省义务教育阶段开通网络学习空间的学生达47.7万余人，采用空间进行课堂教学的教师达4.2万余人。全省数字教学资源总量达到了12TB，国家级精品课程达到82门，省级精品课程近千门。省中小学学籍管理系统、教师信息系统实现了1000万名中小学生、90多万名教师的电子信息管理。二是科学促进农业增产增收。在滦南、藁城等县市实现对小麦、玉米、设施蔬菜生产的远程监控、物联网自动控制和质量追溯管理。石家庄、唐山等市实现对各个奶站生鲜乳生产、收购全程实时远程视频监控。河北蔬菜产业服务平台投入试运行，河北农业信息网菜篮子报价系统与35家农产品批发市场实现联网，报价品种共7大类近300个品种，年发布信息3万余条。三是不断提高社会保障水平。截至2014年11月底，全省社会保障卡持卡人数达到3873万人，预计年底可以突破4000万人，提前一年完成“十二五”规划任务目标。省内异地就医联网结算系统于2014年年底将正式上线，省直和秦皇岛市已实现异地购药。目前，全省共发行居民健康卡150万张左右，全省远程医疗项目已覆盖5个专家医院和43个县级医院，实现了远程会诊、视频会议、远程教育、信息共享、手术示教、远程专科诊断等功能。邯郸市“医联体”远程医疗项目实现了全市医疗机构的全覆盖。沧州市远程医疗项目实现5所市级医院、17个县级医院和8个中医院的远程会诊，并与10余家国家级医院实现对接。目前，石家庄新兴药房连锁有限公司、沧州迎宾大药房连锁有限公司等11家药品零售连锁企业实现通过互联网向消费者直接提供药品。“阿里健康”正式在石家庄落地，实现了手机购药。“药安食美”社会共治平台实现通过手机对药品、乳粉、酒类、果蔬的投诉举报、查询曝光。食品药品信用体系信息服务平台已记载单位不良信息2000多条，个人不良信息200多条。目前，药品电子检验报告信息追溯平台使用单位覆盖到国内所有药品生产企业、省内药品批发企业、零售药店和大部分医疗机构共1.8万家，查询次数突破600万次。四是推动文化产业蓬勃发展。开通了“河北省图书馆”微信公众服务平台，录制23期“爱国主义教育基地馆长讲故事”节目，完成了2014年度国家数字图书馆主导的元数据仓储联合建设项目，完成了《燕赵鼓书》、《红色太行》、《河北古镇》3个专题共80集的建设任务和《千年古县》、《河北戏曲》、《河北民间手艺》3个数字资源库建设，著录视听文献1000余种。开展了网上科普数字资源、世界读书日、网上祭英烈活动、廉政文化建设等专题网上活动，截至2014年11月底，读者使用省图、省中心数字资源180万人次，下载量达2TB。手机游戏《鬼子来了》填补了河北省网络游戏产业的空白，《当代教育实践与教学研究》成为河北省唯一获得总局批准的全媒体期刊，方圆公司研制了专用的多媒体出版物集成发布平台，实现了多介质出版，跨系统、多平台发布。五是智慧城市建设取得实效。河北省网上政务服务中心系统于2014年11月正式上线运行，进一步建立和完善了行政审批的运行和监控机制。完成了65个数字化城市管理平台建设，在建22个。建立了河北省北斗卫星定位综合服务系统，已为测绘、国土、交通、规划、电力、勘察等20个行业、1500个用户提供服务。截至2014年11月，改造完成ETC车道220条，全省ETC用户数达到43.33万，2014年年底，完成330条ETC车道的改造任务，ETC用户数达到50万，实现全省高速公路收费站ETC车道全覆盖。石家庄市推进智慧医疗，推行病历和诊断结果电子化，实现市、县各医疗机构间百姓就医和健康信息共享查阅。秦皇岛市推进智慧旅游，实现旅游景点与平安城市、智能交通的视频资源共享，以及智能手机客户端旅游信息查询、订票等。邯郸市建成市民网上公共服务平台，百姓可查询养老医疗、住房公积金缴存、贷款、水电燃气账单等信息。迁安市利用物联网技术远程监控供热机组、换热站和用户供暖水温、压力、流量等，提高热网的运行效率。北戴河新区立足生态旅游城市建设，通过“生态智慧”项目建设加强对污染、环境质量、水资源、气象等生态环境监测。

（六）两化融合基础保障水平不断提升

两化融合组织领导体系逐步完善。省政府成立了张杰辉副省长任组长的省信息化和工业化深度融合工作领导小组，省直20个部门为成员，领导小组办公室设在省工业和信息化厅。组织制定了《2014年河北省两化融合重点工作安排及责任分工》，经杰辉副省长批准以省两化深度融合领导小组文件印发（冀信工融〔2014〕1号）。石家庄、承德、唐山、廊坊4个市也专门成立了两化深度融合领导小组，其中石家庄、唐山的部分县区也建立了相应机构。石家庄、唐山、邢台3个市制定了两化融合年度工作要点，对两化融合工作进行专题部署。

两化融合宣传培训全面开展。宣传培训形式多样、效果良好。河北省工信厅首次与优秀的第三方服务机构合作，采用市场化运作模式，成功举办了“2014年河北省信息化和工业化深度融合论坛”。唐山市“两化融合新一代信息技术在企业转型升级中的应用高级研修班”纳入河北省人社厅专业技术人才知识更新工程，并获得资金支持。邢台市组织了4次大规模的培训和交流活动。沧州市持续开展两化融合深度行。衡水市实施了两化融合牵手工程。廊坊市举办了装备制造业两化融合专题培训。一年来，全省通过各种活动，共培训企业人员约2000人次。

两化融合发展环境不断优化。河北经济户籍管理系统、河北省市场主体信用信息公示系统上线运行，工商部门查处互联网不正当竞争案件1694件，公安机关共侦办非法买卖公民个人信息类案件23起，侦破17起，侦办侵犯知识产权类案件14起，侦破7起。在地税、国税、质监等重点部门和领域推行电子认证“一证通”应用，截至2014年年底，河北省发放各类数字证书达20万余张，有效保障了信息交换的安全可靠。

【网络信息安全】

（一）重点工作情况

2014年以来，在河北省省委、省政府和省网络与信息安全协调小组的正确领导下，紧紧围绕省委、省政府中心工作，认真学习贯彻习近平总书记在中央网络安全与信息化领导小组第一次会议上的讲话精神和省委网络安全和信息化领导小组第一次会议精神，贯彻落实国家和省各项工作部署，扎实推进基础性工作，突出重大活动和特殊敏感时期信息安全保障，进一步完善基础设施建设和加强管理，确保重点任务完成，较好地实现了工作目标。

突出重点，加强特殊敏感时期网络安全保障。从检查、值班值守、日常监测和信息通报等方面提出具体要求和保障措施，对重要活动和敏感时期保障工作进行安排部署。联合相关部门及技术支持单位到重点单位进行现场检查督导，由于领导重视、措施到位、制度落实，2014年“全国两会”等重大活动期间河北省没有发生Ⅲ级以上网络与信息安全事件。

认真做好专项检查、安全测评和网站监测工作。联合有关省直部门，组织开展了重点领域网络与信息安全专项检查、全省网络与信息安全大检查等检查活动。选取重要信息系统进行技术测评。每季度对全省1000多家政府门户网站进行巡回监测。排查各类信息安全隐患，并督导各单位完成整改工作。

政府部门互联网安全接入工作成效显著。目前河北省省本级和9个设区市均已完成了政府部门互联网集中接入工作。项目实施集中、归并了政府部门互联网接入口，大大减少了互联网接入口数量，通过在互联网接入口上部署统一的安全防护策略、实施集中监控和预警，实现了政府部门互联网访问可管、可控、可剥离，有效提升了政府部门互联网应用的整体安全防护水平和监控能力。

加强网络信任体系建设。河北省厅和省国家密码局、省保密局联合印发了《关于加强电子认证统筹管理构建安全可信网络环境有关问题的通知》，具体安排部署相关重点工作。推广应用电子认证和数字签名，取得较好进展，衡水、沧州市及省直30余个政务部门已使用数字证书进行网上办公、网上审批。积极推进“一证多用”，2014年，结合河北省“营改增”的推广，目前实现了地税、国税和社保CA证书的“一证通”，大大降低了企业成本，提高了社会资源利用率。

继续推进个人信息保护试点工作。大力推动全国人大关于《加强网络信息保护的决定》和《河北省信息化条例》的落地实施工作。秦皇岛市2013年起在省内率先开展的个人信息保护管理试点工作，从涉及个人信息保护的系统建设和管理等行为进行规范监管，探索将个人信息保护工作常态化、规范化，形成个人信息保护监管体系，积累了宝贵的实践经验，河北省通过试点工作总结的相关规范，已经成为《信息系统个人信息保护技术要求》和《信息系统个人信息保护管理要求》两个国家标准制定的参与者。

积极开展宣传培训工作。配合省网信办“网络安全日”组织了系列宣传教育活动。组织召开“2014年河北省网络与信息安全保障培训会议”。省直党政机关、各重要信息系统、基础网络单位的信息安全负责同志和各设区市工信局主管领导及相关处室负责同志200余人参加了培训。会议传达贯彻国家有关会议和文件精神，通报全省重点领域信息系统测评及网站监测有关情况，对重点工作进行部署。邀请国家和河北省信息安全领域的专家讲授信息安全形势、政策和新技术、新知识，以及风险评估、网站安全防护、云计算安全标准解读、网络保密等课程，培训取得了预期成效。

（二）信息安全形势更加严峻复杂

网络走进千家万户，中国网民数量世界第一，互联网的发展主题已经从“普及率提升”转换到“使用程度加深”。然而，网络大国并不等于网络强国，中国也是全球遭受网络攻击最严重的国家之一。国家互联网应急中心数据显示，2014年上半年，中国内地有4.9%的政府网站发生过域名被篡改和攻击的情况；被植入后门的境内网站中，政府网站占了3.4%。共有19万台机器感染了木马，美国通过木马程序控制了中国内地共计260万余台主机；传播恶意程序的域名也有超过半数属境外注册，发现恶意程序下载的链接有15394个，其中76.1%的域名在境外注册。上半年活跃的“挂马”站点域名注册，境外也占了76.2%。信息消费面临跨平台风险。国家级有组织网络攻击频发，2014年年初爆出美国大规模入侵华为服务器，我国部分重要网络信息系统遭受渗透入侵。

我国关键信息基础设施安全状况堪忧。我国现在几乎所有的个人计算机和手机，操作系统都是国外的，核心芯片也依赖进口。基础网络、重要信息系统和工业控制系统等关键信息基础设施漏洞不可控，面临着敏感信息泄露、系统停运等重大安全风险。

我国还存在信息安全政策法规不够完善、信息安全体制机制有待改进、信息安全防御力量建设亟待加强、信息安全产业支撑能力较弱、网络与信息安全意识薄弱等突出问题。

河北省信息安全形势不容乐观。随着河北省云计算、物联网、大数据等新技术的应用推广，带来了更为复杂的信息安全问题。由于河北省的特殊区位，受到网络攻击、网页篡改和感染木马、僵尸网络的主机数量仍将处于高发期，特别是重要敏感时期，问题更加突出。截至2014年11月30日，河北通信管理局共处置网络安全事件545起，其中，网页仿冒9起，恶意代码1起，网页篡改229起，拒绝服务攻击1起，网页挂马1起，网站后门19起，漏洞281起，域名异常起，其他4起；消除木马和僵尸网络控制端958个。可喜的是，经过近几年来对全省一千多个政府门户网站的持续监测，SQL注入、跨站脚本漏洞、信息泄露等网络安全事件呈逐年下降趋势。另外，由于缺乏固定的信息安全资金保障渠道，基础性、关键性信息安全基础设施建设、运行维护、安全服务、安全检查、宣传培训等投入不足、发展滞后，网络安全人才匮乏，致使信息安全总体防护水平较低。

（三）总体思路和重点工作

2015年，在省委网络安全与信息化领导小组领导下，河北省将按照“围绕全省工作大局，结合我省实施创新驱动发展战略，积极适应新形势、新任务、新要求，落实好国家各项工作计划，扎实推进信息安全基础性工作和加强基础设施建设，突出重点时期信息安全保障，不断改进工作方式方法，加强新领域信息安全工作探索，进一步提高信息安全保障效果”的思路，着力做好以下工作。

加强基础性工作。进一步加强信息安全意识，督导落实信息安全责任制，完善信息安全工作机制。围绕国家和河北省信息安全政策法规及新技术、新应用，广泛开展学习培训和宣传普及，切实保障培训效果，有效提升信息安全意识和从业人员技术水平。继续做好全省政府部门互联网安全管理工作，加强对“省级政府部门互联网安全监控平台”的建设、管理和应用，及时感知安全事态。起草制定“河北省级政府部门互联网安全接入管理办法”，拟由省委网信办印发。强化资金支持，各级财政要将基础性公益性网络与信息安全设施建设、运行维护、安全服务和检查等费用纳入财政预算，要加大对信息安全宣传教育和培训等公益性活动的支持。积极争取设立信息化发展和网络安全保障专项资金。

开展网络安全检查。实施以“三落实”即落实信息安全责任制、落实技术防范措施、落实应急预案为目标的信息安全检查，根据工作需要，开展专项检查。研究制定全省网络与信息安全检查方案，加强专业队伍建设，努力探索检查的新形式和好方法，进一步增强检查的效果。加强对基础网络、重要信息系统、跨部门跨系统信息共享平台等信息安全检查。提升网络与信息安全监管能力和系统安全防护水平。积极争取国家网络安全审查相关试点工作和申请审查机构、重点实验室建设，结合河北省大数据、云计算产业，试行开展政府部门云计算服务和重点信息技术服务网络安全审查相关工作。

强化技术监测、检测、预警和风险评估。继续有计划地开展常态化信息安全监测、检测和风险评估。定期对河北省省、市、县级政府部门门户网站进行扫描监测，对省级政府部门互联网使用安全情况进行监测，及时发布监测结果。在省级党政机关和各设区市普遍开展信息安全风险自评估工作。根据门户网站、政府部门互联网监控管理中心技术监测分析结果和重点领域安全检查、风险评估结果，有针对性地下达测评计划，发布预警信息，并加强整改监督检查，确保监测、测评取得实效。

努力构建安全可信的网络环境。加强电子认证工作，贯彻落实省工信厅和省国家密码局、省保密局联合印发的《关于加强电子认证统筹管理构建安全可信网络环境有关问题的通知》（冀工信网〔2014〕157 号），进一步加强电子认证统筹管理，大力推进电子认证、密码技术在面向公众服务、电子政务、电子商务、个人信息保护等方面的应用普及，加快推行在税务、社保等领域一证多用模式，加强电子认证基础设施，提高服务水平，努力构建安全可信网络环境。按照中央网信办 2014 年 1 号文件要求，加快构建我省党政机关专用的安全邮件系统。

积极探索个人信息保护监管工作。继续推进河北省个人信息保护试点工作，摸索规律和特点，总结经验，形成较为完整的个人信息保护监管体系，适时在更大范围进行推广。会同中国软件评测中心共同完成国家个人信息保护管理标准和技术标准的制定工作。

探索工业控制领域信息安全保障工作。进一步摸清河北省当前工控系统使用和信息安全管理基本状况，普及工业控制系统信息安全基本知识，落实国家有关文件要求，开展风险提示等各项工作。积极开展对重点领域工业控制系统的信息安全管理和研究，积极参与构建工控系统信息安全共享平台。

推进自主可控应用和推动安全产业发展。积极响应国家推动自主可控信息技术产品应用，研究制定逐步推进信息安全产业发展，以及电子政务信息技术产品自主可控应用的政策措施。在项目评审、检查评估、预测预警等工作中，对重点项目和重要系统要求使用自主可控信息技术及产品。鼓励和引导科研单位和企业进行密码技术、鉴别技术、预警、网络监管、检测与应急处理、灾难恢复等关键技术和相关软件的研发，各级各有关部门要加大对全省信息安全研发、产业化和公益性技术平台项目的资金支持力度，着力扶持信息安全服务产业，以基本满足省内对信息安全产品及服务的巨大需求。

加强信息安全应急安全保障。加强值班值守、监测预警与应急保障，适时适度开展应急演练。进一步完善省网络信息安全通报平台和通报制度，指导各部门完善应急预案、规范规章制度，强化技术防范措施。加强督导、检查和研判应对，努力确保特殊敏感时期不发生重大信息安全事件。积极协调妥善处置信息安全事件。

山西省信息化发展概况

2014年，山西省以贯彻落实《山西省信息化促进条例》为切入点，以服务引领、创新提升、融合发展为主线，加强信息化建设顶层设计，加快信息基础设施建设步伐，扎实推进信息化与工业化深度融合，不断深化经济和社会各领域信息化应用，建立信息消费持续稳定增长的长效机制，全面提高全省信息化建设质量和水平。

【网络基础设施建设大幅提升】

（一）推动“宽带中国”战略落实

山西省通管局研究制定了《山西省贯彻“宽带中国”战略工作方案》，省政府办公厅正式下发全省执行。内容涵盖推进城乡宽带协调发展、优化升级宽带网络、提高宽带网络应用水平、培育发展宽带网络产业、增强网络与信息安全保障能力、加强宽带应用培训及人才培养6项工作。目前，宽带网络已覆盖山西省全部城镇和行政村，3G网络覆盖100%的城镇和80%的行政村，4G网络实现了11个地市主城区的全覆盖，广播电视在20户以上自然村全部实现“村村通”，完成了5451个20户以下已通电自然村的村村通。全省宽带用户普及率15.32%，排名全国第10位；移动电话普及率91部/百人，排名全国第16位。

（二）签署与中国电信、中国移动、中国联通的战略合作协议

2014年三大通信运营企业围绕所签署战略合作协议共实施网络设施改造及信息化服务产品等35个项目，目前项目建设过半，投资完成约50亿元。全省实现光纤覆盖家庭达642万户，3G基站数达3.3万个，LTE基站数达1.6万个；全省实现新增宽带接入用户38.6万户，总数达559.9万户，其中4Mbps及以上宽带用户占比达81.2%；移动电话用户新增204.6万户，总数达3310.1万户，其中3G用户达1098.4万户，占比33.2%；4G电话用户数达68.8万户，占比2%。

（三）加快推进WLAN网络覆盖工程

2014年以来，山西省启动了公共场所无线局域网建设与服务工程，共下达三批次建设计划，完成太原火车站、东客站、西客站及太原市行政服务中心等170余处场所网络覆盖，同时完成核心短信转发平台的建设，实现了跨网用户无差别使用该项服务，相关场点已进入试运营阶段。

（四）推进三网融合稳步发展

山西省加快推动网络整合与三网融合业务发展，目前，全省除太原外的地市广电信号源转换工作已顺利完成，IPTV集成播控平台节目存储量由100TB增加到170TB，点播节目在线量达到15000小时。全省发展IPTV用户从2013年年底的6.8万户增长到10月初的18万户，其中太原达到6万户，其他地市进入全面推进阶段，用户达12万户。

【信息化工作扎实有效】

（一）深入贯彻落实《山西省信息化促进条例》

《山西省信息化促进条例》（以下简称《条

例》）颁布实施一年来，发放了《条例》单行本3万余册，相关宣传袋2万余个，向全省范围手机用户发送了信息化立法公益短信。各市也积极行动，分别印制发放了通俗简明的《条例》问答解读，在当地主流报纸、广播电视台、官方网站进行了专栏宣传，向市级相关部门和县区进行宣传。长治市经信委专门进行了《条例》解读，并以彩页配图形式向社会各界宣传，努力做到通俗简明，受到普遍赞誉。太原、晋中等市还在市区广场、小区设置宣传点，现场进行《条例》的宣传普及。同时，注重政策法规学习，把信息化工作逐步纳入法制化、规范化管理的轨道。省人大高度重视信息化工作，把全省人大系统信息化建设作为2014年人大的第一项重点工作，全盘计划，加强顶层设计，投入专项资金建设。为加强《条例》的贯彻执行力度，山西省拟定了条例贯彻实施情况检查方案，并且对11个地市进行了多项推进活动。

（二）举办多种形式的信息化推进活动

2014年年初，组织召开了信息化推进工作会议，研究年度工作重点方向和推进举措，召开了两化融合贯标会议，安排部署了两化深度融合贯彻落实国家标准的有关工作，提出了具体要求。2014年6月中旬，举办了全省信息化主管领导干部专题培训，邀请中国信息协会、国家信息中心、北京大学和省人大等单位的信息化专家进行了为期三天的专题授课，11个地市和119个县、开发区经信系统干部及相关企业的信息化主管共计200余人参加培训。2014年7月，在太原并州饭店组织召开“大数据重构企业智慧——2014年企业管理创新与新IT融合高峰论坛”，山西省经信委、山西省国资委、浪潮集团、中国会计学会、山西省内高校、研究院所和企业信息化主管等共200多人参加了会议。通过多种形式的培训，普及信息化知识，掌握新一代信息技术，促进了山西省信息化建设健康有序发展。

（三）注重理论研究探索

近年来，社会各界对山西省信息化建设关注逐步提升，2014年山西省两会针对信息化的建议和提案多达11例，内容丰富且深刻。对代表们提出的建议和提案，组织相关单位加强研究，围绕《条例》及近期出台的文件，一一进行了解答回复，并从中吸纳精华思想，推进山西省信息化建设稳步发展。同时针对信息化建设热点难点问题进行研究探讨。针对云计算、大数据、移动互联、智慧城市、电子商务等课题组织不同范围的交流研讨，开展了《全省信息化建设研究》、《山西省信息消费对策研究》等课题研究，取得了较大进展和突破。

（四）电子商务规模进一步扩大

2014年，山西省大力开展促销活动，用户访问电子商务网站（包括网上购物和B2B网站）规模总体呈上升趋势。2014年以来，11月、12月用户规模最高，分别达到1346万人、1329万人。从总量来看，山西省网民访问电子商务网站用户与北京、上海相当，但其用户规模占总人口的比重为36.4%，与北京、上海、广东普遍在50%左右的比例有一定差距。

【两化融合水平显著提升】

（一）编制《两化融合试点示范企业优秀案例集》

根据《两化融合示范企业认定管理办法》的要求，2014上半年山西省评选了16户两化融合示范企业和15户两化融合试点企业，涉及钢铁、煤炭、设备制造、有色金属、电力、轻工、物流、建筑施工、设备安装、医药等多个行业。同时，总结这些企业成功经验，形成了优秀两化融合解决方案，努力促进两化融合成功范例在多个行业和领域的推广应用。目前《两化融合试点示范企业优秀案例集》已经付印，即将发行。

（二）制定《山西省信息化与工业化深度融合专项行动计划》

为完成山西省“两化深度融合”各项建设任务，对照工业和信息化部《信息化和工业化深度融合专项行动计划》的各项要求，结合山西省实际情况，制定下发了《山西省信息化与工业化深度融合专项行动计划（2014—2018）》（晋经信信息化字〔2014〕56号）。方案围绕山西产业特征和转型综改试验区建设要求，坚持目标引领和举措落地相结合，突出了地方特色和产业发展方向。

（三）组织开展国家两化融合管理体系贯标试点工作

根据工业和信息化部办公厅《关于推荐2014年信息化和工业化融合管理体系贯标试点企业和服务机构的通知》（工信厅信函〔2014〕84号）要求，推荐太钢等企业申报“2014年两化融合管理体系贯标试点企业”。最终工业和信息化部确定山西省12户企业入选2014年工业和信息化部两化融合管理体系贯标试点企业。组织召开了山西省两化融合管理体系贯标工作会，制定了《山西省2014年两化融合管理体系贯标工作方案》（晋经信信息化字〔2014〕249号）。同时，组织试点企业和服务机构参加工业和信息化部两化融合管理体系宣贯会和培训会，面向企业高层管理者，集中宣传介绍管理体系，交流典型企业两化融合管理经验，加强两化融合管理体系的宣传与推广。

（四）加强国家电子商务集成创新试点建设

《工业和信息化部关于公布2013年电子商务集成创新试点工程入选项目的通告》明确了山西省煤炭运销集团有限公司的“煤炭物流信息化平台暨电子商务项目”等7个项目成功获批工业和信息化部电子商务集成创新试点工程。试点项目确定后，继续加强对试点项目进展情况的追踪，督促项目加快实施。目前，中国（太原）煤炭交易中心功能不断扩展、业务不断完善，交易额持续上升；山西荣国旅游电子商务服务平台正式上线运行，全面整合旅游资源，为广大旅游爱好者和旅游从业人员提供预定、咨询、销售、在线交流及培训等服务；山西贡天下电子商务有限公司与淘宝共同成立淘宝大学贡天下山西培训中心，为山西省中小电商进行了电子商务课程培训。

【民生领域信息化建设取得成效】

（一）做好信息化项目资金申报下发工作

为鼓励和引导全社会加大对信息化建设的投入力度，培育发展典型示范，提升全社会信息化发展水平，重视省级信息化发展专项资金，重点扶持信息基础设施建设、两化深度融合、电子政务、信息安全和信息化重点课题研究等项目，逐级申报筛选，力度在符合要求的基础上突出重点，真正起到带动、引领作用。2014年对全省33户企业进行了配套资金支持，努力促进企业信息化建设深入开展。

（二）智慧城市试点建设

在已完成太原、阳泉、长治、晋城等被国家“智慧城市”试点建设的基础上，2014年重点推进运城市智慧城市建设，推进省通信管理局和运城市人民政府签署了共建“宽带运城”示范城市战略合作协议，促进中兴网信集团与运城市人民政府共同建设运城市“智慧城市”，并完成了实施方案的拟制评审。

（三）推进云计算中心建设项目实施

按照山西省国家资源型经济转型综合配套改革试验2014年行动计划，继续推进阳泉百度云计算项目实施，推动云计算产业项目如期实施完成。截至2014年9月底，阳泉百度云计算中心已成功实现3万台服务器安装调测，进行试运行阶段。同时，积极推进吕梁军民协同研究院超级计算中心建设，组织相关委厅、高校、科研机构和企业，多次进行研究观摩及磋商，力图找准研究院产业和项目的发展定位，谋求在吕梁乃至山西省的落地生产。目前，已完成吕梁云计算中心专题报告（初稿），待近期深度分析研究修改完善，呈送省领导参阅。

（四）深化电子政务应用

认真贯彻工业和信息化部关于推进基于云计算的电子政务公共平台建设，积极开展云计算电子政务公共平台建设研究，调查了解掌握各市和省直部门情况，按照省政府办公厅要求，完成了《关于推进云计算电子政务建设的报告》（山西省经信〔2014〕8号），上报了相关报告建议，提出了初步的解决方案。同时，积极推进全省电子政务建设及应用，政府门户网站基本实现全覆盖，基本完成了人口、法人、基础地理等基础数据库建设；教育领域重点推进宽带网络“校校通”；卫生信息化实现了110个市县（区）新农合管理覆盖；社保“一卡通”已累计制发卡超过2250万张，养老保险信息系统覆盖全省各区县；农业综合信息服务平台实现了语音热线、专家咨询、农特产品、市场、技术和农资信息等信息化服务；公安在线、交通联网服务、电子认证服务等在全省全面推行。

内蒙古自治区信息化发展概况

内蒙古自治区信息化建设围绕自治区“8337”发展战略，务实工作、扎实推进，取得了良好效果。

【信息化建设总体情况】

自治区信息化工作全面贯彻落实“十八大”提出的“四化”同步发展的要求，先后出台了《内蒙古宽带发展规划》、《内蒙古自治区“十二五”信息化发展规划》、《内蒙古自治区云计算产业发展规划（2011—2020年）》等指导性文件，推动了自治区信息化建设取得了长足发展。

信息化基础设施不断完善。电信网络已基本覆盖区内全部乡镇和行政村。2014年前4个月，全区实现基础电信业务收入70．58亿元。截至4月底，全区电话用户总数达到2889.44万户，普及率达到116.05部/百人，其中，固定电话用户353.83万户，普及率14.21部/百人；移动电话用户2535.61万户，普及率101.84部/百人。“宽带中国”专项工作开展以来，全区新增光纤到户覆盖家庭达535.6万户，累计达到664.3万户，固定宽带用户达到327.97万户；使用8Mbps及以上接入速率的固定宽带接入用户占比达59.24%。“十二五”期间，为2800个行政村（嘎查）开通了宽带业务，全区通宽带行政村（嘎查）总数达5745个，开通宽带率达到51.18%。目前，全区建设完成移动通信4G基站24589个，较2013年净增13407个，实现了全区市区和县城全覆盖，发展4G用户213.87万户。截至2014年年底，呼和浩特市长途和中继光缆线路长度达到2939.9千米，同比增长7%，市内二级干线长途网的光缆路由、传输网、IP网络结构不断优化，网络安全性能进一步提升，网络容量不断扩大，互联网出口带宽达到530Gbps，宽带接入用户数达到54.7万户，全市建设3G/4G基站数达到6624个，移动基站数总计达10591个，现有移动通信网络已经基本实现全境覆盖。截至2014年年底，包头市信息化投入7.4亿元，率先在自治区推广弱电管网集约化建设与管理，公用光纤5600多千米，管程700千米，管井1.2万个。互联网出口带宽达到334Gbps，互联网用户达到225.8万户，宽带接入用户数达到40.7万户，全市三大运营商3G网络实现城乡全覆盖，移动4G实现城区、城关镇全覆盖。截至2014年年底，赤峰市互联网出口带宽达到200Gbps，互联网家庭宽带用户42.3万户，2G网络基本实现全覆盖，3G网络基本覆盖城乡，4G网络实现旗县以上地区覆盖。截至2015年1月，鄂尔多斯市光缆线路长度4.7万千米，管道长度2955千米，互联网出口带宽达到220Gbps，宽带接入端口75.2万个，宽带接入用户数达到22.4万户，3G基站3481个，4G基站

790个。

电子政务取得新突破。2013年，内蒙古自治区被国家工业和信息化部列为“基于云计算的电子政务公共平台顶层设计”试点省份，社保、医疗、公安、地税、教育、工商等一大批系统被国家确定为应用试点。通过不断完善电子政务基础设施建设，从而提高了电子政务应用水平。截至2014年年底，自治区电子政务云中心已托管了13个部门的186台设备，承载了80多个中央部委1200多项业务系统和自治区本级108个部门433项业务应用系统。呼和浩特市经过近10年的建设与完善，目前已经建成市属各委办厅局及市四区政府大楼互联互通的电子政务网络，建成上联国家及自治区电子政务外网，下联市属各委办厅局和市9个旗县区的电子政务外网平台，全力打造了政务服务三级网络体系，积极推进民生信息网络旗县区政务平台的建设，利用电子政务外网为市数字城管系统及市四区数字城管平台提供数据交换，全面启用了全市政务办公OA平台，有效提高了政府办事能力和水平。包头市积极探索依托云计算中心“一网多平台”的电子政务建设模式，电子政务外网互联网出口带宽由200Mbps扩宽到2500Mbps，为全市120个大中型企事业单位提供电子政务应用，纵向贯通国家、自治区、市、旗县区、街道、社区六级政务网络，为市直各部门搭建了政务信息交换平台，此外，电子公文传输和会议通知系统、网上行政审批协同办公系统、档案云系统等政务信息系统在社会各领域得到广泛应用。兴安盟、鄂尔多斯市部署了政府门户网站站群平台、电子公文交换、办公自动化、高清视频会议、电子邮件、公务员办公门户、网上行政审批等基础应用系统。

电子商务实现快速发展。2014年，全区从事电子商务服务企业667家，全年电子商务交易总额约1100.2亿元，其中：企业间电子商务交易额约为987.2亿元，网络零售交易额113亿元。据统计，全区在淘宝、天猫、京东等主要平台开设网店达到5500多家，阿里巴巴、慧聪平台开展企业间交易的企业超过6000家。呼和浩特市于2014年被确定为国家电子商务示范城市并入围“中国电子商务发展百佳城市”第64位，2014年，网络零售交易额突破70亿元。包头市作为全国17个区域性物流节点城市，开通了煤炭交易平台，包钢惠客、永盛成、同利电器等一大批便民电子商务平台投入使用。以实体经济为主导，包头市与中国网库共建“包头电商谷”，将稀土、钢铁、绿色农副产品等本地产品推向全国。兴安盟组织成立电子商务委员会，组建电子商务服务中心，实施“千人网商培训计划”，培训一支网商队伍，培训一批从事电子商务的专业人才，积极谋划县域网货供应平台建设，构建全盟区域的网货供应平台和物流服务体系。赤峰市各级政府积极鼓励和扶持电子商务发展，2012年启动搭建了区域性电子商务公共服务云平台，现已为粮油市场、大宗交易市场、赤峰商贸城、赤峰智源、赤峰百岁达等100余家专业市场及中小企业提供公共平台服务。鄂尔多斯市积极鼓励工业和商贸流通领域骨干企业开展网络集中采购和集中销售，加强供应链协同运作，推动中小微企业普及电子商务应用，全市现有电子商务企业24家，已开展电子商务应用企业39家，电子商务网上交易平台19个。

工业化和信息化两化融合深入推进。自治区在2008年全国首批两化融合创新试验区工作的基础上，初步建立了两化融合评估体系，两化融合发展总指数达到52.13。2009年，自治区在呼和浩特市鸿盛工业园区批准成立了国家两化融合创新实验基地，大力培育产业集群，推进两化融合工作，使得一批拥有资金、人才优势和较为完善管理制度的大型骨干企业奠定了两化融合较强基础并逐步走到行业前列。此外，适应中小企业信息化建设和发展需求而发展起来的公共服务平台，也得到了长足的发展，为中小企业提供了信息服务、融资担保、财税咨询、电子商务、技术指导等全方位的服务支持。包头市率先在自治区建成了“两化融合暨工业云创新服务平台”，推动了信息化和工业化深度融合。采取政府主导，市场化运营模式的内蒙古网络协同制造中心平台推动了数字化协同设计、制造、加工等应用，实现地区装备制造能力的跨越式提升。截至目前，平台本地注册用户达到1851户，其中企业用户1759户，平台访问量突破81000余人次。包钢机制公司、包头北方创业公司、太阳电缆有限公司、新宏昌专用汽车有限公司等30余户企业用户，已经在工业云平台下载CAD、电子图板、实体设计、协同管理、数控仿真、工艺图表等20余类软件和工具80余次，工业云平台的功能和示范效应正在显现。兴安盟一批骨干企业围绕研发设计信息化、生产过程智能化、管理经营网络化等应用领域，加大了信息化投入，采用信息技术对传统工艺流程、生产和经营模式进行改造，降低了成本，提高了效率，增强了企业的综合竞争力。部分大中型企业和中小企业采用计算机辅助设计（CAD）、计算机辅助制造（CAM）、计算机辅助加工工艺（CAPP）等技术，初步建立了企业信息技术应用平台。鄂尔多斯市于2008年被工业和信息化部确定为首批8个国家级两化融合试验区之一，目前，全市现有国家级两化融合管理体系贯标试点企业3家、自治区级两化融合培训机构1家，两化融合重点推进项目65个、物联网重点应用项目32个。

社会领域信息化推进工作和数字城市建设成效显著。信息化应用在全区经济社会领域的成效日益凸显。一是教育信息化提供了远程教育、科学研究、教育管理、资源共享等高效便捷的网络平台。二是医疗服务和社保信息化促进了医疗、医药和医保的联动，保障了80%以上三甲医院建立电子病历信息系统和电子健康档案，社保“一卡通”即时结算覆盖80%以上的城乡居民。三是内蒙古自治区作为全国就业监测管理信息系统首批试点实施省区，劳动就业、劳动关系子系统已在各盟市上线使用，覆盖31条业务线，共入库人员基本信息945万，社会保险信息系统累计入库1960万人，数据量达到5.1TB，数据质量在全国排名第一。呼和浩特市数字城市建设依托国家级云计算中心，总体工作思路按照“一个中心、两个基础、三类工程、九大专项”，全面推进该市经济发展低碳化、产业发展现代化、公共服务均等化、社会管理精细化、基础设施智能化，数字城管、智慧交通、网上办税、智慧水务等将不断助推“活力首府、美丽首府、和谐首府”建设。包头市在数字包头建设基础上，加强信息技术在社会各领域的广泛应用，积极推进智慧包头建设，确定了“一大平台、两大体系、三个基础、多项应用”的总体框架，通过搭建智慧社区，服务广大居民，搭建公安云平台，创建平安包头。鄂尔多斯市数字城市建设的总体规划，确定要实施7大领域24项重点工程，建设了全市基础信息资源共享交换管理服务平台，加快了部门信息共享和业务协同，通过建成96158市民服务统一呼叫热线等措施，深化保障和改善民生应用，通过创新城市管理模式，实现了城市网格化管理。此外，还大力推进了农村牧区信息化。“十二五”期间，内蒙古自治区农牧业信息化得到了较快的发展，目前，全区12个盟市全部启动了内蒙古农牧业科技服务体系建设，开通了农牧业科技服务96048热线。开展了呼伦贝尔市、通辽市、巴彦淖尔市等地的农村综合信息服务试点、示范工程。成功培育了中国羊网、中国葵花网、农牧业信息网等一批农牧业特色网站和农牧生信息服务热线。内蒙古自治区积极推动指导牛羊肉全产业链追溯体系建设，经过努力，锡盟牛羊肉追溯体系已正式列入工业和信息化部食品安全试点示范。

云计算产业稳步发展。目前，内蒙古自治区云计算应用领域已涵盖电子政务、电子商务、智能电网、传统产业信息化改造、中小企业信息化服务等。曙光、中兴能源、恩源科技、华为公司等一批电子信息企业已分别在呼和浩特市、包头市、赤峰市、鄂尔多斯市等地云计算产业园区落地。呼和浩特市全面落实自治区云计算产业发展规划，将27.76平方千米的盛乐现代化服务业集聚区和5平方千米的国家两化融合创新试验基地鸿盛园区作为实施云计算产业集群的重要载体，按照“强基地、抓项目、促应用”的原则，全力推进各项工作。云计算产业基地历经3年已初具规模，云计算数据中心建设成效显著，已吸引包括三大运营商在内的8家大数据企业入驻，计划投资700亿元以上，建成后机架柜数可达23.7万个，各类服务器数量可达300万台以上。目前累计完成投资近50亿元，已安装1万个机架15万台服务器。包头市云计算中心是自治区首个投入商业运营的云计算项目，定位于区域信息化基础设施，覆盖西北地区，面向全国，目前已承载该市政务云、公安云、社会管理创新、政府网站群、网上行政审批系统、基础数据共享服务平台、工业云平台、稀土行业发展服务平台等多个系统平台。正在筹备建设的敕勒川数据中心和九原区苏宁西北大数据中心建成后，将与包头云计算中心形成合力，共同为西北乃至全国提供优质数据服务。鄂尔多斯市规划面积10平方千米的云计算产业园已完成4平方千米“九通一平”基础设施建设，正在建设20万平方米标准化数据中心机房，预计年内投入运营，届时运行服务器数量将达到50万台，入园项目共计10个，总投资106.06亿元。

【信息化建设存在的主要问题】

近几年，内蒙古自治区信息化建设取得了一定的成绩，但与国家当前大力推进互联网+、中国制造2025战略的总体部署相比，还存在一些问题。

一是信息化管理体制不顺，组织体系亟须完善。2014年2月17日，中央召开网络安全和信息化领导小组会议决定，新成立的国家互联网管理办公室加挂网络安全和信息化领导小组办公室牌子，同时负责此项工作的原工业和信息化部信息化推进司、网络安全协调司除与工业有关的信息化职能外，一并连职能和人员划入新成立的中央网信办。全国各省机构正在等待进一步明确。从内蒙古自治区的情况看，目前网络安全和信息化管理职能在自治区经信委，盟市有的在经信委、有的在政府信息化工作办公室，旗县绝大多数都在政府信息化工作办公室，信息化管理和组织体系亟待理顺和完善。

二是信息化基础设施建设投入不足，制约其健康发展。近年来，随着各级政府信息化战略的实施，基础设施建设不断提速，信息技术的研发和应用正在催生新的经济增长点，这对于调整经济结构、转变发展方式具有十分重要的作用。但受国内经济下行、各级财政可用财力吃紧的影响，且由于信息化建设投资大多属于无形的或隐性的投资，不像其他重点项目投资那样看得见、摸得着、效果明显，因此，大部分地区对于信息化基础设施建设的投入资金安排较少，造成建设引导资金投入不足，一些好的规划和设想仍停留在方案阶段，影响信息化建设进程。

三是信息资源缺乏有效共享，财政资金缺乏统一调度安排。由于还没有完全建立起完善的信息化项目管理模式，全社会信息化项目缺乏统筹管理，资金条块分散使用和低水平重复建设还比较严重。部分信息化建设项目，大多由所在地区或部门直接提出在发改委立项，所需资金由财政部门统一安排，并不通知经信委，使得部门间自成体系，现有资源不能充分利用，网络无法互联，信息资源不能完全实现共享，造成一定程度上的投资浪费，使得部分地区本来就不充裕的建设资金投入后不能取得应有的投资效果，影响信息化建设进程。

四是对信息化建设的认识程度有待进一步提高，人才队伍建设需进一步加强。由于目前信息化意识比较淡薄，信息资源开发利用程度低的现象还有所存在，因此，重建设轻应用，低水平重复建设浪费的现象还时有发生，采购服务意识不强，“信息孤岛”问题突出，还一定程度上存在信息整合就是职能被划分的粗浅意识，信息资源共享难度还比较大。由于信息化建设是一个庞大的系统工程，工作任务量大，造成各地、各部门信息技术力量，特别是高层次专业人才严重缺乏，远远满足不了工作的实际需要。另外，由于内蒙古自治区科研院所、高校稀缺，信息技术研发能力薄弱，也是制约信息化快速发展的瓶颈。

五是政策法规建设滞后，信息网络建设标准亟待统一。信息化产业作为新兴产业，从国家层面上在政策法律和标准化的制定上存在着滞后和不完善的现象。尽管内蒙古自治区先后出台了《内蒙古自治区关于大力推进信息化的决定》、《贯彻落实2006—2020年国家信息化发展战略的实施意见》、《内蒙古自治区信息化促进办法》、《内蒙古自治区信息化条例》等相关政策法规，但仍然赶不上形势的快速发展。因此，抓好顶层规划和设计，以及标准制定是今后一个时期内蒙古自治区工作的重点和难点。

【几点建议】

一是理顺信息化管理体制，整合信息资源，切实加强监管和规范。要尽快按照中央要求，理顺信息化管理体制，建立信息化工作推进机制，完善信息化统计、评估、考核机制，把信息化建设列入各级党委、政府的重要工作议程。各有关部门要积极发挥作用，落实各项工作职责，加强协调配合，形成工作合力，稳步推进公共信息资源开放共享与整合利用，共同推动信息化建设加快发展。要认真贯彻落实国家、自治区近年来颁布实施的一系列关于推动信息化发展的政策规定，加快制定和出台符合当前实际需要的有关信息化建设的法规规章和政策措施，倡导并实施一系列有助于信息化进程的重点工程，切实保证消除信息壁垒、信息孤岛的存在，促进体制和观念的变革。

二是进一步加大资金投入力度，加快信息化基础设施建设步伐。加大政府投入力度，重点支持基础性、公益性的重大信息化项目建设，以及创新性应用的示范推广，结合国家有关信息化发展战略，进一步加强信息化基础设施建设工作，加大推进力度，提高资源利用效率。加大资金对工业转型升级，特别是对信息技术重点领域的支持力度，帮助地区和企业积极争取国家专项资金，重视发挥财政资金的杠杆作用，推动和引导设立产业投资基金，引导政策性银行和商业金融机构加大资金支持，进一步拓宽投融资渠道，积极探索用不同的模式吸引社会资金参与信息化建设。

三是大力推进两化融合，做大做强信息产业。推进两化融合，是破解工业转型升级难题、促进工业持续健康发展的需要，是当前亟须抓好的重要任务。要加强组织协调，推动建立两化融合推进机制，加快建立两化融合管理体系，围绕智能制造、工业控制、信息系统集成等重点工作，加快制定相关技术标准。要进一步整合现有力量，支持有潜力的信息化企业加快发展，统筹考虑市场需求和企业研发生产能力，重点支持创新能力强、经济效益好、市场竞争力强的骨干企业，积极培育中小企业。要有针对性地打造一批重点信息产业集群，特别是依托云计算产业发展的契机，加快推进相关周边产业集聚，以构建完整的云计算产业链为目标，打造一批引领发展的云计算服务平台，打造千亿级云计算产业集群。

四是进一步发展电子政务和电子商务。要认真梳理各部门的信息化需求，尽快促进以云计算技术为核心的电子政务应用，合理配置计算、存储资源，努力实现信息共享，达到低碳环保、康政高效、安全可控、低成本运营的信息化建设目标。要认真贯彻落实《内蒙古自治区 2014—2020 年电子商务发展规划》和《内蒙古自治区加快电子商务发展若干政策规定》，出台有力的扶持政策，加大对电子商务企业在各方面的支持力度。要加快部分现有工业园区向电子商务产业园或产业集聚区的转型升级工作，加大招商引资力度，深入开发农村牧区等尚待挖掘的消费市场。不断培养强化中小企业的创新意识，积极应用电子商务这一营销模式开拓市场。

五是加强信息人才的引进和培养，提升全民信息素质。通过多种形式，广泛宣传信息化的作用和意义，提高全社会对信息化的认识、理解和支持，加强各级领导干部、公务员，以及企事业单位管理人员的信息技术知识普及和应用技能培训，将网络安全和信息化纳入日常的培训范围，有效提高各级领导干部网络安全和信息化工作水平，鼓励和吸引区内外信息技术高端人才在自治区创业发展。鼓励区内信息技术和信息管理人才走出去，学习国内外信息化的先进技术和先进管理经验。

六是完善信息安全保障体系，切实保障信息安全。在完善信息安全保障体系的基础上，综合提高各地各部门的网络信息安全应急处置能力，通过拓展监管领域，创新监管手段，加大对电信市场、互联网信息服务、电子认证服务等领域的市场监管，规范企业市场竞争行为，加强行业自律，提高服务质量，维护广大用户合法权益。要加强对金融、交通、广电等重点行业网络与信息系统安全检查，密切跟踪新技术走势，不断提升防范能力，确保重要网络安全运行。

辽宁省信息化发展概况

【信息基础设施建设】

截至2014年年底，辽宁省固定互联网宽带接入用户772.1万户，其中4Mbps以上用户占比79.3%，20Mbps以上用户占比6.4%。移动互联网用户2797.3万户，同比增加235.7万户。固定电话用户1151.2万户，同比下滑幅度逐渐加大。固定电话普及率26.2部/百人，全国排名第6。移动电话用户4535.5万户，移动电话普及率103.3部/百人，全国排名第8位。3G用户1645.7万户，占比达36.28%，4G用户256.14万户，占移动电话用户比例为5.65%。

2014年9月26日，大连、本溪被工业和信息化部、国家发展和改革委员会确定为2014年度“宽带中国”示范城市。

2014年11月28日，沈阳国家级互联网骨干直联点建成开通，成为全国互联网十大骨干枢纽之一。该枢纽可有效拉动信息消费，对加快下一代互联网、物联网等新技术新网络在国民经济各行业各领域的集成应用，创造培育现代服务业新业态，推动经济结构战略性调整起到有力的推动作用。

【信息产业发展】

2014年全省信息产业实现主营业务收入4860亿元，其中，电子信息制造业主营业务收入1796亿元，软件和信息技术服务业主营业务收入3064亿元。新兴业态蓬勃发展，创新能力和应用水平稳步提升，集成电路、数字视听、现代通信、半导体照明、新型元器件、基础应用电子等电子信息制造业产品及服务稳步发展，继续保持全国领先地位，沈阳市和大连市顺利进入中国软件名城创建试点行列。全省电子信息产业形成了以沈阳、大连为主体，鞍山、丹东、锦州等地产业特色鲜明、优势互补的发展新格局。

【电子政务建设应用】

采用政府购买服务方式建设运营省电子政务外网综合平台，截至2014年年底，累计接入127家单位，140个接入点，运行网站、邮件、视频应用、服务审批等602个委办厅局应用，其中包括12家单位的28个应用托管。

推进政务信息化建设，安排资金支持49个省直部门电子政务重点项目。对既往实施的31个信息化项目从决策、管理和绩效3个方面开展绩效评价。

规范全省政务基础信息资源开发共享体系，制定《关于进一步做好省政务信息资源共享交换平台建设与应用的函》、《关于充分使用省级电子政务外网综合平台现有资源的函》、《省直单位接入省级政务外网平台管理规范》3个指导性文件；组建省政务外网技术支撑中心，编印《省级政务外网建设、安全、运维技术规范》；组织全省电子政务外网安全和应用推广培训。

【两化深度融合】

（一）制定政策文件

2014年10月31日，省政府常务会议审议通过并印发《辽宁省推动两化深度融合促进四化同步发展行动计划》(辽政办发〔2014〕50号文件),行动计划明确提出推进全省信息化工作的指导思想、基本原则、发展目标、主要任务、重大工程和保障措施,是指导全省各领域两化深度融合的纲领性文件。

2014年11月10日,省经济和信息化委印发《推进两化深度融合实施方案》,提出实施传统工业转型升级、产品智能化提升、节能减排示范、物联网应用推广、工业软件振兴、产业集群示范及互联网产业应用七大重点工程。

（二）两化融合管理体系贯标

2014年5月4日,沈阳鼓风机集团股份有限公司、国网辽宁省电力有限公司大连供电公司等12家企业被工业和信息化部确定为国家两化融合管理体系贯标第一批试点企业。

2014年8月18日,沈阳赛宝科技服务有限公司、沈阳格微软件有限责任公司、大连圣达信息工程有限公司被工业和信息化部确定为首批推荐的两化融合管理体系贯标咨询服务机构。

2014年11月,组织召开全省两化融合管理体系贯标座谈会。截至2014年年底,试点企业全部完成贯标方案编制工作,一些试点企业已经与咨询服务机构合作进入贯标下一阶段,全省两化融合管理体系贯标工作取得阶段性成果。

（三）两化融合发展水平评估

组织省内企业做好两化融合发展水平评估调查,截至2014年年底已有135家企业完成数据填报工作,比2013年增加31家。

（四）两化融合示范试点

落实《国务院关于近期支持东北振兴若干重大政策举措的意见》(国发〔2014〕28号)中“支持东北地区开展工业化与信息化融合发展试点,用信息技术改造提升制造业”精神,根据沈阳市政府请求,辽宁省正式向工业和信息化部推荐沈阳市申报国家级两化深度融合智能制造试验区。

（五）两化融合重大项目

2014年,辽宁省技术改造贴息资金安排7000万元,支持沈阳机床“数字化企业”、沈鼓集团“重大能源装备智慧化制造信息平台”、华晨汽车集团“管控信息系统建设”、沈阳远大集团“全球战略集成执行系统”等7家重点装备制造企业实施的两化融合项目,总投资9.37亿元;辽宁省重大技术装备首台套专项资金安排5840万元,支持6个智能化技术装备项目;鞍山亨通阀门有限公司基于工业装备敏捷制造的集成一体化综合信息系统建设项目顺利通过国家两化融合示范项目验收。

【三网融合】

围绕沈阳、大连市国家三网融合试点城市建设,三网融合工作逐步在全省推广,以联通公司为代表的电信运营企业IPTV业务试点应用开展效果良好。

（一）IPTV业务

辽宁IPTV由辽宁广播电视台、中国联合网络通信集团有限公司辽宁分公司和中央电视台三家共同合作,IPTV平台设置已达到双计费双认证功能水平,目前平台可提供123路直播和15路高清频道服务能力,平台内容储备总时长约5.5万小时。

（二）电信融合业务

北方联合广播电视网络股份有限公司以市场为导向,以客户为中心,积极探索新技术、新业务,加大网络建设及改造工程力度,沈阳与大连市有线电视网络覆盖具备开展互联网接入业务条件的用户接近200万户。

【信息消费】

国家级信息消费试点城市建设取得阶段性成果。沈阳市召开智慧城市建设专题市长办公会议,开展信息惠民工程建设,组织智慧城市基础现状大调研,赴武汉、南京、杭州三地学习借鉴各地先进经验做法,编制《智慧城市三年实施方案》,加强全市智慧城市建设的顶层设计;大连市实施“大连全民付”便民缴费自助终端建设项目,推广500台设备,覆盖108个社区,开展具有大连特色的“社区电子商城”项目建设,建线上商城300个，销售额达500万元。

根据工业和信息化部安排和辽宁省实际，推荐抚顺、本溪申报国家信息消费试点城市。

【信息安全】

组织开展年度政府信息系统安全检查。依据《辽宁省政府信息系统安全检查实施办法》，2014年上半年组织开展了政府信息系统安全检查，共抽查了23个政府门户网站。检查后向各被检单位下发权威的检测报告和有针对性的整改意见。

完善信息安全门户网站功能。一是依托网站开展了面向全省政府部门及企事业单位的政策法规、方案展示、技术交流、专家答疑和资源下载等服务。二是在网站开设了“辽宁省信息安全解决方案展示平台”，集中展示省内外优秀的信息安全解决方案和安全产品。

加强信息消费环境建设，提升信息安全保障能力。一是会同省密码管理部门积极推进身份认证、网站认证和电子签名等网络信任服务，截至2014年年底累计发放电子政务数字证书约52万张。二是组织省信息安全技术支撑机构开展银行系统的信息安全评估，先后在多家地方银行进行了等级测评、渗透测试、代码审计等工作。

建设省级信息安全监控平台。2014年开展了省信息安全监控平台的建设。该平台具有在线监控、防御、加固与分析等核心功能，可以有效地实时监测政府网站和重要信息系统安全态势，及时采取有效的安全防护策略，主动防御系统可能遭到的恶意攻击。

吉林省信息化发展概况

【信息化基本情况】

2014年，吉林省电子信息产业呈现平稳增长态势，累计完成工业总产值855.3亿元，同比增长12%，其中，规模以上电子信息制造业实现产值474.3亿元，同比增长6.7%；软件和信息技术服务业实现主营业务收入381亿元，同比增长19.1%。吉林省信息化工作以促进信息消费、推动两化深度融合为主线，紧紧围绕物联网应用、公共领域信息服务、重点信息化建设项目等方面开展工作，全省信息化建设水平稳步提升。

（一）促进信息消费

一是加快信息基础设施改造升级。落实《吉林省促进信息消费推动信息化建设实施方案》，实施宽带吉林工程，截至2014年年底，吉林省长途光缆线路长度23543.6千米，固定电话用户574.8万户，其中，城市电话用户439.0万户，农村电话用户135.7万户，固定电话普及率20.9部/百人，移动电话用户2612.3万户，移动电话普及率为94.9部/百人，增长8.0%，互联网宽带接入用户414.9万户，增长9.3%，移动互联网用户1646.1万户，其中手机上网用户1580.5万户，截至2014年8月底，已开通4G基站1.4万个；推动下一代广电网络建设，已建成覆盖全省的智能光网络，形成“全省一张网”的有线电视网络基本格局；推进三网融合，联通公司已完成网络升级改造，基本具备开展三网融合业务的承载能力，吉视传媒完成智能化IP城域网及数据传输网建设，实现有线电视网络双向化。二是推动信息消费试点城市建设。围绕吉林市、延边州、长春市净月高新技术产业开发区 3 个国家首批信息消费试点城市，确定并实施涵盖信息消费示范工程、公共服务信息化、智慧城市发展平台三类 20 个信息消费示范项目，总投资 40.9 亿元，2014 年已完成投资 9.4 亿元，其中，驾驶者伙伴（D-partner）服务平台、“一网全城”电子商务平台、智慧农业服务平台、68 所名校 100 分试卷网、社区电子商务平台、社会综合治税信息共享平台已投入使用。三是开展电子商务合作。12 月，吉林省人民政府与阿里巴巴集团签署战略合作协议，推动企业电子商务、农村电商、跨境电商等领域开展电子商务合作。

（二）推动两化深度融合

一是两化融合总体水平有所提高。2014 年年初，据工业和信息化部发布《2014 年中国信息化与工业化融合发展水平评估报告》，吉林省两化融合发展总指数为 60.65，位居全国第 21 位，比 2013 年上升 1 位。二是省级两化融合试验区建设不断加快。落实《吉林省推进信息化与工业化深度融合专项行动计划（2013—2015 年）》，围绕长吉图城市群的主导产业和特色工业产业园区，确定吉林市汽车工业园区、辽源东北袜业纺织工业园、公主岭经开区汽车及零部件工业园为 2014 年度省级两化融合试验区，目前，省级两化融合试验区已达 7 个；推动试验区实施信息化建设项目 84 个，总投资达 27.7 亿元，以项目带动试验区两化融合作用明显，长春围绕汽车电子产业基地、国家光电子产业基地、长春轨道交通产业园等园区推进企业两化融合；吉林化工园区企业信息技术在节能降耗、减排治污中应用率达 70%，吉林炭素、冀东水泥等高耗能高污染企业产值能耗（吨标准煤/万元）分别下降 14.55%和 17.29%。三是两化融合管理体系贯标工作不断深入。2014 年年初，吉林建龙钢铁有限责任公司、中化吉林长山化工有限公司等 7 户企业入选工业和信息化部确定的首批两化融合管理体系贯标试点，吉林省电子检验院被工业和信息化部确定为首批两化融合咨询服务机构；9 月，召开“吉林省两化融合管理体系贯彻标准宣传培训启动会议”，邀请中国电子技术标准化研究院专家深度解读标准，标志着吉林省两化融合管理体系贯标工作全面启动；组织评选省级两化融合管理体系贯标试点，确定吉林华正农牧业开发股份有限公司等 22 户企业为 2014 年度省级两化融合管理体系贯标试点，进一步提高全省企业对标准体系认知，加大贯标试点企业储备。四是建立两化融合评估评测体系。依据工业和信息化部制定的两化融合评估规范，结合全省企业现状，制定两化深度融合评估指标评测方法，开发“吉林省两化融合数据采集评估系统”，设定基础网络、工业应用、应用效益三个方面共 58 项评估指标，连续开展全省区域两化融合发展水平评估数据采集工作，逐渐增加企业样本数量，目前纳入系统企业数量 600 户，并进行数据分析形成吉林省工业企业信息化与工业化融合发展水平评估报告。依据报告总体上看，全省工业企业所处两化融合发展阶段与 2013 年基本一致，84%处于单项应用和综合集成阶段，呈现中间高、两头低正态分布，所以，突破单项应用和综合集成应用瓶颈，提中间、抓两头、梯次递进是推动全省两化深度融合发展的重中之重。五是推动两化融合重点项目建设。滚动实施汽车、医药、化工、食品等重点行业两化融合重点项目 122 个，计划总投资 32.2 亿元，目前，已完成投资约 19.7 亿元，31 个项目建设完成；利用省级重点产业发展引导资金，支持汽车、化工、纺织、医药等 20 个产业集群 66 个重点项目，带动企业投资 10.35 亿元。

（三）推动重点领域物联网应用

一是加快推进车联网应用。一汽启明基于车联网的汽车行业物流公共信息系统及呼叫中心已投入运营，搭载 D-partner 平台车台数总计 22.5 万台（含兼容北斗/GPS 导航定位行车记录仪及 GPS 车台等），较 2013 年新增行车记录仪 8382 台；无忧车检（OBD）模块在红旗 H7 车型、奔腾 B70/50 车型、森雅 S80 等车型试装 242 台。二是加快重点食品安全追溯平台建设。皓月牛肉食品质量安全追溯平台，已完成投资 2300 余万元，占总投资 40%，牛源采购系统、销售系统、养殖系统全面追溯等支撑溯源平台应用系统已正式上线使用；华正基于物联网的肉品安全追溯及生猪产业链综合管理平台已正式上线运营，实现高端猪肉产品条码系统应用、养殖、加工销售等环节市场追溯；抚松县宏久和善堂人参有限公司的人参产品全产业链信息追溯项目，已实现参地种植环境数据采集、数据库存储、质检检测、生产加工过程物联网技术应用。三是加快安全生产监控平台建设。全省安全生产隐患排查管理系统已投入使用，覆盖全省7个地市近万户企业。

（四）加强公共领域信息化建设

一是实施“智慧吉林”工程。确定26个“智慧吉林”合作项目，目前，已有23个项目开工，总投资1.04亿元。基于汽车定位、无忧车检服务的汽车信息化平台已累计发展超过1.2万户，网络发票项目累计发展4万余户，安监生产监管平台项目累计发展1万户，智慧农村手机支付项目累计发展约2.2万户。二是加快“无线城市”建设。截至2014年年底，全省无线城市注册用户超过577万户，各市（州）无线城市累计上线应用1120余项，较2013年累计新增应用420余项，门户访问量达1.66亿次，主要涉及民生、政务、交通、教育、医疗、餐饮、旅游、就业等领域。三是推进云计算与数据中心产业发展。目前，吉林省数据中心主要分布在长春、吉林、白城、辽源地区。吉林省数据灾备中心、吉化数据中心、白城云计算中心、IBM东北卓越云计算中心已投入运营，中国石油数据中心主体已建成，正在进行设备安装和电力设施改造，吉林市江南数据中心、延边州云计算数据中心及云计算产业中心正在建设。四是完善电子政务建设。建设155Mbps政府系统专网，改扩建省、市（州）、县（市）三级广域网（市州155Mbps、县市100Mbps）。建成县、市、区级行政审批平台，实现专网互联。实施电子政务外网信息交换平台建设，省发改委等5个单位按国家外网要求接入吉林省外网节点；协调省密码局完成国家电子政务外网吉林省电子认证注册服务中心落地；完成省电子政务外网等保三级认定；组织专家审核省政务大厅信息系统搬迁等9部门政务信息化建设项目，进一步推进全省政务信息系统项目建设步伐。

【电子信息制造业】

2014年，吉林省纳入统计口径的电子信息制造业规模以上企业192户，累计完成产值474.3亿元，同比增长6.7%；完成销售产值463.6亿元，同比增长7.2%；主营业务收入452.8亿元，同比增长6.1%；完成工业增加值129.7亿元，同比增长7.7%；实现利税36.7亿元，同比持平；实现利润25.3亿元，同比增长2.4%；完成税金11.3亿元，同比下降6.1%；从业人员超过3.6万人。

1．光电子行业

吉林省是我国光电子领域科研、人才和产业发展较集中的地区之一，拥有较好的技术优势和产业基础。2014年吉林省纳入光电子产业集群的企业已达70家，形成了以光显示器件及其上下游产品为主体，以光电子材料与器件、光电仪器仪表、国防光电子为重点的产业结构，产品主要集中在光显示器件及上下游产品、光电子器件与材料、光电仪器仪表与设备、嵌入式软件等领域。依托中科院长春光机所、长春应化所、吉林大学、长春理工大学等科研院所和高校，联合国内外研发机构和高技术企业，建立光电子产业公共技术新平台，加强光电子产业链关键环节的核心技术创新和集成创新，建立以企业为主体的技术创新体系，着重突破一批关键核心技术，引领产业发展，为光电子产业快速发展提供技术支撑。发挥吉林省在光电器件及仪器设备等领域具有较强的技术和人才优势，以及良好的产业基础，采取增强自主创新能力和做大产业规模并举的发展战略，重点在激光、光电分析检测仪器设备、照明与显示等领域构建产业链，推动光电子行业向高端化、规模化、集群化方向发展。

2．汽车电子行业

吉林省是国家重点支持的汽车生产基地，在以一汽集团为核心的汽车工业体系框架下，形成以长春为集聚中心，辐射周边地区的产业发展格局。2014年吉林省纳入汽车电子产业集群的企业20余家，其中，外商独资及合资的汽车电子企业由于技术先进、附加值高等因素，整体形势较好，占市场份额较大；内资企业技术水平相对较低，其产品由于国内同类产品较多，同质化竞争较为明显，企业盈利能力十分有限。随着汽车智能化的不断发展，吉林省引进汽车电子上游技术和生产环节，提高产业协作配套能力，加大汽车电子各领域关键、共性技术的研发力度，增强企业自主研发能力。重点在车载电子、车身控制系统、动力控制系统、底盘控制系统、新能源汽车电子、车用元器件和部件6大产业领域构建汽车电子产业链，产品涉及车身控制、高端车用仪表、音响、电线束、主动安全系统、新能源汽车控制系统及电池、汽车制造线机器人、北斗卫星导航系统等10余类100多种。

3．电力电子行业

在整个行业投资放缓的大环境下，吉林省电力电子行业提高科研创新能力、加大开拓市场力度，积极寻求发展机遇。主导产品有永磁式高低压真空断路器、高压真空接触器及熔断器组合电器、交流接触器等。产品全部采用具有自主知识产权的永磁操动机构和脉冲励磁电路，尤其是开发的永磁开关控制电路，解决了控制电路无法承受大功率和尖峰电压的技术难题，减少了控制电路的故障率，突破了永磁开关性能可靠性的“瓶颈”，真正实现了永磁开关的大规模工业化使用。8英寸新型电力电子器件芯片项目、智能型永磁高压真空断路器项目、智能限流保护装备产业化项目、大容量智能限流保护装置系统项目等进展顺利，对推动吉林省电力电子产业的发展起到了积极效应。

4．电子元器件行业

在国内外错综复杂的经济形势背景下，吉林省电子元器件行业通过产品结构调整、积极开拓市场、与科研院所合作研发等一系列措施，不断提高产品市场占有率及高端产品竞争力，为吉林省电子元器件行业长远发展奠定了一定的基础，但行业仍处于高成本、低利润的“微增长”时期。2014年，吉林省电子元器件行业运行相对平稳，采用双极、MOS技术及集成电路等核心制造技术生产的N沟道增强型场效应晶体管、快恢复二极管、N沟绝缘栅双极晶体管等重点产品，广泛应用于消费电子、节能照明、计算机、PC、汽车电子、通信保护与工业控制等领域。

【软件和信息服务业】

2014年，吉林省软件业务收入达381亿元，同比增长19.1%，其中，软件产品收入102.6亿元，占软件业务收入的26.9%；信息系统集成服务收入97.8亿元，占软件业务收入的25.6%；信息技术咨询服务收入72.4亿元，占软件业务收入的18.9%；数据处理和运营服务收入43.1亿元，占软件业务收入的11.3%；嵌入式系统软件收入84.1亿元，占软件业务收入的22.1%。

从吉林省软件企业发展情况来看，2014年吉林省从事软件及信息服务业的企业超过千户。软件企业在研究开发投入、建立和完善核心技术创新体系、提高自主创新能力、扩大产业规模以及丰富产品结构等方面均有较大突破。拥有自主知识产权、具有核心技术优势和特色的软件产品，市场占有率不断提高，品牌效应不断提升。且早在2012年，吉林省软件行业协会举办《2012年吉林省优秀软件企业、优秀软件产品和优秀软件人才“三优“评选活动》，全省共评出20家优秀软件企业、20个优秀软件产品和15名优秀软件人才。2014年吉林省组织4家软件企业申报电子信息发展基金项目，有一家软件企业得到了发展基金的支持。另外，省信息产业发展专项资金对11个软件项目进行了支持。在2014年中国软件前百家企业评选中，吉林省启明公司入选，排名72位。

发展优势及特点。在产品种类上，吉林省软件产品以应用软件占有绝对优势，系统软件和支撑软件数量较少。其中，汽车、信息安全、教育、政府、农业等行业应用软件在市场占有率、技术水平及知名度等方面处于国内领先水平。在软件园建设上，吉林省政府明确提出，将着力把信息服务业打造成重要的特色产业，着力建设长春软件园、吉林软件园和延边中韩软件园，以形成优势互补、共同发展的新格局。其中长春软件园主要发展企业管理软件、人口信息管理软件、汽车软件、教育软件、信息安全软件；吉林软件园主要发展嵌入式软件和电力行业、石化行业大型应用软件；延边中韩软件园着重承接韩国、日本的软件外包和信息服务。据统计，目前，全省80%以上的软件企业、85%的软件收入都主要集中在这3家软件园区，聚集效应十分显著。

上海市信息化发展概况

【两化深度融合】

党的十八大提出了“推动信息化和工业化深度融合，促进工业化、信息化、城镇化、农业现代化同步发展”的重大战略部署。党中央和国务院高度重视两化融合工作，习近平总书记亲自批示“要做好两化融合这篇大文章”，国务院印发的《中国制造2025》中把推进两化深度融合作为9大战略任务之一。苗圩部长和杨雄市长分别代表工业和信息化部和上海市政府，共同签署了《推进“四新”经济实践区建设、促进上海产业创新转型发展战略合作协议》，促使上海在深入实施两化深度融合、增强产业创新动力、推进产业转型发展等方面实现新突破，把上海打造成为全国“四新”经济创新发展集聚地。2015年，上海市委相继出台了《上海市推进智慧城市建设 2014—2016 年行动计划》、《关于上海加快发展智能制造助推全球科技创新中心建设的实施意见》、《上海市推进“互联网+”行动实施意见》等政策文件，基本形成了人才、标准、研究等基础性工作，企业信息化应用深化与集成、智慧园区和服务平台建设、重点领域信息化等提升性工作，智能制造、产业互联网、工业大数据等创新性工作，以及信息基础设施、信息安全等保障性工作组成的“3×3+2”的工作推进模式，以传统产业改造提升和“四新”经济培育发展为目标，助力上海具有全球影响力的科技创新中心建设。在工业和信息化部组织开展的区域两化融合发展水平评估中，上海连续多年位居前茅。

（一）加强能力建设，夯实两化融合发展基础

大力推进企业首席信息官制度建设。成功举办首席信息官论坛暨上海首席信息官联盟成立大会，上海 CIO 联盟正式成立。启动开展优秀 CIO 和产品评选、首届两化融合创新高峰论坛、信息化大咖走进金山、专题交流近 20 场次等活动；联合中国浦东干部学院等启动的上海首席信息官培训工程被纳入上海市经济和信息化人才发展“十三五”规划。此外，由上海首席信息官联盟推荐的上海地区 22 名候选人中，有 14 位当选为全国优秀首席信息官，6 位当选为全国百佳首席信息官。

全面推进两化融合管理体系贯标试点。联合上海市国资委、行业协会和园区等，在全市范围内进行广泛动员和宣贯培训，启动开展企业两化融合评估诊断和对标引导工作；上海市首批 8 家贯标试点完成达标评定，2015 年新增试点企业 29 家，由上海市经信委牵头协调、48 家试点企业、3 家服务机构、1 家评定机构和多家全国或地方性服务机构多方参与和协同推进的工作推进格局日益健全；分类分批召开贯标动员会、交流沟通会、专题培训会、供需对接会等约 20 场次；建立企业贯标工作、年度测评工作推广和跟踪反馈机制，通过企业贯标和等级评定，促进两化融合管理体系的社会化；推动上海市信息化发展专项资金支持贯标试点，对达标企业给予一定的资金支持。

夯实两化融合综合支撑体系。发挥复旦大学等4个研究中心和中国商飞等10个重点实验室的支撑作用，如编印《2015 年度上海信息化与工业

化融合发展报告》，正式发布《2014 年度上海市两化融合发展水平评估报告》，比 2013 年增加 1.84，较 2010 年提高近 12 分；依托上海社会科学院启动《上海市两化融合“十三五”规划》编制；依托上海华东电信研究院启动工业大数据专项课题研究，调研相关重点企业约 30 家，编印《工业大数据典型案例》，并开展重点工作思路研讨和系列宣传报道。

（二）深化重点工作，促进上海产业转型升级

推进企业信息化应用深化与集成。聚焦钢铁、装备制造、汽车等重点产业，围绕传统产业信息化改造提升，支持传统企业开展新技术新模式创新、产业服务公共平台建设和信息化系统集成应用等，如宝钢集团通过整合集团内部以及外部相关交易平台、加工配送、支付结算、金融服务等资源和业务，打造国内钢铁交易和服务的综合性平台——欧冶云商，实现集团从制造向服务转型的战略目标。晨光集团通过企业云平台建设，打造了一个以晨光品牌为中心，开放和重塑供应链，集成所有相关软件，连接 6 万家加盟店、22 万个出货终端和内部用户，为最终实现模式和资本联合驱动、成就产业生态系统运营商的目标奠定基础。

推动智慧园区和公共服务平台建设。鼓励智慧园区建设引入“园区服务云”或行业性公共服务平台，目前已完成 3 批共 30 家智慧园区试点单位申报认定，并加强重点项目建设落实，助力园区企业创新、创业发展。例如，浦东软件园的“浦软汇智云”，依托园区云平台和资源服务，帮助小微型初创企业无须 IT 投入，就可以实施创业，纺织集团“时尚产业园区综合服务平台”、800 秀创意园“创意秀场公共服务支撑平台”、漕河泾松江园区“知识产权统计服务平台”等项目建设，不仅显著提升了园区运营管理效率、专业信息服务能力，而且为建立智慧园区发展生态体系提供了大力支撑。

推进安全、节能等重点领域两化融合。以钢铁、石化、装备、汽车等行业为重点，加快节能减排与新一代信息技术的融合创新。例如，远景能源通过打造能源互联网平台，借助大数据和高性能计算技术，实现能源管理、能源供应、供需匹配等智慧能源管理云服务，成为全球最大的智慧能源资产管理服务企业；禾丰制药基于大数据打造的智能制造平台，将信息技术、自动化技术融入 GMP 的执行，实现管理和监控药品生产全过程的生产质量，保证了国家紧缺急救药品的高效、安全生产和质量可追溯性。

（三）强化融合创新，激发两化融合发展动力

工业互联网。一是互联网与工业融合创新。中国东方航空股份有限公司等 3 家企业列入工业和信息化部 2015 年互联网与工业融合创新试点企业名单。二是“工业云”创新服务，上海作为全国 16 个“工业云”创新服务试点省市之一，支持和挖掘一批重点“工业云”项目，发布试用“工业云”服务平台，聚合了 30 多家企业 100 多项资源，指导上海“工业云”创新联盟开展工作，推动平台标准、服务规范和安全可靠性研究形成阶段性成果。三是发展工业电子商务，重点围绕宝山区钢铁主导产业，依托“欧也云商”构建构建涵盖智能制造、供应链金融、大数据分析、钢贸交易、研发设计、物流配送 6 大类产业服务的钢铁行业综合服务体系。宝山区被认定为全国首家“中国产业互联网创新实践区”及全国 6 家“国家工业电子商务区域试点”之一。

工业大数据。围绕“智能化生产”、“协同化管理”、“平台化服务”、“个性化定制”和“大数据应用安全”等方向，支持引导一批工业大数据重点示范项目。例如，中国商飞开展了提升飞机研制能力的大数据应用示范工程建设，基于总装制造管理运营中心的现有数据，建立适合我国航空制造业发展的研制数据分析平台，通过对海量数据有针对性的分析，提升我国飞机研制能力，上汽集团的数据云平台既实现企业内部不同系统不同格式数据的打通与集成，又实现与其他汽车生产商、电信运营商、互联网公司数据交换，可推动数据在改造生产制造体系、创新供应链管理、建立新型营销服务体系等多领域应用，在改造生产体系方面，上汽已经实现同一工厂制造 6 个平台，生产 30 多种不同车型。

智能制造。开展智能制造试点示范工程，加强数字化协同研发平台、智能化制造执行系统、工业机器人、自动化物流系统等深度应用；围绕

智能制造生产模式培育，鼓励企业通过互联网与产业链各环节紧密协同，发展众包、众创、众筹、O2O营销等新技术和新模式创新应用。例如，上海国际汽车城的智能网联汽车等3个项目入选工业和信息化部2015年智能制造试点示范项目名单；和鹰科技“以3D技术为核心的未来服装店”系列产品的推出更将颠覆服装行业以往的产销定式，通过打造C2B模式的智能化服装定制服务平台，集合200位客户服务工程师、50辆服务车、遍布产业密集区的20家4S服务中心，实现了119分钟售后响应速度。

（四）优化发展环境，提升两化融合保障水平

信息基础设施转型发展。积极贯彻落实国家宽带中国战略，光纤宽带网络覆盖全市90%以上区域，4G网络已基本覆盖全市域，全市3G/4G用户数超过2400万户，全年新增55万户NGB家庭覆盖，累计覆盖总量达68万户。开展i-shanghai服务优化升级试点，通过引入第三方市场主体，加强与电信运营企业合作，以公私合作方式打造全新的公益WLAN运营模式。积极推动绿色节能技术运用和已有IDC升级改造，完善功能性设施和通信枢纽建设。以自贸区、国际旅游度假区、虹桥商务区等重大工程为重点，推进信息基础设施配套建设。

加强重点领域工控安全。将工控系统信息安全事件纳入《上海市网络与信息安全事件专项应急预案》管理，开展本市重点行业、企业工控系统信息安全现状调研和重点工控单位信息安全标准宣贯，启动电力行业工控系统安全加固示范工程。推动工控系统信息安全监测预警、监测评估等技术服务平台及支撑能力建设。加大对信息安全产业和重点项目的资金支持，推动网络信息安全服务方向的四新经济发展，强化重点领域信息安全自主可控。

【智慧城市建设】

创建面向未来的智慧城市是上海“十二五”规划纲要中明确的重要任务。2011年9月和2014年10月，上海市委、市政府发布了《上海市推进智慧城市建设2011—2013年行动计划》和《上海市推进智慧城市建设行动计划（2014—2016年）》。目前，本市智慧城市建设基本完成行动计划明确的各项目标任务，上海信息化整体水平保持国内领先，在移动通信、民生应用等领域正在迈入世界先进行列。上海2013年、2014年连续两年在中国信息化发展水平评估中排名全国第1。

（一）打造“活力上海”，智慧应用基本覆盖城市发展的各个领域

实施智慧化引领的“活力上海”（LIVED）五大行动，打造“宜居、创新、可靠、高效”的智慧城市是第二轮智慧城市建设三年行动计划明确的重点发展任务。2014年以来，本市各部门围绕智慧生活、城管、经济、政务和区域试点示范开展了大量工作，取得积极成效。

推动惠民服务信息化，智慧生活初具雏形。①智慧交通领域。建设了公共交通综合信息平台，实现城市快速路、中心城地面主要道路和郊区干线公路三张路网的交通流状态数据和视频信息全覆盖；不停车收费（ETC）系统已建成284条车道，有45万ETC用户，实现泛长三角五省一市高速公路ETC互联互通；电子站牌和公交App覆盖950余条线路1.4万辆公交车实时到站信息；目前正在推进全市统一的公共停车诱导信息平台建设。②智慧健康领域。推进市民健康档案工程建设，建立了近3000多份动态采集和维护的市民健康档案；通过上海健康网实现诊疗信息查询、预约挂号、专家咨询等一站式医疗健康信息服务。③智慧教育领域。推动开展教育信息化顶层设计，上海学习网整合超过14T的教育资源库，启动大规模智慧学习平台（微校）建设。④在智慧养老、智慧旅游、智慧文化、智慧就业、智慧气象等领域积极推动了为老综合信息服务平台、景点舒适度和人流信息发布系统、文化上海云平台、一站式就业自助经办平台、大气感知系统平台等一批示范项目，取得了积极的成效。

深化城市管理信息化，智慧城管效应凸显。推进城市建设与管理并举，将信息化全面渗透到中心城区升级改造和郊区新城规划建设中。建成市、区县、街镇和村居工作站三级架构的网格化管理系统，实现中心城区全覆盖，以及闵行、宝

山、奉贤、青浦、崇明、金山6个郊区县44个街镇覆盖，并逐步从城市建设向食品药品监管、安全生产、技术质量监管、治安维稳等领域拓展，有效推动大联动、大联勤。推动建筑信息模型技术（BIM）应用，发布《关于在本市推进建筑信息模型技术应用指导意见的通知》，在一定规模的政府投资项目开展BIM技术应用试点。深化电子口岸建设，推进国际航运中心综合信息平台建设和国际贸易“单一窗口”试点工作，协调推进亚太示范电子口岸网络及其运营中心建设。食品安全管理信息化领域。建设食品安全监管信息服务平台和食品安全追溯系统，统一食品安全投诉举报热线，办理时间从30天缩减到19天。环保信息化能力不断提升，启动长三角区域空气质量预测预报系统建设，水环境实时监控及预警、重点污染源主要污染物排放许可证监管与信息发布等管理系统投入运行。此外，房屋信息管理数据库、水资源管理系统、渣土监管系统、城管综合执法信息系统等一批重点领域项目进展顺利，有效支撑相关业务开展。

加快两化深度融合，智慧经济助力转型。积极推进智能制造，编制了《上海加快发展智能制造助推全球科技创新中心建设的实施意见》，修订了《上海市高端智能装备首台突破和示范应用专项支持实施细则》，以智能制造为重点，优化支持政策，鼓励智能制造示范应用。推进两化融合管理体系贯标，8家贯标试点企业通过工业和信息化部贯标评定公示，制定对首批达标企业的资金支持办法，推进贯标试点与委内相关政策的对接。通过联合市国资委召开信息化推进工作会议和微信系列案例报道等，加大贯标达标企业的典型示范和宣传推广。完成工业和信息化部2015年两化融合管理体系贯标试点企业推荐申报40家，加强进度跟踪。加强对第一批非达标试点企业的情况跟踪和信息上报。推动CIO机制建设，成功举办首席信息官论坛暨首席信息官联盟成立大会，上海CIO联盟正式成立，持续开展联盟相关宣传报道和会员发展工作。电子商务蓬勃发展，临空经济园区、中环商贸区正式获批为国家电子商务示范基地，推动电子商务“双推”平台服务联盟建设，全面启动亚太示范电子口岸建设。互联网金融等新兴行业健康发展，组建上海市互联网金融行业协会，支持浦东、黄浦、长宁、嘉定等区县建设5个市级互联网金融产业基地。

推进政务管理信息化，智慧政务成效显著。推动政府公共数据开放。建设运行政府数据服务网2.0版，累计开放数据集共500项，涵盖了经济建设、资源环境、教育科技、道路交通等11个重点领域。在徐汇、长宁、闵行3个区启动数据资源开放试点工作。推动“上海市政府数据资源目录管理系统”建设，共汇聚和发布了44家市级政府部门数据资源目录数1.03万条，数据项13.4万个。优化完善公共服务渠道。网上行政审批平台在内资企业设立、建设工程等领域实现并联审批；“12345”市民服务热线、法人数字证书“一证通用”等渠道整合不断深化。提升网络服务能级，完成公务网骨干网3个核心节点、1个次核心节点、23个汇聚节点的安装和联调工作，政务外网市级骨干网已接入到1300多家市级单位，接入终端超过17000台。推进政务信息资源共享，按照“一数一源，一源多用”原则，重点围绕人口、法人及空间地理信息，形成准确、一致的基础数据库。政务数据资源共享和开放绩效评估体系基本建成。推动大数据发展，编制本市推进大数据发展的若干意见，基本形成大数据交易中心、大数据发展联盟、大数据产业基金、大数据产业基地、大数据研究和人才培养组成的“五位一体”推进格局。

打造具有示范引领效应的智慧城市“新地标”。以智慧社区、智慧村镇、智慧园区、智慧商圈、智慧新城的试点示范建设为抓手，充分发挥市场作用，形成样板示范。①智慧社区方面。完成全市统一社区事务受理系统主体架构设计和开发，民政、公安、人社等6个部门完成业务系统改造。目前在全市共认定了50个智慧社区试点单位、5个示范性智慧社区。②智慧村镇方面。推动涵盖公用事业缴费、三甲医院预约挂号等功能的新版“农民一点通”部署，完成7个郊区县、32个行政村的设备安装和试点应用，制定智慧村镇建设指南，指导推进七宝九星村、顾村星星村、绿化绿港村、竖新仙桥村、金山卫八字村等首批试点，启动第二批试点申报。③智慧商圈方面。开展本市首批智慧商圈创建试点工作，认定徐家汇、五角场、淮海中路、南京西路等7个商圈为首批试点商圈；开展智慧商圈评估体系和建设指南编制，推动智慧商圈联盟化建设机制。④智慧园区方面。编制《上海市智慧园区建设指南》，启动上海国际旅游度假区智慧园区规划、上海世博园信息基础设施规划等的编制；开展智慧园区地方标准修订，以及智慧园区应用解决方案集编制。全市共认定了 22 个智慧园区试点。⑤智慧新城方面。组织智慧新城建设政企对接会，探索多元化智慧新城建设投资模式，指导金山、嘉定制定智慧新城建设总体方案，上海市经信委与金山、嘉定区签署共建智慧新城的合作协议。

（二）构建市民、企业、政务“三朵云”，加强智慧城市应用感受度和建设集约化

构建实名服务的“市民云”。从 2013 年起，在原有的市民信箱的基础上，探索面向移动互联网的新的服务模式，推广“市民云”。市民云以市民为中心、需求为导向，构建了实名制统一身份认证、线上与线下结合（O2O）服务、多屏接入、个性访问的生态系统，形成汇聚政府服务、社会服务的创新模式，“市民云”App 装机量已超过 46 万套。“实名认证”是市民云的一大亮点，通过与上海市实有人口库进行对接，每个用户账号（ePass）都与真实身份一一对应，可以防止信息泄露、保障个人隐私，为开展公共信息化服务奠定了重要而且必要的基础。目前，市民云上线的功能包括：月度个人所得税缴纳、交通卡余额、公交到站情况、个人信用报告、出入境证件办理、三金缴纳（公积金、养老金和医保金）、公共事业账单、健康档案、车辆违章、市民阅读、生活指数（菜价、空气质量指数）等 10 余项查询服务。同时，市民云积极拓展区县的个性化应用，已在静安、杨浦、黄浦、徐汇、宝山等多个区县政府网站和市税务局等委办局网站实现了实名认证接入；在静安和杨浦的部分街道开通了文化、生活、养老、家政等社区服务在线预约的功能；和金山区签订了金山智慧社区战略合作协议，将整合智慧乡村和智慧社区相关服务。下一步，“市民云”将加强完善云服务平台的功能，支持电子支付、数据分析、标准接口等，同时开发和集成更多政府和社会数据和 App，逐步形成规模化应用和服务。

打造共享资源的“工业云”。以装备制造业的云服务为切入点，建设了上海市工业云创新服务试点项目——“基于云服务的高端装备制造业公共服务平台建设及示范应用”。目前，基于宝信云计算中心的硬件资源及云计算领域的核心能力，该平台已成为工业软件及其他信息资源可租用，专业服务资源和知识可共享，供应链可协同，政府、园区、企业可互动交流的装备制造业公共服务平台，为企业营造一个便捷、质优、价廉的信息化及衍伸服务的平台环境。推动各种在线信息服务资源的集聚。平台提供全层次云计算服务，包括基础资源服务（IaaS）、平台服务（PaaS）和软件服务（SaaS），共有 20 个在线服务产品、70 个应用解决方案，涵盖了企业研发设计、生产制造、供应链管理、经营管理、智慧工作等全业务领域。推动工业云平台运营体系建设。体系涵盖运营组织与职责、平台产品发布与产品上架、产品在线销售、客户服务、平台运维 5 大业务领域，完成几十个管理文件、流程、表单组成的运营体系标准建设，参加并通过了国家首批云计算资质测评，为未来的稳健运营打下扎实的基础。此外，完善工业云发展环境，组建工业云创新联盟，围绕“工业云”服务标准和评估体系开展广泛研讨，举办“工业云”沙龙系列活动。

推动统筹协同的“政务云”。落实国家整体部署，加快推进本市政务信息化的顶层设计，通过政府自建与购买服务相结合的方式，打造政务信息化云平台服务体系，改变各部门“自建自管、按需设计”现状，逐步向“集约建设、专业运维、服务外包、按需应用”转变，实现政府信息化系统核心技术的自主可控，努力形成“网络环境下的一体化政府，为社会提供一站式服务”。通过建设“政务云”，将实现“六个统筹”。一是统筹规划架构。按照需求导向、适度超前、整体配套、节约投资原则，统筹规划政务信息化顶层架构，推行集约化建设和运维模式。二是统筹建设运维。采用云计算技术，建设管理维护政府中心机房和服务器等基础设施，以及应用支撑平台，承载部门应用层开发、部署和运行，避免重复建设。三是统筹数据管理。对实有人口、法人等基础性、战略性数据和公共数据目录实现汇集和集中管理，搭建覆盖市级各部门的统一数据交换平台，提供基础数据资源共享服务。四是统筹资金安

排。按照"统筹安排、专户管理、集中拨付"的原则逐步调整信息化项目支出预算，对市本级政务信息化的基础资源、应用支撑等服务采用政府购买服务方式。五是统筹规范标准。依据国家相关规范标准，加强本市政务信息化和数据采集、使用、共享等规范标准的研究、制定和完善，强化推广施行统一的安全防范体系和评估机制。六是统筹绩效评估。完善政务信息化绩效考评体系，对各部门政务信息化建设应用的成效进行定期评估，并将评估结果与信息化项目资金预算相衔接。

（三）加强基础设施、产业发展和安全保障能力，智慧城市"三大支撑体系"进一步完善

信息基础设施服务能级不断提升。围绕建设成为国内通信质量、网络带宽、宽带资费、综合服务最具竞争力的地区之一的目标，着力增强信息网络综合承载能力、设施资源综合利用能力和信息通信集聚辐射能力。在国内率先发布《上海市公用移动通信基站站址布局专项规划（2010 2020 年）》，编制《上海市信息基础设施布局专项规划（2012—2020 年）》；率先开展新建住宅建筑通信配套设施第三方运维；推进基础通信管线、移动通信基站、光纤到户驻地网、无线局域网等设施的集约化建设；开展固网宽带、公共 WLAN 的网速动态监测分析以及宽带资费跟踪比较，实现本市宽带资费与国内同类城市基本可比。目前，上海光纤到户覆盖总量约 860 万户，实现城镇化地区覆盖；家庭光纤宽带入户率和平均带宽分别达 60%和 20Mbps；完成 624 万户有线电视用户 NGB 网络改造，基本覆盖中心城区和郊区部分城镇化地区；加快 4G 网络建设，重点推进全市面上4G网络广泛覆盖和重点区域4G网络的深度覆盖，全市 4G 网络已基本实现外环内中心城区和郊区城镇化地区连续覆盖，以及中国（上海）自由贸易试验区、国际旅游度假区、虹桥商务区、佘山国家旅游度假区等重大工程、交通枢纽重点区域的有效覆盖，全市 4G 用户数已超过 1200 万户，用户普及率达 50%；推动公益 WLAN，近 700 处公共场所开通 i-Shanghai 服务。继续保持城域网出口带宽国内城市首位，全面完成三网融合试点任务。

新一代信息技术产业重点领域健康快速发展。以推动战略性新兴产业发展为抓手，围绕新产业、新技术、新模式、新业态，加快信息产业由大变强，产业转型升级不断加快。着力实施重点专项，作为"中国软件名城"，上海市高端软件取得快速发展，在操作系统、数据库、中间件等方面形成完整产业链；集成电路设计水平大幅提升，产品应用到移动智能终端、数字音视频和北斗卫星导航等领域；建设国家云计算创新服务试点城市，深入实施"云海计划"，金融云、中小企业服务云等示范项目进展顺利；物联网在水质监测、智能消防、环境监测、公共安全和智能照明等方面试点应用。着力营造产业发展环境，出台了鼓励软件产业和集成电路产业发展的若干专项政策；通过组建产业技术和标准联盟，推动产业链上下游企业联动发展；通过园区基地建设，加快企业集群发展。着力培育龙头骨干企业，出台支持企业做大做强的专项政策，通过组建产业并购基金等方式，鼓励企业兼并重组。截至 2014 年年底，上海信息产业总规模达到 1.14 万亿元，其中软件和信息服务业收入达到 5107 亿元，信息服务业增加值占全市 GDP 比重达到 6.6%，产业结构得到进一步优化。

不断提升网络安全保障能力。围绕可信可靠的区域信息安全保障体系，本市信息安全保障工作有序推进，安全防护水平与综合保障能力显著提升，全民信息安全意识普遍提高，城市信息安全态势总体可控。一方面加强重点领域监管。调整完善重点单位的信息安全责任制，组织开展重点领域网络安全检查，落实等级保护、安全测评等基本制度；完成市级网络安全应急预案的修订，开展重点网站的监测预警，完善应急保障体系；深化石化、钢铁、轨交等行业试点成果，初步形成工控系统安全监管模式。另一方面优化网络环境建设。围绕网络欺诈、虚假信息等热点问题，开展网络空间专项整治，落实手机实名制，加强个人信息保护，推进官方网站认证、假冒网站发现与阻断等平台建设，加大对网络违法犯罪行为的打击；加大伪基站与黑电台的整治力度；在国内率先举办信息安全宣传活动周和技能竞赛，加大对社会大众安全意识的宣传普及。

江苏省信息化发展概况

【信息化发展水平】

信息化规划体系和顶层设计不断加强。江苏省委网络安全和信息化领导小组成立，省委书记罗志军担任组长并主持召开了第一次会议。网络安全和信息化领导小组的成立，体现了江苏省高层全面深化改革、加强信息化建设顶层设计的意志。江苏省政府出台《关于推进智慧江苏建设的实施意见》，首次提出到2020年建成国际一流的智慧城市群，率先迈入信息社会。出台配套文件《智慧江苏建设行动方案（2014—2016年）》，科学务实、健康有序地推进智慧江苏建设。

地区信息化发展水平稳步提高。据中国电子信息产业发展研究院发布的《2014年中国信息化发展水平评估报告》，江苏省信息化发展水平取得重大突破，全省信息化发展水平指数达到82.49，逐年进位，跃升至全国第四、省区第二（近两年依次超过天津、广东，仅次于上海、北京、浙江），其中网络就绪度指数76.43，居全国各省区第二位；信息通信技术应用指数78.53，居全国各省区第五位；信息化应用效益指数102.55，居全国各省区第一位。据国家信息中心发布的《中国信息社会测评报告2015》，2014年江苏省信息社会发展指数达到0.5387，处于信息社会发展的转型期，位列全国各省区第5。

【信息基础设施建设】

大力推动宽带网络建设，组织领导机制不断完善，促进三大运营商加大建设投入，大力实施智慧信息基础设施建设工程。制定出台《关于大力实施“宽带中国”战略加快提升全省宽带发展水平的意见》，全面推动光纤宽带、3G/4G、下一代广播电视网络等重大工程建设。全省信息基础设施能力明显增强。江苏省网络就绪度指数达到76.43，居全国第2、省区第1。截至2014年年底，全省光缆线路总长度205.4万千米，位列全国第1；互联网省际出口带宽8453Gbps，宽带接入端口总数4450万个，移动通信基站数29.3万个；全省固定宽带接入用户1847.4万户，4Mbps以上用户占比90%。全省光纤到户覆盖家庭数达1984万户，居全国第2位；移动电话用户数达8487.9万户，其中3G/4G用户达4672万户；移动互联网用户数达5844.7万户。有线电视用户数达2287.74万户，省级无线公共服务节目实现了对全省95%以上地域的良好覆盖。三网融合试点工作顺利推进，共发展IPTV用户540万户，规模全国第1；云媒体电视用户数已达79万户。江苏信息基础设施建设多项指标全国居首，南京市、苏州市入选2014年度“宽带中国”示范城市名单。国家三网融合试点加速推进，江苏成为全国试点区域最大、融合业务发展最快省份。江苏信息基础设施建设投资进一步增长。2014年，完成建设总投资达447.3亿元，“十二五”期间累计完成投资1635.1亿元，提前一年完成五年投资计划。2014年11月，江苏省政府在北京分别与中国电信、中国移动、中国联通、中国铁塔四家电信企业就推进智慧江苏建设签署战略合作协议，未来5年，4家电信企业将投资1750亿元加强江苏信息通信基础设施建设，比上一轮增长30%；采购江苏信息技术产品和服务将超过2600亿元，比上一轮增长46%。

【电子信息产业】

2014年，全省电子信息产品制造业实现主营业务收入超过2.9万亿元，同比增长6.4%。为推动新一代信息技术产业加快发展，2014年全省共有21个项目获得国家扶持资金1.18亿元。推进国家北斗区域示范项目建设，江苏已成为国家重点布局的北斗产业基地和应用示范区。推动江苏物联网产业发展继续领跑全国，在物联网国际标准领域，无锡领跑物联网国际标准。

【软件与信息服务业】

2014年，全省软件和信息服务业实现软件业务收入6439亿元，同比增长24.4%，软件业务出口127亿美元，同比增长25.4%。实现利润742亿元，同比增长35.6%。2014年全省软件企业认定和软件产品登记数量双双创出历史新高，新认定软件企业797家，比2013年增加139家，增幅为21.1%；新登记软件产品5404个，首次突破5000个，比2013年增加985个，增幅为22.3%。突出特色方向，引导全省软件与信息服务产业园升级，首批确定了5个优先发展的园区特色产业方向和4个培育发展的园区特色产业方向。

【两化深度融合】

江苏制定了22条产业链两化融合评价标准，加快了钢铁、建材、化工等流程工业智能化改造，建立健全了实时监测和管理体系。以电子信息、装备制造和轻工等产业为重点，推进研发数字化、装备智能化、生产自动化。2014年，江苏区域两化融合发展水平总指数92.17，连续3年名列全国第一。无锡市、常州科教城先后获得国家级两化深度融合试验区。国家级两化深度融合示范企业、电子商务集成创新示范企业、互联网融合创新示范企业等78家，入选数量名列全国前茅。创建两化融合示范区7家、两化融合试验区16家。全国两化融合贯标试点单位59家，数量全国第一，贯标服务机构8家，贯标评定机构1家，数量均为全国第2。

【政务服务信息化】

大数据在公安信息化中的应用不断深化，推进居住证制度改革和流动人口信息采集工作。全省教育信息化发展步入快车道，中、小学基本实现“宽带网络校校通”、“优质资源班班通”、“网络空间人人通”，覆盖率分别为70%、52%。全省教育资源公共服务平台服务于省内全部中、小学及广大师生，覆盖各级各类教育，教育资源服务功能不断增强。食品生产企业追溯系统基本建设完成，基本实现3类产品追溯信息的手机App和网站查询。安全生产隐患排查治理信息系统不断完善，截至2014年年底，全省所有省辖市、县（市、区）全部完成隐患排查治理信息系统建设，市级系统已与县级系统联网运行。民政公共服务热线全面开通，全省13个地级市开通了“12349”、“96158”等民政公共服务热线，成为民政系统面向社会公众提供便民服务的重要平台。在全国率先实施开通省市两级“12328”服务监督电话，与“96196”并线运行，充分发挥了交通运输行业更好服务社会的作用。计划生育公共服务管理事项网上办理覆盖率达70%以上，85%的流动人口重点服务管理对象可实现异地办证，初步实现出生人口监测预警。远程医疗等信息惠民服务得到推广应用，居民健康卡试点工作稳步推进。全面推进“社会保障一卡通”，继续扩大覆盖面，截至2014年12月底，全省社会保障卡持卡人数4289万人；全省人员基础信息库入库率为98.8%；联网数据上传率99.3%；网上公共服务提供率74.3%；“12333”综合咨询服务满意度83.2%。启动省级信息资源共享交换平台建设，让各部门的数据实现共享交换，从而促进部门间业务协同。

【智慧城市建设】

江苏省在全国率先启动智慧城市群建设。扬州、淮安和南通3个城市列入首批中欧智慧城市合作试点；扬州、常州、无锡、镇江、泰州、南通6市，以及昆山、江宁等12个区县（园区）分别被工业和信息化部、住建部、科技部列入智慧城市建设试点，入选城市数量和规模居全国第一。智慧城市建设有序推进。信息社会发展走在全国前列。从 2015 年江苏省各地级市信息社会发展水平来看，13 个地级市有 5 个市进入信息社会发展期初级阶段，其他市都处于准备期的转型期阶段。其中，苏南的苏州、无锡、南京、常州和镇江 5 市信息社会指数都超过了 0.6，苏州信息社会指数更是达到 0.7444。江苏省共有 3 个市在全国排名前 15 位，分别为第 4 位的苏州、第 11 位的无锡和第 13 位的南京。

【农业农村信息化】

推进农村综合信息服务平台建设。完成省级农村综合信息服务平台一期工程建设，南京、常州、无锡、镇江、南通、连云港 6 市建成市级农村综合信息服务平台，江宁、张家港、常熟、武进、邗江、高港等 72 个县市区建成县级统一的农村综合信息服务平台，县级农村平台已覆盖 11572 个行政村，覆盖率超过 65%，较好地完成了计划目标。深入开展“百万农民用网推广工程”，通过网络信息基础知识宣传和信息富民活动开展，提高农村居民的信息化素养，缩小城乡数字鸿沟。大力开展农村信息化应用示范试点创建，激发农村信息化应用创新，2014 年创建 15 家全省农村信息化示范基地。

【网络和信息安全】

重要信息系统安全平稳运行，信息安全宣传教育大力开展，网络违法犯罪行为有效遏制，互联网安全治理进一步加强，移动互联网恶意程序得到有效打击。涉密信息系统分级保护全面推进，非涉密网络保密管理专项检查扎实开展；保密技术研发和产品应用积极开展，部分项目成果已被运用到国家级应用平台，申报的“党政机关和涉密单位保密管理标准化研究”获国家保密局批准立项国家保密科研重点项目。

浙江省信息化发展概况

【发展概况】

“十二五”时期，浙江省按照党的十八大提出的关于实现信息化水平大幅提升的战略目标，加快推进新型工业化、信息化、城镇化和农业现代化同步发展。2014 年全省信息化发展指数达到 0.883，提前实现了“十二五”末达到 0.80 的规划目标，全省信息化总体发展水平位居全国第 3 位。

信息基础设施建设水平全国领先。“十二五”时期，浙江省宽带网络接入能力显著增强，截至 2014 年年底，各市和县（市）城区 100%实现全光纤网络覆盖，基本实现百兆光纤接入，行政村光纤通达率达 98%，互联网宽带接入端口数位居全国第 2。无线宽带网络基本实现全覆盖，累计建成 3G、4G 基站 13.6 万个，基本实现重点公众场所无线局域网（WiFi）免费开放。杭州和宁波国家“三网融合”试点基本完成，广电有线网络数字化率和双向化改造率分别达 97%和 92%，“一省一网”基本建成，云广电架构初步形成。互联网数据中心不断向绿色化发展，形成阿里云等一批全球知名、全国领先的云服务提供商品牌。

政务信息资源共享与开放成果凸显。“十二五”时期，浙江省建成全国首个省级地理空间数据交换和共享平台及省级人口基础信息库，实现了人口基础信息库与信用信息数据库互联互通。2015 年 9 月，浙江省在全国各省份中率先推出政府数据统一开放平台，实现 68 个省级政府单位共 350 项数据类目对外开放，省级政务信息资源共享与开放目录体系初步形成。在全国率先启动“四张清单一张网”建设，建立起政府权利清单、企业投资负面清单、政府责任清单和财政专项资金管理清单及浙江政务服务网，有效推动了简政放权和政府改革，建设经验被国家审计署向全国推广复制。截至 2014 年年底，实现了 40 多个省级政府部门一站式网上审批和 11 个设区市政府部门网上办事大厅向浙江政务服务网迁移。

两化深度融合发展水平位居全国前列。“十二五”时期，浙江省开展建设全国首个“信息化与工业化深度融合国家示范区”，2014 年全省两化融合发展指数达到 86.26，跃居全国第 3 位。省两化深度融合区域和专项示范试点深入推进，截至 2014 年年底，共建成两化深度融合示范区 18 个、试点区 12 个，示范试点项目投资达 426 亿元。“机器换人”全面推广，有效提升了企业生产效率，截至 2014 年年底，全省工业机器人使用量占全国的 15%，列全国第 1 位，全省规上工业企业人均劳动生产率提高 20%。企业信息化应用水平显著提升，2014 年全省重点行业典型企业装备数控化率和机联网率分别上升到 40.39%、17.92%。智能装备制造业发展水平全国领先，2014 年全省装备制造业工业总产值和增加值分别超过 2 万亿元和 4000 亿元，均占规上工业总产值和工业增加值的 1/3，产业规模位居全国第 4。

电子商务全球影响力显著提升。“十二五”时期，浙江省电子商务交易规模不断扩大，支撑服务体系不断完善，拥有全球最大的中小企业电子商务平台、网络零售平台和网上支付平台。2014 年全省实现电子商务交易额 2 万多亿元，网络零售额 5642 亿元，占全国比重超过 1/5。省内电子商务平台超过千家，占全国总数的 20%，全国约 85%的网络零售、70%的跨境电子商务、60%的企业间电商交易均依托浙江省电商平台实现。全省 150 多万家网店、2000 多家专业电子商务服务商、150 多个电商产业园和 60 多个淘宝村（镇）实现直接就业人数达 200 多万。全省跨境电子商务快速发展，中国（杭州）跨境电子商务综合试验区在杭州落地建设，省内涌现出一批具有强大国际影响力的跨境电商平台，2014 年全省跨境电商进口额居全国第 2 位。

民生服务与城市治理信息化普惠于民。“十二五”时期，浙江省医疗、教育、社会保障、文化等民生服务领域信息化建设和信息化普及应用能力跃升，截至 2014 年年底，全省居民电子健康档案建档率和二级以上医疗机构电子病历应用率分别达 94%和 75%，校园网覆盖率达 98.45%，省市“12333”社保信息平台建成并实现省市县三级咨询服务联动，公共数字服务平台逐步完善。智慧城市示范试点推动社会信息化向纵深发展，浙江省围绕交通出行、城市管理、安全生产、环境治理等领域累计开展了 3 批共 20 项省级智慧城市建设示范试点项目，在创新城市管理方式与保障公共服务方面取得积极进展。

农业信息化建设成效显著。“十二五”时期，浙江省农业信息化服务模式持续创新，服务手段向移动互联化应用发展。相继建成现代农业地理信息系统、浙江农业信息网、网上农博会等一批信息服务平台，浙江农业微信、农技通 App 等移动互联网应用逐步普及。农产品质量安全产地追溯和农技远程诊断服务能力不断提升。新一代信息技术在农业生产经营领域应用示范效应凸显，截至 2014 年年底，累计建立了 9 个省级农业信息化示范区，建成 8 个智慧农业示范园区和 143 个农业物联网示范基地。国家农村信息化示范省建设务实推进，农村信息化示范工程达到 10 个。

信息技术与产业蓬勃发展。“十二五”期间，浙江省加快推进网络信息产业技术创新，信息产业保持高速增长，产业规模持续扩大，信息化支撑能力增强。2014 年，全省电子信息产业规模保持全国第 5 位，完成增加值 2540 亿元，较“十一五”末增长了 57.37%，占全省 GDP 的 6.33%。软件产业发展势头强劲，2014 年全省实现软件业务收入 2437.6 亿元，较“十一五”末增长了 247.73%。2014 年浙江省全国百强软件企业数和国家规划布局内重点软件企业数分列全国第 3、4 位。物联网产业规模持续扩大，集聚了海康、大华等一批全球领先的安防物联网领域的领军企业，2014年全省云工程与云服务产业迅速成长，建成了一批省级重点企业研究院。互联网金融产业快速兴起，企业突破200家，获批筹建了全国首家网商银行。地理信息产业规模迅速扩大，2014年全省地理信息产业和相关产值近200亿元，集聚了超过600家相关企业。

信息化发展支撑环境持续优化。“十二五”时期，浙江省相继出台关于信息经济、两化深度融合、智慧城市、宽带浙江、云工程与云服务产业等领域的系列政策和推进机制，信息化发展政策体系不断完善。两化深度融合及智慧城市建设试点、智能汽车与智慧交通应用示范等部省战略合作深入推进，示范试点带动的规模效应逐渐显现。信息化标准规范体系和资金保障体系逐步完善，工业和信息化领域标准提升和智慧城市标准化建设等行动全面实施，信息经济创新基金、智慧城市示范试点专项资金等财政金融支持进一步完善。网络和信息安全保障体系不断健全，有力确保了浙江省国民经济和社会信息化稳步发展。

但与此同时，也要客观、清醒地认识到浙江省信息化发展的不足：一是现有管理体制和管理方式创新滞后，与“互联网+”新业态要求不适应；二是核心技术研发和自主创新能力薄弱，信息化关键支撑不到位；三是地区间基础设施、产业技术、应用消费、知识支撑和发展效果参差不齐，区域之间和城乡之间信息化发展不平衡；四是信息资源共享和开放进程较慢，与社会的迫切需求仍存在较大差距。

【面临形势】

互联网与经济社会融合加速，“新常态”下发展动能转换。互联网的创新成果正快速向生产制造、交通物流、商务金融、生物健康、节能环保、社会生活等各领域广泛渗透，成为推动经济社会变革与发展的新动力。互联网与经济社会的交汇融合产生的大数据正成为国家重要的基础性战略资源。为加强互联网与实体经济的融合发展，发挥大数据的战略作用，德国和美国等发达国家提出了“工业 4.0”、“工业互联网”等战略行动，我国也相继将“互联网+”、大数据等上升为国家战略。当前，浙江省集聚了一批互联网知名企业，将进一步释放“互联网+”、大数据等在促进我省经济社会提质增效、转型升级及区域竞争力提升的新动能。

网络安全成为全社会共同面对的艰巨任务。网络空间正成为新兴全球公域，各国对网络空间相互依存、相互竞争的现实需求与利益碰撞及网络与经济社会的深度融合，保障网络安全、建立清朗的网络环境，成为世界各国面临的艰巨任务。为此，世界各国陆续开展网络安全立法，美国出台《网络安全增强法案》，日本通过《网络安全基本法》，欧盟发布《网络与信息安全指令》，英国出台《网络安全实施概要》，我国于2015年7月公布《中华人民共和国网络安全法（草案）》。浙江省作为网络大省，随着网络安全威胁的不断演化升级，面临的网络安全形势严峻，保障网络安全长效化将成为“十三五”时期浙江省经济社会发展的重要课题。

世界互联网大会在浙落户，为浙江信息化发展带来新机遇。世界互联网大会搭建起我国与世界互联互通的国际平台和国际互联网共享共治的中国平台，其永久落户浙江乌镇，势必为浙江省加快对外开放、提升国际形象、集聚全球资源提供了重大契机，同时，也对浙江省的信息基础设施建设、网络开放与管控、技术与安全保障等提出了更高的要求。积极把握信息化发展的历史新机遇，立足乌镇、辐射浙江、面向全球，切实将世界互联网大会“会议效应”转化为“经济效应”，着力提升浙江省的互联网经济发展水平，是“十三五”时期浙江省经济社会信息化发展的重大任务之一。

浙江互联网创业创新在各领域竞相迸发。新一轮科技革命和产业变革的兴起进一步凸显创新驱动的战略地位，我国十八届五中全会提出“必须把创新摆在国家发展全局的核心位置”。当前，以阿里系为代表的大学生创业者、以浙商系为代表的大企业高管及连续创业者、以浙大系为代表的大学科技人员创业者、以“千人计划”专家为代表的留学归国创业者等创业创新大军集聚浙江，云栖小镇、梦想小镇、基金小镇、众创小镇等特色鲜明的新型孵化器，以及杭州国家自主创新示范区、杭州城西创新走廊、钱塘江金融港湾、义甬舟开放大通道等创新创业平台，吸引各类创业创新要素汇聚，敢为人先、宽容失败的创业创新氛围和富有活力的互联网创业创新生态已然形成，将加速推动浙江省信息化领域“大众创业、万众创新”发展格局的建立。

【未来工作】

总体思路：深入贯彻“八八战略”，紧抓信息技术革命和“互联网+”发展机遇，以创新、协调、绿色、开放、共享发展理念为引领，围绕“数字浙江 2.0”建设，以互联网与经济社会融合发展为主线，以全面深化改革和自主创新为动力，坚持四化同步发展，大力推进新一代信息基础设施建设，加快实施大数据战略，深化“互联网＋”应用，全面推进两化深度融合，着力突破信息技术和产业瓶颈，切实增强网络安全保障能力，促进高水平全面建成小康社会，为“两富”、“两美”现代化浙江建设注入强大动力。主要任务如下。

（一）构建新一代信息基础设施，建设“网络强省”

优化提升基础通信网络，建设国家域名服务节点与互联网域名根服务器镜像，构建深度覆盖的无线网络体系，加快互联网数据中心绿色化集约化，全面推进“三网融合”，着力提升浙江省作为互联网大省强省的地位和优势。

（二）加快推进实施大数据战略，建设“数据强省”

深入完善数据资源库，构建开放平台和共享交换平台，逐步实现政务和公共数据资源开放共享，鼓励政府和其他各类市场主体开展创新应用，提升大数据服务经济发展和社会治理的能力。

（三）推进“互联网+”应用，建设“新型智慧城市”

释放信息技术红利，加快“互联网+”与城市管理、民生服务、生态治理和新农村建设的深度融合，促进社会管理精细化、民生服务普惠化、生态环境宜居化和农村信息化水平提升。

（四）全面推进两化深度融合，建设“智造强省”

围绕经济提质增效和制造业转型升级，以智能制造为主攻方向，推进工业互联网应用，全面提升企业信息化水平，实现浙江省由“制造大省”向“智造强省”转变。

（五）推进服务业信息化，建成“全球电子商务中心”

以信息化推进服务业升级，积极发展跨境电子商务，大力发展农村电子商务，加快完善智慧物流、互联网金融等功能配套服务体系，打造浙江“全球电子商务中心”。

（六）创新发展信息产业，建设“信息经济大省”

突破关键核心技术，创新发展新一代信息技术产业，加快电子信息制造业、软件和信息服务业、地理信息产业和数字内容产业提升，积极培育“互联网+”新业态，建设全国信息经济发展的先行区。

（七）保障网络安全，促进经济社会信息化健康发展

健全网络安全保障体系，创新安全防护理念，强化相关核心关键技术研发，加强应急通信和指挥平台建设，构筑网络安全风险防御与处置生态，切实提升网络安全保障能力。

福建省信息化发展概况

【信息基础设施】

截至2014年年底，福建省互联网宽带接入端口达1619万个，增长12.5%；光缆线路长度达73.8万千米，增长5.4%；光纤到户覆盖家庭达1089万户，4Mbps及以上用户占比超90%，8Mbps以上用户达到272.6万户，占比达30.3%；实现全省所有建制村通宽带，持续推进50户以上自然村的宽带接入。移动电话基站达13.9万个，增长41.8%；4G网络基本覆盖九地市城区、县城城关，LTE和3G移动电话用户数达到1759万户；全省电话用户5210万户、互联网用户达3859万户（其中移动互联网用户达2800万户），普及率达137.75%、102.3%。

【电子政务】

推进公共平台建设，新建数字福建云计算中心、全省信用信息平台、权力运行网上公开平台、全省网上办事大厅、高速公路长下坡交通安全预警处置平台、省情运行监测与辅助决策平台（一期）、北斗位置服务平台、无线政务专网、水环境统一监测平台、物联网公共平台10个公共平台，其中省网上办事大厅、公共信用信息平台、位置信息公共服务平台、水环境统一监测平台、市场监管信息共享平台、电子证照共享服务平台6个平台已建成投入运行，通过统筹建设，避免了平台的碎片化和部门化，既促进部门之间的共享协同，又节约了大量经费；推动部门重点应用建设，完成80多个项目方案论证工作，大部分项目已启动实施；积极创新政务工作模式，推进电子证照在政务工作中的普及应用，已建成省级和除厦门外8个设区市的电子证照共享服务系统，支持在业务办理过程中同步生成电子证照并推送到全省电子证照库，实现省市两级电子证照汇集共享；已累计生成107万本电子证照、涉及674个种类，其中工商营业执照、组织机构代码和税务登记证三大基础性证照已全部完成电子化转换；福州、泉州、龙岩等市行政服务中心已在行政审批中推行电子证照。

【两化融合】

大力推动两化融合管理体系贯标和整体性评估、“百项千亿”两化融合重点项目建设、互联网与工业融合创新试点、两化融合“八闽行”宣传推广对接等相关工作，企业信息化建设明显加快，两化融合水平不断提高，全省两化融合发展指数位列全国第7位。省级两化融合示范企业117家，开展两化融合整体性评估的企业超过1000家，通过国家两化融合管理体系贯标评定的企业13家（总数位居全国第5位）。

【电子信息产业】

2014年，全省电子信息产业实现产值5766亿元，其中，电子信息制造业完成产值4250亿元，比增9%；软件和信息服务业收入1520亿元，比增19%。全行业实现工业增加值983亿元，比增11.9%；累计实现产销率96.57%，全行业实现利润199.8亿元，比增11.5%。全省国有控股企业完成销售产值1523亿元，比增

16.8%，占全行业比重的37%，外商及我国港澳台投资企业完成销售产值2955亿元，比减-0.6%，占全行业比重的72%。共生产彩色电视机1475万台、微机计算机985万部、打印机123万台、移动通信手机1278万部、显示器3097万台、发光二极管（LED）3370万只、液晶显示屏12330万片、液晶显示模组17087万套、锂离子电池41927万只。2014年，福建电子信息产业制造业规模居全国第7位，宸鸿、戴尔、友达、捷联、华映、冠捷显示和达运精密7家企业年产值超百亿元，福建省电子信息集团、福大自动化、宏发电声、万利达4家企业入围第29届中国电子信息百强企业。全省软件和信息服务业销售收入居全国第9位，中海创、新大陆、星网锐捷、一丁集团4家企业入围2015年度中国软件业务收入百强，19家企业列入国家规划布局内重点软件企业和集成电路设计企业，全省上市软件企业18家。

【智慧城市】

统筹指导全省智慧城市建设，注重在建设应用模式、发展机制、顶层设计等方面为各地市提供协调和指导，并按照“大平台建设、普遍性应用”的原则，积极将省里组织建设的水资源监测平台、物联网能力平台、车联网、船联网，以及市场协同监管平台等项目推广到全省，为设区市加快智慧城市建设提供支撑。根据国家和福建省的智慧城市建设指导意见，福建省各设区市特别是作为住建部试点城市的福州、厦门、泉州、莆田、南平、平潭等城市，纷纷启动建设一批重大项目，其中基础的公共平台有城市空间地理框架平台、云计算平台、应用服务交付总线、基础数据库等；综合应用工程有智慧公交、智慧旅游、智慧环境监测，以及城市网格化管理平台、基层综合服务平台、网上办事大厅等。

【政策研究】

为统筹布局全省智慧城市建设，避免重复建设，以省政府名义印发了《福建省人民政府关于数字福建智慧城市建设的指导意见》（闽政〔2014〕14号）；为培育福建省大数据产业，以重点园区为切入点，以省政府名义出台了《福建省人民政府关于支持大数据产业重点园区加快发展十条措施的通知》（闽政〔2014〕52号）；还以省政府办公厅名义印发了《加强电子证照共享应用创新审批监管模式的实施意见》（闽政办〔2014〕115号），以加快电子证照在政务工作中的普及应用。

【发展环境】

积极争取中央网信办支持，获国家信息资源整合创新应用试点和公共信息资源开放共享试点；与省委组织部开展了第二期“数字福建”信息化专题研修班；深化与三大运营商合作，引导参与智慧城市建设，开展各类宣传、推广活动，保持信息化建设活跃局面；有序推进标准化工作，组织完成《广域网通用检测规范》、《民政社区数据规范》等地方标准，获批作为福建省地方标准发布实施，《政务非涉密信息系统pki/ca安全应用规范》、《应急电子地图图式》等4项地方标准获省质监局立项，制定了《电子政务内网一省直部门接入网技术方案》、《福建省电子政务外网接入安全技术规范》。

江西省信息化发展概况

【基本情况】

2014年，江西紧紧围绕全省经济社会发展总体目标，加快推进全省信息化建设，信息通信基础设施集约化建设逐步完善，社会各领域信息化应用进一步拓展，公共信息服务领域进一步深化，信息化助推经济发展的能力进一步提高。

信息基础设施进一步完善。“宽带中国”江西工程全面推进，实施“宽带中国”江西工程2014专项行动，推进宽带网络普及提速，加快城市光纤入户和光纤网络向乡镇与农村延伸，扩大3G网络在全省的覆盖范围，支持4G快速发展。2014年，南昌、上饶两个城市被列为国家“宽带中国”建设示范城市。2014年全省电信业务总量394.4亿元，电信业务收入251.4亿元，电话用户总数达到3515.8万户，其中移动用户达到2938.5万户，固定资产投资完成93.3亿元。全省光纤到户覆盖家庭实现翻番，达到578.7万户。3G/LTE移动电话用户数达到1389.4万户。宽带接入端口数达到1051.7万个，TD-LTE基站达到2.17万个。无线网络公共运营接入点达到11.3万个。固定互联网宽带接入用户达到574.1万户，比2013年年末净增116.2万户，其中8Mbps及以上固定宽带接入用户数达到190.4万户，在总用户数中占比达到33.2%。

三网融合全面推广。继续开展三网融合建设试点工作，总结三网融合试点经验，积极推动广电和电信企业业务双向进入，引导三网融合市场公平有序竞争。积极推广南昌市三网融合试点经验，在南昌召开三网融合试点经验交流会，鼓励各设区市学习经验先行先试。

信息化和工业化深度融合。继续实施两化融合“个十百千万”工程，以典型示范引领两化融合发展，认定了50家两化融合示范企业和3家示范园区；实施通信企业与示范园区结对帮扶工程，帮助园区和企业深入推进两化融合；积极开展两化融合的宣传和培训工作，召开全省两化融合经验交流大会，承办全国两化融合创新推进大会，举办了“2014江西信息化与工业化深度融合论坛”；省工信委与中华通信签订了中华工业云项目协议，专注服务工业经济发展的“互联网+工业”项目；开展两化融合管理体系的推广工作，积极帮助江西省企业开展贯标试点工作，以管理体系为抓手深入推进企业两化融合，9家企业和1家服务机构获得补助列入第一批试点名单。开展江西省区域两化融合发展水平评估工作，组织了江西省367家企业向评估系统填报数据，完成江西两化融合发展水平评估。向国家推荐了一信息化工作先进单位、信息化专家，以及一批全国百佳首席信息官、优秀信息官。

推进智慧城市建设，促进信息消费。统筹指导推进全省智慧城市建设，江西省工信委、发改委、住建厅等有关部门共同印发了加快江西省智慧城市建设的指导意见，加强规划指导，强化政策法规与标准规范建设。按照国家促进信息消费、扩大内需的总体要求，及时调度江西省信息消费工作进展情况；江西省婺源县和新余市列入第二批国家信息消费试点城市。

电子信息产业持续健康快速发展。2014年全省电子信息制造业全年累计完成主营业务收入1138.3亿元，同比增长13.8%，增速高出全国增速 4 个百分点，高出全省工业增速 0.8 个百分点；实现利税总额 114.3 亿元，同比增长 18.8%。半导体照明、手机通信和数字视听三大主导产业仍取得了较好的增长。江西半导体照明产业规模以上企业实现主营业务收入 185 亿元，完成利税 15.7 亿元，分别同比增长 20.3%和 22.1%。全省通信终端生产企业实现主营业务收入 410 亿元，完成利税 29.6 亿元，同比分别增长 32.9%和 21.4%；数字视听产业完成主营业务收入 234 亿元，同比增长 18.1%；实现利税 19.6 亿元，同比增长 14.5%。

电子政务应用领域进一步拓展。重要业务系统的应用呈现井喷式发展，省级政务部门业务应用达到 70%以上，其中财政、公安、人社、国土、工商、税务、住建、环保、质检、食药监、统计、卫生与人口等主要业务覆盖率已达 100%，电子政务在经济和社会管理、保障和改善民生等领域成效显著。各部门间信息共享的内容、范围、方式和效率都取得进展，在社会保障应用、综合治税、网上审批、空间地理信息共享、信用管理、电子口岸、司法管理、财政管理、智慧社区等多领域的业务协同成效较为突出。全省电子政务网络支撑能力不断加强，外网已经覆盖 100%的乡镇。多数单位完成了本系统专用网络的联通，重要业务系统实现从省到乡的联网运行。

软件服务业持续健康发展。大力推动重大项目建设，全省软件服务业产业规模继续壮大，保持良好发展势头，全年实现营业收入 121 亿元，同比增长 19%，其中软件业务收入达到 76 亿元，同比增长 17%。信息系统集成服务、信息技术咨询服务及数据处理和存储服务实现收入 47.8 亿元。

无线电监管有序推进。2014 年，江西省共拥有各类无线电台站总数 3400 余万台部。其中，公众移动电话 3350 余万部，小灵通用户 30 余万部，广播电视台 317 个，数传电台 286 部，短波电台 19 部，超短波电台 23384 部，船舶电台 45 部，蜂窝无线电通信基站 80683 个，PHS 基站 6626 个，卫星地球站 155 个，微波站 373 个。

信息安全保障体系逐步完善。2014 年，重点开展了信息安全政策法规、网络安全宣传周、信息安全基础设施建设，以及重点领域网络与信息安全检查、政府网站安全监测等。继续推进以身份认证及密码技术、电子认证为基础的网络信任体系建设，推广数字证书在电子政务、电子商务等领域的应用，探索重要基础数据和个人信息保护的新手段、新方法，以安全促进信息消费。截至 2014 年年底，江西省有效电子认证证书持有量近 30 万张。

【信息基础设施】

2014 年，江西省信息服务行业紧紧围绕省委、省政府重大决策部署，积极作为，开拓进取，在加强信息基础设施建设、服务社会民生、保障网络信息安全等方面做了大量卓有成效的工作。特别是实施“宽带中国”江西工程和 4G 工程，进一步提高了信息化服务水平，增强了支撑保障能力。

（一）江西正式迎来全新的 4G 时代

2014 年 1 月 17 日，中国移动江西公司 4G 商用暨 4G 产业联盟新闻发布会在南昌举行，宣布在江西省实现 4G 正式商用，全年分阶段实施建设约 11000 个基站，4G 网能力快速提升，实现全省县级以上城市主城区连续覆盖。

（二）信息基础设施支撑能力提高

2014 年，江西电信业务总量完成 394.6 亿元，同比增长 16.6%。固定电话用户 577.3 万户，减少 45.1 万户，固定电话普及率 12.8 部/百人；移动电话用户新增 131.6 万户，达到 2938.5 万户，移动电话普及率 65.0 部/百人。移动电话用户中，4G 用户达到 238.7 万户。固定互联网宽带用户新增 24.1 万户，达到 434.2 万户（固定互联网宽带相关数据未包括江西移动用户，下同），其中，接入速率大于 8Mbps 的用户达到 146.2 万户，占所有用户的 33.7%。

（三）“三网融合”全面推广

继续开展“三网融合”建设试点工作，总结“三网融合”试点经验，积极推动广电和电信企业业务双向进入，引导“三网融合”市场公平有序竞争。积极推广南昌市“三网融合”试点经验，在南昌召开“三网融合”试点经验交流会，鼓励各设区市学习经验先行先试。

（四）网络覆盖能力持续增强

2014年网络基础设施建设跃上新台阶，固定资产投资93.3亿元，同比增长1.4%，全省光缆总长度达58.4万千米，其中，105.1万个家庭已实现光纤上网，互联网宽带接入端口975.1万个，TD-LTE基站达到2.5万个，无线网络公共运营接入点达到11万个，互联网省级出口带宽274.7万Mbps，固定宽带家庭普及率34.7%，移动互联网接入流量4495.2万GB。

（五）电信基础设施共建共享继续推进

2014年共建基站233个、共建杆路125.2线路千米、共建管道141.1线路千米、共建铁塔204个、共享基站301个、共享杆路616.8线路千米、共享管道110.0线路千米、共享铁塔269个，节省了建设投资约1.86亿元。

（六）广播电视网络覆盖能力提高

2014年全省广播综合人口覆盖率97.44%，电视综合人口覆盖率98.52%。全省骨干广播电视发射台和转播台635座，有线广播电视传输干线总长122638千米。2014年村村通工程采用直播卫星接收方式，在全省完成12333个村（场）的村村通工程建设，项目总投资6135万元。

（七）有线电视加快数字化整体转换

2014年全省有线电视数字化整体转换继续推进，有线广播电视用户数621万户，入户率51.38%。数字电视用户数504.63万户，增加84.33万户，数字电视入户率41.76%，全省有线电视数字化整转率81.3%。全省高清互动机顶盒约10万台，网内传输的高清频道数量增加到41套以上，数字电视节目频道达到180套以上。全省有线电视双向覆盖用户达到94.8万户，其中，CMTS覆盖用户23.2万户，EOC覆盖用户51.4万户，LAN覆盖用户20.4万户。

（八）市县数字影院建设加快

2014年全省城市影院总数达到184家，银幕总数805块（3D厅598个），全省11个设区市城区实现多厅影院全覆盖。

【信息技术应用】

江西手机报正式上线开通。2014年2月25日《江西手机报》正式上线，江西省委常委、省委宣传部部长姚亚平出席上线仪式并点击开通，这标志着江西省“一省一报（手机报）工程”取得重大进展，是国家互联网信息办公室在全国推行“一省一报”5个试点省份之一。《江西手机报》由省委宣传部主管、江西日报社主办，定位为江西省手机版党报，是全省“两报、两台、两网”六大省属重点新闻媒体之一。

江西省网络安全和信息化领导小组成立。2014年2月28日，为进一步加强对全省网络安全和信息化工作的组织领导，江西省成立省网络安全和信息化领导小组。江西省委书记强卫担任组长，江西省委副书记、江西省长鹿心社，省委副书记尚勇担任副组长，成员由江西省委、省政府、省军区及部分省政府部门负责人组成。

江西地理信息公共服务平台开通。2014年3月10日，全省地理信息公共服务平台是一个依托电子政务网络和互联网搭建起的地理信息在线服务系统，纵向国家、省、市、县四级贯通，横向政府各部门互联，提供“一站式”地理信息协同服务。该平台集在线地理信息数据服务和功能服务于一体，通过分布式、一体化地理信息在线服务体系，实现全省地理信息资源的纵横联通和有效集成。

南昌、赣州获批创建国家电子商务示范城市。2014年4月，国家发改委等8部门近日联合印发，江西省南昌、赣州两市列入全国创建国家电子商务示范城市。

江西4地列入国家智慧城市试点。2014年6月，国家住建部公布了103个国家智慧城市试点名单，江西新余、樟树、共青城、婺源4地入选。这是继萍乡市、南昌红谷滩新区被列为第一批国家智慧城市试点城市后，江西新入选的4座城市。试点城市注重突出自身特色、注重顶层设计引领，推动了全省新型城镇化进程，让广大市民体会到城市生活的便捷。

信息化和工业化深度融合。信息化和工业化深度融合。继续实施两化融合“个十百千万”工程，以典型示范引领两化融合发展，认定了50家两化融合示范企业和3家示范园区；实施通信企业与示范园区结对帮扶工程，帮助园区和企业深入推进两化融合；积极开展两化融合的宣传和培训工作，召开全省两化融合经验交流大会，承办全国两化融合创新推进大会，举办了“2014江西信息化与工业化深度融合论坛”；江西省工信委与中华通信签订了中华工业云项目协议，专注服务工业经济发展的“互联网+工业”项目；开展两化融合管理体系的推广工作，积极帮助江西省企业开展贯标试点工作，以管理体系为抓手深入推进企业两化融合，9家企业和1家服务机构获得补助列入第一批试点名单。开展江西省区域两化融合发展水平评估工作，组织了367家企业向评估系统填报数据，完成江西两化融合发展水平评估。向国家推荐了一信息化工作先进单位和信息化专家和一批全国百佳首席信息官和优秀信息官。

江西省纪委监察厅官方微博微信上线。2014年8月14日，江西省纪委监察厅官方微博、微信、江西手机报廉政版正式上线运行。这是继2013年年底改版升级门户网站后，省纪委监察厅运用新媒体推进党风廉政建设和反腐败工作的又一重要举措，是江西省开门反腐的“新窗口”、联系群众的“新桥梁”。

2014中国智能博览会暨第四届智能产业高峰论坛在南昌举办。2014年8月15，中国智能博览会暨第四届智能产业高峰论坛以“智慧体验，智慧生活”为主题，分为智慧城市、智能装备制造、智能家居、智能航空和互动体验五大展区，展品涉及全产业链上包括研发、生产等的各个环节。

江西启用电子往来港澳通行证。2014年9月15日起，江西省公安机关出入境管理部门统一启用电子往来港澳通行证。这是自2012年5月电子普通护照上线后，公安机关出入境管理部门对出入境证件的第二次电子改版。改版后的往来港澳通行证是卡式证件，大小同居民身份证相当。通行证签注不再以贴纸的形式出现，而是以可重复擦写技术直接打印在证件背面，持证人无须频繁换证，通关查验时也不再需要加盖验讫章。

南昌市和上饶市入选“宽带中国”示范城市。2014年9月，工业和信息化部和国家发改委确定39个城市（城市群）为2014年度“宽带中国”示范城市（城市群），江西南昌市和上饶市列入试点名单。

江西省信息协会成立。2014年9月28日，江西省信息协会成立，协会以推进全省信息化建设和开展信息服务为宗旨，以推进全省政务、商务和社会信息化为重点，搭建政府与企事业单位、政府与公众之间的联系与沟通桥梁，发挥沟通、咨询、服务等职能作用，广泛开展人才培训、信息立法和标准安全研究，着力推进信息应用和共享，努力为政府、企事业单位和社会公众提供信息化服务。

江西“多险合一”信息系统上线。2014年10月9日，江西省“多险合一”信息系统在鹰潭市率先上线运行，实现了养老、医疗、工伤、生育、失业五个险种统一征缴和参保人员各项社会保险“同人同城同库”管理，是江西人社领域按照省级大集中模式推进的第一个核心系统。系统做到了统一数据、统一管理、统一征收、统一监管，并与社保卡系统、银行系统对接，实现了社保领域的信息共享与业务协同，做到了社会保险费一票征缴和医保联网即时结算，能有效解决群众“跑腿”、“垫资”等问题。

江西首个移动互联网创业平台落户南昌。2014年10月10日，先锋天使咖啡移动互联网创业平台正式落户南昌高新区先锋电子商务产业园，标志着江西省首家以创业和投资为主题的移动互联网创业服务平台正式宣告成立，这是江西省鼓励创新创业的新举措，更为年轻人孵化梦想提供新平台。该平台重点在资金、资源和政策三个方面服务创业者，为创业者提供免费开放式办公环境和专业化创业服务。

江西省人民政府网站改版上线运行。2014年11月20日，江西省人民政府网站改版上线运行，新版网站以提升政府为民服务水平为宗旨，对服务定位、服务功能、服务方式进行了全面优化和升级，重点突出“信息公开、在线办事、互动交流、公共服务”四大功能，整体呈现“栏目内容更丰富、服务导向更突出、用户使用更便捷、智能化水平更先进、页面设计更优化”五大特点，重点开设“览省情、寻资讯、看政务、找政策、享服务、爱问政、用数据”7 个频道。集中整合了江西省公共资源交易系统、网上行政审批系统等 30 多个在线服务系统，并新增投资江西、智能机器人服务、微信微博、无障碍浏览等特色专栏和服务功能。

江西省级电子政务外网安全管理平台正式上线试运行。2014 年 11 月，江西省省级电子政务外网安全管理平台顺利开发完成并通过第三方软件机构测试，正式上线试运行。该平台成功实现了对省级平台上的网络设备、安全设备、主机系统、应用系统、数据库等 IT 资源进行实时监测，可对不同位置、不同类型设备、不同安全系统中分散单一的安全事件进行汇总、过滤、收集和关联分析，从而实现对省级电子政务外网全网统一告警和监测。

江西开展首届国家网络安全宣传周活动。为了增强群众的网络安全意识，营造网络安全人人有责、人人参与的良好氛围，2014 年 11 月 24～30 日，全省各地、省直有关部门紧紧围绕“共建网络安全，共享网络文明”的主题，宣传网络安全基础知识、电信网络安全知识、金融网络安全等知识。

山东省信息化发展概况

2014 年，山东省深入贯彻落实中央和省委省政府决策部署，牢牢把握稳中求进工作总基调，主动适应经济发展新常态，扎实推进信息化与工业化深度融合，促进信息产业持续健康发展，深化信息技术在经济和社会各领域创新应用，健全信息安全保障体系，努力推动新型工业化、信息化、城镇化、农业现代化同步发展水平进入更高层次，信息化发展呈现总体平稳的良好态势。

【信息基础设施日臻完善】

随着宽带中国战略稳步推进，全省互联网基础设施加快演进升级。2014 年，山东省移动电话用户总数为 8664.1 万户，居全国第 2 位，移动电话 89 部/百人。全省共有各类网站 158028 家，占全国网站总数的 4.7%，工业企业互联网普及率达 98%以上。各电信运营企业共完成固定资产投资 25.8 亿元，全省光缆线路长度达到 64.9 万千米。新增移动通信基站 6.3 万个，总数达 20.6 万个，其中，3G 基站新增 1.3 万个，总数达到 7.7 万个，移动网络服务质量和覆盖范围继续提升。WLAN 网络热点覆盖继续推进，总数达到 112.2 万个。移动互联网发展迅速。2014 年全省网民规模达 4634 万人，移动互联网用户达到 5569.2 万户，均居全国第 2 位。2014 年，山东省手机上网用户占比达到 92.6%，移动互联网流量高速增长，全年累计接入流量达到 1.07 亿 GB，同比增长 27.4%，月户均移动互联网接入流量达到 161GB，同比增长 22.3%。青岛、淄博、威海、临沂等市被列为 2014 年度“宽带中国”示范城市。全省 1960 万有线电视用户中，1260 万户完成模拟数字整体转换，占 64%。省 IPTV 集成播控分平台、青岛和济南两市 IPTV 内容分发平台建成使用，开通直播频道 117 路，点播节目超过 30000 小时，实现了与央视 IPTV 集成播控平台互联互通。

【信息技术产业水平不断提高】

2014年，山东省大力推进现代信息技术产业体系建设，积极引导信息技术企业抢抓国家促进信息消费扩大内需等战略机遇，努力开拓国内外市场，产业创新能力明显增强、产业规模稳步扩大、产业布局日益优化、质量效益持续提升、竞争优势显著提高。2014年全省信息技术产业（含制造业、软件业）统计内规模以上企业共4251家，实现主营业务收入12274.34亿元，实现利润702.39亿元，完成利税1079.48亿元，分别同比增长15.97%、10.53%、11.71%，分别高于全省工业6.16个、5.89个、6.07个百分点。

信息技术制造业平稳增长，产值规模保持全国前3。信息技术制造业依然延续了平稳增长的态势，规模和效益同步提高。2014年，全省信息技术制造业规模以上企业为1411家，主营业务收入、利润和利税分别实现9174.04亿元、544.43亿元和761.67亿元，分别同比增长11.79%、7.99%和8.23%，分别高于全省工业1.98个、3.35个和2.59个百分点。根据工业和信息化部公布的数据显示，山东省信息技术制造业销售产值仅次于广东和江苏，稳居全国第3位。重点调度的产品中，除电子元件（产量162.30亿只，同比下降7.52%）、笔记本电脑（75.00万台，同比下降22.44%）和打印机（558.80万台，同比下降7.58%）受国内外市场疲软因素出现下滑之外，其他产品均实现良好增长，其中，服务器（产量28.10万台）、手机（6590.80万部）、光电子器件（300.70亿片）、移动通信基站（1821.30万信道）、液晶电视机（1646.00万台）分别同比增长64.33%、29.32%、27.74%、25.48%和7.81%。

软件产业增长迅速，新兴信息技术服务比重继续提高。山东省软件产业“名城、名园、名企、名品”协同发展的良好态势已经形成，保持了快速发展势头。济南中国软件名城建设提速，城市品牌和聚集效应进一步提升，国家超算中心、省云计算中心等重大项目顺利实施。培育建设了14家软件产业园区和多个公共服务平台，齐鲁软件园、青岛软件园入围全国第一批8个软件和信息服务业类“国家新型工业化产业示范基地”，入园企业超过1000家。培育22家上市企业、76家软件工程技术中心、7个产业联盟，5家企业入围全国软件业务收入百强。对涉及自主知识产权产品和技术的基础软件、通用软件、应用软件和行业综合解决方案等多个环节统筹布局，初步形成了大中小企业协同发展、技术产品自主可控的软件产业体系。2014年全省累计实现软件业务收入3100亿元，提前实现2500亿元的“十二五”规划目标，利润157.9亿元，利税317.7亿元，分别同比增长30.4%、20.3%和21%，其中软件业务收入同比增长高出全国软件行业平均增幅10.2个百分点。软件服务化趋势日渐明显，产业结构持续向服务业方向转变，软件开发、数据处理和运营、集成电路设计2014年全年共完成收入1327亿元，平均增长32%，增长快速。

产业转型创新加速，特色企业不断涌现。山东省集成电路、云计算、数字家庭、新型电子材料等新一代信息技术领域的创新成果不断涌现，产业规模逐步壮大，成为带动产业发展的重要力量。浪潮集团继续保持国产服务器品牌国内市场占有率第一，并首次进入国际市场前5位，八路服务器市场占有率近20%。海信平板电视国内零售市场占有率超过10%，连续10年成为中国液晶电视销量冠军。山东华芯自主设计的DRAM产品制程达到38纳米，并研发成功国内首款超高速安全存储控制芯片。山东瀚高的国产数据库、山大华天软件的三维CAD（计算机辅助设计）软件、山东概伦电子的EDA（电子辅助设计）工具、山东天岳的碳化硅晶体材料、恒汇电子的IC卡封装载带、济南晶正电子的铌酸锂电子材料等在电子材料、数据存储、软件设计等领域达到世界领先水平，多项技术产品打破国外垄断，处于国内相关专业市场的龙头地位，一批“专、精、特、新”的小巨人企业正在加速崛起。

产业布局日益优化，骨干企业带动作用不断增强。经过多年的发展，山东省信息技术产业聚集效应明显，产业布局日益优化。2014年，烟台、青岛和威海的信息技术制造业产业规模持续保持在山东省前3位，三市合计占全省的65.56%，成为我国重要的信息技术产品制造业基地。济南、青岛和烟台分别完成软件业务收入1750亿元、1039亿元和186亿元，同比增长29.9%、31.2%和29.5%，三市合计占全省软件业95.97%。骨干企业规模和效益逐年攀升，海尔、海信、浪潮、润峰电力、歌尔声学、山东鲁鑫贵金属6家企业入围全国电子信息百强，6 家企业的收入和利润约占全行业的30%。海尔、浪潮、海信、中创、东方电子5家企业入围全国软件百强，其中海尔、浪潮、海信分列第 3、5、7 位，5 家企业利润占全省软件利润的近 40%。7 家企业入围国家规划布局内重点软件和集成电路设计企业。骨干企业在生产经营、科技创新、国际合作、节能减排等多方面起着重要的引领作用。

云计算、物联网等新兴业态蓬勃发展。山东省在全国率先成立了省级云计算中心，组建了省云计算产业联盟，推动省云计算中心与相关部门、企业合作，加快云计算技术的应用落地。浪潮集团成功研发出中国第一款云计算数据中心操作系统——云海操作系统。依托山东省云计算中心的“山东省建设领域项目信息和信用信息公开共享平台”、“山东省中小企业公共服务平台”、“山东省电子政务综合服务平台”等重点工程顺利实施并取得了显著应用成效；“区域医疗信息服务平台”在蒙阴、莒县应用；“煤炭安全质量标准化管理平台”在山西、河北等省的多个大型煤炭企业实施。目前全省从事物联网产业研发、生产、应用等企业达1000多家，涵盖电子信息、软件服务、物流、交通、家居、医疗等多个领域。浪潮、海尔、海信、积成电子、北洋、中创、华翼等企业在射频识别（RFID）、传感器及节点、应用软件、高端集成、服务应用、网络通信、云计算、云安全等领域，居全国领先水平。

固定资产投资增速有所下滑，制造业对外出口增长迅速，软件出口持续低迷。2014 年，山东省信息技术产业500万元以上项目累计完成固定资产投资 786.4 亿元，比 2013 年增速有所下降，低于江苏（2345.7 亿元）、河南（1050.8 亿元）和广东（889.8 亿元），排全国第 4，比 2013 年下降 1 位。山东省投资增速有所下降。说明省内企业投资欲望不足，会对 2014—2015 年发展形成不利的影响。制造业受国际形势好转、出口需求增加的影响，山东省信息技术制造业出口摆脱了去年负增长的态势，实现了快速增长。2014 年全省信息技术制造业出口交货值实现 1898.08 亿元，同比增长 18.91%，占全省规模以上工业出口交货值的 22.20%。软件业。软件业务出口已持续两年处于逐步回落态势，软件业实现出口 7.27 亿美元，同比增长 0.7%，低于 2013 年同期 2.6 个百分点，其中外包服务出口呈现负增长，同比降低 1.9 个百分点，嵌入式系统软件出口增长 3.9%，低于 2013 年同期 4.5 个百分点，下行压力较大。

【信息化应用取得新突破】

（一）信息化与工业化加速融合

山东省两化深度融合工作呈现良好发展态势，企业两化融合整体水平明显提高，总体正处于由单项业务应用向综合集成应用过渡阶段。

区域两化融合发展水平层次分化明显。2014 年全省区域两化融合发展水平指数平均为 51.2，其中青岛最高（71.22），其次是济南（65.42）、烟台（61.17），菏泽最低（34.66）。3 类一级指标中，基础环境发展水平指数平均为 51.83，济南最高（77.29），菏泽最低（27.22）；工业应用发展水平指数平均为 47.24，东营最高（58.62），菏泽最低（32.20）；应用效益发展水平指数平均为 57.39，青岛最高（102.83），莱芜最低（37.12）。两化融合发展水平与各市工业规模和整体发展水平相吻合，呈现“东高西低”梯度排列，总体分为三个梯队。第一梯队分别是青岛、济南、烟台、东营、淄博，总指数突破 55，两化融合水平处于全省领先地位；第二梯队分别是威海、滨州、潍坊、济宁、泰安、德州和聊城，指数相对接近，平均在 50 左右；第三梯队多分布在鲁西南地区，分别是枣庄、临沂、莱芜、日照和菏泽，总指数较低，两化融合发展水平处于相对落后地位。

行业两化融合发展水平表现均衡。2014 年评估企业涉及轻工、纺织、机械、化工、冶金、建材、电子等 9 个行业，各行业平均得分依次为：电力 62.7、电子 59.55、医药 55.58、化工 55.25、建材 54.37、轻工 54.06、机械 53.63、纺织 52.93、冶金 49.67。与 2013 年度评估结果相比，得分均有不同程度增加，冶金行业增幅最大（增长 11.71）。轻工、纺织、机械、化工、冶金、建材 6 大传统行业中，从一级指标得分来看，各有特点。基础建设指标，机械行业得分最高（60.48）；单项应用指标，化工行业得分最高（57.2）；综合集成指标，建材行业得分最高（45.26）；协同与创新指标，轻工行业得分最高（30.02）；竞争力指标，化工行业得分最高（67.4）；经济和社会效益指标，建材行业得分最高（69.46）。

企业两化融合总体水平持续提升。2014 年山东省工业企业两化融合发展水平平均得分为 54.52，较 2013 年增长 7.37。与国家两化融合发展水平评估结果相比较，高出全国企业平均得分（45.88）8.64。6 类一级评价指标中，基础建设水平为 60.77，增长 7.37；单项应用水平为 54.94，增长 9.67；综合集成水平为 44.12，增长 2.72；协同与创新水平为 40.76，增长 13.82；竞争力为 64.66，增长 4.48；经济和社会效益水平为 65.4，增长 3.2。连续参与评估的 350 家重点企业两化融合发展水平平均得分为 56.72，较 2013 年增长 6.93。从山东省工业企业所处阶段占比来看，2014 年处于起步建设阶段的企业占 8.13%，较 2013 年减少 15.36%；处于单项覆盖阶段的企业占 54.63%，增加 10.5%；处于集成提升阶段的企业占 30.11%，增加 2.25%；处于创新突破阶段的企业占 7.14%，增加 2.61%。1668 家样本企业中，华泰、海尔、红领、鲁泰纺织等 97 家企业两化融合发展水平已进入创新突破阶段，较 2013 年增加 36 家。进入综合集成阶段、单项应用阶段企业分别达到 409 家、742 家。

（二）电子商务实现井喷式发展

2014 年，山东省电子商务继续保持快速发展态势，与农业、工业和服务业加速融合，第三方平台、互联网支付、网络营销等新型服务业态快速发展，全省电子商务交易额达到 1.3 万亿元左右，增长速度为 25%左右。

第三方电子商务平台迅速发展，加快利用互联网进行资源优化配置。2014 年，调度的 70 家第三方电子商务平台交易总额达到 1556.4 亿元，同比增长 93.7%；处理网络订单 3183.2 万笔，同比增长 124.3%；交易服务收入达到 7.1 亿元，同比增长 32.3%；从业人员 1.24 万人，同比增长 107.2%。其中，行业 B2B 电子商务平台发展迅速。调度的 45 个行业平台分布在与山东省工农业密切结合的石化、机械、农产品等领域。2014 年交易额达到 1468.7 亿元，同比增长 92.6%；注册企业用户数 118.1 万个，同比增长 33.9%。居前 3 位的平台分别是黄河棉花和化肥平台、黄河三角洲石油化工网和休斯顿石油装备平台，2014 年交易额分别为 760 亿元、225 亿元、175 亿元。

传统产业网络采购和销售持续增长，推动实现产供销一体化。2014 年，调度的 70 家传统企业电子商务销售额为 1206.2 亿元，占总销售额的 25.4%，同比增长 27.2%；电子商务采购额为 1188.4 亿元，占总采购额的 38.3%，同比增长 13.1%。其中，53 家企业拥有自主建设的网络销售平台和采购平台占调度企业总数的 75.7%。分行业看，消费品制造业网络销售占比逐步提高。调度的海尔集团、九阳股份、金猴集团、张裕集团等 26 家企业，主要集中在家用电器、服装鞋帽、纺织、食品等领域。2014 年，面向代理商的网络分销额 680.7 亿元，占总销售额的 44.5%，同比增长 21.9%；面向消费者的网络零售额 102.5 亿元，占总销售额的 6.7%，同比增长 32.8%。

互联网新兴业态加快发展，面向电子商务的支撑服务快速增长。2014 年，“好品山东”网络营销管理服务平台新增上线企业 10370 家，全部上线企业达到 15671 家，带动企业完成网上交易额 509 亿元；“联行支付”第三方互联网支付平台新增企业用户 1.3 万家，企业用户达到 7.9 万家，实现支付额度 182.3 亿元，同比增长 109.1%。60 家企业主要集中在网络营销、互联网支付、数据处理、信息安全、呼叫中心、快递物流等领域，2014 年电子商务服务销售额为 48.9 亿元，同比增长 63.7%；电子商务服务收入为 4.1 亿元，同比增长 86.8%；从业人员 8768 人，同比增长 83.7%。

（三）信息消费增长较快

2014 年，山东省信息消费重点产业主营业务收入实现 6120.19 亿元，最终信息消费规模达到 4590.14 亿元，同比增长 25.96%，约占全国总规模的 16.39%，高于同期社会消费品零售总额增速 13.39 个百分点，对扩内需促消费稳增长的贡献加大。

信息服务消费增长较快，市场空间进一步扩大。随着山东省“宽带中国”、数字家庭及智慧城市建设加快推进，信息服务消费快速增长。2014 年，全省信息服务消费实现 3445.55 亿元，同比增长

28.02%。其中，居民电信消费规模1067.34亿元，同比增长17.18%。从供给方面看，电信业务总量实现1422.76亿元，包括：移动业务总量实现556.16亿元，同比增长22.91%；联通业务总量实现393.83亿元，同比增长10.13%；电信业务总量实现101.39亿元，同比增长16.01%；增值电信企业（主要是互联网企业）完成业务收入亿元371.38，同比增长11.76%；居民广电网络消费支出53.27亿元，同比增长17.59%；软件及其他信息服务消费支出2324.94亿元，同比增长30.43%。

信息产品消费增长稳定，高端智能产品加快普及。随着智能手机和平板电脑等移动电子设备加速普及，消费者对高端智能产品的需求加快增长，电视机等传统消费信息产品需求趋缓、增幅回落，市场传统优势和主导地位趋弱，甚至面临负的增长。2014年，全省信息产品消费支出达到1144.59亿元，同比增长20.14%。主要信息产品中，功能手机和智能手机消费达到741.47亿元，同比增长29.32%，依旧保持较大增幅；计算机消费支出达到28.44亿元，当月同比增长19.82%；智能电视机消费支出达374.68亿元，同比增长7.5%，增幅进一步回落。

（四）电子政务与信息资源开发利用取得重大进展

2014年，山东省电子政务已从注重基础设施建设进入着力推进信息资源开发应用阶段，把政务信息资源共享作为电子政务发展的重点工作着力推进，取得了突破性进展。目前，财政、税务、民政、人社、人口、公安、质监、工商、国土、海洋与渔业等近80%的省直部门都建立了自己较为完善的业务应用系统，核心业务信息化覆盖率达到75%以上，全省电子政务应用系统已初具规模，应用水平位居全国先进行列。形成了一批基础性数据库。公安、质监、工商、国土、统计、经信、税务等部门承担的人口、法人、空间地理、宏观经济、诚信山东等基础数据库已投入使用；农业、林业、民政、卫生、计生、人社、住建、海洋渔业、气象、畜牧等部门通过数据大集中也形成了海量政务数据库。启动了首批由公安、民政、人社、计生、工商5个部门参加的省级人口基础信息资源共享工程建设，并依托省科学院的省云计算中心，建设了省级电子政务综合服务平台启动了数据的批量交换。目前，5个部门通过该平台开展了13类信息共计144个信息项的共享与交换，累计交换了1887829条数据。其中，工商以省属5999条企业工商登记信息与公安人口比对出2000多条差异数据；人社厅以18106条社保信息与公安人口信息比对出3356条差异数据，同时共享了2258条公安户籍信息中的照片应用于社保卡的制作；公安则通过平台积极采用共享信息，包括工商4503条企业工商登记信息（未出资），2715条企业工商登记信息（出资）和14550条社保信息。

（五）信息惠民工程深入推进

山东省深入推进信息惠民工程实施，重点解决社保、医疗、教育、养老、就业、公共安全、食品药品安全、社区服务、家庭服务等重大领域突出问题，创新服务模式，拓宽服务渠道，构建方便快捷、公平普惠、优质高效的公共服务信息体系，全面提升各级政府公共服务水平和社会管理能力，信息消费需求进一步释放。

社会保障信息惠民。社会保险核心业务平台在全省17个地市和全部县市区得到应用。社保卡发行规模进一步扩大，省直及各市累计发行社保卡约800万张。8个地市列入金保工程示范城市。新农保信息系统建设进一步推进，电话咨询服务中心建设进一步加强，全省17地市分中心共设立了85个座席，13年接听来电198万个。“山东省就业服务管理信息系统”被授予“国家信息化试点工程”。

健康医疗信息惠民。山东省基层医疗卫生信息化建设项目启动，将投资3.6亿元，完成140个县级数据中心的建设及2217个基层医疗卫生机构的设备配置。2013年年底，基本覆盖乡镇卫生院、社区卫生服务机构和有条件的村卫生室，完成与省级卫生信息资源综合平台的对接，打造具备承担全省卫生信息交换与共享能力的有效载体，提高基层医疗卫生服务质量和水平。

优质教育信息惠民。目前山东省教育信息化基础建设初具规模。山东省教育科研计算机网主干网已连接了全省所有普通本科高等学校、部分高等职业学校和部分教育城域网。全省 17 市 140 个县（市、区）全部建立了教育城域网；100%的高等院校、88%的普通高中、70%的初中、34%的小学建成了校园网；1/3 以上的县（市、区）所属中小学实现了“班班通”。全省中小学现有学生用计算机 83.82 万台，生机比 13.8∶1；教师用计算机 34.32 万台，师机比 2.2∶1。

（六）智慧山东建设加快

据不完全统计，截至 2014 年年底全省所有的副省级城市、90%的地级城市和 45%的县级城市提出了建设智慧城市的规划目标。相关部门累计批复县级以上试点示范 53 个，建设覆盖面涉及交通、市政、教育、应急等 20 多个领域。各市积极贯彻落实有关要求，智慧城市建设全面提速。济南市基于物联网完善智能交通系统，有效整合资源，为交通管理、企业生产经营、市民出行服务提供了有力支撑，提升了城市管理水平；青岛市整合全市地理空间信息，以在线共享形式支持 51 个部门共 97 个业务系统应用，日均访问量超过 60 万次，实现了全市共用一张图，信息资源共享取得巨大进展；威海市“市民网”实行了“一楼式办公、一窗式收费、一站式服务”，开辟了 318 个服务窗口，覆盖了 66 个部门、426 项行政审批和公共服务事项，全流程审批周期大大缩短，公共服务进一步改善；智慧潍坊数据运行中心计划整合 42 个市政部门和 13 个区县政府的数据，实现多项业务协同，建成后交通、土地、环境、民生等实时数据日均交换 500 万条，峰值达 1500 万条，将有效支撑城市运行管理各项业务。加快智慧城市建设已经成为各地科学发展、增强区域竞争力的重要举措。

【信息安全保障能力进一步提升】

统筹协调机制基本完善。山东省在 2010 年成立了山东省网络与信息安全协调小组，统筹协调跨部门网络与信息安全重要工作，健全完善网络与信息安全各主管部门间协同配合机制，协调处理网络和信息安全重大事件。网络和信息安全基础设施建设初见成效。近年来，山东省一直十分重视网络和信息安全基础设施建设，每年设立 800 万元专项资金，用于支持跨部门、综合性、全局性的信息安全项目建设。2013 年建成并投入使用的省网络与信息安全突发事件监控平台，涉网邪教信息监控处理系统，网评员信息管理平台以及数据灾难备份中心，在应对信息安全突发事件，及时发现应对，快速处置、消除不良影响方面发挥了极大的作用。网络和信息安全应急管理有新进展。加强了对政府网站安全运行的监测，利用省网络与信息安全突发事件监控平台，对全省各级政府部门 1085 个网站进行实时监测，及时发现漏洞和隐患，对网站遭受网络攻击的情况及时进行分析，协助管理者做好防护和处置工作，有关情况定期通报各市、各单位进行整改，既有效减少了网络攻击带来的危害，又有力地促进了政府网站安全建设。2014 年省网络与信息安全应急支援中心现场处置网络和信息安全事件 12 起，通过应急支援呼叫中心提供电话咨询及远程技术服务 130 余次，还协助多家单位进行了信息安全技术及教育培训。网络和信息安全保障体系建设取得了长足的发展和进步。

河南省信息化发展概况

2014 年，河南省两化融合水平进一步深化、社会领域信息化应用普遍提升、信息安全保障能力不断加强、信息消费快速增长，信息化在拉动有效投资、促进经济发展方式转变方面的作用日益凸显。

【促进信息消费增长】

全面贯彻落实国家和省关于促进信息消费、加快信息化发展的总体部署，加强顶层设计，发挥试点城市示范引领作用，持续扩大信息消费规模。

（一）组织制定政策文件

根据省政府《关于加快推进信息化促进四化同步发展的意见》（豫政〔2013〕68 号），组织起草了《河南省推进信息化促进信息消费实施方案（2014—2016 年）》（豫政办〔2014〕137 号），并抓好方案的任务分解、组织协调和督促落实；2014 年年底开始，组织起草《河南省 2015 年信息化推进实施方案》，对年度信息化工作推进重点做了部署，该方案已由省政府办公厅转发。

（二）发挥信息消费试点城市示范作用

总结试点城市经验，充分发挥信息消费在稳增长、促改革、调结构、惠民生中的积极作用。指导、督促郑州、济源加快推进首批国家信息消费试点城市建设，指导洛阳、新乡申报并成功获批第二批国家信息消费试点市。

（三）加快电子商务和物联网产业发展

全方位推进电子商务应用，积极搭建工业企业和电商企业对接平台，在省辖市开展“豫货通天下”工业企业和电商企业对接活动，安阳市被工业和信息化部确定为工业电子商务区域试点，2014 年全省电子商务交易额 5660 亿元，增长 34.8%。开展河南省物联网产业基地、特色产业园区、骨干企业、应用示范工程等一系列认定工作，大力支持物联网产业发展，目前全省主营业务收入过亿的物联网骨干企业共 12 家。

（四）提升信息化专项资金使用效益

结合河南省信息化和信息产业发展实际，确定省信息化发展专项资金重点支持方向；将 8000 万元信息化专项资金切块分配至各省辖市、省直管县（市），指导、督促各地规范项目申报程序、用好资金，提升专项资金使用效益。

（五）加快信息基础设施建设

实现了 3G 网络县城以上城区及乡镇、农村数据热点的全面覆盖，4G 网络县城以上城区及部分城镇的覆盖。郑州国家级互联网骨干直联点正式开通运行。加快推进电信网、广播电视网、互联网三网融合，推广 IPTV（交互式网络电视）、手机电视、互联网视频等业务，郑州市已基本完成广电有线电视网络数字化、双向化升级改造。督促三大电信运营商落实与省政府签订的战略合作协议，2014 年三大电信运营商完成信息网络基础设施建设投资 332.28 亿元。

【全面推进两化深度融合】

坚持改造提升传统产业，加快产业结构优化升级，制定实施了《河南省信息化和工业化深度融合专项行动计划（2014—2018年）》。以智能制造为主攻方向，围绕重点行业，发挥国家和省级两化融合示范企业引领作用，大力提升制造业产品、装备、生产、管理和服务的智能化应用水平。据《2014年中国信息化与工业化融合发展水平评估报告》显示，河南省2014年两化融合发展水平评估总指数为68.25，高于全国平均水平（66.14）2.11，增速超全国平均水平（其中3项分指数增速均高于全国水平值），处于全国第16位。

（一）开展两化融合管理体系贯标

按照工业和信息化部统一部署，引导工业企业参与“企业两化融合管理体系”国家标准及相关技术规范的建设工作。通过建立第三方认定服务体系，推动企业对照标准和规范，建立、实施和改进两化融合管理体系，运用信息化提升企业核心竞争力。河南省共有14家企业被确定为试点企业，争取试点资金140万元。

（二）推进试点示范建设

推动郑州市高标准完成了国家级两化融合试验区各项建设任务，认定了25家省级两化融合试验区，发挥试验区对全省两化深度融合的辐射和带动作用。围绕电子信息、装备制造、汽车及零部件、食品等14个重点行业，筛选100家省级示范企业，带动行业信息系统普及应用，发挥信息化在改造传统优势产业、提升高成长性产业、带动先导产业等方面的重要作用。

（三）开展中小企业信息化建设

加快中国中小企业河南网建设，利用网络技术对1万多家企业进行在线培训，目前累计培训人员10万多人次。开展“创新中国行”中小企业信息化推广活动、中小企业“数字企业（智慧企业）”建设活动，累计覆盖中小企业超过2.3万家，提升中小企业信息化水平。

（四）加快工业云建设

积极开展云计算相关研究，组织开展工业云创新服务试点建设，聚合云服务资源，促进产业转型升级。3家企业入选工业和信息化部确定的2014年互联网与工业融合创新试点，河南省电子制造云计算服务平台列入国家工业云创新服务试点。

【深化电子政务和社会信息化应用】

全省统一的电子政务网络框架基本形成，较好地支撑了各级、各部门纵向业务系统应用。

深化重要业务系统应用。“金”字工程建设及应用不断深化，重要业务系统建设完成了全省部署，教育、医疗、社保、养老等社会民生领域信息化应用稳步推进，综合监管和公共服务水平有效提升。

推进试点建设。全面推进智慧城市、基于云计算的电子政务公共平台顶层设计试点建设，郑州、漯河、济源等9个国家级智慧城市试点和南阳、开封、许昌等9个省级智慧城市试点建设取得积极成效；指导郑州、济源、焦作、新乡、商丘5个国家级电子政务云平台试点城市顺利通过国家阶段性成果评审。

扩容电子政务网络。在原有电子政务网的基础上把网络延伸至10个直管县，同时对电子政务网络进行了扩容扩建，有效解决互联网出口严重拥堵的问题。

启动建设电子政务云平台。与阿里巴巴签订战略合作协议，启动电子政务云建设，逐步推进基础资源互联互通、共建共享，构建集约化、低成本、高效协同的电子政务发展新模式。

【提升网络和信息安全水平】

发挥安全管控平台作用。建设完成河南省网络与信息安全管控平台，通过对全省各地和有关省直单位110个政府网站进行定期监测扫描，及时发现安全事件，限期对漏洞进行整改复查，全面提升信息安全应急响应能力。2014年累计监测河南省政府部门网站35641次，累计发现网站被挂马103次、网页被篡改8次、网站出现违规关键字538次、网站出现暗链45514次。进行漏洞扫描3144次，累计发现危急漏洞1388个，其他漏洞110多万个。

开展信息安全检查。组织开展了 2014 年度全省政务信息系统信息安全检查工作，以查促改、以改保安，把握了全省政务信息系统存在的问题及面临的形势，排查了将近 100 万个安全漏洞，以及一些系统可被渗透、用户信息可被篡改等隐患，维护了全省网络与信息安全。

湖北省信息化发展概况

2014 年，在湖北省委、省政府的正确领导下，认真贯彻落实《国务院关于促进信息消费扩大内需的若干意见》（国发〔2013〕32 号）和《省人民政府关于促进信息消费扩大内需的意见》（鄂政发〔2014〕8 号），以工业转型升级为主线，以促进信息消费和两化深度融合为双轮，以深化创新为驱动，扎实推进信息化各项工作，取得明显成效。电信业、智能终端制造业和软件信息服务业得到快速发展，全年信息消费规模预计将突破 2200 亿元，大力推进信息化和工业化深度融合，提升企业核心竞争力，制造业电子商务交易额突破 7000 亿元。

【强化信息基础设施建设】

贯彻落实国家和省有关推进宽带网络、移动通信和三网融合发展的文件精神，加快全省信息基础设施建设和宽带普及提速，推广三网融合新业务、新业态的普及应用。创新完善宽带发展考核体制，把宽带接入普及率列入县域经济考核指标，有力推动了全省宽带网络建设。2014 年 1～11 月，全省电信业务收入达到 548.5 亿元，同比增长 16%，固定电话用户 913.6 万户，移动电话用户 4566.2 万户，宽带接入用户 864.6 万户。

全面扩大宽带网络覆盖范围。贯彻落实“宽带中国”战略及实施方案，会同有关单位广泛开展调研，梳理湖北省宽带网络基础设施建设的薄弱环节和亟须解决的问题，明确目标任务，起草并报请湖北省政府出台了《关于贯彻落实“宽带中国”战略及实施方案的意见》。按照工业和信息化部等 14 个部委联合发布的《“宽带中国”2014 专项行动》要求，会同省有关部门发布《“宽带湖北”2014 专项行动实施方案》，持续推进湖北省下一代信息基础设施建设，年内新增 FTTH（光纤入户）覆盖家庭 180 万户、发展固定宽带接入用户 140 万户，全省宽带用户及基站数量平均增幅达 30%，保持了较高发展水平。以建设国家农村信息化示范省为契机，加快打造“宽带乡村”，支持电信企业实现光纤“进乡到村”，鼓励采取无线技术加快宽带网络在农村地区的覆盖。出台了《湖北“国家教育信息化试点省”建设实施方案》，推进全省中小学宽带接入，实现宽带接入“校校通”。

统筹推进移动通信发展。积极落实省政府《关于加快推进第四代移动通信技术 TD-LTE 建设发展的通知》精神，把 TD-LTE 建设用地、基站选址、管道选址、电力引入等建设纳入城乡建设统一规划，并对省政府各部门按工作职能提出政策扶持的具体要求。大力支持运营商加快 4G 网络建设步伐，优先保障配套频率资源，简化无线电基站、网络审批程序，支持运营商迅速扩大网络覆盖，抢占先机。目前全省移动 4G 基站数已超过 17000 多个，覆盖所有乡镇及部分行政村，4G 网络规模和建设进度均位居全国前列，基本实现了全省范围内4G试商用。2014年6月，武汉电信与武汉联通公司也启动TD与FDD制式的4G混合组网建设试验，为湖北省农业、经济、教育等实现全面改革和智慧发展，注入新的活力。持续优化第三代移动通信（3G）网络覆盖，提升网络服务质量。

深入推进三网融合。按照国务院推进三网融合总体方案的通知精神，起草并报请湖北省政府办公厅印发了《湖北省推广三网融合总体方案》，使湖北省成为全国第一个在省级层面范围推广三网融合的省份。会同三网融合协调小组成员单位，扎实推进，狠抓工作落实。推出“幸福新农村”项目，集农村网络综治及农技平台、村级“三务”公开平台、IPTV及党员远教交互式平台于一体，实现电脑、电视、手机三屏互动，将基层党建、村务信息、农业技术、综合治理等服务信息进村入户，目前已覆盖137个村镇，发展用户近9000户。在城市地区开展了党建、交通、金融、医疗、教育、社保、水电煤缴费等社区服务，方便了人民群众的生活。推动IPTV、移动电视、城市电视、手机电视、互联网电视等新媒体业态快速发展。

加快各类国家级试点示范建设。支持武汉国家级互联网骨干直联点、下一代互联网示范城市建设，支持武汉、襄阳、孝感市孝南区国家信息消费试点城市建设，支持武汉、黄石等地创建“宽带中国”示范城市。省政府投资1.2亿元支持武汉国家级互联网骨干直联点建设，2014年8月30日已正式启动运行，进一步巩固了武汉中西部互联网干线交汇地和信息集散中心的枢纽地位，提升了湖北中部崛起战略支点的辐射功能。武汉市制定《武汉国家下一代互联网示范城市建设工作方案》提出，到2015年将基本完成骨干网IPv6改造。通过积极开展信息消费试点城市建设、下一代互联网示范城市和创建“宽带中国”示范城市工作，加快提升城市宽带发展水平，在全省形成示范带头作用。

【推动智能终端和集成电路产业快速发展】

电子信息产业是战略性、基础性、先导性支柱产业。湖北省以移动互联为抓手，大力推动智能终端制造和集成电路产业发展和应用，初步形成较完整的移动互联产业链，产业呈现蓬勃发展势头。前三季度，智能终端销售收入451.7亿元。2014年1～11月，全省智能手机产量达到2411.3万台，同比增长275.2%；微型计算机设备106.8万台，增长23.6%；显示器1521.9万台，增长19.2%。

出台扶持政策，营造发展环境。研究起草并报请省政府先后出台了《关于加快推进“两计划一工程”的实施意见》、《关于推进装备制造等六个重点产业加快发展的意见》、《湖北省集成电路产业发展行动方案》（鄂政发〔2014〕44号）和《关于加快电子信息产业发展的行动方案》等文件，将智能终端和集成电路作为重点产业予以支持，在产业集聚、技术创新、市场培育、招商引资、项目支撑等方面提出了一系列政策扶持措施。抓紧编制加快发展数字家庭产业的行动方案等鼓励数字家庭产业发展的政策和意见，将尽快研究出台。指导武汉市、东湖开发区进一步完善电子信息产业发展规划，出台实施细则，为促进产业发展营造良好的氛围。

搭建交流平台，加强对外合作。在2014年11月6～8日举办的第十一届“中国光谷”国际光电子博览会期间，组织了数字家庭年会、数字家庭展、数字家庭产学研洽谈会等活动，进行产品展示和技术交流；组织光谷高清、精伦电子等多家企业连续3年参加工业和信息化部数字家庭方案大赛，获得优异成绩；组织业内人士参加广东番禺、浙江杭州数字家庭产业基地的各种活动，学习吸取外地的先进经验。同时，利用武汉安通“光谷智能港”数字家庭体验馆，及时展示湖北省数字家庭产业最新成果，已累计接待部、省、市各级领导参观考察100多批次，受到广泛好评。

组建产业联盟，推动示范应用。指导联想、烽火和百纳等70余家企业发起成立全省移动互联产业协会，许克振副省长亲自出席协会第一次会员大会暨成立大会，并作重要讲话。组建了湖北省数字家庭产业促进会（联盟），实施产业协调、行业交流和企业联合等协会服务功能。工作中，对接国家政策和资金支持，切实做好产业研究和服务，促进企业抱团发展。涌现出烽火通信、武汉联想、武汉雅图、精伦电子、百纳科技等一批优秀示范企业，产业规模快速扩大，产业链不断延伸，科技创新活跃，示范应用踊跃，产业实力和竞争力不断提升。

加大资金投入，形成产业聚集。根据《国家集成电路产业发展推进纲要》，为把武汉打造成为继北京、上海之后的“集成电路产业第三极”，湖北省委、省政府加强领导和扶持力度，成立了省集成电路产业发展领导小组和由省、武汉市、东湖高新区三级政府共同出资的湖北省集成电路投资基金，对东湖高新区内集成电路相关重点企业及成长性好、创新能力强、带动作用大的集成电路关键技术研发和产业化项目，在资金补助、贷款贴息和股权投资等方面给予支持，以东湖高新区为依托，建设一个立足武汉、辐射中西部、服务全国、面向世界的集成电路产业基地，形成产业聚集发展态势。

【着力培育信息消费新需求】

软件和信息服务业既是信息消费的载体和手段，又是信息消费的主要内容。以创建“武汉·中国软件名城”为抓手，不断培育和挖掘信息消费新需求，通过需求与供给的自我平衡机制，引领信息产品和信息服务升级，并加快催生其他产业商业模式创新，全省软件和信息服务业实现跨越发展。2014 年 1～11 月，全省软件业务收入达到 913.37 亿元，同比增长 41.4%，增速排名全国第 2 位。

稳步推进云计算大数据应用。加快搭建和完善以“管理+技术+资源+服务”为主要内容的“兴业云”。该平台被评为国家“工业云”创新服务试点之一，已发展 SaaS 应用客户 5.7 万家，IaaS 应用企业 790 余家，提供软件服务 20 个，培训视频 7 个，基本实现信息化产品的全覆盖，满足中小企业业务发展的信息化需求。加强统筹协调，在省直重点部门和有条件的市州积极推广云计算应用，形成了以公安云、教育云等为代表的一批有影响力的省级云平台，在市州形成了以武汉为龙头、襄阳和宜昌为两翼的“一主两副”云应用发展格局。武汉市出台了《大数据产业发展行动计划（2014—2018 年）》，形成“2+7+N”的大数据发展思路。襄阳提出打造“襄阳云谷”的战略，引进 IBM、华为等大企业，总投资超过 200 亿元。宜昌市基于三峡云计算中心基础能力，完善政务云计算服务平台。推动阿里云在武汉光谷创意产业基地建设孵化器，为动漫、网游企业提供云计算资源和服务，扶持企业云上创新。

推进智慧城市建设。以教育、卫生、社保、农业等民生领域信息化应用建设为重点，大力推进智慧城市建设，促进信息惠民。支持省内城市申报国家智慧城市试点示范，争取国家政策支持。截止目前，湖北省有 5 市、2 区获批国家智慧城市试点，分别是武汉市、宜昌市、襄阳市、咸宁市、黄冈市，以及武汉市江岸区、蔡甸区，其中，武汉市是目前全国唯一分别被住建部、科技部同时确定为全国首批智慧城市的试点城市。各试点城市普遍成立了智慧城市建设领导小组，编制了智慧城市建设总体规划或方案，按照“顶层设计、应用落地、示范推进”思路，围绕提高城市运行效率、提升城市承载能力、为市民创造更美好的城市生活，组织实施了一批涉及智慧政务、智慧城管、智慧教育、智慧居家养老、智慧医疗、智慧农业、智慧交通等示范项目建设。宜昌市、襄阳市和孝感市还被评为信息惠民国家试点城市。

推进北斗卫星导航应用发展。加强北斗产业发展顶层设计，省政府先后出台了《湖北省北斗卫星导航应用产业发展规划》和《关于促进北斗卫星导航应用产业发展的意见》。加强组织领导和工作协调推动，建立了省北斗卫星导航应用产业发展工作联席会议制度，协调解决产业发展中的重大问题。强化产业发展和应用示范，建设了全省首个北斗地基增强系统示范项目，实现了专业应用领域的厘米级精确定位，推进北斗智能应用芯片研发，逐步在长江航道、精细农业、城市配送、平安惠民、特殊人群关爱与监护等领域开展应用示范，形成 1+5（1 个平台，5 个行业示范）的模式，加快北斗产业园建设，加大产业布局拓展力度。

【两化深度融合】

发挥信息化和工业化深度融合在促进工业转型升级中的重要作用，坚持把两化深度融合作为加快转变发展方式的重大举措，加强系统谋划并高位推进。2013年，湖北省两化融合发展总指数为67.01，高出全国平均水平7.94，位居全国第9、中部第1。部分指标国内领先，如大型企业采购环节电子商务应用普及率指数98.71，居全国第2位。信息技术在工业领域应用指数达到71.24，同比上升超过10，其中，制造执行系统（MES）、企业资源计划系统（ERP）、供应链管理系统（SCM）等核心指标的普及率指数分别为70.34、68.51、67.05，分别提高了17.44、11.58、10.17，提升幅度大。

明确工作思路和路径。2014年年初，以湖北省政府名义发布了《湖北省加快推进信息化与工业化深度融合行动方案（2014—2017年）》（鄂政办函〔2014〕30号），进一步明确了工作目标、任务和具体措施，健全工作机制，务实推进各项工作。围绕企业信息化等基础性工作的开展，组织开展了全省试点示范企业两化融合工作现状调查，完成了2014年全省两化融合调研报告、物流信息化工作要点等报告和稿件；积极推进企业CIO制度建设，推荐华新水泥CIO等9名企业家为全国优秀首席信息官和百佳优秀首席信息官，并参加2014全球信息技术主管大会，积极参与国际技术交流与合作。目前省级两化融合试点示范企业已达312家。

开展两化融合管理体系贯标。积极与工业和信息化部联系汇报，召集各地经信部门座谈交流，研究制定《湖北省两化深度融合管理体系贯标工作方案》，召开全省两化融合管理体系贯标工作部署会，积极推荐贯标试点单位，全省有23家企业成为国家两化融合管理体系贯标试点企业，获得工业和信息化部贯标补助资金的支持，目前有13家企业进入实质贯标阶段；制信科技成为全国首批推荐两化融合贯标服务机构。承办了全国装备制造业两化融合优秀解决方案交流会，来自省内各市州经信委、装备制造业两化融合试点示范企业、支撑机构、行业协会及新闻媒体的代表共200余人参加了会议，会议取得圆满成功。

加大制造业电子商务的推进力度。协助起草并报请省政府出台全省电子商务发展意见。支持企业建设电商平台，通过互联网销售产品。如武钢2013年通过自营电商平台销售钢材1165万吨，销售额达到564.83亿元，占比71.15%，降低交易成本近3亿元。十堰亿脉公司建设的商用汽车及零部件电子商务公共服务平台——“汽配人网”，已吸引30万家企业在网上开店，企业可以利用平台进行产品推广在线交易，拉动当地汽车汽配产业新增销售收入30亿元以上。截至目前，全省大型企业电子商务应用普及率近70%，中小企业超过50%，越来越多的企业正在“触电”发展，今年全省B2B交易额将突破7000亿元。

【民生领域信息化发展水平不断提升】

大力推进民生领域信息化建设，实施一系列信息惠民工程，着力解决社保、医疗、教育、养老、就业、公共安全、食品药品安全、社区服务、家庭服务9大领域突出问题，积极开展信息惠民国家试点城市申报，争取国家支持，湖北省宜昌市、孝感市、襄阳市被评选为信息惠民国家试点城市。推进国家教育信息化示范省建设，初步建成“湖北教育云”，依托湖北教育卫星宽带平台和湖北教育信息网，建设了全省基础教育远程教育资源库。卫生业务信息化取得实效，积极推动居民健康卡发放和应用，新型农村合作医疗系统覆盖和服务全省4000多万农民，切实解决农民看病难问题，全省社区卫生信息系统即将投入运行。“金保工程”推动了养老和就业的信息化管理水平，建设武汉城市圈一体化城乡居民社会养老保险信息系统，居民养老保险金按月足额发放率达到100%。能源、交通等行业信息化水平显著提高，水、电、气等IC卡交费和城市公共交通“一卡通”服务普遍推广。加快信息强农惠农，以国家农村信息化示范省建设为依托，整合各类涉农资源，打造了一个省级农村农业综合信息服务平台，建设了一批农村公共信息服务系统和农业生产服务系统。

湖南省信息化发展概况

2014年，湖南省紧紧围绕国民经济和社会发展总目标，大力推进信息基础建设、电子信息产业发展、两化深度融合、农业农村信息化、社会管理和民生服务信息化等工作，全省信息化建设取得初步成效。

【信息基础设施建设不断完善】

2014年，全省基础电信企业电信业务总量累计完成664亿元，同比增长24.1%。全省电话用户较2013年年末新增103.2万户，总数达到5587.6万户。固定宽带用户新增80.8万户，达到783万户，同比增长11.5%。全省累计已有9家移动转售企业开展业务，共发展用户8400余户。移动互联网用户新增539万户，增幅达20%，总数达到3223万户。2014年新增行政村通宽带1012个，任务完成率为101%。目前全省行政村通电话率、乡镇通宽带率均已达到100%，自然村通电话比率达98%，行政村通宽带比率达96.3%。村通工程的实施缩小了城乡差距，助力偏远农村脱贫和新农村建设。

【电子信息产业发展良好】

2014年，全省电子信息制造业累计实现工业增加值745.56亿元，同比增长29.6%，较全国行业平均水平高17.4个百分点，较全省规模工业增速高20个百分点，继续领跑省内各主要工业行业。全年500万元以上项目完成固定资产投资590.3亿元，同比增长20%。

实施亿元以上重点技改项目867项，蓝思科技新材料、华菱汽车板等重大产业项目正式投产。国内首条、世界第二条8英寸IGBT专业芯片生产线投产，长沙超算中心投入使用。

2014年，重点扶持集成电路、新能源汽车、工业机器人、3D打印、北斗应用、通用航空、两型住宅等产业。加快推进上海大众长沙生产基地、广汽菲亚特克莱斯勒吉普车、中联重科农业机械、三一重工产品研发项目、中兴通讯研发基地、中航湖南通用发动机、蓝思科技三期、IGBT优化提升、格力电器宁乡生产基地等重大项目。

【两化深度融合成效显著】

（一）湖南省两化融合发展水平位居全国第10位

2014年，工业和信息化部开展了全国区域两化融合发展水平评估。根据工业和信息化部中国电子信息产业发展研究院发布的《2014年中国信息化与工业化融合发展水平评估报告》，湖南省两化融合发展综合指数为76.06，比2013年的68.96增长了7.10，比全国平均水平高9.92，居全国第10位，是发展总指数增长最快的5个省份之一。

（二）开展两化融合管理体系的贯标工作

2014年，工业和信息化部在全国范围内遴选502家工业企业为两化融合管理体系贯标试点企业，湖南华菱湘潭钢铁有限公司、中车株洲电力机车有限公司、三一集团有限公司、中联重科股份有限公司、湘电集团有限公司、益阳橡胶塑料机械集团有限公司、威胜集团有限公司、长沙市比亚迪汽车有限公司、广汽菲亚特汽车有限公司、常德烟草机械有限责任公司、湖南忘不了服饰有限公司、湖南东方时装有限公司、岳阳林纸股份有限公司、湖南省轻工盐业集团有限公司14家企业入选。

开展贯标试点工作以来，所有的贯标试点企业均制定了初步的贯标实施方案，明确了工作目标、主要任务和时间进度安排。三一集团、中联重科、中车株洲电力机车与贯标服务机构已经达成了共同推进企业贯标工作的合作意向。目前，三一集团、中联重科、中车株洲电力机车3家企业已经通过了工业和信息化部两化融合管理体系贯标认定。

（三）湖南省企业两化融合对接会召开

2014年11月4日，由湖南省经济和信息化委员会主办的湖南省企业两化融合对接会在湖南宾馆顺利召开。湖南省副省长黄兰香出席会议并讲话。湖南省经济和信息化委员会主任谢超英作两化融合主题报告。对接会以“推动两化深度融合，促进工业转型升级”为主题，来自国际国内的50多家信息技术服务企业、省内200多家工业企业的400多人参加会议。信息技术服务企业围绕产品研发信息化、生产装备数字化、生产过程智能化、经营管理网络化等方面展示了多种两化融合解决方案。一批两化融合项目在对接会上成功签约。

（四）开展两化融合培训

2014年，组织开展了一系列企业两化融合“登高计划”活动。开展企业信息化“翔计划”、“企业信息化巡展”等活动，“翔计划”开展培训活动116场，培训人数达10446人次，“企业信息化巡展”开展培训活动12场，培训人数达2400人次。开展“移动4G惠三湘”活动，累计开展宣讲10991场次，为150余万户企事业单位提供了4G信息化服务，4G信息化终端使用率为49.7%。2014年，先后组织了两期企业信息化培训班，参加培训企业共260多家，人数达450多人次。

【促进信息消费快速增长】

2014年2月22日，《湖南省人民政府关于推进“宽带中国”战略促进信息消费的实施意见》（湘政发〔2014〕8号）正式印发。2014年9月，工业和信息化部启动第二批国家信息消费试点城市建设工作，常德市武陵区正式入选。衡阳、株洲和郴州3市已于2013年入选首批国家信息消费试点城市。

【《湖南“十三五”数字湖南建设和信息化发展战略研究》完成】

2014年，湖南省“十三五”规划前期重大研究课题全面铺开。由湖南省经济和信息化委员会承担的《湖南“十三五”数字湖南建设和信息化发展战略研究》已经完成。该课题紧紧围绕湖南省“十三五”经济社会发展的实际需求，从大力推进信息资源的共享和整合出发，以移动互联网、云计算、物联网、大数据的统筹建设为核心，科学、系统地提出了“十三五”数字湖南建设及信息化战略发展思路与总体目标，并从云计算基础设施、政务云、社会治理、民生服务、智能制造和智慧城市试点示范、产业互联化6个方面提出了相应的策略建议，以及环境建设与保障措施。

【电子政务发展迅速】

2014年，湖南省电子政务进入深入发展阶段，整体发展较为迅速，在改善公共服务、加强社会管理、强化综合监管、完善宏观调控等方面发挥了重要作用，进一步促进了政府职能转变，已成为政府高效履职不可或缺的手段。

（一）电子政务基础设施进一步完善

全省政务外网平台横向和纵向接入量全面提升，省直部门已接入119家，市州、县市区部门接入近万家，70%县市区延伸到乡镇一级；外网网络应用不断扩大，承载了26个中央到省市、14个省到市县的纵向应用，共有48个省直单位通过省政务外网统一互联网出口，外网云计算平台已具备200个虚拟机、140TB存储的能力，初步具备了为省本级政务部门业务系统运行提供支撑的能力。

（二）公共服务水平提升取得成效

全省62个省直单位、14个市州政府和122

个县市区政府全部建立了政府网站，省、市、县三级已建立各类政府网站（含虚拟主机）3900多家，形成了以省政府门户网站为龙头，各级各部门政府网站为支撑，统一入口、上下联动、相互链接的全省政府网站体系。省政府门户网站连续7年排名全国第10。网上政务服务和电子监察系统全面升级，年办件数达到1420万件，其中提前办结769件，提前办结率为54%。并联审批、三级联动审批已开始部署应用，并取得了很好的成效。

【民生重点领域信息化建设取得进展】

教育、人社、卫生、民政等部门通过探索信息化建设新模式，在服务民生方面取得新进展。基于“一网一站两库两平台”的教育信息化重点工程进展顺利，通过大力推动“三通两平台”建设，实现了信息技术与教育教学的深度融合。医疗卫生信息化基本实现“数字医疗、信息卫生、健康湖南”的目标，省级卫生云计算中心已经建成，并启动基于电子健康档案和电子病历的省市二级卫生信息平台建设，70%县级以上医疗机构都启动了医院信息系统建设，10%医疗机构进行电子病历系统应用探索，10%医院发行了诊疗卡，以电子病历、健康档案为主的卫生系统已经在试点城市取得成功。

【数据资源开发取得新进展】

2014年全省各类政务数据库建设逐步完善，资源量逐步攀升，为各种业务应用提供有效支撑。省、市、县三级地理框架、天地图基本建成，已在警用系统投入使用，“天地图•湖南”已正式接入国家主节点，14个市州的矢量地图和5个市州的影像地图已布设完成，录入地面地址100余万条，采集发布街景数据60千米。全省法人单位基础信息库已完成建设验收，可同时为政府各部门及社会公众提供在线服务，成为我国目前集系统设计、施工、运维于一体的，较先进的法人单位基础数据库。全省人口数据库基本建成，初步实现人口信息“扁平化”，人口数据已初步发挥了宏观监控、分析指导的功能。基本建成“三库一网一平台”为基础的全省信用信息系统，共实现归集信用数据2200多万条。

广东省信息化发展概况

【基本情况】

2014年，广东省深入实施信息化先导战略，以信息基础设施建设为抓手，推动全省信息化持续快速发展。信息化与工业化深度融合，物联网、云计算产业加快发展，信息技术在经济社会领域广泛应用，信息化程度走在全国前列。广东省人大审议通过《广东省信息化促进条例》，有力保障全省信息化建设全面推进。2014年，广东省互联网普及率为68.5%，位列全国第3。网民数量7286万人，占全国 11.2%，居全国首位。全省固定电话用户2950.6万户，移动电话用户14943.4亿户，3G（第三代移动通信）移动电话用户4981.2万户，4G移动电话用户1469.7万户。固定互联网宽带接入用户 2409.8 万户。无线宽带网络覆盖率达72.5%，其中珠三角地区无线宽带网络覆盖率83.1%，粤东西北各市无线宽带网络覆盖率67.9%。

【宽带网络基础设施建设】

2014年，广东省制定实施《宽带广东发展规划（2014—2020年）》和《关于全面推进我省宽带网络基础设施建设的意见》，成立了中国铁塔广东公司，推进全省信息基础设施加快提升，推动建立通信基础设施产业联盟，全省宽带网络基础设施建设任务超额完成。全年新增光纤接入用户357万户，累计667.6万户；新增3G/4G基站22.6万座，累计35.5万座；新建WiFi热点6800个，累计9.3万个。基本实现3G网络覆盖城乡，4G网络重点覆盖城市主城区，并向城郊区域覆盖延伸，公共区域无线局域网（WLAN）接入建设稳步推进。

【信息化和工业化深度融合】

2014年，广东省加快推进信息化和工业化深度融合，出台《大力发展智能制造推进两化融合加快产业转型升级专项行动计划（2014—2015年）》，成立两化融合工作领导小组。推动东莞成为广东省第二个国家级两化深度融合暨智能制造试验区。8月，全省两化融合暨智能制造工作会议在东莞召开，工业和信息化部副部长杨学山、副省长刘志庚出席。遴选100家试点企业、12家服务机构参加两化融合贯标试点，是全国唯一开展国家与省两级试点的省份。在全省分片区举办6场两化融合管理体系贯标现场交流暨两化融合牵手工程对接会，推动100家试点企业与1000家IT企业牵手合作。4家企业列入2014年国家首批互联网与工业融合创新试点名单，试点规模全国第1。推进泛珠三角9省（区）工业和信息化合作，建立合作协调机制。

【物联网·信息消费·智慧城市建设】

2014年，广东省物联网产业快速发展。据行业机构测算，全年市场规模突破2400亿元，增长26%。推动形成以广州、东莞、惠州、佛山、顺德5大物联网产业基地为重点的物联网产业聚集发展格局。引进国家星光中国芯物联网重大工程项目落户珠海，国家物联网标识管理平台和南方物联网检测认证公共服务平台等大项目加快建设，智能交通、智慧物流、食品安全溯源等物联网应用快速拓展，全省岭南通智能卡发卡量累计4100多万张，同比增长26%。出台实施《广东省云计算发展规划（2014—2020年）》，建成广州、深圳、珠海等7大云计算数据中心和广州、深圳国家超算中心。成功举办第三届中国物联网云计算技术应用博览会和粤港云计算产业大会。加快培育发展信息消费，据行业估算，全省信息消费市场规模约8600亿元，增长超过20%。深圳、汕头、珠海、惠州4个国家首批信息消费试点市加快建设，佛山成为国家第二批信息消费试点市，揭阳成为国家工业电子商务示范区，成功举办2014中国手机创新周活动。推动省政府与阿里巴巴集团战略合作，成功举办首届广东县域电子商务峰会。出台《推进珠江三角洲地区智慧城市群建设和信息化一体化行动计划（2014—2020年）》和《广东省促进智慧城市健康发展工作方案（2014—2017年）》，推动广州南沙、深圳前海、珠海横琴列为国家中欧智慧城市试点，启动智慧城市评价指标体系研究与制订工作。召开省政府与微软公司推动合作联合工作小组第一次工作会议，开展智慧城市试点等项目合作建设。

【大数据战略启动实施】

2014年，广东省在全国率先成立省大数据管理局，编制《广东省大数据发展规划》，开展大数据示范应用。探索研究大数据标准体系，成立电子证照和电子政务互联互通标准工作组，筹备成立广东省大数据标准化委员会。开展政务大数据应用需求调查，收集整理23个省直部门提出的342项应用需求，编制《政务大数据应用需求目录》和《政务信息资源共享目录》，建设政务大数据库，累计共享数据信息29亿条。

【电子政务发展】

2014年，《广东省电子政务发展规划（2014—2020年）》出台实施，电子政务外网云平台加快建设，广州、佛山、珠海、惠州、韶关、清远6市列入国家电子政务云平台建设试点。开展政府网站信息无障碍改造，建设省无障碍公共服务平台，实现对全省61个省直部门、21个地市和1200

多个市直单位、121 个县区政府网站的无障碍服务支持。组织粤东西北 8 个市开展政务服务进村入户试点，深入推进农村信息化建设。

【网上办事大厅建设】

2014 年，广东省网上办事大厅进一步完善，实现全省统一的业务咨询、结果查询、星级评价和服务投诉功能。45 个省直部门共进驻行政审批事项 1263 项，80%以上事项实现网上办理；进驻社会事务服务事项 377 项，70%以上事项实现网上办理。珠三角地、市（含顺德区）70%以上的行政审批事项达到二级网上办事深度，粤东西北地市 50%以上的行政审批事项达到二级网上办事深度。

【信息安全水平提升】

2014 年，广东省加快建设电子政务信息安全服务支撑体系，基本建成互联网网上办事大厅监测预警中心、信息安全检测实验室、网络和信息安全测评中心三大支撑服务机构，覆盖 94 个省直单位，累计发布预警信息 30 万条，为政府部门提供信息安全预警服务 386 次。数字证书进一步应用普及，全年发证量增长 33%，约占全国总量 3/4。

广西壮族自治区信息化发展概况

【基本情况】

2014 年广西壮族自治区信息化事业取得较好成效，信息基础设施建设力度不断加大，通信网络能力持续提高，信息网络覆盖全区，形成了以电信、移动、联通、广电网络等运营商互为补充、覆盖全区的信息传输网络，基本实现了村村通电话和互联网。全年新增 420 个行政村通宽带，行政村通宽带率比 2013 年年底提高了 3 个百分点。2014 年广西电子信息制造业完成工业总产值 1527.51 亿元，同比增长 74.78%。电子政务应用进一步深化，自治区、市、县（区、市）、乡镇（街道）、村（居委会）五级电子联网的政务服务体系和行政效能电子监察模式不断完善；政务公开政府信息公开体系进一步健全；信息资源共享工作取得一定成效，政府办事效率不断提高；信息安全检查有序开展，不断加强；信息化应用不断深化，为公民提供优质服务。两化融合积极推进，根据中国电子信息产业发展研究院发布的《2014 年度中国信息化与工业化融合发展水平评估报告》，广西两化融合发展指数列全国第 17 位、西部第 3 位。

【信息基础设施建设取得实效】

2014 年，广西电信业务总量累计完成 467 亿元，同比增长 15%；电信主营业务收入累计完成 286 亿元，同比增长 1%；固定资产投资累计完成 99 亿元，同比增长 12.1%，其中 3G/4G 直接投资 12 亿元。截至 2014 年年底，广西全区电话用户数达到 4054 万户，电话普及率达到 85.9 部/百人，其中移动电话用户占比为 87.7%，3G/4G 电话用户总数达到 1643 万户，4G 移动电话用户 286 万户；固定互联网宽带接入用户达到 672 万户（含移动宽带融合业务用户 79 万户），移动互联网用户达到 2587 万户。互联网宽带用户中，农村宽带用户占比为 18.3%；4Mbps 以上宽带用户占比 78.1%，8Mbps 以上宽带用户占比 32.9%。

2014 年，各市积极推进信息基础设施建设。南宁市城市光网覆盖超过 96%，乡镇 100%实现光网覆盖，政府企业事业单位实现光纤资源 100%到位。实现无线 3G 网络市区和乡镇 100%全覆盖，建设 WLAN 热点 5000 多个，形成了“3G+WLAN”的组合无线网络。4G 网络已累计完成超过 2300 个站点的开通，覆盖人口约 100 万，覆盖面积约 100 平方千米，基本实现了南宁市区主城区，以及南宁所辖 6 县县城中心城区和部分大乡镇的 4G 网络覆盖，4G 用户数量已达 47 万余户。桂林全市互联网出口带宽达到 620Gbps，较 2013 年年底增长 13.3%；基础运营商新增 WiFi 点数超过 3000 个，同比增长 26%。玉林市发力于城区及乡镇宽带建设，全市光纤到户（FTTH）覆盖家庭 50 万多户，百兆光纤通达市、县城区，光纤小区接近 2000 多个，WLAN 接入点（WiFi）总数近 2500 个，全市所有 105 个镇实现网络覆盖。梧州市推动家庭快步迈入“百兆新时代”，新建小区已 100%具备开通 100Mbps 宽带的能力，其他区域的网络改造也在不断加快进行中，城区 100Mbps 宽带资源综合覆盖率达到 60%以上，有力地推动社会信息化快速发展和经济转型升级。

【两化融合持续进步】

2014 年广西壮族自治区两化融合总指数水平居全国中游。根据中国电子信息产业发展研究院发布的《2014 年度中国信息化与工业化融合发展水平评估报告》，2014 年全国两化融合发展总指数为 66.14，广西总指数为 67.79，高于全国平均水平，位列全国第 17 位，居全国中游水平。其中，基础环境指数为 65.33，增长了 7.53；工业应用指数为 74.54，增长了 0.78；应用效益指数为 56.77，增长了 6.44。重点行业典型企业制造执行系统 MES、企业资源计划 ERP、产品生命周期管理 PLM、供应链管理系统 SCM、装备数控率分别为 68.4%、87.17%、76.48%、63%和 66.46%。电子商务和物流业的快速发展促进了两化融合，企业在采购环节电子商务应用普及率指数为 76.62，重点行业典型企业销售环节电子商务应用普及率指数为 93.25，均高于全国平均水平。

2014 年，广西壮族自治区工业和信息化委员会组织开展两化融合标杆企业申报、推荐和认定工作，经专家评审，认定 2013 年两化深度融合标杆企业 30 家，并对标杆企业名单予以公布下达。工业和信息化部办公厅印发《2014 年两化融合管理体系贯标工作方案和贯标试点企业名单》，广西柳工机械股份有限公司、广西糖网食糖批发市场有限责任公司、中国铝业股份有限公司广西分公司、广西玉柴机器股份有限公司、桂林立白日化有限公司、燕京啤酒（桂林漓泉）股份有限公司、桂林三金药业股份有限公司 7 家企业入选。入选企业按照《两化融合管理体系要求（试行）》开展贯标工作。积极引导全区 7 家试点企业开展贯标试点工作，对贯标试点企业给予一定的资金补助。

2014 年，广西壮族自治区工业和信息化委员会安排自治区两化融合专项资金 2000 万元，扶持项目 49 项，此批项目共拉动投资约 12.67 亿元，进一步推动了信息技术在工业领域的推广应用。广西壮族自治区工业和信息化委员会还会同自治区财政厅组织开展对 2010—2013 年度两化融合项目验收工作。截至 2014 年年底，已在 12 个市开展验项目收工作，共验收项目 112 个，占总项目数的 47.05%。

2014 年 11 月，根据工业和信息化部《关于做好 2012 年信息化和工业化深度融合专项项目验收工作的通知》要求，广西壮族自治区工业和信息化委员会组织项目验收专家组，在柳州市对 2012 年 7 月工业和信息化部安排两化融合专项资金支持的柳工国际化运营平台、广西糖网食糖产业第三方电子商务信息化服务平台升级改造两个项目进行了现场验收。两个项目完成了建设内容，达到预期效果，符合验收条件，同意通过验收。

2014 年，广西壮族自治区工业和信息化委员会组织开展全国优秀首席信息官（CIO）申报、推荐工作。经工业和信息化部、中国首席信息官联盟批复，柳工集团罗维同志获得全国百佳首席信息官（CIO），桂林漓泉啤酒蒋受旭等 13 位同志获得全国优秀首席信息官（CIO）。

2014 年 6 月，广西壮族自治区工业和信息化委员会指导成立“广西两化融合推进联盟”（以下简称联盟）。联盟由南宁两化融合信息科技有限公司、广西玉柴机器集团有限公司、广西柳工机械股份有限公司、桂林福达集团有限公司、南宁糖业股份有限公司、广西皇氏甲天下乳业股份有限公司、桂林君泰福电气有限公司、东风柳州汽车有限公司、柳州欧维姆机械股份有限公司、燕京啤酒（桂林漓泉）股份有限公司等企业发起成立，联盟的宗旨是：广泛联合工业企业、高等院校、科研院所和IT厂商及有关专家，形成联盟优势，开展两化融合专业服务，推动企业通过信息化手段提升核心竞争力和创新能力，加快产业转型升级，推进广西信息化和工业化融合发展，提升广西工业信息化水平。

2014年9月，在华中科技大学（武汉）举办了“2014广西两化融合干部高级培训班”，对来自广西全区14个地市工信委从事两化融合工作的分管领导、科室领导和业务骨干共46名干部进行了专题培训。

【信息消费不断扩大】

2014年，广西认真贯彻落实《国务院关于促进信息消费扩大内需的若干意见》和《宽带中国战略及实施方案》，出台并实施《广西促进信息消费扩大内需实施方案》、《宽带广西战略行动计划》，在推进信息化建设与应用工作取得明显成效，移动互联网得到快速发展和应用，信息消费环境得到改善，居民的信息消费水平明显提高。电子商务营销水平较上年有了显著提高和改观。指导南宁等3市开展国家信息消费试点工作，组织召开了试点城市和服务机构的工作交流会。指导推动实施了一批重点项目，例如，南宁重点建设市民卡工程、信息服务产业基地，柳州重点发展北斗产业、促进企业信息化投入、建设电子政务公共服务项目，桂林重点实施“旅游云”、淘宝“桂林旅游官方旗舰店”、爱GO云等旅游商务服务平台等。同时，引导其他城市学习参照，积极尝试和探索创新适应本市的有关工作思路和措施。截至2014年年底，共有南宁、柳州、桂林、北海4个国家信息消费试点城市。

2014年南宁市推进市民卡服务和应用扩展，促进信息消费。在全市范围内开放了173个市民卡服务网点，向市民提供市民卡的申领、充值、咨询等服务，并完成市民卡呼叫中心建设；拓宽发卡渠道，与广西农信社合作发行联名卡，利用农信社网点办理市民卡业务，实现市民卡的银行金融服务功能。拓展市民卡应用，完成了南宁市市民卡交通服务功能的整合，市民卡可在全市138条公交线路、2800台公交车上刷卡乘车，对100辆出租车进行了应用试点改造；拓展社区医疗服务功能，市民在东葛社区、桂雅社区医院可持市民卡进行挂号、就诊、保健及费用结算。目前，南宁市民卡累计发卡量超过42万张。

2014年桂林市信息消费成为热点，信息消费规模超过150亿元。涌现出以桂林国旅、桂林力港、微谷科技、博众旅游等为代表的一大批为信息消费服务的软件企业和服务产品，传统产业开展电子商务已成趋势，其中以桂林国旅为代表的桂林入境旅游电子商务已经位居全国第3，桂林乔兰朵公司在天猫平台女装类销售规模位居全区第1。全年智能终端销售数量超过77万台，全年外地市漫游用户数超过450万户。

玉林市推出的“爱城市・智慧玉林”掌上门户、翼支付民生支付业务（可实现中石油、中石化加油优惠和金城、南城商场消费）、智慧校园、智慧家庭建设等应用。

梧州市结合各行业、各单位的信息化需求，聚焦政府、教育、医疗、物流几大重点行业，以点带面，循序推动梧州信息化项目建设，成功打造了西江流域视频监控专网；实施“卫生专网”行动，新增覆盖卫生系统专线100多个点，大力推动了医疗系统的信息化项目的建设，实现了全市镇级以上卫生医疗系统移动专线覆盖率达95%以上。

三网融合业务开展平稳顺利，截至2014年年底，共发展三网融合业务用户39.8万户，引入高清电影800多部，高清剧集1600多集，正式上线100个频道。有关试点方已经续签了合作协议，2014年年底，双向进入业务许可已获得有关单位的正式批复。玉林市不断提升宽带服务能力和水平；继续填充和丰富宽带应用，满足各类客户的综合信息服务需求。例如，在基于宽带100Mbps接入能力基础上推出了高清宽带电视家庭信息化产品，宽带电视是三网融合的标志性产品，提供电视游戏、卡拉OK、体感游戏、多屏互动等丰富应用，带给用户从看电视到用电视的全新体验。

【信息产业增长显著】

2014年，广西电子信息制造业完成工业总产值1527.51亿元，同比增长74.78%；完成工业销售产值1486.86亿元，同比增长94.46%；完成出口交货值276.96亿元，同比增长120.46%；完成主营业务收入1386.52亿元，同比增长97.41%；实现工业增加值250.15亿元，同比增长38.82%；实现利润42.87亿元，同比增长183.53%；税金8.06亿元，同比增长58.35%。工业总产值100亿元以上的企业有2家，产值在80亿～100亿元的企业有1家，产值在50亿～80亿元的企业有2家，产值在30亿～50亿元的企业有4家，产值在10亿～30亿元的企业有11家。一批优势产品逐步形成，主要有以平板电脑、液晶显示器、计算机零部件等为代表的电子计算机产品；以移动终端、光通信、微波通信设备等为代表的通信设备产品；以医疗分析仪、医疗超声仪器等为代表的医疗电子产品；以电视机、液晶显示器等为代表的家用电子产品；以电阻、电容、传感器、电位器等为代表的电子元器件产品；以太阳能电池、太阳能组件、太阳能灯具等为代表的太阳能光伏产品；LED产品、电机产品、汽车电子产品等。

【软件和信息服务业稳步增长】

2014年，广西软件与信息技术服务业完成主营业务收入100.74亿元，同比增长11.7%；完成软件业务收入75.66亿元。新认定软件企业50家，新登记软件产品205个。截至2014年年底，广西累计认定软件企业411家，登记软件产品1109个。广西软件产品涉及金融、保险、交通、电力、旅游、酒店、教育、医疗、城市综合管理等多个领域。主要产品有酒店信息管理系统软件、网络游戏软件、项目综合管理系统软件、社区管理（网络化）信息平台软件、车辆管理系统软件、糖厂无线调度指挥系统软件、电子签章系统软件等。

在2014年12月中国游戏行业年会上，桂林力港网络科技有限公司获得“2014年度中国动漫游戏行业优秀企业”殊荣；该公司总经理孔桂全荣获“2014年度中国动漫游戏行业优秀企业家”称号；该公司出品的《武林盟主手机版》荣获“2014年度中国动漫游戏行业最受期待金手指奖”，是游戏行业含金量最高和级别最高的专业奖项之一。

【电子政务应用水平不断提升】

2014年，广西壮族自治区政府以建设人民满意政府机关为目标，围绕营造环境、促进发展的工作主题，不断优化顶层设计，从基础网络建设、信息资源共享和业务协同、安全保障等多个方面稳步推进全区电子政务建设，率先发布全国第一个省级电子公文传输与交换地方标准，实现全区统一的行政审批目录库及封闭式管理，积极利用电视、微博、微信等新兴信息化技术拓展和深化政务服务和政府信息公开应用，取得了较好进展。

按照国家电子政务网络及《广西壮族自治区政府电子政务“十二五”规划工作要求》，组织开展广西电子政务内网总体方案设计，并根据国家《关于电子政务内网建设和管理要求》，组织协调广西电子政务内网建设和管理协调小组成员商讨广西电子政务内网建设事宜，为全面推进广西电子政务内网网络建设奠定基础。

2014年广西壮族自治区政府电子政务外网省级网络平台新增接入自治区本级单位11家，自治区本级接入单位总数达107家。广西壮族自治区政府电子政务外网出口总带宽由原来的700Mbps扩大至2GBbps，电子政务外网访问互联网速度大大提高。实现对电子政务外网城域光纤网资源的图形化、智能化管理。新增自治区民委、司法厅、扶贫办、信访局、综治办、禁毒办、气象局、物价局、残联等部门业务应用11项，电子政务外网承载应用总数达26项。其中，纵向部署到县级部门的业务应用13项。南宁市民生资金监管系统可实现对南宁市6县、6城区及开发区的各类社保基金、救灾救济金、扶贫资金、民族发展资金、移民资金、住房公积金、住房保障资金，以及用于南宁市农业、农村、农民方面各类强农惠农资金的运行情况进行监管，实现民生资金在线流转跟踪、预警监控、监督评议等功能。

搭建广西电子政务信息共享和数据交换平台，推进政务信息资源目录、业务数据交换标准体系建设，采用试点先行引路、以点带面推进的方式，在自治区住建厅、国土厅等信息化程度较高的区直单位开展试点应用。广西电子政务信息共享和数据交换平台已覆盖区直部门，并延伸至14个设区市政府，为广西跨地区跨部门信息系统互联互通业务协同及重要政务信息资源共享提供强有力技术支撑。借助广西电子政务信息共享和数据交换平台，实现发改、公安、国土、住建、卫生等多部门共享信息上传，主要共享内容覆盖全区主要经济指标、进出口贸易、重大项目进展、人力资源保障工作动态、建设项目用地审批、地质灾害灾情统计、全区卫生医疗机构基本信息、公共卫生监测预警、医改成效监测评估、医疗便民服务、组织机构代码等多行业、多领域。政务信息资源共享库的建设完善，为领导决策和各部门开展工作、提升服务能力提供重要支撑。已完成全区27个区直属部门、50%以上市级政府办公文系统接入交换平台，实现国土厅、建设厅、药监局等具有行政审批权限区直单位与全区政务服务及监察通用软件数据对接，以及14个市级政务办行政审批系统对接。

推行公文电子化、标准化、规范化管理，提高公文处理和流转的效率。组织编制，并发布推行全国第一个省级地方标准《政府系统电子公文传输与交换》，明确各级各部门电子公文的交换方式、交换内容、交换规范，促进各级各部门电子公文系统相互衔接、公文办理协同运转，是广西贯彻落实中央八项规定、推行电子公文应用、实现电子公文网络传输交换、减少纸质文件发送、提高公文流转效率的重大举措，标志广西政务信息共享、业务协同进入标准化轨道。建设区直机关机要文件智能交换箱系统，按照中办、国办的标准和要求，大力推行二维条码应用，在256个区直单位推动机要文件安全可靠的交换管理，实现纸质文件交换的全过程跟踪记录和信息化管理。

搭建全区行政审批目录库，对广西壮族自治区1220多个乡镇、6700个行政村的22万个服务事项数据及129个政务服务中心的6000多个窗口单位32.7万条信息进行统一标准、统一管理，避免了部门对行政审批目录的随意修改。通过技术手段严格限制不在行政审批目录库的事项不得实施审批，进一步规范了广西行政审批权力库的运行。

各市电子政务水平不断提升。2014年度南宁市政府门户网站共受理网上信访、在线访谈、在线咨询、效能投诉、依申请公开等问题5966件，答复处理了5566件，办结率93.3%，网站公示行政审批事项目录1046项，公开办件结果信息89740件。桂林市基础地理信息系统、公共管理视频管理平台和云计算公共服务平台3个公共服务平台及一批政府信息化项目相继建成或投入使用，实现了零的突破，为统筹全市信息化项目建设、实现资源共享提供了基本条件。“中国玉林”政府网站群全部子网站维护监督管理及提供技术支持工作。在由中国软件评测中心、人民网、新浪网、百度共同举办的“第十三届（2014）中国政府网站绩效评估结果发布暨经验交流会”中，“中国玉林”政府门户网站在全国300多个（地市级）城市政府网站评比中，获得全国排名第47位、广西壮族自治区排名第2位的良好成绩。

【信息安全保障能力有所增强】

2014年2月，中央成立了网络安全和信息化小组。广西壮族自治区相应成立了自治区党委网络安全和信息化小组，统筹协调经济、政治、文化、社会、军事等各个领域的网络安全和信息化重大问题，增强广西壮族自治区安全保障能力。

2014年3月，广西壮族自治区工业和信息化委员会组织召开2014年度全区重点领域信息安全检查工作布置会，全区14个市信息安全主管部门负责人和相关技术支撑机构参会。会议总结了2013年度广西壮族自治区重点领域信息安全检查工作情况；通报表扬了在2013年度检查工作表现突出的优秀人员；对2014年度全区信息安全重点工作进行了布置。

2014年广西壮族自治区重点领域信息系统安全检查工作由广西壮族自治区工业和信息化委员会牵头，会同自治区公安厅、保密局、安全厅等单位共同开展，对县级以上政府部门信息系统组织、管理、防护、应急、培训教育及重点工控行业等重点内容开展安全检查工作。检查工作以自查为主、抽查为辅的方式开展，涉及全区14个地级市、112个县（区、市）、45个区直单位。

共有2394个重要的信息系统进行了自查(其中工业控制系统运营单位26家，重要工业控制系统48个)。抽查了102家单位、186个重要信息系统（其中，工业控制系统运营单位5家、重要工业控制系统8个)。通过检查，摸清了全区重点领域信息系统存在的安全隐患和漏洞。从检查结果看，全区重点领域信息安全状况良好，没有发生重大信息安全事故，整体防护水平相比2013年有了进一步提高，信息安全意识得到加强。

2014年，为增强广西壮族自治区网络安全和信息化科学研究、技术创新及公共服务能力，为广西经济社会建设提供网络安全保障，广西壮族自治区信息安全测评中心与中国工程院院士、国家信息化专家咨询委员会委员、自治区主席院士顾问沈昌祥院士签署了共建广西网络安全和信息化院士工作站合作协议，重点在信息安全领域通过产学研合作形式，开展技术交流与合作。

2014年6月，广西壮族自治区工业和信息化委员会在深圳市举办了2014年广西网络与信息安全专题培训班，广西壮族自治区14个市工信委信息安全工作分管领导及科室负责人、技术支撑机构负责人等40多人参加了培训。

2014年11月24～30日，广西壮族自治区网信办会同自治区编办、工信委、教育厅、公安厅、新闻出版广电局、通信管理局、人民银行南宁中心支行等单位在南宁联合举办中国首届国家网络安全宣传周（广西）活动。宣传周以“共建网络安全，共享网络文明”为主题，围绕金融、电信、电子政务、电子商务等重点领域和行业网络安全问题，以及社会公众关注的热点问题，举办网络安全体验展等系列主题宣传活动。

【电子认证服务能力不断提升】

广西壮族自治区数字证书认证中心有限公司（简称广西CA）是广西壮族自治区唯一一家电子认证服务机构。2014年，广西CA为广西壮族自治区高级人民法院、自治区地方税务局、自治区国土资源厅、自治区食品药品监督管理局、自治区社会保险事业局、贵港市人民政府、贺州市人民政府、防城港市人民政府、广西医科大学第一附属医院、广西区人民医院、广西中医药大学第一附属医院、广西民族医院、广西中医药大学附属瑞康医院、广西工人医院、南宁市第一人民医院、南宁市第四人民医院、柳州医专二附院、大化县妇幼保健院、大化县人民医院、巴马县人民医院、梧州市红十字会医院、桂林市财政局、南宁市社保局、南宁市人社局、南宁市财政局、广西电网公司、广西应龙公司等单位提供电子认证服务。2014年完成主营业务收入1182.72万元，数字证书发证量10.74万份。

2014年年初，广西CA通过中国信息安全测评中心审核，获得《国家信息安全测评信息安全服务资质证书》(信息安全服务资质安全开发类一级证书)，标志着广西CA的信息安全服务和保障能力获得了国家信息安全权威部门的认可。2014年2月，经国家密码管理局考核评估，广西CA获得国家密码管理局许可（国密局字〔2014〕30号)，列入电子政务电子认证服务机构目录，获准为政务部门开展社会管理、公共服务等政务活动提供电子认证服务。

2014年，广西CA还按照国家卫计委的要求，积极开展了申请纳入卫生系统电子认证服务体系的工作，向国家卫计委申请纳入卫生系统电子认证服务体系，为广西卫生系统建立全面、规范、安全、高效的电子认证服务体系。根据《卫生系统电子认证服务管理办法（试行）》要求，广西CA达到了为卫生系统提供电子认证服务的相关要求，目前已经为广西百余家医疗机构提供了电子认证服务，并与广西行政区域范围内的其他行业认证互信互联，为卫生系统及广西电子政务信息化安全建设提供良好的基础认证平台，避免信息孤岛的产生。2014年12月，广西CA通过了国家卫计委电子认证服务系统接入的测试。

海南省信息化发展概况

【基本情况】

海南省对信息化重要性的认识较早，1997 年就提出了“信息智能岛”概念，经过多年建设发展，全省在信息基础设施、电子政务、社会信息化等方面取得了一定成效。主要体现在以下几个方面。一是基础设施日趋完善。光纤骨干网、移动通信网基本覆盖全岛，电子政务网覆盖 50 家省直单位，实现了中央、省、市县、乡镇四级联网，20 多家省直部门与上级机关和市县实现了互联互通和业务协同。二是信息应用渗透到主要行业和领域。工商、税务、城管、交通、旅游、社保、教育、合作医疗、农技服务、海洋渔业、地理信息、行政服务等领域的网络信息化利用水平和效率较高。三是电子政务在全国率先实现了省级数据“大集中”。按照“统一网络、互联互通、资源共享”的思路，实行基础设施部分集中建设、业务系统部分散建设的“统分结合”模式，基本建成了全省人口库、法人库、空间地理库等基础数据库，搭建了覆盖全省的电子政务网络平台、电子政务公共服务平台、政府数据中心和网上行政审批系统，启动了“海南政务云计算中心”建设，初步实现硬件建设、软件信息资源、信息资源等共享。在 2014 年《中国信息化发展水平评估报告》中，海南省政务应用指数全国排名第 5。四是信息消费日渐活跃。电信消费持续增长，新一代信息技术产业、文化创意产业、电子商务发展较快，2013 年全省软件和信息技术服务业实现主营收入 185 亿元，增长 24.4%，电子商务企业超过 500 家，农产品、橡胶等特色产品营销通过电子商务实现了重大突破，出现了天涯社区、凯迪网、动网先锋等在国内外具有较大影响力的本土企业。五是管理体制逐步完善。相继颁布了《海南省信息化条例》、《海南省政务信息资源共享管理办法》、《海南省国民经济和社会发展信息化“十二五”规划》、《海南省电子政务“十二五”规划》等，为统筹全省信息化建设提供了依据和指南。

尽管海南省信息化建设初具规模，但总体建设和应用水平仍然比较落后，国家有关部门 2013 年发布的《中国信息化发展水平评估报告》，海南省在全国仅排第 20 位，处于中下游水平。存在的主要问题有以下几方面。第一，主观上讲，没有把信息化上升为省级重大战略。“起了个大早，赶了个晚集”，虽然认识较早，当时的理念也比较先进，但缺乏突破性政策措施来大力度推进建设。说到底，没有把“信息化”作为改变海南落后面貌、增创发展新优势、增强核心竞争力的重大战略一抓到底。第二，客观上讲，实体经济发育不足，信息化发展缺乏依托和载体。由于海南省经济基础差、底子薄，市场主体少，能够为信息化发展提供的产业平台不多，信息意识较差，缺乏信息化快速发展的肥沃“土壤”。第三，工作上讲，统筹力度不够。各自为政、条块分割、碎片化建设现象比较普遍。城乡建设规划与信息化规划衔接不够，“最后一公里”通信接入瓶颈问题尚未彻底解决；在项目建设、财政资金渠道等方面缺乏有效整合。一些地方和部门至今还把信息化建设作为门面来装点，钱花得不少，利用率不高，信息安全还存在问题。第四，应用上讲，信息资源开放度较低。大多数单位把自己产生的信息数据作为“私人财产”保护起来，部门之间、行业之间的信息共享度、开放度不高，社会资金参与社会信息化建设的意愿不强，信息“孤岛”、“割据”现象普遍，信息价值没有充分发挥出来。信息是新时期生产力的重要标志，信息对经济社会的深度渗透和融合滞后，是海南省的劳动生产率、技术创新力等在全国排名靠后的重要原因（在2014年《中国信息化发展水平评估报告》中，海南省这两项指数全国排名分别为第29名和第28名）。

【建设思路和目标任务】

（一）建设思路

坚定不移地把“信息智能岛”作为发展方向，把海南作为一个“大城市”进行统筹规划，协调推进全省信息化。以电子政务建设为基础和先导，坚持“大集中”建设模式，统筹项目建设和推进资源共享、业务协同，推动政府“大数据”应用，提升社会管理和民生服务的信息化水平，提高行政效能，为行政体制改革提供技术支撑。以信息化与工业化、城镇化、农业现代化的融合发展和社会应用为根本，开放政府数据，引领信息化市场。充分发挥市场对信息化建设的决定性作用，调动社会资本参与信息化建设，发展信息产业，推进信息化与经济建设和社会发展的深度融合，为国际旅游岛建设提供强大的信息化支撑。

（二）目标任务

力争到2017年之前，“信息智能岛”建设、开发和利用水平有质的提升。加快通信基础设施建设，实现全岛光网、4G无线宽带网络覆盖，热点区域实现WLAN覆盖，产业园区等重点区域的宽带接入能力达到1000Mbps，实现交通、应急、城市管理等信息网络的无线移动支撑。加强政务信息化建设，突破部门和行业壁垒，推动政务资源共享和业务协同。以政府“大数据中心”为基础，推动审批、综合治税、诚信、民生、社会管理等应用。推动社会资本投入信息化建设，加快信息化与经济建设和社会发展的深度融合，促进信息化与信息产业互动发展。加快完成“信息智能岛”顶层设计，通过PPP等方式引进社会资本投资建设和运营信息化平台。着力培育和打造智慧旅游、智慧农业、智慧海洋等信息化运营服务平台。

【重点工程】

2017年之前，全省重点实施八大信息化建设工程。

（一）宽带海南工程

加快构建“宽带、融合、安全、泛在”的下一代信息基础设施，支撑海南省经济发展和民生服务。加快推进“光网智能岛”工程建设，2017年前实现光网全岛覆盖，行政村光缆覆盖率达到100%，城镇全部实现100Mbps宽带接入，行政村全部实现10Mbps宽带接入，政府和企业用户的接入带宽达到1000Mbps。加快建设“无线海南”工程，100%城镇和100%行政村实现无线通信覆盖，无线信号质量明显改善，有效解决当前通信不畅问题；WLAN无线宽带覆盖所有三星级以上酒店、重要单位、重要景点、中高等院校、主要中小学校、机场、码头、公交车、大型商场等公共场所。

（二）电子政务共享工程

完善海南省、市县、乡镇和和行政村四级联动电子政务公共服务平台，将政务公开、政务服务和电子监督等平台服务延伸到所有市县、街道（乡镇）、社区和50%以上的行政村，提高各级政府部门数据共享水平、业务协同能力和管理服务能力。依托全省统一的电子政务公共服务平台和省数据共享交换平台，全面推进省直部门非涉密信息系统与省数据共享交换平台的对接，实现共享目录信息资源的采集和管理，初步形成基础数据库、部门共享数据库、主题应用数据库等政务信息共享“大数据”，促进政务信息资源优化配置和有效利用。创新投资模式，采用PPP等有效融资模式，引入企业资金建设“海南省政务云计算中心”，为政府各部门提供硬件设备和软件服务，促进信息基础设施资源共享。

（三）行政审批制度改革信息化支撑工程

进一步完善“省—市县（区）—乡镇（社区）—

行政村”四级联动的省网上行政审批系统，将系统服务推广到所有市县、乡镇和50%以上的行政村，力争2014年省级90%的行政审批事项实现互联网审批。建设“三证合一”的综合信息管理系统，促进工商、质监、国税、地税实现“工商营业执照”、“组织机构代码证”、“税务登记证”三证业务联动。建设完善电子证照库，实现电子证照在线提取、自动核验、重复利用和可靠共享，推动网上审批、无纸通关、网上年检等新型政务服务，方便办事群众，提高办事效率。

（四）智慧旅游工程

整合已有旅游信息资源，完善旅游基础数据库，整合通信运营商数据开发旅游决策分析系统、旅游电子合同和监督执法管理等系统，构建“一体化”智能旅游综合云平台，为游客、旅游企业和政府部门提供旅游信息发布、咨询投诉、产品营销、行业管理、决策分析、舆情监控等在线服务，实现旅游消费全程电子化、旅游企业生产经营数字化和旅游服务管理智能化，促进海南省旅游产业转型升级，提升旅游业竞争力。

（五）民生信息化工程

围绕社会保障、劳动就业、医疗卫生、文化教育、社区生活、便民服务等重点领域，整合构建面向各类人群的信息化公共服务体系，用信息化改善居民生活质量，打造数字化的便捷生活。建设完善“最低生活保障信息系统”、“社会救助数据采集和上报系统”、“社会保险管理系统”、“就业服务系统”、“劳动关系系统”。推广应用农村基层医疗健康服务信息化项目，以医院间的患者诊疗信息共享为基础，构建全省居民电子健康档案。加快推进教育信息化“三通两平台”（宽带网络校校通、优质资源班班通、网络学习空间人人通、教育资源公共服务平台、教育管理公共服务平台）的建设与应用，促进教育公平，提高教育质量，形成与海南教育现代化发展目标相适应的教育信息化体系。深入推进“金保工程”，加快社保业务和各级经办机构之间的信息共享，构建统一、高效、安全的社会保障系统。加快“微信智慧海南”建设，充分发挥移动互联网如影随形优势，为社会提供快捷的政务和便民服务。

（六）社会管理服务智能化工程

按照一体化、集约化要求，完善全省人口基础数据库，建设人口大数据平台。建成覆盖全省的“平安海南视频管控系统”、“道路交通智能卡口系统”、“进出岛车辆人员管控系统”，通过高空瞭望、地面监控、海上监控等方式，对全岛进行立体化防控，打造“海岛型立体化防控体系”。以电子政务网络和安全专用网络、无线网络为通道，开发全面覆盖、动态跟踪、联通共享、功能齐全的“海南省社会治理综合信息系统”，实现社会治理“人、地、事、物、情、组织”等管理信息化，为社会重点要素的动态管控、社情民意的分析研判等提供先进的信息化支撑。

（七）综合应急指挥平台工程

进一步完善公安、卫生、国土、海事、“三防”、气象、地震、测绘、武警、军区、消防等行业的应急指挥系统。依托“海南省应急联动指挥平台”，实现相关行业应急系统的互联互通、数据交换、资源共享和业务协同，形成功能强、覆盖广的综合应急指挥体系。

（八）南海信息化工程

加快南海（三沙）信息化建设，争取国家支持，铺设两条海南岛至西沙的海底光缆，增加移动通信基站，建设海上移动通信，推广“北斗卫星”海上服务和应用，争取2020年以前实现通信广播网络和光纤海底网铺设覆盖率达到60%以上，为南海开发提供通信保障。

【保障措施】

（一）进一步提高信息化建设统筹水平

全面落实《海南省信息化条例》，将信息化工作作为各地各部门年度考核的重要内容。贯彻落实《政务信息资源共享管理办法》，加快全省信息资源共享和开放步伐。加强规划的沟通衔接，在城乡建设规划中同步规划信息通信基础设施，在经济社会各个领域同步规划信息化系统。财政部门集中归口统筹政务信息化建设资金。

（二）推动信息资源开放，促进“大数据”建设与应用

加快出台“海南省政务数据共享目录”、“海南省政务数据对社会开放目录”，健全个人隐私保护及信息保密相关法规，保证数据开放工作稳步推进。建设统一的政府“大数据”开放平台，充分发挥信息数据在经济社会发展服务中的价值。引导和鼓励企业对原始数据进行增值开发和创新应用，不断挖掘数据资源的潜在价值，为社会提供海量数据运营服务。

（三）创新投资模式，加大信息化投入

加大对信息化建设的资金投入，制定财政资金扶持信息化建设的政策措施。将园区通信基础设施和产业云等信息基础设施建设纳入省工业园区资金、科技园区资金扶持范围。研究出台鼓励PPP模式加快信息项目建设的政策，鼓励和引导民间投资参与信息化建设，促进多元化投融资。积极发展服务外包，创新政府购买服务模式。

（四）不断提高信息化应用效益

开展政务信息化项目绩效评估，提高使用效益。开放政府数据资源，加强与社会征信、商业信息、学术研究等社会信息源的协同推进，在更广的领域提高信息共享水平和应用效益。加强对市、县信息化的指导和引导，推动信息化深入基层。加强对全社会的信息化宣传，加快培育专业人才，提高全民信息技术应用技能。

（五）提高信息安全保障能力

加强对网络安全的领导，提高网信、工信、通管、公安、保密等部门的统筹协调水平。健全信息安全管理制度，加大信息安全培训教育。构建全省网络与信息安全监管体系，加强对涉及国家安全和个人隐私的保护。重点加快工业控制系统监控平台建设，及时发现排除工控系统安全隐患。

重庆市信息化发展概况

【推进经济信息化】

（一）两化深度融合成效明显

出台了《重庆市信息化和工业化深度融合专项行动计划（2014—2018年）的通知》、《重庆市2014年信息化和工业化融合专项行动实施方案》两个指导性政策文件，进一步明确了重庆市两化深度融合的奋斗目标和实施路径。

推进了两化融合贯标、工业云平台、互联网与工业融合创新3个国家级两化融合试点项目建设，引导全市两化深度融合的有序实施。指导长安股份、重庆潍柴、葛洲坝易普力等8家企业积极开展全国首批两化融合管理体系贯标试点工作；推进重庆移动承担的工业云平台试点项目，积极整合通信运营商、IT服务商的优势资源，提升传统产业在设计研发、原料采购、资源调度、生产、销售、仓储、运输等环节的综合利用率，加快工业生产向智能化、柔和化和服务化转变。指导猪八戒网络平台开展互联网与工业融合创新试点，采取众包设计的方式开通了面向全市工业

企业的工业设计平台，目前，该平台每天平均完成工业设计交易达50项以上。

围绕重点行业和重点领域，实施工业装备数字化智能化改造与提升应用示范，企业管理、设计、制造智能化提升应用示范，智能产品产业化和智能工业技术服务体系培育三大工程，实施相关项目300多个，累计投入各类资金4亿元，有效推动了信息技术在“6+1”支柱产业的广泛深入应用。如长安汽车建立了以三维数字化设计和全球协同设计为核心的汽车产品智能化研发平台，实现了“五国九地”（中国、意大利、日本、德国、美国，以及重庆、上海、北京、哈尔滨、横滨、都灵、底特律等地区）的网络化异地协同开发，开发出了5个整车平台、2个发动机平台和1个混合动力车型，使长安公司新产品的贡献率达到了80%以上，自主产品的开发量占到了总量的60%左右，有力支撑了全国第三大汽车生产基地的打造。

加强信息化推广应用、支撑服务体系建设。加强了重庆市两化融合促进和服务中心、重庆市CIO（首席信息官）协会、重庆市两化融合物流信息化技术应用中心、重庆市两化融合电子商务技术应用中心、重庆市两化融合信息技术节能降耗技术应用中心和重庆市两化融合物联网技术应用中心等支撑服务机构的建设，指导重庆市两化融合支撑服务机构为10多个区县和200多家大中型企业提供了技术咨询和规划设计，完成了100多家企业两化融合项目的指导实施，开展了5万多人的两化融合人才培训。

采取市场运作模式整合IT企业和专家资源，先后在渝北、万州、永川等地开展了7场两化深度融合园区行活动，为全市近千家企业进行了两化融合专题培训，受到区县和企业的一致好评。

在50家重点企业开展了的首席信息官（CIO）制度试点工作，其中，6人被评为2014年全国百佳首席信息官（CIO），19人被评为2014年全国优秀首席信息官（CIO）。

（二）重庆市物联网发展取得新进展

制定了《重庆市加快物联网产业发展行动计划（2014—2020年）》，经重庆市政府68次常务会议审议通过发布实施。

申报国家物联网专项资金再创新高。根据工业和信息化部《关于下达2014年国家物联网发展补助资金项目支持计划的通知》，重庆市物联网产业5个项目获得国家2014年物联网发展专项支持资金1750万元，创历史新高，支持资金额度继续稳居全国前列。

物联网在智能交通领域取得新进展。根据市领导批示，编制了重庆主城智能交通升级改造工程可研报告并报送市发改委和财政局。“基于RFID的智能交通物联网应用示范工程”推进顺利，截至2014年10月，已安装RFID“电子牌”1000多万张，建设的市人大、市政协机关车辆及人员智能门禁系统通过验收，重庆交通信息卡（驾驶人部分）与银行卡实施“联名卡”项目和基于“电子牌”建设“黄标车”限行管理信息系统及路桥收费动态管理集成系统建设顺利，启动建设基于“电子牌”的机动车尾气排放管理监控系统。

加强了物联网产业的对外合作交流，协助工业和信息化部国际司承办了“中国与东盟物联网技术在智慧城市中应用”研讨会，承办了“2014年中国TD-LTE产业发展研讨会”中移物联网公司车联网论坛。

推进南岸物联网国家示范基地建设取得新进展。新引进美的、海尔等知名企业100多户，初步形成了物联网的产业链；赛迪研究院西部分院成功落户，研发能力得以进一步增强；推进了涵盖智能工业、智慧旅游等领域的27个物联网应用示范项目；明确了位于长江工业园区的新天泽为物联网中心园区。

（三）农村信息化持续推进

农村信息化平台有效服务农业生产和农村生活。截至2014年11月，政务信息化平台使用单位达11173户，其中乡镇覆盖率达100%，行政村覆盖率达85%以上。全年发布信息4998万条，彩信69万条，收发文49万次，彩信简报154万条；开通商贸信息化平台，涉农企业、合作社达995户，发布市场信息30余万次，企业招聘发布100余万次；民生信息化平台用户达760万户，服务用户数超过1800万户，百事易可查询医保、户改、就业、水电气等生活实用信息，访问次数达1.8亿次；6995平安互助平台已在云阳、南川和璧山等31个分公司开通，共录入群组1878个，群组用户23503户。

开展“巴渝农特产网销”系列活动。市级有关部门与重庆移动12582基地共同开展了“巴渝农特产网销”系列活动，探索“消费者主导商品折扣+农特产包装+多渠道品牌推广+农特产网销商户排名”的全新信息化体系应用新模式。活动期间，共有4万多人次参与农特产团购及抽奖，农特产团购有效订单1506单，订单销售收入119万元。

圆满完成“重庆市电脑百村工程”三期任务。按照《重庆市“电脑百村工程”实施方案》工作要求，坚持“一年示范、两年铺开、三年推广”的工作思路，在全市38个区县中精心选择100个行政村分3批进行引领示范，以最优惠的价格让更多的村民拥有电脑、手机等信息终端设备。第三期总计为各区县40个示范行政村配备电脑120台，新装或续装80条电信2Mbps宽带，以优惠价推广销售重庆造电脑3181台，组织开展信息技术培训会达40场次，累计培训达1200余人次。

【推进社会信息化工作】

（一）较好地完成电子政务外网接入保障工作

认真做好重庆市级部门接入国家电子政务外网工作。截至2014年11月底，重庆市委机要局、市政府应急办、市纠风办等25个市级部门已顺利接入国家电子政务外网，与国家相关部门实现互联互通。

做好重庆市电子政务外网重庆节点运行维护工作。落实80万元运行维护资金，确保重庆节点网络安全稳定运行。在重庆节点部署两台设备实现省级接入层的冗余；为重庆节点配置了两台路由器，实现市级接入层支持IPv4/IPv6双栈路由和双栈交换。

积极做好其他工作。组织专家对《重庆市电子政务外网一期工程可行性研究报告》进行了咨询、论证或评审，与重庆市信息通信咨询设计院有限公司签订了可研和初设采购购销合同；组织相关区县和单位参加了全国电子政务外网CIO高级研修班2014年培训；完成国家发改委价监局价格举报系统在重庆市的需求调研工作。

（二）圆满完成我市行政审批电子监察系统建设

圆满完成了全市行政审批系统二期工程建设，实现了45个市级部门和所有区县的网络、数据和视频接入，市级508项行政审批项目、区县13680项行政审批项目纳入电子监察。截至2014年11月，系统共受理行政审批事项30794件，办结30063件，提前办结25658件，提前办结率85.35%，发出预警403次、黄牌11张。

（三）统筹推进全市信息化工作

统筹推进全市电子政务建设。进一步贯彻执行《重庆市信息化工程管理暂行办法》，加强对财政性资金投资信息化工程项目建设的管理，对市党建云服务平台一期工程、市政法系统信息共享平台、市网上信访信息系统、国家法官学院重庆分院智能化系统等重大信息化项目可行性研究报告进行了初审、专家评审和立项批复。指导和推进了社会管理综合治理、城乡建设、交通、国土资源和房屋管理、旅游、法院等行业信息化工作。

指导区县开展信息化工作。积极发挥信息化主管部门作用，帮助、指导彭水等10个区县开展政府网站建设试点，提升了区县政府网站政务信息公开和便民服务水平；帮助渝中区党政信息中心机房一期工程建设和搬迁、渝北区土房局一张图综合监管系统平台工作量评估和南岸区龙门浩街道办事处社会综合管理信息系统建设。

努力拓展重庆市智能卡应用领域。支持通卡公司信息平台建设，落实政府购买服务资金。城市一卡通新增发卡130万张，累计发行近1000万张，活卡率达到80%以上；新增充值售卡网点300个、交易终端15000台，累计充值售卡网点1600多个，轨道自助充值设备700余台，交易终端23000余台；年交易笔次超过20亿次，年交易金额超过30亿元。初步完成大学校园卡与城市一卡通融合改造，在重庆大学、西南大学、工商大学、重庆邮电大学、重庆科技学院、重庆公共职业运输学院6所大学的试点中，新增智能卡发卡量58266张，累计发卡134006张，有力地促进了高校智能卡发展，推进了高校之间的信息共享。

（四）认真做好信息惠民应用平台建设

积极参与市政府《重庆市社会公共信息资源整合与应用实施方案》起草工作，大力推进全市信息惠民公共服务应用平台建设工作，牵头编制完成《重庆市信息惠民公共服务应用建设工作方案》和《重庆市信息惠民公共服务应用平台建设与运营管理方案》，推动神州数码和重庆云计算公司在渝成立合资公司，采用PPP模式承担平台建设和运营工作，协调相关市级部门、企事业单位完成第一轮数据对接工作，目前信息惠民网站已启动上线测试工作。

【强化网络信息安全监管指导】

（一）完善工控系统信息安全管理体系

完善管理体系。指导重点企业建立健全工业控制系统信息安全责任制。组织完善包括信息安全技术管理、应急管理、机构和人员管理等8方面，涉及人员、机房、网络、数据等25项工业控制系统信息安全管理制度。

推进标准建设。指导院校主持或参与研究制定《工业控制系统信息安全第1部分：评估规范》等国家标准4项、行业和地方标准17项和撰写与信息安全相关研究论文8篇，其中，《工业控制系统信息安全实施指南》获国家标准化委员会立项。

搭建服务平台，完善基础数据。建立工业控制信息系统安全漏洞网上信息共享平台，发布工业控制系统漏洞信息4000余条；推动工业控制系统信息安全测试和标准化服务平台、模拟测试实验中心建设；补充完善重庆市工业控制系统925套基础数据，涉及行业39个，其中重要工业控制系统82套。

（二）推动数字认证创新应用

2014年，全市新增数字认证证书应用75万张，累计使用数字证书123.09万个（其中，电子政务类110.79万余个、电子商务类12.3万余个），新增智慧城市、公共资源交易、医疗卫生等5个应用领域；完成数字认证11项产品著作权登记、8项软件著作权登记和时间戳服务器、电子签章、企业版CA和RA新产品研发。

（三）推进网络信任体系建设

围绕电子商务用户主体可信和过程可信两个方面，建设网络信任体系，实现网络行为可核查、网络事件责任可追究，加快“可靠电子签名及数据电文应用”项目推广应用，选取重庆具有代表性电子商务平台开展应用推广，截至目前，该项目签约共计37份，签约金额共计1650万元。

（四）强化网络信息安全支撑服务

指导重庆市工业控制系统信息安全技术服务中心等6家支撑机构做好网络信息安全服务和技术支持工作。对40余家单位共70余个信息系统开展安全咨询和测评，共发现管理漏洞和系统风险点1000多个，提出整改建议300余条；对全市27个党政机关，19家涉及金融、教育、交通、电力等行业机构，开展网络安全咨询、安全方案设计和系统集成、安全培训和安全标准化等技术服务。

推进信息安全人员职称资格和培训工作。联合市级相关部门推进重庆市信息安全管理技术人员职称资格认证工作，完善《重庆市信息技术管理人员职称资格制度暂行规定》（讨论稿）和《重庆市信息技术管理人员职称资格考试实施办法》（讨论稿）；依托重庆5家网络与信息安全教育培训基地，实现培训信息安全从业人员1000人次以上。

支持网络信息安全创新发展。重点支持10余家企业的云安全产品、工业控制系统防火墙及主动防御、网络审计、大数据分析及可视化展示、网络舆情采集与管控、电子数据取证与分析、移动智能终端安全检测等20余项技术产品的开发应用。

【加快信息基础设施建设】

（一）重庆市信息基础设施建设取得长足进步

截至2014年9月，重庆市固定电话用户达565万户，移动电话用户达2688万户，基站超过8万个。全市互联网出口带宽2260Gbps，其中，重庆电信1600Gbps，重庆联通500Gbps，重庆移动 160Gbps。FTTH 覆盖总数超过 950 万户，实际用户超过 100 万户；全市有线电视用户数为 600 万户，其中数字电视用户 465 万户，全市双向化网络改造用户 480 万户，有线电视入户率 50.46%，双向化率 72%，高清、互动用户数达 251 万户。

（二）推进“宽带中国”战略

加快城市宽带提速。综合利用 VDSL 等多种技术，实现了城市地区宽带用户接入宽带平均能力达到了 20Mbps；推进百兆光纤工程，主城核心区高端商务区宽带接入平均能力率先达到 100Mbps。2014 年，宽带接入网投资达到 8.6 亿元，光纤化率超过 65%，FTTH 覆盖总数超过 950 万户，实际用户超过 100 万户；推进智慧城市热点工程，全市无线 AP 总数将超过 14 万个。

推进骨干直连点建设。2014 年 8 月 20 日，重庆国家级互联网骨干直联点正式开通，使重庆市成为国家通信网络架构 10 个一级节点之一。重庆市互联网网间互联互通能力达 1030Gbps，网间时延降低 60%以上，丢包率降低 90%以上，响应速度提高 85%以上；重庆市互联网出口带宽也得到大幅提升，由 2013 年年底的 1680Gbps 提升到 3600Gbps，连接城市由 5 个增长为 17 个。

加快 TD-LTE 建设发展。2014 年，全市基站建设投资达到 58.5 亿元，2G/3G 基站超过 60000 个，4G 基站超过 25000 个。全市 TD-LTE 网络实现了县级以上城市区域的 TD-LTE 网络覆盖。

推动农村宽带普及。推动 3G 网络向人口聚集的农村地区延伸，提高农村地区移动通信服务水平。重庆电信农村平均入户带宽能力达到 6Mbps，重庆联通农村平均接入带宽能力超过 12Mbps。

（三）继续实施有线电视网络双向改造

加快传输网络建设。截至 2014 年 9 月，重庆有线投资 6131 万元用于管道建设，新增管道 1232 千米；投资 7969 万元用于光缆建设，新增光缆 11000 千米；投资 1963 万元用于分配网建设，完成了全年 24.82 万户的目标。

开展机房改造。2014 年扩容 1 个 A 级机房（涪陵 IDC 机房），改扩建 1 个 B 级机房（开县），新建及改扩建 4 个 C 级机房（中梁山、西彭、唐家沱、特钢）及 70 个左右的场镇 D 级机房，截至目前全市已完成 2 个 A 级机房、39 个 B 级机房、25 个 C 级机房、300 个 D 级机房的标准化建设及改造。

继续推进双向网络改造。截至 2014 年 9 月，主城 7 区双向网络覆盖用户数合计约 175 万户，双向网络覆盖率达 96%。各区县分公司双向网络覆盖用户数合计 315 万户，县城城区双向网络覆盖率达 97%。

（四）三网融合业务发展迅猛

IPTV 用户数量保持快速增长。截至 2014 年 10 月，全市 IPTV 用户量达到 58 万户，同比增长 30%以上，网络指标明显提升，投诉量同比下降 70%。

有线电视网络宽带业务高速发展。截至 2014 年 10 月，全市有线电视网络宽带在册用户接近 53 万户，同比增长 170%。

提升手机电视（视频）业务产品质量。截至 2014 年 10 月，全市手机电视（视频）访问用户数已超过 390 万户，同比增长近 40%。

积极促进 OTT 视频业务有序开展。截至 2014 年 10 月，全市 OTT 视频业务用户接近 20 万户，同比增长 280%，增长速度居于全国前列。

集成播控平台二期建成投用。协调市广电集团下属数字传媒公司完成了三网融合集成播控平台（二期）项目建设，主要负责完成不同形态的新媒体内容的汇聚、加工、存储工作，并向集成播控系统提供所需的节目，也可向有线电视、电信、联通等企业提供所需的原始素材和加工后的内容产品。

完成双向进入业务许可申报。按照国务院三网融合工作协调小组办公室通知，指导重庆市广电试点企业完成基于有线电视网的互联网接入业务、互联网数据传送增值业务、国内 IP 电话业务、增值电信业务和比照增值电信业务管理的基础电信业务的申报。

CMMB 移动多媒体服务平台初具雏形。推动重庆中广在已经建成的覆盖大重庆 38 个区县城区的 CMMB 无线数字电视骨干网络基础上，增建一个CMMB总前端集中播控平台及2000余个优化及增补网络站点，基本实现了在大重庆范围内对移动人群 CMMB 信号的全覆盖。目前，CMMB 移动多媒体服务平台项目的信息编辑系统、上载存储系统、BOSS 管理系统等已经建设完毕并通过测试，正在进行的各类终端效果测试预计在年底前完成，届时整个移动多媒体平台将基本具备服务能力。

【大力发展云计算、大数据等战略新兴产业】

五大数据中心建设进展顺利。太平洋电信（重庆）数据中心和中国联通西南数据中心已投入正常运营，中国移动（重庆）数据中心已于6月开工建设，中国电信数据中心已取得方案设计审批意见、正办理审批手续，腾讯已完成土地转让手续，拟于明年5月开工建设。

云计算、大数据产业链初见雏形。按照“特色突出、集约集群、创新驱动、促进转型”的原则，积极支持两江新区等区县园区发展云计算、大数据、互联网产业。浪潮西部综合产业基地、惠普重庆分公司及渲染云等项目落户两江新区，中兴通信智慧城市项目落户合川，大渡口移动互联网产业园挂牌、50余家互联网企业陆续落户园区，完美世界等项目落地北部新区。亿赞普、美国云资本与渝北区共同投资组建仙桃大数据谷合资公司，与渝北区一起配合亿赞普公司联合出资10 亿元并购国内著名的支付公司——深圳钱宝科技公司。重庆市物联网产业基地在南岸区挂牌及中国移动物联网公司、北京千方等企业落户该产业基地。

重庆国际电子商务交易认证平台打造成果显著。2014年，交易认证结汇量呈爆发式增长，交易比对处理量已超过前两年认证结汇量之和。截至2014年11月30日，全年平台累计服务电商企业848家，累计接受交易认证申请2560次，处理交易认证约367.91万笔，实现外汇结算量约2.12亿美元，结算量同比增长约2.61倍。预计全年交易认证结汇量突破 2.5 亿美元，交易认证结汇总量超3.5亿美元。

国家跨境贸易电子商务试点项目基本完成。完成国家跨境贸易电子商务试点项目——重庆跨境电商综合服务平台建设工作，平台于2014年1月28日上线试运营，目前综合服务平台已通过实物运行测试，基本具备业务上量运行条件。企业入驻量稳步上升，截至 2014 年 11 月 30 日，21 家试点企业及试点相关企业完成备案或相关资质手续，正式加入重庆跨境贸易电子商务服务试点项目，其中跨境电商企业8家，支付企业8家，物流企业4家，仓储企业1家，试点平台商品备案信息共计 2715 条，进口通关量累计处理 795 单，出口通关量累计处理3094单，进口通关价值总计约131.8万元（含税、物流），出口通关价值总计约35.7万元（含税、物流）。

软件和信息服务产业发展迅猛。2014年，在全市云计算大数据互联网产业快速发展带动下，重庆市软件和信息服务业继续保持稳定增长态势。1～10 月，全市软件和信息服务业实现主营业务收入 998.1 亿元，同比增长 26.2%；实现软件业务收入611.4亿元，同比增长24.7%；规模以上企业达到196家，同比增加32家，增长19.5%；规模以上企业实现营业收入 933.4 亿元，占全部企业收入的 94.5%；主营业务收入上亿元企业45家，同比增加16家，增长55%，实现主营业务收入764.6亿元，占全部企业收入的76.6%；全市新认定软件企业58家，同比增长123%，新认证软件产品411个，同比增长37.9%，新批准市级计算机信息系统集成资质单位 39 家，软件及信息服务外包企业1家。

四川省信息化发展概况

2014年，四川省信息化各相关部门紧紧围绕贯彻落实党中央、国务院加快推进信息化建设，建立健全信息安全保障体系决策部署，在省委、省政府的领导下，大力推进全省信息基础设施演进升级、全面提升信息化发展水平，推动网络与信息安全管理，不断取得新进展。

【加快信息基础设施演进升级】

（一）开展“宽带中国”2014专项行动

省通管局、省发改委等15个部门联合印发了《关于实施“宽带中国”2014专项行动的意见》，组织相关企业深入推进光纤到户，提升城市宽带能力；大力发展TD-LTE，建设高速无线网络，继续深化共建共享，促进设施集约发展；优化宽带网络性能，改善用户上网体验。截至2014年年底，全省光纤到户覆盖家庭达到1600万户，固定宽带接入用户数达到900万户，4Mbps及以上用户比例达到89%，其中8Mbps及以上用户比例达到62%，LTE基站数达到3.5万个，LTE和3G移动电话用户数达到2900万户。

（二）创建宽带示范试点

一是积极申报“宽带中国”示范城市，成功争取成都、攀枝花、阿坝3个城市入选全国首批“宽带中国”示范城市，入选数量居中西部首位。二是经过精心准备和积极争取，四川省在激烈的竞争中脱颖而出，成为全国“宽带乡村”两个试点省份之一，争取到国家财政3亿元补贴资金（目前已落实补贴资金1亿元），选取20个县作为工程实施区域。工程实施后，20个县的农村宽带接入能力将全面达到30Mbps，提前5年实现国务院《“宽带中国”战略及实施方案》要求的2020年达到12Mbps的目标。三是制定《四川省农村中小学免费通宽带试点方案（2014—2015年）》，组织相关企业推进实施，2014年年底完成99所农村中小学通宽带任务，实现5个试点县农村中小学宽带全覆盖。

（三）建设开通成都国家级互联网骨干直联点

加快推进成都增设国家级互联网骨干直联点建设，成立成都国家级互联网骨干直联点工作协调小组，组织制定《成都国家级互联网骨干直联点建设推进工作方案》、《成都国家级互联网骨干直联点实施方案（2014—2016年）》和《6月底开通成都国家级互联网骨干直联点工作方案》，加强督促指导，确保直联点按时开通。6月30日成都骨干直联点开通试运行，网间带宽达到110Gbps，互联网网间通信质量明显改善，网间忙时下载速度提高了近一倍，平均时延减少63%，平均丢包率降低59%，省际直联城市达到26个，省际出口带宽从4995Gbps增至8385Gbps，增幅67.8%，极大提升了成都西部信息枢纽地位。

（四）持续推进民生工程农村通信项目

按照省委省政府《2014年全省十项民生工程及19件民生实事实施方案》，2014年，四川省计划完成3000个行政村通宽带和2000个自然村通电话任务。截至2014年年底，四川省完成3900个行政村通宽带和2000个自然村通电话任务。

【全面提升信息化发展水平】

（一）大力推进信息消费

出台信息消费政策措施。四川省委省政府、省直各部门、各市州政府高度重视信息消费相关工作，先后出台了《关于促进信息消费扩大内需的实施方案》、《四川省2014年度促进信息消费扩大内需重点任务分工及计划》、四川省《“宽带中国”战略实施方案》、《关于促进电子商务健康快速发展的实施意见》等政策措施；成立了“促进信息消费扩大内需领导小组”、“四川省促进电子商务发展工作领导小组”等。

积极进行信息消费试点。成都市、绵阳市、南充市、乐山市、眉山市成功申报成为国家信息消费试点城市，四川省试点城市数量位居全国第3。四川省大部分市州出台了当地的信息消费实施意见；试点城市制定了当地2014年推进要点。

信息消费规模快速增长。2014年，四川省信息消费总体规模6035.5亿元。其中，规模以上电子信息产品制造业完成销售收入3600亿元，同比增长20%；软件与信息服务业主营业务收入1894亿元，同比增长18%；通信业务收入541.5亿元。

2014年，电子商务交易额、零售额分别达到12367.5亿元和1428.5亿元，同比增长40.5%和54.7%。

信息产品供给能力增强。为规范指导促进四川省电子信息产业发展，四川省经信委编制了《四川省大数据产业技术路线图》、《四川省云计算产业技术路线图》、《四川省物联网产业技术路线图》、《四川省数字家庭产业路线图》。

2014年，四川省共生产彩色电视机（含智能电视）1027.7万台，同比增长3.6%；计算机和平板计算机产量7619万台，同比增长22.9%。软件开发收入和信息系统集成服务收入同比增长均在20%左右；嵌入式系统软件收入同比增长高达70%。

绵阳成为我国第4个国家数字家庭应用示范产业基地，陆续发布了长虹CHiQ智能电视一代、CHiQ智能冰箱一代、CHiQ智能空调一代等产品；CHiQ厨卫完成量产准备。

广播电视内容服务上，大部分市（州）、县（市、区）的频道总数扩展至了160套以上。整合资源，建设互动业务云平台，引入第三方内容提供商。建设四川全媒体信息内容集成播控平台及信息内容服务平台。

（二）积极建设智慧城市

制定智慧城市建设指导文件。四川省政府组织召开了“电子信息产业促进智慧城市加快建设专题工作会”，部署了智慧城市建设工作，省发改委拟定了四川省《关于促进智慧城市加快发展的实施方案》；省住建厅印发了《四川省智慧城市建设试点2014—2017年行动方案》，并编制了《四川省智慧城市建设顶层设计》和《四川省智慧社区建设指南（试行）》。

积极开展试点示范建设。半数以上市州和部分县区制定了当地“智慧城市总体规划”，纷纷开展了政务服务、智慧社区、智慧交通、数字城管、城市一卡通等试点示范建设。

在智能交通方面，推进四川省高速公路电子不停车收费系统（ETC）建设。2014年9月，建成联网电子收费系统和客户服务系统，在具备ETC开通条件的车道实现不停车通行，实现了非现金支付。

雅安市和人民银行实施了“智慧雅安民芯工程”，已实现主城区与汉源县全部公交线路金融IC卡刷卡机具安装并上线运行。民芯工程手机客户端App已上线试运行，市民可通过手机客户端实现网上缴纳水费与广电收视费用，电、气行业改造接入工程已经完工，待系统测试完成后将正式上线。“智慧雅安民芯工程”具有“不发卡、不排他、多介质、标准化”等开放的特点，市民持有任意一家银行的任何一张金融IC卡都可以刷卡消费，其开放和先进的模式得到多家国家级、省级金融机构的高度肯定。

遂宁市与中兴通讯公司共同建设了“中兴通讯遂宁智慧产业园”；“遂宁城市一卡通”可在成都市、遂宁市跨城同等实现公交、购物、小额购物、小额支付等便民功能。

绵阳“绵州通”工程顺利上线，已实现全市所有公交无人售票线路刷卡乘车，水电气费、通信话费、有线无线收视费代缴，部分商超、药店、电影院、饭店小额支付，部分旅游景区门票预订、图书馆借阅图书等功能。

德阳搭建完成数字城管系统平台，完成了中心城区 60 平方千米公共基础设施部件普查和数据入库，包括 4000 个万米单元网格和 20 个管理网格划分。“智慧水务”建设中，配置了数十个自动雨量站和自动水位站，以及数百个无线预警广播。

召开智慧城市现场交流会。2014 年 11 月，在绵阳召开了四川省智慧城市建设现场交流会，会议总结了四川省智慧城市试点工作，交流了智慧城市试点经验，并研究部署了四川省智慧城市建设工作重点。会议还邀请了智慧城市建设的专家和技术支持单位，围绕信息共享、信息惠民、信息安全、产业升级、智慧社区、智能交通等问题，进行了广泛的探讨交流，为破解智慧城市建设中的难题，稳步推进四川省的智慧城市建设奠定了基础。

（三）促进信息化和工业化深度融合

专项资金支持两化融合项目。组织四川省各市（州）和县开展两化融合专项资金项目申报并召集专家评审。最终从“信息技术提升工业设计水平、信息技术促进生产过程控制的数字化、信息技术促进工业产品智能化、工业云平台、能源管控信息化、数字园区、管理信息化、行业典型解决方案、物联网技术应用”9 个方向支持项目共 87 个，支持总额为 8500 万元，带动项目总投资 14.9 亿元，预计实现就业 927 人，提高生产效率 10%～30%，降低制造成本 8%～20%，降低企业研发费用最高达 20%，新产品研发周期可缩短 10%～30%，管理效率提高最高 30%，节省能耗最高 30%，有效提高了产品合格率和市场响应能力。

构建推进两化融合的基础体系。一是在全省开展了两化融合调查统计，编制了《四川省两化融合发展报告》，系统性掌握和分析了全省两化融合状况；二是在全省开展了两化融合发展水平评估，分别从不同地区、不同产业两个维度进行量化分析，编制了《四川省两化融合发展水平评估报告》，提供了工作决策科学依据；三是组织编写了《四川省中小企业信息化指南》，指导广大中小企业如何实施信息化建设，促进企业发展；四是开展企业信息化公共服务平台战略研究，探索如何利用新一代信息技术，建设两化融合公共平台，快速、高效推进两化融合。

进行两化融合管理体系贯标试点。工业和信息化部开展了全国两化融合管理体系贯标试点工作，四川省共有 9 家企业参与贯标试点和 1 家咨询服务企业提供贯标服务。贯标的推进思路是：总结提炼企业两化融合的基本规律、普适性经验、上升到进一步推广的做法，形成一套两化融合的管理体系标准，给出一个规范企业内部系统推进两化融合的通用方法，有效帮助和引导企业以融合创新的理念推进两化融合。

开展企业和产业园区两化融合调研。2014 年四川省经信委对全省大部分地区选择了典型企业和园区，进行了信息化建设情况、工作措施、下一步工作计划、存在的问题和困难等调研。同时，对 2014 年项目建设进度和专项资金拨付进度情况进行了指导和督察。

（四）加强新兴技术产业研发应用

着力推进全省物联网产业发展及示范应用。着力推进成都双流物联网产业园，绵阳国家科技城感知物联网产业园、乐山高新区物联网产业园建设。目前，全省物联网产业园区面积达 10 平方千米，其中成都双流物联网产业园区 3.5 平方千米，已吸纳 36 个项目，协议总投资 340 亿元。绵阳科技城物联网产业发展区，占地 3 平方千米，与无锡感知集团的合资合作建设“绵阳国家科技城感知物联网产业园”。乐山物联网产业科技园首期占地 100 亩，已入驻企业及机构 30 家。

全省在食品安全溯源、智能交通、现代物流、工业生产过程控制、环境保护、水质检测、智慧医疗、智慧社区、智能家居等重点领域和行业展开了全面的应用，尤其是在食品安全溯源、危险源监控、地质灾害监测、智慧交通、智慧社区、智慧医疗、智能家居等领域物联网应用示范处于全国领先水平，取得了初步示范成效。

2014 年，全省物联网产业销售收入约 700 亿元，近 4 年平均增长 30%以上。共有 5 个物联网项目申报获得国家物联网专项资金支持，共计 2000 万元；有 12 个物联网项目获得省级财政资金支持，共计 1800 万元。

统筹推进云计算基础设施建设，积极拓展云

服务。为统筹考虑建设规模和应用定位，结合不同区域优势，分工协调、因地制宜建设各类型数据中心，四川省经信委发布了《四川省数据中心布局指导意见》。中国电信西部信息中心建筑面积30000平方米，可容纳标准机架总数3843个，目前空置率约为40%。中国移动成都数据中心规划占地400亩，计划投资60亿元。中国联通成都数据中心即将建成，建成后机房面积约为60000平方米。

雅安市“西部云谷”已于2014年4月18日正式上线，“西部云谷”一期建设总投资1.2亿元，总体规模1000台服务器，是完全依靠商业化运行的云计算服务中心。“西部云谷”依托中软完善的自主可控的基础软件体系，打造一个从硬件设备、操作系统、数据库、中间件、安全产品到应用系统的安全可控、可信、可用的云计算产业链，为雅安智慧城市提供基础数据服务和共享平台，打造自主可控和安全可靠的政务云、行业云、应急云、教育云等国家级应用示范基地，带动云后台、云终端相关产业的发展。目前，雅安市数字城管系统、智能交通、民芯工程服务平台等系统已经依托西部云谷数据服务中心开展各项业务。

积极推进北斗产业发展，开展综合示范应用。四川省制定了《四川省北斗卫星导航产业路线图》。成立了四川省北斗产业联盟，通过培育发展一批具备北斗应用产业化的企业、科研院所，打造四川北斗千亿级产业链。目前，“四川造”北斗芯片、终端已形成规模化生产应用，初步形成了产业聚集效应。

利用北斗系统，藏区维稳应用示范项目已完成一期建设。民兵预备役应急力量指挥应用示范项目已完成一期建设。特种户外旅游定位与援救综合管理应用示范项目、民族地区生态环境监测与灾害预警应用示范项目、地震与地质次生灾害监测救援应用示范项目、电力应急指挥与调度应用示范项目、老人、小孩健康安全关爱应用示范项目等示范项目正有序推进。

四川省经信委与省林业厅联合在甘孜州实施“四川省北斗应用综合示范工程”，依托承建单位在林火监测应急与野生动物保护工程项目的实施基础，建设包括林火智能监测站、野生动物智能监测站、网管中心、综合服务平台，以及相关的应急联动移动终端为一体的基于北斗的林火智能预警应急与野生动物监护系统。

成都市成为全国范围内首批获批开展北斗卫星导航产业区域重大应用示范的城市之一，将在智慧旅游和城市物流配送等方面实施示范应用。

（五）综合打造智慧旅游

明确定位，统筹规划。四川省编制了《四川省“十二五”旅游信息化发展纲要》、《G5高速四川段与大九寨环线智慧旅游总体规划》等重点区域智慧旅游规划，以及“智慧旅游城市、智慧景区”等建设规范。基本形成了“整合部门、市州、企业和社会各界力量，共推全省智慧旅游发展”的格局。成都、绵阳、乐山等城市，九寨沟、峨眉山、青城山—都江堰等景区智慧旅游规划和建设步伐加快。在《中国区域旅游发展年度报告（2013—2014年）》中，四川省是游客满意度最高的省份。

搭建旅游信息综合平台，推进智慧旅游示范工程。全省旅游运行监管及安全应急管理联动指挥平台基本建成，实现对全省旅游市场日常运行状况的实时监测预警和突发事件的应急指挥调度。基于北斗兼容系统的户外应急救援平台，在全省8个景区进行推广应用，为游客提供了有力的安全保障体系服务。搭建“省旅游数据中心及大数据分析平台”，整合各方涉旅信息，为提升旅游管理服务、科学决策提供数据支撑。

着力“智慧旅游试点工程”，安排省级财政1420万元智慧旅游专项补助资金。推出的1个智慧旅游带（G5（108）国道四川段智慧旅游带）、1个智慧旅游区域（大九寨环线智慧旅游区）、13个城市和30个景区的智慧旅游试点建设已初见成效。

健全智慧旅游服务体系，创新智慧旅游营销模模式。tsichuan多语种四川旅游资讯网站体系上线，在12个国家和地区进行服务器镜像落地。与全球最大的视频网站YouTube合作，推出四川旅游频道。四川旅游专区点击率已近100万次。这是我国旅游系统在境外开设的第一个视频宣传专区。

与携程、艺龙、芒果、途牛、同程5家知名

旅游网络营运商合作，推动全省旅游企业电子商务平台建设。加强新媒体多平台应用，开发“四川好玩”App客户端、四川旅游微信、微博服务平台、G5国道及大九寨环线多媒体互动智慧旅游地图、景区微卡、智慧旅游多媒体查询终端等。各市州、景区也积极开展新媒体应用，70%的市州和主要景区均建立了官方微博、微信平台，开发了App客户端，为游客提供信息和咨询服务。

（六）高度重视教育信息化

1．“三通两平台”进展顺利

宽带网络校校通——四川省先后与四川电信、四川移动等网络营运企业签订战略协议，落实战略任务，以新机制全面参与我省中小学校校通网络接入建设。有10个市州建立了教育城域网，114个县（市、区）建立了教育城域网。义务教育阶段有4003所学校建设校园网，占校数36%。有77256间教室配备多媒体教学设备，占总班数39.2%。全省有90%以上的中小学接入了互联网。

优质资源班班通——截至目前，四川省共有14311所学校在四川省教育资源公共服务平台完成注册，开通了学校空间。以上学校中有7.26万个教学班可通过多媒体设备接收“专递课堂”、“名师课堂”、“名校网络课堂”等形式的优质数字教育资源，并用于课堂教学应用。省内东方闻道、实小网校、七中网校等优质学校向三州民族地区学校提供优质数字教育资源。

网络学习空间人人通——四川省网络学习空间采用与企业合作建设的方式，政府拟3年投入3000余万元资金，与电信运营商和互联网企业合作，提供满足全省数百万师生教学应用需求的服务。截至目前，在四川省教育资源公共服务平台有14311所学校开通了学校空间，占学校总数的58.21%；有131086名中小学教师注册了网络学习空间，占教师总数的13.69%；有822836名中小学生注册了网络学习空间，占学生总数的5.7%。

教育资源公共服务平台——四川省教育资源公共服务平台已与国家平台完成了接口标准的制定，待四川省平台建设项目招投标工作完成后，将实现国家平台资源及应用在四川省的接入。2014年全省有4万余名教师通过省内教育资源公共服务平台进行培训。

教育管理公共服务平台——省级数据中心建设已完成方案审定和立项报批。中小学学籍管理系统已全面应用，在校学生全部入库，与全国数据联网清除了重复数据，显著提高了学籍管理效率。

2．启动试点示范学校建设

启动了全省教育信息化试点示范建设工作，兼顾农村、城市、发达地区、欠发达地区、贫困山区及民族地区，包括学前教育到高等教育、公办到民办的各级各类学校。目前，四川省已经培育并涌现出一批有特色的先进典型。例如，成都市锦江区推进教育信息化的先进经验被刊登在中国教育报上，“成都市泡桐树小学”和“成都七中育才学校”也作为先进典型在全国教育信息化厅局长专题培训班上作经验交流等。

3．以教育信息化推动教育均衡发展

根据四川省全面改善贫困地区义务教育薄弱学校基本办学条件初期规划，2014—2018年四川省预计投入23.5亿元为9.25万个班级建设多媒体远程教学设备，其中，2015年，预计投入110585.27万元，完成43730个多媒体班级建设。

【强化信息安全保障】

加强网络与信息安全统筹协调管理。四川省经信委编制的《四川省信息安全产业发展规划（2015—2020年）》通过了省决策咨询委员会组织的咨询论证。2014年，四川省还编制了《四川省网络与信息安全工作报告》、《四川省网络与信息安全重点工作实施意见》、《四川省网络与信息安全协调小组工作规则》、《四川省网络与信息安全专家管理办法》等。四川省经信委、公安厅、国安厅、省密码管理局、省保密局等部门联合有针对性地开展了各市（州）及省直有关政府部门、重点领域、重要行业信息安全监督管理、监测检查、系统安全建设和运维、人员信息安全技术能力培训。

持续开展全省网络与信息安全监测和检查。2014年4～12月，通过四川省信息安全测评中心信息安全动态监测平台每月对全省85家政府网站进行实时安全监测、安全态势分析、安全风险警示和安全防范指导。2014年对10个省级部门、重点领域信息系统进行了安全测评、安全风险评估或安全检查，并在特定“3·14”敏感时期对甘孜州 40 家政府网站进行安全监测和风险防范指导，确保政府部门信息系统安全稳定运行。

四川省通管局对四川省基础电信运营企业和部分互联网企业开展网络安全防护抽查，并委托国家计算机网络与信息安全中心四川分中心进行现场技术检测和考核评分，抽查总体情况良好，无重大安全隐患。

推动网络与信息安全监测平台建设。组织四川大学计算机网络与安全研究所、省信息安全测评中心等单位和专家就建设全省信息安全监测平台可行性进行了研究和探讨，提出了《四川省信息安全动态监测平台建设方案》、《第三方灾备服务中心建设方案》，上报省政府。

推动全省统一电子认证服务管理体系建设。为进一步规范全省电子认证基础设施建设、电子认证服务机构管理、电子认证服务推广应用，省经信委研究制定了《四川省电子认证服务管理办法》（征求意见稿）。同时，努力推动四川省数字证书认证管理中心有限公司电子认证服务系统二期工程建设和四川省密钥基础设施（KMC）建设，积极创造条件，争取建立四川省电子认证的根CA机构、促进四川省统一电子认证管理体系的形成。

推动信息安全产业发展，促进自主、创新、可控信息技术和产品运用。2014年，四川省委省政府将信息安全产业作为我省加快发展五大高端产业之一。四川省经信委组织编制了《四川省信息安全产业发展路线图》、《四川省大数据产业发展路线图》、《2015年四川省信息安全产业工作推进方案》，进一步明确四川省信息安全产业发展总体思路、发展重点、发展目标、产业布局、技术路线、工作措施。

通过发挥大型企业创新骨干作用，以重大产业化项目为抓手，促进科技成果产业化，积极争取国家、省、市政策资金支持。中国电子科技集团总投资 50 亿元建设网络空间安全基地在成都市落户；中国电科三十所总投资30亿元的“以密码为核心的系列安全产品和高安全服务体系研发和产业化”项目，获得财政部11亿元项目资金。四川省重点支持了成都卫士通信息安全技术有限公司电网智能化安全保障装置研发及产业化项目、高性能VPN设备研发与产业化项目；成都三零瑞通移动通信有限公司基于云计算的移动VoIP安全通信系统研发项目；成都科来软件有限公司科来网络回溯分析系统项目；成都国信安信息产业基地有限公司信息安全人才培训云服务平台项目等建设。

加大信息安全管理人员培训。2014 年 2 月，与中国信息安全测评中心、四川大学、省信息安全测评中心针对全省 21 个市（州）政府网站，举办了 32 个信息安全管理人员国家注册信息安全员（CISM）培训；9月组织南充市各县（区）政府及部门信息安全管理人员 88 人进行了国家注册信息安全员（CISM）培训，有效提升了网络与信息安全管理人员的安全意识和技术能力。

贵州省信息化发展概况

2014年，在贵州省委、省政府关于大力实施工业强省、城镇化带动战略，强力推进以大数据为引领的电子信息产业加快发展的指导下，全省上下狠抓各项工作落实，贵州大数据产业取得阶段性进展，实现快速起步，信息基础设施建设、电子政务和云上贵州、两化深度融合和社会信息化发展等各项工作任务取得明显进展。

【信息基础设施加快建设】

“宽带贵州”行动计划成效显著，截至2014年年底，全省互联网宽带接入端口达到668.4万个，同比增长14.8%。出省带宽能力迅速提升，达到2100Gbps，比2013年扩大1倍，超出预定目标300Gbps。互联网用户达到2376万户，同比增长11.3%。光纤到户（FTTH）端口达到123.7万个，同比增长76.2%，覆盖家庭275.8万户。移动电话普及率达到82.4部/百人，用户数达到2885.3万户，同比增长8.4%。贵州省实现4G网络全省市州、县城区连续覆盖。投资4.3亿元在贵广高铁贵州段沿线500千米同步建设了95个通信基站，完成贵广高铁（贵州段）通信覆盖。截至2014年年底，贵州省电信运营商实现共建共享铁塔678个、基站1409个、管道杆路3309.24千米，共建比例为82%，共享比例为81.1%，共建共享全年累计节约建设资金10.8亿元。2014年全省行政村通宽带、自然村通电话比例分别达到91.6%和99%以上，比2013年分别提升18.6个和1个百分点，超额完成目标任务。建设开通700Gbps的4G组网试验基站34座。毕节市得益于700Gbps频段4G组网试点，提前3年完成“小康讯”建设任务。贵阳、遵义、安顺、贵安新区本地网并网升位，实现通信同城化。全力实施三网融合“1258”工程，已发展三网融合用户数量接近30000户。获准经营移动转售业务的贵阳朗玛、苏宁云商等6家虚拟运营商已发展用户超过5000户。北斗地基增强站网20个站点土建完工，省北斗公共位置服务中心形成基础服务能力，北斗综合应用示范工程推广应用北斗交通终端25649台套、旅游终端4000台套、地质灾害监测预警终端1500台套。

【电子政务建设稳步推进】

电子政务网络基础设施建设不断加强。基本建成了全省统一的电子政务外网及骨干传输网，初步形成一个横向覆盖省直各部门，纵向连接9个市（州）政府、88个县（区、市）政府及90%以上的乡（镇）政府，向上连接国家外网，对外按国家安全标准与互联网实现逻辑隔离的省电子政务外网体系。部分省直部门利用省政务外网实现了与国家上级部门的电子政务业务系统对接，省行政审批电子监察系统建设不断加强和完善。

政务办公系统和门户网站建设日趋完善。省政府系统办公业务资源网已建立了公文无纸化传输系统、视频点播系统、桌面视频会议系统等应用系统，80%以上的省直单位和9个市（州）级政府建立了机关内部局域网。全省电子政务应用系统和办公自动化系统建设取得积极进展，推进了政务协同，建成了一批社会公共信息服务综合应用项目。依托“电子政务云”建立了覆盖省、市、县、乡四级9.17万名机关工作人员的统一协同办公平台，多部门实行网上项目联审联批，平均承诺办理时限由平均法定办理时限22.6个工作日压缩为10.9个工作日。省、市、县三级人民政府普遍建成了政务网站，通过多年开展全省政府系统门户网站绩效评估工作，形成了“以评促建，以评促用，以评促发展”的绩效评估常态化工作局面，网站整体建设水平得到了明显提升，应用成效日渐明显，并呈现出不断深化和良性发展的态势。

“云上贵州”电子政务公共平台建设成效显现。贵州省建成了全国首个由省级政府主导，实现政府和企业数据资源“统筹存储、统筹规范、统筹交换、统筹安全”的“云上贵州”系统平台。平台软硬件部分全部采用国产具有自主知识产权产品，保证安全可控。通过明确“集聚是必须、不集聚是例外”的数据聚集原则和出台以“谁使用，谁付费”为原则的政府购买云服务办法，要求除对保密和安全有特殊要求的单位外，省级政府部门、各市州人民政府统一使用“云上贵州”系统平台及平台提供的云计算服务，不再自建云计算数据中心。“云上贵州”平台的建设改变了以往政府部门数据存储分散、数据标准不一、数据安全不均衡等现状，实现政府数据统一在“云上贵州”运行。电子政务、工业、智能交通、食品安全、环境保护、电子商务、智慧旅游7朵云共41个云应用系统率先在平台上部署，比传统建设和运维模式节约成本52%。目前，云上贵州已集聚了40000G数据，日均访问量近2亿次，最高峰值达10亿次以上。

政务信息资源开发利用取得突破。贵州省采取一系列措施促进政务信息资源共享和开发利用。一是分类梳理各政府部门的数据资源目录。根据数据内容“公开、非密敏感、涉密”属性，将数据分为绿数据、灰数据和红数据，对应按照完全开放、有条件开放和加强保护三级进行管理。目前迁入“云上贵州”的41个云应用系统已完成数据分类，其中绿数据占7.31%，灰数据占63.59%，红数据占29.1%，绿数据已向社会公布目录并可进行数据交换。二是建设统一数据交换平台和数据交换标准。在“云上贵州”建设数据交换交易平台，建立统一的数据共享交换标准，稳步推进政府部门之间、政府和企业间的数据共享、交换，消除数据烟囱和数据壁垒。以工业、交通、旅游、环保等7个部门为首批试点，开展数据集聚和云应用，使相互融通、相互支持的数据形成聚合效应，推动政府各部门业务流程变革，更好地实现简政放权。截至2015年3月，旅游、交通、食品安全等领域已内部交换5000Gbps数据。“智能交通云”促进了公安、交警、消防、医疗等部门的信息共享和业务协同，实现联合执勤，统一指挥、快速反应、高效决策，处警效率提升1.5倍。贵州在应急管理、公共安全、生产安全管理、食品安全等方面也都依托“云上贵州”开展了成功实践。三是积极探索政府数据的社会开放和商业化再利用。2014年9月，启动首届“云上贵州大数据商业模式大赛”，鼓励开发利用政府数据，创新商业模式。大赛历时7个月，8000余支团队参赛，涌现了一批好创意和好项目，92个项目落户贵州，多个项目获投资基金青睐，26个项目脱颖而出获得大奖，涵盖农业、建筑、旅游、金融、健康、公共服务等多个应用领域，推动了政府数据的商业化开发利用，促进了信息经济发展，实现政府、市场与社会的多方共赢。

【大数据应用成效初显】

互联网大数据中心加快建设。三大运营商贵安数据中心一期机房即将投入使用。申黔互联、中电翼云、翔明科技、中安永恒等企业自建数据中心已投入使用。北京市供销合作总社与贵阳高新区签署协议，投资120亿元共建大数据产业园，其中IDC数据中心规模为20万台服务器，投资100亿元。

依托“云上贵州”的大数据应用成效初显。依托“云上贵州”，整合省级政府部门数据，统筹存储和共享，实现跨领域的数据交换和相关性分析，为政府、企事业单位和个人提供信息服务。目前，7朵云已率先应用，北斗位置云、贵阳市民生云等“N”朵云正在加快建设。智能交通云“黔通途”手机App实现了对高速公路实时路况查询、路线查询、黔通卡业务查询、通行费查询。

食品安全云“食安测”App已进入安卓市场、360等手机应用市场，消费者可通过App对进入食品安全云数据库的超市食品进行扫码，获得食品生产厂家、主要成分等信息。工业云可提供云应用服务近200个，已吸引6000多家企业登录云平台，目前已有云服务相关企业15家，其中两家是省外企业在贵州省注册成立的新公司。环保云以污染源数据管理为出发点，将各企业的基本信息、污染排放监测数据、视频图像监控数据、三维监控信息等纳入信息化系统，可进行查看、管理和分析。智慧旅游云完成“多彩贵州—云上旅游”手机App、基于北斗的旅游监管和服务平台开发，可实现景区客流调度、食宿管理、导游服务、交通疏导管理等功能。电子商务云已有630余家企业入驻，涉及商品类目5400余种，覆盖30余个不同行业，带动配套服务产业20个，新增实体企业转型电商数300余家。同时，“N朵云”加快建设步伐，北斗位置云、朗玛医疗健康云、贵阳市民生云、惠普·贵州国际金贸云、培生教育集团智慧教育云等启动建设，云应用领域不断扩大。

大数据产业带动能力日益提升。贵州省大数据产业对信息产业发展起到了明显的带动作用，吸引了多个项目投资。2014年，大数据产业系列招商推介活动签约162个项目，项目总投资1700亿元，一批签约项目加快落地。截至2014年10月，在建投资3000万元以上的电子信息产业项目149个，累计完成投资123亿元，同比增长224%，建成项目23个。贵安富士康、遵义以晴集团一期已建成投产，申黔互联、翔明科技等企业自建数据中心已投入使用。中关村贵阳科技园、梅泰诺移动信息产业基地、凯里中科汉天下物联网科教产业园、毕节贵州新大欣高新科技园、黔西南华大基因等一批项目建设进展顺利。

【电子信息产业发展强劲】

信息产业综合规模不断壮大。2014年全省信息产业实现规模总量1460亿元，同比增长62%。其中，电子信息制造业实现工业总产值350亿元，同比增长27.3%，软件和信息服务业实现业务收入150亿元，同比增长49%，在电子信息产业中占比19.3%，较2013年年底提高了4.2个百分点。2014年全省电子信息企业数量实现大幅跃升，电子信息企业总数达1721家，比2013年年底增加了400余家，其中规模以上企业295家，年主营业务收入亿元以上的企业达到38家。2014年全省软件和信息服务业通过软件认定企业67家，其中，系统集成资质企业62家，包括二级资质2家、三级资质23家、四级资质6家、省内资质31家，信息系统工程监理资质企业6家。截至2015年4月底，全省大数据信息产业工商注册企业15805家，较2013年年底增加1784户。涉及大数据、增值电信服务、电子商务等新兴产业的特色企业相继入驻贵州并成长迅速，极大地带动了电子信息产业的发展，形成了新的经济增长点。以贵州朗玛为代表的一批本土企业加快转型成长。一批中高端产品生产实现从无到有、从小到大，平板电脑、电子白板等产品实现零突破，智能手机生产规模进一步扩大。大数据、云计算、物联网等新一代电子信息技术的广泛应用，加快了传统产业改造升级步伐，推动了大数据和健康、旅游等产业的融合发展，催生了电子商务、网络新媒体、智能安防、导航服务等一批新型业态。

呼叫中心等增值服务产业呈现良好发展势头。贵阳市、黔南州、贵安新区等黔中经济区6市（州、区）共同建立了黔中经济区呼叫中心产业发展联席会议制度。30万坐席的“黔中声谷”服务外包产业基地加快建设。贵阳呼叫中心产业和服务外包示范基地、贵阳呼叫中心教育培训体系与呼叫中心实训基地、黔北县域“务川、正安、道真”呼叫中心示范基地等一批呼叫项目启动建设。贵阳软件园已聚集约300家软件及服务外包机构。依托三大运营商基础平台，增值电信服务壮大发展，培育形成相关服务企业2000多家。

电子信息产业投资建设持续推进。2014年全省规模以上电子信息产业投资完成82.7亿元。贵安新区、遵义软件园建设取得阶段性成果。富士康、中国电信云计算南方中心、中国移动贵州数据中心、中国联通贵州数据中心、中关村贵阳科技园、北斗应用示范配套、梅泰诺、贵阳海信超高清（4K）大屏幕液晶显示器件等项目建设速度加快。贵阳朗玛、深圳腾讯、阿里巴巴、航天科工集团、深圳沃通、上海文广集团、上海证券公司等一大批客户项目正在积极推进。

【两化融合水平不断提升】

两化融合试点示范工程稳步推进。截至2014年，两化融合国家试点示范项目达到12个，获得资金支持310万元，贵州茅台酒股份有限公司、中国振华集团新云电子元器件有限责任公司列为工业和信息化部两化深度融合示范企业，贵州汇通华城股份有限公司《公共机构智能节能监控系统研发与示范》列为工业和信息化部两化深度融合试点示范工程，贵州众智博信科技有限公司《"优随享"移动社区连锁电子商务平台》、贵州西拓科技有限公司《医药产品信息追踪追溯平台》列为工业和信息化部电子商务集成创新试点工程，《贵州航空工业云建设》列为工业和信息化部两化深度融合试点示范项目。省级两化融合专项资金支持项目45个，支持资金3400多万元，全省各部门累计培育制造业信息化工程示范企业200余家，实施示范项目2000余项，支持资金4000多万元，六盘水市钟山区、遵义市汇川区列为省级信息化与工业化融合试验区，瓮福（集团）有限责任公司、贵州久联民爆器材发展股份有限公司列为省级两化融合示范企业。

两化融合贯标工作取得显著进展。目前，全省有振华新云、久联、航天精工、瓮福、安大锻造、新安航空6家企业列入全国两化融合管理体系贯标试点名单，涉及电子制造、机械制造、航空航天等多个行业，在全省形成了良好的示范带动作用，加快了两化融合进程。贵州博网科技咨询有限公司（贵州省信息化促进中心）通过培训考核，成为全国首批两化融合管理体系贯标咨询服务机构之一。

企业两化融合水平不断提升。2014年全省两化融合发展总指数达到57.08，比2013年的45.86增长了11.22，增长率达到24%，增速超过全国平均水平。企业两化融合发展水平评估有序开展，从2012年以来，连续3年开展区域和工业企业两化融合发展水平评估，2014年完成了《大力推动两化深度融合，加快贵州工业转型升级》、《贵州省信息化指标及区域两化融合指标提升进位专题研究报告》、《贵州省工业企业两化融合指标提升进位专题研究报告》等两化融合发展水平评估总报告，评估重点企业超过130家，摸底企业超过500家。全省企业普遍加强了对信息化和自动化资金的投入力度，加强了对信息化专项规划的编制，90%以上的企业两化融合发展水平开始呈现出从起步建设阶段加快迈向单项覆盖阶段的良好发展势头。中小企业的财务管理、营销管理、采购管理、成本控制管理等主要业务流程信息化水平全面提高，部分大型企业已经形成了较完整的信息化管理体系，企业的管理效率和运营效益明显提高。ERP（企业资源管理）、MES（制造执行系统）、PLM（产品生命周期管理）、SCM（供应链管理）、RFID（无线射频识别）、物联网等信息系统和技术在全省工业企业广泛应用。

贵州工业云建设成效显著。与中国航天科工集团第二研究院合作，开展基于政务网和互联网两个平台的工业云平台搭建工作。目前，政务网产业监测平台已经实现全省工业经济运行的实时监测，随时查看全省十大产业、各市州重点产业、工业园区经济运行状况。互联网平台汇集了海量数据，催生了一批提供云服务和端产品的企业，带动形成了产业链，目前，该平台能提供云服务应用近200个，集聚和培育云服务相关企业达到15家，包括2家省外企业在贵州省注册成立的新公司，通过龙头企业带动了6000多家本地企业使用工业云，具备为10万家以上企业提供云服务的能力。贵州工业云平台在提升企业创新水平上成效显著。2014年，老干妈在工业云配套网上发布了追溯系统研发商机，把商务谈判搬到了网上进行，开拓了社会化产业模式。奇瑞汽车把研发搬到网上，缩短了研发和原型加工周期，中航力源液压的企业云供应链管理实现在云端的采购生产一体化，开启了新型云制造模式。贵州工业云催生了新的商业方式，韩凯斯打造了个性化、全球化、众筹众包等新型研发和生产模式，金万维以软件超市共上架CAD、CAM、进销存等工业设计、制造、管理软件近千个，吸引6000余户企业入驻工业云平台，打造了"以租代售"服务中小微企业的典型商业模式。贵州工业云平台在中小企业融资服务方式创新上成效明显，"黔贷通"、"乾贷网P2P"、"上股交贵州办事处"等中小企业云融资服务平台，构建了O2O、多层次的中小企业融资服务体系，累计帮助1000多家中小企业直接或间接融资15亿元，帮助80余家中小企业走进资本市场。

【电子商务稳步发展】

电子商务规模稳步扩大。2014年全省电子商务业务量实现160亿元，信息类产品销售额完成130亿元，全省淘宝用户数近3年以年均30%左右的速度增长。电子商务企业达到642家，新增实体企业转电商企业数200余家，已有省级电子商务示范基地7个，省级电子商务示范企业27个。电子商务直接从业人员超过7000人，带动就业人数近40000人。

借助云计算、大数据等新技术提升电子商务治理和服务能力。打造本土化电子商务云平台，创新组织结构和经营模式，按照市场化运营思路，将全省电子商务服务资源，以及龙头企业、优势产业和产业链进行系统整合。贵州省还通过应用电子商务云进行大数据分析，提高电子商务行业的决策管理和服务能力，扩大名特优产品的知名度和销售市场，为促进产业规划、引进企业落户、优化企业布局、促进产品升级等方面提供强大数据支持。贵州电商云上线4个月便联系企业2900户，入驻企业820户，并在快速扩大，电商大数据体系正在逐步形成。

电子商务配套设施日益健全。物流体系日趋完善，多个区域性综合物流园区已经建成并发挥作用，贵州“两港一中心”综合物流园、金清电子商务物流园等一批大型综合物流园区加快推进，贵阳、都匀获批为全国流通领域现代物流示范城市，城乡现代流通体系正在加快形成。电子商务服务领域进一步拓展，专业服务机构逐步壮大，品牌效应继续增强。电子商务在各个产业领域的推广应用加快，与国内主要电商合作搭建的淘宝·贵州馆、京东商城贵州馆、阿里巴巴·遵义产业带等第三方电子商务服务平台基本建成并投入运营。

【信息消费不断完善】

信息消费环境不断改善。促进信息消费的实施方案和政策接连出台，2014年出台了《关于加快大数据产业发展应用若干政策的意见》、《贵州省大数据产业发展应用规划纲要（2014—2020年》，省大数据办出台《关于加快大数据产业发展的实施意见》，启动实施了《“宽带贵州”行动计划（2013—2020）》、《贵州省信息基础设施建设三年会战实施方案》。互联网应用范围不断扩大，2014年，互联网普及率29%，前3季度，全省网民微博微信使用率、农村地区网民比例、社交网站应用比例、手机上网普及率等数据均高于全国平均水平，贵阳市手机拥有率超过100%。

信息消费总体规模不断扩大。2014年全省信息消费规模达到375亿元，同比增长35%。其中，电子商务等消费业态快速发展，2014年全省电子商务交易额突破实现400亿元，同比增长150%，信息类产品销售额完成130亿元。电子商务企业数量实现跃升，淘宝用户数近3年以年均30%左右的速度增长，新增实体企业转电商企业数200余家，电子商务企业共有642户，建成有省级电子商务示范基地7个，省级电子商务示范企业27个。安顺市西秀区、遵义市红花岗区被列为国家信息消费试点市（县、区），试点工作有序推进。

新兴消费业呈现良好发展势头。IP电视和基于广电网络的互联网接入商业化规模化应用加速，智能手机、智能电视等终端消费稳步增长，大数据分析支持、网络购物、电视购物、网络支付电子商务等信息服务快速发展。云服务业态百花齐放，智能交通云“黔通途”实现了对高速公路实时路况、路线、通行费查询；食品安全云“食安测”已进入安卓市场、360等手机应用市场；电子商务云带动630余家企业入驻，涉及商品类目5400余种，横跨30余个不同行业，带动配套服务产业20个；北斗位置云、朗玛医疗健康云等启动建设，云应用领域不断扩大。

【民生领域信息化建设步伐加快】

贵州省坚持“和谐贵州”战略方向，积极支持民生领域信息化建设，北斗位置云、朗玛医疗健康云、贵阳市民生云、惠普·贵州国际金贸云、培生教育集团智慧教育云等一批具有带动作用的行业云启动建设，云应用领域不断扩大，农业、医疗、教育、环保、旅游、文化等领域为民服务能力不断增强，信息惠民水平不断提升。

农业信息化方面。贵州省不断推广农村信息服务建设，成为2013年批复的5个“国家农村信息化示范省”之一，为50个乡镇、100个行政村开展农村信息化建设点建设和“信息下乡”活动，并着力将乡镇下辖所有行政村纳入“农经网”、“农信通”、“信息田园”或“金农通”等基础性农村综合信息服务平台服务范畴，做好“三农”公益性信息服务。同时，贵州省强化数据应用，以“数据驱动”农业服务和发展，如龙信公司等企业积极开展农业领域大数据分析应用，指导农业园区发展现代高效农业。

人社信息化方面。贵州省建成了全省统一的社会保险信息系统、城乡居民养老保险信息系统，全省各市（州）均已接入异地就医即时结算平台，劳动关系和人事人才相关信息系统均已建设完成并投入使用，服务全省城镇企业职工基本养老、失业、基本医疗、工伤、生育等社会保险管理和公共服务。社会保障卡发行应用工作有序推进，发卡范围已覆盖所有市（州），应用领域已实现医疗保险持卡即时结算，并扩展到省内异地就医应用，发卡数量达900余万张。省扶贫办建设了“精准扶贫信息平台”，加强扶贫项目资金全过程监管、全流程监控，提高精准管理水平，得到中央深改办、国务院扶贫办的肯定。

医疗卫生信息化方面。贵阳市各区（市、县）在新农合管理平台的基础上建立了国家基本药物管理系统，覆盖各乡镇卫生院和社区卫生服务中心，实现在贵州省基本药物集中采购平台采购基本药物，同时统一技术信息标准，大力推动医院电子病历信息系统建设，按照卫生部信息标准在市一医、二医等11个医院开展了电子病历信息系统建设试点。安顺市卫生系统应用了省、市、县、乡镇直至村级联网的新农村医疗合作信息系统，医疗管理系统、应急指挥系统、疾控系统建设进展快速，农民医疗保障能力和卫生防疫水平快速提升。

教育信息化领域。贵州省深化“教企合作”模式，全省中小学校信息化环境建设、省级教育资源公共服务平台建设取得突破性进展。截至2014年6月，完成班级多媒体终端建设47067个，覆盖4000多所学校，班级多媒体终端设施建设数占全省中小学班级数的35%。参与教育部第一批教育信息化试点工作和中央电教馆组织的“全国百所数字校园示范校”项目，并在贵州省5县1镇组织开展“班班通”项目试点工作。

旅游信息化领域。贵州省在旅游电子政务、旅游公共信息服务、旅游电子商务、智慧旅游景区、大数据智慧旅游云工程等方面做了大量工作，旅游信息化工作取得了显著进步和成效。一是全面实施大数据智慧旅游云工程建设，完成“多彩贵州—云上旅游”手机App、基于北斗的旅游监管和服务平台开发，功能覆盖景区客流调度、食宿管理、导游服务、交通疏导管理等应用系统。二是优化升级了旅游公共信息服务平台，不断提升“12301”旅游公益服务热线服务水平，积极引导企业提供多样化旅游公共信息服务和产品。三是持续推进以“淘宝·多彩贵州旅游馆”为核心的电子商务平台建设，提升旅游产业化水平。同时加强旅游景区与专业企业合作，推进“智慧旅游”试点景区建设。

文化信息化领域。贵阳市积极推动传统文化和新兴媒体融合发展，建成了我国第一个国学云计算平台，通过集海量检索、在线互动、超限传播、受众分析于一体的“数字孔学堂”建设，为国学爱好者、学习者提供权威、海量、开放的信息服务，以信息化促进中华优秀传统文化的弘扬、传播、教育、学习和研究。

【信息安全保障体系不断完善】

全面加强信息安全保障体系建设。一是加大信息安全基础设施建设及运行维护，改造升级了省社会公共服务信息系统安全测评模拟实验室，建立省网络与信息安全事件应急支援中心，建立病毒库、漏洞库、政府门户网站漏洞信息发布及整改建议数据库。二是成立省网络与信息安全事件应急管理专家组，召开专家组咨询会议，制定应急演练技术工作方案，成功组织开展贵州省首次网络与信息安全事件应急演练，提高对突发事件的应急处置能力。三是加强网络信任体系建设，指导和帮助贵州省电子证书有限公司通过国家密码管理局安审，获得“电子认证服务使用密码许可证”和“电子认证服务许可证”，目前已在贵阳市社保、省市公共资源交易中心等发放证书近一万张。四是加强信息安全培训，在贵阳举办了 10 期网络与信息安全知识培训，培训内容包括国内外信息安全形势、政策法规、信息保密、网络安全攻防技术、信息化密码保障、风险评估与等级保护、网络信息监管与舆情控制、电子政务等，全省 513 家单位派人参加，培训人数累计超过 600 人。

全面保障“云上贵州”数据安全。一是以贵阳市为试点，探索保障数据安全的标准规范，推动数据立法，培育数据安全服务产业。二是组建“云上贵州”安全公司，与阿里、百度、奇虎、浪潮、华为等深入合作，统筹推进“云上贵州”安全稳定运行。三是“云上贵州”平台的软硬件全部采用具有自主知识产权产品，实现自主、安全、可控，统筹提供云计算、云存储和云安全服务。自 2013 年 10 月中旬正式运行以来，共防御 20 次大规模互联网攻击，19 万次黑客入侵，71 万次网络流量攻击，日均受攻击 5000 次，平台数据、系统未受影响。

完善了信息安全监测通报工作机制。一是加强网络与信息安全监测、预警和应急处置，对全省 800 个重要党政网站和重要新闻网站进行 24 小时监测预警，每月通过对监测的 8 个安全指标数据采集、统计、分析和研判，按月编制印发《贵州网络与信息安全情况通报》，及时对贵州地区公共互联网安全数据进行预警。二是加强特殊敏感时期的网络与信息安全，编制印发《加强春节和全国“两会”期间全省网络与信息安全保障工作的通知》、《关于做好微软 XP 系统停止服务的后续安全管理的通知》等相关文件。三是筛选出 72 家政府信息系统、重要党政网站、新闻网站组织组织开展现场检查和风险评估工作，分别出具各家单位检查评估报告，及时反馈促进整改。

政府网络安全保障体系不断加强。2014 年，贵州省完成纵向网、涉密网及视频会议系统的总体规划、设计、实施，以及运行中的技术保障、维护等工作，完成了涉密信息系统保密检查、政务信息系统安全检查等检查工作。专门成立省政府电子政务工作服务小组协助省政府办公厅做好网络技术服务工作，建设省政府办公厅 IT 运维客户服务体系，完善办公厅机房和网络运行管理，省政府办公厅成为全省第一家通过涉密网络安全评测的政府单位。

云南省信息化发展概况

2014 年，在云南省委、省政府、省信息化领导小组的正确领导下，云南省信息化及信息产业领域稳步发展，重点领域、行业信息化取得初步成效。

【基本情况】

（一）通信基础设施建设情况

目前，昆明区域国际通信出入口初步建成，连接缅甸、老挝等国的国际光纤网已经形成。截至 2014 年年底，全省光缆线路长度近 50 万千米，5 条出省光缆汇入国家 8 纵 8 横光缆网。固定电话用户规模为 429.8 万户，移动电话用户规模达 3748 万户，固定宽带用户规模达 428.4 万户，移动互联网用户规模达 2459 万户。全省有线电视用户超过 505 万户，广播电视综合覆盖率达到 97%。

（二）各行业领域信息化应用情况

政务领域。电子政务在全国处于中等水平，当前正处于由分散建设向集约管控、信息资源共享、协同开发转变的关键时期。

经济领域。烟草、电力、冶金等支柱产业的信息化水平在全国领先，广大中小企业信息化应用水平极低。昆明市被列为国家“两化”融合试验示范区。截至2014年年底，全省发放金融IC卡2060.67万张，提前完成2015年发卡目标。

社会领域。全省实现接入互联网的学校7694所，中小学生人机比达到22∶1。全省基本实现了劳动就业和社会保障业务信息系统管理。养老、工伤、生育保险实现“三险合一”。省内跨统筹区持卡就医购药实现了联网结算。

（三）信息产业发展情况

2014年，全省信息产业实现销售收入462.28亿元。其中，通信业完成业务收入310亿元，同比增长1.3%；电子信息制造和软件服务业完成主营业务收入152.28亿元，同比增长7.1%。电子信息制造业方面，北方奥雷德光电科技股份有限公司的信息光电子技术达到国际先进水平。云南锗业是国内锗产业链最完整的生产商。南天信息的存折打印机、银行自助服务终端；山灞公司的图像医用治疗仪；贵研铂业集团的传感器、电子浆料；玉溪蓝晶的LED蓝宝石基片等产品在国内市场享有一定声誉。软件与信息服务业方面，南天信息的金融软件开发久负盛名；昆船物流为烟草做配套自动化生产、物流服务，为昆明长水机场建设自动化行李分拣系统；阳光基业用信息化技术服务于节能环保领域；云南思普企业集团自主开发的桌面操作系统已经成功进入中央政府正版软件采购网，并远销中东地区。

【主要特点】

2014年，云南省委、省政府高度重视信息化工作，省政府领导多次深入信息产业园区、企业调研，密集召开专题会议研究、部署工作，推进信息化重大项目实施，统筹信息产业布局，加大招商引资力度，全省信息化工作成效明显，主要呈现出以下特点。

（一）顶层设计基本形成

按照省政府领导指示，围绕国际通信枢纽建设、信息化发展指数开展寻标、对标研究，提出了赶标的意见和办法。提出《云南省信息化跨越式发展战略及路径研究》、《云南省信息产业发展重点及产业布局研究》、《关于加快我省云计算大数据产业发展对策建议的报告》、《云南省云计算产业运用与发展指南》、《加快云南机器翻译技术产业发展的建议》等一批课题项目研究，为政府决策和“十三五”规划制定奠定了基础。通过上述工作，进一步加大了对全省信息化工作的宏观统筹力度，全省信息化发展方向、目标和任务日益清晰、明朗。

（二）全方位发展格局逐步形成

自2012年以来，以云计算、大数据、物联网、智慧城市、移动互联网、北斗导航等产业为代表的新兴业态层出不穷。按照省委、省政府的部署，我委积极规划布局与云计算大数据产业紧密相关的软件与信息服务业基地、北斗导航位置信息服务云平台等产业发展方向。鼓励支持龙头企业以“园中园”的开发模式，引进、聚集行业内相关企业实现集群发展。截至2014年年底，全省新一代信息技术产业的发展格局基本形成。策划中的产业发展方向和领域还包括云计算、信息门户、跨境电子商务、小语种机器翻译产业、社交平台和国际呼叫中心、超算中心等。

（三）国内外信息化巨头相继进入

根据2014年年初确定的工作方案和重点，结合云南省实际情况，加大项目策划力度，积极与国内一批知名企业洽谈，大力开展招商引资工作，推动合作项目落地。引进了浪潮集团、华为公司、兵器集团、神州数码、深圳融创天下、联想融科置地、深圳天安数码、中兴通讯、阿里巴巴等知名企业。

（四）州市及省内企业积极性日益高涨

云投集团、能投集团加快了进军信息产业的

步伐：云投集团与工信委签订战略合作协议，合作建设全省信息化公共基础设施及信息产业园区。能投集团与浪潮集团合作，将企业资源优势与云计算产业有机结合。玉溪、保山、大理等州市纷纷在信息消费、信息惠民、农村电商等领域寻找新的发展方向和领域。信息化作为转方式、调结构的主要途径和手段日益得到全省上下的认可。

【重点工作】

信息化规划统筹力度进一步加大。根据《国务院关于促进信息消费扩大内需的若干意见》（国发〔2013〕32号）精神，云南省出台了《云南省促进信息消费的实施意见》。为推动云计算、大数据、物联网和北斗卫星导航等战略性新兴产业在云南的布局，提升云南省云计算和大数据服务、运营、管理创新能力，分别制定了若干细化、可操作的配套政策。在云计算大数据产业领域，正在起草《云南省促进云计算大数据产业发展的若干政策》、《云计算产业规划布局指南》、《云计算政府购买服务标准》、《云计算项目实施指南》等文件。在物联网产业领域，起草拟定了《云南省鼓励物联网产业健康有序发展指导意见》。在北斗卫星导航产业领域，正在制定《云南省北斗卫星导航产业发展专项规划（2015—2020年）》、《云南省北斗卫星应用推广方案》、《云南省推进北斗强制应用若干政策和标准》等文件。围绕国际通信枢纽建设、信息化发展指数开展寻标、对标研究，提出了赶标的意见和办法。提出《云南省信息化跨越式发展战略及路径研究》、《云南省信息产业发展重点及产业布局研究》、《关于加快我省云计算大数据产业发展对策建议的报告》、《云南省云计算产业运用与发展指南》、《加快云南机器翻译技术产业发展的建议》等一批课题项目研究，为政府决策和“十三五”规划制定奠定了基础。通过上述工作，进一步加大了对全省信息化工作的宏观统筹力度，全省信息化发展方向、目标和任务日益清晰、明朗。

桥头堡信息化建设稳步推进。按照国际通信枢纽、区域信息汇集中心、宽带云南建设规划及实施方案，加快了相关建设工作。会同云南省通信管理局和三大通信运营商，主要开展了3G及4G覆盖工程、骨干网改造工程、宽带接入工程和通信服务基地建设，2014年前3季度固定资产投资完成85亿元。以中国电信云南分公司为主的省内运营商提出了国际信息服务基地建设、国际光缆建设、国际通信业务出入口局提升工程、宽带云南工程、新一代移动通信建设工程、深化普遍服务建设、信息承载网络建设、信息应用业务平台等一批工程任务，目前正在按照规划实施方案，持续推进项目建设。

两化深度融合。充分酝酿并出台了《云南省信息化和工业化深度融合专项行动计划（2014—2020年）》。开展两化融合服务支撑能力建设，完成了云南省两化融合在线普查评估分析系统和云南两化融合网的建设工作。利用两化融合在线普查评估分析系统对全省1400多户企业两化融合水平开展了试评估工作，组织云南省相关企业开展了两化融合管理体系贯标试点，为调动企业积极性，促进企业在全产业链、管理全过程应用信息化工具，占领工业制造制高点奠定基础。

软件和信息服务业的行业管理工作进一步加强。一是指导云南省电子工业行业协会做好行业经济运行监测与分析工作。二是完成全省5批次双软认定工作，2014年度全省认定软件企业152户，登记软件产品189个。三是按照国家行政审批改革的相关要求，做好计算机信息系统集成企业等4项资质的下放移交工作。

新一代信息产业发展基础环境进一步夯实。当前是发展云计算、大数据、物联网、智慧城市、移动互联网、北斗导航等新一代信息技术产业的战略机遇期，必须力争有所作为。按照省委提出的产业建设年要求，近年来，云南省在信息产业领域积极筹划、在谈并签约、启动一批重大建设项目。在产业和项目布局上，引进浪潮集团与省能投集团合资成立了能投浪潮公司，在昆明市高新区、经开区启动了云计算中心项目建设。浪潮集团与保山市政府于2014年签订了合作建设保山云计算产业园的协议。引进华为公司，在玉溪建设华为西南云计算中心，规划布局玉溪云产业基地，引进阿里巴巴集团，在8个领域开展深入合作，首个合作项目——农村电子商务试点已启动。引导云投集团进军信息产业，投资开发呈贡信息产业园，规划布局与云计算大数据产业紧密相关的软件与信息服务业基地、北斗导航位置信息服务云平台等。鼓励支持龙头企业以“园中园”的开发模式，引进、聚集行业内相关企业实现集群发展。截至2014年年底，全省发展新一代信息技术产业的政策环境、产业环境及发展格局基本形成，政策的影响力、吸引力在发散和放大。

【电子信息产业】

在“三期叠加”的背景下，2011年以来全国经济运行总体呈持续下行态势，2014年，经济下行压力进一步加大，云南省电子信息产业结构调整不断优化，产业转型升级势头初显，但质量和效益增长不明显，软件和信息技术服务业影响尤深。2014年全省电子信息产业实现主营业务收入151.3亿元，同比下降4.57%；实现利润10.85亿元，同比增长3.93%；上缴税金4.17亿元，同比下降28.6%；从业人员24206人，同比增长0.59%；劳动者从业报酬19.46亿元，同比下降0.31%，研发经费投入7.85亿元，同比下降2%。

（一）制造业基本情况

2014年电子信息制造业统计企业18户，新纳入统计单位2户，分别是生产程控交换机的塔迪兰和生产LED灯的华尔贝。全行业实现主营业务收入89.43亿元，同比增长9.65%，出口交货值2.75亿元，同比增长140%，实现利润8.41亿元，同比增长18.95%，上缴税金2.34亿元，同比下降31.18%，从业人数13604人，同比增长7.81%，从业人员劳动报酬12.49亿元，同比增长35.03%，全年研发资金投入3.86亿元，同比增长29.10%，总体指标高于全省工业发展水平。

主要产品产销率保持较高水平。全行业产品产销率94.15%，其中：南天信息的存折打印机产销率82.18%，银行自助服务终端产销率92.02%；山灞图像医用治疗仪产销率88.89%；贵研铂业传感器产销率99.21%；LED蓝宝石基片产销率84.41%，电子浆料、数字程控交换机、有线电视机顶盒、锗单晶、锗光学镜片、自动化物流系统等产品均为零库存，电话电缆和锂电池材料产销率较低。

主要经济指标全年变化。2014年，全省电子信息制造业主营业务收入增幅波动较大，开年高速增长，第一季度季末回落，第二季度、第三季度、四季度增幅在10%上下波动；主营业务收入、工业总产值、利润总体增长，波动较大，三项指标变化基本相符。

（二）软件和信息技术服务业情况

2014年全省109户软件和信息技术服务业企业实现软件业务收入46.98亿元，同比下降15.01%，实现利润2.44亿元，同比下降27.6%；上缴税金1.83亿元，同比下降25%；从业人数10602人，同比下降7.37%；应付职工薪酬6.97亿元，同比下降32.13%；研发经费3.99亿元，同比下降20.52%。全部重要经济指标均下降。

行业结构重新调整。2014年《软件和信息技术服务业统计报表制度》做出调整：原来的6类分类调整为软件产品、信息技术服务和嵌入式系统软件3类，信息技术咨询服务、数据处理和存储服务、信息系统集成服务等收入并入信息技术服务收入。信息技术服务收入占软件业务收入的比重为3/4。

龙头企业调整经营战略。随着全国软件收入前百家的门槛提高到近10亿元，云南省原来的全国软件收入前百家仅剩南天信息一家，软件业务收入上15亿元，软件业务收入上亿元的有昆船物流、中通网信、云电同方、金隆伟业、邮电工程、盛云科技、能讯科技、爱迪科技8家公司，软件业务收入上亿元的企业减少了2户——电信公众和官房电子。原来的云南通服进行业务拆分，经营软件服务业的公司更名为中通网信；南天信息和中通网信都减少了毛利率低、成本高的订单；电信公众内部整合，公司经营方向发生变化。故南天信息、昆船物流、中通网信、云电同方、电信公众等几家大的软件企业业务量均大幅萎缩。

（三）行业发展主要特点

制造业保持稳定增长。2014年LED产业回暖，飞隆劳尔的球墨抛光机、蓝晶科技的LED衬底片、华尔贝的荧光灯都实现了不同程度的增长。

云南锗业的锗系列产品大部分是使用自有原料进行生产，外购原料使用同比减少；公司火法加工和湿法提纯的工艺技术进一步提高，各生产工段的锗金属回收率稳中有升；产品结构逐步优化，成本得到有效控制。南天信息的核心业务是金融电子，IT 服务的未来趋势是提供硬件和软件结合的综合解决方案，特别是银行走向智能化、核心业务系统集成化的升级，都需要具备集成能力的 IT 服务供应商的支持。南天信息在银行业务终端、网络、软件、核心业务系统等方面均有涉及，在解决银行 IT 综合方案领域具有充分优势。

新项目建设顺利。随着中国贵金属废弃物高峰的到来，贵研铂业年回收 5 吨贵金属募投项目的逐步投产建成，贵金属再生成为主要业务，在铂族金属需求景气持续上行的运行背景下，二次回收业务的快速增长成为公司业绩增长的最大推力。云南锗业集锗矿开采、冶炼及深加工为一体，是国内唯一一家拥有完整产业链的锗行业上市公司，锗产品销量全国第一。其“30 万片高效太阳能电池用锗单晶及晶片产业化建设项目”和“3.5 万具红外光学锗镜头工程建设项目”试生产，“30 吨光纤四氯化锗项目”已正式投产，不断向精深加工领域发展，锗镜片、锗单晶毛坯、太阳能电池用锗晶片、光纤用四氯化锗的产销量大幅度增长，其产品结构正在逐步升级。

新技术、新模式运用推广逐步扩大。随着云计算、大数据、物联网、移动互联网等新技术的推进，南天信息并购大数据公司，伴随着互联网金融、电子商务等载体的快速发展，为银行业提供借助大数据打破数据边界，提升整体服务、战略决策的前瞻性和精准度的信息服务。南天中标四川农信社合同，重点放在核心系统建设上，力争在大数据形式下银行核心业务系统建设领域具备更强的竞争能力。科海电子把“B-O-T”模式成功运用到“平安城市”建设中，取得了较好的社会效应和经济效益。启创科技、信龙软件与韩国公司合作，开发东南亚多语种机器翻译软件。官房电子的“智慧社区”管理运用有望推广复制。

陕西省信息化发展概况

【两化融合】

2015 年，陕西省积极贯彻落实国务院《中国制造 2025》、《关于积极推进“互联网＋”行动的指导意见》、《促进大数据发展行动纲要》等文件精神，以两化融合管理体系贯标试点为抓手，以服务智能制造为核心，着力建设工业云中心、打造大数据产业链、构建大数据产业生态体系，实施项目引领和示范带动，扎实推进两化深度融合，助推陕西省工业转型升级，促进工业由大变强，两化融合整体水平提升。

（一）取得成效

据《2014 年信息化与工业化融合发展水平评估报告》分析，2014 年陕西省两化融合发展总指数为 61.46，处于西部省份前列，两化融合水平整体提升。其中基础设施指数为 75.08，超过全国平均水平 4.78。工业应用 47.09，低于全国平均水平 12.6。应用效果指数 76.58，高于全国 3。陕西省两化融合基础较好，推进工作成效显著，但工业应用水平低。陕西省规模以上工业企业两化融合整体处于单项覆盖阶段。其中，15%的企业处于起步建设阶段，67.5%的企业处于单项覆盖水平阶段，只有 12.5%的企业处于综合集成阶段，企业的信息化投入占销售收入的比例平均为 0.5%左右。

（二）主要做法

加强顶层设计，打造陕西大数据产业链，建立产业生态体系。通过实施“一所、一中心”工程，建立“工业云+大数据交易所+产业基地+产业基金+产业联盟+产业研究院”六位一体大数据产业发展格局，服务陕西省大数据产业发展。一是成立陕西省工业云中心。2014 年 3 月，省工信厅与省通管局、省中小企业局、省经济联合会、各市工信局、陕西省大数据产业联盟等部门和机构会商，以“基础设施运营商+平台运营商+应用提供商”方式，联合发起建立陕西省工业云中心。2014 年 5 月，省工信厅分别与西咸新区沣西新城管委会、陕西联通签订陕西省工业云中心合作协议，成立陕西省工业云中心管理机构。2014 年 5 月 22 日，陕西省工业云中心成立并挂牌，第一批 20 户服务商签约入住陕西省工业云中心。2014 年 8 月 28 日陕西省工业云上线，美国 Autodesk、德国西门子、韩国三星 SDS 数据公司在内国际知名工业软件服务商和航天二院、数码大方等国内知名服务商以及省内一批服务商已入驻工业云中心。一期可提供包括工业软件、工业资源、工业服务、企业管理、数据平台、开发平台、业务应用在内的 100 多项服务，推动陕西企业的两化融合、经济转型和企业创新，服务落实“中国制造 2025”战略。二是建设大数据交易所。西咸大数据交易所已于 2014 年 8 月注册，相应的监管措施逐步到位。基于陕西省工业云中心实现陕西省工业、社会大数据的聚集、发布及应用，依托陕西大数据交易所，面向全国提供数据交易服务，促进数据流通。计划 2～3 年，建成国家级大数据处理与服务产业基地，形成由 80～100 家企业组成的云服务产业集群，培育 30～50 家自由品牌云服务企业，培育 15～20 户拥有核心技术的大数据服务企业，培育 10 家以上核心龙头企业，第三方服务商达到 100 户以上，中小微企业用户达到 1 万户以上，全省大数据及衍生产业规模达到 1000 亿元。三是已经成立社会众筹的大数据产业基金，首批到位 3000 万元资金。政府引导，社会参与，由陕西西科天使投资基金、沣西新城管委会等发起成立陕西大数据产业投资基金，培育孵化大数据产业项目，为企业提供资金服务支持。

推进两化融合管理体系贯标试点及评估，完善支撑服务体系，加强培训宣传。一是推进两化融合管理体系贯标试点及评估工作。陕西省 33 户企业成功申报为国家级两化融合管理体系贯标试点企业，其中 6 户已通过国家评定，3 户企业达到评定标准申请评定。11 户企业成为省级贯标试点企业。陕西省有 3 家具有国家资质的贯标咨询服务机构，并成立了以陕西省信息化工程研究院为牵头单位的两化融合咨询服务联盟。全省近 700 户企业参与了 2015 年两化融合评估工作，近 537 户企业完成了评估数据采集和上报并形成了自评估报告，为推动陕西省两化融合管理体系贯标奠定了基础。二是完善两化融合咨询服务支撑服务体系。结合陕西省的当地资源优势，充分利用陕西省信息化工程研究院、陕西省网络与信息安全测评中心、陕西省大数据产业联盟、陕西省工业云中心等多个两化融合研究、推进组织，在两化融合领域形成了政产学研一体化的产业服务链。三是加强两化融合培训及宣传。组织了两化融合管理体系标准、评估规范、评定标准解读、工业云推介等专题培训 5 次，组织两化融合论坛、智能制造 MES 论坛 2 次，先后培训约 1000 人次，提升了陕西省两化融合工作队伍整体水平。并编制两化融合典型示范企业案例汇编，加大宣传，引导行业企业推进两化融合。

坚持实施两化融合重点项目和典型示范引领工程。利用陕西省工业转型升级及两化融合专项资金 2700 多万元，共支持装备制造、能源化工、有色金属等行业信息化建设及云计算、大数据等新一代信息技术创新发展重点项目 40 多个，树立了 22 户两化融合典型示范企业（园区），618 所、陕鼓动力、西电西变等在全国处于行业领先地位。

开展了工业控制系统信息安全调研。按照工业和信息化部要求，针对目前安全形势，组织专家，委托陕西省网络与信息安全测评中心开展陕西省工业控制系统信息安全调研，主要涉及物理安全、应用安全、数据安全等安全产品及咨询、培训、测评、运维等安全管理与服务，进一步了解网络安全产品及技术对云计算、大数据、等提供支持的能力，将形成工业控制系统网络安全相关策略、产业模式及政策保障措施。

（三）未来工作

一是完善工业云中心运营管理机制，做好工业云应用宣传和推介；二是继续实施重点项目引领支撑工程，发挥典型示范企业宣传带动作用；三是深入推进两化融合发展水平评估和管理体系贯标工作，鼓励引导工业企业积极开展自评估、自贯标工作，对照分析，寻找差距，逐步提高两化融合水平，提升企业核心竞争力；四是完善两化融合支撑服务体系，加强咨询服务和宣传培训；五是加强调研，制定“十三五”两化融合规划。

甘肃省信息化发展概况

2014 年，甘肃省以产业结构优化升级和转变经济发展方式为主线，大力推进信息技术改造提升传统产业，着力提高信息技术支撑经济社会发展的能力，在信息化发展环境、信息网络基础设施建设、信息产业、农业信息化、工业信息化、电子商务、电子政务、社会事业信息化发展等方面取得了明显进步。

【发展环境】

2014 年，甘肃省不断优化信息化发展环境，在电子商务、信息基础设施等领域陆续出台了《甘肃省人民政府关于加快电子商务产业发展的意见》（甘政发〔2014〕78 号）、《甘肃省人民政府办公厅关于强化信息基础设施建设保障电子商务快速发展的意见》（甘政发〔2014〕150 号）等重要文件，全省各地各部门也在信息消费、智慧城市等领域出台了一系列政策和规划。

2014 年 11 月，甘肃省人民政府与阿里巴巴集团在兰州签署战略合作协议。甘肃省委书记、省人大主任王三运，省长刘伟平和阿里巴巴集团董事局主席马云等代表出席签约仪式，省政府副省长夏红民与阿里巴巴集团总裁金建杭代表双方签约。按照合作协议，双方重点在云计算、电子商务、智慧城市、互联网产业、智能物流 5 个方面深化合作，共同打造电子商务服务业、现代智能物流、跨境电子商务、云计算和大数据等产业集聚区，推进“智慧甘肃”建设。

2014 年 7 月，第二十届中国兰州投资贸易洽谈会上，甘肃省工信委邀请中国电科、中国航天、中国电子等央企集团和物联网领域知名企业举办了兰洽会物联网体验馆，集中展示物联网核心技术、具体应用和发展趋势。甘肃省工信委同期于兰洽会上主办“创业创新论坛”，邀请阿里巴巴等著名 IT 企业高管就互联网时代如何创新创业和智慧城市建设发表了精彩演讲。

【信息基础设施】

2014 年，甘肃继续实施“宽带中国”战略，落实“村村通”工程和“信息下乡”任务，加快全省通信基础设施建设。全省电信业务总量完成

260.17亿元，增长21.99%，电信主营业务收入完成162.52亿元，增长1.79%。电信固定资产投资70.23亿元，下降12.65%；实现利税20.8亿元，下降16.46%。截至2014年年底，本地局用交换机容量239.5万门，移动电话交换机容量2704.8万户。光缆总长度42.9万千米，互联网宽带接入端口462.7万个。甘肃省移动电话用户2058.66万户，增长4.17%，移动电话普及率为79.46部/百人。固定电话用户总数为312.36万户，下降6.42%，固定电话普及率为12.06部/百人。互联网宽带接入用户数213.26万户，增长11.71%。移动互联网用户累计达到1668.84万户，增长14.21%。3G业务完成投资10.81亿元，3G基站数达到26494个，3G用户数达到835.82万户。电信业三大运营商资产总额318.69亿元，其中固定资产原值510.45亿元，净值243.87亿元，从业职工1.78万人。

【信息产业】

2014年，甘肃省信息产业总量规模进一步扩大，新兴领域业务增长快速，产业结构不断调整，产业聚集效应显现，社会贡献率提高，产业发展继续呈稳步增长态势。

电子信息产业继续保持较快增速。实现主营业务收入103.14亿元，同比增长30.42%，环比回落9.19个百分点，增速较2013年同期回落14.08个百分点。其中：电子信息制造业主营业务收入达到62.95亿元，同比增长36.6%，环比上升8.5个百分点，增速较2013年同期回落6.1个百分点；软件和信息技术服务业主营业务收入达到40.19亿元，同比增长22.6%，环比回落43个百分点，增速较2013年同期回落24.4个百分点。电子信息产业实现利润7.14亿元，同比增长28.88%，环比上升9.32个百分点，增速较2013年同期上升1.23个百分点。其中：电子信息制造业实现利润4.86亿元，同比增长36.4%，环比上升11.9个百分点，增速较2013年同期回落5.8个百分点；软件和信息技术服务业实现利润2.28亿元，同比增长17.53%，环比上升11.03个百分点，增速较2013年同期上升11.23个百分点。

项目建设稳步推进。全省电子信息产业500万元以上项目累计完成投资40.5亿元，同比增长27.2%；新增固定资产21.9亿元，同比增长38.3%。其中兰州新区6个重点项目累计完成投资19.09亿元，新增投资4.74亿元。天水华天电子集团IGBT器件封装与测试技术研发及产业化、大片宽引线框架研发及产业化、正威电子信息产业园、四联光电西北高新技术产业基地等一批重点项目进展顺利。

电子制造业稳中趋升。全省电子信息制造业完成工业总产值73.35亿元，同比增长45.6%，环比上升8.3个百分点，增速较2013年同期增长3.6个百分点；实现出口交货值19.24亿元，同比增长12.5%，环比上升3.6个百分点。年产集成电路115.7亿块，同比增长26.32%。

软件服务业平稳增长。全省软件和信息技术服务业实现软件业务收入27.45亿元，同比增长37%，环比上升9.4个百分点，增速较2013年同期增长8.5个百分点。其中，软件产品、信息系统集成服务、信息技术咨询服务、数据处理和储存服务分别达到9.0亿元、13.2亿元、1.75亿元和3.27亿元，同比分别增长23.12%、9.0%、24.11%和36.82%，新兴领域数据处理和储存服务、信息技术咨询服务增速较2013年同期分别上升16.92个、9.11个百分点。

骨干企业带动明显。华天电子集团、天水铁路电缆、甘肃长风电子3户重点企业实现主营业务收入44.93亿元，占全省电子信息制造业的71.37%。天水电子信息制造业在全省占比74.23%，已逐步形成微电子、通信设备集聚发展态势。甘肃紫光、甘肃万维等6户重点软件企业实现主营业务收入12.07亿元、软件业务收入11.03亿元，分别占全省软件和信息技术服务业的30.03%和40.18%，兰州软件服务业产业在全省占比82.33%，集聚态势进一步显现。

社会贡献率逐步提高。全省电子信息产业上交税金2.88亿元，同比增长12.94%。其中电子信息制造业上交税金1.49亿元，同比增长27.35%；软件和信息技术服务业上交税金1.39亿元，同比增长0.7%。全省电子信息产业从业人员净增4795人，达到22028人，同比增长27.82%。其中，电子信息制造业从业人员14086人，同比新增 3658 人；软件和信息技术服务业从业人员数 7942 人，同比新增 1137 人。

企业经营成本上升。全省电子信息制造业产成品存货达到 8.13 亿元，同比增长 61.1%，环比上升 15.9 个百分点，库存压力加剧；主营业务成本达到 50.32 亿元，同比增长 37%；管理费用 6.21 亿元，同比增长 33.1%。软件和信息技术服务业从业人员工资总额达到 3.5 亿元，同比增长 18.64%，企业经营成本上升明显。

【农业信息化】

农业农村信息化取得较大进展。建成省级农业数据中心，构建了五大数据库、部署了三大应用系统。建立了农业监测预警体系。全省农业信息服务点达到 1 万个，基层信息服务组织体系延伸到所有乡镇和 80%以上的行政村，农业信息综合覆盖率达到 100%，全省乡村信息员人数达到 3.4 万名。“12316”平台累计受理各类咨询超过 80 万例，服务对象达到 20 多万人。全省建成农业网站 160 个。

【工业信息化】

工业企业信息化应用水平大幅提高。全省传统工业骨干企业的信息技术装备大多数达到国内先进水平；重点行业骨干企业生产装备自动化和半自动化率达到 82%；先进控制技术在流程型生产骨干企业中应用普及率达到 93%；骨干企业 CAD、CAM、CApp、CAE、PLM 等技术的应用率达到 85%以上；重点行业的骨干企业中有 83%以上实施 ERP 等重要管理信息系统。信息技术在节能减排过程中得到广泛应用。

建成数字企业 5000 家，中小企业信息化生产经营水平提高显著。中小企业互联网应用普及率达到 95%，利用信息技术开展生产、管理、创新活动的比例达到 45%，利用电子商务开展采购、销售等业务的比例达到 30%。

【电子商务】

2014 年，甘肃省委省政府高度重视电子商务发展，将其作为最具发展潜力的战略新兴产业，全力打造，集中推进。省商务厅着力提升电子商务在调整产业结构、拉动经济增长中的积极作用，与国内电商大平台合作，推动甘肃特色产品“走出去”。“特色中国—甘肃馆”线上馆在淘宝网上线，“甘肃馆”线下馆在兰州黄河之滨建成运营，成为西北最大、全国领先的 O2O 线下实体体验馆，标志着“甘肃馆”正式进入了线上线下融合发展的 O2O 时代。跨境电子商务加快发展，倾力打造的“陇汇通”网成为西部省份第一家省级跨境电商平台，全年通过电子商务实现外贸成交额达到 2500 万美元。

甘肃省积极推进农村电子商务加快发展，加速“千县万村”计划落地实施。陇南成县积极探索选择一个优势品种，集中推、整体推，在点上率先突破，带动全民电商创业，探索出了“成县模式”，得到了商务部的肯定。酒泉国家电子商务示范基地建设步伐加快，巨龙农网、汉唐等一批企业发展势头良好。全省网店有近 80%从事农产品销售，占到交易总额的 65%。电子商务对扩大农产品销售、助农增收、促进就业、加快土地流转、增强市场意识等方面成效显现。全省电子商务市场交易规模达到 1200 亿元，其中，网络零售额 220 亿元，均超过 2013 年全年交易水平。

【电子政务】

电子政务基础设施和应用系统建设取得明显进展。甘肃省电子政务外网实现了省、市、县纵向贯通，省直部门核心业务不同程度地实现信息化，各地上报省政府的文件实现网上传输。全省政府门户网站体系基本形成，成为政府信息公开的有效载体，有力促进了服务型政府建设。群众使用政府网站的比例达到 45.3%，通过政府网站查询政务信息的比例达到 85%。

政务核心业务信息化水平不断提高。建成甘肃省人民政府政务服务中心网上办事大厅、甘肃省公安机关网上办事大厅。建成全省统一的政务地理信息平台，“天地图 • 甘肃”正式上线。建成甘肃省智慧司法移动办公系统并开始运行。甘肃地税网络发票项目、甘肃省食品药品安全监管平台投入使用。

【社会事业信息化】

社会管理信息化取得进一步发展。诞生于甘肃本土的“三维数字社会服务管理系统”成为惠民软件品牌，所衍生的《信息技术社会服务管理三维数字社会服务管理系统技术规范》经工业和信息化部确定为社会服务管理信息化国家行业标准。

教育信息化成绩显著。2014 年甘肃全省小学、初中、高中阶段生机比分别为 15∶1、10∶1 和 11∶1，全省接通宽带的中小学占 60.11%。“三通两平台”目标任务逐步实现。完成全国中小学生电子学籍系统在省内的建档工作。实现了 3142 个教学点数字教育资源全覆盖。建设完成省级基础教育资源公共服务平台。教育教学信息化管理系统全面部署并投入使用。

医疗卫生和养老等方面的信息化建设稳步推进。卫生信息专网建成并投入使用，建成全省新农合省级平台、甘肃省基层医疗信息化系统等平台，“惠农一卡”实现了以乡为单位 100%的覆盖，农民发卡率达到 90%以上。全省城乡居民养老保险信息系统上线试运行。

旅游、物流、交通、环境保护等方面的信息化也取得长足发展。全省智慧旅游建设全面启动，道路客、货运信息化监控服务平台逐步完善，甘肃省道路客运实现异地联网售票，“北斗物流云综合服务平台”建成并投入运营，省环保厅环境监管信息化能力建设项目开始启动实施。

【两化融合】

2014 年，甘肃省积极贯彻落实国务院《关于促进信息消费扩大内需的若干意见》、《关于大力推进信息化发展和切实保障信息安全的若干意见》和全国物联网工作电视电话会议要求，以产业结构优化升级和转变经济发展方式为主线，大力推进信息技术改造提升传统产业，着力提高信息技术支撑信息化和工业化深度融合发展的能力，两化融合取得了长足发展。根据中国电子信息产业发展研究院《2014 年中国信息化与工业化融合发展水平评估报告》数据，甘肃省 2014 年两化融合指数为 44.96（全国均值 66.14），其中，基础环境指数 61.58（全国均值 71.71），工业应用指数 38.03（全国均值 59.70），应用效益指数 42.2（全国均值 73.43）。

（一）加快推进信息基础设施建设，夯实发展基础

加快实施“宽带中国”战略，促进宽带应用的普及和推广，更好地发挥信息基础设施在支撑全省信息化水平全面提升和经济社会发展中的关键作用。主要通信运营企业全面落实与甘肃省政府签订的战略合作框架协议，信息基础设施建设水平得到大幅提升，支撑两化融合能力明显进步。

（二）推进两化深度融合，促进企业向集成应用和协同创新转变

落实《信息化和工业化深度融合专项行动计划（2013—2018 年）》，制定全省专项行动实施意见，在信息化综合集成、业务协同创新、节能减排信息技术、两化融合服务支撑体系等方面引导企业发展。组织省内企业和服务机构主动参与工业和信息化部组织的两化融合管理体系贯标试点工作，甘肃银光聚银化工有限公司、金川集团股份有限公司、天水华天微电子股份有限公司 3 家企业被列为首批国家级信息化和工业化融合管理体系贯标试点。依托工业和信息化部“两化融合评估系统”，组织省内部分企业开展两化融合发展水平自评，提升两化融合水平和核心竞争力。甘肃省政府与阿里巴巴签署的《战略合作框架协议》中，协定共同推进甘肃省云计算数据中心项目建设、基于云计算大数据的丝绸之路经济带建设、“数字互联网甘肃”建设和电子商务发展。曙光信息产业股份有限公司等业内龙头企业积极与甘肃省开展全面合作，并先行与酒泉市政府开展智慧城市建设领域全面合作试点；兰州新区与中国电子信息产业发展研究院共同启动《兰州新区大数据产业发展规划》编制工作，推动兰州新区大数据产业发展。全省数字企业建设取得阶段性成功，完成 5000 家数字企业建设目标，有效提升了甘肃省中小微企业信息化应

用水平。兰州市政府、甘肃移动、IBM公司共同建设的西北中小企业云服务平台在全省快速推广，客户单位近10000家，业务使用成员达360000人。

（三）积极推进物联网、云计算等新一代信息技术的推广应用

贯彻落实国务院全国物联网工作会议要求，对标先进省份、借鉴先进经验，组织政府有关部门和科研院所梳理甘肃省物联网发展的工作重点、相关政策和主要措施，并引导信息服务企业、重点行业协会和部分大型企业积极在全省工业制造、交通物流、节能环保、安全生产、商贸流通、城市管理、民生服务等领域开展物联网技术应用示范和推广，不断推动甘肃省物联网发展。积极开展甘肃广电阿里云计算中心建设，推动主要通信运营企业在兰州新区建设云计算数据中心，为“工业云”等两化融合发展模式夯实基础。

（四）积极推进智慧甘肃建设，加快信息化应用

围绕《甘肃省数字城市建设规划（2012—2016年）》，在城市管理、物流交通、文化旅游、社会服务等领域，加大信息技术推广应用力度，开展行业示范项目建设，提升社会领域信息化应用水平。争取工业和信息化部支持，将兰州、白银、嘉峪关、敦煌4个城市列为全国信息消费试点。围绕《甘肃省农村信息公共服务网络工程（二期）实施方案》，不断完善省级“12316三农”综合信息服务平台、“村级信息服务点”建设。

青海省信息化发展概况

2014年，青海省电子信息产业克服国民经济发展增速趋缓等不利因素的影响，总体保持平稳发展势头。

【基本情况】

2014年青海省统计规模以上骨干企业17户，实现主营业务收入42.25亿元，同比增长66.2%；利润-2.89亿元，同比增长-47.2%；销售产值43.39亿元，同比增长59.2%；累计完成固定资产投资37.9亿元，增速为17.9%，增速比2013年同期回落63个百分点。

主要产品产量：硅单晶2886.78吨，比2013年同期增长43.19%；多晶硅产量7715.13吨，比2013年同期增长13.8%；铜箔19600吨，比2013年同期增长6.2%；化成箔2836万平方米，比2013年同期增长42.3%；发光二级管7956万只。

从产业结构来看，电子信息制造业总体运行形势平稳，但企业销售收入有升有降，效益仍然下滑，利润总额比2013年同期减亏3.5个百分点；电子材料企业是青海省制造业的主要力量，如3家铝箔、电解铜铜箔企业的主营业务收入占青海省全行业的55%；光伏多晶硅企业亏损仍然是影响行业的主要因素，3家亏损企业中，有2家是光伏企业，亏损企业亏损面为17%，比2013年收窄25.25个百分点。

从从业人员情况来看，青海省电子信息制造业从业人员年平均人数共计4635人，同比减少4.77%。

【产业发展主要特点】

（一）加强政策支持，营造良好发展环境

2013年年底，青海省在全国率先制定并发布了《关于建设宽带青海促进信息消费的指导意见》（青政〔2013〕71号），将发展电子信息制造业和软件服务业列入促进消费的重要建设内容。2014年，又先后研究制定了《关于信息化推进工业经济转型升级和提质增效的实施方案（2014—2018年）》（青宽信办〔2014〕3号）、《关于加快推进物联网发展的实施意见》（青政办〔2014〕96号）、《青海省信息服务专项资金管理暂行办法》（青财建字〔2014〕931号）等配套措施。上述一系列政策和措施的相继出台，为推进青海省电子信息产业加快发展提供了有力的政策保障。

2014年4月，青海省十二届人大三次会议批准设立了青海省信息服务专项资金6000万元，进一步支持软件研发与信息技术服务、信息化应用示范、新一代通信技术等重点项目。目前，共批准支持项目84个，专项资金已全部拨付企业。

（二）加强统筹规划，推进产业聚集发展

青海省委省政府高度重视电子信息产业的发展，在进一步扩大西宁经济技术开发区中小企业创业园规模的基础上，又确定了以海东信息产业园为重点的信息产业集聚发展区域，并明确了30亿元引资、20个重大项目、50户软件企业入住园区的年度工作任务，并委托中国电子第十一科技研究院完成了《青海省信息产业园总体规划（2014—2020年）》和控制性详规，会同有关单位就规划的相关工作加紧落实和推进。园区已成功引进了青海省公共云服务平台、智慧城市信息化与安防项目、IBM智慧城市综合体等项目，签约金额超10亿元。青海省政府已与中国惠普、中国普天、三大基础电信运营商签署了战略合作协议，目前，对接工作正在抓紧衔接过程中，已完成省内外近40户软件企业入驻，注册资本近6亿元。

（三）企业行业创新能力有所提高

突破了一批技术难关，取得利用光伏晶体硅加工废砂浆生产三氯氢硅方法等20项发明专利、太阳能电池组件用玻璃吹扫装置等30项实用新型专利、高海拔条件下生产高容量化成箔关键性技术研究等6项科技成果。

推进了一批两化融合项目。截至2014年年底，企业资源计划系统、制造执行系统、产品生命周期管理系统、供应链管理系统普及率分别为39.6%、20.9%、42.9%、39.6%，生产装备数控化率达到32.6%，企业信息化应用水平列西部第3位。

（四）加快重点项目建设，推动产业结构升级

2014年，青海省重点支持建设的电子信息产业项目主要涵盖电子信息制造业的多晶硅、单晶硅新技术改造、光纤预制棒、锂电池正极材料及储能和动力电池、镁基电动车蓄电池、环保锂离子电池、蓝宝石晶体、大功率LED路灯项目，以及软件服务业的工业控制管理、少数民族语言应用、信息技术服务等领域，共计投资200亿元。

多晶硅、单晶硅新技术改造项目：在改良西门子工艺的基础上，采用自主研发的生产系统优化技术，对气相沉积工段设施设备国产化改造，全面提高生产能力。

光纤预制棒项目：建设年产400吨光纤预制棒、1300万芯千米光纤生产线。可大幅延伸光伏制造产业链，提高产品附加值。

锂电池正极材料及储能和动力电池、镁基电动车蓄电池及环保锂离子电池项目：建设1.5吉瓦动力及储能电池生产线建设首批电芯、测试实验室，2014年0.7吉瓦建成投产；镁基电动车用蓄电池生产线2条，年产约2400万只圆柱电芯；建设1.7吉瓦AH环保锂离子电池生产线。

蓝宝石晶体生产项目：引进国外先进的气相沉积技术设备，建成年产1140吨2～6英寸LED蓝宝石晶棒生产能力。

大功率LED路灯及项目：建设年产30万盏120～160瓦大功率LED路灯生产线，以及10条LED封装线、8条SMT贴片线、20条组装测试线及其他配套设施。

工业控制管理项目：智慧矿山安全生产信息系统、青海省装备制造工业园区信息化服务平台、多晶硅生产信息综合管理平台、化成箔生产工业

控制系统、5×18500kV 硅铁矿热炉短网改进节电和职能控制应用系统等。

少数民族语言应用项目：藏文移动终端研发及产业化、云计算智能“汉藏文字翻译软件”、基于云计算的藏文网络信息舆情信息系统、“云藏”搜索引擎系统等。科大讯飞与青海师范大学联合成立的语音合成实验室已挂牌运作，对推动青海省藏语语音及语言基础研究和技术成果转化，以及公共语音软件和教育软件的开发与普及将起到积极作用。

信息技术服务项目：基于虚拟化技术的对称双活数据中心设计与建设工程、智慧城市示范建设工程、宽带无线城市重点推进工程、光网城市重点推进工程、畅通网络推进工程、西宁市信息消费试点城市建设、格尔木市信息消费试点城市和智慧城市试点地区建设等。

【存在问题】

全行业发展速度趋缓。市场低迷、销售不畅是制约企业发展乃至生存的主要因素，用工紧张、人工成本增加成为制约企业发展的重要因素。企业效益普遍下滑，单晶硅、多晶硅生产企业因市场价格持续走低，进入微利或亏损期；部分小微企业因无项目，不得不转行谋生存。青海省内有关软件服务业营业税改增值税政策的落实较为缓慢，企业税金抵扣实际执行较为困难，税收政策调整后的企业盈利局面还未显现。

融资困难、人才缺乏仍是制约产业发展的关键因素，企业固定资产已抵押，贷款困难，加之行业竞争日趋激烈，回款难度大，进一步加剧了资金紧张程度，导致企业研发投入持续减少，无法实现重要技术的创新和高端产品的研发；由于青海省经济发展落后，就业环境欠佳，无法吸引高端软件服务业人才来青海发展，而省内高校相关专业毕业学生较少，人才回流不足，使企业引进人才难度加大。

品牌意识、知识产权意识薄弱。企业打造自主品牌、主动申请专利的积极性不高，双软认证、从业资质认证等工作较为滞后。青海省从 2013 年 5 月开展软件服务业统计以来，由于机制保障、人员配备等客观原因影响，统计数据还未能全面反映青海省产业实际情况，统计数据质量还有待进一步提高和完善。

【趋势展望】

2015 年，青海省电子信息产业面临新的发展机遇。从全国来看，电子信息产业正在成为经济社会运行不可或缺的核心要素。青海省作为欠发达地区，如何应势而动、挖掘后发优势，进行跳跃式发展已成为一项紧迫任务。

青海省将结合自身特点、借鉴其他省份发展经验，坚持以两化深度融合为支撑、坚持以信息消费市场资源为基础、坚持以信息化的应用为牵引，用国家帮扶带产业、用招商投资引产业、用地方资源换产业、用优化环境育产业。加快光纤光缆制造，电子基础材料、新能源电池制造，单、多晶硅生产，LED 项目建设，网络、物联网示范应用、云计算中心等信息基础设施建设。在完善硬件的同时，重点发展国内紧缺的光纤预制棒、大功率 LED 灯、电动汽车用锂/镁电池、蓝宝石切片等产品，以及工业软件研发与应用、少数民族语言软件产品产业化与应用普及、信息技术服务的培育和推广。加快成立信息产业协会，积极发挥协会在产业发展中的桥梁、纽带和促进作用，开拓青海省电子信息产业发展的新局面。

2015 年，随着绿草地新能源、铸玛蓝宝石、中利光纤等企业的正式投产，产业规模进一步壮大，产业结构进一步改善，青海省电子信息产业力争实现 10%的增速目标。

宁夏回族自治区信息化发展概况

【两化融合】

近年来，宁夏高度重视两化融合工作，全区上下形成了通过推动两化深度融来提升企业竞争力、推进工业结构调整和产业转型升级的共识，结合地区实际，不断探索、积极创新，通过政策引导、加强公共平台建设、推动典型示范和两化融合管理体系的贯标等方式来推动宁夏两化深度融合，并取得了显著成效。表现在政策体系进一步完善，战略目标进一步明晰；积极推进工业企业应用建设，企业信息化普及率显著提升；大力扶持信息产业发展，部分行业软件产品具有较强竞争力；加快以两化融合促进节能减排，能源利用率大幅提高。2014 年宁夏两化融合指数为48.78，低于全国两化融合发展总指数 66.14 的平均水平，位于全国第 25 位，但增幅较快，较 2013 年增长 4.31，增幅位居全国第 8 位。

（一）强化政策引导，创新两化融合推进机制

根据工业和信息化部《信息化和工业化深度融合专项行动计划（2013—2018 年）》的有关精神，宁夏结合全区产业特点和两化融合发展水平，经过对 707 家规模以上工业企业的调研、分析，制定并下发了《关于推进全区信息化和工业化深度融合五年行动计划实施的意见》。该意见的提出为宁夏两化融合工作的推动产生的重要的影响。一是明确了不同行业的融合方向。针对宁夏煤炭、电力、化工、冶金、建材、轻纺、食品、医药 8 大支柱行业，指出了不同行业两化融合重点。二是明确了工作重点。根据企业发展的不同阶段，提出百家示范企业、百家升级企业、百家启动企业的“三百”企业示范与升级行动，中小企业梯度推进行动和重点行业智能化水平提升行动，有针对性地对不同发展阶段的企业采取不同的推动措施。三是建立了协同推进机制。形成相关厅局共同参与，各市、县工业和信息化部门分工推进，自治区经信委各业务处室共同协作的推进机制。

（二）大力推动两化融合管理体系贯标工作，促进企业获取可持续竞争优势所要求的信息化环境下的新型能力

两化融合管理体系是工业和信息化部推进两化融合工作的重中之重，根据工业和信息化部《2014 年两化融合管理体系贯标工作方案》，宁夏结合实际制定了《宁夏回族自治区 2014 年两化融合管理体系贯标工作方案》。对全区列入工业和信息化部 2014 年试点的 7 家贯标企业，按照确定的进度及时调整推进方案，并邀请贯标咨询服务机构深入试点企业开展贯标的指导。

通过近一年的贯标工作和企业实践，充分证明管理体系贯标工作是快速提升企业两化融合水平最有效的手段之一。宁夏共享集团股份有限公司将两化融合与公司发展战略相结合，形成一套完整的、具有特色的两化融合推进体系，通过全流程虚拟制造的开展，公司在部分产品的质量和效率改进上已经取得了显著效果。其中，公司某铸钢产品的生产周期下降近了 50%，铸造模具工艺问题下降了 87%左右。吴忠仪表公司对原有业务流程进行再梳理、再分析，通过实施产品数字化设计与制造一体化，截至 2014 年年底，公司调节阀机加车间每月在

制零件二维设计图纸的覆盖率已从过去的 40%提高到 80%；三维模型的覆盖率从 20%提高至 40%；工艺文件的覆盖率从 43%提高至 62%。为推动贯标工作深入开展，宁夏经信委将列为工业和信息化部确定的试点企业发生的所有贯标支出除工业和信息化部给予的补助外，其余全部费用由经信委承担，让企业零费用推动贯标工作，极大地提高了企业的积极性。

（三）加强公共平台建设，推动中小企业两化融合水平快速提升

在推动中小企业信息化方面，宁夏一直按照推动平台建设做乘法的思路推进。2013 年，工业和信息化部确定宁夏菲麦森流程控制技术有限公司建设的面向制造业“工业云”服务项目为全国 16 个创新服务试点之一。宁夏积极推动该项目建设和推广工作。2014 年 9 月，组织区内外装备制造业企业、软件服务商、科研院校、电信运营商共 100 余人召开了宁夏经业云项目启动会，为建设单位和相关企业搭建一个推广、交流合作的展示平台。宁夏经信委积极和宝信集团、中欧互联等公司进行对接，不断帮助丰富工业云平台的应用，又专门安排 125 万元专项资金支持该平台建设。目前，项目建设进展顺利，预期完成后，宁夏工业云项目能够覆盖企业 50 家，用户 2000 人的规模。此外，为扩大工业云在不同行业的应用，宁夏经信委又多次和三大电信运营商进行沟通，学习重庆、湖北等地建设和推广工业云好的做法，发挥电信运营商在技术、资源、网络等方面优势，创新商业运营模式，共同参与宁夏工业云服务平台建设。

（四）创新建设工业大数据综合管理与应用平台，提高工业管理和决策水平

2014 年年初开始筹划的宁夏工业大数据综合管理与应用平台，依托大数据、云计算、物联网等新一代信息技术，建设涵盖全区工业企业、园区、县、市工信系统到自治区各工业经济相关部门五级服务、四级建设的互联互通的开放平台，形成一个多元采集、集中存储、管理规范、应用全面、可视化展示的全行业大数据平台。从而逐步推进工业经济运行综合管理，促进节能降耗，带动信息化环境下企业能力建设，提升决策与服务水平。同时，也促进信息共享和数据开放，实现企业产品、市场和经济运行的动态监控、预测预警，实现信息化和工业化深度融合。

（五）强化试点企业示范作用，营造良好的两化融合环境

通过全区两化融合评估，宁夏从 8 个行业中各选出 2～3 家作为行业标杆企业，多次举办两化融合现场观摩会，调动起企业推动两化融合工作的积极性，并邀请区内外相关专家，深入企业一线，了解企业在生产、销售、管理等环节中存在的问题，提出两化融合解决方案，对实施效果较好的项目优先列为下一年两化融合专项资金支持重点。此外，宁夏不断加强对两化融合工作的宣传报导，并和宁夏电视台联合办了一档活力经济栏目，该栏目对工业企业推动两化融合工作的先进经验和取得的成果等方面进行了大量的报道，得到了企业的一致好评，节目自开播以来收视率一直保持领先，为推动全区两化深度融合营造了良好的环境。

【两化融合发展水平分析】

（一）总体现状

工业和信息化部组织的测评显示，2014 年，宁夏两化融合发展水平为 48.78，处于全国第三类地区（共分五类地区），属中等偏下水平。基础环境建设落后，绝大多数基础环境类指标都处于全国中等偏下水平。整体来讲工业应用效益并不十分明显，大多数应用效益类指标都处于全国较为落后水平。应用水平相对落后，多项工业应用类指标处于中等偏下水平。根据信息化发展规律（单项起步、多项应用、综合集成和业务协同 4 个阶段），总体处于从多项应用向综合集成阶段发展，如图 1 所示。

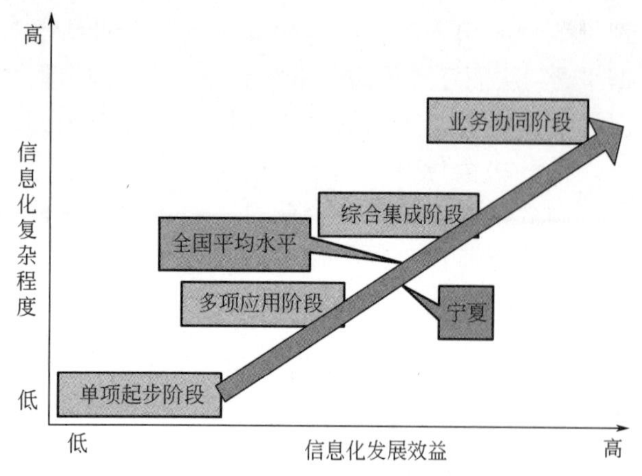

图1 总体现状

（二）企业两化融合情况

从两化融合阶段发展特征来看，宁夏工业企业两化融合总体水平仍处于从单项覆盖阶段，且正在向集成提升过渡的阶段。在两化融合评估选取的700多家工业企业中，初步判定处于两化融合卓越水平（创新突破阶段）的企业为4家，部分开展和实现了跨企业的业务协同和模式创新，两化融合效益较为显著；处于两化融合高级水平（集成提升阶段）的企业为96家，单项应用较为成熟，并不同程度地开展了关键业务系统间的集成；处于两化融合中级水平（单项覆盖阶段）的企业为277家，已经开展了若干单项业务应用，但综合集成基本尚未开展；处于两化融合初级水平（起步建设阶段）的企业为330家，重点关注两化融合基础设施和资源环境建设，如图2所示。

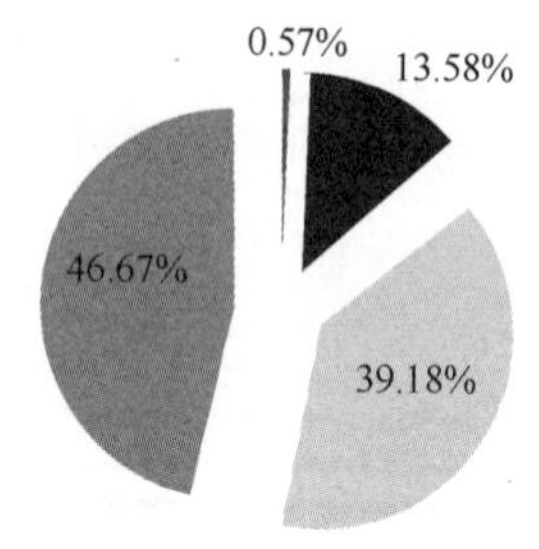

图2 企业两化融合发展阶段划分情况

1. 按企业所属行业情况统计

按照企业所属行业统计企业两化融合发展阶段情况，如表1和图3所示。

表1 按企业所属行业情况统计企业两化融合发展阶段情况 （单位：家）

	电力	煤炭	冶金	石油化工	建材	装备	轻纺	食品	医药	其他
卓越水平	1	1	0	0	0	1	0	1	0	0
高级水平	12	1	6	8	13	20	13	19	4	0
中级水平	10	20	36	44	27	36	53	46	3	2
初级水平	2	28	67	67	30	31	57	46	0	2

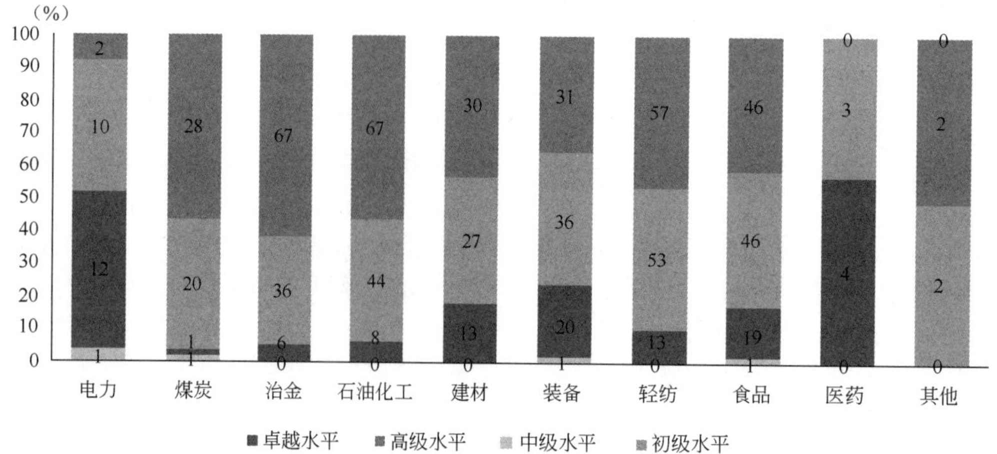

图3 按行业划分企业两化融合情况

基于评估的样本企业数据，行业两化融合总体水平从高到低依次为电力、医药、装备、食品、建材、轻纺、石油化工、煤炭、冶金，如表2所示。

2．按企业所有制类型统计

按照企业所有制类型统计企业两化融合发展阶段情况，如表3和图4所示。国有企业、外商投资企业两化融合发展水平明显高于集体企业、私营企业。

3．按企业地域情况统计

按照企业地域情况统计企业两化融合发展阶段情况，如表4和图5所示。

4．按年销售收入情况统计

按照企业年销售收入统计企业两化融合发展阶段情况，如表5和图6所示。年销售收入超过4亿元的企业两化融合发展水平明显较高。

表2　宁夏各行业工业企业两化融合总体水平排序及描述

序　号	行　业	总体发展水平描述
1	电力	两化融合水平明显高于其他行业，1家优秀企业处于创新突破阶段，48%的样本企业处于集成提升阶段，40%的样本企业处在单项覆盖阶段
2	医药	两化融合水平明显高于其他行业，超半数的样本企业处于集成提升阶段
3	装备	两化融合水平中等偏上，有1家企业处于创新突破阶段，22.7%的企业处于集成提升阶段，40.9%的样本企业处在单项覆盖阶段
4	食品	两化融合水平中等偏上，有1家企业处于创新突破阶段，17%的企业处于集成提升阶段，41.1%的样本企业处在单项覆盖阶段
5	建材	两化融合水平中等水平，18.6%的企业处于集成提升阶段，38.6%的样本企业处在单项覆盖阶段
6	轻纺	两化融合处于中等水平，企业间两化融合水平差异较大。10.6%的企业处于集成提升阶段，43.1%的样本企业处在单项覆盖阶段
7	石油化工	两化融合总体水平中等偏下，仅6.7%的企业处于集成提升阶段，37%的样本企业处在单项覆盖阶段，56.3%的企业处于起步建设阶段，信息化手段尚未有效支撑企业核心业务
8	煤炭	两化融合总体水平较低，企业间两化融合水平严重不均衡。有1家企业处于创新突破阶段，仅2%的企业处于集成提升阶段，40%的样本企业处于单项覆盖阶段，56%的企业处于起步建设阶段
9	冶金	两化融合总体水平较低，仅5.5%的企业处于集成提升阶段，33%的样本企业处于单项覆盖阶段，61.5%的企业处于起步建设阶段，信息化手段尚未有效支撑企业核心业务

表3　按企业所有制类型统计企业两化融合发展阶段情况　（单位：家）

	国　有	集　体	私　营	中国港澳台投资	外商投资
卓越水平	2	0	1	0	1
高级水平	27	4	58	2	5
中级水平	35	7	222	2	11
初级水平	23	10	293	2	2

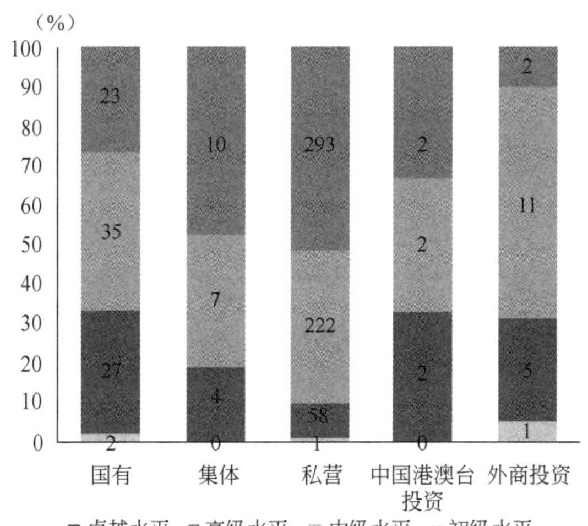

图4　按企业所有制类型划分企业两化融合情况

表 4 按企业地域情况统计企业两化融合发展阶段情况　（单位：家）

	银川市	石嘴山市	吴忠市	固原市	中卫市
卓越水平	4	0	0	0	0
高级水平	50	13	20	3	10
中级水平	91	76	72	10	28
初级水平	117	110	68	7	28

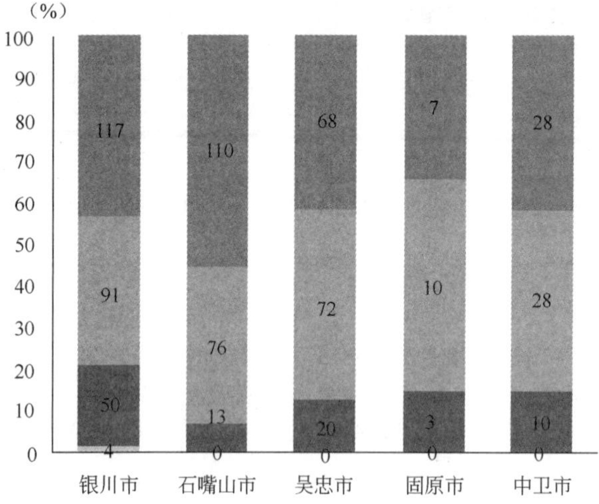

图 5　按企业地域划分企业两化融合情况

表 5 按企业年销售收入情况统计企业两化融合发展阶段情况　（单位：家）

	2000 万元以下	2000 万～1 亿元	1 亿～4 亿元	4 亿～10 亿元	10 亿元以上
卓越水平	0	0	0	1	3
高级水平	2	26	24	19	23
中级水平	22	127	78	18	14
初级水平	42	175	78	9	4

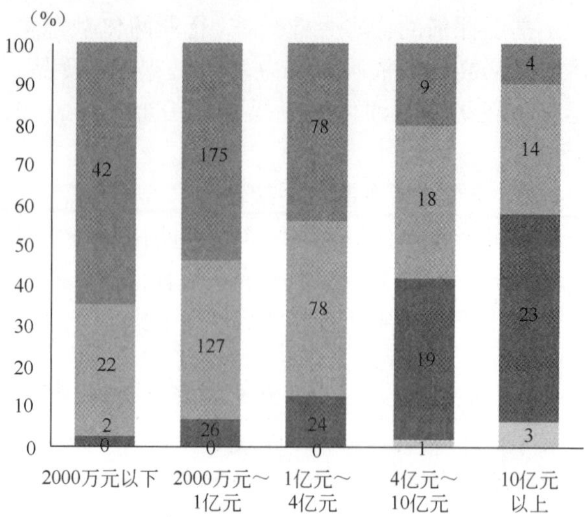

图 6　按年消售收入情况划分企业两化融合情况

（三）问题分析

宁夏两化融合水平较低的原因主要有以下几点。

一是工业装备现代化基础薄弱，先进装备的应用效能未能充分发挥。工业自动化水平偏低，工业自动化水平过低严重阻碍了工业生产过程精细化控制能力、管理和控制集成水平的提升，也影响了产品质量稳定性，以及劳动生产率水平的提高。受工业企业传统管理方式的制约，当装备现代化水平发展到较高水平，相应劳动生产率却难以获得大幅提升，现代化装备应用效率的充分发挥还需要与企业业务优化和管理创新等紧密结合、协调一致。

二是综合集成程度低，大幅提升经营管理集约化水平是显著提高两化融合效益的重要方向。随着管理与控制集成的稳固和水平提高，产供销集成、财务与业务集成、决策支持等水平实现了显著提升，管理与控制集成是阶段性提升工业企业两化融合水平的首要关键，在管控集成基础上实现产供销集成、财务业务集成和智能决策支持等，才能够真正建立现代生产管理模式，推动企业高质、高效增长和转型、创新发展。

三是管理和控制集成过程中信息化程度低，向集成提升阶段跃升的基础环节和关键突破点。装备现代化、信息化生产过程控制和管理、信息化生产管理等均是企业实现管理和控制集成，进而迈上集成提升阶段的重要影响因素。从评估结果来看，信息化生产过程控制和管理是最重要的影响因素，管控集成水平处于不同阶段的企业，其信息化生产过程控制和管理水平的变化幅度明显大于装备现代化以及信息化生产管理水平等其他影响因素。因此，实现过程信息化，提升生产过程控制和管理能力，是实现管理和控制集成，进而实现向集成提升阶段跃升的重要基础和关键突破点。尤其是对于离散制造业，其自动化水平相对更低，制造工艺、产品结构和生产流程复杂，有效推进过程信息化对实现离散制造企业变强变优具有更加紧迫的需求和更加重大的意义。

四是在两化融合发展的高级阶段不重视 IT 治理。随着两化融合发展水平的提升，计算机、网络等信息设备水平并未见显著提升，而规划和组织水平却实现了显著增长。可见，信息设备已经不是当前影响两化融合水平提升的关键因素，而规划和组织等 IT 治理的重要性和必要性则日益凸显。此外，随着企业综合集成的不断深化，企业对 IT 治理的要求也愈加迫切。进入集成提升以上阶段并利用信息技术支撑企业战略转型和变革的企业中，重大信息化建设工作多由一把手亲自来抓，信息化部门主管具有较强的决策权。

五是企业在信息化环境下的产品全生命周期管控能力弱。工业长期处于价值链中低端，加快从传统生产制造环节向设计和销售两端延伸是制造业向高端发展的关键一环，也是从制造大国向强国转变的重要途径。信息技术在产品全生命周期链条上的深化应用是亟待进一步深化发展的方面。评估结果表明，制造企业在工艺设计、设计与制造集成等方面基础较为薄弱，亟待实现突破，并进一步提升企业产品设计、生产、销售、售后维护乃至回收处理全生命周期信息跟踪和反馈能力，实现企业产品竞争力向研发设计、维护保养等价值链高端跃升。目前国际国内已出现了在线运维、供应链金融服务、集成解决方案等较为典型的生产型制造向服务型制造转型模式，值得深入研究和大力推广。

六是在原材料工业在信息化环境下，节能减排能力不受关注。节能减排是实现经济长久可持续发展的内生需求。开展能源管理的企业单位能耗降低显著，作用非常明显。但是本次参与评估的大多数企业在节能减排方面的信息技术应用不足，尤其是利用信息技术开展能源管理的企业比例偏低，利用信息技术进行关键节能技术、关键耗能设备改造，提升能源管理水平是工业，尤其是作为耗能大户的原材料工业的关键一环。现阶段，加强能源管理能力，有效实现对能源资源的调控、配置和优化，提高能源和资源的综合利用水平，能够快速取得实效，大幅降低制造业对能源资源的消耗，减少对环境的不良影响。

七是产业链集成是两化融合发展的重要方向，对于工业，尤其是消费品工业的市场开拓至关重要。信息技术支撑下的产业链资源优化整合趋势日益明显，各重点行业龙头企业逐步开始充分利用信息技术整合产业链资源，提高产业链上下游企业之间的资源整合和优化配置水平，实现供应链高度协同协作，提高企业对市场的驾驭能力，提升企业在价值链中的核心地位，从而进一步推动产业集群和行业深入关联发展。消费品工业大部分行业产业链长、产品利润率低，最大限度地提升产业链集成能力、扩充市场容量是提升消费品工业竞争力提升的重要内容，尤其是面向最终消费者的产品全程追溯和质量监控体系的需求日益强烈，将进一步促进产业链的协同协作和资源优化整合。

【相关建议】

以推动全区两化深度融合为主线，以夯实产业基础，智能制造等，推动信息技术在重点行业和企业试点示范并组织实施、工业云建设和广泛应用、搭建软件服务企业和工业企业的合作平台，推进信息技术改造提升传统产业，促进战略性新兴产业发展。

夯实产业基础，增强两化深度融合支撑服务能力。一是强化专业服务。在信息化咨询、两化融合规划、宽带网络普及提速、网络系统设计和集成应用等方面做好服务，为我区企业提供先进的、适合自身发展的信息化产品和服务，确保两化融合有序、有力、有效开展。二是建设完善公共信息服务平台，重点围绕能源电力、冶金化工、装备制造、原材料、消费品、现代物流等行业，采用物联网、云计算等新一代信息通信技术，建设完善面向全区企业服务的第三方公共信息服务平台，提高中小企业设计研发、生产制造、管理运营、市场营销环节信息化应用水平。

以智能制造为主攻方向，加快推进两化深度融合。加快推进智能制造基础建设，以智能建设推进两化深度融合。一是加快发展智能制造装备和产品。大力推动高档数控机床、工业机器人、增材制造装备、高端传感器、智能仪表、自动控制系统的研发和生产，推动智能装备和产品研发、系统集成创新与产业化，为智能制造提供基础支撑。二是推进制造过程智能化。加快人机智能交互、工业机器人、智能物流管理、增材制造等技术和装备在生产过程中的应用，促进制造工艺的仿真优化、数字化控制、状态信息实时监测和自适应控制。

优化发展环境，积极培育新业态、新模式。在“互联网+”时代，积极运用互联网，推动互联网和工业的融合创新。一是全力推进工业云建设。制订宁夏“工业云”推进计划，在重点行业为企业提供开放的协同服务，共享设计资源和软件，实现企业内部及企业间合作与协同共享。二是实施工业大数据工程。利用物联网、云计算、大数据等现代信息技术，全面、及时地收集信息，促进信息共享和数据开放。加强行业经济运行监测，利用数学模型进行科学分析。

加强人才队伍建设和国际交流，搭建两化深度融合平台。一是加强两化融合人才建设及交流。依托全区信息化服务机构、高校和两化融合示范企业培训资源，开展不同层次的业务技术培训，加快企业信息化专业和管理人才的培养，为两化融合提供人才支撑。二是建产学研协作平台，成立宁夏两化融合服务联盟，引导和推动企业与高校、科研院所等技术成果转移相结合，完善技术支撑服务，推动信息化领域新技术、新产品、新工艺的应用和产业化。

推动工业领域众创众投等新型商业模式的应用。积极顺应网络时代推动大众创业、万众创新的形势，结合实际，积极推动工业领域众创众头等新型商业模式的应用，发展基于互联网的个性化定制、众包设计、云制造等新型制造模式，推动形成基于消费需求动态感知的研发、制造和产业组织方式，建立优势互补、合作共赢的开放型产业生态体系，推动有条件的企业由生产型向服务型转变。

新疆维吾尔自治区信息化发展概况

近年来，新疆维吾尔自治区党委、政府高度重视信息化工作，全面推进新疆国民经济和社会发展信息化，抢抓国家“一带一路”、新一轮科技革命、信息革命、产业转型的重大机遇，以转变经济发展方式为主线，加快信息基础设施建设，大力推进“两化”深度融合，大力发展信息产业，扩大信息消费，加快“智慧城市”示范建设，推动信息技术在经济社会各领域的应用，信息化水平和信息产业的综合实力不断提高。

【信息基础设施水平显著提升】

信息基础设施成效显著，自治区已形成较为完整的通信基础设施体系，形成了互联网、移动通信网、广播电视网等全方位覆盖城乡的基础通信网络，建成了大容量、高层次、技术先进、功能多样、覆盖全区、连接世界的信息通信网络。新疆已成为我国重要的西向信息传输大通道和信息枢纽中心，乌鲁木齐成为欧亚信息高速公路的重要节点，新疆已与哈萨克斯坦、吉尔吉斯斯坦、塔吉克斯坦3个国家实现光缆系统对接，与中亚地区多家运营商实现互联互通。光纤网络和通信信号均已覆盖到全疆所有县市乡镇及重点工业园区，形成多业务、多功能的信息服务网络，有效满足各类用户对数据通信的不同需求，提供高质量的互联网接入和其他相关通信服务。目前，城市区域普遍具备20Mbps以上的宽带能力，农村宽带2Mbps以上覆盖率达到95%。

通信方面。2014年新疆通信业稳步发展。截至2014年年底，全疆行政村实现99%通电话，开通宽带比例97%，自然村开通电话比例98%。固定电话普及率23.4部/百人。移动电话用户2077.70万户，移动电话普及率90.8部/百人，其中，3G移动电话用户890.80万户，增长25.5%，3G基站总数达到3.1万个，WLAN AP点总数达到19.1万个。互联网宽带接入用户305.7万户，增长4.3%。光纤到户家庭覆盖总数达446.4万户，固定宽带用户和3G用户分别达到311.6万户、1023.3万户。

广电方面。广电网络建立全疆的广电光缆干线网、综合宽带数据网等信息网络传输系统，并在全疆大部分地区建立本地有线电视城域网，铺设光缆近5000千米，建设基站46座。目前，全疆84个县市网络中已有68个实现行政整合或业务整合，其中62个县市网络通过干线联网实现了互联互通、数字电视节目覆盖和新业务开发，基本实现了全疆一网、互联互通、统一规划、统一管理、统一运营。目前网内传输节目达199套，其中86套数字电视公共频道、72套专业付费频道、40套高清电视频道、1套3D频道，完成全疆90万户的户户通工程建设，全部采用“直播卫星+地面数字电视”双模方式覆盖。新疆新闻在线网与央广网在2014年实现互换友情链接，联合进行媒体推广。新疆人民广播电台规划升级手机App，与手机终端客户实现人机互动服务，已于2014年第四季度启动。

【两化深度融合水平不断提升】

信息化带动工业化已从初步应用，发展到在企业研发、生产、管理、流通等环节的广泛应用。截至2014年年底，自治区两化融合示范企业总数达到310家，两化融合试验区10家，全疆新增“数字企业”2000家。2014年新疆新增克拉玛依石油化工工业园区等5家工业园区为自治区级两化融合试验区，开展了25个两化融合项目建设，并参与了全国两化融合评估工作。

2014年新疆两化融合发展总指数为56.77，其中，基础环境指数为68.42、工业应用指数为54.04、应用效益指数为50.6，各项指数比2013年有不同幅度增长。两化融合基础环境指数增长高于其他两类指数增长幅度。新疆的域网出口宽带、固定电话普及率和互联网普及率指数分别增长了29.38、69.62和65.27，其中，互联网普及率比全国平均水平增加了2.96个百分点。

完善新疆贯标服务体系。2014年遴选和培育1家贯标工作服务机构，扩大服务机构队伍。特变电工股份有限公司等6家企业及新疆天衡信息系统咨询管理有限公司已分别被工业和信息化部列为2014年度国家贯标试点企业和贯标咨询服务机构。新疆中泰集团等一批重点企业贯彻落实国家和自治区两化融合的战略部署，把信息化作为转变发展方式的重要驱动力，全面推进集中统一的信息化系统建设。

【电子政务应用不断深化】

新疆电子政务建设与应用取得了长足发展，为满足各级政务部门社会管理和公共服务的需要，促进政府监管能力和服务水平的提高，保障民生，实现社会长治久安奠定了良好的基础。电子政务服务系统开展了网上行政审批系统、电子监察系统等网站服务，提供办事指南、在线申报、网上办理、进度查询、评价投诉等功能，为企业、群众提供“一站式”、跨地域、全透明的行政许可、审批服务。电子政务与政府核心业务日益融合，海关、税务、公安、审计、社保等一批重点信息应用系统达到国内同等水平。政府门户网站已成为政府信息公开、政民互动、网上办事的新渠道。区、州（地区）、市（县）三级人民政府建成了政务网站，全区电子政务应用系统和办公自动化系统建设有了一定的规模。在电子政务网络方面，全疆已建立了政务内网和政务外网，两网之间物理隔离。2014 年，自治区政务外网建成了上联国家、下联 14 个地（州市）和 97 个县（市、区、口岸、管委会）、横联近 100 个区级政务部门和单位的纵横向网络。

【智慧城市建设持续推进】

智慧城市建设持续推进，泛在连接和数据开放推动城市公共服务更趋普惠包容，城市管理、公共安全、应急救灾、交通运输、环境治理、社区服务等领域创新应用大量涌现，不断拓展城市公共服务新渠道。促进新兴智慧产业的发展、带动重大应用示范、推动新疆智慧城市的建设和发展，成立了新疆智慧城市产业联盟。城市办事指南、城市热点、民俗风情、公交信息查询、交通违章信息查询等无线城市业务在全疆范围内投入应用，客运信息、公积金信息、电费信息查询等无线城市业务也已投入运营。截至 2014 年年底，新疆已有乌鲁木齐、克拉玛依和库尔勒等 5 个城市入选国家智慧城市试点。

乌鲁木齐市。乌鲁木齐市在智慧城市建设方面取得了丰硕的成果。《智慧乌鲁木齐顶层设计》方案在 2014 年 7 月获得了“国家智慧城市优秀案例特别奖”。智慧乌鲁木齐建设任务共 32 个大项目，127 个小项目，建设周期为 2013—2020 年，总投资为 42.8 亿元。2014 年 9 月完成全部物联网应用支撑平台、城市公共信息平台、城市地理信息服务平台、移动政务管理与服务平台、共性应用云服务平台、城市基础数据库、市民一卡通、政务综合服务平台、智慧人口、智慧社区、智慧园区、智慧交通等 21 个单体项目分册的设计工作，其中 2014 年启动建设项目 25 个。

克拉玛依市。克拉玛依和中国移动公司合作，已建成全国领先、独具特色的智慧城市。截至 2014 年年底，数字克拉玛依建设已经启动并完成 63 项。目前已新增了社区卫生医疗服务和管理系统等 9 类新建业务云应用系统，并完成 218 套云桌面安装部署。克拉玛依市 4 家医院、11 家社区卫生服务中心和两个乡卫生院都已经纳入远程医学平台，平台已经成为北疆地区区域远程医学中心。三网融合方面，提出了一种独创的网络接入方案，移动、电信、联通三大运营商与新疆油田数据公司共建共享，实现全市 100% 社区 20Mbps 光纤入户，让用户自行选择使用四家的网络，从而大大促进了市场竞争，降低了网络资费，提高了服务质量。

库尔勒市。库尔勒市从“智慧政府”、“智慧产业”、“智慧民生”三方面建设智慧城市，目前已实施数字城管、智慧社区、平安城市、行政审批和基础地理信息共享平台等项目。全市社区管理服务信息平台数据中心初步建成，在全市重要地段、重点区域、重要场所、单位、居民小区等关键部位安装了电子监控设施。

【社会公共服务信息化水平显著提高】

信息化成为提高社会公共服务水平的重要支撑手段，随着国家不断倡导地方政府开展民生工程，自治区政府在教育、社会保障、交通、文化等重要民生领域取得显著进展。截至 2014 年年底，全区教育领域“三通两平台”建设进展迅速，宽带网络“校校通”覆盖率达到 55.15%；多媒体“班班通”覆盖率达到 75%；教师“人人通”覆盖率达到 55%。新疆教育资源公共服务平台已发展成为集资源、管理、教学、测试、应用为一体的“一库五平台”。民政系统加快推进全疆城乡社会救助（低保）信息系统项目建设，以城乡居民家庭经济状况核对作为基础应用支撑，融社会组织、社会管理、慈善捐助、社区工作、社会救助等多项民政业务基础库，构建综合应用共享平台。截至 2014 年年底，共发行社会保障卡 1120 万张，完成全疆异地就医即时结算的实施工作，实现与海南省、陕西省间的跨省异地就医结算工作。完成了自治区级及地州市级突发公共卫生事件应急指挥信息系统建设，多数自治区三级以上医院还建立了电子病历为核心的临床信息系统，初步建立了新疆医科大学第一附属医院和自治区人民医院两个远程会诊中心，已形成覆盖253家医院的远程普通会诊系统和覆盖 14 个地州医院的远程高端清晰会诊系统。工商、交通、旅游、水利、文化、体育、环境保护、质量监督等各个公共服务领域的信息化建设稳步推进。

【农村信息化进程加快】

农村基础信息网络日益完善。新疆大部分地州成立了农业信息化行政管理机构，大部分地州农业局成立了信息中心。9 个地州建立了独立的农业信息网站，有独立的网站域名，实现与本级政府政务网站互联。截至2014年年底，各主要农区乡镇均设立农村综合信息服务站，初步形成覆盖全区的农村综合信息服务体系。60%以上的地州开展了乡镇农业信息服务机构建设，已建设信息服务机构的乡镇达333个，占全疆乡镇总数的32.4%。其中具备上网能力的乡镇信息服务机构为323个，占97%。共有专职工作人员118名。

新疆农业网站建设逐步完善。截至2014年年底，各类涉农网站总数超过100家，其中农业部门网站 10 余家。64%的地州农业局建有门户网站，初步构建了以自治区农业厅为中心，连接14个地（市、州）地、县农业局及涉农部门网站的农业网站集群。2014年，新疆农业厅门户网站的“新疆农业信息网”发布各类信息5万余条，累计点击量超过160万次，其中发布市场信息2000余条，对促进全疆农牧民增收和开拓特色农产品市场起到了积极的作用。目前，3.4%的农民专业合作社实现内部管理信息化，9.5%的农产品批发市场实现信息化管理。

【信息消费规模不断扩大】

按照国家总体部署和要求，结合新疆实际，组织编制了《自治区促进信息消费扩大内需的实施方案》，提出了关于信息消费规模、信息基础设施等具体目标，围绕推动实施“宽带中国”工程、加快第四代移动通信（4G）基础设施建设、全面推进三网融合进展等内容，进行了顶层设计和技术指导。开展了克拉玛依市、伊宁市、库尔勒市信息消费试点工作。

克拉玛依确定了基础设施与体系保障工程、公共服务平台提升工程、数字内容及软件产业培育工程、智能油田示范应用工程、智慧城市示范应用工程和电子商务服务平台建设工程6类信息消费工程建设内容，共24项建设任务。

目前在三网融合、无线WiFi、诚信体系、无线城市、数字医院、远程医疗、跨境电商、智慧交通、智能油田和云计算应用推广等项目建设方面取得了阶段成效，有效提升了信息消费，促进了经济增长。

【电子信息制造业和软件服务业快速增长】

（一）电子信息制造业快速增长

紧紧围绕“煤—电—硅（硅砂、工业硅、碳化硅、多晶硅等）”、“煤—电—铝（电子铝箔、电极箔、蓝宝石晶体）”发展战略，利用国内行业发展趋缓调整之际，谋划产业发展布局，积极引导区内企业发挥资源、能源优势，调整产业结构，努力实现资源优势向经济优势的转变。2014年，实现主营业务收入171.46亿元，同比增长49.8%，利润 6.08 亿元，同比增长 109.9%。多晶硅产量同比增长151.2%，硅片增长10.4%，电子铝箔下降 8%。主要特点有如下几个方面。一是龙头骨干企业带动作用明显。新特能源股份有限公司、新能源股份有限公司、众和股份公司等骨干企业实现的主营业务收入123.4亿元，利润2.3亿元，分别占全区电子信息制造业的72.0%和21.0%。项目新增产能效果显著。新特能源公司年产1.2万吨多晶硅项目、新疆大全新能源公司年产5000吨多晶硅项目、石河子市鑫磊光电科技有限公司年产600万毫米蓝宝石晶棒等项目的陆续达产，新增主营业务收入18.2亿元，利润2.05亿元，占全行业的7%和18.5%。二是技术水平不断提高。企业研发投入持续增加，新产品的产值率屡创新高。石河子市鑫磊光电科技有限公司成功研发 220 千克蓝宝石晶体，该项生产技术进入世界先进行列。

（二）软件和信息服务业平稳增长

2014年，新疆维吾尔自治区登记备案的各类软件和信息技术服务企业实现主营业务收入 106 亿元，基本与2013年持平，其中全年收入上亿元的企业12家。纳入自治区软件和信息技术服务业统计样本的规模以上企业120家，实现主营业务收入85.39亿元，同比增长9%；实现软件业务收入48.89亿元，同比下降0.6%。软件产品收入7.5亿元，同比增长19.3%。数据处理和存储服务收入7.54亿元，同比增长36.1%。信息系统集成服务收入26.9亿元，同比下降18.2%。软件和信息服务业企业不断发展壮大。2014年，新疆新增系统集成企业94家，截至2014年年底，全疆计算机信息系统集成企业达到502家，新认定软件企业20家，目前软件企业达到105家，新认定软件产品121个，累计认定软件产品636个，创历年新高。120家统计样本企业从业人员13224人，同比增长20.3%。

（三）云计算产业园区建设成效显著

截至2014年年底，克拉玛依、乌鲁木齐等云计算产业园区（基地）基础设施建设和重大项目建设进展顺利。新疆移动计划投资20亿元的数据中心项目、华为云服务数据中心、自治区重要信息系统异地灾难备份中心、中石油数据中心等一批数据中心落户克拉玛依云计算产业园，数据中心集聚效应初步显现。乌鲁木齐云计算产业园也取得实质性突破，新疆云计算中心、天山媒体云科技支撑基地等新建数据中心落户园区。云计算产业园区（基地）云计算应用示范和深化云应用能力不断提高。2014年1月，新疆云计算中心正式挂牌，其上运营的“天山”政务云，一期投资2000万元，通过了国家信息安全等级保护二级评测，支撑40多家政府单位的60多项业务稳定运行。广电网络“天山”媒体云提供的服务涉及政务、金融、保险、房产等方方面面，成为全疆企业文化交流、实施政务动态、金融理财服务、便民信息查询等多方面服务平台。

（四）新疆软件园建设稳步推进

截至2014年年底，新疆软件园主体工程已经完工，预计2015年投入使用。新疆软件园配套楼宇项目，中试产房、实验基地、专家公寓、企业总部、大中型企业区等19栋楼宇已开工建设，将于2016年年底投入使用。截至2014年年底，新疆软件园累计批准65家企业入园，产业类别涉及软件开发、信息安全、电子商务、云计算、物联网、北斗导航、服务外包及多语种等新领域。新疆软件园立足于建设“智慧园区”，利用“云计算”和“物联网”技术，建设涵盖整体园区的智慧平台，为在园区工作、学习和生活的各类企业提供安全、便捷的智慧化的服务。新疆软件园建设了“园区云计算中心”并承载了“国家软件公共服务平台新疆平台”，为创业者提供软件开发、测试、生产的网络与物理空间，降低了企业的创新创业成本。

【信息安全保障体系逐步完善】

为进一步贯彻实施好《自治区网络与信息安全事件应急备案》，制定《自治区网络与信息安全事件地方和部门应急预案编制指南》，指导全疆各地各部门编制、修订各自应急预案，加强应急处置演练。全疆76个部门和地区完成预案编制报备工作，建立多部门信息安全保障联动工作机制，信息安全责任制进一步落实。制定《自治区2014年重点领域信息安全检查工作方案》，开展信息安全检查，对存在的风险隐患和问题，进行现场反馈整改及时上报，为自治区社会稳定和长治久安提供信息安全保障。

总体来讲，自治区信息化对于经济社会发展的支撑作用明显提高，信息资源开发利用和信息技术应用对于自治区重点项目建设和深化改革、促进发展的支撑作用不断增强；电子信息产业对于经济发展的贡献度不断提高。

新疆生产建设兵团信息化发展概况

【基本情况】

2015年，新疆生产建设兵团（以下简称兵团）深入贯彻落实党的十八大和十八届三中、四中全会及第二次新疆工作座谈会议精神，学习贯彻习近平总书记系列重要指示精神，推动各领域、各行业信息化建设步伐不断加快，信息技术在工业、农业、社会管理等领域得到进一步发展。兵团电子信息制造业和信息技术服务业呈现出快速增长的良好态势，信息传输、软件和信息技术服务业固定资产投资达到28741万元，较2014年度增长244.3%。

【信息基础设施升级提速】

新疆三大电信运营商的光纤网络和移动通信网络基本覆盖团场、连队，“连连通电话、通广播电视”、“宽带入户”等惠民工程顺利实施，3G、4G网络向基层连队延伸。光纤宽带基本覆盖团场、连队、交通沿线和各类工业园区，通信质量明显提高。截至2014年年底，城市家庭4Mbps和8Mbps以上宽带接入率分别为98%和80%以上，团场连队家庭4Mbps及以上宽带接入率达到85%以上，基本实现光纤宽带“连连通”。截至2014年年底，连队家庭平均每百户拥有固定电话52部、移动电话206部，城镇家庭平均每百户拥有固定电话72部、移动电话188部。城镇家用电脑普及率达到70台/百户，连队家用电脑普及率达到41台/百户。相对完备的广播电视传输网络已经形成，广播、电视覆盖率分别达到98.0%和99.4%。部分边境和偏远团场、连队打电话、看电视难问题得到切实解决。兵团与中国移动通信集团公司、中国联合网络通信集团有限公司签署战略合作协议，两家公司承诺未来5年将在兵团分别投入137亿元和100亿元资金，用于完善信息基础设施，支持兵团城镇化、新型工业化、农业现代化和民生领域信息化建设。

【信息技术应用】

农业领域。信息技术与现代农业走向深度融合，大数据、物联网、云计算等新一代信息技术加速向农业生产、经营、管理、服务领域应用，政策引导、市场运作、多元参与的农业信息化发展机制初步形成。卫星导航自动驾驶系统与精密播种作业已达到全国领先水平，接茬精度可控制在2～3cm，1000米播行垂直误差小于3cm，可使土地利用率提高0.5%～2%，机采棉采净率提高2%～3%，残膜回收率提高8%～10%以上，每亩可为职工增收60～90元。兵团高新节水灌溉面积已达1300万亩，分别占总灌溉面积和有效灌溉面积的62.3%、84.7%。2014年新疆生产建设兵团棉花机采模式种植面积达到738万亩，预计机采面积有望突破630万亩，占棉花播种面积的70%，预计减少拾花工用工量40万人，极大地节省了劳动力成本。新疆科神农业装备科技开发有限公司气吸式精量铺膜播种机，实现了一次作业完成九道工序，为兵团棉花生产从亩产40kg提高到150kg的跨越发展做出了重大贡献。新疆天业（集团）公司通过培训交流，达成国际合作协议28项，实现在13个国家建立中国节水滴灌示范区，累计推广天业滴灌系统面积达到3815公顷，成为我国首个向国外出口成套节水灌溉器材的公司。

工业领域。两化融合逐步走向深入，3D打印、私有云、大数据等技术在生产装备、研发设计、过程控制、技术改造、业务流程、市场营销、信息管理、决策系统等环节的应用程度不断加强，信息化水平得到进一步提升。新疆天业（集团）有限公司被评为首批502家国家两化融合管理体系贯标试点企业。伊犁南岗建材（集团）有限责任公司等20家企业被评为"兵团两化融合示范试点企业"。新疆天富热电股份有限公司利用信息技术构建新型智能化供电网络体系，完成220千伏骨干网结构建设，解决了输电瓶颈，保障了垦区供电需要。新疆梅花氨基酸有限责任公司通过信息化手段，整合子建设项目与配套项目生产基地，实现了大型化、自动化、集约化及管理现代化的企业目标。石河子经济技术开发区被国家确定为国家新型工业化（化工）产业示范基地。

服务业领域。软件和信息技术服务业得到快速发展。据不完全统计，2014年度兵团信息技术服务业营业收入合计达到5096.53万元，从业人员达到156人，较2013年同期的3622.97万元和144人相比有较大水平提高。截至2014年年底，共有20个软件产品获国家软件产品认定。新疆博锐众信科技有限公司、新疆惠文网络信息技术有限公司、兵云信息技术有限公司3家公司获得软件企业认定。共有14家疆内外计算机信息系统集成企业在兵团进行了备案，其中国家一级资质企业6家、国家二级资质企业2家，这些企业的加入，使兵团的信息技术能力得到了极大的加强。兵团先后建立了道路运输安全监控中心，道路运输GPS安全监控系统、远程视频监控系统、客运站（物流园区）安全视频监控系统，推进"北斗卫星民用示范项目"，建设了道路运输安全网络化监控检测项目，构建起兵、师、企三级安全监控管理平台，实现了兵团营运车辆联网联控。长途班线、旅游和危货车辆安装了GPS车载设备，形成了"数据共享、分级监管、层层负责"的监管模式，在预防和减少运输行车事故方面发挥了重要作用。兵云信息技术有限公司引入阿里云技术，在八师石河子市建立了兵团工业云平台，目前已能为300家企事业单位提供高性能云计算服务。

社会管理领域。"智慧城市"、"智慧团场"、"智慧社区"建设进程进一步加快，覆盖公共场所重点部位的社会治安综合防控体系深入推进，平安创建活动全面展开。兵团统计局在国家统计专网基础上，依托兵团政务网络平台，建成兵—师—团三级统计信息网络，实现与兵团政务网络的互联互通。兵团卫生局采用"云计算"平台建立了兵团区域卫生信息化平台和电子健康档案基础数据资源库，实现了公共卫生信息、医疗服务信息、基本药物监测监管和综合卫生管理的综合信息管理。兵团与中国航天科技集团公司签署战略合作协议，协议规定发挥航天科技集团在卫星通信、卫星导航、卫星遥感、云计算以及运营服务领域的技术和产品优势，结合兵团在农业现代化、公共事务管理、反恐维稳、公共安全、交通、应急、水利、环保等领域的实际需求，共同发展卫星应用产业。兵团与中国电子科技集团在北京签署战略合作框架协议，根据协议，双方将共同推进在公共安全、智慧城市、智慧产业、新能源、新材料、北斗导航和应急通信等产业和应用领域的合作，同时加强人才交流和技术合作，共同促进产学研成果在兵团落地转化。

【信息化基础工作】

政策研究。2014年兵团出台了《兵团关于大力推进信息化发展和切实保障信息安全的实施意见》，明确以信息化引领和推进兵团城镇化、新型工业化和农业现代化，保障和改善民生的发展目标、主要任务等重点工程。编制完成《兵团信息化建设管理暂行办法》、《兵团信息化建设项目工程单位资质管理办法》等文件。

信息化培训。两化融合培训工作逐步深入，兵团依托石河子大学召开了两化融合培训班，邀请两化融合方向的专家与各师分管领导和企业代表就如何实施企业信息化、开展两化融合自评估、推进两化融合管理工作进行了探讨。每年两次的全国计算机与软件资格考试和全国信息技术水平考试如期完成，石河子大学、塔里木大学为社会培养了一批实用信息技术人才。各类应试教育、职业教育和继续再教育工作广泛深入地开展，促进了兵团全民信息能力的提升。

行业管理。全年开展了计算机信息系统集成资质、信息系统集成高级项目经理、信息系统集成项目经理资质延续换证工作的年检换证工作；积极开展两化融合试点示范企业申报工作，完成了15家集成企业、3家监理企业和5家软件企业的资质备案工作；审核通过了5家兵团临时资质企业；完成了2批次3家软件企业的审核公示、4批次20个软件产品的审核公示工作。兵团设立了信息化发展专项资金，2014年共为19家企业、团场提供了总计960万元的资金支持。

【统计数据】

表1所示为2012—2014年新疆生产建设兵团信息基础设施主要指标统计。

表1 2012—2014年新疆生产建设兵团信息基础设施主要指标统计

项目名称	单　位	2012年		2013年		2014年	
		城　镇	连　队	城　镇	连　队	城　镇	连　队
固定电话/百户	部	78	52	68	48	72	52
移动电话/百户	部	191	187	175	182	188	206
广播覆盖率	%	97.0		97.0		98.0	
电视覆盖率	%	98.8		98.8		99.4	
家用电脑/百户	台	73	34	71	29	70	41

数据来源：兵团统计局

表2所示为2013　2014年新疆生产建设兵团（地区）电子信息制造业基本情况。

表2 2013—2014年新疆生产建设兵团（地区）电子信息制造业基本情况

项目名称	单　位	2013年	2014年
工业总产值（现价）	千元	589198.52	918110.67
应收账款	千元	110919.84	202001.74
产成品存货	千元	106704.239	95758.78
应付账款	千元	340167.19	331039.9
主营业务收入	千元	533535.06	851863.7
主营业务成本	千元	483168.06	559475.07
销售费用	千元	7040.1	12394
管理费用	千元	24616.41	70414.36
财务费用	千元	48541.42	71901.64
利润总额	千元	-24712.04	152517.32
应交增值税	千元	-7285.7	-48225.7
从业人员年平均人数	人	1018	1226

数据来源：电子信息制造业统计报表制度

表3所示为2013—2014年新疆生产建设兵团（地区）软件产业基本情况。

表3 2013—2014年新疆生产建设兵团（地区）软件产业基本情况

项目名称	单　位	2013年	2014年
软件业务收入	万元	4625.05	5096.53
软件产品销售收入	万元	415.30	416.32
税金总额	万元	72.17	110.15
利润总额	万元	-382.54	-466.23
从业人员年末人数	人	203.00	156
从业人员工资总额	万元	638.09	746.04

数据来源：软件及软件服务业统计报表制度

大连市信息化发展概况

【基本情况】

2014年，根据大连城市智慧化建设的需要，全面推进信息化建设各项工作。制定了大连市智慧城市建设纲领性文件《关于加快推进城市智慧化建设的意见》和《大连市城市智慧化建设总体规划（2014—2020年）》，总体规划按照突出城市特点、突出民生优先、突出产业发展三大原则，确定了8大重点工程，明确了2014—2016年各项工程的具体实施目标和工作进度。在总体规划指导下，将由市政府统一部署，大连市经济和信息化委员会具体组织落实，充分调动和发挥各重点工程建设单位的积极性，加强指导和协调工作、做好重点工程建设，不断总结积累经验，确保大连市城市智慧化建设的健康有序发展。起草了《大连市信息化条例》并纳入人大立法程序，制定了《促进信息消费扩大内需实施方案（2014—2016年）》、《“宽带大连”实施方案》、《大连市信息化和工业化深度融合工程实施方案》等文件，作为城市智慧化建设在相关各领域的具体指导政策和实施方案，逐步建立起完整的智慧城市建设政策体系。

“宽带大连”工程建设基本完成了大连市城区的光纤化覆盖，具备为超过180万个家庭提供光纤宽带网络接入能力，城域网出口带宽扩容到950Gbps。“无线城市”建设已经建成无线覆盖热点区域2000余个，投入无线接入设备近10万台，覆盖了主要商业街区、公共服务区，提升了信息惠民的服务能力。4G基站已建设2000多处，2014年内实现全域城区4G信号全面覆盖，4G用户超过30万。天途有线的智能互动平台目前高清互动业务用户已达18万户，预计2014年年底将达21万户。

大连市两平台获国家智慧城市创新应用奖。2014年2月28日，在2014中国智慧城市年会上，大连市西岗365社会管理与社会服务平台和沙河口区综合智慧服务管理平台荣获国家智慧城市创新应用奖。全国共有12个城区获此殊荣。该项评选活动由国家工业和信息化部主办，旨在在全国范围内树立智慧城市应用的新标杆，更好地发挥智慧化应用在提升城市服务能力和管理水平中的积极作用。

组织开展大连市信息化和工业化深度融合示范企业评定工作。2014年3月1日起，在全市范围内组织开展示范企业评审工作。86家企业主动申报，经各区（市）县经济和信息化主管部门和有关行业协会推荐、专家评审和面向社会公示等程序，最后确定中国石油大连石化公司等50家企业，为大连市第一批信息化与工业化深度融合示范企业。示范企业前期信息化建设应用水平在行业具有代表性和领先性，下一步工作推进路径清晰，目标明确，将重点围绕先进制造技术应用、数字化车间、智能工厂、物联网、电子商务等开展应用示范。

《中共大连市委 大连市人民政府关于推进城市智慧化建设的意见》通过市委常委会审议。2014年4月8日，市委召开常委会议，讨论通过《中共大连市委 大连市人民政府关于推进城市智慧化建设的意见》（以下简称《意见》）。《意见》强调，以物联网、云计算、大数据等新一代信息技术的应用体系和产业体系建设为主线，重点抓好“宽带大连”、“无线城市”建设，统筹推进城市信息基础设施建设和公共管理智慧化、民生服务智慧化、经济发展智慧化协调发展，促进城市经济和产业可持续发展。

大连市人民政府与中国银联签署金融支付智慧化建设战略合作协议。2014年4月9日，由大连市人民政府与中国银联共同组织发起，大连市经济和信息化委员会、大连市金融发展局、中国人民银行大连市中心支行和中国银联大连分公司联合主办的“大连市金融支付智慧化建设暨‘全民付’项目启动会”在棒棰岛宾馆举行。根据协议，双方战略合作主要包括四部分：构建“大连全民付”便民缴费服务品牌、推进金融IC卡在公共交通服务领域的应用、扩大银行卡受理领域和范围、联合开展打击银行卡犯罪活动。2014年力争实现金融IC卡与明珠卡并行使用;进一步扩大县乡刷卡手续费优惠范围和服务“三农”范围，在市县乡农村地区发展受理商户2000户，新增POS助农取款服务网点100户。

“大连理工大学 IBM智慧城市与大数据处理联合实验室”建立。2014年4月15日，大连理工大学与IBM联合建立与运作“大连理工大学—IBM 智慧城市与大数据处理联合实验室”。双方将以联合实验室为载体，依托IBM中国及美国沃森实验室在企业计算、大数据、云计算、智慧城市等领域的先进技术和解决方案，以及大连理工大学在人才和科研方面的优势，主要从事智慧城市、大数据、企业计算相关领域的人才培养、联合科研、产品研发、技术转化等工作，为大连智慧城市建设注入新的力量。

大连被列为信息惠民国家试点城市。2014年6月23日，国家发改委等12部门决定，大连市被列为信息惠民国家试点城市。推进信息惠民国家试点城市建设，有利于加快提升公共服务水平和均等普惠程度，探索信息化优化公共资源配置、创新社会管理和公共服务的新机制新模式。

大连入选国家首批“宽带中国”示范城市。2014年10月大连市与北京、上海、广州等39个城市（城市群）一起，被工业和信息化部、国家发改委批准为2014年度首批“宽带中国”示范城市（城市群）。

【各区市县积极推进区域智慧化建设】

中山区开展的“无线中山”项目在重点商业区、大型商业机构、金融网点、公共区域和场所，已全部实现无线网络覆盖，在14个公共区域为市民提供免费网络接入服务，全年新增8处免费公共无线网络覆盖区域，启动为百户纳税优秀企业赠送无线网络的惠企项目。西岗区采取与电信运营商共建云计算中心，目前已完成云计算中心核心机房建设，依托365信息平台，开展了人口、法人单位、地理信息三大数据库建设，已完成12万重点人口和部分法人单位数据的信息采集录入，依托大连测绘院的地理信息共享平台，已完成辖区10平方公里的数据采集。沙河口区打造的综合智慧服务管理平台，有效连接“帮万家”、“助万企”、“网格化管理”等服务功能，实现了数据处理共享、指挥调度统一，全市率先打造实景三维地理信息系统已初步建成并投入试运行。高新区依托软件和信息服务业发展优势，大力发展工业设计、电子商务、文化创意、物联网和云计算等九大产业，大力推进物联网和云计算应用产业体系建设，从事云计算、物联网、大数据等与城市智慧化建设密切相关的企业就有近300家，已建成超过2万平方米的IDC数据中心。普湾新区结合区域内原有已建成地下管线相对较少的特点，开展地下管线综合管理平台的建设工作，该工程一期工程已全部完成，共享交换平台六大子系统研发工作全部完成分类展示功能，提供基础设施规划与建设接口分析出图服务。

【城市智慧化重点工程持续推进】

智慧交通中的《大连市城市公共交通智能化应用示范工程》项目已经通过，已完成大连市2459辆公交车车载终端的安装及改造，包括696辆公交车新装车载终端设备，1763辆公交车改造车载终端设备。2路和16路公交线路上安装69块智能公交电子站牌，采用LCD结合LED显示车辆到站信息的方式，并整合现有BRT线路的60个电子站牌，为乘客提供候车到站站距提示，使市民能在途中了解各种公交信息。

智慧城管已在中山区、西岗区、沙河口区，

甘井子区和高新园区主城区实现先期启动，范围内的市政公用、道路交通、市容环境、园林绿化、房屋建筑等方面的事、部件，均作为智慧城管的内容进行管理。

智慧卫生已经完成专项规划制定并通过专家评审论证。

智慧教育完成了《大连教育信息化发展规划（2015—2020 年）》专家评审，在宽带网络校校通方面加大了投入力度，10Mbps 以上接入学校 507 所，4Mbps 接入的学校 357 所，大连教育城域网总出口 10Gbps 接入，实现了全市义务教育阶段所有学校校校通。

智慧社区工作建立了民政基础数据库，已累计入库各类信息 360 余万条，逐步建立民政信息资源目录，通过建立居民经济情况核对分析数据共享标准和共享平台，有效推动了民政数据与其他委办局数据的交换和共享。社会组织法人库建设立项工作有序推进，灾害信息管理系统更加完善。启用城乡最低生活保障管理系统，将大连市低保家庭的救助纳入信息化管理范畴，建立了居民经济状况核对信息管理系统、老龄事业管理系统，接入全国优抚信息管理系统。

智慧口岸已完成《大连智慧港口建设体系规划》招投标工作。

物联网产业促进工程。全市目前已有 276 家从事物联网相关技术研发、产品制造和技术应用企业，产值约 120 亿元，基本覆盖了物联网支撑、感知、传输、平台和应用等不同层面。

北斗应用产业发展以市政府与中国空间技术研究院签署的战略合作框架为指导，以大连航天北斗科技有限公司为推广平台，已经在海洋与渔业等领域开展卫星导航、遥感、通信技术的推广应用工作。

【两化融合取得新进展】

出台了《大连市信息化和工业化深度融合工程实施方案》，确定两化融合工作发展目标。以首批示范企业为重点，积极推进大连机床集团有限责任公司、奇瑞汽车股份有限公司大连分公司、大连冶金轴承股份有限公司、大连华阳密封股份有限公司等示范企业加快数字化车间和智能工厂建设。加强制造业和服务业融合发展，不断提升工业企业电子商务和第三方物流企业供应链协同能力。积极推进服装纺织、轴承、机床、机电设备等一批工业电子商务平台建设，引导鼓励装备制造、消费品生产企业开展电子商务应用，加强品牌建设和市场开拓。中国轴承交易平台正式上线，实现 2000 家会员入住。一汽（大连）国际物流有限公司利用信息技术加强与制造企业的个性化优质服务，提高供应链的协同能力，向大众一汽（大连）发动机有限公司和道依茨一汽（大连）柴油机有限公司等企业提供生产零件的供应商要货、仓储、拣选、配送和巡线补货等服务及产成品的下线检验、仓储、包装和运输服务，实现年上线物流日均配送零件 7000 余种，下线物流年接收发动机 442008 台，到货及时率 99.7%、客户满意率 99.3%。组织国网辽宁省电力有限公司大连供电公司、东北特殊钢集团有限责任公司、中国华录集团有限公司、大连华锐重工集团股份有限公司 4 家企业开展全国国家两化融合管理体系贯标试点工作。

【电子商务快速发展】

中国轴承交易平台正式上线，目前注册会员超过 2000 家，长期买卖活跃用户占比 80%以上，每天新增注册用户人数增长率保持在 30%以上。平台自主研发的全国第一款手机移动端轴承型号查询工具已在手机微信客户端正式上线使用，目前可查询型号达 15.8 万种，拥有用户 5000 个，完全实现企业在线支付和交易，成为引导和驱动中国轴承产业转型升级的强大引擎。

大连生态科技创新城核心起步区电商物产业全年累计吸引入驻电子商物企业 38 家，年产值预计将超过 10 亿元。8000 平方米电商产业大厦投入使用，大厦具备高水准的硬件基础和专为电子商物企业配置的服务方案。

宁波市信息化发展概况

【智慧城市建设】

2014年，宁波市智慧城市建设以“夯实基础，深入整合”为主线，进一步夯实信息网络基础设施支撑，推进信息资源整合共享，以信息服务模式和技术创新发展为动力，加快推进重点智慧应用体系建设，加快培育发展智慧产业，优化信息消费环境，服务经济发展和民生改善。

（一）信息基础设施支撑引领能力进一步增强

以提升信息基础设施服务水平和承载能力为核心，坚持“基础先行、适度超前”的原则，大力实施“光网城市”和“无线城市”专项行动，全面推进政务云计算中心建设和数据资源整合，着力构建泛在、互联、智能的智慧城市支撑体系。

“光网城市”建设走在全国前列。2014年，宁波继续按照“宽带中国”战略，扩大宽带网络覆盖范围，推进网络提速。截至2014年年底，全市光网覆盖扩大至334万户，已覆盖所有行政村，城区和农村平均接入能力分别达30Mbps和6Mbps，互联网宽带接入用户已超过285万户，互联网城域出口带宽超过2200Gbps，提前完成“宽带中国”2015发展目标。

“无线城市”建设取得明显成效。宁波“无线城市”建设以行业应用推广和公共场所免费上网为重点，进一步加快无线网络建设和模式创新。在全市各地全面启动公共场所免费上网工程建设，截至2014年年底，累计建设免费WiFi热点300个，免费AP数3000个，月均用户超过58.9万人；同时，已实现乡镇以上城镇区域的4G网络全覆盖，4G用户137万户，现场直播、远程专家医疗会诊、公交车车载视频数据传输等4G网络商业应用已逐步推广。

政务云已能提供基础设施服务。市政务云计算中心基础设施即服务层已基本完成建设，可提供基础计算资源、存储资源、数据库管理资源、视频软件服务及地理信息共享服务平台等服务资源，开始为智慧城市项目提供基础支撑服务，截至2014年年底，已有11个市级部门的近70个应用系统在市政务云平台上线使用。

政务数据资源整合共享全面推进。依托政务云平台，以人口、法人、自然资源和空间地理等基础数据库为支撑，整体推进政务数据架构体系建设。全市已形成“政务数据统一部署，基础数据统一集聚，业务数据深度融合，应用数据深入挖掘，主题数据跨地区、跨部门、跨层级共享，目录与交换体系完善”的政务数据生态体系。同时，基础数据库和专题数据库等已开始提供应用层面共享服务。

（二）智慧应用体系建设进一步拓展

按照“试点先行、示范带动、稳步推进”的思路，围绕解决经济转型升级、城市管理服务创新、民生改善等重难点问题，全面统筹推进智慧城市重大应用体系建设。同时，积极引导各县（市）区结合自身特色，开展智慧城市建设试点探索，进一步带动社会各领域的信息技术应用。

智慧健康共享、协同和服务水平进一步提高。以卫生专网、区卫信息平台、数据中心、居民健康档案建设为重点，宁波智慧健康已逐步实现卫生政务电子化、医院服务网络化、公共卫生管理数字化、卫生医疗信息服务一体化，有效提高了医疗保障和健康服务水平。全市 11 个县（市）区与市区域卫生信息平台实现了数据交换共享，8 家市级医院和疾控、妇幼、血液等公共卫生机构与市区域卫生信息平台实现了系统对接，截至 2014 年年底，共整合了 700 万人健康档案和 9.3 亿多条健康档案数据。公共健康服务平台已实现预约挂号、健康档案共享、诊疗提醒等功能。同时，国内首家“云医院”上线试运行，开设了 4 个“云诊室”，接入医疗机构 100 家，签约医生 226 名，提供健康咨询、药物配送等多项服务。

智慧交通开始系统部署推进建设。智慧交通一期项目启动建设，统筹推进交通出行、交通感知、交通路网、运行调控等交通服务体系建设。“宁波通”出行服务平台提供实时公交、公共自行车、交通诱导等 18 项服务，帮助公众高效、便捷、舒适地出行。完善了实时公交、定制公交、轨道交通、公共自行车等立体公共交通出行服务体系。公共自行车服务体系覆盖范围进一步扩大，公共自行车投放超过 15000 辆，日均租用超 10 万次。此外，出租车电召平台、停车诱导、交通指挥中心等项目相继开展，有效促进了交通节能减排、缓解城市拥堵。

智慧教育公共服务平台不断完善。以资源整合为抓手、以高效应用为目的，不断深化面向基础教育的“人人通”空中课堂、面向终身教育的终身学习公共服务平台和数字化阅读平台等教育资源均等化公共服务平台建设。“人人通”空中课堂为全市中小学生开设个人网络学习空间和名师网上直播互动课程，累计访问次数超过 200 万次，日均页面浏览量超过 1 万次。终身学习平台收录精品课程 1.8 万余节，涵盖了科学技术、职业技能等 10 个大类，注册用户 87 万户，总访问量突破 600 万户，方便了职业人群进行网上学习。数字化阅读平台为广大市民特别是高校科研人员提供便捷的数字化图书、文献、期刊等资源的查询和阅读服务，平台文献内容达到 200TB，年下载量超过 1500 万篇。

智慧物流经济社会效益明显。全面推进“1+7”智慧物流协同平台建设，其中“1”为智慧物流公共基础平台，已完成多项系统建设，为政府、企业和各类智慧物流应用平台提供广泛的公共基础服务和支撑；第四方物流市场综合应用平台、IBM 智慧物流云平台等 7 个应用平台同步开展建设，部分已投入使用，进入应用推广阶段，广泛服务于各企业，实现港口物流在途可视、资源交易、智能订仓、智慧供应链等服务功能。

智慧城管可提供实时、协同和智能的管理服务。按照“覆盖全面、信息融合、运转高效”的总体建设目标，统一平台强基础、协同联动强运行、拓展服务应用，探索大数据分析决策，不断提高城市管理的信息化、智能化、精细化水平。全年市 6 区共发现城市管理问题 95 余万件，较 2013 年同比增加 3.68%，主动发现率达到 96%以上，解决（处置）率 99.98%，按期解决（处置）率 98.76%，较 2013 年提升 1.49%，取得较好的成效。

智慧信用服务内容日益丰富。宁波通过整合政府各部门在监管中产生的各类信用信息，为社会公众、企业及政府提供了信用服务。智慧信用已整合全市 34 个部门、11 个县（市）区的相关信用数据，并与部分省外地区建立了信息共享合作机制，已形成了一个成熟稳定、高效运行的城市信用体系。截至 2014 年年底，智慧信用平台登记企业超过 24 万，个体工商户 41 万，重点人群 60 万，各类信息指标达 350 类 3490 项，记录信息超过 5000 万条，查询总量突破 5000 万次，仅 2014 年一年的查询量就达 2400 多万次，是 2013 年的 3 倍。

智慧安监“一库四平台”建设成效明显。宁波不断深化安全生产监管信息化建设应用，现已完成“一库四平台”安全生产综合监管服务系统建设，基本实现了安监工作电子化、业务功能全覆盖、市县乡村四级监管信息一体化，形成了市级统建、信息共享、制度健全、应用优先的信息化工作特色，走出一条投入相对较少、应用成效较好的安全生产信息化可持续发展之路。

（三）智慧产业与传统产业融合水平进一步提高

立足本地产业基础，注重电子商务、云服务为代表的信息服务业、助推产业转型升级的两化融合和面向重点行业的新型工业云服务平台的培育发展。2014 年，软件和信息服务业收入持续增长，电子信息产品制造能力持续提升，两化融合不断深化，电子商务高速发展，产业集聚发展水平不断提高。

信息产业规模不断壮大。2014 年，宁波市软件和信息服务业实现业务收入 301.4 亿元，同比增长 28.86%，已初步形成以高新区、鄞州区核心区域发展为主，其他地区特色错位发展为辅的“两翼联动、多点跟进”的发展格局。全市 820 家规模以上电子信息制造企业完成工业总产值 1510.85 亿元，同比增长 3.68%。舜宇集团、一舟集团入选 2014 年中国电子信息百强企业，群志广电等 16 家企业入选 2014 年浙江省电子信息产业百家重点企业名单。

两化融合不断深化。编制《宁波市加快推进信息化与工业化深度融合专项行动实施方案》，加大信息化项目重点扶持提升示范工程的引领作用，实施企业信息化普及工程，为广大中小企业提供免费（或低价）的软件和服务；开展工业化和信息化融合管理体系贯标试点，在全市推行管理体系贯标，涌现出镇海炼化等一批两化融合示范企业。据测算，2014 年宁波市两化融合发展水平指数达 85，在副省级城市中处于领先水平，处于集成应用向创新应用转化提升阶段。

电子商务高速发展。制定出台了《宁波市人民政府关于深入推进“电商换市”加快电子商务发展的若干意见》、《宁波市人民政府关于建设宁波电子商务城（宁波服务外包集聚区）的实施意见》和《宁波市工业企业电商换市三年行动计划（2014—2016）》等意见和办法，按照“一城两区一中心”布局，在宁波江北区、海曙区打造总规划面积 19 平方千米的宁波电子商务城，产业集聚效应明显。同时，积极开展跨境电子商务国家试点建设，已拥有跨境购、世贸通、敦煌网等 B2B/B2C 电商平台。2014 年全市网络零售额突破 500 亿元，同比增长 80%以上，增幅位居全省之首。

（四）智慧城市发展环境进一步优化

在推进智慧城市建设过程中，重视发展环境优化，不断完善政策法规，尝试创新投融资模式，广泛开展国际国内合作交流，加强信息安全管理，积极营造智慧城市持续稳步发展的良好氛围。

相关政策法规体系不断完善。制定出台了《关于促进宁波信息消费的实施意见》等促进各行业发展的指导政策，印发《宁波市软件产业发展专项资金管理暂行办法》等相关管理办法，研究制定《关于加快发展信息经济的实施意见》，有利于信息消费、信息经济发展的政策环境不断完善。

推进投融资模式多元化发展。注重不同领域项目建设的投融资模式创新，加强政府投资引导、鼓励多方参与，充分发挥资本市场的作用，广开投融资渠道，逐步完善以政府投入为导向、企业投入为主体、社会投入为重要渠道的多元化投融资体系。

成功举办第四届中国（宁波）智慧城市技术与应用产品博览会。共设 2 万平方米展台、1100 个标摊，设立了智慧交通、智慧教育、智慧医疗、智慧家居、两化融合等 10 大主题展区。参展企业近 300 家，包括 11 家央企、50 余家上市企业、近 1/3 的 2013 年软件百强企业，参观人数约 5.8 万人，其中专业客商约为 3.5 万人，同期有总投资达 70 亿元的 28 个智慧项目签约，智博会已成为国内智慧城市建设领域规模最大、专业性最强、层次最高的行业盛会。随着多届中国（宁波）智慧城市技术与应用产品博览会的连续成功举办，宁波市智慧城市合作交流成果不断扩大，各界人士对于智慧城市建设的关注度、认可度与参与度也不断提高。

广泛营造智慧城市共建共享氛围。智慧城市科技馆于 2014 年 9 月 12 日正式开馆试运营，智慧城市建设应用成果展示厅和宁波市物联网与智慧城市体验馆建设不断完善，展示宣传了宁波市智慧城市的建设成果。同时，通过媒体宣传、科普活动、教育培训等方式，提高各界人士对于智慧城市建设的关注度、认可度与参与度，使建设成果更好地为民共享。

信息安全保障水平进一步提高。积极开展全市基础信息网络与重要信息系统的安全等级定级、评审、备案等工作，启动电子政务信息安全预警及处置服务平台建设，实现技术保障有效、管理制度明确的良好效果，继续保持信息安全事件“零发生”。

厦门市信息化发展概况

【信息化总体发展水平】

厦门市以《美丽厦门战略规划》为指南，以建设国家信息消费示范城市、国家信息惠民试点城市、国家下一代互联网示范城市、宽带中国示范城市建设等为抓手，进一步优化城市信息化基础设施，进一步加快产业技术升级，进一步提升信息化在国民经济和社会生活中的应用广度和深度。第二届中国智慧城市建设创新交流大会上，厦门凭借着在“智慧名城”建设所取得的成果，连续两届荣获年度“中国十大智慧城市”称号；2014中国智慧城市发展年会上，厦门荣获智慧城市应用创新奖。“第五届中国智慧城市大会”上，厦门市荣获中国智慧城市论坛、中国科学技术法学会智慧城市工作委员会授予的多项荣誉：厦门与北京、武汉等8个城市荣获“2014中国智慧治理领军城市”称号；厦门市“i 厦门”一站式惠民服务平台、厦门市公安局交通事故视频远程定责定损平台、厦门市瑞景智慧社区网格化服务管理信息平台以及厦门市“多规合一”业务协同平台为获评全国智慧治理优秀案例，在评定的全国十个智慧治理优秀案例独占四席。

【信息基础设施】

2014年，厦门市信息化基础设施建设继续保持稳步发展的势头，“宽带厦门”和“三网融合”试点工作加快推进，截至2014年11月底，全市光纤入户数达48.83万户，增长14%；固定互联网宽带接入超146万户；3G通信用户达293万户。天翼用户总数达到127.79万户，其中智能机用户总数达到65.95万户，宽带用户总数达到103.51万户。作为全国首批第四代移动通信技术TD-LTE规模实验网项目试点城市，厦门移动共建成4G（TD-LTE）基站3678个。厦门联通新增出口总带宽160Gbps，累计达到360Gbps，其中带宽/3G/4G出口总带宽200Gbps，IDC出口带宽160Gbps。厦门软件园IDC机房在第七届2014中国绿色通信大会上被授予“2013—2014年度中国通信绿色示范数据中心”荣誉称号，这既是省内机房首次取得该称号，也是2014年度省内同行业取得该称号的唯一机房。

【信息产业】

（一）电子信息产品制造业

电子信息产品制造业是厦门市的支柱行业之一，也是企业最多、产值最高、配套设施最全的一个行业大类，形成了以计算机、平板显示、手机、数字视听、电器为主导的产品结构。近年来，在全球光电产业生产要素优化配置的大局下，电子器件制造业迅速崛起，厦门已成为台湾光电产业资源配置的组成部分。全行业完成工业总产值1835.43亿元，占全市工业总产值的37.5%；实现销售产值1779.22亿元，产销率96.9%；实现出口交货值1187.84亿元，占全市工业出口交货值的55.6%，出口交货值率66.7%，高出全市平均水平21.7个百分点；全行业拥有资产1084.97亿元，完成主营业务收入1746.96亿元，创造利润总额62.10亿元，创利税总额71.45亿元；年平均从业人员17.19万人，占全部规模以上工业从业人员数的 27.3%。

（二）软件与信息技术服务业

2014 年，厦门市软件和信息服务业继续保持快速增长势头，全年软件和信息服务业实现业务收入 749 亿元，增长 24.3%。厦门市拥有通过认定的软件企业 440 家，国家动漫企业 21 家，市动漫企业 101 家，动漫游戏和电子商务增速超过 40%。

全市形成了以软件园二期、三期为核心载体，湖里区高新园、海沧区信息消费产业园等区级园区为特色产业基地的空间布局，产业集聚效应更加突出。软件园二期继续保持快速增长势头。全年园区企业实现销售收入 402.67 亿元，同比增长 26.58%，占全行业业务收入的 53.75%；国地税实现总收入 11.67 亿元，同比增长 20.32%。2014 年，园区新增核准租房入园企业 155 家，历年累计 943 家。园区企业总数达 1336 家（含园区配套），从业人员约 5.4 万人。2014 年园区用电量为 10482 万千瓦时，同比增长 17.04%。

软件园三期招商和入驻取得成效。软件园三期边建设、边招商、边入驻，起步区 30 万平方米投入使用。截至 2014 年 12 月底，软件园三期入园审核委员会共召开 32 批次的入园审核会议，累计核准入园企业 357 家，核准面积约 220.79 万平方米。其中，经核准购房企业 340 家，购房面积 67.61 万平方米；核准自建企业 17 家，自建面积 153.18 万平方米。已办理购房手续企业 153 家，其中 58 家已入驻，起步区入驻人数 1300 人。截至 2014 年 12 月底，园区实现产值约 5.76 亿元。软件研发产业基地、中移动手机动漫基地、中电信海峡通信枢纽中心 3 个重点项目年度完成投资 22.58 亿元。

2013 年，园区产值突破 300 亿元；2014 年，园区产值突破 400 亿元。园区企业规模销售额超 1 亿元的企业 84 家，相比 2013 年，增加了 20 家。其中销售超过 5 亿元的企业达到 13 家，销售额合计 139.06 亿元，占软件园总销售 402.67 亿元的 34.53%；销售在 1 亿～5 亿元的企业 71 家，销售额合计 136.53 亿元，占软件园总销售 402.67 亿元的 33.91%。

（三）动漫网游产业

动漫网游企业发展呈上升趋势，新媒体带动作用明显。2013 年，厦门市动漫游戏产业实现业务收入超过 50 亿元。中国移动手机动漫基地实现收入 10.1 亿元，同比增长 2 倍多；中国电信动漫运营中心实现收入超过 1.5 亿元，同比增长 1 倍多。厦门市游戏龙头企业继续保持良好发展态势，其中，4399 网络股份有限公司销售收入超过 14 亿元，新泰阳、吉比特、翔通、光环、中娱文化等企业销售收入超 1 亿元。全年新增认定的“厦门动漫企业”31 家，全市累计认定数超百家。新增认定“国家动漫企业”4 家，累计达到 17 家。

三大运营商动漫基地吸引内容供应商向厦门乃至福建聚集的作用突出。截至 2013 年 12 月底，中国移动手机动漫基地平台共引入 678 家动漫内容合作伙伴，平台作品上线数达到 22 万集，获得互联网授权的动漫形象超过 2000 个，是国内目前最大的动漫发行平台。厦门市已经成为国内以动漫游戏为主的数字内容产业发展先导区和重要集聚地。

厦门国际动漫节在业内的品牌知名度逐年提升，产业的带动作用明显。“金海豚”动画作品大赛共收到来自 38 个国家和地区的 2876 部作品。2013 年展会规模超过历届，共设置展位 445 个，展会场地面积达 1.6 万平方米，参观人数超过 10 万人次。参展商层次大幅提升，境内外团队达 123 个，其中来自欧洲、新加坡、日本等境外 30 家企业组团前来参展，达成签约及合作意向金额 11.6 亿元。

厦门国际动漫节的品牌影响力进一步提升。第七届动漫节展会期间，174 家企业或组团参展，展位达 634 个，其中境外企业是去年的两倍；企业初步达成意向的对接项目超过 200 个，展会成交金额突破 12 亿元。接待嘉宾 183 人，其中境外嘉宾占 50%，创历届之最。吸引观众 10 万人次，门票销售 4.46 万张。

动漫网游企业发展保持上升趋势。2014 年厦门软件园区的中国移动手机动漫基地平台收入突破 25 亿元；4399 销售额超过 15 亿元；飞鱼科技、翔通动漫两家动漫企业销售额超过 3 亿元；吉比特、中国电信动漫运营中心两家动漫企业销售额超过 2 亿元；新泰阳、中娱文化、大雅传奇 3 家动漫企业销售收入超1亿元。

翔通动漫获得国家动漫企业认定；由《光环游戏》和《凯罗天下》合并成立的飞鱼科技在香港正式挂牌上市；国内顶尖3D动画公司上海河马动画落户厦门；青鸟动画《魔力星星狐》荣获第十六届福建省电视艺术奖动漫作品一等奖；翔通动漫原创动漫《绿豆蛙》荣登2014中国好应用百强英雄榜；雷霆游戏凭借3D战斗网游《斗仙》荣获“2014年度最佳自研厂商”；小瑞与大魔王系列卡通钟、星星狐系列软体抱枕荣获2014年度福建省最具创意文化产品“优秀奖”。

（四）两岸合作

易通卡与台湾悠游卡共同完成了卡片、系统、设备等的技术攻关与准备工作，具备互联互通的条件。

2014年6月，福建省信息协会、厦门市信息协会和台湾云端服务协会共同主办第六届海峡论坛·2014海峡科技专家论坛分会场——“海峡两岸云计算产业发展与合作”研讨会。厦门市信息协会与台湾云端服务协会签署了《关于共同推进两岸云计算产业发展与合作》、《海峡两岸App开发人才培训与交流》的合作协议，共同推进闽台云计算产业发展与合作。台湾云端服务协会福建办事处在软件园二期正式挂牌成立，标志着闽台云计算产业的发展与合作将进入一个快速发展的新时期。

海峡两岸共同推动移动宽带产业发展。2014年9月16日，GTI（TD-LTE全球发展倡议组织）、中国移动通信集团公司、台湾地区工业技术研究院在台湾新竹市联合举办了“移动宽带发展高峰论坛”。两岸业界代表以“LTE TDD/FDD融合发展”为主题，就全球产业趋势、4G市场发展等议题进行深入交流。

2014年11月，厦门市经信局、市信息协会、福建省信息协会、台湾中华资讯软体协会在福建省经济和信息化委员会的重视和支持下，共同举办了以“深化两化融合，促进创新发展”为主题的第十届海峡两岸信息化论坛暨闽台两化融合项目对接洽谈会，邀请了两岸知名专家就如何深化工业化和信息化融合问题进行广泛研讨，并就两化融合和企业合作项目需求举办项目对接洽谈会。促成了福建相关企业与台湾机械制造企业、软件企业之间关于升级改造、生产线采购等8个项目的合作，在开幕式上举行了签约仪式，项目总投资金额达8.85亿元。

【电子政务】

2014年，厦门市电子政务持续发展，通过不断推进集约化的网络信息基础设施建设和公共应用平台建设，逐步形成“统一信息基础设施、统一应用支撑、统一安全管理、统一服务渠道”四位一体的电子政务公共平台的应用体系，在构建服务型政府方面发挥日益重要的作用。

形成了具备万兆主干连接的政务云服务基础架构，目前实现的池化资源有刀片服务器33台、存储阵列11套，总体运算能力达到1225.1GHz的78路516核CPU、3584GB内存和162TB存储空间，配置了备份能力达到7TB的容灾备份系统，可提供多种常用的虚拟机模板用于快速安装部署虚拟机及相关应用，实现池化资源的动态、弹性、按需交付并可回收。政务内网云平台上开设业务虚拟机97台，比2013年同期增长了3.6倍。

建成“i厦门”一站式惠民服务平台。平台基于厦门市已有的信息化应用，着重在整合方式、服务方式、运营模式等方面进行创新。主要以推动跨层级、跨部门信息共享和业务协同为抓手，有效整合孤立、分散的公共服务资源，强化多部门联合监管和协同服务，促进公共服务的多方协同合作、资源共享、制度对接，逐步实现公共服务事项和社会信息服务的全人群覆盖、全天候受理和“一站式”办理，让居民“少跑马路，多跑网络”。目前，平台完成了全市各类公共服务资源的梳理和重点服务的整合，可提供政务、生活、健康、教育、文化、交通、社保等全主题覆盖的200余项在线服务。平台的建成运行有效提高了社会服务供给和管理水平，提高百姓生活幸福感，促进社会管理服务模式创新。2014年12月在中国社会科学院信息化研究中心与国脉互联政府网站评测研究中心联合主办的中国特色政府网站评选中，“i厦门”作为政府在线服务创新样本在评选活动中取得优异成绩，荣获“最佳政务平台实践典范”奖。

建设全市统一身份实名认证体系，为每个市民、企业提供线上唯一的厦门电子身份，真正为用户提供“一个ID，一次登录，全市通行”的无障碍、跨部门的高效便民服务。实现全市各区、各应用系统认证机制的用户统一与账号互信；社保、公积金、公安、交警、卫生、图书馆、集美区的系统统一认证和单点登录已启动运行。

作为“多规合一”工作首批试点城市，厦门积极探索，先行先试，在全国率先进行建设项目审批流程改革。“多规合一”信息平台已经能支撑“一张图”信息共享、建设项目办理业务协同（包括项目审批和项目生成）两大功能。该系统试运行阶段，已完成了与政务中心就建管系统、规划业务系统、国土房产业务系统、发改委业务系统的对接，已接入市、区两级单位40余个，用户超过300名。厦门市“多规合一”业务协同平台建立了全市统一的空间规划管理体系，促进了全市建设审批业务的流程改革。

【经济与社会领域信息化】

（一）市场监督管理信息化

2014年，厦门市场监督管理局为配合商事登记制度改革，进行了商事登记信息化平台的建设，平台内容包括商事主体登记平台、年报备案系统、商事主体信息公示平台、数据交换及协作平台、移动应用等内容。商事登记信息化平台自上线以来，运行稳定、可靠、高效，取得了明显的成效。

（二）财税信息化

推进厦门市国库支付电子化改革工作。通过健全支付电子化相关制度，优化业务流程，改造一体化支付系统，统一部署财政部电子凭证库，建立完善的电子支付安全支撑体系等举措，成功建立并上线了海沧区和湖里区国库集中支付电子化系统。电子化改革试点取消了纸质凭证和单据流转，有效提高财政服务效能；在业务上实现链条式管理，逐步形成“动态校验、电子验章、自动对账、全程跟踪”的新型国库业务管理模式，保障提升了资金安全。此外，按照财政部2014年10月底召开的省级国库支付电子化座谈会要求，即时启动市本级电子化改造，初步完成与工商银行的直接支付凭证无纸化功能。

（三）两化融合

工业和信息化部遴选了502家企业作为2014年两化融合管理体系贯标试点企业，开展贯标试点工作。厦门市有厦门金龙联合汽车工业有限公司、厦门海翼集团有限公司、厦门金龙旅行车有限公司、厦门金牌厨柜股份有限公司、厦门烟草工业有限责任公司、厦门科华恒盛股份有限公司、厦门宏发电声股份有限公司7家企业被认定为试点企业。在工业和信息化部确定的80家首批推荐的两化融合管理体系贯标咨询服务机构中，厦门邑通软件科技有限公司是福建省唯一一家入选首批两化融合管理体系贯标咨询服务机构。

（四）电子口岸

电子口岸围绕大通关一体化平台规划建设、海关特殊监管区域整合、厦门邮轮母港产业发展、港口转型升级、口岸开放等发展契机，进一步完善电子口岸平台基础设施建设，充实电子口岸平台通关、物流、商务等服务功能。同时按照市政府的统一部署和要求，积极参与大通关一体化平台顶层设计及规划，作为技术支持单位参与厦门市对台海运快件、跨境电子商务、“上海自贸区14项措施”推广复制、特殊区域“一单两报”等口岸新业务建设。截至2014年12月31日，平台收到海关报关单256269票、海关查验信息12528票、海关放行204209票、国检查验10238票、国检放行31301票，共有314票通过关检“一单两报”的方式申报，厦门关区目前已有14家报关及报检机构开始使用。

（五）卫生医疗信息化

健康医疗云平台，集成所有医院号源，建立全市门诊预约统一平台、厦门市卫生信息微信平台（美丽厦门·智慧健康），为最大限度地方便市民预约就诊，缓解市民“看病难”的问题；初步为厦门市居民建立动态、实时的终身电子健康档案，方便了患者的就医与医疗服务的协同。完成了疾控、妇幼与公共卫生业务的一体化信息管理；

建立了基于分级诊疗的区域协作服务平台，已完成海沧区的全面试点。积极推进了医院无线网络及物联网建设，实现医务人员与患者之间的移动医疗；加快推进基层医疗卫生机构信息化。截至2014年年底，实现了全市95%以上居民的电子健康档案建立。

（六）教育信息化

在福建省率先完成“校校通”和“班班通”基础建设目标，建成覆盖全市教育行政部门和公办各级各类学校高速互联的教育城域网，实现千兆进校园百兆到班级。全市各区教育城域网互联网出口合计超5Gbps的高带宽，有力保障了各种网络终端、多媒体教学设备在课堂的顺畅应用。推动OA办公自动化系统、二维码在教育教学中的应用，探索智慧课堂、慕课、moodle平台教学新模式，建成厦门市学校疾病监测预警网络管理系统。推动远程同步课堂，同安区通过城区小学和边远农村学校远程同步课堂活动，促进教育均衡。

（七）社会保障信息化

围绕“智慧社保”和“智慧就业”工程建设，以医疗费智能审核系统、对公综合服务平台、劳动就业决策系统、机关事业单位人事管理、人事人才公共服务平台、人脸识别系统等重点工程建设为抓手，全面提升人力资源社会保障信息化工作，有力促进人社业务的开展，取得了很好的社会效益。2014年厦门市被人力资源和社会保障部确定为全国公共服务信息化建设试点城市。微信官方发布的2014年度微信优秀案例榜，厦门社保微信入选了民生微信类优秀案例，跻身十佳，成为厦门市唯一入选此榜单的微信优秀案例，也是福建政务民生类微信唯一上榜公众号。

（八）公安信息化

2014年，厦门市公安局深入实施信息警务战略，充分发挥信息化对于提升公安机关打防控效能和推动社会管理创新的支撑牵引作用，推动全市公安工作水平再上新台阶。其中，交通事故视频远程定责定损平台项目在“2014年中国智慧智力领军城市”和“2014年中国智慧治理优秀案例”评选活动中，荣获“2014年中国智慧治理优秀案例暨智慧城市应用创新奖”。项目相关经验交流材料也被收录到《2014 中国智慧智力优秀案例汇编》，并向全国发放和推广。“110”随手拍项目获2014年“第三届‘智慧厦门’信息化创新应用大赛‘智慧社区’优胜奖”；“110反电信诈骗平台”项目、“掌上110”系统分获2012年度、2013年度“72行移动信息化项目十佳应用项目、最佳社会效益奖”。《基于移动互联网的智能交通信息服务平台》建设的“厦门交警微信服务公众平台”获得第四届“全国公安基层技术革新奖”二等奖、“第二届海峡两岸信息应用大赛”政务类第一名、中国正义网“微信问政新锐奖”、“全国公安政务微信协作联盟‘十佳会员单位’”第一名、“全国微博微信双微警务论坛新媒体创新奖”，被公安部誉为“指尖上的对话，手心里的服务”。

（九）旅游信息化

2014年旅游信息化建设成效主要是“三纵五横”平台建设。“三纵”即三个纵向网络，是指“12301”与“968118”厦门旅游热线、旅游咨询服务中心、旅游电子信息屏系统；“五横”即五项横向网络，是指厦门旅游政务网、厦门旅游网、海西旅游网、厦门旅游 App、官方微博与微信。

（十）城市管理信息化

从2014年开始，以《厦门市城市综合管理试点实施方案》为依据，厦门市“数字城管”搭建了投诉受理、案件办理、现场音视频监控、噪声在线监控、移动执法、市民服务、地理信息应用、绩效管理考核、执法政务云、协同办公等多元的城市管理执法平台，在服务群众、规范执法、提高绩效等方面发挥了积极的作用。

（十一）交通管理信息化

2014年，厦门市城市交通信息化工作继续以“统筹规划、统一标准、分步实施、突出重点”为指导原则，加大力度建设“厦门市综合交通运行信息指挥中心”、“厦门市交通运输管理系统”等重点项目，为市政府、交通管理部门和公众提供交通信息化服务等方面发挥重要作用。厦门信息集团“基于物联网的智慧交通云平台”获市科技进步三等奖。厦门卫星定位应用有限公司开发的“出租车智能监控报警调度管理系统”荣获2014年厦门市优秀新产品三等奖。

【信息安全】

厦门市有关信息安全部门加强信息安全调研、加强信息安全规划建议、做好信息安全等级保护咨询、对网络和信息系统安全加固，建设了政务内外网防病毒中心和补丁中心（用户数1750个），建设了桌面终端管理系统；建设了政务网络信息安全监管平台，实施系统预警处置防控，建设了网站网页敏感信息动态监测和网站备案监控，建立了网站系统安全漏洞扫描机制；建立了应用系统上线前安全检测手段，实施信息化项目建设安全评估，定期发布政务网络安全报告，配合上级实施信息化安全抽查，及时处置安全风险隐患，组织开展信息安全宣传活动。建成统一的VPN网关，建设网间数据交换平台；建设了IT服务管理系统；建设网络接入智能监控系统；建设了关键业务灾备环境，监测了165个政务网站，开展了28个信息系统的安全测评，建立了一套信息化建设项目的风险评估及安全测评规范，发布信息安全报告8份。

【信息化法律法规】

2014年1月29日，颁布实施《关于大力推进中国软件名城创建工作的意见》（厦府〔2014〕32号），并制定主要工作任务分工。

成立了现代服务业综合试点工作领导小组，出台了《厦门市现代服务业综合试点扶持资金使用和项目管理办法》，将扶持信息服务、现代物流、电子商务等现代服务业，推动厦门服务业增加值的比重到2016年能够达到占地区生产总值55%。

2014年3月4日，厦门市出台了《美丽厦门战略规划》，通过创建信息消费城市，创新“以用促业”发展模式，着力推进宽带厦门、智慧社区、智慧政府，推动产业结构与投资结构、消费结构同步优化。

第43次市政府常务会议研究通过《厦门市进一步促进服务外包加快发展的若干意见》（厦府办〔2014〕33号），加大政策扶持力度。

2014年4月30日，厦门市第十四届人民代表大会常务委员会第十七次会议修订了《厦门经济特区高新技术产业园区条例》。

2014年5月4日，颁布实施《关于进一步加快软件和信息服务业发展的若干意见》（厦府〔2014〕119号），并制订相关实施细则。

2014年6月，国家发展改革委等12个部门印发《关于同意深圳市等80个城市建设信息惠民国家试点城市的通知》，厦门市位列试点城市前10位，并被择优列入首批信息惠民扶持计划，获得国家3000万元试点资金。市政府以厦府办〔2014〕38号文件形式成立了市创建信息惠民国家示范城市领导小组，以民众需求为导向，加速社会保障、医疗卫生、社区服务、公共安全、教育、养老、劳动就业等领域信息资源整合，推进一站式公共服务平台建设，促进数据交换标准和接口规范，加快厦门市民生领域信息化水平。

2014年6月25日，编制了《厦门市物联网发展专项行动计划（2014—2018年）》。

2014年9月30日，厦门市财政局、厦门市经济和信息化局修订并印发《厦门市中小企业发展专项资金使用管理办法》。

各区也陆续发布了扶持新兴产业、文创产业等一系列政策，大力推动信息服务业的发展。软件和信息服务业继续保持快速增长的势头，软件名城创建工作取得阶段性进展。两化融合持续推进，制订并实施《厦门市信息化和工业化深度融合行动方案（2014—2018年）》，深入开展两化融合专项行动。

2014年5月17日，厦门电信、厦门移动、厦门联通及厦门广电网络四大运营商共同签署了《加快三网融合促进信息消费战略合作协议》，四家公司就电信与广电网络基础设施共建共享、城市通信管理统建共享、宽带地图共同绘制、共建信息消费体验馆等合作事宜达成共识。工业和信息化部和福建省通管局对此予以充分肯定，认为厦门市在“三网融合”方面迈出坚实的一步。

出台了《厦门市信息化和工业化深度融合行动方案（2014—2018年）》，以建设美丽厦门为抓手，加快推动厦门市信息化和工业化深度融合，加快重点工业领域产业改造升级，培育壮大生产性服务业，拓展战略性新兴产业发展空间，全面提升企业竞争力，激发经济增长新动力，从而有力地推动了厦门市产业结构优化升级，加快海峡西岸先进制造业基地和战略性新兴产业基地建设。

2014 年 6 月，厦门市信息协会与台湾云端服务协会签署了《关于共同推进两岸云计算产业发展与合作》、《海峡两岸 App 开发人才培训与交流》的合作协议，共同推进闽台云计算产业发展与合作。

2014 年 10 月 15 日，《关于落实“多规合一”推进建设项目审批流程改革的实施意见》（厦府办〔2014〕153 号）精神，厦门将构建“政府统筹、部门协同、信息共享、并联审批、注重监管”的建设项目审批管理新机制，建设建设项目审批信息管理平台，实现建设项目审批流程精简和优化。

【信息化建设中存在的问题】

创建“智慧名城”的建设进度距离广大市民和企业的期望还有一定的差距，信息化建设创新能力有待进一步提高，产业规模和影响力有待进一步提升等。

【未来工作重点及政策取向】

2015 年是“十二五”规划的收官之年，是全面深化改革的关键之年，也是全面推进依法治国的开局之年。

工业和信息化工作的总体思路如下：全面贯彻党的十八大和十八届三中四中全会精神，深入贯彻落实习近平总书记系列重要讲话精神，认真落实全国、省工业和信息化工作会议及市经济工作会议部署，主动适应经济发展新常态，着力促进工业调结构和转型升级，以两化融合引领产业发展和升级，以大力发展信息消费和创建“智慧名城”、“中国软件名城”，提升美丽厦门的软实力，以区域协作和对台合作强化经济辐射功能，以节能减排和绿色产业集聚促进可持续发展。

工业和信息化发展预期目标如下：城市信息化水平位居全国前列，两化融合持续推进，规模以上工业增加值增长 13%，软件和信息服务业收入增长 25%。

广州市信息化发展概况

广州信息化建设取得了一定成效，信息基础设施建设稳步推进，城市综合管理能力大幅提升，政府治理高效化智能化，民生服务普惠化便捷化，信息化产业成为推动经济发展的重要引擎。

【基础设施建设稳步推进】

信息基础设施是城市信息化建设的重要基础，广州一直以来高度重视信息基础设施建设，在光纤网络、移动通信网络、三网融合、应用服务基础设施建设等方面重点推进。

光纤网络建设稳步推进。2015 年，全市新增纯光纤接入用户（FTTH/O）达 71.8 万户，全市累计纯光纤接入用户数达 164.6 万户（不含 FTTB+LAN 83.9 万户），增长 77.4%。光纤入户率分别从 2014 年 24.4%提升至 43.3%（不含 FTTB+LAN 入户率 22%）。全市共完成 153 个城中村光纤网络改造，新增铜缆改光纤用户 50 万户。新增 2088 个城市小区开通光纤业务，累计达到 11451 个。全市共 1142 个行政村开通光纤业务，100%行政村实现光缆覆盖。

移动通信网络覆盖进一步加深。全市新增 4G 基站 2.2 万座，累计达 6.7 万座，增长 45.7%。全市基站站址新增 1291 个，累计达 1.6 万个，增长 93.8%。4G 用户约 915.8 万户，增长 232%，规模全国第一，首次超过 3G 用户数。全市所有镇区和珠三角所有行政村基本实现 4G 网络覆盖。“i-GuangDong”第一期项目建成 600 个 AP 热点，并已覆盖市健康医疗中心所属医院、天河商圈等公共区域。同时，积极推进各大运营商开展 WLAN 建设，截至 2015 年年底，全市累计建成 WLAN1.5 万个，AP 数 11.5 万个。

三网融合改造步伐加快。广州联通与珠江数码集团合作推出包含主流沃 3G、联通优质高速宽带、甜果时光高清互动电视等“沃•珠江宽频”三网融合服务新产品，2015 年新建项目和扩容项目全部采用 FTTH 方式进行驻地网建设，并成功完成番禺时代倾城小区等 12 个新国标光纤到户小区的网络建设，覆盖用户约 5000 户。同时采用 C-DOCSIS 技术进行双向网络升级，截至 2015 年下半年，共部署超光网设备 2500 多台，覆盖有线电视用户约 100 万户，实际接入双向用户（互动电视和宽带用户）共约 60 万户，实现了局部地区 100Mbps 以上、全网支撑 25Mbps 的高带宽接入。

应用服务支撑能力显著增强。广州超算中心的天河二号计算能力首屈一指，在国际 TOP500 组织发布的第 46 届世界超级计算机 500 强排行榜上再次夺魁，获“六连冠”殊荣，累计服务云超算用户近 600 家，支撑国家级课题超过 100 项。目前“天河二号”正进行扩容升级，2016 年年底前完成全系统升级后，其理论计算峰值将达到或超过 100Pflops。IDC 建设成效显著，拥有亚太信息引擎、中国电信沙溪云计算中心、广州云谷南沙数据中心、中国移动（广州）数据中心等一批云计算/大数据中心。

广州继续加快城市基础设施智能化建设，在交通、电网、水务、港口建设等方面都取得了明显成效。

智能交通建设应用水平大幅提升。全面优化升级“行讯通”软件系统，新增气象查询、羊城通查询等功能，同时开发推出微信版“行讯通”。在中国智能交通协会开展的评选活动中，“行讯通”以总分排名第一荣获“全国十佳交通信息服务手机软件”称号。建成重点区域人群监测系统，全国率先推出移动大数据在春运管理工作中的有效运用，实现对重点交通枢纽候乘旅客数量的实时监控及分析比对，为春运旅客组织工作提供有力支撑。

智能电网示范区建设稳步推进。中新知识城加快推进知识城智能电网建设，在相关技术规范方面完成了《中新知识城智能电网规划技术原则》和《中新知识城系列技术条件书》，详细制定了中新知识城智能电网规划和技术路线。同时，按照《中新知识城智能电网示范区推进工作方案》，投产知识城地区第一座 220kV 直降 20kV 智能变电站知识城站，继续推进知识城地区 20kV“花瓣”建设。

智能水务建设成效显著。广州市水务局已初步建成集水务信息资源存储管理、共享与交换、发布、应用服务等功能于一体的广州市水务数据中心。截至 2015 年下半年，市水务数据中心已整合由 23 个单位提供的共计 6536 万余条、容量近 450GB 的数据资源，并从市“数字广州”地理空间框架共享了近 24GB 各类数据主题，为水务系统多个部门提供支持信息共享和业务协同服务，有力地支撑了水务管理的工作需要。

智慧口岸工程建设顺利推进。广州国际贸易“单一窗口”试点项目于 2015 年 6 月 30 日上线试运行，包括货物进出口申报、运输工具申报、跨境电子商务、信息查询 4 个项目内容，将有效降低企业成本费用，提高贸易便利化。广州市港务局积极推进智慧港口工程重点项目建设，包括广东航运交易综合信息服务平台（一期）和珠江航运运价指数采集发布系统（一期）、广东航运信息备案中心、智慧港口工程、航运物流信息平台等。

【城市综合管理信息化程度大幅提升】

广州市积极推进城市管理智能化建设，在智能城管、公共安全、应急管理建设方面表现突出，城市综合管理能力大幅提升。

智能城管综合支撑能力显著提高。广州积极推进城市管理相关数据库体系建设，建立了城市管理网格数据库、三维实景影像库、城市管理部件数据库、部件实景影像关联数据库。在前期完成中心六区数据普查的基础上，2015年完成了萝岗、南沙、花都等区建成区和重点道路约240平方千米范围的实景三维影像地图、城市部件数据外业数据普查和内业数据整理入库工作。推进智能化城市综合管理平台建设，进一步补充和完善了城市管理部件数据更新管理系统、建筑废弃物申报、垃圾处理监管系统、爱国爱卫管理系统、工程招投标管理系统、电子监察深化应用系统、依法行政系统等系统功能，并组织对用户进行系统培训，目前系统已在各单位投入使用。

公共安全建设保障能力稳步提升。一是在城市安全各个层面推动视频监控系统的应用。广州警方通过视频监控协助破获各类刑事案件2.8万宗，利用视频破案率达58.95%；市安监局组织实施南沙（小虎）化工区重大危险源社会治安视频监控项目，提高了辖区重大危险源的监管水平和社会效力；市交委健全公交视频监控系统考核管理体系，确保公交视频完好率达标。二是大力推动食品溯源系统应用。广州市在供销社“农产品安全溯源系统”的基础上扩大了溯源范围和溯源品种。“农产品安全溯源系统”从产品的源头开始规范管理，由事后检测转变成事前预案、过程管控，包括产地检测、种苗处理、施肥、用药、采摘、运输、加工等环节。消费者可以通过扫描商品条形码等方式通过手机查询农产品生产加工、包装运输等源头信息。三是建成公共卫生集合系统。广州市公共卫生信息系统基本覆盖各业务领域，包括公共卫生疾病预防控制系统、突发公共卫生事件监测与预警系统、儿童计划免疫接种管理系统、从业人员健康检查管理系统、妇幼保健信息系统、广州地区120实时智慧调度系统、采供血全过程管理信息系统、卫生监督信息系统等，该系统为公共卫生业务的规范化管理提供了有力技术支撑，推动信息化建设由条块化向区域化发展。

应急管理能力建设进一步加强。一是积极推进应急管理讲师团建设。广州市应急管理办公室与暨南大学应急管理学院签署了合作框架协议，成立了应急管理讲师团，主要针对当前应急管理工作中的重点、难点、热点问题，充分利用人才、资源优势，全方位开展互动与交流合作，推进应急宣教工作常态化，不断提供公众意识和应急避险能力。二是顺利建成突发事件预警发布管理系统。广州市气象局建设了广州市突发事件信息综合管理系统，该系统是公共突发事件预警信息管理和多渠道综合发布平台，具有实现信息的多渠道集合处理、层级化管理、用户需求管理、一键式靶向发布、反馈信息监控等功能，可在各类突发事件发生后组织快速有效的防御，最大限度减少人民生命和财产损失。

【政府服务信息化建设成效显著】

网上办事服务能力显著增强。2015年，广州市网上办事大厅 97.85%的行政审批事项可网上办理，98.31%的社会服务事项可网上办理，行政审批事项可网上全流程办理率为58.91%，网上办结率为57.89%，社会服务事项可网上全流程办理率为46.04%，均高于广东省考核指标要求；广州市“一号对外 12345 市民服务热线”已整合 51个部门63条热线，建立统一、便民、高效、权威的热线服务体系和处理机制，全年共呼入电话367.6万通，日均1万多通，总接通量358.6万通，接通率98%，先后获得“中国政府与公用事业行业最佳客户联络中心奖”、“中国最佳客户中心奖”和“中国最佳客户体验中心奖”等多项大奖。

商事服务能力全面提升。广州市首创商事登记改革，建成全国第一个与网办大厅紧密结合的具有管理与公示功能的信息平台。新网办大厅整合了商事主体信息公示功能，对商事主体的登记、处罚等信息进行统一公示，以网上办事大厅平台为基础，以联合审批为切入点，推动市区两级的信息共享应用，构建跨部门跨层级（市区约 347 个部门）业务审批与服务的协同机制。

便民服务水平显著提高。一是推进个人便民服务下沉，广州市将政务服务体系结合网上办事大厅工作延伸至市、区、街、社区四级，形成事项的统一标准、统一入口、统一平台、统一管理与发布，将与居民个人密切相关的一些业务，集中到街（镇）的政务服务中心和社区工作站进行办理。同时积极探索结合网格化管理，开展试点社区平台与网上办事大厅联动整合，构建网上网下与社区就近服务相结合的便民体系。二是建设广州通智慧城市公众服务平台。广州发布了 App 智慧城市公众服务平台——“广州通”，并已完成与民政局、公安、气象局、交警、卫计委的服务与数据进行对接，为市民提供了 47 项便民服务，服务涵盖了政府办事、医、食、住、行、娱范围，日服务量达 10000 人次。在羊城晚报报业集团组织的“2015 中国（广州）智慧城市大会”活动上，“广州通”App 获得智慧城市从业专家的一致认可，荣获“广东智慧城市十大项目范本”称号。

【民生服务更加普惠便捷】

民生服务是智慧广州建设的重要抓手，广州作为 80 个信息惠民试点之一，民生服务发展较为领先，涌现了一批示范应用。

医疗服务创新发展迅速。移动医疗服务和医院信息系统向纵深发展，区域卫生信息平台建设持续推进。通过与微信、支付宝合作推出微信、支付宝挂号和支付服务，全市统一预约挂号平台联网医院均可通过微信和支付宝挂号，部分医院可通过微信或支付宝进行支付。市属大型医院已完成以临床应用系统为主线的建设，各医院均已建成医院信息系统。广州市基于健康档案的区域卫生信息平台于 2015 年 8 月完成初验，已有 12 家市属医院和各区的部分医疗机构接入。

社保便民服务水平显著提升。市民卡覆盖范围持续扩大，截至 2015 年下半年，新增首次参保人员持卡人 126 万人，老年人优待待遇持卡人 8 万人，市民卡发行累计 1171 万人，并实现参保人员全覆盖，全市常住人口发行覆盖率近 90%。积极推广一卡多用，落实了社保卡在培训就业、养老保险等 10 类子业务系统的应用全覆盖，整合了医疗保险卡、市属公费医疗证、医院诊疗卡等 10 种卡（证）功能，免除了市民出行“周身卡”的麻烦。

智慧教育建设稳步推进。“数字教育城”公共服务平台建设取得新突破，初步完善了市、区两级数字资源的整合共享，共享资源总量超过了 100TB。扩展移动应用，建设了广州“数字教育城”微信服务号，提供 2015 年全市公办小学报名功能，全市约 80000 位家长关注了微信服务号，过半家长使用微信服务号进行报名。建设了覆盖全市基础教育学校部分学科的智慧教学支持系统。

社区服务水平大幅提升。自 2014 年 7 月广州市全面启动城市社区网格化服务管理以来，全市 170 个街（镇）中共有 145 个开展社区网格化服务管理工作，覆盖率达 85%；共有 100 个街（镇）网格化服务管理信息系统上线运行，系统使用覆盖率达 58%。2015 年全市共受理网格事项 288 万余件，已办结 273.6 万件。南国奥园社区试点全国首个微信智慧社区，通过微信平台为业主提供整合化社区生活服务。

文化智慧便民服务亮点纷呈。“广州文化市场服务平台”手机应用提供了正版书籍查询和文化活动信息查询服务，广州图书馆通过自助图书馆进一步拓展了图书服务渠道。广州市全民健身公共服务平台“群体通”具备场馆协会信息发布、场地（门票）网上预订、活动赛事发布报名、体育设施电子地图、体质检测健康管理、智能手机应用 6 大便民功能，同时提供市民卡登录接口，并接入“广州通”。

旅游服务多元化方便游客。旅游局开展智慧旅游统一工作服务平台建设，建设旅游信息发布系统、旅游行业监管系统、旅游交通管理系统、行政审批管理系统以及旅游微信移动平台。A 级景区先后不同程度地应用智慧旅游产品，为景区的营销推广和绿色低碳可持续性发展奠定了坚实基础，如南越王博物馆、宝墨园已实现全景区 WiFi 覆盖，华南植物园、动物园推出智能科普应用等。

环保信息化管理平台建设顺利。依托广州市环保局公众网和“广州环境保护”政务网站，逐步健全信息公开、网上办事、公众互动、环境管理、环保知识宣传等公众服务体系。进一步拓展网上服务水平，新增 7 类网上办事事项；进一步深化环境质量实时发布体系，拓展移动版本支持，实现移动端监测数据实时发布；通过“广州环境保护”政务网站季度发布污染源环境监督性监测信息，网站公众互动性与参与度有较大提升。

【信息产业成为重要经济增长点】

广州信息产业发展水平整体处于全国前列，以移动互联网、电子商务等为代表的新一代信息技术产业发展较为领先。

电子信息制造业作为广州市产业转型升级的重要战略支点，已形成一定规模和竞争优势。2015年广州市电子产品制造业保持较好增势，增速达20.6%。广州市培育了一大批优秀的电子信息企业，同时还拥有一批国家级研发中心和产业基地。通过承接国家重大科技专项和实施重大项目，在数字家庭、新一代移动通信、平板显示等重点领域已经形成了以标准为核心、以芯片为突破的创新特色，研发出数字音频（Digital Rise Audio，DRA）、数字高清互动接口（DiiVA）等具有国际影响力的核心技术标准。

软件和信息服务业作为广州重点发展的基础性、战略性主导产业，已基本形成产业要素资源有效整合、产业结构合理、产业链完整、自主创新活跃的产业体系。经过多年发展，广州软件和信息技术服务业逐渐在网络及通信服务、工业和嵌入式软件、行业应用、网络游戏等传统优势领域形成了鲜明的特色。2015年，广州软件和信息技术服务业增长较快，全市软件和信息服务业营业收入约2200亿元，同比增长15.8%。其中软件产品收入和信息技术服务收入分别为660亿元和1540亿元，分别同比增长15.7%和15.8%。

以移动互联网、电子商务、物联网、大数据等新兴产业为代表的新一代信息技术产业国内领先。广州是国内移动互联网产业主要集聚地之一，在移动互联网应用、互动娱乐等细分领域具有较强的竞争力，集聚了网易、唯品会、欢聚时代等一批龙头创新企业。电子商务发展位居全国前列，制造企业的电子商务普及率达 70%以上。物联网科技创新成果不断涌现，开发区物联网产业基地以智能识别技术、智能机器、下一代网络通信技术、地理空间信息技术等相关技术为核心应用的物联网产业形成了产业聚集规模。2015年8月，广州成立市大数据管理局，是目前北上广深中唯一成立大数据管理部门的城市，在体制机制创新上走在全国前列。

两化融合贯标试点推广顺利，重点发展智能制造。截至2015年下半年，广州市参加部、省贯标试点企业达31家，贯标服务机构达7家，通过国家认定的贯标企业达 8 家。初步形成了以工业机器人、智能控制系统、新型传感器、自动化成套生产线为代表的智能制造装备产业体系，培育出诸如广州数控、日松、启帆等一批全国知名的工业机器人企业。广州开发区是广州智能制造产业的重点区域，全区共有智能装备企业 57 家，规模以上企业达 28 家，工业总产值达 79 亿元。

【各区信息化建设工作有序推进】

广州市各区充分运用大数据和互联网思维，信息化建设各项工作有序推进，重点布局信息化基础设施建设、社区网格化管理、智慧民生等领域，推动智慧城市建设迈上新台阶，如图1所示。

越秀区加快全区宽带网络基础设施建设，无线接入实现全区域覆盖，不断增加WLAN的热点和覆盖范围，拓宽信息服务内容。继续在18条街道应用推广网格化系统，进一步优化完善网格化系统，实现系统提速，开展区残联、区计生等居民办证服务入格工作，共有34个事项纳入网格化系统居民综合办证服务。加强全区数据中心工作，“越秀号”一库能提供劳动、民政和工商等 42个部门、564个数据主题、2.6亿条数据，实现数据共享共用。

荔湾区深化完善“一窗式”政务服务改革，实现了实体政务与电子政务的一体化，切实解决服务群众“最后一公里”问题，提升了为民服务效率。借助网格化管理手段，创新政府管理模式，建设高效、快速、畅通、安全的新一代荔湾区社会治理服务体系。教育、医疗、就业等民生领域信息化建设取得显著成效，初步建立了比较完整、覆盖街道、社区的基本公共服务信息化体系。建成花地河电子商务集聚区，已入围国家第二批“国家电子商务示范基地”。

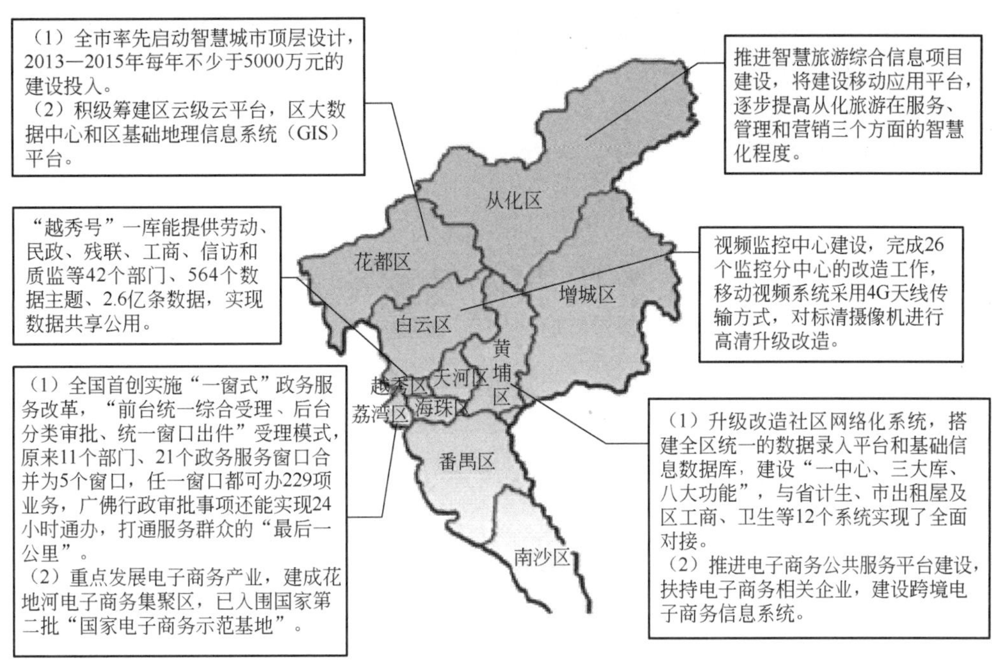

图1 广州市各区信息化重点工程

白云区全面升级基层公共服务综合平台基础网络，建设"五个一"社会治理政府公共服务信息平台。公共安全管理及设施升级改造，白云区公安分局监控中心已完成 26 个监控分中心的改造工作，推进了安全生产网格化巡查监管信息系统的相关建设。此外，白云区"无线城市"建设即将投入使用，政府向中标企业租赁区重点区域提供 WLAN 无线宽带网络服务。民生信息化管理方面，区社区网格化服务管理信息平台"一格"系统已完成系统部署。

黄浦区围绕加快建设港城一体、宜业宜居的现代化滨江城区的总体目标，在智慧政务、智慧社区、电子商务、信息基础设施等方面进行重点建设。加强办公自动化系统对接工作，部署了开发区、黄埔区公文交换系统。重点在网格化社区服务、区域医疗信息平台等方面进行了部署，积极推进智慧社区民生服务工程建设。构建社会治安视频监控系统，做好加强城中村安全隐患整治工作，提高社会安全防范能力。启动了黄埔电子商务公共服务实体平台、软件平台项目，其中软件平台已搭建公共服务平台门户基础框架。

从化区信息化基础设施建设发展迅速，通信网络体系不断完善。区直部门制定出台了智慧旅游、智慧社区、电子政务、智慧金融等方面的配套工作措施，智慧城市相关建设工作正加快推进。2015 年从化区将全区约 351 个机关事业单位、镇村通过千兆光纤高速互联，实现全市"一张网"。建设移动应用平台，实现从化旅游信息的采集、发布和分析，使从化的优势和特色得以提升。推进网格化智慧社区服务管理信息平台的建设，现已完成了商事登记工作信息平台和数据库建设任务。此外，从化区成立了领导小组，推动本区互联网相关企业做大做强。

花都区智慧花都顶层设计通过专家验收并进入收尾阶段。率先完成社会保障（市民）卡的申领和发放工作，共发放市民卡 63 万张，基本实现户籍人口全覆盖。完成两批共 11 个智慧乡村试点和 6 个网格化智慧社区试点工程建设，取得较好试验效果。重点推进电子政务建设，完成区级网上办事大厅、城市运行管理（应急）指挥信息平台、计生全员人口信息系统、出租屋和流动人员信息综合采集系统等重要政务项目建设，大力推广并取得良好应用成效。

成都市信息化发展概况

2014 年成都市信息化发展紧紧围绕成都市“五大兴市战略”，促进“五个转型升级”，奋力打造西部经济核心增长极，加快建设现代化国际化大都市的要求，加强统筹协调，不断完善信息化基础设施，深化电子政务应用，推进信息化的试点建设，促进“两化”深度融合，推动物联网的发展，确保网络和信息安全，信息化为成都市经济和社会发展做出了重要贡献。

【信息基础设施支撑服务能力不断提升】

信息基础设施服务水平显著提高。推进宽带中国示范城市建设，联合相关部门下发了《关于做好光纤到户进村工作的通知》，积极协调电信加大对宽带网络建设的投入，2014 年投资约 70 亿元建设光网和 4G 网络。目前，光纤到户覆盖家庭住户超过 500 万户，光纤宽带用户突破 180 万户，全部行政村实现通光纤和宽带，光纤覆盖率、光网用户数双列副省级城市第一，全市家庭宽带用户突破 350 万户，家庭宽带普及率超过 75%。加快无线城市建设，建成 4G 基站 15500 个，4G 网络基本实现城乡全覆盖，用户数量超过 150 万户，实现对城区主要商圈和大型商场无线局域网基本覆盖。推进互联网数据中心建设，协调中国移动、中国联通投资 2 亿元推进 IDC 建设。积极推进国家下一代互联网示范城市建设，开展了电子政务外网 IPv6 适应性测试，成都电子政务外网 IPv6 升级改造、政务网站群 IPv6 升级改造、成都教育平台升级改造、“无限成都—新型城市公共服务传播平台”双栈化升级改造等项目已纳入国家先行开展建设项目范围。成都国家级互联网骨干直联点建成并投入运行，成为全国新增国家级互联网骨干直联点中首个开通的城市，进一步巩固了成都全国通信枢纽地位。电子政务支撑能力不断加强，建成了电子政务外网监控中心，实现对网络运行、安全的集中监管。电子政务云平台达到每秒 200 万次的信息处理能力，约有 120 个应用系统部署在云计算平台上运行。数据灾备中心为全市 63 个重要信息系统提供 700TB 集中存储和系统灾备空间。

【电子政务应用服务水平不断提高】

扩大电子政务的应用覆盖面范围，加强部门业务应用系统建设，提升了部门业务信息化的支撑水平。2014 年着力推进了成都市建设项目并联审批及资源共享系统（一期）项目、成都市政务服务中心全程网上审批试点暨行政审批电子监察系统升级和行政权力省市对接项目、成都市工业和信息化综合管理平台（一期）项目、成都市地震专用技术平台项目、成都市水务局综合管理信息化系统暨中心城区非生活用水户远程监控系统（一期）项目、成都市建委信息化综合应用平台（一期）项目、成都市工商登记制度改革信息化建设（一期）项目、成都市出入境三维 GIS 动态服务管理信息平台项目、成都旅游散客综合服务平台暨旅游应急救援指挥中心（一期）项目、成都电子交易服务平台安全支撑建设项目、成都市药品供应链管理信息系统项目、成都市二环路道路桥梁管理信息系统暨城市照明监控系统升级改造项目、成都市固体废弃物卫生处置场视频监控扩容升级和垃圾称量系统改造项目、成都市城市道路桥梁管理信息系统、成都市智能交通分控中心暨智能停车综合管理平台项目等系统建设。信息共享和业务协同持续推进。不断完善成都市 GIS 云公共服务平台，已实现了市级部门 11 个业务应用系统的接入；视频云平台服务范围不断扩大，城管系统、防汛系统等 50 多个单位加入应用，全市统一的视频会议系统终端达到 135 套；推动大数据建设与应用，形成《关于深入推进成都市政务信息资源融合共享工作的意见》初稿，组织编制完成《成都市政务大数据平台建设方案》，探索建立政务数据融合共享机制；基于云计算的电子政务公共平台建设和应用稳步推进，加大统筹协调力度，提高基础资源利用率和服务成效，完成了电子政务公共平台顶层设计方案。

【信息化试点建设不断推进】

推进信息惠民国家试点城市建设。组织编制了《成都市信息惠民国家示范城市创建工作方案》，会同发改委申报国家试点，成都获批国家信息惠民国家试点城市。会同市发改委编制了《成都市建设信息惠民国家试点城市实施方案（2014—2016 年）》。按照试点工作的要求，各相关部门围绕提升公共服务水平、加强和创新社会管理、促进政务互动和公开、提升政府效能为重点，积极推进在社保就业、教育、医疗、安全生产、食品药品、大气污染防治、交通、市民服务、社区服务、养老服务、家庭服务等领域开展信息惠民工程，促进信息的便民利民惠民，提升对社会公众的公共服务能力。

推进中欧绿色智慧城市合作试点。积极参加中欧绿色智慧城市试点城市的交流，参与《中欧智慧城市合作白皮书（2014）》和《中欧智慧城市比较研究报告》编制工作。《成都智慧城市建设的探索与实践》入选国家信息化专家委员《2014 年信息化蓝皮书》。成都市获得全球权威调研机构 IDC 评选为 2014 年中国领军智慧城市，入选中国计算用户协会 2014 中国城市信息化 50 强。在第六届（2014）中国智慧城市发展年会发布《第四届（2014）中国智慧城市发展水平评估报告》中成都总分排名全国第 18，位居西部排名第一。

推进国家信息消费试点城市建设。制定出台了《关于促进信息消费的实施意见》（成办发〔2014〕21 号）。联合市商务局开展“信息消费月”活动，组织开展了网上购物节、信息消费进机关进社区进校园、信息消费惠民活动、手机通信节 4 个主题活动，促进了信息产品和信息服务的普及应用，激发和培育了信息消费的需求。

推进市民融合服务平台建设。推动达成《成都市政府、神州数码（中国）有限公司战略合作框架协议》。协助神州数码（中国）有限公司在成都组建运营服务公司。编制完成了《成都市民融合服务平台建设工作方案》。完成了平台的政府采购，确定了政府采购的服务内容、服务定价、服务绩效的考核标准。完成了平台建设涉及各个政府部门和企事业单位的调研，协调推进平台数据的对接。完成了平台和系统的搭建。

【两化融合水平稳步提升】

推广贯彻工业和信息化部的“企业两化融合管理体系”。会同两化融合企业联盟组织开展两化融合发展水平评估，重点产业两化融合发展水平分析，编制了《成都市两化融合发展报告》；开展两化融合信息咨询平台建设，完善了两化融合相关政策、知识、案例等信息发布。加强两化融合贯标咨询服务，成都市软件产业发展中心被确定为首批贯标咨询服务机构，王牌汽车、成都传化公路港物流有限公司、四川科伦药业 3 家企业被工业和信息化部确定为贯标试点企业。在新都、青白江等区县为当地企业举办两化融合相关政策宣贯、研讨等活动；举办面向区（市）县经信委和企业 CIO 的两化融合培训班。

开展两化融合示范应用。积极推动成都工业云平台建设，已完成云平台服务界面开发、部署了综合办公、CAE、电子商务、资产管理、生产管理等 30 多个面向企业的云应用服务，成都工业云已初步具备了向企业提供基础资源、平台资源、应用资源服务的能力。加强政策扶持，组织天府软件园等 15 个工业集中发展区申报四川省产业园区信息化建设示范区，一汽（四川）专用汽车有限公司等 34 家企业获得四川省两化融合专项资金 2970 万元，明珠家具等 21 家企业获得市级两化融合扶持资金支持。

营造两化融合发展环境。组织开展两化融合系列活动，先后会同两化融合企业联盟、中国电子科学技术情报研究所组织开展了两化融合企业专场培训会、两化深度融合高级人才培训班、两化深度融合创新推进高峰论坛、工业云产业对接活动、2014 年（第十一届）中国制造业管理信息大会、工业云促进两化深度融合发展应用论坛、可信电子商务论坛等。

【农业信息化成效明显】

以农业物联网示范应用为重点，大力推动都市农业发展。在温江、邛崃两县开展“智慧农业”信息平台建设，在郫县多利农庄、蒲江中新农业科技公司猕猴桃产业园创建 20 个物联网示范基地。构建农业信息服务体系，依托成都市电子政务外网，建设完成了市、县两级农业视频会议系统；加强行业监管和风险防控，建设完成了农委综合管理系统；加强农产品市场信息服务，建设完成了农产品产销信息服务平台——“菜易通”。

【促进物联网有序发展】

抓住物联网示范建设创造的应用需求和市场机会，积极培育物联网产业，促进了物联网产业健康有序发展。按照“创新驱动、应用牵引、技术突破、产业同步”思路，推动物联网在智能交通、食品安全、环境保护、现代物流、城市管理、安全监管六大领域开展示范应用，为物联网产业发展创造市场空间，带动了相关技术和产品研发和生产。加快产业载体建设，在双流县规划建设了 3.5 平方千米物联网产业园区，已初步形成产业承接能力；在高新区天府软件园规划 3 万平方米物联网产业科技园，已入驻 20 多家物联网企业。加大政策资金的扶持，积极组织企业申报国家物联网发展专项资金，2014 年九洲电子等 3 家企业获得国家物联网发展专项资金 900 万元，四川科伦药业等 12 家企业的物联网示范应用项目获市级资金支持。

【信息安全保障体系不断完善】

加强信息安全保障体系建设，全面落实国家安全等级保护制度，切实加强信息安全管理，提升信息安全保障能力。正式启动信息安全监测管理暨应急响应平台项目建设，目前已完成平台系统功能的建设。加强信息安全通报，开展信息安全的日常监控和安全检查，基础信息网络和重要信息系统的安全保障水平明显提高。完成西博会、APEC 等重大活动期间信息安全保障工作。加强网络信任体系建设，进一步推广数字证书的应用，为电子政务应用提供近 40000 用户数字身份认证服务。组织召开成都市统一数字认证体系研讨会。开展信息安全教育培训，进一步提高党政领导干部信息安全防范意识。

南京市信息化发展概况

【企业信息化工作】

在江苏省经信委的关心指导下，按照工业和信息化部和全省企业信息化工作的部署要求，南京市经信委以贯标试点为主线，通过融合创新、评估对标，不断引导企业加快两化融合步伐，打造和提升信息化环境下的新型能力。

规划编制。认真梳理“十二五”发展现状，全面分析“十三五”面临的发展机遇与挑战，确立“十三五”两化融合工作的指导思想、基本原则（政府引导，企业主体；统筹推进，重点突破；融合创新，产业优化；质效优先，绿色发展）和总体目标（技术改造水平、智能制造水平、绿色制造水平、互联网融合创新水平、质量效益水平以及基础产业保障水平明显提高），确定八大主要任务和重大工程（推进智能制造生产模式；培育制造业服务化新业态；发展生产性服务业；加快制造业绿色升级；完善制造业创新服务体系；提升信息基础设施支撑能力；推动两化融合管理体系建设；提高信息安全保障能力），提出五项保障措施（完善工作组织机制；加大政策扶持力度；强化考核激励机制；加强人才队伍建设；营造融合发展氛围）。

贯标试点。组织贯标试点企业参加工业和信息化部举办的培训会，邀请江苏省经信委、贯标服务机构多次走访企业，协调解决推进中存在的问题。在南京市经信委的精心指导下，全市第一批 8 家试点企业全部通过合规性审查和专家复核工作，顺利获得认定。组织通过认定的 8 家贯标试点企业进行工作总结，组织参展材料，参加工业和信息化部两化融合管理体系贯标工作成果展。全市共有 14 家企业被工业和信息化部确定为第二批贯标试点企业，同时有 6 家企业被确定为第二批服务机构。

融合创新。根据工业和信息化部和江苏省经信委部署，全面开展申报和考察工作，推荐 30 家企业申报工业和信息化部和江苏省经信委互联网与工业融合创新试点企业和示范工程。我乐家居被确定为工业和信息化部互联网与工业融合创新 100 家试点企业之一，3 家企业入选省经信委互联网与工业融合创新示范工程，占全省 29 家示范工程的 10.3%，5 家企业入选省经信委互联网与工业融合创新试点工程，占全省 28 家试点工程的 17.9%。

评估对标。根据工业和信息化部《关于全面开展企业两化融合评估诊断和对标引导工作的通知》要求，将评估企业数量进行了分解并下达给各区（开发区）经信部门，并就评估开展情况，两次召开分管局长和业务处室负责人工作推进会议。近 1000 家企业参加了评估诊断和对标引导工作。

问题诊断。根据省经信委要求，围绕信息技术在产品设计、生产制造、经营管理和市场服务各环节的集成应用，推动生产、管理及服务模式创新，组织南钢集团、江苏雨润、我乐家居、多伦科技、苏宁云商、因泰来、雨润集团、深科博业等企业参加两化融合问题诊断活动。我乐家居、因泰来、江苏雨润入选，占全省 20 家入选企业的 15%。

项目计划。围绕创新过程智能化、生产过程自动化、管理方式网络化、商务运营电子化、产品全生命周期和追溯系统、信息化综合集成应用6个方面，共组织申报了229个市级重点项目。确定2015年全市信息化和工业化深度融合重点项目计划150个，总投资24亿元。

项目支持。根据省经信委、省财政厅安排，组织推荐18家企业申报省信息化引领类项目中的两化融合项目，其中8家企业共获得400万元省财政资金支持。市经信委会同市财政局组织企业申报市信息化和工业化融合重点项目，给予15家共计760万元的财政资金支持。

绩效评价。根据省经信委要求，做好6家获得2014年省级转型升级专项资金企业的绩效自评价工作，协助做好省经信委对企业两化融合项目现场绩效评价工作，中电熊猫晶体现场绩效考评得分高达93分。同时根据委监察室要求，认真开展了2014年度市级转型升级专项资金绩效评价工作。

企业入会。根据省经信委《关于筹备成立江苏省企业信息化协会的通知》精神，组织发动企业入会，2015年11月9日协会成立大会召开时，南京市共计53家企业和个人入会，其中副会长单位4家、常务理事8家、理事2家、会员32家、个人会员7人。会员数量占全省327家会员数的16.2%。

【三网融合和信息通信基础设施建设】

推进信息通信基础设施建设。截至2015年12月底，全市光缆铺设达33万皮长千米、750万纤芯千米，骨干网和城域网升级扩容工程、光纤到户工程等一批宽带网络建设项目进一步加快实施。全市3G和4G基站总数达到36120个，其中宏站23000个，室分13120个；全市WiFi AP接入点超过96000个，实现全市3G/4G/WiFi无线宽带网络的高效覆盖。其中南京移动、南京电信的4G网络已经实现主城区全覆盖，郊区的覆盖率在95%以上。

推进三网融合创新业务开展。截至2015年12月底，全市IPTV用户规模达到76万户，全市有线宽带互联网用户数超过305万户，全市3G/LTE手机用户数达到620万户，全市有线电视用户236万户，其中互动及高清电视用户数达到86万户，云媒体电视用户数已超过80万户。三网融合各项业务规模居全国前列，并呈现稳中有升、创新加速的新态势。

推进主要公共区域WiFi免费向公众开放工作。2015年，在市级WiFi专项资金支持下，三家运营商按分工分别在各个区域抓紧布点建设，并对原先已经建设的AP点进行优化，免费开放的AP点约为60000个，为广大市民提供优质的免费上网服务，实现年初制定的公共区域WiFi免费向公众开放的目标。

【信息消费】

按照《南京市关于促进信息消费加快信息产业发展的实施方案（2014—2015年）》（宁政办发〔2014〕39号）文件要求，建立信息消费推进工作机制，督促各责任部门对照实施方案的要求，制定具体工作方案，将各项工作落实到具体时间节点和具体工作对象。2015年，全市信息消费贡献规模达到3300亿元，其中：软件技术服务消费2388亿元，通信业务收入达到150亿元；信息终端产品产值达到762亿元。全市电子商务交易额达到8000亿元，同比增长23%，其中网络购物交易额达到1200亿元，同比增长50%。

宽带网络升级改造。2014年6月30日，中国电信、移动、联通、铁通互联网骨干直联点在南京贯通110Gbps带宽并正式承载业务，提升南京互联网枢纽中心地位。2014—2015年，各运营商加大资金投入，实现全市宽带网络接入端口数量和带宽供给能力大幅提高，城域网出口带宽达到2380Gbps。2015年年底，南京光网城市全面建成，城市和农村家庭宽带接入能力均达到100Mbps。

移动通信网和WiFi网络融合发展。作为中国移动、中国电信和中国联通的4G试点城市，南京市的4G通信网络建设一直走在全国前列，2015年基本实现4G全覆盖。4G通信网络的深度覆盖，确保了2014年青奥会、国家公祭日等重要活动的信息通信保障，得到了党和国家领导人的高度认可。在政策扶持下，南京电信、南京移动、南京联通等运营商加大WiFi无线网络建设力度，AP接入点总量超过96000个，与3G/4G网络有效衔接协同，提供良好的无线上网体验。

下一代广电网和无线宽带政务专网建设加快。加快建设下一代广播电视网络基础设施，大幅提高广电宽带骨干网承载能力，基本建成城乡一体的数字化、双向化广电网络，实现为广大市民提供高清互动电视服务功能。围绕南京市指挥调度和城市管理、应急指挥等需求，已建成安全有效、可管可控、覆盖全市的 1.4Gbps 无线宽带政务专网，在顺利完成青奥会通信保障工作后，目前正为政府各部门提供安全可靠、高带宽、高移动性的信息传输通道。

新一代网络技术示范应用加快。按照国家下一代互联网示范城市创建目标要求，南京电信、南京移动等运营商积极推进下一代互联网建设，提高 IPv6 覆盖率和普及率，相关产业链企业也加快下一代互联网在物联网、信息终端等领域的示范应用。紫金江宁用 18 个月建成全市单体面积最大的 26 万平方米的悠谷（未来网络谷），截至目前已经入驻孵化器项目超过 187 个，入驻人数超过 3000 人。孵化企业 80%以上属于云计算、大数据等新一代信息技术创业方向，彰显通信与网络主导产业的专业特色。

电子信息产业高端发展。2015 年全市规模以上电子信息制造业累计完成总产值 3100 亿元。平板液晶、激光制造、3D 打印等新兴高端产业异军突起、加速发展。智能信息终端普及加快，贡献率提升；数字化、智能化、网络化服务为主体的数字家庭消费明显，其带动效应进一步增强。

互联网的各类服务创新发展。积极引导相关企业拓展互联网服务应用领域，开展网络视频、网络购物、动漫游戏、文化艺术品产权（版权）交易等新兴业务。其中网络游戏项目以游族网络、上海慕和网络为重点，与南京圣骥网络、红梦网络公司形成手游策划、研发、运营等系列细分产业；电子商务项目以江苏卫视好享购电商为龙头，打造一个以闪购为特色的 T2O 电子商务平台。

电子商务与产业融合发展。一是组织指导园区和企业申报国家和省级电子商务示范基地、示范企业。玄武区徐庄软件园获批国家电子商务示范基地，宏图三胞等获批国家电子商务示范企业。二是推动电子商务进农村。助推淘宝特色中国“高淳馆”升级为“南京馆”，已签约入驻网店达到 412 家。三是推进跨境电子商务发展。龙潭产业园已完成“一般进口”模式硬件建设；空港产业园完成体验中心建设；空港跨境电子商务服务平台已经上线。

公共信息服务平台日趋完善。一是推进智慧医疗项目建设。研发市级自助医疗服务平台，实现持市民卡就医人员的自助消费；以市民卡在医疗行业的应用为抓手，已完成预约挂号、医院购药接诊结算结果查询等业务。二是推进智能交通系统建设。建成交通运输管理和业务数据采集、交换、处理和发布的数据平台；完成“路网监测系统”建设，提高对市域国省干线重要路段运行监测的覆盖面。

信息消费政策扶持力度加大。南京市出台了《市政府关于进一步推进信息基础设施建设的意见》（宁政发〔2015〕226 号），推进信息通信基础设施建设，加强规范管理；出台了促进信息消费的相关文件，推动南京市大数据、物联网、云计算、移动互联网等新一代信息技术示范应用工程建设，丰富面向生产、生活和管理的信息产品和服务。

信息消费体验中心建成开放。南京电信的信息消费体验馆总面积 4000 多平方米，通过先进的视听设备，以实物呈现、场景模拟和互动体验为主要展示形式，向公众集中展示未来的工作、家庭、生活、休闲等方面近百项信息化应用；天翼广场作为线下华东区域最大的智能终端的体验数码场所，将致力于打造“全网通售、全网通收、全网通修”的一站式服务卖场，提供良好的信息消费体验。

创客创业创新环境建设加快。按照国家、省统一部署，南京市加大政策扶持力度，积极加快“大众创新、万众创业”的载体建设，众创空间总体数量快速增长，先后涌现“U 谷创客” “创新公园”等一批新型创业载体，为创客创业创新提供良好的发展环境。南京市互联网产业园区集聚发展，栖霞、白下移动互联网产业基地，现集聚互联网企业超过 80 家、从业人员约 1.5 万人，同时为创客提供优惠扶持政策。

【智慧城市深化应用】

推动智慧南京信息化建设。一是编制《关于加快智慧南京建设的意见》、《智慧南京建设三年行动推进计划》，对智慧城市的建设原则、总体架构和重点项目进行了深入梳理和规划。二是出台《年度社会信息化工作要点》明确了年度社会信息化工作的重点和方向。三是认真开展智慧城市"十三五"的前期研究，编制了智慧医疗、智能交通等系统规划和可研报告。四是严格按照《南京市政务信息化项目管理办法》的相关要求，对全市信息化项目进行审核管理。

提升政务网络支撑水平。一是完善政务网络建设。政务内网按照涉密信息系统建设规范和标准已完成包括全市范围内的116个市直部门和11个区的基础网络平台建设，投入试运行。政务外网完成组网方案设计，政务外网的接入线路招标工作已经完成，网络接入点可达5000个。二是增强数据中心支撑保障能力。根据智能交通、智慧医疗、机关办公不断增长的实际需要，对政务数据中心核心机房服务器、存储和网络承载容量进行扩容。

推进公共服务信息化水平提升。一是城市智能门户。完善跨部门的实名制互认机制和共享实名认证资源，形成统一鉴权、统一认证入口的实名认证服务运行支撑体系。同时对"我的南京"功能进行丰富。二是智慧社区。按照《南京智慧社区建设实施方案》相关要求和分工，街道（社区）综合信息管理服务平台建设按照政务办梳理的为民办实事项目共 119 项，抓紧开展系统对接测试，目前已完成32项事项的对接与建设。

统筹推进信息基础设施空间布局规划的编制工作。为强化规划引领，加快信息通信基础设施建设，南京市启动了全市信息通信基础设施空间布局规划编制工作，并制定相关工作方案。经历了近一年的编制工作和修改后，通过专家评审，并肯定了规划对南京市信息通信基础设施的合理布局和集约化建设起到指导和规范的作用。目前该规划已修改完善，等完成审批流程后，将纳入南京市"十三五"发展规划纲要。

【软件产业情况】

近年来，在工业和信息化部和省经信委的关心指导下，南京市深入实施高标准建设中国软件名城战略，强力推动了软件和信息服务业持续快速健康发展。

软件产业规模再上新台阶。2015 年全市软件产业继续保持了健康快速发展，全市实现软件和信息服务业收入 4091 亿元，同比增长 20%，其中软件业务收入 3080 亿元左右，同比增长 13%，规模继续位列全国城市第 4、全省第 1。

软件产业载体建设成效显著。南京已形成了以中国（南京）软件谷、南京软件园、江苏软件园"一谷两园"等国家级园区为重点，徐庄软件园、江东软件城、新城科技园等省级软件园为支撑的软件产业集聚发展的格局。同时，江苏省、南京市共建了白下高新技术产业园、栖霞区移动互联网产业基地等省级互联网产业园，引导各园区加快发展各具特色的软件新兴业态。目前，"一谷两园"完成软件和信息服务业收入占全市 70%以上，集聚效应日益凸显。中国（南京）软件谷软件产业规模超过 1600 亿元，集聚了 SAP、IBM、Marvell、华为、中兴、亚信、中兴软创、集群、诚迈、润和、嘉环、富士通南大等国内外知名软件企业 660 家，已成为全国首批、江苏唯一的国家软件和信息服务业示范基地，中国最大的通信软件产业研发基地，综合实力位居全国同类软件园区的前三强。

企业竞争力不断提升。全市涉软企业超过3600 家，中国软件业务收入百强企业 8 家，国家规划布局内重点软件企业 12 家，涉软上市企业42 家，大中型软件企业成为南京软件产业发展的中坚力量。已有 IBM、微软、HP、甲骨文、SAP等 30 家世界 500 强软件企业和 36 家中国软件百强企业在南京设立创新中心、研发中心，软件产业的国际化水平显著提升。

公共服务能力不断增强。南京市拥有超级云计算中心、云计算中心、省软件产品质量检验监督中心等一批软件重点公共技术服务平台，南京软件产业博览馆、软件产业综合服务中心等政府服务平台和交流平台，南大软件学院软件谷分院、江苏软件园微软（南京）IT 学院等人才培训平台。

目前，全市已基本形成了涵盖公共技术服务、投融资、信息交流、人才培训、政府服务等较为完整的公共服务体系。

人才队伍建设成效显著。全市涉软从业人员总数近60万人。南京大力实施软件企业家培育工程，累计有31位优秀企业家当选“软件产业领军人物”，累计有17位优秀企业家入选“成长型软件企业家”。南京拥有国家、省、市软件产业人才培训基地37家，年培训规模超过8万人次。

软博会办展水平明显提升。“南京软博会”经过连续十一届的成功举办，在展览面积、参展企业数量和质量、洽谈签约项目规模、国际化程度、知名度和影响力等方面有了明显提升。第十一届“南京软博会”展会规模达10万平方米，继续保持国内领先，吸引了32个国家和地区、19个城市的客商参展参会，参展企业1147家，达成签约项目70项，总投资超过300亿元。目前，“南京软博会”已成为中国规格最高、规模最大、效果最好的专业软件展览会之一，有力促进了国内外软件企业的交流合作，为加快江苏软件强省、南京软件名城建设发挥了重要作用。

软件技术与工业技术创新融合。一是开展优势行业专业应用软件的研发与应用。重点在智能电网、通信、智能交通相关软件和信息技术服务发展，目前三大软件产品集群达到国内领先、国际一流水平。以南瑞、南自、金智、科远等为龙头的本土企业，带动了电力系统软件产业链的延伸与升级，在国内电力市场上具有绝对优势，如南京南瑞继保公司，在超高压继电保护、电网安全稳定控制、变电站自动化等研究应用方面处世界先进行列。以亚信科技、华为软件、中兴软件、熊猫、中兴软创、三宝通信、普天通信等为代表的企业构建了较为完整的通信软件产业链。以莱斯信息、恩瑞特、三宝科技、多伦科技等本土企业为代表的智能交通软件企业得到快速发展。二是引导工业企业进行智能化改造，探索大数据、云计算与工业技术融合创新，建立智能制造系统、智能工业云平台，大力推动智能工厂建设，全面提升智能制造水平。

【云计算产业情况】

近年来，南京市云计算产业发展较快，全市已集聚云计算产业链企业200多家，包括云创存储、斯坦德等云硬件及基础服务供应商，苏宁云商、信大高科、三宝、焦点等行业云应用服务提供商。目前，南京市云计算产业已形成了以中国（南京）软件谷、江苏软件园、南京软件园、秦淮区白下高新园为重点，其他省级软件园、互联网产业园等园区为补充的产业空间布局。其中，中国（南京）软件谷重点发展中小企业服务、气象云、研发测试云、环保应用云、超级计算等云计算产业，建设了南京超级云计算服务中心。江苏软件园重点发展云基础设施服务、云存储服务、信息安全服务，以及政务、金融保险等云产业，建设了南京云计算产业基地、中国电信云计算中心和南京云计算中心。南京软件园重点发展行业应用云、信息安全云、北斗应用云等特色云服务。秦淮区白下高新园重点发展测试云、中小企业管理云及服务外包云。

【大数据产业情况】

南京市大数据产业在空间布局、产业规模、技术水平、产业链完善等方面实现了稳步提升。全市大数据重点企业近200家，涵盖了大数据存储、处理、分析、安全、应用和设备等领域，主要集聚在中国（南京）软件谷、南京软件园和江苏软件园。南京已在行业应用、城市管理、民生服务等领域开展了一批大数据应用，主要分布在电信分析、交通旅游、电子商务、智慧城市、科学研究等关键领域。南京软件园引入总投资15亿元的新型节能超大型数据中心——中国移动数据中心项目。

中国（南京）软件谷建设了南京大数据产业基地，已初步形成数据存储、数据处理、数据分析、数据安全、数据服务外包等产业集群。南京大数据产业基地占地90亩、建筑面积10万平方米，是南京首家以大数据发展与应用为主题的产业园区，主要集聚包括大数据采集与处理、大数据分析与应用、大数据技术研发以及大数据深度关联性行业4大产业，目前已经集聚了瑞中数据、中兴通讯、斐讯科技、诚迈科技、亚信科技等一批优质大数据企业，未来力争打造成为国家级大数据产业示范基地。

南京大数据产业联盟由苏宁云商、瑞中、亚信等51家企业、高校发起成立，通过研讨交流、数据共享、联合开发、产业标准制定与推行、联合人才培养等工作，推动大数据关键技术研发协作、数据资源公开应用合作、大数据挖掘协同等。

南京大数据产业协会于2015年由中国（南京）软件谷联合大数据产业基地、南京高校及南京大数据产业龙头与骨干企业成立。协会旨在推动南京市大数据领域的技术进步，加强大数据协会企业之间的凝聚力，加强大数据产业链中相关企业的协同与合作，促进大数据技术的应用和推广，提升南京市大数据产业的整体发展水平，给大数据行业提供丰富的技术、业务交流分享平台。

济南市信息化发展概况

【软件和信息技术服务业继续保持高增长态势】

产业规模持续增长。2014年全市软件和信息技术服务业业务收入1750亿元，同比增长29.9%，规模和独立软件综合实力居全省首位。

骨干企业优势突出。全市1900多家软件企业中，经认定的软件企业800家；全市累计有8家企业入围国家规划布局内重点软件企业；11家企业入围全国软件百强企业；7家软件企业通过CMMI（软件能力成熟度）5级评估（全省共9家）；42家企业获批省级软件工程技术中心称号。2014年累计有11家软件企业先后成功登陆新三板，在全国中小企业股份转让系统挂牌，率先享受“新三板”融资资源和便利。

自主品牌软件产品持续增长。全市拥有中间件、行业应用、信息安全等6大领域5000余种软件产品，自主知识产权率95%以上，按照国家标准登记的软件产品累计达到4212个。自主知识产权产品和技术涵盖基础软件、通用软件、应用软件和行业综合解决方案等多个环节，初步形成了大中小企业协同发展、技术产品自主可控的软件产业体系。

新兴领域蓬勃发展。推动亚洲最大的第四代数据中心——浪潮云计算中心启动运营，以山东为中心辐射全国，为政府、企业提供云服务。高新、历下、天桥、章丘等县区筹划建设了电子商务产业园区，推动以韩都衣舍、邦尼科技等为代表的电子商务企业提规模上水平。嘀嘀汽配商城、泉利汽配网、重汽配件网等电商企业开拓出工业品批发领域的新云商模式，带动济南市工业企业结构调整和产业升级。

产业发展空间取得新突破。高新区新投入使用24万平方米的奥盛大厦，历下区投资2亿元打造山东硅谷产业基地，规划总面积10平方千米。长清区总规划面积70平方千米的济南创新谷，一期孵化器地上总面积45万平方米，目前已部分封顶并签约企业300余家。天桥区投资100亿元建设鑫茂科技城当年交付使用面积20万平方米，150家相关企业入驻；黄台电子商务产业园一期11万平方米电子商务大楼已交付使用。济南市软件和信息服务业“多园多基地”的产业发展格局逐步形成并日臻完善。

三方合作为助推小微企业融资探索出新途径。为帮助小微软件企业解决无资产抵押“融资难”和“贷款成本高”的问题，继续指导市软件协会、齐鲁软件园和中信银行成立“小微软件企业互助合作基金联保体”，为软件企业融资搭建简洁、快速、便于操作的信用贷款平台，让三方联合信用变身为实实在在的资本，帮助轻资产小微企业快捷获得银行贷款。已累计为51家小微企业成功贷出9570万元，有效破解了软件企业融资难题。

中国软件名城品牌效应逐步提升。连续八年组织重点软件园区——齐鲁软件园、创新谷以，及浪潮、中创等十余家骨干软件企业共同组成的“济南——中国软件名城”代表团参展北京软博会。工业和信息化部部长苗圩亲临展台参观指导，并对我市软件企业给予了高度评价。在展会现场，创新谷与北京中清研信息技术研究院等企业签署了入驻意向书。展会期间，齐鲁软件园被授予“2014年中国软件园区最佳产业环境奖”，瀚高国产数据库产品荣获“中国数据安全领域最佳应用产品奖”，济南市经信委、济南市软件行业协会均被中国国际软件博览会组委会授予“优秀组织奖”。

【全市电子信息制造业实现平稳增长】

全市规模以上电子信息制造业企业实现主营业务收入485.70亿元，同比增长8%。浪潮生产台式微机28.05万台，服务器23.08万台，同比分别增长2.6%和41.1%;松下生产高清电视机32.60万台，同比增长4.9%;力诺光伏电池片产量为243MW，光伏电池组件产量为193MW，合计436MW，同比增长104%。浪潮集团自主研发的高端容错计算机获国家科技进步一等奖。

济南市获批国家数字家庭应用示范产业基地，产业集聚发展能力进一步增强。2014年4月25日，济南市成功承办了全国数字家庭应用示范产业基地建设工作座谈会，12月10日，工业和信息化部正式批复济南市创建山东（济南）国家数字家庭应用示范产业基地。

重点项目顺利推进，产业结构进一步优化。浪潮服务器销量首次进入全球前五，并连续18年蝉联国有品牌销量第1，天梭K1高端服务器逐步开始批量销售，成功应用于金融、能源、公安、财税等关键行业。华芯承担的国家“核高基”重大专项“嵌入式存储器IP核开发及应用”课题顺利通过验收。概伦电子入围国家核高基重大专项。“济南量子通信试验网”正式投入使用，成为我国第一个以承载实际应用为目标的大型量子通信网。天岳功能器件用碳化硅衬底生产建设项目形成10万片产能。晶正铌酸锂单晶薄膜材料产业化项目主体已完工。山东锐择光纤通信器件研发、生产基地项目积极推进中，项目填补了山东省无大型光学通信生产基地的空缺。展讯芯片设计业务和台联电IC设计服务业务有序开展。

【“智慧泉城”建设和两化融合工作取得显著成效】

国网山东电力、九阳、济钢、二机床、中石化山东石油分公司、中石化济南炼油厂6家企业成为国家两化融合管理体系贯标试点企业，历下区和平阴县入选省信息消费试点，综合保税区入选省智慧园区试点。16家单位新认定为山东省电子商务企业，培育市级两化深度融合示范企业14家，树立智慧泉城示范工程13个。全年争取国家资金60万元，济南保税区等26家单位获得省专项奖励资金1160万元。

积极推进两化深度融合。制定实施《两化深度融合专项行动计划》。提出10大行动、6项保障措施。任务分解落实到委各相关处室和各县市区，上下联动，形成合力，共同推进两化深度融合。举办两化深度融合信息化助企行动。知名信息化专家就企业信息化做了精彩讲授，信息化优秀企业做了信息化经验分享。济南市近400家企业信息化负责人约800人次参会，通过聆听专家讲授和典型经验分享，到会企业既了解了国内外信息化发展趋势，又学到了先进经验。组织开展两化融合管理体系贯标试点。根据部里和省里部署，组织全市20余家企业申报两化融合管理体系贯标试点，最终6家企业入选工业和信息化部首批502家试点企业名单。组织开展两化融合区域评估工作。根据省里开展区域两化融合评估的工作部署，济南市组织87家企业参加评估，其中5家企业处于两化融合最高阶段——创新突破阶段，11 家企业达到综合集成阶段。济南市两化融合评估综合得分位列全省第 2。积极推动电子商务发展。据中国电子商务研究中心监测数据显示，2014 年，济南市电子商务交易额达到 1605 亿元，同比增长 50.8%。新认定 17 家省级电子商务企业，总数达 54 家。济钢集团、中国重汽、九阳股份等企业电子商务交易额增长迅速，韩都衣舍继续保持淘宝商城女装第一品牌优势，并获多家资本注资，三际电子商务有限公司是是天猫商城最大的手机卖家，连续四年稳居第 1，在全国线上销售手机的企业中仅次于京东商城排名第 2，嘀嘀汽配商城是华北最大的汽车配件销售平台。2014 年的“11·11”电商促销活动当天，韩都衣舍日销售额 2.79 亿元，以绝对优势夺得女装销售冠军，九阳股份和三际电子也双双实现销售过亿元，分别夺得小家电和手机类销量冠军。

积极推进“智慧山东”试点和“智慧泉城”建设。济南市综合保税区进入省智慧园区试点，获得省财政支持资金 200 万元。市直各部门明确了智慧泉城工作分管领导及责任处室，确定了工作联系人，正加紧制定专项规划，市里也启动了“智慧泉城”顶层设计和总体规划的编制工作。市直各部门“智慧泉城”建设取得积极进展，“智慧民政”、“智慧城管”、“智慧食药”、“智慧国土”、“智慧园林”、“智慧公安”、“智慧安监”、“智慧旅游”等项目均取得阶段性成果，并在应用中发挥出显著效益。由国际电信联盟和新华通讯社担任指导单位，新华网与工业和信息化部电子科学技术情报研究所编写出版的《中国国际智慧城市发展蓝皮书（2014）》正式发布，中国智慧城市百强排名及发展指数也新鲜出炉，济南市全国排名第 6，在省会城市中位于广州之后，排名第 2，在副省级城市中位于深圳、广州之后，排名第 3。

2014 年 6 月，济南市确定将历下区作为“智慧泉城”建设实验示范区，开展“智慧城市”试点。历下区启动了“惠生活公共信息服务平台”、“公共免费无线热点建设项目”、“智慧社区管理服务平台”等项目建设，打造智慧泉城先行示范区。

【城市信息基础设施和网络安全稳步推进】

2014 年电信行业电信业务总量 112.5 亿元，同比增长 5.8%；电信主营业务收入 69.8 亿元，同比不变。全市移动电话用户 1177.9 万户，同比下降 5.3%，其中 3G 电话用户 384.4 万户，同比增长 24.7%，4G 电话用户 74.3 万户；固定互联网宽带用户 202.7 万户，同比增长 15.3%；固定电话用户 176.9 万户，同比下降 1.7%。

积极推进光纤宽带和 4G 技术等信息基础设施建设。落实国务院和省政府“宽带中国”战略实施意见，确定济南市 2015 年与 2020 年宽带网络建设目标、主要步骤和组织措施。目前，全市光纤宽带接入网络已改造完成，城区家庭网络接入能力达到 20Mbps，商务楼宇具备 100Mbps～1Gbps 接入能力，速率 2Mbps 以上宽带网络覆盖全部行政村，光纤到户接入能力达 70 多万户，互联网出口带宽（含 IDC）达 1550Gbps，互联网网站 3.8 万家。“无线城市”建设深入发展，第三代、四代移动通信网络已全部覆盖市区和县城驻地，机场、车站、广场、星级宾馆等重点区域实现无线宽带上网，有线电视网络基本完成数字化、双向化改造。济南、莱芜通信实现资费同城化。

加大政府部门网站安全监测工作力度。增加对市直部门的网站和信息发布、互动平台纳入政府部门、县市区政府网站安全运行监测，包括政府网站、市直部门综合政务网站、专题业务网站和公众服务单位等百余个网站，对网站漏洞、木马和暗链等隐患监测扫描，每月发布政府系统网站安全简报，警示有关部门及时修补漏洞。

认真组织网络信息安全检查工作。根据省经信委网络安全检查工作方案，组织市直部门、县市区政府主要部门和供水、供气、供热等民生企业等百余个单位对网络安全进行了自查，完成了自查、自查总结和应急预案编制/修订三项工作，会同市公安局、保密局和专业机构对市教育局等 7 个单位进行了抽查。

协调做好应急通信保障工作。组织通信保障应急预案修编，明确电信运营企业在应急通信保障工作中网络维护、工程抢修、安全保卫、后勤保障和新闻宣传等任务分工，开展应急通信保障专项技术演练，发布应急预警和处置短信，配合有关部门开展应急处置和应急演练相关通信保障工作。

【政务云中心集约化成效逐步显现】

目前全市已有100多个新建项目迁移到云平台运行，70%的市级部门现有系统实现了集中管理，90%的部门利用了互联网统一出口，建设和运行成本降低20%以上。

2014年3月28日，济南政务云计算中心一期工程开通运行，工业和信息化部副部长杨学山为济南政务云计算中心的开通揭牌。

济南市政务云中心被列为云计算服务网络安全审查国家标准应用试点城市。2014年10月30日，在云服务安全审查标准宣贯会上，赵炳跃副主任代表济南做典型发言。

济南政务云中心建设运行模式得到了有关部门的充分肯定和认可，中央、省、市新闻媒体相继做了重要报道。2014年7月25日，李克强总理在视察浪潮公司时指出，浪潮在云计算、大数据、信息化核心装备方面已经具备了与国际先进企业同台竞争的实力，是国家信息化建设的中坚力量，未来将要像支持高铁、核电一样，加强对中国云计算装备的推广。目前，国内外已有80多个代表团来济南市学习政务云中心的先进经验和做法。浪潮集团已与40多个单位签订了合作战略协议，推广济南政务云中心建设运行模式。

两化融合篇

两化融合发展概述

大力推进信息化和工业化深度融合（简称两化融合），是党中央准确把握全球新一轮科技革命和产业变革趋势，站在历史和现实的高度统筹经济社会发展全局做出的重大战略决策，对于新时期推动我国经济转型升级、重塑国际竞争新优势具有重大战略意义。大力推动两化深度融合已成为抢占未来产业竞争制高点、加快制造业强国建设的战略选择和必由之路。2015 年 3 月，李克强总理在政府工作报告中提出，“要促进工业化和信息化深度融合，开发利用网络化、数字化、智能化等技术，着力在一些关键领域抢占先机、取得突破。”未来几年，我国将要以智能制造为主攻方向，以工业互联网和自主可控软硬件产品为重要支撑，着力提高两化融合发展水平。

2014 年是我国两化融合取得重要进展的一年。两化深度融合进程加速，各地掀起新一轮推动两化深度融合的热潮，传统制造业企业纷纷加快实施互联网化战略，物联网在工业领域扩大应用，电子商务发展呈现出行业化、移动化、国际化的新特点，企业信息化集成应用和协同应用进一步提升，移动互联网飞速发展催热一批工业创新应用。

2014 年 6 月，国务院发布《国家集成电路产业发展推进纲要》，加大推动集成电路产业重点突破和整体提升，实现跨越发展，为两化深度融合、经济发展方式转变提供有力支撑。工业和信息化部积极落实两化深度融合专项行动任务，开展了“互联网与工业融合创新”试点工作，确定了一批在创新模式上具有代表性、在行业内具有典型示范的领先企业开展试点，以试点示范方式对 10 省份 24 家典型企业创新模式给予支持，指导成立“中国互联网与工业融合创新联盟”；全面开展了两化融合企业管理体系贯标工作，制定发布了《两化融合管理体系评定管理办法（试行）》，遴选了 502 家优势产业的龙头企业开展贯标试点；开展了电子商务立法相关课题的研究工作，确定北京朝阳区、天津北辰区等 6 个地方开展工业电子商务区域试点；支持北京市、山东省等 16 个工业云创新试点，以试点推进工业云创新发展；制定并印发了《企业首席信息官制度建设指南》，指导中国首席信息官联盟举办 2014 全球信息技术主管大会；加快技术创新体系建设，新认定了 72 家国家技术创新示范企业，重点支持了 195 个重大科技成果转化项目，推动建立了首台（套）重大技术装备保险补偿机制；积极化解过剩产能、推动工业节能减排，全年淘汰落后炼钢产能 3110 万吨、水泥产能 8100 万吨、平板玻璃产能 3760 万重量箱；组织通信行业继续实施宽带中国专项行动，全国固定互联网宽带用户总数突破 2 亿户，全国 8Mbps 及以上宽带用户比例达到 40.9%，4G 用户超过 9700 万户，新增 7 个国家级互联网骨干直联点，实现互联网互联带宽扩容 810Gbps，全国互联总带宽达到 2450Gbps。

2015 年 1 月，工业和信息化部印发了《原材料工业两化深度融合推进计划（2015—2018）》，提出要以公共平台建设、智能工厂示范、技术推广普及为着力点，努力实现集研发设计、物流采购、生产控制、经营管理、市场营销为一体的流程工业全链条全系统智能化；并提出到 2018 年实现“两化融合深刻植入企业，成为企业战略决策、行业创新发展的新常态”的目标。

地方层面，2014年5月，浙江省人民政府出台《关于加快发展信息经济的指导意见》，提出要“大力推进信息化和工业化深度融合”；并在2014年12月出台的《浙江省信息经济发展规划（2014—2020年）》中提出，到2020年全省两化融合发展指数达86以上的目标。江苏省制定了《江苏省企业两化融合转型升级示范企业标准》，大力实施重点装备产品智能化、生产过程智能化和企业管理现代化提升工程，2014年共认定转型升级示范企业57家。上海市制定了《上海市推进互联网与工业融合创新行动计划（2015—2017年）》，将互联网与工业融合创新作为推进两化深度融合、加快新型工业化进程的重要举措，着力推进以“数字化、网络化、智能化”为标志的智能制造发展。

我国两化融合发展水平评估

2014年全国两化融合发展总指数为66.14，与2013年相比增长了4.19。其中，基础环境指数为71.71，增长了6.84；工业应用指数为59.70，增长了2.36；应用效益指数为73.43，增长了5.16。由表1可见，2011—2014年我国两化融合总指数及各项分指数每年均有不同幅度增长。其中，2014年各项指数的增长幅度均高于2013年，如图1所示。

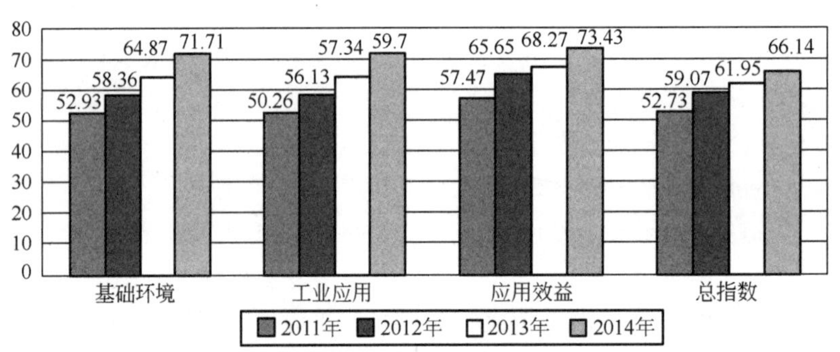

图1　2011—2014年两化融合各类指数发展比较

数据来源：中国电子信息产业发展研究院

表1　2011—2014年两化融合各类指数发展比较

	基础环境指	工业应用指	应用效益指	总 指 数
2011年	52.93	50.26	57.47	52.73
增长量	5.43	5.87	8.18	6.34
2012年	58.36	56.13	65.65	59.07
增长量	6.51	1.21	2.62	2.88
2013年	64.87	57.34	68.27	61.95
增长量	6.84	2.36	5.16	4.19
2014年	71.71	59.7	73.43	66.14

数据来源：中国电子信息产业发展研究院

从各省的数据来看，2014年多数省份两化融合发展总指数有不同程度的提升，其中安徽、重庆、贵州、浙江、湖南发展总指数增长最快，四川、吉林、河北、福建、河南、江苏、江西、上海发展总指数增速也超过全国平均水平，如图2所示。

在基础环境方面，青海、浙江、河北、江西、贵州增长最快，如图3所示。

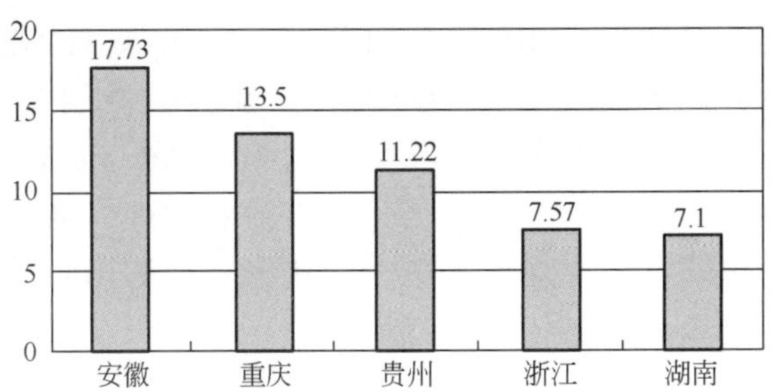

图 2 2014 年两化融合发展总指数增长前五名

数据来源：中国电子信息产业发展研究院

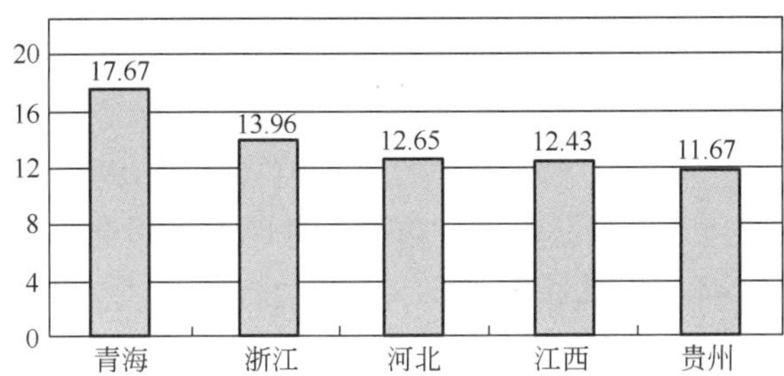

图 3 2014 年两化融合基础环境类指数增长前五名

数据来源：中国电子信息产业发展研究院

在工业应用方面，安徽、重庆、贵州、湖南、浙江增长最快，如图 4 所示。

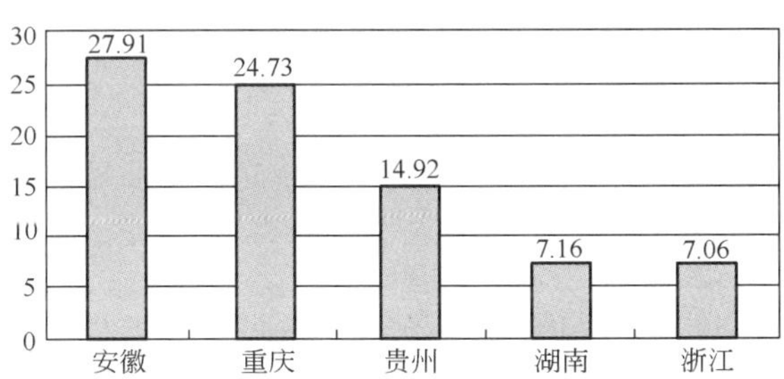

图 4 2014 年两化融合工业应用类指数增长前五名

数据来源：中国电子信息产业发展研究院

在应用效益方面，湖北、重庆、吉林、辽宁、四川增长最快，如图 5 所示。

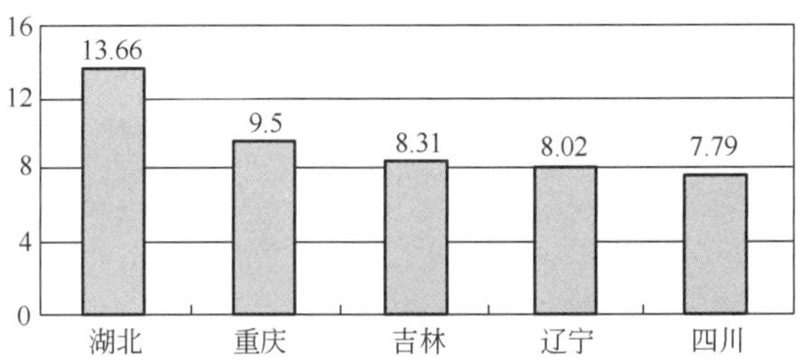

图 5 2014 年两化融合应用效益类指数增长前五名

数据来源：中国电子信息产业发展研究院

2014 年全国及各省份两化融合总指数、分指数情况如表 2 所示。

表 2 2014 年各省市两化融合指数

省 市	基础环境指数	工业应用指数	应用效益指数	总 指 数
江苏	86.31	78	126.37	92.17
上海	90.08	80	113.46	90.89
浙江	93.01	75.33	101.37	86.26
北京	88.84	67.82	114.78	84.81
广东	89.77	54.03	126.21	81.01
山东	79.35	70.47	101.11	80.35
福建	88.77	70.31	90.36	79.94
重庆	66.44	82.6	84.18	78.96
安徽	63.22	85.04	74.49	76.95
湖南	70.67	78.38	76.79	76.06
辽宁	82.58	57.25	90.31	71.85
天津	76.46	53.92	97.93	70.56
江西	70.47	72.92	64.22	70.13
四川	70.53	57.98	91.41	69.47
湖北	70.98	62.85	80.96	69.41
河南	71.73	64.71	71.84	68.25
广西	65.33	74.54	56.77	67.79
黑龙江	73.94	68.63	57.86	67.27
河北	73.37	68.89	57.04	67.05
陕西	75.08	47.09	76.58	61.46
吉林	76.67	51.57	62.76	60.65
贵州	62.58	57.43	50.86	57.08
新疆	68.42	54.04	50.6	56.77
山西	63.36	51.67	49.83	54.13
内蒙古	64.91	44.43	53.61	51.85
宁夏	59.41	46.02	43.66	48.78
青海	70.71	42.8	36.8	48.28
海南	64.97	38.87	49.68	48.09
甘肃	61.58	38.03	42.2	44.96
西藏	37.44	32.96	38.06	35.36
云南	45.89	22.23	44.13	33.62
全国均值	71.71	59.70	73.43	66.14

2014 年，我国两化融合基础环境进一步改善，重要工业企业信息系统加速普及，信息化应用效益提升明显，全国区域两化融合发展呈现以下 4 个特点。

一是全国两化融合发展总指数持续增长。2011—2014 年，我国两化融合发展总指数分别为 52.73、59.07、61.95、66.14，年复合增长率为 7.85%。2013 年比 2012 年增长了 2.88，2014 年比 2013 年增长了 4.19，2014 年增长幅度比 2013 年增长幅度大。

二是基础环境发展水平提升受政策因素驱动明显。2014 年两化融合基础环境指数增长 6.84，高于其他两类指数增长幅度。这主要因为 2013 年国家出台了《“宽带中国”战略及实施方案》、《关于促进信息消费扩大内需的若干意见》等文件，工业和信息化部发布了《信息化和工业化深度融合专项行动计划（2013—2018 年）》，组织实施了城市宽带提速、宽带体验提升等专项行动，地方也制定了相应的配套政策措施。在这些政策的强力支持下，2013 年我国 4Mbps 及以上宽带接入用户占比达到 79%，全国平均下载速率半年内从 2.9Mbps 提升到 3.5Mbps。

三是两化融合带动电子信息产业发展的能力明显增强。2011—2014 年，电子信息制造业主营业务收入指数分别 73.11、83.91、91.49、98.20；软件业务收入指数分别为 69.66、80.85、91.91、100.18，电子信息制造业和软件产业持续快速发展，对两化融合应用效益指数增长贡献较大。

四是东中西部两化融合发展水平差距有小幅缩小。2014 年东部省份的两化融合平均指数是 75.20，西部是 54.78，中部是 63.94。东中、中西、东西部差值分别是 11.26、9.16、20.42；2013 年东部两化融合平均指数是 73.52，西部是 51.25，中部是 62.08。东中、中西、东西部差值分别是 11.44、10.83、22.27。这表明 2013 年、2014 年我国东中西部两化融合发展水平差距有小幅度的缩小，如表 3 所示。

表 3　2011—2014 年我国东中部、中西部、东西部两化融合发展指数差值

年　份	东中部差值	中西部差值	东西部差值
2013 年	11.44	10.83	22.27
2014 年	11.26	9.16	20.42

数据来源：中国电子信息产业发展研究院

北京市两化融合发展水平分析

【总体情况】

2014 年，北京市实现生产总值 21330.8 亿元，比 2013 年增长 7.3%。其中，第一产业增长 159 亿元，同比下降 0.13%；第二产业增长 4545.5 亿元，同比增长 6.9%；第三产业增长 16626.3 亿元，同比增长 7.5%。三次产业结构由 2013 年的 0.8∶21.7∶77.5 变为 0.7∶21.4∶77.9。全年实现工业增加值 3746.8 亿元，比 2013 年增长 6.0%。其中，规模以上工业增加值增长 6.2%，高技术制造业、现代制造业增加值分别增长 11.0%和 12.2%。产业高端化升级继续推进，生产性服务业实现增加值 11072.5 亿元，增长 9.3%；文化创意产业实现增加值 2794.3 亿元，比 2013 年增长 8.4%。全市完成地方公共财政预算收入 4027.2 亿元，比 2013 年增长 10.0%。

【两化融合主要进展】

2014 年，北京市围绕《关于推进两化融合促进首都经济发展的若干意见》重大战略部署，继续坚持“两化融合促进经济发展方式转变、产业结构优化升级”这一主线，重点推进宽带北京行动计划，积极开展评估试点和典型企业推广，大力发展战略性新兴产业，推广普及企业电子商务应用，不断完善中小企业公共服务体系，在提升工业发展质量和创新能力方面成效明显。总体来看，北京市两化融合基础环境进一步优化，企业创新能力得到显著提升，信息产业支撑服务能力明显增强，工业发展质量不断提升，各行业企业两化融合综合集成水平持续升高。

（一）重点实施北京工业提升工程，培育“高精尖”产业体系

一是充分利用政策引导和资金支持。加大信息技术、自动化技术在生产制造过程中的渗透，支持经纬纺机、长安汽车等传统优势产业重点企业加快互联网化转型，初步实现数字化生产。经纬纺机搭建起棉纺装备协同开发平台，整合产业链上下游资源，着力打造集智能化单元设备、车间数据采集与监控系统、智能物流与搬运系统、基于大数据和云计算的智能数据处理与分析等系统于一体的新型无人化数字棉纺工厂。二是充分利用科研资源。鼓励开展先进智能装备的研发设计，抢占智能装备制造的前沿阵地。中国航天科工三院 33 所“面向电子行业的台式双臂工业机器人研制及应用”研究计划完成立项，面向小型台式工业机器人和智能移动机器人的现场作业应用需求，重点开发应用于末端生产线复杂部件的精密装配和搬运工作的工业机器人。北方微电子公司自主研发的 12 英寸 28 纳米等离子硅刻蚀机通过检验并实现销售，成为中国集成电路高端装备国产化的新起点，打破了美国、日本对 28 纳米集成电路生产设备的技术封锁和市场垄断。三是开展了北京高精尖经济结构建设专题研究。积极推进大数据服务在重点领域的应用示范，引导中小企业创投引导基金等专项扶持资金向“高精尖”战略性新兴产业倾斜，加强产业链合作，支持与城市基础设施相关的新型建材、工程机械、轨道交通等产业发展，支持与新增城镇人口消费相适应的电子、汽车、医药等产业的发展。中芯国际首次实现 55 纳米智能卡芯片量产，百度首度开放工业大数据监测平台，紫光集团加大对高端集成电路研发资源的投资并购。

（二）积极引导企业技术创新，推动产业逐步实现内涵式增长

一是大力推进产学研一体化。北京市支持京东方、北汽集团等重点行业企业全面整合技术链、产业链，实现研发设计、零部件配套、售后服务等上下游企业协同生产，实现规模化集聚发展。搭建产学研合作平台，支持北航激光 3D 打印技术研究团队等前沿技术研究机构与航空、航天、航海及电力等高端装备制造业企业共同建立高水平的技术创新团队，开展钛合金、高强钢、铝合金等高性能大型关键金属构件激光增材制造关键技术研究。二是布局世界软件名城、中关村科学城等重点项目，加强同硅谷在云计算、大数据等领域的合作，引进一批居世界前沿的创新项目。三是实施国家科技重大专项，注重自主研发能力建设，推动创新领域实现技术突破、产业转化和新企业的快速成长。北航钛合金复杂构件激光成型技术、京东方移位寄存器及液晶栅极驱动装置、万泰生物重组戊型肝炎疫苗等新技术新产品取得突破。四是设立了生物医药专业投资基金，推动企业创新成果转化，开展第三方专业评估服务，致力于培育具有高成长性和盈利能力的初创企业。

（三）推动工业与互联网融合创新，引导制造业服务化转型

一是开展工业云创新服务试点，支持数码大方搭建起集工业应用服务和工业资源服务为一体的平台服务体系，率先在产业比较集中的顺义区和北京经济技术开发区试点，面向重点行业企业提供研发设计、数据管理、协同营销、工程服务等“工业云”服务，有效提升企业研发设计和生产制造能力。二是支持北汽福田等传统企业大力发展平台型制造，通过建立供应链协同公共电子商务平台，联合上游供应链伙伴共同进行以品牌

为核心的产品设计，协同下游渠道商、直销商同步进行客户交互管理，推动制造产业链向两端不断延伸。三是鼓励小米科技等企业大力开展基于电子商务平台的“用户参与、设计体验、网络营销、追踪服务”等模式创新，实现以产品为核心向以消费者为核心，以生产为本向以“生产+服务”或服务为本转变。

（四）开展中小企业公共服务体系化建设，激发中小企业发展活力

一是优化了适合中小企业发展的政策法制环境，出台了《北京市促进中小企业发展条例》，切实落实市政府《关于进一步支持小微企业发展的意见》，在市中小企业发展工作领导小组的领导下，重点实施了扶助小微企业专项行动，在消除创业、融资、市场、土地、减负等企业发展难题上取得突破。二是健全了中小企业公共服务体系，新争取了3亿元中小企业发展专项资金，搭建了市级公共服务平台，支持区县中小企业服务中心建设，新认定一批国家级和市级公共服务平台和创业基地，推动实现小企业基地集约、高效、可持续发展。三是深化了融资支持，设立了20亿元的中小企业发展基金，建立了市区两级融资服务平台，创新私募债、集合票据、集合信托等融资产品，新增中小企业创新融资超70亿元。四是加强了中小企业素质建设，出台了促进中小企业信息化发展指导意见，建设了海淀、西城中小企业信用体系示范区，组织开展了“中小企业管理升级系列行动”、“中小企业创业大讲堂”和“管理公益大讲堂”等系列培训，联合大型IT企业为中小微企业开展信息化培训和服务。

【两化融合发展水平分析】

（一）综合分析

2014年，北京市两化融合发展总指数为84.81，比2013年提高了3.35个点，在全国的排名为第4位，比2013年降低了一个名次。基础环境方面，2014年北京市基础环境指数为88.84，比2013年提高了9个多点。工业应用方面，2014年北京市工业应用指数为67.82，比2013年降低了0.93个点。应用效益方面，2014年北京市应用效益指数为114.78，比2013年提高了6.25个点。其中，基础环境和应用效益这两方面在全国仍保持较前的排名，工业应用方面的排名略有下降，如表1所示。

表1　2013—2014年北京市两化融合指数情况

指　标	2013年指数	2014年指数	变化情况
基础环境	79.79	88.84	↑9.05
工业应用	68.75	67.82	↓0.93
应用效益	108.53	114.78	↑6.25
总指数	81.46	84.81	↑3.35

（二）具体分析

1．基础环境指数

2014年，北京市开始实施《2014—2015年宽带北京行动计划》，宽带提速效果显著，极大地提升了两化融合基础环境水平，使其始终保持在全国前列。具体来看，北京市固定宽带端口平均速率指数为76.58，比2013年提高了22.04个点。移动电话普及率指数为91.21，比2013年提高了近2个点。在互联网应用普及方面，2014年，北京市互联网普及率指数为85.21，比2013年提高了2个点多。在两化融合政策环境建设方面，2014年，北京市设立了两化融合专项引导资金，对于环境指数的改善作用显著。中小企业信息化服务平台数量指数为108.50，比2013年提高了37.75个点。重点行业典型企业信息化专项规划情况指数为72.85，比2013年提高了2.92个点。

2．工业应用指数

2014年，北京市工业企业信息技术应用水平略有下降，工业应用指数为67.82，比2013年下降了约1个点。其中，重点行业典型企业ERP普及率指数为58.42，比2013年提高了2.67个点。重点行业典型企业MES普及率指数为78.81，比2013年提高了5.73个点。重点行业典型企业PLM普及率指数为72.18，比2013年提高了2.89个点。重点行业典型企业SCM普及率指数为56.58，比2013年提高了1.48个点。重点行业典型企业采购环节电子商务应用普及率指数为71.62，比2013年提高了21.77个点。重点行业典型企业销售环节电子商务应用普及率指数为93.82，比2013年得分提高了21.7个点。重点行业典型企业装备数

控化率指数为60.17，比2013年提高了3.54个点。国家新型工业化产业示范基地两化融合发展水平指数为54.43，比2013年大幅下降了58.43个点，这在很大程度上拉低了北京市两化融合工业应用整体水平。

3．应用效益指数

2014年，北京市两化融合应用效益有所提升，应用效益指数为114.78，比2013年提高了6.25个点。在地区工业生产效益和水平方面，2014年，北京市工业增加值占GDP比重指数为25.15，比2013年下降了0.34个点；第二产业全员劳动生产率指数为82.43，比2013年提升了17.96个点，上升幅度较大；工业成本费用利润率指数为44.07，比2013年降低了3.09个点；单位工业增加值工业专利量下降幅度较大，指数为172.13，比2013年降低了约8个点。在工业节能减排水平方面有了较快提升，单位地区生产总值电耗指数为119.91，比2013年大幅提升了29.54个点。在信息产业发展水平方面，电子信息制造业主营业务收入指数为149.77，比2013年提高了3.11个点；软件业务收入在2014年提升较快，指数为255.13，比2013年提高了10.71个点。

【优劣势评价】

总体来看，北京市两化融合发展水平始终保持在全国前列，大型企业信息技术应用向综合集成方向持续升级，以电子商务为代表的生产性服务业发展优势突出，在引导企业服务化转型、推进工业与互联网融合创新发展方面发挥了积极作用。具体来说，北京市在两化融合上的优势如下。

一是高端制造业产业集聚。北京高端制造业产业集群化发展态势明显，有助于产业集聚区内基础资源的共建共享和产业链上下游企业的高效协同，有效提升了第二产业劳动生产率。2014年，第二产业全员劳动生产率指数为82.43，在东部省份中排名靠前。2014年，凭借大量高新技术产业资源集聚优势，北京深入推进“两城两带”建设，初步形成了中关村科学城校企共建格局，加速集聚了未来科技城央企科技资源，大力发展了北部研发和高新技术产业带，加速释放了南部高技术制造业和战略性新兴产业带高端产能。六大高端产业功能区要素集聚能力得以稳步提升，以全市7%的国土面积、20%的能耗，创造了超过40%的地区生产总值、收入、利润和税金，吸纳了30%以上的就业。数字电视产业园发展取得突破，构建形成以京东方为主体，以中芯国际、康宁玻璃、冠捷整机等上下游配套企业为延伸的绿色生态产业链，实现京东方8.5代线全面量产、京东方集团主营业务5年来首次盈利。北汽集团产业链集聚更具规模，先后引进研发设计、零部件配套、售后服务等百余家企业，实现全产业链协同发展，综合经营指标进入行业前四。

二是工业领域创新持续活跃。2014年北京市单位工业增加值工业专利指数在本次调查中为172.13，与2011年相比虽有一定的下降，但全国排名由2013年的第2位上升至第1位，北京市工业企业创新能力在全国依然首屈一指。中关村国家自主创新示范区建设取得重大进展，“一区十六园”格局基本形成，“1+6”先行先试政策效果显著。中关村国家科技金融创新中心建设启动，国家级文化和科技融合示范基地通过认定。一批关键核心技术取得突破，云计算、移动互联网等技术处于全国领先水平，卫星导航、蛋白质研制跻身世界先进行列。“十百千工程”和“瞪羚计划”深入实施，创新型企业快速成长。全市首家软件企业创业孵化基地同方科技园正式挂牌，“中关村创新云”已完成一期建设。32家企业入选“2014年中国软件业务收入百强”企业，数量连续13年居全国首位。

三是电子商务成为促进企业转变生产方式的重要手段。2014年，北京市电子商务交易额7500亿元，约占全国的7.5%。电子信息、汽车制造、石油化工、现代装备制造等行业企业加快内部生产管理经营体系与电子商务采购和销售系统的对接，促进企业采购、制造、销售等生产经营全过程业务协同运作。与2013年相比，重点行业典型企业采购环节电子商务应用普及率和重点行业典型企业销售环节电子商务应用普及率均有20个点以上的提升，食品、服装、工艺美术、汽车等集团型、总部型龙头企业纷纷借助已有品牌优势，与电子商务服务企业合作，建立面向最终消费者的网络销售平台，减少中间流通环节，促进企业服务化转型发展。

四是绿色发展成效显著。全市污染企业淘汰

退出工作成效显著。北京市制定下发污染行业强制退出目录，加大资金支持力度，加大现有企业清洁生产和环保技改力度，多渠道引导企业主动关停或技改升级。就地淘汰退出一般制造业和污染企业392家，超额完成年度目标任务。完成市级以上开发区燃煤设施清洁能源改造2208吨，确保2013—2014年累计压减燃煤55万吨。私人领域推广新能源汽车3221辆。

北京市两化融合发展总体情况较好，但同时也存在如下一些劣势。

一是两化融合效益未能完全发挥。虽然北京市两化融合发展水平连续3年都居于全国前列，但全市工业整体实力不强，造成两化融合所带来的经济效益并没有完全显现。工业成本费用利润率仅为全国平均水平，工业增加值占GDP比重处在全国末端行列。其主要原因是北京工业结构向高端化转型过程中，战略性新兴产业集群和产业链发育不够充分，有国际影响力的大型企业数量不多，多数产业集聚区产业规模不大，产业结构雷同，同质化趋势明显，影响了工业的整体发展水平，对两化融合形成一定的短期制约。

二是创新成果产业化发展不足。北京市创新能力排在全国首位，但高技术制造业和战略性新兴产业竞争能力不够强，关键核心技术和标准还比较缺乏，创新资源优势还未完全转化为产业优势。

三是京津冀产业协同发展不足。京津冀产业协作“共建、共管、共享”的相关机制尚未明确，造成区域两化融合的“数字鸿沟”，呈现出“信息化水平高、信息服务业密集的区域，公共服务资源配置较好；工业基础较弱、信息服务业落后的区域，公共服务支撑力度较弱”的发展格局。这在一定程度上阻碍了两化融合的整体推进。

【相关建议】

对北京市两化融合提出以下建议。

一是加快推进高端制造业智能制造的普及推广。面对新一轮科技革命和产业变革发展形势，把智能制造作为两化深度融合的重点突破口，加快智能制造在北京市重点行业领域的应用推广。重点是发挥北京科教资源和高端产业资源集聚优势，立足自主可控技术，加强智能装备基础零部件研发设计，加大关键核心部件开发力度，加强整体技术的系统集成，推动通用型智能装备的规模化生产。在汽车、电子、医药、通用设备制造等现代制造业和高技术制造业的产业集聚区和重点企业中开展试点示范，推广智能制造特色应用，激发创新活力，探索形成智能制造发展新模式，增强核心竞争力。

二是加强创新体系建设。推动产业基地或园区的信息化基础设施加快升级，统筹部署下一代互联网、移动通信和无线局域网，实现光纤到企、随处接入、移动互联的无线宽带全覆盖，夯实创新基础。面向园区企业，搭建公共服务平台，创新业务外包、设备租赁、数据托管、投融资等公共服务方式。充分挖掘中关村国家自主创新示范区创新资源集聚优势，加快创新发展，引领全市两化深度融合。支持重点企业加大关键核心技术研发投入力度，鼓励搭建企业技术研发和成果转化平台，激发企业创新活力。支持产业集聚区内企业联合搭建协同创新平台，实现创新资源跨区域整合，加快推动创新成果的产业化转化。

三是积极引导制造企业服务化转型。支持重点行业重点企业加快推动生产运营的数字化、网络化和智能化，在设计研发、流程控制、客户管理等环节拓展增值服务，建立以服务为核心的整体解决方案，提高企业核心竞争力。创新综合服务平台，集聚工业设计、产品研发、虚拟仿真、样品分析、检验检测、技术推广、人才培训、市场拓展等制造业服务资源，逐步完善服务型制造产业链。面向中小企业搭建适合中小企业特点的技术服务云平台，发展设备租赁、数据托管、流程外包、客户关系管理等基于云平台的管理服务。支持工业物流、电子商务、金融服务等的创新发展，补足生产性服务业短板，推动工业向价值链高端演进。

四是促进京津冀一体化协同发展。加强顶层设计和宏观指导，积极落实《京津、京冀合作框架协议和备忘录重点任务分工方案》，编制京津冀产业协同发展规划、产业指导目录及产业转移指导目录。开展京津冀一体化协同发展研究，为京津冀差异化发展和产业融合提供智力支持。加强三地技术创新资源的整合共享，建立创新发展平台，开展研发创新、创新成果产业化发展、盈利模式创新等，推动构建区域协同创新共同体。

天津市两化融合发展水平分析

【总体情况】

2014 年，天津市全年实现地区生产总值 15722.5 亿元，比 2013 年增长 10%。分三次产业看，第一产业增加值 188.45 亿元，同比增长 3.7%；第二产业增加值 7276.68 亿元，同比增长 12.7%；第三产业增加值 6905.03 亿元，同比增长 12.5%。三次产业结构为 1.3∶50.6∶48.1。工业生产平稳增长，全年全部工业增加值 6678.60 亿元，同比增长 12.8%，全部工业总产值 27169.14 亿元，同比增长 13.0%。其中，规模以上工业增加值增长 13.0%，规模以上工业总产值 26400.37 亿元，同比增长 13.1%。全年航空航天、石油化工、装备制造、电子信息、生物医药、新能源新材料、轻纺和国防八大优势产业完成工业总产值 23578.60 亿元，同比增长 12.7%，占规模以上工业的 89.3%。高新技术产业完成工业总产值 8136.02 亿元，同比增长 16.5%，占规模以上工业的 30.8%，比 2013 年提高 0.6 个百分点。航空航天、新一代信息技术、生物技术与健康、高端装备制造等战略性新兴产业继续发展，产业聚集效应逐步形成，国家新型工业化产业示范基地达到 8 家。

【两化融合主要进展】

2014 年，天津市把两化融合作为转方式、调结构的重要抓手，加快推进信息化和工业化深度融合专项行动，构建现代产业体系，促进工业向结构优化、创新驱动、智能制造、制造服务、绿色低碳转型。两化融合在引领先进制造业、提升改造传统产业、促进节能减排、发展现代生产性服务业等方面成效显著，成为经济发展方式转变的重要驱动力量。

（一）生产智能化转型步伐加快

天津市信息技术在工业领域的集成应用不断深化，研发设计、生产制造、生产装备、经营管理的信息化水平不断提升，加快推动制造模式向数字化、网络化、智能化转变。以高端制造业为例，全市重点企业 ERP 应用率达 55.4%，生产环节 MES 普及率为 23.8%，供应链环节 SCM 普及率为 56%，数控装备化率 30.2%，CAD 应用率达到 95%以上，PLM 应用率达到 24%，大型装备制造企业基本实现企业内部协同设计制造，使产业发展和信息化应用形成良性互动。天津航天长征火箭项目广域协同平台采用主制造商+供应商的管理模式，实现现场操作人员与工艺人员、设计人员的远程协同，缩短型号产品研制周期 1～2 年，增强过程数据资源共享与利用率 50%。天津汽车模具股份有限公司的协同生产管理系统，涵盖了从集团到子公司、从管理到生产的全过程，平均缩短模具材料的采购周期 15～20 天。

（二）产业集聚发展态势明显

在京津冀协同发展这一国家战略的大背景下，天津市立足自身产业布局、区位优势及合作共赢理念，以滨海新区等产业集聚区建设为载体，积极对接北京优质资源，实现优势产业集群发展，进一步增强了产业竞争力。以滨海新区华明高新区为例，在天津获批创建国家自主创新示范区之后，华明高新区作为“一区二十一园”的重要组成部分，积极吸纳首都高端智能装备制造业、科技服务业入驻，引进包括清华大学天津高端装备制造研究院等在内的 16 家科研机构及企业工程中心，其中国家级工程中心 1 个，市级重点实验室 1 个，建立院士工作站 1 家。同时，华明高新区首推“创业部落”模式，搭建集聚全国乃至美国硅谷的“政产学研金介贸媒”八大要素资源的科技服务平台，为科技创新企业提供全链服务。另外，华明高新区还遴选出 100 家重点企业，通过“一对一”培育和“一企一策”政策实施，加大品牌产品开发力度，重点扶持明道慧石、洁海瑞泉、百顺松涛、伊莫拉能源等 30 余家具有自主知识产权、处于成长壮大期的科技企业进入“小巨人”储备库，初步形成以执信医疗、圣谷同创为代表的生物医药，以日津科技、耐斯特精密电子为代表的电子信息和以海航神鹿、圣富源为代表的新能源新材料等三大科技型支柱产业集聚发展的态势。

（三）创新驱动能力不断增强

天津市实施科教兴市、人才强市战略，找准科技与经济结合点，通过项目入库、企业应用、平台整合、要素激活、资金投入、开放合作等方式加快推动创新型城市建设。全市紧紧围绕产业发展，组织实施了一批科技重大专项和产业化项目，突破一批关键核心技术，发展科技型中小企业超过 6 万家、科技“小巨人”达到 3000 家，培育出一批“撒手锏”产品，特别是移动智能手机基带芯片、抗癌新药、真空分子泵等创新成果达到国际先进水平。同时，部、院、市科技合作向纵深发展，国家级实验室、工程技术中心、企业技术中心分别增加到 53 个、35 个和 40 个，市场化科技服务体系进一步完善。天津市和中科院围绕双方签订的科技合作备忘录，聚焦天津市发展重心，以促进天津市科技型中小企业加快发展，以及提升企业自主创新能力、加快企业转型升级为主线，通过所企对接、高端创新与转化集群和研发平台建设等服务方式推动了一批重大科研项目和成果落户天津，为两化融合发展提供了强有力的科技支撑。

（四）电子商务呈现特色化发展

通过龙头引领、主体集聚、O2O 融合、国际化本土化双向战略，天津市电子商务逐渐扭转落后状态，形成特色发展，对生产性服务业的支撑能力不断增强。一是先后吸引了京东商城、亚马逊、苏宁易购、当当网、唯品会、聚美优品等国内 B2C 在线零售 20 强企业，好乐买、乐视网、校妆网等细分领域“领军企业”落户天津。二是电子商务集聚区发展各具特色，武清区以电子商务物流分拨为特色，宝坻区构建了电子商务服务企业、应用企业的创业创新平台，西青区以提供信息服务、大数据发掘、智力支持、资源整合、教育信息、电商分包服务等新型电子商务业务为发展重点，中新生态城打造数字出版和文化创意产品的电子商务平台。三是形成了一批线上线下业务结合型的专业商品市场，天津粮油商品交易所、渤海商品交易所、铁合金交易所、天津港散货交易市场、滨海化工网等一批大宗商品电子商务交易平台已投入运营，正在形成生产资料的“滨海指数”。四是跨境电商业务逐渐成为产业新优势，一帆海购、达特福等本土跨境电商不断发展壮大，吸引了亚马逊美国、全麦网、纵腾网络等跨境电商巨头。一批本土企业茁壮成长，全市陆续涌现出优众、尚食、一度商城、三佳购物等一批有特色、信誉高、模式新、潜力大和市场竞争力强的电子商务零售企业。

【两化融合发展水平分析】

（一）综合分析

2014 年，天津市两化融合发展总指数为 70.56，比 2013 年有 3.68 个点的提升，略高于 66.14 的全国平均水平，三项指数均有不同程度的提升，其中应用效益指数增幅最大。基础环境方面，2014 年基础环境指数为 76.46，比 2013 年提高了 5.64 个点。工业应用方面，2014 年工业应用指数为 53.92，比 2013 年提高 1.39 个点。应用效益方面，2014 年应用效益指数为 97.93，比 2013 年增长 6.27 个点，如表 1 所示。

表 1　2013—2014 年天津市两化融合指数情况

指　标	2013 年指数	2014 年指数	变化情况
基础环境	70.82	76.46	↑5.64
工业应用	52.53	53.92	↑1.39
应用效益	91.66	97.93	↑6.27
总指数	66.88	70.56	↑3.68

（二）具体分析

1．基础环境指数

2014 年天津市两化融合基础环境建设取得较大进展，由 2013 年的 70.82 提升至 76.46，其中固定宽带端口平均速率、中小企业信息化服务平台数量两项指标增幅较为明显，固定宽带普及率、移动电话普及率有所下降。在信息基础设施建设方面，2014 年天津市固定宽带普及率指数为 69.62，比 2013 年减少了 3.35 个点；固定宽带端口平均速率指数为 69.84，比 2013 年大幅提高 16.02 个点；移动电话普及率指数为 64.94，比 2013 年下降近 2 个点。在互联网应用普及方面，2014 年天津市互联网普及率指数为 75.32，比 2013 年提高了 2.17 个点。在两化融合政策环境建设方面，2013 年，天津市继续设立两化融合专项引导资金，在引导两化融合建设方面发挥了重要作用；中小企业信息化服务平台数量指数为 98.48，比 2013 年显著提高 23.35 个点；重点行业典型企业信息化专项规划指数为 74.43，比 2013 年增长 6.32 个点。

2．工业应用指数

2014 年，天津市工业应用指数为 53.92，比 2013 年提升 1.39 个点，但仍低于 59.70 的全国平均水平，信息化在工业生产当中的应用仍需进一步深化。具体来看，2014 年天津市重点行业典型企业 ERP 普及率和重点行业典型企业 MES 普及率指数分别为 63.98 和 61.17，比 2013 年大幅增加了 17.06 个和 28.03 个点，是各分项指标中发展较快的两项。重点行业典型企业 PLM 普及率指数为 60.37，比 2013 年提高 10.27 个点。重点行业典型企业 SCM 的普及率指数分别为 55.22，比 2013 年提高 5.38 个点。重点行业典型企业采购和销售环节电子商务应用普及率指数分别为 51.36 和 39.06，分别比 2013 年提高了 5.87 个点和 6.79 个点。重点行业典型企业装备数控化率指数为 39.06，比 2013 年提高了 7.67 个点。国家新型工业化产业示范基地两化融合发展水平指数为 54.44，比 2013 年显著下降了 60 多个点。

3．应用效益指数

2014 年，天津市两化融合应用效益指数为 97.93，比 2013 年增长 6.27 个点。

在地区工业生产效益和水平方面，2014 年天津市工业增加值占 GDP 比重指数为 52.45，比 2013 年减少 0.8 个点；第二产业全员劳动生产率指数为 82.25，比 2013 年大幅降低 17.2 个点；工业成本费用利润率指数为 48.27，比 2013 年减少 5.85 个点；单位工业增加值工业专利量指数为 122.13，比 2013 年提高了 7.36 个点。在工业节能减排水平方面，单位地区生产总值电耗指数为 111.80，比 2013 年提高了 42.33 个点，增幅最大。在信息产业发展水平方面，电子信息制造业主营业务收入指数为 160.99，比 2013 年提高了 12.52 个点；软件业务收入指数为 136.52，比 2013 年提高了 19.43 个点，表明天津市信息技术产业支撑服务能力得到进一步增强。

【优劣势评价】

天津市 2014 年两化融合水平较 2013 年略有提高，信息基础设施建设向纵深推进，产业结构趋于优化，集聚发展特色鲜明，电子信息产业发展加速，信息服务支撑能力持续增强，两化融合应用效益水平的大幅提升对于两化融合综合水平的进步发挥了关键作用。具体来看，天津市两化融合发展优势如下。

一是“宽带天津”建设成效显著。2014 年，天津市两化融合基础环境水平有了较大提升，对两化融合综合发展水平提升的促进作用明显，这得益于“宽带天津”工程的持续深入推进。通过宽带工程，天津市基本形成光纤与无线相结合、覆盖全市的高性能宽带通信网络。其中，互联网城市出口带宽达到 2270Gbps，固定宽带用户达到 260 万户，光纤入户能力达到 371 万户，实际接入 122 万户。无线宽带网络实现了全市覆盖，已建成移动电话基站 3.6 万个，其中 4G 基站 6000 个，4G 网络覆盖全市主要区域，5000 多个人员密集场所建成无线局域网。全市网民规模已达到904万人，网民规模增速达4.4%，互联网普及率为61.4%，位列全国第6。

二是电子信息产业支撑能力增强。2014年，天津市电子信息制造业主营业务收入和软件业务收入均有大幅提升，电子信息产业发展成为全市产业发展的新亮点。以软件产业为例，2014年上半年，天津市软件产业实现业务收入480.3亿元，同比增长26.6%。其中软件产品收入128.2亿元，同比增长36.8%；系统集成收入56.7亿元，同比增长36.9%；信息技术咨询收入60.1亿元，同比增长33.5%；数据处理和运营服务收入51.2亿元，同比增长33.6%；嵌入式软件收入90.6亿元，同比增长0.7%；集成电路设计收入58.0亿元，同比增长31.4%。新认定软件企业42家，登记软件产品233件，受理著作权登记516件。

三是生产性服务业快速发展。2014年，天津市第三产业增加值占全市经济比重高达48%，科技服务、租赁商务、金融业增加值分别增长17.2%、14.8%和13.1%，总部经济、文化创意、电子商务等新兴服务业发展势头较好，对生产性服务业的支撑作用得到增强。

同时，天津市两化融合发展也存在如下一些劣势。

一是中小企业信息化服务能力有待加强。天津市中小企业众多，但信息化服务平台数在全国处于中下游水平，不能满足中小企业信息化升级需求。同时，经济新常态形势下，中小企业经营面临着较大的生存挑战，资金需求迫切，不能承受信息化升级占用大量资金、却在短期内无法带来效益的压力，信息化投入积极性不高。

二是企业信息化综合集成水平有待提升。2014年，天津市重点行业典型企业ERP、PLM、MES、SCM等信息系统应用普及率、装备数控化率较上年略有提升，但在全国排名依然比较靠后，这表明企业信息化应用还有很大的提升空间，信息系统集成建设力度需要加大。特别是，企业运行中产生的海量数据价值没有被真正挖掘，信息资源对于企业决策的支撑作用不强，信息化应用模式有待进一步深化。

【相关建议】

对天津市两化融合提出以下建议。

一是深入推动新一批重点产业智能化升级。结合天津工业发展路线图（2015—2018年）和食品工业、生物医药、新能源汽车、智能终端等18个产业发展三年行动计划，在这些新一批重点产业中探索发展具有天津特色的智能制造模式。鼓励有条件的企业开展智能制造应用示范，根据所在行业特点分类开展智能车间、智能工厂、智能企业试点，推进高档数控机床、自动化成套生产线、工业机器人，以及自动化关键基础零部件、元器件及通用部件的深度应用。深化嵌入式系统芯片可编程控制器等智能技术在工业产品的应用，提升工业产品智能化水平，发展新型智能产品。鼓励发展网络协同制造，推进互联网向工业研发、设计、生产等领域的融合，开展跨地域、跨部门的协同设计、数据共享与网络化制造。发展基于互联网的个性化定制、众包设计、云制造等新型制造模式，推动形成基于消费需求动态感知的研发、生产、销售和服务组织方式，促进产业链制造资源与服务的开放协作、社会资源高度共享。

二是大力发展服务型制造。打破垂直分布的产业链和价值链，大力推进制造业与服务业融合，把加工中心融入用户的制造环节，从单纯卖产品向打包卖服务转变，逐步向制造服务转型。引导和支持制造企业围绕拓展产品功能、提升交易效率、增强集成能力、满足深层需求等，向服务环节延伸产业链条，发展在线监控、全生命周期管理、总集成总承包、融资租赁、供应链金融等新业务。积极培育面向制造业的信息技术服务业，加强方案设计和综合集成能力建设。支持融资租赁产品和服务创新，推广大型制造设备、生产线等融资租赁服务。发展壮大第三方物流、节能环保服务、检验检测认证、电子商务、服务外包、专业金融、培训教育等生产性服务业，创新业务协作流程，提高产业链整体效率。

三是加快推进产业集约发展。推进产业进园、进区、进链、进平台，实现产业集约、高端、链条发展。推进产业进园，打造一批新型工业化产业示范基地，以园区建设推动产业集群发展，强化资源集约利用。推进产业进区，加快天津自贸区、未来科技城、中新生态城、临港经济区、临空产业区等一批产业聚集区建设，构建覆盖研发设计、生产制造、市场营销、售后服务、终端产品全产品生命周期的、上下游联动的区域产业生态体系。推进产业进链构建，重点打造大飞机、直升机、高端数控机床、工业机器人、海洋工程等10条产业链，推动向价值链高端发展。推进产业进平台，打造一批千亿元、万亿元电子商务平台，促进先进制造业与生产性服务业融合发展。

四是以两化深度融合引领天津自贸区建设。2015年4月21日正式挂牌的天津自贸区是北方地区唯一的自贸区，将成为京津冀协同发展的开放合作平台、全国改革开放先行区和制度创新试验田，以及面向国际的自由贸易园区，应当在发展产业、创新贸易服务模式、探索新业态新模式、创新体制机制等方面有所突破。将两化深度融合作为全面推进自贸区建设的突破口，分析形势与挑战，将两化深度融合方案纳入自贸区的整体规划，明确两化融合的主要任务、重点领域和重点项目，制订阶段性计划。建立外商投资区，以先进制造业、战略性新兴产业、生产性服务业信息技术产业为重点，搭建产需对接平台，积极吸引外资和国外优势产业资源，引入国外先进信息技术和产业发展模式，开展产业建设战略合作。创新海关特殊监管区监管模式，打造集国际贸易、国际物流、国际结算为一体的专业化跨国服务平台，促进贸易投资便利化。创新要素配置、生产制造和产业组织方式，开展新业态新模式试点示范，探索以众创空间为代表的创新孵化模式，积极培育新业态和新模式。

河北省两化融合发展水平分析

【总体情况】

（一）经济概况

2014年，河北省地区生产总值实现29421.2亿元，比2013年增长6.5%。其中，第一产业增加值3447.5亿元，同比增长3.7%；第二产业增加值15020.2亿元，同比增长5.0%；第三产业增加值10953.5亿元，同比增长9.7%。第一产业增加值占全省生产总值的比重为11.7%，第二产业增加值比重为51.1%，第三产业增加值比重为37.2%。全部工业增加值13330.7亿元，比2013年增长5.0%。规模以上工业增加值11758.3亿元，同比增长5.1%。其中，装备制造业增加值比2013年增长8.8%，钢铁工业增长5.1%，石化工业增长3.9%，医药工业增长4.4%，建材工业增长2.6%，食品工业增长4.7%，纺织服装业增长7.5%。高新技术产业增加值增长13.2%。特别是高端装备制造、电子信息和新能源三个领域增加值分别12.8%、19.4%和14.0%。全部财政收入3764.6亿元，比2013年增长3.4%，其中公共财政预算收入2446.6亿元，同比增长6.6%。

（二）两化融合主要进展

河北省把两化融合作为工业转型升级和经济强省建设的重要抓手之一，围绕《关于推进信息化与工业化深度融合促进现代产业体系建设的意见》，继续从企业、行业、区域、环境等层面有针对性地推进两化融合工作，重点面向企业，加强政策支持，实施省产业发展、工业技术改造等专项资金向两化融合项目倾斜、两化融合发展水平评估认定等激励机制，加强两化融合服务支撑体系建设，引导企业向两化深度融合发展，逐步实现从“要我搞信息化”向“我要搞信息化”转变，从“单向应用”向“集成应用”转变，从外购软件逐步向联合、自主研发转变。

1. 着力优化提升传统产业

一是加快推进传统优势产业信息化改进工程，遴选河北省重点优势行业的百家两化融合重点企业，专门制定行业性的两化融合实施指南，针对不同发展阶段企业特征明确目标任务和主攻方向。二是围绕生产制造、经营管理、集成化应用、集团化发展等方面，重点实施行业性两化融合重点项目，培育了400多家省级两化融合重点企业。三是实施两化融合示范引领工程，评选了100家两化融合示范企业并在全省范围内推广成功经验。新兴铸管股份有限公司、唐山钢铁集团有限责任公司等两家企业被认定为首批国家级两化融合示范企业；河北钢铁股份有限公司承德分公司、唐山钢铁集团有限责任公司等六家钢铁企业被确定为全国首批两化融合管理体系贯标试点。四是支持企业建设能源管理控制中心，实现能源利用的精细化和可视化管理。31个钢铁企业能源管理中心被列为国家级示范项目，获得中央财政资金支持2.7亿元，年节约标煤100万吨。唐山钢铁、京唐钢铁等两家钢铁企业被工业和信息化部、财政部、科技部列为资源节约型环境友好型试点企业。

2. 加快推进企业信息化综合集成应用

一是统筹全省产业发展、工业技术改造等专项资金，加强对基于数据中心的新一代集成协同技术研发的支持。二是支持钢铁、医药、装备行业龙头企业开展综合集成协同技术的应用示范，初步实现基于柔性制造、智能制造的产业升级，提升企业发展质量和效益，促进企业跨越式发展。三是支持智能电网、能源管控平台、现代物流、全供应链管理等一批企业的物联网应用，积极培育一批面向行业或产业集群的、基于云计算的企业运营管控信息化服务支撑平台、供应链SaaS平台、公共信息平台建设，加速信息化向工业企业的运营管理深度渗透和扩张，通过两化融合有力地促进企业竞争力的提高，实现企业的快速成长。大通网、中国耐材之窗、新钢铁网、钢铁在线监测预警平台4个钢铁行业公共服务平台被命名为河北省两化融合公共服务示范平台。

3. 积极完善产业集聚区信息化支撑体系

以产业聚集区信息化提升工程为抓手，以十大工业基地和重点工业园区为着力点，完善提高园区信息基础设施，建设园区公共服务管理平台，吸引和衍生关联企业加速聚集。一是积极推进园区的无线网络建设，大力提高3G和4G网络覆盖率，发展移动互联网，引导物联网先进应用，加强网络统筹和共建共享，实现网络资源的高效利用。二是积极落实《关于推进信息化与工业化深度融合促进现代产业体系建设的意见》，以培育十大两化融合示范区、百个两化融合公共服务示范平台为抓手，推广唐山暨曹妃甸国家级两化融合试验区建设经验。制定了渤海新区高端化工、保定汽车城等17个工业基地发展规划，唐山动车城、冀南新区成为国家新型工业化产业示范基地，认定了长城汽车等“百家优势企业”，实施《河北省2014年工业质量品牌能力提升专项行动工作方案》，培育省级工业类名牌产品409个。省级技改资金支持“十百千工程”项目5.8亿元，占总额的64%。三是推进互联网安全接入试点。在秦皇岛率先开展个人信息保护工作，加强对基础网络、重要信息系统的监测预警、专项检查、安全评测，积极推进网络信任体系建设，保障产业集聚区的网络与信息安全。

4. 大力培育生产性信息服务业

一是出台了《创建国家电子商务示范城市工作方案》及相关服务配套政策，先后争取到城市共同配送体系建设、电子商务与物流快速协同发展等9项国家试点项目，大力推动电子商务模式创新和产业协同发展。初步建成商务云数据中心，集聚资金、技术、人才等优势资源，推出市场推广、线上营销等免费服务，提供销售和市场供求信息，实现企业与市场的双向沟通交互并能针对性地调整生产和销售计划，提升行业竞争力。二是优化发展环境，引进国内外电商巨头，创建电子商务产业园区，出台一系列产业园促进政策，力图打造10个知名网络购物平台和10个创新型电商平台。工业品行业电商大户慧聪网在正定布局了河北慧聪电子商务产业园，服务于全省 60 多个行业、近 3 万家企业，实现 2014 年电子商务交易额突破 40 亿元。美团、阿里巴巴也先后落户河北，实现呼叫服务、仓储物流、金融保险、人力资源、文化创意等第三方服务外包产业资源初步集聚。三是加大与工业物流的合作，积极开展线上线下 O2O 平台建设，提升电子商务支撑服务能力，促进电商产业化发展。据初步统计，2014 年仅石家庄一地电子商务交易额就达到 2400 亿元，同比增长 25%，网上零售达到 306 亿元，同比增长 29%，新增电商企业 50 家，累计达 360 家。

【两化融合发展水平分析】

（一）综合分析

2014年河北省两化融合发展总指数为67.05，比 2013 年的 61.50 提高 5.55 个点。从全国来看，2014 年河北排名第 19 位，比 2013 年下降了 1 个名次。从指数所包含的各个分指数来看，2014 年基础环境指数为 73.37，比 2013 年的 60.72 提高了 12.65 个点，其两化融合基础环境连续第二年得到较大改善。2014 年工业应用指数为 68.89，比 2013 年的 66.94 提高了近 2 个点。2014 年应用效益指数为 57.04，比 2013 年的 51.42 提高了 5.62 个点，其两化融合应用效益水平也得到明显提升，如表 1 所示。

表 1　2013—2014 年河北省两化融合指数情况

指　标	2013 年指数	2014 年指数	变化情况
基础环境	60.72	73.37	↑ 12.65
工业应用	66.94	68.89	↑ 1.95
应用效益	51.42	57.04	↑ 5.62
总指数	61.50	67.05	↑ 5.55

数据来源：中国电子信息产业发展研究院

（二）具体分析

1．基础环境指数

2014 年，河北省基础环境指数上升幅度较大。在信息基础设施建设方面，2014 年河北省固定宽带普及率指数为 72.97，比 2013 年提高了 3 个多点；2014 年固定宽带端口平均速率指数为 70.60，比 2013 年大幅提升了 12 个点左右。2014 年移动电话普及率指数为 59.55，比 2013 年提高了 3.17 个点。在互联网应用普及方面，2013 年河北省互联网普及率指数为 63.04，比 2013 年提高了4.66个点。在两化融合政策环境建设方面，2010 年到 2014 年河北省两化融合专项引导资金建设方面尚属空白；2014 年河北省中小企业信息化服务体系有显著进步，2014 年中小企业信息化服务平台数量指数为 150，比 2013 年大幅提高了 70 多个点，跃居全国第 1 位。2014 年重点行业典型企业信息化专项规划比例指数为 78.66，比 2013 年提高了 3.54 个点。

2．工业应用指数

2014 年，河北省两化融合工业应用总体上略高于全国平均水平，较 2013 年有小幅下降。其中，重点行业典型企业 ERP 普及率提升最快，重点行业典型企业销售环节电子商务应用则有较为明显的下降。具体来讲，2014 年河北省工业应用指数为 68.89，比 2013 年的 66.94 提高了近 2 个点。就每个分项指数来看，2014 年重点行业典型企业 ERP 普及率为 65.90，比 2013 年提高了 9.39 个点。2014 年重点行业典型企业 MES 普及率指数为 70.03，比 2013 年的 67.98 提高了 2 个多点。2014 年重点行业典型企业 PLM 普及率指数为 56.88，较 2013 年上升了 8.71 个点。ERP 普及率和 PLM 普及率两项指标在工业应用所有指标中提升较快，表明河北省重点行业典型企业的综合集成应用有所突破。2014 年重点行业典型企业 SCM 普及率指数为 62.75，比 2013 年提高了 1.63 个点。2014 年重点行业典型企业采购环节电子商务应用指数为 74.68，比 2013 年上升了近 4.5 个点。2014 年重点行业典型企业销售环节电子商务应用指数为 77.95，比 2013 年降低了 12 个点左右。河北省重点行业典型企业装备数控化率水平始终保持在全国前列，2014 年重点行业典型企业装备数控化率为 68.99，比 2013 年提高了 2.38 个点，远高于 2014 年全国的平均水平的 48.36。2014 年河北省国家新型工业化产业示范基地两化融合发展水平指数为 73.19，比 2013 年下降了 0.63 个点。

3．应用效益指数

2014 年，河北省两化融合应用效益指数为57.04，比 2013 年增加 5.55 个点，表明河北省两化融合工作在应用效益方面有一定改善，但与全国平均发展水平的 68.27 相比仍然有差距。从应用效益分项指数来看，2014 年工业增加值占 GDP 比重指数为 52.56，比 2013 年降低了 0.37 个点；2014 年第二产业全员劳动生产率指数为 54.93，比 2013 年提高了 0.25 个点；2014 年工业成本费用利润率指数为 38.91，比 2013 年下降了 0.84 个点；2014 年单位工业增加值工业专利量指数为59.22，比 2013 年提高了 4.16 个点，表明企业的创新意识和能力有所改善。在工业节能减排水平方面，2014 年单位地区生产总值电耗指数为72.73，与 2013 年相比上升了 27.02。在信息产业发展水平方面，2014 年电子信息制造业主营业务收入指数为 76.21，比 2013 年提高了近 13 个点；2014 年软件业务收入指数为 52.25，比 2013 年的49.63 提高了 2.62 个点。

【优劣势评价】

2014 年河北省两化融合发展水平较 2013 年有所提升，特别是在基础环境方面有了较大提升，这得益于河北实施的“宽带普及提速工程”和“宽带中国战略”落地工程，同时企业信息化应用效益有所突破，工业节能减排工作有了大幅进展，电子商务和现代物流进步加快，中小企业公共服务平台得到广泛应用。总体来看，河北省两化融合发展具备如下一些明显的优势。

一是传统产业信息化应用程度明显提升。通过传统产业信息化改造工程，加速了信息化向企业生产、经营、管理、发展等各个环节的渗透，重点行业典型企业 ERP、MES、PLM、SCM 普及率均有不同程度的提升，大大增强了传统产业综合竞争力。据不完全调查，河北省大中型制造企业 80%以上实现了生产过程关键环节自动化控制，95%以上建设了管理信息系统，75%以上采用了数字化研发设计系统，90%建立了企业门户网站，55%以上应用了不同程度的电子商务。33 家企业入围中国企业信息化 500 强，信息化对提升行业、企业综合竞争力，起到了关键的、不可替代的支撑作用。

二是高端产业加速结构优化。河北省坚持传统产业“有中生新”，新兴产业“无中生有”，致力于传统产业的创新发展和高端化转型，积极培育高端装备制造、新能源、新一代信息技术、新能源汽车等战略性新兴产业，电子信息制造业、软件业务收入占主营业务收入占比均不断增加，企业创新意识和能力不断得到提升。以邢台市为例，全市坚持创新驱动，大力实施百项技改工程，引进一批战略性新兴产业项目。3 年内全市专利申请总量达到 9793 件，授权总量达到 6905 件，年均分别增长 15%以上，高新技术产业呈快速增长态势，全市高新技术企业达到 53 家，高新技术产值年均增长 15%以上。先腾光电科技公司拥有的大尺寸亚微米 i—线光学透镜设计、光刻机整机实时控制系统软件和架构、完整的产品集成供应链等多项国内首创技术引领了半导体行业领先水平，并成功研发了国内第一台分辨率为 2 微米的 LED 光刻机，到 2015 年，分辨率将提升到 0.8 微米。

三是中小企业公共信息服务能力显著提升。2014 年河北省中小企业公共服务平台数增加值超过 70 个点，表明服务于中小企业的公共服务平台得到进一步推广应用，极大地促进了产业集群的快速发展，全省各类再就业基地、企业孵化园、创业辅导基地等近 400 家，入驻小微企业上万家，安置就业 40 多万人。全省各级财政资金扶持力度加大，重点支持中小微型企业信用担保、人才培训、创业辅导等七大中小微型企业服务平台体系建设，开展“订单式”创业辅导服务活动，服务企业 4000 余家，对促进中小微型企业发展发挥了引导和带动作用。

四是企业节能减排效果明显。通过节能减排信息化工程，配合大气污染防治，积极推进工业节能降耗减排，超额完成工业节能任务。加大淘汰落后产能力度，淘汰炼钢产能 788 万吨、炼铁产能 586 万吨、水泥产能 1716 万吨、平板玻璃产能 1488 万重量箱、焦炭产能 355 万吨、造纸产能136 万吨，提前 2 个月超额完成全年任务。33 家钢铁企业获得工业和信息化部《符合钢铁行业规范条件》公告，17 个企业能源管理中心、4 个清洁生产项目被列入国家示范项目，唐山钢铁集团

列入全国首批清洁生产示范企业。

目前河北省两化融合奠定了较好的基础，取得了一些新的进展，但总体上依然处于全国中游水平，比较突出的问题，主要表现为两个方面。

一是两化融合发展能力需要进一步深化。当前河北企业在利用信息化促进全面转型升级、提升竞争力方面的主动性依然有所欠缺，两化融合所带来的经济效益未能完全显现，工业增加值占GDP比重、工业成本费用利润率均有所下降。河北工业结构优化过程中，大部分产业集群仅仅处于完成基础设施建设阶段，在全国工业利润普遍下降的背景下，入园企业的盈利能力受到影响，信息化的高投入在短期内未能变现，信息资源开发利用程度尚浅，业务与技术未能实现充分融合，信息化效能无法得到有效发挥，对两化融合形成一定的短期制约。

二是支撑体系和发展环境尚须优化。针对性政策支持不足，工业软件、电子商务支撑体系、产业联盟支撑、复合型人才建设等仍不能满足需求，本地IT企业服务于两化融合的能力和水平较低，政策引导、资金扶持、标准规范等方面的工作力度还需进一步加强。

【相关建议】

对河北省两化融合提出以下建议。

一是加强产业集聚区的智慧化建设。提升产业集聚区的信息化基础设施水平，统筹部署、共建共享园区的网络基础支撑系统IPv6改造、下一代互联网驻地网改造以及基于4G、5G的无线局域网建设，构建宽带、融合、泛在的工业基础设施环境。推广普及物联网技术，逐步实现制造设备和制造系统的近距离通信和智能化升级。面向园区企业，搭建基于云计算的公共信息服务云平台，积极开展业务外包、融资租赁、数据托管等服务。统筹建设全区的能源管控中心，实现能源的全程动态监测、污染源控制、生态保护，加快园区的绿色化进程。以优势品牌企业为龙头，集聚关键技术创新、产品研发、产业链上下游优势资源，打造区域性云制造集群。

二是加大信息化在自主创新中的应用。围绕全省钢铁、装备、建材等重点行业和产业集群，着力推进制造业信息化科技工程，强化试点企业建设，谋划支持一批制造业信息化科技项目，培育5个两化融合创新服务中心、10个公共服务示范平台、15家示范企业和100家重点企业，同时认定第三批制造业信息化科技工程试点。依托全省的财政优惠政策，鼓励企业积极承担关键核心技术研发和重大科技成果产业化与应用示范项目，加大自主创新研发的投入力度。推动建设制造业协同创新平台，全面整合政府、高等院校、企业的资源，构建从应用研究、技术开发到产业化应用的技术创新链条。利用京津冀一体化发展机遇，加强各类集聚区与北京中关村国家自主创新示范区的合作，凭借中关村的辐射和引领作用，开展企业创新资源跨区域整合，探索制造业协同创新发展模式。

三是大力完善两化融合服务支撑体系。充分利用政产学研各界资源，联合开展两化深度融合行业服务中心、评估认证平台等支撑机构建设，开展国家企业两化融合整体性评估试点，积极落实两化融合标准管理体系和品牌建设内容，通过两化融合专家咨询企业行、万名企业家两化融合培训活动提升企业的两化融合建设理念。由政府搭台，联合优势企业资源，举办两化深度融合对接会，促进企业间两化深度融合技术和产品的交流合作。

四是加快发展电子商务。加快推进河北省电子商务发展顶层设计，明确河北省电子商务发展的总体目标、战略路径和发展重点，为深化电子商务应用和提升电子商务服务能力搭建发展框架，制定支撑体系建设的总体策略。集聚国内外电子商务优势企业，打造电子商务集群，出台产业园促进政策，提升电子商务服务和创新孵化能力。大力支持一批电子商务服务公共平台和新型电子商务市场建设，引导品牌推广、渠道建设、支付结算等环节的革新，开展线上结算、线下体验的O2O模式试点，通过税收优惠政策鼓励发展跨境电子商务。

山西省两化融合发展水平分析

【总体情况】

（一）经济概况

2014年，山西省全年生产总值为12759.4亿元，较2013年增长4.9%。其中，第一产业增加值788.1亿元，同比增长3.8%，占生产总值的比重为6.2%；第二产业增加值6343.3亿元，同比增长3.7%，占生产总值的比重为49.7%；第三产业增加值5628.0亿元，同比增长7.0%，占生产总值的比重为44.1%。全年规模以上工业增加值增长3.0%。规模以上工业企业实现主营业务收入17119.9亿元，同比增长6.1%。其中，装备制造和医药工业分别实现主营业务收入1582.1亿元和158.9亿元，同比分别增长9.4%和14.8%；煤炭、焦炭、冶金、电力、化学、建材和食品工业分别实现主营业务收入6781.0亿元、1026.4亿元、3768.2亿元、1597.2亿元、844.9亿元、358.6亿元和701.4亿元，分别下降8.0%、21.9%、8.3%、0.6%、2.8%、3.0%和1.0%。

（二）两化融合主要进展

2014年，山西省继续全面落实国家两化融合的方针政策，加快新一代信息技术的创新应用，提升工业领域的信息化与智能化水平，壮大两化融合创新服务产业规模，促进两化融合创新可持续跨越发展。

1．信息基础设施建设不断推进

山西省积极推动“宽带中国”战略的实施，加快推进城市光纤到户，优化3G网络覆盖范围和质量，加快4G网络建设。2014年实施了全省公共场所WLAN免费覆盖工程，首批i-shanxi无线网络已实现了机场、火车站及各市行政服务中心等百余处场所的网络覆盖，宽带已覆盖全部城镇和行政村；3G网络已覆盖100%的城镇和80%的行政村；无线局域网（WLAN）公共场所接入点约43万个，与3G网络形成有效互补；广播电视在20户以上自然村全部实现“村村通”，综合覆盖率超过97%；全省网民达到1755万人，互联网普及率达到48.6%，在中部6省中排名首位，居全国第10位；互联网宽带接入用户数达521.3万户；移动电话用户数3105.5万户，普及率达86部/百人。

2．信息产业和新兴产业加快发展

山西省加快重大项目和产业基地建设，大力发展以信息产业和高端装备制造、高新技术、新材料、节能环保为重点的新兴产业。2014年新兴产业投资增速达到30%以上。信息产业持续保持高速增长态势，百度（阳泉）云计算中心、吕梁超算中心、中天信、同昌、百得、精英、众人、中网、长治高科等一批信息技术企业快速崛起。江铃重汽整车和发动机、华能太原东山燃机热电等重大项目开工建设，北车太原铁路装备园、太钢不锈钢冷连轧技术改造、阳煤化机煤化工装备制造基地等重大项目相继建成投产，太钢高端碳纤维一期工程、太重高速列车轮轴国产化一期工程、富士康苹果手机等重大项目达产达效。同时，数字化、智能化装备产品研发应用进程加快，信息技术在装备产品中的应用不断深化，装备制造产品的技术水平和附加值不断提升，带动信息技术、信息产品制造业快速发展。

3．企业信息化应用不断加深

2014 年，山西省以政策引导和典型示范为切入点，加快信息技术在传统产业关键环节和重点领域全面渗透，煤、焦、冶、电等传统产业信息化发展水平显著提高，重点骨干企业信息化建设正逐步从单业务应用向多业务综合集成转变。2014 年，全省重点行业典型企业 MES 普及率指数为 64.06，重点行业典型企业 PLM 普及率指数为 53.01，重点行业典型企业 SCM 普及率指数为 58.85，分别比 2013 年提高了 1.44、15.55 和 3.65。太钢、阳煤、焦煤 3 户企业首次入围国家级两化深度融合示范企业，中国（太原）煤炭交易中心、贡天下特产网等 7 户列入国家电子商务集成创新试点项目，太原市成为首批国家信息消费试点城市。

4．节能减排取得较大进展

山西省出台了加快推进工业节能环保产业发展行动方案和《山西省 2014—2015 年节能减排低碳发展行动计划》，推进实施 650 项节能改造项目。为推进减排治污，全省实施了燃煤发电机组超低排放改造提速工程，共淘汰黄标车及老旧车 21.6 万辆，全省 PM2.5 平均浓度下降 16.9%。同时，采取多项举措大力发展循环经济，加快太原不锈钢产业园区循环改造试点和晋城、孝义国家循环经济示范城市创建。

【两化融合发展水平分析】

（一）综合分析

2014 年山西省两化融合发展总指数为 54.13，比 2013 年提高了 2.26 个点，但低于全国 66.14 的平均水平。基础环境方面，2013 年山西省基础环境指数为 58.07，2014 年为 63.36，比 2013 年提高 5.29 个点，表明山西省基础环境水平有所改善。工业应用方面，2013 年工业应用指数为 51.3，2014 年为 51.67，比 2013 年略微提高 0.37 个点。应用效益方面，2013 年应用效益指数为 46.83，2014 年为 49.83，比 2013 年提高 3 个点，如表 1 所示。

表 1　2013—2014 年山西省两化融合指数情况

指　标	2013 年指数	2014 年指数	变化情况
基础环境	58.07	63.36	↑5.29
工业应用	51.30	51.67	↑0.37
应用效益	46.83	49.83	↑3
总指数	51.87	54.13	↑2.26

数据来源：中国电子信息产业发展研究院

（二）具体分析

1．基础环境指数

2014 年，山西省两化融合基础环境水平持续提升，由 2013 年的 58.07 提升至 63.36，多项分指标均有所增长，其中固定宽带端口平均速率、中小企业信息化服务平台数增幅较大。在信息基础设施建设方面，2014 年山西省固定宽带端口平均速率指数为 66.86，比 2013 年大幅提高 16.55 个点；2014 年移动电话普及率指数为 61.25，比 2013 年提高 4.46 个点。在互联网应用普及方面，2014 年山西省互联网普及率指数为 64.92，比 2013 年提高近 4 个点。在两化融合政策环境建设方面，山西省设立了两化融合专项引导资金，中小企业信息化服务平台数指数为 33.15，比 2013 年提高 8 个多点。2014 年重点行业典型企业信息化专项规划指数为 63.44，比 2013 年提高 2.78 个点。

2．工业应用指数

2014 年山西省两化融合工业应用指数为 51.67，比 2013 年略微提高 0.37 点，其中重点行业典型企业 MES 普及率增速较快，重点行业典型企业销售环节电子商务应用降幅较大。具体来看，2014 年山西省重点行业典型企业 ERP 普及率指数为 55.73，比 2013 年的 58.68 降低了 2.95 个点。2014 年重点行业典型企业 MES 普及率指数为 64.06，比 2013 年的 48.51 大幅提升了 15.55 个点。2014 年重点行业典型企业 PLM 普及率指数为 53.01，比 2013 年的 49.36 提高 3.65 个点。2014 年重点行业典型企业 SCM 普及率指数为 58.85，比 2013 年的 57.41 提高 1.44 个点。2014 年重点行业典型企业采购环节电子商务应用普及率指数为 57.73，比 2013 年的 57.95 降低 0.22 个点。2014 年重点行业典型企业销售环节电子商务应用普及率指数为 38.7，比 2013 年的 52.54 明显降低 13.84 个点。2014 年重点行业典型企业装备数控化率指数为 45.54，比 2013 年的 46.29 下降 0.75 个点。2014 年国家新型工业化产业示范基地两化融合发展水平指数为 42.29，比 2013 年的 42.05 提升了 0.24 个点。

3．应用效益指数

2014 年，山西省两化融合应用效益指数为 49.83，比 2013 年提高了 3 个点，其中单位工业增加值工业专利量、单位地区生产总值电耗增长明显，对应用效益指数的提升贡献较大，电子信息制造业主营业务收入、软件业务收入水平也有所提高，表明信息制造业支撑服务能力有所增强。同时，工业成本费用利润率降幅最大。在地区工业生产效益和水平方面，2014年山西省工业增加值占GDP比重指数为53.55，比2013年降低5.47个点；2014年第二产业全员劳动生产率指数为65.71，比2013年降低了2.27个点；2014年工业成本费用利润率指数为22.55，比2013年大幅减少14.79个点；2014年单位工业增加值工业专利量指数为66.88，比2013年显著提高16个点多。在工业节能减排水平方面，2014年单位地区生产总值电耗指数为62.41，比2013年明显增加26个点多。在信息产业发展水平方面，2014年电子信息制造业主营业务收入和软件业务指数分别为60.28和14.34，比2013年分别提高5.05个点和2.26个点。

【优劣势分析】

山西省两化融合的优势主要有以下两点。

一是重点行业企业信息化水平较高。山西省重点行业典型企业数控化率在全国的排名高于其他指数，这客观表明全省重点行业企业信息化水平相对较高。潞安集团、山西焦煤集团、阳泉煤业集团等大型煤炭企业积极开展数字矿山建设，并逐步向“智慧矿山”发展。以阳煤集团为例，2014年阳煤集团投资了1.7亿元推进矿山智慧化建设，重点在数据中心、系统集成、自动化控制、管控一体化等方面深化信息化应用，使安全、生产、成本、固定资产、业务管理等各环节全面实现信息化，搭建了综合信息管理平台，大大减少了企业安全事故概率，降低了企业制造成本，提高了企业经济效益。

二是软件产业发展政策环境逐步完善。山西省把具有自主知识产权的优秀软件产品、行业解决方案纳入政府采购的推荐目录，在同等条件下优先采购，并给予一定的补贴。在资金方面，对市场前景良好，并具有自主知识产权的软件项目，给予一定比例的补助，对已取得商业贷款且市场前景看好的项目，按1年期银行贷款基准利率给予贴息补助。为鼓励和支持新软件企业发展，在山西新创办的软件服务企业经认定后，享受国家有关所得税减免政策。对国家规划布局内的重点软件生产企业，当年未享受减免优惠的，按10%的税率征收企业所得税。

同时，山西省两化融合也存在诸多劣势。

一是两化融合对产业发展的带动作用不强。山西“一煤独大”，产能过剩问题十分严重，煤炭信息化建设对于工业转型升级的带动作用没有显现。

二是中小企业信息化进程缓慢。中小企业服务平台建设速度滞后于实际发展需求，中小企业服务平台的功能较少，对中小企业信息化应用的支撑能力不足，在一定程度上延缓了省内各类中小企业的信息化发展。

三是节能减排环节的信息化应用程度较浅。山西省的煤炭产业长期粗放式发展，资源消耗强度大，能源利用率低，环境污染严重，落后产能淘汰和行政管制执行力度不足，造成了巨大的节能减排压力。但在节能减排环节的信息技术投入、研发和应用等缺乏有效的推进机制，导致节能减排的信息化程度依然不高，效果不明显。

【相关建议】

对山西省两化融合提出以下建议。

一是深入推进重点领域智能化水平。针对山西省煤炭工业规模大、产业层次不高的特点，全面深化物联网、云计算等新一代信息技术在煤炭开采、深度加工、营销物流、经营管理、风险管理等领域的应用，大力推进“百项智能化生产关键技术”示范项目，加强信息技术的集成创新与协同应用。深入实施企业两化深度融合“百千万”工程（百企示范、千企试点、万企行动），加快培育一批两化融合开采加工、供应链管理、产品或装备、生产过程智能化和电子商务示范企业。完善中小企业数字云服务平台，加快创建“数字企业”。加快对传统产业中主要耗能、耗材设备和工艺流程的智能化改造，促进节能增效和安全、清洁生产。

二是积极推动产业链协同创新。促进骨干企业内部信息共享和系统集成，以及产业链上下游企业的业务协同，提升产业链整体竞争力。以产品技术标准促进协同，推动跨企业的产品全生命周期管理、客户关系管理和供应链管理系统应用及深化。以平台凝聚促进协同，支持企业建设跨部门、跨地域的集团一体化管控系统、集团级数据中心和商务智能系统，支持重点行业骨干企业跨国运营平台建设，建立全球协同的经营管理系统。促进软硬件、咨询企业协同创新，加强煤炭企业、软件与信息服务企业及信息咨询服务企业深化合作，推动优势互补、强强联合和垂直整合。

三是加快建设两化深度融合示范载体。以市、县（市）域和各级、各类高新技术产业开发区、经济技术开发区、工业园区、新区等为主体，创建培育两化融合示范区、试验区和服务产业园。建立两化融合评价体系，发布两化融合发展水平指数，加强区域、园区、行业、企业两化融合绩效评估，促进信息技术在不同层面的深度推广应用。发展电子商务、现代物流、信息服务等生产性服务业，促进制造业和服务业融合发展。

辽宁省两化融合发展水平分析

【总体情况】

（一）经济概况

2014 年，辽宁省地区生产总值 28626.6 亿元，按可比价格计算，比 2013 年增长 5.8%。其中，第一产业增加值 2285.8 亿元，同比增长 2.2%；第二产业增加值 14384.6 亿元，同比增长 5.2%；第三产业增加值 11956.2 亿元，同比增长 7.2%。三次产业增加值比重调整为 8.0∶50.2∶41.8。全年全部工业增加值按可比价格计算，比 2013 年增长 4.8%。规模以上工业增加值按可比价格计算比上年增长 9.6%。在 41 个大类行业中，24 个行业增加值保持增长，20 个行业增加值增速超过全省平均水平。其中，汽车制造业增加值增长 32.3%；铁路、船舶、航空航天和其他运输设备制造业增加值增长 16.0%；医药制造业增加值增长 15.0%；金属制品业增加值增长 8.1%；通用设备制造业增加值增长 0.8%。全年规模以上工业企业高新技术产品增加值比上年增长 7.8%，占规模以上工业增加值的比重由上年的 43.9%提高到 47.2%。

（二）两化融合主要进展

辽宁省以推动东北振兴重大决策为指导，以沈阳国家级两化深度融合智能制造试验区为载体，以创新驱动为核心，以装备智能制造为先驱，围绕“全球智造”，不断完善政府引导体系和企业服务体系，重点提升自主创新能力、重大装备成套能力、基础配套能力及生产性服务业支撑能力，两化融合取得显著实效。

1. 重点突破两化融合实验区建设

为探索出一条适合辽宁产业特点的两化融合发展道路，辽宁省采取了试点先行的做法，2010 年将沈阳市列为省级两化融合试验区，并在 2011 年升格为国家级两化融合试验区。经过几年探索，沈阳国家级两化融合试验区已建立起政府引导、全社会广泛参与的协同推进机制，形成以 36 个示范企业、5 个市级试验区、百户重点企业为主体，以十百千万工程为重要内容，整体推进、重点突破的发展格局，全市两化融合整体水平得到很大提高，对全省两化融合工作起到了良好的示范与带动作用。

2．大力支持企业智能化升级

通过引入智能制造技术，辽宁省一批重点企业实现了研发数字化、生产集约化和管理现代化水平的大幅提升，企业核心竞争力日益增强。大连船舶重工集团通过信息化集成应用大幅提高生产效率，一改以往设计和建造一艘超大型油轮的超长周期，将一艘超大型油轮的建造周期缩短到300天左右。沈鼓集团搭建了云制造平台，建立了产品从订单开始，到设计、工艺，再到生产制造、产品发运，直至售后服务全过程的云平台制造模式，实现了老国企向“数字化工厂”的转型升级。2014年9月初，沈阳新松机器人自动化股份有限公司建设的我国首条用机器人生产机器人的数字化智能生产线正式投产，全程实现了物料自动搬运、零部件自动清洗、自动化装配等数字化控制，促进了机器人、智能设备和信息技术的深度融合，极大地提高了工业机器人的制造精度和生产效率。

3．着力优化政策发展环境

2014年7月，辽宁省政府出台了《关于促进当前经济稳增长十五条措施的通知》，明确提出，调整财政专项资金结构，扩大范围用于支持发展信息产业、实施两化融合、企业新产品（新技术）开发等项目建设。同时，辽宁省重新修订了《企业技术改造贷款财政贴息资金管理办法》，指出要“重点支持工业化和信息化融合项目”，两化融合项目可按评估后投资额的20%补助资金。另外，辽宁省首台套重大技术装备专项资金加大了对智能装备制造企业的扶持力度，工业产业集群发展专项资金积极推进具有技术研发、产品检测、信息咨询和产业链协同等功能的公共服务管理平台建设，提升产业集群两化融合整体水平。

【两化融合发展水平分析】

（一）综合分析

2014年，辽宁省两化融合发展总指数为71.85，比2013年增长3个多点，其中应用效益指数增长最快，对总指数提升的贡献较大。基础环境方面，2013年辽宁省基础环境指数为78.64，2014年基础环境指数为82.58，比2013年提高3.94个点。工业应用方面，2013年辽宁省工业应用指数为57.16，2014年工业应用指数为57.25，比2013年略微提高0.09个点。应用效益方面，2013年辽宁省应用效益指数为82.29，2014年应用效益指数为90.31，比2013年大幅提高8.02个点，如表1所示。

表1　2013—2014年辽宁省两化融合指数情况

指　标	2013年指数	2014年指数	变化情况
基础环境	78.64	82.58	↑3.94
工业应用	57.16	57.25	↑0.09
应用效益	82.29	90.31	↑8.02
总指数	68.81	71.85	↑3.04

数据来源：中国电子信息产业发展研究院

（二）具体分析

1．基础环境指数

辽宁省两化融合基础环境继续得到改善。2014年，辽宁省基础环境指数为82.58，其中固定宽带端口平均速率提升最快，固定宽带普及率、移动电话普及率、互联网普及率均有小幅提高，重点行业典型企业信息化专项规划有所下降。在信息基础设施建设方面，2014年，辽宁省固定宽带普及率指数为2.94，比2013年提高2.94个点；固定宽带端口平均速率为68.31，比2013年大幅提升18.62个点；移动电话普及率指数为69.58，比2013年提高2.84个点。在互联网应用普及方面，2014年，辽宁省互联网普及率指数为71.08，比2013年提高4.77个点。在两化融合政策环境建设方面，2014年，辽宁省设立了两化融合专项引导资金；中小企业信息化服务平台数指数为150，与2013年持平；重点行业典型企业信息化专项规划指数为58.14，比2013年下降6个多点。

2．工业应用指数

2014年，辽宁省工业应用指数为57.25，其中重点行业典型企业MES普及率比2013年有显著提升，重点行业典型企业SCM普及率和国家新型工业化产业示范基地两化融合发展指标也有所增长。除此之外，其他工业应用分项指标均有所下降，重点行业典型企业销售环节电子商务应用指标下降幅度最大。具体来看，2014年辽宁省重点行业典型企业ERP普及率指数为51.62，比2013年下降0.25个点。重点行业典型企业MES

普及率指数为62.66，比2013年提升15.27个点。重点行业典型企业PLM普及率指数为50.27，比2013年下降1.92个点。重点行业典型企业SCM普及率指数为52.82，比2013年增长3.41个点。重点行业典型企业采购环节电子商务应用普及率指数为54.48，比2013年下降2.21个点。重点行业典型企业销售环节电子商务应用普及率指数为56.47，比2013年大幅降低13.3个点。重点行业典型企业装备数控化率指数为41.79，比2013年减少0.65个点。国家新型工业化产业示范基地两化融合发展水平指数为85.75，比2013年提高0.48个点。

3．应用效益指数

2014年，辽宁省两化融合应用效益指数达到90.31，其中单位工业增加值工业专利量、软件业务收入、单位地区生产总值电耗增长较快，工业增加值占GDP比重、工业成本费用利润率略有下降。在地区工业生产效益和水平方面，2014年，辽宁省工业增加值占GDP比重指数为52.22，比2013年下降0.75个点；第二产业全员劳动生产率指数为87.93，比2013年提高1.22个点；工业成本费用利润率指数为33.95，比2013年下降1.64个点；单位工业增加值工业专利量指数为71.4，比2013年提高4个点。在工业节能减排水平方面，单位地区生产总值电耗指数为94.31，比2013年大幅提高42.69个点。在信息产业发展水平方面，电子信息制造业主营业务收入指数为104.74，比2013年提高1.05个点；软件业务收入指数为226.24，比2013年提高19.33个点。

【优劣势评价】

辽宁省两化融合发展的优势如下。

一是智能制造产业发展具备一定基础。辽宁省作为老牌工业基地，既拥有基础雄厚的传统产业，还孕育了新兴的智能制造产业因子。沈阳新松机器人公司瞄准了工业机器人市场，坚持自主创新，大力推动制度、技术、产品创新，围绕工业机器人打造了集自主核心技术、领先产品及行业系统解决方案为一体的完整产业链，工业机器人产品填补多项国内空白，洁净真空机器人屡次打破国外技术垄断与封锁，引领了辽宁省智能制造装备产业发展。

二是中小企业信息服务平台建设加快。2014年，中小企业信息化服务平台数指数为150，位居全国第一，高于全国平均水平42.3个点。1月，辽宁省中小企业公共服务平台网络开通，以省级服务平台为枢纽、以各市和重点产业集群公共服务机构“窗口”服务平台为支撑，汇聚全省优质服务资源，建设形成形象统一、资源共享、服务协同、全方位、一体化、开放式的网络体系。平台网络利用互联网门户、移动终端、呼叫服务、开放式“窗口”服务大厅等便捷服务通道，为中小企业提供信息、投融资、创业、人才与培训、技术创新、管理咨询、市场开拓、法律八大类专业服务。7月，沈阳科翔汽车零部件有限公司、汽车发动机气缸盖气缸一体技术服务平台等8家单位被认定为2014年度“沈阳市中小企业公共服务示范平台”，沈阳工业大学科技园有限公司（沈阳工业大学国家大学科技园创业（辅导）基地）等3家单位被认定为2014年度“沈阳市小微企业创业（辅导）基地”，通过不断完善服务功能，提高了管理水平和能力，促进了中小企业又好又快发展。

三是信息技术支撑能力得到增强。依托软件产业园区，在两化融合的带动下，辽宁省软件产业得到跨越式发展，对两化融合信息技术支撑能力的提升产生了巨大贡献。以沈阳为例，凭借良好的区域优势和产业环境，IBM、惠普等多家世界500强企业和天云科技、神州数码等30余个国际知名的项目落户沈阳，提高了沈阳软件产业核心竞争力，实现了沈阳软件产业年均40%以上的高速增长。特别是大连软件产业，已聚集了2000多家软件企业，20多万从业人员，截至2014年11月，销售收入达到1375亿元，出口39亿美元，产业园区、配套设施和公共服务基本齐备，业务类型多样，创新创业活跃，产业链条基本形成，软件和信息技术服务业对城市经济贡献度不断提高，已经成为大连的主导产业之一，已经启动“中国软件名城”创建工作。

辽宁省两化融合的发展也存在不足之处，主要表现在如下方面。

一是产业被锁定在中低端环节。2014年，辽宁省工业成本费用利润率指数为33.95，低于全国平均水平 8.59 个点，位于全国末端行列，工业成本持续上升，工业利润持续下降，已经影响了两化融合整体发展水平。由于长期从事资源开发和成品初级加工，全省工业核心竞争力培育不足，技术创新不活跃，产业发展难以适应未来市场竞争压力。

二是两化融合的广度和深度不足。辽宁省工业企业生产管理环节的信息化建设滞后，大多停留在单项应用阶段，重点行业典型企业装备数控化率为 34.85%，低于 43.96%的全国平均水平，重点行业典型企业 ERP、MES、SCM 普及率排在全国下游水平，与辽宁的工业大省地位不相适应。

【相关建议】

对辽宁省两化融合提出以下建议。

一是大力推动智能化升级。持续深入推进企业信息系统综合集成应用，在设计、制造、管理等环节推动全过程、全生命周期的信息技术优化控制，推动制造模式向数字化、智能化、网络化升级。加强大数据基础建设，强化大数据信息基础设施建设，建立大数据采集机制，建立大数据中心，为工业大数据技术研究和应用开发，尤其是为生产型制造向服务型制造转变夯实基础。

二是加快普及智能制造。支持重点企业开展全生命周期信息化管理，搭建协同设计、协同制造信息化平台，将全生命周期管理延伸到包括客户、合作伙伴、供应商的产品整体服务过程。全面提升生产过程信息化集成水平，深化装备产品销售后期的远程监控、维护、危机提醒等方面的信息化集成应用。加大数字化在装备生产制造中的应用范围，推广数字化装配生产线，开展数字化工艺管理系统建设，深化数控仿真技术应用，完善数字化试车检验系统、理化检测和产品测试系统。快速推进生产过程智能化，鼓励装备制造企业与信息技术服务企业合作，打造数字化工厂，开展工业机器人在关键生产线的规模应用等先进制造装备创新试点，发展以人机智能交互、柔性敏捷生产等为特征的智能装备制造方式，提升生产过程的智能化水平。全面推进精益生产，运用信息技术实现看板系统、零库存生产、世界级制造等方式，快速响应客户需求变化，实现定制式生产。开展虚拟研发、模拟计算，进行数字化制造，加强全方位虚拟技术应用。建立全球化生产网络，鼓励龙头装备企业积极寻求建立海外分支机构或生产制造合作商的机遇，并购具有潜在市场需求的海外企业。企业研发中心与生产重心同步推进，提高国际市场份额，建立全球化生产网络。

三是加快提升信息技术产业支撑能力。加快工业软件本地化进程，梳理装备制造企业已有的和急需的工业软件产品，比较本地软件与国际同类产品的差距，鼓励全省软件企业面向装备制造业大力发展嵌入式软件，鼓励装备制造企业组建能够提供自身所需的软件企业。攻克集成电路芯片设计和制造难关，从集成电路设计入手，增强芯片自主开发能力，逐步掌握具有自主知识产权的集成电路制造成套先进工艺，带动装备制造业的自主创新与发展。培育形成物联网和云计算产业链，依托物联网产业联盟，大力发展与物联网相关的软件开发、数字识别产品制造，在工业领域应用和推广物联网。依托云计算联盟，整合行业资源，支持大型企业集团私有云平台逐步发展为装备制造行业云平台。

四是加快发展生产性服务业。创新电子商务平台，开展基于大数据、物联网、云计算的电子商务公共服务平台。建立跨境电子商务交易平台，支持现有大型企业电子商务平台向行业性平台转化，同时在中小企业中推广电子商务平台应用，实现供应链电子商务化。开展基于电子商务的综合物流服务，加快建设装备制造业国际综合物流集散中心，吸引物流服务商和电商入驻，推进物流服务与产品电子交易集成式发展，为企业提供一站式系统服务方案。

上海市两化融合发展水平分析

【总体情况】

（一）经济概况

2014年，上海市完成地区生产总值23560.94亿元，按可比价格计算，比2013年增长7.0%。其中，第一产业、第二产业和第三产业增加值分别为124.26亿元、8164.79亿元和15271.89亿元，同比分别增长0.1%、4.3%和8.8%。全年实现工业增加值7362.84亿元，比2013年增长4.3%。规模以上工业总产值34071.19亿元，同比增长1.6%。全年节能环保、新一代信息技术、生物医药、高端装备、新能源、新材料和新能源汽车等战略性新兴产业制造业完成工业总产值8113.34亿元，比2013年增长5.5%。全年电子信息产品、汽车、石油化工及精细化工、精品钢材、成套设备、生物医药6大重点制造行业完成工业总产值21626.85亿元，比2013年增长1.4%，占全市规模以上工业总产值的比重为67.1%。

（二）两化融合主要进展

2014年，作为首批8个国家级两化融合试验区之一，上海根据“点上抓企业典型、线上抓产业联动、块上抓区域集聚、面上抓环境优化”的思路，全面推进重点企业、关键产业、优势区域的两化深度融合工作，有效提升了企业核心竞争能力、产业发展综合效能和区域经济集聚水平。

1．推动产业高端化发展

上海市市经信委强力支持钢铁、装备制造、汽车等重点传统制造企业通过信息化的集成应用加快改造提升，聚焦柔性制造、精益制造、虚拟制造等先进生产模式，提高企业生产智能化水平。上海电气集团股份有限公司（以下简称上海电气）积极发展工业自动化，围绕核电、风电装备等关键产品，部署了产品生命周期管理系统（PLM），打通从研发设计到生产制造、销售管理等环节的信息通道，为智能制造奠定了基础。上海电气所打造的临港产业基地作为工业和信息化部两化融合的示范点之一，在大型发电机线圈叠装环节大面积采用工业机器人，实现了精益制造。上海电气还完成了ERP外围应用系统的自主研发，将系统管理延伸至生产现场，工厂现场则通过车间制造执行MES系统、质量管理QMS系统和管理看板系统等集成应用，实现了“可视化”数字工厂的精细化、精益化、数字化管理。宝钢集团开始推进EVI（供应商早期介入）模式，全面介入用户从研发到量产的各个环节，实现了利用互联网打造自身的“优势服务”。华谊集团整合了旗下企业的IT部门和相关业务，成立华谊信息公司，形成“先进制造业和现代服务业”齐头并进的“双核驱动”业务模式。

2．促进平台经济发展

一是推动电子商务服务平台创新发展。以上海浦东新区“国家电子商务综合创新实践区”建设为契机，培育支持春宇供应链、我的钢铁网、物流汇、国兴农等一大批物流、农产品、大宗商品等创新型电子商务服务平台建设。二是推动电子商务与实体经济融合互动，自2010年起连续组织实施“推动电子商务企业创新发展、推动中小企业应用电子商务”的“双推”工程，通过“政府补贴、平台让利、企业自负各一点”的政策支持方式，遴选电子商务平台企业35家，直接补贴上海市中小企业近 1.4 万家，推介活动惠及中小企业超过 5 万家。推动专业技术服务信息化平台发展，促进研发设计、检验检测、标准认证、专业维修、节能环保等生产性服务业企业线上与线下相结合的商业服务模式形成。通过上海市信息化发展专项资金，累计支持嵌入式系统研发设计、物联网工业应用技术服务、时尚产业信息化综合服务、乳制品质量安全检测等专业技术服务信息化平台 17 个，提供各类服务 377 种，服务企业 3 万余家，累计访问量逾 600 万次。

3．加快智慧园区建设

在积极推动智慧园区建设方面，上海从政策规划、技术标准和行业组织等层面开展了一系列探索工作。一是构建智慧园区政策规划体系，发布实施了国内首个智慧园区地方标准《上海市智慧园区建设与管理通用规范》。二是开展智慧园区示范建设，支持推进了临港产业园、漕河泾开发区、市北高新园、浦东软件园、杨浦科技创业中心等一批建筑节能控制系统、应急响应系统、园区云公共服务平台等信息化应用项目。三是积极助力智慧园区市场化推进机制形成，指导成立了上海市智慧园区发展促进会。截至 2014 年年底，促进会共发展会员 102 家，园区会员 50 家。由产业园区、通信运营商及 IT 服务商、科研机构、投融资服务机构等构成的全产业链异业合作组织基本形成。

4．推进新兴技术应用

一是推动云计算工业应用。例如，上海宝信软件股份有限公司基于云服务的高端装备制造业公共服务平台项目，形成了面向高端制造业客户的高性能仿真私有云、公共资源共享云及面向中小企业的公共服务等工业云服务模式，将企业技术优势转变为产业竞争优势，促进了上海高端制造业发展。二是推动物联网深化应用。例如，上海绿泽生物科技有限责任公司的农药安全流通平台，利用物联网技术有效解决了农药从原料、生产到成品、流通等各环节的质量管理，从源头确保了农产品安全生产。三是推动大数据创新应用。

【两化融合发展水平分析】

（一）综合分析

上海市两化融合水平一直处于全国先进水平，2014 年上海市两化融合发展总指数为 90.89，比 2013 年的 86.28 提高了 4.61 个点，远远超过 66.14 的全国平均水平，排名位列全国第 2 位。其中，基础环境建设进展最快，由 2013 年的 84.79 提升到 2014 年的 90.08，提高了 5.29 个点；工业应用指数为 80，比 2013 年提高 4.14 个多点；应用效益指数为 113.46，比 2013 年提高 4.85 个点，如表 1 所示。这三项指标指数始终位居全国前列，远远超出全国平均水平。

表 1　2013—2014 年上海市两化融合指数情况

指　标	2013 年指数	2014 年指数	变化情况
基础环境	84.79	90.08	↑5.29
工业应用	75.86	80.00	↑4.14
应用效益	108.61	113.46	↑4.85
总指数	86.28	90.89	↑4.61

数据来源：中国电子信息产业发展研究院

（二）具体分析

1．基础环境指数

2014 年，上海市基础环境指数为 90.08，比 2013 年增长 5.29 个点，除固定宽带普及率外，其他分项指标指数均有所提升，特别是固定宽带端口平均速率、中小企业信息化公共服务平台建设增幅较大。在信息基础设施建设和应用普及方面，上海市固定宽带普及率指数为 92.90，比 2013 年的 97.71 减少 4.81 个点；固定宽带端口平均速率指数为 79.56，比 2013 年的 67.71 显著增长 11.85 个点；移动电话普及率指数为 81.46，比 2013 年的 79.14 增长了 2.32 个点。在互联网应用普及方面，2014 年上海市互联网普及率指数为 82.15，比 2013 年的 80.54 略微增长 1.61 个点。在两化融合政策环境建设方面，2014 年，上海市设立了两化融合专项引导资金，对于引导两化融合的发展至关重要；中小企业信息化服务平台数量指数为 120.75，比 2013 年的 93.72 大幅提高 27.03 个点；重点行业典型企业信息化专项规划情况指数为 77.48，比 2013 年的 75.05 增长 2.43 个点。

2．工业应用指数

2014年，上海市工业应用指数为80，比2013年增长4.14个点，各项分指标都有不同程度的增长，其中国家新型工业化产业示范基地两化融合发展水平增幅最大。具体来看，2014年上海市重点行业典型企业ERP普及率指数为69.85，比2013年增长2.2个点。重点行业典型企业MES普及率指数为97.19，与2013年持平。重点行业典型企业PLM指数为77.44，比2013年提升3.17个点。重点行业典型企业SCM普及率指数为64.66，比2013年增长1.37个点。重点行业典型企业采购环节电子商务应用普及率指数为106.15，比2013年增长2.76个点。重点行业典型企业销售环节电子商务应用普及率指数为112.61，比2013年提高5.16个点。重点行业典型企业装备数控化率指数为58.26，比2013年上升1.39个点。国家新型工业化产业示范基地两化融合发展水平指数为60.69，比2013年提高15.59个点。

3．应用效益指数

2014年，上海市应用效益指数为113.46，比2013年增长4.85个点，其中多项分指标指数都各有增长，仅第二产业全员劳动生产率和电子信息制造业主营业务收入略微有下降。在地区工业生产效益和水平方面，2014年上海市工业增加值占GDP比重指数为41.21，比2013年的43.03减少1.82个点；第二产业全员劳动生产率指数为85.14，比2013年的85.31略微下降0.17个点；工业成本费用利润率指数为46.35，比2013年的41.8提高4.55个点；单位工业增加值工业专利量指数为145.08，比2013年的143.48增长1.6个点。在工业节能减排水平方面，2014年上海市单位地区生产总值电耗指数为101.12，比2013年提高25.45个点。受产业转移影响，2014年上海市电子信息制造业主营业务收入指数为200.69，比2013年的204.69减少近4个点；软件业务收入指数为220.01，比2013年的206.59增长了13.42个点。

【优劣势评价】

2014年，上海市两化融合的优势主要如下。

一是技术创新服务能力较强。2014年，上海市单位工业增加值工业专利量指数为145.08，比2013年的143.48增长1.6个点，技术创新能力得到增强，这主要得益于技术创新服务体系的有效运作。上海技术交易所与上海市66所高校、253家科研机构建立合作，构建了65个专业技术能力点，并与50多家科技评估、知识产权、金融投资等领域的专业服务机构结成合作伙伴，积极挖掘创新需求，促进创新供需对接。

二是重点行业企业具备了智能制造发展基础。2014年，上海市工业企业两化融合单项应用水平均位居全国前列，重点行业典型企业ERP、MES、PLM、SCM、装备数控化率等指标基本达到60%以上，其中MES、PLM普及率均高出全国水平近30个百分点。重点企业智能化水平较高。比如，上海保隆汽车科技股份有限公司通过自动化生产集成系统建设，实现了不同种类、不同型号产品的柔性生产，自动化生产线工位快速切换时间保持在15分钟以内，生产效率提高40%以上。上港集团通过实施集装箱作业管理平台项目，每辆集卡互拖作业时间由原来的100分钟降至20分钟，每自然箱互拖作业行驶距离减少50%以上，集卡重进重出率达到97%。

三是电子商务与实体产业融合互动。2014年，上海市重点行业典型企业采购环节电子商务应用普及率为57.29%，重点行业典型企业销售环节电子商务应用普及率指数为49.31%，均高出全国平均水平20个百分点以上。凭借上海浦东新区“国家电子商务综合创新实践区”建设契机，春宇供应链、我的钢铁网、物流汇、国兴农等一大批物流、农产品、大宗商品创新型电子商务服务平台不断涌现。上海市自2010年起连续组织实施“推动电子商务企业创新发展、推动中小企业应用电子商务”的“双推”工程，通过“政府补贴、平台让利、企业自负各一点”的政策支持方式，遴选电子商务平台企业35家，直接补贴上海市中小企业近1.4万家，推介活动惠及中小企业超过5万家。

同时，上海市两化融合也还存在一些劣势。

一是资源约束趋紧。我国经济整体形势较为严峻，环境资源对上海市两化融合发展的约束进一步增强，劳动力、土地和原材料价格上升，加重了工业生产成本，重化、钢铁、劳动密集型加工制造业增长持续放缓。2014年，上海市工业增加值占GDP比重指数由2013年的35.47%降低到33.5%，下降了1.97个百分点，低于全国平均水平的39.66%。

二是生产性服务业经营成本日益上涨。在经济发展新常态下，在各项生产要素价值尤其是土地和房地产价格迅速攀升的情况下，上海生产性服务业的成本（土地成本、房屋租赁费、人力成本、交通通讯等）越来越高，这不仅对生产性服务业的发展带来不利影响，也对工业向制造服务化转型带来了不利影响。

【相关建议】

对上海市两化融合提出以下建议。

一是夯实智能制造发展基础。促进重点行业骨干企业的信息系统集成以及产业链上下游企业的业务协同，为发展智能制造奠定坚实基础。重点是：促进企业生产管理集成。在装备、汽车、飞机等离散制造行业中，深化研发设计、工艺流程、生产装备、过程控制、物料管理等环节信息技术的集成应用；在钢铁、石化、医药等连续制造行业，推广集成化的生产执行系统（I-MES）、分散控制系统（DCS）等信息技术的普及应用。促进各个环节的产业链协同。以提升汽车、航空、装备、造船等产业链协同能力为重点，推动跨企业的产品全生命周期管理、客户关系管理和供应链管理系统应用和深化。促进企业跨地域、国际化经营。支持企业建设跨部门、跨地域的集团一体化管控系统、集团级数据中心和商务智能系统；支持重点行业骨干企业跨国运营平台建设，建立全球协同的经营管理系统。

二是加强公共服务平台建设。依托产业集群和工业园区，打造满足园区公共服务和管理需求的智慧管理平台，构建个性化、专业化的“一站式”产业创新和发展服务平台，汇聚人才、资金、信息等发展资源，为园区企业提供政策咨询、创业辅导、技术创新、人才培训、市场开拓等线上线下相结合的服务。通过“工业云创新服务”支持一批服务特定领域、示范带动效应明显的工业云平台，聚合一批制造业和生产性服务业领域云服务资源，打造“聚合百家资源、服务万家企业”的上海工业云创新服务品牌。

三是继续扎实推进两化融合管理体系贯标试点。积极鼓励服务机构申报工业和信息化部贯标认定机构，进一步健全贯标综合推进体系。全面总结提炼贯标经验和典型示范，在工业和信息化部的指导下，拟适时召开贯标经验交流会，加强与相关省市的经验交流。召开非重点贯标试点企业座谈会，加强对非重点贯标试点企业的引导和对接。不断加大对贯标试点的宣传推广和效果示范，吸引更多企业和机构参与贯标和服务体系建设。

江苏省两化融合发展水平分析

【总体情况】

（一）经济概况

2014 年，江苏省完成地区生产总值 65088.3 亿元，比 2013 年增长 8.7%。其中，第一产业增加值 3634.3 亿元，同比增长 2.9%；第二产业增加值 31057.5 亿元，同比增长 8.8%；第三产业增加值 30396.5 亿元，同比增长 9.3%，三次产业增加值比例为 5.6∶47.7∶46.7。全年规模以上工业增加值比 2013 年增长 9.9%，轻、重工业分别增长 9.8%和 9.9%。高新技术产业全年产值 5.7 万亿元，比 2013 年增长 10.4%，占规模以上工业总产值比重达 39.5%，同比提高 1.0 个百分点。先进制造业持续发展。在规模以上工业中，汽车制造业产值 6448.8 亿元，比 2013 年增长 13.4%；医药制造业产值 3136.4 亿元，同比增长 13.7%；专用设备制造业产值 5622.2 亿元，同比增长 10.0%；电气机械及器材制造业产值 16003.3 亿元，同比增长 9.8%；通用设备制造业产值 8134.3 亿元，同比增长 10.5%；计算机、通信和其他电子设备制造业产值 18055.9 亿元，增长 4.1%。

（二）两化融合主要进展

2014 年，面对发展新常态，江苏省从结构优化、创新发展、服务并进、环境优化等方面全面推进两化深度融合工作，两化融合成效显著，推动省工业经济呈现出产业结构调整加快等诸多亮点。

1．深化结构调整，推动两化融合质效提升

实施十大战略性新兴产业推进方案，规模化发展战略性新兴产业，重点是组织质量技术攻关，在高端装备、节能环保、新材料等领域突破一批关键核心技术。全力推进全省 430 项、总投资 5555 亿元重点技改项目建设，顺利完成“百项千亿”重点技改工程年度目标，全年工业技改投资增长 19%，高于全省工业投资 8 个百分点左右。出台加快新能源汽车推广应用政策，全年推广新能源汽车 6800 辆。认定首台套重大装备和关键零部件 98 个，累计达 387 个。预计全年物联网和云计算、新一代信息技术和软件、节能环保、高端装备制造业增速均在 18%以上，高新技术产业产值超过 5 万亿元。制定实施了《江苏省 2014—2015 年节能减排低碳发展行动方案》，研究制定节能量交易暂行办法，组织实施节能改造工程，新增节能能力 230 多万吨标准煤；全年以高效大机组替代小机组发电 235 亿千瓦时，节能 94 万吨标准煤；持续推进电机能效提升计划，深入推进“千企”节能低碳行动，编制卫生陶瓷等 11 项产品能耗限额地方标准。“十二五”以来累计编制 52 项标准，其中，35 项已经国家备案实施。压缩钢铁产能 377 万吨、水泥 153 万吨、平板玻璃 220 万重量箱；累计完成 5 年化解过剩目标的 84%、160%和 40%。

2．实施创新突破，促进产业结构向中高端迈进

积极承接国家重大科技成果转化、电子产业调整振兴、智能制造等专项项目，推动高技术船舶、关键汽车零部件、碳纤维、高端装备等重点领域的研发和产业化。2014 年，列入省级计划的

1370个项目总投资420亿元，新增销售1800亿元、利税240多亿元，形成专利成果7600多项，全年开发市级以上新产品2.7万个。开展了工业强基专项行动，突破工程机械、轨道交通、特种材料等部分领域的技术瓶颈制约，支持企业建设研发机构、区域性公共技术平台，加快推进产学研用一体化发展和技术创新成果的产业化发展。开展工业企业质量品牌培育试点，获国家级示范企业12家，全国质量标杆6家，首批国家级试点产业集群3家。激励企业品牌质量创优，其中，2家企业荣获“中国工业大奖”，3家企业荣获“全国质量奖”。加快建设企业技术质量服务平台，新增8家工业产品质量控制和技术评价实验室，总数达16家，位居全国前列。开展两化融合贯标，59家企业成为国家两化融合贯标试点。加快推进农村综合信息平台建设，行政村覆盖率超过65%。

3．强化服务支持，优化两化融合发展环境

坚持产业发展与服务创业互动并进，积极落实各项扶持政策，组织开展专项服务活动，为企业营造良好的发展环境。分别在六大片区中的5个村援建了光伏扶贫项目，实现了光伏扶贫项目在六大片区的全覆盖，并全部实现并网发电。推进中小微企业融资平台建设，服务企业超过1.8万家。修订出台了《江苏省企业技术进步条例》，进一步突出了企业在技术进步中的主体地位，明确政府关于企业技术进步工作的引导与服务职能、对企业的激励扶持政策，以及政府在企业技术进步工作中的监管义务等。组织实施了企业减负专项行动，加大涉企收费清理力度。积极落实国家重大技术装备引进关键料件免税、技改项目进口设备免税确认、担保公司营业税减免、固定资产增值税进项税抵扣等政策。组织开展“育鹰计划”企业家培训班，强化互联网思维和产业转型升级意识，为企业搭建合作交流平台。持续推进信用管理“万企贯标、百企示范”工程，贯标企业达3156家。突出智慧化推进计划、规模骨干企业培育，对41家企业开展智能制造、两化融合、绿色制造诊断咨询服务，提供转型发展整体解决方案。调整财政资金支持方向，新增生产性服务业、电商拓市、智能制造等专项资金，实施精准支持。积极探索产业基金运行模式，支持重点产业发展。

【两化融合发展水平分析】

（一）综合分析

2014年，江苏省两化融合发展总指数为92.17，继续排在全国首位。其中，基础环境指数为86.31，比2013年增长3.58个点；工业应用指数为78，比2013年增长6.09个点；应用效益指数为126.37，比2013年增长3.88个点，位居全国第1，如表1所示。在工业应用方面取得较大改善的前提下，江苏省基础环境建设得到持续深化，应用效益也有相应提高。

表1　2013—2014年江苏省两化融合指数情况

指　标	2013年指数	2014年指数	变化情况
基础环境	82.73	86.31	↑3.58
工业应用	71.91	78.00	↑6.09
应用效益	122.49	126.37	↑3.88
总指数	87.26	92.17	↑4.91

数据来源：中国电子信息产业发展研究院

（二）具体分析

1．基础环境指数

2014年，江苏省两化融合基础环境指数为86.31，比2013年增长了3.58个点，基础环境建设各个方面都有所提升，其中固定宽带端口平均速率指标提升最大，对基础环境指数增加的贡献较大。在信息基础设施建设方面，2014年，江苏省固定宽带普及率指数为85.02，比2013年增长2.83个点；固定宽带端口平均速率指数为85.02，比2013年增长13.13个点；移动电话普及率指数为67.80，比2013年增长2.54个点。在互联网应用普及方面，2014年，江苏省互联网普及率指数为67.60，比2013年增长1.46个点。在两化融合政策环境建设方面，2014年，江苏省设立了两化融合专项引导资金；中小企业信息化服务平台数量指数为145.34，比2013年增长2.44个点；重点行业典型企业信息化专项规划情况指数为68.93，比2013年略增长0.78个点。

2．工业应用指数

2014年，江苏省两化融合工业应用指数为

78.00，比2013年增长6个点多，除重点行业典型企业MES普及率之外，其他分项指标水平均有明显提升，其中重点行业典型企业采购环节电子商务应用和重点行业典型企业销售环节电子商务应用提升幅度最大。具体来看，2014年，江苏省重点行业典型企业ERP普及率指数为75.06，比2013年增长5.41个点。重点行业典型企业MES普及率指数为83.09，比2013年下降4个点。重点行业典型企业PLM指数为61.53，比2013年增长4.49个点。重点行业典型企业SCM普及率指数为70.39，比2013年增长3.16个点。重点行业典型企业采购环节电子商务应用普及率指数为108.27，比2013年增长17.9个点。重点行业典型企业销售环节电子商务应用普及率指数为113.40，比2013年大幅提升21.26个点。重点行业典型企业装备数控化率指数为57.80，比2013年上升0.34个点。国家新型工业化产业示范基地两化融合发展水平指数为60.7，比2013年增长1.79个点。

3．应用效益指数

2014年，江苏省两化融合应用效益指数为126.37，比2013年增长了3.88个点。其中，单位地区生产总值电耗和软件业务收入指标提升幅度在10个点以上，对地区工业生产效益和水平的提升贡献较大，工业增加值占GDP比重、工业成本费用利润率、电子信息制造业主营业务收入等分项指标有略微下降。具体来讲，工业增加值占GDP比重指数为49.84，比2013年减少了2.55个点；第二产业全员劳动生产率指数为65.35，比2013年增长了5.21个点；工业成本费用利润率指数为40.49，比2013年下降了0.24个点；单位工业增加值工业专利量指数为146.64，比2013年增长4.79个点。在工业节能减排水平方面，单位地区生产总值电耗指数为88，比2013年提高10.78个点。2014年，江苏省电子信息制造业主营业务收入指数为292.32，比2013年下降了1个点；软件业务收入指数为269.65，比2013年增长了12.96个点，远远超过全国100.18的平均水平，在全国排名第1。

【优劣势评价】

江苏省两化融合水平领先于全国其他省份，较好的经济基础为促进两化融合发挥了积极作用。具体来说，江苏省两化融合具有以下优势。

一是先进制造业成长步伐快。高新技术产业产值占工业比重超过40%，十大战略性新兴产业产值超过4万亿元，近3年年均增长超过20%，新材料、新能源、节能环保等占全国比重超过20%。海洋工程、轨道交通、新一代信息技术等产业迅速崛起，无锡传感网和云计算、苏州纳米技术等已成为国内领先的生产研发基地。机械、电子、石化、纺织、冶金等重点行业40%以上主要设备达到国际先进水平，85%以上骨干企业实现生产装备自动化，全省工业信息化水平位居全国前列。

二是重点行业创新能力强。2014年，江苏省单位工业增加值工业专利量达到146.64，比2014年增加了4.79个点，超出全国平均水平1.6倍。徐工、常林、南车等机械企业技术创新能力领先全国。省级工程中心和实验室超200家，专利申请和授权量均居全国第1，新增省级以上企业技术中心326家，其中国家级7家；新增国家技术创新示范企业7家，新增数全国第一。中威重工生产的WE67K-3600/15000数控折弯机是目前国内最大的C型折弯机，折弯压力3600吨，工作长度15米，获得一次性试车成功，填补了国内空白。江苏赛格纺织机械推出的“新型智能环保高速退煮漂联合机”，采用全自动加料系统、水电气消耗和pH值智能控制技术，具有高度智能化水平，整机技术水平代表了国内最高水平，完全可替代进口产品。

三是信息服务业持续壮大。2014年，江苏省重点行业典型企业采购环节电子商务应用和重点行业典型企业销售环节电子商务应用指数分别为108.27、113.40，分列全国第4名和第5名。信息服务、制造业服务化等新业态新模式不断涌现，互联网经济规模持续壮大，重点行业电子商务平台初具规模，70%以上大中型工业企业建立了网络销售模式。服装企业红豆集团采取“连锁专卖+电子商务”的模式，一方面借助天猫、淘宝、京东、QQ商城等第三方网销平台，开设红豆下属品牌店铺，并建立自营一站式购物网站红豆商城，作为集团全品类服装销售平台，整合集团内部品牌供应商入驻；另一方面开设3600多家品牌连锁专卖店，在拓展销售渠道的同时力求实现线上线下有效互动。

江苏省两化融合发展总体情况较好，但也存在一些劣势。

一是关键技术和装备依赖国外。江苏省高新技术、新兴产业的关键技术及装备受国外控制，产业发展依赖性较强。制造业对外技术依存度超过30%，大型成套装备、高科技含量装备主要依赖进口。大量技术成果和人才长期沉淀在高校或科研机构，科技成果转化能力较弱。

二是产业发展传统优势难以为继。人力、要素、资金成本上升使江苏制造业国际产业链分工地位和传统竞争优势受到挑战，江苏与美国制造业成本差距已明显缩小，面临着土地、资源、环境等前所未有的倒逼压力。同时，江苏在着力推动十大战略性新兴产业和互联网经济发展中，对产业创新能力的培育力度不足，核心竞争力不强，在创新最活跃的互联网领域还缺乏具有国际影响力的企业。

【相关建议】

对江苏省两化融合提出以下建议。

一是着力夯实产业基础。产品方面，围绕电子产品和元器件、机床、工程机械、纺织机械、成套设备等，重点突破关键智能技术、核心智能测控装置，实现产品数字化、智能化，提高产品协同性能，增加产品附加值。产业方面，壮大一批优强企业，攻克一批关键技术，组建一批产业联盟，促进信息服务产业与先进制造产业、现代服务业、数字内容、文化创意等相关产业互动发展。技术方面，组织产学研攻关“百项信息化关键核心技术”，支持国家实验室、大学与工业界联合研究开发先进制造技术，以核心技术的突破推动两化深度融合，大力推进相关示范项目。现代服务业方面，积极引导金融、物流、商贸、旅游、科技、工业设计等服务业与信息技术加快融合，大力发展生产性信息服务业，支持发展移动电子商务应用。产业融合方面，加快发展数字多媒体、动漫游戏等内容服务业，做大做强新兴网络文化产业，加快培育富有活力、形态多样的文化产业集群，推进信息化与本地支柱产业、重点产业的融合发展。

二是大力提升制造装备智能化水平。重点突破新型传感技术、模块化与嵌入式控制系统设计技术、先进控制与优化技术、系统协同技术、故障诊断与健康维护技术、高可靠实时通信网络技术、功能安全技术、特种工艺与精密制造技术、识别技术9大类共性、基础关键智能技术，加强对共性智能技术、算法、软件架构、软件平台、软件系统、嵌入式系统、大型复杂装备系统仿真软件的研发，为实现制造装备和制造过程的智能化提供技术支撑。重点开发新型传感器及系统、智能控制系统、智能仪表、精密仪器、工业机器人与专用机器人、精密传动装置、伺服控制机构和液气密元件及系统8大类典型的智能测控装置和部件并实现产业化。重点开发石油石化智能成套设备、冶金智能成套设备、智能化成形和加工成套设备、自动化物流成套设备、建材制造成套设备、智能化食品制造生产线、智能化纺织成套装备、智能化印刷装备8大类标志性的重大智能制造成套装备。根据我国智能制造技术和智能测控装置的发展水平，立足制造业，重点选择在电力、节能环保、农业、资源开采、国防科技工业、基础设施建设6大国民经济重点领域推广应用，分步骤、分层次开展应用示范，形成通用性、标准化的应用平台，加快推进技术、产业与应用的协同发展。

三是积极创建平台载体。构建政府、企业、社会公共服务平台，推动两化深度融合模式和服务业态创新。建设三网融合、移动互联网产品和业务创新基地，培育国内领先的三网融合和移动互联网企业。依托重点产业集群、专业市场，建设完善一批研发设计服务平台，改造升级一批智能制造服务平台，整合建设一批管理提升服务平台，建设一批电子商务服务平台及区域性两化融合促进中心。鼓励信息化服务商搭建面向中小企业的公共信息服务平台，整合政府、IT服务商、高校、科研院所等两化融合服务资源，集聚一批两化融合专家，为企业深入应用信息技术提供咨询、诊断、设计、规划、实施、监理、评估等方面的服务，创新服务机制。打造工业云产业政策体系和高效的公共服务体系，建立产、学、研、用合作机制，成为工业资源的集聚地和云计算的创业创新平台，在促进工业云计算快速、规范发展方面发挥明显的示范与带动作用，积极建设诚信、安全的工业云支撑体系，推动江苏工业云高效率、标准化、可持续发展。

浙江省两化融合发展水平分析

【总体情况】

（一）经济概况

2014年，浙江省完成地区生产总值40154亿元，比2013年增长7.6%。其中，第一产业增加值1779亿元，第二产业增加值19153亿元，第三产业增加值 19222 亿元，分别同比增长 1.4%、7.1%和 8.7%。三次产业增加值结构由2013年的4.7∶47.8∶47.5调整为4.4∶47.7∶47.9。全年规模以上工业增加值 12543 亿元，比 2013 年增长6.9%，轻、重工业增加值分别为 5407 亿元和7137亿元，分别同比增长6.1%和7.4%。规模以上工业销售产值64392亿元，同比增长5.9%。制造业中，高新技术产业增加值4283亿元，同比增长 8.5%，占规模以上工业的比重为 34.1%，比2013年提高0.5个百分点。

（二）两化融合主要进展

2014年，浙江省强化实体经济导向，围绕“两化深度融合国家示范区”建设，以信息化集成应用推进重点行业企业转型升级，以试点示范加速区域两化融合发展进程，大力发展电子商务，以工业云创新平台着力优化两化融合支撑服务环境，两化深度融合成效日渐凸显。

1．加快推进重点行业制造模式转型升级

一是积极实施重点行业信息化普及工程，实现规模以上企业普遍应用供应链管理（SCM）、生产管理（MRP）、产品数据管理（PDM）等信息管理系统，60%以上的重点行业骨干企业实现生产装备的自动化和半自动化升级，先进控制技术在骨干企业中应用普及率达到60%。二是支持财政资金向“机器换人”技术改造倾斜，加快智能制造模式转型。在整条生产线自动化改造、“自动生产线+工业机器人”、机联网、厂联网等领域广泛开展“机器换人”示范推广，截至 2014 年上半年，全省“机器换人”技术改造投资达 2419 亿元，同比增长 11.8%。建立了“机器换人”项目库，多次组织“机器换人”成功企业与其他企业现场交流。支持组建技术研究中心，采取“企业投入、政府扶持、高校出智”的合作形式，为企业实施“机器换人”工程搭建服务平台，促进产、学、研一体化发展。

2．积极开展企业、行业、区域两化融合试点示范

遴选了20个工业强县试点单位，全部制定了《两化深度融合实施方案》；通过了10个首批两化深度融合综合性示范区，总投资额达426亿元；确定了5个绿色安全制造信息化示范区，加快皮革、印染、造纸、蓄电池、化工等产业转型；实施了产业技术创新综合试点，建立了100余家省级重点企业研究院；建成了12个省级特色工业设计基地，积极推动工业设计创新发展。明确了 3个装备电子（软件）产业基地，实施了“百千万”智能化新产品开发计划。

3．大力推动电子商务全球领先发展

紧紧围绕“电商换市”战略部署，从夯实行业发展基础、落实重大工程推进措施、建设

电商服务体系等方面着力推进“电商换市”。一是奠定了电商行业发展基础。制定出台跨境电商、产业基地、服务体系、人才培训、示范创建等政策，正式启动电子商务立法，制定《浙江省电子商务统计试点方案》，正式实施电子商务服务和管理标准规范，成立省级电商促进会电商服务商、金融、产业基地、法律和教育培训 5 个专家委，以及浙江省商务大数据研究中心、浙江省电子商务研究所两个电子商务专业研究机构等。二是重点实施电子商务重大工程。推动省政府与阿里巴巴集团开展战略合作，通过战略合作框架协议明确了市场拓展、居民消费、网络金融、公共服务和诚信体系等十大合作领域，正式出台《浙江省人民政府与阿里巴巴集团战略合作框架协议落实意见》；全面开展电子商务拓市场工程，在淘宝“特色浙江”栏目下开设涉及 11 个区市的特色商品馆，推动以“义乌产业带”为代表的区域产业带建设。陆续启动跨境电子商务、产业基地建设、电商知识普及与人才培养等重点工程。三是建立电商服务体系。实施“社区电商服务网络建设工程”、“电子商务进万村工程”，搭建全省统一的电子商务公共服务平台，在各市县采取市场化运作模式建设电子商务公共服务中心，并在乡镇（街道）、专业市场、工业园区等地设立电商服务联络点，开展电子商务一站式支撑服务。

【两化融合发展水平分析】

（一）综合分析

2014 年，浙江省两化融合发展总指数为 86.26，比 2013 年提高了 7.57 个点，全国排名仅次于江苏、上海，位列第 3，远超 66.14 的全国平均水平。其中，基础环境指数为 93.01，比 2013 年的 79.05 大幅提升了近 14 个点，对两化融合发展水平提升的贡献较大；工业应用指数为 75.33，比 2013 年的 68.27 增长了 7 个多点；应用效益指数为 101.37，比 2013 年增长了 2.19 个点，如表 1 所示。

表 1　2013—2014 年浙江省两化融合指数情况

指　标	2013 年指数	2014 年指数	变化情况
基础环境	79.05	93.01	↑13.96
工业应用	68.27	75.33	↑7.06
应用效益	99.18	101.37	↑2.19
总指数	78.69	86.26	↑7.57

数据来源：中国电子信息产业发展研究院

（二）具体分析

1．基础环境指数

2014 年，浙江省在信息基础设施建设方面继续加大投入力度，基础环境指数由 2013 年的 79.05 提升至 93.01，增幅达到 13.96 个点，基础环境水平位居全国第一。其中，固定宽带端口平均速率和中小企业信息化服务平台数的发展速度最快，其他各项指标也有不同程度的提高。具体来看，2014 年浙江省固定宽带普及率指数为 97.71，比 2013 年的 92.9 增长了 4.81 个点；固定宽带端口平均速率指数为 72.2，比 2013 年的 54.9 增长了 17.3 个点；移动电话普及率指数为 79.43，比 2013 年的 75.17 增长了 4.26 个点。在互联网应用普及方面，2014 年，浙江省互联网普及率指数为 74.93，比 2013 年的 73.54 增长了 1.39 个点。在两化融合政策环境建设方面，2014 年，浙江省继续设立两化融合专项引导资金，在吸引社会资本参与信息化建设中发挥了重要作用；中小企业信息化服务平台数量指数为 150，比 2013 年的 77.22 大幅增加了 72.78 个点；重点行业典型企业信息化专项规划情况指数为 78.77，比 2013 年的 72.21 增长了 6.56 个点。

2．工业应用指数

2014 年，浙江省工业应用多项指数均呈现较大幅度的上升。具体来看，重点行业典型企业 ERP 普及率指数为 65.76，比 2013 年的 75.83 降低了 10.07 个点。重点行业典型企业 MES 普及率指数为 81.59，比 2013 年的 77.14 增长了 4.45 个点。重点行业典型企业 PLM 指数为 67.52，比 2013 年的 54.2 大幅提升 13.32 个点。重点行业典型企业 SCM 普及率指数为 43.16，比 2013 年的 62.48 显著降低了 19.32 个点。重点行业典型企业采购环节电子商务应用普及率指数为 101.74，比 2013 年的 76.9 提高了 24.84 个点。重点行业典型企业销售环节电子商务应用普及率指数为 110.03，比 2013 年的 85.06 提高了 24.97 个点。重点行业典型企业装备数控化率指数为 66.92，比 2013 年的 52.03 增长了 14.89 个点。国家新型工业化产业示范基地两化融合发展水平指数为 68.45，比 2013 年的 65.67 增长 2.78 个点。

3. 应用效益指数

2014 年，浙江省两化融合应用效益水平稳步提升，由 2013 年的 99.81 提升至 101.37，提高了 2.19 个点，其中工业增加值占 GDP 比重和软件业务收入两项指标提升较快。在地区工业生产效益和水平方面，2014 年，浙江省工业增加值占 GDP 比重指数为 50.07，比 2013 年的 39.18 明显提升了 10.89 个点；第二产业全员劳动生产率指数为 45.22，比 2013 年的 47.46 减少了 2.24 个点；工业成本费用利润率指数为 37.9，比 2013 年的 36.83 上升了 1 个多点；单位工业增加值工业专利量指数为 162.88，比 2013 年的 181.4 下降了 18.52 个点；在工业节能减排水平方面，单位地区生产总值电耗指数为 83.36，比 2013 年的 78.02 提高了 5.34 个点。在信息产业发展水平方面，2014 年，浙江省电子信息制造业主营业务收入指数为 166.42，比 2013 年的 161.67 增加了 4.75 个点；软件业务收入指数为 200.2，比 2013 年的 180.32 大幅提升近 20 个点。

【优劣势评价】

总体来看，浙江省两化融合水平处于全国前列，而且呈现较好发展态势，主要优势有以下几点。

一是信息基础设施建设抢先升级换代。互联网骨干网逐步推进网间互联，逐步向 IPv6 平滑过渡。采用有线和无线相结合的模式形成多种宽带并存的接入网体系，截至 2014 年 9 月底，浙江省骨干网出口带宽共 1045Gbps。截至 2014 年 10 月，光纤到户实际覆盖家庭 1700 余万户，宽带网速位居全国前列，全省行政村实现宽带网络全覆盖。杭州、宁波、温州等城市积极推进公共场所、旅游景点 WiFi 免费开放。截至 2014 年 6 月底，TD-LTE 完成商用覆盖，全省累计已建 4G 基站 4.7 万个。金华市被列为 2014 年“宽带中国”示范城市。杭州市被列为首批 LTE 混合组网试点城市。截至 2014 年上半年，全省有线电视用户达 1465.94 万户，其中有线数字电视用户 1408.28 万户，双向化网络覆盖用户超 1275 万户。全省广电 IPTV 集成播控新与浙江电信传输系统对接工作启动，截至 2014 年 6 月底，新平台已发展用户 7 万余户。

二是产业创新活力不断。2014 年，浙江省单位工业增加值工业专利量指数为 162.88，位居全国第 2，高出全国平均水平近 2 倍。电子信息产业新产品产值及产值率屡创新高，全省规模以上电子信息制造业完成新产品产值 2485.2 亿元，同比增长 21.8%，新品产值率达到 43.3%，连续 7 个月超过 40%。技术研发经费支出占比不断增大，全省电子信息行业科技活动经费支出占销售收入比重逐年提高，电子信息制造业完成科技活动经费支出 150.7 亿元，同比增长 16.1%。

三是中小企业信息化服务水平有了大幅提升。浙江是中小企业大省，是全国中小企业最发达的省份之一，各类中小企业占全省企业总数的 99%，工业总量、工业税收和外贸出口的 80%以上。2014 年，浙江省中小企业信息化服务平台指数由 2013 年的 77.22 上升至 150，提高了 70 多个点，充分满足了省内中小企业信息化发展的各项需求，面向中小企业的综合服务和专业服务能力得到大幅提升。

与此同时，浙江省两化融合也存在一些劣势。

一是产业低端锁定造成工业利润未能得到有效提升。2014 年，浙江省工业成本费用利润率指数为 37.90，低于全国平均水平 4.64 个点，第二产业全员劳动生产率指数为 45.22，远低于全国平均水平 21.22 个点，排在全国末端位置。这主要是因为浙江贸易主要以中小企业外贸出口为主，制造产业长期被锁定在中低端产品加工环节，技术含量低，产业附加值少，同时又具备高能耗、高排放、高污染的特性。加上劳动力成本、土地成本和原材料价格的上升，对浙江工业效益的提升造成了极大的限制，两化融合的作用不能得到有效发挥。

二是部分企业信息化集成应用发展不足。2014年，浙江省重点行业典型企业ERP普及率、重点行业典型企业SCM普及率分别位居全国第12位和第27位，与2013年相比，均有小幅下降。可以发现：浙江省企业在推进两化融合方面还存在流程管理缺位、利用信息化加强管理的手段不足、IT治理结构不完善、信息技术集成应用能力不强等问题。

【相关建议】

对浙江省两化融合提出以下建议。

一是开发智能网络化新产品。围绕传统产品智能化和新的智能产品形态这两条主线，通过在产品中嵌入传感器、数控装置及软件，丰富产品功能，升级产品性能，创造高价值工业产品。实施新产品开发计划，组织信息技术企业与产品、装备的制造商对接，开发网上使用的新产品。完善信息技术与制造技术的协同创新机制，统筹布局智能汽车、服务机器人、消费电子、智慧家庭、可穿戴设备等产品关键技术研发和产业化，推动制造业产品向高端化发展。鼓励发展基于互联网的个性化定制、众包、云制造等新型制造模式，依托创客、众筹、众包等平台，利用大众创新不断开发智能化新产品。

二是加快发展智能网络化装备。落实国家实施智能制造发展专项、高档数控机床与基础制造装备科技重大专项，以及“数控一代”装备创新工程行动计划，推动传感器和测量仪表、控制系统、单机智能设备及关键部件核心技术和产业化。加快研发虚拟仿真、增材制造（3D打印）、智能建模、工业数据采集与管理等共性关键技术和高端核心工业软件，为智能制造提供技术支撑。构建纺织、轻工、装备、医药、石化、汽车等重点行业智能制造单元、智能生产线、智能车间、智能工厂、智能制造系统，实现机器之间、人机之间、机器与产品之间的信息交互，形成具有自组织、自适应、自维护等特征的智能生产系统。依托全省“机器换人”工程，做大做强智能机器人产业。

三是推进制造企业物联网。跟踪德国工业4.0实施经验，引导企业建立信息物理系统（CPS），集成软件、感知和通信系统，实现资源、设备、产品、人的无缝连通、相互识别和高效交流。推动生产制造环节网络化，加大“机器换人”推进力度，实现特殊岗位机器替代；实施“机联网”示范工程，形成连续生产、联网协同、智能管控的制造模式；推动“厂联网”应用，实现生产过程中人、机、料等要素的全面数字化、网络化和智能化的管理与控制。支持企业内部管理信息系统与电子商务的集成应用，加快建立企业间透明供应链体系。

四是推动制造业向服务型制造业转型。以拓展产品功能、提升交易效率、增强集成能力、满足深层需求为重点，引导和支持制造业延伸产业链条，加快发展服务型制造。围绕高效、准确、及时挖掘和响应客户需求，实现客户从创意、设计、研发、制造到配送的全过程深度参与，以及产品全生命周期服务。支持制造企业面向客户提供个性化产品设计和整体解决方案，发展备品备件管理、工控系统安全监控、系统运行维护、远程诊断、总集成总承包、供应链金融、再制造、全生命周期管理等专业化新业务。实施服务型制造企业试点示范，加快推广先进业态和商业模式。

五是加快重点行业的绿色制造变革。在造纸、印染、医药、化工、皮革、蓄电池等容易产生污染的行业推广物联网技术，实现网络化环保控制。以龙头企业、绿色与安全制造企业为重点，推行资源回收利用技术、低能耗优化作业调度系统、能源利用综合平衡和调度管理系统等，降低制造业能源消耗和三废排放总量，提高能源资源利用效率，促进制造业绿色、低碳、循环发展。加快低碳工业园区试点建设，加强节能技术开发应用，培育低碳产业，打造一批掌握低碳核心技术、具有先进低碳管理水平的低碳企业。

安徽省两化融合发展水平分析

【总体情况】

（一）经济概况

2014年，安徽省全年生产总值20848.8亿元，按可比价格计算，比2013年增长9.2%。分产业看，第一产业增加值2392.4亿元，同比增长4.6%；第二产业增加值11204亿元，同比增长10.3%；第三产业增加值7252.4亿元，增长8.8%。三次产业结构为11.5∶53.7∶34.8，其中工业增加值占GDP比重为46%。全员劳动生产率48559元/人，比2013年增加3221元/人。人均GDP为34427元，比2013年增加2426元。全年民营经济增加值11946.3亿元，比2013年增长9.2%，占GDP比重由2013年的57%提高到57.3%。全年规模以上工业增加值比2013年增长11.2%，其中，国有及国有控股企业增长5.6%，股份制企业增长10.9%，外商及港澳台商投资企业增长15.8%。规模以上工业中，40个工业行业有39个增加值保持增长，其中，计算机、通信和其他电子设备制造业增长43.8%，石油加工业增长31.2%，有色金属冶炼和压延加工业增长17%，黑色金属冶炼和压延加工业增长14.7%，非金属矿物制品业增长12.8%，医药制造业增长10.9%，通用设备制造业增长10.8%，化学原料和化学制品制造业增长10.1%，农副食品加工业增长8.7%，电气机械和器材制造业增长7.1%，汽车制造业增长7%，电力、热力生产和供应业增长3.9%，煤炭开采和洗选业下降2.6%。六大工业主导产业增加值增长11%，装备制造业增长12.3%，高新技术产业增长13.6%；战略性新兴产业产值增长22.5%。规模以上工业统计的主要产品产量中，原煤下降7.7%，发电量增长1.5%，粗钢、钢材分别增长3.9%和3.6%，水泥增长1.6%，彩色电视机增长7.4%，家用洗衣机、家用电冰箱、房间空调器分别下降12.5%、7.1%和0.2%，汽车下降7.1%。

（二）两化融合主要进展

2014年，安徽省在两化融合整体工作中，突出“四个坚持”，即坚持以政策扶持优化发展环境，坚持以产业引领培育产业支撑，坚持以平台搭建促进“智慧”发展，坚持以示范带动全面提档升级，在技术改造、自主创新、新兴产业培育上抢占制高点。全省83%的企业已开展计算机辅助设计、生产控制与管理应用；钢铁、化工、汽车、船舶等行业大中型企业数字化设计工具普及率超过67%，关键工序数（自）控化率逾58%，大型骨干企业的信息管理和业务系统进入应用集成阶段，中小企业信息化服务体系开始建立。积极开展两化融合贯标工作，实现24家企业入选工业和信息化部首批两化融合管理体系贯标试点企业。安徽省已培育出省级两化融合示范企业205家，省级两化融合示范区19家，合肥市顺利通过国家级两化融合试验区验收。

1．推动区域示范，加快产业升级步伐

安徽省积极开展两化融合试点示范工作，重点实施装备智能化提升、产品升级和研发设计、企业管理信息化和两化融合支撑4大示范工程，并精选50户行业影响力大、创新能力强、信息化带动作用明显的龙头骨干企业及高成长型企业作为全省两化融合重点示范企业。通过以点带面、示范引领，深化应用、融合创新，使企业信息技术融合渗透、集成应用得到显著提升，加快实现了企业、产业、园区“点、线、面”的有机结合。在采矿冶金、农产品加工、汽车零部件、轻工纺织等重点行业典型企业中，ERP、PLM 和 SCM 应用普及率均超 50%以上。江淮电机通过应用 ERP、SCM、CRM 等信息化系统，实现了财务电算化、办公自动化、检测智能化、管理信息化、加工数控化；舒城快乐蜂食品利用 NS 系统，实现了对 50 多家跨国子公司的采购、生产、仓管、配送、销售等环节的生产销售一体化。目前，已批准迎驾集团、博微长安电子、星瑞齿轮、三乐童车、舒城诚信包装、天业集团、世林照明、江淮电机、金安矿业、恒源机械、应流集团、长江精工、云天米业、华安达集团等几十家信息化建设成效显著的省级两化融合示范企业，一大批中小企业在生产自动化、管理信息化等方面迈出了坚实的步伐，规模以上工业企业的信息化基础指标大幅度提高。

2．搭建“智慧”平台，实现企业服务升级

安徽省广泛开展“智慧企业”建设活动，依托当前成熟的云计算服务模式，在广大中小企业实施信息化中积极引入社会化建设理念，推进“用得上、用得好、用得起”的信息化建设。安徽省经济和信息化委联合电信运营商通过成立联合工作组、出台建设活动方案、召开建设活动联席会、调研企业信息化建设需求、开展各类推广巡展会等一系列措施，重点打造基础通信、营销服务信息化和生产管理信息化 3 大工程，为中小企业提供产品购买、系统租赁、服务外包、功能定制等全方位、个性化的信息化服务平台，有效解决了中小企业信息化建设缺资金、缺人才、缺经验的“三缺”矛盾，促进企业生产经营管理走上科学化、网络化、智能化轨道。

3．引导企业加快发展，培育产业支撑

安徽省推进信息化与优势特色产业融合，促进信息技术在研发设计、生产制造、经营管理、节能减排、安全生产等环节的应用，谋划了几百个高成长科技创新型重点企业和重点项目，以壮大规模、做强特色、提升水平为目标，以产品高端化、制造智能化、发展集约化、产业绿色化为主攻方向，突破核心关键技术，完善产业链节点，加快创建一批具有知识产权和自主品牌的产品，为打造全省工业升级版注入新活力。

4．做好政策规划，优化发展环境

安徽省部分市积极响应省经信委号召，已出台《信息化和工业化深度融合专项行动计划实施方案（2014—2017 年）》，并拟出台《关于加快推进信息化和工业化深度融合的意见》，建立经济和信息化、发展改革、财政、科技和商务等部门协同参与的两化融合联席会议制度，确定目标、分解任务、落实措施；各级经济和信息化委分别设立信息化科室，专配人员从事信息化推进工作；围绕经济转型发展，以产业优化升级为核心、以平台运用和示范项目为抓手，积极争取专项资金引导，提升企业融合动力，努力做到政策向两化融合倾斜、精力向两化融合集中、资源向两化融合汇集，全力营造两化融合推进氛围。

【两化融合发展水平分析】

（一）综合分析

2014 年，安徽省两化融合发展指数为 76.92，与江苏、上海、浙江、北京、广东、山东、福建、重庆等省份共同位居全国前列。基础环境指数为 63.22，比 2013 年的 59.3 增长了 3.92 个点。工业应用指数为 85.04，比 2013 年的 57.31 增长了 27.73 个点。应用效益指数为 74.49，比 2013 年的 67.79 增长了 6.7 个点，如表 1 所示。

表 1　2013—2014 年安徽省两化融合指数情况

指　标	2013 年指数	2014 年指数	变化情况
基础环境	59.3	63.22	↑3.92
工业应用	57.31	85.04	↑27.73
应用效益	67.79	74.49	↑6.7
总指数	59.30	76.92	↑17.62

数据来源：中国电子信息产业发展研究院

（二）具体分析

1．基础环境指数

在信息基础设施建设方面，2014 年安徽省固定宽带普及率指数为 54.37，比 2013 年的 50 增长了 4.37 个点；固定宽带端口平均速率指数为 70.6，比 2013 年的 52.79 增长了 17.81 个点；移动电话普及率指数为 51，比 2013 年的 47.84 增长了 3.16 个点。在互联网应用普及方面，2014 年，安徽省互联网普及率指数为 52.76，比 2013 年的 47.8 增长了 4.96 个点。在两化融合政策环境建设方面，2014 年安徽省设立了两化融合专项引导资金；中小企业信息化服务平台数量指数为 55.77，比 2013 年的 40.37 增长了 15.40 个点；重点行业典型企业信息化专项规划指数为 74.12，比 2013 年的 59.78 增长了 14.34 个点。

2．工业应用指数

2014 年安徽省工业应用大部分指数出现了不同程度的下降。其中，重点行业典型企业 ERP 普及率指数为 76.86，比 2013 年的 62.05 增长了 14.81 个点。重点行业典型企业 MES 普及率指数为 100.12，比 2013 年的 63.32 增长了 36.80 个点。重点行业典型企业 PLM 普及率指数为 81.15，比 2013 年的 52.18 增长了 28.97 个点。重点行业典型企业 SCM 普及率指数为 71.35，比 2013 年的 59.53 增长了 11.82 个点。重点行业典型企业采购环节电子商务应用普及率指数为 118.77，比 2013 年的 69 增长了 49.77 个点。重点行业典型企业销售环节电子商务应用普及率指数为 135.82，比 2013 年的 70.87 增长了 64.95 个点。重点行业典型企业装备数控化率指数为 59.04，比 2013 年的 36.3 增长了 22.74 个点。国家新型工业化产业示范基地两化融合发展水平指数为 47.77，比 2013 年的 49.95 减少 2.18 个点。

3．应用效益指数

在地区工业生产效益和水平方面，2014 年，安徽省工业增加值占 GDP 比重指数为 52.77，比 2013 年的 50.32 增加了 2.45 个点；第二产业全员劳动生产率指数为 47.08，比 2013 年的 44.56 增长了 2.52 个点；工业成本费用利润率指数为 37.24，比 2013 年的 43.03 减少了 5.79 个点；单位工业增加值工业专利量指数为 147.33，比 2013 年的 144.55 增长了 2.78 个点。在工业节能减排水平方面，单位地区生产总值电耗指数为 90.2，比 2013 年大幅提高 23.15 个点。在信息产业发展水平方面，2014 年，安徽省电子信息制造业主营业务收入指数为 109.37，比 2013 年的 91.3 增加了 18.07 个点；软件业务收入指数为 41.95，比 2013 年的 29.92 增长了 12.03 个点。

【优劣势评价】

安徽省 2014 年工业经济和信息化均呈快速发展态势，两化融合发展具有如下优势。

一是工业创新能力继续保持攀升。2014 年，安徽省单位工业增加值工业专利量为 3.69 件/亿元，继续保持全国第三位。安徽省丰富的科教资源成为其创新动力不断释放的重要来源。中科院合肥物质科学研究院等 158 个国家和省属科研单位，中国科技大学等 97 所各类高校，4 个国家大科学工程都是安徽省保持工业创新能力的生力军。安徽省投资 6 亿元以上的重点项目安徽埃夫特智能装备有限公司的国产机器人进入规模化、批量化生产阶段，直接带动工业机器人整机及机器人下游产值近百亿元。

二是工业应用水平大幅提高。2014 年，安徽省在工业应用方面取得显著成绩。企业的 ERP、MES、PLM、SCM、电子商务普及应用、重点行业典型企业销售环节电子商务应用水平均跃居全国第 1，企业生产、销售业务单项环节的信息化水平明显加大，向综合集成和产业链协同继续迈进。例如，安徽合力对现有 IT 系统进行改造，搭建研产供销服一体化的 PLM 管理平台，建立贯穿研产供销服的协同设计平台，打通部门壁垒，优化资源配置，缩短产品研制周期和减少更改次数，实现产品结构的通用化、模块化、系列化，缩短研发设计数据向生产数据转变周期，并最终提升研发协同能力，推动研发体系的变革。

同时，安徽省两化融合发展也存在如下一些劣势。

一是两化融合基础环境仍然不理想。安徽省 2014 年基础环境指数水平较低，在城（省）域网出口带宽、固定宽带普及率、固定宽带端口平均速率、移动电话普及率、互联网普及率等方面改善不大，均落后于全国平均水平，仅有固定宽带端口平均速率实现突破，跃居全国第 9 位。14 家省级中小企业信息化服务平台仍然低于全国其他省份。

二是工业应用效益不显著。安徽省工业应用在2014年取得较大突破，在全国各省排名中拔得头筹，但是由工业信息化应用产生的实际效益却并不显著。除单位工业增加值工业专利量排名全国前三以外，工业增加值占GDP比重、第二产业全员劳动生产率、工业成本费用利润率、单位地区生产总值电耗、电子信息制造业主营业务收入、软件业务收入等排名均在15名开外，相比2013年排名更是有不同程度的下滑。可能的原因是，2013年大部分企业ERP、MES、PLM、SCM等企业信息化系统刚刚上马，电子商务应用初步展开，装备智能化改造拉开帷幕，两化融合应用的大力发展占用了一部分营业利润，而信息化应用效益短期内仍没有明显展现，因此，造成实际应用效益未有较大的起色。

【相关建议】

对安徽省两化融合提出以下建议。

一是大力发展基础设施。建议加快实施“宽带中国”战略，支持推动光纤入户改造，实现安徽省主要社区光纤全覆盖，商务楼宇覆盖率达100%。推行无线安徽建设，鼓励电信运营商在安徽省重点场所、景区实现WiFi全覆盖。引导电信运营商加快建设TD—LTE网络，实现成片连续覆盖；支持优化互联网网络架构和空间布局，提升互联互通质量，逐步向下一代互联网过渡。

二是强化信息技术在传统工业领域的渗透。在汽车、钢铁、纺织、石化、冶金、煤炭、装备制造等安徽省重点传统行业中，重点围绕两化融合标准体系、企业两化融合评估体系宣传贯彻、开展两化融合水平评估；鼓励企业在技改、创新中加大信息化投入，推进企业MES、ERP、PLM、CRM、SCM等信息化系统应用。引导工业企业树立两化融合战略意识，充分发挥信息化“放大器”、“倍增器”和“转换器”作用，全面提升企业信息化协同应用和集成创新能力，加快工业转型升级步伐。

三是发展和提升电子信息制造业。积极抢抓全球新一代信息技术变革和国家促进信息消费重大机遇，以“扩规模、上层次、增效益”为中心，加快培育电子信息产业，按照“领军企业—重大项目—产业链—产业集群—产业基地”的发展思路，加大承接产业转移力度，继续开展联想（合肥）基地、合肥京东方、芜湖东旭等重点项目，保障合肥市新型显示产业国家首批战略性新兴产业集聚发展试点顺利开展，促进电子信息产业集聚发展。

四是加大中小企业信息化公共服务平台建设，创新中小企业信息化服务模式。通过外包、服务购买、政府补贴等方式，鼓励信息技术服务企业为中小企业提供信息化服务。着力以效果为导向，以中小企业需求为牵引，培育一批面向中小企业提供信息化共性服务的平台，拓宽中小企业信息化服务渠道，鼓励中小企业利用本地和全国中小企业信息化服务资源。

福建省两化融合发展水平分析

【总体情况】

（一）经济概况

2014 年，福建省全年实现地区生产总值 24055.76 亿元，比 2013 年增长 9.9%。其中，第一产业增加值 2014.91 亿元，同比增长 4.4%；第二产业增加值 12515.36 亿元，同比增长 11.7%；第三产业增加值 9525.49 亿元，同比增长 8.3%。人均地区生产总值 63472 元，比 2013 年增长 9.1%。第一产业增加值占地区生产总值的比重为 8.4%，第二产业增加值比重为 52.0%，第三产业增加值比重为 39.6%。全年居民消费价格比 2013 年上涨 2.0%，其中食品价格上涨 3.3%，商品零售价格上涨 1.1%，固定资产投资价格上涨 0.4%，工业生产者出厂价格下降 1.4%。工业生产者购进价格下降 1.7%。全年全部工业增加值 10426.71 亿元，比 2013 年增长 11.8%。规模以上工业增加值增长 11.9%。在规模以上工业中，分经济类型看，国有及国有控股企业增长 16.3%；国有企业增长 9.7%，集体企业增长 5.8%，股份制企业增长 14.6%，外商及港澳台商投资企业增长 8.7%；私营企业增长 12.0%。分轻重工业看，轻工业增长 10.5%，重工业增长 13.3%。分门类工业看，采矿业增长 8.8%，制造业增长 12.3%，电力、热力、燃气及水生产和供应业增长 7.1%。工业产品销售率 97.23%，比 2013 年下降 0.16 个百分点。

（二）两化融合主要进展

2014 年，福建省大力推进工业化与信息化两化融合，以传统制造业为转型抓手，孵化数字控制新兴产业，将泉州打造成为福建省“数控一代”示范工程试点城市，国家转方式、调结构经济主基调背景下产业发展的新亮点。

1．建立省级两化融合重点项目库

福建省积极建立投资 500 万元以上的企业生产装备智能化、信息系统综合集成应用省级项目库。实行分级管理和动态更新，分产业、分层次推动项目实施，加快企业智能装备升级。开展两化融合整体性评估工作。目前，已有 500 多家企业参与评估，推动智能装备升级改造和数据开发能力提升，在企业示范、园区创建、项目推动、人才培育、平台支撑等方面提出针对性政策建议。2014 年，福建省设立 2000 万元省级两化融合发展专项资金，对使用先进信息化手段的工业企业两化融合项目予以重点扶持，鼓励和支持企业加快智能装备升级改造，提升数据开发能力。

2．推进两化融合试点示范工作

福建省积极开展省级两化融合示范企业发布工作。在首批 44 家省级两化融合示范企业的基础上，又在各主要行业领域发布了第二批省级两化融合示范企业 73 家，引导企业加快智能装备升级和提升数据开发能力。

3．推动信息化技术创新企业建设

福建省积极推进信息化技术创新企业建设工作。组织省级企业信息化技术创新中心认定和考核工作，已完成对 57 家企业申报材料的初审、专家评审、现场核查等流程，新认定 40 家左右省级企业技术中心。对经认定的国家级和省级企业重点（工程）实验室、工程（技术）中心、企业技术中心和行业技术开发基地等科技创新平台，按其新购研发仪器设备实际投资总额的30%给予专项补助，最高不超过500万元。同时，福建省指导南靖万利达、厦门宏发电声两家企业通过工业和信息化部2014年国家技术创新示范企业评审。

【两化融合发展水平分析】

（一）综合分析

2014年，福建省两化融合发展指数为79.94，位居全国第7。基础环境指数为88.77，比2013年的83.09增长了5.68个点。工业应用指数为70.31，比2013年的63.92增长了6.39个点。应用效益指数为90.36，比2013年的87.93增长了2.43个点，如表1所示。

表1　2013—2014年福建省两化融合指数情况

指　标	2013年指数	2014年指数	变化情况
基础环境	83.09	88.77	↑5.68
工业应用	63.92	70.31	↑6.39
应用效益	87.93	90.36	↑2.43
总指数	74.72	79.94	↑5.22

数据来源：中国电子信息产业发展研究院

（二）具体分析

1．基础环境指数

在信息基础设施建设方面，2014年，福建省城（省）固定宽带普及率指数为95.34，比2013年的90.37增长了4.97个点；固定宽带端口平均速率指数为74.04，比2013年的60.5增长了13.54个点；移动电话普及率指数为73.93，比2013年的71.48增长了2.45个点。在互联网应用普及方面，2014年，福建省互联网普及率指数为77.42，比2013年的75.32增长了2.10个点。在两化融合政策环境建设方面，2014年，福建省设立了两化融合专项引导资金；中小企业信息化服务平台数量指数为150，比2013年的125.13增长了24.87个点；重点行业典型企业信息化专项规划指数为70.03，比2013年的78.37减少了8.34个点。

2．工业应用指数

2014年，福建省重点行业典型企业ERP普及率指数为72.71，比2013年的75.06下降了2.35个点。重点行业典型企业MES普及率指数为67.92，比2013年的46.72增加了21.20个点。重点行业典型企业PLM指数为60.5，比2013年的55.1增加了5.40个点。重点行业典型企业SCM普及率指数为65.69，比2013年的70.39减少了4.70个点。重点行业典型企业采购环节电子商务应用普及率指数为70.61，比2013年的57.86增长了12.75个点。重点行业典型企业销售环节电子商务应用普及率指数为83.97，比2013年的65.77增长了18.20个点。重点行业典型企业装备数控化率指数为55.56，比2013年的51.26减增加了4.30个点。国家新型工业化产业示范基地两化融合发展水平指数为85.42，比2013年的87.41减少了1.99个点。

3．应用效益指数

在地区工业生产效益和水平方面，2014年，福建省工业增加值占GDP比重指数为49.98，比2013年的50.33减少了0.35个点；第二产业全员劳动生产率指数为55.93，比2013年的59.23减少了3.30个点；工业成本费用利润率指数为40.83，比2013年的45.49减少了4.66个点；单位工业增加值工业专利量指数为110.65，比2013年的101.94增长了8.71个点；在工业节能减排水平方面，单位地区生产总值电耗指数为91.57，比2013年的74.19增长了17.38个点。在信息产业发展水平方面，2014年，福建省电子信息制造业主营业务收入指数为159.51，比2013年的154.54增加了4.97个点；软件业务收入指数为158.77，比2013年的161.39减少了2.62个点。

【优劣势评价】

福建省两化融合水平一直位居全国前列，具有一定的发展优势。

一是企业电子商务应用有一定突破。福建省大力发展企业间电子商务，促进上下游企业开展协同创新应用，在提升传统品牌企业竞争能力和市场响应速度的同时，有效提高了上下游中小企业的信息化应用水平，带动了数据中心、电信宽带及4G无线应用等基础电信运营服务发展。同时也促使传统品牌企业主动转变原有业务模式，整合网上销售、定制设计、快速生产、高效仓储和现代物流等业务流程，提高企业市场竞争力。相继引进鸿达物流、盛辉物流、宏图海西公共物流等一批大型现代物流企业，积极组织各类宣传培训活动，邀请阿里巴巴等企业开展电子商务宣传活动。

二是推进信息技术与优势传统产业融合。在新一代信息技术、节能环保、高端装备制造等行业，实施信息系统综合集成与协同创新应用提升重点工程，提升企业综合集成水平，推动企业内部、企业间、产业链上下游的信息化协同。在高端装备制造、信息通信等行业实施产品智能化重点工程，提高产品的信息技术含量和附加值，提升产品的网络化、智能化水平，推动产品向产业链高端跃升。为推进工业与信息技术深度融合提出八大关键点：其一是信息平台打造的全球产品协同研发能力，其二是利用信息技术开展产品智能化研究，其三是信息化与工业化融合实现智能制造，其四是建立敏捷供应链体系，其五是商业智能，其六是移动应用打造快速响应能力，其七是让客户畅享无所不在的物联网服务，其八是电了商务，其九是完全自主实施完成首个海外ERP项目。

三是信息产业继续高歌猛进。2014年全省信息产业销售收入超过6000亿元，同比增长18%。其中，信息产品制造业收入3800亿元，增长15%左右；软件及信息技术服务业收入 1100 亿元左右，增长30%；信息产品及信息技术服务出口超过300亿美元，占全省出口1/3。新型显示集群、计算机及网络产品产业集群和软件及信息技术服务业集群3个产业集群实现千亿元目标，其中，7家企业进入百亿元制造业企业，5 家企业入选中国软件收入百强企业。软件及信息技术服务业新落地的项目在拓展新兴业态领域取得突破。全省有 50 多家信息产业软硬件企业产品技术在专业细分领域居全国之首乃至全球领先水平。新一代信息技术应用步伐加快，如物联网129工程进展顺利，全省3000多家单位实施了物联网应用，物联网终端达50万个。福大自动化“全智云”、美亚柏科超算中心“搜索云”与“取证云”、星网锐捷企业云、易联众民生云等一批行业云计算应用效果明显。

与此同时，福建省两化融合推进过程中也还有一些不足之处。

一是信息化集成应用水平有所下滑。在工业应用中，重点行业典型企业 ERP 普及率、重点行业典型企业 SCM 普及率和重点行业典型企业 PLM 普及率在全国排名出现一定下滑。在 2014 年全国各省工业都在企业资源调配、管理环节加大信息化应用力度的大背景下，福建省的部分分项排名出现下滑需予以警惕。这说明，福建省工业企业信息化应用普遍集成度不高，尽管重点行业典型企业 MES 普及率、重点行业典型企业采购环节电子商务应用、重点行业典型企业销售环节电子商务应用等单项环节智能化水平有所改善，但集成智能化水平却在下滑。

二是工业增长对环境依赖较大。从全国范围来看，单位地区生产总值电耗从 2013 年的第 6 位快速下滑至第 17 位，福建省工业增长对环境资源依存度较高，且在全国各省中排名中等偏下。要利用信息技术建立严格的监控信息系统，推广先进适用的节能技术，开展锅炉、电机等产品的能效提升活动，抓好余热余能的综合利用，突破节能减排的关键技术，推动先进成熟节能减排技术走向产业化、普及化，实现节能减排的预期目标。

【相关建议】

对福建省两化融合提出以下建议。

一是加大信息技术在企业生产运营过程中的应用。加大物联网、云计算、互联网、大数据等现代信息技术在企业研发、生产、销售等关键环节的推广应用。在大中型工业企业中，推动数字化设计工具、工艺流程数控装备等的普及应用，提升信息技术和电子商务使用率，提升应用信息技术实现业务流程的优化再造能力，提升研发设计创新能力、生产集约化和管理现代化水平，实现工业企业向综合集成、协同创新转变。

二是推动环境依赖型工业增长向信息集成应用依赖型工业增长转变。加强信息技术在工业企业资源能源消耗和污染排放方面的应用，推动建设能源集中管控中心，实现对工业用电、用水、用煤、用气的全天候24小时实时监控。广泛部署传感器，加强对工业污染物排放的严格监控和及时减排降污。

三是切实提升两化融合试点示范项目内在水平。加大省级信息化和工业化深度融合试点示范培育力度，推动省级以上新型工业化产业示范基地信息化和工业化深度融合达到较高水平。采用先试点、再推广的机制，建成一批集中面向试点示范项目的信息化公共服务平台和两化融合重大应用项目，形成较为完善的区域两化融合评估、诊断、辅导与咨询服务工作机制。

四是发挥省级工商发展创新专项资金引导作用。在工业 3D 打印材料及设备、物联网关键器件、云计算大型存储处理设备、大型成套工业自动化控制系统（包括自主控制仪表、传感器与执行器）等领域，组织实施重大技术攻关和产品研发，形成具有知识产权和专利的研发成果。在大数据建模开发、多维度复合快速运算、工程机械传动系统升级换代和智能化等领域组织实施共性和关键技术开发，突破产业发展瓶颈，提升产业核心竞争力。

五是加强信息产业对两化融合的支撑作用。政府应发挥引导作用，推动工业企业与本省信息产业企业加强合作对接。鼓励信息产业企业针对工业企业的个性化、多样化需求生产出专业化产品，切实解决企业的突出问题。面向 ERP、MES、PLM、SCM 等工业应用软件和嵌入式硬件、传感器等关键器件，加大对工业企业的真实所需投入研发力度，发展定制化服务。

山东省两化融合发展水平分析

【总体情况】

（一）经济概况

2014 年，山东省全年实现生产总值 5.94 万亿元，比 2013 年增长 8.7%。固定资产投资增长 15.8%，社会消费品零售总额增长 12.6%，进出口总额增长 4%。居民消费价格上涨 1.9%。地方一般公共预算收入 5026.7 亿元，同比增长 10.2%；支出 7175.9 亿元，同比增长 7.3%。全年完成固定资产投资 2.59 万亿元，同比增长 15.9%。省重点项目完成投资 5392 亿元。实现社会消费品零售总额 2.85 万亿元，同比增长 11.9%。新兴业态、新商业模式、新消费增长点不断催生，信息消费规模约 8600 亿元，同比增长超过 20%；电子商务交易额达 2.63 万亿元，同比增长 30.5%；快递业务量增长 59%。健康、养老、体育等新型消费快速发展。旅游总收入达 9227 亿元，同比增长 12%。大力培育外贸综合服务企业，跨境电子商务快速发展，交易量占全国近七成。新批设立外商直接投资项目 6016 个，实际利用外资 268.7 亿美元，同比增长 7.7%。推动企业“走出去”，对外协议投资增长 138.2%。

（二）两化融合主要进展

2014 年，山东省高度重视两化融合发展，发布了《信息化和工业化深度融合专项行动方案（2014—2018 年）》。立足本省实际，积极推进两化融合，着力于以信息技术改造提升六大传统产业上，重点实施“5477”工程，即实现5个提升目标、完成4项重点任务、推进7个专项行动、实施700个配套项目，以项目化管理促进两化融合“落地”。

1．两化融合发展评估稳步进行

山东省政府对包括重点工业企业在内的1668家规模以上企业进行评估，涉及轻工、纺织、机械等9个优势行业。此外，山东省制定了区域两化融合评估指标体系，开展了面向17市地的区域评估工作。依据国家《工业企业信息化和工业化融合评估规范》和《区域两化融合发展水平评估指标体系》，分析计算得出科学结论，并通过数据分析结果形成《山东省工业企业两化融合发展水平评估报告》和《区域两化融合发展水平评估报告》。

2．企业两化融合发展从起步建设阶段向单项覆盖阶段跃升

2014年，山东省工业企业两化融合处于起步建设阶段的企业占8.13%，较2013年减少15.36%；处于单项覆盖阶段的企业占54.63%，同比增加10.5%；处于集成提升阶段的企业占30.11%，同比增加2.25%；处于创新突破阶段的企业占7.14%，同比增加2.61%。单项覆盖阶段企业数量持续增加，说明较多的企业正从起步建设阶段向单项覆盖阶段跃升，已经具备两化融合需要的基本设施条件及支撑环境，信息技术普遍在业务环节推广应用。华泰、海尔、红领、鲁泰纺织等97家企业两化融合发展水平已进入创新突破阶段，较2013年增加36家。2014年上半年工业和信息化部在两化融合发展水平较高的企业中筛选出502家作为两化融合管理体系贯标试点，山东省有39家入选，占全部企业的7.77%，在各省中排第3位。

【两化融合发展水平分析】

（一）综合分析

2014年，山东省两化融合发展指数为80.35，仅次于江苏、上海、北京、广东、浙江，位列全国第6。基础环境指数为79.35，比2013年的74.71增长了个4.64点。工业应用指数为70.47，比2013年的68.86增长了1.61个点。应用效益指数为101.11，比2013年的94.29增长了6.82个点，如表1所示。

表1　2013—2014年山东省两化融合指数情况

指　标	2013年指数	2014年指数	变化情况
基础环境	74.71	79.35	↑4.64
工业应用	68.86	70.47	↑1.61
应用效益	94.29	101.11	↑6.82
总指数	76.64	80.35	↑3.71

数据来源：中国电子信息产业发展研究院

（二）具体分析

1．基础环境指数

在信息基础设施建设方面，2014年，山东省固定宽带普及率指数为76.18，比2013年的72.97增长了3.21个点；固定宽带端口平均速率指数为70.48，比2013年的56.4增长了24.08个点；移动电话普及率指数为61.30，比2013年的57.71增长了3.59个点。在互联网应用普及方面，2014年，山东省互联网普及率指数为61.41，比2013年的57.01增长了4.4个点。在两化融合政策环境建设方面，2014年，山东省设立了两化融合专项引导资金；中小企业信息化服务平台数量指数为150；重点行业典型企业信息化专项规划情况指数为66.53，比2013年的61.74增加了4.79个点。

2．工业应用指数

2014年，山东省重点行业典型企业ERP普及率指数为67.36，比2013年的64.04增长了3.32个点。重点行业典型企业MES普及率指数为59.31，比2013年的58.84增长了0.47个点。重点行业典型企业PLM指数为67.05，比2013年的56.58增长了10.47个点。重点行业典型企业SCM普及率指数为64.08，比2013年的61.25增长了2.83个点。重点行业典型企业采购环节电子商务应用普及率指数为79.05，比2013年的76.93增长了2.12个点。重点行业典型企业销售环节电子商务应用普及率指数为80.7，比2013年的75.62增长了5.08个点。重点行业典型企业装备数控化率指数为68.21，比2013年的54.58增长了13.63个点。国家新型工业化产业示范基地两化融合发展水平指数为77.22，比2013年的100.17减少了22.95个点。

3．应用效益指数

在地区工业生产效益和水平方面，2014年，山东省工业增加值占GDP比重指数为50.67，比2013年的51.71减少了1.04个点；第二产业全员劳动生产率指数为58.87，比2013年的64.13减少了5.26个点；工业成本费用利润率指数为43.51，比2013年的45.22减少了1.71个点；单位工业增加值工业专利量指数为100，比2013年的95.61增长了4.39个点。在工业节能减排水平方面，单位地区生产总值电耗指数为93.96，比2013年大幅提高32.72个点。在信息产业发展水平方面，2014年，山东省电子信息制造业主营业务收入指数为199.03，比2013年的188.09增长了10.94个点；软件业务收入指数为212.16，比2013年的194.22增长了17.94个点。

【优劣势评价】

目前，山东省两化融合发展依然位居全国前列，重点行业企业信息化建设水平较高，有许多已经开始走向集成提升阶段，工业实力雄厚。总体来看，山东省两化融合发展优势如下。

一是电子信息产业发展继续保持强劲势头。2014年，山东省电子信息制造业主营业务收入和软件业务收入分别达到5904.51亿元和2264.05亿元，远远高于全国平均水平。特别是电子信息制造业和软件业务分别较2013年实现17.6%和30.2%的增幅，是全国平均增速的1.5倍左右，形成了以数字家电、新型电子原材料与传感器、高效能服务器、新一代网络产品、高端行业软件已逐步成为主流的产品体系，核心竞争力进一步巩固。

二是信息化支撑服务能力显著增强。2014年，山东省着重推进信息技术由单项应用向综合集成发展。在普及企业信息化单项应用的同时，深化ERP、MES、PLM、SCM等管理综合信息系统应用，加强企业信息系统整合与业务协同，提高生产过程自动控制水平，逐步实现业务集成、应用集成。着重推进信息技术向协同创新发展。支持全省制造业百强企业建设统一集成的管理信息平台，通过中间件集成技术、企业服务总线（ESB），整合企业内部信息系统及上下游合作企业信息系统，消除“信息孤岛”，增强企业资源共享和业务整合能力。

三是区域发展水平评估高速发展。山东省以区域发展水平评估为抓手，推进两化深度融合，以评价结果引导各市和企业进行对标赶超，摸清各地两化融合发展现状，及时发现存在问题，准确把握发展趋势和规律，引导主管部门和工业企业找到发展方向和实现路径，制定具体有力的推进措施。山东省经信委利用工业企业评估结果对企业两化融合发展水平进行分级管理，开展发展水平定级工作。依托评估结果衡量申报单位两化融合项目承担能力，支持重点项目遴选，提出项目建设目标和工作要求。依托评估结果支持两化融合管理体系贯标试点企业遴选，总结和提炼贯标试点企业两化融合推进路径，评价试点企业的建设成效，提炼和推广试点企业的典型做法和经验，保障试点效果。

同时，山东省两化融合也存在如下一些劣势。

一是缺乏两化融合的复合型人才。山东省主要工业企业两化融合专业人才明显匮乏，企业在突破关键技术、自主创新、实施两化深度融合方面，高端人才极度匮乏，主要体现在缺乏既懂信息技术又兼具行业背景的专业人才。据统计，山东省企业中专职信息化人员占企业员工总数的比例平均为0.94%，企业尚处于覆盖渗透初级阶段，信息化与研发设计、生产制造、运营管理等环节尚处于初步融合阶段，大多数企业仍存在应用水平低、资金投入少等问题，信息化的效益潜力仍待充分挖掘。

二是信息基础设施建设仍然偏缓。2014年，山东省省域网出口带宽、移动电话普及率和互联网普及率都仍远低于全国平均水平，固定宽带普及率和固定宽带端口平均速率仅接近全国平均水平，完全不匹配于山东省坚实的经济基础和较快的经济发展速度，对两化融合发展支撑力度极其有限。

【相关建议】

对山东省两化融合提出以下建议。

一是加大对信息化人才的培养力度。联合本省高校，探索建立人才培养输送机制。搭建毕业生供需合作平台，建立信息化人才定向委培机制和在职人员信息化实训机制，由山东省高校定向培养信息化对口急需专业人才。做好本地企业管理人员的信息化培训，鼓励企业引进国际一流的管理培训机构，对企业中层及以上管理人员开展有针对性的信息技术培训，定期组织本地企业到两化融合基础较好的企业进行实地考察活动。

二是抓好工业云创新服务。深化全国工业云创新服务试点省份建设，聚焦六大传统产业，进一步完善省工业云公共服务平台，聚合制造业和生产性服务业领域云服务资源，制定发布相关技术服务标准与规范，探索建设可复制、可推广的运行机制和服务模式。在全省培育建立工业云体验中心，实现“聚合百家资源，服务万家企业”的工作目标。

三是启动实施“机器代人”工程。认真研究借鉴德国工业4.0经验，开展“机器代人”试点，促进工业机器人在汽车及零部件、机械加工、电子电气等领域的规模应用，培育智能制造生产模式。开展生产装备高端替代低端、数控替代机械、成套替代单台、智能替代人工、开放替代封闭“五个替代”活动，培育建设一批“无人生产线”示范、“数字车间”示范和“智能工厂”示范。

四是举办“两化融合助企行”系列活动。围绕两化融合贯标、工业云推广、网络营销等主题，继续组织开展“两化融合助企行”专题活动，为企业提供两化融合政策宣讲、技术培训和咨询服务，帮助企业培养专门人才，促进信息化项目对接。进一步完善工业企业两化融合水平评估指标体系，扩大参评企业和区域范围，增强整体性和区域性评估科学性，推动两化融合评价指标纳入地方科学发展绩效考核体系。加强与统计部门衔接，提高评估工作时效。

五是加快推进“智慧园区”试点。积极建立以IT服务商、电信运营商、科研机构、投融资企业及项目建设主体为核心的“智慧城市”产业发展联盟，搭建产业发展服务平台，制定建设标准和规范。突出智慧园区建设，抓好“智慧山东”战略落实，培育建成“智慧园区”。

湖南省两化融合发展水平分析

【总体情况】

（一）经济概况

2014年，湖南省地区生产总值27048.5亿元，比2013年增长9.5%。其中，第一产业增加值3148.8亿元，同比增长4.5%；第二产业增加值12481.9亿元，同比增长9.3%；第三产业增加值11417.8亿元，同比增长11.1%。按常住人口计算，人均地区生产总值40287元，同比增长8.7%。全省三次产业结构为11.6∶46.2∶42.2，第三产业比重比2013年提高1.3个百分点。工业增加值占地区生产总值的比重为39.7%，比2013年下降0.9个百分点；高新技术产业增加值占地区生产总值的比重为19.0%，比2013年提高2.7个百分点。第一、第二、第三次产业对经济增长的贡献率分别为5.3%、47.5%和47.2%。其中，工业增加值对经济增长的贡献率为41.3%，生产性服务业增加值对经济增长的贡献率为22.8%。非公有制经济增加值15896.3亿元，增长10.3%，占地区生产总值的比重为58.8%，比2013年提高0.9个百分点。

（二）两化融合主要进展

2014年，湖南加速推进两化深度融合，利用信息技术改造提升传统产业，培育壮大战略性新兴产业，加快发展生产性服务业。湖南省以大力实施两化深度融合“111”工程为重点，进一步提升区域、行业、企业的两化融合水平，全面推动信息技术在工业领域的深入应用，促进工业转型升级，纵深推进湖南的两化深度融合工作。

1．撬动企业价值链全面重构

湖南省通过两化融合实现企业整个价值链的全面重构，一方面压低中间环节生产制造的成本；另一方面延长前后两端价值链，提升产品附加值，构建完美“微笑曲线”，实现对企业价值链各环节进行有效整合，促进“供、产、销”、“人、财、物”的高度协同。

2．促进企业成本与价格优势重建

湖南省通过信息化与工业化融合，重点对企业价值链中的劳动力密集型加工制造环节进行自动化、智能化提质改造，实现以资本替代劳动，减少对劳动的依赖度与需求量。对于高耗费高排放型企业，如冶炼、光伏、五金、化工、造纸等，加大加工生产过程的信息化改造力度，提升其自动化、智能化水平，降低能源与原材料耗费，减少污染物排放。对加工组装型生产制造企业，引入物联网技术，推进供应链及库存管理的智能化，实现供应链的全流程梳理。

3．龙头工业企业积极推进信息化建设

湖南省龙头企业全面向信息化建设高地发起猛攻。三一重工建成了全球PLM协同研发平台、制造执行系统（MES）、全球供应商门户系统（GSP）、企业资源管理信息系统（ERP），实现了研发制造数字化、商务服务自动化、财务业务一体化。中联重科打造了“数字化研发制造协同创新平台”，实现了集团公司对所属企业的远程控制和综合管理。长高集团、加加集团建设了企业资源管理信息系统（ERP），实现了设计、生产、销售等环节全过程管理。东信烟花公司研发的“烟花爆竹药配自动化控制系统”和“大型焰火燃放远程无线控制系统”，实现了生产安全控制与燃放远程无线控制。忘不了公司建设的“基于信息技术的中型服装企业快速反应系统（MTM）”，提高了柔性化生产能力和工艺控制精度；福田汽车长沙汽车厂通过协同办公网络化、设计研发数字化、生产制造过程信息化、销售与财务一体化、整车物流信息化改造，实现了汽车制造零库存，新增综合经济效益5000多万元。

【两化融合发展水平分析】

（一）综合分析

2014年，湖南省两化融合发展指数为76.06，其中基础环境指数明显提高。基础环境方面，2014年基础环境指数为70.67，比2013年的64.20提高6.47个点。工业应用方面，2014年工业应用指数为78.38，比2013年的71.22提高7.16个点。应用效益方面，2014年应用效益指数为76.79，比2013年的69.21提高7.58个点，如表1所示。

表1 2013—2014年湖南省两化融合指数情况

指　标	2013年指数	2014年指数	变化情况
基础环境	64.20	70.67	↑6.47
工业应用	71.22	78.38	↑7.16
应用效益	69.21	76.79	↑7.58
总指数	68.96	76.06	↑7.1

数据来源：中国电子信息产业发展研究院

（二）具体分析

1．基础环境指数

湖南省两化融合基础环境建设良好。2014年，湖南省基础环境指数为70.67，基础环境的各项指标都有所上升。在信息基础设施建设方面，2014年，湖南省固定宽带普及率指数为58.5，比2013年的54.37提高4.13个点；固定宽带端口平均速率指数为70.19，比2013年提高16.52个点。移动电话普及率指数为52.54，比2013年提高2.37个点。在互联网应用普及方面，2014年，湖南省互联网普及率指数为53.18，比2013年提高3.18个点。在两化融合政策环境建设方面，2014年，湖南省设立了两化融合专项引导资金；中小企业信息化服务平台数指数为112.4，比2013年提高28.68个点；重点行业典型企业信息化专项规划指数为73.49，比2013年提高0.32个点。

2．工业应用指数

2014年，湖南省工业应用指数为78.38，其中重点行业典型企业 MES 普及率、重点行业典型企业采购环节电子商务应用、重点行业典型企业销售环节电子商务应用、国家新型工业化产业示范基地两化融合发展水平比2013年显著增长，重点行业典型企业 PLM 普及率、重点行业典型企业 SCM 普及率有所下降。2014年，湖南省重点行业典型企业 ERP 普及率指数为 72.67，比2013年提高 3.45 个点。重点行业典型企业 MES 普及率指数为 78.81，比 2013 年提高 14.95 个点。重点行业典型企业 PLM 普及率指数为 63.55，比2013年提高 0.4 个点。重点行业典型企业 SCM 普及率指数为 68.43，比 2013 年下降 1.11 个点。重点行业典型企业采购环节电子商务应用普及率指数为 108.74，比 2013 年提高 30.04 个点。重点行业典型企业销售环节电子商务应用普及率指数为 116.75，比 2013 年提高 32.97 个点。重点行业典型企业装备数控化率指数为 51.88，比 2013 年提高 5.77 个点。国家新型工业化产业示范基地两化融合发展水平指数为 71.74，比 2013 年提高 17.43 个点。

3. 应用效益指数

2014年，湖南省两化融合应用效益指数达到 76.79，其中电子信息制造业主营业务收入、单位工业增加值工业专利量、第二产业全员劳动生产率增长较快，工业增加值占 GDP 比重、工业成本费用利润率有所下降。在地区工业生产效益和水平方面，2014 年，工业增加值占 GDP 比重指数为 47.76，比 2013 年下降 0.3 个点；第二产业全员劳动生产率指数为 61.16，比 2013 年提高 9.92 个点；工业成本费用利润率指数为 36.88，比 2013 年下降 11.17 个点；单位工业增加值工业专利量指数为 102.89，比 2013 年提高 5.22 个点。在工业节能减排水平方面，单位地区生产总值电耗指数为 107.58，比 2013 年提高了 47.75 个点。在信息产业发展水平方面，电子信息制造业主营业务收入指数为 120.92，比 2013 年提高 42.22 个点；软件业务收入指数为 79.86，比 2013 年提高 8.52 个点。

【优劣势评价】

湖南省两化融合发展的优势如下。

一是区域两化融合成绩显著。在两化融合试点示范方面，长株潭城市群国家级两化融化试验区通过工业和信息化部组织的专家验收，全省范围内确定岳阳经开区等 13 个工业园开展省级两化融合试点，形成了具有湖南特色的“1+13”两化融合试验区推进格局；在行业两化融合方面，形成了物流公共信息服务、移动支付集成应用综合服务等一批信息化公共服务平台，在装备制造、钢铁有色、食品加工等 11 个重点行业推广了信息化解决方案；在企业两化融合方面，近几年来有 10 多个项目获得工业和信息化部“倍增计划”和两化融合专项资金支持，重点支持有色金属、化工等十多年传统行业 300 多家企业两化深度融合重点项目，提升了全省工业企业两化融合整体水平。

二是政府高度重视两化融合工作。湖南省认真做好各领域信息化的推进工作，建立统筹协调的两化深度融合推进机制，加大资金政策支持，推动全省两化融合水平向前发展。工业企业充分发挥好主体作用，高度重视信息化，用好信息化，切实从信息化中受益。信息技术服务企业也切实提升服务能力，与工业企业建立紧密的合作机制，形成工业化和信息化的良性互动机制。通过信息化产品和服务的推广应用，使企业自身找到更广阔、更深入的市场，借助传统产业改造升级实现自身的发展，把产业做大做强。

同时，湖南省两化融合发展也存在如下一些劣势。

一是两化融合基础环境相对落后。湖南省固定宽带普及率、固定宽带端口平均速率与全国多数省份相比仍较为落后。2014 年，湖南省固定宽带普及率指数为 58.5，比全国平均水平低 10.99 个点，在全国排名第 25 位。移动电话普及率指数为 52.54，比全国平均水平低 11.21 个点，在全国排名第 29 位。互联网普及率指数为 53.18，比全国平均水平低 9.13 个点，在全国排名第 24 位。

二是工业企业的盈利能力低。湖南省装备制造业产业规模小，产业链高端缺位，导致工业成本利润率偏低。2014 年，湖南省工业成本费用利润率指数为 36.88，比全国平均水平低 5.66 个点，在全国排名第 27 位。第二产业全员劳动生产率指数为 61.16，比全国平均水平低 5.24 个点，在全国排名第 16 位。

【相关建议】

对湖南省两化融合提出以下建议。

一是继续深入开展两化融合“111”工程。围绕构建多点支撑的产业发展新格局，深入推进两化融合“111”工程（在重点区域和行业打造100个两化深度融合示范企业，实施1000个两化深度融合重点项目，创建10000家数字企业），以提升区域、行业、企业两化融合水平为目标，全面推动信息技术在工业领域的深入应用，促进湖南省经济发展方式转变和工业转型升级，加快新型工业化步伐。

二是继续开展信息技术企业与制造业和现代服务业企业两化融合对接。积极组织信息技术企业与制造业企业现场对接，为广大制造业和现代服务业企业答疑解惑，推动两化融合项目签订与落地建设。经常性邀请信息化知名专家、优秀信息技术企业和省内两化深度融合示范企业参会，介绍信息技术及两化融合发展趋势、行业信息化解决方案和成功案例。

三是打造一批两化深度融合示范企业。聚焦支柱产业和特色优势产业，打造一批在行业具有领先性和代表性、信息化应用较为全面、综合集成水平高、模式创新突出、融合程度高、具有较高推广价值的两化深度融合示范企业。采用会议、报纸、电视、互联网等信息化手段加大对示范企业经验的宣传推广力度，引领和提升全省两化深度融合整体水平。

四是推进信息技术与战略性新兴产业的融合。围绕新一代信息技术的发展与应用，加快技术创新和产业化步伐。推动物联网技术在重点领域的应用试点示范，加强云计算服务平台建设。加大自主创新力度，推动产、学、研结合，加强行业整合，培育龙头企业，推动电子信息产品制造业向高端、高质、高效发展转变，提升电子信息产品智能化水平。大力推进集成电路设计、工业软件、嵌入式软件和各类应用软件的研发和应用。

广东省两化融合发展水平分析

【总体情况】

（一）经济概况

2014年，广东省全省实现生产总值6.78万亿元，比2013年增长7.8%。人均生产总值首次突破1万美元。城镇登记失业率2.44%。居民消费价格上涨2.3%。地方一般公共预算收入达8060亿元，同比增长13.9%，规模以上工业企业利润总额增长12.4%，城镇、农村常住居民人均可支配收入分配增长8.8%、10.6%。实现社会消费品零售总额2.85万亿元，同比增长11.9%。新兴业态、新商业模式、新消费增长点不断催生，信息消费规模约8600亿元，同比增长超过20%；电子商务交易额达2.63万亿元，同比增长30.5%。全年完成固定资产投资2.59万亿元，增长15.9%。省重点项目完成投资5392亿元。投资结构优化，服务业投资增长15.9%，占比达66.1%；工业技术改造投资1868亿元，同比增长23.3%；民间投资增长20.3%，占比达58.1%。全年固定资产投资25928.09亿元，比2013年增长15.9%。分投资主体看，国有经济投资5816.52亿元，同比增长10.8%；民间投资15065.02亿元，同比增长

20.3%；中国港澳台企业、外商经济投资 3145.21 亿元，同比增长 8.1%。分地区看，珠三角地区投资 17542.28 亿元，增长 14.6%；东翼投资 2910.51 亿元，同比增长 32.3%；西翼投资 2533.33 亿元，同比增长 30.0%；山区投资 2941.98 亿元，同比增长 26.7%。

（二）两化融合主要进展

2014 年，广东注重把信息技术和两化融合成果应用于产业发展。按照推进两化融合要坚持“面向产业，强化应用”的原则，提出运用信息技术改造传统产业、发展信息化与工业化融合产生的新兴产业、推进信息技术在节能减排中的应用、发挥信息化对技术创新的支撑作用、深化信息技术在服务业中的应用 5 项任务，取得了喜人成绩。

1．推进信息化技术普及应用

广东省积极推动工业企业广泛应用信息化技术。广东机电行业 90%以上实现了二维计算机辅助设计，模具行业 80%以上实现了计算机辅助制造一体化，100%大型企业和超过 60%的中小企业建立了管理信息系统。广东科达机电股份有限公司构建起数字化设计平台、数字化管理平台、数字化呈现平台、硬件网络支撑平台 4 个信息化平台，提高了企业的内外业务效率，塑造并加固了企业的核心竞争优势，成为目前国内专业性、配套性最强的建材装备研发生产高科技企业。

2．强化以示范带动推进两化融合

广东大力支持广州建设“智慧广州”、佛山建设省级两化融合示范区、佛山顺德区建设国家级智能制造试验区，以此有效带动了深圳、珠海、惠州、江门、中山、肇庆等地市根据本地特色产业制订具体的“两化”融合工作方案。同时，在企业领域，广东在珠三角地区开展了“4 个 100”示范项目评审，在工业生产数字化改造示范、装备制造数字化示范、节能减排信息技术应用示范、清洁生产信息技术应用示范 4 个类别各评选出 100 家示范项目、200 多家企业的经验进行宣传推广。

3．深度推进两化融合贯标体系

广东省积极推进产业转型升级，规范两化融合贯标试点工作管理，协调解决出现的问题和困难，抓好贯标试点成果交流，组织推广贯标经验和模式，做好重点骨干企业贯标工作，目前已有 15 家企业通过国家两化融合管理体系标准认定。

【两化融合发展水平分析】

（一）综合分析

2014 年，广东省两化融合发展指数为 81.01，其中基础环境指数明显提高。基础环境方面，2014 年基础环境指数为 89.77，比 2013 年的 83.64 提高 6.13 个点。工业应用方面，2014 年工业应用指数为 54.03，比 2013 年的 57.73 降低 3.7 个点。应用效益方面，2014 年应用效益指数为 126.21，比 2013 年的 122.91 提高 3.3 个点，如表 1 所示。

表 1　2013—2014 年广东省两化融合指数情况

指　标	2013 年指数	2014 年指数	变化情况
基础环境	83.64	89.77	↑6.13
工业应用	57.73	54.03	↓3.7
应用效益	122.91	126.21	↑3.3
总指数	80.5	81.01	↑0.61

数据来源：中国电子信息产业发展研究院

（二）具体分析

1．基础环境指数

广东省两化融合基础环境建设良好。2014 年，广东省基础环境指数为 89.77。在信息基础设施建设方面，2014 年，广东省固定宽带普及率指数为 90.37，比 2013 年提高了 5.35 个点；固定宽带端口平均速率指数为 71.35，比 2013 年提高了 22.67 个点；移动电话普及率指数为 83，比 2013 年提高了 7.55 个点。在互联网应用普及方面，2014 年，广东省互联网普及率指数为 78.81，比 2013 年提高了 2.13 个点。在两化融合政策环境建设方面，2014 年，广东省设立了两化融合专项引导资金；中小企业信息化服务平台数指数为 150；重点行业典型企业信息化专项规划指数为 50.44，比 2013 年提高了 14.12 个点。

2．工业应用指数

2014 年，广东省工业应用指数为 54.03，其中重点行业典型企业销售环节电子商务应用、重点行业典型企业采购环节电子商务应用、重点行业典型企业装备数控化率比 2013 年显著下降，重点行业典型企业 MES 普及率、重点行业典型企业 PLM 普及率大幅上升。2014 年，广东省重点行业典型企业 ERP 普及率指数为 62.29，比 2013 年下降了 10.88 个点。重点行业典型企业 MES 普及率指数为 61.32，比 2013 年提高了 44.67 个点。重点行业典型企业 PLM 普及率指数为 51.26，比 2013 年提高了 24.65 个点。重点行业典型企业 SCM 普及率指数为 59.65，比 2013 年下降了 13.52 个点。重点行业典型企业采购环节电子商务应用普及率指数为 43.48，比 2013 年下降了 21.09 个点。重点行业典型企业销售环节电子商务应用普及率指数为 52.76，比 2013 年下降了 34.47 个点。重点行业典型企业装备数控化率指数为 50.94，比 2013 年下降了 12.73 个点。国家新型工业化产业示范基地两化融合发展水平指数为 51.49，比 2013 年下降了 4.59 个点。

3．应用效益指数

2014 年，广东省两化融合应用效益指数达到 126.21，其中，单位工业增加值、工业专利量增长较快，第二产业全员劳动生产率、工业成本费用利润率有所下降。在地区工业生产效益和水平方面，2014 年，工业增加值占 GDP 比重指数为 50.53，比 2013 年下降了 1.09 个点；第二产业全员劳动生产率指数为 60.08，比 2013 年下降了 3.06 个点；工业成本费用利润率指数为 38.96，比 2013 年下降了 0.5 个点；单位工业增加值工业专利量指数为 144.38，比 2013 年提高了 2.9 个点。在工业节能减排水平方面，单位地区生产总值电耗指数为 91.88，比 2013 年提高了 11.36 个点。在信息产业发展水平方面，电子信息制造业主营业务收入指数为 302.06，比 2013 年提高了 7.98 个点；软件业务收入指数为 265.86，比 2013 年提高了 10.5 个点。

【优劣势评价】

广东省两化融合具有如下一些优势。

一是信息基础设施建设良好，为两化融合提供了保障。2014 年，广东省固定宽带接入网络已经延伸到全省所有城市、乡镇和行政村，接入端口达到 3325 万个，固定宽带接入用户达到 2081.7 万户，超过 85.2%的固定宽带接入用户接入速率达到 4Mbps 以上，其中光纤到户用户 301.3 万户。全省光缆线路长度达到 120 万千米，纤芯长度达到 3890.8 万芯千米。3G 用户达到 4469.1 万户，3G 用户规模位居全国第 1。

二是加快推进信息技术集成创新。广东省实施“装备制造数字化工程”，推进以数控机床、光机电一体化产品为代表的现代装备制造业发展。支持信息技术和传统产业技术相结合的集成创新，通过扶植美的集团有限公司的智慧家电与物联网应用产业化等项目建设，推动信息技术与工业产品的融合。

三是建设专业性较强的电子商务平台。广东省加快生产性服务业的发展，推动智能商业应用，建立了广货网上行官方网站，并认定了一批照明、化工等行业的广货网上行活动市场主体。组织环球市场、唯品会等电子商务企业在商务部工作会议上进行典型经验介绍。与阿里巴巴、亚马逊、国美商城、京东商城、苏宁易购国内 5 大电子商务平台代表签署战略合作框架协议。

与此同时，广东省两化融合也存在如下一些劣势。

一是两化融合区域发展仍不平衡。广东省各地区各城市间两化融合发展仍然不平衡。其中，珠江三角洲工业发达，信息化水平较高，不少指标居于全国领先水平。但是粤东、粤西和粤北地区工业经济落后，信息基础设施薄弱，企业信息化水平较低。

二是信息产业自主创新能力较弱。广东省科技研发投入不足，对引进技术的消化吸收水平较弱，电子信息产业核心技术匮乏，问题仍然突出，关键零部件、重要材料和专用设备基本仍然依赖进口。大部分企业规模偏小，研发能力薄弱，仍处于加工和组装阶段，产品利润率偏低。2014 年广东工业应用各项指标在全国排名靠后，工业成本费用利润率为 6.03%，比全国平均工业成本费用利润率 10.64%低 4.61 个百分点。

【相关建议】

对广东省两化融合提出以下建议。

一是以标签化定位为思路推动区域差异化发展。建议对广东省各区域的两化融合现状展开广泛调研，深入挖掘各区域在开展两化融合过程中的实际需求和亮点，以标签化思维推动各区域树立两化融合发展重点，切实避免标签确立的同质化、空泛化问题，实现广东省各区域两化融合发展错位化、差异化发展。

二是进一步提高工业产业信息化程度，实施“信息化与工业化深度融合牵手工程”，通过开展“百场千企”交流对接活动，扶持和鼓励制造业企业运用信息技术提高企业生产制造、管理、营销和售后服务的能力和水平。引导软件和信息服务企业面向制造企业大力发展嵌入式软件、高端工业软件，打造面向行业应用的软件产品体系，提供行业整体解决方案。

三是充分利用物联网、4G移动通信网、三网融合、四网融合、云计算等新一代信息技术，推动制造业的装备自动化、产品数字化和管控一体化。积极发展基于物联网的生产服务业，重点发展物联网服务，加快开发物联网服务商业模式，加快建设商用物联网系统。大力发展基于云计算的移动电子商务，打造一批专业性强的电子商务平台，构建功能完善的电子商务支撑体系，推进电子签名与电子认证，打造国际电子商务中心。

四是推动创意设计服务业蓬勃发展。大力培育以研究开发、检验检测、科学交流与推广为主体的科技服务业和以文化创意、工业设计为主体的创意设计服务业，促进产品创新，提高产品附加值，提升产业竞争力。以先进制造业、高新技术产业和战略性新兴产业为重点，积极发展应用研究、技术孵化、技术推广、技术交易、技术咨询、知识产权保护等科技研发服务业。鼓励工业龙头企业整合资源将研发中心、技术中心、重大产业技术平台等组建成专业化、社会化的具有科技研发、技术推广和工业设计等功能的服务型企业。加快推进创意设计服务业与制造业的互动与融合，鼓励发展产品设计、机械设计、外观设计、包装设计等工业设计服务和广告策划、视觉与形象、动漫和网络游戏等文化创意服务。培育一批创新能力强的创意设计服务企业，打造世界级工业设计基地和区域性文化创意中心，提升制造业的创新水平。

五是加强两化融合产、学、研合作。吸引一批国内外知名研究院所在广东共建两化融合研究基地，建成一批两化融合服务基础设施。鼓励和支持企业、高校、科研院所采取产、学、研合作方式，共建重点实验室、工程技术研究中心、企业技术中心和成果转化中试基地，开展行业共性技术、关键技术攻关。构建一批共性技术服务平台。大力扶持和培育各类检测、检验、测试、鉴定等技术服务。依托广东省优势产业，建设一批技术产权交易平台、科技成果与专利信息平台、检验检测认证平台和标准化服务平台，推动技术服务业的专业化、规模化、规范化发展。

重庆市两化融合发展水平分析

【总体情况】

（一）经济概况

2014年，重庆市全年地区生产总值达到14265亿元，比2013年增长10.9%。社会消费品零售总额达到5096亿元，同比增长13%。完成固定资产投资1.32万亿元，同比增长18%。实现进出口总额955亿美元，同比增长39%。第三产业增加值占比超过第二产业，电子信息和汽车等战略性支柱产业增长快于一般工业，金融和服务贸易等现代服务业增长快于一般服务业，产业结构更趋优化。工业投资占比提高到31.5%，基础设施和房地产投资占比均保持在25%左右。规模以上工业企业利润突破1000亿元，增长30%以上，一般公共预算收入完成1922亿元，同比增长13.9%，城乡常住居民人均可支配收入分别达到25133元和9470元，同比增长9%和11.5%。服务贸易额增长25%，实现824亿美元离岸金融结算，完成1602亿元跨境人民币结算，电子商务交易额达到4500亿元。各类金融机构加速集聚，资产规模超过3.8万亿元。固定资产投资增速趋于平稳。全年完成固定资产投资总额13223.75亿元，比2013年增长18.0%。其中，第一产业投资486.91亿元，同比增长10.3%；第二产业投资4167.87亿元，同比增长17.9%；第三产业投资8568.97亿元，增长18.5%。基础设施建设投资3386.23亿元，增长14.3%，占全市固定资产投资的25.6%；民间投资6558.04亿元，同比增长27.1%，占全市固定资产投资的比重为49.6%。

（二）两化融合主要进展

2014年，重庆市围绕两化融合在重点领域探索实施了“工业装备数字化智能化改造与提升应用示范”、“企业管理、设计、制造智能化提升应用示范”、“智能产品产业化和智能工业技术服务体系培育”三大工程，实施相关项目300多个，累计投入各类资金4亿元，有效推动了信息技术在“6+1”支柱产业的广泛深入应用。当年，全市共有8家企业上榜全国首批两化融合管理体系贯标试点。

1. 着力推进十大新兴产业

重庆市着力推进十大新兴产业。SK海力士芯片封装、奥特斯集成电路基板、富士康高清显示模组、莱宝触摸屏、华数机器人、广数机器人已经进入投产阶段。MDI一体化装置完成机械竣工，京东方8.5代液晶面板开始设备安装。天地药业肿瘤类原料药开工建设。物联网基地推进27个示范项目和10个重点项目建设。石墨烯手机触摸屏、裸眼3D等项目稳步推进。页岩气产量达12亿方。

2. 大力发展互联网、云计算、大数据产业

重庆市大力发展互联网、云计算、大数据产业。2014年，重庆市全市软件和信息服务业实现收入1350亿元，比2013年增长25.9%。太平洋电信数据中心、中国联通西部数据中心一期正常运营，新租售服务器3000台。惠普大数据、华硕云端、宜信互联网金融等一批重点项目落户重庆。重庆跨境电商综合服务平台投入运营。重庆国际电子商务交易认证平台服务企业超过

1000家，年结汇量超过2.8亿美元，同比增长近4倍。惠普、广达结算中心结算量累计达800亿美元，佳杰科技、伟仕电脑内销结算量超过170亿元。

3．加大力度推进创新能力建设

重庆市加大工业企业创新能力建设推进力度。西南铝业成为国家技术创新示范企业，三峡油漆成为国家品牌培育示范企业，锦晖陶瓷成为国家级工业设计中心，重庆材料研究院成为工业和信息化部质量控制和技术评价实验室。新增市级企业技术中心64家，累计达392家。

4．着重推进工业企业信息技术改造

重庆市启动实施制造业装备智能化提升专项行动，推动新技术、新工艺、新设备、新材料推广运用，技术改造投资占工业投资比重40%。推进产品创新，实施工业研发千亿投入计划，企业研发投入强度达0.91%，稳居西部第1；企业专利授权总量达1.5万件以上，比2013年增长13%。推进长安CS75、海装5兆瓦风力发电机组、药友优帝尔等一大批新产品项目实现产业化，西南铝尖端铝材首次用于空客A380机型，国际复合HL低介电常数玻璃纤维填补国内空白。产品附加值持续提升，汽车单车价值提高8%，比用电单台价值提高10%。

【两化融合发展水平分析】

（一）综合分析

2014年，重庆市两化融合发展指数为78.96，比2013年的65.46提高13.5个点，在全国排名第8位，较2013年上升了5个名次。2014年基础环境指数为66.44，比2013年的71.42下降4.98个点，下降幅度较大，在全国的名次也由去年的10位下降至21位。2014年工业应用指数为82.6，比2013年的57.87上升24.73个点，全国排名为第2位，比去年上升了12个名次。2014年应用效益指数为84.18，比2013年的74.68增长9.5个点，在全国排名为第11位，与2013年持平，如表1所示。

表1　2013—2014年重庆市两化融合指数情况

指　标	2013年指数	2014年指数	变化情况
基础环境	71.42	66.44	↓4.98
工业应用	57.87	82.6	↑24.73
应用效益	74.68	84.18	↑9.5
总指数	65.46	78.96	↑13.5

数据来源：中国电子信息产业发展研究院

（二）具体分析

1．基础环境指数

重庆市两化融合基础环境建设在2014年有较大进展。2014年，重庆市固定宽带普及率指数为76.18，比2013年的69.62提高6.56个点；固定宽带端口平均速率指数为67.89，比2013年提高了18.23个点；移动电话普及率指数为58.76，比2013年提高5.1个点。互联网普及率逐步提高，2014年互联网普及率指数为60.65，比2013年的57.79提高2.86个点。重庆市重视两化融合政策环境建设，设立了两化融合专项引导资金。同时，重庆市重视对中小企业提供信息化公共服务，2014年中小企业信息化服务平台数指数为61.12，比2013年大幅下降了88.88个点。重点行业典型企业信息化专项规划指数为71.01，比2013年的63.64上升了7.37个点。

2．工业应用指数

2014年重庆市两化融合工业应用指数为82.6，比2013年的57.87上升24.73个点，全国排名第2位，比2013年上升了12个名次。2014年重点行业典型企业ERP普及率指数为76.12，比2013年的68.92提高7.2个点。重点行业典型企业MES普及率指数为90.42，比2013年提高23.36个点，提升幅度较大。重点行业典型企业PLM普及率指数为47.76，比2013年上升了2.56个点。重点行业典型企业SCM普及率指数为70.37，比2013年的60.71上升9.66个点。重点行业典型企业采购环节电子商务应用普及率指数为116.71，比2013年上升了47.02个点。重点行业典型企业销售环节电子商务应用普及率指数为128.59，比2013年的85.4提高43.19个点。重点行业典型企业装备数控化率指数为69.42，比2013年的14.56上升了54.86个点。2014年国家新型工业化产业示范基地两化融合发展水平指数为67.14，比2013年的58.58提高了8.56个点。

3. 应用效益指数

重庆市两化融合应用效益在全国处于中等偏上水平。2014年重庆市两化融合应用效益指数为84.18，比2013年的74.68增长9.5个点。在地区工业生产效益和水平方面，工业增加值占GDP比重有略微下降，2014年工业增加值占GDP比重指数为48.32，比2013年下降3.26个点；2014年第二产业全员劳动生产率指数为48.78，比2013年的53.16下降4.38个点；工业成本费用利润率有所降低，2014年工业成本费用利润率指数为39.31，比2013年的34.9上升了4.41个点；单位工业增加值工业专利量有一定增加，单位工业增加值工业专利量指数为119.43，比2013年的107.47提高11.96个点。在工业节能减排水平方面，2014年单位地区生产总值电耗指数为102，比2013年的57.22提高44.78个点。信息产业继续保持快速发展，2014年电子信息制造业主营业务收入指数为137.64，比2013年的114.31提高23.33个点；软件业务收入指数为120.75，比2013年的121.33下降了0.58个点。

【优劣势评价】

总体来看，重庆市两化融合发展具有如下优势。

一是两化融合服务体系较为完善。重庆市在推进两化融合实践中摸索了一套独特的工作方法，建立了具有自身特点的两化融合评价指标体系，形成了包括战略层面、基础层面、应用层面和效益层面4个层面15个二级指标和51个三级指标的两化融合评价指标体系，为两化融合推进提供了工作依据、目标指向、控制手段和考核指标。生产性服务业加快发展，重庆工业设计研究所、重庆工业设计CAD云服务平台、国家级汽车产品设计创新平台加快建设，长安汽车设计体验中心建成投用。

二是以两化融合壮大工业战略已经取得初步成效。重庆市主要龙头企业在两化融合方面已取得重要进展。长安汽车与华为在深圳签署战略合作协议，双方拟在车联网、智能汽车、国际化业务拓展、流程信息化等领域协同创新，展开合作。这是长安汽车构建信息化体系、打造智能汽车又一“跨界”尝试。通过实施PDM（产品数据管理）信息化研发，实现“五地九国”共享单一数据源，支撑多地7×24小时在线协同研发，效率较之于2012年前提升近30%；通过信息化管理，使OTD（订单到交付）时长从2012年的39.5天缩短到当前的20天，库存资金占用下降10亿元以上。

同时，重庆市两化融合也存在一些劣势。

一是两化融合思想认识不到位。重庆市绝大多数工业企业对信息化的重视和投入程度远远不够，缺乏紧迫感、危机感。由“一把手”抓信息化的工业企业并不多，更多的是以部门或单个职位的形式存在，负责企业电子信息处理和维护的日常工作。因此，企业两化融合缺少强大、持续和稳定的牵引力。

二是企业信息系统的集成和协同程度不高。重庆市大多数企业两化融合欠缺长远规划，先期实施的各种应用缺乏集成关联，系统间的信息流难以实现有效贯通，形成了大量信息孤岛。因此，两化深度融合亟须加强企业信息系统的集成度和协同性。

三是信息化公共服务平台运营机制不健全。2014年，重庆市各地先后面向广大企业特别是中小企业建设了信息化公共服务平台，提供公共的、专业的信息化支撑服务。但目前信息化公共服务平台在运行模式和商务模式机制方面不健全，有待进一步完善，以促进信息化公共服务平台的持续经营和快速壮大。

【相关建议】

对重庆市两化融合提出以下建议。

一是加强两化融合人才培养。完善两化融合服务体系，加强市级两化融合促进和服务中心建设，围绕物流信息化、物联网、节能降耗、电子商务等重点领域，建设两化融合技术应用中心等一批服务机构，培育专业人员，开展咨询、认定、培训等专业化服务。实施首席信息官（CIO）制度，鼓励具备条件的企业实施首席信息官（CIO）制度，出台《首席信息官（CIO）能力建设标准》。

二是集成创新电子商务和物流信息化。根据重庆物流服务体系的需要，整合相关政府部门、物流企业及应用企业的需求，打造开放式的物流信息公共服务平台；建设如危险品、产品回收、应急救援等专业物流信息服务平台。提高重庆市现代物流业整体水平和核心竞争力。支持大型物流企业、商贸企业及制造企业之间的联动合作和沟通对接，建立企业物流信息管控系统，实现物流信息共享互动，构成业务协同的全程供应链管理。加强物流信息化技术自主研发，支持物流信息技术服务企业开展货物跟踪定位、智能交通、管理软件、移动物流信息服务等关键技术攻关，提高物流技术的自主创新能力；适应物流业与物联网融合发展的趋势，加大物联网在物流领域的应用。

三是融合创新互联网与工业，实施“云端计划”和试点示范。在全力推动“端”制造的同时，以数据中心为依托，大力引进软件开发、国际电子商务、基于云计算和大数据的增值应用服务等龙头企业，采取“引凤筑巢”方式加快推进云端产业链的无缝集成和整合。促进新兴信息技术在装备制造、汽摩、化工、材料、能源、轻纺等行业应用试点示范，加快技术改造、资源整合，推动商业模式创新，助推工业转型升级。

四是建立中小企业公共服务平台。健全中小企业信息化服务体系。鼓励电子商务服务商为中小微企业提供信用融资等服务。鼓励信息服务商打造中小企业公共服务平台网络建设，依托产业集群和工业园区，为中小微企业提供信息收集发布、政策咨询、创业辅导、技术创新、人才培训、市场开拓等线上线下相结合的服务。提高中小企业信息化应用能力。支持中小微企业在研发设计、生产制造、经营管理、市场营销等核心业务环节的信息化应用。

四川省两化融合发展水平分析

【总体情况】

（一）经济概况

2014年，四川实现地区生产总值28536.7亿元，按可比价格计算，比2013年增长8.5%。其中，第一产业增加值3531.1亿元，同比增长3.8%；第二产业增加值14519.4亿元，增长9.3%；第三产业增加值10486.2亿元，增长8.8%。三大产业对经济增长的贡献率分别为5.0%、59.7%和35.3%。人均地区生产总值35128元，增长8.1%。产业结构由2013年的12.8∶51.3∶35.9调整为12.4∶50.9∶36.7。全年工业增加值12409.0亿元，比2013年增长9.4%，对经济增长的贡献率为52.5%。全年规模以上工业增加值增长9.6%。在规模以上工业中，轻工业增加值比上年增长9.1%，重工业增加值增长9.9%。规模以上工业

41个行业大类中，有37个行业增加值增长。其中，计算机、通信和其他电子设备制造业增长12.8%，汽车制造业增长12.7%，黑色金属矿采选业增长15.6%，酒、饮料和精制茶制造业增长7.7%，纺织业增长9.2%，化学纤维制造业增长16.2%，家具制造业增长10.5%，石油加工、炼焦和核燃料加工业增长22.5%，金属制品业增长12.5%。

（二）两化融合主要进展

四川省两化融合政策环境不断优化，信息基础设施持续升级，战略性新兴产业平稳发展，中小企业信息化工作有序推进，两化融合成效显著。

1．两化融合政策环境不断优化

四川省先后发布了《创建四川省新型工业化产业示范基地管理暂行办法》、《关于推动全省中小企业公共服务平台网络建设工作的指导意见》、《关于大力扶持小型微型企业发展的若干意见》等推进两化深度融合的政策和意见，完善了《加快信息化与工业化融合实施方案》，编制了《四川省国民经济和社会发展信息化“十二五”规划》，设立了四川省信息化工作领导小组、促进中小企业和小微企业发展工作领导小组，加强了两化融合工作的总体规划和部署。财政资金投入进一步加大，2013年四川省级中小企业发展专项资金总额已达2.5亿元，其他多项工业发展专项资金也从不同角度支持企业信息技术应用和企业信息化公共服务平台建设。

2．信息基础设施进一步完善

四川省实施“宽带中国”战略，大力加强基础设施建设，深入推进宽带普及提速。截至2013年年底，全省新增光纤到户覆盖家庭200万户，达到1000万户，城市宽带接入能力达到20Mbps以上，固定宽带接入用户达到1050万户，固定宽带家庭普及率达到33%。四川省全面开展了成都国家下一代互联网示范城市建设工作，启动了实施成都国家级互联网骨干直联点建设，提升了省际通信能力，互联网省际出口带宽已达到10000Gbps。

3．战略性新兴产业稳步发展

在省委、省政府大力推动下，四川省战略性新兴产业持续发展，新的项目、新的产品不断涌现。根据国家和四川省发布的战略性新兴产业指导目录，省经信委和省统计局在摸底调查基础上，对战略性新兴产业统计口径进行了调整。2013年，四川省纳入战略性新兴产业统计企业户数902个，实现产值4452.6亿元，同比增长14.5%，高于四川省规模以上工业4.7个百分点，占全省工业产值的15.5%。

4．中小企业两化融合有序推进

四川省经信委联合和协调社会机构，整合资源，开展了中小企业上网活动、信息化专家服务下基层等一系列两化融合推进活动。通过中小企业信息化工作的推进，有力地支撑四川省工业经济的发展，截至2013年6月底，四川省规模以上中小工业企业达到12435户，工业总产值同比增长13.32%。规模以下小微工业企业37297户，营业收入同比增长11.9%。中小企业提供了超过50%的税收；创造了60%以上的经济总量（国内生产总值）；完成了70%的发明专利和新产品开发；提供了80%的城镇就业岗位；占企业总数的99%。

【两化融合发展水平分析】

（一）综合分析

2014年，四川省两化融合发展指数为69.47，比2013年提升了6.62个点。基础环境方面，2014年基础环境指数为70.53，比2013年增加5.99个点；工业应用方面，2014年工业应用指数为57.98，比2013年增加6.37个点；应用效益方面，2014年应用效益指数为91.41，比2013年增加7.79个点，如表1所示。

表1　2013—2014年四川省两化融合指数情况

指　标	2013年指数	2014年指数	变化情况
基础环境	64.54	70.53	↑5.99
工业应用	51.61	57.98	↑6.37
应用效益	83.62	91.41	↑7.79
总指数	62.85	69.47	↑6.62

数据来源：中国电子信息产业发展研究院

（二）具体分析

1．基础环境指数

2014年，四川省基础环境指数为70.53，比2013年增加5.99个点。在信息基础设施建设方面，2014年，四川省城（省）域网出口带宽指数为94.32，与2013年持平；固定宽带普及率指数为58.5，与2013年持平；固定宽带端口平均速率指数为72.42，比2013年提高15.95个点；移动电话普及率指数为57.2，比2013年提高4.99个点。在互联网应用普及方面，2014年，四川省互联网普及率指数为51.92，比2013年提高3.56个点。在两化融合政策环境建设方面，四川省在2014年设立了两化融合专项引导资金；中小企业信息化服务平台数量指数为108.5，比2013年提高10.02个点；重点行业典型企业信息化专项规划指数为61.12，比2013年提高7.22个点。

2．工业应用指数

2014年，四川省工业应用指数为57.98，比2013年增加6.37个点。具体来看，重点行业典型企业ERP普及率指数为64.86，比2013年提高11.81个点；重点行业典型企业MES普及率指数为50.9，比2013年提高4.54个点；重点行业典型企业PLM普及率指数为53.52，比2013提高13.16个点；重点行业典型企业SCM普及率指数为60.43，比2013年提高7.16个点多；重点行业典型企业采购环节电子商务应用普及率指数为62.89，比2013年提高7.36个点；重点行业典型企业销售环节电子商务应用普及率指数为83.78，比2013年提高19.69个点；重点行业典型企业装备数控化率指数为35.23，比2013年提高1.91个点；国家新型工业化产业示范基地两化融合发展水平指数为56.27，比2013年下降11.04个点。

3．应用效益指数

2014年，四川省应用效益指数为91.41，比2013年增加7.79个点。其中，电子信息制造业主营业务收入、软件业务收入比2013年增加幅度超过13个点。2014年四川省工业增加值占GDP比重指数为50.5，比2013年下降0.95个点；第二产业全员劳动生产率指数为54.17，比2013年提高0.59个点多；工业成本费用利润率指数为42.28，比2013年下降6.2个点；单位工业增加值工业专利量指数89.8，比2013年大幅提高了4.68个点。在工业节能减排水平方面，单位地区生产总值电耗指数为94.28，比2013年提高39.06个点。在信息产业发展水平方面，电子信息制造业主营业务收入指数为163.09，比2013年提高15.03个点；软件业务收入指数为188.69，比2013年提高13.29个点。

【优劣势评价】

四川省两化融合发展具有以下优势。

一是具有较好的工业基础。四川省实施的“工业强省”主导战略，大力促进了四川省工业的发展。2014年，四川省全部工业增加值11578.5亿元，比2013年增长11.0%，对经济增长的贡献率为51.7%。年末规模以上工业企业13163户。全年规模以上工业增加值增长11.1%。七大优势产业增加值占规模以上工业的75.9%，增长11.0%。全年规模以上工业企业实现出口交货值2687.1亿元，同比增长30.7%。规模以上工业41个行业大类中有35个行业增加值增长。四川省雄厚的工业实力为两化融合提供了有力的支撑。

二是电子信息产业发展势头强劲。2014年，电子信息制造业主营业务收入全国排名第6，软件业务收入全国排名第8。2014年，四川省电子信息产业主营业务收入已超过5700亿元。目前，已有40多家世界500强电子企业、20多家国内电子百强企业在川落户。集成电路方面，英特尔、德州仪器、富士通、联发科等龙头企业在四川发展良好。目前全球约50%的笔记本电脑芯片在成都封装测试，成都已成为与北京、上海比肩的中国集成电路产业重要发展极。电脑制造方面，四川是全国四大便携式电脑生产基地之一，有戴尔、联想、富士康、仁宝、纬创等重大项目，全球约50%的苹果平板电脑是“四川造”。软件及信息服务方面，四川是全国最大的信息安全产品研发生产基地、第三大游戏产品研发运营中心和中西部新一代通信技术企业聚集度最高的区域，成都拥有“中国软件名城”称号。数字视听及光电显示方面，四川是国家级数字视听产品产业基地，彩电产量全国第四；光电显示产业基础良好，京东方和深天马4.5代线、中光电玻璃基板等重大项目均已量产。

三是省域网出口带宽和固定宽带端口平均速率发展良好。2014年，城（省）域网出口带宽全国排名第六，固定宽带端口平均速率全国排名第五。四川省开展了“光网四川”建设，对具备光网接入的区域全面启动宽带第三次大提速，50Mbps/100Mbps宽带进入广大百姓家庭。目前，全省已经建成1个全光城市，22个全光县，205个全光乡镇，1015个全光小区，有数万家庭用户开始使用100Mbps宽带。

与全国相比，四川省两化融合还存在以下劣势。

一是信息网络普及率相对较低。2014年的评估结果显示，四川省固定宽带普及率全国排名第24位，互联网普及率全国排名第26位，移动电话普及率全国排名第22位。其主要原因是四川省人口庞大，尽管互联网普及数量增长较快，但普及率仍然落后于全国多数地区。

二是工业领域的信息化应用水平不高。2014年，重点行业典型企业装备数控化率全国排名第26位，重点行业典型企业MES普及率全国排名第24位。虽然工业企业信息化单项技术应用已基本普及，如财务、物料、人事、办公等系统，但是没有进入信息集成应用阶段。工业企业的装备数控化程度低，反映出四川省工业装备老旧，没有实现智能化生产，亟须进行数控化改造。

【相关建议】

对四川省两化融合提出以下建议。

一是加快构建下一代信息基础设施。加快“光网四川”建设，加快推进宽带网络光纤化改造升级，建设超高速宽带接入网络，积极实施电信网、广播电视网、互联网三网融合，全面提升综合信息服务能力，提高信息化水平，占领信息制高点。通过加强全光网络信息基础设施保障，建设更畅通的信息高速通路，实现“随时随地，尽享高速上网”。已建区域加大铜缆改光纤力度，快速扩展光纤网络覆盖面，加快有线电视网数字化双向改造，提升宽带网络品质。

二是促进数字研发和智能生产。在重大装备、钒钛钢铁、能源电力、食品饮料等“7+3”产业和战略性新兴产业内部各行业，推广和深化信息技术应用。在研发设计环节，支持电子信息、工程机械、航空航天、重大装备等行业企业，实施计算机辅助设计集成应用项目，提升工业产品研发的智能化水平。在生产制造环节，支持机械、汽车、纺织、钢铁、电子等行业企业，实施一批生产设备的数字化、智能化、网络化改造项目，提高精准制造、高端制造、敏捷制造能力。

三是推动工业园区特色发展。不断强化园区产业特色和功能定位，突出产业高端引领和龙头企业带动，推动园区产业关联、成链、集聚、集约、合作“五向发展”，着力推动运行方式集聚化、布局方式集群化、发展方式集约化，建设特色鲜明、优势突出、功能完善、联动发展的产业园区和现代服务业集聚区，带动关联产业和配套产业集聚发展，积极发展具有较强创新能力和竞争能力的优势产业集群。

陕西省两化融合发展水平分析

【总体情况】

（一）经济概况

2014 年，陕西省地区生产总值 17689.94 亿元，比 2013 年增长 9.7%。其中，第一产业增加值 1564.94 亿元，同比增长 5.1%，占生产总值的比重为 8.8%；第二产业增加值 9689.78 亿元，同比增长 11.2%，占生产总值的比重为 54.8%；第三产业增加值 6435.22 亿元，同比增长 8.4%，占生产总值的比重为 36.4%。人均生产总值 46929 元，比 2013 年增长 9.4%。全年全部工业增加值 8090.39 亿元，比 2013 年增长 11.0%。其中，规模以上工业增加值增长 11.3%。全年规模以上工业主营业务收入 18313.64 亿元，比上年增长 7.8%；利润 1706.45 亿元，同比下降 12.4%；税金总额 1600.86 亿元，同比增长 16.9%。规模以上工业中，重工业增加值增长 11.2%，轻工业增长 12.1%。分工业门类看，采矿业增加值增长 10.0%，制造业增长 12.8%，电力、热力、燃气及水生产和供应业增长 8.3%；能源工业增加值增长 8.5%，非能源工业增长 14.8%；六大高耗能行业增加值增长 11.3%。

（二）两化融合主要进展

陕西省以两化融合管理体系贯标试点工作为依托，开展两化融合专项行动，加快工业园区和产业集群建设，探索具有西部区域特色的两化融合道路。

1. 两化融合管理体系贯标试点工作有序推进

为推进陕西省信息化和工业化深度融合，全面提高工业发展的质量和效益，制定并发布了《陕西省信息化和工业化深度融合专项行动实施计划（2013—2018 年）》，提出两化融合管理体系贯标试点工作的实施方案。陕西省建立了两化融合管理体系咨询服务联盟，并组织北元化工、黄陵矿业等 13 家企业入选为首批国家级两化融合管理体系贯标试点企业。省工信厅先后组织召开了两化融合管理体系贯标宣贯培训暨启动动员会、工作推进交流会，制定了贯标实施工作方案。截至 2014 年 12 月，已有北元化工、黄陵矿业、西航发动机、618 所 4 户企业启动实施贯标工作，目前前期调研工作结束，正在进行管理体系建设，预计 2015 年年底可以完成初步达标认定，其余 9 户企业也正在积极协调内部资源，加强咨询服务，筹备启动贯标工作。

2．软件和服务外包产业持续高速增长

以软件和服务外包产业为代表的“低碳经济”已经成为陕西省经济社会发展的新亮点和新引擎。陕西省已聚集了 IBM、微软、艾默生、施耐德、高通、GE 等 170 余家外资软件企业，华为、中兴、金蝶、TCL、神州数码、浪潮等众多国内龙头企业，拥有软件和服务外包企业 1300 多家，从业人员规模超过 13 万人，承接 48 个国家和地区的离岸外包业务，并初步形成了以西安高新软件园为核心的“一核六区”七大服务外包示范园区。

3．国家级集成电路产业基地实力增强

陕西省基本形成了以英特尔、西安华芯、航天华讯为代表的芯片设计企业，以三星、美光、华天、卫光为代表的芯片制造及测试封装企业，以应用材料、西北机器为代表的集成电路设备生产企业，在半导体存储芯片制造、封装测试、研发设计、设备制造等领域形成了较为完整的产业链，陕西省即将成为国内乃至全球最有影响力的集成电路存储芯片制造与研发生产基地。2014年7月，陕西省政府印发实施《陕西省关于围绕三星项目加快配套产业发展规划》，提出“建设一个基地、聚焦两大领域、实施三大工程、强化四大支撑”，计划将陕西省打造成为具有全球影响力的新一代信息技术产业高地。

4．逐步形成千亿级手机产业链

陕西省围绕智能手机产业聚集了一批优秀通信企业集群，具备了打造智能手机产业链的基础。从移动运营商、系统集成商、终端设计和制造商、系统服务商、芯片设计研发、增值服务商到零配件制造供应等各个环节，都有企业从事其中，初步形成了一个较为完善的手机制造产业链群落。2014年7月25日，中兴通讯与陕西省签订投资协议，宣布在陕西省建设西部最大的智能终端生产基地；2014年10月9日，比亚迪公司与陕西省签署合作协议，宣布比亚迪高端手机配套生产项目落户西安高新区。

【两化融合发展水平分析】

（一）综合分析

2014年，陕西省两化融合发展指数为61.46，比2013年上升1.59个点。基础环境方面，2014年陕西省基础环境指数为75.08，比2013年提升2.86个点。工业应用方面，2014年陕西省工业应用指数为47.09，比2013年大幅下滑1.38个点。应用效益方面，2014年陕西省应用效益指数为76.58，比2013年提升6.24个点，如表1所示。

表1　2013—2014年陕西省两化融合指数情况

指　标	2013年指数	2014年指数	变化情况
基础环境	72.22	75.08	↑2.86
工业应用	48.47	47.09	↓1.38
应用效益	70.34	76.58	↑6.24
总指数	59.87	61.46	↑1.59

数据来源：中国电子信息产业发展研究院

（二）具体分析

1．基础环境指数

陕西省两化融合基础环境水平提升较快，有力支撑了全省信息化与工业化融合发展。2014年陕西省城（市）域网出口带宽指数为87.43，与2013年持平；固定宽带普及率指数为69.62，比2013年提升3.52个点；固定宽带端口平均速率指数为67.77，比2013年提升11.02个点；移动电话普及率指数为64.81，比2013年提升2.99个点。在互联网应用普及率方面，2014年陕西省互联网普及率指数为61.67，比2013年提升3.29个点。在两化融合政策环境建设方面，陕西省设有两化融合专项引导资金，2014年中小企业信息化服务平台数指数为138.63，比2013年提升4.54个点；信息化重点行业典型企业信息化专项规划指数为39.42，比2013年下滑8.41个点。

2．工业应用指数

2014年陕西省重点行业典型企业ERP普及率指数为47.45，比2013年下滑4.62个点；重点行业典型企业MES普及率指数为42.29，比2013年下滑2.53个点；重点行业典型企业PLM普及率指数为42.4，比2013年下滑4.99个点；重点行业典型企业SCM普及率指数为46.89，比2013年下滑2.77个点；重点行业典型企业采购环节电子商务应用普及率指数为57.86，比2013年上升0.19个点；重点行业典型企业销售环节电子商务应用普及率指数为51.09，比2013年下滑2.48个点；重点行业典型企业装备数控化率指数为35.83，比2013年上升3.61个点；国家新型工业化产业示范基地两化融合发展水平指数为53.72，比2013年提升1.32个点。

3．应用效益指数

2014年，陕西省两化融合应用效益稳步提升，应用效益指数达到76.58，比2013年提升6.24个点。在地区工业生产效益和水平方面，2014年陕西省工业增加值占GDP比重指数为52.69，比2013年下滑0.47个点；第二产业全员劳动生产率发展水平指数为67.29，比2013年下滑4.47个点；工业成本费用利润率发展水平指数为66.88，比2013年下滑5.86个点；单位工业增加值工业专利量指数为73.33，比2013年提升8.56个点；单位地区生产总值电耗指数为96.02；电子信息制造业主营业务收入指数为 60.76，比 2013 年提升 4.55 个点；软件业务收入指数为 134.5，比 2013 年大幅提升 16.21 个点。

【优劣势评价】

陕西省两化融合发展具有以下优势。

一是具有独特的区位优势。陕西位于中国地理中心位置，是古丝绸之路的起点，是东中部进入整个大西北的主要门户，也是整个中国北方进入西南地区的主通道，与资源丰富的西部地区和经济发达的东部地区有良好的通达性，铁路、公路、航空及信息等都是连接中国东西的重要枢纽。

二是良好的信息化基础设施为两化融合提供有力保障。陕西省信息化基础环境不断改善，各项指标均处于西部地区领先水平，部分指标值在全国处于上游水平，2014 年陕西省基础环境指数全国排名第 11 位。2014 年，陕西省光缆线路长度达 516240 千米，互联网宽带接入端口 941 万个，局用交换机容量 1015.3 万门，移动电话交换机容量 4961.9 万户，固定电话普及率 20.5 部/白人，移动电话普及率为 93.6 部/百人，地市级 3G 覆盖率达到 100%。

三是电子信息产业实力雄厚为两化融合提供有力支撑。陕西是全国电子信息技术强省，是国内最早从事软件产品研发、生产和服务的省份之一。陕西省先后建设了一批国家级、省级创新平台，主要包括无线网络安全技术和新一代移动通信技术应用等国家工程实验室，物联网、云计算、集成电路、通信设备、平板显示、高功率半导体激光器、新型电子元器件等一批省级企业研究中心。通过加强创新能力建设，成功突破了一批核心关键技术，有力支撑了传统电子信息产业结构调整和优化升级。

同时，陕西省两化融合发展存在以下劣势。

一是工业应用水平偏低。2014 年，陕西省重点行业典型企业 ERP 普及率全国排名第 27 位，重点行业典型企业 MES 普及率全国排名第 27 位，重点行业典型企业 PLM 普及率全国排名第 27 位，重点行业典型企业 SCM 普及率全国排名第 25 位，重点行业典型企业装备数控化率全国排名第 25 位，说明陕西省工业和信息产业相对独立发展，信息技术没有真正地融入工业生产制造中。

二是固定宽带端口平均速率较低。2014 年。固定宽带端口平均速率全国排名第 23 位，低于全国平均水平，而其他的信息基础环境指标均发展良好。例如，城（省）域网出口带宽全国排名第 7 位，固定宽带普及率排名第 15 位，移动电话普及率全国排名第 14 位，互联网普及率全国排名第 14 位，说明陕西省地区宽带平均接入速率偏低，已经成为制约信息基础环境发展水平的瓶颈。

【相关建议】

对陕西省两化融合提出以下建议。

一是推动区域宽带网络协同发展。国家级骨干互联网络积极利用光纤接入、新一代移动通信、下一代广播电视等新技术，实现两两互联，提升宽带网络速度与性能。县级以上城镇要将新建道路、城市新区和各类园区地下综合管网同步规划、同步建设，新建住宅小区及商住楼全面推进光纤入户的工程设计、施工及验收规范标准。农村地区，实施宽带村村通工程和信息服务平台的服务内容，因地制宜采用光纤、铜线、同轴电缆、3G/LTE、微波、卫星等多种手段加快宽带网络从乡镇向行政村延伸。

二是推进先进制造业信息化建设。推广应用新型元件和各种嵌入式系统，大力发展各种光机电一体化产品，提高家用电器、仪器仪表、电子机械等产品的信息化水平。推进生产装备的数字化与生产过程的智能化，大力应用综合集成制造、敏捷制造、柔性制造、网络化制造等先进制造技术，提高生产过程的信息化水平。

三是加快发展生产性服务业。加快信息技术服务业发展，支持工业设计软件的研究开发和推广应用，建立实用、高效的工业设计基础数据库、资源信息库等公共服务平台，加强工业设计知识产权保护和成果转化，促进工业设计产业化发展。加快发展物流信息化，加强制造、商贸企业与物流企业信息互通、联动发展，提高产业链运作效率。

四是鼓励工业企业节能减排信息技术的运用。推动节能减排信息技术的普及和深入应用，加大主要耗能、耗材设备和工艺流程的信息化改造；扶持重点企业作为应用信息技术促进节能减排示范企业、示范项目；以行业共性需求为突破，建立行业能耗管理平台，促进行业节能减排；以能耗数据实时采集和分析、能源利用综合平衡和调度为重点，促进企业节能减排；在有条件的企业建立能效分析系统；开展能耗行业及领域节能减排的宣传和培训工作。

两化融合工作展望

大力推进信息化与工业化深度融合，是推动我国走中国特色新型工业化道路进程的一项长期任务，也是实现国民经济转型升级、提质增效的关键举措。当前，我国正处于工业大国向工业强国迈进的新时期，工业结构优化升级也进入两化融合主导的新阶段，这就要求相应的体制机制、政策环境和战略举措与之相配套。为此，应着重从以下几方面创造和推动完善我国两化融合的制度和政策环境。

【加强宏观指导和组织协调】

部、省、市联动开展工作。为确保两化深度融合工作落实得力，建议部省、市、联动、协同推进，发挥两化深度融合信息的互联互通，避免信息化分散建设、步调不一致、信息不共享。同时通过大力开展智能工业、智慧城市等方式深化融合。以物联网、云计算为代表的新一轮的技术革命将传统工业提高到智能工业的新阶段，改变信息平台的格局，加强对智能工业、智慧城市的研究和服务有利于实现两化融合方式的多元化。

完善组织协调机制。在国家层面加强政府职能转变，主要职能定位在管理规划、管政策、管标准和加强行业指导，增加监督职能。地方上，各部门之间相互协调，密切配合，畅通信息沟通渠道和机制，调动各方面推动两化融合的积极性。加快建立两化融合部、省合作机制和区域合作推进机制，加强试点示范、统筹推进和研究交流。推进企业建立首席信息官制度，负责统筹企业信息化建设，重点推进两化融合。

将两化融合水平纳入政绩考核体系。改变地方政府以经济增长速度和财政收入等指标为主要考核内容的政绩考核制度，将两化融合发展水平纳入各级政府的业绩考核体系中，督促各地政府加强推进区域两化融合。

充分发挥行业协会和专家智库的作用。建立起与行业协会、地方、研究机构之间的信息共享机制，以及对重点企业两化融合运行监测的联络体系。建立完善行业协会有偿服务制度，鼓励行业协会协助政府搞好行业两化融合研究和指导工作，开展两化融合项目申报与评审、行业标准规范制定和典型推广工作等，为行业企业提供优质服务。鼓励各地成立两化融合专家咨询委员会，为两化融合提供辅助决策。

【积极开展智能制造试点示范】

开展智能制造试点示范。深入了解智能制造发展潜力和面临问题，明确智能制造发展的思路、重点方向。研究制定试点示范方案，明确目标、内容和主要措施，开展智能制造示范城市试点建设和重点行业智能制造示范工程建设。围绕城市区域等开展两化融合智能制造试点，推动地方政府在体制机制、组织体系、政策环境、服务平台建设、新业态新模式培育、标准规范评估等领域，探索新模式、新方法，总结试点经验，并宣传推广。组织开展重点行业智能工厂应用示范，选择钢铁、石化、纺织、轻工、电子信息等重点领域，围绕推广普及“智能制造单元—智能车间—智能制造系统—智能工厂”，分期分批开展试点示范，逐步实现车间级、工厂级的智能化改造。组织开展智能制造示范城市（区）试点建设。基于园区和产业基地，围绕生产装备的智能化改造，深化产业链上下游协同，探索构建企业间协同高效的智能制造体系和产业生态系统。

开展典型试点示范项目专项行动。在工业互联网、工业云、工业大数据领域，推动两化融合的示范应用，尤其是运用互联网加快改造和提升传统产业项目，如基于生产性服务业、电子商务、工业控制、物联网、云计算技术等新技术的应用示范项目。通过实施标杆比对专项行动，让企业清晰了解到同行业内的标杆企业信息化水平，进行差距分析，从而为企业制定出一套适合企业发展需求和行业特色的信息化解决方案。发展工业云，推动云计算与现代制造业的融合，引导企业在工业设计、工业仿真等方面应用云计算技术，以提高研发设计效率，降低研发设计成本。引导管理软件企业向云服务平台运营商转型，支持云计算服务商构建面向中小制造业企业的云服务平台，为其提供 CAD、ERP 等方面的软件在线服务。发展工业大数据，推动大数据与现代制造业的融合，引导工业企业建设商业智能（BI）系统，对生产经营数据进行大数据分析。

推动互联网与工业融合创新。大力发展移动制造，推动移动互联网与现代制造业的融合，引导工业企业开发 App，开展网络营销，发展移动电子商务。引导工业企业利用无线网络开展车间、仓库等重要场所远程视频监控。引导工业企业开发管理信息系统的移动接口，推进经营管理活动的移动办公。引导企业建设基于智能手机等移动终端的掌上学习平台，建设学习型企业；围绕下一代互联网推广应用，制定工业互联网整体网络架构方案。继续推进互联网与工业融合创新试点工作的开展，总结提炼和宣传推广典型经验。

【加强行业标准规范体系建设】

建设和推广企业两化融合管理体系，推进两化融合管理体系标准的研制、发布和国际化。做好两化融合管理体系贯标和认定试点工作，选择一批地区、行业贯标示范企业开展应用推广，完善两化融合管理体系认定管理办法和第三方服务体系。

完善行业技术标准规范。组织大型企业、行业组织研究制定适合行业特点的两化融合技术标准规范，如能源管理系统技术规范、企业信息安全管理体系技术规范、数据中心技术规范等。制定第三方云服务企业准入规范、云计算数据中心能耗标准和云服务合同规范。

推动电子商务诚信体系建设。完善交易主体身份认证机制，规范交易双方权利和义务，不断完善电子商务市场环境。建立适应跨境电子商务模式的报关、报检、结汇和退税等管理机制，规范发展海外电商代购业务。加强电子商务标准建设，规范电子商务信息发布、信用服务、网上交易、电子支付、物流配送、售后服务、纠纷处理等服务。

抓好物流、云计算、大数据等标准规范建设。制定信息系统标准规范、物流货物收运收寄流程规范。积极参与通用基础类、公共类、服务类及专业类物流标准的制定工作，形成一批对物流业发展和服务水平提升有重大促进作用的物流标准。进一步深化物联网框架体系和标准规范的研究，积极参与大数据、云计算等标准工作，研究制定云安全、服务能力与质量、开放接口、体系架构与评估认证等标准规范，为两化融合提供安全可靠的技术支持。

【完善对集成服务企业的政策支持】

加大对两化融合集成服务企业的政策支持。两化融合是一个系统工程，需要通过咨询实施一体化，将单纯的软件实施扩展为 IT 战略规划、业务流程梳理、需求优化、非 ERP 的流程优化、管理及信息化应用提升、后续服务维护等服务项目，因此企业开展信息化建设，必须在信息化服务企业的帮助下进行。因此，建议逐步推出针对工业企业两化融合IT服务企业的扶持政策，帮助IT服务企业发展和壮大，提升IT服务企业的服务能力，从而为两化融合企业提供更好更有价值的IT服务。同时，实施行业两化融合IT服务商的资质认定工作，为两化融合企业挑选出有资质条件的优秀IT服务商，确保IT服务商的资质和服务能力，为两化融合企业提供有保障的服务，降低企业进行信息化建设的风险。加大对提供两化融合诊断、规划、评估和咨询、培训等服务的第三方专业服务机构的培育和扶持。政府应该考虑采取进一步措施来催化两化融合中介服务机构的发展和壮大，尽快出台两化融合中介机构的扶持政策，积极推动两化融合走向可持续的发展道路。

加大税收支持力度。对有重大推广应用前景的两化融合产品、技术、系统和解决方案，在进口自用设备以及按照合同随设备进口的技术及配套件、备件，免征进口关税。充分发挥增值税转型政策对企业两化融合的促进作用，鼓励企业加大信息化建设力度，提升企业生产和经营管理水平。对与两化融合有关的技术转让、技术开发和与之相关的技术咨询、技术服务获得的收入，可按规定免征营业税或减半征收企业所得税。对企业利用信息技术开发新技术、新工艺、新产品的研发费用，在审查立项、投融资贴息等方面给予优先支持，未形成无形资产计入当期损益的，在按照规定据实扣除的基础上，再按照研发费用的50%加计扣除；形成无形资产的，按照无形资产成本的150%摊销。出台相关政策措施，给予使用国产软件的企业财政补贴，如免税、免息等优惠。

加大财政支持力度。加大对工业企业两化融合资金支持力度，引导地方对开展两化融合示范工程和项目的企业设立奖励资金，并给予相应的资金配套政策。各级政府应设立两化融合专项资金，引导和支持企业开展两化融合。各级政府部门应结合实际情况，合理调配和适当增加促进两化深度融合的各项资金，用于支持企业采用信息技术改造提升传统产业，支持面向行业的关键、共性技术的推广应用。积极发挥政府采购在推动两化融合方面的作用，以政府补贴或政府购买服务等方式，调动基础电信运营商、信息服务商和信息产品制造商的积极性，鼓励相关企业研发“实用、好用、廉价”的相关信息产品和服务。开放政府资源和市场，推行政府网上采购，吸引和带动企业使用信息技术和互联网。

拓宽多元化投融资渠道。引导和鼓励金融机构对企业两化融合项目予以信贷支持，改善中小企业两化融合融资条件，拓宽中小企业融资渠道。完善中小企业信用担保体系。设立包括中央、地方财政出资和企业联合组建的多层次中小企业信用担保基金，对中小企业开展两化融合提供融资担保和信贷贴息补助。鼓励各地建立小企业贷款风险补偿基金，对金融机构小企业贷款按增量给予适度补助。支持建立专门面向软件和信息服务业的融资担保中心，为中小企业提供融资担保。积极培育创业风险投资市场，完善创业风险投资机制，促进创业投资与软件和信息服务业的有机结合。

【加大创业创新支持力度】

加快构建众创空间。总结推广创客空间、创业咖啡、创新工场等新型孵化模式，充分利用国家自主创新示范区、国家高新技术产业开发区、科技企业孵化器、小企业创业基地、大学科技园和高校、科研院所的有利条件，发挥行业领军企业、创业投资机构、社会组织等社会力量的主力军作用，构建一批低成本、便利化、全要素、开放式的众创空间。发挥政策集成和协同效应，实现创新与创业相结合、线上与线下相结合、孵化与投资相结合，为广大创新创业者提供良好的工作空间、网络空间、社交空间和资源共享空间。

鼓励政企研学用多方合作。鼓励企业建立技术中心、工程技术中心等研发机构。鼓励有实力的大型企业建立技术中心，鼓励中小型企业通过联合出资、共同委托的方式进行合作研究。鼓励企业、研究机构和大专院校开展多层次的研发合作，建立集“产学研用”为一体的科研开发体系。发挥企业市场资源优势，通过技术创新，实现新技术、新产品在商业上的成功运用，促进新产业培育和发展。

完善“大众创业　万众创新”的创新体系。

综合运用政府购买服务、无偿资助、业务奖励等方式，支持中小企业公共服务平台和服务机构建设，为中小企业提供全方位专业化优质服务，支持服务机构为初创企业提供法律、知识产权、财务、咨询、检验检测认证和技术转移等服务，促进科技基础条件平台开放共享。加强电子商务基础建设，为创新创业搭建高效便利的服务平台，提高小微企业市场竞争力。完善专利审查快速通道，对小微企业亟须获得授权的核心专利申请予以优先审查。

大力支持云服务创新。建立云服务创新示范基地，开展生产、商贸和公共服务领域的云服务应用示范。培育云服务龙头企业，加强对我国云服务提供商的扶植力度，鼓励终端制造商、软件提供商、网络运营商与互联网服务商之间加强合作，推动信息产业链垂直整合。支持具备较好业务、用户、技术基础的云服务企业发展壮大，打造具有行业影响力、产业控制力的本土云服务龙头企业。

【完善两化融合综合服务体系】

发展面向行业服务的两化融合公共服务平台。为推动企业信息化软件的推广应用，建立一批为中小企业服务的 SaaS 平台，如搭建为企业工业设计的在线服务平台，以国产软件平台系列产品为主，建设企业工业设计在线服务平台，提供国产的 CAD、CAPP、PDM 及 CAM 等在线设计软件，并提供相关的技术支持和服务；或与有关机构合作，为企业提供在线财务、在线进销存等软件服务。通过 SaaS 平台服务可以大幅降低企业的信息化建设成本和技术难度，便于企业采用相关 SaaS 软件提升企业的管理水平。

深入实施知识产权战略。进一步完善国家知识产权制度，强化科技人员和科技管理人员的知识产权意识，营造尊重和保护知识产权的法治环境。积极推进软件正版化。实施标准化和专利战略，对研制并获准颁布国际、国家、行业标准的企业给予奖励；对企业专利申请和维持给予补贴。加强知识产权保护，建立完善工业技术和信息技术的知识产权管理和保护机制。鼓励企业组建本行业、本领域的知识产权保护联盟。

强化工控系统信息安全防控能力。加大自主知识产权工控系统的研发和产业化的支持力度，结合重大科技专项、共性关键技术等专项的实施，重点支持国产工控芯片、工控操作系统、系统集成技术及安全防护技术。扶持信息安全应用产业，开发信息安全产品，构建自主可控的信息安全产业链。建立工业控制系统安全测评检查制度，加强对工业控制系统信息安全管理工作的指导监督，结合行业实际制定完善相关规章制度，并加强督促检查确保落到实处。加强工业控制系统信息安全管理，加强信息安全防控与测评，落实信息安全管理要求。研究云服务带来的网络和信息安全问题，加强对云服务商的监管，强化云存储信息安全。

【加强人才队伍建设和职业培训】

加强培养和吸引领军人才。完善柔性引才机制，引进和培养一批两化融合的高技能人才。加快建设海外高层次人才创新创业基地，建立健全信息化人才引进、项目实施、基地建设有机结合的新机制，形成对引进高层次人才的特殊使用和激励制度。建立经营管理者和企业家队伍健康成长的激励、考核、监督机制，并逐步制度化、规范化。深化企业科技人员专业技术职称评聘制度改革，鼓励企业对特殊、拔尖人才采取特殊的吸引和使用办法，积极推行科技骨干年薪制和期权期股试点，最大限度地调动科技人员的积极性和创造性。加快出台《企业首席信息官制度指南》，推动建立“企业首席信息官职业资格认证制度”，引导企业建立信息化专门机构，鼓励企业建立和完善首席信息官制度。筹建中国企业首席信息官协会，组织召开企业首席信息官论坛，通过组织协会和举办论坛，建立企业信息化组织体系和人才队伍。

大力发展两化融合高等教育和职业教育。支持各层次产业人才参加信息化继续教育，培养和造就一支与信息化发展相适应的高素质队伍。鼓励高等院校和职业技术院校面向市场需求，积极调整学科和专业设置，培养两化融合人才。支持有关信息技术企业与学校合作办学，推进与行业应用结合的信息技术教育，培养各类行业信息化应用复合型人才。开展企业首席信息官的教育培训，通过针对企业信息化高层管理人员的培训，提高企业信息化规划、管理和应用水平。结合国家信息化计算机教育认证（CEAC）培训项目，制订两化融合培训标准和培训计划，落实培训教材和培训机构。鼓励相关中介机构、企事业单位举办各种类型的两化融合培训班，最终形成一支专业与结构合理的两化融合人才队伍。

专题研究篇

当前我国信息化面临五大转变

工业和信息化部赛迪研究院信息化研究中心

信息化的深入发展在事实上已经形成了一个高效率、跨时空、多功能的网络空间，人类在网络空间的活动大量展开，经济社会正进入基于信息网络的大创新、大变革时代。当前，我国信息化建设面临以下五大转变。

【信息基础设施由广覆盖，向泛在先进和普遍服务并重转变】

目前，我国已经建成了全球用户规模最大的信息网络，但规模增量出现拐点，并呈现出农村地区信息基础设施发展水平提升不显著、东西部发展不平衡等问题，未来将向兼顾量质、普遍服务的方向转变。自2009年开始，我国每年净增固定宽带用户数均在2000万户左右，到2014年年底，固定宽带用户累计突破2亿户，但近两年的年净增用户数开始下滑，2014年进一步下降到1157.5万户。城乡宽带用户发展差距依然较大，截至2014年年底，城市宽带用户净增1021万户，是农村宽带用户净增数的7.5倍。针对上述问题，国家制定了《“宽带中国”战略及实施方案》（国发〔2013〕31号）。《“宽带中国”战略及实施方案》指出，到2020年，宽带网络全面覆盖城乡，固定宽带家庭普及率达到70%，3G/LTE用户普及率达到85%，行政村通宽带比例超过98%，城市和农村家庭宽带接入能力分别达到50Mbps和12Mbps。未来5年，我国将持续实施“宽带中国”战略，加快宽带网络优化升级，强化下一代互联网大规模部署和商用，协调推进区域和城乡信息基础设施发展，同时注重完善普遍服务机制，形成“泛在先进与普遍服务并重”的综合性信息网络基础设施。

【信息化推动经济发展模式从主要依靠传统生产要素，向主要依靠以信息资源为主的全新生产要素转变】

信息资源已经成为与物质资源、能源同等重要的经济资源，其驱动土地、劳动力、能源、资本、技术等要素配置更富效率，成为引领经济社会发展最关键的生产要素。信息资源对土地资源的优化配置主要体现在减少生产、办公、库存等工业用地。例如，近年来兴起零库存管理在减少库存的同时也减少了对土地的需求。信息对资本要素的优化主要体现在降低生产、管理成本，加快资金流转。信息资源对劳动力要素的优化主要体现在提高劳动生产率，减少劳动力投入。例如，近期广东、山东、浙江、江苏等地出台了“机器换人”计划，旨在消除劳动力成本上升等不利因素。信息资源对物质资源要素的优化主要体现在减少原材料消耗。例如，以前对汽车性能及安全的测试，通常要用真车碰撞实验，损毁了大量价格昂贵的新车。现在用仿真办法，一样可以测试到相关数据。信息对能源要素的优化主要体现在提高节能工艺，进行能源管理。未来5年，信息资源对经济提质增效的作用将更加突出，加速推动我国从以物质生产、物质服务为主的经济发展模式向以信息生产、信息服务为主的经济发展模式转变。

【信息技术与产业正从跟随、并行，向跨越、引领转变】

当前我国信息技术与产业部分领域已跻身世界前列，正处于从跟随、并行到跨越、引领发展的关键时期。一方面，我国电子信息产品制造规模居全球第一，移动通信领域跻身世界前列，一批通信设备制造和互联网企业进入国际第一阵营，在创新最活跃、发展最快的互联网领域，我国成为仅次于美国的互联网大国，是少数具有相对完整产业体系的国家之一。这为我国信息技术与产业引领全球发展奠定了坚实基础。另一方面，过去十多年来，我国核心信息技术和产业发展迟缓，甚至有些领域出现退步，总体上处于跟随先进国家发展的阶段。特别是高端芯片、核心软件、关键元器件以及专用设备、仪器仪表等领域，技术对外依存度高，自主知识产权产品竞争力不足，难以满足金融、电力、钢铁等重点行业的重大应用需求。未来5年，随着新型工业化、城镇化、农业现代化、国家治理现代化的同步推进，经济社会转型发展步伐加快，将激发我国信息技术和信息产业发展活力和创造力，促进信息产业实现由大到强的根本性转变。

【信息资源由采集、积累阶段，向建设、利用阶段转变】

经过长期发展，我国在人口、企业法人、空间地理和宏观经济等国家基础信息资源和金融、税收、质检、社保、教育等政府核心关键领域积累了丰富的信息资源。近年来零售、制造、电信、物流、医疗、交通等领域数据爆发式增长，创造了巨大社会财富。但是，我国信息资源开发利用水平较低，尚未形成有效应用模式，对经济社会发展的促进作用未充分发挥。当前，信息资源已成为战略性经济资源，其开发利用程度意味着发展机遇和战略制高点。特别是大数据商业价值不断被挖掘。百度大数据设计服务于中国一汽新车型设计和中国平安新险种设计；阿里巴巴公司根据淘宝网上的交易数据分析，提供无担保贷款服务；腾讯正在打通社交矩阵之间的数据，以实现精准营销。各级、各地政府正积极推动公共信息资源应用。国家统计局上线新版国家数据库，北京市开通了北京市政府数据资源网，上海市建设了上海市政府数据服务门户，青岛市设计了青岛市政府数据开放服务平台。《促进信息消费扩大内需若干意见》指出，要促进公共信息资源共享和开发利用。未来5年，我国公共信息资源开发应用程度将进一步加大，越来越多的企业开始挖掘大数据的商业价值，信息资源开发利用进入实质阶段。

【网络空间治理由松散无序，向制度化、规范化方向转变】

当前，人们在网络空间的活动大量展开，越来越多的网络空间活动正替代现实空间的活动。我国目前还没有清楚地界定网络空间行为主体的责、权、利，对网络空间的行为管理缺乏法律基础，出现了很多难以处理的问题。例如，网络空间里哪些行为应该实名、哪些行为可以匿名？网络空间的各种行为是否有效及应该承担怎样的责任？远程服务、电子银行、网上办公、网上投票等网络空间中发生的替代现实空间的行动是否有效？总体上看，我国网络治理的法制化进程落后于网络空间的发展，一些法律法规已不适应互联网快速发展的实际情况，网络空间管理的灰色地带较多，出现了不少法律无规定、法律规定模糊、法律规定冲突等问题。《中共中央关于全面推进依法治国若干重大问题的决定》指出，要加强互联网领域立法，完善网络信息服务、网络安全保护、网络社会管理等方面的法律法规，依法规范网络行为。习近平总书记在2014年2月中央网络安全和信息化领导小组第一次会议上进一步强调，“要抓紧制定立法规划，完善互联网信息内容管理、关键信息基础设施保护等法律法规，依法治理网络空间，维护公民合法权益。”这为有效解决上述问题、建章立制、依法治理网络空间指明了方向。

以工业云推动智能制造加速发展

工业和信息化部赛迪研究院　陈光　安琳

智能制造是实现制造强国的必然路径，工业云通过云计算模式可以为企业提供优质、高效、低成本的信息资源，帮助生产经营各环节智能协同，促进数据、产能等制造资源的共享，推动企业智能化生产、个性化定制、精益化管理、服务化转型、网络化协同，是实现智能制造的重要手段。那么，工业云是如何加速智能制造发展的？工业云发展面临的瓶颈是什么？如何推动工业云快速发展？这些问题值得高度重视和深入思考。

【工业云是加速智能制造发展的重要手段】

（一）降低信息化建设成本，加快制造各环节信息技术应用

目前我国中小型工业企业在信息化建设方面面临诸多问题，例如，信息化基础差，无力支付高昂的建设、维护费用，信息化需求随时改变等。大型工业企业信息化建设则呈现出分散化的特点，信息资源无法统一整合和协同管理，IT 设施利用率不高。

通过将大规模分散的 IT 资源整合为可以按需提供服务的资源，使计算、存储、工业软件等 IT 资源成为社会化的服务，工业云能够大幅度降低工业企业实施信息化的成本，帮助企业建设更灵活、更高效的信息化基础设施，极大地促进 ERP、CAD、CAPP 等工业软件在制造各环节应用的广度与深度，加速研发、设计、生产、产品等制造各环节的信息化和智能化。

（二）推动建立先进生产体系，实现智能生产和个性化定制

工业云在推动工业软件等 IT 资源在研发设计、工艺流程、生产装备、过程控制等各环节深度应用的同时，还可以整合、集聚生产制造各环节的数据。通过对各环节制造数据的集成分析，进而推动制造生产全过程的自动化控制和智能化控制，促进信息共享、系统整合和业务协同，实现制造过程的科学决策，最大限度地实现生产过程的自动化、个性化、柔性化和自我优化，从而降低生产成本，提高精准制造、高端制造、敏捷制造能力，加速智能车间、智能工厂等现代化生产体系的建立，最终实现智能制造。

同时，通过云平台，企业还可以收集用户的个性化产品需求，并利用柔性化、个性化和自我优化的生产流程，生产出为用户量身定做的产品。这样，就可以改变传统固化的供需模式，使“个性化”和“规模化”相辅相成，实现个性化定制。

（三）优化经营管理体系，实现精益化管理和服务化转型

以工业云为基础的业务系统，能够串联企业生产、采购、销售、管理、人力资源、安全等各个环节，整合企业生产数据、财务数据、管理数据、采购数据、销售数据和消费者行为数据等资源，使企业通过数据挖掘分析，找到生产要素的最佳投入比例，实现研产供销、经营管理、生产

控制、业务与财务全流程无缝衔接和业务协同，促进企业组织扁平化、决策科学化和管理精益化。

基于工业云平台，企业利用生产、管理、服务等环节的无缝衔接与业务协同，可开展故障预警、远程监控、远程运维、质量诊断等在线增值服务，不断扩展产品的价值空间，实现以产品为核心的经营模式向“制造+服务”的模式转变，最终向制造业服务化转型。

（四）促进企业间制造资源整合共享，实现网络化协同

工业云平台集聚不同企业的数据资源、设计资源、产能资源，以及工艺知识库等制造资源，能够促进不同企业之间制造资源的交换和共享，解决制造企业普遍存在的创新力低、成本高、产能过剩等问题。

云制造模式可帮助企业内部或区域集群企业之间，实现产能资源共享、工艺知识库共享和数据资源共享。基于工业云平台的众包研发，帮助企业利用社会化资源，提高自身研发能力。供应链协同云平台，打通供应链企业间端到端的信息流，加强供应链企业间的配合和协作。中小企业则可利用云平台加强与龙头企业的合作，并通过发展众包众筹，打通与社会创意和资金的合作通道，提高自身创新设计和成果转化能力。

【发展工业云亟须突破三大瓶颈】

（一）市场推广面临障碍

一是企业对工业云的理解和认识亟待加强。企业对如何利用工业云的机制、做法和路径的理解还不够深入。多数企业已经认识到应用工业云有助于促进信息数据的流动和集成，可以加强工业各流程环节的资源和知识共享，进而提升运作效率。但是，要真正实现数据驱动，还必须实现业务模型的重构和企业流程的重组。在工业云应用方面，不仅要在信息化系统的建设上重视互联互通，还应站在企业发展战略的高度，谋划对业务流程的重塑，制定强有力的制度，打破部门、企业、行业之间的壁垒，从利己主义思维转向利他主义思维，把被动协同变成主动协同。

二是缺乏好的商业模式。目前已有的工业云平台大多是参考通用云平台的发展思路，提供集成的工业软件和计算服务。尽管售卖的产品和服务越来越丰富，但客户数量仍然没有较大规模的增加。理论上，以 SaaS 模式为中小企业提供工业软件服务是一种降低企业信息化成本的好方法，但现实是，中小企业不仅需要工业软件和计算服务，更希望获得根据分析结果进一步得出的设计改进建议。在通用云平台上，云计算和数据分析之间的业务界限比较清晰，而在工业云平台上，由于工业软件与用户企业的具体业务联系非常紧密，工业软件服务和工业数据分析之间的融合也就更加紧密。这表明，工业云发展需要一种云计算与咨询服务相融合的商业模式，同时更需要大量的应用人才作为支撑。

（二）技术服务能力有待提升

一是自主产品较少。工业企业对信息化系统的建设和应用较为重视，在具体选型的过程中，企业 CIO 和 IT 部门虽能提出要求，但真正可供选择的产品并不多，尤其是在自主可控的总要求下，可选择的产品更少。基于此，有实力的企业开始自建研发队伍，但由于刚刚起步，对软件及其平台技术和产品的开发、研究经验和投入都较少。另外，无论是工业控制系统底层的精密传感器、控制器、执行器等核心零部件，还是工业云服务核心的数据库、虚拟化、工业软件等先进技术产品，我国的自主产品目前还不能实现全产业链覆盖。由于支撑工业云发展的产业链中存在不可控却又必需的环节，因此，我国的自主技术标准形同虚设，实际上还是由国外产品主导事实标准。

二是定制化服务能力不足。我国的工业体系庞大，不同行业对工业云的具体需求千差万别。例如，离散制造行业希望借助工业云实现协同设计、协同制造、协同服务，帮助企业提高经营管理能力，拓展商业模式，提升核心竞争力；流程制造行业则更希望借助工业云打造工商一体化的电子商务平台，帮助企业整合供应商和批发商，拓展销售市场。目前我国工业云服务商侧重关注通用功能、通信及信息服务，对工业企业具体需求的了解和服务能力明显不足，具体产品和服务的开发与工业过程联系不够密切。

（三）发展环境有待优化

一是保护数据安全的法制环境建设有待加强。目前，在保护创新和企业数字资产安全方面，我国还存在立法空白。企业对信息服务市场的诚信程度疑虑重重，不愿意把核心数据托管到公有云，担心数据泄露造成无法估量的损失。不少企业计划搭建专网并以私有云的方式应用工业云，但实际上，企业自建私有云和专网的信息安防和灾备能力并不比专业的公有云服务商能力更强，同时在数据的分析挖掘方面的能力也显得薄弱。

二是标准体系尚未建立。互联互通包含了两层意思：互联是技术体系标准，互通则是数据体系标准。实现互联可以要求系统使用标准化接口，而实现互通则需要围绕产业链建立跨行业的数据标准结构。由于我国各行业的发展长期各施其政，行业之间存在较高的壁垒、信息化技术能实现互联却不能解决互通问题，是我国工业云发展的突出障碍之一。工业云作为新兴事物，天然具有为产业链提供服务的属性，而不是面向某一个行业，这无疑是一个重大变革，也是建立产业链跨行业统一标准的契机。

【四点建议】

（一）制定工业云发展路径

按照标准先行、技术突破和市场拓展的路径，规划工业云发展。一是抓住在我国市场制定竞争新规则的机会，加快建设工业云、工业互联网发展的相关法规、技术标准体系和数据标准体系。二是聚焦重点行业领域工业云发展，形成我国自主的核心工业信息技术体系，打破西方主导的格局。三是瞄准国内用户需求与本土环境特点，打造具有中国特色的工业云服务，实现规模化市场应用。

（二）深化工业云平台试点

继续深化各地工业云平台的试点工作，针对中小企业发展需求，支持建设一批高质量的工业云服务平台，推进制造资源、服务资源的开放共享。要求大型国有企业加强信息化建设顶层设计，支持企业建设工业私有云或混合云。

（三）推动软件企业和工业企业协同发展

探索建立软件企业、互联网企业和工业企业的协同发展机制，支持引导软件企业和互联网企业深入工业领域，与工业企业探索在技术、资本等层面的跨界战略合作，支持重点行业龙头企业部署规划互联网与工业各行业融合发展的技术路线图，支持相关企业开展工业互联网、工业云和大数据关键技术的研究和产业化探索。

（四）围绕两化融合管理体系，积极推广工业云应用

要求贯标企业在研发设计信息系统建设过程中，强调协同和共享。在生产过程自动化系统建设过程中，突出传感数据集成和工艺知识集成；在管理信息系统建设过程中，重视企业内部和外部的数据反馈和数据驱动。

发展信息经济，抢占全球战略竞争制高点

工业和信息化部赛迪研究院　肖拥军　王伟玲

当前，全球进入“互联网+”时代，信息技术不断取得突破，互联网跨界融合渗透，大数据潜力加速释放，大规模协作走向主流，颠覆式创新不断涌现，互联网平台重塑商业生态，跨境经济冲击全球贸易格局。以新一代信息技术应用为核心的信息经济以超乎想象的强劲势头迅速崛起，信息技术在颠覆与创造、裂变与融合中，加速改造传统产业，催生新技术、新产品、新服务和新业态，引发人类经济和社会的深刻变革。面对迅速发展的信息经济浪潮，研究信息经济概念、特征及我国信息经济的发展形势和对策，对新常态下加快我国信息经济战略部署，率先构造全球信息经济新优势具有重要意义。

【什么是信息经济】

（一）信息经济是基于信息资源深度开发和信息技术创新应用的新型经济形态

信息经济是相对于农业经济、工业经济而言的经济形态。信息经济是指以新一代信息技术为手段，以信息产业为基础，以信息产品和信息服务为主要内容的新型经济。它是信息技术深入渗透和融合到经济社会各领域而发展起来的、基于信息和知识的新型经济形态。信息经济是一种以信息资源的占有、配置、开发、共享、使用为重要因素的经济；传统经济发展中，大量资本、设备、土地、劳动力等有形资产的投入起决定性作用，而在信息经济中，信息资源、智力、知识等无形资产的投入起决定性作用。信息资源的多寡、信息资源开发利用程度的高低决定着企业面向未来的竞争优势，也决定着一个地区和国家在全球的竞争力。

（二）信息经济的技术基础是新一轮科技革命和产业变革

信息经济的发展是以信息技术的高速发展为基础的。3G、4G 等无线通信技术的进步促进了网络视频、虚拟现实、数字内容等发展，3D 打印技术、物联网技术、云计算技术促进了智能制造、协同设计等新的生产方式发展，这些应用又反过来引发实时计算、内存计算、图计算、深度学习等大数据技术快速发展，推动了精准营销、智能推荐、社交网络等的广泛应用。微博、微信、微话悄然改变人们的生活习惯；协同、服务、共享等新生产方式日益成为制造业的核心，电子商务、互联网金融、社交网络等互联网经济体的形成加速了产业价值链体系的重构。新一轮科技革命和产业变革，与我国加快转变经济发展方式形成了历史性交汇，为我国发展信息经济带来新机遇。

（三）信息经济将成为世界各国发展战略竞争制高点

世界各国已经充分认识到了信息经济的重要性。近年来，发达国家均在制定和实施宽带普及、云计算、大数据、物联网等发展战略，鼓励信息技术变革和应用模式创新。英国出台了《信息经

济战略 2013》，德国发布了《数字议程（2014—2017）》，新加坡制定了《智慧国家 2025》，韩国制定了《新增长动力规划及发展战略》等。这些战略规划的根本目的是打造信息经济国家竞争新优势，反映了各国抢占新一轮国际竞争制高点的战略意图和决心。可以预见，各国以发展信息经济抢占未来制高点的竞争将愈演愈烈。未来，信息经济将成为各国创新型经济的主要形态，也将成为创新驱动战略的直接载体。谁善于利用信息技术，谁拥有更多的数据资源，谁善于互联网应用创新，谁就会在发展信息经济上赢得先机，就能在未来的竞争发展中占据有利地位。

（四）发展信息经济是实现转型升级的必由之路

工业革命之后兴起的资源经济，创造了日益丰富的物质财富，促进了人类文明的发展和繁荣。但在尽可能多地利用自然资源，以获得最大利润的指导思想下，也严重污染了自然环境，破坏了自然界的生态平衡，从而损害了人类赖以生存的地球，危及人类的长期发展。特别是我国经历 30 多年的高强度开发建设后，传统产业相对饱和，环境承载力接近上限，要素的规模驱动力减弱，粗放式发展所带来的结构性、素质性矛盾显现，经济难以持续快速发展。随着以劳动力为主体的要素价格持续上升、低层次产品市场趋于饱和，经济增速换挡回落，发展困局亟待突破。信息经济作为一种新的经济形态，它通过企业持续全面的创新，合理有效地利用资源，促进科技、经济、社会、环境的和谐统一，实现经济的可持续发展。

【信息经济的特点】

（一）广覆盖，深渗透

当前，信息经济正加速从娱乐、商业领域向农业、工业等领域渗透，人类社会进入了信息技术大创新、信息化应用大变革的时代。移动互联网、云计算、大数据等新一代信息技术正从零售消费向汽车、医疗、教育等领域加速渗透，成为激发行业发展的全新动力。汽车领域，阿里巴巴与汽车厂商合作推出“先开后买”的整车购买增值服务，共同打造“互联网汽车”生态圈。医疗健康领域，百度搭建北京市民健康云体验中心，整合上下游智能软硬件服务商，基于大数据向市民提供健康管理服务。未来，信息技术将以更快的速度向各行各业渗透，信息经济蔓延至所有行业。

（二）低投入，高产出

信息经济活动的低成本和高效益具有十分广泛的普遍性。例如，云服务通过按需租用的方式使用 IT 资源，大大降低了用户的 IT 建设运维成本。互联网金融通过大数据可精控放贷成本，单笔信贷成本 2.3 元，相对传统银行的 2000 元信贷成本具有显著的成本优势。通过应用工业互联网，未来 15 年航空、电力、铁路、医疗等行业生产率将提升 1%，成本节约 240 亿美元。敏捷制造以“即需即供”实现了大规模个性化定制，有效降低了库存及营销费用。

（三）破时空，缩流程

信息经济可以打破时空界限，缩短流通环节，实现供需直接对接。例如，通过电商平台，交易双方可以即时对接供需，实现订单、定价、售后等信息的有效沟通。在农业领域，电商直供、私人定制等新型农业营销模式，实现了从农场基地到用户的扁平化营销服务。在工业领域，家居定制的先行者“尚品宅配”，以实地测量实时传递个性化需求和数据，以计算机辅助设计与数控机床无缝衔接，实现了交货周期从 30 天缩短到 10 天左右。

（四）颠覆创新，快速迭代

随着信息技术的日新月异，各种新技术、新产品、新模式不断涌现，成为经济社会创新发展的重要力量。3D 打印大数据、云计算等颠覆性新技术正日益成为制造业不可或缺的元素，驱动着制造业向智能制造的转变。智能机器人、无人驾驶汽车、可穿戴设备等颠覆性新产品不断推陈出新。众创、众包、众需等理念走向实践，亚马逊旗下 Mechanical Turk 网、猪八戒网、做到翻译网等大众创新网站层出不穷。信息技术创新呈指数级发展，18 个月左右计算性能提高一倍、存储价格下降一半、带宽价格下降一半。

【对加快发展信息经济的建议】

（一）积极营造优良的产业发展环境

一是进一步优化创业环境。信息经济发展不但需要良好的要素保障（用地、科技、融资、人才等）硬环境，而且需要开放包容的软环境。要努力为信息经济发展创造服务最优、成本最低、效率最高的项目建设服务环境。二是进一步优化政务环境。针对目前信息经济领域管制较多和制度缺失并存现象，持续扩大通信领域改革试点，进一步畅通民营资本进入电信等领域的管道；深化推进简政放权改革，最大限度地减少行政审批。三是进一步优化市场环境。加强信息经济企业信用制度建设，倡导建立“诚实守信”的行业风气。加强信息经济领域的知识产权保护工作。研究制定涉企收费清单制度，切实减轻信息经济企业的负担。

（二）大力建设信息经济基础设施

一是全面提升宽带网络服务水平。鼓励各级地方政府与信息经济优势企业开展战略合作，大力推进我国信息网络、数据中心、智慧物流等新一代基础设施建设，重点推进中国宽带骨干网和移动通信网络建设，支持启动 5G 研究试验，加快推进无线中国免费 WiFi 网络建设，科学规划一批云计算、大数据中心等功能性基础设施建设，加强电子政务等行业云平台建设。二是加快政府数据开放进程。制定政府数据开放计划，搭建数据开放平台，全面开放教育、医疗、交通、旅游、食品安全、环保等与民生密切相关领域的政府数据资源，鼓励个人和企业挖掘大数据、开发应用 App，促进信息经济快速发展。三是做强电子信息产业。积极发展集成电路、通信与网络、数字视听、移动互联网、物联网等具有自主知识产权、市场前景良好的技术研发及产业化项目，强化信息经济的技术和产业支撑。四是深入抓好信息技术的应用。加快发展以互联网为核心的信息经济，大力推进信息技术在各行各业的深度应用。重点抓好两化融合、智能制造、智慧城市、电子商务、互联网金融、智慧物流等产业的发展。

（三）加快形成完善的政策支持体系

一是设立信息经济投资基金。借鉴国内外产业投资基金的运行经验，最大限度地发挥基金的产业引导作用。指导有条件城市设立或吸引社会资本参与设立信息经济投资子基金，加大对信息经济的战略投资力度。二是制定鼓励互联网创业创新发展的优惠政策。重点开展信息经济发展的用地、用人、用能等要素的保障工作。三是打造一批“互联网特区”。在全国谋划创建一批信息经济示范区、示范基地、特色小镇等产业发展平台。

（四）加快构建有效的精准服务机制

一是开展信息经济统计和考核评价工作。建立信息经济统计工作体系，逐步开展考核综合评价试点工作。建立信息经济统计工作体系，逐步开展考核综合评价试点工作，全面掌握全国信息经济发展情况。二是建立信息经济发展专家指导服务工作机制。成立一批信息经济专家服务指导组，开展对口指导服务工作。培育、引进和发展一批信息经济发展第三方服务机构，为企业和投资者提供咨询对接服务。三是制定发布《国家信息经济发展规划》。确立我国信息经济发展目标和主要任务，制定年度工作推进计划，明确责任分工，加强工作督察。重点开展投资额亿元级信息经济项目的全程跟踪服务。

信息物理系统带来的机遇和信息安全挑战及对策

工业和信息化部赛迪研究院网络空间研究所　冯伟

信息物理系统（Cyber Physical Systems，CPS）是集成计算、通信与控制于一体的下一代智能系统，是智能制造的核心。CPS包含了将来无处不在的环境感知、嵌入式计算、网络通信和网络控制等系统工程，使信息物理系统从本地自动化向自主化发展，并借助计算、通信、精确控制、远程协作等手段实现全局优化。近年来，美国、德国等发达国家相继提出工业互联网、工业4.0等计划，我国也在2015年正式出台《中国制造2025》战略，而CPS正是这些战略规划的核心所在。随着两化融合不断深入、“互联网+制造业”的不断发展，CPS在推动我国工业转型升级的同时，面临诸多信息安全风险和挑战，有必要深入研究CPS的内涵和外延，分析其面临的风险和挑战，提出对策建议，为落实《中国制造2025》、《“互联网+”行动计划》等战略规划提供参考。

【发展CPS给我国带来的机遇】

作为智能制造的核心，CPS发展为我国包括制造业在内的工业企业和行业带来机遇，将有力推动我国工业信息化和智能化水平的提高，促进制造业等实体经济发展，提升制造业国际竞争力。

（一）有助于提高我国制造业信息化和智能化水平

1．CPS打通“人机料法环测”环节，推动工业生产智能化

人机料法环测，即人员、机器、物料、方法、环境和测度，是制造业的六大要素。在CPS中，人机料法环测成为智能制造的数字化组成部分，不断推动制造业从自动化向自主化演进。通过数据采集和分析，可以更好地选择合适的操作人员，掌握机器设备状态，安排物料供给，优化解决方法，感知环境变化，测度产品质量。在生产层面充分采用CPS及相关技术，有助于构建具有自感知、自组织、自适应、自决策等能力的智能工厂，是提高制造业信息化和智能化水平的关键。

2．CPS整合上下游资源，促进制造业全产业链整体优化

制造业涉及原料供给、生产制造、物流运输、市场营销、终端用户、售后服务等多个环节，传统制造业中各环节之间存在明显脱节，传统制造业多为粗放式运营。采用CPS，有助于推动制造业从供应侧走向需求侧，能够根据终端用户的需求，确定原料供给的类型和数量，安排生产制造的批次和型号，调配物流资源，降低市场营销成

本，云化售后服务能力。工业互联网效率增长1%，将产生巨大影响。例如，燃气电厂运行效率提高1%，全球将节省660亿美元能耗支出。若世界铁路网交通运输效率提高1%，将节省270亿美元能源支出。因此，CPS将为制造业全产业链整体优化带来契机。

3．CPS助力柔性制造，推动制造业向生产性服务业转型

传统制造业多为批量化生产，高库存常常占用企业大量资金，且无法满足终端用户日益个性化和多样化的需求。制造业向生产性服务业转型成为全球趋势。20世纪90年代初期IBM公司的硬件占其销售收入近70%，IBM随后出售PC和打印机等产品线，近年用近百亿美元收购云计算与管理软件公司，推出大数据分析平台，现在IBM生产性服务业收入已占70%，成功实现转型。惠普、戴尔等国际知名公司也纷纷在战略上做出重大调整，向大数据解决方案和软件中心等服务提供商转型。CPS有助于小批次、定制化或半定制化地进行生产，成为制造业转型升级的关键。

（二）有助于推动我国经济社会发展

1．CPS助力绿色制造，提高能源利用效率

近年来，环境问题已经成为世界各国关注的热点，许多国家要求对产品进行绿色性认定，一些国家甚至以保护本国环境为由，制定了极为苛刻的产品环境指标来限制国际产品进入本国市场。制造业将改变传统制造模式，推行绿色制造技术，生产出保护环境、提高资源效率的绿色产品。那些不推行绿色制造技术和不生产绿色产品的企业，将会在市场竞争中被淘汰，发展绿色制造技术势在必行。绿色制造涉及产品生命周期全过程，涉及企业生产经营活动的各个方面，因而是一个复杂的系统工程问题。CPS成为发展绿色制造的必然选择。

2．CPS推动制造智能化，提升生产效率

我国劳动力人口自从2012年出现拐点后，总量持续下降。国家统计局数据显示：2014年，16～60周岁（不含60周岁）的劳动年龄人口为9.16亿人，比2013年年末减少371万人，我国人口红利逐渐消失。我国制造业面临结构性劳动力短缺，用工荒现象频频出现，“机器换人”成为趋势。以CPS为核心的智能制造有助于提高生产自动化水平，推动制造业从劳动密集向技术密集转移，降低中低技能、高危岗位的人力需求，提高人均生产效率。CPS已经成为制造业企业解决结构性劳动力短缺的重要手段。

3．CPS推动工业转型升级，加速实体经济发展

2007年国际金融危机之后，我国实体经济面临诸多困难：一是多种成本上升压力，实体企业利润变薄；二是实体经济与虚拟经济投资回报反差大，人力、财力要素流失严重；三是产业层次较低，创新能力弱。以CPS为核心的智能制造有助于降低企业成本，提高企业生产效率，增加实体经济投资回报率，提升工业企业创新能力，是推动实体经济健康发展、避免空心化的有效手段。

（三）有助于推动我国制造业走向世界

1．CPS引领智能制造布局，有助于提升我国制造业国际竞争优势

发达国家纷纷加快以CPS为核心的智能制造布局，美国工业互联网、德国工业4.0、韩国制造业创新3.0等成为各国推动制造业转型升级的战略举措。在此情况下，高成本、粗放型生产的传统制造业必将面临激烈竞争，推动实现智能制造成为各国必然选择。据麦肯锡统计，我国制造业总量在1980年居世界第七位，2010年已上升到第二位，仅次于美国。但我国制造业技术含量普遍较低，近年来制造企业外流越南、印度等国家的趋势明显，发展智能制造为我国提升制造业技术含量、提高利润率提供了契机，也成为我国提高国际竞争优势的必然选择。

2．CPS推动资源共享，有助于创新国际合作新模式

随着区域经济一体化、全球经济一体化的不断加速，国家间的相互依存度不断加深。制造业涉及的原理、供给产品和工艺设计、生产加工、市场营销、售后服务等环节横跨多个国家成为普遍现象。以CPS为核心的智能制造打通了制造业各个环节，为原料、人员、市场等资源的互补和共享提供了可能。长期以来，发达国家始终占据制造业的产业链上游，攫取了产业链条的大部分

利润。智能制造为突破制造强国的封锁，推动我国从制造业大国向制造业强国发展创造了机遇。

3．CPS 促进技术透明，有助于营造公平竞争的全球市场环境

传统制造业中，核心技术、工艺、标准多为少数企业垄断，发展中国家的中小企业多沦为“附庸”。推动 CPS 为核心的智能制造，无论是在企业内部、企业间、一个国家内、还是多个国家间，都必然要求统一技术、工业、参数、格式和标准。这有助于弥补发达国家与发展中国家生产力之间的鸿沟，为打破发达国家技术垄断、营造公平竞争市场环境创造了机遇。

【我国发展 CPS 面临的信息安全挑战及特点】

随着 CPS 在制造、能源、交通运输等行业应用的不断深入，这些关键基础设施面临着前所未有的安全挑战，不仅需要防范数据盗窃来保护技术资源，还必须防止网络入侵破坏整个系统的安全，以避免造成正常生产运行的瘫痪或其他灾难性后果。

（一）面临诸多信息安全挑战

一是深度网络化和多层面互联互通增加了攻击路径。在智能制造中，CPS 融入了嵌入式技术、多标准工业控制网络互联、网络智能化交互技术等新兴技术，打通了工业控制系统、管理系统、供应链系统等各个环节的系统和设备，实现了互联互通。管理网和生产控制网的双向信息交互将成为常态，越来越多的工业系统和设备可以通过网络访问，互联趋势的逐步深入使得工业生产的控制权限不断上移，生产端、研发端、管理端、消费端都可以实现对底层工业系统的攻击。大大增加了攻击点、攻击面和信任网络边界，病毒、木马等传统互联网威胁正在向 CPS 渗透。早在 2006 年，黑客通过在维修用笔记本电脑中安装病毒，成功入侵了美国宾夕法尼亚州的污水处理控制系统；2010 年，美国黑客开发了“嗅弹”（Shodan）搜索引擎，其搜索结果显示，目前已经有超过 1 亿的工业生产控制系统暴露在互联网上；据赛门铁克《能源产业针对性攻击分析白皮书》统计，2013 年能源企业平均每天遭到 7 个来自邮件的针对性攻击。

二是传统 IT 产品的引入带来了更多安全漏洞。为适应智能制造发展趋势，工业系统厂商越来越多地使用通用操作系统、数据库和服务器等，这些通用化和开放化的技术和产品拥有众所周知的漏洞，使攻击者能够利用现有漏洞实现入侵攻击，针对伊朗核电站的“震网”病毒正是利用了微软 Windows 操作系统的多个漏洞实现了在工程师站和操作站之间的不断传播。此外，随着网络攻击技术不断演进，一个小小的微电路板、USB 都可能为智能制造中的 CPS 系统带来巨大的信息安全挑战，一个配备 WiFi-Modem 的 USB 设备甚至能将一个封闭的网络接入公网。早在 2008 年，美国 NASA 的“量子”项目就借助安装在电脑中的微电路板、USB 连接线等装置发送的秘密无线电波传递情报，实现对离线计算机的监控，并在 2010 年成功利用此种方式将“震网”病毒植入伊朗的核控制系统中。此外，2015 年 8 月，USB 接口被曝存在严重安全漏洞“BadUSB”，利用此漏洞黑客可以在用户毫无察觉的情况下对 USB 接口控制器芯片固件重新编写，植入恶意软件，其影响范围涉及几十亿设备，工业生产控制系统也位列其中。

三是新兴信息技术在工业控制领域的防护体系尚不成熟。物联网、云计算、大数据和移动互联网等在工业控制系统中的应用也带来了诸如敏感数据存储等安全问题，而这些新兴信息技术在工业控制领域的安全理论、防护体系尚不成熟。例如，与网络连接，具有数据接收和处理能力的智能硬件被广泛应用于工业生产控制系统及设备、移动智能终端。CPS 系统平台将人员、工业设备和智能制造系统等联为一体，并支持移动终端设备和业务网络中的协同制造，智能硬件漏洞也为 CPS 带来新的信息安全威胁。2014 年 8 月，惠普公司研究发现网络摄像头、遥控插座、喷水控制器及相关控制系统存在约 250 个不同的安全漏洞。2014 年 8 月召开的年度黑帽大会曝出，有 20 亿移动设备存在远程管理程序漏洞。

（二）典型的信息安全事件及特点

一是针对关键基础设施及其控制系统的攻击日益增多。与传统病毒攻击的漫无目的相比，近

年来“震网”等病毒攻击具有越来越明确的针对性和目标性。“震网”、“火焰”病毒虽然也能像传统蠕虫病毒一样在网络上广泛传播，但前者并不以牟取经济利益为目的，其最终目标是特定国家的关键基础设施，攻击旨在获取系统中的敏感信息，或者瘫痪关键基础设施运行。例如，“震网”病毒以伊朗核电基础设施为攻击目标；“火焰”病毒在2012年4月导致伊朗石油部、国家石油公司内网及其关联官方网站无法运行及部分用户数据泄露。随着CPS在关键基础设施中应用的日益广泛和深入，攻击事件将会急剧增长。

二是高级可持续性攻击威胁日趋严重。高级可持续性攻击（APT）是针对特定组织的复杂且多方位的网络攻击，这类攻击目标性极强，一旦成功危害很大。攻击一般从收集信息开始，收集范围包括商业秘密、军事秘密、经济情报、科技情报等；情报收集工作为后期攻击服务。攻击可能会持续几天、几周、几个月，甚至更长时间，呈现出持续性的特点。自2007年出现以来，APT攻击手段不断完善，攻击方式越来越隐蔽，攻击范围扩展到能源、运输、食品和制药等公用事业领域的企业和机构。据专家判断，2011年伊朗导弹爆炸事件，是因为导弹电脑控制系统遭“震网”病毒感染所致，而该事件距“震网”病毒爆发已一年以上，足见此攻击的持续性。2014年7月，赛门铁克公司发现，代号为“蜻蜓”的黑客组织攻击了1000多家能源企业的工业生产控制系统。“蜻蜓”至少使用了钓鱼、水坑、攻击3种攻击方式。APT攻击持续性较强，短则几天，长则几周、几个月，甚至几年，据分析，“蜻蜓”早在2011年就潜伏进入相关系统，直到2014年才被发现，造成的损失无从判断。

三是造成的后果愈发严重。以往的网络攻击，多数是设法渗透到信息系统，目的是窃取经济数据和军事情报，是一种间谍行为的“软攻击”，近年来网络攻击逐渐演变为对工业生产、基础设施等进行破坏的“硬摧毁”。2010年，俄罗斯黑客组织将恶意程序代码植入纳斯达克的13台服务器中，经分析，这种恶意程序代码堪比“数字武器”具有较强的攻击性，其不仅能窃取数据，还可以在时机成熟时进行大规模的网络颠覆操作，甚者会在此基础上对美国金融关键基础设施进行破坏，显然这种攻击性恶意代码已经上升为一种“硬摧毁”的军事攻击行为。此外，2012年美国加州的Chevron、Baker Hughes和Marathon等石油公司的工业生产控制系统也遭到了与“震网”类似的病毒攻击，这些病毒一旦发作，就会造成离岸钻探设备失火、人员伤亡和生产停顿等重大事故，造成的损失是毁灭性的，远超“军事攻击”。

（三）其他挑战

一是关键技术亟待突破。数据挖掘、关联分析等大数据技术尚不成熟，无法满足实现工业数据海量获取和分析反馈的需要；智能控制、精准判断等物联网关键技术还未取得突破，无法实现传感器、控制器、工业设备和工业控制系统之间的无缝对接和远程智能管控；资源整合、协同制造、实时共享等技术仍处于初级阶段，无法有效盘活工业控制系统资源存量、实现系统间对接匹配和资源共享。

二是生态体系尚未建立。CPS的跨领域、跨行业、跨产业链应用特征更为突出，但当前用户需求、产品设计、生产制造、物流运输、市场营销等环节处于“各自为战”状态，系统隔离、信息孤岛、行业壁垒现象严重。

三是CPS标准体系亟待建立。CPS相关技术标准与信息技术、网络技术等技术标准存在较大差异，严重阻碍各行业之间实现系统兼容、互联互通等无缝对接；数据格式、通信协议、数据采集等标准差异极大，数据互通、互动存在障碍。我国在国际标准体系中处于弱势地位，以互联网标准为例，在几千项互联网标准中我国主导的不足2%；CPS网络安全标准严重缺乏，尚不能适应其网络化发展趋势。

四是关键技术产品受制于人。目前，西门子、ABB、三菱、菲尼克斯等专业工业生产设备提供商已经在各方面垄断了工业生产控制系统和设备市场，通用电器等国际巨头也通过操控工业互联网联盟等国际组织，试图控制CPS冠军技术、标准的走向。据统计，2014年3月微软在全球操作系统市场的份额为89.96%，Oracle数据库全球市场占比达47.4%，位居全球数据库市场第一的位置。我国发展CPS存在受制于人的巨大风险。

【促进我国 CPS 健康发展的主要任务】

（一）加强安全技术产品研发，完善 CPS 信息安全保障体系

一是深入跟踪德国“工业 4.0”、美国“工业互联网”等的发展，积极借鉴他们的经验，明确我国智能制造技术发展方向，做好核心技术、前沿技术研发创新。二是开展针对 CPS 的新型网络威胁的跟踪研究，分析网络威胁的主要特征和关键技术，有针对性地开展网络态势感知、大数据分析、漏洞挖掘等技术研发，研发适用于 CPS 的安全审计、身份认证、密码、数据保护、攻击检测、安全管理等信息安全模块，开展针对智能制造等工业领域的可靠性和安全性测试。三是建立国家级工业生产控制系统可靠性、安全性测试评估平台，对关键领域的工业生产控制系统进行测试及网络脆弱性评估，提高国家对信息安全风险隐患发现、监测预警等能力。四是建设信息共享平台，加强数据关联分析，强化态势预警能力，进一步完善信息安全防护体系，以保障智能制造的顺利推进。五是开展工业云、工业大数据、工业互联网等新兴业态信息安全技术产品研究，深入研究海量工业大数据的获取、分析、应用技术，实现有效的过程控制和决策支撑，增强信息安全保障能力。

（二）建立 CPS 仿真测试平台，开展信息安全攻防演练

搭建国家级的信息物理系统仿真测试平台可以通过如下措施。一是通过实验室测评、现场评估、渗透测试等方式，对 CPS 系统、产品和服务进行安全脆弱性评估。二是对工业控制终端、通信设备及芯片、软件等软硬件产品进行漏洞检测，建立工业控制系统漏洞数据库。三是对智能硬件、工业生产控制系统进行渗透测试、漏洞扫描等技术检测，为工业生产控制系统网络安全审查提供支撑。四是开展攻防演练，验证保护措施的有效性，测试防护手段的稳定性，提高应对 APT 攻击的能力。五是联合关键基础设施主管部门及相关企业，开展针对关键基础设施的网络攻防演习，对关键基础设施进行模拟攻击，检验其对网络攻击的承受能力，以及攻击发生后的应急处置和应对能力。在实践中摸索建立企业和政府间威胁信息共享、协同应急处置等机制。

（三）开展关键信息技术公关，提升 CPS 安全可控水平

一方面，加强高端通用芯片、操作系统、数据库等基础技术攻关，支持国内企业基于国产芯片研发信息技术装备、大型 SCADA 等控制设备和系统，集中国家优势力量和资源，加快国产技术产品的应用推广和产业化，落实首台套政策，逐步实现对国外产品的替代。另一方面，尽快建立对 CPS 系统产品的信息安全审查和检测制度，对涉及国计民生的重要设备，在采购环节进行充分的信息安全评估和审查，确保其安全性。将通过审查的系统、产品纳入政府采购目录和推荐清单，鼓励政府、重要行业采购，给国内企业创造成长空间，最终打造安全可控的 CPS 生态体系。

（四）建立健全 CPS 标准体系，规范智能制造安全有序发展

加强标准统筹协调，研制工业互联网网络架构、智能工厂运营等相关急需标准，强化现有数据格式、接口、通信协议的对接，通过研发翻译模块等工具，推动数据信息跨标准流动。积极引导和鼓励国内企业、信息安全厂商等各方联合制定 CPS 信息安全检测、评估等标准，在实践中不断验证完善，逐步形成较为完善的 CPS 信息安全标准体系。加强国际交流，推动 CPS 标准的国际化，提升标准的公信力和权威性。

【促进我国 CPS 健康发展的对策】

为推动以 CPS 为核心智能制造的健康快速发展，应做好顶层设计，建立健全智能制造保障体系，推动立法和行业自律。

（一）做好智能制造顶层设计

应以《中国制造 2025》战略为纲，做好以 CPS 为核心智能制造顶层设计。一是明确智能制造组织机构，加强统筹协调，提升工作

效率，避免政出多门，充分发挥政府在引导市场配置资源中的作用。加大对自主可控核心技术产品研发的支持力度，用好国内市场资源，为国产产品的技术完善提供土壤。二是成立包括工业控制系统、电子信息、通信网络、软件、网络安全等行业代表组成的标准工作组，整合国内外标准化资源，研究提出我国工业控制系统标准体系框架和标准制定规划，加快急需标准制定工作，解决工业控制系统与新兴信息技术融合、互联互通中的基础架构、系统集成、网络安全、测评测试、管理规范、服务对接等方面的标准化需求。三是制定智能制造相关行业网络安全审查办法，确保 CPS 相关技术、产品、服务的安全性得到有效审查和管控；推动建立我国工业控制系统网络安全测评认证制度，明确工业控制系统网络安全测评能力要求，认定一批第三方测评机构，对涉及国计民生工业控制系统进行安全检测和风险评估，确保安全。

（二）建立健全智能制造保障体系

做好智能制造政策支持、经费保障、人才培养等保障工作。一是根据《国家安全法》、《网络安全法》（草案）等相关法律，围绕落实《中国制造 2025》、《“互联网+”行动指导意见》等战略规划的实际需要，研究制定智能制造相关行业信息安全管理办法等政策文件，明确信息安全管理思路、目标和重点，为加强智能制造信息安全保障提供依据。二是根据智能制造的实际需要，找准需求点，不断加大对智能制造信息安全技术保障能力建设的经费支持力度。重点支持仿真、测试、评估、验证等技术平台建设，支持关键 IT 及信息安全技术产品的研发和产业化，支持开展信息安全检查、信息共享等工作。三是根据智能制造对复合型人才的需求实际，加大人才培养力度。依托行业大型骨干企业和研究机构建立信息安全人才培养基地，鼓励社会培训机构加强面向重点行业的信息安全关键岗位专业人才培训。支持高校开设新专业、加强校企联合，加快急需复合型人才培养。

（三）强化智能制造信息安全法制建设和行业自律

应按照轻重缓急制定信息安全法规，通过成立行业联盟、协会等加强行业自律。一是推动智能制造信息安全法治化进程。与发达国家相比，我国在信息化和信息安全方面的立法明显滞后，不适应智能制造、“互联网+”等的发展需要。应加快制定关键基础设施信息安全保护相关法律，明确加强对智能工厂等工业系统和设施的信息安全保护要求。加快制定大数据保护条例，明确数据跨境流动等数据主权要求，加强对工业大数据安全和隐私的保护。二是推动智能制造行业自律。推动智能制造系统、产品和服务提供者、智能工厂运营者、物流服务提供者、科研机构、信息安全服务提供者等相关方开展合作，成立智能制造产业发展联盟，通过行业公约、行业标准等形式加强行业自律，推动我国智能制造良性发展。

“互联网+”：掀起制造业服务化新高潮

工业和信息化部赛迪研究院　王高翔

在全球经济放缓、生产成本上升、资源环境约束等新常态的背景下，“中国制造”面临着前所未有的困难。为保持我国宏观经济的长期稳定增长，制造业亟须战略转型，而制造业服务化是实现我国制造业升级的主要方向。“互联网+”行动计划可以有效促进制造业与服务业的融合，提高制造业企业竞争力和创新能力，有助于中国产业结构优化升级和创新发展战略的实施。随着“互联网+”战略的进一步实施，制造业服务化将迎来新的发展浪潮。

【“互联网+”推动制造业服务化加速发展】

制造业服务化是世界制造业重要的发展趋势。20 世纪 80 年代以来，服务化已经成为了当今世界制造业发展的主要趋势。在工业产品附加值的构成中，纯粹的制造环节占比越来越低，而研发、工业设计、物流、营销、品牌管理、知识产权管理、产品维护等服务占比越来越高。以汽车产业为例，当汽车工业进入发展时期，单纯的汽车制造投资回报率为 3%～5%，而围绕汽车的服务投资回报率高达 7%～15%。优秀的制造企业由“以生产为中心”向“以服务为中心”转型。制造业服务化实现了制造业在产业形态、发展模式上的根本性变革，使得企业在服务中找到了更广阔的发展空间。

信息技术的发展推动制造业服务化进程的加快。以“互联网+”为核心的信息技术具有高渗透性、带动性、倍增性、网络性和系统性的特点，能够推动制造业和服务业之间的融合发展。互联网技术的应用，从根本上改变了服务产品无形性、不可存储性、生产和消费同时性等传统属性，使得服务变得有形化、可存储、可贸易，极大地促进了制造业与服务业的关联性和协同性，成为制造企业增强核心竞争力的重要手段。信息技术的快速发展从根本上推动了制造业服务化进程的加快。

“互联网+”为我国制造业加速服务化提供了有利契机。我国是制造业大国，但一直处于产业链环节的中低端环节，产品附加值低，资源环境压力较大，我国制造业亟须寻找新的增长点。中国拥有全世界最大的消费市场、世界一流的互联网企业，具有制造业服务化的内在动力和外在需求。“互联网+”行动计划的实施，从战略高度为传统的制造业和新兴产业融合发展带来了全新的定位，为促进互联网与制造业融合的深化、加速制造业服务化提供有力的契机。依托“互联网+”构建的制造业服务化转型升级将成为新常态下我国经济增长的新动力。

【“互联网+”推进制造业服务化升级转型模式分析】

从产业链的角度来看，制造业服务化是制造业企业为适应新的竞争环境，增强产业链各个环节的服务功能，实现企业价值链的延伸和形成新的竞争优势。“互联网+”将通过 4 种模式推进制造业企业的服务化升级转型。

一是围绕产品提供附加服务模式。“互联网+”通过连接用户和制造企业，为制造业企业提供多元化服务，从研发、设计、生产到售后的各个环节来实现产品的增值。随着大规模加工制造和工艺的日趋成熟，标准化工业制成品的大规模、大批量生产越来越容易，产品同质化的竞争愈演愈烈。在新的市场竞争环境下，制造业企业纷纷利用互联网工具拉近与终端客户之间的距离，寻求基于产品功能的增值服务，实现产品运行的稳定性、效应最大化，以实现与传统企业的差异化竞争优势。例如，白色家电领导品牌海尔集团，其主导开发的智能家电创新技术，内置自动售后服务、智控食材管理、远程安防监控、物联网自动控制等互联网功能，进一步提高了产品附加值，也拓展了产品盈利空间。

二是创新产品交易便捷化模式。在信息技术的推动下，智能制造、创新设计等革命性的制造方式，众包、电商、网购、网银等新的业态都在提高产品交易的便捷化水平。基于以互联网为核心的信息技术的广泛应用，制造业企业可以通过多元化的金融服务、精准化的供应链管理和便捷的电子商务等多种方式提高产品、服务的交易效率和便捷程度，提升制造业企业综合竞争力。

三是进一步整合产品与服务。随着制造业产品的不断完善，客户的需求已经从单一的产品向产品及服务方向升级。能否为客户提供产品的集成及全面的解决方案，成为影响制造企业能够赢得市场的重要因素。“互联网+”利用模式和功能创新，向客户提供从规格、研发、设计、制造、建置、维修的一体化服务及系统化的产品整合，能够帮助制造业企业扩展业务、实现产业的进一步升级。

四是根据客户需求打造专业服务模式。“互联网+”推动了制造业企业从基于产品的服务向客户需求服务的转变。制造业企业通过应用其在价值链上游的运营优势，提供与自身产品紧密相邻的专业化服务。制造业服务化与服务业制造化相向发展，使得企业价值链重构为一条既包含制造业价值链增值环节，又包含服务业价值链增值环节的融合型产业价值链，与原有单纯的服务业价值链和制造业价值链相比，具有更广阔的利润空间和增长潜力。

【依托“互联网+”推动制造业服务化发展的建议】

从企业层面来看，积极应用“互联网+”占据产业链高端环节，鼓励制造企业向制造服务化模式转化。随着“互联网+”行动计划的进一步推进，制造业企业应借助与之配套的制造服务业的联系和交融优势，围绕产品提供附加服务模式、创新产品交易便捷化服务，对接客户需求打造专业服务，借力制造业服务化的发展趋势，应用“互联网+”技术向服务型制造的模式转变，提升制造业企业自身的盈利水平。

从产业层面来看，应用“互联网+”促进高新技术产业发展，进一步推动制造业服务化发展。“互联网+”行动计划本身定位跨界融合，必然会对一些行业固有的商业模式造成影响甚至颠覆。互联网经济正在成为新常态下中国经济增长的新动力，未来在产业发展的过程中应积极采取措施推动以科技创新为主线的一些具有高新技术的制造业和服务业之间的融合互动，提升现有高新技术产业的发展水平，推动高新技术服务业的可持续发展。

从区域层面来看，应用“互联网+”推动制造业、服务业集聚，推动区域整体结构产业升级。“互联网+”为服务、物流、金融、产品认证、知识产权等生产性服务支撑体系的构建提供了全新的发展机遇和发展前景，未来区域在推动制造业服务化的过程中，应积极推动制造业与生产性服务业集聚配套发展，促进区域经济结构改善，进一步带动区域经济的结构转型升级。

工业智能云平台推广应用

华源创世工业智能科技有限公司 CEO　李璞

【建设应用工业智能云平台对推动智能制造发展具有重要作用】

当前，制造业正面临全球新科技革命和产业变革的挑战，需要运用新技术、新理念、新模式实现转型升级发展。我国制造业正面临从价值链的低端向中高端、从制造大国向制造强国、从中国制造向中国创造转变的关键历史时期。以“工业化与信息化深度融合”为特征的“制造业信息化”与创新驱动是我国实现从制造大国向制造强国迈进的战略举措。运用云计算等先进技术理念，推动智能制造发展，已成为大势所趋（见图 1）。

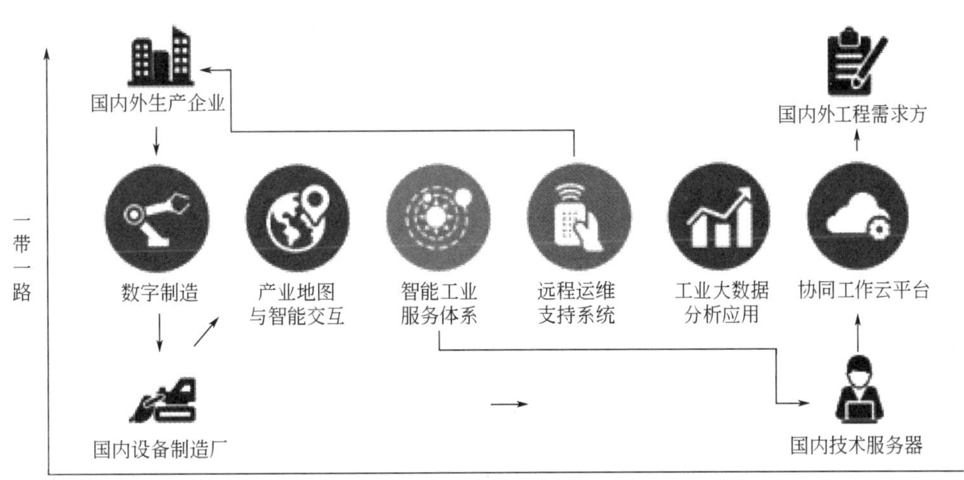

图 1　智能制造框架

（一）工业云平台正成为支撑智能制造的重要基础设施

云计算是新一代信息技术的典型代表，具有高灵活性、高性价比、高可靠性等优势。近年来，云计算在工业等传统行业中的应用越加深化，有效帮助传统企业提升产品附加值、提高生产效率、创新商业模式，加快推动了产业转型升级。随着制造业向智能化方向发展，云计算也成为智能制造的重要基础，能够通过提供强大的数据传输、存储和处理能力，帮助制造业企业收集和处理大量数据。这种基于云计算模式，面向制造业企业进行服务的智能制造平台就是工业云平台，能够让企业无须招聘员工、购买昂贵的专业软件和制造设备，只要通过平台终端就能完成产品的设计、工艺、制造、采购、营销等各个环节。当前，越来越多的企业正在探索工业云平台的建设和应用。例如，海尔等传统制造企业依托云服务推出消费者对企业的创新商业模式，向智能化、个性化、定制化制造迈进，实现了由硬件制造商向“制造+服务”提供商的升级。

（二）发达国家正在加快布局工业领域云计算平台和服务

在当前信息技术与工业加速融合的大背景下，全球工业和信息技术领域的领先企业已在加紧布局工业云，抢占未来先进制造业信息网络服务和数据资源的制高点。例如，GE 推出 Predix 工业云平台，在全球积极推进工业互联网应用。西门子于 2015 年年底宣布搭建覆盖全球的跨业务新数字化服务平台 Sinalytics，能对机器产生的大量数据进行整合、保密传输和分析，通过数据分析和反馈提升对燃气轮机、风力发电机、列车、楼宇和医疗成像系统的监控和优化能力。从发达国家企业的布局看，工业云平台由于能够灵活实现跨区域工业信息服务的部署和交付，已经成为国际巨头们投入的重点。如果说传统信息技术领域是美国企业占据优势地位，那么工业领域的信息服务发展正迎来群雄逐鹿的时代。谁能率先确立在全球的工业云服务覆盖，便能在智能制造时代掌握产业生态的制高点，并取得掌控工业数据的先机。

（三）我国在工业云领域已具备一定的技术和产业基础

我国高度重视工业云发展，《国务院关于促进云计算创新发展 培育信息产业新业态的意见》和《中国制造 2025》都把促进工业云发展作为推进两化深度融合、支撑智能制造发展的重要举措。2013 年以来，工业和信息化部确定了北京等 16 个省市作为工业云创新服务试点，已经取得了初步的成效。例如，国家超算中心所在的天津、济南等地，以及地方投资建设有超算中心的上海、北京等城市，均已依托本地超算中心的计算资源优势，以软件计算租用服务和工程分析咨询服务等方式，为装备制造、航空航天、生物医药、石油勘探等重点领域的工业企业提供计算机辅助设计、辅助工程、辅助制造等云服务。同时，部分企业还立足自身需求，在国内初步建成了以工业互联网为基础的装备远程运维平台，已经取得了一定的运营效益。可见，通过近年来的实践，我国企业已经具备了一定的工业云平台的建设和运营经验，相应的技术和产业已经具备发展基础。

与此同时，我国工业云发展仍面临一些问题，主要表现在整体布局和统筹规划不足、应用服务意识有待提高、安全信任系统尚未建立、服务需求体系尚未形成、应用推广面临一定障碍等。特别是现有工业云功能大多分散单一，与行业需求对接不紧密，不利于工业云平台的进一步发展和推广应用。

【Smart-Plant 工业智能云平台的主要目标与进展】

（一）主要目标

Smart-Plant 的主要目标包括五个方面。

1．以分类定制促进企业快速转型

Smart-Plant 工业智能云平台根据我国工业发展现状，对处于不同发展阶段的企业采用不同的数字化转型手段，因地制宜、小步快跑，先数字化、后智能化。与此同时，利用智能工厂体系做行业示范，让所有工业制造企业能够快速认识到企业数字化、智能化转型的必要性与可行性。在此基础上，让企业形成开放的平台网络化协同，引导企业做减法、利用长板效应转型升级。

2．深度切入智能工厂三大主题

智能工厂是德国“工业 4.0”的重要内容，也是当前我国骨干企业推进智能制造的努力方向。Smart-Plant 工业智能云平台以实现决策支持数字化、应用分析数字化、生产管理数字化、生产控制数字化、设备运维数字化、过程质量数字化为目标和主要内容，推进智能工厂理念的落地。一是支撑实现智能化生产系统及过程，对网络化分布式生产设施进行全方位管理，打造智能工厂基础设施；二是面向工业企业生产过程将生产物流管理、人机互动等有效纳入，支撑实现智能生产模式；三是通过互联网、物联网、务联网整合物流资源，充分提高现有物流资源供应方的效率，帮助需求方快速获得服务匹配，得到物流支持，实现全产业链的协同融合。

3．准确把握工业互联网三大趋势

一是充分利用生产网络，利用制造运行管理系统（MOM）帮助生产价值链中的供应商获得并交换实时的生产信息，确保供应商所提供的全部零部件都将在正确的时间以正确的顺序到达生产线。二是将虚拟与现实世界完美融合，利用 BIM、AR 等技术，使得生产过程中的每一步在虚拟世界被设计、仿真及优化，为真实的物理世界（包括物料、产品、工厂等）建立起一个高度仿真的数字“双胞胎”。三是有效推进信息物理系统（CPS），利用智能传感技术，将产品信息输入到产品零部件本身，根据自身生产需求，直接与生产系统和设备沟通，发出生产工序指令，指挥设备进行自组织生产，满足每个用户的“定制需求”。

4．精准应用工业大数据

随着上线工业制造企业数量的增加与平台运营的推进，来自工业制造业的研发、生产、设备及供应链的大数据日趋积累完善，大数据分析应用的基础条件日益成熟，通过对这些大数据的分析，实现产品制造升级、故障预测与预防性维修、生产过程控制优化、销售与生产预测、供应链优化，使产品的研发、生产和管理方式通过工业大数据挖掘和分析逐渐得到创新。

5．实现产品创新、制造过程创新和产业模式创新

产品创新方面，实现产品向客户应用满意度方向发展，设备向“智能一代”（自主决策、自适应工况、人机交互）发展，通过数字化从根本上提高产品功能、性能和市场竞争力。制造过程创新方面，通过数字化制造与开放互联，全面提升产品研发、设计、制造和管理过程水平。产业模式创新方面，优化供应链，以客户为中心、定制生产，由单纯生产销售向生产服务延伸，创造企业良好的生态环境。

（二）主要进展

经过持续努力和创新实践，Smart-Plant 工业智能云平台现已实现六大功能模块，能够较全面地实现对智能制造的综合性支撑。

1．工厂远程运维管理系统

工厂远程运维管理系统可对已建工厂设备进行在线智能监控，并进行系统预警与优化控制；实现工厂生产运行与设备数据的全球实时通达，让工厂管理人员与社会化技术资源不受地域限制完美协作，降低人员成本，提高管理效率；采用预见性维修与维护，降低设备故障率，提高工厂的生产效率，形成一体化的智能生产解决方案，能够做到生产过程随时掌控、故障预警及时传递，为节约生产成本提供有效的决策（见图 2）。

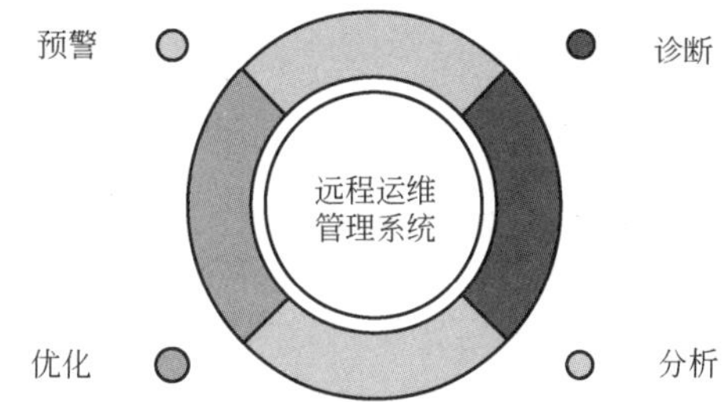

图 2　Smart-Plant 工业智能云远程运维管理系统

2．订单数字制造管控系统

全面服务国内装备制造厂商，提供针对制造业企业的制造执行过程数字化、智能化改造服务，全面提升国内制造装备厂商数字化、智能化生产能力，实现订单制造可视化管控。该系统首先实现制造业企业平台接口标准化，然后逐步完成工厂数字化改造，继而实现虚拟制造（见图 3）。

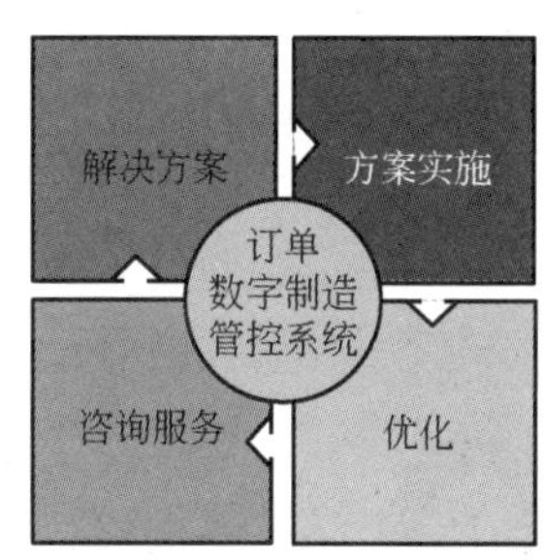

图 3　Smart-Plant 工业智能云订单数字制造管控系统

3．工业智能云服务体系

该模块为工业制造企业与工业服务商提供一个对等的、透明的互联网平台，实现工业服务的数字化、网络化、智能化，促进中国工业制造企业由制造向制造服务转型，并且快速覆盖全球市场。在工业智能云建设初期，首先实现与工厂运营相关的服务，如设备管理等；继

而实现行业与生产研发相关的服务，如设计协同；最终实现与智能制造相关的服务，如虚拟制造（见图 4）。

产品	新闻资讯	项目招投标	3D打印应用	工业标准
解决方案	专家服务	培训	人力资源	在线研发
投融资	展会论坛	白皮书	本地资源	进出口
物流	工业4.0专利	第三方检验	工业设计	BIM

图 4　Smart-Plant 工业智能云服务体系

4．项目管理协同工作云平台

项目管理协同工作云平台是以项目协同管理（PM）为核心，集成 OA、SCM、CRM 的全方位协同工作云平台，实现目标管理可视化、数字化，助力实现产业链协同融合（见图 5）。

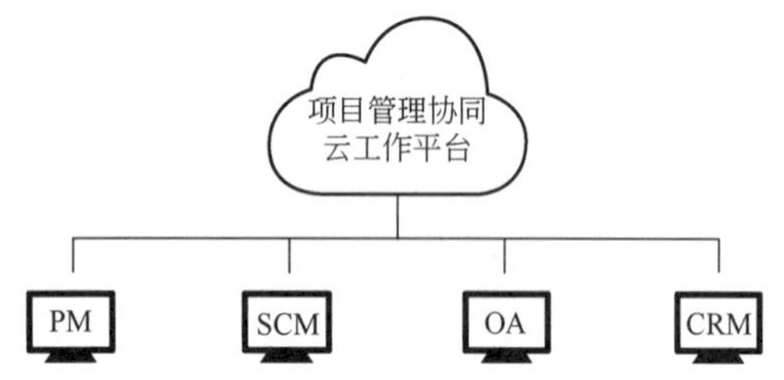

图 5　Smart-Plant 工业智能云项目管理协同工作云平台

5．产业地图与智能交互

该模块基于地理信息系统（GIS），提供工业制造企业地理位置、技术、产能与产品等全方位的信息，为工业制造企业互联网化提供完整的研发设计管理、生产管理、供应链管理、营销管理的网络化解决方案，让工业制造企业彻底互联网化，并且形成开放的共享协同交易体系（见图 6）。

图 6　Smart-Plant 工业智能云产业地图与智能交互

6．工业大数据分析与应用

来自平台上线企业的研发、生产、设备及供应链等的大数据，为工业大数据分析与应用奠定了基础。首先可以实现行业垂直搜索与行业信息精准定位；然后通过工业大数据分析应用，能够精准帮助企业用户有效利用行业及自身企业大数据，让产品研发、生产和设备管理、供应链管理等得到创新提升，最终实现个性化定制的高效开放智造（见图 7）。

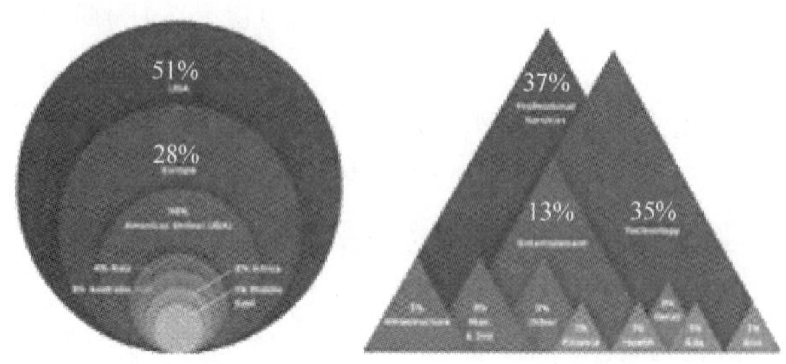

图 7　Smart-Plant 工业智能云工业大数据分析与应用

【未来发展建议】

智能制造、网络制造、服务性制造正日益成为生产方式变革的重要方向，跨领域、协同化、网络化的创新平台正在重组制造业创新体系。为进一步落实《中国制造 2025》、“互联网+”行动指导意见，运用云计算等技术理念推动智能制造发展、实现我国工业转型升级，结合 Smart-Plant 工业智能云平台等现有基础，建议未来重点开展以下工作。

1．进一步支持工业云平台研发和应用

新兴产业引导基金、先进制造业基金、中小企业基金和地方产业发展基金作用，支持工业云平台研发和产业化。建立产业联盟等推进机制，利用多种渠道和方式，加强对 Smart-Plant 工业智能云平台等的优化升级（见图 8）。

图 8　工业云平台研发和应用

2. 支持工业云解决方案研发和工业云服务提供

基于 Smart-Plant 工业智能云平台等载体和技术，面向国内重点工业企业提供设备管理和远程运维等工业互联网服务，推动制造业服务化转型，培育细分领域专业生产服务产业生态。从开放性高的行业到开放性低的行业，分步有序、因地制宜地进行数据开放，进一步推动工业大数据的发展和应用（见图 9）。

图 9　云解决方案研发和工业云服务提供

3. 引导制造企业数据开放

政府引导，产学研合作，逐步开放部分设备数据，调动闲置资源创造新价值，共享数据价值和收益，为工艺升级提供基础，进一步提升中国制造数字化水平（见图 10）。

图 10　引导制造企业数据开放

4. 面向重点工业集聚区推广应用工业智能云平台

建设实现提供支持智能工厂调度运维、项目协作等服务的工业云综合服务平台，推动区域工业产业集群加快向数字化智能化转型升级，形成地方特色的工业服务云体系和地方性智能制造集成产业集群，探索形成“地方性工业服务云模式”（见图 11）。

图 11　面向重点工业集聚区推广应用工业智能云平台

5．启动建设国家“一带一路”工业云平台

结合“一带一路”战略的实施，建设国家级工业云平台，通过导入国际项目和客户带领地方制造企业走出去，通过平台对国内异地客户导入为地方制造企业创造业务机会。建立对外项目库，接入“一带一路”沿线国家的项目需求，以及法律法规、政策、商业环境、人文地理状况、当地优势资源等综合信息数据，为国内装备制造业、工程服务公司提供全球市场营销、工程实施、投资保障等服务（见图 12）。

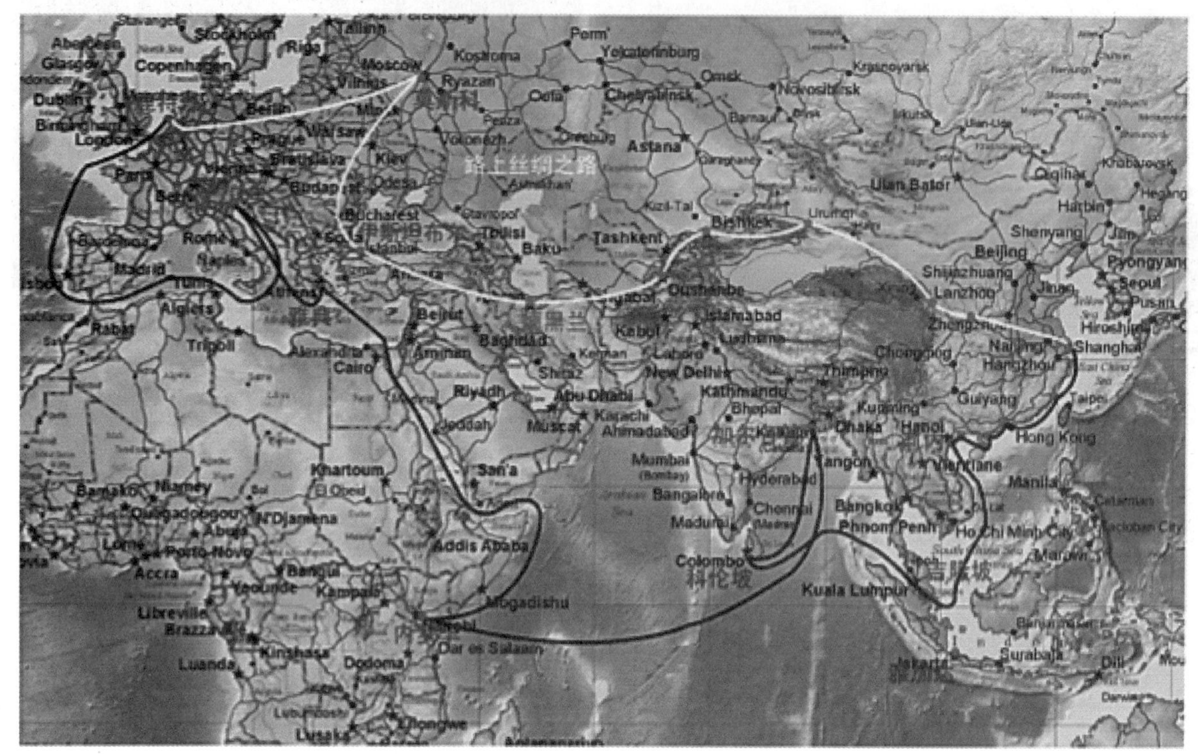

图 12　建设国家“一带一路”工业云平台

国内外电子商务发展最新特点与趋势

工业和信息化部赛迪研究院　张朔

近年来，全球电子商务发展迅猛，不仅创造了新的消费需求，引发了新的投资热潮，开辟了就业增收新渠道，而且电子商务正加速与制造业融合，推动服务业转型升级，催生新兴业态，成为提供公共产品、公共服务的新力量，成为经济发展新的原动力。我国电子商务在“互联网+”、“一带一路”和“大众创业、万众创新”等国家战略推动下，加速与传统产业融合发展，成为新常态下促进产业转型升级、提高经济运行效率的重要手段，也是促进供给侧改革、改善民生、带动就业的重要支撑。

【全球电子商务发展特点】

（一）电子商务企业备受资本市场青睐

近年来，电子商务在资本市场中备受追捧，仅2014年便有16家电子商务企业成功上市，成为迄今企业上市数量最多的一年。其中，印度和澳大利亚分别有1家电子商务企业成功上市，中国和美国各有4家电子商务企业成功上市，欧洲在2014年成功上市的电子商务企业高达6家。2015年，中国育儿网络成功在香港创业板上市，募集资金达3.5亿元港币，而窝窝商城在纳斯达克证券交易所的成功上市为其带来4000万美元的募资金额。

O2O和移动电商成为风投关注热点，备受私募青睐，融资额一再创新高。O2O或移动电商初创公司在资本的推动下实现了飞跃式发展，韩国电子商务Coupang于2014年募集到了两轮共约4亿美元的融资，使该公司的估值超过了20亿美元；2015年，滴滴出行完成总计30亿美元的新一轮融资，估值达到165亿美元；2015年，美国的打车服务软件Uber开启新一轮融资，计划融资15亿美元，成功融资后，该公司估值将超过500亿美元。

（二）发展中国家成为电子商务发展的重要增长极

发展中国家具有人口基数大、相对较落后的传统零售业、电子商务起步较晚等特点，但人均可支配收入的增加为电子商务带来了根本性驱动，同时移动电子商务用户的比重增长也为电子商务创造了垂直消费，为发展中国家电子商务发展带来了巨大的市场空间。印度电子商务蓬勃发展。2014年，印度电子商务交易额达到8153亿卢比，增长率高达53%。印度最大的电子商务集团Flipkart经过2013—2015年的三次融资，其估值从16亿美元直接飙升至150亿美元，跻身全球15大电子商务公司之列。

非洲地区电子商务虽然起步较晚，但发展迅速。得益于电子商务的快速发展，非洲落后的生产、生活方式得到了较大的改善。尼日利亚最大的网络零售商是Jumia，公司成立后大力发展跨境电商。截至2015年年底，Jumia的业务范围已覆盖尼日利亚、喀麦隆、埃及、加纳、科特迪瓦、肯尼亚、摩洛哥和英国等十多个国家。在将本国商品出口到国外的同时，也将国外的商品进口到本国，显著提升了本国民众的生产生活水平。

亚太地区的电子商务市场近年来一直保持快速增长的势头，自2012年超过西欧地区，2014年又超过北美地区，成为全球最大电子商务市场。在亚太地区，中国、印度和印度尼西亚是引领国家，其电子商务增速占前三位，第二梯队是韩国、日本和澳大利亚，增速略低。

（三）共享经济发展冲击传统经济社会秩序

共享经济是通过第三方平台把闲置的物品共享给其他人使用的新的市场、新的发展方式，可以促进社会资源的充分利用。共享经济中典型代表公司都在美国，分别是打车应用Uber和民宿租赁Airbnb。2014年，Uber公司在旧金山的业务为其带来了5亿美元的收入，而公司估值更是超过了500亿美元；超过2300万用户选择Airbnb进行短租，远超过全球连锁酒店希尔顿日住户的数量。具有代表性的共享经济企业还有酒店实时预订的Hotel Tonight，提供长途自驾拼车服务的BlaBlaCar，专注图书分享的BookCossing，打车应用Lyft、SideCar、Zipcar、中国的滴滴出行，民俗租赁HomeAway、Housetrip、中国的途家和小猪短租。由于共享经济的盈利模式仍不清晰，信息安全保障问题和保险体系的支持问题等给现有制度带来了新的不确定性；同时，共享经济的发展也冲击了传统的经济社会秩序，传统行业对此进行了强烈的反抗，并宣称共享经济违反了住房和交通的法律和法规，税务机关也开始关注共享经济企业财务收入中应纳税部分。

（四）网络促销成为电子商务时代特征

面对疲软的经济形势和严峻的业内形势，电子商务平台为了抢占市场，弥补资金周转不足的现状，纷纷以网络促销为手段，以期推广新产品、降低囤积产品的数量并补充自身现金流，电子商务促销节便是其中最主要的形式之一。全球最著名的两个电子商务促销节分别是美国圣诞购物季中的“黑色星期五”和中国由阿里巴巴首创的“11•11”购物节。Master Card Advisors Spending Pulse 发布报告称，2015 年节日购物季（黑色星期五至圣诞前夕）期间，美国零售销售增长 7.9%。在线销售的增长中，以黑色星期五、超级星期六、网购星期一的贡献最大。Adobe 发布的统计数据显示，2015 年的“网购星期一”商品交易总额达到了创纪录的 30 亿美元。美国最大的购物节是感恩节后的“黑色星期五”，根据研究机构 ShopperTrak 统计，2015 年黑色星期五的在线销售同比增长 14%，达 272 亿美元。中国最大的网络购物节是阿里巴巴主导的“11•11”，其单日交易额为全球之冠。2015 年的“11•11”全球狂欢节，天猫单日交易额达 912.17 亿元，其中无线交易额高达 626.42 亿元。

（五）全球跨境电子商务市场增速明显

电子商务用户数量极速膨胀，交易平台服务、物流配送、电子支付等电子商务服务业已初具规模，跨境电商增长动力强劲。针对美国、英国、中国、加拿大、澳大利亚和德国调查后，Paypal 预测，到 2018 年，以上 6 个国家跨境电商交易总额将达到 3070 亿美元，其中有 1060 亿美元的交易额是通过移动跨境电商完成的。

从区域上看，欧洲是全球最大的跨境电子商务市场。这是由于欧洲具有很高的智能移动设备普及率，移动电话渗透率已经超过了 100%，移动设备的增加为消费者网上购物提供了便捷性，在一定程度上刺激了电子商务的发展；同时，欧洲超过一半的在线零售商都开辟了跨境销售服务，欧盟成员国的在线买家数量也在不断扩大。挪威、芬兰、比利时、荷兰、卢森堡等国家是欧洲跨境电商购买的主力国家。

北美的跨境电商市场处在高速发展阶段。美国是个多语言国家，其官方语言是全球通用的英语，第二大语言西班牙语能够辐射南美各国，而在一些特定地区，中文和法语也都是通用的语言，这帮助美国消除了跨境电商中的语言障碍，间接推动了美国跨境电商的高速发展。Cyber Source 调研显示，超过 50%的美国电子商户开展了跨境业务；尼尔森调查表明，美国是最受欢迎的跨境市场。如美国的 eBay 网站，原来可能只是美国人在美国的网站上进行购物，澳大利亚人在澳大利亚的网站上进行购物，但今天已经有 20%的交易是发生在跨境电子商务上的，而这一比例仍在不断增加。

【我国电子商务发展趋势】

（一）“一带一路”战略为电子商务带来新的发展机遇

随着“一带一路”发展战略的实施，我国与“一带一路”沿线国家间跨境贸易和经济合作的需求不断释放。在“一带一路”发展战略下，我国将加强与“一带一路”沿线国家的经贸交流与合作，推动各国产业和经贸交流，形成新的商贸通道和经贸合作网络，促进我国对沿线国家的开放，刺激区域内基础设施投入与建设，实现沿线基础设施的互通互联，从而对沿线贸易和生产要素进行优化配置，促进区域一体化发展，创新传统贸易发展模式，提振贸易发展态势，实现物流、人流、资金流、信息流的自由流动，为跨境电子商务的发展提供了宝贵的发展机遇。

（二）电子商务普及进一步挖掘大众创业、万众创新的潜力

电子商务能够突破地域、组织、技术的界限，形成跨区域、多领域、网络化的协同创新平台，打破信息垄断，降低创业门槛，优化创新环境，使大批小微企业成为创新的生力军，带动产业结构不断优化升级，已经成为当前创业创新的主要方向。其中，垂直细分领域电商、O2O 电商、移动电商、互联网金融、大数据应用、微商等都是创业者最集中的领域。伴随国家“互联网+”行动计划的持续推进，微商、移动电子商务、跨境电子商务等领域仍将成为大众创业、万众创新的重点。

（三）“互联网+”激发电子商务应用创新活力

随着“互联网+”的不断推进，电子商务和

实体经济深度融合发展，不断激发电子商务应用创新活力。互联网融入金融业，网络众筹、小微借贷降低了融资成本，出现了点名时间、天使汇等众筹平台；互联网融入批发业，导致以阿里“1688”平台为代表的在线批发兴起，使传统批发市场逐步演化为“电子商务产业园”；互联网融入传统工业之中，为工业生产各个流程提供资源支撑和服务保障，使传统工业注入新的活力。“互联网+”将人类活动从线上向线下、从虚拟空间向实体空间延伸，O2O应用将虚拟网店和实体店铺连接，驱动本地商业、服务业在线化发展。

（四）传统产业与电子商务融合发展成为大势所趋

电子商务的快速发展和不断创新，使越来越多的传统企业认识到转型发展的迫切性。大润发超市开通了飞牛网，格力商城上线，更多的传统行业企业也逐步进入电子商务领域。在制造业方面，继成立钢铁电子商务平台“河北钢铁交易中心”后，河北钢铁集团与上海宝钢集团签署战略合作协议，共同打造中国钢铁电子商务联盟，在电商平台、物流、金融、资本4个层面进行合作，共同推进中国钢铁产业互联网的发展。神华集团通过建设神华煤炭交易网向客户提供业务通道、竞价交易和挂牌销售等服务，将服务向中小客户覆盖。一线电子商务平台大举投入生鲜市场，阿里集团旗下聚划算平台，开团1000亩土地，打造全国首个互联网定制私人农场，一号店和京东也纷纷上线生鲜频道，布局生鲜市场。随着国家“互联网+”行动的不断推进，百货类企业、制造类企业和生活服务类企业等传统企业与电子商务的融合发展将愈加深入。

（五）移动电子商务向经济社会各领域快速渗透

移动电子商务依托移动通信技术和远程支付手段，以智能移动终端为主要载体，拓展交易空间，其最大的方便之处在于实现了电子商务交易的实时性。移动电子商务能够基于移动平台向消费者提供记录、搜索、购买、下单和送货的全流程一站式体验，并进一步向旅游、文化娱乐、健身、教育、医疗、养老、家庭服务等家庭和个人生活领域渗透，推动信息消费进一步深入发展。与此同时，生产类企业纷纷尝试将移动互联网融入企业的营销、交易、物流和供应链管理、供应链协同等活动中，以提升其生产效率，实现产业升级，提升企业的竞争实力。

【我国电子商务发展中存在的问题】

（一）农村和基层社区基础设施薄弱

与发达国家相比，我国经济社会的信息化水平较低，农村和基层社区信息化基本还处在起步阶段，需要大力加强。存在的问题主要表现为上网费用高和网络速度慢。上网费用高制约了网民上网时间，尤其是移动宽带资费高，在很大程度上限制了移动电子商务的发展；网络速度慢主要体现在农村和基层社区在集中上网时段网速慢、网络不稳定等方面。

（二）物流等配套支撑产业发展相对滞后

相对于电子商务本身，物流配送等配套支撑产业发展相对滞后，在一定程度上限制了电子商务的发展。主要有以下两个原因。首先，中小物流企业制约较多，在融资、保险申报及办理、物流税等方面，存在着空白区域，同时在进行跨区域业务拓展时，中小物流企业也面临着金融服务、电信增值服务的地域性割裂等问题。其次，目前我国物流业发展存在着商品流通路线冗余、跨地域跨部门沟通成本过高的问题，这直接导致了流通过程中作业效率低下等问题，变相降低了物流效率、提高了运营成本。

（三）移动支付安全面临隐患

随着移动电子商务的深入普及与应用，进入移动支付的领域越来越多，公租自行车、医院看病、养老助残等领域移动支付均已列上日程。安全问题自然而然成为移动支付广大用户最关心的问题。据《2015上半年中国互联网移动安全报告》显示，移动支付安全存在诸多风险，主要来自恶意山寨应用、不明WiFi网络环境、支付应用自身漏洞、验证短信不安全四大方面。从有支付风险用户的地区分布来看，北京以378万风险用户数位居榜首，成为全国移动支付安全问题最严重的地区。

（四）行业电子商务发展相对滞后

目前，我国行业电子商务占电子商务总体市场份额不到10%，网络零售及中小型制造品B2B业务占电子商务40%以上份额，行业电子商务发展相对滞后。主要原因有两个方面。首先，行业电子商务平台的服务对象是制造业及工业产业链的上游参与者，在钢铁、煤炭等垂直产业中均呈现出卖家市场的特性，行业电子商务平台对行业在聚集供应方过程中往往处于劣势地位。其次，行业电子商务平台中单次交易商品规格及交易额巨大，平台企业在发展初期由于缺乏资本支持、法律及政策支撑等问题，难以开展中大型规模的线上交易活动，使行业电子商务发展速度过于缓慢。

（五）中小企业电子商务应用水平较低

目前，我国大型龙头企业数量众多，电子商务应用较深、较广，但中小企业电子商务应用数量相对较少，应用水平相对较低。主要是因为中小电子商务企业发展的基础环境较差。我国互联网各细分领域的快速成熟，使少量互联网巨头占据第三方支付、搜索引擎等互联网的用户入口和交易业务中的关键环节，导致中小型电子商务公司在互联网进行业务推广和实现交易过程中处于较低的议价地位，企业用于互联网推广和实现支付的成本存在隐性增长的风险。无形中在大型企业和中小企业应用水平方面形成了巨大的鸿沟，导致大中小企业协同发展的格局很难形成。

（六）电子商务法律法规体系不完善

我国政府为促进并规范电子商务的健康快速发展，先后出台了《2006—2020年国家信息化发展战略》、《关于促进电子商务健康快速发展有关工作的通知》、《关于实施支持跨境电商零售出口有关政策的意见》等，但均从全局性的角度提出了电子商务发展的方向和任务，缺乏具体的、明确的发展路径，导致规划、方案执行力不足，未达到预期效果。同时，在具体的推进过程中，部门间各自为政的现象仍然存在，在一定程度上影响了政策执行的效果和效率。

（七）创新服务环境仍需优化

近年来，为了更好地适应电子商务新模式和新业态的创新发展，国家出台了多个促进电子商务发展的政策、意见等，为电子商务的加速发展营造了良好的生态环境。但从电子商务创新发展的需求来看，服务环境仍须进一步优化。如电子商务网上支付、跨境电子商务、移动电子商务等方面的标准体系和法律法规缺失、快递业自律及监管缺失和企业信用体系缺失等问题普遍存在。

【加快我国电子商务发展的对策建议】

（一）加强电子商务支撑体系建设

建立和完善电子商务发展的支撑保障体系，对于促进电子商务健康快速发展具有重要意义。未来，应从以下几方面加强我国电子商务支撑体系建设。一是建设完备的电子商务基础设施体系，对接“宽带中国”战略建设，构建先进的信息化基础设施和信息网络体系，推进核心关键技术的自主研发和产业化应用。二是加强电子商务物流配送体系建设，鼓励和支持电子商务物流园区和配送基地建设，加快农村和基层社区电子商务物流设施和服务网络建设，为电子商务产业的发展提供完善的物流保障。三是构建健全可靠的电子商务信用体系，加强行业自律，保障电子商务可信交易；完善电子签名和认证服务体系，培育一批电子商务认证服务机构，加强技术应用和标准建设，维护电子商务交易安全。四是加强电子商务金融服务体系建设，搭建一批安全、快捷的互联网支付平台，规范管理在线支付业务市场，加强在线支付的风险防控，确保在线支付安全。

（二）支持企业开展电子商务建设

支持企业开展电子商务建设，对企业提高竞争力具有重要的现实意义，同时还可以加快我国电子商务建设和应用的步伐，有效地提高我国企业在全球化经济大潮中的竞争力。未来，应从以下几方面支持我国企业开展电子商务建设。一是加快发展“电子商务+”，促进电子商务在制造、零售、物流、金融、文化、旅游等行业的深度应用。二是加大对电子商务专业人才的培育力度，建立政府、企业、学校、协会等合作培养与培训的良好机制，为电子商务产业发展培养与之匹配的专业人才。三是加快电子商务发展的制度创新、政策创新、机制创新、管理创新等，探索能充分释放电子商务发展潜力的制度机制和管理模式。四是制定中小型电子商务企业培育计划，加大对中小电子商务企业在资金、场地、人才引进、行政审批、组织保障等方面的政策支持，推进中小企业规模化、特色化转型升级，构建起大中小电子商务企业联动发展的良好格局。

（三）积极发展网络零售、跨境电商、移动电商等模式

近年来，网络销售、跨境电商、移动电商等模式的应用呈现快速增长的态势，在促进商品交换、传统企业转型升级、提升城市竞争力等方面发挥着越来越重要的作用。未来，应继续加大支持力度，持续拓展新型电子商务模式在各行业领域的应用广度和深度。一是大力发展网络销售。发展壮大一批 B2C 行业电子商务平台和电子商务联盟公共服务平台；着力引进国内外知名网络零售企业入驻；鼓励生产制造企业以自主品牌为支撑，直接开展网络零售；引入和集聚一批网络金融服务企业，积极推动线上、线下零售业共同发展。二是支持跨境电商发展。认真总结跨境电商试点经验，全面推广跨境电商的试点成果；加快推进跨境电商产业园区建设，进一步提高跨境电商发展质量和水平。三是加速发展移动电子商务。鼓励电子商务企业在垂直领域布局移动电商业务，发展行业垂直移动电商平台；完善移动电商消费服务网络体系，拓展移动支付、移动社区、移动医疗等方面的应用；加强移动电子商务的市场监管和安全保障，促进移动电子商务健康发展。

（四）全方位优化电子商务发展软环境

宽松、和谐的外部软环境，对电子商务高速、有序发展有着重要的意义。未来，应继续加大力度，持续优化电子商务发展软环境。一是密切关注电子商务企业发展需求。从设立专项资金、加强舆论宣传和人才培养、加强部门协调、推进试点示范、完善标准规范和统计调查体系、创新监管模式等方面，不断优化电子商务发展的生态环境。二是加快电子商务立法进程。进一步加强电子商务规划、方案的分解和细化，明确发展路径和职能分工，推进各部门加强联系与合作，形成良好的协同工作机制。总结各地立法经验，加快推进《电子商务法》的立法进程，提升立法层级，借鉴国外互联网立法的先进经验，以战略眼光构建完备的互联网法律体系。同时，尽快出台电子商务相关的信息采集分类管理政策，推动信息资源的开放和交换，研究探索大数据立法等，促进电子商务健康有序发展，保障信息数据的有效利用。三是加快电子商务人才培养。鼓励国内电子商务龙头企业联合各大院校开展相关课程，并结合市场需求和行业发展前沿，积极培养大数据分析、物联网技术、网络安全等领域的专业人才。同时，积极借鉴地方推动传统企业转型应用电子商务方面的有效做法，通过政府补贴与社会培训机构合作的方式展开大范围的人员培训，转变传统企业家对电子商务的认识，提升传统企业应用电子商务的能力。

以信息化建设构建农业扶贫长效机制

神州数码董事局主席　郭为

消除贫困、改善民生、逐步实现共同富裕，是社会主义的本质要求，是我们党的重要使命。中共中央国务院下发了《关于打赢脱贫攻坚战的决定》，要求各级党委和政府必须把扶贫开发工作作为重大政治任务来抓，切实增强责任感、使命感、紧迫感，释放出举全党全社会之力，坚决打赢脱贫攻坚战的强大信号。

扶贫、脱贫工作是系统性、长期战略性的工作，因此，扶贫工作应该建立起长效性机制。目前剩余的7000多万贫困人口主要分布在农村，发展农业经济是我国农村脱贫的重要力量，打赢脱贫攻坚战要构建农业扶贫的长效机制，这既符合中央打赢脱贫攻坚战的决定精神，也符合农村脱贫攻坚的历史实践。

【长效机制之一：推进农村资产市场化进程】

当前，我国正在开展土地确权工作，要在2018年之前，全部完成农用地的确权颁证工作。土地确权的工作为增加农民资产性收入创造了条件，但这只是农村资产市场化的一部分，当前农村建设用地仍然面临市场化的困境。如果对宅基地、集体用地等土地资源实施市场化，建立全国统一的市场管理机制，能进一步地推动增加农民"资产性收入"，也是保障农村剩余劳动力没有后顾之忧地进入城市、融入城市的基础。

在这一过程中，全国农村土地资产的数据化、数据资产的云服务化，则是关键。要充分利用本次土地确权的机会，建立全国性的，包含土地属性、三权（所有权、承包权、经营权）信息、附属设施的农村土地数据库。利用流转的市场机制，让土地资产保值、升值。

在推进农村资产市场化的进程中要加强农村市场的规范化、法制化建设。中国农村基层市场机制并不完善，在一定程度上制约着农村相关资产和资源的流通。因此，必须通过改革和创新的办法，推动农村市场规范化、法制化建设，实现农村资产的有效配置和资源的高效流动。

【长效机制之二：农产品的品牌化】

实现农产品的商品化、品牌化，是提高农产品价格和农民收入的重要手段，也是扶贫工作的重要路径。当前，随着人们健康、环保意识的提升，对绿色、无公害产品的需求越来越大，农产品品质化、品牌化的市场基础已经存在。笔者在西北、西南、华北等地贫困地区考察发现，这些地区虽然工业落后、交通不便，但是拥有较好的自然环境条件，具备把当地优质经济作物品牌化的条件。

要实现品牌化，就必须发展精准农业，通过对种子、土壤分析数据、田间管理，到流通、餐桌整个过程的追溯和数据化，这些数据的积累和可持续的追溯跟踪，是建立消费者信赖和消费信息的基础，更是农产品品牌化的技术基础。

把扶贫、信息化、品牌化、农业电商工作结合在一起，打造“一县一品牌”，不仅提升了贫困农民的收入，同时也为社会提供了更丰富的消费产品。还可以促进旅游、食品加工等更多经济活动的发展。因此，增强农产品数据采集和产品溯源管理的投入，是推动品牌化的关键措施，也是推动农业活动附加值提升的重要基础。

【长效机制之三：释放农业大数据价值】

随着农业技术的进步，从种子到耕种方式，乃至农产品的交易流通，都有了巨大变化，以智能手机为核心的移动互联技术在农村的快速普及，也为现代农业服务创造了条件。

今天的现代农业，已经不是机械化、自动化的基础概念，而是农业生产数据采集、大数据挖掘管理与农作物精细管理的现代农业模式。这一模式依托农地大数据、物联网传感器网络形成的农业生产数据的采集整合，通过云服务的模式，将种子、农资、农技服务资源、金融信贷服务整合在一起的数据生产与交易管理体系，土地经营者可以通过云服务和金融信贷服务，获取种子、化肥等生产资源，并通过专家的在线农技服务和农作物监控指导，实现新模式的农业生产。

通过农业大数据平台和数据价值的释放，指导和帮助贫困农民实现现代农业生产，降低了贫困农民从事现代农业的门槛，提高了农产品的产量和品质，推动了农业活动附加值的增加，进而实现了长效扶贫。

【长效机制之四：围绕农业构建二三产业服务圈】

我国围绕农业的二三产业与国外相比存在较大差距。在美国，从事农业的人口仅占 0.9%，但是围绕农民、农业形成的第二、第三产业的就业人口，达到了 16.7%。许多的品牌连锁化的工厂，紧密地围绕在规模化农田边上，这边收割，那边就立刻进厂加工，迅速地变成了各类深加工的农产品，通过货运通道流通到各大消费市场，农产品从生产，到变成商品，再进入流通体系，是“一体化”的过程。

我国的农业与第二、第三产业的紧密程度相对分散，农民与农产品加工商之间的关系是松散的，地位也不平等，时常有各种农产品卖难问题出现。农业生产活动缺乏市场引导，给农民的增收带来极大的不确定性。这几年国家由上而下在推动农业电商的发展，但是农业电商如果仅停留在叫卖、交易的低层次上，那么仍然不能形成长效的农业发展机制。

当前，正在兴起的农业大数据服务则是增强围绕农业的三产融合的重要契机，通过农业生产活动而生成的农业数据，能够快速地推动信息流动和服务，实现产业链、服务链的繁盛，增强三产融合。只有围绕农业产业的相关制造业和服务业（流通与销售）的紧密耦合得以实现，我们的农民才能摆脱种什么、怎么种、如何卖的问题，才会形成稳定的市场供给模式，形成长久的增收与脱贫。

互联网+教育：探索新型教育服务模式

人民邮电报　李强治

“互联网+教育”致力于推行基于互联网的学习和培训方式。目前，互联网已经广泛渗透到母婴早教、学前、中小学、大学/研究生、留学、职业考试、职业技能、少儿外语、成人外语、兴趣教育和综合类教育等教育和培训领域。从大的市场类别看，主要包括在线学历教育、在线留学教育、K12在线教育、在线职业资格和技能教育。其中，在线学历教育、在线留学教育因为课程标准化程度较高，有利于发挥在线教育的优势，因此市场规模相对较大。

【在线教育市场规模稳步增长】

近年来，随着我国信息化程度的不断提高，在线教育市场规模呈现加速增长的态势。2004年，我国网络教育市场规模约143亿元，2013年已达到981亿元，过去10年间实现了21.2%的年复合增长率。据GSV报告和估算，目前我国在线教育行业规模仅为美国的1/5，细分行业市场结构差别比较大。我国在线教育中占比最大的为培训教育（53.0%），其次为基础教育（35.94%）。而美国在线教育中基础教育比例接近50%，线上培训业务反而仅为8%。此外，美国移动端在线教育使用比例更高。中国在线教育用户更偏向于使用在线教育平台（61.4%），其次是网校（37.0%），App使用比例仍比较低。美国App端使用比例远高于中国，同时网校比例是国内的1/2左右。

随着移动互联网的发展以及智能终端的普及，我国移动互联网用户规模呈现迅猛增长态势，手机上网用户激增。总体来看，移动互联网用户规模远大于固定互联网宽带接入用户规模，且前者保持的优势逐渐增大。同时，在所有被调查者中，有将近40%的学习者使用移动终端进行学习，另外有将近51%的学习者在使用移动端搜索在线学习内容，这说明使用移动端检索在线学习资源的用户已具一定规模，但因为课程平台未大规模实现移动化及流量资费昂贵等原因，PC端学习者仍然占主导地位。预计未来5年，我国在线教育行业年复合增长率将达31.7%，其中，移动端在线教育年复合增长52%。据天拓咨询估计，2017年在线教育市场规模在3000亿元左右。随着网民规模的不断扩大、在线教育用户网络学习习惯的养成，用户规模还将会持续增长，预计到2017年将达到12032.6万人。

在此背景下，互联网巨头和传统教育机构纷纷加快布局或转型。据资本实验室风险投资与并购数据库统计，2014年全球在线教育风险投资事件291起，披露交易额18.6亿美元，与2013年相比投资数量增长46%，交易额增长近1倍；并购事件84起，披露交易额42.8亿美元，与2013年相比并购数量增长127%，交易额增长2倍。1亿美元以上风险投资共3起：Insight Venture Partners等为在线IT教育平台Pluralsight带去1.35亿美元B轮融资；Tutor Group获得启明创投等1亿美元融资；教学设施与IT管理服务商Dude

Solutions 获华平投资 1 亿美元融资。

2014 年中国在线教育风险投资与并购持续发力，风险资本对该领域的投入力度远超 2013 年。风险投资 86 起，增长 195%；投资额 4.8 亿美元，增长 584%。其中，1000 万美元以上投资达 14 起。中国在线教育并购在 2014 年度表现出很高的活跃度：并购事件 29 起，较 2013 年增长 207%；并购金额 5.9 亿美元，较 2013 年增长 126%。2014 年伊始，先是阿里巴巴领头国际互联网教育巨头 Tutorgroup 旗下的 VIPABC；然后 YY 宣布成立 100 教育，大举进军互联网教育行业。其中，雷军投资超过 10 亿元。随后，BAT 纷纷或内部孵化、或外部并购平台和内容与工具类产品，加速在互联网教育行业布局。除了大型 PE 和互联网公司外，在 2014 年我们看到更多国内上市公司，如世纪鼎利、森马服饰、拓维信息、神州泰岳、立思辰等，通过并购加大对在线教育的布局力度。

另外，传统教育机构也正积极向互联网靠拢。作为被颠覆的对象，以新东方、好未来为代表（原名“学而思”）的传统教育机构正加速向互联网靠拢。传统英语培训机构新东方 2014 年也宣布与腾讯达成合作，以加快互联网教育业务发展。同时，成立直播平台酷学网。而好未来，从 2013 年起便加大了对互联网教育业务的投入，旗下网校学而思 2014 全年收入超过 1 亿元，较 2012 年收入翻番。

【“互联网＋教育”的重点方向——探索新型教育服务供给方式】

互联网教育的发展既事关万亿元规模的教育消费市场，又事关教育公平、公共教育资源均等化等民生的重大问题。在“互联网+”益民服务中，明确要进一步推动探索新型教育服务供给方式，促进互联网与教育机构、培训机构的互动融合。就具体内容而言，主要涉及如下四个重点方向。

（一）鼓励基于互联网平台开发数字教育资源

首先，鼓励社会教育培训机构的网络化转型，鼓励现有培训机构充分利用既有的线下培训资源，通过线上线下互动的方式扩大培训范围，提升线下培训资源的利用效率。其次，鼓励互联网企业与社会教育培训机构合作，充分利用互联网企业的平台资源优势，为社会培训机构引导用户流量，建立合作共赢的在线培训生态体系。最后，鼓励互联网企业创新教育培训服务方式，通过释放更广泛的社会个体的专业技能，发展大规模社会化的培训模式，在降低培训的供给和消费成本的同时发展个人培训品牌，创造更多的创业就业机会。

（二）鼓励学校探索网络化教育新模式

大力开办专题课堂、名师课堂、名校网络课堂，推进城市和农村共享优质教育资源。面向各级、各类教育教学需求，建设特色鲜明、内容丰富的优质数字化教育资源，开发深度融入学科教学的课件素材、制作工具，完善各种资源库。加强校际交流合作，建设优质数字化教育资源和成果共享平台，实现区域内优质教育资源开放共享。推动数字化教育教学，探索以教材数字化、资源网络化、教学个性化、学习自主化、环境虚拟化为特征的教育教学新模式，鼓励和支持有条件的中小学校依托互联网教育平台开展翻转课堂等新型教育方式。发展现代远程教育和网络教育，为学习者提供方便、灵活、个性化的信息化学习环境，促进终身学习体系和学习型社会建设。

（三）探索教育公共服务提供新方式

现阶段，我国多数在线教育机构只是简单地将线下的内容以文字、图像、视频等形式向网上做简单的转移，如此只能是进行知识灌输。Web 2.0 技术的发展，尤其是社会化媒体的出现，为满足学习者学习过程中的交互需求提供了可能。鼓励互联网企业充分对接教育机构即对接课堂，发展教育 O2O 的服务模式。一方面，为学习者提供社会化的网络学习空间，为学习者创造良好的线上学习体验；另一方面，需要借助网络学习空间的大数据诊断学习者的学习问题，并利用丰富的线下师资科学地解决学生的问题。特别是要推动在基础教育和职业教育领域的服务供给新方式。

（四）推广在线开放课程学习新模式

为积极顺应世界范围内大规模在线开放课程发展新趋势，直面高等教育教学改革发展新的机遇与挑战，教育部出台了《关于加强高等学校在线开放课程建设应用与管理的意见》，支持建设在线开放课程公共服务平台，鼓励公共服务平台之间实现课程资源和应用数据共享，营造开放合作的网络教学与学习空间，鼓励高校使用在线开放课程公共服务平台，鼓励公共服务平台与国家开放大学教学平台开展合作，为终身教育提供优质课程。鼓励平台建设方与高校协同建设和运用在线课程大数据，为高校师生和社会学习者提供优质高效的全方位或个性化服务。同时，推进在线开放课程的学分认定和学分管理制度创新。鼓励高校制订在线开放课程教学质量认定标准，将通过本校认定的在线课程纳入培养方案和教学计划，并制订在线课程的教学效果评价办法和学生修读在线课程的学分认定办法。在保证教学质量的前提下，鼓励高校开展在线学习、在线学习与课堂教学相结合等多种方式的学分认定、学分转换和学习过程认定。

智慧医疗：打造医疗与健康服务云平台

浙江省人大常委会副主任　毛光烈

现在，我们正面临一场以网络新技术为核心的新科技革命。要理解好这次新技术革命，必须增强“技术理解力”。

从对技术与技术应用两个方面的理解来看，这次以网络新技术为核心的新技术革命的内容与伟大意义主要表现为以下三个方面：大数据的革命、网络互联的革命、在线智能机器的革命。

【树立四大理念　把准转型方向】

从事智慧医疗的企业大多是IT企业。在网络新技术革命迅速推进的今天，IT企业都面临着转型才能发展的问题，根据网络新技术革命的发展，其转型的基本内容有四项。

一是要树立“网络互联”（万物互联）的理念，重点要致力于开发在线协同与交互式的服务业务（在线业务）。网络互联革命，形成了高速、低成本、安全可信的网络世界。智慧医疗企业要利用好网络世界提供的便利，充分发挥远程协同与互动的服务功能，在医疗领域提供体验好、品质高、性价比高、更便利、可实时互动的网络协同与互动的服务。

二是要从IT思维转换到DT思维上来，重要点致力于大数据的业务服务。大数据革命将引领医疗行业走向精准医疗与服务、走向精准的健康保障。“大数据服务要进入细节。”在大数据革命背景下，智慧医疗企业要将IT思维转换到DT思维上来，将大数据植入到对每个客户的健康保障与医疗护理服务过程的每个细节中去，用大数据治疗、用大数据保健、用大数据进行体检诊断、用大数据支持精准给药、用大数据进行个性化护理，切实提供精准、实时、高效、方便的服务与管理。

三是要确立“智能在线”理念，致力于开发

“智能（在线）机器检查与智能（机器）推送服务”。医疗与健康的智能在线检查是指通过小型穿戴式与身体内置式健康在线智能检查机器（可穿戴式计步器、血糖仪、心电仪等），为客户提供实时、精准、可视化的、能直接读懂的、自己处于健康/亚健康/不健康的何种状态的大数据，使客户清醒地了解自己的健康与病情，以利于预防疾病或配合治疗。医疗与健康“智能推送服务”是指根据医疗与健康的智能在线监测数据，在云平台的支持下，给客户提供针对性的医疗、护理或疾病预防、健康保障的“保姆式”的具体建议服务。它是“一般推送服务”的升级版，推送服务的内容有两个要求，一是要精准，给客户以精美的体验；二是不能影响打扰客户的正常生活。

四是要树立“（在线）持续集成”理念，重点致力于开发云平台商业模式。智慧医疗与健康的大数据服务要求给客户以从出生到终老的全生命周期的医疗与健康保障服务，而不仅仅是某一次健康的咨询或某一次的医疗服务，这种对客户的健康与生命的全程的服务，要求大数据服务企业有可持续的、不断吸收集成新技术、新服务的商业模式。而新的商业模式必须建立在三个基石之上：有为客户大数据服务的云平台；有开放式的、能与客户互动创新的服务开放模式；有可持续的、能集成各类软件的架构体系。

现在90%以上智慧医疗公司都是智慧医疗工程公司。因此，加快智慧医疗工程公司的转型升级，关系到智慧医疗与健康的大数据发展前途与企业的生存。转型的目标是转到能提供医疗与健康的大数据服务上来。

医疗与健康的大数据服务是由云平台企业提供的，所以打造医疗与健康的云平台就成了转型的关键。加快由智慧医疗工程公司向智慧医疗与服务云平台企业的转型，要从提供智慧医疗工程整体设计、承包建设向提供运维外包服务转变，从而构建起针对每一位客户的医疗与健康为一体的大数据链，并在网络上连续不断地统一服务，打造智慧医疗领域的“阿里巴巴”。这样的云平台企业，至少具备以下三个特点：功能定位是多重的，运作方式是灵活有效的，经营模式是业务数据驱动的。

【跨越数据鸿沟 构建大数据服务】

一是大数据要从服务对象（人）之间的协同或合作中来。大数据是在活动（合作）中产生的，大数据也应该从人与人的合作中去获取。对于医疗企业来讲，形成跨医疗、跨领域的服务，对数据的积累至关重要。通过对患者、医生、护理人员之间的协同业务的数据推送服务，即使他们三者之间有相应的数据交换，从而得到新的数据，并打通医疗机构之间的“数据孤岛”。这里有两组关系需要加强合作：医、护、患者之间的合作；大数据云平台与医、护、患者之间的合作。

二是大数据要从新业务与新服务中来。当原有服务+新业务或新服务时，就会得到一批新业务新服务的大数据。

三是大数据要从不同机构单位之间的相互合作中来。“丁香园+腾讯+众安”三方合作，打造“糖尿病客户日常保险健康在线服务”新模式。

四是大数据要从不同业务平台与企业的重组中来。通过不同业务平台企业的收购、兼并、重组，可以迅速扩大医疗与健康的服务大数据，如慢病管理服务平台企业与护理服务云平台企业的重组。

五是大数据要从通过严格地保护服务，从新吸引的客户中来。数据保护越好的企业，就能发展更多的新客户，增加新数据，包括元数据。严格地进行数据保护，这使大数据云平台企业可以跨越卫生部门、医疗机构来采集数据、发展数据。

【要变“流寇式”为“根据地式”发展】

这个转变有三个关键词：依托、示范和复制。

（一）依托——找好智慧医疗与健康服务的“根据地”

可以依托市与县（区）、乡镇（街道）、村（社区）卫生与医疗机构等行政区域，可以依托共同投资的医院联合体、大医院+委托管理的医院联合体等，也可以依托医生、患者、护士等；归根结底，要依托服务对象，依托自身的优质服务，要增强对“客户”的“黏”性，培育长期客户、铁杆客户。

（二）示范——抓好智慧医疗与健康服务的“根据地”建设

精耕细作，经营好智慧医疗与健康服务“根据地”；精益求精，打造“智慧医疗与健康服务示范样本”；完善规范，形成可复制的智慧医疗与健康服务“根据地”商业模式。

（三）复制——抓好智慧医疗与健康服务模式的推广

智慧医疗与健康服务要进行“模式型”的复制推广。第一，要加强智慧医疗与健康服务模式的总结，包括投入、产出绩效与典型案例的总结；第二，要加强宣传工作，讲“好故事”，打造智慧医疗企业的信用品牌；第三，要寻找合作伙伴，如行政区域或医联体，特别是要选准合作单位的“一把手”，进行“模式型”的复制。

【云平台企业要加强监管与管理体系保障】

在诸多在线服务发展后，缺乏在线监管是当前的致命伤。医疗与健康服务企业的自身监管是企业健康发展的保障。企业如果不加强自身的监管，它越发展就越危险，“3·15晚会”上被曝光的“饿了么”就是一个很好的教训。

大数据云平台企业要保护隐私、技术秘密、商业秘密、国家安全秘密。这种保护是一种体制（体系）性的保护。大数据平台企业的数据保护需要遵守的原则有两条：企业要依法依规使用数据；任何人与任何单位都不得侵犯企业、个人的数据与合法权益，破坏经营秩序和社会秩序。同时，企业监管保障的基本任务有四条：自身网络安全，客户与合作者的数据安全，客户的健康与生命安全，客户与合作者的权益与安全。

监管保障的方法是制度与技术相结合。制度要严密并严格执行，技术要实现可严格追溯问责。

监管的范围涉及云平台企业的内部全部员工和企业外部的合作者（相关企业、医院、医生、护士等）。

监管的方式要采用大数据监管，可全过程地追溯，可以直接采集到违法违规的事实证据。

环境信息化：用好大数据仍有难关待闯

中国环保在线

信息化是国家软实力的重要体现，在经济发展和社会生活的各个方面都发挥着重要作用。“促进环境信息化建设”已列入新修订的《环境保护法》，“十三五”规划建议也提出拓展网络经济空间，实施“互联网+”行动计划，这足以说明环境信息化的重要性。那么，环境信息化建设未来发展方向是什么?发展过程中将面临哪些问题?

《中共中央关于制定国民经济和社会发展第十三个五年规划的建议》明确提出拓展网络经济空间。实施“互联网+”行动计划，发展物联网技术和应用，发展分享经济，促进互联网和经济社会融合发展。实施国家大数据战略，推进数据资源开放共享。并对涉及民生的农业、教育、环保等领域提出了明确的信息化建设任务。

那么，环境信息化建设未来发展方向是什么？面临哪些问题？突破口在哪里？

【从信息技术走向管理　环保大数据要从采集着手】

“十三五”规划建议提出我国发展环境的基本特征。和平与发展的时代主题没有变，世界多极化、经济全球化、文化多样化、社会信息化深入发展。

环境信息化置身于社会信息化的潮流中，是社会信息化的一部分，那么，社会信息化目前的发展状况如何？环境保护部信息中心主任程春明认为，云计算、大数据、移动互联网等都是在“十二五”期间崭露头角，并不断发展壮大，主要呈现 3 个特征。

一是移动互联网的发展。微信等社交软件将人与人的交流变得更加便捷和智能，重构了人与人之间的关系和沟通方式。

二是网络、计算、存储等 IT 技术的突破。互联网等 IT 技术的成熟和资源地极大地丰富了新 IT 架构和 IT 服务模式。云计算的出现更是要求从根本上打破原有部门体系的束缚，大大提高了运行效率，节省了硬件资源，减少了重复建设。

三是大数据的提出。大数据是一种新的思维方式和模式，是方法论的聚变。以往 IT 是信息技术，发挥手段的作用，而 DT（大数据）则是从管理层面出发，从数据本身出发，要求打破原有部门职能的界限，要求各部门共享自身的数据，用数据驱动部门间业务协同、业务创新，服务管理决策，具有宏观性、全局性、战略性和系统性的特征。从 IT 到 DT，实质是信息化从技术层面走向管理层面，DT 也是 IT 的发展结果。而大数据作为管理思想，如何进一步推动社会治理，这便是“十三五”面临的课题，也是“十三五”规划建议提出大数据战略的原因之一。

如何形成环保大数据？

大数据思维要求从数据最终应用的角度出发，逆推环境管理需要什么样的数据，这就要从数据最初的采集入手。“目前的环境数据都有职能属性，数据由每个业务部门根据自身业务需求产生，而大数据则要求打破职能部门的界限，统筹各部门职能需求，站在更高、更全的视角梳理数据需求，明晰数据采集内容和责任，统一产生数据，这样最终产生的环境数据才是大数据，才能形成新价值，解决新的环境管理问题，而这将是一个漫长的过程。”程春明表示。

“十三五”规划建议以提高环境质量为核心，实行最严格的环境保护制度，形成政府、企业、公众共治的环境治理体系，健全环境信息公布制度。

【充分发挥公众作用　打造政民互动新平台】

近年来，随着人们对环境问题的关注，公众已经成为环境管理的重要组成部分，公众所产生的数据更是环保大数据的重要来源之一。江苏省环保厅机关党委书记副书记何春银表示：“在大数据时代，人人都是一个传感器，人人都产生数据。”一定程度上说，整个社会也织就了一张环境监测网。

程春明认为，建立环境信息公布制度的提出，意味着环保部门未来将充分发挥公众服务的功能。虽然在“十二五”期间，公众服务体系正在逐步建设，各级环保政府网站也已经建成，但公共服务水平并不是特别高，例如，公众获取环境数据的途径不够通畅，这就阻碍了数据价值的形成。

“现在大家都把数据比作石油一样的能源，是因为数据可以产生价值，数据使用程度越高，价值就越大，但数据不共享就没有意义，因此数据公开和共享是第一步。”程春明说，公众是产生需求最旺盛的主体，可以最大程度地挖掘数据价值。

据了解，环境保护部正在筹备的青年大数据创新平台，正是通过调动公众的力量，开发环保大数据应用和产品，从而服务于环境管理。

程春明认为，政府、企业、公众共治体系的建设也离不开信息公开，信息公开是公众参与的基础，只有保证公众的知情权，才能保障公众参与环境管理。“共治体系重点强调的也是公众的作用，强调环保部门要提高公共服务职能，更好地开展信息公开工作。”程春明表示。

未来，环保政府网站、微博、微信等新媒体可以打造成为与公众互动的平台，发挥采集社会数据的功能。例如，公众可以通过政府网站、微信、微博将身边的环保问题上传到环保部门，平台也可以将信息反馈和共享给公众，尤其要发挥政府网站的作用，着力改善政府网站的功能和形象。

程春明介绍道：“环保政府网站是环保部门最直接的出口，是公众接触最全面、最权威、最频繁的通道，未来要统一权威发布环境数据等各种信息，提升自身的公众服务功能，真正成为与公众的接口，打造成为与公众互动、共治的平台。”

“十三五”规划建议提出建立全国统一的实时在线环境监控系统。

【建设全国环境保护监测体系　环保大数据蓝图初显】

据了解，早在国务院颁布《促进大数据发展纲要》之前，环境保护部就成立了以陈吉宁部长为组长的生态环境大数据建设领导小组，环境保护部信息中心也开始着手编制《大数据工作方案》。

今后两年，环境保护部将着力解决环境信息化建设中各自为战的局面，加强基础设施集中统一建设和统一运行维护，开展对已有的信息系统、数据资源的梳理和整合，建成环境保护部、省两级部署的“一朵云”。

据了解，在省级层面，贵州已经在建设环保云平台，建成了全天候实时在线运维的“不下班”系统，极大地解决了信息化建设中重复建设的问题。“在推动原有系统进行云平台迁移部署过程中，他们有一项很有效的手段就是‘断粮’，也就是停止财政投入，下一步环境保护部也有可能采取同样的手段，推动‘一朵云’的建设。”

程春明表示，“一朵云”的建设主要是促进环保系统内部形成资源共享，弥补环境管理的短板，同时这也为“十三五”规划建议提出建设全国环境保护监测体系奠定了基础。全国环境保护监测体系建成后，将会成为环境保护领域的“百度”，是一个全国的、实时的、可搜索的系统。

全国环境保护监测体系建成后，将发挥什么作用？据介绍，“十二五”期间，环境保护部通过环境能力统计项目建设，建成了一张覆盖“三层四级”的环保业务专网，打通了各业务部门的环境数据传输与交换通道，连接了环境保护部、31个省（自治区、直辖市）环境保护厅（局）和新疆生产建设兵团环境保护局、389个地市环境保护局和2771个县级环境保护局，为环境保护的业务运行、数据传输、视频会商、应急指挥等各类应用提供了重要的基础网络平台。全国环境保护监测信息将在专网基础上，进一步延伸到企业端，对每一个环境管理行为进行监控，对企业生产和排污的全生命周期进行监控，形成环境管理的闭环，并为监察监测和执法提供依据。

未来，全国环境保护监测体系可以囊括环保的业务大数据，正在推进生态环境保护信息化工程打通了各部委信息交换的通道，网站、微博、微信可以实现与公众信息的对接。程春明描述了未来环保大数据的图景，同时他也表示，虽然方向已经清晰，但过程任重而道远，大数据是方法论的聚变，是一场机制体制的改革，还需要协调各方力量稳步推进。

【数据共享解决跨区域环境问题　应用还需顶层设计统筹】

“十三五”规划建议提出改革环境治理基础制度，建立覆盖所有固定污染源的企业排放许可制，实行省以下环保机构监测监察执法垂直管理制度，探索建立跨地区环保机构。

省以下环保机构监测监察执法垂直管理制度、建立跨地区环保机构意味着省级以下环保部门将面临着调整。

武汉市环保局信息中心主任詹炜表示，虽然上级部门还未出台具体改革方案，但这对破解地方政府干预、统筹解决跨区域跨流域环境问题，将发挥巨大的作用。而跨区域跨流域环境问题的顺利解决还需要建立互通共享机制，实现信息的流通，依赖于大数据提供实时、全面、准确的信息。因此，下一步环保相关部门职能、机构的调整都需要信息化提供支撑。

但基层大数据建设也面临着自身的问题，武汉市走在市级环境信息化建设的前列，虽然已经建成数据中心很多年，“但随之出现了包括‘黑暗数据’、‘死亡数据’的情况，大量共享数据和信息并未发挥应有的作用。”詹炜表示。第一，环保行业内没有统一的数据审核校准机制，难以确定相对准确合适的数据源作为分析对象；第二，数据挖掘和分析需要有全心的投入，一方面环保业务部门的工作人员由于自身业务繁忙、无暇充分利用共享信息进行挖掘分析，且与信息中心缺乏有效沟通，另一方面环境信息中心缺人手更缺相关专业人才、难以专门开展相关研究；第三，技术上传统模型建设需要较长的周期，对同类数据数量和精准性要求很高；第四，相关专业研发人员缺乏发散性关联各类数据并进行挖掘分析的主动行为。

针对这一问题，詹炜认为，大数据应用需要从顶层破解这一问题，环境信息化建设部门需要通过引进专业人才、建设多社会层面的“智库”、组成相应的研究机构等方式，专门开展相关工作，主动提供研究分析成果；社会层面需要各大专院校、研究院所、专业公司等机构有更加主动的创新精神，自主关联网络上的各类数据信息，积极寻找切入点进行分析研究，其成果供政府购买使用。

“互联网+”时代的地震监测发展战略思考

中国地震局监测预报司　孙建中　余书明　黄媛

中央多次强调各级领导干部要有战略思维和战略眼光，十八届中央政治局第三次集体学习时习近平总书记强调：“我们要加强战略思维，增强战略定力，更好统筹国内国际两个大局。”从中央的角度，战略思维体现的是国家战略，即所谓的大战略。在国家战略指导下，各个地区、各个部门及各个层级，针对所涉及的领域面对新形势、新情况、新问题、新阶段开展战略思维，制定战略规划，是实现国家战略的重要环节。本文在充分学习和理解国家战略的基础上，应用战略思维的理论和方法，面对“互联网+”时代发展提供的机遇和挑战，从战略视角，审视地震监测系统存在的问题及其未来发展空间，提出当前相关工作的战略思考，旨在明确地震监测系统的长远发展目标和发展方向，为地震预测预报和地震科学研究夯实坚实的基础。

【“互联网+”时代发展面临的形势】

20 世纪 60 年代末，美国国防部高级研究计划署（ARPA）资助建立了世界上第一个分组交换试验网 ARPANET，开辟了人类社会发展的新纪元。经过近 50 年的发展，互联网技术与 200 年前的蒸汽机技术、100 年前的电力技术一样，对人类经济社会产生巨大的影响。正如习近平总书记在 2015 年第二届世界互联网大会指出的那样，“以互联网为代表的信息技术日新月异，引领了社会生产新变革，创造了人类生活新空间，拓展了国家治理新领域，极大地提高了人类认识世界、改造世界的能力。”我国互联网经过 20 余年的新兴产业发展和基础设施建设，已进入在各行各业应用蓬勃发展的新时代。特别是，移动互联网技术和应用爆发式发展后，“互联网+”新模式颠覆了人类的传统思维，拓展了人类生产和生活的新空间。在经济发展领域，在新兴产业涌现的同时，改造和提升了传统产业的发展价值，阿里巴巴的淘宝网和支付宝等商业和金融奇迹，吸引了更多产业大军的加入，使得“互联网+”呈现出没有不可能，只有想不到的产业发展局面；在社会发展方面，借力互联网技术，政务、科技和民生等领域不断扩大服务范围和服务功能，在信息公开、政务服务、教育卫生、公安交通等方面呈现出精细、精准和全面的服务。在当今中国，从战略思维的角度，“互联网+”的发展面临五个鲜明的发展形势。

（一）政府重视

党中央、国务院高度重视信息革命带来的经济社会发展机遇，习近平总书记亲临第二届世界互联网大会，发表了主旨演讲，对互联网未来发展提出了 5 点主张；国务院正式发布《关于积极推进“互联网+”行动的指导意见》，出台国家政策，搭建万众创新、大众创业平台。同时，利用互联网的平民化、透明化、数字化等特点，积极推进各级政府开展基于互联网技术的政务公开和便民服务，强化社会治理，引领互联网的业务应用。

（二）产业助推

基于互联网产业发展的各种致富奇迹和成功案例进一步加强了资本和人才的集聚，其带动效应使互联网基础设施建设迅速提质扩张，体现发展程度的“互联网+”指数呈现出全国均匀布局、东部有引领、西部有亮点的格局，网络的覆盖度、稳定性、便捷性、带宽已经并还将大幅提升。同时，基于互联网技术和数据的各种应用和服务层出不穷，特别是移动智能终端的不断涌现，进一步拓宽了人类互联网应用的想象空间。

（三）公众参与

互联网创业的低成本，突破了传统创业高门槛的束缚，由微型组织、自主经营体编织而成的一个价值创造群体不断扩充；网络空间个性化特点，引发网民的创新意识，无论是一篇好文章，还是一首好歌曲，或者一个好创意，只要大家喜欢，就能够广泛地传播，满足自我价值的实现；同时，网络海量信息和友好互动功能，使公众参与网络群体不断扩大，据《中国互联网 20 年发展报告》统计，截至 2015 年 7 月，中国网民数量达 6.68 亿人，规模全球第 1。

（四）工具创新

随着互联网的应用拓展，新的技术不断涌现，云计算、物联网、大数据技术为“互联网+”提供了新的技术应用平台。云计算支持用户在任意位置、使用各种终端通过网络服务来实现超级计算和海量存储等任务，体现了“不为所有，但为所用”的思想；物联网通过信息传感设备，按约定的协议，把任何识别对象与互联网相连接，进行信息交换和通信，实现智能化识别、定位、跟踪、监控和管理，体现了“万物互联，全面感知”的奥妙；大数据技术对海量、多源、动态数据进行分析处理，自动从数据中发现信息、挖掘知识，提升洞察发现力和研判能力，体现了“海量处理，智能智慧”的精髓。这类技术的开发利用，为基于互联网的业务系统升级换代提供了强有力的支撑。

（五）治理强化

互联网的应用领域不断扩张，其安全问题成为各类用户最为关心的问题，也是传统模式向互联网模式转变的主要障碍。在政策层面，国家积极推进网络安全和信息安全的工作，习近平总书记在第二届世界互联网大会上提出的五点主张之一就是“保障网络安全，促进有序发展”；在技术层面，服务商和设备供应商注重安全技术创新，已经形成了从安全芯片、网络与边界安全产品、数据安全产品、应用安全产品到安全服务较为完善的信息安全产业链。

【地震监测面临的机遇和挑战】

地震监测基础设施自邢台地震以后成规模的

建设已经历了50年的历程。规模方面，从当初的22个台发展到400余个有人值守台，以及近2000个无人观测站，加之流动观测系统，监测数据海量增长，监测能力大幅提升；技术方面，实现从模拟到数字化、从数字到网络化的跨越，基本具备“互联网+”模式转型的技术，为进一步的发展奠定了基础。面对“互联网+”发展的浪潮，现有监测系统的瓶颈解决和能力提升，具有广阔的空间。

（一）监测系统运维

随着地震监测规模日益扩大，系统运维面临着重大挑战，并制约了观测规模的进一步扩张，特别是全国性的地震烈度速报与预警工程建设，不仅规模大幅扩张，如简易烈度计达万台以上，同时对系统的运行质量提出了更严格的要求，如果继续保持以人力为主的运维模式，长此以往难以为继，影响监测系统的效能发挥，因此，监测系统智能化势在必行。而物联网技术无疑提供了解决方案，需要对设备端进行智能化升级，对影响观测的各要件和环境进行智能识别、诊断和管理，对软故障自我修复，对硬故障启动自组网功能，通过协同，最大限度地保持监测系统效能。

（二）多源数据处理

按目前分类，地震监测拥有五大学科几十种设备，加之大量流动观测、探测数据和其他部门的大量共享数据资源，在数据处理方面呈现两个短板。一是数据增长与处理能力的矛盾。由于采用数据的采集和处理分离的工作模式，数据的梳理和质量控制严重影响数据处理的时效和分析人员的精力，导致数据信息深度挖掘的理论和方法创新不足。二是数据的信息融合不足。目前采取的学科数据分治和处理，多源数据之间缺乏科学和逻辑关系，使跨平台的信息融合困难重重，定性表述多，定量表达较少，这种多源观测信息发掘的分离限制了我们的洞察力。互联网的云平台、大数据技术为补短板提供了技术途径，以快速、简单和可扩展的方式创建和管理大型计算和数据存储处理兼顾的综合云计算平台，形成数据在线动态处理和管理技术能力、大数据分析能力，提升监测数据的信息挖掘水平。

（三）观测资源共享

数据共享除共享理念因素外，技术系统支撑不够也是其中一个因素。一是观测数据存储碎片化，数据分别存放在国家中心、省中心、学科中心及台站、课题组、个人计算机等，数据集之间缺乏互通互联和逻辑联系，数据格式和服务缺乏统一性，给数据共享带来重重障碍。二是数据共享服务质量不高，有些数据采集是为了项目目标开展的，项目目标实现后，数据的事后整理既烦琐且无创新意义，科技人员开展数据整理和共享的积极性不高，即使数据共享了，但共享要素不全，降低了共享数据的可用性。

互联网最突出的特点就是数据资源的共建共享，构建基于互联网云技术的网络架构已具备技术可行性，在建立统一数据共享标准的基础上，从采集端就建立与互联网数据平台的互通互联，实现采集、质量控制与共享的同步实现，既防止数据的碎片化，又减轻数据整理的工作量。

（四）运行资源节约

地震监测系统的业务流为观测数据从传感器通过自建线路或专线传至台站或省级中心，再由省中心通过专线传至国家中心和学科中心，为确保地震速报工作，又建立了各省中心到广东速报备份中心的链路，构建了全国双星型骨干网，流动观测数据通过人工进入学科中心或课题组或个人计算机。在互联网时代，重构地震监测业务流，具有事半功倍的效益，传输链路实现专网向互联网转换，将大幅降低成本，可以预测由于网络用户的不断增长和技术进步，互联网资费仍具有较大的降低空间，同时使终端接入更为灵活；去中心化就是通过云平台的建立替代各级数据节点，将进一步降低软硬件和人力资源投入，同时，任何一个终端用户均能使用统一的数据资源，并且在专业公司和专业团队的维护下，网络安全和信息安全防护应更为专业。

【战略行动】

如果把模拟观测、数字化观测和网络化观

测视为代际，那么“互联网+”为基础的观测系统智能化可称为“新一代中国地震监测网络”。其特点是：具备可控和开放的网络架构，全面按需调度能力和开放能力，系统中的计算资源、存储资源、观测资源均可动态编程，可根据用户、业务需求智能适配和全局优化，并可对外开放及再开发。目前，中国地震局已开展了前期工作，开展了以云平台为主的基础建设示范项目，与企业开展了“互联网+地震”的大型研讨，进行了有益探索。为实现“新一代中国地震监测网络”，还需要积极主动地开展一系列战略行动。

转变观念。“互联网+”的理念突出表现为开放与共享。树立开放的意识，就是敞开大门接受新思想、新技术的冲击，并实化为本行业业务能力的提升，同时建立共享、共用的意识，打破传统观念，只要有利于最大限度地减轻地震灾害，追求“不为所有但为所用，功成不必在我”的大局观。

顶层设计。观测系统的代际转换是一项重大工程，涉及面广，同时要考虑现有系统的持续稳定运行，因此做好顶层设计至关重要。目前监测预报司正开展地震监测 20 年发展设计，要在融合地震科技发展需求和最新科技发展动态的基础上，明确发展目标，确定工作任务，拟定发展步骤。

技术储备。“互联网+”涉及智能传感器技术、物联网技术、云平台技术、大数据分析技术及信息安全技术，尽管这些技术在其他领域已有所应用，但对地震监测系统还是一个全新的尝试，需要充分虑及地震业务特点和需求，列出重点和难点技术清单，依靠行业内外科技力量，逐一攻关，提出科学务实的解决方案。

稳步推进。创新活动必将面临风险，应加强周密细致的风险分析，针对不同的风险，提出防范风险的措施。在工作进程上，首先，搭建原型系统，对各项技术指标进行充分的验证；其次，开展实用系统技术实验，获取系统在真实环境下的认知和经验；最后，开展业务系统升级换代，按照点、局部、整体的步骤逐项开展，最终实现全网的代际转换。

“互联网+”是时代发展大趋势，从国家战略来看，打造通信网络 4.0 战略构想已然提出，无论是 5G 移动通信网的建设，还是虚拟现实（VR）和增强现实（AR）的技术实现，基于互联网的应用发展空间不可限量。地震部门要充分利用这一发展态势，利用信息技术进步带来的机遇，打造“新一代中国地震监测网络”，加强顶层设计和技术储备，通过观测智能化，弥补现有系统的短板，释放观测网络潜在能力，为监测数据的有效应用提供坚实基础。

相信不久的将来，我国的地震观测网络将达到数十万计观测节点的规模，将有效解决实时预警的问题，并随着海量数据的累积和大数据处理能力的提升，为“世界级科学难题”——地震预测预报研究探寻出一条全新的道路。

政策法规篇

国务院关于积极推进“互联网+”行动的指导意见

国发〔2015〕40号

各省、自治区、直辖市人民政府，国务院各部委、各直属机构：

“互联网+”是把互联网的创新成果与经济社会各领域深度融合，推动技术进步、效率提升和组织变革，提升实体经济创新力和生产力，形成更广泛的以互联网为基础设施和创新要素的经济社会发展新形态。在全球新一轮科技革命和产业变革中，互联网与各领域的融合发展具有广阔前景和无限潜力，已成为不可阻挡的时代潮流，正对各国经济社会发展产生着战略性和全局性的影响。积极发挥我国互联网已经形成的比较优势，把握机遇，增强信心，加快推进“互联网+”发展，有利于重塑创新体系、激发创新活力、培育新兴业态和创新公共服务模式，对打造大众创业、万众创新和增加公共产品、公共服务“双引擎”，主动适应和引领经济发展新常态，形成经济发展新动能，实现中国经济提质增效升级具有重要意义。

近年来，我国在互联网技术、产业、应用以及跨界融合等方面取得了积极进展，已具备加快推进“互联网+”发展的坚实基础，但也存在传统企业运用互联网的意识和能力不足、互联网企业对传统产业理解不够深入、新业态发展面临体制机制障碍、跨界融合型人才严重匮乏等问题，亟待加以解决。为加快推动互联网与各领域深入融合和创新发展，充分发挥“互联网+”对稳增长、促改革、调结构、惠民生、防风险的重要作用，现就积极推进“互联网+”行动提出以下意见。

【行动要求】

（一）总体思路

顺应世界“互联网+”发展趋势，充分发挥我国互联网的规模优势和应用优势，推动互联网由消费领域向生产领域拓展，加速提升产业发展水平，增强各行业创新能力，构筑经济社会发展新优势和新动能。坚持改革创新和市场需求导向，突出企业的主体作用，大力拓展互联网与经济社会各领域融合的广度和深度。着力深化体制机制改革，释放发展潜力和活力；着力做优存量，推动经济提质增效和转型升级；着力做大增量，培育新兴业态，打造新的增长点；着力创新政府服务模式，夯实网络发展基础，营造安全网络环境，提升公共服务水平。

（二）基本原则

坚持开放共享。营造开放包容的发展环境，将互联网作为生产生活要素共享的重要平台，最大限度优化资源配置，加快形成以开放、共享为特征的经济社会运行新模式。

坚持融合创新。鼓励传统产业树立互联网思维，积极与“互联网+”相结合。推动互联网向经济社会各领域加速渗透，以融合促创新，最大程度汇聚各类市场要素的创新力量，推动融合性新兴产业成为经济发展新动力和新支柱。

坚持变革转型。充分发挥互联网在促进产业升级以及信息化和工业化深度融合中的平台作用，引导要素资源向实体经济集聚，推动生产方式和发展模式变革。创新网络化公共服务模式，大幅提升公共服务能力。

坚持引领跨越。巩固提升我国互联网发展优势，加强重点领域前瞻性布局，以互联网融合创新为突破口，培育壮大新兴产业，引领新一轮科技革命和产业变革，实现跨越式发展。

坚持安全有序。完善互联网融合标准规范和法律法规，增强安全意识，强化安全管理和防护，保障网络安全。建立科学有效的市场监管方式，促进市场有序发展，保护公平竞争，防止形成行业垄断和市场壁垒。

（三）发展目标

到 2018 年，互联网与经济社会各领域的融合发展进一步深化，基于互联网的新业态成为新的经济增长动力，互联网支撑大众创业、万众创新的作用进一步增强，互联网成为提供公共服务的重要手段，网络经济与实体经济协同互动的发展格局基本形成。

——经济发展进一步提质增效。互联网在促进制造业、农业、能源、环保等产业转型升级方面取得积极成效，劳动生产率进一步提高。基于互联网的新兴业态不断涌现，电子商务、互联网金融快速发展，对经济提质增效的促进作用更加凸显。

——社会服务进一步便捷普惠。健康医疗、教育、交通等民生领域互联网应用更加丰富，公共服务更加多元，线上线下结合更加紧密。社会服务资源配置不断优化，公众享受到更加公平、高效、优质、便捷的服务。

——基础支撑进一步夯实提升。网络设施和产业基础得到有效巩固加强，应用支撑和安全保障能力明显增强。固定宽带网络、新一代移动通信网和下一代互联网加快发展，物联网、云计算等新型基础设施更加完备。人工智能等技术及其产业化能力显著增强。

——发展环境进一步开放包容。全社会对互联网融合创新的认识不断深入，互联网融合发展面临的体制机制障碍有效破除，公共数据资源开放取得实质性进展，相关标准规范、信用体系和法律法规逐步完善。

到 2025 年，网络化、智能化、服务化、协同化的“互联网+”产业生态体系基本完善，“互联网+”新经济形态初步形成，“互联网+”成为经济社会创新发展的重要驱动力量。

【重点行动】

（一）“互联网+”创业创新

充分发挥互联网的创新驱动作用，以促进创业创新为重点，推动各类要素资源聚集、开放和共享，大力发展众创空间、开放式创新等，引导和推动全社会形成大众创业、万众创新的浓厚氛围，打造经济发展新引擎。（发展改革委、科技部、工业和信息化部、人力资源社会保障部、商务部等负责，列第一位者为牵头部门，下同）。

1．强化创业创新支撑

鼓励大型互联网企业和基础电信企业利用技术优势和产业整合能力，向小微企业和创业团队开放平台入口、数据信息、计算能力等资源，提供研发工具、经营管理和市场营销等方面的支持和服务，提高小微企业信息化应用水平，培育和孵化具有良好商业模式的创业企业。充分利用互联网基础条件，完善小微企业公共服务平台网络，集聚创业创新资源，为小微企业提供找得着、用得起、有保障的服务。

2．积极发展众创空间

充分发挥互联网开放创新优势，调动全社会力量，支持创新工场、创客空间、社会实验室、智慧小企业创业基地等新型众创空间发展。充分利用国家自主创新示范区、科技企业孵化器、大学科技园、商贸企业集聚区、小微企业创业示范基地等现有条件，通过市场化方式构建一批创新与创业相结合、线上与线下相结合、孵化与投资相结合的众创空间，为创业者提供低成本、便利化、全要素的工作空间、网络空间、社交空间和资源共享空间。实施新兴产业“双创”行动，建立一批新兴产业“双创”示范基地，加快发展“互联网+”创业网络体系。

3．发展开放式创新

鼓励各类创新主体充分利用互联网，把握市场需求导向，加强创新资源共享与合作，促进前沿技术和创新成果及时转化，构建开放式创新体系。推动各类创业创新扶持政策与互联网开放平台联动协作，为创业团队和个人开发者提供绿色通道服务。加快发展创业服务业，积极推广众包、用户参与设计、云设计等新型研发组织模式，引导建立社会各界交流合作的平台，推动跨区域、跨领域的技术成果转移和协同创新。

（二）“互联网+”协同制造

推动互联网与制造业融合，提升制造业数字化、网络化、智能化水平，加强产业链协作，发展基于互联网的协同制造新模式。在重点领域推进智能制造、大规模个性化定制、网络化协同制造和服务型制造，打造一批网络化协同制造公共服务平台，加快形成制造业网络化产业生态体系。（工业和信息化部、发展改革委、科技部共同牵头）。

1．大力发展智能制造

以智能工厂为发展方向，开展智能制造试点示范，加快推动云计算、物联网、智能工业机器人、增材制造等技术在生产过程中的应用，推进生产装备智能化升级、工艺流程改造和基础数据共享。着力在工控系统、智能感知元器件、工业云平台、操作系统和工业软件等核心环节取得突破，加强工业大数据的开发与利用，有效支撑制造业智能化转型，构建开放、共享、协作的智能制造产业生态。

2．发展大规模个性化定制

支持企业利用互联网采集并对接用户个性化需求，推进设计研发、生产制造和供应链管理等关键环节的柔性化改造，开展基于个性化产品的服务模式和商业模式创新。鼓励互联网企业整合市场信息，挖掘细分市场需求与发展趋势，为制造企业开展个性化定制提供决策支撑。

3．提升网络化协同制造水平

鼓励制造业骨干企业通过互联网与产业链各环节紧密协同，促进生产、质量控制和运营管理系统全面互联，推行众包设计研发和网络化制造等新模式。鼓励有实力的互联网企业构建网络化协同制造公共服务平台，面向细分行业提供云制造服务，促进创新资源、生产能力、市场需求的集聚与对接，提升服务中小微企业能力，加快全社会多元化制造资源的有效协同，提高产业链资源整合能力。

4．加速制造业服务化转型

鼓励制造企业利用物联网、云计算、大数据等技术，整合产品全生命周期数据，形成面向生产组织全过程的决策服务信息，为产品优化升级提供数据支撑。鼓励企业基于互联网开展故障预警、远程维护、质量诊断、远程过程优化等在线增值服务，拓展产品价值空间，实现从制造向“制造+服务”的转型升级。

（三）“互联网+”现代农业

利用互联网提升农业生产、经营、管理和服务水平，培育一批网络化、智能化、精细化的现代“种养加”生态农业新模式，形成示范带动效应，加快完善新型农业生产经营体系，培育多样化农业互联网管理服务模式，逐步建立农副产品、农资质量安全追溯体系，促进农业现代化水平明显提升。（农业部、发展改革委、科技部、商务部、质检总局、食品药品监管总局、林业局等负责）。

1．构建新型农业生产经营体系

鼓励互联网企业建立农业服务平台，支撑专业大户、家庭农场、农民合作社、农业产业化龙头企业等新型农业生产经营主体，加强产销衔接，实现农业生产由生产导向向消费导向转变。提高农业生产经营的科技化、组织化和精细化水平，推进农业生产流通销售方式变革和农业发展方式转变，提升农业生产效率和增值空间。规范用好农村土地流转公共服务平台，提升土地流转透明度，保障农民权益。

2．发展精准化生产方式

推广成熟可复制的农业物联网应用模式。在基础较好的领域和地区，普及基于环境感知、实时监测、自动控制的网络化农业环境监测系统。在大宗农产品规模生产区域，构建天地一体的农业物联网测控体系，实施智能节水灌溉、测土配方施肥、农机定位耕种等精准化作业。在畜禽标准化规模养殖基地和水产健康养殖示范基地，推动饲料精准投放、疾病自动诊断、废弃物自动回收等智能设备的应用普及和互联互通。

3．提升网络化服务水平

深入推进信息进村入户试点，鼓励通过移动互联网为农民提供政策、市场、科技、保险等生产生活信息服务。支持互联网企业与农业生产经营主体合作，综合利用大数据、云计算等技术，建立农业信息监测体系，为灾害预警、耕地质量监测、重大动植物疫情防控、市场波动预测、经营科学决策等提供服务。

4．完善农副产品质量安全追溯体系

充分利用现有互联网资源，构建农副产品质量安全追溯公共服务平台，推进制度标准建设，建立产地准出与市场准入衔接机制。支持新型农业生产经营主体利用互联网技术，对生产经营过程进行精细化信息化管理，加快推动移动互联网、物联网、二维码、无线射频识别等信息技术在生产加工和流通销售各环节的推广应用，强化上下游追溯体系对接和信息互通共享，不断扩大追溯体系覆盖面，实现农副产品“从农田到餐桌”全过程可追溯，保障“舌尖上的安全”。

（四）“互联网+”智慧能源

通过互联网促进能源系统扁平化，推进能源生产与消费模式革命，提高能源利用效率，推动节能减排。加强分布式能源网络建设，提高可再生能源占比，促进能源利用结构优化。加快发电设施、用电设施和电网智能化改造，提高电力系统的安全性、稳定性和可靠性。（能源局、发展改革委、工业和信息化部等负责）。

1．推进能源生产智能化

建立能源生产运行的监测、管理和调度信息公共服务网络，加强能源产业链上下游企业的信息对接和生产消费智能化，支撑电厂和电网协调运行，促进非化石能源与化石能源协同发电。鼓励能源企业运用大数据技术对设备状态、电能负载等数据进行分析挖掘与预测，开展精准调度、故障判断和预测性维护，提高能源利用效率和安全稳定运行水平。

2．建设分布式能源网络

建设以太阳能、风能等可再生能源为主体的多能源协调互补的能源互联网。突破分布式发电、储能、智能微网、主动配电网等关键技术，构建智能化电力运行监测、管理技术平台，使电力设备和用电终端基于互联网进行双向通信和智能调控，实现分布式电源的及时有效接入，逐步建成开放共享的能源网络。

3．探索能源消费新模式

开展绿色电力交易服务区域试点，推进以智能电网为配送平台，以电子商务为交易平台，融合储能设施、物联网、智能用电设施等硬件及碳交易、互联网金融等衍生服务于一体的绿色能源网络发展，实现绿色电力的点到点交易及实时配送和补贴结算。进一步加强能源生产和消费协调匹配，推进电动汽车、港口岸电等电能替代技术的应用，推广电力需求侧管理，提高能源利用效率。基于分布式能源网络，发展用户端智能化用能、能源共享经济和能源自由交易，促进能源消费生态体系建设。

4．发展基于电网的通信设施和新型业务

推进电力光纤到户工程，完善能源互联网信息通信系统。统筹部署电网和通信网深度融合的网络基础设施，实现同缆传输、共建共享，避免重复建设。鼓励依托智能电网发展家庭能效管理等新型业务。

（五）“互联网+”普惠金融

促进互联网金融健康发展，全面提升互联网金融服务能力和普惠水平，鼓励互联网与银行、证券、保险、基金的融合创新，为大众提供丰富、安全、便捷的金融产品和服务，更好满足不同层次实体经济的投融资需求，培育一批具有行业影响力的互联网金融创新型企业。（人民银行、银监会、证监会、保监会、发展改革委、工业和信息化部、网信办等负责）。

1．探索推进互联网金融云服务平台建设

探索互联网企业构建互联网金融云服务平台。在保证技术成熟和业务安全的基础上，支持金融企业与云计算技术提供商合作开展金融公共云服务，提供多样化、个性化、精准化的金融产品。支持银行、证券、保险企业稳妥实施系统架构转型，鼓励探索利用云服务平台开展金融核心业务，提供基于金融云服务平台的信用、认证、接口等公共服务。

2. 鼓励金融机构利用互联网拓宽服务覆盖面

鼓励各金融机构利用云计算、移动互联网、大数据等技术手段，加快金融产品和服务创新，在更广泛地区提供便利的存贷款、支付结算、信用中介平台等金融服务，拓宽普惠金融服务范围，为实体经济发展提供有效支撑。支持金融机构和互联网企业依法合规开展网络借贷、网络证券、网络保险、互联网基金销售等业务。扩大专业互联网保险公司试点，充分发挥保险业在防范互联网金融风险中的作用。推动金融集成电路卡（IC卡）全面应用，提升电子现金的使用率和便捷性。发挥移动金融安全可信公共服务平台（MTPS）的作用，积极推动商业银行开展移动金融创新应用，促进移动金融在电子商务、公共服务等领域的规模应用。支持银行业金融机构借助互联网技术发展消费信贷业务，支持金融租赁公司利用互联网技术开展金融租赁业务。

3. 积极拓展互联网金融服务创新的深度和广度

鼓励互联网企业依法合规提供创新金融产品和服务，更好满足中小微企业、创新型企业和个人的投融资需求。规范发展网络借贷和互联网消费信贷业务，探索互联网金融服务创新。积极引导风险投资基金、私募股权投资基金和产业投资基金投资于互联网金融企业。利用大数据发展市场化个人征信业务，加快网络征信和信用评价体系建设。加强互联网金融消费权益保护和投资者保护，建立多元化金融消费纠纷解决机制。改进和完善互联网金融监管，提高金融服务安全性，有效防范互联网金融风险及其外溢效应。

（六）“互联网+”益民服务

充分发挥互联网的高效、便捷优势，提高资源利用效率，降低服务消费成本。大力发展以互联网为载体、线上线下互动的新兴消费，加快发展基于互联网的医疗、健康、养老、教育、旅游、社会保障等新兴服务，创新政府服务模式，提升政府科学决策能力和管理水平。（发展改革委、教育部、工业和信息化部、民政部、人力资源社会保障部、商务部、卫生计生委、质检总局、食品药品监管总局、林业局、旅游局、网信办、信访局等负责）。

1. 创新政府网络化管理和服务

加快互联网与政府公共服务体系的深度融合，推动公共数据资源开放，促进公共服务创新供给和服务资源整合，构建面向公众的一体化在线公共服务体系。积极探索公众参与的网络化社会管理服务新模式，充分利用互联网、移动互联网应用平台等，加快推进政务新媒体发展建设，加强政府与公众的沟通交流，提高政府公共管理、公共服务和公共政策制定的响应速度，提升政府科学决策能力和社会治理水平，促进政府职能转变和简政放权。深入推进网上信访，提高信访工作质量、效率和公信力。鼓励政府和互联网企业合作建立信用信息共享平台，探索开展一批社会治理互联网应用试点，打通政府部门、企事业单位之间的数据壁垒，利用大数据分析手段，提升各级政府的社会治理能力。加强对“互联网+”行动的宣传，提高公众参与度。

2. 发展便民服务新业态

发展体验经济，支持实体零售商综合利用网上商店、移动支付、智能试衣等新技术，打造体验式购物模式。发展社区经济，在餐饮、娱乐、家政等领域培育线上线下结合的社区服务新模式。发展共享经济，规范发展网络约租车，积极推广在线租房等新业态，着力破除准入门槛高、服务规范难、个人征信缺失等瓶颈制约。发展基于互联网的文化、媒体和旅游等服务，培育形式多样的新型业态。积极推广基于移动互联网入口的城市服务，开展网上社保办理、个人社保权益查询、跨地区医保结算等互联网应用，让老百姓足不出户享受便捷高效的服务。

3. 推广在线医疗卫生新模式

发展基于互联网的医疗卫生服务，支持第三方机构构建医学影像、健康档案、检验报告、电子病历等医疗信息共享服务平台，逐步建立跨医院的医疗数据共享交换标准体系。积极利用移动互联网提供在线预约诊疗、候诊提醒、划价缴费、诊疗报告查询、药品配送等便捷服务。引导医疗机构面向中小城市和农村地区开展基层检查、上级诊断等远程医疗服务。鼓励互联网企业与医疗机构合作建立医疗网络信息平台，加强区域医疗卫生服务资源整合，充分利用互联网、大数据等手段，提高重大疾病和突发公共卫生事件防控能力。积极探索互联网延伸医嘱、电子处方等网络医疗健康服务应用。鼓励有资质的医学检验机构、医疗服务机构联合互联网企业，发展基因检测、疾病预防等健康服务模式。

4. 促进智慧健康养老产业发展

支持智能健康产品创新和应用，推广全面量化健康生活新方式。鼓励健康服务机构利用云计算、大数据等技术搭建公共信息平台，提供长期跟踪、预测预警的个性化健康管理服务。发展第三方在线健康市场调查、咨询评价、预防管理等应用服务，提升规范化和专业化运营水平。依托现有互联网资源和社会力量，以社区为基础，搭建养老信息服务网络平台，提供护理看护、健康管理、康复照料等居家养老服务。鼓励养老服务机构应用基于移动互联网的便携式体检、紧急呼叫监控等设备，提高养老服务水平。

5. 探索新型教育服务供给方式

鼓励互联网企业与社会教育机构根据市场需求开发数字教育资源，提供网络化教育服务。鼓励学校利用数字教育资源及教育服务平台，逐步探索网络化教育新模式，扩大优质教育资源覆盖面，促进教育公平。鼓励学校通过与互联网企业合作等方式，对接线上线下教育资源，探索基础教育、职业教育等教育公共服务提供新方式。推动开展学历教育在线课程资源共享，推广大规模在线开放课程等网络学习模式，探索建立网络学习学分认定与学分转换等制度，加快推动高等教育服务模式变革。

（七）“互联网+”高效物流

加快建设跨行业、跨区域的物流信息服务平台，提高物流供需信息对接和使用效率。鼓励大数据、云计算在物流领域的应用，建设智能仓储体系，优化物流运作流程，提升物流仓储的自动化、智能化水平和运转效率，降低物流成本。（发展改革委、商务部、交通运输部、网信办等负责）。

1. 构建物流信息共享互通体系

发挥互联网信息集聚优势，聚合各类物流信息资源，鼓励骨干物流企业和第三方机构搭建面向社会的物流信息服务平台，整合仓储、运输和配送信息，开展物流全程监测、预警，提高物流安全、环保和诚信水平，统筹优化社会物流资源配置。构建互通省际、下达市县、兼顾乡村的物流信息互联网络，建立各类可开放数据的对接机制，加快完善物流信息交换开放标准体系，在更广范围促进物流信息充分共享与互联互通。

2. 建设深度感知智能仓储系统

在各级仓储单元积极推广应用二维码、无线射频识别等物联网感知技术和大数据技术，实现仓储设施与货物的实时跟踪、网络化管理以及库存信息的高度共享，提高货物调度效率。鼓励应用智能化物流装备提升仓储、运输、分拣、包装等作业效率，提高各类复杂订单的出货处理能力，缓解货物囤积停滞瓶颈制约，提升仓储运管水平和效率。

3. 完善智能物流配送调配体系

加快推进货运车联网与物流园区、仓储设施、配送网点等信息互联，促进人员、货源、车源等信息高效匹配，有效降低货车空驶率，提高配送效率。鼓励发展社区自提柜、冷链储藏柜、代收服务点等新型社区化配送模式，结合构建物流信息互联网络，加快推进县到村的物流配送网络和村级配送网点建设，解决物流配送“最后一公里”问题。

（八）“互联网+”电子商务

巩固和增强我国电子商务发展领先优势，大力发展农村电商、行业电商和跨境电商，进一步扩大电子商务发展空间。电子商务与其他产业的融合不断深化，网络化生产、流通、消费更加普及，标准规范、公共服务等支撑环境基本完善。（发展改革委、商务部、工业和信息化部、交通运输部、农业部、海关总署、税务总局、质检总局、网信办等负责）。

1. 积极发展农村电子商务

开展电子商务进农村综合示范，支持新型农业经营主体和农产品、农资批发市场对接电商平台，积极发展以销定产模式。完善农村电子商务配送及综合服务网络，着力解决农副产品标准化、物流标准化、冷链仓储建设等关键问题，发展农产品个性化定制服务。开展生鲜农产品和农业生产资料电子商务试点，促进农业大宗商品电子商务发展。

2．大力发展行业电子商务

鼓励能源、化工、钢铁、电子、轻纺、医药等行业企业，积极利用电子商务平台优化采购、分销体系，提升企业经营效率。推动各类专业市场线上转型，引导传统商贸流通企业与电子商务企业整合资源，积极向供应链协同平台转型。鼓励生产制造企业面向个性化、定制化消费需求深化电子商务应用，支持设备制造企业利用电子商务平台开展融资租赁服务，鼓励中小微企业扩大电子商务应用。按照市场化、专业化方向，大力推广电子招标投标。

3．推动电子商务应用创新

鼓励企业利用电子商务平台的大数据资源，提升企业精准营销能力，激发市场消费需求。建立电子商务产品质量追溯机制，建设电子商务售后服务质量检测云平台，完善互联网质量信息公共服务体系，解决消费者维权难、退货难、产品责任追溯难等问题。加强互联网食品药品市场监测监管体系建设，积极探索处方药电子商务销售和监管模式创新。鼓励企业利用移动社交、新媒体等新渠道，发展社交电商、“粉丝”经济等网络营销新模式。

4．加强电子商务国际合作

鼓励各类跨境电子商务服务商发展，完善跨境物流体系，拓展全球经贸合作。推进跨境电子商务通关、检验检疫、结汇等关键环节单一窗口综合服务体系建设。创新跨境权益保障机制，利用合格评定手段，推进国际互认。创新跨境电子商务管理，促进信息网络畅通、跨境物流便捷、支付及结汇无障碍、税收规范便利、市场及贸易规则互认互通。

（九）“互联网+”便捷交通

加快互联网与交通运输领域的深度融合，通过基础设施、运输工具、运行信息等互联网化，推进基于互联网平台的便捷化交通运输服务发展，显著提高交通运输资源利用效率和管理精细化水平，全面提升交通运输行业服务品质和科学治理能力。（发展改革委、交通运输部共同牵头）。

1．提升交通运输服务品质

推动交通运输主管部门和企业将服务性数据资源向社会开放，鼓励互联网平台为社会公众提供实时交通运行状态查询、出行路线规划、网上购票、智能停车等服务，推进基于互联网平台的多种出行方式信息服务对接和一站式服务。加快完善汽车健康档案、维修诊断和服务质量信息服务平台建设。

2．推进交通运输资源在线集成

利用物联网、移动互联网等技术，进一步加强对公路、铁路、民航、港口等交通运输网络关键设施运行状态与通行信息的采集。推动跨地域、跨类型交通运输信息互联互通，推广船联网、车联网等智能化技术应用，形成更加完善的交通运输感知体系，提高基础设施、运输工具、运行信息等要素资源的在线化水平，全面支撑故障预警、运行维护以及调度智能化。

3．增强交通运输科学治理能力

强化交通运输信息共享，利用大数据平台挖掘分析人口迁徙规律、公众出行需求、枢纽客流规模、车辆船舶行驶特征等，为优化交通运输设施规划与建设、安全运行控制、交通运输管理决策提供支撑。利用互联网加强对交通运输违章违规行为的智能化监管，不断提高交通运输治理能力。

（十）“互联网+”绿色生态

推动互联网与生态文明建设深度融合，完善污染物监测及信息发布系统，形成覆盖主要生态要素的资源环境承载能力动态监测网络，实现生态环境数据互联互通和开放共享。充分发挥互联网在逆向物流回收体系中的平台作用，促进再生资源交易利用便捷化、互动化、透明化，促进生产生活方式绿色化。（发展改革委、环境保护部、商务部、林业局等负责）。

1．加强资源环境动态监测

针对能源、矿产资源、水、大气、森林、草原、湿地、海洋等各类生态要素，充分利用多维地理信息系统、智慧地图等技术，结合互联网大数据分析，优化监测站点布局，扩大动态监控范围，构建资源环境承载能力立体监控系统。依托现有互联网、云计算平台，逐步实现各级政府资源环境动态监测信息互联共享。加强重点用能单位能耗在线监测和大数据分析。

2．大力发展智慧环保

利用智能监测设备和移动互联网，完善污染物排放在线监测系统，增加监测污染物种类，扩大监测范围，形成全天候、多层次的智能多源感知体系。建立环境信息数据共享机制，统一数据交换标准，推进区域污染物排放、空气环境质量、水环境质量等信息公开，通过互联网实现面向公众的在线查询和定制推送。加强对企业环保信用数据的采集整理，将企业环保信用记录纳入全国统一的信用信息共享交换平台。完善环境预警和风险监测信息网络，提升重金属、危险废物、危险化学品等重点风险防范水平和应急处理能力。

3．完善废旧资源回收利用体系

利用物联网、大数据开展信息采集、数据分析、流向监测，优化逆向物流网点布局。支持利用电子标签、二维码等物联网技术跟踪电子废物流向，鼓励互联网企业参与搭建城市废弃物回收平台，创新再生资源回收模式。加快推进汽车保险信息系统、“以旧换再”管理系统和报废车管理系统的标准化、规范化和互联互通，加强废旧汽车及零部件的回收利用信息管理，为互联网企业开展业务创新和便民服务提供数据支撑。

4．建立废弃物在线交易系统

鼓励互联网企业积极参与各类产业园区废弃物信息平台建设，推动现有骨干再生资源交易市场向线上线下结合转型升级，逐步形成行业性、区域性、全国性的产业废弃物和再生资源在线交易系统，完善线上信用评价和供应链融资体系，开展在线竞价，发布价格交易指数，提高稳定供给能力，增强主要再生资源品种的定价权。

（十一）“互联网+”人工智能

依托互联网平台提供人工智能公共创新服务，加快人工智能核心技术突破，促进人工智能在智能家居、智能终端、智能汽车、机器人等领域的推广应用，培育若干引领全球人工智能发展的骨干企业和创新团队，形成创新活跃、开放合作、协同发展的产业生态。（发展改革委、科技部、工业和信息化部、网信办等负责）。

1．培育发展人工智能新兴产业

建设支撑超大规模深度学习的新型计算集群，构建包括语音、图像、视频、地图等数据的海量训练资源库，加强人工智能基础资源和公共服务等创新平台建设。进一步推进计算机视觉、智能语音处理、生物特征识别、自然语言理解、智能决策控制以及新型人机交互等关键技术的研发和产业化，推动人工智能在智能产品、工业制造等领域规模商用，为产业智能化升级夯实基础。

2．推进重点领域智能产品创新

鼓励传统家居企业与互联网企业开展集成创新，不断提升家居产品的智能化水平和服务能力，创造新的消费市场空间。推动汽车企业与互联网企业设立跨界交叉的创新平台，加快智能辅助驾驶、复杂环境感知、车载智能设备等技术产品的研发与应用。支持安防企业与互联网企业开展合作，发展和推广图像精准识别等大数据分析技术，提升安防产品的智能化服务水平。

3．提升终端产品智能化水平

着力做大高端移动智能终端产品和服务的市场规模，提高移动智能终端核心技术研发及产业化能力。鼓励企业积极开展差异化细分市场需求分析，大力丰富可穿戴设备的应用服务，提升用户体验。推动互联网技术以及智能感知、模式识别、智能分析、智能控制等智能技术在机器人领域的深入应用，大力提升机器人产品在传感、交互、控制等方面的性能和智能化水平，提高核心竞争力。

【保障支撑】

（一）夯实发展基础

1．巩固网络基础

加快实施“宽带中国”战略，组织实施国家新一代信息基础设施建设工程，推进宽带网络光纤化改造，加快提升移动通信网络服务能力，促进网间互联互通，大幅提高网络访问速率，有效降低网络资费，完善电信普遍服务补偿机制，支持农村及偏远地区宽带建设和运行维护，使互联网下沉为各行业、各领域、各区域都能使用，人、机、物泛在互联的基础设施。增强北斗卫星全球服务能力，构建天地一体化互联网络。加快下一代互联网商用部署，加强互联网协议第 6 版（IPv6）地址管理、标识管理与解析，构建未来网络创新试验平台。研究工业互联网网络架构体系，构建开放式国家创新试验验证平台。（发展改革委、工业和信息化部、财政部、国资委、网信办等负责）。

2．强化应用基础

适应重点行业融合创新发展需求，完善无线传感网、行业云及大数据平台等新型应用基础设施。实施云计算工程，大力提升公共云服务能力，引导行业信息化应用向云计算平台迁移，加快内容分发网络建设，优化数据中心布局。加强物联网网络架构研究，组织开展国家物联网重大应用示范，鼓励具备条件的企业建设跨行业物联网运营和支撑平台。（发展改革委、工业和信息化部等负责）。

3．做实产业基础

着力突破核心芯片、高端服务器、高端存储设备、数据库和中间件等产业薄弱环节的技术瓶颈，加快推进云操作系统、工业控制实时操作系统、智能终端操作系统的研发和应用。大力发展云计算、大数据等解决方案以及高端传感器、工控系统、人机交互等软硬件基础产品。运用互联网理念，构建以骨干企业为核心、产学研用高效整合的技术产业集群，打造国际先进、自主可控的产业体系。（工业和信息化部、发展改革委、科技部、网信办等负责）。

4．保障安全基础

制定国家信息领域核心技术设备发展时间表和路线图，提升互联网安全管理、态势感知和风险防范能力，加强信息网络基础设施安全防护和用户个人信息保护。实施国家信息安全专项，开展网络安全应用示范，提高“互联网+”安全核心技术和产品水平。按照信息安全等级保护等制度和网络安全国家标准的要求，加强“互联网+”关键领域重要信息系统的安全保障。建设完善网络安全监测评估、监督管理、标准认证和创新能力体系。重视融合带来的安全风险，完善网络数据共享、利用等的安全管理和技术措施，探索建立以行政评议和第三方评估为基础的数据安全流动认证体系，完善数据跨境流动管理制度，确保数据安全。（网信办、发展改革委、科技部、工业和信息化部、公安部、安全部、质检总局等负责）。

（二）强化创新驱动

1．加强创新能力建设

鼓励构建以企业为主导，产学研用合作的“互联网+”产业创新网络或产业技术创新联盟。支持以龙头企业为主体，建设跨界交叉领域的创新平台，并逐步形成创新网络。鼓励国家创新平台向企业特别是中小企业在线开放，加大国家重大科研基础设施和大型科研仪器等网络化开放力度。（发展改革委、科技部、工业和信息化部、网信办等负责）。

2．加快制定融合标准

按照共性先立、急用先行的原则，引导工业互联网、智能电网、智慧城市等领域基础共性标准、关键技术标准的研制及推广。加快与互联网融合应用的工控系统、智能专用装备、智能仪表、智能家居、车联网等细分领域的标准化工作。不断完善“互联网+”融合标准体系，同步推进国际国内标准化工作，增强在国际标准化组织（ISO）、国际电工委员会（IEC）和国际电信联盟（ITU）等国际组织中的话语权。（质检总局、工业和信息化部、网信办、能源局等负责）。

3．强化知识产权战略

加强融合领域关键环节专利导航，引导企业加强知识产权战略储备与布局。加快推进专利基础信息资源开放共享，支持在线知识产权服务平台建设，鼓励服务模式创新，提升知识产权服务附加值，支持中小微企业知识产权创造和运用。加强网络知识产权和专利执法维权工作，严厉打击各种网络侵权假冒行为。增强全社会对网络知识产权的保护意识，推动建立“互联网+”知识产权保护联盟，加大对新业态、新模式等创新成果的保护力度。（知识产权局牵头）。

4．大力发展开源社区

鼓励企业自主研发和国家科技计划（专项、基金等）支持形成的软件成果通过互联网向社会开源。引导教育机构、社会团体、企业或个人发起开源项目，积极参加国际开源项目，支持组建开源社区和开源基金会。鼓励企业依托互联网开源模式构建新型生态，促进互联网开源社区与标准规范、知识产权等机构的对接与合作。（科技部、工业和信息化部、质检总局、知识产权局等负责）。

（三）营造宽松环境

1．构建开放包容环境

贯彻落实《中共中央国务院关于深化体制机制改革加快实施创新驱动发展战略的若干意见》，放宽融合性产品和服务的市场准入限制，制定实施各行业互联网准入负面清单，允许各类主体依法平等进入未纳入负面清单管理的领域。破除行业壁垒，推动各行业、各领域在技术、标准、监管等方面充分对接，最大限度减少事前准入限制，加强事中、事后监管。继续深化电信体制改革，有序开放电信市场，加快民营资本进入基础电信业务。加快深化商事制度改革，推进投资贸易便利化。（发展改革委、网信办、教育部、科技部、工业和信息化部、民政部、商务部、卫生计生委、工商总局、质检总局等负责）。

2．完善信用支撑体系

加快社会征信体系建设，推进各类信用信息平台无缝对接，打破信息孤岛。加强信用记录、风险预警、违法失信行为等信息资源在线披露和共享，为经营者提供信用信息查询、企业网上身份认证等服务。充分利用互联网积累的信用数据，对现有征信体系和评测体系进行补充和完善，为经济调节、市场监管、社会管理和公共服务提供有力支撑。（发展改革委、人民银行、工商总局、质检总局、网信办等负责）。

3．推动数据资源开放

研究出台国家大数据战略，显著提升国家大数据掌控能力。建立国家政府信息开放统一平台和基础数据资源库，开展公共数据开放利用改革试点，出台政府机构数据开放管理规定。按照重要性和敏感程度分级分类，推进政府和公共信息资源开放共享，支持公众和小微企业充分挖掘信息资源的商业价值，促进互联网应用创新。（发展改革委、工业和信息化部、国务院办公厅、网信办等负责）。

4．加强法律法规建设

针对互联网与各行业融合发展的新特点，加快“互联网+”相关立法工作，研究调整完善不适应“互联网+”发展和管理的现行法规及政策规定。落实加强网络信息保护和信息公开有关规定，加快推动制定网络安全、电子商务、个人信息保护、互联网信息服务管理等法律法规。完善反垄断法配套规则，进一步加大反垄断法执行力度，严格查处信息领域企业垄断行为，营造互联网公平竞争环境。（法制办、网信办、发展改革委、工业和信息化部、公安部、安全部、商务部、工商总局等负责）。

（四）拓展海外合作

1．鼓励企业抱团出海

结合“一带一路”等国家重大战略，支持和鼓励具有竞争优势的互联网企业联合制造、金融、信息通信等领域企业率先走出去，通过海外并购、联合经营、设立分支机构等方式，相互借力，共同开拓国际市场，推进国际产能合作，构建跨境产业链体系，增强全球竞争力。（发展改革委、外交部、工业和信息化部、商务部、网信办等负责）。

2．发展全球市场应用

鼓励“互联网+”企业整合国内外资源，面向全球提供工业云、供应链管理、大数据分析等网络服务，培育具有全球影响力的“互联网+”应用平台。鼓励互联网企业积极拓展海外用户，推出适合不同市场文化的产品和服务。（商务部、发展改革委、工业和信息化部、网信办等负责）。

3．增强走出去服务能力

充分发挥政府、产业联盟、行业协会及相关中介机构作用，形成支持“互联网+”企业走出去的合力。鼓励中介机构为企业拓展海外市场提供信息咨询、法律援助、税务中介等服务。支持行业协会、产业联盟与企业共同推广中国技术和中国标准，以技术标准走出去带动产品和服务在海外推广应用。（商务部、外交部、发展改革委、工业和信息化部、税务总局、质检总局、网信办等负责）。

（五）加强智力建设

1．加强应用能力培训

鼓励地方各级政府采用购买服务的方式，向社会提供互联网知识技能培训，支持相关研究机构和专家开展“互联网+”基础知识和应用培训。鼓励传统企业与互联网企业建立信息咨询、人才交流等合作机制，促进双方深入交流合作。加强制造业、农业等领域人才特别是企业高层管理人员的互联网技能培训，鼓励互联网人才与传统行业人才双向流动。（科技部、工业和信息化部、人力资源社会保障部、网信办等负责）。

2．加快复合型人才培养

面向“互联网+”融合发展需求，鼓励高校根据发展需要和学校办学能力设置相关专业，注重将国内外前沿研究成果尽快引入相关专业教学中。鼓励各类学校聘请互联网领域高级人才作为兼职教师，加强“互联网+”领域实验教学。（教育部、发展改革委、科技部、工业和信息化部、人力资源社会保障部、网信办等负责）。

3．鼓励联合培养培训

实施产学合作专业综合改革项目，鼓励校企、院企合作办学，推进“互联网+”专业技术人才培训。深化互联网领域产教融合，依托高校、科研机构、企业的智力资源和研究平台，建立一批联合实训基地。建立企业技术中心和院校对接机制，鼓励企业在院校建立“互联网+”研发机构和实验中心。（教育部、发展改革委、科技部、工业和信息化部、人力资源社会保障部、网信办等负责）。

4．利用全球智力资源

充分利用现有人才引进计划和鼓励企业设立海外研发中心等多种方式，引进和培养一批“互联网+”领域高端人才。完善移民、签证等制度，形成有利于吸引人才的分配、激励和保障机制，为引进海外人才提供有利条件。支持通过任务外包、产业合作、学术交流等方式，充分利用全球互联网人才资源。吸引互联网领域领军人才、特殊人才、紧缺人才在我国创业创新和从事教学科研等活动。（人力资源社会保障部、发展改革委、教育部、科技部、网信办等负责）。

（六）加强引导支持

1．实施重大工程包

选择重点领域，加大中央预算内资金投入力度，引导更多社会资本进入，分步骤组织实施“互联网+”重大工程，重点促进以移动互联网、云计算、大数据、物联网为代表的新一代信息技术与制造、能源、服务、农业等领域的融合创新，发展壮大新兴业态，打造新的产业增长点。（发展改革委牵头）。

2．加大财税支持

充分发挥国家科技计划作用，积极投向符合条件的“互联网+”融合创新关键技术研发及应用示范。统筹利用现有财政专项资金，支持“互联网+”相关平台建设和应用示范等。加大政府部门采购云计算服务的力度，探索基于云计算的政务信息化建设运营新机制。鼓励地方政府创新风险补偿机制，探索“互联网+”发展的新模式。（财政部、税务总局、发展改革委、科技部、网信办等负责）。

3．完善融资服务

积极发挥天使投资、风险投资基金等对“互联网+”的投资引领作用。开展股权众筹等互联网金融创新试点，支持小微企业发展。支持国家出资设立的有关基金投向“互联网+”，鼓励社会资本加大对相关创新型企业的投资。积极发展知识产权质押融资、信用保险保单融资增信等服务，鼓励通过债券融资方式支持“互联网+”发展，支持符合条件的“互联网+”企业发行公司债券。开展产融结合创新试点，探索股权和债权相结合的融资服务。降低创新型、成长型互联网企业的上市准入门槛，结合证券法修订和股票发行注册制改革，支持处于特定成长阶段、发展前景好但尚未盈利的互联网企业在创业板上市。推动银行业金融机构创新信贷产品与金融服务，加大贷款投放力度。鼓励开发性金融机构为“互联网+”重点项目建设提供有效融资支持。（人民银行、发展改革委、银监会、证监会、保监会、网信办、开发银行等负责）。

（七）做好组织实施

1．加强组织领导

建立“互联网+”行动实施部际联席会议制度，统筹协调解决重大问题，切实推动行动的贯彻落实。联席会议设办公室，负责具体工作的组织推进。建立跨领域、跨行业的“互联网+”行动专家咨询委员会，为政府决策提供重要支撑。（发展改革委牵头）。

2．开展试点示范

鼓励开展“互联网+”试点示范，推进“互联网+”区域化、链条化发展。支持全面创新改革试验区、中关村等国家自主创新示范区、国家现代农业示范区先行先试，积极开展“互联网+”创新政策试点，破除新兴产业行业准入、数据开放、市场监管等方面政策障碍，研究适应新兴业态特点的税收、保险政策，打造“互联网+”生态体系。（各部门、各地方政府负责）。

3．有序推进实施

各地区、各部门要主动作为，完善服务，加强引导，以动态发展的眼光看待“互联网+”，在实践中大胆探索拓展，相互借鉴“互联网+”融合应用成功经验，促进“互联网+”新业态、新经济发展。有关部门要加强统筹规划，提高服务和管理能力。各地区要结合实际，研究制定适合本地的“互联网+”行动落实方案，因地制宜，合理定位，科学组织实施，杜绝盲目建设和重复投资，务实有序推进“互联网+”行动。（各部门、各地方政府负责）。

国务院

2015 年 7 月 1 日

国务院关于印发《中国制造 2025》的通知

国发〔2015〕28 号

各省、自治区、直辖市人民政府，国务院各部委、各直属机构：

现将《中国制造 2025》印发给你们，请认真贯彻执行。

国务院

2015 年 5 月 8 日

中国制造 2025（本文有删减）

制造业是国民经济的主体，是立国之本、兴国之器、强国之基。18 世纪中叶开启工业文明以来，世界强国的兴衰史和中华民族的奋斗史一再证明，没有强大的制造业，就没有国家和民族的强盛。打造具有国际竞争力的制造业，是我国提升综合国力、保障国家安全、建设世界强国的必由之路。

新中国成立尤其是改革开放以来，我国制造业持续快速发展，建成了门类齐全、独立完整的产业体系，有力推动工业化和现代化进程，显著增强综合国力，支撑我世界大国地位。然而，与世界先进水平相比，我国制造业仍然大而不强，在自主创新能力、资源利用效率、产业结构水平、信息化程度、质量效益等方面差距明显，转型升级和跨越发展的任务紧迫而艰巨。

当前，新一轮科技革命和产业变革与我国加快转变经济发展方式形成历史性交汇，国际产业分工格局正在重塑。必须紧紧抓住这一重大历史机遇，按照“四个全面”战略布局要求，实施制造强国战略，加强统筹规划和前瞻部署，力争通过三个 10 年的努力，到新中国成立 100 年时，把我国建设成为引领世界制造业发展的制造强国，为实现中华民族伟大复兴的中国梦打下坚实基础。

《中国制造 2025》，是我国实施制造强国战略第一个十年的行动纲领。

【发展形势和环境】

（一）全球制造业格局面临重大调整

新一代信息技术与制造业深度融合，正在引发影响深远的产业变革，形成新的生产方式、产业形态、商业模式和经济增长点。各国都在加大科技创新力度，推动三维（3D）打印、移动互联网、云计算、大数据、生物工程、新能源、新材料等领域取得新突破。基于信息物理系统的智能装备、智能工厂等智能制造正在引领制造方式变革；网络众包、协同设计、大规模个性化定制、精准供应链管理、全生命周期管理、电子商务等正在重塑产业价值链体系；可穿戴智能产品、智能家电、智能汽车等智能终端产品不断拓展制造业新领域。我国制造业转型升级、创新发展迎来重大机遇。

全球产业竞争格局正在发生重大调整，我国在新一轮发展中面临巨大挑战。国际金融危机发生后，发达国家纷纷实施“再工业化”战略，重塑制造业竞争新优势，加速推进新一轮全球贸易投资新格局。一些发展中国家也在加快谋划和布局，积极参与全球产业再分工，承接产业及资本转移，拓展国际市场空间。我国制造业面临发达国家和其他发展中国家“双向挤压”的严峻挑战，必须放眼全球，加紧战略部署，着眼建设制造强国，固本培元，化挑战为机遇，抢占制造业新一轮竞争制高点。

（二）我国经济发展环境发生重大变化

随着新型工业化、信息化、城镇化、农业现代化同步推进，超大规模内需潜力不断释放，为我国制造业发展提供了广阔空间。各行业新的装备需求、人民群众新的消费需求、社会管理和公共服务新的民生需求、国防建设新的安全需求，都要求制造业在重大技术装备创新、消费品质量和安全、公共服务设施设备供给和国防装备保障等方面迅速提升水平和能力。全面深化改革和进一步扩大开放，将不断激发制造业发展活力和创造力，促进制造业转型升级。

我国经济发展进入新常态，制造业发展面临新挑战。资源和环境约束不断强化，劳动力等生产要素成本不断上升，投资和出口增速明显放缓，主要依靠资源要素投入、规模扩张的粗放发展模式难以为继，调整结构、转型升级、提质增效刻不容缓。形成经济增长新动力，塑造国际竞争新优势，重点在制造业，难点在制造业，出路也在制造业。

（三）建设制造强国任务艰巨而紧迫

经过几十年的快速发展，我国制造业规模跃居世界第一位，建立起门类齐全、独立完整的制造体系，成为支撑我国经济社会发展的重要基石和促进世界经济发展的重要力量。持续的技术创新，大大提高了我国制造业的综合竞争力。载人航天、载人深潜、大型飞机、北斗卫星导航、超级计算机、高铁装备、百万千瓦级发电装备、万米深海石油钻探设备等一批重大技术装备取得突破，形成了若干具有国际竞争力的优势产业和骨干企业，我国已具备了建设工业强国的基础和条件。

但我国仍处于工业化进程中，与先进国家相比还有较大差距。制造业大而不强，自主创新能力弱，关键核心技术与高端装备对外依存度高，以企业为主体的制造业创新体系不完善；产品档次不高，缺乏世界知名品牌；资源能源利用效率低，环境污染问题较为突出；产业结构不合理，高端装备制造业和生产性服务业发展滞后；信息化水平不高，与工业化融合深度不够；产业国际化程度不高，企业全球化经营能力不足。推进制造强国建设，必须着力解决以上问题。

建设制造强国，必须紧紧抓住当前难得的战略机遇，积极应对挑战，加强统筹规划，突出创新驱动，制定特殊政策，发挥制度优势，动员全社会力量奋力拼搏，更多依靠中国装备、依托中国品牌，实现中国制造向中国创造的转变，中国速度向中国质量的转变，中国产品向中国品牌的转变，完成中国制造由大变强的战略任务。

【战略方针和目标】

（一）指导思想

全面贯彻党的十八大和十八届二中、三中、四中全会精神，坚持走中国特色新型工业化道路，以促进制造业创新发展为主题，以提质增效为中心，以加快新一代信息技术与制造业深度融合为主线，以推进智能制造为主攻方向，以满足经济社会发展和国防建设对重大技术装备的需求为目标，强化工业基础能力，提高综合集成水平，完善多层次多类型人才培养体系，促进产业转型升级，培育有中国特色的制造文化，实现制造业由大变强的历史跨越。基本方针如下。

——创新驱动。坚持把创新摆在制造业发展全局的核心位置，完善有利于创新的制度环境，推动跨领域跨行业协同创新，突破一批重点领域关键共性技术，促进制造业数字化网络化智能化，走创新驱动的发展道路。

——质量为先。坚持把质量作为建设制造强国的生命线，强化企业质量主体责任，加强质量技术攻关、自主品牌培育。建设法规标准体系、质量监管体系、先进质量文化，营造诚信经营的市场环境，走以质取胜的发展道路。

——绿色发展。坚持把可持续发展作为建设制造强国的重要着力点，加强节能环保技术、工艺、装备推广应用，全面推行清洁生产。发展循环经济，提高资源回收利用效率，构建绿色制造体系，走生态文明的发展道路。

——结构优化。坚持把结构调整作为建设制造强国的关键环节，大力发展先进制造业，改造提升传统产业，推动生产型制造向服务型制造转变。优化产业空间布局，培育一批具有核心竞争力的产业集群和企业群体，走提质增效的发展道路。

——人才为本。坚持把人才作为建设制造强国的根本，建立健全科学合理的选人、用人、育人机制，加快培养制造业发展急需的专业技术人才、经营管理人才、技能人才。营造大众创业、万众创新的氛围，建设一支素质优良、结构合理的制造业人才队伍，走人才引领的发展道路。

（二）基本原则

市场主导，政府引导。全面深化改革，充分发挥市场在资源配置中的决定性作用，强化企业主体地位，激发企业活力和创造力。积极转变政府职能，加强战略研究和规划引导，完善相关支持政策，为企业发展创造良好环境。

立足当前，着眼长远。针对制约制造业发展的瓶颈和薄弱环节，加快转型升级和提质增效，切实提高制造业的核心竞争力和可持续发展能力。准确把握新一轮科技革命和产业变革趋势，加强战略谋划和前瞻部署，扎扎实实打基础，在未来竞争中占据制高点。

整体推进，重点突破。坚持制造业发展全国一盘棋和分类指导相结合，统筹规划，合理布局，明确创新发展方向，促进军民融合深度发展，加快推动制造业整体水平提升。围绕经济社会发展和国家安全重大需求，整合资源，突出重点，实施若干重大工程，实现率先突破。

自主发展，开放合作。在关系国计民生和产业安全的基础性、战略性、全局性领域，着力掌握关键核心技术，完善产业链条，形成自主发展能力。继续扩大开放，积极利用全球资源和市场，加强产业全球布局和国际交流合作，形成新的比较优势，提升制造业开放发展水平。

（三）战略目标

立足国情，立足现实，力争通过“三步走”实现制造强国的战略目标。

第一步：力争用十年时间，迈入制造强国行列。

到 2020 年，基本实现工业化，制造业大国地位进一步巩固，制造业信息化水平大幅提升。掌握一批重点领域关键核心技术，优势领域竞争力进一步增强，产品质量有较大提高。制造业数字化、网络化、智能化取得明显进展。重点行业单位工业增加值能耗、物耗及污染物排放明显下降。

到 2025 年，制造业整体素质大幅提升，创新能力显著增强，全员劳动生产率明显提高，两化（工业化和信息化）融合迈上新台阶。重点行业单位工业增加值能耗、物耗及污染物排放达到世界先进水平。形成一批具有较强国际竞争力的跨国公司和产业集群，在全球产业分工和价值链中的地位明显提升。2020 年和 2025 年制造业主要指标如表 1 所示。

第二步：到 2035 年，我国制造业整体达到世界制造强国阵营中等水平。创新能力大幅提升，重点领域发展取得重大突破，整体竞争力明显增强，优势行业形成全球创新引领能力，全面实现工业化。

第三步：新中国成立 100 年时，制造业大国地位更加巩固，综合实力进入世界制造强国前列。制造业主要领域具有创新引领能力和明显竞争优势，建成全球领先的技术体系和产业体系。

表 1　2020 年和 2025 年制造业主要指标

类　别	指　标	2013 年	2015 年	2020 年	2025 年
创新能力	规模以上制造业研发经费内部支出占主营业务收入比重（%）	0.88	0.95	1.26	1.68
	规模以上制造业每亿元主营业务收入有效发明专利数[1]（件）	0.36	0.44	0.70	1.10
质量效益	制造业质量竞争力指数[2]	83.1	83.5	84.5	85.5
	制造业增加值率提高	—	—	比 2015 年提高 2 个百分点	比 2015 年提高 4 个百分点
	制造业全员劳动生产率增速（%）	—	—	7.5 左右（“十三五”期间年均增速）	6.5 左右（“十四五”期间年均增速）
两化融合	宽带普及率[3]（%）	37	50	70	82
	数字化研发设计工具普及率[4]（%）	52	58	72	84
	关键工序数控化率[5]（%）	27	33	50	64
绿色发展	规模以上单位工业增加值能耗下降幅度	—	—	比 2015 年下降 18%	比 2015 年下降 34%
	单位工业增加值 CO_2 排放量下降幅度	—	—	比 2015 年下降 22%	比 2015 年下降 40%
	单位工业增加值用水量下降幅度	—	—	比 2015 年下降 23%	比 2015 年下降 41%
	工业固体废物综合利用率（%）	62	65	73	79

注：[1] 规模以上制造业每亿元主营业务收入有效发明专利数=规模以上制造企业有效发明专利数/规模以上制造企业主营业务收入；[2] 制造业质量竞争力指数是反映我国制造业质量整体水平的经济技术综合指标，由质量水平和发展能力两个方面共计 12 项具体指标计算得出；[3] 宽带普及率用固定宽带家庭普及率代表，固定宽带家庭普及率=固定宽带家庭用户数/家庭户数；[4] 数字化研发设计工具普及率=应用数字化研发设计工具的规模以上企业数量/规模以上企业总数量（相关数据来源于 30000 家样本企业，下同）；[5] 关键工序数控化率为规模以上工业企业关键工序数控化率的平均值。

【战略任务和重点】

实现制造强国的战略目标，必须坚持问题导向，统筹谋划，突出重点；必须凝聚全社会共识，加快制造业转型升级，全面提高发展质量和核心竞争力。

（一）提高国家制造业创新能力

完善以企业为主体、市场为导向、政产学研用相结合的制造业创新体系。围绕产业链部署创新链，围绕创新链配置资源链，加强关键核心技术攻关，加速科技成果产业化，提高关键环节和重点领域的创新能力。

加强关键核心技术研发。强化企业技术创新主体地位，支持企业提升创新能力，推进国家技术创新示范企业和企业技术中心建设，充分吸纳企业参与国家科技计划的决策和实施。瞄准国家重大战略需求和未来产业发展制高点，定期研究制定发布制造业重点领域技术创新路线图。继续抓紧实施国家科技重大专项，通过国家科技计划（专项、基金等）支持关键核心技术研发。发挥行业骨干企业的主导作用和高等院校、科研院所的基础作用，建立一批产业创新联盟，开展政产学研用协同创新，攻克一批对产业竞争力整体提升具有全局性影响、带动性强的关键共性技术，加快成果转化。

提高创新设计能力。在传统制造业、战略性新兴产业、现代服务业等重点领域开展创新设计示范，全面推广应用以绿色、智能、协同为特征的先进设计技术。加强设计领域共性关键技术研发，攻克信息化设计、过程集成设计、复杂过程和系统设计等共性技术，开发一批具有自主知识产权的关键设计工具软件，建设完善创新设计生态系统。建设若干具有世界影响力的创新设计集群，培育一批专业化、开放型的工业设计企业，鼓励代工企业建立研究设计中心，向代设计和出口自主品牌产品转变。发展各类创新设计教育，设立国家工业设计奖，激发全社会创新设计的积极性和主动性。

推进科技成果产业化。完善科技成果转化运行机制，研究制定促进科技成果转化和产业化的指导意见，建立完善科技成果信息发布和共享平台，健全以技术交易市场为核心的技术转移和产业化服务体系。完善科技成果转化激励机制，推动事业单位科技成果使用、处置和收益管理改革，健全科技成果科学评估和市场定价机制。完善科技成果转化协同推进机制，引导政产学研用按照市场规律和创新规律加强合作，鼓励企业和社会资本建立一批从事技术集成、熟化和工程化的中试基地。加快国防科技成果转化和产业化进程，推进军民技术双向转移转化。

完善国家制造业创新体系。加强顶层设计，加快建立以创新中心为核心载体、以公共服务平台和工程数据中心为重要支撑的制造业创新网络，建立市场化的创新方向选择机制和鼓励创新的风险分担、利益共享机制。充分利用现有科技资源，围绕制造业重大共性需求，采取政府与社会合作、政产学研用产业创新战略联盟等新机制新模式，形成一批制造业创新中心（工业技术研究基地），开展关键共性重大技术研究和产业化应用示范。建设一批促进制造业协同创新的公共服务平台，规范服务标准，开展技术研发、检验检测、技术评价、技术交易、质量认证、人才培训等专业化服务，促进科技成果转化和推广应用。建设重点领域制造业工程数据中心，为企业提供创新知识和工程数据的开放共享服务。面向制造业关键共性技术，建设一批重大科学研究和实验设施，提高核心企业系统集成能力，促进向价值链高端延伸。

专栏 1　制造业创新中心（工业技术研究基地）建设工程

围绕重点行业转型升级和新一代信息技术、智能制造、增材制造、新材料、生物医药等领域创新发展的重大共性需求，形成一批制造业创新中心（工业技术研究基地），重点开展行业基础和共性关键技术研发、成果产业化、人才培训等工作。制定完善制造业创新中心遴选、考核、管理的标准和程序。

到 2020 年，重点形成 15 家左右制造业创新中心（工业技术研究基地），力争到 2025 年形成 40 家左右制造业创新中心（工业技术研究基地）。

加强标准体系建设。改革标准体系和标准化管理体制，组织实施制造业标准化提升计划，在智能制造等重点领域开展综合标准化工作。发挥企业在标准制定中的重要作用，支持组建重点领域标准推进联盟，建设标准创新研究基地，协同推进产品研发与标准制定。制定满足市场和创新需要的团体标准，建立企业产品和服务标准自我声明公开和监督制度。鼓励和支持企业、科研院所、行业组织等参与国际标准制定，加快我国标准国际化进程。大力推动国防装备采用先进的民用标准，推动军用技术标准向民用领域的转化和应用。做好标准的宣传贯彻，大力推动标准实施。

强化知识产权运用。加强制造业重点领域关键核心技术知识产权储备，构建产业化导向的专利组合和战略布局。鼓励和支持企业运用知识产权参与市场竞争，培育一批具备知识产权综合实力的优势企业，支持组建知识产权联盟，推动市场主体开展知识产权协同运用。稳妥推进国防知识产权解密和市场化应用。建立健全知识产权评议机制，鼓励和支持行业骨干企业与专业机构在重点领域合作开展专利评估、收购、运营、风险预警与应对。构建知识产权综合运用公共服务平台。鼓励开展跨国知识产权许可。研究制定降低中小企业知识产权申请、保护及维权成本的政策措施。

（二）推进信息化与工业化深度融合

加快推动新一代信息技术与制造技术融合发展，把智能制造作为两化深度融合的主攻方向；着力发展智能装备和智能产品，推进生产过程智能化，培育新型生产方式，全面提升企业研发、生产、管理和服务的智能化水平。

研究制定智能制造发展战略。编制智能制造发展规划，明确发展目标、重点任务和重大布局。加快制定智能制造技术标准，建立完善智能制造和两化融合管理标准体系。强化应用牵引，建立智能制造产业联盟，协同推动智能装备和产品研发、系统集成创新与产业化。促进工业互联网、云计算、大数据在企业研发设计、生产制造、经营管理、销售服务等全流程和全产业链的综合集成应用。加强智能制造工业控制系统网络安全保障能力建设，健全综合保障体系。

加快发展智能制造装备和产品。组织研发具有深度感知、智慧决策、自动执行功能的高档数控机床、工业机器人、增材制造装备等智能制造装备以及智能化生产线，突破新型传感器、智能测量仪表、工业控制系统、伺服电机及驱动器和减速器等智能核心装置，推进工程化和产业化。加快机械、航空、船舶、汽车、轻工、纺织、食品、电子等行业生产设备的智能化改造，提高精准制造、敏捷制造能力。统筹布局和推动智能交通工具、智能工程机械、服务机器人、智能家电、智能照明电器、可穿戴设备等产品研发和产业化。

推进制造过程智能化。在重点领域试点建设智能工厂/数字化车间，加快人机智能交互、工业机器人、智能物流管理、增材制造等技术和装备在生产过程中的应用，促进制造工艺的仿真优化、数字化控制、状态信息实时监测和自适应控制。加快产品全生命周期管理、客户关系管理、供应链管理系统的推广应用，促进集团管控、设计与制造、产供销一体、业务和财务衔接等关键环节集成，实现智能管控。加快民用爆炸物品、危险化学品、食品、印染、稀土、农药等重点行业智能检测监管体系建设，提高智能化水平。

深化互联网在制造领域的应用。制定互联网与制造业融合发展的路线图，明确发展方向、目标和路径。发展基于互联网的个性化定制、众包设计、云制造等新型制造模式，推动形成基于消费需求动态感知的研发、制造和产业组织方式。建立优势互补、合作共赢的开放型产业生态体系。加快开展物联网技术研发和应用示范，培育智能监测、远程诊断管理、全产业链追溯等工业互联网新应用。实施工业云及工业大数据创新应用试点，建设一批高质量的工业云服务和工业大数据平台，推动软件与服务、设计与制造资源、关键技术与标准的开放共享。

加强互联网基础设施建设。加强工业互联网基础设施建设规划与布局，建设低时延、高可靠、广覆盖的工业互联网。加快制造业集聚区光纤网、移动通信网和无线局域网的部署和建设，实现信息网络宽带升级，提高企业宽带接入能力。针对信息物理系统网络研发及应用需求，组织开发智能控制系统、工业应用软件、故障诊断软件和相关工具、传感和通信系统协议，实现人、设备与产品的实时连通、精确识别、有效交互与智能控制。

专栏2　智能制造工程

紧密围绕重点制造领域关键环节，开展新一代信息技术与制造装备融合的集成创新和工程应用。支持政产学研用联合攻关，开发智能产品和自主可控的智能装置并实现产业化。依托优势企业，紧扣关键工序智能化、关键岗位机器人替代、生产过程智能优化控制、供应链优化，建设重点领域智能工厂数字化车间。在基础条件好、需求迫切的重点地区、行业和企业中，分类实施流程制造、离散制造、智能装备和产品、新业态新模式、智能化管理、智能化服务等试点示范及应用推广。建立智能制造标准体系和信息安全保障系统，搭建智能制造网络系统平台。

到2020年，制造业重点领域智能化水平显著提升，试点示范项目运营成本降低30%，产品生产周期缩短30%，不良品率降低30%。到2025年，制造业重点领域全面实现智能化，试点示范项目运营成本降低50%，产品生产周期缩短50%，不良品率降低50%。

（三）强化工业基础能力

核心基础零部件（元器件）、先进基础工艺、关键基础材料和产业技术基础（以下统称“四基”）等工业基础能力薄弱，是制约我国制造业创新发展和质量提升的症结所在。要坚持问题导向、产需结合、协同创新、重点突破的原则，着力破解制约重点产业发展的瓶颈。

统筹推进“四基”发展。制定工业强基实施方案，明确重点方向、主要目标和实施路径。制定工业“四基”发展指导目录，发布工业强基发展报告，组织实施工业强基工程。统筹军民两方面资源，开展军民两用技术联合攻关，支持军民技术相互有效利用，促进基础领域融合发展。强化基础领域标准、计量体系建设，加快实施对标达标，提升基础产品的质量、可靠性和寿命。建立多部门协调推进机制，引导各类要素向基础领域集聚。

加强“四基”创新能力建设。强化前瞻性基础研究，着力解决影响核心基础零部件（元器件）产品性能和稳定性的关键共性技术。建立基础工艺创新体系，利用现有资源建立关键共性基础工艺研究机构，开展先进成型、加工等关键制造工艺联合攻关；支持企业开展工艺创新，培养工艺专业人才。加大基础专用材料研发力度，提高专用材料自给保障能力和制备技术水平。建立国家工业基础数据库，加强企业试验检测数据和计量数据的采集、管理、应用和积累。加大对“四基”领域技术研发的支持力度，引导产业投资基金和创业投资基金投向“四基”领域重点项目。

推动整机企业和“四基”企业协同发展。注重需求侧激励，产用结合，协同攻关。依托国家科技计划（专项、基金等）和相关工程等，在数控机床、轨道交通装备、航空航天、发电设备等重点领域，引导整机企业和“四基”企业、高校、科研院所产需对接，建立产业联盟，形成协同创新、产用结合、以市场促基础产业发展的新模式，提升重大装备自主可控水平。开展工业强基示范应用，完善首台（套）、首批次政策，支持核心基础零部件（元器件）、先进基础工艺、关键基础材料推广应用。

专栏3　工业强基工程

开展示范应用，建立奖励和风险补偿机制，支持核心基础零部件（元器件）、先进基础工艺、关键基础材料的首批次或跨领域应用。组织重点突破，针对重大工程和重点装备的关键技术和产品急需，支持优势企业开展政产学研用联合攻关，突破关键基础材料、核心基础零部件的工程化、产业化瓶颈。强化平台支撑，布局和组建一批“四基”研究中心，创建一批公共服务平台，完善重点产业技术基础体系。

到2020年，40%的核心基础零部件、关键基础材料实现自主保障，受制于人的局面逐步缓解，航天装备、通信装备、发电与输变电设备、工程机械、轨道交通装备、家用电器等产业急需的核心基础零部件（元器件）和关键基础材料的先进制造工艺得到推广应用。到2025年，70%的核心基础零部件、关键基础材料实现自主保障，80种标志性先进工艺得到推广应用，部分达到国际领先水平，建成较为完善的产业技术基础服务体系，逐步形成整机牵引和基础支撑协调互动的产业创新发展格局。

（四）加强质量品牌建设

提升质量控制技术，完善质量管理机制，夯实质量发展基础，优化质量发展环境，努力实现制造业质量大幅提升。鼓励企业追求卓越品质，形成具有自主知识产权的名牌产品，不断提升企业品牌价值和中国制造整体形象。

推广先进质量管理技术和方法。建设重点产品标准符合性认定平台，推动重点产品技术、安全标准全面达到国际先进水平。开展质量标杆和领先企业示范活动，普及卓越绩效、六西格玛、精益生产、质量诊断、质量持续改进等先进生产管理模式和方法。支持企业提高质量在线监测、在线控制和产品全生命周期质量追溯能力。组织开展重点行业工艺优化行动，提升关键工艺过程控制水平。开展质量管理小组、现场改进等群众性质量管理活动示范推广。加强中小企业质量管理，开展质量安全培训、诊断和辅导活动。

加快提升产品质量。实施工业产品质量提升行动计划，针对汽车、高档数控机床、轨道交通装备、大型成套技术装备、工程机械、特种设备、关键原材料、基础零部件、电子元器件等重点行业，组织攻克一批长期困扰产品质量提升的关键共性质量技术，加强可靠性设计、试验与验证技术开发应用，推广采用先进成型和加工方法、在线检测装置、智能化生产和物流系统及检测设备等，使重点实物产品的性能稳定性、质量可靠性、环境适应性、使用寿命等指标达到国际同类产品先进水平。在食品、药品、婴童用品、家电等领域实施覆盖产品全生命周期的质量管理、质量自我声明和质量追溯制度，保障重点消费品质量安全。大力提高国防装备质量可靠性，增强国防装备实战能力。

完善质量监管体系。健全产品质量标准体系、政策规划体系和质量管理法律法规。加强关系民生和安全等重点领域的行业准入与市场退出管理。建立消费品生产经营企业产品事故强制报告制度，健全质量信用信息收集和发布制度，强化企业质量主体责任。将质量违法违规记录作为企业诚信评级的重要内容，建立质量黑名单制度，加大对质量违法和假冒品牌行为的打击和惩处力度。建立区域和行业质量安全预警制度，防范化解产品质量安全风险。严格实施产品“三包”、产品召回等制度。强化监管检查和责任追究，切实保护消费者权益。

夯实质量发展基础。制定和实施与国际先进水平接轨的制造业质量、安全、卫生、环保及节能标准。加强计量科技基础及前沿技术研究，建立一批制造业发展急需的高准确度、高稳定性计量基标准，提升与制造业相关的国家量传溯源能力。加强国家产业计量测试中心建设，构建国家计量科技创新体系。完善检验检测技术保障体系，建设一批高水平的工业产品质量控制和技术评价实验室、产品质量监督检验中心，鼓励建立专业检测技术联盟。完善认证认可管理模式，提高强制性产品认证的有效性，推动自愿性产品认证健康发展，提升管理体系认证水平，稳步推进国际互认。支持行业组织发布自律规范或公约，开展质量信誉承诺活动。

推进制造业品牌建设。引导企业制定品牌管理体系，围绕研发创新、生产制造、质量管理和营销服务全过程，提升内在素质，夯实品牌发展基础。扶持一批品牌培育和运营专业服务机构，开展品牌管理咨询、市场推广等服务。健全集体商标、证明商标注册管理制度。打造一批特色鲜明、竞争力强、市场信誉好的产业集群区域品牌。建设品牌文化，引导企业增强以质量和信誉为核心的品牌意识，树立品牌消费理念，提升品牌附加值和软实力。加速我国品牌价值评价国际化进程，充分发挥各类媒体作用，加大中国品牌宣传推广力度，树立中国制造品牌良好形象。

（五）全面推行绿色制造

加大先进节能环保技术、工艺和装备的研发力度，加快制造业绿色改造升级；积极推行低碳化、循环化和集约化，提高制造业资源利用效率；强化产品全生命周期绿色管理，努力构建高效、清洁、低碳、循环的绿色制造体系。

加快制造业绿色改造升级。全面推进钢铁、有色、化工、建材、轻工、印染等传统制造业绿色改造，大力研发推广余热余压回收、水循环利用、重金属污染减量化、有毒有害原料替代、废渣资源化、脱硫脱硝除尘等绿色工艺技术装备，加快应用清洁高效铸造、锻压、焊接、表面处理、切削等加工工艺，实现绿色生产。加强绿色产品研发应用，推广轻量化、低功耗、易回收等技术工艺，持续提升电机、锅炉、内燃机及电器等终端用能产品能效水平，加快淘汰落后机电产品和技术。积极引领新兴产业高起点绿色发展，大幅降低电子信息产品生产、使用能耗及限用物质含量，建设绿色数据中心和绿色基站，大力促进新材料、新能源、高端装备、生物产业绿色低碳发展。

推进资源高效循环利用。支持企业强化技术创新和管理，增强绿色精益制造能力，大幅降低能耗、物耗和水耗水平。持续提高绿色低碳能源使用比率，开展工业园区和企业分布式绿色智能微电网建设，控制和削减化石能源消费量。全面推行循环生产方式，促进企业、园区、行业间链接共生、原料互供、资源共享。推进资源再生利用产业规范化、规模化发展，强化技术装备支撑，提高大宗工业固体废弃物、废旧金属、废弃电器电子产品等综合利用水平。大力发展再制造产业，实施高端再制造、智能再制造、在役再制造，推进产品认定，促进再制造产业持续健康发展。

积极构建绿色制造体系。支持企业开发绿色产品，推行生态设计，显著提升产品节能环保低碳水平，引导绿色生产和绿色消费。建设绿色工厂，实现厂房集约化、原料无害化、生产洁净化、废物资源化、能源低碳化。发展绿色园区，推进工业园区产业耦合，实现近零排放。打造绿色供应链，加快建立以资源节约、环境友好为导向的采购、生产、营销、回收及物流体系，落实生产者责任延伸制度。壮大绿色企业，支持企业实施绿色战略、绿色标准、绿色管理和绿色生产。强化绿色监管，健全节能环保法规、标准体系，加强节能环保监察，推行企业社会责任报告制度，开展绿色评价。

专栏4　绿色制造工程
组织实施传统制造业能效提升、清洁生产、节水治污、循环利用等专项技术改造。开展重大节能环保、资源综合利用、再制造、低碳技术产业化示范。实施重点区域、流域、行业清洁生产水平提升计划，扎实推进大气、水、土壤污染源头防治专项。制造绿色产品、绿色工厂、绿色园区、绿色企业标准体系，开展绿色评价。 到2020年，建成千家绿色示范工厂和百家绿色示范园区，部分重化工行业能源资源消耗出现拐点，重点行业主要污染物排放强度下降20%。到2025年，制造业绿色发展和主要产品单耗达到世界先进水平，绿色制造体系基本建立。

（六）大力推动重点领域突破发展

瞄准新一代信息技术、高端装备、新材料、生物医药等战略重点，引导社会各类资源集聚，推动优势和战略产业快速发展。

1．新一代信息技术产业

集成电路及专用装备。着力提升集成电路设计水平，不断丰富知识产权（IP）核和设计工具，突破关系国家信息与网络安全及电子整机产业发展的核心通用芯片，提升国产芯片的应用适配能力。掌握高密度封装及三维（3D）微组装技术，提升封装产业和测试的自主发展能力。形成关键制造装备供货能力。

信息通信设备。掌握新型计算、高速互联、先进存储、体系化安全保障等核心技术，全面突破第五代移动通信（5G）技术、核心路由交换技术、超高速大容量智能光传输技术、“未来网络”核心技术和体系架构，积极推动量子计算、神经网络等发展。研发高端服务器、大容量存储、新型路由交换、新型智能终端、新一代基站、网络安全等设备，推动核心信息通信设备体系化发展与规模化应用。

操作系统及工业软件。开发安全领域操作系统等工业基础软件。突破智能设计与仿真及其工具、制造物联与服务、工业大数据处理等高端工业软件核心技术，开发自主可控的高端工业平台软件和重点领域应用软件，建立完善工业软件集成标准与安全测评体系。推进自主工业软件体系化发展和产业化应用。

2．高档数控机床和机器人

高档数控机床。开发一批精密、高速、高效、柔性数控机床与基础制造装备及集成制造系统。加快高档数控机床、增材制造等前沿技术和装备的研发。以提升可靠性、精度保持性为重点，开发高档数控系统、伺服电机、轴承、光栅等主要功能部件及关键应用软件，加快实现产业化。加强用户工艺验证能力建设。

机器人。围绕汽车、机械、电子、危险品制造、国防军工、化工、轻工等工业机器人、特种机器人，以及医疗健康、家庭服务、教育娱乐等服务机器人应用需求，积极研发新产品，促进机器人标准化、模块化发展，扩大市场应用。突破机器人本体、减速器、伺服电机、控制器、传感器与驱动器等关键零部件及系统集成设计制造等技术瓶颈。

3．航空航天装备

航空装备。加快大型飞机研制，适时启动宽体客机研制，鼓励国际合作研制重型直升机；推进干支线飞机、直升机、无人机和通用飞机产业化。突破高推重比、先进涡桨（轴）发动机及大涵道比涡扇发动机技术，建立发动机自主发展工业体系。开发先进机载设备及系统，形成自主完整的航空产业链。

航天装备。发展新一代运载火箭、重型运载器，提升进入空间能力。加快推进国家民用空间基础设施建设，发展新型卫星等空间平台与有效载荷、空天地宽带互联网系统，形成长期持续稳定的卫星遥感、通信、导航等空间信息服务能力。推动载人航天、月球探测工程，适度发展深空探测。推进航天技术转化与空间技术应用。

4．海洋工程装备及高技术船舶

大力发展深海探测、资源开发利用、海上作业保障装备及其关键系统和专用设备。推动深海空间站、大型浮式结构物的开发和工程化。形成海洋工程装备综合试验、检测与鉴定能力，提高海洋开发利用水平。突破豪华邮轮设计建造技术，全面提升液化天然气船等高技术船舶国际竞争力，掌握重点配套设备集成化、智能化、模块化设计制造核心技术。

5．先进轨道交通装备

加快新材料、新技术和新工艺的应用，重点突破体系化安全保障、节能环保、数字化智能化网络化技术，研制先进可靠适用的产品和轻量化、模块化、谱系化产品。研发新一代绿色智能、高速重载轨道交通装备系统，围绕系统全寿命周期，向用户提供整体解决方案，建立世界领先的现代轨道交通产业体系。

6．节能与新能源汽车

继续支持电动汽车、燃料电池汽车发展，掌握汽车低碳化、信息化、智能化核心技术，提升动力电池、驱动电机、高效内燃机、先进变速器、轻量化材料、智能控制等核心技术的工程化和产业化能力，形成从关键零部件到整车的完整工业体系和创新体系，推动自主品牌节能与新能源汽车同国际先进水平接轨。

7．电力装备

推动大型高效超净排放煤电机组产业化和示范应用，进一步提高超大容量水电机组、核电机组、重型燃气轮机制造水平。推进新能源和可再生能源装备、先进储能装置、智能电网用输变电及用户端设备发展。突破大功率电力电子器件、高温超导材料等关键元器件和材料的制造及应用技术，形成产业化能力。

8．农机装备

重点发展粮、棉、油、糖等大宗粮食和战略性经济作物育、耕、种、管、收、运、贮等主要生产过程使用的先进农机装备，加快发展大型拖拉机及其复式作业机具、大型高效联合收割机等高端农业装备及关键核心零部件。提高农机装备信息收集、智能决策和精准作业能力，推进形成面向农业生产的信息化整体解决方案。

9．新材料

以特种金属功能材料、高性能结构材料、功能性高分子材料、特种无机非金属材料和先进复合材料为发展重点，加快研发先进熔炼、凝固成型、气相沉积、型材加工、高效合成等新材料制备关键技术和装备，加强基础研究和体系建设，突破产业化制备瓶颈。积极发展军民共用特种新材料，加快技术双向转移转化，促进新材料产业军民融合发展。高度关注颠覆性新材料对传统材料的影响，做好超导材料、纳米材料、石墨烯、生物基材料等战略前沿材料提前布局和研制。加快基础材料升级换代。

10．生物医药及高性能医疗器械

发展针对重大疾病的化学药、中药、生物技术药物新产品，重点包括新机制和新靶点化学药、抗体药物、抗体偶联药物、全新结构蛋白及多肽药物、新型疫苗、临床优势突出的创新中药及个性化治疗药物。提高医疗器械的创新能力和产业化水平，重点发展影像设备、医用机器人等高性能诊疗设备，全降解血管支架等高值医用耗材，可穿戴、远程诊疗等移动医疗产品。实现生物3D打印、诱导多能干细胞等新技术的突破和应用。

专栏5　高端装备创新工程

组织实施大型飞机、航空发动机及燃气轮机、民用航天、智能绿色列车、节能与新能源汽车、海洋工程装备及高技术船舶、智能电网成套装备、高档数控机床、核电装备、高端诊疗设备等一批创新和产业化专项、重大工程。开发一批标志性、带动性强的重点产品和重大装备，提升自主设计水平和系统集成能力，突破共性关键技术与工程化、产业化瓶颈，组织开展应用试点和示范，提高创新发展能力和国际竞争力，抢占竞争制高点。

到2020年，上述领域实现自主研制及应用。到2025年，自主知识产权高端装备市场占有率大幅提升，核心技术对外依存度明显下降，基础配套能力显著增强，重要领域装备达到国际领先水平。

（七）深入推进制造业结构调整

推动传统产业向中高端迈进，逐步化解过剩产能，促进大企业与中小企业协调发展，进一步优化制造业布局。

持续推进企业技术改造。明确支持战略性重大项目和高端装备实施技术改造的政策方向，稳定中央技术改造引导资金规模，通过贴息等方式，建立支持企业技术改造的长效机制。推动技术改造相关立法，强化激励约束机制，完善促进企业技术改造的政策体系。支持重点行业、高端产品、关键环节进行技术改造，引导企业采用先进适用技术，优化产品结构，全面提升设计、制造、工艺、管理水平，促进钢铁、石化、工程机械、轻工、纺织等产业向价值链高端发展。研究制定重点产业技术改造投资指南和重点项目导向计划，吸引社会资金参与，优化工业投资结构。围绕两化融合、节能降耗、质量提升、安全生产等传统领域改造，推广应用新技术、新工艺、新装备、新材料，提高企业生产技术水平和效益。

稳步化解产能过剩矛盾。加强和改善宏观调控，按照“消化一批、转移一批、整合一批、淘汰一批”的原则，分业分类施策，有效化解产能过剩矛盾。加强行业规范和准入管理，推动企业提升技术装备水平，优化存量产能。加强对产能严重过剩行业的动态监测分析，建立完善预警机制，引导企业主动退出过剩行业。切实发挥市场机制作用，综合运用法律、经济、技术及必要的行政手段，加快淘汰落后产能。

促进大中小企业协调发展。强化企业市场主体地位，支持企业间战略合作和跨行业、跨区域兼并重组，提高规模化、集约化经营水平，培育一批核心竞争力强的企业集团。激发中小企业创业创新活力，发展一批主营业务突出、竞争力强、成长性好、专注于细分市场的专业化“小巨人”企业。发挥中外中小企业合作园区示范作用，利用双边、多边中小企业合作机制，支持中小企业走出去和引进来。引导大企业与中小企业通过专业分工、服务外包、订单生产等多种方式，建立协同创新、合作共赢的协作关系。推动建设一批高水平的中小企业集群。

优化制造业发展布局。落实国家区域发展总体战略和主体功能区规划，综合考虑资源能源、环境容量、市场空间等因素，制定和实施重点行业布局规划，调整优化重大生产力布局。完善产业转移指导目录，建设国家产业转移信息服务平台，创建一批承接产业转移示范园区，引导产业合理有序转移，推动东中西部制造业协调发展。积极推动京津冀和长江经济带产业协同发展。按照新型工业化的要求，改造提升现有制造业集聚区，推动产业集聚向产业集群转型升级。建设一批特色和优势突出、产业链协同高效、核心竞争力强、公共服务体系健全的新型工业化示范基地。

（八）积极发展服务型制造和生产性服务业

加快制造与服务的协同发展，推动商业模式创新和业态创新，促进生产型制造向服务型制造转变。大力发展与制造业紧密相关的生产性服务业，推动服务功能区和服务平台建设。

推动发展服务型制造。研究制定促进服务型制造发展的指导意见，实施服务型制造行动计划。开展试点示范，引导和支持制造业企业延伸服务链条，从主要提供产品制造向提供产品和服务转变。鼓励制造业企业增加服务环节投入，发展个性化定制服务、全生命周期管理、网络精准营销和在线支持服务等。支持有条件的企业由提供设备向提供系统集成总承包服务转变，由提供产品向提供整体解决方案转变。鼓励优势制造业企业“裂变”专业优势，通过业务流程再造，面向行业提供社会化、专业化服务。支持符合条件的制造业企业建立企业财务公司、金融租赁公司等金融机构，推广大型制造设备、生产线等融资租赁服务。

加快生产性服务业发展。大力发展面向制造业的信息技术服务，提高重点行业信息应用系统的方案设计、开发、综合集成能力。鼓励互联网等企业发展移动电子商务、在线定制、线上到线下等创新模式，积极发展对产品、市场的动态监控和预测预警等业务，实现与制造业企业的无缝对接，创新业务协作流程和价值创造模式。加快发展研发设计、技术转移、创业孵化、知识产权、科技咨询等科技服务业，发展壮大第三方物流、节能环保、检验检测认证、电子商务、服务外包、融资租赁、人力资源服务、售后服务、品牌建设等生产性服务业，提高对制造业转型升级的支撑能力。

强化服务功能区和公共服务平台建设。建设和提升生产性服务业功能区，重点发展研发设计、信息、物流、商务、金融等现代服务业，增强辐射能力。依托制造业集聚区，建设一批生产性服务业公共服务平台。鼓励东部地区企业加快制造业服务化转型，建立生产服务基地。支持中西部地区发展具有特色和竞争力的生产性服务业，加快产业转移承接地服务配套设施和能力建设，实现制造业和服务业协同发展。

（九）提高制造业国际化发展水平

统筹利用两种资源、两个市场，实行更加积极的开放战略，将引进来与走出去更好结合，拓展新的开放领域和空间，提升国际合作的水平和层次，推动重点产业国际化布局，引导企业提高国际竞争力。

提高利用外资与国际合作水平。进一步放开一般制造业，优化开放结构，提高开放水平。引导外资投向新一代信息技术、高端装备、新材料、生物医药等高端制造领域，鼓励境外企业和科研机构在我国设立全球研发机构。支持符合条件的企业在境外发行股票、债券，鼓励与境外企业开展多种形式的技术合作。

提升跨国经营能力和国际竞争力。支持发展一批跨国公司，通过全球资源利用、业务流程再造、产业链整合、资本市场运作等方式，加快提升核心竞争力。支持企业在境外开展并购和股权投资、创业投资，建立研发中心、实验基地和全球营销及服务体系；依托互联网开展网络协同设计、精准营销、增值服务创新、媒体品牌推广等，建立全球产业链体系，提高国际化经营能力和服务水平。鼓励优势企业加快发展国际总承包、总集成。引导企业融入当地文化，增强社会责任意识，加强投资和经营风险管理，提高企业境外本土化能力。

深化产业国际合作，加快企业走出去。加强顶层设计，制定制造业走出去发展总体战略，建立完善统筹协调机制。积极参与和推动国际产业合作，贯彻落实丝绸之路经济带和21世纪海上丝绸之路等重大战略部署，加快推进与周边国家互联互通基础设施建设，深化产业合作。发挥沿边开放优势，在有条件的国家和地区建设一批境外制造业合作园区。坚持政府推动、企业主导，创新商业模式，鼓励高端装备、先进技术、优势产能向境外转移。加强政策引导，推动产业合作由加工制造环节为主向合作研发、联合设计、市场营销、品牌培育等高端环节延伸，提高国际合作水平。创新加工贸易模式，延长加工贸易国内增值链条，推动加工贸易转型升级。

【战略支撑与保障】

建设制造强国，必须发挥制度优势，动员各方面力量，进一步深化改革，完善政策措施，建立灵活高效的实施机制，营造良好环境；必须培育创新文化和中国特色制造文化，推动制造业由大变强。

（一）深化体制机制改革

全面推进依法行政，加快转变政府职能，创新政府管理方式，加强制造业发展战略、规划、政策、标准等制定和实施，强化行业自律和公共服务能力建设，提高产业治理水平。简政放权，深化行政审批制度改革，规范审批事项，简化程序，明确时限；适时修订政府核准的投资项目目录，落实企业投资主体地位。完善政产学研用协同创新机制，改革技术创新管理体制机制和项目经费分配、成果评价和转化机制，促进科技成果资本化、产业化，激发制造业创新活力。加快生产要素价格市场化改革，完善主要由市场决定价格的机制，合理配置公共资源；推行节能量、碳排放权、排污权、水权交易制度改革，加快资源税从价计征，推动环境保护费改税。深化国有企业改革，完善公司治理结构，有序发展混合所有制经济，进一步破除各种形式的行业垄断，取消对非公有制经济的不合理限制。稳步推进国防科技工业改革，推动军民融合深度发展。健全产业安全审查机制和法规体系，加强关系国民经济命脉和国家安全的制造业重要领域投融资、并购重组、招标采购等方面的安全审查。

（二）营造公平竞争市场环境

深化市场准入制度改革，实施负面清单管理，加强事中、事后监管，全面清理和废止不利于全国统一市场建设的政策措施。实施科学规范的行业准入制度，制定和完善制造业节能节地节水、环保、技术、安全等准入标准，加强对国家强制性标准实施的监督检查，统一执法，以市场化手段引导企业进行结构调整和转型升级。切实加强监管，打击制售假冒伪劣行为，严厉惩处市场垄断和不正当竞争行为，为企业创造良好生产经营环境。加快发展技术市场，健全知识产权创造、运用、管理、保护机制。完善淘汰落后产能工作涉及的职工安置、债务清偿、企业转产等政策措施，健全市场退出机制。进一步减轻企业负担，实施涉企收费清单制度，建立全国涉企收费项目库，取缔各种不合理收费和摊派，加强监督检查和问责。推进制造业企业信用体系建设，建设中国制造信用数据库，建立健全企业信用动态评价、守信激励和失信惩戒机制。强化企业社会责任建设，推行企业产品标准、质量、安全自我声明和监督制度。

（三）完善金融扶持政策

深化金融领域改革，拓宽制造业融资渠道，降低融资成本。积极发挥政策性金融、开发性金融和商业金融的优势，加大对新一代信息技术、高端装备、新材料等重点领域的支持力度。支持中国进出口银行在业务范围内加大对制造业走出去的服务力度，鼓励国家开发银行增加对制造业企业的贷款投放，引导金融机构创新符合制造业企业特点的产品和业务。健全多层次资本市场，推动区域性股权市场规范发展，支持符合条件的制造业企业在境内外上市融资、发行各类债务融资工具。引导风险投资、私募股权投资等支持制造业企业创新发展。鼓励符合条件的制造业贷款和租赁资产开展证券化试点。支持重点领域大型制造业企业集团开展产融结合试点，通过融资租赁方式促进制造业转型升级。探索开发适合制造业发展的保险产品和服务，鼓励发展贷款保证保险和信用保险业务。在风险可控和商业可持续的前提下，通过内保外贷、外汇及人民币贷款、债权融资、股权融资等方式，加大对制造业企业在境外开展资源勘探开发、设立研发中心和高技术企业以及收购兼并等的支持力度。

（四）加大财税政策支持力度

充分利用现有渠道，加强财政资金对制造业的支持，重点投向智能制造、“四基”发展、高端装备等制造业转型升级的关键领域，为制造业发展创造良好政策环境。运用政府和社会资本合作（PPP）模式，引导社会资本参与制造业重大项目建设、企业技术改造和关键基础设施建设。创新财政资金支持方式，逐步从“补建设”向“补运营”转变，提高财政资金使用效益。深化科技计划（专项、基金等）管理改革，支持制造业重点领域科技研发和示范应用，促进制造业技术创新、转型升级和结构布局调整。完善和落实支持创新的政府采购政策，推动制造业创新产品的研发和规模化应用。落实和完善使用首台（套）重大技术装备等鼓励政策，健全研制、使用单位在产品创新、增值服务和示范应用等环节的激励约束机制。实施有利于制造业转型升级的税收政策，推进增值税改革，完善企业研发费用计核方法，切实减轻制造业企业税收负担。

（五）健全多层次人才培养体系

加强制造业人才发展统筹规划和分类指导，组织实施制造业人才培养计划，加大专业技术人才、经营管理人才和技能人才的培养力度，完善从研发、转化、生产到管理的人才培养体系。以提高现代经营管理水平和企业竞争力为核心，实施企业经营管理人才素质提升工程和国家中小企业银河培训工程，培养造就一批优秀企业家和高水平经营管理人才。以高层次、急需紧缺专业技术人才和创新型人才为重点，实施专业技术人才知识更新工程和先进制造卓越工程师培养计划，在高等学校建设一批工程创新训练中心，打造高素质专业技术人才队伍。强化职业教育和技能培训，引导一批普通本科高等学校向应用技术类高等学校转型，建立一批实训基地，开展现代学徒制试点示范，形成一支门类齐全、技艺精湛的技术技能人才队伍。鼓励企业与学校合作，培养制造业急需的科研人员、技术技能人才与复合型人才，深化相关领域工程博士、硕士专业学位研究生招生和培养模式改革，积极推进产学研结合。加强产业人才需求预测，完善各类人才信息库，构建产业人才水平评价制度和信息发布平台。建立人才激励机制，加大对优秀人才的表彰和奖励力度。建立完善制造业人才服务机构，健全人才流动和使用的体制机制。采取多种形式选拔各类优秀人才重点是专业技术人才到国外学习培训，探索建立国际培训基地。加大制造业引智力度，引进领军人才和紧缺人才。

（六）完善中小微企业政策

落实和完善支持小微企业发展的财税优惠政策，优化中小企业发展专项资金使用重点和方式。发挥财政资金杠杆撬动作用，吸引社会资本，加快设立国家中小企业发展基金。支持符合条件的民营资本依法设立中小型银行等金融机构，鼓励商业银行加大小微企业金融服务专营机构建设力度，建立完善小微企业融资担保体系，创新产品和服务。加快构建中小微企业征信体系，积极发展面向小微企业的融资租赁、知识产权质押贷款、信用保险保单质押贷款等。建设完善中小企业创业基地，引导各类创业投资基金投资小微企业。鼓励大学、科研院所、工程中心等对中小企业开放共享各种实（试）验设施。加强中小微企业综合服务体系建设，完善中小微企业公共服务平台网络，建立信息互联互通机制，为中小微企业提供创业、创新、融资、咨询、培训、人才等专业化服务。

（七）进一步扩大制造业对外开放

深化外商投资管理体制改革，建立外商投资准入前国民待遇加负面清单管理机制，落实备案为主、核准为辅的管理模式，营造稳定、透明、可预期的营商环境。全面深化外汇管理、海关监管、检验检疫管理改革，提高贸易投资便利化水平。进一步放宽市场准入，修订钢铁、化工、船舶等产业政策，支持制造业企业通过委托开发、专利授权、众包众创等方式引进先进技术和高端人才，推动利用外资由重点引进技术、资金、设备向合资合作开发、对外并购及引进领军人才转变。加强对外投资立法，强化制造业企业走出去法律保障，规范企业境外经营行为，维护企业合法权益。探索利用产业基金、国有资本收益等渠道支持高铁、电力装备、汽车、工程施工等装备和优势产能走出去，实施海外投资并购。加快制造业走出去支撑服务机构建设和水平提升，建立制造业对外投资公共服务平台和出口产品技术性贸易服务平台，完善应对贸易摩擦和境外投资重大事项预警协调机制。

（八）健全组织实施机制

成立国家制造强国建设领导小组，由国务院领导同志担任组长，成员由国务院相关部门和单位负责同志担任。领导小组主要职责是：统筹协调制造强国建设全局性工作，审议重大规划、重大政策、重大工程专项、重大问题和重要工作安排，加强战略谋划，指导部门、地方开展工作。领导小组办公室设在工业和信息化部，承担领导小组日常工作。设立制造强国建设战略咨询委员会，研究制造业发展的前瞻性、战略性重大问题，对制造业重大决策提供咨询评估。支持包括社会智库、企业智库在内的多层次、多领域、多形态的中国特色新型智库建设，为制造强国建设提供强大智力支持。建立《中国制造 2025》任务落实情况督促检查和第三方评价机制，完善统计监测、绩效评估、动态调整和监督考核机制。建立《中国制造 2025》中期评估机制，适时对目标任务进行必要调整。

各地区、各部门要充分认识建设制造强国的重大意义，加强组织领导，健全工作机制，强化部门协同和上下联动。各地区要结合当地实际，研究制定具体实施方案，细化政策措施，确保各项任务落实到位。工业和信息化部要会同相关部门加强跟踪分析和督促指导，重大事项及时向国务院报告。

2006—2020 年国家信息化发展战略

中办发〔2006〕11 号

信息化是当今世界发展的大趋势，是推动经济社会变革的重要力量。大力推进信息化，是覆盖我国现代化建设全局的战略举措，是贯彻落实科学发展观、全面建设小康社会、构建社会主义和谐社会和建设创新型国家的迫切需要和必然选择。

【全球信息化发展的基本趋势】

信息化是充分利用信息技术、开发利用信息资源、促进信息交流和知识共享、提高经济增长质量、推动经济社会发展转型的历史进程。20 世纪 90 年代以来，信息技术不断创新，信息产业持续发展，信息网络广泛普及，信息化成为全球经济社会发展的显著特征，并逐步向一场全方位的社会变革演进。进入 21 世纪，信息化对经济社会发展的影响更加深刻。广泛应用、高度渗透的信息技术正孕育着新的重大突破。信息资源日益成为重要生产要素、无形资产和社会财富。信息网络更加普及并日趋融合。信息化与经济全球化相互交织，推动着全球产业分工深化和经济结构调整，重塑着全球经济竞争格局。互联网加剧了各种思想文化的相互激荡，成为信息传播和知识扩散的新载体。电子政务在提高行政效率、改善政府效能、扩大民主参与等方面的作用日益显著。信息安全的重要性与日俱增，成为各国面临的共同挑战。信息化使现代战争形态发生重大变化，是世界新军事变革的核心内容。全球数字鸿沟呈现扩大趋势，发展失衡现象日趋严重。发达国家信息化发展目标更加清晰，正在出现向信息社会转型的趋向；越来越多的发展中国家主动迎接信息化发展带来的新机遇，力争跟上时代潮流。全球信息化正在引发当今世界的深刻变革，重塑世界政治、经济、社会、文化和军事发展的新格局。加快信息化发展，已经成为世界各国的共同选择。

【我国信息化发展的基本形势】

（一）信息化发展的进展情况

党中央、国务院一直高度重视信息化工作。20 世纪 90 年代，相继启动了以金关、金卡和金税为代表的重大信息化应用工程；1997 年，召开了全国信息化工作会议；党的十五届五中全会把信息化提到了国家战略的高度；党的十六大进一步作出了以信息化带动工业化、以工业化促进信息化、走新型工业化道路的战略部署；党的十六届五中全会再一次强调，推进国民经济和社会信息化，加快转变经济增长方式。“十五”期间，国家信息化领导小组对信息化发展重点进行了全面部署，作出了推行电子政务、振兴软件产业、加强信息安全保障、加强信息资源开发利用、加快发展电子商务等一系列重要决策。各地区各部门从实际出发，认真贯彻落实，不断开拓进取，我国信息化建设取得了可喜的进展。

信息网络实现跨越式发展，成为支撑经济社会发展重要的基础设施。电话用户、网络规模已经位居世界第一，互联网用户和宽带接入用户均位居世界第二，广播电视网络基本覆盖了全国的行政村。

信息产业持续快速发展，对经济增长贡献度稳步上升。2005 年，信息产业增加值占国内生产总值的比重达到 7.2%，对经济增长的贡献度达到 16.6%。电子信息产品制造业出口额占出口总额的比重已超过 30%。掌握了一批具有自主知识产权的关键技术。部分骨干企业的国际竞争力不断增强。

信息技术在国民经济和社会各领域的应用效果日渐显著。农业信息服务体系不断完善。应用信息技术改造传统产业不断取得新的进展，能源、交通运输、冶金、机械和化工等行业的信息化水平逐步提高。传统服务业转型步伐加快，信息服务业蓬勃兴起。金融信息化推进了金融服务创新，现代化金融服务体系初步形成。电子商务发展势头良好，科技、教育、文化、医疗卫生、社会保障、环境保护等领域信息化步伐明显加快。

电子政务稳步展开，成为转变政府职能、提高行政效率、推进政务公开的有效手段。各级政务部门利用信息技术，扩大信息公开，促进信息资源共享，推进政务协同，提高了行政效率，改善了公共服务，有效推动了政府职能转变。金关、金卡、金税等工程成效显著，金盾、金审等工程进展顺利。

信息资源开发利用取得重要进展。基础信息资源建设工作开始起步，互联网上中文信息比重稳步上升，信息资源开发利用水平不断提高。

信息安全保障工作逐步加强。制定并实施了国家信息安全战略，初步建立了信息安全管理体制和工作机制。基础信息网络和重要信息系统的安全防护水平明显提高，互联网信息安全管理进一步加强。

国防和军队信息化建设全面展开。国防和军队信息化取得重要进展，组织实施了一批军事信息系统重点工程，军事信息基础设施建设取得长足进步，主战武器系统信息技术含量不断提高，作战信息保障能力显著增强。

信息化基础工作进一步改善。信息化法制建设持续推进，信息技术标准化工作逐步加强，信息化培训工作得到高度重视，信息化人才队伍不断壮大。

我国信息化发展的基本经验是：坚持站在国家战略高度，把信息化作为覆盖现代化建设全局的战略举措，正确处理信息化与工业化之间的关系，长远规划，持续推进。坚持从国情出发，因地制宜，把信息化作为解决现实紧迫问题和发展难题的重要手段，充分发挥信息技术在各领域的作用。坚持把开发利用信息资源放到重要位置，加强统筹协调，促进互联互通和资源共享。坚持引进消化先进技术与增强自主创新能力相结合，优先发展信息产业，逐步增强信息化的自主装备能力。坚持推进信息化建设与保障国家信息安全并重，不断提高基础信息网络和重要信息系统的安全保护水平。坚持优先抓好信息技术的普及教育，提高国民信息技术应用技能。

（二）信息化发展中值得重视的问题

当前我国信息化发展也存在着一些亟待解决的问题，主要表现为以下方面。第一，思想认识需要进一步提高。我国是在工业化不断加快、体制改革不断深化的条件下推进信息化的，信息化理论和实践还不够成熟，全社会对推进信息化的重要性、紧迫性的认识需要进一步提高。第二，信息技术自主创新能力不足。核心技术和关键装备主要依赖进口。以企业为主体的创新体系亟待完善，自主装备能力亟须增强。第三，信息技术应用水平不高。在整体上，应用水平落后于实际需求，信息技术的潜能尚未得到充分挖掘；在部分领域和地区应用效果不够明显。第四，信息安全问题仍比较突出。在全球范围内，计算机病毒、网络攻击、垃圾邮件、系统漏洞、网络窃密、虚假有害信息和网络违法犯罪等问题日渐突出，如应对不当，可能会给我国经济社会发展和国家安全带来不利影响。第五，数字鸿沟有所扩大。信息技术应用水平与先进国家相比存在较大差距。国内不同地区、不同领域、不同群体的信息技术应用水平和网络普及程度很不平衡，城乡、区域和行业的差距有扩大趋势，成为影响协调发展的新因素。第六，体制机制改革相对滞后。受各种因素制约，信息化管理体制尚不完善，电信监管体制改革有待深化，信息化法制建设需要进一步加快。

经过多年的发展，我国信息化发展已具备了一定基础，进入了全方位、多层次推进的新阶段。抓住机遇，迎接挑战，适应转变经济增长方式、全面建设小康社会的需要，更新发展理念，破解发展难题，创新发展模式，大力推进信息化发展，已成为我国经济社会发展新阶段重要而紧迫的战略任务。

【我国信息化发展的指导思想和战略目标】

（一）指导思想和战略方针

我国信息化发展的指导思想是：以邓小平理论和“三个代表”重要思想为指导，贯彻落实科学发展观，坚持以信息化带动工业化、以工业化促进信息化，坚持以改革开放和科技创新为动力，大力推进信息化，充分发挥信息化在促进经济、政治、文化、社会和军事等领域发展的重要作用，不断提高国家信息化水平，走中国特色的信息化道路，促进我国经济社会又快又好地发展。

我国信息化发展的战略方针是：统筹规划、资源共享，深化应用、务求实效，面向市场、立足创新，军民结合、安全可靠。要以科学发展观为统领，以改革开放为动力，努力实现网络、应用、技术和产业的良性互动，促进网络融合，实现资源优化配置和信息共享。要以需求为主导，充分发挥市场机制配置资源的基础性作用，探索成本低、实效好的信息化发展模式。要以人为本，惠及全民，创造广大群众用得上、用得起、用得好的信息化发展环境。要把制度创新与技术创新放在同等重要的位置，完善体制机制，推动原始创新，加强集成创新，增强引进消化吸收再创新能力。要推动军民结合，协调发展。要高度重视信息安全，正确处理安全与发展之间的关系，以安全保发展，在发展中求安全。

（二）战略目标

到2020年，我国信息化发展的战略目标是：综合信息基础设施基本普及，信息技术自主创新能力显著增强，信息产业结构全面优化，国家信息安全保障水平大幅提高，国民经济和社会信息化取得明显成效，新型工业化发展模式初步确立，国家信息化发展的制度环境和政策体系基本完善，国民信息技术应用能力显著提高，为迈向信息社会奠定坚实基础。具体目标包括以下方面。

促进经济增长方式的根本转变。广泛应用信息技术，改造和提升传统产业，发展信息服务业，推动经济结构战略性调整。深化应用信息技术，努力降低单位产品能耗、物耗，加大对环境污染的监控和治理，服务循环经济发展。充分利用信息技术，促进我国经济增长方式由主要依靠资本和资源投入向主要依靠科技进步和提高劳动者素质转变，提高经济增长的质量和效益。

实现信息技术自主创新、信息产业发展的跨越。有效利用国际国内两个市场、两种资源，增强对引进技术的消化吸收，突破一批关键技术，掌握一批核心技术，实现信息技术从跟踪、引进到自主创新的跨越，实现信息产业由大变强的跨越。

提升网络普及水平、信息资源开发利用水平和信息安全保障水平。抓住网络技术转型的机遇，基本建成国际领先、多网融合、安全可靠的综合信息基础设施。确立科学的信息资源观，把信息资源提升到与能源、材料同等重要的地位，为发展知识密集型产业创造条件。信息安全的长效机制基本形成，国家信息安全保障体系较为完善，信息安全保障能力显著增强。

增强政府公共服务能力、社会主义先进文化传播能力、中国特色的军事变革能力和国民信息技术应用能力。电子政务应用和服务体系日臻完善，社会管理与公共服务密切结合，网络化公共服务能力显著增强。网络成为先进文化传播的重要渠道，社会主义先进文化的感召力和中华民族优秀文化的国际影响力显著增强。国防和军队信息化建设取得重大进展，信息化条件下的防卫作战能力显著增强。人民群众受教育水平和信息技术应用技能显著提高，为建设学习型社会奠定基础。

【我国信息化发展的战略重点】

（一）推进国民经济信息化

推进面向“三农”的信息服务。利用公共网络，采用多种接入手段，以农民普遍能够承受的价格，提高农村网络普及率。整合涉农信息资源，规范和完善公益性信息中介服务，建设城乡统筹的信息服务体系，为农民提供适用的市场、科技、教育、卫生保健等信息服务，支持农村富余劳动力的合理有序流动。

利用信息技术改造和提升传统产业。促进信息技术在能源、交通运输、冶金、机械和化工等行业的普及应用，推进设计研发信息化、生产装备数字化、生产过程智能化和经营管理网络化。充分运用信息技术推动高能耗、高物耗和高污染行业的改造。推动供应链管理和客户关系管理，大力扶持中小企业信息化。

加快服务业信息化。优化政策法规环境，依托信息网络，改造和提升传统服务业。加快发展网络增值服务、电子金融、现代物流、连锁经营、专业信息服务、咨询中介等新型服务业。大力发展电子商务，降低物流成本和交易成本。

鼓励具备条件的地区率先发展知识密集型产业。引导人才密集、信息化基础好的地区率先发展知识密集型产业，推动经济结构战略性调整。充分利用信息技术，加快东部地区知识和技术向中西部地区的扩散，创造区域协调发展的新局面。

（二）推行电子政务

改善公共服务。逐步建立以公民和企业为对象、以互联网为基础、中央与地方相配合、多种技术手段相结合的电子政务公共服务体系。重视推动电子政务公共服务延伸到街道、社区和乡村。逐步增加服务内容，扩大服务范围，提高服务质量，推动服务型政府建设。

加强社会管理。整合资源，形成全面覆盖、高效灵敏的社会管理信息网络，增强社会综合治理能力。协同共建，完善社会预警和应对突发事件的网络运行机制，增强对各种突发性事件的监控、决策和应急处置能力，保障国家安全、公共安全，维护社会稳定。

强化综合监管。满足转变政府职能、提高行政效率、规范监管行为的需求，深化相应业务系统建设。围绕财政、金融、税收、工商、海关、国资监管、质检、食品药品安全等关键业务，统筹规划，分类指导，有序推进相关业务系统之间、中央与地方之间的信息共享，促进部门间业务协同，提高监管能力。建设企业、个人征信系统，规范和维护市场秩序。

完善宏观调控。完善财政、金融等经济运行信息系统，提升国民经济预测、预警和监测水平，增强宏观调控决策的有效性和科学性。

（三）建设先进网络文化

加强社会主义先进文化的网上传播。牢牢把握社会主义先进文化的前进方向，支持健康有益文化，加快推进中华民族优秀文化作品的数字化、网络化，规范网络文化传播秩序，使科学的理论、正确的舆论、高尚的精神、优秀的作品成为网上文化传播的主流。

改善公共文化信息服务。鼓励新闻出版、广播影视、文学艺术等行业加快信息化步伐，提高文化产品质量，增强文化产品供给能力。加快文化信息资源整合，加强公益性文化信息基础设施建设，完善公共文化信息服务体系，将文化产品送到千家万户，丰富基层群众文化生活。

加强互联网对外宣传和文化交流。整合互联网对外宣传资源，完善互联网对外宣传体系建设，不断提高互联网对外宣传工作整体水平，持续提升对外宣传效果，扩大中华民族优秀文化的国际影响力。

建设积极健康的网络文化。倡导网络文明，强化网络道德约束，建立和完善网络行为规范，积极引导广大群众的网络文化创作实践，自觉抵御不良内容的侵蚀，摈弃网络滥用行为和低俗之风，全面建设积极健康的网络文化。

（四）推进社会信息化

加快教育科研信息化步伐。提升基础教育、高等教育和职业教育信息化水平，持续推进农村现代远程教育，实现优质教育资源共享，促进教育均衡发展。构建终身教育体系，发展多层次、交互式网络教育培训体系，方便公民自主学习。建立并完善全国教育与科研基础条件网络平台，提高教育与科研设备网络化利用水平，推动教育与科研资源的共享。

加强医疗卫生信息化建设。建设并完善覆盖全国、快捷高效的公共卫生信息系统，增强防疫监控、应急处置和救治能力。推进医疗服务信息化，改进医院管理，开展远程医疗。统筹规划电子病历，促进医疗、医药和医保机构的信息共享和业务协同，支持医疗体制改革。

完善就业和社会保障信息服务体系。建设多层次、多功能的就业信息服务体系，加强就业信息统计、分析和发布工作，改善技能培训、就业指导和政策咨询服务。加快全国社会保障信息系统建设，提高工作效率，改善服务质量。

推进社区信息化。整合各类信息系统和资源，构建统一的社区信息平台，加强常住人口和流动人口的信息化管理，改善社区服务。

（五）完善综合信息基础设施

推动网络融合，实现向下一代网络的转型。优化网络结构，提高网络性能，推进综合基础信息平台的发展。加快改革，从业务、网络和终端等层面推进“三网融合”。发展多种形式的宽带接入，大力推动互联网的应用普及。推动有线、地面和卫星等各类数字广播电视的发展，完成广播电视从模拟向数字的转换。运用光电传感、射频识别等技术扩展网络功能，发展并完善综合信息基础设施，稳步实现向下一代网络的转型。

建立和完善普遍服务制度。加快制度建设，面向老少边穷地区和社会困难群体，建立和完善以普遍服务基金为基础、相关优惠政策配套的补贴机制，逐步将普遍服务从基础电信和广播电视业务扩展到互联网业务。加强宏观管理，拓宽多种渠道，推动普遍服务市场主体的多元化。

（六）加强信息资源的开发利用

建立和完善信息资源开发利用体系。加快人口、法人单位、地理空间等国家基础信息库的建设，拓展相关应用服务。引导和规范政务信息资源的社会化增值开发利用。鼓励企业、个人和其他社会组织参与信息资源的公益性开发利用。完善知识产权保护制度，大力发展以数字化、网络化为主要特征的现代信息服务业，促进信息资源的开发利用。充分发挥信息资源开发利用对节约资源、能源和提高效益的作用，发挥信息流对人员流、物质流和资金流的引导作用，促进经济增长方式的转变和资源节约型社会的建设。

加强全社会信息资源管理。规范对生产、流通、金融、人口流动以及生态环境等领域的信息采集和标准制定，加强对信息资产的严格管理，促进信息资源的优化配置。实现信息资源的深度开发、及时处理、安全保存、快速流动和有效利用，基本满足经济社会发展优先领域的信息需求。

（七）提高信息产业竞争力

突破核心技术与关键技术。建立以企业为主体的技术创新体系，强化集成创新，突出自主创新，突破关键技术。选择具有高度技术关联性和产业带动性的产品和项目，促进引进消化吸收再创新，产学研用结合，实现信息技术关键领域的自主创新。积聚力量，攻克难关，逐步由外围向核心逼近，推进原始创新，力争跨越核心技术门槛，推进创新型国家建设。

培育有核心竞争能力的信息产业。加强政府引导，突破集成电路、软件、关键电子元器件、关键工艺装备等基础产业的发展瓶颈，提高在全球产业链中的地位，逐步形成技术领先、基础雄厚、自主发展能力强的信息产业。优化环境，引导企业资产重组、跨国并购，推动产业联盟，加快培育和发展具有核心能力的大公司和拥有技术专长的中小企业，建立竞争优势。加快“走出去”步伐，鼓励运营企业和制造企业联手拓展国际市场。

（八）建设国家信息安全保障体系

全面加强国家信息安全保障体系建设。坚持积极防御、综合防范，探索和把握信息化与信息安全的内在规律，主动应对信息安全挑战，实现信息化与信息安全协调发展。坚持立足国情，综合平衡安全成本和风险，确保重点，优化信息安全资源配置。建立和完善信息安全等级保护制度，重点保护基础信息网络和关系国家安全、经济命脉、社会稳定的重要信息系统。加强密码技术的开发利用。建设网络信任体系。加强信息安全风险评估工作。建设和完善信息安全监控体系，提高对网络安全事件应对和防范能力，防止有害信息传播。高度重视信息安全应急处置工作，健全完善信息安全应急指挥和安全通报制度，不断完善信息安全应急处置预案。从实际出发，促进资源共享，重视灾难备份建设，增强信息基础设施和重要信息系统的抗毁能力和灾难恢复能力。

大力增强国家信息安全保障能力。积极跟踪、研究和掌握国际信息安全领域的先进理论、前沿技术和发展动态，抓紧开展对信息技术产品漏洞、后门的发现研究，掌握核心安全技术，提高关键设备装备能力，促进我国信息安全技术和产业的自主发展。加快信息安全人才培养，增强国民信息安全意识。不断提高信息安全的法律保障能力、基础支撑能力、网络舆论宣传的驾驭能力和我国在国际信息安全领域的影响力，建立和完善维护国家信息安全的长效机制。

（九）提高国民信息技术应用能力，造就信息化人才队伍

提高国民信息技术应用能力。强化领导干部的信息化知识培训，普及政府公务人员的信息技术技能培训。配合现代远程教育工程，组织志愿者深入老少边穷地区从事信息化知识和技能服务。普及中小学信息技术教育。开展形式多样的信息化知识和技能普及活动，提高国民受教育水平和信息能力。

培养信息化人才。构建以学校教育为基础、在职培训为重点、基础教育与职业教育相互结合、公益培训与商业培训相互补充的信息化人才培养体系。鼓励各类专业人才掌握信息技术，培养复合型人才。

【我国信息化发展的战略行动】

为落实国家信息化发展的战略重点，保证在“十一五”时期国家信息化水平迈上新的台阶，按照承前启后、以点带面的原则，优先制定和实施以下战略行动计划。

（一）国民信息技能教育培训计划

在全国中小学普及信息技术教育，建立完善的信息技术基础课程体系，优化课程设置，丰富教学内容，提高师资水平，改善教学效果。推广新型教学模式，实现信息技术与教学过程的有机结合，全面推进素质教育。

加大政府资金投入及政策扶持力度，吸引社会资金参与，把信息技能培训纳入国民经济和社会发展规划。依托高等院校、中小学、邮局、科技馆、图书馆、文化站等公益性设施，以及全国文化信息资源共享工程、农村党员干部远程教育工程等，积极开展国民信息技能教育和培训。

（二）电子商务行动计划

营造环境、完善政策，发挥企业主体作用，大力推进电子商务。以企业信息化为基础，以大型重点企业为龙头，通过供应链、客户关系管理等，引导中小企业积极参与，形成完整的电子商务价值链。加快信用、认证、标准、支付和现代物流建设，完善结算清算信息系统，注重与国际接轨，探索多层次、多元化的电子商务发展方式。

制定和颁布中小企业信息化发展指南，分类指导，择优扶持，建设面向中小企业的公共信息服务平台，鼓励中小企业利用信息技术，促进中小企业开展灵活多样的电子商务活动。立足产业集聚地区，发挥专业信息服务企业的优势，承揽外包服务，帮助中小企业低成本、低风险地推进信息化。

（三）电子政务行动计划

规范政务基础信息的采集和应用，建设政务信息资源目录体系，推动政府信息公开。整合电子政务网络，建设政务信息资源的交换体系，全面支撑经济调节、市场监管、社会管理和公共服务职能。

建立电子政务规划、预算、审批、评估综合协调机制。加强电子政务建设资金投入的审计和监督。明确已建、在建及新建项目的关系和业务衔接，逐步形成统一规范的电子政务财政预算、基本建设、运行、维护管理制度和绩效评估制度。

（四）网络媒体信息资源开发利用计划

开发科技、教育、新闻出版、广播影视、文学艺术、卫生、“三农”、社保等领域的信息资源，提供人民群众生产生活所需的数字化信息服务，建成若干强大的、影响广泛的、协同关联的互联网骨干网站群。扶持国家重点新闻网站建设。鼓励公益性网络媒体信息资源的开发利用。

制定政策措施，引导和鼓励网络媒体信息资源建设，开发优秀的信息产品，全面营造健康的

网络信息环境。注重研究互联网传播规律和新技术发展对网络传媒的深远影响。

（五）缩小数字鸿沟计划

坚持政府主导、社会参与，缩小区域之间、城乡之间和不同社会群体之间信息技术应用水平的差距，创造机会均等、协调发展的社会环境。

加大支持力度，综合运用各种手段，加快推进中西部地区的信息网络建设，普及信息服务。把缩小城乡数字鸿沟作为统筹城乡经济社会发展的重要内容，推进农业信息化和现代农业建设，为建设社会主义新农村服务。逐步在行政村和城镇社区设立免费或低价接入互联网的公共服务场所，提供电子政务、教育培训、医疗保健、养老救治等方面的信息服务。

（六）关键信息技术自主创新计划

在集成电路（特别是中央处理器芯片）、系统软件、关键应用软件、自主可控关键装备等涉及自主发展能力的关键领域，瞄准国际创新前沿，加大投入，重点突破，逐步掌握产业发展的主动权。

在具有研发基础、市场前景广阔的移动通信、数字电视、下一代网络、射频识别等领域，优先启用具有自主知识产权的标准，加快产品开发和推广应用，带动产业发展。

【我国信息化发展的保障措施】

为了保持我国信息化发展的协调性和连续性，顺利部署我国信息化发展的战略重点和战略行动，提出以下保障措施。

（一）完善信息化发展战略研究和政策体系

紧密跟踪全球信息化发展进程，适应经济结构战略性调整、产业升级换代和转变经济增长方式的需要，持续深化信息化发展战略研究，动态调整信息化发展目标。

把推广信息技术应用作为修订和完善各类产业政策的重要内容。明确重点，保障资金，把工业化提高到广泛应用智能工具的水平上来，提高我国产业的整体竞争力。

按照西部大开发、东北地区等老工业基地振兴改造、中部崛起以及有关国家产业基地和工业园区的部署，把信息化作为促进区域协调发展、增进区域之间优势互补、实现区域比较优势的平衡器和助推器。

制定并完善集成电路、软件、基础电子产品、信息安全产品、信息服务业等领域的产业政策。研究制定支持大型中央企业的信息化发展政策。

（二）深化和完善信息化发展领域的体制改革

完善市场准入和退出机制，规范法人治理结构，推动运营服务市场的公平有效竞争。鼓励和推广各种形式的宽带终端和接入技术。鼓励业务创新，提供市场许可、资源分配、技术标准、互联互通等方面的支持。

研究探索适应网络融合与信息化发展需要的统一监管制度。以创造公平竞争环境和保护消费者利益为重点，加快转变监管理念。防范和制止不正当竞争。逐步建立以市场调节为主的电信业务定价体系。

（三）完善相关投融资政策

根据深化投资体制改革和金融体制改革的要求，加快研究制定信息化的投融资政策，积极引导非国有资本参与信息化建设。研究制定适应中小企业信息化发展的金融政策，完善相关的财税政策。培育和发展信息技术转让和知识产权交易市场。完善风险投资机制和资本退出机制。

健全和完善招投标、采购政策，逐步完善扶持信息产业发展的产业政策。加大国家对信息化发展的资金投入，支持国家信息化发展所急需的各类基础性、公益性工作，包括基础性标准制定、基础性信息资源开发、互联网公共服务场所建设、国民信息技能培训、跨部门业务系统协同和信息共享应用工程等。完善并严格实施政府采购政策，优先采购国产信息技术产品和服务，实现技术应用与研发创新、产业发展的协同。

（四）加快制定应用规范和技术标准

加强政府引导，依托重大信息化应用工程，以企业和行业协会为主体，加快产业技术标准体系建设。完善信息技术应用的技术体制和产业、产品等技术规范和标准，促进网络互联互通、系统互为操作和信息共享。加快制定人口、法人单位、地理空间、物品编码等基础信息的标准。加强知识产权保护。加强国际合作，积极参与国际标准制定。

（五）推进信息化法制建设

加快推进信息化法制建设，妥善处理相关法律法规制定、修改、废止之间的关系，制定和完善信息基础设施、电子商务、电子政务、信息安全、政府信息公开、个人信息保护等方面的法律法规，创造信息化发展的良好法制环境。根据信息技术应用的需要，适时修订和完善知识产权、未成年人保护、电子证据等方面的法律法规。加强信息化法制建设中的国际交流与合作，积极参与相关国际规则的研究和制定。

（六）加强互联网治理

坚持积极发展、加强管理的原则，参与互联网治理的国际对话、交流和磋商，推动建立主权公平的互联网国际治理机制。加强行业自律，引导企业依法经营。理顺管理体制，明确管理责任，完善管理制度，正确处理好发展与管理之间的关系，形成适应互联网发展规律和特点的运行机制。

坚持法律、经济、技术手段与必要的行政手段相结合，构建政府、企业、行业协会和公民相互配合、相互协作、权利与义务对等的治理机制，营造积极健康的互联网发展环境。依法打击利用互联网进行的各种违法犯罪活动，推动网络信息服务健康发展。

（七）壮大信息化人才队伍

研究和建立信息化人才统计制度，开展信息化人才需求调查，编制信息化人才规划，确定信息化人才工作重点。建立信息化人才分类指导目录。确定信息化相关职业的分类，制定职业技能标准。

尊重信息化人才成长规律，以信息化项目为依托，培养高级人才、创新型人才和复合型人才。发挥市场机制在人才资源配置中的基础性作用，高度重视“走出去，引进来”工作，吸引海外人才，鼓励海外留学人员参与国家信息化建设。

（八）加强信息化国际交流与合作

密切关注世界信息化发展动向，建立和完善信息化国际交流合作机制。坚持平等合作、互利共赢的原则，积极参与多边组织，大力促进双边合作。准确把握我国加入世界贸易组织后过渡期的新情况，统筹国内发展与对外开放，切实加强信息技术、信息资源、人才培养等领域的交流与合作。

（九）完善信息化推进体制

切实加强领导，凡涉及信息化的重大政策和事项要经国家信息化领导小组审定。要抓紧研究建立符合行政体制改革方向、分工合理、责任明确的信息化推进协调体制。加大政府部门间的协调力度，明确中央、地方政府在信息化建设上的事权，加强对地方的业务指导。

各地区各部门要贯彻落实党的十六大和十六届三中、四中、五中全会精神，因地制宜，加快编制信息化发展规划，制定科学的信息化统计指标体系，改进信息化绩效评估方法，完善国民经济和社会发展的统计核算体系，使信息化融汇到国民经济和社会发展的中长期规划之中。

国务院关于印发“宽带中国”战略及实施方案的通知

国发〔2013〕31号

各省、自治区、直辖市人民政府，国务院各部委、各直属机构：

现将《“宽带中国”战略及实施方案》印发给你们，请认真贯彻执行。

国务院

2013年8月1日

【“宽带中国”战略及实施方案】

宽带网络是新时期我国经济社会发展的战略性公共基础设施，发展宽带网络对拉动有效投资和促进信息消费、推进发展方式转变和小康社会建设具有重要支撑作用。从全球范围看，宽带网络正推动新一轮信息化发展浪潮，众多国家纷纷将发展宽带网络作为战略部署的优先行动领域，作为抢占新时期国际经济、科技和产业竞争制高点的重要举措。近年来，我国宽带网络覆盖范围不断扩大，传输和接入能力不断增强，宽带技术创新取得显著进展，完整产业链初步形成，应用服务水平不断提升，电子商务、软件外包、云计算和物联网等新兴业态蓬勃发展，网络信息安全保障逐步加强，但我国宽带网络仍然存在公共基础设施定位不明确、区域和城乡发展不平衡、应用服务不够丰富、技术原创能力不足、发展环境不完善等问题，亟须得到解决。

根据《2006—2020年国家信息化发展战略》、《国务院关于大力推进信息化发展和切实保障信息安全的若干意见》（国发〔2012〕23号）和《“十二五”国家战略性新兴产业发展规划》的总体要求，特制定《“宽带中国”战略及实施方案》，旨在加强战略引导和系统部署，推动我国宽带基础设施快速健康发展。

【指导思想、基本原则和发展目标】

（一）指导思想

以邓小平理论、“三个代表”重要思想、科学发展观为指导，围绕加快转变经济发展方式和全面建成小康社会的总体要求，将宽带网络作为国家战略性公共基础设施，加强顶层设计和规划引导，统筹关键核心技术研发、标准制定、信息安全和应急通信保障体系建设，促进网络建设、应用普及、服务创新和产业支撑的协同，综合利用有线、无线技术推动电信网、广播电视网和互联网融合发展，加快构建宽带、融合、安全、泛在的下一代国家信息基础设施，全面支撑经济发展和服务社会民生。

（二）基本原则

坚持政府引导与市场调节相结合。坚持市场配置资源的基础性作用，发挥政府战略引领作用，完善政策措施。系统研究解决网络建设、内容服务、应用创新、产业发展等环节体制机制问题，营造良好环境，促进市场公平竞争和资源有效利用。

坚持统筹规划与分步推进相结合。从战略性、全局性和系统性出发，适度超前，明确宽带发展的总体目标、路线图和时间表。遵循客观发展规律，因地制宜，统筹城乡和区域宽带协调发展，统筹军民宽带网络融合发展。

坚持网络建设与应用服务相结合。统筹有线、无线技术手段协同发展，协调推进宽带接入网、骨干网和国际出入口能力建设，形成适度超前的宽带网络发展格局。促进网络能力提升与应用服务创新相结合，深化宽带在各行业、各领域的集成应用，推动信息消费，培育新服务、新市场、新业态。

坚持网络升级与产业创新相结合。加强宽带网络发展与产业支撑能力建设的协同，加快建立以企业为主体、市场为导向、产学研用紧密结合的技术创新体系，促进国内外优势资源的整合利用，提升自主创新能力，实现产业链上下游协调发展，提高产业配套能力。

坚持宽带普及与保障安全相结合。强化安全意识，同步推进网络信息安全和应急通信保障能力建设，不断增强基础网络、核心系统、关键资源的安全掌控能力以及应急服务能力，实现网络安全可控、业务安全可管、应急保障可靠。

（三）发展目标

到2015年，初步建成适应经济社会发展需要的下一代国家信息基础设施。基本实现城市光纤到楼入户、农村宽带进乡入村，固定宽带家庭普及率达到50%，第三代移动通信及其长期演进技术（3G/LTE）用户普及率达到32.5%，行政村通宽带（有线或无线接入方式，下同）比例达到95%，学校、图书馆、医院等公益机构基本实现宽带接入。城市和农村家庭宽带接入能力基本达到20兆比特每秒（Mbps）和4Mbps，部分发达城市达到100Mbps。宽带应用水平大幅提升，移动互联网广泛渗透。网络与信息安全保障能力明显增强。

到2020年，我国宽带网络基础设施发展水平与发达国家之间的差距大幅缩小，国民充分享受宽带带来的经济增长、服务便利和发展机遇。宽带网络全面覆盖城乡，固定宽带家庭普及率达到70%，3G/LTE用户普及率达到85%，行政村通宽带比例超过98%。城市和农村家庭宽带接入能力分别达到50Mbps和12Mbps，发达城市部分家庭用户可达1吉比特每秒（Gbps）。宽带应用深度融入生产生活，移动互联网全面普及。技术创新和产业竞争力达到国际先进水平，形成较为健全的网络与信息安全保障体系。

【技术路线和发展时间表】

遵循宽带技术演进规律，充分利用现有网络基础，围绕经济社会发展总体要求和宽带发展目标，加强和完善总体布局，系统解决宽带网络接入速度、覆盖范围、应用普及等关键问题，强化产业发展和安全保障，不断提高宽带发展整体水平，全面提升支撑经济社会可持续发展的能力。

（一）技术路线

统筹接入网、城域网和骨干网建设，综合利用有线技术和无线技术，结合基于互联网协议第6版（IPv6）的下一代互联网规模商用部署要求，分阶段系统推进宽带网络发展。

按照高速接入、广泛覆盖、多种手段、因地制宜的思路，推进接入网建设。城市地区利用光纤到户、光纤到楼等技术方式进行接入网建设和改造，并结合3G/LTE与无线局域网技术，实现宽带网络无缝覆盖。农村地区因地制宜，灵活采取有线、无线等技术方式进行接入网建设。

按照高速传送、综合承载、智能感知、安全可控的思路，推进城域网建设。逐步推动高速传输、分组化传送和大容量路由交换技术在城域网应用，扩大城域网带宽，提高流量承载能力；推进网络智能化改造，提升城域网的多业务承载、感知和安全管控水平。

按照优化架构、提升容量、智能调度、高效可靠的思路，推进骨干网建设。优化骨干网络架构，完善国际网络布局，全面推广超高速波分复用系统和集群路由器技术，提升骨干网络容量和智能调度能力，保障网络高速高效和安全可靠运行。

（二）发展时间表（见表1）

1．全面提速阶段（至2013年年底）

重点加强光纤网络和3G网络建设，提高宽带网络接入速率，改善和提升用户上网体验。

表1 “宽带中国”发展目标与发展时间表

指 标	单 位	2013年	2015年	2020年
1．宽带用户规模				
固定宽带接入用户	亿户	2.1	2.7	4.0
其中：光纤到户（FTTH）用户	亿户	0.3	0.7	—
其中：城市宽带用户	亿户	1.6	2.0	—
农村宽带用户	亿户	0.5	0.7	—
3G/LTE用户	亿户	3.3	4.5	12
2．宽带普及水平				
固定宽带家庭普及率	%	40	50	70
其中：城市家庭普及率	%	55	65	—
农村家庭普及率	%	20	30	—
3G/LTE用户普及率	%	25	32.5	85
3．宽带网络能力				
城市宽带接入能力	Mbps	20（80%用户）	20	50
其中：发达城市	Mbps		100（部分城市）	1000（部分用户）
农村宽带接入能力	Mbps	4（85%用户）	4	12
大型企事业单位接入带宽	Mbps		＞100	＞1000
互联网国际出口带宽	Gbps	2500	6500	—
FTTH覆盖家庭	亿个	1.3	2.0	3.0
3G/LTE基站规模	万个	95	120	—
行政村通宽带比例	%	90	95	>98
全国有线电视网络互联互通平台覆盖有线电视网络用户（比例）	%	60	80	>95
4．宽带信息应用				
网民数量	亿人	7.0	8.5	11.0
其中：农村网民	亿人	1.8	2.0	—
互联网数据量（网页总字节）	太字节	7800	15000	
电子商务交易额	万亿元	10	18	—

城市地区着力推进光纤化成片改造，农村地区灵活采用有线和无线方式加快行政村宽带接入网建设，提高接入速度和网络使用性价比。进一步提升城市3G网络质量，扩大农村3G网络覆盖范围，做好时分双工模式移动通信长期演讲技术（TD-LTE）扩大规模试验工作。加快下一代广播电视网建设，推进“光进铜退”和网络双向化改造，促进互联互通。同步推进城域网扩容升级。以网间互联为重点优化互联网骨干网。推动网站升级改造，提高网站接入速率。

截至2013年年底，固定宽带用户超过2.1亿户，城市和农村家庭固定宽带普及率分别达到55%和20%。3G/LTE用户超过3.3亿户，用户普及率达到25%。行政村通宽带比例达到90%。城市地区宽带用户中20Mbps宽带接入能力覆盖比例达到80%，农村地区宽带用户中4Mbps宽带接入能力覆盖比例达到85%。城乡无线宽带网络覆盖水平明显提升，无线局域网基本实现城市重要公共区域热点覆盖。全国有线电视网络互联互通平台覆盖有线电视网络用户比例达到60%。

2．推广普及阶段（2014—2015年）

重点在继续推进宽带网络提速的同时，加快扩大宽带网络覆盖范围和规模，深化应用普及。

城市地区加快扩大光纤到户网络覆盖范围和规模，农村地区积极采用无线技术加快宽带网络向行政村延伸，有条件的农村地区推进光纤到村。持续扩大3G覆盖范围和深度，推动TD-LTE规模商用。继续推进下一代广播电视网建设，进一步扩大下一代广播电视网覆盖范围，加速互联互通。全面优化国家骨干网络。加强光通信、宽带无线通信、下一代互联网、下一代广播电视网、云计算等重点领域新技术研发，在部分重点领域取得原始创新成果。

到2015年，固定宽带用户超过2.7亿户，城市和农村家庭固定宽带普及率分别达到65%和30%。3G/LTE用户超过4.5亿户，用户普及率达到32.5%。行政村通宽带比例达到95%。城市家庭宽带接入能力基本达到20Mbps，部分发达城市达到100Mbps，农村家庭宽带接入能力达到4Mbps。3G网络基本覆盖城乡，LTE实现规模商用，无线局域网全面实现公共区域热点覆盖，服务质量全面提升。互联网网民规模达到8.5亿，应用能力和服务水平显著提高。全国有线电视网络互联互通平台覆盖有线电视网络用户比例达到80%。互联网骨干网间互通质量、互联网服务提供商接入带宽和质量满足业务发展需求。在宽带无线通信、云计算等重点领域掌握一批拥有自主知识产权的核心关键技术。宽带技术标准体系逐步完善，国际标准话语权明显提高。

3．优化升级阶段（2016—2020年）

重点推进宽带网络优化和技术演进升级，宽带网络服务质量、应用水平和宽带产业支撑能力达到世界先进水平。

到2020年，基本建成覆盖城乡、服务便捷、高速畅通、技术先进的宽带网络基础设施。固定宽带用户达到4亿户，家庭普及率达到70%，光纤网络覆盖城市家庭。3G/LTE用户超过12亿户，用户普及率达到85%。行政村通宽带比例超过98%，并采用多种技术方式向有条件的自然村延伸。城市和农村家庭宽带接入能力分别达到50Mbps和12Mbps，50%的城市家庭用户达到100Mbps，发达城市部分家庭用户可达1Gbps，LTE基本覆盖城乡。互联网网民规模达到11亿，宽带应用服务水平和应用能力大幅提升。全国有线电视网络互联互通平台覆盖有线电视网络用户比例超过95%。全面突破制约宽带产业发展的高端基础产业瓶颈，宽带技术研发达到国际先进水平，建成结构完善、具有国际竞争力的宽带产业链，形成一批世界领先的创新型企业。

【重点任务】

（一）推进区域宽带网络协调发展

东部地区。支持东部地区先行先试开展网络升级和应用创新。积极利用光纤和新一代移动通信技术、下一代广播电视网技术，全面提升宽带网络速度与性能，着力缩小与发达国家差距；加快部署基于IPv6的下一代互联网；鼓励东部地区结合本地经济社会发展需要，积极开展区域试点示范，创新宽带应用服务，培育发展新业务、新业态。

中西部地区。给予政策倾斜，支持中西部地区宽带网络建设，增加光缆路由，提升骨干网络容量，扩大接入网络覆盖范围，与东部地区同步部署应用新一代移动通信技术、下一代广播电视网技术和下一代互联网。加快中西部地区信息内容和网站的建设，推进具有民族特色的信息资源开发和宽带应用服务。创造有利环境，引导大型云计算数据中心落户中西部条件适宜的地区。

农村地区。将宽带纳入电信普遍服务范围，重点解决宽带村村通问题。因地制宜采用光纤、铜线、同轴电缆、3G/LTE、微波、卫星等多种技术手段加快宽带网络从乡镇向行政村、自然村延伸。在人口较为密集的农村地区，积极推动光纤等有线方式到村。在人口较为稀少、分散的农村地区，灵活采用各类无线技术实现宽带网络覆盖。加快研发和推广适合农民需求的低成本智能终端。加强各类涉农信息资源的深度开发，完善农村信息化业务平台和服务中心，提高综合网络信息服务水平。

专栏1 “宽带乡村”工程

根据农村经济发展水平和地理自然条件，灵活选择接入技术，分类、分阶段推进宽带网络向行政村和有条件的自然村延伸。较发达地区在完成行政村通宽带的基础上推进光纤到行政村、宽带到自然村；欠发达地区重点解决行政村宽带覆盖。对建设成本过高的边远地区、山区及海岛等，可以采用移动、卫星等无线宽带技术解决信息孤岛问题；对幅员宽广、居住分散的牧区，推进无线宽带覆盖；对新规划建设的成片新农村、农牧民安居工程，积极推进光纤到楼和光纤到户建设。

（二）加快宽带网络优化升级

骨干网。加快互联网骨干节点升级，推进下一代广播电视网宽带骨干网建设，提升网络流量疏通能力，全面支持 IPv6。优化互联网骨干网间互联架构，扩容网间带宽，保障连接性能。增加国际海陆缆通达方向，完善国际业务节点布局，提升国际互联带宽和流量转接能力。升级国家骨干传输网，提升业务承载能力，增强网络安全可靠性。

接入网和城域网。积极利用各类社会资本，统筹有线、无线技术加快宽带接入网建设。以多种方式推进光纤向用户端延伸，加快下一代广播电视网宽带接入网络的建设，逐步建成以光纤为主、同轴电缆和双绞线等接入资源有效利用的固定宽带接入网络。加大无线宽带网络建设力度，扩大 3G 网络覆盖范围，提高覆盖质量，协调推进 TD-LTE 商用发展，加快无线局域网重要公共区域热点覆盖，加快推进地面广播电视数字化进程。推进城域网优化和扩容。加快接入网、城域网 IPv6 升级改造。规划用地红线内的通信管道等通信设施与住宅区、住宅建筑同步建设，并预先铺设入户光纤，预留设备间，所需投资纳入相应建设项目概算。探索宽带基础设施共建共享的合作新模式。

应用基础设施。统筹互联网数据中心建设，利用云计算和绿色节能技术进行升级改造，提高能效和集约化水平。扩大内容分发网络容量和覆盖范围，提升服务能力和安全管理水平。增加网站接入带宽，优化空间布局，实现互联网信息源高速接入。同步推动政府、学校、企事业单位外网网站系统及商业网站系统的 IPv6 升级改造。

专栏2 宽带网络优化提速

工程光纤城市建设。支持城市新建区域以光纤到户方式为主部署宽带网络，已建区域采用多种方式加快“光进铜退”改造，推进政府、学校、医疗卫生、科技园区、商务楼宇、宾馆酒店等单位的光纤宽带接入部署，提高接入速率。

无线宽带网络建设。支持城市地区以 3G/LTE 网络为主，辅以无线局域网建设无线宽带城市，持续扩大农村地区无线宽带网络的覆盖范围，加大高速公路、高速铁路的无线网络优化力度。

下一代广播电视宽带网建设。采用超高速智能光纤和同轴光缆传输技术建设下一代广播电视宽带网，通过光纤到小区、光纤到自然村、光纤到楼等方式，结合同轴电缆入户，充分利用广播电视网海量下行带宽、室内多信息点分布的优势，满足不同用户对弹性接入带宽的需要，加快实现宽带网络优化提速，促进宽带普及。

互联网骨干网优化。推进网络结构扁平化，扩展骨干链路带宽，提升承载能力。优化骨干网间直联点布局，探索交换中心发展模式，加强对网间互联质量和交换中心的监测，保障骨干网间互联质量，提高互联网服务提供商的接入速度。

骨干传输网优化。适度超前建设超高速大容量光传输系统，持续提升骨干传输网络容量。适时引入和推广智能光传输网技术，提高资源调度的智能化水平。增加西部地区光缆路由密度，推进光缆网向格状网演进，提高国家干线网络安全性能。

（三）提高宽带网络应用水平

经济发展。不断拓展和深化宽带在生产经营中的应用，加快企业宽带联网和基于网络的流程再造与业务创新，利用信息技术改造提升传统产业，实现网络化、智能化、集约化、绿色化发展，促进产业优化升级。不断创新宽带应用模式，培育新市场新业态，加快电子商务、现代物流、网络金融等现代服务业发展，壮大云计算、物联网、移动互联网、智能终端等新一代信息技术产业。行业专用通信要充分利用公众网络资源，满足宽带化发展需求，逐步减少专用通信网数量。

社会民生。着力深化宽带网络在教育、医疗、就业、社保等民生领域的应用。加快学校宽带网络覆盖，积极发展在线教育，实现优质教育资源共享。推动医疗卫生机构宽带联网，加速发展远程医疗和网络化医疗应用，促进医疗服务均等化。加快就业和社会保障信息服务体系建设，实现管理服务的全覆盖，推进社会保障卡应用，加快跨区域就业和社会保障信息互联互通。加强对信息化基础薄弱地区和特殊群体的宽带网络覆盖和服务支撑。

文化建设。加快文化馆（站）、图书馆、博物馆等公益性文化机构和重大文化工程的宽带联网，优化公共文化信息服务体系，大力发展公共数字文化。提升宽带网络对文化事业和文化创意产业的支撑能力，促进宽带网络和文化发展融合，发展数字文化产业等新型文化业态，增强文化传播能力，提高公共文化服务效能和文化产业规模化、集约化水平，推动文化大发展大繁荣。

国防建设。依托公众网络增强军用网络设施的安全可靠、应急响应和动态恢复能力。利用关键技术研发成果，提升军用网络的技术水平和能力。为军队遂行日常战备、训练演习和非战争军事行动适当预置接入和信道资源。完善公众网络和军用网络资源共享共用、应急组织调度的领导机制和联动工作机制。

应用普及。大力推进信息技术在教育教学中的应用，推进优质教育资源普遍共享，加强网络文明与网络安全教育，引导学生形成良好的用网习惯和正确的网络世界观。设立农村公共宽带互联网服务中心，开展宽带上网及应用技能培训。面向中小企业开展宽带应用技能培训及电子商务、网上营销等指导，鼓励企业利用宽带开展业务和商业模式创新。研发推广特殊人群专用信息终端和应用工具。

专栏3　中小企业宽带应用示范工程

支持中小企业宽带上网，推动企业将互联网融入其生产经营流程。支持建设面向中小企业的第三方电子商务平台，鼓励开展在线销售、采购、客户关系管理等活动。

专栏4　贫困学校和特殊教育机构宽带应用示范工程

支持灵活选用不同宽带接入技术，因地制宜为农村地区（尤其是贫困地区和少数民族地区）中小学和残疾人特殊教育机构建设宽带网络设施，开发简便易用的上网终端，丰富特色应用，加大信息助教、助残和扶贫力度，缩小数字鸿沟。

专栏5　数字文化宽带应用示范工程

建设可智能适配不同宽带接入网络和终端的广播影视、文化馆、图书馆、博物馆等数字文化内容平台，提高数字文化内容平台的宽带联网和互联互通水平，结合宽带网络能力提升创新数字文化服务业态，丰富各类数字文化应用，开发数字文化应用智能终端，开展各类数字文化宽带应用示范，促进宽带网络和文化发展融合，增强文化传播能力。

（四）促进宽带网络产业链不断完善

关键技术研发。推进实施新一代宽带无线移动通信网、下一代互联网等专项和“863”计划、科技支撑计划等。加强更高速光纤宽带接入、超高速大容量光传输、超大容量路由交换、数字家庭、大规模资源管理调度和数据处理、新一代万维网（Web）、新型人机交互、绿色节能、量子通信等领域关键技术研发，着力突破宽带网络关键核心技术，加速形成自主知识产权。进一步完善宽带网络标准体系，积极参与相关国际标准和规范的研究制定。

重大产品产业化。在光通信、新一代移动通信、下一代互联网、下一代广播电视网、移动互联网、云计算、数字家庭等重点领域，加大对关键设备核心芯片、高端光电子器件、操作系统等高端产品研发及产业化的支持力度。支持宽带网络核心设备研制、产业化及示范应用，着力突破产业瓶颈，提升自主发展能力。鼓励组建重点领域技术产业联盟，完善产业链上下游协作，推动产业协同创新。

智能终端研制。充分发挥无线和有线宽带网络能力，面向教育、医疗卫生、交通、家居、节能环保、公共安全等重点领域，积极发展物美价廉的移动终端、互联网电视、平板电脑等多种形态的上网终端产品。推动移动互联网操作系统、核心芯片、关键器件等的研发创新。加快3G、TD-LTE及其他技术制式的多模智能终端研发与推广应用。

支撑平台建设。充分整合现有资源，在宽带网络相关技术领域，推动国家工程中心、实验室等产业创新能力平台建设。研究制定宽带网络发展评测指标体系，构建覆盖全国的宽带网络信息测试与采集系统，实现宽带网络性能常态化监测。

专栏6　宽带核心设备研制产业化工程

光纤宽带接入核心设备研制与示范。突破大容量、高带宽、长距离的新一代光纤接入网关键技术，研制光接入网设备核心器件芯片，推动智能光分配网络和海量数据管理系统的成熟与产业化，开发测试平台，开展示范应用。

骨干光传输和路由交换设备研制和试点。研制下一代光网络体系架构、超高速波分复用传输和智能组网、分组光传送网、高精度时间同步、超大容量路由交换等核心设备，突破相关核心芯片和高端光电器件技术，实现产业化。完善相关国际国内标准，开展技术试验和试点应用。

宽带接入智能终端研发和产业化。面向智能手机、智能电视、智能机顶盒、平板电脑等多类型终端和数字家庭网关，组织开展自主操作系统和配套应用的规模商用。突破智能终端处理器芯片、新一代Web、多模态人机交互、多模智能终端和多屏智能切换等关键技术。

专栏7 “宽带中国”地图建设工程

建立宽带发展监测体系和评价指标体系，建设覆盖全国的宽带发展测评系统，实现对网络覆盖、接入带宽、用户规模、主要网站接入速率等信息的动态监测，建立宽带发展状况报告和宽带地图发布机制。

（五）增强宽带网络安全保障能力

技术支撑能力。加强宽带网络信息安全与应急通信关键技术研究，提高基础软硬件产品、专用安全产品、应急通信装备的可控水平，支持技术产品研发，完善相关产业链，提高宽带网络信息安全与应急通信技术支撑能力。

安全防护体系。加快形成与宽带网络发展相适应的安全保障能力，构建下一代网络信息安全防护体系，提高对网络和信息安全事件的监测、发现、预警、研判和应急处置能力，完善网络和重要信息系统的安全风险评估评测机制和手段，提升网络基础设施攻击防范、应急响应和灾难备份恢复能力。

应急通信系统。提高宽带网络基础设施的可靠性和抗毁性，逐步实现宽带网络的应急优先服务，提升宽带网络的应急通信保障能力。加强基于宽带技术的应急通信装备配备，加快应急通信系统的宽带化改造。

安全管理机制。引导和规范新技术、新应用安全发展，构建安全评测评估体系，提高主动安全管理能力。加强信息保护体系建设，制定和完善个人隐私信息保护、打击网络犯罪等方面法律法规，推动行业自律和公众监督，加强用户安全宣传教育，构建全方位的社会化治理体系，着力打造安全、健康、诚信的网络环境。

【政策措施】

（一）加强组织领导

建立“宽带中国”战略实施部际协调机制，加强统筹和配合，协调解决重大问题，务实推进战略的贯彻实施。各部门要充分整合、有效利用现有资源和政策，抓紧制定出台配套政策，确保各项任务措施落到实处。地方各级人民政府要将宽带发展纳入地区经济社会和城镇化发展规划，加强组织领导，结合实际适度超前部署，加大资金投入和政策支持力度，避免重复建设，推进本地区宽带快速健康发展。

（二）完善制度环境

完善法律法规。加快推动出台相关法律法规，明确宽带网络作为国家公共基础设施的法律地位，强化宽带网络设施保护。依法保护个人信息，营造安全可信的网络环境，促进宽带应用发展。

健全监管体系。全面推进三网融合，加快电信和广电业务双向进入，建立和完善适应三网融合需要的网络信息安全和文化安全监管机制。健全宽带网络监管制度，加强监管能力建设，推进监管队伍向地市延伸。

推动开放竞争。逐步开放宽带接入网业务，鼓励民间资本参与宽带网络设施建设和业务运营，推动形成多种主体相互竞争、优势互补、共同发展的市场格局。规范宽带市场竞争行为，保障住宅小区及机场、高速公路、地铁等公共服务区域的公平进入。加强国家骨干网网间通信质量监管，建立网间互联带宽扩容长效机制，完善骨干网网间结算办法，保障网间互联高效畅通和骨干网公平竞争。通过产业联盟、行业协会等各种渠道，引导宽带网络设备制造和信息服务企业加强行业自律，建立竞争机制，共同维护竞争秩序。

深化应用创新。构建和完善宏观调控、社会管理和公共服务等基础信息资源体系，加快建立公益性信息资源开发应用长效机制，推进农业、科技、教育、文化、卫生、人口、就业和社会保障、国土资源等领域信息资源的公益性利用，建立跨地区、跨部门、跨层级的开放共享机制。

（三）规范建设秩序

严格落实宽带网络建设规划和规范。按照城乡规划法、土地管理法和城市通信工程规划规范等法律法规和规范规定，将宽带网络建设纳入各地城乡规划、土地利用总体规划。切实执行住宅小区和住宅建筑宽带网络设施的工程设计、施工及验收规范。做好宽带网络与高速公路、铁路、机场等交通设施规划和建设的衔接。

保障宽带网络设施建设与通行。政府机关、企事业单位和公共机构等所属公共设施，市政设施、公路、铁路、机场、地铁等公共设施应向宽带网络设施建设开放，并提供通行便利。对因征地拆迁、城乡建设等造成的光缆、管道、基站、机房等宽带网络设施迁移和毁损，严格按照有关标准予以补偿。

深化网络设施共建共享。在城市地下管线规划、控制性详细规划中，统筹安排通信工程综合管道网和相关设施，加强宽带网络设施与城市其他通信管线、居住区、公共建筑等管线的协调。深化光缆、管道、基站等电信基础设施的共建共享，创新合作模式，探索应用新技术，促进资源节约。

（四）加大财税扶持

加大财政资金支持。完善电信普遍服务补偿机制，形成支持农村和中西部地区宽带发展的长效机制。充分利用中央各类专项资金，引导地方相关资金投向宽带网络研发及产业化，以及农村和老少边穷地区的宽带网络发展。对西部地区符合条件的国家级开发区宽带建设项目贷款予以贴息支持。

加强税收优惠扶持。将西部地区宽带网络建设和运营纳入《西部地区鼓励类产业目录》，扶持西部地区宽带发展。结合电信行业特点，在营业税改增值税改革中，制定增值税相关政策与征管制度，完善电信业增值税抵扣机制，支持宽带网络建设。

完善投融资政策。将宽带业务纳入《中西部地区外商投资优势产业目录》。推进专利等知识产权质押融资工作，加大对宽带应用服务企业的融资支持力度，积极支持符合条件的宽带应用服务企业在海内外资本市场直接融资。完善基础电信企业经营业绩考核机制，进一步优化基础电信企业经济增加值考核指标，引导宽带网络投资更多地投向西部和农村地区。

（五）优化频谱规划

明确国家无线频谱路线图。尽快研究确定国家宽带无线发展各阶段的频谱需求，梳理无线频谱分布和利用状况。加快研究频谱规划方案，制定频谱中长期规划，明确无线频谱综合利用的时间表和路线图。

促进频谱资源高效利用。支持动态频谱分配等高效利用频谱资源新技术的开发运用，支持消除干扰技术和设备的研发和利用，促进不同无线业务类型频率的共用共享，提高频率资源整体利用率。

加强公共频段上无线设备的监管。统筹无线局域网等无线通信网络的部署，鼓励无线设备共建共享，避免频率干扰，提高频谱资源使用效益。加强无线电发射设备研制、生产、进口、销售、使用等环节的监管，维护空中电波秩序。

（六）加强人才培养

优先保障人才发展投入。争取国家重大人才工程加大对宽带人才队伍建设的支持力度，加强宽带领域专业技术人才继续教育。依托重大科研、工程、产业攻关等项目开展人才培养工作，重视发挥企业作用，在实践中聚集和培养人才。

加大高层次人才引进和培养。加强宽带重点领域创新型人才引进，将所需人才纳入国家海外高层次人才引进计划，大力吸引海外高层次人才在华创新创业。鼓励采用合作办学、定向培养、继续教育等多种形式，创新宽带相关专业人才培养模式，建立科研机构、高校创新人才向企业流动的机制。

（七）深化国际合作

加强网络基础资源国际合作。探索建立适应互联网域名、网址和网际协议地址（IP 地址）资源全球化发展要求的地区和国家间的协调与合作机制。加强无线频谱、卫星轨道等资源分配使用的国际协作。借鉴国外先进经验，推动开展资源技术联合研究，提高资源利用效率。加强互联网骨干网的国际互联合作，进一步提升我国互联网骨干网企业的国际地位。

深化网络空间国际合作。加强国际交流，推动双边、多边协调和对话，建立多层次的沟通交流平台，提升参与网络空间国际治理和规则制定的话语权。加强网络空间规则、资源、安全等国际合作，积极参与国际社会互联网公共政策与规则的制定，推动国际互联网健康发展。

加大知识产权国际合作。完善知识产权保护制度，强化数字内容和互联网应用的知识产权保护，加强打击互联网领域侵权盗版行为的国际合作。加强宽带相关技术和产品的专利布局、专利预警、海外维权和争端解决，提升企业依法应对知识产权纠纷的能力。

计算机软件保护条例

（2001 年 12 月 20 日中华人民共和国国务院令第 339 号公布、根据 2011 年 1 月 8 日《国务院关于废止和修改部分行政法规的决定》第一次修订、根据 2013 年 1 月 30 日《国务院关于修改〈计算机软件保护条例〉的决定》第二次修订）

第一章　总　则

第一条　为了保护计算机软件著作权人的权益，调整计算机软件在开发、传播和使用中发生的利益关系，鼓励计算机软件的开发与应用，促进软件产业和国民经济信息化的发展，根据《中华人民共和国著作权法》，制定本条例。

第二条　本条例所称计算机软件（以下简称软件），是指计算机程序及其有关文档。

第三条　本条例下列用语的含义：

（一）计算机程序，是指为了得到某种结果而可以由计算机等具有信息处理能力的装置执行的代码化指令序列，或者可以被自动转换成代码化指令序列的符号化指令序列或者符号化语句序列。同一计算机程序的源程序和目标程序为同一作品。

（二）文档，是指用来描述程序的内容、组成、设计、功能规格、开发情况、测试结果及使用方法的文字资料和图表等，如程序设计说明书、流程图、用户手册等。

（三）软件开发者，是指实际组织开发、直接进行开发，并对开发完成的软件承担责任的法人或者其他组织；或者依靠自己具有的条件独立完成软件开发，并对软件承担责任的自然人。

（四）软件著作权人，是指依照本条例的规定，对软件享有著作权的自然人、法人或者其他组织。

第四条　受本条例保护的软件必须由开发者独立开发，并已固定在某种有形物体上。

第五条　中国公民、法人或者其他组织对其所开发的软件，不论是否发表，依照本条例享有著作权。

外国人、无国籍人的软件首先在中国境内发行的，依照本条例享有著作权。

外国人、无国籍人的软件，依照其开发者所属国或者经常居住地国同中国签订的协议或者依照中国参加的国际条约享有的著作权，受本条例保护。

第六条　本条例对软件著作权的保护不延及开发软件所用的思想、处理过程、操作方法或者数学概念等。

第七条　软件著作权人可以向国务院著作权行政管理部门认定的软件登记机构办理登记。软件登记机构发放的登记证明文件是登记事项的初步证明。

办理软件登记应当缴纳费用。软件登记的收费标准由国务院著作权行政管理部门会同国务院价格主管部门规定。

第二章 软件著作权

第八条 软件著作权人享有下列各项权利：

（一）发表权，即决定软件是否公之于众的权利；

（二）署名权，即表明开发者身份，在软件上署名的权利；

（三）修改权，即对软件进行增补、删节，或者改变指令、语句顺序的权利；

（四）复制权，即将软件制作一份或者多份的权利；

（五）发行权，即以出售或者赠与方式向公众提供软件的原件或者复制件的权利；

（六）出租权，即有偿许可他人临时使用软件的权利，但是软件不是出租的主要标的的除外；

（七）信息网络传播权，即以有线或者无线方式向公众提供软件，使公众可以在其个人选定的时间和地点获得软件的权利；

（八）翻译权，即将原软件从一种自然语言文字转换成另一种自然语言文字的权利；

（九）应当由软件著作权人享有的其他权利。

软件著作权人可以许可他人行使其软件著作权，并有权获得报酬。

软件著作权人可以全部或者部分转让其软件著作权，并有权获得报酬。

第九条 软件著作权属于软件开发者，本条例另有规定的除外。

如无相反证明，在软件上署名的自然人、法人或者其他组织为开发者。

第十条 由两个以上的自然人、法人或者其他组织合作开发的软件，其著作权的归属由合作开发者签订书面合同约定。无书面合同或者合同未作明确约定，合作开发的软件可以分割使用的，开发者对各自开发的部分可以单独享有著作权；但是，行使著作权时，不得扩展到合作开发的软件整体的著作权。合作开发的软件不能分割使用的，其著作权由各合作开发者共同享有，通过协商一致行使；不能协商一致，又无正当理由的，任何一方不得阻止他方行使除转让权以外的其他权利，但是所得收益应当合理分配给所有合作开发者。

第十一条 接受他人委托开发的软件，其著作权的归属由委托人与受托人签订书面合同约定；无书面合同或者合同未作明确约定的，其著作权由受托人享有。

第十二条 由国家机关下达任务开发的软件，著作权的归属与行使由项目任务书或者合同规定；项目任务书或者合同中未作明确规定的，软件著作权由接受任务的法人或者其他组织享有。

第十三条 自然人在法人或者其他组织中任职期间所开发的软件有下列情形之一的，该软件著作权由该法人或者其他组织享有，该法人或者其他组织可以对开发软件的自然人进行奖励：

（一）针对本职工作中明确指定的开发目标所开发的软件；

（二）开发的软件是从事本职工作活动所预见的结果或者自然的结果；

（三）主要使用了法人或者其他组织的资金、专用设备、未公开的专门信息等物质技术条件所开发并由法人或者其他组织承担责任的软件。

第十四条 软件著作权自软件开发完成之日起产生。

自然人的软件著作权，保护期为自然人终生及其死亡后50年，截止于自然人死亡后第50年的12月31日；软件是合作开发的，截止于最后死亡的自然人死亡后第 50 年的 12 月31日。

法人或者其他组织的软件著作权，保护期为50年，截止于软件首次发表后第50年的12月31日，但软件自开发完成之日起50年内未发表的，本条例不再保护。

第十五条 软件著作权属于自然人的，该自然人死亡后，在软件著作权的保护期内，软件著作权的继承人可以依照《中华人民共和国继承法》的有关规定，继承本条例第八条规定的除署名权以外的其他权利。

软件著作权属于法人或者其他组织的，法人或者其他组织变更、终止后，其著作权在本条例规定的保护期内由承受其权利义务的法人或者其他组织享有；没有承受其权利义务的法人或者其他组织的，由国家享有。

第十六条　软件的合法复制品所有人享有下列权利：

（一）根据使用的需要把该软件装入计算机等具有信息处理能力的装置内；

（二）为了防止复制品损坏而制作备份复制品。这些备份复制品不得通过任何方式提供给他人使用，并在所有人丧失该合法复制品的所有权时，负责将备份复制品销毁；

（三）为了把该软件用于实际的计算机应用环境或者改进其功能、性能而进行必要的修改；但是，除合同另有约定外，未经该软件著作权人许可，不得向任何第三方提供修改后的软件。

第十七条　为了学习和研究软件内含的设计思想和原理，通过安装、显示、传输或者存储软件等方式使用软件的，可以不经软件著作权人许可，不向其支付报酬。

第三章　软件著作权的许可使用和转让

第十八条　许可他人行使软件著作权的，应当订立许可使用合同。

许可使用合同中软件著作权人未明确许可的权利，被许可人不得行使。

第十九条　许可他人专有行使软件著作权的，当事人应当订立书面合同。

没有订立书面合同或者合同中未明确约定为专有许可的，被许可行使的权利应当视为非专有权利。

第二十条　转让软件著作权的，当事人应当订立书面合同。

第二十一条　订立许可他人专有行使软件著作权的许可合同，或者订立转让软件著作权合同，可以向国务院著作权行政管理部门认定的软件登记机构登记。

第二十二条　中国公民、法人或者其他组织向外国人许可或者转让软件著作权的，应当遵守《中华人民共和国技术进出口管理条例》的有关规定。

第四章　法律责任

第二十三条　除《中华人民共和国著作权法》或者本条例另有规定外，有下列侵权行为的，应当根据情况，承担停止侵害、消除影响、赔礼道歉、赔偿损失等民事责任：

（一）未经软件著作权人许可，发表或者登记其软件的；

（二）将他人软件作为自己的软件发表或者登记的；

（三）未经合作者许可，将与他人合作开发的软件作为自己单独完成的软件发表或者登记的；

（四）在他人软件上署名或者更改他人软件上的署名的；

（五）未经软件著作权人许可，修改、翻译其软件的；

（六）其他侵犯软件著作权的行为。

第二十四条　除《中华人民共和国著作权法》、本条例或者其他法律、行政法规另有规定外，未经软件著作权人许可，有下列侵权行为的，应当根据情况，承担停止侵害、消除影响、赔礼道歉、赔偿损失等民事责任；同时损害社会公共利益的，由著作权行政管理部门责令停止侵权行为，没收违法所得，没收、销毁侵权复制品，可以并处罚款；情节严重的，著作权行政管理部门并可以没收主要用于制作侵权复制品的材料、工具、设备等；触犯刑律的，依照刑法关于侵犯著作权罪、销售侵权复制品罪的规定，依法追究刑事责任：

（一）复制或者部分复制著作权人的软件的；

（二）向公众发行、出租、通过信息网络传播著作权人的软件的；

（三）故意避开或者破坏著作权人为保护其软件著作权而采取的技术措施的；

（四）故意删除或者改变软件权利管理电子信息的；

（五）转让或者许可他人行使著作权人的软件著作权的。

有前款第一项或者第二项行为的，可以并处每件100元或者货值金额1倍以上5倍以下的罚款；有前款第三项、第四项或者第五项行为的，可以并处20万元以下的罚款。

第二十五条　侵犯软件著作权的赔偿数额，依照《中华人民共和国著作权法》第四十九条的规定确定。

第二十六条　软件著作权人有证据证明他人正在实施或者即将实施侵犯其权利的行为，如不及时制止，将会使其合法权益受到难以弥补的损害的，可以依照《中华人民共和国著作权法》第五十条的规定，在提起诉讼前向人民法院申请采取责令停止有关行为和财产保全的措施。

第二十七条　为了制止侵权行为，在证据可能灭失或者以后难以取得的情况下，软件著作权人可以依照《中华人民共和国著作权法》第五十一条的规定，在提起诉讼前向人民法院申请保全证据。

第二十八条　软件复制品的出版者、制作者不能证明其出版、制作有合法授权的，或者软件复制品的发行者、出租者不能证明其发行、出租的复制品有合法来源的，应当承担法律责任。

第二十九条　软件开发者开发的软件，由于可供选用的表达方式有限而与已经存在的软件相似的，不构成对已经存在的软件的著作权的侵犯。

第三十条　软件的复制品持有人不知道也没有合理理由应当知道该软件是侵权复制品的，不承担赔偿责任；但是，应当停止使用、销毁该侵权复制品。如果停止使用并销毁该侵权复制品将给复制品使用人造成重大损失的，复制品使用人可以在向软件著作权人支付合理费用后继续使用。

第三十一条　软件著作权侵权纠纷可以调解。

软件著作权合同纠纷可以依据合同中的仲裁条款或者事后达成的书面仲裁协议，向仲裁机构申请仲裁。

当事人没有在合同中订立仲裁条款，事后又没有书面仲裁协议的，可以直接向人民法院提起诉讼。

第五章　附　则

第三十二条　本条例施行前发生的侵权行为，依照侵权行为发生时的国家有关规定处理。

第三十三条　本条例自2002年1月1日起施行。1991年6月4日国务院发布的《计算机软件保护条例》同时废止。

国务院关于推进物联网有序健康发展的指导意见

国发〔2013〕7号

各省、自治区、直辖市人民政府，国务院各部委、各直属机构：

物联网是新一代信息技术的高度集成和综合运用，具有渗透性强、带动作用大、综合效益好的特点，推进物联网的应用和发展，有利于促进生产生活和社会管理方式向智能化、精细化、网络化方向转变，对于提高国民经济和社会生活信息化水平，提升社会管理和公共服务水平，带动相关学科发展和技术创新能力增强，推动产业结构调整和发展方式转变具有重要意义，我国已将物联网作为战略性新兴产业的一项重要组成内容。目前，在全球范围内物联网正处于起步发展阶段，物联网技术发展和产业应用具有广阔的前景和难得的机遇。经过多年发展，我国在物联网技术研发、标准研制、产业培育和行业应用等方面已初步具备一定基础，但也存在关键核心技术有待突破、产业基础薄弱、网络信息安全存在潜在隐患、一些地方出现盲目建设现象等问题，急需加强引导加快解决。为推进我国物联网有序健康发展，现提出以下指导意见。

【指导思想、基本原则和发展目标】

（一）指导思想

以邓小平理论、“三个代表”重要思想、科学发展观为指导，加强统筹规划，围绕经济社会发展的实际需求，以市场为导向，以企业为主体，以突破关键技术为核心，以推动需求应用为抓手，以培育产业为重点，以保障安全为前提，营造发展环境，创新服务模式，强化标准规范，合理规划布局，加强资源共享，深化军民融合，打造具有国际竞争力的物联网产业体系，有序推进物联网持续健康发展，为促进经济社会可持续发展作出积极贡献。

（二）基本原则

统筹协调。准确把握物联网发展的全局性和战略性问题，加强科学规划，统筹推进物联网应用、技术、产业、标准的协调发展。加强部门、行业、地方间的协作协同。统筹好经济发展与国防建设。

创新发展。强化创新基础，提高创新层次，加快推进关键技术研发及产业化，实现产业集聚发展，培育壮大骨干企业。拓宽发展思路，创新商业模式，发展新兴服务业。强化创新能力建设，完善公共服务平台，建立以企业为主体、产学研用相结合的技术创新体系。

需求牵引。从促进经济社会发展和维护国家安全的重大需求出发，统筹部署、循序渐进，以重大示范应用为先导，带动物联网关键技术突破和产业规模化发展。在竞争性领域，坚持应用推广的市场化。在社会管理和公共服务领域，积极引入市场机制，增强物联网发展的内生性动力。

有序推进。根据实际需求、产业基础和信息化条件，突出区域特色，有重点、有步骤地推进物联网持续健康发展。加强资源整合协同，提高资源利用效率，避免重复建设。

安全可控。强化安全意识，注重信息系统安全管理和数据保护。加强物联网重大应用和系统的安全测评、风险评估和安全防护工作，保障物联网重大基础设施、重要业务系统和重点领域应用的安全可控。

（三）发展目标

总体目标。实现物联网在经济社会各领域的广泛应用，掌握物联网关键核心技术，基本形成安全可控、具有国际竞争力的物联网产业体系，成为推动经济社会智能化和可持续发展的重要力量。

近期目标。到2015年，实现物联网在经济社会重要领域的规模示范应用，突破一批核心技术，初步形成物联网产业体系，安全保障能力明显提高。

——协同创新。物联网技术研发水平和创新能力显著提高，感知领域突破核心技术瓶颈，明显缩小与发达国家的差距，网络通信领域与国际先进水平保持同步，信息处理领域的关键技术初步达到国际先进水平。实现技术创新、管理创新和商业模式创新的协同发展。创新资源和要素得到有效汇聚和深度合作。

——示范应用。在工业、农业、节能环保、商贸流通、交通能源、公共安全、社会事业、城市管理、安全生产、国防建设等领域实现物联网试点示范应用，部分领域的规模化应用水平显著提升，培育一批物联网应用服务优势企业。

——产业体系。发展壮大一批骨干企业，培育一批“专、精、特、新”的创新型中小企业，形成一批各具特色的产业集群，打造较完善的物联网产业链，物联网产业体系初步形成。

——标准体系。制定一批物联网发展所急需的基础共性标准、关键技术标准和重点应用标准，初步形成满足物联网规模应用和产业化需求的标准体系。

——安全保障。完善安全等级保护制度，建立健全物联网安全测评、风险评估、安全防范、应急处置等机制，增强物联网基础设施、重大系统、重要信息等的安全保障能力，形成系统安全可用、数据安全可信的物联网应用系统。

【主要任务】

（一）加快技术研发，突破产业瓶颈

以掌握原理实现突破性技术创新为目标，把握技术发展方向，围绕应用和产业急需，明确发展重点，加强低成本、低功耗、高精度、高可靠、智能化传感器的研发与产业化，着力突破物联网核心芯片、软件、仪器仪表等基础共性技术，加快传感器网络、智能终端、大数据处理、智能分析、服务集成等关键技术研发创新，推进物联网与新一代移动通信、云计算、下一代互联网、卫星通信等技术的融合发展。充分利用和整合现有创新资源，形成一批物联网技术研发实验室、工程中心、企业技术中心，促进应用单位与相关技术、产品和服务提供商的合作，加强协同攻关，突破产业发展瓶颈。

（二）推动应用示范，促进经济发展

对工业、农业、商贸流通、节能环保、安全生产等重要领域和交通、能源、水利等重要基础设施，围绕生产制造、商贸流通、物流配送和经营管理流程，推动物联网技术的集成应用，抓好一批效果突出、带动性强、关联度高的典型应用示范工程。积极利用物联网技术改造传统产业，推进精细化管理和科学决策，提升生产和运行效率，推进节能减排，保障安全生产，创新发展模式，促进产业升级。

（三）改善社会管理，提升公共服务

在公共安全、社会保障、医疗卫生、城市管理、民生服务等领域，围绕管理模式和服务模式创新，实施物联网典型应用示范工程，构建更加便捷高效和安全可靠的智能化社会管理和公共服务体系。发挥物联网技术优势，促进社会管理和公共服务信息化，扩展和延伸服务范围，提升管理和服务水平，提高人民生活质量。

（四）突出区域特色，科学有序发展

引导和督促地方根据自身条件合理确定物联网发展定位，结合科研能力、应用基础、产业园区等特点和优势，科学谋划，因地制宜，有序推进物联网发展，信息化和信息产业基础较好的地区要强化物联网技术研发、产业化及示范应用，信息化和信息产业基础较弱的地区侧重推广成熟的物联网应用。加快推进无锡国家传感网创新示范区建设。应用物联网等新一代信息技术建设智慧城市，要加强统筹、注重效果、突出特色。

（五）加强总体设计，完善标准体系

强化统筹协作，依托跨部门、跨行业的标准化协作机制，协调推进物联网标准体系建设。按照急用先立、共性先立原则，加快编码标识、接口、数据、信息安全等基础共性标准、关键技术标准和重点应用标准的研究制定。推动军民融合标准化工作，开展军民通用标准研制。鼓励和支持国内机构积极参与国际标准化工作，提升自主技术标准的国际话语权。

（六）壮大核心产业，提高支撑能力

加快物联网关键核心产业发展，提升感知识别制造产业发展水平，构建完善的物联网通信网络制造及服务产业链，发展物联网应用及软件等相关产业。大力培育具有国际竞争力的物联网骨干企业，积极发展创新型中小企业，建设特色产业基地和产业园区，不断完善产业公共服务体系，形成具有较强竞争力的物联网产业集群。强化产业培育与应用示范的结合，鼓励和支持设备制造、软件开发、服务集成等企业及科研单位参与应用示范工程建设。

（七）创新商业模式，培育新兴业态

积极探索物联网产业链上下游协作共赢的新型商业模式。大力支持企业发展有利于扩大市场需求的物联网专业服务和增值服务，推进应用服务的市场化，带动服务外包产业发展，培育新兴服务产业。鼓励和支持电信运营、信息服务、系统集成等企业参与物联网应用示范工程的运营和推广。

（八）加强防护管理，保障信息安全

提高物联网信息安全管理与数据保护水平，加强信息安全技术的研发，推进信息安全保障体系建设，建立健全监督、检查和安全评估机制，有效保障物联网信息采集、传输、处理、应用等各环节的安全可控。涉及国家公共安全和基础设施的重要物联网应用，其系统解决方案、核心设备以及运营服务必须立足于安全可控。

（九）强化资源整合，促进协同共享

充分利用现有公共通信和网络基础设施开展物联网应用。促进信息系统间的互联互通、资源共享和业务协同，避免形成新的信息孤岛。重视信息资源的智能分析和综合利用，避免重数据采集、轻数据处理和综合应用。加强对物联网建设项目的投资效益分析和风险评估，避免重复建设和不合理投资。

【保障措施】

（一）加强统筹协调形成发展合力

建立健全部门、行业、区域、军地之间的物联网发展统筹协调机制，充分发挥物联网发展部际联席会议制度的作用，研究重大问题，协调制定政策措施和行动计划，加强应用推广、技术研发、标准制定、产业链构建、基础设施建设、信息安全保障、无线频谱资源分配利用等的统筹，形成资源共享、协同推进的工作格局和各环节相互支撑、相互促进的协同发展效应。加强物联网相关规划、科技重大专项、产业化专项等的衔接协调，合理布局物联网重大应用示范和产业化项目，强化产业链配套和区域分工合作。

（二）营造良好发展环境

建立健全有利于物联网应用推广、创新激励、有序竞争的政策体系，抓紧推动制定完善信息安全与隐私保护等方面的法律法规。建立鼓励多元资本公平进入的市场准入机制。加快物联网相关标准、检测、认证等公共服务平台建设，完善支撑服务体系。加强知识产权保护，积极开展物联网相关技术的知识产权分析评议，加快推进物联网相关专利布局。

（三）加强财税政策扶持

加大中央财政支持力度，充分发挥国家科技计划、科技重大专项的作用，统筹利用好战略性新兴产业发展专项资金、物联网发展专项资金等支持政策，集中力量推进物联网关键核心技术研发和产业化，大力支持标准体系、创新能力平台、重大应用示范工程等建设。支持符合现行软件和集成电路税收优惠政策条件的物联网企业按规定享受相关税收优惠政策，经认定为高新技术企业的物联网企业按规定享受相关所得税优惠政策。

（四）完善投融资政策

鼓励金融资本、风险投资及民间资本投向物联网应用和产业发展。加快建立包括财政出资和社会资金投入在内的多层次担保体系，加大对物联网企业的融资担保支持力度。对技术先进、优势明显、带动和支撑作用强的重大物联网项目优先给予信贷支持。积极支持符合条件的物联网企业在海内外资本市场直接融资。鼓励设立物联网股权投资基金，通过国家新兴产业创投计划设立一批物联网创业投资基金。

（五）提升国际合作水平

积极推进物联网技术交流与合作，充分利用国际创新资源。鼓励国外企业在我国设立物联网研发机构，引导外资投向物联网产业。立足于提升我国物联网应用水平和产业核心竞争力，引导国内企业与国际优势企业加强物联网关键技术和产品的研发合作。支持国内企业参与物联网全球市场竞争，推动我国自主技术和标准走出去，鼓励企业和科研单位参与国际标准制定。

（六）加强人才队伍建设

建立多层次多类型的物联网人才培养和服务体系。支持相关高校和科研院所加强多学科交叉整合，加快培养物联网相关专业人才。依托国家重大专项、科技计划、示范工程和重点企业，培养物联网高层次人才和领军人才。加快引进物联网高层次人才，完善配套服务，鼓励海外专业人才回国或来华创业。

各地区、各部门要按照本意见的要求，进一步深化对发展物联网重要意义的认识，结合实际，扎实做好相关工作。各部门要按照职责分工，尽快制定具体实施方案、行动计划和配套政策措施，加强沟通协调，抓好任务措施落实，确保取得实效。

国务院

2013 年 2 月 5 日

先进典范篇

优秀单位

大唐电信科技产业集团

大唐电信科技产业集团认真贯彻落实国资委指导要求，坚持“突出重点、统筹规划、分类推进、注重整合、保障安全”的整体工作原则，加大集团信息化工作的整体统筹和协同推进力度，完成集团“十三五”信息化规划编制工作，促进信息化与业务的紧密融合，开展各类信息系统的优化整合、深化应用等工作，高度重视IT运维和信息安全等基础性工作，持续提升IT支持服务能力和信息安全保障水平，为集团改革发展起到了重要的支撑作用。

【加强组织保障，提升信息化统筹推进力度】

集团成立信息化工作领导小组和信息化专家委员会，集团董事长担任领导小组组长，提升集团信息化工作的整体统筹和协同推进力度，同时充分发挥内外部专家对集团信息化建设的参谋咨询作用。集团信息化领导机制和组织体系的建立健全，为集团信息化工作的深入推进提供了有力的组织保障。

集团定期组织召开信息化工作会议、信息化工作领导小组全体会议以及信息化专家委员会全体会议等多项重点会议，以“深化整合、强化安全、优化应用”为主题，分析研判新形势和新任务，面向“十三五”，对集团信息化工作进行了全面部署。

【加强顶层设计，提升信息化规划能力】

按照集团“十三五”战略规划要求，通过专家培训和交流研讨，紧密结合集团管控和各产业板块的发展要求，完成集团“十三五”信息化规划编制工作，提出“十三五”期间集团信息化工作思路、原则和目标，规划设计集团信息化整体架构，全面部署集团总部和各单位重点建设任务。

【推进项目实施，促进信息化与业务紧密融合】

以促进信息化与业务紧密融合为原则，集团总部和各单位持续开展各类业务信息系统的优化与整合、深化应用等项目实施工作。

集团总部完成全面预算管理系统的功能优化、人力资源管理系统的深化应用、产品货架系统的上线应用、战略信息平台的功能完善、档案管理系统的升级应用等重点工作，为相关业务工作提供有效的支撑手段。同时，发挥信息化对提升办公效能、促进信息共享等方面的重要支撑作用，对OA办公系统模块进行技术升级，提高系统响应速度；完成集团邮件系统迁移升级工作，提供更加安全稳定的邮件办公环境；完成集团内部网站群平台搭建，集团主站点和所属单位子站点已上线应用；推进清理整合业务报表专项工作，加强内外部调研交流，推进业务报表信息化支撑工作。

集团所属各单位结合自身产业发展需要，在研发、生产、制造、销售、服务等重点环节及财务管理、人力资源管理、行政办公等领域不断优化信息系统功能，持续深化应用效果，以信息化手段促进管理创新、支撑降本增效，提升企业经营管理水平。

【夯实基础运维，提升信息安全保障水平】

强化信息安全保障工作，注重对保密工作做好支撑。推进集团商业秘密技术防护体系建设工作，组织集团相关产业单位开展参观交流活动，为经验分享和工作推进搭建平台。完成集团互联网网站安全整改工作，通过更新设备增强互联网出口和无线网安全防护能力，制定集团异地灾备平台规划方案，持续做好各类信息系统的安全防护工作，全年未发生重大信息安全事故。

加强信息安全制度建设，发布《关于加强信息安全工作的指导意见》，提出“十三五”信息安全管理工作的整体目标和工作原则，明确网络防护、系统保护、自查评估、应急响应、设施管理和新技术安全等重点工作要求。

夯实基础，强化IT运维，开展全集团IT运维与信息安全情况专题调研工作，研究分析存在问题，分类指导提出改进建议。发挥IT团队协同作用，做好日常IT运维，确保各类信息化系统和平台持续稳定运行，满足业务连续性要求，提升IT支持服务质量。

加强集团与所属单位的网络互联互通，集团视频会议分会场增加到7个，全年共召开约60次视频会议，极大地方便了外地参会人员，节约了差旅费用和时间成本。

鞍钢集团公司

2015年，鞍钢集团公司认真贯彻落实《中国制造2025》行动纲要及“互联网+”行动计划精神，持续推进企业两化深度融合及管理创新建设。在加强信息化顶层设计的基础上，充分利用云计算、大数据、物联网、移动应用、智能技术等先进的IT技术，稳步、快速地推进各个层级的信息化项目建设，满足各业务的综合管控需求，同时通过开展信息化水平评价工作，进一步推动了集团信息化建设，为打赢“扭亏增效、转型升级”两大战役提供了有力的信息化支撑。

【加强顶层规划设计，推动企业管理创新变革】

鞍钢集团紧密结合集团业务管控需求和信息化项目建设情况，完成了《鞍钢信息化战略发展规划（2015—2017年）》的滚动修编工作；开展了集团“十三五”信息化战略规划的编制准备，在各业务部门、子企业信息化技术专家的配合下，完成了集团全局性项目及重点项目的规划初稿。同时启动集团公司网络、数据及灾备中心的专项规划设计工作，为夯实集团公司信息化发展基础创造了条件。

【推进信息项目实施，提升综合业务管控服务】

加快推进电子商务系统、电子招投标平台、一体化采购信息平台、云计算平台、移动应用系统、决策支持系统、审计管理系统等集团层级信息系统项目建设，着力促进了鞍钢集团管理创新变革、降本增效，提升了管理效益和效率。

（一）电子商务平台建设

完成了电子商务平台一期工程建设，构建了集销售、物流、采购、金融一体化的电商平台，实现了鞍山和攀钢区域的现货及期货销售、物流跟踪、采购协同、在线支付等功能。其中，期货销售已经实现了发货信息跟踪（含船舶动态跟踪）、质保书下载、网上订单录入及生产进度跟踪功能，满足了客户需求。通过电子商务平台建设，不仅将鞍钢集团各内部的边界打通，同时站在行业的高度，打通和上游供应商、下游客户之间的边界，实现高效协同。通过电子商务平台积极探索和推进商业模式创新，使企业运营更加灵活、规范，更好地参与市场竞争，提高了核心竞争力。

（二）一体化采购信息平台建设

为构建新经济形态下的鞍钢集团采购管理体制、促进业务创新变革和企业可持续发展，开展了一体化采购信息平台建设工作。首先，建成投运了集团电子招投标系统，在承担集团公司所有招标业务的同时，为采购供应商提供了服务平台；其次，整合了集团公司范围内的采购信息系统，在充分调研的基础之上，确定鞍山钢铁采购信息系统、攀钢集团采购信息系统、矿业集团采购信息系统作为集团采购业务的指定管理系统。在集团公司组织下，攀钢集团、矿业集团已经实现采购信息系统对内部所有采购组织的应用覆盖，鞍山钢铁及非钢板块的采购信息系统应用覆盖工作正在进行。同时集团公司组织相关单位完成了三个采购信息系统与集团电子招投标系统的接口集成，打通了企业内部采购业务条块分割的管理边界，充分发挥了集中采购的协同效应，极大提高了采购工作效率；另外建成投运了集团电子超市系统，将招标入围供应商商品信息在集团电子超市上集中展示，打通了上至供应商下至基层职工间的信息壁垒，实现了招标采购的公开透明、竞争充分、监管到位，提高了基层职工对采购工作的参与度。

（三）云计算平台建设

完成了集团云计算平台的搭建工作，借助云计算平台，在规范鞍钢集团内部信息系统管理的同时，极大降低了硬件投入和运维成本，至少节约建设投资30%以上，降低平台运维成本50%，节约空间50%，节省能耗50%。

（四）移动应用平台建设

完成了集团移动应用平台的建设工作，实现了鞍钢新闻、每日要情的在线推送，提供了即时通信、待办提醒、文件处理、电子邮件、设备管理等功能，鞍钢移动应用平台以完备的业务处理流程、良好的用户体验，满足了员工随时随地办公的需求，有效提升了办公效率。

（五）决策支持系统建设

完成了决策支持系统的一期建设工作，实现了经营分析预测、风险监测评估、运营协调控制等基本管理功能，可持续监测经营分析、绩效考核、对标分析、风险管理等领域的实际运营与计划目标的符合性，预测指标的发展趋势，辅助决策者动态调整商业策略。

（六）审计管理系统建设

完成了审计管理系统的一期建设工作，通过与集团财务、OA 办公，以及区域/板块公司的销售、采购、财务、设备管理等 18 个业务系统进行对接，实现了审计风险预警、审计管理、审计辅助查证等功能，为审计管理人员提供了精准、高效的信息化办公平台，开创了鞍钢集团审计工作的新局面。

【探索高新技术领域，开展智能制造应用研究】

进一步探索“云大物移智”等先进的信息技术在企业中的应用研究，组织开展了“智慧矿山”、“智慧工厂”两个创新项目的示范建设，其中“智慧矿山建设项目”在现有数字矿山建设成果的基础上，突破“采、选、冶工艺独立优化”的思维定式，将矿山生产勘察、采矿、配矿、选矿、冶炼五大环节集成大系统，实现了生产、设备、人本的智慧化创新，达到了“全程动态可控、共序精准协同、单体性能最优、全局效益最大”的目标，该项目被评为工业和信息化部2015年“国家智能制造试点示范项目”。

【强化基础运维管理，提升系统支撑保障水平】

加强了信息系统日常维护的组织管理、协调工作，推进集团公司及子企业健全信息化运维体系、完善管理制度、规范服务流程，组织完成并监督检查信息系统日常应用运维管理工作，提升鞍钢自己的维护队伍能力，为鞍钢信息系统稳定运行做好保障。

根据国资委及鞍钢集团对重特大突发事件应急管理要求和鞍钢信息系统管理实际，编制了《鞍钢集团信息系统重特大突发事件应急管理办法》。为验证灾备系统可用性及灾难恢复预案合理性，提升灾备团队应急响应能力，组织开展了灾备系统切换演练，根据实际演练过程形成了报告，同时对灾难恢复预案进行修订完善。

【加强安全规范管理，提高信息系统防护水平】

组织成立了鞍钢集团公司信息系统安全管理委员会，并完成管理办法编制、配套标准规范制定、信息系统安全检查、重要系统等级保护评测整改、专业培训等工作，加强了鞍钢集团信息系统安全工作集中统一领导，完善了信息系统安全制度体系，培养了鞍钢集团信息系统安全人才，全面提高了鞍钢集团信息系统安全防护水平。

【开展信息水平评价，指导系统功能优化完善】

组织开展了对子企业信息化水平评价工作，发布了《鞍钢集团公司信息化水平评价办法》，对评价指标、评价依据、评价程序、采集内容、监督考核机制等内容进行了规定，并制定了《鞍钢集团公司信息化水平评价工作计划》。根据计划，鞍钢集团公司先后组织区域子公司、非钢产业板块开展了信息化水平评价工作，从信息化组织推动力、信息化项目建设情况、信息化业务融合度、信息化基础支撑能力、信息系统安全运维共5个维度进行分析，本着“坚持实事求是、客观反映信息化现状、数据采集真实准确、评价办法公开、评价过程透明、评价结果公开”的原则对各子企业的信息化水平进行了打分、评价。通过水平评价工作，集团公司进一步掌握了子企业信息化水平的现状，有效地推进了信息化建设与管理工作，有助于发挥信息化在促进企业转型变革、提升经营管理水平、提高管理效率等方面的作用。

【启动编码统一管理，做好数据统筹管控准备】

为推进鞍钢集团主数据编码统一规范管理，结合集团主数据使用现状及未来的管理需求，组织制定了《推进鞍钢集团主数据编码统一管理，构建主数据管理系统工作计划》，并组建集团和子企业两级主数据编码管理组织机构，明确管理职责，为进一步推进集团主数据编码规范管理工作提供组织保障。

【开展试点单位建设，促进企业两化深度融合】

组织鞍山钢铁和攀钢完成《2014年钢铁行业企业信息化和工业化融合发展水平评估》工作；成功推荐鞍钢股份公司为工业和信息化部批准的两化融合管理体系贯标首批试点单位，在国家及辽宁省支持资金的扶持下，鞍钢股份公司已经完成两化融合管理体系构建工作，并通过国家认证；组织鞍钢矿业集团、西昌钢钛有限公司成功通过审查，成为工业和信息化部批准的第二批两化融合管理体系贯标试点单位。

中国海运集团（总）公司

【国家远洋运输管理物联网应用示范工程推进工作】

“国家远洋运输管理物联网应用示范工程”是国家发展改革委和财政部确定的 8 个国家级重点物联网示范应用工程，中国海运集团（总）公司承担了交通运输行业的远洋运输管理应用示范工程的建设和应用工作。2014 年 10 月份收到发改委批复，2015 年全面开展初步设计、详细设计并报交通部备案，同时启动了项目的建设。

2015 年完成了绝大多数船舶的安装工作，岸上管理系统的建设也基本完成，实现了船舶和岸上数据一体化管理，初步完成了数据的采集、统计和分析工作，岸上指挥人员能够直接感知船舶海上航行的整体情况，能够直观显示船舶的设备运行工况，直观感知船舶的航行状态和周边其他船舶的情况，对确保海上安全生产，提高经济效益，起到了重要的作用。

【航运业务和船舶管理一体化平台全面应用】

中国海运集团（总）公司自主研发的“航运管理平台”基本完成并在全集团推广应用，2015 年年底使用船舶 220 艘。航运管理平台信息系统涵盖了集装箱以外的航运业务管理、船舶管理和船员管理，实现航运业数据的集中管控，数据全程畅通流动，数据采集一次重复使用，提高了管理的效率。是国内第一套涵盖业务管理、船舶管理和船员管理的一体化的航运管理信息系统。与之相配套的辅助决策系统正在全面开发。

【集团管控系统一体化集成】

2015 年是中国海运集团公司信息化推进的关键年，重点是避免重复建设，全集团软件、硬件和网络共享使用，不仅提高数据的有效流动，还有利于节约成本，提高安全可靠性。这一年完成了大量的信息系统集中部署，集团层面是全集团同质管理的系统，各专业公司除使用全集团共用系统外，重点建设本单位的业务管理系统。

中海集团下属单位点多、面广，上海、广州、大连、深圳、香港等地分子公司众多，集中部署信息系统后，全集团共用一套系统，避免了重复开发、重复部署和重复购买第三方软件。全集团共用一个机房“全华数据中心”，避免了各自为政，要建造大量的机房和重复配置的运维人员。地区之间拉专线，再分发给各下属公司，可以实现共享带宽，提高带宽的利用率。具体例子如下。

集团原有 39 套 OA，并分别部署公司，大量服务器没有规范的机房存放，存在安全隐患，由于数量众多，软件的正版化也存在问题，通过整合，在 2015 年年底，全集团集中使用一套 OA，用户达到 1.6 万人，实现了数据集中、业务流程全程管理、信息共享能力强大、信息安全可控，不仅节约了成本，还提高了系统的可用性。

集团层面集中的系统还有：人事管理系统、档案管理系统、邮件系统、党建管理平台、工会管理平台等。

中国盐业总公司

【"十二五"时期总体情况】

中国盐业总公司"十二五"期间采用服务外包的方式大力推进信息化建设，在全集团范围内搭建整体信息化架构并完成主体业务功能，保证总部和二级企业间业务信息共享，业务高效协同，管理上下贯通。在总部原有财务管理、协同办公（OA）、人力资源（HR）、采购管理、综合统计等系统的基础上，进一步建设了资金集中管理、安全生产管理、党群监察等业务管理系统，提高了中盐总部管理信息化水平。同时，以中盐北京等四家子公司为试点实施了属地经营管理系统（ERP），在全集团范围内树立了信息化样板，提高了中盐子公司的信息化水平。在此基础上，建设了集团财务、供应链等监管系统，与试点企业属地经营管理系统全面对接，实现了数据层面的无缝集成，"子公司生产经营标准化+总部管控一体化"的整体信息化模式得到验证。建成了管理驾驶舱，建立了多个决策支持模型，为进一步深入利用信息系统数据为企业经营服务奠定了基础。目前的信息系统结构如图1所示。

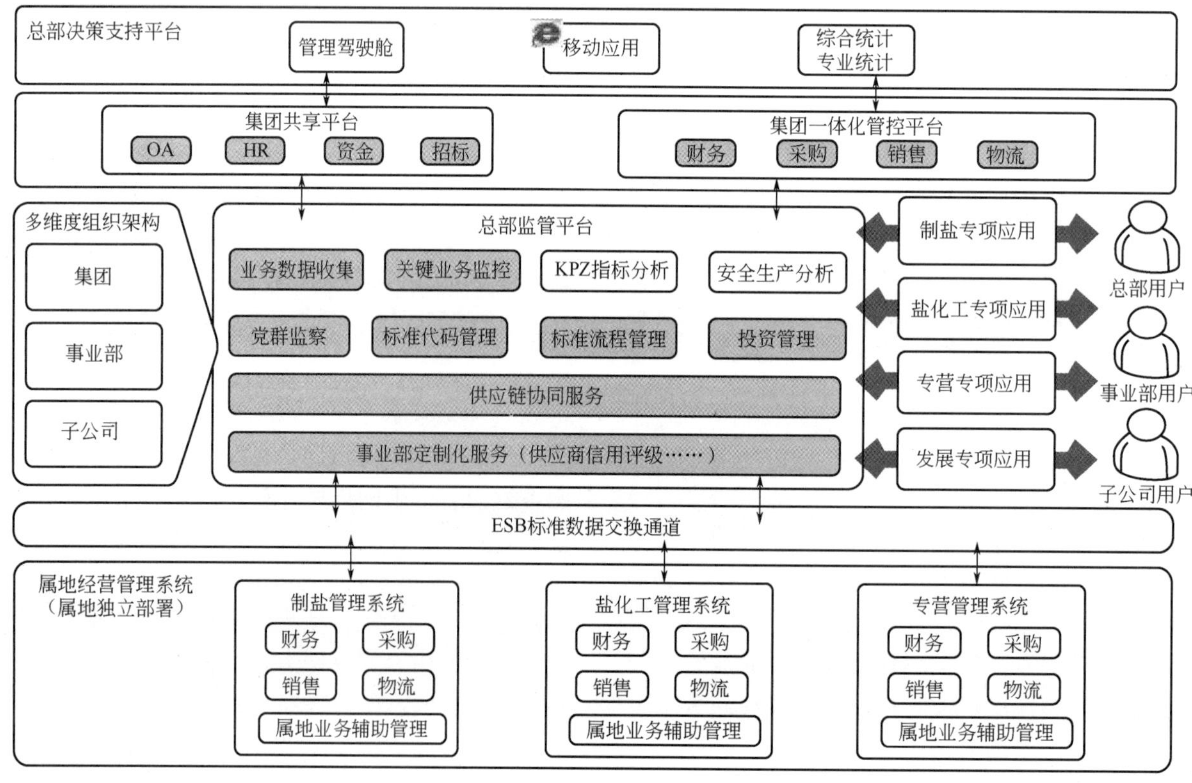

图1 信息系统结构

（一）主要成效

基础硬件设施实现了质的飞跃。建成了高标准的新数据中心，搭建了小型机、刀片服务器和PC服务器混合搭配的硬件资源池，组建了覆盖全集团的专线网络，为集团未来5年的信息化建设打下了坚实的基础。

总部日常工作全部纳入信息化管理。目前中盐总部已有OA、财务、HR等12个系统运行，基本覆盖了日常工作的各个方面，公司从上到下都适应了在信息系统中处理工作，初步实现了无纸化办公。

消除信息孤岛，实现了数据共享。在系统设计阶段就注意统一编码，在实施过程中严格按照统一编码规则进行系统建设，实现了各个系统互联互通。利用Portal技术实现了单点登录，为各系统数据共享扫清了障碍。在子公司推进经营管理系统过程中注重财务、业务一体化，做到了数出一源，解决了原来存在的财务、业务两张皮的问题。

（二）经验做法

中盐采用服务外包的模式进行IT服务，由服务商负责整个系统的全部运维服务业务的实施和管理，中盐配备信息化管理职能部门，按照双方签订的服务级别协议（SLA）对服务商进行管理和考核。通过以下制度体系来保证服务的水平。

（1）在运维组织架构方面，建立领导、协调、运维三个层面信息系统运维管理组织架构，以明确分工，各负其责，共同保障信息系统的持续、稳定、高效运行。

（2）在运维管理制度方面，建立了一套行之有效的运行维护管理制度，其范围包含资产管理、人员管理、流程管理、技术管理等领域。

（3）在运维人员方面，建立了管理先进、技术成熟、工作规范的运维队伍，提供多层次的服务及技术支持体系，负责系统的日常运行维护和专业技术支持服务工作。

（4）在备件管理方面，建立了统一规范的备件管理支持体系，确保运维范围内信息系统的运行、维护工作正常进行。

（5）在信息安全方面，构建了严格的管理制度及体系，由中盐总公司主管员工负责，带领专业的运维团队对公司的信息安全工作进行支持与管理，下设应用组与硬件组，分专项保障公司的信息安全。

【“十三五”时期信息化规划总体思路】

随着国家盐业体制改革方案的出台，中盐总公司将按照现代快消品企业模式对现有业务体系进行改造，信息化工作也将围绕这一转型展开，运用云计算、大数据等先进技术打造全渠道业务系统（见图2）。

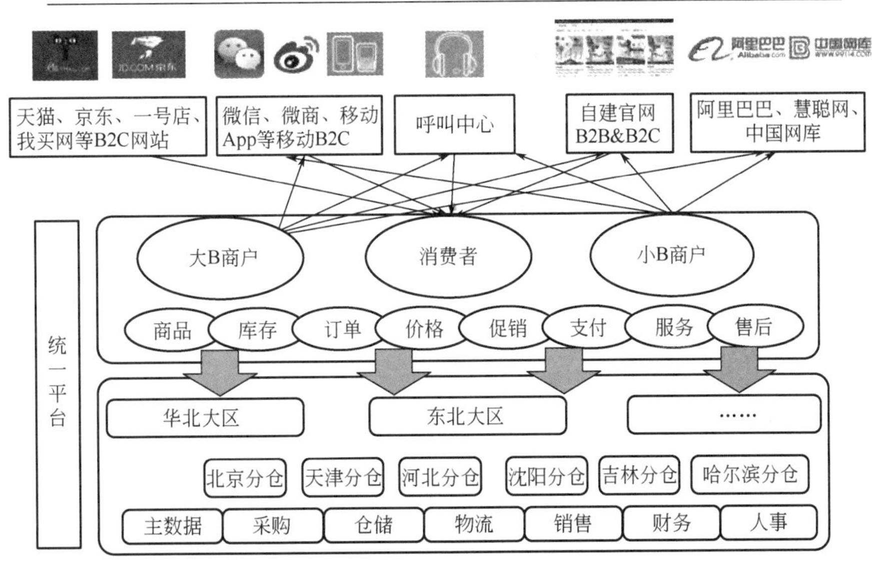

图2　中盐未来全渠道下的生态圈

一是实现基础设施的云化，将主要应用逐步迁移到云上；二是全面推广覆盖经营管理系统，实现全集团信息化；三是建设中盐南方云计算中心，与总部现有数据中心压力分担、互为灾备；四是完善决策支持模型，让数据在企业经营中发挥更大的作用。

继续提升运维水平，建立健全的IT运维管理体系，对运维模式、服务响应级别、维护技术操作等构筑统一的标准和规范制度。建立统一的多级运维技术支持体系，逐步完善企业信息化管理模式和相应运维体制，配备中、高端专业技术人才团队。

上海贝尔股份有限公司

【公司概况】

上海贝尔股份有限公司（简称上海贝尔）成立于1984年，是中国通信领域也是高新技术领域成立的第一家中外合资企业，也是目前国务院国资委直接监管的106家中央企业中唯一一家中外合资企业。30多年来，上海贝尔积极履行国家赋予的使命，快速建成现代化国家通信网，为突破中国经济发展瓶颈作出了积极贡献，也为打破西方垄断、带动中国通信制造业的群体崛起打下了基础。上海贝尔的成长历程是中国企业对外合作的成功典范，是中国信息通信业实现跨越式发展的成功实践，也是中国改革开放大发展的成功缩影。

上海贝尔成立之初是由中国和比利时合作共同组建，中方由原邮电部代表持股60%，比方持股40%。2002年，在原信产部的主导下，公司进行转股改制，中方持股50%（分别由原信产部下属长安公司和中国电信下属中国华信持有），外方（法国阿尔卡特）持股50%+1。2006年，法国阿尔卡特与美国朗讯全球合并为阿尔卡特朗讯，公司外方股东变为阿尔卡特朗讯，中外股权结构保持不变。2012年，经国务院国资委、工业和信息化部协商进一步理顺了公司中方国有股权关系，长安公司持有的股权全部划转到中国华信，同时国务院国资委将中国华信划转由中国国新公司代持，并委托上海贝尔党委组成中国华信管委会管理中国华信，中国华信成为上海贝尔中方自主发展的战略新平台。上海贝尔继续作为央企对外合作的窗口和有效探索，目前依旧由国务院国资委直接监管。

上海贝尔目前已发展成能为电信运营商、企业和行业客户提供端到端的信息通信解决方案和高质量的服务的中国主要供应商之一，其产品覆盖超宽带有线和无线接入、IP路由和光传输网络、网络核心及应用、云计算、物联网、大数据等诸多领域。公司现有员工13000余名，90%具有大学本科以上学历，其中研发工程师近6000名。公司作为中国三大电信运营商长期的战略合作伙伴，在上述产品领域始终保持领先的市场地位，公司同时也为能源、交通、公共设施等领域的专用通信和行业信息化作积极贡献。公司大力提升国际化发展水平，销售服务网络遍海外50多个国家和地区，2012年又成功收购阿尔卡特朗讯的RFS全球业务，海外收入超50%，海外员工1200余名。公司成功实现了在对外合作中的自主创新。公司是国家“创新型企业”，上海市首批知识产权示范企业，是国家中长期科技重大专项的主要承担单位之一，多次获国家和上海科技发明奖项。公司拥有贝尔实验室中国研究中心和数个重要的全球研发中心，可全面进入阿尔卡特朗讯全球技术库，开发服务于中国和阿尔卡特朗讯全球客户的独创技术，并且在多项新技术开发中居于主导地位。今天，上海贝尔已发展成为中国信息通信领域面向全球发展的高新技术产业基地之一，也是集全球重要的研发中心、采购和产业化物流中心、信息服务中心及员工客户培训中心为一体的阿尔卡特朗讯在全球的旗舰企业之一。

【公司近期经营发展简况】

当前宏观经济环境错综复杂，波动加剧，下行风险增加。从行业来看，国内外电信产业转型的步伐持续加快，信息通信技术与传统业务深度融合，催生“互联网+”高速发展，但同时 OTT 等跨界渗透对电信产业侵蚀仍在加大，通信设备商面临更为严峻挑战。面对宏观和产业形势的动荡变化，针对持续增大的经营困难与转型压力，上海贝尔紧紧围绕“把握转型新常态，聚焦发展高质量”这条工作主线，主动应对内外各种困难和挑战，全力完成 2015 年的各项经营发展任务，努力实现企业健康可持续发展。

加强市场营销服务。针对市场和产品的快速转型，抢抓机遇，大力加强新产品、新市场开拓。同时，通过运用优化资源配置、加强技术营销、提升服务能力和效率等措施，提高公司的服务水平和客户满意度。在国内市场，4G 在中国三大运营商保持前三名的地位；IP 核心路由器成功进入中国移动北京、江苏、山东等 11 个省市，并首次进入中国联通国家干线核心节点；光传输 100G 获得东北国家骨干网等项目。巩固电力、交通等传统行业市场的同时，进入了百度、阿里巴巴、鹏博士等新兴市场。在海外市场，老挝、蒙古、孟加拉、安哥拉、多哥、尼日利亚、刚果布、肯尼亚、菲律宾等市场取得重点突破。在重大活动的通信保障方面公司多次出色完成任务，包括两会、“9・3”反法西斯纪念日阅兵、西藏自治区成立 50 周年庆、新疆自治区成立 60 周年庆等。公司设备运行稳定，以零故障零投诉的优异成绩得到用户的肯定和赞扬。

强化科研创新。上海贝尔作为我国通信业高新技术领域的骨干企业，历年来始终把科研创新作为工作重中之重，公司每年的科研投入约占公司收入 10%。公司 4G 产品 TD-LTE 不仅在中国部署，也全面部署北美运营商 Sprint 的网络；在业界首次推出了 G.fast 全系列产品，将铜线接入能力提高到 Gbit/s 的能力；将带宽由 GPON 时代的 2.5/1G 一举提高到 40/40G；推出大容量、紧凑型的 100G/200G WDM/OTN 光传输设备。公司目前已累计承担国家中长期科技重大专项 53 项。

加快生产运营转型。全面推广智慧运营向计划、制造、采购、人力配置及物流 5 个领域进一步延伸，通过流程优化改造、系统工具开发与创新、精益生产推动、供应商管理机制提升、人才培养与建设等一系列举措，旨在凭借更智慧的管理理念与手段，力求以最优化的产品质量、整体运营资本、相关制造和采购成本，提高整体运营效率和合同及时交付率。同时，公司也在逐步实现生产制造的轻资产化、减少生产制造的固定资产投入，增加生产成本的变动性，提高灵活性和弹性，向更高技术含量的系统测试和新产品产业化倾斜资源，聚焦高附加值环节。

推进人才与文化建设。公司在发展战略中提倡员工与时俱进，不断开拓思维、提高工作技能，高度重视人才梯队建设，利用统一的全球经理绩效评估系统（GMPM），加强人才考核与评估。重点推进战略企业家、职业经理人、优秀的党组织负责人、科技领军人才、高技能人才 5 支人才队伍建设，打造学习型组织。在进一步做好公司“三好四化班”人才培养项目的基础上，培养具有国际化视野和能力的专业人才。引入海外高层次人才，积极参与国家“千人计划”。公司创造了一个多样化的全球工作场所，鼓励、帮助员工职业发展，并提供海外任职及轮岗的机遇。

【2015 年所获主要荣誉】

公司技术创新人才队伍进一步加强，蒋智宁荣膺贝尔实验室最高荣誉 Bell Labs Fellows Award 大奖，这是贝尔实验室历史上第一次由来自中国的技术专家获此殊荣。公司全年新申请发明专利 180 余项，新增授权专利 175 项，牵头或参与国家通信标准化项目近 100 余项，向国际标准组织提交文稿近 1000 篇。从技术储备、能力建设和产品基础方面，为公司的创新和发展提供了良好条件。公司研发的“TD-LTE 4G 新一代移动通信系统”获得上海市科技进步一等奖，“分组传送网（PTN）重大技术攻关、设备研制和应用创新”获得国家科学技术进步奖二等奖。TD-LTE 9926 系统基站设备荣获“国家战略性创新产品”证书。

中国核工业集团公司

中国核工业集团公司（以下简称中核集团）是经国务院批准组建、中央直接管理的国有重要骨干企业，由 100 多家企事业单位和科研院所组成，现有员工约 10 万人，其中专业技术人才达 3.6 万人，中国科学院、工程院院士 17 人。中核集团作为国家核科技工业的主体，拥有完整的核科技工业体系，主要从事核军工、核电、核燃料循环、核技术应用、核环保工程等领域的科研开发、建设和生产经营，以及对外经济合作和进出口业务，是国家战略核力量的核心和国家核能发展与核电建设的主力军，肩负着国防建设和国民经济与社会发展的双重历史使命。

中核集团在新的历史阶段将传承核工业半个多世纪以来举世瞩目的“两弹一艇”和实现中国大陆核电“零的突破”的辉煌历程，秉持“开放、包容、合作、共赢”的经营理念，积极推进我国核电事业发展，不断提高核科技工业的整体水平和国际竞争力，努力实现核工业又好又快安全发展。

近年来，中核集团积极利用信息化手段促进发展方式和管理模式的转变，加大了信息化工作推进力度，进一步健全了信息化组织机构、工作制度和职责分工，完善了信息化工作绩效考核制度，层层落实信息化建设、应用、维护、升级、优化责任，通过规划分解、架构规范、登高行动、年度要点、重点任务、水平评价、绩效考核、检查评估、典型示范、评优推先、经验交流等工作，加强对成员单位信息化工作的引导和管控，各级单位两化融合发展能力和水平显著提升。

【信息化管理】

（一）组织管理架构

为适应产业结构调整和产业发展形势的要求，实现“做强做优、世界一流”的目标，中核集团实施了以优化管理模式、提升管理水平、提高管理效率、强化核心竞争力为主要目的的管理流程再造，确立了以集团总部为战略和投资决策中心、以产业公司/事业部为经营和利润中心、以基层单位为运营和成本中心的“三个中心”管理模式，确定了以集团公司议事协调咨询机构、职能管理部门、产业经营机构和支持服务机构为主要构成的新的组织架构，形成了核动力、核电、核燃料、天然铀、核技术应用、核环保工程、优质民品、新能源八大业务板块及其共享支持服务平台的产业体系布局，并成立了产业公司或事业部。中核集团组织架构如图 1 所示。

面对新形势、新格局和新要求，中核集团以两化融合战略思想为引领，着力转变发展方式，进一步健全、完善了信息化组织机构、工作制度和职责分工，集团公司各级组织均已设立 CIO 岗位，全面推行 CIO 制度，机构、职能、人员、责任“四落实”得到有效贯彻，信息化年度资金预算投入超过集团公司主营业务收入的 1.1%，信息化人才队伍进一步发展壮大。

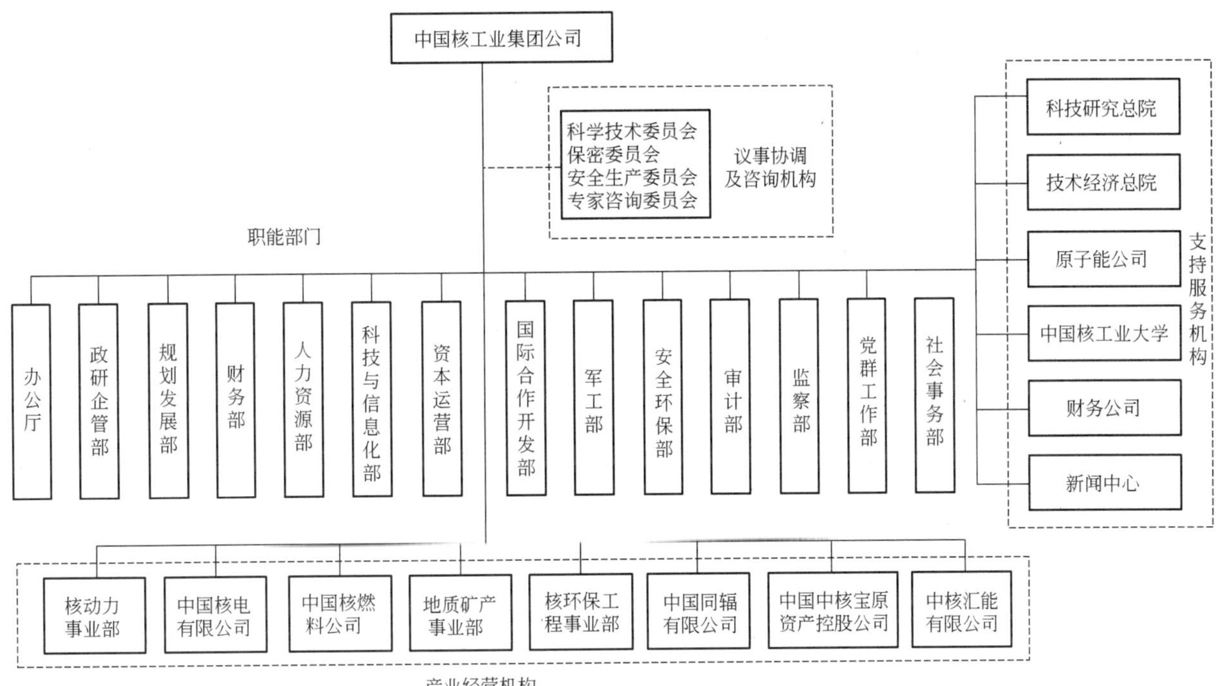

图 1　中核集团组织架构示意

（二）制度建设

按照制度化、流程化、规范化要求着力健全各项信息化管理制度，为推进信息化建设提供了制度保障。目前，中核集团修订发布的集团级信息化管理制度文件已覆盖信息化组织管理、规划计划管理、架构与标准管理、网络与信息安全管理、信息安全通报管理、信息化项目管理、信息系统管理、软件与资产管理、信息化水平评价管理、信息化工作考核管理、集团广域网管理、运行维护管理、应急响应管理等各方面。集团公司各级组织按照集团公司统一部署，细化工作要求，组织建立了相应信息化工作制度、规范。

（三）标准建设

结合集团公司需求和信息技术发展实际，组织修订完成了《中国核工业集团公司信息化标准体系框架》（2014 版），框架由基础标准、支撑环境标准、数字化设计标准、数字化制造标准、系统集成标准、管理与支持服务标准和八大板块（专业公司或事业部）信息化标准七个分体系组成。制定了《信息化标准工作指南》，用于指导各级单位开展信息化标准编制相关工作。

组织制定并发布了《中国核工业集团公司物资编码》、《中国核工业集团公司数字证书技术应用规范》等一系列信息化标准、规范，统一集团公司关键继续系统及应用环境的标准要求。中核集团标准体系框架如图 2 所示。

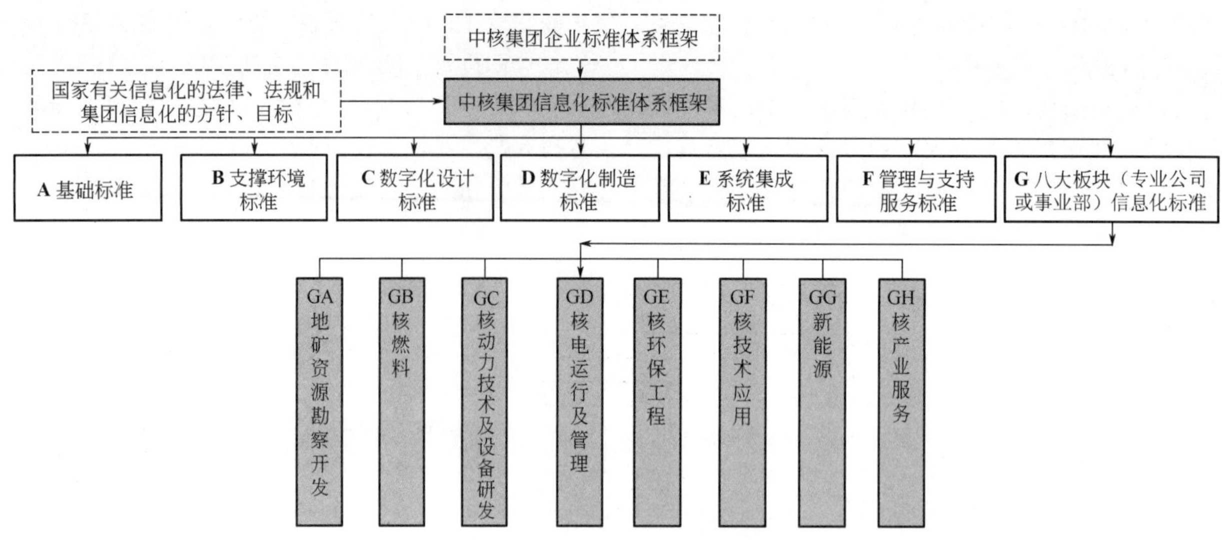

图 2 中核集团标准体系框架示意

【指导思想和基本原则】

（一）指导思想

以信息化与工业化深度融合为驱动，主动适应产业转型升级和信息化持续发展需要，坚持需求主导，加强顶层设计，突出建设效能，强化网络与信息安全保障，推进信息技术在各领域的渗透和覆盖，实现装备数字化、研发设计虚拟化、生产自动化、管理现代化，着力构建统分有度、互联互通、协同共享、安全可靠、高效运行、一体化发展的信息化体系，以两化融合促转型，支撑各产业领域流程化、标准化、平台化、集约化发展，提升军工保障、市场拓展、社会服务可持续竞争优势，不断打造信息化环境下的新型能力，支撑集团公司创新发展、智能发展和绿色发展。

（二）基本原则

集团公司信息化工作坚持“统一标准、统一设计、统一建设、统一管理、统一投资”的工作原则，遵循“总体规划，分步实施；协同建设，整体推进；立足应用，注重实效；资源共享，保障安全”的发展原则。

1．总体规划，分步实施

由于集团公司产业链长、业务类型涵盖面广、应用领域复杂、各单位需求与应用水平参差不齐，因此信息化建设不可能有一个统一模式的“万能”解决方案，必须从战略上加强企业架构研究和顶层设计，根据集团公司产业特点，按照统分有度原则，明确集团、板块、成员单位各类项目阶段目标和任务，逐步推进两化融合向广度延伸、向深度拓展，分步骤、有重点地不断实施。

2．协同建设，整体推进

在统一架构指导下，集团总部、板块和成员单位遵循“统一标准、统一设计、统一建设、统一管理、统一投资”原则，在聚焦重要企业、重点环节和重大项目，实现关键技术、核心应用率先突破的同时，注重用信息技术手段提升主营业务价值链各环节的应用整合度，着力推进综合集成、协同创新，提高互联互通和协同共享水平，实现各类信息化项目的协同建设、统筹发展，杜绝各自为政、零敲碎打等“孤岛”现象。

3．立足应用，注重实效

从两化融合视角分析信息化在基础环境、工业应用、应用效益中存在的问题，利用信息技术改造提升生产工艺和流程，以需求为动力和导向，以应用促建设、促发展，厘清需求重点和特点，明确建设目标，加快研发设计、制造工艺和管理系统的综合集成，在有效应用中不断完善和扩大建设成果，探索“两化深度融合”发展道路，真正使信息化服务于集团发展、服务于各级员工的创造性工作。

4．资源共享，保障安全

通过有效的政策措施和机制，加大信息资

源开发力度，促进信息资源的优化配置，不断提高信息资源的有效利用。共享不是无原则、无目的、无控制的开放，而是分层级、可调控、有安全保证的分享。注重通过科学的管理，将信息安全技术转化为信息安全保障能力，充分发挥集团公司的政治优势、制度优势，增强政治责任心，落实安全责任，实现安全环境下的信息资源共享。

【信息化建设】

（一）做好顶层设计，落实规划引领

中核集团注重顶层设计、决策引领。“十二五”初期，集团从集团层面梳理信息化现状，形成了“十二五”信息化规划方案，成员单位在中核集团的规划思路引导下，完成单位自身的信息化规划，指导“十二五”期间的信息化建设。各单位在信息化规划的引领下，落实年度重点工作，有效地推动了信息化工作，中核集团“十二五”信息化规划主要目标基本达成。2014 年，围绕“十三五”规划，中核集团以构建数字核工业为目标，积极组织核动力、核电、核燃料、铀矿资源勘查采冶等专题领域数字化、智能化顶层设计研究，着手组织编制中核集团“十三五”信息化规划，指导下一个五年的信息化建设。

为做好信息化规划，中核集团加强了信息化顶层设计和架构研究工作，成立了中核集团信息化架构工作组，开展了各板块规划编制及评审、中核集团规划体系建设、中核集团重点信息化建设方案研讨等工作，组织开展了企业架构研究，组织召开了企业架构有关培训、宣传和开发，以各业务领域架构为基础，健全和优化信息系统数据架构、应用架构、技术架构，不断完善信息化规划，科学指导信息化建设、信息系统运维、信息资源管理、信息安全管理等各项工作。

（二）推进互联互通，提升集成应用

中核集团从“十五”以来，先后组织开展了 3 期信息化建设工程工作，建成了覆盖集团公司 80 余个主要成员单位的涉密广域网，实现了集团公司主要成员单位之间的网络互联互通。2014 年，为贯彻国家有关信息化政策，结合中核集团“十二五”信息化规划，在进一步分析、梳理中核集团信息化现状和制约发展瓶颈的基础上，借鉴其他军工集团公司和中央企业信息化应用架构网络支撑条件的发展变化，研究推进了中核集团管理信息化改进提升的基本思路和重点任务，提出了“做优做牢军工涉密网，做大做强集团企业网”的工作思路和总体方案，启动了集中核集团互联互通、ERP（企业资源计划）系统建设试点及财务核算一体化等重要、紧急项目，进一步推进了中核集团互联互通工作。

中核集团在做好顶层设计、推进互联互通工作的同时，以信息化规划为引领，加大信息化投资力度，注重提升集成应用水平，着力推进信息化与工业化深度融合，倾力打造核心业务应用平台。目前，初步建设了中核集团总部内外网络数据中心和统一应用基础软件平台，实现公文及主要业务的网络化、信息化和信息共享。在管理信息化层面，多数成员单位建立了协同办公系统、财务管理系统、人力资源管理系统、文档管理系统、企业信息门户、项目管理系统等；在科研生产信息化层面，成员单位根据自身业务特点、生产需求及与对标单位的对比，实现了多条生产线的数字化采集控制，建立多个专业信息化系统，以核燃料元件制造管理信息系统、铀矿数字勘查系统、核电厂生产管理系统、核电工程项目管理系统、核应急响应指挥系统等一系列关键应用系统的构建为先导，重点突破、示范带动，为贯彻落实中核集团“又好又快、安全发展”的要求发挥了重要的作用。

（三）强化网络安全，规范运行管理

中核集团高度重视网络与信息安全工作，在成立信息化工作领导小组的同时，成立了信息安全工作领导小组等组织，落实信息安全工作部门、机构、人员和经费，及时制定相关管理制度和工作指引，发布了《信息系统安全等级保护实施办法》、《网络与信息安全信息通报管理办法》、《网络与信息安全管理办法》等制度，制定了《网络与信息安全应急响应预案》，在相关制度中也对网

络与信息安全工作提出要求。同时，组织建立监督检察队伍，不定期地对安全制度的落实和执行情况进行检查；注重涉密信息系统、商业信息系统、工业控制系统等领域的信息安全防护工作，根据不同特点，分类推动信息安全防护体系建设和加强监督检查指导。

为做好网络信息安全工作，中核集团着力推动建立完善的信息化运行维护体系，在严格信息系统建设过程管理的同时，明确信息系统建设完成后的运行维护交接环节，规范运行维护交接手续和运行维护管理要求，组织制定相关规章制度、工作指南，指导成员单位建立健全运行维护队伍，同时，加强对运行维护人员的培养和信息安全保密意识的教育，确保中核集团在用信息系统安全稳定运行和信息安全保密。

（四）加强人才培训，重视队伍建设

为增强中核集团在信息化建设和管理过程中的实施和运作能力，培养专业化的信息化管理人才队伍，中核集团在内部实施企业信息管理师国家职业资格认证制度，按照“上岗与认证相结合”的原则，要求各单位信息化管理岗位人员应取得企业信息管理师国家职业资格认证，做到持证上岗，中核集团也组织多期企业信息管理师国家职业资格认证专场培训和鉴定考试。目前，中核集团信息化管理人员持证上岗率超过 80%（包括单位的 CIO）。在做好信息化管理人员培训工作的同时，中核集团也制定安排员工职业技能培训计划，注重提升信息化专业人员的技术水平和业务能力。

中核集团根据信息化工作现状，将核工业计算机应用研究所列为中核集团信息化工作技术支持总体单位，主要业务板块也根据人员队伍情况，建立和充实信息化技术专业队伍，支撑各单位信息化建设和运行维护工作。

目前，中核集团主要委托核工业计算机应用研究所（事业单位）负责中核集团信息化建设和信息安全工作。该所现有人员近 100 人，在近 30 年的发展历程中，该所承担了多项国家级和部级重点工程及研究开发项目，取得了丰硕成果，为我国核工业及国防工业发展作出了应有的贡献。凭借需求牵引、技术推动，该所在管理信息系统开发、信息系统集成、信息安全体系建设、工业控制产品开发等方面积淀了深厚的理论和实践基础，储备了丰富的技术资源，积累了从产品开发、质量保证到技术培训与咨询的一整套经验，凝聚了一支结构合理、实力雄厚、勇于开拓、朝气蓬勃的人才队伍。

当前，信息技术广泛渗透、覆盖各工业领域的潮流势不可挡，信息化和工业化深度融合已成为企业推动转型升级，实现创新发展的重要动力。中核集团将按照国家两化融合贯标体系要求，完善信息化治理体系、架构体系和保障体系，加强对成员单位的分类指导，推进重点项目实施，规划全面发展，引领集成提升，助力企业发展。

中国中钢集团公司

自 2004 年以来，中钢集团成功实现由“传统商贸型企业”向“现代生产性服务企业”的战略转型，加强资源开发、联合重组，强化技术创新和系统开发，促进实业发展。在集团发展战略指引下，逐步兼并重组了国内一批符合主业发展、具有优势资源的生产企业，包括工程承包、冶金材料生产、装备制造和矿产资源采掘等企业。面对外部激烈的市场竞争压力和内部管理基础薄弱

并存的局面，集团领导认识到必须通过加强信息化建设，实现全集团信息流、资金流、物流的统一，创新业务发展模式，从源头上解决“信息孤岛”和资源分散等问题，进而确保集团战略得到有效实施。

近 10 年来，按照国资委的要求和中钢集团信息化发展战略，中钢集团信息化建设坚持“统一规划、统一平台、统一建设、统一投资、统一标准、统一管理”的六统一原则，高效率、高起点构建了以 ERP 系统为核心的统一管控平台（财务、人力资源、客户/供应商、业务），同时建设了 OA、资金、信息标准化、财务报表、经营统计、决策支持等系统，以及安全、灾备、网络、视频会议、机房等基础设施，实现了业务、财务、人力资源和客户供应商的统一管理，有效支撑了中钢集团的战略转型和管理水平的提升，而且随着 ERP 等核心系统的深化应用，集团整体管控能力也得到显著的增强。近年来，中钢集团信息化已经由大规模建设期逐步转入深化应用期，信息化工作的重心也由大力扩展信息系统覆盖面，向推进信息系统深化应用、深度挖掘数据价值转移。

中钢集团信息化工作取得的成绩，是在集团领导的大力支持下，广大信息化工作人员、相关业务部门人员和实施商共同奋斗、携手攻坚、艰苦努力的结果，走出了一条符合中钢集团实际、成效显著的“两化融合”之路，并且中钢集团连续在国务院国资委中央企业信息化水平评价中被评为 A 级企业。

【提升 ERP 系统应用成效】

ERP 系统是中钢投入巨大人力和财力建设起来的核心信息系统，是支撑中钢日常业务、财务、人力和客户管理的应用平台，也是承载中钢集团管控调整、优化业务流程、防控经营风险、互联互通信息的集中统一管控平台。集团上下都十分关注 ERP 在实际经营管理中是否发挥了真正的应用效果，如何客观公正地评价各单位的应用效果。2013 年，在集团领导的指导下，6 月制定并颁布了《关于提升 ERP 系统应用水平相关管理措施的通知》，该通知包含了规范应用指导意见、考核评价办法等 5 项配套的管理措施，以期达到健全完善 ERP 应用规范和充分保障 ERP 数据质量的目标。其中 ERP 系统应用考评从定量、定性和特征三个维度确定 ERP 系统应用的考核评价指标，力求公正、客观评价中钢集团各所属企业 ERP 系统应用效果，以考评促应用，不断提升 ERP 系统作为核心管理平台的应用效能。自 2013 年 7 月开始，信息管理部门牵头，联合相关职能部室，每月对集团全级次所有企业的 ERP 应用情况进行考评，考评结果按季度在内网发布。从考评结果来看，整体应用状况逐月有所进步。另外，创新性开发了 ERP 系统考核平台，实现考评指标动态管理、考评数据自动抽取、考评报告自动生成，使 ERP 应用考评完全实现平台化、自动化，考评结果更加公平、公正，为健全完善 ERP 应用规范，促进 ERP 数据质量提升，努力构建 ERP 持续优化的长效机制的管理目标奠定了坚实基础。

借助考评结果的展示和分析，揭示了中钢所属企业都不同程度存在着大量的 ERP 系统应用问题、管理短板和制度漏洞，考评小组据此提供相应的改进意见和建议。大多数企业都能高度重视、积极响应、自发地对问题进行整改和处理。经过考评，ERP 系统规范应用得到较大改善，ERP 数据质量得到显著提高，ERP 对经营管理工作的支撑作用更有成效（见图 1）。

图 1　ERP 培训

【实现费用动态管控】

随着中钢信息化由大规模建设期逐步转入深化应用期，为解决实际应用过程遇到问题和经营过程中亟待解决的突出矛盾，中钢集团于 2013 年启动了京内企业 ERP 系统功能优化项目，内容涉及集团人力资源管理、财务管理、信息标准化管理和京内企业的业务管理五个方面共 340 余项功能优化和 80 余项报表优化，重点在于提升 ERP 在业务流程管理和风险防范方面的管控能力，切实发挥ERP的应用效能，并按集团管控界面要求，优化物料管理系统，实现物料信息统一管理、分层维护的管理要求。

京内企业 ERP 系统功能优化项目的成功实施，解决了中钢集团总部和所属京内企业自 2009 年以来在ERP系统操作和数据资源开发等方面积累的诸多应用问题，解决了中钢集团管控模式优化推进过程中需要优化解决的问题，对集团各项专业管理的提升起到了积极的推动作用，具体表现为以下方面。一是在财务管理方面，完成了预算管理和费用报销管理功能的优化和推广，实现费用报销与预算系统、个人限额的联动控制，把预算控制从“事后”提前到了“事前”和“事中”，提升了各公司的费用管控水平。二是在标准化管理方面，对标准化系统的流程和功能进行调整，满足物料标准信息统一管理、分级维护的管理要求，在提高物料维护响应及时性的同时，保证物料数据的准确性、全面性、规范性。三是在专业公司经营管理方面，优化了相关京内企业 ERP 系统业务流程和系统权限控制功能，提高了业务执行效率，强化了各公司之间的信息共享，提升了权限控制的严谨性与灵活性。同时运用 BI 系统整合中钢招标公司经营管理所需的相关数据资源搭建中钢招标领导综合查询平台，通过图形化、多维度、可追溯的分析展现方式，为企业经营管理提供支撑。

【预防经营风险以促进管理改善】

随着钢材市场供求关系的逆转，钢贸行业频频出现资金风险和信用危机等问题，中钢集团钢铁板块在近几年的业务经营过程中也遇到资金大量占用、存货重复抵押等诸多问题。如何在保持经营规模与提高资金使用效率，破解微利经营与预防经营风险之间的矛盾，如何解决经营过程中发挥板块统筹管理和实体法人单位自主经营之间的矛盾，成为中钢集团钢铁板块亟待解决的问题。

在整个集团经营状况不佳、资金支付压力大的情况下，中钢集团仍投入建设“钢铁事业部 ERP 系统合同全生命周期管理系统”，统一业务流程、规范业务操作，消除管理差异；细化业务成本要素，合理制定费用分摊规则，精确业务成本核算；完善客户信用控制方案，识别业务风险点，做到业务风险可防可控；建立业务预评审机制，对重大合同进行预审控制与运行监控。实现了从业务洽谈、合同审批、业务执行、风险控制、财务结算直至合同闭卷的整个业务的闭环管理。

梳理业务流程，规范业务操作。共梳理了20多个业务流程，形成了规范、标准、便捷的ERP系统应用方案，真实、及时地反映物流、成本和往来账务信息，实现了业务管理与系统应用的规范统一。一是通过收付款管理流程的优化，解决了上线前所属企业收付款联系单数据录入不准确、与合同不对应、资金占用不准确的问题。二是通过对销售流程的优化，实现了无现货销售业务模式，确保业务规范和线上线下一致。三是通过对运杂费核算流程的优化，使运杂费可以提前暂估和实时结算，并对每笔业务可以及时、准确地进行收益计算，实现成本精细化管理。四是通过对干湿吨及成本差异分摊功能优化，实现实时管理干吨或湿吨的库存数量，保证业务流程前后计算口径一致，实现更准确的计算成本，达到企业精细化管理需求。五是通过对信用检查功能的优化，改善了上线前信用检查逻辑的弊端，在一定程度上提升了所属企业对于交易过程中货物及资金的风险控制能力。六是通过对现金占用计息管理的优化，保证了计息方式的准确、科学，提升了各应用单位的考核能力。七是通过扩展优化客商管理功能，对客商族系管理、重点客商管理、客商重大事件维护，结合预评审功能，提升了事业部对于客商的经营状况的把控能力，及时规避与经营状况不佳的客商的交易风险。八是通过优化信用评级与信用额度控制等功能，实现了在业务执行环节对客商的信用控制，提高了企业的风险识别和控制能力。

加强对所属企业合同执行过程的管理，实时掌控企业运营动态，提升风险防御能力。一是实现以合同为线索贯穿合同全生命周期管理过程管理，做到从客户供应商—合同—物流—保障措施—资金—库存—财务结算等全方面的贯通，可实时管控企业运营动态。二是搭建业务预评审平台，实现了钢铁事业部对所属企业预评审申报进行全面掌控，避免应该上报到事业部的预评审漏报的情况，降低了线下报送时人为错误与填报的随意性，减轻了操作人员工作量以及纸质预评审申报数量。在系统中增加了31个信用检查控制点，辅助决策人员加强风险的识别与防范，提升风险防御能力。

【加大数据利用以提高决策支持】

为解决“ERP系统最后一公里”的问题，提高数据资源的开发利用，发挥信息系统的管理作用，中钢集团本着“花小钱，办大事”的原则，对管理成熟度较高、管理需求迫切的业务板块积极推进决策支持系统的建设，近两年分别建设了“矿业事业部决策支持平台”和“钢铁事业部经营分析平台”等决策支持系统。

经过两个板块决策支持系统的建设，中钢集团逐步探索出了中层管理人员应用经营分析平台，高层领导应用决策支持报告平台的双平台建设思路，建立了以战略管理、财务管理、业务管理、客商管理及公司动态等主题管理的应用架构，并根据行业特点和中钢实际业务情况，借鉴管理咨询公司的指标体系，设立了324个KPI指标，从整体经营目标达成情况，到下属企业财务状况、经营成果，追溯企业运营、业务执行的明细，全面反映公司的经营和财务状况，形成了战略目标—管理分析—执行监控全方位的管理手段，有效提升集团风险管控能力。通过领导管理平台，实现了高层领导移动办公的要求，随时随地通过移动设备（手机、iPad）掌握企业整体状况，快速发现经营中的问题，为领导决策提供有效的手段。

【推进OA优化以及降低管理成本】

为配合集团改革与发展，提高办公效率，降低管理成本，加强工作协同，增强执行力，进一步提升OA运行的安全性、稳定性和易用性，以提供一个更加先进、高效的OA工作平台，中钢集团于2013年启动了OA系统升级优化项目，主要内容包括技术平台升级、系统应用升级以及实现电子公文信息化管理等主要内容。

通过OA系统的升级优化，实现了电子公文信息化管理，即集团总部内部的收文、发文、请示报告的草拟、会签、审批、归档等实现全流程在线流转，集团与下属单位也可以便捷地进行了电子公文交换，大大提高了集团的办公效率，降低了管理成本，增强了执行力。随着电子公文管理的全面上线，实现了OA系统自2004年建设以来最关键、也是最重要的“应用突破”，基本实现无纸化办公，节约了大量的纸张和打印耗材。此外，会议精简信息化，实现视频会议（见图2）。

图2 视频会议

【有效加固以提高信息安全能力】

中钢集团信息化程度较高，公司跨地域经营，网络结构复杂，信息安全风险点和暴露面较多，加之当前国内外网络信息安全的复杂性，攻击来源、精准度和频次逐年递增，信息安全在中钢集团尤显重要。近两年来，中钢集团不断进行安全加固，逐步提高信息安全防护能力。主要工作如下。一是以攻促守，提高防御能力。集团邀请奇虎360、江南天安、中电长城等多家专业网络安全公司，共同研究并开展网络安全渗透测试，以主动攻击促进查找问题、查漏补缺，提高系统防御能力。二是清晰网络边界，优化安全技术架构。梳理并加强保护直接对互联网开放的信息系统，统一管理对外开放的访问通道，消除潜在的渗透隐患；将易遭受攻击的网站进行技术加固并与其他服务器进行了安全隔离，有效控制可能造成的影响。三是积极开展交流及研究，以整体提高信息安全管理体系。制定了《中钢集团信息系统安全优化建设方案》，以国家信息安全等级保护规范为基础，力求从管理和技术两方面增强中钢信息安全的防护工作。四是参与建立通报机制，安全信息有效上传下达。作为主要单位参与建立了与公安部及50家央企共同组建的信息安全通报联系机制；在集团内部组建了重要信息安全事件通报、预警机制，及时获取国家信息安全相关信息并进行研判、分析及处置，通过定期和不定期方式下达下属企业，提高企业整体的防御能力。

【推动制造过程应用以促进两化融合】

近两年来，按照工业与信息化部两化融合工作要求及两化融合管理体系贯标工作的推进进度，结合中钢集团战略规划，中钢集团积极推进所属企业制造过程信息系统深化应用，深入开展“两化融合”工作，成效显著。一是中钢邢机“构建全球轧辊行业产销规模最大企业的综合集成制造系统”，通过建立冶炼、铸造、锻造、热处理等热加工设备及冷加工设备进行网络连接的生产网络系统，建立国内外轧辊制造业中唯一的产品流转跟踪与控制条形码系统和基于RFID技术的客户轧辊使用情况跟踪系统，并将运行的较为完备的经营管理系统和制造执行系统作为业界首创的“单件产品成本核算系统”与生产设备控制系统集成，实现对用户订单全过程跟踪管理、产品质量全程追溯、每件产品生产成本的精确计算，使产品使用信息及时得到有效反馈。该系统的成功应用，使公司生产效率、质量水平得到提高，库存、产品成本得到降低，其中，流动资金周转率提高 20%，生产成本降低约 3%。同时，通过实施炉窑改造及清洁能源使用、污水处理等项目，降低了生产过程中 SO_2 及有害气体的排放，由原来 400 吨/年降至 10 吨/年，粉尘排放量减少 5750 吨/年，减少污水 COD 排放 115 吨/年，企业综合竞争实力显著增强。该项目获得工业和信息化部两化深度融合专项资金支持，中钢集团也被评为国家级信息化工和业化深度融合示范企业。并且工业和信息化部已将中钢邢机作为我国第一批 200 家两化融合管理体系贯标重点试点单位。二是中钢天源以 ERP 系统建设为中心，将信息化先进理念与公司实际相结合，有效整合生产经营活动的业务流、资金流、信息流，逐步使业务处理透明化、精益化、规范化，用信息化手段推进公司向技术密集型发展，获得安徽省级两化融合示范企业，进一步促进了公司工业化与信息化深度融合。

河北钢铁股份有限公司唐山分公司

【企业概况】

唐山钢铁集团有限责任公司（以下简称唐钢），是河钢集团的骨干企业，始建于 1943 年，是中国碱性侧吹转炉炼钢的发祥地。经过 70 多年发展，唐钢已经成为中国特大型钢铁联合企业，主要装备实现了大型化和现代化，跻身国际先进行列，工艺技术达到行业较高水平，成为中国重要的精品板材和精品建材生产基地，并通过了中国质量、环境、职业健康安全管理体系“三合一”整合认证。

进入“十二五”、“十三五”时期，唐钢确立了以“打造全球最具竞争力的钢铁企业”为愿景，以实现“人、钢铁、环境和谐共生”为目标的发展战略。依靠信息化系统的深度应用，引领企业工艺创新、产品创新与管理创新，实现公司生产运营的自动化、数字化和智能化，促进企业全方位升级转型。目前，唐钢钢铁主业具有 1800 万吨/年的配套生产能力，主要产品包括高强汽车板、热轧薄板、冷轧薄板、镀锌板、彩涂板、中厚板、不锈钢、棒材、线材、型材等 140 余个品种，精品板材占产品总量的 60%以上。2015 年年初投产的高强汽车板项目，为唐钢从根本上实现产品结构的转型升级提供了基础保障。

【两化融合分阶段实施内容】

唐钢公司对两化融合工作高度重视，以 2005 年公司主干网铺设为起点，至今已走过近 12 年的历程，大致分为四个阶段，如图 1 所示。

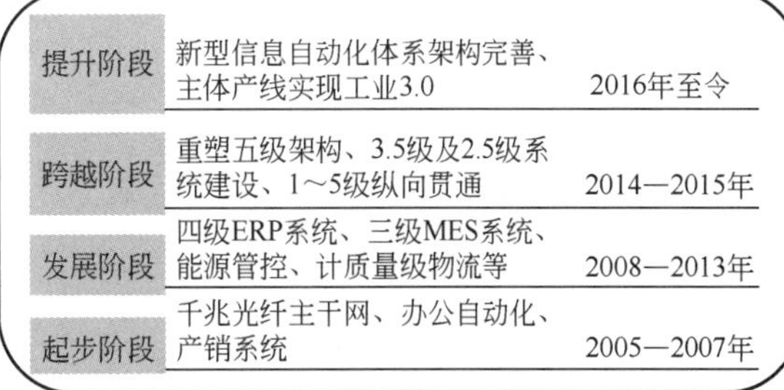

图 1　唐钢两化融合发展历程

一是起步阶段（2005—2007 年）：建成了覆盖唐钢主体厂区的千兆光纤主干网，为信息化系统的建设奠定了网络基础；实施了办公自动化系统，引领唐钢进入数字办公时代；以热轧产线为突破口，实施了产销一体化管理系统，使唐钢进入工业信息化管理阶段。

二是发展阶段（2008—2013 年）：以钢铁行业信息化五级架构思想为指导，搭建唐钢集团信息化体系。主要实施内容包括：集团管控的四级 ERP 系统，各厂区独立的三级生产执行 MES 系统，公司计质量及物流系统，能源管控系统，设备点检系统，并向产销外部延伸，建设商务智能、客户关系管理等系统。信息化管理手段的应用在此阶段呈规模化发展，两化融合的企业发展理念经由信息系统的应用向广大职工不断渗透。

三是跨越阶段（2014—2015 年）：随着公司在新形势下的战略调整，对两化融合的工作进行了新的思考，重塑公司信息自动化架构体系，如图 2 所示。以高强汽车板产线建设为契机，具体措施包括：突出系统的专业化管理，在三级、四级之间新建设三点五级系统——公司级高级计划排程系统、公司级订单设计系统、公司级质量管理系统；新建二点五级工厂数据库系统，并进行了相关系统的配套改造工作。这一阶段，围绕高强汽车板产线建设，首次实现了体系内一至五级的纵向全线贯通，为未来向智能制造发展打下基础。

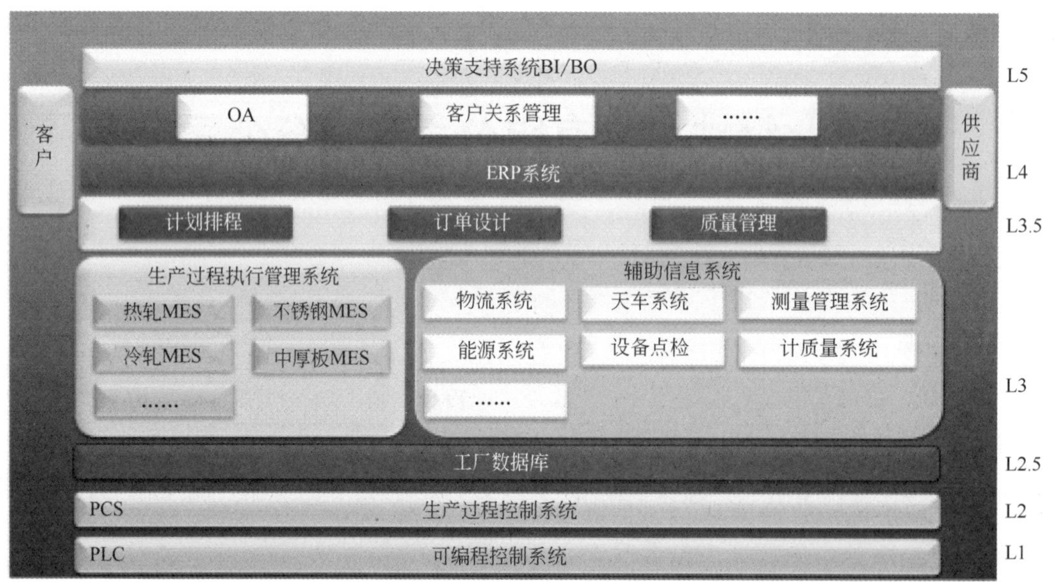

图 2　信息自动化体系架构

四是提升阶段（2016 年至今）：2016 年度起，围绕进一步完善公司信息系统架构、驱动企业产业升级，唐钢以智能制造标准体系为指导，以全面实现主体产线工业 3.0 为目标，将公司级高级计划排程系统、公司级订单设计系统、公司级质量管理系统的功能范围进一步扩大，从而充分发挥系统的全局管控作用。另外，还要进行项目管理系统、财务综合管控平台、OA 等系统的建设及升级改造工作，力争在生产与管控两个维度上，以信息系统创新驱动企业管理升级。

【近期两化融合工作的主要做法及成效】

（一）搭建公司级计划排程平台，实现计划排程最优化

为了提高唐钢产品的按时交付业绩，降低在制品库存并提高设备的有效利用率，实现全流程的生产一贯制管理，唐钢实施了公司级高级排程系统。通过该系统的建设，实现了有限产能约束下的销产转换和钢轧一体化的优化排程；实现了对客户所需产品准确的交期应答；提高了按时、

按量的准时交付率，缩短了产品生产制造周期；提升了客户询单的响应速度，提高了重点产品的交期承诺；通过最优的生产组织和排产，实现了最佳的库存管理，降低了唐钢库存成本；提高了企业内部整体的物流衔接，减少了厂界转运，使制造成本达到最佳化。

系统功能如图 3 所示。

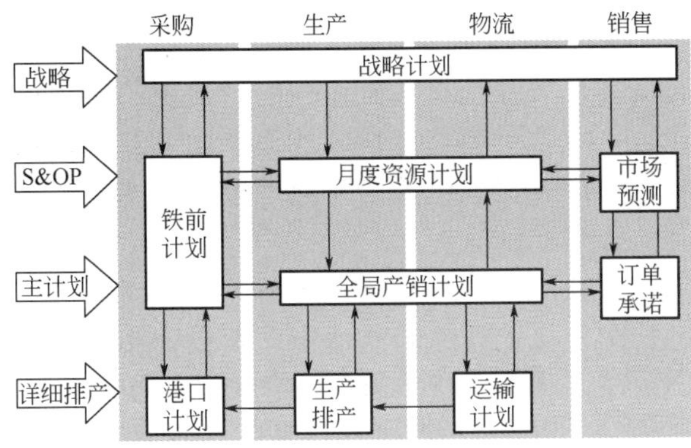

图 3　公司级高级排程系统功能

（二）建立产品和冶金规范数据库，实现质量设计标准化

通过公司级订单设计系统建设，建立了唐钢的产品规范数据库和冶金规范数据库，构成唐钢生产制造系统的核心知识库。唐钢的产品设计及工艺研究成果，通过产品规范数据库和冶金规范数据库得到固化；实现了全订单、全产品、全流程的质量设计标准化管理，实现了基于炼钢集约化生产要求的炼钢记号统一设计，降低了生产成本；实现了冷热轧一体化设计，保证质量标准达到全工艺最优；通过全局工艺实绩管理，实现了下游工序工艺的动态调整。

系统功能如图 4 所示。

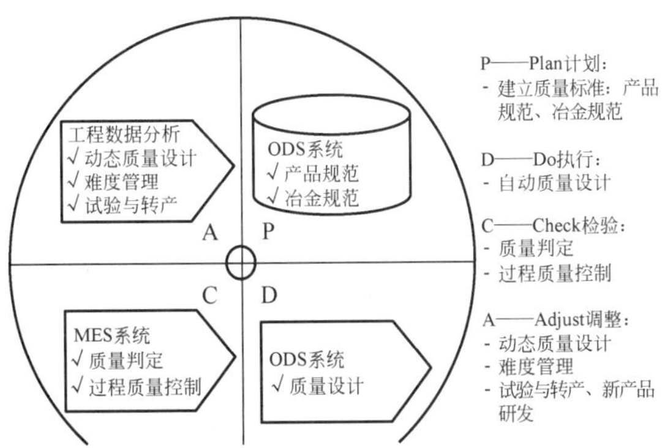

图 4　公司级订单设计平台功能

（三）搭建公司级质量管理平台，确保质量管控全方位

为了提高唐钢质量管控水平，实现产品设计全流程的控制，唐钢实施建设了公司级质量管控系统，应用范围覆盖炼钢、热轧、冷轧的各个生产工序。该系统建立了集质量跟踪、质量监控、质量评价和判定、质量问题朔源、质量趋势分析于一体的闭环质量管理信息平台，提升了唐钢整体质量管控水平，实现了工艺流程的全面质量管理。

系统功能如图 5 所示。

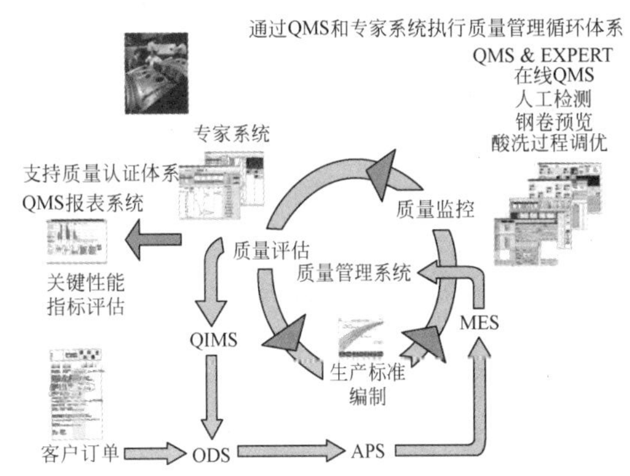

图 5　公司级质量管理平台功能

（四）打造工厂数据库，提供全局统一数据支撑

为使三级以上信息化系统特别是公司级质量管理系统得到更好的底层数据支撑，唐钢公司实施建设了工厂数据库。工厂数据库定位于信息化架构的二点五级，数据要求稳定、准确、实时、高频率。该系统的实施，实现了实时工艺参数的规范化统一采集与管理，实现了底层生产实绩数据的全局共享，实现了基础数据长时期、大容量的存储，为将来大数据技术的应用、数据价值的深入挖掘提供了准备。

（五）统一接口平台，提高系统集成效率及稳定性

重新规划设计的唐钢信息化架构体系中的应用系统数量达几十个，一个完整的数据流转需要经由多个应用系统。为了提高系统集成

的效率和稳定性，唐钢在架构设计中引入了统一的接口平台，数据以既定格式的形式推送到接口平台上，供其他系统取用。通过统一接口平台的使用，使信息架构体系层级更加明晰，提高了数据传输的效率和稳定性，降低了接口开发量和集成难度。

（六）试水“互联网+”，探索非钢发展新方向

为契合在未来10年大力发展“互联网+”应用的国家战略，同时实现企业的多远化发展，在非钢领域，唐钢启动了“互联网+”项目。充分利用唐钢现有资源和互联网技术，实施建设了云计算、物联宝、智慧物流和城市智慧服务4个项目。其中，智慧城市服务项目利用“城市智慧小屋”对口城市民生开展全方位的社会化服务；物联宝项目依托唐山，为制造业企业提供设备、备品备件等资源共享平台，并逐步辐射全国；智慧物流平台作为智慧唐山的一个子板块，重点着眼于提升物流效率，服务于唐山市经济、社会、民生的各个领域，实现由唐钢公司扩展至覆盖唐山地区的物流服务圈，最终目标是发展成为国内、国际领先的智慧物流平台。

（七）实施日清日结，推动成本核算精细化

日清日结是企业实现管理变革的一项重要基础工作，是企业发现自身问题、加快生产经营模式转变、完善管理流程、发现管理漏洞、实现精细化管理的重要手段。为充分发挥信息化系统作用，加强唐钢基础管理工作，唐钢在全公司范围内推行了信息化系统日清日结工作，为实现扭亏增盈目标提供可靠的技术保障和真实有效的数据基础，同时，为公司未来进行财务成本日效益分析、建设全面预算管理系统、决策支持系统等信息化深度应用奠定了坚实的数据基础。

在新的市场环境及技术背景下，唐钢适时进行了信息化体系架构的重塑及设计实施，使企业的两化融合进入到一个全新的历史阶段。唐钢公司生产一贯制及质量一贯制的管理理念通过信息化体系的支撑得以落实到各条生产线。五级贯通实现了流程化、系统化、智能化的协调统筹管理，促进企业结构调整、加快产业升级，大幅提升了对客户的服务水平，逐步引领企业制造向智能模式迈进，助力唐钢实现历史新跨越。

中国信息通信研究院

【基本情况】

中国信息通信研究院（简称中国信通院）是工业和信息化部直属科研事业单位。中国信通院始建于1957年，前身是邮电部邮电科学研究院，当时邮电部政企合一、邮电合营。1994年体制改革，邮电部政企分开、邮电分营，邮科院分成三个，中国信通院是其中之一，名为邮电部电信科学研究规划院。在此期间，完成了绝大部分国家通信网技术体制和技术标准的制定，同时负责邮政、电信的行业规划与政策研究，保障了国家通信网的完整性、统一性和互通性，参与并见证了我国邮电业在一穷二白的基础上实现跨越式发展、电信体制改革稳步推进、通信网络基础建设实现质的飞跃的全过程。

1998年，撤销邮电部、电子部，组建信息产业部。1999年2月，院更名为信息产业部电信研究院，主要职责是为国家和通信行业提供发展战略、法制建设和监管政策的决策支撑。在此期间，院建立了设备先进、功能齐全的检测试验环境，承担了包括3G技术试验在内的大量关系到国家重大技术选择的网络技术试验。

2008年工业和信息化部成立，院又更名为工业和信息化部电信研究院，研究方向从以研究通信为主，加速向信息通信领域（ICT）推进，同时稳步向工业等新领域拓展。具体涉及电信运营业、电信制造业、互联网、信息化及服务业、两化融合、工业等多个领域，力争在电信领域强基固本，做大做强；在信息通信融合领域，形成明显优势；在工业领域重点突破。通过多年积淀，在技术、政策、经济、市场、产业，以及软科学、技术标准、国家专项、测试计量、基础研究等方面构建了多维度、全方位的立体化研究体系，并以注重政府决策需求为核心，承担了大量紧急、重大、直接为决策服务的研究工作，积累了丰富经验。

2012年以来，院坚持“抓改革　促创新　优结构　稳增长”的方针，采取系列举措推进各项工作。2014年启用新名称“中国信息通信研究院”。2015年，中国信通院启动新的战略转型，按照“四大领域、五大业务、六个专业”的新布局，积极谋划、推进各项工作。四大领域为电信业、互联网、信息化、两化融合；五大业务为决策支撑、创新平台、测试认证、咨询服务、监管服务；六个专业为技术、经济、政策、产业、法律、管理。

多年来，中国信通院随着政府的改革不断发展演变，在改革开放中成长壮大，在攻坚克难中形成优势，在转型升级中持续发展。亲历了我国信息通信业由小到大、由弱渐强的历史进程，参与了各个关键节点的重大决策，在行业发展的重大战略、规划、政策、标准和测试认证等方面发挥了有力支撑作用，不论是在基础性研究还是在自主创新方面，都为我国通信业跨越式发展和产业创新壮大起到了重要推动作用，为我国通信业从落后到国际领先做出了非常重要的贡献。

中国信通院下设八个业务部门，包括政策与经济研究所、技术与标准研究所、产业与规划研究所、信息化与工业化融合研究所、安全研究所、泰尔系统实验室、泰尔终端实验室、泰尔认证研究所；以及四个部属支撑机构，分别为电信设备认证中心、电信用户申诉受理中心、电信与信息服务咨询中心、通信工程定额质监中心。

京内，共有花园北路（总部）、小西天、阜成门、月坛、大成广场、翠湖6个科研办公驻地。

京外，在河北保定设有通信设备抗震研究所；在深圳、广州、上海、重庆设有4个分院，主要服务于珠三角地区、华东地区和中西部地区从事通信产品设计、研发、生产的企业，辐射当地整个通信产业链，形成资金、人才、信息聚集效应，对带动地方产业发展和创新起到明显促进作用，得到了当地政府领导的高度肯定。

中国信通院自2003年以来先后荣获国家科学技术奖14项、省部级科技进步奖178项，其中，中国标准创新贡献奖10项，中国通信学会科技奖54项，中国通信标准化协会科技奖112项，中国电子学会科技奖2项。

凭借业内独特地位，中国信通院还牵头组织成立了多个行业组织，如工业互联网产业联盟、中国互联网与工业融合创新联盟、中国宽带发展联盟、中国移动电子商务产业推进联盟、云计算发展与政策论坛、移动智能终端技术创新与产业联盟、SDN产业联盟、数据中心联盟、互动媒体产业联盟、电信终端测试技术协会、全国电信用户委员会、工业和信息化部电信经济专家委员会、中国通信企业协会通信网络安全专业委员会、中国通信企业协会增值服务专委会、中国通信学会信息通信发展战略与政策委员会、网络互联互通技术标准工作组、IMT-2020（5G）推进组、TD-LTE工作组、移动通信领域北斗国际标准联合推进工作组等，中国信通院也是中国通信学会、中国互联网协会、中国通信标准化协会、中国通信企业协会、未来移动通信论坛、中国车联网产业技术创新战略联盟、物联网产业技术创新战略联盟、中国智慧城市产业技术创新战略联盟、中国智能交通产业联盟等多个权威行业组织的副理事长单位，为行业发展搭建了相互交流与促进的平台。

中国信通院与运营商、设备商、互联网企业、地方政府、地方通信管理局等建立了战略合作伙伴关系。目前战略合作伙伴达到了39家，包括中国移动、中国电信、中国联通、华为、中兴、阿里巴巴、腾讯、百度、360等公司，以及河南省、深圳市等地方政府。

中国信通院秉持“国家高端专业智库、行业创新发展平台”的宗旨定位和“厚德实学 兴业致远”的文化价值理念，强化电信业引领优势、打造互联网综合优势、建立信息化和两化融合新优势，在国家ICT领域重大战略和重大政策制定中发挥核心支撑作用，在ICT行业创新发展中起到重要引领作用，在国际ICT领域有较高影响力，到2020年建成国家高端专业智库，成为行业创新发展平台，为国家实现网络强国、制造强国两大战略以及两化深度融合发展目标做出更大贡献！

【近年主要科技工作进展及成果】

中国信通院近年来有力支撑了国家和部ICT领域重大战略和政策研究，具体如表1所示。

表1 中国信通院重大战略和政策研究成果

国家层面的重大战略和政策支撑	
2015年	《中国制造2025》（参与）
2015年	《国务院关于积极推进“互联网+”行动的指导意见》
2015年	《国务院关于加快高速宽带网络建设推进网络提速降费的指导意见》
2015年	《关于加快构建大众创业万众创新支撑平台的指导意见》
2015年	《关于促进大数据发展的行动纲要》（参与）
2015年	《国务院关于促进云计算创新发展培育信息产业新业态的意见》
2013年	《宽带中国战略及实施方案》
2013年	《国务院关于促进信息消费扩大内需的若干意见》
2013年	《国务院关于推进物联网有序健康发展的指导意见》
部委层面的重大战略和政策支撑	
2015年	《电信业务分类目录》
2015年	《宽带接入业务试点方案》
2015年	《关于开放宽带接入市场的意见》
2014年	《关于加强电信和互联网行业网络安全工作的指导意见》
2014年	《智慧城市健康发展指导意见》
2013年	《物联网发展专项行动计划》（14个部委）
2013年	《关于数据中心建设布局的指导意见》

2015年是中国信通院启动战略转型的第一年，也是稳步发展、成果丰硕的一年，各项工作有序、有效推进，转型发展取得明显成效。中国信通院紧紧围绕国家和部重大战略部署，聚焦“国家高端专业智库 行业创新发展平台”的新目标及“四大领域 五大业务 六个专业”的新布局，有力支撑了“互联网+”等多个国家重大政策的制定，高端智库作用显现。在5G等重大领域的创新发展中发挥了核心支撑作用。

2015年，中国信通院在移动互联网、信息经济、网络与信息安全产业、内容分发网络（CDN）、物联网、5G网络技术架构、5G无线技术架构等信息通信业热点领域发布白皮书，还发布了《互联网与工业融合创新蓝皮书》、《云服务》、《大数据发展调查报告》，与美国布鲁金斯学会合作发布了《中美移动医疗研究报告》。

2015年，中国信通院科技成果荣获国家科技进步二等奖2项、国家技术发明二等奖1项及省部级科学技术特等奖2项、一等奖3项、二等奖7项、三等奖4项（见表2）。

表2 中国信通院科技成果获奖名单

获奖项目名称	奖励类别	奖励等级
分组传送网（PTN）重大技术攻关、设备研制和应用创新	国家科技进步奖	二等奖
下一代网络与业务国家试验床创新技术研究及应用	国家科技进步奖	二等奖
天线多频技术及在多模移动终端的应用	国家技术发明奖	二等奖
TD-LTE 4G关键技术研究及应用	中国通信学会科学技术奖	特等奖
第四代移动通信系统TD-LTE）技术创新与规模应用	中国通信学会科学技术奖	特等奖
《3GPP TR36.872：小小区物理层增强》等19项面向LTE-Hi的国际标准	中国通信标准化协会科学技术奖	一等奖
《电信基础设施共建共享技术要求第1部分：钢塔架》等5项ITU-R国际标准/行业标准	中国通信标准化协会科学技术奖	一等奖
《LTE系统北斗卫星导航定位协议》等24项3GPP国际标准	中国通信标准化协会科学技术奖	一等奖
支撑“互联网+”的融合CDN关键技术及产业化应用	中国通信学会科学技术奖	二等奖
我国物联网发展战略及产业技术推进实施策略	中国通信学会科学技术奖	二等奖
TDD/FDD混合组网电磁兼容研究及测试论证分析	中国通信学会科学技术奖	二等奖

续表

获奖项目名称	奖励类别	奖励等级
可信云服务评估认证	中国通信学会科学技术奖	二等奖
《3GPP TS 36.101 终端射频发射和接收》等 25 项面向频谱性能优化技术的国际标准	中国通信标准化协会科学技术奖	二等奖
TD-LTE 终端测试全球化认证标准集	中国通信标准化协会科学技术奖	二等奖
《无源光网络（PON）管理技术要求》等 6 项行业标准	中国通信标准化协会科学技术奖	二等奖
践行“宽带中国”战略，构建以电信网为基础的融合创新示范网	中国通信学会科学技术奖	三等奖
《IPTV 媒体交付系统技术要求》等 3 项行业标准	中国通信标准化协会科学技术奖	三等奖
《LTE/TD-SCDMA/WCDMA/GSM（GPRS）多模单待终端设备技术要求》等 14 项行业标准	中国通信标准化协会科学技术奖	三等奖
《无线通信室内信号分布系统 第 1 部分：总体技术要求》等 6 项行业标准	中国通信标准化协会科学技术奖	三等奖

当前，国家信息通信业发展正处于“十三五”新的历史起点，面临诸多新形势、新要求、新任务，中国信通院牢固树立创新、协调、绿色、开放、共享的发展理念，聚焦建设“国家高端专业智库 行业创新发展平台”的新目标，深化“四大领域 五大业务 六个专业”的新布局，强化电信业引领优势、打造互联网综合优势、建立信息化和两化融合新优势，全面实施院发展战略。

2016 年，是国家“十三五”开局之年，也是中国信通院战略转型深化布局的关键年，中国信通院将积极主动研究当前国家和工业和信息化部特别关注的重大问题，有力支撑网络强国制造强国战略实施，在“互联网+”和两化深度融合推动中发挥核心作用，不断夯实科研能力，培养高端人才，支撑好国家、工业和信息化部的中心工作。

国网大连供电公司

【企业简介】

国网大连供电公司是国家特大型供电企业，供电区域 1.26 万平方千米，用电客户 352 万户。公司下设 9 个供电分公司，在职全民职工 4503 人，管辖 66kV 及以上变电站 239 座，输电线路 5801 千米。

国网大连供电公司曾获国家信息化倍增计划优秀项目、辽宁省百户企业信息化试点示范单位，连续获大连市信息化推进示范单位，国家电网公司大型供电企业信息化应用专项考核中连续 5 年位列前茅，连续 3 年获得“国家电网公司信息通信工作先进集体”荣誉称号，还获得“国家电网公司年度进步最快基层单位流动红旗”荣誉称号，连续 5 年获大连市信息化工作标兵单位，获辽宁省企业信息化试点示范单位。2013 年获国家级两化深度融合示范企业，2014 入选国家级两化融合管理体系贯标试点企业，2015 年首批获工业和信息化部颁发的两化融合管理体系评定证书，标志着公司打造的“末端电网坚强调度控制能力、基于配电自动化的供电保障能力、用户导向的互动营销能力及清洁能源的接纳与应用能力”四项新型能力处于国内领先水平。

【两化融合总体工作情况】

大连供电公司以信息系统深化应用与实用化为支撑，以实现坚强智能电网为目的，推进新一代信息技术与企业生产、经营、管理各项业务的全面融合，推动了公司“三集五大”体系建设，提升了企业集约化管理及辅助决策支撑水平。

公司发挥信息通信技术的创新驱动作用，加强业务流程信息化与规范化，推动管理优化与创新，加大对关键技术的创新研究，提升企业在信息化环境下的精准管理能力，实现了数据采集数字化、生产过程自动化、全业务处理信息化、控制过程互动化、经营管理现代化、战略决策科学化。

公司信息业务系统应用范围覆盖信息通信、调度运行、生产技术、市场营销及客户服务、综合管理等企业全业务，应用智能电网调度技术、生产管理、配电自动化、营销、电动汽车充换电、配电地理信息、企业资源计划等38套业务系统，477项业务流程实现信息系统支撑。开展差异化分析，以SGERP业务应用为基础结合企业个性化特点建设信息集成应用28项，满足企业在人、财、物集约化管理等方面的业务需求。

公司加强信息通信基础建设，建成超大规模高速智能信息通信网络，实现千兆级局域网互联，采用多种通信方式实现变电站、供电营业所及办公场所全覆盖，形成3张光传输网络，光缆总长达到6512千米，通信站点575座，各类信息通信设备2829套，网络规模相比“十一五”翻了一番，率先在省内建成10Gbps智能信息通信网络，具备自动多路径迂回保护功能，2007年以来通信保障率连续8年保持100%。

【两化融合成果】

2014年1月3日，公司两化融合及智能电网重点建设项目《66千伏智能车载移动变电站的研究与应用》科技项目荣获2012年大连市人民政府科学技术进步二等奖。

2014年1月8日，《加强两化深度融合，提升供电企业经营管理水平》入选2013年国网公司信息通信专业典型经验，这是自2005年国网公司开展同业对标工作以来，公司首次入选的国网公司典型经验。

2014年1月10日，公司“供电企业两化融合发展战略及应用实践研究”项目被大连市CIO协会评为2013年度大连市电力能源行业信息化最佳应用奖。

2014年1月24日，大连供电公司获“国网公司信息系统深化应用示范单位”称号，同时公司在国网公司27个大型重点供电企业信息系统综合应用评价中被评为标杆单位。

2014年2月24日，国网大连供电公司入选国家级两化融合管理体系贯标试点企业（初选）名单。

2014年5月，辽宁大连供电公司作为辽宁地区唯一一家供电企业进入2014年国家级两化融合管理体系贯标试点企业。

2014年11月4日，国网大连供电公司《多介质融合的智能配用电网通信关键技术研究与工程应用》获得辽宁省科技进步二等奖；《数字化变电系统架构在城市电网中的应用研究》获得辽宁省科技进步三等奖。

2015年2月10日，国网大连供电公司通过国家工业和信息化部两化融合管理体系评估审核。国网大连供电公司是全国电力行业首批、辽宁省首家开展评定的央企，也是国家电网公司唯一一家开展两化融合管理体系贯标试点的地市级供电企业。

2014年公司两化融合管理创新成果获国家级企业管理现代化创新成果二等奖1项，获全国电力行业企业管理创新五年经典案例一等奖1项，获国家电网公司管理创新成果奖1项，获辽宁省政府科技成果奖2项，电力行业信息化成果奖4项，大连市科技成果奖6项，全国电力职工技术成果奖4项。在核心期刊发表信息化技术论文27篇，41项专利获得国家授权。

国网大连供电公司被评为“国家级两化深度融合示范企业”，先后荣获全国五一劳动奖状、中央企业先进集体、全国文明单位、全国供电可靠性A级金牌企业、全国电力行业质量特别奖、全国实施卓越绩效模式特别奖，国家电网公司先进集体、国家电网公司文明单位、全国“安康杯”竞赛优胜单位、电力安全生产标准化一级企业等荣誉称号。

【两化融合管理体系建设过程】

大连供电公司两化融合管理体系建设分为前期准备、体系策划、体系实施匹配、评测与改进四个步骤进行。

（一）前期准备阶段

国网大连供电公司2014年3月开始启动贯标工作，2014年3月成立两化融合领导小组，将两化融合工作确立为一把手工程，设立两化融合办公室，全面开展管理体系建设工作。公司最高管理者、管理者代表、两化融合办公室、职能管理机构、业务实施机构全面履行职责，形成了自上而下完整的组织体系。明确了以“率先建成‘一强三优’国际一流现代公司” 为目标的企业战略。同时将电网发展、科技兴企、电能替代确定为战略重点。（“一强三优”的含义如下。（1）电网坚强：电网规划科学，结构合理，技术先进，安全可靠，运行灵活，标准统一，经济高效。（2）资产优良：资产结构合理，盈利和偿债能力强，不良资产少，成本费用低，现金流量大，客户欠费少。（3）服务优质：事故率低，可靠性高，流程规范，服务高效，社会满意，品牌形象好。（4）业绩优秀：安全、质量、效益指标国内外同业领先，企业健康发展，社会贡献大。）

2014年4月进行贯标动员及工作部署，开展了一系列宣贯培训活动，建立两化融合专题网站，征求员工提案，建立网络微信群，邀请专家开展两化融合管理体系宣贯培训，详细解读《信息化和工业化融合管理体系要求》标准条款，提高公司员工的全员参与意识。共组织 21 次培训、16 次交流会议。

（二）体系策划阶段

2014年6月开始现场调研工作，深入了解各业务部门核心工作流程和信息化系统支撑应用情况并形成调研记录。先后梳理各类岗位职责 535 项、规章制度 509 项、业务流程 477 项、关键数据指标 638 项、核心技术项目 243 项，全面分析公司现有体系与两化融合管理体系要求的差异，编写了《差异分析报告》。

举办体系文件编写培训，确定了两化融合管理体系覆盖的范围及与竞争优势需求相匹配的信息化环境下的方针；通过识别可持续竞争优势，明确了公司拟打造的新型能力，确定了公司两化融合总体目标，并将 2014 年两化融合工作目标分解成 13 个指标项，由两化融合办公室下达指标，层层落实。2014 年 8 月开展“两化融合管理体系贯标主题活动月”活动，并于 8 月底完成管理手册及 22 项控制程序文件的编写工作。

（三）体系实施与匹配阶段

2014年9月通过工业和信息化部两化融合咨询服务平台对公司的两化融合工作进行了评估（评估得分 85.93 分），在此基础上再次对各职能管理机构和业务实施机构进行调研访谈，分析部分弱项指标，并提出改进意见最终形成《两化融合评估与诊断报告》。同时，组织了三轮体系文件内审检查工作，持续改进体系文件。2014 年 9 月25日发布管理体系文件，9月30日正式实施；2014年 10 月公司开展两化融合管理体系试运行培训，组织 4309 名员工进行答题活动，占员工总数的95.7%。两化融合办公室协同各部门、各单位对体系运行进行日常监督和考核，对体系文件的充分性、适宜性进行评价和优化调整。公司先后整理了智能电网调度技术支持系统、OPEN3200 配电自动化系统、配电抢修指挥平台、用电信息采集系统、用电信息服务互动平台等与两化融合及新型能力相关的项目共 61 项，总计资金 5.15 亿元，这些项目的投入运行保障了公司拟打造新型能力的实现。

（四）评测与改进阶段

根据两化融合管理体系的要求，公司把 2014年两化融合目标指标纳入到运营监测（控）工作台上进行监视与测量。2014 年公司两化融合目标指标值全部达到既定目标，12 个专业全部获得辽宁省公司专业管理标杆，在国网公司发布的大型企业 35 项对标指标中，共有 17 项指标位列 A 段，其中，电网坚强和现代公司综合指标均位列第 1 名。

2014 年 11 月两化融合领导小组聘任体系内审员，召开内审启动会，联同中电联、国网电科院专家组成内审组检查两化融合管理体系运行的符合性、有效性，评价两化融合体系贯彻情况，发现5项不符合，均为一般不符合，已整改完毕。

2015年1月，公司召开管理评审大会，评价公司两化融合管理体系及新型能力的适宜性、充分性和有效性，会后形成4项《纠正和预防措施计划》，将于2015年完成整改工作。

2015年1月末公司对两化融合工作再次进行评估，评估得分为88.96分，其中公司两化融合综合集成指标和协同创新指标得分相比2014年提升较大，分别提高8.79分和10分。公司基础建设趋于完备，单项应用和综合集成趋于成熟，且协同与创新得到有效实现，处于创新突破阶段。

【两化融合管理体系运行成效】

国网大连供电公司通过构建两化融合管理体系，打造与企业发展战略一致的新型能力，两化融合不断向纵深发展，各项关键应用水平持续提升，2014年公司新型能力指标全部达到既定目标，2015年1月，国网大连供电公司在工业和信息化部两化融合评估平台评估得分88.96分，相比2014年总体提升3.03分，提升率为3.5%，在全国企业中高于99.90%的企业；基础建设趋于完备，单项应用和综合集成趋于成熟，且协同与创新得到有效实现，处于创新突破阶段。在国网公司发布的2014年大型企业35项对标指标中，大连供电共有17项指标位列A段，其中电网坚强和现代公司综合指标均位列第1名。可持续发展战略的实施及新型能力的打造，有效提升了公司两化融合管理水平。

通过建成调控一体化支撑系统，有效集成生产管理系统、营销管理系统、95598系统、配电GIS系统、调度EMS系统、集控系统、用电信息采集系统、配电生产抢修指挥平台等，实现停电管理及配电综合指挥和决策，为配电调度提供一体化技术支撑。2014年，历时3年的电磁解环工程圆满收官，大连电网实现500kV电网三通道六回路与辽宁主网相联，220kV电网实现分区运行，地区网架结构增强，电网调控能力提升。2014年年底城区配电网核心区智能升级改造工程完工，核心区域10kV N-1通过率实现100%，城市供电可靠率跃居99.982%，英特尔、恒力石化、造船厂等核心重要用户供电可靠率超过99.999%，停电时间减少67.5%，故障隔离由原来的平均45分钟降低至1分钟，综合线损率下降到5.67%，同比少损电量合计1.9亿千瓦时，多供电量1.2亿千瓦时，累计经济效益2.1亿元。国网大连供电公司先后圆满完成全运会、夏季达沃斯、“台风梅花、布拉万”抗灾等重要保电任务。

将信息化与营销管理、客户服务进行深度融合，加大手机移动应用及微信开发力度，加强与银行、电信服务、网络运营商合作，深化客户多渠道交费业务的建设，实现手机缴费、短信交费、网上营业厅电费支付、无线POS机缴费等17种服务渠道，建立了覆盖城市区域的“10分钟缴费圈”，增强供电企业与电力用户的互动能力，认真践行“你用电，我用心”的服务宗旨。服务承诺兑现率及客户满意率始终保持100%。积极引导终端客户的能源消费理念和方式转变，开辟清洁能源服务“绿色通道”，不断扩充核电、风电、光伏发电、生物质能、水电等清洁能源的接纳能力，同时加大电动汽车、船用岸电、地源热泵、液力透平、电采暖等一系列节能减排、电能替代举措的实践应用，电能替代电量超过1.8亿千瓦时/年，从而全面提升可持续发展的清洁能源消纳与应用新型能力。

【两化融合管理体系持续改进】

2015年3月至今，通过定期诊断体系运行情况，及时发现问题，调整目标，优化调整体系文件5处，梳理业务流程11个，确保了体系文件的适宜性、可用性。同时，将两化融合工作与部门业绩考核指标挂钩，加大考核力度，保证体系有效运转。

2015年4月，国网大连供电公司正式成为全国首批通过两化融合管理体系认定的企业。公司打造的“末端电网坚强调度控制能力、基于配电自动化的供电保障能力、用户导向的互动营销能力及清洁能源的接纳与应用能力”符合两化融合管理体系要求（见图1）。

证书编号：CSAIII-00115IIIMS0000901

ETIRI

两化融合管理体系评定证书

Integration of Informationization and Industrialization Management System Certificate

兹证明

国网辽宁省电力有限公司大连供电公司

管理体系符合

《信息化和工业化融合管理体系 要求（试行）》（工信部公告〔2014〕3号）

本证书对下述评定范围有效：

位于大连市中山路102号的国网辽宁省电力有限公司大连供电公司，
与末端电网坚强调度控制能力，基于配网自动化的供电保障能力，
用户导向的互动营销能力，清洁能源的接纳与应用能力
建设相关的信息化和工业化融合（两化融合）管理活动

发证日期：2015 年 04 月 25 日
有效期至：2018 年 04 月 25 日

（本证书信息可在两化融合管理体系评定管理平台 gltxpd.cspiii.com 查询）

工业和信息化部电子科学技术情报研究所（盖章）　　授权代表（签字）

体系评定
CSAIII A001-IIIMS

电子证书

评定机构地址：北京市石景山区鲁谷路35号电子一所

图 1　国网大连供电公司两化融合体系评定证书

鼎桥通信技术有限公司

【融·纳百川：打造开放融合的宽带集群解决方案】

近年来，宽带集群业务得到了我国政府的大力支持。2015 年，工业和信息化部正式颁布 1.4G 频段为宽带数字集群专网系统频率，主要应用于政务网、公共安全网、应急保障等相关行业。与此同时，工业 4.0 和“互联网+”被上升到国家战略高度，为 4G 宽带集群市场创造了发展机遇，而作为国内自有知识产权的 B-Trunc 标准，也成功通过 CCSA 及 ITU，成为世界级标准。

作为首批通过“全球首个专业宽带集群标准”B-TrunC 系统测试认证的单位之一，鼎桥专注于 TDD 技术与产品创新，在尚未有宽带集群概念时，鼎桥就凭借在 TDD 领域多年积累、运营管理体系的持续完善，快速发展成为能提供从芯片到整体网络，再到上层业务的端到端解决方案供应商（见图1）。

图1　鼎桥通信技术有限公司为B-TrunC系统测试认证单位之一

鼎桥始终坚持“开放和融合”的理念，在经过多年的市场深度拓展和行业应用摸索后，鼎桥更加认识到深入客户业务流程、保护客户既有投资、提供一体化综合解决方案的重要性。鼎桥于2015年11月合作伙伴峰会上重磅发布的Witen宽带集群全业务融合平台，是继2012年推出Witen宽带集群解决方案后，在网络融合、平台融合、业务融合、方案融合的进一步实践（见图2）。

图2　鼎桥发布Witen宽带集群全业务融合平台

鼎桥Witen宽带集群解决方案已经完成了从无到有的阶段，进入到了从有到好、从好到精的阶段，鼎桥借助更深入灵活的、适配自身强大的研发能力和巨大投入，致力于打造业界最领先的端到端解决方案，更快满足行业客户需求。行业专网市场的宽带化已成为发展趋势，各个行业已经将通信系统宽带化列入了发展规划，市场前景广阔，鼎桥将致力于携手合作伙伴，打造宽带集群产业最领先的端到端解决方案，共同促进宽带集群产业链的快速良性发展。

【合·创辉煌：引领产业发展携手合作伙伴实现共赢】

作为全球宽带集群解决方案领跑者，鼎桥秉承“开放、合作、共赢”的理念，联合各行业合作伙伴实现优势互补，共创良性生态圈，推动产业的持续发展。鼎桥坚持在宽带集群行业的合作伙伴销售策略。目前，鼎桥已与110余家合作伙伴建立了广泛合作，覆盖了政务、公共安全、机场、港口、地铁、铁路、电力、煤矿等20个行业。鼎桥全力支持合作伙伴的市场拓展，持续提供具有吸引力的渠道销售策略，让利合作伙伴，取得市场成功，同时，鼎桥也为合作伙伴提供开放的接口和业务平台，使解决方案与行业应用深度融合，携手合作伙伴打造更适配行业客户要求、更有竞争力的解决方案。为了打造更适配行业应用的解决方案，鼎桥在北京、成都、上海提供开放的实验室，供合作方与Witen系统进行集成和认证测试，并有丰富经验的专业研发人员提供相应的开发和测试技术支持（见图3、图4）。

图3　Witen系统集成和认证测试

图4　专业研发人员提供Witen开发和测试技术支持

在宽带集群领域，鼎桥拥有自主研发的宽带集群芯片、横跨多行业的端到端产品及解决方案，以及大量的核心专利技术积累。未来，鼎桥将借助合作伙伴强大的市场理解和拓展能力，结合鼎桥解决方案的技术优势和良好的开放、适配特性，共同拓展行业专网市场，与产业界各方着力构建全球宽带集群标准，实现产业共赢，为推动行业信息化做出更大贡献。

西本新干线股份有限公司

乘“互联网+”东风，钢铁电商平台迎来快速发展。

作为从传统行业转型而来的钢铁互联网企业，西本新干线股份有限公司（简称西本新干线）紧跟时代的变革步伐，在加快互联网技术革新、创新钢铁互联网平台运营模式、促进传统行业转型升级和提升行业整体运行效率等方面都取得了卓有成效的建树。

西本新干线创建于 1999 年 10 月 28 日，注册资本 6.6 亿元，是由中国物流事业服务中心和上海国际信托有限公司作为发起人股东设立的大型股份制联合企业。西本新干线是以互联网方式提供信息服务、数据交易、应用支持、信用管理、品牌认证与授权为业务核心的大宗商品电子商务平台。

【平台优势】

转型升级的背后是赶抓新机遇。近年来，我国社会经济已经进入新阶段、新常态，大数据、物联网对传统产业提出新要求，贸易流通行业呈现新趋势，生产型服务企业面临新发展，钢铁行业已经进入产能集中加速、产业链深度融合与行业生态系统重塑期，钢铁行业集成电商化正在加速，钢铁行业由注重产品本身向注重全产业链增值服务转移。

在此背景下，西本新干线 CEO 虞钢顺应时代的变化，适时对企业的发展作出调整，由传统企业向科技公司转型。2010 年，他引入国际 IT 巨头微软，进行研发合作，共同打造大宗商品的电子交易平台——新干线电子商务平台，并与中国物流信息中心、浦东新区经济和信息化委员会合作，共同推进中国物流产业云基地建设，使得我国第一个垂直行业云计算基地得以孵化。

新干线电子商务平台项目属于物流科学与计算机科学相结合的前沿科学技术领域，首创 BMB（Business Media Business）交易模式，集成经纪服务、物流服务、金融服务、公共服务等多种增值服务，依托先进 IT 手段，为用户提供包含交易在内的一站式服务，是有效实现资源类大宗商品产业链整合的第三方服务平台。

通过借助 IT 产业，西本新干线将传统大宗商品交易架构于电子商务平台之上，涵盖钢铁产品、原料采购、仓储、交易体系，金融服务、物流配送跟踪服务为一体，以网上交易系统为依托，支持大宗商品交易的云计算环境建设，走在了全球基于行业应用云环境标准建设的最前沿，推动了物流科学技术整体进步和产业应用，如云计算技术、二维码防伪识别技术、移动终端技术、互动体验等。

而技术对传统行业的影响则更加深远。西本新干线电商平台正在实现：通过交易数据联动，深刻地将生产与消费高度关联；以交易过程产生的真实需求指导生产，促进大宗商品供需平衡，帮助上游控制产能过剩、有效实现计划排产；协助下游终端用户控制价格风险，支持实现符合需求的合理采购；通过物流全程跟踪，实现品质管理可追溯，杜绝假冒伪劣商品流通。

此外，西本新干线电商平台的应用，还彻底改变传统交易体验，实现交易变革；提高物流效率，降低整体物流成本，支持我国物流产业升级。

截至目前，西本新干线申报专利已达100多个，其中，“西本新干线电子交易系统”系列三次荣获中国物流与采购联合会科技进步奖一等奖，是全国信息化与工业化深化融合示范项目，更是勇于推进我国钢铁物流标准体系建设的发起单位，拥有引领全国螺线市场价格风向标作用的“西本价格”指数体系。

在创新发展生产性服务业上成绩显著，同时得到了国家政府领导的大力支持。2012年2月2日，时任上海市委书记的俞正声专程到该企业视察，听取企业发展转型经验。调研结束后，俞正声语重心长地叮嘱：“事业不简单，一定要坚持下去。”

【西本驾“云”】

如今迈进“云”的时机已经到来，西本也在努力驾“云”。在支持大宗商品交易的云计算环境建设方面，西本新干线走在了全球基于行业应用云环境标准建设的最前沿。

2012年5月29日，西本新干线启动了最早期的商业运营云供应商的雏形——“中国物流云产业基地”，规划与建设“制造在区域，物流在全球，数据在西本”的基地模式，立足上海、服务全国、布局全球，帮助入驻企业实施采购、销售及生产一体化的云计算平台。该基地是由工业和信息化部指导，中国物流与采购联合会、上海市浦东新区经济与信息化委员会联合签约建设。

随着中国物流云产业基地的揭牌，中国物流云产业基地先后与微软、威睿等世界先进的应用软件及服务提供商建立了战略合作伙伴关系，共同构建物流产业云计算生态系统。如今，云计算生态系统已经初见端倪。监测显示，在10秒内，西本新干线系统平台能够同时支持2000笔交易并发。

通过电子商务的业务模式+云计算的技术架构体系，可突破原来所有基于Web技术面向信息发布与交易撮合的简单电子商务模式，向上游产业链延伸与生产系统集成，向下与物流和终端管理系统集成，使供应链中各个环节的信息均能在“云”中汇聚和交互，从而打造“全球最具竞争力的物流供应链”。

而这意味着西本新干线与客户将在重新定义的业务领域展开合作。基于云计算平台，使用户以更低的成本、更灵活的方式获得优质、高效的垂直化信息服务，并创造更大的资金运行环境，从而更好地架构产业链各方的协调与合作，不断影响着中国钢铁物流产业信息化的进程。

一场框架产业IT新经济风暴正在行业内刮起。中国物流与采购联合会会长何黎明表示：“在中国，云计算产业发展得到了政府的高度重视与大力支持，西本新干线是钢铁物流产业IT领导者，行业管理机构与政府将一如既往地合作西本新干线，致力共同推动中国云计算产业快速发展。”

大连理工大学网络与信息化中心

2014年，大连理工大学网络与信息化中心（以下简称网信中心）积极推进智慧校园建设，“以服务师生为根本、以管理规范服务、以技术拓展服务、以创新引领服务”，通过开展各项工作，努力建设安全的校园网环境，推动建设业务管理系统、信息资源共享平台、校园公共服务和应用平台，扎实工作、积极创新，努力为师生提供最优质的网络与信息化的平台与服务。

【智慧校园稳步推进】

根据大连理工大学教育信息化建设的总体规划，网信中心遵循“严谨、创新、敬业”的宗旨，为提高服务质量和信息资源环境，为广大师生享受“智慧校园”的优质信息资源提供强有力的技术支撑与保障。

学校中文主页全新改版。学校主页通过前期调研、页面设计、全校师生参与投票选择，最终完成学校新版主页的建设。开创了独特的内容管理模式，制定了学校中文主页管理办法。荣获第七届全国高校百佳网站奖，荣获辽宁省教育门户网站评选“十佳网站”。

新版邮件系统正式上线。学校新版邮件系统正式上线，新旧系统做到无缝切换，新邮件系统具有更加完善的功能，具有更好的兼容性与安全性。

建设学校第一个官方移动校园应用“i 大工”。移动校园“i 大工”是学校第一个官方移动应用App，集成了众多师生关心的信息，移动应用可以随时、随地不受限制地访问校内资源。从2013年12月推出第一个版本，到2014年年底，App下载量超20万次，设备接入量超1.8万人次，应用总访问量超230万人次。

建立了会议网公共会议平台。会议网为广大师生提供了一个校内会议培训的综合平台，各会议设立后具有独立网站，并在会议网平台内统一发布会议信息。

协同业务部门完成多项信息系统建设。协同业务部门共同完成各个业务信息系统，信息系统建设协同部门广、周期长，需要跨年进行建设。2013—2014年协同业务部门完成了覆盖三校区的信息系统，包括OA、公房、科研、迎新、离校和公文系统，业务系统的投入使用，大大提高了业务部门的工作效率。

启动超算中心建设，完成了高性能计算平台建设方案并通过专家论证，成立超算建设咨询委员会和工作组，并已启动招标。

启动网站群系统建设。全校127个二级主页网站已经全部启动向网站群迁移，其中77个网站已完成迁移。网站群系统有效的防止网站被攻击和篡改事件的发生，增加网站的安全性。网站群还具有自助建设网站的功能，系统操作简单，建设网站所需的模块和组件种类多、样式全，所有模块都可以可视化编辑和设置。

【加强建设网络与运维体系】

完成校园网软硬件升级及校园网出口带宽升级工作。进一步提高了校园网稳定性和校园网出口速度。校园无线网不断扩容，同时在线最高1.5

万人，网络设备更新、升级，网络稳定性提高，报修率下降。校园网出口带宽由 1.5Gbps 升级至 3.5Gbps。完成校本部至开发区线路的升级，总带宽由原来的 1Gbps 提高至 4.2Gbps，解决了开发区校区与本部的网络瓶颈问题。完成数据中心虚拟化平台软件大版本升级，为云主机和网站群的迁移工作顺利进行提供了支撑。完成大连至沈阳 3×2.5Gbps 及大连至青岛 1×2.5Gbps 线路割接，保障了校园网的快速稳定。配合学校弘远路改造工程，对弘远路附近光缆线路进行全面升级改造。体育馆无线网完成扩容升级，并部署两条专线，保障了乒超联赛网络视频直播的顺利进行。新建宿舍楼宇完成网络接入工程，迎新场地部署临时网络，为新生快速报到入学提供了便利。

【进一步拓展一卡通应用】

2014 年，大连理工大学一卡通建设工作进展顺利、运行平稳。车辆管理、会议签到、自助补卡机等应用正式投入使用；校园电子支付平台上线运行；完成决策平台和监控平台的一期工作；完成巡更系统部署工作；完成体育馆等场所一卡通设备的新增部署工作；完成了部分宿舍区门禁的部署工作；完成教师补助的统计及发放工作。具体包括：完成西山生活区、开发区校区和西部校区西部连接通道车辆管理系统的部署，初步完成车辆管理系统的 B/S 版本开发和运行，通过车牌识别保障车辆的有序进出；会议签到系统实现了立式机和手持机在线同时签到功能，全年完成会议签到 60 余次；完成三台自助补卡机测试和运行，累计自助补卡 700 张；完成校园电子支付平台上线运行工作，实现了网上缴纳两校区网费、图书欠费、校友捐赠、开发区电费、4 级和 6 级考试缴费等功能；完成决策平台的一期工作，提供数据统计分析展现；完成监控平台测试工作，提供全局拓扑图，实时监控终端设备运行情况；完成二维码制卡、发卡工作；完成保卫处巡更系统部署工作；完成考勤系统部署；完成体育馆一卡通设备部署；完成 5 台班车管理系统部署；完成北山 14 栋、软件学院 7 栋和西山 2 栋宿舍楼门禁的部署工作；完成凌水校区浴室 1000 个自助电子寄存柜部署工作，实现实时网上查看剩余寄存柜情况；完成十食堂、档案馆、图书馆、专招食堂、新建博留公寓等信息点的一卡通设备增设工作。

【建立数据中心安全防护体系】

校园数据中心是校园信息系统的核心枢纽，必须建立有机的、智能化的安全防护体系。在数据中心安全防护体系建设方面，通过部署网站群系统、Web 应用安全防护设备、虚拟化安全防护系统等设备从 Web 应用层、操作系统层、虚拟化层等几个方面建立了多层次的数据中心安全防护体系，2014 年下半年校内网站安全事件明显下降。在数据安全方面，理顺信息资源管理机制，明确数据资源保障责任，建立数据使用审核制度，确保数据安全、合理使用。完成了校内微软操作系统、办公软件正版授权采购，及授权系统的部署，预计明年将为全校教工提供授权服务。

先进人物（按姓氏首字母排序）

曹志月

女，毕业于中国科学院，博士学位，副高级工程师，现任潍柴动力股份有限公司信息化总监，主要负责潍柴集团流程信息化管理工作。近几年来主要围绕制造业流程信息化建设开展工作，承担或重点参与了“科技支撑计划”、“智能制造示范基地”、“电子商务集成创新试点工程”等多项国家重大项目，先后荣获“十一五中国信息化杰出人才奖”、“中国电子商务领军旗手奖”、“中国首届百佳 CIO”等荣誉称号，并带领企业信息化团队取得软件著作权 30 项，发表学术论文多篇，作为工业和信息化部推出的两化融合管理体系的起草人，在制造业信息化建设方面取得多项重大的创造性成果，得到广泛应用并取得了显著的社会效益和经济效益。

多年来，她主导开展了潍柴全业务链流程信息化工作的规划、建设及运维工作，对潍柴“十二五”、“十三五”期间的信息化工作进行了总体规划，并主持和参与了企业信息化管理体系建设，负责了多项信息化项目的开展及推广。通过几年的流程信息化建设，降低了企业运营成本，提升了业务工作效率，促进了企业管理水平的提升，为潍柴实现进军世界 500 强的目标提供了有力支撑，使企业成功成为行业发展标杆，带动了行业两化融合水平的提升。

近年她积极推进企业流程信息化建设工作，主持了多项集团流程信息化项目的开展及实施，主要包括如下方面。

（1）企业信息化战略规划。发起并实施集团信息化战略规划项目，对未来 3～5 年信息化工作进行了一次顶层设计，形成集团流程信息化愿景、EA 架构、建设路线图、信息化治理体系及电子商务平台的规划，支撑了企业战略的落地。

（2）企业研发、供应链、生产制造、营销服务、集团管控全业务流程信息化建设。2013 年发起并实施了 PDM 系统的架构切换及版本升级，实现了企业研发业务功能的全面升级，支撑了企业五国十地全球协同研发；2013 年下半年发起 ERP 全面升级项目，重新梳理和优化与 ERP 相关联的核心业务流程及编码规则，支撑企业向敏捷供应链发展；2012 年，发起并实施了全程服务中心项目，实现了售后服务中主线业务的流式管理，大大提高了后市场用户满意度；2012 年，实施集团财务一体化项目，实现对潍柴 80 多家单体公司的财务合并，支撑了集团财务职能由单一核算向决策支持转型。

陈宏斌

男，辽河油田公司信息管理部副主任。主要负责油田公司信息和数据管理、项目管理、网络与信息安全管理、信息系统内控管理、ERP 管理等。负责多

项大型信息化项目的实施及管理，取得了显著成绩，组织完成了中国石油集团公司 ERP 系统在辽河油田的推广应用；组织了公司门户系统建设与推广应用；负责完成了电子公文系统试点推广工作，在集团公司第一个全面建成电子公文系统，节约了大量的制文成本，提高了办文效率；负责完成信息系统的内控项目建设。公司的信息系统内控工作经历了持续有效检验，每年都以零例外事项通过管理层和外部的审计；主持辽河油田云计算技术的开发与应用，同时将云技术与移动应用技术有机结合，以云桌面系统为基础，成功扩展应用到移动审批系统。另外，还组织参与了勘探与生产技术数据管理系统、油气水井生产数据管理系统项目建设、中国石油地理信息系统、中国石油采油与地面工程运行管理系统及车辆管理系统的实施工作。在各种学术会议和专业期刊发表论文 30 篇，具有较高的学术水平。

陈万江

男，副总裁、总工程师、技术负责人。历任山西气象信息网络中心工程师，知名软件公司高级程序员、研发部经理、研究院副院长、客户服务总监、常务副总裁等。先后获江苏省金慧奖、黄山市科技进步奖、南京市中青年行业技术学科带头人、优秀共产党员等荣誉。从事信息化的设计、开发、实施工作 10 余年。从事过信息化系统分析设计、培训讲师、实施工程师、售前顾问、咨询顾问等工作，在管理软件领域有着比较扎实的理论功底和丰富的实践经验。专业方向为业务流程再造、信息系统设计、信息资源整合等。

在基础研究、应用基础研究方面取得了突破性发展，特别是在高新技术领域取得了系列技术创新，丰富和拓展了学科理论，为国内同行所公认。以市场为导向，积极推动科技成果转化，创造了巨大的经济效益和社会效益。

在新产品、新技术研究方面，始终用更高一个级别的标准来要求自己，带领研发人员攻克一道道技术难关，使公司产品的各项技术指标有了突飞猛进的提高。密切关注国内外技术发展趋势，带领研发团队投入了大量的精力进行前瞻技术的研究和软件项目的开发实施，与高等院校、研究院所保持着密切合作，能充分利用本地的人才优势和高校充足的知识资源；同时也非常注重与同行业企业建立广泛的技术交流，探索与用户融为一体的新模式，努力开发出真正适合我国中小企业的软件产品。

先后主持的多个企业信息化项目实施效果良好，给企业带来了良好的社会效益和经济效益。例如，国家电子文件管理系统项目、全国目前最大图档管理系统项目——苏宁电器集团连锁发展系统、黄山市科技进步奖项目——黄山精工企业资源计划系统等。

参加了多项国家、省、市级科技项目的研发工作，项目成果已成功应用到电子、家电、航空航天、机械、仪器仪表、汽车、纺织服装等十几个行业，为数百家企业提供了具有国际先进水平的产品和咨询服务。新模式形成了多项具有自主知识产权的软件产品，形成了较全面、完整的企业信息化解决方案。产品多次获得国家、省、市的嘉奖，用户覆盖全国几十个省份，是我国信息化软件和咨询服务领域的佼佼者。新模式系列产品与企业应用模式密切相关，打破了国外同类软件在我国的竞争优势地位，对提高现有企业的整体素质、规范企业信息流、增强企业的市场竞争力有着重要作用。

崔友昌

男，毕业于中国海洋大学，硕士学位，中级工程师，现任潍柴动力股份有限公司企业管理与信息化部副部长，主要负责潍柴流程信息化管理工作。

2004 年至今，先后从事生产工厂技术员和企业信息化工作。熟悉车间制造工艺、生产计划、供应链等相关工作。调入信息部门后，负责并参与了多项潍柴信息化项目的研究开发工作，包括企业资源管理平台、协同研发设计支撑平台、生产制造执行系统、售后服务系统、办公自动化系统、等多项信息化系统的架构设计、方案论证、系统实施等工作，为降低企业运营成本、提升业务工作效率、促进企业管理水平的提升发挥了重要的作用。取得的主要业绩如下。

（1）2006 年，参与潍柴《基于 SOA 架构的协同服务支撑平台》的研发建设，科技部将该项目列为现代服务业共性技术支撑体系与应用示范工程课题（2006BAH02A15）。

（2）2009 年，主要参与《大型制造企业基于信息集成平台的业务协同管理》项目，获得第十六届国家级一等企业管理现代化创新成果。

（3）2012 年，主要参与《面向汽车产业链协同增效的汽车配套企业资源优化配置应用示范》，科技部将该项目列为集团企业数字化应用示范项目课题（2012BAF10B03）。

（4）2013 年，主要参与《面向发动机产业链的潍柴电子商务协同平台》，工业和信息化部将此项目列为电子商务集成创新试点工程。

杜利

男，汉族，1964 年 9 月出生，武汉理工大学管理科学与工程博士，教授级高级经济师。武汉大学 MBA 资深企业导师，美国产品创新管理学会（PDMA）会员，中国技术经济研究会产品创新管理委员会常委，共青团湖北省委青年创业指导导师，武汉市“十百千人才”，武汉市知识产权研究会副理事长。黄石市东楚英才第一批（创新人才）。现任武汉光谷北斗控股集团有限公司总经理、武汉光谷北斗地球空间信息产业股份有限公司总经理。

主持开发的《航空工业物资统计及综合分析系统应用软件》于 1990 年 5 月在武汉通过部级鉴定，获航空工业部级管理成果三等奖；2010 年带领全真光电技术团队，与中科院物理所、北京中视中科合作，研发出“全球首台 71 英寸全高清 LCOS 激光显示器（电视）”，通过了由许祖彦院士任组长的科技成果鉴定（国际先进水平）；2015 年带领光谷北斗技术团队开展了“基于北斗的智慧城市应用管理信息系统研究”项目，聚焦桥梁安全、地面沉降、建筑工地、湖泊监管四大领域，开发出《北斗桥梁安全监测管理系统》、《北斗地面沉降监测管理系统》，并成功应用于武汉市白沙洲长江大桥、后湖地区 45 平方千米地面沉降等项目。已获授权专利 2 项：《一种全球定位系统地基增强站的观测墩》（ZL201520448871X）、《一种配合北斗移动 CORS 基站的监测数据修正装置》（ZL2015203528955）。

2005 年至今，在《科技日报》、《经济日报》、《中国质量报》、《中国人事报》、《湖北日报》、《人力资源开发》、《科技进步与对策》、《价值工程》、《中国战略性新兴产业》、《中国工业评论》、《ISSHP》等中外期刊、报纸上发表论文近 30 篇。

因在智慧城市信息化建设方面业绩突出，2015 年 12 月被工业和信息化部评为“中国优秀首席信息官”。

顾小明

男，1981 年 1 月 5 日出生。

主要学习和工作经历

2003—2005 年：电子科技大学学习；2005—2006 年：成都成保发展股份有限公司从事硬件研发工程师；2007—2008 年：成都雷申动力仪器有限责任公司从事硬件开发工作；2008—2010 年：成都华气厚普机电科技有限责任公司从事硬件开发工作；2011 至今：成都华气厚普电子技术有限公司从事研发与管理工作，现任副总经理。

主要成就

（1）智能加气机 IC 卡电控系统。智能加气机 IC 卡电控系统率先使用 ARM 处理器，系统高度集成，采用新一代铁电存储器，支持多种 IC 卡，能进行精确的限压运算，完成交易数据上传。

（2）CPU 卡卡机联动系统研发。CPU 卡卡机联动系统完全按照石化相关规范设计，支持符合中国人民银行 PBOC 规范的 CPU 卡，大量用于 CNG、LNG 加气机及后台系统。

专业特长

嵌入式硬件、软件开发；熟悉 C 语言编程；熟悉 PROTEL 绘图及 EDA 仿真。

何炎祥

男，汉族，1952 年 1 月出生，美国 Oregon 大学计算机及信息科学系硕士，武汉大学计算机科学系博士，国家二级教授（2007 年）、博士生导师，国家教学名师（2009 年），享受国务院政府特殊津贴专家（1996 年）。曾任武汉大学校长助理、十多年的武汉大学计算机学院院长、教育部教学指导委员会成员、武汉大学软件工程国家重点实验室主任等职务。现任武汉光谷北斗控股集团有限公司副董事长、黄石北斗产业发展股份有限公司董事长、武汉信息技术外包服务有限公司董事长。

主要研究方向为分布并行处理、可信软件、软件工程。主持和主要承担过“863”高技术计划项目、国家自然科学基金重点项目、国家自然科学基金“可信软件基础研究”重大研究计划项目、国家自然科学基金面上项目、省市科技攻关项目等 40 余项，发表论文 200 多篇，出版著作和教材 15 部。《分布式操作系统》和《编译原理》被国内许多高校选作教材。获 2 项专利证书：《一种主题相关的分布式网络爬虫系统》（ZL2012100608056）、《Web 服务组合系统及方法 》（2008102374738）。

先后获得国家教学成果一等奖、湖北省科技进步一等奖和湖北省教学成果一等奖在内的省部级科技成果和教学成果奖多项。主持《编译原理》国家精品课程，并获宝钢优秀教师奖、湖北省青少年科技教育工作先进个人、湖北省优秀研究生导师、湖北省名师、武汉大学名师等。

侯贵宾

男，1968 年 4 月出生，内蒙古商都县人，党员，博士，正高级工程师，高级企业信息管理师，ITIL 认证工程师。河北省有突出贡献中青年专家，河北国资系统有突出贡献的专业技术人才。

现任河北港口集团信息与技术中心主任、秦皇岛港股份技术中心主任、集团和股份公司科协秘书长，河北省现代港口煤炭物流工程技术研究中心常务副主任、河北港口集团物流产学研基地主持人、集团博士后工作站办公室副主任和博士后企业导师。负责集团公司、秦港股份公司信息化、科研、科技管理和科技平台等科技创新工作。

主要社会兼职包括：河北省信息化咨询委员会专家委员、中国数据中心大数据产业联盟专家委员、燕山大学硕士研究生校外导师、中国计算机学会全国代表、《港口科技》编委、中国工程建设标准化协会水运专业委员、中国物流学会特约研究院、河北省信息产业及信息化协会副会长、河北省现代物流协会常务理事、河北省科技进步奖评审专家、中国港口科技进步奖评审专家等。

主要学习及工作经历

1987—1991 年长春邮电学院电信系本科毕业；1991—1995 年秦皇岛港务局通信公司技术科技术员；1995—2003 年秦皇岛港务局港通信公司技术科科长、市场研发科科长、高级工程师；2003—2007 年秦皇岛港务集团技术中心副主任（副处级）、高级企业信息化管理师（2003 年 3～11 月北京大学 MBA 班学习；2004—2006 年北京大学光华管理学院企业管理研究生班进修；2007—2009 年武汉理工大学通信与信息系统专业硕士研究生学习）；2007—2009 年秦港股份公司技术中心主任（正处级）、股份公司科协秘书长（2009—2013 年燕山大学计算机技术应用专业博士研究生学习）；2009—2011 年任河北港口集团信息管理部部长、秦港股份公司技术中心主任、集团和股份公司科协秘书长、集团博士后工作站办公室副主任、正高级工程师；2011 年 8～10 月任秦港股份公司技术中心主任、集团和股份公司科协秘书长、集团博士后工作站办公室副主任、河北省现代港口物流工程技术研究中心常务副主任；2011年任河北港口集团信息与技术中心（原信息管理部）主任、秦港股份公司技术中心主任、集团和股份公司科协秘书长、集团博士后工作站办公室副主任、河北省现代港口煤炭物流工程技术研究中心常务副主任、集团物流产学研基地主持人（期间于2011年3月—2012年1月在北京大学CIO（信息总监）班学习）。

主要学术成果、奖励及荣誉

主要学术成果：主持承担了河北省重大科技支撑计划项目、科技计划项目7项，河北省交通运输科技计划项目5项，河北省信息化专项1项，中国物流学会科研课题6项，企业自筹项目100余项。主持完成并通过河北省科技成果鉴定成果29项，取得计算机软件著作权37项，专利3项。主编《港口科技创新》专著1部，核心期刊发表论文20余篇，EI收录5篇，中国信息化优秀论文1篇。

主要科技奖励：河北省科技进步奖二等奖1项（第一完成人）、三等奖2项（第一完成人）、优秀发明奖1项（第一完成人）、青年科技奖二等奖1项（第一完成人）；中国航海科技进步二等奖1项（第二完成人）、中国港口科技奖13项（10项第一完成人）、中国物流学会优秀成果3项、河北省交通科技成果一等奖1项（第二完成人）；秦皇岛市科技进步一等奖、二等奖、三等奖16项，秦皇岛金桥工程二等奖1项，河港集团突出贡献奖1项，河港集团科技进步一等奖、二等奖、三等奖21项。

主要个人荣誉：2014年度中国百佳首席信息官、2013年中国TOP50最具商业价值CIO、2012年Future-S论坛中国IT治理和管理践行人物奖、2011年河北省交通港航信息化先进个人、2011年河北省国资委系统有突出贡献专业技术人才、2010年河北省有突出贡献中青年专家、2009年秦皇岛市科技先进工作者、2008年中国物流TOP 500首席信息官、河北省“创先争优”活动优秀党务工作者、秦皇岛市先进科协工作者等20多项荣誉称号。

企业相关荣誉：国家级两化融合示范企业（全国物流行业共10家）、国家电子商务工程承担单位、河北省信息化示范企业、河北省公共信息服务示范平台、河北省物流信息化先进集体、河北省重大科技项目承担单位、河北省知识产权优势培育企业、河北省国资系统信息化先进单位、秦皇岛市信息化应用先进集体等20多项荣誉称号，科技奖励及荣誉在全国港航系统名列前茅。

主要工作业绩

连续从事信息化、科研工作25年，具有丰富的信息化、科研和科技管理工作经验，作为河港集团公司和股份公司科技创新和信息化建设的技术带头人，带领技术团队实现了承担省部级课题项目、软件自主开发维护、科研平台创建、专著出版、百项专利及著作权、获得省部级科技奖和国家级荣誉等多项集团科技信息化工作方面零的突破。

信息化方面，提出了管理、项目和投资“三集中”信息化发展思路，主持编制了集团IT架构、信息资源、港口信息系统数据元交通行业3项标准，集团“十二五”、“十三五”信息化发展规划，形成了集团公司“一个规划、三个标准”信息化建设指导性文件。主持建设的“数字港口”项目，完成了覆盖集团石秦沧唐邯“五地六点”的信息网和数据中心，实现了数据集中应用高效；关港联动、路港合署、客户视频等平台实现了物流信息共享服务；调度、TOPS、AIS等系统实现了智能可视作业；人力财务、OA、EAM等系统实现了高效内控精细管理；货运费收、门户、产运需等系统实现了业务智能协同；边防、海事、一关三检等系统实现了政府高效监管；煤交网、招标网、EDI等系统实现了国际商务增值服务。“智慧港口”推进了云中心、大数据、移动互联等技术创新，完成了App、网上营业厅、物流商贸一体化等16个项目建设，港口货运费收等40多个软件自主研发，有效提高了企业市场占有率和营业收入，降低了成本，实现了生产提效、业务创新和智能化管理，促进了河港集团和秦港股份由传统装卸向现代综合物流服务商转型升级。

科研方面，提出并推行了科研计划、项目实施、知识产权+效益评价“3+1”管理模式，主持推进集团“一站一室一中心”科技平台建设目标，创建了博工站、大型港机检测实验室、工程中心等科技平台。建立了以技术中心为核心，科技平台为载体，“政产学研用”协同为抓手的集团科技创新体系。主持承担了省部级科技项目 13 项，行业课题 4 项，为企业获得政府资金支持 360 多万元；集团课题 100 余项。输煤皮带除铁器节能、环渤海煤炭交易模式等项目在企业得到了有效应用，解决了生产经营管理实际中的难题，提升了企业市场占有率、生产业务能力、“两化融合”、精细化管理和服务功能延伸，促进了提效降本、节能减排，为企业创造了巨大经济效益和社会效益，巩固并提升了河港集团在行业中的领先地位。

目前，正在主持推进河港集团综合信息管理平台大型项目，全面建设“智慧港口”并支撑“绿色港口”的建设和认定。已完成了集团云计算数据中心、移动互联网、港口海事智能交通平台、集团综合 App、可视化智能决策等项目的研发，下一步将全面完成集团秦皇岛港区、沧州港区、曹妃甸港区和邯郸陆港的一站式智能化信息平台的建设工作。通过多年的努力，为集团和股份公司获得了省部级科技进步奖 80 多项，通过省鉴定成果 50 多项，取得专利 30 多项、软件著作权 40 多项。以上成果在全国港航系统名列前茅，有效提升了企业科技创新能力和行业影响力，促进了集团的转型升级和物流业快速发展。

华挺

男，海澜之家股份有限公司战略信息中心主任。

1995—2000 年在法尔胜集团微机中心工作，参与了法尔胜 863/CIMS 项目并获得专家组验收。2001 进入海澜集团，参与并负责集团面料 ERP 和 HR 系统的自主开发与建设工作，实现了从原毛到毛条再到毛纱最后到面料的工艺、生产、品质和进销管理，有效提升了集团的信息化管理水平。2007 年负责海澜之家信息化的升级改造项目，在 JAVA 和 ORACLE 等新平台上重新自主构建门店 POS 收银、总部 DRP 分销等全渠道业务系统，支撑起了海澜之家超百亿元销售的整体业务。2012 年参与引进 SAP 系统并分管其中 EWM 仓储系统的管理与实施工作，历经 2 年实现了 EWM 与多种仓储自动化设备（箱装高位库、语音拣选、交叉分拣机、挂装高位库）的软硬件集成，对 20 栋楼 80 万平方米的库房进行了有效管理，大幅提升了仓库的入出存自动化水平和能力。2014 年，负责引进并参与了 RFID 标签在服装上批量应用的论证、测试与相关设备的联合研发工作，并于 2015 年率先在中国服装零售业开始了 RFID 标签大批量应用之路，随着相关应用的深化与推广，在诸多流通环节完全颠覆了传统的操作模式，并由此带来了效率和能力的大幅提升，目前海澜之家仓储中心已具备日发货 150 万件的能力。

冷雪梅

副总经理。东软人力资源业务信息化咨询与业务咨询负责人，东软人力资源咨询与信息化业务市场拓展负责人。

拥有 16 年的人力资源业务设计与系统交付的经验。专长领域涵盖企业人力资源系统的架构设计、企业人力资源系统的价值设计、集团化企业人力资源管控流程与模式设计、薪酬结构设计、绩效体系设计、岗职位体系梳理等领域。

16 年间，先后将东软的产品完整交付于首钢（2006 年）、中国银行（2006 年）、中国航天科技集团（2007 年）、中国中车（2008 年）、美的集团（2008 年）、中国农业银行（2010 年）、中国黄金集团（2012 年）、光明食品集团（2013 年）、南方电网公司（2014 年）、北京银行（2013 年）等；先后为超过 50 家企业提供化信息化业务设计及业务梳理的服务。此外，还为光明食品集团及吉林省农村信用联社提供了 3P 的业务梳理与流程设计等服务。

李焕军

男，贵州航天电器股份有限公司信息中心信息化总师。

主要学习及工作经历

2004年毕业于湖南湘潭大学；2004—2005年在信息化办公室自主开发科研生产计划管理系统，系统广泛应用于企业计划管理部门、各仓库和车间；2006年担任科研生产部部长助理职务，参与科研生产管理工作，对公司生产管理业务进行梳理和规范；2008年任企业ERP系统项目经理，经过项目团队一年的努力确保ERP系统顺利上线并得到了广泛应用；2009年8月任企业管理部副部长，主管企业信息化工作，公司先后获得贵阳市企业信息化先进集体和贵州省制造业信息化突出贡献示范企业；2010年11月任企业管理部部长，主管企业管理工作并分管信息化工作；2013年12月任质量管理部部长，主持质量管理工作；2015年12月任信息化总师，主持信息化管理工作。

主要事迹

随着公司经营规模的日益扩大、跨地域发展格局的逐步深入，企业管理涉及的方面越来越多、范围越来越广，强力推动质量管理、环境职业健康、信息化等体系建设，严格执行绩效、6S、审计、风险、效能等监控管理。开展如此诸多的工作需要强劲的执行力，且各项工作颇有成效亦非一日之功，企业管理部工作团队正是长期秉持能拼善搏的工作作风与团结协作的团队精神，使得企业管理工作逐步迈进系统严谨、高效高能的运行阶段。作为企业管理部部长，一方面，要为团队充分组织、协调、优化各方资源，另一方面，作为团队的一份子与全体成员共作战、同奋斗，潜心付出与贡献。

2011年公司企业管理工作取得斐然成绩，公司6S工作通过科工集团铜牌验收，得益于6S管理开展的全面策划、监督整改、强力攻坚；公司通过集团化军体系认证，成为国内军用电子元器件军工体系认证首家通过集团化认证单位，得益于对公司集团各部质量管理标准体系的持续牵引、反复修正、不断完善；2011年，公司四环图形商标被认定为贵州省著名商标，得益于对公司法律事务工作的充分重视、逐步深化、全面突破。2011年，公司信息化工作获得贵州省经信委项目立项支持，并获得资金支持，获得了贵州省制造业信息化优秀示范企业和贵州省制造业信息化优秀团队的称号，同时信息化办公室积极开展各项适应公司的管理信息化项目，为提升公司管理效率提供较好的管理手段。公司信息化已成为公司业务开展不可缺少的部分，管理信息化覆盖主要业务领域，工程信息化正稳步推进。航天电器信息化正在向着促进资源整合、推动流程优化、全面融入业务、支撑企业战略的方向深入发展。

受表彰情况

2007年，航天电器2007年度公司优秀青年、优秀员工；2008年，信息化项目课题获得2008年度航天科工集团管理成果创新二等奖，2009年，航天电器2009年度优秀员工、企业劳动模范，061基地2009年度“爱企业的好职工”；2010年，贵州省制造业信息化突出贡献团队（个人）奖；带领信息化办公室荣获了贵阳市信息化工作先进集体一等奖；2011年，企业管理项目课题获得第十三届企业管理现代化创新成果二等奖，航天电器2011年度优秀员工、企业劳动模范；2012年，航天电器2012年度优秀员工。

李振民

男，1962年10月出生，中共党员，工学博士，教授级高工，注册化工工程师，享受国务院政府特殊津贴专家，中国石化青岛炼化公司董事、副总经理。

教育背景

1980—1987年在大连理工大学化工系获学士学位、硕士学位；1995—1998年在大连理工大学化学工程研究所系获工学博士学位。

工作经历

1998—2001年任齐鲁石化公司规划院院长；2001—2004年任齐鲁石化公司副总工程师兼任齐鲁石化公司烯烃厂常务副厂长；2004—2007年任中国石化青岛大炼油工程筹备组成员；2007年至

今任中国石化青岛炼化公司董事、副总经理。

成果获奖情况

作为第一完成人，获中国石化科技进步二等奖 1 项，获中国石化科技进步三等奖 3 项，获山东省建设厅优秀设计一等奖 1 项；作为主要完成人，获中国石化科技进步一等奖 1 项；在国家级核心期刊发表论文 35 篇。

柳钧议

男，汉族，1970 年 12 月出生，计算机科学与技术博士，软件测试高级工程师。现任武汉光谷北斗控股集团有限公司董事长、武汉光谷北斗地球空间信息技术有限公司董事长、武汉信息技术外包服务与研究中心常务副主任、武汉地球空间信息产业外包服务基地副主任、中泰地球空间产业委员会中方副主任 、中国软件行业协会理事。

曾在联想集团、武汉大学软件工程国家重点实验室工作过。长期从事北斗及地球空间产业、软件工程、服务外包等学科研究及相关领域市场开发工作。先后主持过多项科技部重大攻关计划、火炬计划、工业与信息化部专项、商务部重大项目、湖北省服务外包“十二五”规划、湖北省电子商务产业发展规划、武汉市电子商务产业发展规划、武汉市电子政务建设规划、湖北省重大科技攻关项目、武汉市重大科技攻关项目、科技部中小企业科技创新基金、湖北省信息产业化重大项目等 50 余项国家级、省市级各类科技攻关、产业发展项目。

罗先林

男，汉族，38 岁，中共党员，无线通信工程师。2000 年 7 月参加工作，现任西藏自治区通信管理局通信保障处处长，兼办公室副主任、党组秘书。

长期从事网络信息安全工作，在西藏网络信息安全制度建设、系统建设方面做出了突出贡献。2009 年 7 月受邀赴法国参加“信息化发展政策、战略规划与评估体系培训班”；2013 年 12 月受邀赴中国台湾参加“促进企业信息化、全面提升产业经济效益座谈会”。

尼玛多吉

男，藏族，43 岁，中共党员。1994 年 5 月参加工作，现任西藏自治区通信管理局党组成员、副局长。

在西藏工作 20 多年来，始终热爱西藏，一腔热血奉献西藏，艰苦奋斗，爱岗敬业，无私奉献，在平凡的岗位上创造出了不平凡的业绩。分管网络信息安全和信息化建设工作，在推动西藏通信村村通工程、电话和互联网真实身份登记、消除移动通信盲区、加快三网融合、保障网络和信息安全等方面做出了突出贡献，为促进西藏通信事业持续、快速、健康发展贡献了自己的力量。

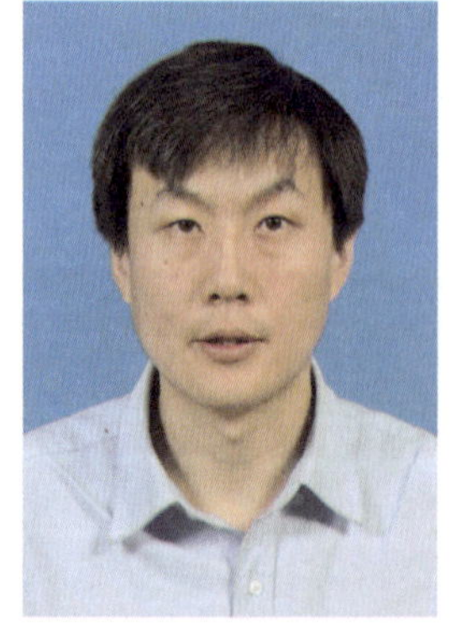

齐建军

男，博士，1978 年 11 月生，北京航空航天大学航空宇航制造工程专业博士研究生。现任北京数码大方科技股份有限公司开发部副总经理、互联网总监，北京市科委创业创新和重大项目评审专家，全国信标委大数据工作组工业大数据国家标准专题组组长，云计算标准工作组工业云国家标准方向制定专家，2014 年入选工业和信息化部软件和集成电路中青年骨干人才计划，北京市 2015 年劳动模范。

2005 年加入北京数码大方科技股份有限公司，担任开发部项目经理，先后负责和参与 CAD/CAM 软件产品、制造企业信息化项目和国家“863”项目研发。2008 年起任公司 IT 部经理，负责企业 IT 软硬件架构规划和建设。2010 年起任公司开发部副总经理和互联网技术总监，负责工业云平台技术规划、研发团队组织管理、相关项目和前沿技术研究，包括云平台基础架构、工业大数据技术、Web 平台和移动互联网软件和服务、工业云平台的推广和实施等。

主要工作业绩

（1）省部级工业软件和工业互联网项目。

作为项目总负责人，承担 2015 年工业和信息化部“互联网+”项目“装备行业工业云应用示范”项目，负责项目协调和推进（中国电子技术标准化研究院、工业和信息化部电子科学技术情报研究所、中国模具工业协会、北京航空航天大学、典型装备和模具企业）、平台技术架构、平台研发管理和行业应用示范、用户推广工作。

作为技术负责人，2011 年承担了北京市工业软件云服务平台项目，建成了国内首个“中国工业软件云服务平台”，主要基于云计算技术，通过整合物联网、移动互联网及创新设计与协同制造等技术，面向中小制造业企业和个人用户提供产品创新公共服务平台。注册工业用户超过 18 万人，累计访问超过 800 万人次，为青岛海尔、北汽福田等大型企业和上千家中小企业提供了服务。作为技术负责人，负责 2013 年北京市科技计划绿色通道项目——中关村创意设计转化综合服务平台，聚焦中关村创意设计产业，整合企业优势资源和云计算、物联网、移动互联网、协同制造等技术，促进优秀的创意设计快速市场转化。

作为项目经理，负责国家科技攻关计划制造 ASP（应用服务提供商）项目，包括招投标、供应商管理和项目管理模块研发，以及技术方案文档。

作为项目经理和技术骨干，负责 3 个工业软件方向国家“863”课题“基于资源优化配置的制造过程管理系统”、“三维 CAD 软件通用平台”、“面向中小制造企业的集成系统”研发，负责关键技术研究、集成方案和接口规范拟定、技术方案和报告、组织协调等工作。

（2）企业软件项目。

负责大型制造 CAM 软件产品开发项目，包括曲线曲面算法设计和优化、各种粗精加工、图像仿真、UI 交互等模块，该产品已在国内销售近 6 万套。

负责一汽铸造模具厂生产管理系统的设计、开发、集成和实施工作，包括生产计划和调度、库房、项目管理、与单元产品的数据接口集成等，该系统已在企业应用和运行多年。

负责天津核工业试验设备厂生产管理系统的开发、实施工作。

主持企业营运管理统一平台建设项目，负责架构、开发和实施运维管理，包括组织架构和权限、CRM 系统、销售平台、交易平台、财务管理平台、人事管理及资产、库房等办公系统。

主持企业网络平台建设项目，建立、健全了企业基础网络架构、协同和运维平台及相关规章制度，部署了内部和外部公共服务器集群、网络接入、流量监控、安全审计、网站、邮件及反垃圾邮件系统、邮件归档、FTP、VOIP、文档管理、网络会议系统等。

负责公司软件产品相关基础研发项目，完成公司软件产品的统一加密机制、软件许可管理系统、安全身份认证机制、软件资源中心网站、产品技术论坛构建与运营管理等。

（3）互联网项目。

互联网方向技术负责人，负责管理产品、架构、Web 和 App 开发、运维等技术团队，以及负责总体系统架构。

作为产品负责人，完成多个工业软件 SaaS 化模式改造：CAD 服务、3D 软件服务、CAE 服务、CAM 服务等，产品均已上线，销售超过 1000 家企业用户。

作为平台项目负责人，在北京、山东潍坊和诸城、福建、内蒙古、黑龙江、广西、四川等多个省市和地域，构建了区域工业云服务平台（网站及手机 App）并已投入运营推广。

作为产品负责人和系统架构师，带领产品开发团队，开发和上线了多款独立移动 App 产品：3D 空间（收费产品，国内第一个 3D 产品沟通和营销 App）、CAD 看图（国内第一个全 CAD 格式支持的免费二维 CAD 看图软件），均已上线苹果和安卓市场并超过万人次下载和使用。

作为技术负责人，正在负责多个创业项目的技术平台开发与运营支撑：养老垂直电商网站（网站和微信商城）、基于互联网的模具精益研发平台（精模网网站和 App）、车身模具设计外包和配件交易平台（天河云网站和微信商城）、泵阀供应链平台（网站和 App）、众创空间网站平台等。

钱志琴

贵州新安航空机械有限责任公司科技信息化部部长。曾获得中航飞机股份有限公司信息化建设先进个人等荣誉。为推进企业信息化建设，结合公司实际先后策划并组织实施了覆盖公司主营业务部门的管理系统，组建了企业研、产、供、销大数据平台，消除部门信息壁垒，打通企业全流程业务，成为省内外多家企业的示范。为充分利用公司各项数据信息，策划、组织建设公司数据中心，同时开展了贵州省科技计划课题“离散制造业产品制造过程大数据应用示范”的研究，积极推动企业数据资源挖掘利用工作。为了规范公司两化融合工作，组织建立了公司两化融合管理体系，使公司成为贵州省首家通过两化融合管理体系现场审核的单位，带动省内两化融合贯标企业进一步开展工作。

饶武辉

男，中共党员，中国铁塔江西省分公司建设维护部总经理。

教育背景

1992—1995 年，南京邮电学院，计算机通信专业，大专；1997—2000 年，南昌航空学院，计算机通信专业，大学本科；2004—2006 年，美国威斯康州大学，计算机通信专业，硕士研究生。

工作经历

1995—2003 年，江西移动通信局网络部科员；2003—2005 年，江西移动通信局网格部工程建设中心副经理；2005—2007 年，江西移动萍乡分公司管理层副总经理；2007—2011 年，江西移动抚州分公司管理层副总经理；2011—2013 年，江西移动公司网络管理中心副总经理；2013—2014 年，江西移动南昌分公司管理层副总经理 2014年至今，江西分公司本部建设维护部总经理。

主要荣誉

2014 年 1 月，中国移动通信集团江西有限公司优秀党员；2015 年 8 月，在中国铁塔“存量资源共享优秀案例”评选活动中，江西省分公司荣获全国优秀组织奖，共享改造项目案例荣获全国十大优秀案例，并获得全国一等奖；2016 年 1 月，中国铁塔股份有限公司江西省分公司优秀管理者。

项目经验方面有如下经验。

1．创新开发

（1）利用“互联网+”信息技术应用推行线上选址。在推行线下选址基础上，重点借力“互联网+”，全面推动线上选址，方法是建立全省站址分类的数据库，按不同类别推行线上选址方案，好处有如下四点：其一容易谈站点，通过线上直接委派自有员工选址；其二稍有难度站点，线上直接委派自身员工或运营商及合作单位员工等进行选址；其三难谈站点，在前三者基础上加入谈址能手通过 App 摘牌进行选址；其四硬骨头站点，多次谈不下来，通过嵌入日常即时工具，比如微信，加入社会力量抢单进行选址。

（2）推行项目模块化管理，做好工程质量与造价管理。借助模块化 PMS 项目管理系统为支撑手段，围绕优化工程项目工期、质量、造价等方面，在工程建设周期内建立江西铁塔工程项目评价控制体系，根据相应数据阀值采取相应的项目管理措施，提高江西铁塔的工程建设管理水平。以工程造价、工期、质量为评价指标，对建设方案、区域经理、合作单位从三个维度进行评价，包括：维度一项目建设模式；维度二项目区域管控；维度三合作伙伴管理。

（3）开发工程现场管理平台，为建设质量保驾护航。通过工程现场管理平台上线，引入移动“互联网+”管理，不断补充和完善工程建设的内验机制，加强工程项目事中检查和检测力度，建立项目质量管控过程数据库管理。精细工程现场管理，严把工程建设质量，不断提高工程项目交付率。

（4）开发规划 2.0 系统，对存量站址进行经纬度修正，历时 7 个月共修正站址 48333 个，完成比例达 89.6%。

（5）积极采用新技术、新手段，提高建维效率。“屋面无损抱杆”、“快装落地增高架”正在向国家知识产权局申报专利。开发使用手机 App 进行现网路测，动员自有员工+合作单位 500 多人共同参与路测，完成了 11 个市主要城区及部分重要乡镇的各家运营商 2G/3G/4G 各制式网络质量路测数据收集，解决基础数据收集困难问题。为了保障订单快速交付，积极开拓创新，满足运营商各场景不同需求同时，还输出了 10 余项“微创新”创新成果，其中机柜增加遮阳伞、一体化机柜的防盗措施、无损抱杆、多天线合路等问题。省市协同打造了 20 人的 POE 专家团队，建立长期规划建设站址基础库，实现一次规划，分批建设。维护新技术如下：一是通过物联锁+电控锁的应用提升钥匙管理效率，特定场景站点采用自动吸合开关等手段，减少代维人员上站次数，降低代维成本；二是智能电表的安装，减少维护人员上站抄表工作量，同时统一办理电费托收，实现电费集中缴纳，提高电费管理效率，同样降低代维成本；三是老旧设备的再改造，如拼装电池，提高资产的使用效率，降低维修费用；四是针对高山或发电困难的基站，在山下改造加装油机切换箱，方便油机搬运，提高发电效率。

2. 负责大型项目

负责建设地铁一号线、赣龙铁路专项覆盖工程、地铁二号线，作为江西铁塔大型轨道类通信覆盖项目，也是江西首个移动、联通、电信的 8 频段不同制式系统全覆盖的项目，采用 POI 合路技术，比三家运营商单建，大大降低了建设成本。移动、联通、电信 FSU 建设改造项目、大型场所室分项目建设、塔类站址建设等。

3. 大规模应急保障

2008 年江西春节期间罕见冰灾保障，2010 年抚州市临川区抚河干流右岸唱凯堤溃决保障，2016 年 1 月雨雪冰冻天气保障、春节期间山火保障、清明节保障等，亲临奋战一线，现场指挥，分等级跨区域灵活调度，确保网络畅通。

沈仲军

清华同方股份有限公司创新研究院副总监。专注电子信息技术和能源领域，目前负责集团技术研发、政产学研深度融合及知识产权管理工作。曾作为项目负责人承担国家“863”项目、国家科技支撑计划、国家核高基等重大科技专项项目，获得科学技术奖多项。

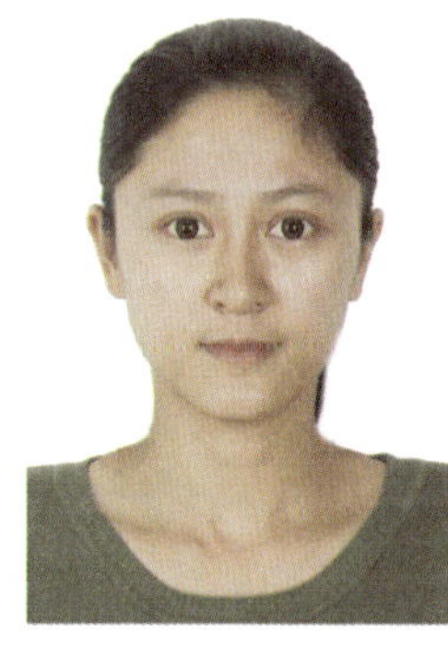

苏汀

女，1982 年出生。历任南宁市广文信息科技有限公司市场总监、广西京和科技有限公司总经理。长期从事面向东盟的信息化工作，参与了中国—东盟中心多语种公共服务中心系统、中国—东盟中心新媒体系统、中国—东盟博览会多语种客服中心、中国—东盟博览会新媒体系统、中国—东盟信息数据库系统、南宁•东盟国际信息服务展示中心系统、“南宁保税仓”中国—东盟跨境电商平台、支持全球 78 种语言的即时通讯翻译软件开发及应用、东盟 10 国投资指南移动版、北部湾投资集团招商信息化系统、南宁市市长热线系统的建设和运营。

负责的项目都取得了很好的社会效益和经济效益，有力推动了中国和东盟之间的信息化发展，其中，南宁•东盟国际信息服务展示中心获得了 2015 年广西信息消费创新应用示范项目，“南宁保税仓”中国—东盟跨境电商平台获得了南宁市 2016 年国家电子商务示范城市建设重点支持项目。

佟学俭

2001年毕业于北京邮电大学，获博士学位，专业方向为通信与信息系统。

2001年加入西门子（中国）有限公司信息与移动通信集团移动通信研发中心，任系统工程师，负责TD-SCDMA物理层技术研究、网络性能研究、TSM/LCR标准协议产品系统设计。

2005年加入鼎桥通信技术有限公司，任高级系统工程师。负责TD-SCDMA基站系统的软硬件设计。2011年开始从事TD-LTE宽带集群系统解决方案的产品规划与需求分析设计。针对行业应用，在宽带LTE系统中引入安全可靠的语音集群解决方案，以及语音与宽带数据、视频业务的联合调度方案。

先后以骨干身份参与《TD-SCDMA HSUPA系列化商用无线系统设备研发与产业化》、《TD-SCDMA HSPA+系统设备研发》、《广域覆盖低成本宽带接入组网技术与应用示范网络开发》等国家重大专项研究，负责关键技术研究与系统架构设计工作。

王飞

2001年进入郑州日产汽车有限公司工作。曾从事过零部件物流技术管理、供应商包装改善管理、整车库存及发运管理等工作，对零部件包装技术、部品订货、调达管理、库存管理、整车发运等有较深刻的认识和理解。

从2006年起一直在郑州日产汽车有限公司从事信息化的规划、实施和项目管理工作。

2007年曾参与郑州日产ERP系统的导入工作，并成功实施。对物流、制造等相关流程进行了重塑，对业务和系统流程有深入了解。

2009年公司导入NPW生产方式，负责生产管理、物流等相关信息系统的导入和实施工作，主导及参与实施了CATS系统、部品订货系统、调达系统、整车物流等相关系统，奠定了郑州日产NISSAN生产模式的系统支撑。

2010年起负责公司信息化的规划并承担部分项目实施工作。主导编制和修订公司信息化中长期事业计划，并负责项目的整体管理和实施工作。

2011—2013年曾担当公司工厂能力改革信息化导入项目的项目管理，并取得项目建设的成功和推广。

2015年和项目团队成功重构了公司信息门户及协同办公系统的更新换代，达到公司管理效率提升、共享办公平台的预期目标。

2015—2016年正在主导实施郑州日产能力建设提升的信息化建设。

近10年的信息化建设和实施，积累了整车行业信息化的经验和困惑，熟悉整车行业绝大部分业务模式和流程。个人及承担的项目曾多次获得过国家科技进步奖、省科技技术成果、软件著作权证书等荣誉多项。

熊媛媛

海尔集团DTS数字技术服务平台战略部长、移动互联网应用部门总监。

主要成绩

（1）海尔集团数字技术服务平台移动互联网创新应用部门总监，组建集团层面的移动应用创新团队，负责推动移动技术在企业的应用，规划和建立起了企业的移动管理平台，移动办公门户等核心应用，主导的主要项目包括如下几项。

①Ihaier：面向员工的移动交互平台，OA、企业通讯录、协作办公、企业微信、企业服务号、移动BI等，目前已经成为员工的移动门户，实现6万多人实时移动办公协同。②员工门户：员工门户的规划、建设和运营，实现了基本门户向定制门户的转变。③Viop：企业网络通话的规划、建设和运营推广，为集团节约通信成本近500万元。④移动管理平台：移动设备管理、移动应用

管理、移动安全管理、自服务、移动应用平台架构，保障了 BYOD 设备的安全。⑤云图云识：与 IBM 研究院合作，研发了首例基于互联网的家电语义识别技术应用——云识，并建立起基于互联网海量数据分析的的企业互联网大数据显示平台——云图，实时将行业资讯、舆情、用户评价推送给各责任人。⑥互联网统——用户中心：集团级互联网用户中心整合，实现用户统一注册、登录、身份认证、管理等。

（2）多年战略部长辅助 CIO，推动集团战略在各业务部门的信息化承接和落地；负责信息化预算管理、项目管理、IT 组织变革推进等；同时大数据、互联网等新技术领域的团队孵化；主要成绩如下。①161 订单模式推进：在集团内推进 161 订单模式，颠覆订单流程，为海尔 0 库存的战略提供流程、模式和信息化平台，使库存周转天数从 27 天降低到 7 天。②人单合一双赢模式推进：通过大数据分析和显示，推动集团人单合一双赢模式的落地，先后推动人单酬费表、三类三级经营体显示、以人为索引的显示等项目，实现数据驱动人的单酬合一，组织扁平化：经营体、小微等组织变革在集团的落地。③推动 IT 组织变革，配合集团战略以及互联网转型，先后推动三次 IT 组织的变革，以使组织能匹配 IT 转型及目标的达成。④建立 IT 人员能力模型：协助 HR 建立 IT 人员发展规划，IT 人员能力模型，人员的能力级别设置、各级别应该具备的能力、组织人员能力级别论证。

（3）参与集团多个 ERP、物流大型项目的实施，如 HGVS、HELS 条码扫描系统等，其中 HGVS 项目涵盖集团从生产制造到物流，从预测销售到结算全流程，是国内最大的 ERP 项目，在项目中负责 42 贸易公司的实施及推广，并作为乙方给长沙远铃集团实施 ERP。

专业特长

十几年大型制造业集团信息化管理经验；先后在 ERP、物流、供应链、大数据、互联网、移动应用等信息化领域有多年的规划、建设、管理经验，主导并推动多个项目在集团的落地；5 年的 IT 战略管理工作经验，熟悉企业的信息化运营，从 IT 规划、组织变革、IT 架构、项目管理、绩效管理等全方位管理工作。

杨国栋

男，1966 年出生，华网智能科技股份有限公司董事长兼总经理。

学习和工作经历

毕业于解放军西安通信学院计算机科学与技术系，本科学历，高级工程师，国家二级建造师（机电专业），信息系统集成高级工程师。曾荣获“东营市十佳科技创新人才”奖，并担任东营市计算机协会会长。1987—1996 年，就职于济南军区生产基地，历任计划处助理员、财务处主管会计、济南军区工程大队副大队长等职务；1996—2002 年就职于胜利油田计算机中心，任副总经理职务；2002—2008 年，就职于东营华网智能公司，任副总经理兼总工程师；2008—2014 年，就职于华网智能科技有限公司，任执行董事即法定代表人职务；2014 年至今，就职于华网智能科技股份有限公司，任董事长兼总经理职务。

主要事迹和荣誉

拥护中国共产党的领导，热爱社会主义祖国，认真学习实践“三个代表”重要思想，积极参加学习实践科学发展观活动，坚决执行党的路线方针政策，遵守国家法律法规。长期从事高新技术的研究与开发，在激光夜视、红外夜视等专业领域造诣精深、成果丰硕；在工作上兢兢业业，乐于奉献，善于创新，成就斐然。在杨国栋同志的领导下，短短 10 年时间，华网公司从一个工程施工商发展成为以高新技术研发、生产、服务为一体的高科技企业，使企业成功转型，提升了企业的社会影响力和竞争力，并于 2015 年 3 月在新三板正式挂牌上市，成为山东省同行业首家上市公司。近几年来，山东华网智能科技股份有限公司先后荣获各级政府和有关部门授予的“高新技术企业”、“软件企业”、“省级守合同重信用企业”、“山东名牌产品”等荣誉，并获得“山东省优秀软件企业”称号；杨国栋同志本人还担任了东营市计算机协会会长、山东安防协会副会长等职务，由他本人设计的外观专利获得授权，并获得“中国外观设计优秀奖”；获评东营市“十佳科技创新人才”；获得山东省“2015年度优秀软件企业家”荣誉称号；获得“东营市杰出工程师”荣誉称号；2015年6月被国家公安部授予“公安视频监控专业人才”，充分彰显了杨国栋同志不仅具有较强的领导和协调能力，同时也具备了高超的技术水平。

叶军

男，生于1967年7月，高级工程师，现任上海振华重工（集团）股份有限公司上海振华重工电气有限公司副总经理。

工作经历

1987—1992年：上海生物制品研究所技术员；1995—2001年：上海英业达集团软件工程师；2002年至今：上海振华重工（集团）股份有限公司上海振华重工电气有限公司副总经理。

国内外行业组织及期刊任职情况

上海振华重工博士后流动站企业博导、交通运输科技项目专家库专家、同济大学工程硕士生校外导师。

承担重要项目情况

2013—2015年，集装箱自动化码头装卸系统研究；2009—2011年，集装箱自动化码头装备及示范；2013—2015年，智能化集装箱码头成套装卸系统。

获得奖励情况

“环保智能型立体装卸集装箱自动化码头”获上海振华重工科技进步特等奖；“香港国际货柜码头24台轨道吊自动化及远程改造项目”获上海振华重工科技进步二等奖。

获得授权专利情况

发明专利1项——通用电控系统故障定位方法。

对所属科学技术领域和相关产业的影响

（1）在工业实时监控软件领域有如下成就。①Visual CMS。主持研发的起重机管理系统软件平台（Visual CMS）填补了振华公司起重机配套使用软件的空白，弥补了之前公司必须购买别的同类软件的缺憾。截至2013年，起重机管理系统累计已经安装在2400多台公司起重机设备上，遍布全球70多个国家，广受用户好评，几乎已经属于公司起重机项目必备配套软件。②SCADA。SCADA是一款振华自主研发的工业组态软件，它于2012年获得国家工业和信息化部的软件产品认证。目前已经应用于振华集团的多个码头、海工设备监控项目中，是一款相比Visual CMS应用领域更加广阔、功能更加全面的工业组态软件。

（2）在实时数据采集软件领域有如下成就。主持设计、组织研发的实时数据采集软件——ZPMC OPC Server，自2012年投入使用至今，先后应用于温州港务局下属所有大型起重机的远程监控管理系统、香港国际货柜码头24台轨道吊自动化及远程改造项目、厦门远海全自动集装箱码头项目中。该软件于2013年受到了国际组织OPC基金会的专业测试认证，是国内第一个具有国际资格认证的专业实时数据采集软件。

（3）自动化码头软件产品领域。近年来，由叶军组织、领导的自动化部先后研发了TDS（集装箱目标定位系统）、SDS（轨道吊吊具定位系统）、DPS（动力定位系统，应用于海上工业）等自动化领域的相关软件产品。其中，由叶军主持研发的集装箱自动化码头装卸设备调度管理与控制系统（ECS），已逐步成型并形成软件产品，并于2014年全面应用于中国第一个自动化码头——厦门远海全自动化码头项目中。该高效环保型自动化码头，采用全市电供电，为世界首创，它采用全自动化水平运输系统、全自动化无人操作堆场、以及半自动化岸桥；其中，设计的轨道吊远程操作系统已经被成功应用到多个国内项目中。全自动化集装箱码头装卸设备调度管理与控制软件系统（ECS）主要包含半自动化双小车岸桥设备调度管理与控制系统、无人集装箱运输车辆调度与控制系统、全自动轨道吊设备调度管理与控制系统及中控远程操作系统。目前，振华ECS软件系统正在应用到青岛港自动化码头和洋山港自动化码头中；同时还走出国门和马士基集团共同开发实现意大利VADO项目的全自动化无人操作堆场系统。

信息化方面主要业绩

（1）厦门远海全自动集装箱码头装卸设备调度管理与控制软件系统 ECS。作为项目领导，带领的软件团队，负责该项目中核心软件系统的研发工作。建成后的厦门远海集装箱码头将成为国内首个、国际领先的全自动化码头。

（2）实时数据采集软件 ZPMC OPC Server。作为主要研发人员，带领软件团队一同开发的实时数据采集软件 ZPMC OPC Server 于 2012 年获得国家工业和信息化部的软件产品认证，更在 2013 年受到了国际组织 OPC 基金会的专业测试认证，这是至今为止，国内唯一一款具有国际资格认证的专业实时数据采集软件。

（3）Visual CMS。主持研发的起重机管理系统（Visual CMS）填补了振华公司起重机配套使用软件的空白，弥补了之前公司必须购买别的同类软件的缺憾。截至 2013 年，起重机管理系统累计已经安装在 2400 多台公司起重机设备上，遍布全球 70 多个国家，广受用户好评，几乎已经属于公司起重机项目必备配套软件。

（4）ZPMC SCADA。SCADA 是一款振华工业组态软件，它于 2012 年获得国家工业和信息化部的软件产品认证。自 2012 年投入使用至今，先后应用于温州港务局下属所有大型起重机的远程监控管理系统、香港国际货柜码头 24 台轨道吊自动化及远程改造项目、厦门远海全自动集装箱码头项目中。

（5）ZPMC Historian。叶军带领的团队在 2012 年研发了这款软件。ZPMC Historian 是一款实时历史数据记录软件，它于 2013 年获得国家工业和信息化部的软件产品认证。

叶鹏

1973 年 8 月生。工学学士。1997 年毕业于长春科技大学（现吉林大学），计算机应用专业。

个人能力

10 年企业信息化技术工作，熟悉信息化项目管理、应用系统开发和运维、数据库、系统架构、网络架构、信息安全等，具备很强的信息化方案技术评审能力、

8 年汽车行业企业信息化管理经验，主导数十个企业较大型信息化建设项目，具有丰富的大项目管理经验；熟悉业务架构、应用架构、数据架构、技术架构，熟练运用 ITIL 运维体系，具备完整的信息化规划、开发、运行、IT 技术等综合管理能力。

具备大数据、云计算、虚拟化、移动互联网、车联网、互联网+、智能制造等新趋势和新技术的职业敏感性、学习钻研及应用推广能力。

熟悉汽车行业全价值链业务流程和决策体系，熟练运用各种管理技巧，实现管理可视化；注重体系化、规范化建设，推行管理制度化、制度流程化、流程表单化，表单信息化；熟悉管理改善和业务创新，注重信息化集成带来的整体效益提升；工作思路清晰，具有很强的沟通协调能力，团队建设能力。

工作成绩

《2010 全国两化融合 50 佳》、《“十一五”两化融合典范企业》；《河南省信息化与工业化融合示范企业》、《郑州市信息化与工业化融合示范企业》；《河南省企业信息化水平一级企业》，政府信息化专项资金拨款 550 万元；2010 年全国两化融合领军人物称号；2015 年全国优秀 CIO 称号、东风汽车集团一级人才专家；公司卓越贡献奖、先进集体、先进个人、总经理特别奖一等奖；河南省科技成果 12 项、河南省科技进步三等奖 2 项、郑州市科技进步二等奖 3 项、东风内部科学技术进步奖 4 项、国家著作权 5 项。

通过不断的项目实践，结合业界先进的管理方法，制定了项目评审流程、评审标准，建立了 IT 项目标准，形成一整套规范、完善、标准的信息化建设项目管理体系，具备了优秀的大型项目管理能力。从事信息化工作领导岗位以来，工作扎实、责任心强、深入一线、踏实肯干，在信息化的工作岗位上兢兢业业，通过几年的努力，使得所在单位的信息化水平提高到行业较高水平，为提升公司核心竞争力打下了坚实基础。

叶勇飞

华中理工大学硕士研究生毕业。1999 年进入中国联通江西省分公司，从事全省信息化系统规划、建设工作，现任中国联通江西省分公司信息化部总经理。

在江西联通公司工作期间，负责全省信息化系统规划、建设和维护工作。先后负责了江西联通 BSS（业务支撑系统）、客户服务系统、经营分析系统、GSM 计费系统、CDMA 计费系统、结算系统、缴费卡系统、增值业务管理平台、GSM 短信系统等核心系统的规划、建设工作。2007 年以后主持建设了江西联通新一代 BSS 系统、综合结算系统、新一代经营分析系统、全省管理支撑系统（MSS 系统）、全省在线计费（OCS）系统、旅游大数据平台、全省业务稽核系统，以及自主经营支撑系统等企业信息化核心系统。经过多年的规划建设，江西联通建立了一套完善企业信息化系统和计算机网络，实现了业务和管理流程的自动化，提高了企业经营管理的效率和水平。

先后在全国专业刊物上发表论文 3 篇。2008 年主持建立的“江西联通计费满意度提升质量管理小组”在江西省质量协会、江西省科学技术协会、江西省总工会、共青团江西省委员会组织的全省质量管理小组评定活动中被评为“2008 年度江西省优秀质量管理小组称号”。在信息化系统规划建设方面先后获得中国联通集团“CBSS 项目突出贡献奖”、“全国 3G 业务支撑系统建设贡献奖”。

殷皓

男，海尔集团首席数据官、首席流程官。所在部门为海尔集团数字技术服务平台。

主要成绩

主导海尔集团共享平台——数字技术服务平台创新转型，负责 IT 治理、企业架构、战略技术方向、云计算、大数据、信息安全等关键领域领导工作，推动企业的数字化转型。与此同时领导集团的全球 CIO 委员会和 IT 治理委员会；建立信息技术研究小组，重点研究大数据预测分析、区块链等领先技术；作为 CDO，负责公司的大数据平台和战略路线图，领导集团的大数据研究小组。

专业特长

曾任微软企业服务部大中华区首席技术官，在信息技术研究、数据库技术方面有丰富的经验。有近 16 年的职业生涯提供咨询服务，在美国、日本和中国多地工作，在微软的数据库产品团队中承担主要管理角色，后回到微软企业服务部，负责领导工作。曾在电信、制药和金融行业，重点研究数据库技术。

虞钢

1976 年 12 月出生于江苏溧阳，北京科技大学硕士学位，高级经济师。1994 年 7 月参加工作，2004 年加入中国民主建国会，现任上海市政协委员、中国物流与采购联合会副会长、中国物流与采购联合会钢铁物流专业委员会主任、上海钢铁服务业行业协会会长、上海市光彩事业促进会副理事长、西本新干线股份有限公司董事长、上海浦东物流云计算有限公司董事长。

工作经历及主要成果

带领公司员工致力于用科技改造传统行业，推动了多项科技在物流领域的首次应用，如云计算、二维码防伪识别等，迄今申报国家专利达 100 多项，其中“西本新干线电子交易系统”系列三次荣获中国物流与采购联合会科技进步奖一等奖，并获评为国家工业和信息化部“工业化和信息化融合示范”单位。

2010 年，引入国际 IT 巨头微软，进行研发合作，并与中国物流信息中心、浦东新区经济和信息化委员会合作，共同推进中国物流产业云基地建设，使得我国第一个垂直行业云计算基地得以孵化。

带领公司以互联网方式提供信息服务、数据交易、应用支持、信用管理、品牌认证与授权等业务，并在大宗商品电商领域首创BMB（Business To Media，Media To Business）交易模式，改变了大宗商品传统交易存在的诸多弊端，实现了产业链上多节点的经济效益提升，降低了物流成本占GDP的百分比，带动上下游10多个产业联动发展，合计为社会提供就业岗位近10000个。

在创新发展生产性服务业上成绩显著，同时得到了国家政府领导的大力支持。2012年2月2日，时任上海市委书记的俞正声专程到该企业视察，听取企业发展转型经验。调研结束后，俞正声语重心长地叮嘱："事业不简单，一定要坚持下去。"

主要荣誉

获工业和信息化部颁发的国家级信息化和工业化深度融合示范企业；获得上海市经信委颁发的"上海市推进信息化与工业化融合示范项目"；三次获得中国物流与采购联合会科技进步一等奖获得上海市高新技术成果转化项目和上海市科学技术进步奖。

科技创新是提高物流业现代化水平的动力源泉。虞钢是产业IT领导者，是在"互联网+物流"大浪中奋勇拼搏的弄潮儿，他及其带领的企业正依托先进的电子信息化手段，致力于推动中国物流云计算产业快速发展。多年来，虞钢始终坚持"架构产业IT新经济"理念，率先在国内探索大宗商品电子交易平台建设，已经成为中国大宗商品现货流通领域改革的一面旗帜。

袁首春

从事企业信息化工作15年，2001年9月—2010年11月在中国最大的企业管理软件公司"用友软件"公司工作将近10年，一直在华南区域从事信息化的咨询、ERP的实施工作，担任华南区首席咨询顾问，作为项目经理主持成功实施及咨询过的信息化项目包括：保利地产、宝洁、碧桂园地产、富力地产、广晟资产、骏丰频谱、广州控股、广东广播影视集团、广州恒运集团、广东物资集团、广州友谊商店、广东省盐业、羊城晚报报业集团、广州皇上皇等几十家大型集团企业。2010年11月加入民营企业广州环亚化妆品科技有限公司兼任公司CIO，全面负责公司信息化工作，环亚科技的信息化建设主要往两大方向发展：一是面向终端和渠道消费者的电子商务信息系统，包括B2B、B2C业务，现已正常运转3年多，取得了显著成效，为提升工作效率、品牌影响力和知名度创造了良好条件；二是面向公司内部的管理信息系统，包括用友NC-ERP、OA、CRM等系统，在实施用友NC-ERP的过程中，环亚科技根据实际情况进行了功能定制开发，该系统采用系统化、模块化设计思路，包涵全面预算、成本管理、销售预测、生产计划和排产、采购管理、库存管理、财务管理、仓库物流、产品防窜货系统、条形码管理系统、人力资源等模块，以及对原料的配料、投料条码进行比对管理等。

曾帆超

男，1984年12月8日出生。

主要学习和工作经历

2005—2009年：成都理工大学工程技术学院学习；2009—2010年：在成都力拓电控技术有限公司从事硬件电路设计工作；2010—2012年：在四川和中信息科技有限公司从事硬件电路设计和程序开发工作；2012—2014年：在成都华气厚普机电科技有限责任公司从事硬件电路设计和程序开发工作；2014年至今：成都华气厚普电子技术有限公司从事产品研发工作和部门管理工作，现任研发部部门经理。

主要成就

（1）智能集中充值终端方面。智能集中充值终端采用PIC微处理器，系统设计集成度高，方便实用。实现了国家电网CPU卡充值和查询业务，以及智能卡表余额告警提示业务。国内首次提出对智能卡表进行集中充值的解决方案，解决了高楼层用户充值不便的问题。

（2）在加气行业推广 CPU 卡技术方面。根据中国人民银行 PBOC2.0 扩展规范，完善了 CPU 卡的业务消费流程，增强了 CPU 卡在加气行业应用的稳定性，并在各大燃气公司进行技术推广。

（3）住建部 IC 卡技术应用方面。根据住建部《建设事业集成电路（IC）卡应用技术》中的 IC 卡交易流程完成了加气机特殊控制程序的设计，实现了加气机在城市一卡通领域的应用。

（4）在 IFSF 通讯技术的应用方面。按照欧洲通用的 IFSF 通讯协议相关规定完成了加气机特殊控制程序的设计，加气机成功接入了符合 IFSF 通讯协议的后台系统。在整个加气行业尚属首例。

专业特长

嵌入式硬件电路设计，嵌入式软件开发；熟悉 C 语言编程设计；熟悉 Altium Designer 和 Protel 99SE 等硬件电路设计软件；擅长系统架构设计和整体解决方案设计；CPU 卡应用技术。

张寒

男，1979 年出生，2001 年毕业于首都师范大学。历任南宁市广文信息科技有限公司董事、总经理，广西京和科技有限公司董事长。长期从事面向东盟的信息化工作，主持了中国—东盟中心多语种公共服务中心系统、中国—东盟中心新媒体系统、中国—东盟博览会多语种客服中心、中国—东盟博览会新媒体系统、中国—东盟信息数据库系统、南宁•东盟国际信息服务展示中心系统、“南宁保税仓”中国—东盟跨境电商平台、支持全球 78 种语言的即时通讯翻译软件开发及应用、东盟 10 国投资指南移动版、北部湾投资集团招商信息化系统、南宁市市长热线系统的建设和运营，打造了一支面向东盟持续研发的高科技服务团队。

主持的项目都取得了很好的社会效益和经济效益，有力推动了中国和东盟之间的信息化发展，其中，南宁•东盟国际信息服务展示中心获得了 2015 年广西信息消费创新应用示范项目，“南宁保税仓”中国—东盟跨境电商平台获得了南宁市 2016 年国家电子商务示范城市建设重点支持项目。

张卫

副总经理、高工、兼职教授。中国电子工业标准化技术协会企业信息化标准工作委员会副主任委员、PLM/PDM 标准工作组组长，江苏省数据管理与安全系统工程技术研究中心主任，江苏省“333”工程中青年科学技术带头人，南京市中青年行业技术学科带头人。参加过多项国家“863”课题攻关，曾获国家咨询项目创新奖和省、市奖励。

长期致力于企业信息化、软件技术及软件产业发展的研究与实践，擅长企业研发管理、产品数据管理（PDM）技术的应用与咨询服务，有 20 余年的企业信息化领域工作经验，是国家“863” CIMS 重大目标产品《基于 CORBA/WEB 的产品数据管理系统项目》、国家“863”计划课题《基于三维 CAD 的产品数据管理系统开发及应用》的核心技术骨干，担任国家科技攻关计划课题《产品全生命周期管理系统关键技术研究》、国家发改委软件专项《新模式产品数据管理系统产业化》及《产品链管理系统》等多个重大项目的技术负责人。

始终关注企业信息化发展的新趋势，2003 年创新地提出了电子文档安全保护的新策略，使新模式公司成为领跑数据安全及知识产权管理领域的黑马，产品技术鉴定为国际先进水平，目前产品装机达万套以上，广泛应用于各个行业。2008—2009 年主持开发了具有国内领先水平的《三一重工集团标准化信息管理平台》，为国内企业标准化信息管理树立了标杆。

在管理与咨询领域，作为课题负责人每年组织编写《中国管理科学发展研究报告》、《信息安全发展研究报告》、《工业软件发展研究报告》、《两化融合发展研究报告》等。

张晓东

董事长、研究员级高工、兼职教授。中国管理科学学会学术委员会执行主任兼秘书长，中国软件行业协会理事，中电标协企业信息化标准工作委员会专家，全国自动化系统与集成标准化技术委员会委员，全国自动化系统与集成标准化技术委员会工业数据分技术委员会委员兼副秘书长，江苏省信息安全产业联盟秘书长及专家指导委员会委员，江苏信息产业专家委员会委员、江苏省人才创新创业促进会副会长兼电子信息专委会秘书长、江苏省科技咨询协会副理事长，南京航空航天大学等多所大学兼职教授，注册咨询专家。

从事企业信息化与软件、企业管理及产业发展等理论研究与实践30余年。领导创业团队率先推出PDM软件产品，原始创新主动加密技术并成功推出产品化软件DG，创造出千家、万套、百万装机量的业绩。曾主持过多项国家、省部级大中型项目，是国家“863”重大课题、国家发改委重大软件专项、国家及省重大科技攻关等项目负责人；作为主要项目负责人，多次荣获国家级奖励及省一等奖、二等奖。近年来发表论文、文章数百篇，其中有影响和代表性的包括《信息化与快速成长的中国企业》、《信息技术与企业发展》、《敏捷制胜》、《企业信息集成的有效策略》、《PDM进化论》、《PDM整合未来》等。先后获得中国杰出管理专家、全国信息产业劳动模范、国家“863”CIMS十五周年表彰先进个人、江苏省“333”工程中青年科学技术带头人、江苏省首批“科技企业家培育工程”培育对象、建设新南京有功个人、南京市优秀民营企业家、南京市软件企业十大领军人物、南京市新兴行业十大风云人物、南京市有突出贡献中青年专家、南京市中青年行业技术学科带头人、南京市中青年拔尖人才等荣誉称号。

张子青

男，青岛港国际股份有限公司信息中心主任助理，青岛科技大学硕士研究生，高级工程师。2000年至今，在青岛港集团从事港口、物流信息系统研发和信息化管理工作。

先后主持研发了集装箱码头操作管理系统（CTOMS）、集装箱箱站管理系统、散杂货码头智能生产管理系统、青岛港物流信息网、青岛港电子商务网等10余项应用系统软件和公共服务平台软件。参与建设青岛港现代物流与电子商务系统工程、港口电子商务物流配送信息服务试点项目、海铁集装箱多式联运物联网应用示范工程等国家项目。参与的《现代港口综合物流信息平台研究与实施》成果获青岛市科技进步一等奖、山东省科技进步奖一等奖，《大型矿石码头生产能效分析系统》成果获中国港口科技进步二等奖。

赵党林

男，1977年9月出生。

教育经历

1995—1997年西北工业大学计算机科学与应用专业本科；2003—2005年郑州航空工业管理学院工商管理专业硕士。

个人能力

从事近20年企业信息化技术工作，熟悉信息化项目管理，善于识别项目各阶的风险，通过有效方法促使项目QCT的达成。主导编制企业系统开发管理规范等开发类标准。

熟悉企业信息系统及架构的运行管理，熟知国际运行标准备ITIL体系，并运用于实际的业务活动中，主导编制了信息系统运行管理规范等运行类标准。

熟悉汽车行业的MES制造体系，规划、实施过两个工厂的MES生产系统。

熟悉汽车设计 BOM 管理业务体系，规划、实施过公司 BOM 管理系统。

工作思路清晰，沟通协调能力强，具备完整的信息化规划、开发、运行等综合管理能力。

获奖情况

“ZN6481 系统多功能厢式客车物流设计”获河南机械工业科学技术进步一等奖，证书编号 2002135-4；“ZN6452 系列多功能乘用车总装配工艺设计”获河南机械工业科学技术进步二等奖，证书编号 2003218-6；“BOM 管理信息系统开发和应用”获郑州市科学进步二等奖，证书编号 2012-J-45-R05/10；“BOM 管理信息系统开发和应用”获河南科学进步三等奖，证书编号 2012-J-240-R03/07；“基于整车 4S 模式的海外电子商务体系”获河南科技成果，证书登记号 9412015Y0323；“基于 IPO 模式下同期生产制造”获郑州市科学进步二等奖，证书编号 2015-J-39-R02/10；“基于 IPO 模式下同期生产制造”获河南科学进步三等奖，证书编号 2015-J-227-R02/07。

钟云斌

男，1976 年 5 月出生，中共党员，学士学位，硕士学历，1995 年参加工作。中国电信股份有限公司江西分公司信产公司总经理助理。

先后在兴国县电信（邮电）局、赣州电信分公司、江西省电信公司业务处理中心、IT 支撑中心、信产公司工作。自 1995 年起长期在电信内部从事企业信息化工作，取得累累硕果。2010 年起转型面向政府和企业客户开发互联网产品、承接信息化项目。在云计算、大数据、智慧城市、产品研发、运维管理等方面积累了丰富的经验。

目前负责中国电信江西云计算基地的运营和云计算、大数据、信息安全等业务的发展，以及全省综治信息系统等项目的建设。

2014—2015 年，作为总集成商的负责人承建了南昌市红谷滩新区智慧城市项目；编制了《南昌市东湖区、高新区国家智慧城市试点申报方案》，并获得成功；制定了《西湖区智慧城市建设方案》；编制了《智慧南昌建设方案》并通过南昌市有关部门组织的专家评审；承接编制了《南昌市“十三五”智慧城市规划》、《南昌市“十三五”电子政务规划》。

2010—2013 年，在江西电信信产公司组织开发了外勤助手、居民健康档案、园区服务管理平台等多个产品，承接了省环保厅污染源监控管理等多个大型项目。

2009—2013 年，组建大数据团队研发“逐梦”大数据分析处理平台，该平台一直用于江西内部大数据的处理、分析。

2009 年之前，长期从事电信内部 MBOSS 信息化应用的建设、维护和开发工作，积累了丰富的信息化工作经验。

先后获得江西电信优秀人才、专家级骨干、江西电信劳动模范、江西电信感动人物、中国电信集团劳动模范、江西省直机关杰出青年等荣誉。

主持或参与的项目曾获得科技部专项补助资金 70 万元、获得江西省科技进步二等奖、中国电信集团管理创新成果三等奖、全国通信行业企业管理现代化创新成果二等奖。

朱建国

男，生于 1967 年 7 月，高级工程师，现任上海振华重工（集团）股份有限公司副总工程师兼标准化与信息化管理部总经理。

工作经历

1989—1993 年上海渔业机械厂技术科助理工程师；1993—1999 年上海新东联船舶工程有限公司技术科副科长；1999—2000 年上海振华重工船运设计部主管；2000—2009 年上海振华重工船运设计部　副总经理；2009—2015 年上海振华重工船运设计部总经理；2015 年至今任上海振华重工副总工程师兼两化部总经理。

主要项目业绩

1989—1993 年，主持 100 吨万能液压机的新产品开发并获成功，成为当时厂主力产品。

1993—1999 年，担任十几条船舶的维修主管或建造施工设计主管，积累了较丰富的船舶修造经验。

1999—2014 年有如下项目业绩。①主持设计“多米尼加 1 台岸桥+西班牙 8 台轮胎吊运输方案”及现场工作。多米尼加用户码头前沿水深很浅，无法实现常规卸船。项目巧妙地将岸桥大车换成高度较低的台车，并在码头上将轨道垫高近 3 米，实现了一次蔚为壮观“空中卸船”。②主持设计“美国长滩 12 台岸桥运输方案”及现场工作。该项目首次采用了岸桥与船甲板抗剪型及门框钢绞线拉固的绑扎形式，易装易拆，并能重复使用，对结构几乎没有破坏，大大提高了产品的完整性。③“300 吨及 400 吨顶升台车”开发主要参与人员。该工装的研发成功，大大简化了岸桥装卸船工艺，并成为目前最主流的装卸船方式。④“钢拉索绑扎”开发主要参与人员。“钢拉索绑扎”技术的成功开发彻底改变了岸桥“五花大绑”的传统绑扎模式。⑤主持设计了“温哥华 TSI Vanterm 码头 2 台+Deltport 码头 1 台+长滩 SSA 2 台岸桥运输方案”及现场工作。该项目涵盖了当时几乎所有岸桥整机运输的技术难点，例如，提升和放倒梯形架二种过桥技术、岸桥前大梁折臂技术、海陆侧不同基距 8 轨卸船技术、压梁－抗剪绑扎技术、柔性绑扎技术、转弯大车装卸船技术等。⑥主持设计“曹妃甸 4 台卸船机运输方案”及现场工作。由于曹妃甸码头标高很高，按传统方法将采用浮吊分体吊卸。项目创新性地采用了加高船上轨道，基地装船码头前沿水域挖深的方案，辅以精确计算潮汐、合理利用潮差，巧妙地解决了卸船码头的标高问题，确保卸船机以整机状态运输及装卸船，保证了产品的完整性及避免使用很宝贵的浮吊资源。⑦主持设计“湛江 1 台卸船机运输方案”及装卸船现场工作。湛江港码头皮带机廊道下部基础为混凝土结构，所以，卸船机正面卸船条件不具备，按传统的方法只能采用浮吊吊卸。通过综合分析该码头的结构及航道特点，提出了采用驳船运输，在基地顺靠装船，从用户码头端部顶靠卸船的方案，填补了一项整机运输方式的空白。⑧主持设计”韩国釜山钢桥运输方案“及装卸船现场工作。本方案创新提出了“成组绑扎技术”的概念，成为散件运输一个标准样板。⑨主持“大型平台、船体下水技术”的研发并担任公司首座 300 尺钻井平台下水施工总指挥。本技术的成功研发，突破了没有造船和海工平台所需的船坞的瓶颈问题，让平地造船、造平台成为现实，全面提升了振华重工在海工领域的竞争力。⑩主持“港珠澳大桥标准管节浮运受力分析及拖带方案”的研究。受中交股份港珠澳岛隧工程总经理部的委托，承担了隧道工程标准管节浮运方案设计的艰巨任务。项目组经过大量的波浪流速及潮位数据分析、物模试验，提出了多项创新理论。设计方案获得专家组的评审通过及高度评价，现已成功实施，攻克了港珠澳项目建设的一项世界级关键技术，打破西方公司在沉管浮运安装领域的技术垄断。⑪主持“重大件海上运输设计平台”的规划和建设。项目历时 4 年，是由船运设计部完全自主研发的面向重大件海上运输的多功能设计平台，集成了相关行业规范、标准，可实现设计的标准化、程序化、自动化。主要功能包括船舶装载仪、波浪数据库网站、船舶运动计算模块及各种辅助计算模块，设计结果以标准文件自动输出。目前，在重大件海运领域，仅有少数几家公司拥有功能全面的专业设计平台，而能自主研发的公司更是凤毛麟角。随着这套具有自主知识产权设计平台的成功研制，标志着振华重工已经成功跨入世界一流重大件海上运输设计（咨询）机构的行列。

获奖情况

2003 年，“顶升台车发运”获振华重工新产品新技术成果奖；2004 年，“400 吨顶升台车研发”获振华重工新产品新技术成果奖；2009 年，“太仓武港码头散货装系统研制”获振华重工科技进步特等奖；2010 年，“曹妃甸矿石码头二期散货装卸系统总包工程”获振华重工科技进步特等奖、“多种发运工艺研究”获振华重工科技进步二等奖；2010 年，“半潜运输技术”获振华重工科技进步三等奖、“苏格兰 1000t”龙门吊获振华重工科技进步一等奖、桥吊“高位截腿”过桥运输技术获振华重工科技进步三等奖、“中海油9”钻井平台运输获振华重工科技进步三等奖；2012年，“岸桥高度加高改造研发及施工技术”获振华重工科技进步二等奖；2013年，“大型平台、船体下水方案设计”获振华重工科技进步三等奖、“港珠澳大桥管节浮运受力分析及拖带方案研究”获振华重工科技进步二等奖、“美国国旧金山—奥克兰新海湾大桥钢结构制造关键技术及应用”获得中国交建科技进步特等奖。

信息化方面主要业绩

（1）重大件海上运输设计平台。历时4年，主持船运设计部完全自主研发的面向重大件海上运输的“重大件海上运输多功能设计平台”，集成了相关行业规范、标准，可实现设计的标准化、程序化、自动化。主要功能包括船舶装载仪、波浪数据库网站、船舶运动计算模块及各种辅助计算模块，设计结果以标准文件自动输出。目前，在重大件海运领域，仅有少数几家公司拥有功能全面的专业设计平台，而能自主研发的公司更是凤毛麟角。随着这套具有自主知识产权设计平台的成功研制，标志着振华重工已经成功跨入世界一流重大件海上运输设计（咨询）机构的行列。

（2）公司信息化顶层设计规划与计划。“全面建设国际卓越振华重工”是振华重工的愿景，需要公司全体员工上下同心，落实24字方针，围绕深化改革创新、全面降本增效、持续固本强基、强化队伍建设四条管理主线，全面推动“4321”和“1521”发展战略。为加速推进建设以市场为导向的卓越振华重工信息化管理体系，朱建国总经理带领由IBM、中交信息中心和ZPMC组成的联合工作组历时近一年，根据公司发展战略，在充分调研、不断完善的基础上，制定了《振华重工信息化顶层设计》的宏伟蓝图，并以此作为公司未来5年信息化建设滚动优化的行动纲领。《振华重工信息化顶层设计》基于对公司业务管理现状的分析，参照领先企业的最佳实践，选择了六个核心能力为主线，重点推进11大管理提升举措，以建设“市场为导向的卓越振华重工管理体系”为目标，努力打造振华重工体系化的核心竞争力。六个核心能力包括：产销研一体的系统化营销能力；全球协同的智能化研发设计能力；一体化运营管理能力；资源整合与供应链协同能力；一体化服务能力；一体化战略管控能力。十一大管理提升举措包括：优化客户管理体系，完善大客户管理体系；建立商机跟踪的售前管理体系，实现完整的全过程营销管理；完善产品系列化、模块化、标准化研发体系；建立数字化产品与BOM体系；实现研产集成协同；打造以项目管理和智能化制造为核心的一体化运营管理能力；打通产、销、研一体化体系；优化配套件与有偿服务一体化服务体系；财务管理为中心的一体化财务管理；完善快速响应市场的组织管控结构；以绩效为核心的一体化人力资源管理。在顶层设计的框架下，朱建国同志带领团队规划了2016—2020年的信息化实施路径，为振华重工4.0建设绘制了宏伟蓝图。

朱志祥

男，汉族，中共党员，工学博士，教授。现任西安邮电大学学术委员会委员、物联网与两化融合研究院院长、陕西省信息化工程研究院院长。兼任陕西省信息化专家顾问委员会专家组长、陕西省决策咨询委员会专家、陕西省应急办信息化咨询专家、陕西省地方税务局信息化咨询专家、陕西省人口和计划生育信息化建设专家咨询委员会委员、西安市信息化咨询专家、榆林市政府电子政务专家顾问、渭南市东大门信息化建设专家顾问、咸阳市智慧城市专家顾问、陕西省网络与信息安全测评中心高级咨询顾问等。

从事计算机网络、多媒体通信、信息化应用和信息安全等研究，先后发表论文70多篇，出版著作2部，主持完成省部级项目50多项，荣获国家省部级一等奖1项、二等奖4项、三等奖8项。

先后担任《陕西省“十二五”国民经济和社会发展信息化规划》、《陕西省“十三五”网络安全和信息化发展规划》编制组组长。完成《陕西省电子政务公共平台顶层设计》、《“数字陕西•智慧城市”发展纲要（2013—2017）》、《陕西省智慧城市总体试点方案》和《陕西省智慧城市建设要求与技术规范》等研究。参与《陕西省两化融合“十二五”规划》、《陕西省网络与信息安全“十二五”规划》等专项规划。同时为省级相关部门和11个市区提供信息化战略规划、顶层设计、方案编制、标准规范等专家咨询和技术支持。

信息化大事记

2014 年 1 月 6 日，中国最大云计算平台上的华通政务云淳安“人社一体化信息系统”正式上线。该平台是基于“阿里云”平台的一个专门为政府信息化服务的专有云平台；淳安“人社一体化信息系统”包括社会保险、就业、执法、仲裁等几十个业务系统，承载着 45 万淳安人民的社会保险信息及超过 3000 家的参保单位，联接几十家医院、卫生院、财政、银行、地税等单位，以及 100 余家药店，是政府部门最为复杂、重要的民生应用信息系统。

2014 年 1 月 24 日，财政部要求做好政务微信内容保障工作。财政部下发《关于做好财政部政务微信内容保障及相关推广工作的通知》，对财政部政务微信平台内容保障提出具体要求。

2014 年 1 月 28 日，中国建设银行首家智慧银行开业。中国建设银行智慧银行具有以下主要特点。一是创新应用多。基于先进的网络与智能技术，推出智能填单、远程银行（VTM）、移动金融、智能机器人、互动桌面、可视化金融超市、互动探索等数十项创新应用。二是业务效能高。基于客户体验的革新，对业务流程和 IT 系统进行了全面再造，实现业务展示与销售的有机结合；无纸化简式操作，提升了网点的综合营销服务能力。三是渠道协同强。通过全新的功能分区和渠道分流，以及多渠道协同服务，银行服务变得泛在。新型自助设备和电子渠道的大量使用，使银行工作人员能够更多地穿行在大堂中，发现服务客户的机会。四是管理全方位。通过先进的网点智能管控平台，全面管控网点设备，实现一键启停；对各种设备的展示内容进行智能分发与管控；实时采集客户操作行为信息，利用大数据技术分析提升服务能力。

2014 年 2 月 11 日，国家级移动金融安全公共服务平台建成。作为开展移动支付业务的重要支撑系统，中国人民银行（央行）主导的移动金融安全可信公共服务平台（公共服务平台，MTPS）已建成并通过了验收评审，建设银行、中信银行、光大银行、中国银联、中国移动等 7 家机构的企业移动支付可信服务平台已系统接入试运行。

2014 年 2 月 25 日，开普互联与国家信息中心共同组建“电子表单云服务平台工作组”。工作组将依托国家电子政务外网的网络资源和云计算基础设施，合作搭建国家信息中心“电子表单云服务平台”，为政务部门提供基于政务外网或互联网的在线表单云服务，丰富国家政务外网的公共应用种类和内容。

2014 年 2 月 27 日，中国网络安全和信息化领导小组成立。中共中央总书记、国家主席、中央军委主席习近平担任组长，李克强、刘云山任副组长，再次体现了中国最高领导层全面推动信息化发展、促进信息经济繁荣、保障网络空间安全的决心。习近平总书记发表了重要讲话，提出“信息技术和产业发展程度决定着信息化发展水平”等重要判断，以及“网络基础设施基本普及、自主创新能力显著增强、信息经济全面发展、网络安全保障有力”的总体发展目标。

2014 年 3 月 1 日，中国政府网新版上线。区别于此前的中国红与深蓝色，新版的中国政府网采用了天蓝色与白色的底色。新版的中国政府网打破了以往的栏目设置，重新设置了一批更简洁的栏目，更凸显了互动性与服务性。

2014 年 3 月 5 日，互联网金融写入政府工作报告。提请十二届全国人大二次会议审议的政府工作报告提到，促进互联网金融健康发展，完善金融监管协调机制。此外，一系列互联网金融管理措施陆续释放。央行正在牵头制定《互联网金融指导意见》；银监会向阿里巴巴、腾讯颁发民营银行牌照，并制定《P2P 监管细则》；保监会发布《互联网保险业务监管暂行办法征求（意见稿）》。2014 年，余额宝规模突破 5000 亿元，用户超 1 亿人，P2P 平台半年成交金额接近 1000 亿元。

2014 年 3 月 10 日，腾讯入股京东 15%。公告显示，腾讯向京东购买 351678637 普通股，占后者上市前普通股的 15%。双方资产将进行整合，腾讯支付 2.14 亿美元，并将 QQ 网购、拍拍的电商和物流部门并入京东。双方还签署战略合作协议，其中，腾讯将向京东提供微信和手机 QQ 客户端的一级入口位置及其他主要平台的支持；双方还将在在线支付服务方面进行合作。

2014年3月15日，新《消费者权益保护法》正式实施，首次赋予消费者“后悔权”。新《消费者权益保护法》规定，消费者通过网购等方式购买商品，收到货品7天内，无须说明理由，都可以退货。但《新消法》也规定，消费者定做等4类商品不能无理由退货。法律同时还明确，退货运费由消费者承担。

2014年3月16日，《国家新型城镇化规划（2014—2020年）》中提出“推进智慧城市建设”。在“推进智慧城市建设”一节中提出统筹城市发展的物质资源、信息资源和智力资源，推动物联网、云计算、大数据等新一代信息技术创新应用，实现与城市经济社会发展深度融合。强化信息网络、数据中心等信息基础设施建设。促进跨部门、跨行业、跨地区的政务信息共享和业务协同，强化信息资源社会化开发利用，推广智慧化信息应用和新型信息服务，促进城市规划管理信息化、基础设施智能化、公共服务便捷化、产业发展现代化、社会治理精细化。增强城市要害信息系统和关键信息资源的安全保障能力。并在“开展试点示范”一章中指出，“继续推进创新城市、智慧城市、低碳城镇试点。深化中欧城镇化伙伴关系等现有合作平台，拓展与其他国家和国际组织的交流，开展多形式、多领域的务实合作。”

2014年3月19日，中国电子商务研究中心发布了《2013年度中国电子商务市场数据监测报告》。数据显示，2013年中国电子商务市场交易规模达10.2万亿元，同比2012年的8.5万亿元，增长29.9%。B2B电子商务占比80.4%，2013年交易额达8.2万亿元，同比增长31.2%。

2014年4月8日，我国建成“教育评价云应用平台”。北京师范大学中国基础教育质量监测协同创新中心发布我国首个教育评价云平台。该平台包括工具研发系统、数据采集系统、实时分析系统、数据库及应用系统、结果发布系统、质量提升系统等多个系统。协同创新中心在全国建立了三大数据中心，并与全国各省36个分节点全部建立联系，至少5000台服务器为系统运营提供支撑。

2014年4月10日，八部委开展整理互联网重点领域广告专项行动。针对互联网广告存在的新情况、新问题，八部委决定，以保健食品、保健用品、药品、医疗器械、医疗服务等领域，以及大型门户类网站、搜索引擎类网站、视频类网站、电子商务类网站、医疗药品信息服务类网站、医药企业和医疗机构自设网站等网站为重点，在全国范围联合开展整治互联网重点领域广告专项行动。

2014年4月11日，海外机构与“义乌购”签订合作协议。来自美国、日本、澳大利亚、俄罗斯等10个国家的海外机构在“2014中国国际电子商务博览会”现场与“义乌购”签订合作协议。这项名为“义乌购合计划”的海外合作，旨在将“义乌购”打造成蛛网式、线上线下相融合的全球小商品采购批发平台，为海外买家采购提供便利的合作项目。

2014年4月15日，全国网上信访信息系统建成。国家信访局称，全国网上信访信息系统主要通过国家信访局与各省市信访局搭建网上信访平台，推动省级平台与市、区(县）平台互联互通，信访部门与同级其他职能部门联通，方便各级信访部门监督和群众监督。截至2013年年底，已有29个省份、275个市和1831个县开通网上信访平台，上海、广东等19个省份实现省、市、县三级平台互联互通，228个地市实现市、县两级平台互联互通，135个地市信访部门实现与职能部门互联互通。

2014年4月22日，Windows XP停止系统服务影响中国政府软件正版化。国家版权局副局长阎晓宏透露，Windows XP停止系统服务影响了中国政府软件正版化，截至2013年年底，我国所有地市级和县级政府完成软件正版化任务。我国采购了价值几十亿元的软件，这其中大量是Windows XP操作系统软件。工业和信息化部、商务部、工商总局都在与微软公司协商。

2014年4月28日，中欧绿色智慧城市合作试点城市交流会举办。交流会由工业和信息化部、欧盟委员会通信网络内容和技术总司共同主办，工业和信息化部推进司副司长秦海介绍了中欧绿色智慧城市合作工作总体开展情况，中欧专家介绍了中欧绿色智慧城市比较研究报告成果，并举行了中欧智慧城市合作技术专家组首次会议，双方就专家组相关职能和后续工作的开展等进行了深入探讨。会议期间，双方30个试点城市分别就“新型城镇化、综合规划、城市治理和城市文明”、“基础设施升级和公共服务提供”及“节能减排、低碳方式和环境保护”3个主题进行了小组讨论。

2014年4月30日，工业和信息化部、公安部、国家工商总局联合部署开展打击治理移动互联网恶意程序专项行动。本次专项行动坚持依法治理、标本兼治的工作思路，充分发挥通信、公安、工商等部门的职能作用和行业自律、社会监督的作用，从移动互联网应用程序制作、传播、使用环节加强安全管理，推动建立移动互联网恶意程序治理的长效机制。整个行动分为部署准备、集中打击治理、巩固总结3个阶段进行。

2014年4月30日，五部门联合出台《贫困村信息化工作实施方案》(以下简称《实施方案》)。《实施方案》提出，到2015年，连片特困地区已通电的行政村，互联网覆盖率达到100%，基本解决义务教育学校和普通高中、职业院校的宽带接入问题；到2020年，自然村基本实现通宽带。《实施方案》明确了推进贫困村信息化工作的责任分工、阶段任务和保障措施。

2014年5月5日，全国首个省级政务云计算中心——海南省政务云计算中心开建。该中心以企业投资建设、政府购买服务的模式运营，作为国内首个省级政务云计算中心，不仅省直各部门统一使用云计算中心，各地市县的政务信息化也逐步纳入云计算中心建设整体规划中，最终实现全省政务信息化整体购买云服务。

2014年5月12日，工业和信息化部电信研究院发布移动互联网、云计算、大数据、通信设备产业4本白皮书。《移动互联网白皮书（2014）》指出移动互联网已经成为最大的信息消费市场、最活跃的创新领域和最强的ICT产业驱动力量。《云计算白皮书（2014）》在分析国际、国内云计算发展状况、特点的基础上，对我国云计算未来发展提出了建议。《大数据白皮书（2014）》提出了我国推动大数据发展、开放政府和公共数据资源、保护数据安全与个人隐私等方面的策略。

2014年5月14日，上海实行政府数据资源开放。来自28个市级政府部门的190项数据内容成为重点开放对象——从医院床位信息到候诊人数信息，从挖路、占路、封路信息到停车场库及路侧车位信息，政府大数据“富矿”可供全民开采。国内首个政府数据服务网www.datashanghai.gov.cn作为开放统一入口，提供数据查询、浏览、下载等功能。

2014年5月16日，中国电信与国家旅游局签署战略合作协议共推智慧旅游。根据协议，双方将本着“使命共担、优势互补、协同发展、互利共赢”的原则，共同开展基础智慧旅游研究，加大智慧旅游基础性建设，打造智慧旅游示范工程，构建智慧旅游产业联盟，拓展智慧旅游市场规模，共同整合资源、聚集力量，推动智慧旅游产业整体发展。

2014年5月22日，京东在纳斯达克正式挂牌上市。股票代码为“JD”，开盘报价为21.75美元，较发行价19美元上涨14.47%，市值达到约297亿美元。

2014年5月26日，互联网成为中国公民发表言论重要渠道之一。国务院发布的《2013年中国人权事业的进展白皮书》指出，互联网的普及和完善，极大地扩展了言论自由空间。公众可以通过网络论坛、网络新闻、博客/个人空间、社交网站、网络文学、网络视频、微博、即时通信等多种互联网平台发表言论。每时每刻都有海量言论被网民发表出来。据统计，中国网民每天发布和转发微博信息达2.5亿条，每天发送微信等即时通信工具信息超过200亿条。网民言论关注的范围十分广泛，涵盖了司法案件、民生问题、个人权益保护、医患纠纷、反腐败等各方面。

2014年5月29日，国务院部门主要业务信息化覆盖率已达80%。《中国电子政务年鉴（2013）》指出，我国电子政务应用全面深入展开，截至2013年年底，国务院部门主要业务信息化覆盖率达80%。海关、税务、金融监管等重点领域业务信息化覆盖率近90%；部分部委，如公安部、科技部、人民银行、审计署等已达100%；国家统计局核心业务电子政务覆盖率已达80%以上。此外，省级政务部门主要业务信息化覆盖率普遍在75%以上，地市级已达60%，区县一级达到40%。

2014年6月3日，新加坡邮政与阿里巴巴集团达成投资协议。据称阿里巴巴集团将投资3.125亿新元（约合2.49亿美元），认购新加坡邮政190096000股新股及30000000股库藏股。投资完成后，阿里巴巴集团将获得新加坡邮政10.35%的股份。

2014年6月5日，我国阐述网络空间四原则。由外交部与联合国共同举办的“信息和网络安全国际研讨会”在北京召开，会议以“构建和平、安全、开放、合作的网络空间”为主题，外交部副部长李保东在会上全面阐述了中国在网络安全问题上的立场与实践。李保东表示，中国主张国际社会加强合作，共同维护网络空间的安全、稳定与繁荣。为此，应把握好四点重要原则：第一，和平原则；第二，主权原则；第三，共治原则；第四，普惠原则。

2014年6月8日，全球首个“智慧市场”签约绍兴。绍兴市政府、中国安防城及IBM集团联合发起的“全球智慧市场”项目，“智慧市场”将打造成为绍兴智慧城市亮点工程，作为绍兴智慧城市的重要辅助体系，不断出台各类智慧城市解决方案，并向全国推广。

2014年6月11日，阿里巴巴并购UC。阿里巴巴集团与UC优视今日联合宣布，UC优视全资融入阿里巴巴集团，并同时组建UC移动事业群，该事业群包括现有UC集团整体业务团队，以及即将整合的阿里其他业务团队。该事业群将承担浏览器、搜索、LBS、九游移动游戏平台、PP移动应用分发、爱书旗移动阅读等业务的建设和发展。UC董事长俞永福担任事业群总裁，并进入阿里集团战略决策委员会。

2014年6月17日，中国成全球最大网络零售市场。商务部举行发布会表示，2013年网络零售市场规模已经达到1.85万亿元，中国已经超过美国成为全球最大的网络零售市场。2014年前5个月，网络零售额同比增长约32.5%，继续保持高速增长的势头。

2014年6月21日，《中国智慧旅游城市（镇）建设指标体系》发布。该指标体系由中国智慧工程研究会在工业和信息化部中国电子工业研究院、上海社科院等20余家单位支持下，联合相关领域专家，历时一年多时间研发而成。该体系分为四级，一级指标5项——平安、诚信、服务、智能和宜游，二级指标19项，三级指标42项，四级指标237项。指标体系的研发紧紧围绕“以人为本”，基础是“平安和诚信”，核心是“服务”，依托为“智能化”，最终评价目标为“宜游”，所以又称为“宜游指标体系”。指标体系以绿皮书的方式发布，发布后免费提供给社会各界使用。

2014年6月22日，中国工商银行成功完成“两地三中心”工程建设。中国工商银行首次成功实施核心生产系统在外高桥、嘉定同城双中心切换运行工作，标志着中国工商银行“两地三中心”工程基本完成，上海嘉定同城中心正式建成并投入生产使用。根据“两地三中心”工程计划，中国工商银行先期开展主机并行系统及高灾备等级开放平台应用系统双活部分环境迁移工作，在平稳迁移的同时确保了现有生产业务不受影响。

2014年7月3日，中韩智慧城市领域首个合作项目启动。东城智慧城市推进暨东城中韩智慧城市产业园启动仪式举行，签订的合作意向项目共有26项，总投资预计超过65亿元。

2014年7月6日，中德新型城镇化合作论坛在成都举行。论坛以“新型城镇化——中德合作的新机遇”为主题。德国介绍了在新型城镇化建设上的经验及创新技术和产品。成都、德阳等介绍了规划建设城市新区、推进新型城镇化进展，以及加强与德国投资及产业合作的新机遇。

2014年7月15日，国家级跨境贸易电子商务服务试点项目——郑州“E贸易”业务在河南保税物流中心启动试运行。此举将大幅降低供货商的物流和交易成本，消费者则可以购买到更优惠的进口商品。由此，郑州E贸易敲开了全球买卖的大门，也给河南消费者带来了生活新变化。

2014年7月16日，中国提出国际治理互联网主张。国家主席习近平在巴西国会发表演讲时提出国际治网主张。习近平强调，当今世界，互联网发展对国家主权、安全、发展利益提出了新的挑战，必须认真应对。国际社会要本着相互尊重和相互信任的原则，通过积极有效的国际合作，共同构建和平、安全、开放、合作的网络空间，建立多边、民主、透明的国际互联网治理体系。在全球范围内，对中国互联网管理理念“点赞”者日众。

2014 年 7 月 18 日，中国移动、中国联通、中国电信共同宣布成立中国通信设施服务股份有限公司（简称铁塔公司）。根据此前 3 家公司签署的《中国通信设施服务股份有限公司发起人协议》，铁塔公司总注册资本为 100 亿元，中国移动、中国联通、中国电信分别以现金方式出资 40 亿元、30.1 亿元、29.9 亿元，按照每股 1 元分别持有 40%、30.1%、29.9%股份。未来，铁塔公司将主营铁塔的建设、维护和运营，兼营基站机房、电源、空调等配套设施，以及室内分布系统的建设、维护、运营及基站设备的代维。

2014 年 7 月 21 日，百圆裤业宣布购买收购环球易购 100%股份。该笔交易价值 10.32 亿元。环球易购通过自建专业品类垂直电子商务销售平台和 eBay、Amazon 等第三方平台进行线上 B2C 销售，销售产品以服装服饰、3C 类产品为主。

2014 年 7 月 22 日，中国人寿建成国内最大保险客户服务平台。该平台提供了“以客户为中心”的综合查询服务，通过平台可以轻松查询到客户持有的中国人寿金融资产，包括寿险、财产险、企业年金等情况。该平台同时开发了可供其他系统调用的标准接口服务，为各类“以客户为中心”的一站式销售服务应用提供数据和系统支持。

2014 年 7 月 23 日，海关总署发布《关于跨境贸易电子商务进出境货物、物品有关监管事宜的公告》（以下简称《公告》）。《公告》对电子商务进出境货物、物品监管问题提出了监管要求。《公告》要求，电子商务企业或个人通过经海关认可并且与海关联网的电子商务交易平台实现跨境交易进出境货物、物品的，按照《公告》接受海关监管。

2014 年 7 月 28 日，国内首个内容管理云——开普云（www.boxpro.cn）正式上线。开普云是开普互联借助云计算为企事业单位信息化创造的全新概念产品，不仅具有全新理念的企业网盘功能，而且附加了智能电子表单服务，可为用户解决文档的安全、权限、管理、分享、采集、搜索等问题，还为用户提供了信息和数据收集分析服务。

2014 年 7 月 29 日，全国四级法院举报网站联网。全国各中级人民法院和绝大部分基层人民法院开通违纪违法举报网站，并与最高人民法院和各高级人民法院举报网站联网运行，面向社会受理对法院工作人员违纪违法行为的举报。举报网站建设采用统一的标准，分为举报前台和办信后台两个部分。举报前台设在互联网上，主要用于收集群众举报和向举报人反馈办理情况，网民既可以通过最高法院举报中心网站(http：//jubao.court.gov.cn）访问各个法院的举报网站，也可以通过最高法院举报中心网站提供的各地方法院举报网站网址直接进行访问。办信后台设在法院系统内网，负责对举报信息进行处置。举报前台和办信后台都采取了相应的保密措施，以防举报信息泄露。

2014 年 7 月 30 日，中国互联网与工业融合创新联盟成立。中国互联网与工业融合创新联盟是在工业和信息化部指导下，由工业和信息化部电信研究院、中国互联网协会、中国电子学会、工业和信息化部电子科学技术情报研究所、北京机械工业自动化研究所、北京大学国家竞争力研究院 6 家单位联合发起成立，大唐集团、国电集团、伊利、海尔、京东、腾讯、百度、阿里巴巴等 55 家来自工业和互联网行业的代表性企业作为首批成员加入联盟，分别担任副理事长单位、理事单位。联盟致力于搭建互联网与工业融合创新的合作与促进平台，集聚业界中坚力量及相关机构，支撑政府决策、服务行业发展，推动互联网与工业融合发展、协同升级，着力打造中国经济的升级版。

2014 年 7 月 30 日，无锡成为中国唯一入选 IEEE 智慧城市试点。IEEE（国际电气和电子工程师协会）是电子技术与信息科学领域最著名的国际性专业技术学会，在技术标准领域极具影响力。IEEE 智慧城市试点计划 2012 年正式启动，在全球遴选 4 座城市有针对性地开展智慧城市研究，并承诺提供知名专家咨询、人才交流培养、专业期刊宣传及科研资金等具体支持。

2014年8月1日，阿里巴巴与中国银行、招商银行、建设银行等数家银行宣布合作，为中小企业启动基于网商信用的无抵押贷款计划——网商贷高级版。这是银行首次基于阿里平台大数据和信用体系给中小企业提供无抵押信用贷款；目前，B2B平台的压力，一方面平台长期稳定的业务模式面临挑战，另一方面要塑造新的产品以迎合客户需求的变迁。阿里巴巴也将最终转型成为B2B综合服务商。

2014年8月7日，国家互联网信息办发布《即时通讯工具公众信息发展的管理在线规定》（以下简称《规定》）。《规定》的发布对于整个新媒体，包括公众账号、政务新媒体的发展有非常深远的影响。

2014年8月7日，《即时通信工具公众信息服务发展管理暂行规定》（以下简称《规定》）发布。《规定》要求，新闻单位、新闻网站开设的公众账号可以发布、转载时政类新闻，取得互联网新闻信息服务资质的非新闻单位开设的公众账号可以转载时政类新闻。其他公众账号未经批准不得发布、转载时政类新闻。

2014年8月7日，百度与360"爬虫"之争宣判。北京市第一中级人民法院作出一审判决，经营360的被告方北京奇虎科技有限公司赔偿原告百度公司经济损失及合理支出70万元，同时驳回百度的其他诉讼请求。

2014年8月11日，国务院发布了《关于加快发展电商等生产性服务业的指导意见》（以下简称《意见》）。《意见》指出，国务院高度重视服务业发展，要深化大中型企业电子商务应用，促进大宗原材料网上交易、工业产品网上定制、上下游关联企业业务协同发展，创新组织结构和经营模式。

2014年8月15日，国务院修改《中华人民共和国电信条例》（以下简称《条例》），电信资费正式松绑。原《条例》中规定的电信资费，一直是"实行以成本为基础的定价原则"，电信资费分为三种定价方式：市场调节价、政府指导价和政府定价。修改后，删除了"电信资费分为市场调节价、政府指导价和政府定价"这一条款，明确规定，今后的电信资费"实行市场调节价"。

2014年8月18日，全球法人机构识别编码（LEI）体系中国本地系统建成运行并通过国际互认。中国人民银行推动全国金融标准化技术委员会建成LEI中国本地系统，自2014年8月18日起正式提供LEI编码注册、编码年检、数据更新、编码迁入、质疑与反馈、数据查询与下载等服务。截至2014年年底，已为41家法人机构分配LEI编码。同时，中国本地系统于2014年10月通过国际互认，标志着我国发放的LEI编码得到全球认可。

2014年8月18日，中央全面深化改革领导小组第四次会议审议通过了《关于推动传统媒体和新兴媒体融合发展的指导意见》，对新形势下如何推动媒体发展提出明确要求。习近平总书记在会上发表重要讲话，提出"互联网思维"。此次改革不同于以往单靠媒体行业自身自下而上的改革推进，而是中央全面深化改革领导小组从国家改革战略大局出发为媒体融合做出了顶层设计。

2014年8月19日，国家从9大领域推进物联网应用示范工程。国家物联网应用示范工程由国家发展改革委和财政部联合推进，旨在利用物联网技术增强行业生产经营效率和管理水平、提升社会管理和公共服务水平、促进产业转型和民生改善，示范工程涵盖警用装备管理、监外罪犯管控、特种设备监管、快递可信服务、智能养老、精准农业、水库安全运行、远洋运输管理、危化品管控9个重点领域。

2014年8月20日，重庆国家级互联网骨干直联点开通。重庆直联点已建成了8套高端互通路由器，408个10Gbps端口，48个100Gbps波道，新建和租用传输管道共计987千米，新建光缆6782千米，约合40.2万芯千米，互联带宽能力达到1030Gbps的规模，为重庆战略新兴产业发展提供强有力的支撑。

2014年8月22日，住房和城乡建设部、科技部联合发布《关于开展国家智慧城市2014年试点申报工作的通知》。两部委联合发文共同启动国家智慧城市试点，是国家部委间协同推进我国智慧城市建设的实质性举措，是在以往各部门分别实施试点政策的基础上进一步强化政策及资源整合效果的最新探索。申报期间，两部委将联合组织国家智慧城市专家组，对申报城市进行把关评审，共同决定试点城市名单；省级住房城乡建设和科技主管部门也将协同完成对申报城市的申报组织、初审及推荐工作。

2014年8月24日，教育部发布《高等学校学生学籍学历电子注册办法》（以下简称《办法》）。规定自2014年9月1日起，高等学校学历教育学生均须进行新生学籍、在校生学年及毕（结）业生学历证书的电子注册。针对新生，《办法》规定，高校对报到新生进行录取、入学资格复查，对复查合格的学生予以学籍注册，复查不合格者取消入学资格；对放弃入学资格、保留入学资格、取消入学资格的学生予以标注；按照特殊政策录取的学生应标注其录取类型。

2014年8月26日，2014中国互联网大会在北京举行。本次大会围绕“创造无限机会——打造新时代经济引擎”的主题，移动互联网、互联网金融、可穿戴设备、智能电视、智能交通、大数据、云计算、电子商务&O2O等20余个热点论坛上演，涵盖政府政策解读、行业权威报告发布、高端领袖对话、中小企业实战经验分享、创投人剖析资本风向等诸多板块。

2014年8月26日，国务院授权国家互联网信息办公室负责互联网信息内容管理与监督执法。国务院下发《授权国家互联网信息办公室负责互联网信息内容管理工作的通知》称，为促进互联网信息服务健康有序发展，保护公民、法人和其他组织的合法权益，维护国家安全和公共利益，授权重新组建的国家互联网信息办公室负责全国互联网信息内容管理工作，并负责监督管理执法。

2014年8月27日，八部委联合下发《关于促进智慧城市健康发展的指导意见》（以下简称《意见》）。《意见》强调，要加强顶层设计，各地市人民政府要从城市发展的战略全局出发研究制定智慧城市建设方案。方案要突出为人服务，深化重点领域智慧化应用，提供更加便捷、高效、低成本的社会服务；要明确推进信息资源共享和社会化开发利用、强化信息安全、保障信息准确可靠，以及同步加强信用环境建设、完善法规标准等的具体措施；要加强与国民经济和社会发展总体规划、主体功能区规划、相关行业发展规划、区域规划、城乡规划及有关专项规划的衔接，做好统筹城乡发展布局。建成的智慧城市将实现“五化”：公共服务便捷化；城市管理精细化；生活环境宜居化；基础设施智能化；网络安全长效化。

2014年8月28日，工业和信息化部出台《关于加强电信和互联网行业网络安全工作的指导意见》（以下简称《意见》）。《意见》明确八大工作重点，提出推进安全可控关键软硬件应用，强化网络数据和用户个人信息保护，加强移动应用商店和应用程序安全管理。

2014年8月29日，万达集团、腾讯、百度达成战略合作，宣布共同出资成立万达电子商务公司。据悉，万达电商计划一期投资50亿元，计划5年内投入200亿元，万达集团持有70%股权，百度、腾讯各持15%股权。

2014年9月1日，全国首个教育对口支援与合作服务平台正式开通运行。北京市教委开发建设的北京教育对口支援与合作网（zyhz.bjedu.gov.cn）开通运行。该网站是全国第一个综合性教育对口支援与合作服务平台，突出北京教育优质课程资源和培训资源的远程共享，共有2000余节视频课程向受援地区开放，并对部分民族地区开设民族语言课程，极大地方便了受援地区广大干部教师学习交流，对促进当地教育事业发展产生长远意义。

2014年9月4日，安徽省在全国公安机关率先建成智能语音库。安徽省公安机关智能语音库是我国第一个建成的具有千万级存储和比对能力的省级智能语音库，将为反恐、维护稳定和刑事案件侦破提供新的手段和平台，为打击犯罪、维护社会公共安全发挥重要作用。目前，智能语音库已在多起省内外案件中发挥了重要作用。目前，声纹数据库已入库12230条数据，受理检案108起。

2014年9月9日，中国政府网云适配版移动网站正式上线发布。用户通过搜索或者直接输入网址，云端会根据用户终端尺寸进行计算，适配出适合用户浏览的云适配版或PC版。云适配版模块布局更加更清晰，手指操作使用更加人性化，页面浏览内容完全保持与原网站一致，不用再反复跳转以致错失重要信息。同时，用手机访问网站图片时会自动调用经过压缩的图片，节约网站和用户的流量资源，提高效率。

2014年9月10日，国家互联网信息办公室要求推动即时通信工具政务公众账号发展。通知要求，各地要贯彻落实好《即时通信工具公众信息服务发展管理暂行规定》，根据《国务院办公厅关于进一步加强政府信息公开回应社会关切提升政府公信力的意见》，大力推动即时通信工具政务公众账号的建设、发展和管理。积极鼓励县级以上教育、公安、民政、社保、环保、交通、卫生、工商、食药监、旅游等与民生密切相关的部门开设政务公众账号。科学制定政务公众账号发展规划，把握移动互联网的规律和特点，满足网民多样化、多层次的信息需求。力争2014年年底，政务公众账号达到6万个。

2014年9月10日，阿里巴巴集团国际零售业务——全球速卖通（Ali Express）成为巴西第三大受欢迎跨境购物网站。巴西在线消费行为研究公司E-Bit指出，全球速卖通于2013年开始在巴西运营，目前已成为巴西国内最受欢迎的跨境购物网站之一，占据了20%的市场份额，仅次于eBay和Amazon。

2014年9月15日，全国启用电子往来港澳通行证。电子往来港澳通行证启用后，往来港澳签注不再采取贴纸的方式，而是直接打印在证件背面。内地和港澳地区口岸查验部门查验时不再加盖验讫章，签注使用情况由计算机信息系统记录管理，有需要的持证人可向内地及港澳地区主管部门查询。

2014年9月18日，腾讯成立国内首个WiFi联盟。此次成立的腾讯安全WiFi联盟将实现中国最大的免费WiFi网络覆盖。腾讯移动互联网市场部副总经理陈濮说，腾讯安全WiFi可对真假热点进行识别，并对数据传输进行加密保护，同时具有DNS保护能力，防止黑客域名劫持，篡改Host、DNS等监控用户个人账户密码等隐私信息。

2014年9月19日，工业和信息化部加快推进国家信息消费试点工作。工业和信息化部召开国家信息消费试点市（县、区）工作座谈会，落实国务院促进信息消费扩大内需的战略部署。工业和信息化部电子信息司副司长安筱鹏对一年来全国促进信息消费工作进展进行了总结，介绍了首批国家信息消费试点城市建设取得的经验，从基础设施升级、核心技术创新、推动电子商务发展、培育消费模式、完善发展环境5个方面，对进一步做好信息消费试点城市工作进行了部署。

2014年9月19日，阿里巴巴登陆纽交所。证券代码为“BABA”，价格确定为每股68美元。这项交易成为全球范围内规模最大的IPO交易之一。此次阿里巴巴上市受热捧，招股价由最初的60～66美元提高到66～68美元，并最终在68美元的上限定价，融资218亿美元。其股票当天开盘价为92.7美元，较发行价大涨36.32%。

2014年9月24日，国家互联网信息办公室召开信息化形势研判专家高层研讨会。本届研讨会旨在分析2014年以来信息化发展形势，发现新特征，总结新规律，提出新对策，更快更好地推动信息化发展。国家互联网信息办公室副主任王秀军在会上提出，要把握我国信息化发展的新特点，充分发挥专家和智库的建言献策作用，大力推进网络安全和信息化工作。

2014年9月24日，国家互联网信息办公室、工业和信息化部、国家工商总局启动“整治网络弹窗”专项行动。此次专项行动将严肃查处传播淫秽色情信息、木马病毒、诈骗信息等非法弹窗行为。

2014年10月8日，中华人民共和国国务院新版英文网站（http://english.gov.cn）正式开通。新版英文网站布局清晰，首页就是专门的高清大图栏，提供了国家最新最重要的新闻，文字从左到右分为三列，左边为服务指南（Services），中间为最新资讯（News），右边则为一些小贴士和图表，还有一些视频。其栏目设置也很精简，只有六个一级栏目——除了上面提到的，还有政策发布解读（Policies）、政府机构导航（Directory）和档案资料（Archive）。

2014年10月10日，中德签署推动“工业4.0”协议。李克强总理在柏林同德国总理默克尔共同发表《中德合作行动纲要：共塑创新》，就中德两国间多个领域合作达成了共识，并强调两国在“工业4.0”领域的具体合作内容，认可工业生产的数字化对两国未来经济发展的重大意义，并认为该进程应由企业自行推进，由两国政府提供政策支持。该事件反映了信息通信技术正在从娱乐消费、服务与流通等价值传递环节，逐步走向工业制造等价值创造环节，同时也预示着信息生产力时代的到来，并将促进中德企业和行业协会之间的深化合作。

2014年10月16日，阿里小微金融服务集团以蚂蚁金融服务集团的名义正式成立。旗下的业务包括支付宝、支付宝钱包、余额宝、招财宝、蚂蚁小贷和网商银行等。

2014年10月16日，教育信息化推进办公室印发了《教育管理信息化建设与应用指南》（以下简称《指南》）。《指南》提出教育管理信息化总体目标：到2020年，建成覆盖各级教育行政部门和全国各类教育机构（学校）的国家教育管理信息化体系，推动管理信息化与教育教学创新的深度融合，实现信息技术在教育行政部门和教育机构（学校）管理活动中的广泛应用。《指南》提出推进四原则：一是坚持应用为导向，服务是核心；二是坚持统筹规划，分类指导；三是坚持数据共享，核心业务系统统一规划部署；四是坚持学校应用是关键，机制创新是保障。

2014年10月30日，2014中国（杭州）电商博览会举办。本届电商博览会主题为“新体验、新模式、新趋势”，通过展示展现、交流分享、互动体验、行业合作和权威发布，旨在促进电子商务和实体经济的深度融合、区域经济全面转型升级，加快推进城市国际化进程，打造一场“国际化、专业化、品牌化、市场化”的高水准展会。

2014年10月31日，MSN正式关闭中国服务，用户和服务迁移至Skype。微软推出的即时通讯软件Windows Live Messenger（MSN）自2005年引入中国之后，将于10月31日正式关闭。

2014年11月11日，天猫“11·11”交易额突破571亿元。天猫“11·11”交易额突破571亿元，其中移动交易额达到243亿元，物流订单2.78亿元，覆盖了217个国家和地区。相比2013年天猫“11·11”全天交易额350亿元，2014年总交易额增加了209亿元，同比增长近60%。无线成交额方面，较之2013年的53.5亿元增长了189.5亿元，是2013年的4.5倍。

2014年11月14日，商务部网站开通百度直达号。商务部网站入驻百度直达号，用户只要通过手机百度/移动搜索“@商务部网站”，就可以一键享用商务部提供的查看政府公开信息、提供行政办事服务和便民等服务了。

2014年11月19日，首届世界互联网大会在乌镇举行。大会由国家互联网信息办公室和浙江省人民政府联合主办，是中国举办的规模最大、层次最高的互联网大会。在大会上，中方呼吁国际社会齐心协力，携手建立多边、民主、透明的国际互联网治理体系，共同构建和平、安全、开放、合作的网络空间，并提出九点倡议，具体包括：促进网络空间互联互通、尊重各国网络主权、共同维护网络安全、联合开展网络反恐、推动网络技术发展、大力发展互联网经济、广泛传播正能量、关爱青少年健康成长及推动网络空间共享共治。

2014年11月24--30日，首届国家网络安全宣传周活动成功举办。宣传周以“共建网络安全，共享网络文明”为主题，围绕金融、电信、电子政务、电子商务等重点领域展开。其中，主办单位开展公众体验展、公益短片征集、党政机关网站统一标识推广等各类主题宣传活动25项。各地积极开展活动，全国直接参与宣传周活动人数超过2000万人，网络安全意识深入人心。

2014年11月26日，国务院办公厅印发了《关于促进电子政务协调发展的指导意见》（以下简称《指导意见》）。《指导意见》主要内容包括五大部分：第一部分客观分析了电子政务发展现状；第二部分提出了今后五年发展的主要目标和遵循的基本原则；第三部分至第五部分提出今后五年电子政务工作的三大方面、十七项工作任务。

2014年12月5日，五部委联合印发《构建利用信息化手段扩大优质教育资源覆盖面有效机制的实施方案》（以下简称《方案》）。《方案》提出，通过构建利用信息化手段扩大教育资源覆盖面的有效机制，加快推进教育信息化“三通两平台”建设与应用，实现各级各类学校宽带网络的全覆盖、优质数字教育资源的共建共享、信息技术与教育教学的全面深度融合，逐步缩小区域、城乡、校际之间的差距，促进教育公平，提高教育质量，支撑学习型社会建设，形成与国家教育现代化发展目标相适应的教育信息化体系。

2014年12月10日，由深圳检验检疫局编制的地方标准《网上交易进口商品质量信息规范》（标准号：SZDB/Z 93-2014）正式发布实施。该标准不仅是深圳市为创建国家电子商务示范城市制定的首个地方标准，也是国内首个跨境电子商务领域地方标准。

2014年12月12日，2014华为中国区电子政务合作伙伴研讨会召开。会议向20多家合作渠道共同分享了华为在全球100多个国家建设政务网络、政务云、国家数据中心等项目的建设经验；同时与合作伙伴共同探讨如何助力政府实现电子政务效能提升。

2014年12月22日，全国工业和信息化工作会召开。会议指出，2014年，我国两化深度融合深入推进，互联网管理得到加强。扎实推进两化融合专项行动和“宽带”中国专项行动，三网融合深入推进，7个新增国家级互联网骨干直联点建成开通。预计全年新增光纤到户覆盖家庭达到7000万户，4G用户突破9000万户，IPTV用户达到3340万户，8Mbps及以上宽带用户比例达到38.9%。基础电信企业非话业务收入占总收入比重达到57.9%。深入开展打击治理移动互联网恶意程序、垃圾短信治理、打击“伪基站”等专项行动，出色完成反恐维稳、重大活动及突发公共事件应急通信、无线电和网络信息安全保障任务。

国际资料篇

世界信息化发展现状

【世界各国纷纷制定新举措推进信息化】

世界各国继续强化在信息技术领域的统筹协调能力，为经济发展提供新的动力。各国纷纷制定新的战略应对，如美国发布了《创新战略：确保我们的经济增长与繁荣》，提出要重建在基础研究方面的领先地位，建设先进的物质基础设施，发展先进的信息技术生态系统。日本在《面向2020年的ICT综合战略》中设置了五个重点领域，制定了相应的五大战略和具体措施，旨在实现“活跃在ICT领域的日本”的目标。发展中国家和新兴经济体借信息化和全球化融合发展的契机，积极参与全球产品和服务市场的竞争。韩国政府信息化的实施战略由多个部门联合制定，旨在保持半导体、平板显示、智能终端等电子信息制造产业的全球领先地位。俄罗斯、印度、巴西等金砖国家在新的形势下纷纷采取措施，充分利用信息技术推动国家经济社会发展转型。例如，作为转型经济大国的俄罗斯，实施了赶超发展战略，大力倡导经济创新以推动其产业结构调整和经济结构进一步优化；大力发展信息技术产业被俄罗斯视为后工业化时期经济社会发展转型的重要抓手，为此专门出台了《俄罗斯联邦2014—2020年信息技术产业发展战略和2025年前景展望》，其中详细描述了俄罗斯信息技术产业现状、发展前景、战略重点等。

【信息网络成为重点发展的关键基础设施】

网络空间以前所未有的开放性和互动性，为人类社会创造了一个全新的交流与合作空间，缩短了人们生活的时空距离，创造了一个人类生产活动、科学实验的新平台。信息基础设施正进入宽带普及提速的新时期，光纤接入和宽带无线移动通信的创新发展将构建无缝联接的高速网络环境。下一代互联网和新型网络架构加快部署，无线频谱与空间轨道资源战略价值和基础作用日益凸显。目前世界上已有145个国家和地区已经采用或计划采用全国性政策、战略或计划来推广宽带。这些国家和地区出台的很多宽带政策和计划专注于打造全国性的宽带基础设施，扩展宽带连接范围来提供普遍接入。物联网、云计算、大数据、工业互联网等应用基础设施加速推进，无处不在的信息网络正成为经济社会发展转型的关键基础设施。国家宽带战略纷纷出台，信息基础设施更新换代加速。发达国家及发展中国家都纷纷提出了国家宽带战略，提出了在普及率或速率方面的发展目标，并相应提出了具体的政策和措施（见表1）。

表1　部分国家的宽带发展战略目标

国　家	宽带战略	普及率或速率目标
美国	国家宽带战略——连接美国	至少每秒100M的下载速率和每秒50M的上行速度；每个美国人都能以负担得起的价格接入健康的宽带服务
加拿大	“宽带加拿大：连接农村”计划	在未来3年内提高全国的宽带覆盖，使尽可能多的非宽带接入家庭和上网速率低的家庭能够获得宽带接入设施
欧盟	欧盟数字议程	到2020年，50%或者更多的欧洲家庭能够使用速率在100Mbps的互联网接入

续表

国　家	宽带战略	普及率或速率目标
英国	“数字英国”计划	到2015年每个家庭都能接入10Mbps的宽带线路
奥地利	宽带2020战略	到2020年在全国范围实现至少100Mbps的传输速率
新西兰	超快宽带计划	2010年开始，未来10年内使75%的国民用上光纤网络
瑞典	瑞典宽带发展战略	到2020年使瑞典90%的家庭和企业都能接入100Mbps的高速网络

资料来源：赛迪智库整理，2014年12月

【ICT产业为经济可持续发展提供可行路径】

近年来，全球经济在充满不确定因素的情况下继续缓慢复苏，以云计算、大数据、智慧城市、物联网、移动互联网为代表的ICT技术及其应用不断用事实和数据证明其为拉动全球经济复苏、促进社会健康持续发展做出了积极贡献。2011—2014年全球ICT产业年均增长2.6%，高于全球GDP增长速度。世界经济论坛在其发布的报告中也提出ICT创造出巨大的经济价值，在创造就业和推动经济增长方面的效用显著。同时，信息化还提供了一条高技术、高效率、高附加值，却几乎不增加污染的可持续发展道路。智能制造、智慧农业、智慧城市快速发展正在引领产业转型升级，变革生产方式。国际电信联盟在临近Rio+20大会之际强调ICT产业有助于实现，是发展和脱贫的催化剂，且应视为可弥合社会鸿沟并实现可持续发展必不可少的基础设施这一理念。国际电信联盟秘书长哈马德·图埃博士表示：“ICT对可持续发展的三个支柱——经济增长、社会包容和环境可持续性均可产生催化剂式的影响。特别是宽带连通性有利于在电力、运输、建筑、教育、卫生和农业等各种关键行业带来彻底变革，具有实现我们可持续发展目标的潜力。”

【互联网对经济发展的推动力异常明显】

互联网起初仅是一种改善通信的重要工具，但现在已转变为一种无处不在的支撑经济体系内所有行业的技术。互联网通用性、转换性的特点使其在众多领域、各种层面上的经济影响力不言而喻。目前全球特别是经济合作与发展组织（OECD）国家，大多数政策制定者们都认为互联网与电力、供水和交通网络一样，是一种基本的基础设施。美国信息技术创新基金会研究表明，到2025年全球经济总量的一半来自于基于互联网创新应用的数字经济。据波士顿公司研究，2016年20国集团（G20）的互联网经济将达4.2万亿美元，未来五年发展中国家的互联网经济将平均以17.8%的速度增长，远超过其他任何一个传统产业。2006—2014年，在13个经济领先的国家（巴西、加拿大、中国、法国、德国、印度、意大利、日本、韩国、俄罗斯、瑞典、英国及美国）互联网创造的价值占GDP增长的21%。（占据全球GDP 70%的经济大国，互联网促使GDP增长了34%）。在某些国家，互联网经济在GDP中的比重超过8%。根据BCG公司2014年3月发布的报告，就国家而言，英国的互联网经济价值1210亿英镑（约合1920亿美元），占到国内生产总值（GDP）的8.3%。韩国的互联网经济规模排在英国之后，占到GDP的7.3%。中国则居第3位，互联网经济占GDP的5.5%，但价值达到3260亿美元。互联网经济在中国和韩国为第六大产业。

【社会领域信息化创新应用层出不穷】

目前，人类已进入全面互联的智能生活新时代，消费行为随着信息化的深入渗透已经发生了深刻的改变。社会领域信息服务正在呈爆发趋势，成为继信息的互联网（以新闻门户为主）、娱乐的互联网（以网游、音乐应用为主）、商品的互联网（以消费品的电子商务为主）之后的下一个爆发点。同时，新一代移动通信网开始普及，新型终端大量涌现，信息内容更加丰富多彩，移动应用呈现出井喷式发展。

在教育领域，世界各国注重新一代信息技术创新教学方式，加快从知识传授为主向能力培养为主转变，传统的教育生产组织方式和传播方式加快数字化、网络化转型、网络教育等新的生产和传播组织方式正加速形成，互联网的信息传播

和知识扩散功能进一步强化。例如，美国所有的大中小学已经开设了 3D 打印课程，并计划引入“创客空间”，配备 3D 打印机和激光切割机等数字开发和制造工具。新加坡理工学院推出机器人设计计划（RMA），通过旨在培养中小学生的计算机思维及掌握基本的编程技能。英国开放大学在 SecondLife（基于互联网的三维虚拟世界）中开展教学工作，教师与学生在虚拟世界进行实时互动和交流。

在医疗保健领域，新一代信息技术的创新应用和移动终端的快速普及，催生出远程医疗、移动医疗、网上预约等医疗服务新模式，为现代人群提供随时随地、高效便捷的个人健康跟踪服务和管理，满足民众多层次、多样化的医疗卫生服务需求，提高医疗卫生资源的公平性、可及性，降低患者的医疗费用，推动医疗体系改革由医疗救治向高效化、精细化、智慧化的健康服务转型。为应对老龄化社会的到来，发达国家纷纷以信息技术的应用推动医疗保险体制的改革，英、法、德、美等发达国家先后把国民数字健康档案建设作为应对病源谱变化的决策支持系统，以提高和预警公共卫生应急处置和响应的级别，德、意、澳等国把医疗救治建立在远程医疗的基础之上，有效实现了医疗保险和医疗救护之间的科学配置。

在就业和社保领域，由于城市化进程加快，人们在城市间的迁徙增加，流动人口对社保异地业务办理和就业信息联网提出了更多要求。就业和社保信息化建设呈现从分散向统一的发展趋势，就业和社保领域跨区域的信息共享和互联互通成为各国提升就业和社保服务水平的重要保证。例如，美国的社保系统信息化平台，不仅可以在国内各州登录使用，而且在全球很多国家都可以缴纳社保、享受福利。澳大利亚将社保、医保、儿童三大领域服务合并成一个全面的服务交付体系，从而简化了各部门间的数据交互，可为市民提供更便利的服务。

【网上公共服务和协同治理成为电子政府工作重点】

当前，世界各国积极开辟、创新利用网络空间打造在线政府，各国积极推行基于网络空间的政务工作模式，实施政务主动服务，促进资金流、信息流、服务流向网上迁移。美国《联邦企业架构》（FEA）开创了电子政务顶层设计先河。《欧盟电子政务行动计划》（*European eGovernment Action Plan*）的总体目标是向公众提供一站式电子政务服务。新加坡建设了“电子公民中心”。英国“ICT 战略”拟整合绝大部分政府公共应用系统。美国、欧盟、日本、澳大利亚、印度等国都颁布了一系列法律法规、行动方案、标准规范，并建立统一门户网站，积极推动信息资源开放共享。近年来，世界发达国家政府着眼未来，纷纷制定新的战略和计划，进一步加快电子政务顶层设计、平台集中和公共服务。整体政府建设水平较好的大都是欧洲国家，其次是亚洲国家。

同时，现在的电子政务聚焦于在各地区或国家间建立跨部门、跨组织、跨地域的电子政务服务体系，对整体政府和协同治理的需求更加迫切。有些国家的政府已经开始在横向或纵向项目中采用整体政府和协力合作的方式。首席信息官及其类似的协调部门成为推动协调工作的重要催化剂。2009—2014 年，公布首席信息官的国家数量翻了一番，有 42%的国家提出电子政务首席信息官。其中，欧洲位居首位，56%的欧洲国家设有首席信息官；其次是亚洲，有 51%的国家设有首席信息官；在联合国成员国的 35 个美洲国家中有 14 个设有电子政务首席信息官；而大洋洲的 14 个联合国成员国中有 4 个设有电子政务首席信息官。

世界信息化发展特点

【全球范围内信息网络加快普及】

2014年，全球互联网使用依旧保持强劲的发展势头，增长率为6.6%，其中，发达国家为3.3%，发展中国家为8.7%。发展中国家网民数占全球总网民数2/3，互联网用户数量在5年中（2009—2014年）翻了一番。据国际电信联盟《衡量信息社会报告2014》统计结果显示，固定电话普及率在过去五年间持续下降，2014年比2009年减少近1亿用户。全球移动蜂窝用户数量接近70亿人，其中，亚太地区就有36亿人。发展中国家成为移动蜂窝应用的主角，用户数已占全球总数的78%。国际电联数据显示，2014年移动蜂窝增长率为2.6%，已为历年来最低水平，这表明市场已接近饱和。非洲和亚太地区成为移动蜂窝增长最强劲的地区，普及率分别为69%和89%。独联体国家（CIS）、阿拉伯国家、美洲和欧洲的普及率甚至已达100%。

2014年年底，全球固定宽带普及率达到10%。非洲的固定宽带普及率尽管在过去4年中保持了两位数的增长，但普及率依然很低，占全球总数不足0.5%。亚太地区占全球固定宽带用户的44%，欧洲占25%。美洲地区固定宽带普及率达到17%。欧洲的固定宽带普及率比其他地区更高，相当于全球平均水平的3倍。截至2014年年底，全球拥有互联网接入的家庭达到44%。发达国家为78%的家庭接入互联网，已接近饱和水平，而发展中国家为31%。独联体国家中1/2以上的家庭接入了互联网。而在非洲，仅有1/10的家庭接入互联网。但是，非洲的互联网家庭接入一直保持两位数的增长。

【发展中国家成为互联网发展的重要增长极】

据国际电信联盟《衡量信息社会报告2014》统计结果显示，截至2014年年底，全球互联网用户将达到30亿人。全球2/3的互联网用户来自发展中国家。这相当于全球的互联网用户普及率将达到40%，其中，发达国家为78%，而发展中国家为32%。目前尚未使用互联网的人群中90%以上来自发展中国家。分析表明，家庭互联网接入在发达国家已接近饱和水平。

2014年年底，非洲上网人数将达人口总数的20%，比2010年增加10%。在美洲，约2/3的人已用上互联网，成为仅次于欧洲，普及率第2的地区。欧洲的互联网普及率达到75%，居世界第1。亚太地区上网人数将占总人口的1/3，全球互联网用户中约有45%来自亚太地区。

【云服务成为ICT领域最具活力的增长点】

全球云服务已经与移动智能终端一起成为全球ICT产业增长最快的领域，其增长率远高于ICT产业平均水平。2013年全球云服务市场约为1317亿美元，年增长率为8%。据Gartner预测，未来几年云服务市场仍将保持15%以上的增长率，2017年将达到2442亿美元。2013年，云服务市场规模达到了333.4亿美元，增长率高达29.7%。IaaS、PaaS和SaaS的增长率分别为45.2%、28.8%和24.4%，市场规模分别达到91.7亿美元、15.7亿美元和226亿美元，SaaS市场规模是IaaS和PaaS市场规模总和的1倍还多；但IaaS和PaaS的市场规模增速都超过SaaS。美国、西欧分别占据了全球50%和23.5%的市场份额，欧、美等发达国家占据了云服务市场份额的75%以上。2013年，在全球排名前50万的网站中，约有2%采用了公共云服务商提供的服务，其中80%的网站采用了亚马逊和Rackspace的云服务，大型云服务提供商已经形成明显的市场优势。云服务既可以降低互联网创新企业初创期的IT构建和运营成本，又可以帮助其形成可持续的商业模式，从而降低运营风险。美国新出现的互联网公司90%以上使用了云服务。亚马逊、谷歌、微软、Rackspace等云服务的企业用户数均已达到10万量级。

【数字渠道为公众提供更加高效便捷的公共服务】

多渠道综合服务途径由于多样性和普遍性的特点越来越受到各国政府的欢迎，除了通过柜台（面对面服务）和电话（语音）这些传统渠道提供服务外，开始利用门户网站、移动应用、社交媒体之类的数字渠道为公众提供更加高效、便捷的公共服务。在那些信息通信技术没有普及的边远地区，人们能够在公共场所通过公共电话来获得在线服务，柜台和电话服务仍然是大多数国家提供服务的基本渠道。据统计，80%以上的国家（联合国193个国家中有157个）在其门户网站上提供了至少一个政府机构的详细地址，说明政府普遍认识到保留柜台服务渠道的重要性。同样，电话仍然是电子政务服务的基本渠道。公共电话的使用从2012年的24个国家增加到2014年的36个国家。以移动终端办理业务的移动政务充分满足了公众无处不在的服务需求，成为政府为公民提供公共服务的新途径。2012—2014年，使用移动应用程序和移动门户网站的国家数量增加了1倍。目前，在美国、英国、德国、挪威、芬兰、瑞典等发达国家和老挝、孟加拉国、南非、印度、巴西、沙特、厄瓜多尔等众多发展中国家，移动技术已经被广泛应用于农业、应急救险、教育、社区服务、医疗卫生等领域，很大程度上提高了政府的工作效率，方便了政府与公众的沟通及公众参与政府决策，为公民提供了更优质、高效和便捷的服务。此外，电子邮件、短信服务、公共信息厅、社交媒体等媒介是电子政务服务的有益补充。2012—2014年，国家电子邮件的使用率从原来的65.3%（126个国家）增长到68.4%（132个国家）；使用短信服务的国家数量从2012年的27个上升到2014年的32个；公共信息厅的使用也有显著的增长，从2012年的24个国家（12.4%）增长到2014年的36个国家（18.7%）；使用社交媒体的国家数量从2010年到2012年增加了两倍多，2014年增加50%，有118个国家使用社交媒体进行在线咨询，70%的国家将其用于电子政务的开展。

【互联网创新应用平台、产品、内容的多层面互动发展】

互联网促进了网络、业务、内容和终端的融合发展，开辟了技术扩散、知识共享和开放获取的新模式，缩短了技术发现、技术发明和技术创新的周期，推动了知识创造和管理服务走向一体化。随着移动互联网时代的到来，基于网络的经济价值创造和创新产生颠覆式变革。经济合作与发展组织（简称“经合组织”）2014年发布的《App经济（App Economy）》报告中称，手机App应用是经济创新的一个主要来源，在这次经济衰退中依然保持了惊人的增长速度。移动App可以显著地提高人们沟通、访问信息和获取服务的效率。App增长速度十分惊人，苹果的移动操作系统（iOS）大约有827000个可用App，紧随其后的是谷歌操作系统（Android），大约有670000个App。App扩展了互联网的通信潜力，使得用户几乎可以随时随地、随心所欲地获得各种各样的信息服务。可移动穿戴设备的时尚性、新奇感不但受到了用户的追捧，而其广阔的市场前景蓝图更是引起了众多厂商的关注，甚至是英特尔等互联网巨头也开始涉足。谷歌（Google）公布的“Project Glass”中的未来眼镜概念于2014年终成现实。谷歌眼镜探索版2014年6月上市后，经过不断的升级与改进，目前已集智能手机、GPS、相机于一身，用户只要眨眼就能完成拍照上传、收发短信、查询天气路况、处理邮件等操作。互联网对金融业发展产生了“颠覆性”的影响。2014年，英国互联网和移动银行每周的交易额达到64亿英镑，高于2013年每周58亿英镑的交易额。

银行应用程序的下载量也已经超过 1470 万次，自 2014 年 1 月以来增加了 230 万次，同时互联网银行服务每天要受理 700 万次登录。根据苏格兰皇家银行的数据，过去 3 年里该银行 1900 个营业网点的交易总额下降了 30%，这导致该银行将不可避免地关闭更多的营业网点。

【各国加快超高速光纤宽带基础设施升级】

根据联合国宽带发展委员会发布的全球报告称，截至 2014 年年初，摩纳哥的超高速宽带普及率为 44.7%，在全球 190 个国家和地区中排名居首。排在第 2～6 名的分别是瑞士（43.0%）、丹麦（40.2%）、荷兰（40.1%）、法国（38.8%）和韩国（38.0%）。在超高速移动宽带普及率方面，新加坡以 135.1%（每百名人口）的普及率连续两年称冠全球，第 2～7 名分别为芬兰（123.5%）、日本（120.5%）、澳大利亚（110.5%）、巴林（109.7%）、瑞典（108.7%）、丹麦（107.3%）。2014 年 2 月，Google 宣布其提供的千兆光纤网络服务 Google Fiber 将拓展至 9 个新城区，将覆盖包括圣何塞、波特兰、盐湖城、凤凰城、亚特三大、圣安东尼奥和夏洛特等 34 座城市。2014 年 4 月，美国第二大移动运营商 AT&T 宣布，将拓展其超高速光纤网络服务“GigaPower”至全美最多 100 座候选城市，其中包括 21 座新城区。

世界信息化发展存在的主要问题

【网络空间战略利益的角逐日益剧烈】

20 年来，互联网已经发展成为信息时代全球和世界各国的信息基础设施，为人类的经济社会发展做出了巨大的贡献，网络空间概念逐步形成并完善。互联网乃至网络空间治理作为信息社会的核心议题已被提上日程。目前，互联网已经覆盖了 224 个国家和地区，全世界网民数量超过 25 亿人，部分发达国家网络普及率接近 100%，移动互联网络覆盖全球人口的 90%。网络化生活已经成为人们生活的常态，网络新边疆的形成，扩大了各国国家安全的领域，成为新的挑战和问题。发达国家纷纷建立并采取战略性、基础性措施，高度重视网络空间治理，依法、依规全面提升网络空间治理水平。美、英等国纷纷成立专门的网络安全管理机构。美国设立六大网络空间专职机构，分别隶属国土安全部、国防部、联邦调查局、国家情报总监办公室、国家局等部门。英国计划在各军种中成立“网络后备役”，利用工业界专家和其他部门人才来保卫网络安全。德国发布了国家网络安全战略，组建了“国家网络安全委员会”，建立了“国家网络防御中心”，同时在联邦国防军内组建能够进行进攻行动的“计算机网络作战小组”。俄罗斯为未来网络战做积极准备，组建了“高级军事研究基金会”，旨在加快提高俄罗斯网络能力，开发先进的武器，帮助优化俄罗斯武器采购程序，2014 年授权联邦安全局立刻建立可探测和反击黑客攻击的统一系统。北约 7 国出资 7 亿美元建立北约网络战防御中心，标志着在网络战争中出现国际盟约；加拿大联合丹麦、荷兰、挪威和罗马尼亚五国启动“多国网络防御能力开发项目”；同年，北约组织了名为“锁定盾牌”的网络防御演习行动，同时组建一支专家小组来共同对抗来自互联网的威胁。

【全球范围内数字鸿沟依旧明显】

在区域比较方面，欧洲以平均 IDI 值 7.14 居于首位；紧随其后是独联体国家，IDI 值为 5.33，之后的是美洲 4.86、亚太 4.57、阿拉伯国家 4.55 和非洲 2.31。2014 年，平均 IDI 增长幅度最大的区域为独联体和阿拉伯国家。按照国际宽带委员会确立的目标，到 2015 年，全球互联网普及率将达到 60%，其中，发展中国家为 50%，最不发达国家为 15%。如果以目前的增长率，这一目标可能无法实现。在未来，国际发展目标尚未明确，信息通信技术将继续在促进获取信息发挥重要的作用，知识和关键的服务，以及数字鸿沟需要弥合。2014 年，发展中国家在互联网接入方面存在明显差距，占到全球尚未使用互联网的 43 亿人中的 90%。通过信息化的发展和接入，还可以确保所有人均等地获得就业、教育、卫生、管理等机会。尽管世界正在向基于高速和泛在连接的信息社会进行转变，但现实是并非所有人均能等同获取信息化发展带来的红利。《千年发展目标》（MDG）及 2015 年后发展目标的主要目标群体必然是目前尚未实现互联网连接的这 43 亿人口。尽管在过去的几年，全球在信息和通信技术的发展方面取得令人瞩目的成就，但要世界各地人民分享信息社会的成果，还需要各国政府更多的关注。例如，部分国家的民众还不能随时随地享受移动服务。虽然 2013 年全球农村人口的移动蜂窝覆盖已经达到了一个新的阶段，2G 移动蜂窝信号达到 90%，但 3G 移动蜂窝网络覆盖的农村人口仍然相对较低，农村的学校和企业互联网覆盖率也明显低于城市地区。从已有的数据来看，大部分国家农村家庭互联网接入率远远低于城市家庭，发达国家这一差距平均达到 4%，发展中国家则达到了 35%。尽管世界各国在促进互联网接入和使用方面取得积极的进展，仍有 4.3 亿人不能使用互联网，而这其中 90%的人生活在发展中国家。

此外，移动终端的持有量分布极不均匀：根据 GSMA 估计，全球移动用户占了约一半的手机用户，转化为渗透率在 48%。另一个值得注意的趋势是发展中国家的固定宽带增长逐渐放缓（从 2011 年的 18%变为 2014 年的 6%），特别是最不发达国家（LDCs），固定宽带的普及率低于 1%。数据还显示，有效解决城乡数字鸿沟成为许多发展中国家普遍存在的一个迫切问题。此外，随着互联网使用的整体增长，互联网内容的数量急剧增长，而其中大部分仍来自发达国家的内容提供商。以 2013 年为例，发达国家域名注册量占 80%以上。

【宽带成本和可承受性成为可持续发展的主要制约因素】

越来越多的国家和国际政策侧重于发展宽带，纷纷将宽带作为国家社会和经济发展的关键性基础设施。由于宽带采用与宽带服务的价格和可承受性之间联系密切，因此，数字宽带发展委员会确定了有关宽带可承受性的具体目标：“到 2015 年，发展中国家应通过适当的规范和市场力量让入门级宽带服务价格达到消费者可承受的水平（使其价格低于人均月收入的 5%）。国际电信联盟（ITU）确定 2014 年电信和信息社会日（WTISD）主题为：宽带促进可持续发展（Broadband for Sustainable Development）。将聚焦于利益攸关各方关于实现宽带连接与内容普遍获取的承诺，并强化实现这一目标的政治意愿；明确在宽带研发、基础设施及应用与服务综合发展等方面存在的主要差距；为在宽带划分无线电频谱、普遍接入义务和创新型融资机制各领域采取行动确定政策重点；并力图形成技术解决方案，重点向农村地区、最不发达国家和小岛屿发展中国家推广宽带接入。从全球来看，宽带价格继续走低。2009—2014 年这 5 年间，全球入门级固定宽带的价格下降了 70%。同期，标准入门级宽带网速从 256kbps 提升至 1Mbps。发展中国家的价格降幅最大，平均价格呈每年递降 20%的趋势。但报告确认，大多数发展中国家的固定宽带签约费用仍超出了联合国宽带数字发展委员会制定的价格可承受性目标，即人均国民总收入的 5%。该报告亦发现，发达国家移动宽带的价格可承受性比发展中国家高出 6 倍。报告将市场竞争和最佳

ICT 监管做法视为提供价格可承受的 ICT 服务的关键驱动力；报告中采用的最新分析显示，若能改善发展中国家的竞争和监管框架，则固定宽带的价格最多可降低 10%。有关收入差距的最新分析显示，各国在家庭收入和支出方面的差距在很大程度上影响着固定宽带服务的价格可承受性。这方面差距最小的是冰岛，20%最富裕人口的入门级固定宽带价格的可承受性仅是 20%最贫困人口的 3.5 倍。而在天平的另一端，玻利维亚、哥伦比亚、洪都拉斯和南非等国，20%最富裕人口与 20%最贫困人口的情况相比，价格可承受性差距达 20 倍以上。

【网络安全依然是各国共同面临的难题】

随着信息技术的飞速发展和日益普及，安全已经从网络扩展到实体经济的各个领域，扩展到人们生活的各个方面，网络安全似乎无处不在、无时不在，全球面临的安全形势更造复杂。21 世纪的国家安全已经超越了传统安全范畴，成为了一个涵盖国防、金融、公共安全等领域的全方位、多层次的国家安全体系，网络与信息安全成为最大风险和问题。2010 年 6 月出现的“震网”病毒、2012 年 5 月出现的“火文高”病毒，以及近期发生的“棱镜门”事件使得大家不得不认识到问题的严峻性和迫切性。2014 年，4000 多位美国银行高管的登录账号和个人信息、纳斯达克股票交易信息、美国国会网站 1800 名用户的邮件地址及密码被窃取并公布。面对网络与信息安全面临的新竞争坏境，各国把网络安全战略政策的制定和落实，网络组织机构的建设和完善列为重要任务。目前，全球发布网络空间安全战略的国家已经超过了 60 个。由于网络安全事件影响的深度和广度都将越来越大，网络安全的战略地位也不断提升。各国对网络安全的认识也在不断深化，全球的网络安全将总体上呈现“内和外扩”的发展状态。例如，俄罗斯、英国、法国、德国等国家纷纷组建网络攻击力量、发展网络式器，加快建设网络攻击和威慑能力，都将网络攻击列为国家安全的主要威胁之一。美国政府更是出合了首份《网络空间国际战略》，明确提出确保网络的安全、可靠和韧性，强化“网字”以应对 21 世纪的安全挑战，建立有效多方参与的国际互联网治理架构。这既向外界表明了美国主导这一国际进程的决心，也描绘了美国发挥作用的具体蓝图。同时，以云计算、大数据、移动互联网为代表的信息技术的发展和应用，在带来了安全技术的创新和革命的同时，安全威胁也越来越严重。信息的获取防范、存储形态、传输渠道和处理方式都发生了非常大的变化，云安全、数据安全、移动安全形势都越来越严峻，移动安全威胁等呈现跨平台趋势。

【各国政府网络监管面临新的挑战】

在全世界多数 ICT 市场，虽然自由化市场已非常普遍，但对于消费者是否能够自如地转换运营商或供应商而不受限制成为业界一大难题。例如，在全球 37%的能提供移动转换及 25%的能提供固定转换的国家，消费者可能在转换其业务时被征收费用。尽管如此，移动运营商迫于不同移动宽带技术之间的竞争，进行多元化服务，创新其服务套餐的同时压低成本。随着全球发展对带宽的需求不断增加，导致服务提供商利润越来越受到挤压，消费者对虚拟体验的要求越来越高。目前，监管机构面对的是新的干预领域里出现的问题，在增加宽带世界的机遇和福利的同时解决生活在数字社会遇到的各种挑战。电子内容、网络安全、数据保护、隐私和环境问题已经进入监管机构的管理范围。由于网络所承载的服务具备了真正的跨国特征，增强跨境、区域和国际合作仍将是确保世界各国的所有公民都能够从随时随地的、价格可承受的、安全的接入中获益的关键。

世界智慧城市发展情况

2014 年全球进入大规模建设智慧城市的热潮。借助物联网、大数据、云计算、人工智能等新一代的信息技术，将人、商业、运输、通信、水和能源六大城市运行核心系统整合起来，以更智慧的方式运行，这就是智慧城市的魅力。根据 Markets and Markets 发布的报告显示，全球智慧城市市场规模预计将由 2014 年的 6545.7 亿美元增至 2019 年的 12665.8 亿美元，2014—2019 年复合增长率达 14.1%。报告中提到亚太地区和非洲地区的智慧城市将以极快的速度增长，增长速度超越北美、欧洲、拉丁美洲等地区，也将成为最高创收的市场。

全球智慧城市论坛（Intelligent Community Forum，ICF）公布了 2015 年全球 7 大智慧城市榜（见表 1），其中包括来自 5 个不同国家的 7 个城市或城镇：美国 3 个，澳大利亚、巴西、加拿大、中国各 1 个。

表 1　2015 年全球 7 大智慧城市榜

入选城市	所属国家	英　文　名
弗吉尼亚州阿灵顿县	美国	Arlington County，Virginia，USA
俄亥俄州哥伦布	美国	Columbus，Ohio，USA
昆士兰伊普斯威奇	澳大利亚	Ipswich，Queensland，Australia
南达科他州米切尔	美国	Mitchell，South Dakota，USA
中国台湾新北市	中国	New Taipei City，Taiwan China
里约热内卢	巴西	Rio de Janeiro，Brazil
不列颠哥伦比亚萨里	加拿大	Surrey，British Columbia，Canada

数据来源：Intelligent Communlty Forum，2015 年 1 月

ICF 自 1999 年起每年都会评出世界上排名第 1 的智慧城市，他们将智慧社区定义为：那些不仅运用技术节省成本和便捷服务，更能创造高质量就业、公民广泛参与的宜居环境的城市和地区，即社会、经济、文化都高度发展的城市或地区。

【发展特点】

（一）智慧城市集群效应凸显

全球国家智慧城市建设的集中现象和辐射效应凸显，美国与加拿大就是其中的典型案例。这两个国家的杰出智慧城市数量名列第 1、第 2 名，相互影响与辐射。此外，并列第 3 名的英国、日本、澳大利亚也在其所在地区引领了智慧城市建设的热潮。法国、德国、韩国紧随其后，同样初步形成了各自地区的智慧城市集群（见图 1）。

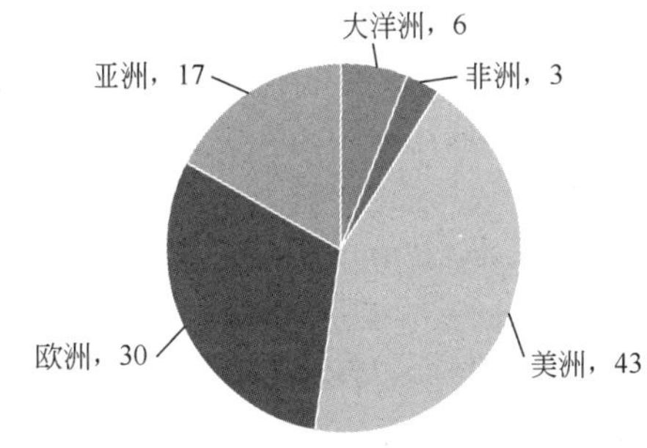

图 1　全球杰出智慧城市分布情况

数据来源：《全球杰出智慧城市发展态势与研究》，2014 年 3 月

（二）发达国家与新兴市场国家智慧城市建设思路明显不同

经过一段时间的发展，全球智慧城市建设工作的推进已出现发展思路、工作取向、建设方式等方面的区别。一些发达国家，把建设智慧城市作为重振实体经济的发展路径，意图提升城市竞争力。在世界经济萧条的大环境下，积极开拓融资渠道弥补财政困难，创新运营模式，推进智慧城市建设。而新兴市场国家，则将智慧城市作为跨越式发展的机遇，以惊人的速度普及建设智慧城市。

在发达国家城市，则比较推崇广义的智慧城市思路，这一点在欧洲发达国家最为明显，强调将智慧城市增长理念贯穿于各个方面，追求最终形成一个长期的智慧增长道路，而不是短期的技术炫耀。在此实践中，高技术含量和“无技术含量”的创新解决方法同样受到欢迎。例如，“智慧城市维也纳”的目标和任务有以下几种：城市能源系统的宏观管理，高效率的生产和供应技术，智能网络和热能供应，低能源需求的“活力”建筑，发展环保、高效节能、低 CO_2 排放的活动系统。而在新兴经济体城市中，狭义智慧城市思路比较通行，强调技术导向的具体应用。一方面，应用可见、示范效果明显；另一方面，同社会实际需求的吻合度和应用平台的可拓展、可复制性较难得到保证。采取技术解决方案思路，重点是具有现实应用的可能，能够在短期内形成产业拉动力。例如，新加坡提出到2015年打造“智慧国”的战略，其主要内容是建立无处不在的信息网络，同时发展电子信息与通信产业，并取得较好的成就。

而从发展对象来看，发达国家多采用改造城市路线。例如，迪比克、阿姆斯特丹等城市，利用现有基础设施，通过向其追加传感器及控制设备，提高能源效率，城市景观看起来并没有太大变化。此外，欧洲许多智慧城市建设在大城市周边的老工业区，目的是在城市扩大的基础上，将老工业区转型成为新的知识经济中心。而新兴市场国家则出现较多的开发新城路线，如松岛、拉瓦萨、马斯达尔、普兰爱提谷、斯科尔斯沃及纳米，这些城市在郊区重新建设建筑、交通及电力等基础设施为开端，辅以先进的电子信息、网络及节能环保技术进行智慧城市的全新整体建设。

（三）智慧城市建设多种模式并进

从智慧城市的建设模式来看，目前多数的智慧城市建设大多以政府为战略主导，公私合作、政企联盟，在具体建设上常见几种模式。

一是“政府独立投资建设和运营”模式，指智慧城市项目由政府全盘投资，规划、设计、建设、运营和维护也全部由政府负责完成。这一运作机制决定了盈利模式为非赢利，主要用于政务与公共服务。美国德克萨斯州 Corpus Christi 市的无线城市建设，就采用了政府独立投资建设和运营模式。Corpus Christi 市政府希望利用无线技术来执行一些市政任务，并能够使居民进行无线上网。由于城市较小，该市决定自行投资建网，基础设施投资700多万美元，每年维护费用为50多万美元。政府在运营不久以后发现这种模式并不理想，将网络转售给 EarthLink 公司进行商业运营。

二是“政府投资，企业建设和运营”模式，指智慧城市项目全盘由政府进行投资，且政府负责规划和设计环节，项目的建设、运营和维护等通过招标等方式委托一家或多家企业承担。这一运作机制决定了盈利模式以非赢利为主，政府向建设运营企业购买服务，企业也可结合小部分广告、用户收费或增值应用获益。最具代表性的“政府投资，企业建设和运营”模式的案例是新加坡“智慧国2015”建设。新加坡《2015年智慧国家》计划，要提供1600项基于互联网的政务服务，建立国民互动、共同创新的合作型政府。新加坡政府计划共投资 40 多亿新元，主要用于建立超高速、广覆盖、智能化、安全可靠的资讯通信基础设施，仅在新一代全国宽带网络（NBN）项目上，新加坡政府的拨款总额就达到10亿新元，以解决通信基础设施建设所需的资金问题。在“企业建设和运营”方面，新加坡政府将产业链划分为无源基础设施建筑商、有源设备运营商、零售服务提供商三个层面，将他们相互分离，以避免自然垄断或不公平竞争的产生，并规定了价格和普遍服务义务，以建立一个公平、高效的平台，促进产业各方共同参与。

三是“政府企业共同投资，企业建设和运营”模式，指智慧城市项目由政府和合作企业共同投资、共同所有，政府和企业共同参与项目的规划和设计，建设与日常运营维护由企业负责。这一运作机制的盈利模式为免费服务和增值服务相结合。政府出台相关扶持激励政策，向企业提供一定补贴，企业也可以结合增值服务获得市场化收入。新松岛作为韩国 u-Korea 理念的模型和标杆，是韩国将 u-city 建设模式向国外推广、实现模式输出的重要实践。新松岛以政府为引导，以企业为主体，以良好的建设模式广泛吸引合作伙伴。国际智慧城市建设过程中，政府主要在战略规划、先导资金投入、合作协调、优惠政策、人才引进、国际交流、监督管理方面发挥作用。无论是以政府为主，还是政府与企业合资为主，都搭建广泛合作的平台，吸引地产开发商、金融机构、建筑商、能源提供商、运营商、系统集成商、内容服务商等企业参与，形成端到端的智慧城市解决方案。

四是“政府牵头 BOT”模式，指智慧城市项目以政府和企业之间达成协议为前提，由政府向企业颁布特许，允许其在一定时期内筹集资金建设并管理经营某项基础设施及其相应产品与服务，到期后再由政府收回管理经营。这一运作机制是通过市场化运作完成项目建设，并获取经营收益偿还项目贷款本息，支付运营成本，收回投资者资本金，并获取合理的商业利润。中国台北 WiFly 建设采取“政府率头 BOT”模式，政府和运营商合作，在全市部署 WiFi 热点 4000 多个，信号覆盖范围达 133.9 平方千米，占市总面积的 49.29%，覆盖人口达 90%。中国台北市 WiFly 一度被认为是 WiFi 无线宽带城市项目的典范。中国台北 WiFly 在 2006 智慧小区论坛（ICF）评选中打败美国克力夫兰、韩国首尔江南区、日本市川、英国曼彻斯特、中国天津、加拿大滑铁卢 6 大城市，赢得智慧城市首奖。而后，又获国际认证机构 JiWire 肯定，被评定为全球最大公共无线宽带网络城市。

五是“企业投资建设运营”模式，指智慧城市项目在政府指导下，由企业全盘投资，项目规划、设计、建设、运营和维护也全部由企业负责完成。这一运作机制决定了盈利模式为纯粹通过市场化运作获取经营利润，主要用于易被市场买单的公共服务。中国台湾的台中市、新北市和新竹市入选全球智慧城市，“中华电信”在其中协助通信基础设施建设。“中华电信”规划将通信、云计算及大数据等技术投入智慧城市应用，并与产业链合作伙伴一起投入建设智慧城市应用，包括治安、防灾、智慧交通和环保节能等，一个应用就需要构建一个产业链。

（四）智慧城市应用更趋多元化

各个国家在发展中所面临的问题不一样，却都在建设智慧城市中寻找出路。北美发达国家将智慧城市作为在推进新一轮产业布局的抓手，在后金融危机时代振兴产业经济；同样作为重振经济的重要驱动以外，欧洲发达国家也将智慧城市作为提升城市竞争力、解决一些城市能源和环保等发展问题的途径。亚洲、非洲、拉丁美洲等众多发展中国家和地区，则以智慧城市为摆脱社会发展中出现的社会不公、市场失灵困境的重要途径。由此可以看出，建设智慧城市没有一个统一的模式，但是只要各个地区和国家结合自身的基础和情况去进行建设，都可以从中获得帮助。

虽然世界各个国家智慧城市建设的驱动力和起点不同，但是建设的热点普遍覆盖了宽带、局域网等信息化基础设施，大数据、云计算等新一代信息技术，电子政务、交通、医疗、环保等社会服务管理，以及产业协同发展等领域。智能基础设施以泛在计算和信息通信技术为基础融合整个城市各领域，如松岛、马斯达尔、胡志明市、迪比克等城市，以构建在任何时间、地点和电子装置等可以随时获得信息和服务的环境整体为其发展目标。高效公共服务则通过智能化改造提高公共服务和居民生活便利性，推动城市就业、医疗卫生、交通运输、社会安全监管等问题。产业协同发展侧重强调城市产业的优化升级，即通过信息技术在生产领域的应用，提高信息化对经济发展的贡献率，转变经济增长方式和结构。

（五）中小型城市和新城区成为智慧城市建设的主要力量

从城市规模来看，正在智慧化转型的超大型城市很少，在 99 个杰出智慧城市中只有 5 个超大型城市，1000 万到 200 万之间人口的大型城市有 17 个，200 万到 50 万之间人口的中型城市有 30 个，50 万以下人口的小城镇有 47 个。从上面这组数据可以看出，99个杰出智慧城市半数以上是中小型城市，中小型城市已经成为智慧城市建设的主要力量。深究可能有三个原因，一是发达国家人口数量相对少，因此超大型城市的数量不多。二是智慧城市建设目前还处于探索阶段，建设范围较少，大多数国家采取以人口小于50万的小城市作为试点，成本较低，积累经验并验证技术路线的可行性，等试点模式成熟以后再进行推广应用。三是受国际金融危机的影响，各国可投入建设的资源有限。

此外，当前智慧城市中出现了不少新生城区的身影，例如，2000年开始兴建的韩国松岛新城、2006年启动规划的马来西亚伊斯干达特区、2012年破土动工的美国霍布斯市，这些新城区成立至今不足20年，却已经在智慧城市的建设中崭露头角。一是因为建设新城区可以解决原有老城区无法克服的问题，因此在智慧城市建设中充当前锋的角色，为探索老城区的转型发展之路冲锋陷阵。二是新城区没有历史遗留，起点较高，又遇上新一代信息技术更名浪潮的机遇，促成了新城区建设智慧城市的潮流。因此，在智慧城市建设的这一阶段内，新城区将成为智慧城市建设的一股中坚力量。

【重点地区发展概况】

（一）新加坡

新加坡地处东南亚，是世界上面积最小的国家之一，仅有一座城市，却拥有极大的国际吸引力。在利用信息化提升城市吸引力和竞争力的过程中，新加坡拥有众多值得我国借鉴的经验。30年来，新加坡在城市信息化、数字化、智能化技术等方面持续进行研发和创新，通过一系列的计划推进国家信息化建设。

新加坡发布其《智慧国2015总体规划》（简称 iN2015），开启了国际建设智慧城市的先河。近期，随着“智慧国2015”计划提前完成，新的10年计划即将开启，2014年11月，新加坡提出了构建“智慧国平台（简称 SNP）”计划。

为了将新加坡建设成一个以资讯通信驱动的智能化国度和全球化的都市，新加坡资讯通信发展管理局于2006年6月推出的为期10年的资讯通信发展蓝图——iN2015计划。在“智慧国2015”规划的推动下，新加坡资讯通信产业的发展位居各项目的国际排名前列。iN2015计划的规划原则是创新、整合和国际化，发展愿景是使新加坡成为“一个智慧的国家、全球化的城市、信息科技无处不在”。

具体目标有如下几个方面：在利用资讯通信技术为经济和社会创造价值上，高居全球首位；实现行业价值增长两倍的目标，达到260亿新币；实现行业出口收人增长3倍的目标，达到600亿新币；80000个新增工作岗位；90%的家庭使用宽带；100%的学龄儿童家庭拥有一台电脑。IDA根据新加坡原有的信息基础，结合信息技术发展趋势，构建了四大战略板块，利用信息与网络科技提升八大领域，使新加坡在全球化的环境中更具竞争力。在不同的领域，iN2015确定了具体的目标和对应的战略举措。

在 iN2015 这个10年规划的基础上，新加坡于2014年提出了面向未来的“智慧国”计划，“智慧国2025”计划即将开启。为此，将构建“智慧国平台（SNP）”，建设覆盖全岛数据收集、连接和分析的基础设施与操作系统，根据所获数据预测公民需求，使政府的政策更具备前瞻性，提供更好的公共服务。SNP的核心理念可以用三个C来概括：连接（Connect）、收集（Collect）和理解（Comprehend）。“连接”的目标是提供一个安全、高速、经济且具有扩展性的全国通信基础设施。“收集”是指通过遍布全国的传感器网络获取更理想的实时数据，并对重要的传感器数据进行匿名化保护、管理及适当的分享。“理解”是通过收集来的数据建立面向公众的有效共享机制，通过对数据户进行分析，以更好地预测民众的需求、提供更好的服务。

（二）德国

德国的智慧城市建设更倾向于广义的智慧城市，所谓的“智慧城市”，与以前的“无线城市”、“数字城市”、“信息化城市”等概念只是在称谓上有所不同，在内容实质上并无多少区别，无论是否使用物联网、大数据、云计算这类耳熟能详的新一代信息技术，其最终目的都是为了提高居民的生活水平和增强城市的综合竞争力。

德国政府在策划某个智慧城市项目的时候，会对整个城市做详细的调研分析，充分地考虑居民的需求，把提升市民的生活幸福指数作为城市信息化建设的核心目标，充分体现了“以人为本”的理念。

重视智慧城市建设工作的组织保障是其另一个特色，每个智慧城市的建设都有一个专门的机构进行统筹协调，这些机构有的是政府部门，如法兰克福的环保局，有的则是政府专门成立的下属机构，如柏林的柏林伙伴公司和弗里德里希哈芬的虚拟市场有限公司，这两家公司的职责都是为当地政府提出一些顶层规划目标，并从市场上挑选最具吸引力并适合当地实际的智慧城市项目。

德国城市的智慧城市建设也非常重视政企合作机制，以 PPP 模式为主，即政府和企业合作的模式。主要的合作方式有两种：一是以政府提出的顶层设计为主，通过财政补贴的方式引导企业进行相关研究，从若干参与者中选出合适的合作者进行智慧城市合作建设；二是以大型企业为主导，例如，德国电信、西门子、宝马等大型企业为了促进某些智慧产品或服务，在全国范围内进行城市试点，对项目感兴趣的城市会主动积极参加企业开展的试点竞赛。

德国的智慧城市建设同样有丰富的资金来源保障。由于项目建设主体不同，德国城市的资金来源各不相同，如欧盟、联邦政府、州政府、市政府及相关企业。以前三者为引导主体的智慧城市建设，政府会提供一定比例的建设资金。例如，欧盟提出“力争到 2020 年将温室气体排放量在 1990 年的基础上减少 20%以上”的节能减排目标，为此投资 1.15 亿欧元为 500 多个城市进行节能建设提供资金保障；德国联邦政府投入 8000 万欧元，给为期 4 年的“电动汽车国家发展计划”注入资金，选取了包括柏林在内的 4 个州开展试点，这个项目中，柏林州政府投入 6000 万欧元，企业投入 6000 万欧元。

（三）荷兰

荷兰是最早开始智慧城市建设的国家之一。荷兰首都阿姆斯特丹可能是世界上最早开始智能城市建设的城市之一，也是欧洲的智慧城市建设典型案例一。阿姆斯特丹于 2000 年推出智慧城市计划（Amsterdam Smart City，ASC）以提高市民生活水平并创造新的就业机会。位于荷兰南部的埃因霍芬，拥有多项顶尖工业一高科技系统、材料、自动化、医学科技、工业设计和食物加工等，飞利浦、AsML 等公司的总部均在此市，结合城市本身特点推出的“智慧港”模式（BrainPORT）有效增强了该市的业务竞争能力。

目前，光纤网络已经在阿姆斯特丹市的 Ijburg、Osdorp、Oostelijk、Indische buurt 及 Oosstepark 地区铺设。埃因霍芬市长期致力于宽带基础设施的建设，1995—2005 年，荷兰政府资助了一个名为“知识城”的项目，为家庭宽带提供资助，先后为 15000 户家庭安装了宽带。此后，“Be-1inked”项目将公司、机构、社会组织、政府和居民聚集在一起，鼓励宽带建设和发展应用。与此同时，埃因霍芬市政府还在当地 8 个工业园区中铺设光纤网络，为超过 100 个学校提供低价的光纤网络并帮助改善管理过程和提高收入。埃因霍芬市政府和埃因霍芬市技术大学合作创建了非营利组织“埃因霍芬光纤交换机构”，旨在提高埃因霍芬市的互联性，通过光纤联网提高效率。该组织的成员共 22 个社会机构，均通过光纤网实现互联。

阿姆斯特丹占据了荷兰全国 CO_2 排放量的 1/3，为此阿姆斯特丹市启动了 Geuzenveld 和 West Orange 项目。在 Geuzenveld 项目中，为 700 多户家庭安装智慧电表和能源反馈显示设备，帮助居民确立家庭节能方案。West Orange 项目则为 500 户家庭试验性地安装使用一种新型能源管理系统，目的是节省 14%的能源，同时减少等量的 CO_2 排放。此外，阿姆斯特丹的移动交通工具包括轿车、公共汽车、卡车、游船等，其 CO_2 排放量对该市的环境造成了严重的影响，为了有效解决这个问题，该市实施了 Energy Dock 项目，该项目通过在阿姆斯特丹港口的 73 个靠岸电站中配备了 154 个电源接入口，便于游船与货船充电，利用清洁能源发电取代原先污染较大的产油发动机。2009 年 6 月，该市启动了气候街道（The Climate Street）项目，用于改善之前的状况。

在智慧养老方面，埃因霍芬约有 825 家企业活跃在这一领域。智慧港创造了一个名为“智慧港健康创新”的项目，其宗旨是减少老年人和慢性病患者的健康保健费用。此外，一个名为“Care Circles”的项目旨在为老年人和残疾人家庭护理者提供更多的信息共享。通过这一项目，所有的呼叫中心都会被集中到一个派遣中心，派遣中心将根据地点和病人距离近的合作机构进行匹配，这能够以最少的花费带来最好的质量和更可达的护理。

荷兰智慧城市建设中的另一特色之处是强化市民的参与程度。市民可以作为独立的App开发者参与智能城市应用程序开发，并为此建立相应的鼓励和激励机制。阿姆斯特丹在2012年举办了名为“为阿姆斯特丹市开发应用”的开放数据竞赛，竞赛者需要在市政当局开放数据的基础上创建应用程序，实现数据的再增值。在埃因霍芬，“科技、教育和就业工作小组”项目致力于提升年轻人对工程的兴趣，提供职业顾问和帮助年轻人进行终身学习。

（四）中国台湾地区

在全球智慧城市论坛（ICF）历年的智慧城市评比中，中国台湾地区各县市屡获佳绩。2006年台北市获得“全球智慧城市首奖”；2013年台中市、新北市、新竹市入选全球七大智慧城市，台中市获得“全球智慧城市首奖”；2014年新北市、新竹市入选全球七大智慧城市；2015年，新北市入选全球七大智慧城市。

这些成果显示了中国台湾地区各级部门十分重视智慧城市的建设，更凸显出自20世纪80年代中期逐步开始推动的电子化政务已显现出具体成效。台北智慧城市推动自2003年以数字城市、行动台北为起始方针，2008年起以水岸、文化及科技为重点，朝着UI-Taipei（Ubiquitous & Intelligent）持续发展。2012年起台北市进行方向调整，以智慧城市、优质生活作为重点发展方针，又在2012年荣获WITSA（世界资通讯服务联盟）的杰出公共部门首奖（Public Sector Excellence）。中国台北市因人口密度极高，商业发展兴盛，自2004年起积极推动全市宽带网络建设及无线网络应用服务，采取“政府牵头BOT”模式，在全市部署WiFi热点4000多个，信号覆盖范围达133.9平方千米，占市总面积的49.29%，覆盖人口达90%。近几年台北市发展路径除持续推行的基础建设、便民服务优化重点外，还加入政府资料公开计划及云端应用，正朝向智能城市再造目标。

新北市则于2011年以“公共空间无线上网”、“远东资通讯园区”、“大汐止经贸园区”、“产业黄金走廊”、“免费计算机课程与行动教室”、“掌上型政府”、“华中智慧小区”、“行动里长”、“科技防卫城”、“市政e柜台”等计划获得不错的成效。在智慧城市五大指标上得到佳绩，因而自2012年入选全球21大智慧城市奖、2013年入选全球7大智慧城市以来，保持在7大智慧城市排名之内。2012年与IBM合作强调科技安防、打造智慧防卫城，利用E化侦查，弥补警力不足，透过大量资料分析，提升警政在犯罪侦查、预防上的效率。2014年新北市以3O、3T、3I作为指导方针，强调向开放政府、服务云端科技及智慧便民服务发展。

新竹市政府智慧城市办公室于2012年3月成立，将节能减碳、都市治理、智慧生活科技与生态小区等主题结合，建构成一个创新整合的机制，提升市民的生活品质。新竹市政府实行产、政、学合作构建永久经营的智慧服务产业，目标是提升智慧城市管理、智慧生活体验及智慧服务，其中持续广泛运用应用资信创新，如智慧监视录像系统、智能导览系统、云端康管理远程照护等，以强化都市的竞争优势，让市民与企业都有更便利的服务及优势发展。

2015年3月，中国台湾地区启动智慧城市3年计划，由“经济部工业局”负责推动，规划投资51.8亿新台币，加速4G应用服务普及化，意图通过4G的宽带应用，推动全台各县市发展智慧交通、智慧商圈及无所不在的影视服务，目标争取3年内达到100万付费用户。其中，“中华电信”承担60万的目标，并与15个县市签订了智慧城市合作意向书。此外，“中华电信”还与桃园机场、桃园捷运、公路总局等单位展开合作，“中华电信”规划将通信、云计算及大数据等技术投入智慧城市应用，并与产业链合作伙伴一起投入建设智慧城市应用，包括治安、防灾、智慧交通和环保节能等，一个应用就需要构建一个产业链。

世界社会信息化发展情况

信息技术的应用已十分广泛，互联网作为经济和社会基础设施在经济体中的重要性逐步增加，尤其是近几年，在社会各个领域引发深刻变革。从各个领域中都能看到这样的现象，传统领域受到冲击，教育、医疗、养老、社交、娱乐等各个领域内的运行主体正在努力变革自己以适应发展变化，为社会民众提供更好的服务。

【教育信息化】

（一）发展特点

教育领域的变革步伐正在逐年加快。随时随地学习已经成为一种趋势，信息技术为学生提供灵活的学习方式，让他们可以按照自己的进度来学习，并能兼顾工作和家庭等其他事务。近几年，传统教育受到网络教育巨大的冲击，无论是商业教育还是各大高等院校、基础教育院校，都积极投身到教育领域信息化变革中，谋求与时俱进的发展。

1．电子教具改变传统教育方式

智能手机、触屏教具、数码课本进入教室，不仅提高了授课的速度，更让知识的输出和输入端发生了革命性的颠覆，众多教学的可能性，也在进一步拓展。2014 年第三季度在美国学校集中采购市场，谷歌主导设计的 Chromebook 销售了 71.55 万部，苹果的 iPad 销售了 70.2 万部。两年前，Chromebook 在学校市场刚刚起步，如今已经占据了校园计算设备 1/4 的市场，Google 同时推出了教育版的 Play 软件店，可以让老师、学生、校园 IT 人员更容易寻找到 Chromebook 和安卓设备的软件，引入了更丰富的教学资源。英国通信管理局的数据显示，有 39%的 3～4 岁儿童在家使用平板电脑。而英国一项全国性阅读调查显示，电子图书和纸质图书的交替阅读，对儿童学习和词、汇量的掌握更有帮助。此外，有很多家长确信平板电脑的教育软件可以帮助孩子学习，一项针对 457 名家长的调查中，有 96%的家长认为孩子可以从教育软件中学到知识。

2．备受争议的慕课打破全球教育资源壁垒

慕课（MOOC）是一种新型网络课程，2012 年兴起即得到全球众多名校的积极响应。目前，经历了一轮慕课大爆炸，全世界已有约 2000 门这样的课程，来源于约 200 所大学。从 2010 年开始，当斯坦福大学的塞巴斯蒂安·斯朗提供的免费网络课程《人工智能》吸引了全世界超过 16 万名学生之后，创立了 Udacity 公司，专门来推广网络公开课。斯朗教授希望看到高等教育领域掀起一场革命，为更多有志向学习的学生提供优质免费的大学课程。尤其是给贫困生以希望，给那些原本没有可能接受高等教育的学生提供课程。2012 年，越来越多的高校开始将大学公开课放到网上，2012 年甚至被认为是 MOOC 的元年。不过，伴随着慕课诞生的也有不同的声音——哈佛商学院教授克莱顿·克里斯滕森甚至预测：最快只需 15 年，美国大学有一半得破产，各类慕课推广措施也遭到传统教育者的反对。互联网教育与其说互联网“侵害”了传统大学，倒不如说互联网对传统大学提出了更高的要求。无论如何，慕课在打破全球教育资源壁垒、跨越全球教育资源鸿沟上贡献了巨大的力量。

3．亚洲成为教育信息化的重要实验室

如果说美国是世界上教育信息化的领先者，那么亚洲则是一个高速发展中的重要实验室，正在加速崛起，成为全球教育的中心。亚洲拥有着全世界最大的 K-12 用户群体，大学的入学率正在进一步上升，深度的互联网和社交媒体的渗透，竞争激烈的考试制度，教育支出占家庭总支出比例非常高。此外，来自亚洲的教育力量正在影响着美国这个成熟但增长缓慢的市场。这个影响是广泛而深入的，包括提供基础教育的公司、大学，甚至是投资者和企业家。一是亚洲教育市场庞大，根据一份 OECD 的报告显示：到 2020 年，全球 25～34 岁人群中拥有大学教育学历的人数将达到 2.04 亿人，亚洲将占据超过 50%的份额，达到 55%，其中，中国占 29%，印度占 12%，美国将以 11%落后于印度。二是亚洲是全球发展最快的在线教育市场，在一些关键领域，包括游戏化教学、移动学习、基于社交的学习产品上，亚洲已经处于遥遥领先的地位。在 2018 年之前，亚洲将占全球电子学习（E-learning）市场的 25%，其中排名前 7 的国家分别是越南、中国、泰国、马来西亚、印度尼西亚、缅甸、尼泊尔和巴基斯坦。三是亚洲政府面临着巨大的就业压力，他们需要创造更多的平台帮助人们接受教育、技能的培训。四是全球研发中心已经逐渐地转移到了亚洲，因此对于高科技人才的需求也会随之增长。而这一现象将拓展出一个新的领域，就是 3000 亿元的企业培训市场。

（二）重点国家和地区教育信息化发展情况

1．美国

2010 年 3 月，美国教育部教育技术办公室（Office of Educational Technology，OET）发布了名为《变革美国教育：技术推动的学习》的国家教育技术计划。该计划提出到 2020 年：提高高校毕业生的数量和占比，让 60%的人获得一个 2 年或 4 年的学位；并且消除成绩差距，消除种族、收入和地域的差异，让所有学生中学毕业后能够在高等教育中获得成功的机会。

此外，美国教育技术规划（The National Educational Technology Plan，NETP）也提出了一种技术推动的 21 世纪学习模式，包括“学习、评价、教学、基础设施和生产力”五大基础领域。

美国教育科技公司尼尔珀得设计的教师数字平台 Nearpod，该平台让教师可以轻松设计互动式课件，并可以在课堂上让学生们使用这些课件学习，在 18 个月内积累了 25 万名使用者。

美国教育信息化行业的投入一直处于全球领先地位。根据 Edsurge 调查研究，美国的风投共向教育信息化行业注资 13.6 亿美元，这个数字创下了近年来的新高。主要资金集中在课程产品、教师工具、校务管理及中学后市场，另外还有一大部分集中在职业技能培训、幼教 App、内容产品、视频教学产品、游戏、学习工具等产品。

2．新加坡

新加坡在教育信息化领域一直走在世界的前列。2010 年，由新加坡教育部、国家电脑局和两家科技公司耗资 200 万新加坡币合作开发的一款电子书包开始在中小学校园大规模使用。这是一个加载了多种教育资源的智能终端，可以贯穿于上课、作业、辅导、评测等各个学习环节，还能从互联网下载、更新教育资源，成为学生的学习助手。

2014 年 11 月 11 日，新加坡工艺教育局为了进一步强化网络教学模式，将在未来 1～2 年内为每名新加坡工艺教育学院的学生配置一台平板电脑或笔记本电脑。学生将通过电脑进行网上学习，与教师和同学进行线上讨论。新加坡工艺教育学院与微软新加坡分公司签署合作备忘录。微软新加坡分公司为工艺教育学院师生提供校内使用的科技教学器材和云端软件，同时，通过师资培训提升工艺教育学院教师的网络教学能力，超过 20000 名学生和 1500 名教员将从中受益。工艺教育学院中区学院已开始试验计划，让 1000 名学生在校内一个由微软协助设立的 iLAB 电脑室，共用 42 台微软 Surface 触屏式平板电脑进行网络学习，教师可采用微软最新操作系统和其他高科技教学工具，提升学生的学习效果。预计 1～2 年后，该模式将扩展到全校所有学生，让他们随时通过手中的科技设备参与网络学习。

3．韩国

2009 年以来的 OECD 国际数字化阅读评估（International Digital Reading Assessment，

DRA），韩国以第 1 的成绩高居榜首。2010 年，PISA 2009 结果公布，韩国学生在阅读、数学、科学等成绩方面也均名列前茅。英国《经济学人》下属的皮尔森集团于 2012 年 11 月发布了一份名为《学习曲线——国家教育成就的经验》的报告，抽样了 40 个国家和地区的教育样本，并且将之分为 5 个层次，芬兰和韩国成为得分最高的两个教育体系，位列最高层次。韩国之所以能从一个发展中国家跃身进经济水平领先的队伍，很大程度上要归功于其在教育信息化领域所做的努力。韩国教育的信息化水平和程度让全世界都把目光转向了这个亚洲小国家。

2011 年，韩国颁布了“智能教育推进战略”，明确规划，从 2012 年起，韩国开始将小学国语、数学、英语等教科书上传到网上，并计划 2014 年在小学和初中，2015 年在高中全面推广数字教科书。届时，师生可以随时随地下载教科书，并可以根据需求选择能够高效教学与学习的教科书。

【金融信息化】

金融信息化是指在金融领域应用计算机和网络技术，使金融活动的结构框架从物理性空间向信息性空间转变，随着计算机和网络技术的发展，金融信息化在世界范围内得到快速有力的发展，以创新信息技术工具改造和装备金融业。

目前金融领域的信息化主要着力于加强信息化监管和风险控制、加快服务普及化等方面，信息技术成为保护金融体系安全的有力武器，在面对金融危机时，信息化在金融业中有着非常重要的作用。

（一）发展特点

1．信息化渠道在金融活动中得到广泛应用

根据波士顿咨询（BCG）提供的美国金融市场数据，过去 10 余年，美国市场上的实体网点和 ATM 交易量相对稳定，新增交易几乎全部来自网络和移动渠道。据测算，该趋势在 2010—2020 年的 10 年间仍将持续。证券行业在业务实现手段方面，互联网、呼叫中心（Call Center）、移动智能终端等渠道已经得到了广泛的应用。以往每种渠道都建立一套独立的渠道应用平台，为了满足以客户为中心的商业模式转型，券商将利用 IT 技术实现客户应用交互体验的一体化整合。

2．金融领域的信息化投入持续升温

金融领域是信息化实施较早的领域，其信息化系统有着较长的实施与运行历史。而近几年，金融领域的信息化投入将有一轮新的升温。iResearch 艾瑞咨询整理 Celent 调查数据发现，在 2011 年全球银行业 IT 支出约 1686 亿美元的基础上，预计 2012 年主要覆盖北美、欧洲及亚太地区在内的全球银行业 IT 支出将达到 1733 亿美元，较 2011 年增长约 2.8%，并将在未来两年保持小幅增长。其中，主要的增长份额将会来自亚太地区的银行业，预计增幅为 6.0%，而以美国为主的北美银行业和欧洲银行业预计增幅较小，分别为 2.4%和 0.3%。

3．移动终端技术正在改变金融交易方式

随着使用手机银行这种便利方式的消费者数量不断上升，未来几年手机银行将迎来几个里程碑。eMarketer 预计 2016 年美国成年手机用户中使用手机银行的数量（51.2%）将首次超过不使用的用户，和 2015 年的 47.2%相比有所增长。另外，到 2017 年 50%的美国成年人将使用手机银行，2015 年只占 43.0%。

2014 年第四季度 ath Power Consulting 调查发现，手机银行蓬勃发展势在必行。在受访的北美银行消费者中，近 80%的人表示移动银行有些重要；30%的表示必不可少，这一指数和 2012 年比增长了 6 个百分点；超过 25%的人表示手机银行是最佳选择，2012 年这一指数是 20%，调查结果还突出了消费者态度的转变，2010 年调查中 50%的受访者不认为手机银行很重要，但是最近的调查中只有 22%的受访者认为手机银行不重要。在受访者使用最多的银行功能中，手机银行排在第 3 位，占 45%；网上银行排第 1 位，占 91%；在线账单支付排第 2 位，占 63%。要想成为消费者最常使用的选项，手机银行还有很长的路要走。

全球金融集团 ING 近日公布了一份金融调查报告，调查显示，25%的欧洲人已经在使用手机银行，42%的人通过手机来购物。在荷兰，47%的受调查者通过智能手机获得金融服务，而英国是 31%，法国是 17%，欧洲各地区的情况大相径庭。调查还发现，越来越多的人开始使用替代现金支付方式，49%的欧洲人认为在过去的 12 个月里，使用现金的频率有所下降；40%的人表示已经非常少使用现金支付；45%的消费者认为在接下来的 12 个月里，自己使用现金的频率将下降。

4. 中美英成为全球新型金融信贷最大的市场

互联网与金融结合在一起，催生金融信息化技术的更新换代。根据国际证监会组织（IOSCO）在 2014 年发布的报告《Crowd-funding：An Infant Industry Growing Fast》（《众筹：快速成长中的新生行业》），金融回报率众筹（P2P 借贷和股权众筹）在 2009—2013 年快速增长，其中 P2P 借贷市场更是每年翻倍扩张。美国、中国、英国为全球三大众筹市场，占了总市场份额的 96%。

中国、美国、英国为全球三大 P2P 借贷市场，其中 2014 年中国行业成交量为 2528 亿元，英国为 153 亿元，美国超过 366 亿元（只计算 Lending Club 和 Prosper，二者占了美国 P2P 借贷市场的绝大部分）。2005 年 3 月，英国 Zopa 上线，是全球第一家 P2P 借贷平台；2014 年 6 月，Eaglewood Europe 以代码“P2P”在伦敦股票交易所（LsE）挂牌交易，成为第一只在交易所挂牌交易的 P2P 投资基金。2014 年 12 月，全球最大的 P2P 借贷平台美国 Lending Club 成功登陆纽约证券交易所，成为行业第一家上市公司；2007 年 6 月，中国第一家 P2P 平台“拍拍贷”上线，目前中国已成为全球最大的 P2P 借贷市场。2014 年，中、英、美 P2P 行业交易量中，中国以全年 2528 亿元的交易额居首位。

5. 金融领域尝试通过社交媒体进行创新

金融领域的企业正在通过社交媒体进行一些新的尝试。法国最大的银行 Groupe BPCE 因为推出一项新的国内电子钱包服务而登上头条，通过该服务，客户能够以发送 Twitter 信息的形式进行转账。依靠 Twitter 的开放软件标准（Open Software Standards），该服务得以实现，而这也是银行和金融服务机构借助科技的力量进行银行创新及为客户提供新服务的发展趋势的一个组成部分。金融行业将更多的钱投入到社交领域。2014 年 2 月，Duke 大学的 Fuqua 商学院受美国营销协会委托实施的调查显示，金融企业正在提高社交媒体支出。美国银行业、金融业和保险业的营销总监称当前 5.9%的营销预算用于社交媒体，未来的 12 个月希望增长至 7.4%，未来 5 年内增长至 15.7%。此外，根据 2014 年 10 月 Shareablee 发布的数据，75%的美国金融服务企业有社交网络发布；88%的银行有 Facebook、Google、Instagram 或 Twitter；第 2 位的是保险业，比例是 83%；不足 3/4 的借贷企业（73%）追踪社交媒体，超过 6/10 的付费服务企业（62%）和投资企业（61%）有社交页。

（二）重点国家和地区金融信息化监管情况

1. 美国

美国是世界上互联网金融内容最丰富的国家，包含了信用卡服务、理财社区、网上交易所、众筹融资、个人理财、第三方支付、小额信贷和 P2P 网贷等服务类型，运营形态各异。作为互联网金融的先驱，美国更加注重互联网金融的政府监管和立法规范。美国的做法是将互联网金融纳入现有的传统金融体系中进行监管，同时根据出现的新兴金融模式来调整政策和法规，并扩充金融法律体系。

美国及时布局互联网金融监管。2012 年，美国政府就以法律形式承认了众筹模式的发展，他们通过了 JoBs 法案，允许中小企业以众筹融资的形式获取股权资本。这样的及时性有利于规范行业发展，同时也从政策层面支持了互联网金融创新。

此外，美国建立了世界上最完备的征信体系。美国征信体系的信息架构是在政府的大力推进下，依赖互联网技术的迅猛发展而实现的，与英国全市场化运作的征信体系不同。从某种意义上来说，政府主导构建的征信体系，具有更小的违约风险，因为其在信息筛选和信息的共享上有更大的优势。

美国非常重视消费者权益的保护。美国于 2012 年 7 月签署了《金融监管改革法案》，在法案中，成立一家独立的消费金融保护机构 CFPA，来执行所有针对金融消费者的保护性措施，保护消费者和投资者不受金融系统中不公平和欺诈行为损害。

2．英国

英国互联网金融在全球属于起步最早的一批，在英国的融资市场所占份额也高。由于起步早，英国的监管模式形成了“行业先行，监管后行”的鲜明特色，以行业自律与政府监管交互作用。

英国的金融行业自律性强，行业协会监管在很大程度上有能力代替政府监管。早在2005年英国就出现了全球首家P2P网络小额贷款公司——Zopa，P2P行业发展壮大后，英国迅速成立了P2P的行业协会，随后又成立了众筹协会，这些协会都是全球首家，主要职能是制定行业规则，对英国互联网金融的发展起到了很好的引导和规范作用。

英国只设置了金融监管局来负责所有金融监管，这是其金融监管系统架设的一大特色。这与英国行业自律性强有很大关系，而简单的监管架构更有助于减少政策下达的滞后性，提高监管效率。

此外英国社会的征信体系齐备。目前英国征信体系完全市场化运作，以三家公司作为主体架构，其数据系统庞大、可靠、专业。

世界企业信息化发展情况

随着第三次工业革命的到来，互联网等信息技术悄然渗透至企业生产的每个环节，从基础设施、企业管理、采购销售，甚至到研发、设计的生产环节。电子商务的深入应用让一批企业尝到互联网在采购、营销方面带来的甜头，而现如今，新一代信息技术正以燎原之势，沿价值的微笑曲线，从采购、营销端向研发、设计和制造端渗透。全球互联网从消费者主导型转变为企业主导型，从消费型的互联网向生产型互联网转变，从单独的价值传递渠道转变为价值创造和增值的核心平台。

【发展特点】

（一）企业的IT支出正从传统软件支出转向云计算和云服务

企业信息化正在面临变革，传统的企业IT服务正在向“新IT”转型。这种转型主要表现在三个层面：一是从桌面转向移动+桌面，二是从企业级应用软件转向SaaS服务，三是企业网络从传统数据中心架构转向可弹性扩展的云服务架构。CapitalIQ对EMC、IBM、ORACLE、SAP、微软、思科6家传统老牌IT技术企业和36家云计算上市企业的年收入跟踪研究表明，传统IT服务市场正在减缓，而云服务保持了较高的增长速度。2013年全球企业级IT服务市场规模高达13400亿美元。但是基于云服务的“新IT”企业收入到目前仍然只占到全球企业IT支出的2%，未来成长空间巨大。

Gartner发布最新预测，2015年全球IT支出将稳步达到3.8万亿美元，与2014年相比将增长2.4%；不过，该增长率低于先前预测的3.9%。2015年数据中心系统支出预计将达到1430亿美元，与2014年相比增长1.8%。这些增长率变化的背后因素是更换周期延长及转移至云端服务的情况超出预期。

（二）利用社交媒体进行数字营销成为多数企业首选

全球企业信息化呈现这样一个特点，企业在社交媒体上安营扎寨，进行数字营销，这种现象无论是大企业还是中小企业都很显著。杜克大学发表的一份关于社交媒体的研究报告显示，2014 年，许多企业的社交媒体支出约占企业营销预算的 9%，预计未来 5 年内，这个比例将激增到 25%。但半数受访的企业营销人员表示，他们根本无法证实社交媒体对他们的企业究竟产生了哪些影响。这种蜂拥而上的行为虽然盲目，但是社交媒体的客户与企业之间的连接更加容易，投入社交媒体的企业也在逐渐体会到其中的效果而趋于理智。

2014 年 11 月，Bright Local 的研究发现，3/4 的北美中小企业（SMBs）表示数字营销对吸引消费者很有效，37%的企业计划未来 12 个月向数字营销上投入更多支出。2014 年 12 月，The AltemaLive Board 的调查显示，全球 38%的小企业主（SBOs）将营销、广告和公共关系作为创业初期支出最多的方面，排在第 1 位；雇佣和训练员工排在第 2 位，包括数字营销技能，有 35%的受访者选择；近 4/10 的受访者希望曾在营销方面支出更多，希望花更多时间训练雇员的受访者更少（23%），在繁忙时期在技能上支出超过了时间投入。

根据 eMarketer 预测，2015 年近 85%的美国大中型企业（雇员 100 人及以上）使用 Facebook 进行营销，还有 2/3 的企业使用 Twitter 营销。内容营销超过社交和简易内容，如 Twitter 和状态更新，有 43%受访者使用，包括电子通信（57%）、图像（49%）、简报（39%）、blog 发布（34%）和长视频（34%）。营销人员必须披荆斩棘，搞清楚什么内容适用于受众。Percolate 发现营销人员通常通过研究过去的内容和广告的性能数据，以及积极监测社交渠道一般活动来发掘适用的内容，每个选项都有 31%的受访者选择。

2014 年 10 月，Shareablee 发布的数据显示，3/4 的美国金融服务企业有社交网络发布。银行在社交媒体上最活跃，88%的银行有 Facebook、Google、Instagram 或 Twitter 页；第 2 位的是保险业，比例是 83%；不足 3/4 的借贷企业（73%）追踪社交媒体，超过 6/10 的付费服务企业（62%）和投资企业（61%）有社交页。

（三）移动技术帮助中小企业增加营收

移动技术在企业运营中的应用已经逐渐普及，也因为其相对传统信息技术“更轻量”而更受中小企业的欢迎，并且带来了可观的收益。波士顿咨询集团和高通联合发表报告称，在采用移动技术方面位居前 25%的中小企业发现，由于采用移动技术，它们的营收增长了 1 倍，创造的工作岗位增长了 7 倍。在采用移动技术方面领先的中小企业还发现，在搜索它们业务的搜索流量中，移动设备占到 50%。报告指出，2014 年移动技术贡献了全球 GDP 的 2%～4%，移动技术为韩国贡献了 1430 亿美元的 GDP，占比为 11%。此外，移动在风险投资总额中的占比翻了一番，2014 年达到 8%。

在采用移动技术方面领先的中小企业中，82%表示移动技术使它们在与客户沟通方面更灵活、快速；60%表示投资移动技术是它们业务中最优先的项目；在不积极采用移动技术的中小企业中，这一比例仅为 15%。积极采用移动技术的中小企业发现，在搜索它们业务的搜索流量中，移动设备占到 50%。在采用移动技术的企业中，增长最快的是中小企业。研究发现，在采用移动技术方面领先的厂商，已经成功地整合移动平台和企业应用，进一步增强了客户关系管理。

（四）企业信息安全问题受到重视

随着信息技术应用的逐步深入，信息安全成为企业担忧的重要问题，也成为企业信息化投入的重要部分。数据安全专家 Vormetric 发布的内部威胁报告显示，接受调查的美国企业中 93%的企业认为它们易受内部威胁影响。另外，59%的美国受访企业认为特权用户带来的威胁最大；54%的企业认为防止数据泄露是 IT 安全开支最高或次高优先级；46%的美国受访企业认为云服务和云计算威胁到企业的风险敏感数据；47%的美国受访企业认为数据库当中的敏感数据遭遇侵害的风险最大，企业受到攻击和安全漏洞太大的压力；44%的美国受访企业表示

2013 年遭遇了数据破坏事故；34%的美国受访企业表示正在保护敏感数据，以免这些数据落入合作伙伴或者竞争对手之手。

除了数据安全颇受重视外，还有很多信息安全问题被企业重视。DDoS 攻击可以对企业产生严重影响，卡巴斯基实验室和 B2B 国际新调查公司表示，有 50%的企业认真对待 DDoS 攻击，认为它是企业 IT 安全的一个重要组成部分。目前，DDos 攻击中小型企业的平均成本投入为 52000 美元，对于规模较大的企业进行 DDoS 攻击，平均成本投入在 444000 美元。受到 DDoS 攻击的企业损失的不仅是金钱，38%的企业认为，DDoS 攻击已经损害了公司的声誉；29%的企业表示，DDoS 攻击破坏自己的信用评级；26%的企业表示，DDoS 攻击增加了它们的保险费用。应对 DDoS 攻击的态度因行业而异，60%的金融机构能源公司和公用事业服务机构都有意识并采取措施防止 DDoS 攻击；然而，只有 53%的电信运营企业、50%的 IT 企业、41%的电子商务企业、38%的媒体公司采取措施应对 DDoS 攻击。从公司规模来看，只有 38%的小企业认为防范 DDoS 攻击是公司 IT 安全的一个重要组成部分，大公司在这方面的比例达到 60%。

相比之下移动信息安全方面的问题所受到的重视却不够。移动信息化研究机构 Ponemon Institute 发布一份最新的研究报告，他们对超过 400 家大型组织在并发移动应用时的安全工作进行了调查，其中包括财富 500 强中的一些银行业、零售业、健康行业及事业单位。40%的企业在将企业应用送到员工手中之前，不会对应用安全进行检查和扫描，从而导致企业的数据有被盗取的可能；另外还有 33%的企业从来不对自己所使用的应用进行检查。2014 年，Ponemon Institute 的另一份报告指出，数据入侵共计会给企业造成 500 万美元的损失。这些损失也在督促着企业开始对计算机、服务器和传统 IT 的安全性进行大规模投资，但是根据报告结果来看，企业对于移动信息安全的重视却不够。可能的原因是移动应用刚刚开始，并没有太严重的移动信息安全问题案例出现。

【重点国家和地区企业发展案例】

（一）德国

德国最先提出“工业 4.0”的概念，并由政府出资 2 亿欧元全力支持，西门子等知名企业成为“工业 4.0”的主力。

1．西门子

西门子是“工业 4.0”的主要推动者之一。西门子早在 10 年前就提出了全集成自动化的概念，长久以来借助数字化企业平台，占据信息技术集成领域的领导地位。其最新技术成就包括创新性的工程软件平台、新一代控制器 Simatic S7-1500、针对电气传动应用的“全集成驱动系统”（IDS）及以信息技术为基础的服务，这些技术与“工业 4.0”定位及目标相吻合。从整合和优化信息技术专长及进一步开发实现“工业 4.0”所需的技术专长的战略考虑，西门子已投资数十亿欧元进行多项战略并购，尤其是收购软件公司。西门子将这些软件公司的技术能力与自身自动化领域的技术专长相融合，得以提供贯穿产品开发和制造的整个价值创造过程的工业软件。

2．菲尼克斯电气

菲尼克斯电气对“工业 4.0”早已开始准备。2004 年，菲尼克斯电气投入 Ptofinet 工业以太网的开发，形成了全面的基于 Profinet 工业以太网的竞争力。“工业 4.0”强调通过网络与信息物理生产系统的整合改变当前的工业生产与服务模式，菲尼克斯提出的信息动力自动化系统（IT-Powered Automation），推出的 Rifline Complete 继电器、Axiocontro1 控制器、Axioline1/U 系统、Heavycon 重载连接器等众多新品及 SoftPLC、Softmotion、安全 PLC 解决方案等都能够满足“工业 4.0”对网络和控制系统提出的更智能化、更开放、更灵活、更快速、更高效的要求。在德国政府出资支持、众多知名企业参与的东威斯特法伦“OWL 工业 4.0”集群项目中，菲尼克斯电气牵头致力于“适于生产技术的自动化”的研究，目的是开发智能自动化技术组件，实现组件和软件的自优化能力。

（二）美国

发达的工业应用在德国，而领先的信息技术在美国。美国在信息技术方面的优势成为推进“工业 4.0”的重要力量，且美国一直在实施以 CPS 为概念的先进制造。

1．罗克韦尔自动化

“工业 4.0”的核心在于产业集成。2008 年，罗克韦尔自动化率先提出“融合”的理念，旨在将制造业纵向链条上界限分明的现场层、控制层、管理层之间实现相互渗透。2010 年，罗克韦尔自动化在“融合”的基础上提出“全厂最优化”的横向战略，进一步打通了从上游到下游的整个供应链。罗克韦尔自动化的“融合”与“全厂最优化”纵横交织，某种程度上已经形成了“工业 4.0”的概念框架。罗克韦尔自动化的集成架构平台为“融合”和“全厂最优化“提供了重要支撑，可提高生产率，实现灵活性和可缩放性，减少总成本支出，构筑了强大的行业竞争力。

2．国家仪器公司（NI）

NI 是虚拟仪器技术的创始者与倡导者，致力于为用户提供建立在工业标准计算机及互联网等基础上的虚拟仪器解决方案。NI 基于电脑或工作站、软件和 I/O 部件来构建虚拟仪器。由于“工业 4.0”带动的嵌入式采集与控制系统需求大量增加，NI 推出的采用开放式平台的可程式化自动控制器 Compact RIO（CRIO）及 myRIO 方案具有成本低、可靠性高、适于高容量嵌入式测量和强制应用等特点，为大量工业和应用难题提供了解决方案。

世界医疗卫生信息化发展情况

医疗卫生信息化能够提高医疗质量和服务效率，对改善人们健康水平、提高生活品质具有重要作用。近年来，医疗卫生信息化加速升温，世界各国纷纷出台扶持政策，加大引导、整合和投入力度，加速信息系统和平台建设，加快医疗卫生信息化步伐，从而提升医疗卫生服务满意度和信任度。区域医疗卫生信息化是整个医疗卫生信息化进程中十分重要的内容，正在成为发达国家医疗信息化建设的重点。医疗健康大数据是搭建区域医疗信息平台和居民健康档案平台的基础，在促进医疗卫生信息化的过程中发挥着重要作用。移动医疗（mHealth）因其良好的时效性和便捷性而受到世界各国的广泛青睐。远程医疗能够通过远程通信等新技术手段发挥大型医学中心医疗技术和设备优势对医疗卫生条件较差的，以及特殊环境提供远距离医学信息和服务。当然，各国经济社会发展不平衡，对信息化认知程度和投入力度不同，其医疗卫生信息化发展的水平差异也较显著。

【发展特点】

（一）远程医疗助力发展中国家提升医疗水平

随着人们生活质量的不断改善，其对医疗服务的速度和质量也提出了更高的要求。远程医疗使一些发达国家和发展中国家，借助信息通信技术和临床医学相结合，解决了一些拓宽医疗保健服务获得渠道、增强医疗保健服务水平等方面存在的问题。远程互联网技术与数字图像等多媒体技术，为医疗信息化中注入巨大的活力，并且从中演变出两种发展远程医疗的模式：一是发达国家的网状医疗系统，二是适用于发展中国家的远程会诊平台。

发达国家的网状医疗系统是将基于医院的医疗活动，从以病人为中心转变为日常医疗保健，如心率、血压、血糖等生理参数检测装备，已经广泛应用于远程监控患者情况。这种网状医疗系统有效缓解了发达国家地广人稀、医疗机构分布不均衡地区的就医问题。例如，美国会诊中心是美国冠军医学联盟成立的由多学科专家组成的重要机构，实现了全美国所有医疗教育资源联网共享，以家庭为单位对患者进行联合会诊，促进了远程医疗的发展。

与发达国家不同，在低收入国家及基础设施不发达的地区，搭建远程会诊平台成为弥补医疗系统缺失的首选。远程会诊平台主要用来连接卫生保健前线工作人员与专家、转诊医院和医疗中心。远程医疗帮助发展中国家组织和收集病人数据进行流行病学监测，同时提高了医院对患者的随访和评估能力。

墨西哥的远程医疗已经开展了十几年。远程医疗的应用能够很好地应对墨西哥偏远地区医疗资源、医疗健康服务匮乏的问题，提供更好和更优质的医疗服务，惠及更多普通百姓。经过数年发展，墨西哥 32 个州已经有 14 个州普及了远程会诊，23 个州普及了远程教育。医院和企业的大力支持也促进了远程医疗的发展。例如，墨西哥南部医疗中心与墨西哥州的一家医院展开远程医疗合作，为偏远地区民众提供精确诊断及更优质的医疗服务。墨西哥斯利姆健康发展中心集团网络平台对孕妇和新生儿推出一项健康项目，已在墨西哥全国 12 个州建立了 30 个母婴接待中心，累计提供了 72 万项医疗服务，81 万名妇女和婴儿从中受益。

非洲许多落后、偏远地区都存在看病难的问题。据世界卫生组织调查，在接受调查的 48 个非洲国家中，平均每 10000 人的医生人数不超过 1 人的国家有 25 个。非洲病人数占世界总患病人数的 24%，但是医疗工作者只占 3%，甚至医疗支出不足 1%。在医疗资源严重不足的情况下，远程医疗成为弥补的重要手段，国际医生的跨国支持尤为珍贵。2014 年，“移动健康联盟”将总部从美国移至南非，致力于缩小非洲远程医疗与世界其他地区的距离。

（二）医疗健康大数据应用初步展开

医疗健康大数据的挖掘将产生巨大价值，如个性化医疗、社交网络与疾病的研究等，在移动互联时代，医疗、健康大数据更具有巨大的价值。常见的医疗大数据应用主要包括：临床操作比较效果研究；研发阶段的预测建模、提高临床试验设计、临床实验数据分析、个性化治疗、疾病模式的分析；新商业模式的汇总患者临床记录和医疗保险数据集、网络平台和社区等。目前英国 NICE（国家卫生与临床技术优化研究所）、德国 IQwIG（质量和效率医疗保健研究所）、加拿大普通药品检查机构等在大数据参与比较效果研究中，有效提高了诊疗效率，节约了患者诊疗成本。

此外，大数据技术应用于远程病人监控，可以减少患者住院时间，实现医疗资源的最优化配置。美国上亿人次的慢性病患者（如糖尿病），占据整个美国医疗卫生系统医疗成本的 80%。如果借助大数据参与预测建模，使用远程病人监护系统进行预防，可以有效减少患者出现意外及节约医疗资源。如果充分利用大数据技术，仅临床操作阶段，美国医疗健康开支一年就能减少 165 亿美元；支付阶段将有潜力创造每年 500 亿美元的价值；研发阶段每年将会创造 1000 亿美元的价值。

美国临床肿瘤学会（ASCO）首次展示专注于乳腺癌症的 Cancer LinQ 数据库模型。该模型存储着匿名的电子健康记录信息，相关人员能够自由调用存储在 CancerLinQ 中的数据。据悉，85%～90%的美国临床肿瘤学会成员使用电子健康记录，患者和供应商自愿共享其健康数据。

美国西奈山医疗中心利用来自 Ayasdi 公司的技术分析了整个大肠杆菌基因组序列，其中包括超过 100 万个 DNA 变异，旨在努力理解某些菌株如何在与抗生素的共处中获得抗药性。Ayasdi 的技术为数学研究、拓扑数据分析（TDA）开辟了一片新天地，有助于人们更深刻地理解数据形态。

英特尔正与 Michael J. Fox 基金合作开展一项研究，即从患者的可穿戴设备收集数据，找到疾病模式。研究人员可以利用该设备远程监测病人，并且该设备有助于进行大范围的临床试验，设备收集到的数据可以直接发送给远距离的医疗机构。2014 年年初，英特尔开展了由 16 名帕金森和 9 名健康人士参与的实验，并对获得的数据进行了分析。未来病人和医生可以借助可穿戴设备，获得对症状的频率和严重性更准确的测量。

英国医疗保健局宣布将建立世界上最大的癌症患者数据库，目的是推动“个性化医疗”，针对每位患者的癌症类别和具体情况对症下药。数据来自英国各地医疗机构的病例和 1100 万份历史档案记录，并与威尔士、苏格兰和北爱尔兰的医疗保健数据库共享信息。

由世界银行和世界卫生组织发起的全球疾病负担研究，旨在通过衡量疾病负担，即全世界疾病和死亡的一切根源所引致的健康损失，阐述全球卫生问题、辨明趋势和协助决策者确定优先重点。该研究收集和比较了全球各地的卫生数据，数据范围广、数据量巨大，近 4700 台并行台式计算机完成了数据准备、数据仓库建立和数据挖掘分析的自动化和规范化计算，是一个应用大数据的实例。

（三）移动医疗呈现井喷式发展

国际医疗卫生会员组织将移动医疗定义为“mHealth”，即通过使用移动通信技术来提供医疗服务和信息。常见的移动医疗应用和服务有：远程患者监测、在线咨询、视频会诊、个人医疗护理装备、无线访问电子病例和处方等，为发展中国家的医疗卫生服务提供了一种有效方法。

2014 年，全球移动医疗呈现以下几个特点。一是更加个人化的移动医疗。不论患者身在何处，医疗与健康管理触手可及。二是隐私和安全问题引起关注。护士和患者均能连接智能手机或平板电脑，或二者兼有，移动医疗涉及的病患、隐私和安全问题不得不引起重视。三是通过移动设备为消费者提供自身健康的相关信息，确保信息的真实、可靠性，帮助他们做出更加理性的选择。四是移动电子病历平台因为能够使临床医务工作者随时随地获取信息，通过可穿戴设备获取数据或结合人口健康管理平台获得所需数据，而变得更加具有吸引力。五是移动医疗使慢性病患的操作变得尽可能简单，如无线医疗公司 Telcare 公司生产的 Telcare BGM，能自动将血糖值传输给照料者。

据全球移动通信系统协会（GSMA）预测，到 2017 年，全球移动医疗市场的发展将带来 230 亿美元的收入。在 Cube Labs 的一项调查中，目前世界上有 62%的内科医生使用平板，50%的医生会将平板用于临床诊断，71%的护士在工作中使用智能手机，移动终端在医护人员中已达到一定的普及度，使移动医疗的推行成为可能。美国、日本等发达国家已经在移动医疗方面先行一步，不同的商业模式也如雨后春笋般涌现。

当前，美国的移动医疗产品可以分为面向医院、医生、药企、保险公司和消费者进行收费的不同方式，已经有了较为成熟的商业模式。美国公司 zocdoc 根据地理位置、保险状态及医生专业为患者推荐医生，病人在平台上选择和预约医生。该项消费对患者免费、向医生收费的商业模式，每个月医生需要支付 250 美元使用 zocdoc 平台。而 weuDoc 公司专注于慢性病，是向保险公司收费的典型，其主要产品是基于移动设备的糖尿病管理云平台，患者用手机记录和存储血糖数据，而云端算法则基于血糖数据为患者提供个性化的建议反馈，并及时将重要数据信息发送给医方。

日本政府则依托 Panasonic 和 Omron 等大型医疗器械公司，推广“高品质生活”的移动家庭医疗护理概念，用于应对日本老龄化社会带来的慢性病患者徒增的医疗压力。医疗器械加近场通信技术及智能手机，将家用健康医疗器材数字化，帮助医生获取病人的信息。另外，依托云计算，建立患者个人的医疗数据库，个人可以从移动设备随时随地查看自己的医疗信息，包括用药、过敏、外伤、手术、感染、疾病等记录，甚至包含不同时期、不同医院做过的检查和疾病诊断结果等。

【重点国家和地区发展概况】

（一）美国

2014 年 12 月，ONC 公开发布了《美国联邦政府医疗信息化战略规划（2015—2020）》，确立了提高健康信息的安全可及性和使用率，让公众在医疗服务提供者的帮助下有能力进行健康管理，提高生命和健康质量的总体目标，以及 5 个战略目标和 14 个具体目标。与 2011—2015 年战略规划的愿景目标——建设一个用信息武装的、提供更好服务的健康信息系统相比，新规划更强调从系统建设到重视建设后的互操作性和数据共享使用。

近年来，美国重点推进了区域卫生信息化的

建设。自 20 世纪 90 年代初美国首先提出社区卫生信息网（CHIN）的概念，到 2000 年的第二代区域卫生信息网（RHIO），再到目前，美国现有 150 个 RHIO 中，其中 70 多个已进入运营或实施阶段。最典型的案例如 NHIN，目的是提供一个用于医疗信息安全交换和有效使用的基础设施，核心思想是期望在不同的公共和私有医疗机构之间建立一个信息沟通桥梁和信任模式。

（二）英国

英国创建的全民免费医疗服务体系（NHS）因“卫生成本低、健康绩效好”为世界各国所称道。NHS 创建于 1948 年，通过全面整合医疗信息、打造可交互的大规模医疗信息系统，从而实现择医和预约、电子处方服务、图像存档及通信系统（PACS）、全国范围内的家庭医生之间病历转诊（GP2DP）及全国范围内的 NHS 电子邮件系统网络（NHSmail）等。

NHS 的应用领域包括基础医疗、全国医疗保健 IT 项目、辅助医疗系统及个人保健和移动医疗等领域。基础医疗方面，各全科诊所均已实现信息化。至 2018 年，NHS 将实现完全无纸化。全国医疗保健 IT 项目方面，英国自 2005 年 4 月开始，就建立了中枢系统、护理记录摘要、快速预约服务、电子处方和医学影像共享系统等一系列全国重点 IT 项目。其中，NHS 中枢系统月处理数据交互超过 1.5 亿次。辅助技术方面，NHS 辅助医疗系统，如远程医疗，开始重点关注预防保健、个体需求及患者的独立能力等领域。个人保健和移动医疗方面，NHS Choice 网站成为欧洲最大和访问最频繁的卫生信息网站，年访问人次超过 1 亿人次。另外，为了更快地适应移动医疗的发展，NHS 也已开发了一系列移动应用，其中包括保证临床安全的 App。

（三）加拿大

加拿大医疗服务信息化建设内容体现在电子医疗本档案战略和优化服务战略上，主要包括建立全国性的电子健康档案系统、药品信息系统、实验室信息系统、影像系统、公共卫生信息系统和远程医疗系统。加拿大正致力于实施能互操作的电子医疗健康本当案（HER）来提高改善它的医疗健康服务。2001 年加拿大政府就开始了区域卫生信息化建设，并于同年成立了 Health Infoway 非营利性的公司，负责领导全国医疗信息化建设，并制定了加拿大电子健康蓝图，以及统一的医疗信息共享交换标准。

Inforway 项目的目标是在 2016 年年底，完成全国人口电子健康纪录共享。为了实现目标，Inforway 投资了 300 多个项目，目前已有 190 多个项目完成。未来，计划在尚未实施 EMR 的地方建设 EMR 系统；增强对医生工作流程最佳实践的理解；完善已有的 P2P 网络；启动鼓励医务人员创新项目；至少在一个省级区域建立公众卫生信息网，提供公众与家庭医生沟通的服务，并可进行在线预约挂号、预约换药等。

世界电子政务发展情况

在互联网信息科技飞速发展的大背景下，电子政务方兴未艾。经过近几年的发展，尽管其中还存在着各种各样的不足，全球的电子政务正在从盲目建设向集约型应用转变，电子政务应用创新不断涌现，为数字化政府打下了坚实基础。

【发展特点】

（一）国民收入水平与电子政务发展水平关联度日益紧密

通信基础设施的配备和教育水平，包括信息通信技术素养等，与国家的国民收入水平息息相关。即使有完善的政策和发展策略，缺乏能动性因素仍然会极大地限制电子政务倡议的落实。因此，一些国家尤其是中低收入和低收入国家虽然努力提供在线服务，但电子政务的潜力远未被开发出来。当然，这个趋势并不是完全适用，也存在个例。推动电子政务发展常常需要实施高效的管理机制，需要国家信息通信技术发展及出台相应的电子政务政策，还要加强机构建设，提高公务人员的办事能力。

这些趋势为那些还没有达到相应的电子政务发展水平的国家，和其他具有同样收入水平的国家提供了机遇。例如，在中低收入国家中，如佛得角、危地马拉、圭亚那、密克罗尼西亚、巴拉圭、萨摩亚群岛和印度尼西亚等国家有望取得快速发展。

（二）全球各地区弥合数字鸿沟任重道远

全球各地区的电子政务发展非常不均衡。从整体上来说，发展最好的是欧洲地区，从2014年的《联合国电子政务发展报告》中的电子政务发展指数（EDGI）就可见一斑。2014年EGDI全球平均值为0.4712，欧洲（0.6936）以最高的EGDI继续领先其他地区，紧接着是美洲（0.5074）、亚洲（0.4951）、大洋洲（0.4086）和非洲（0.2661），并且排名保持稳定。欧洲继续领跑世界电子政务发展，排名前10位只有4个欧洲国家，较上次调查少了3个，排名前20位有11个，排名前40位有26个，受金融危机持续影响及发展缓慢、失业和人口老龄化等问题迫使欧洲积极地寻求创新解决方法来保持竞争力，恢复发展，为公众提供种类多样的公众服务。

产生数字鸿沟的原因，可能是信息基础设施之间的差距问题，更可能是不同地域的人获得和使用信息通信技术的能力差距。追溯其根源，应该是不同国家和地区在社会经济发展上的差异，影响了一些群体利用信息技术能力的养成。

非洲发展缓慢并且发展不平衡，其地区平均值是0.2661，只有突尼斯、毛里求斯、埃及、塞舌尔、摩洛哥和南非6个国家的EGDI值高于全球平均值，并且有30%的国家位于世界排名后10%。在美洲地区，美国和加拿大名列世界前茅，大部分国家世界排名都在前100位，但是中美洲和加勒比海国家排名仍然位于后半部分，这些地区和其他美洲国家仍然存在明显差距。亚洲国家在线服务水平和发展状况不尽相同，2014年调查报告中，韩国位居世界第1，新加坡全球排名第3位（上升7位），其他国家如阿富汗、缅甸、东帝汶及巴基斯坦则排名倒数后30位。大洋洲的澳大利亚（0.9103）和新西兰（0.8644）作为发达国家，电子政务发展指数处于领先地位，除了斐济和汤加，其余大多数国家全球排名在第108～188位。

虽然各国政府已经广泛运用互联网技术和电子政务来提供服务，但是它们必须拓宽业务范围、获得技术解决方案，来减少贫困并弥合国内不同地区之间的数字鸿沟。有效地使用通信技术对于实现发展目标来说至关重要，这已经不再是简单网络连接问题，而包含了人力、经济、社会多种资源，以及制度结构、管理网络等诸多因素在内的综合性问题。

（三）许多国家通过多渠道提供服务

公众越来越希望能够通过多渠道，例如，移动通信网络、社交媒体等数字渠道，更便利地获取来自政府的公共信息和服务。2014年《联合国电子政务发展报告》显示，越来越多的国家可接受具有多样性和覆盖面广的数字渠道。

《联合国电子政务发展报告》显示，使用移动应用程序网站提供公共服务信息的国家数量在2013—2014年增加了1倍，使用移动互联网技术开展减贫工作、呼吁男女平等、推动社会共融发展、促进经济发展、保护环境及进行灾情管理的国家将近50个。2014年，使用社交媒体的国家数量与同期相比增加了50%，有118个国家使用社交媒体进行在线咨询，70%的国家将其用于电子政务的开展。

多渠道的公共服务解决方案有效地帮助政府扩大在线服务的使用范围，覆盖至弱势群体，减少服务不公的现象。通过巧妙融合和优化多种渠道，可以在统一的视角下满足不同民众的需求，极大地改善了公共服务。

（四）政府数据成为一种备受重视的发展资源

近年来，各国政府逐渐加大了在开放政府数据上的重视，满足个人尤其是企业和民间组织获得和使用政府信息的需求。《2014 年联合国电子政务发展报告》中专门为开放政府数据开辟了一个章节，阐述了开放政府数据的一些指标，如专门门户网站、技术规格和定位信息、用户指导方针和支持、用户建立新数据集的可能性。调查报告发现，虽然许多国家使用政府网站分享数据，但是仅有 46 个国家拥有专门的数据门户网站；大多数国家的政府部门保障了开放政府数据的可用性。另外，在开放政府数据投资回报率的测量和理解方面，仍然有很多工作要做：尽管早期投资回报率表现良好，但是该模式的成功运行仍然处于实验阶段。

对于一个国家来说，政府数据可能是一种战略性的资产，如果政府数据能得到有效使用，会大大影响到利益相关者及用户生态系统的可持续发展。随着信息技术的发展，政府机构收集的数据将呈几何级数增长。随着数据规模的壮大，数据收集、加工和分析变得越来越重要，这就需要公共部门和相关企业对数据管理认真规划，才能真正实现开放数据的价值。

【重点国家和地区发展概况】

（一）法国

根据《2014 联合国电子政务调查报告》，法国电子政务发展水平排名第 4，在欧洲国家中排在第 1 位。法国在上一次的调查报告中的排名位列第 6，而本次排名上升可能要归结于法国政府这两年中出台的电子政务系列政策措施。近两年来法国在政务门户网站上进一步改善了在线服务工具，各政府机构网站实现了良好的集成，并且公众参与度得到有效提升。

法国发布了《关于政府部门使用开源软件的通知》，要求政府部门将计算机更换为 Linux 系统，并使用开源软件。此后，法国共有 3.7 万台计算机更换为 Linux 系统，还有 5000 台计算机采用了 Mozilla、OpenOffice、Thunderbird 等开源软件。法国农业部 2013 年预计花费 68.7 万欧元采购开源软件，就业部计划在 2020 年前全部采用开源软件。联合国指出，开源软件在政府部门中的使用降低了行政的技术成本，同时鼓励了本国的行业创新。

此外，法国政府成立了负责建立跨部门公共数据门户网站的开放数据办公室——Etalab。Etalab 作为开放数据主管部门并入了公共行动现代化秘书处，开展全国公共数据开放的工作。一方面，Etalab 办公室制定了国家开放数据路线图，并成立部际协调小组和专家网，协调和组织各政府部门及公共机构开展公共数据开放工作；另一方面，创建开放数据门户网站 data.gouv.fr，在相关工作的法律法规监管的同时发布开放数据。Etalab 办公室还开展以社会开放数据为主题的创新竞赛，积极开展与欧盟、开放政府合作伙伴等公共平台的国际合作等。

（二）澳大利亚

澳大利亚在 2014 年的《联合国电子政务发展报告》中，排名位列第 2 名，作为电子政务发展较早的国家，并早已把目光投到利用大数据为公民提供服务，其在电子政务上的举措有很高的参考价值。澳大利亚政府信息管理办公室（AGIMO）2013 年 8 月发布了《公共服务大数据战略》，旨在推动公共行业利用大数据分析进行服务改革，制定更好的公共政策，保护公民隐私，使澳大利亚在该领域跻身全球领先水平。

在战略实施的组织机构方面，为推动各级政府更加有效地利用各自的数据资产，实现高效履职，该战略的实施牵头单位由澳大利亚财政部的下属机构信息管理办公室（AGIMO）统一负责，战略的具体制定过程由跨部门的大数据工作组提供协助和支持。此外，在澳大利亚税务局的主导下成立了一个面向所有政府部门的高级数据分析中心（DACOE），该中心将构建一个公用的数据分析平台，充分共享信息技术、系统能力和配套工具，并与高等院校合作，培养专门的分析人才。

在战略的制定思路方面，该战略以六条“大数据原则”为支撑，这六大原则分别为：数据属于国有资产；数据公开要注意保护公民的隐私；实现数据完整性与程序的可复用性；共享大数据开发利用过程中的技巧与资源；加强业界和学界合作，强化开放数据。预计六大原则将极大地提高生产力及创新收益。

此外，为将六大原则落到实处，该战略还制定一个具体的行动安排：2014 年 3 月推出大数据实践指南，2014 年 7 月前出台一份关于大数据分析中所遇难题的报告；紧接着推动 ICT 行业和教育行业提供大数据分析中的必要技巧，制定 1 份数据分析指南和 2 份在建项目指南；开发 1 个信息资产登记系统；记录大数据分析中的技术演进。

上述战略实施计划的执行，将助力澳政府使用高效和智能化的大数据分析，使政府在政策制定和服务提供等诸多方面受益。

（三）韩国

2011 年 3 月，韩国公共行政与安全部（Minister of Public Administration and Security）构建了“智慧政府实施计划”，有力地帮助韩国继续蝉联了《全球电子政务调查结果》第 1 的位置。这些年来，韩国电子政务的发展一直保持世界先进水平，并且其顺应时代发展提出的“智慧政府实施计划”为其未来 5 年电子政务的更进一步发展奠定了厚实的基础。

韩国政府面临着许多社会同题，如出生率的降低、人口老龄化、气候问题、社会两极化等，并且未来社会发展的趋势要求政府实现更多的个性化的服务及构建稳健的社会安全网络。这使得韩国政府需要一个灵活的电子政府策略来应对未来社会环境的变化。与此同时，韩国需要下一阶段的电子政务战略来保持 IT 环境的智能化。从大环境来看，云计算、Web2.0/3.0 等技术崛起，智能的 IT 时代已经到来；从国内环境来看，韩国智能手机的用户 2010 年年底已经达到 700 万人，预计将在 2013 年突破 2500 万人，达总人口的 50%。这些都促使韩国政府快速适应智能 IT 时代的到来，因此诞生了“智慧政府”计划。

韩国“智慧政府”的计划是其 2008 年电子政府总体规划融合韩国现阶段形势后的升级。“智慧政府”发展的规划可以说是韩国整个电子政务发展历程中循序渐进的成果，它建立在 2008 年的一个电子政务的总体规划之上，并考量了现阶段电子政务的弊端及韩国的社会环境，从利用智能化技术、突出服务公民的角度提出了“智慧政府实施计划”，目标是在 2015 年建成“智慧政府”。

韩国为“智慧政府“的实施提出了五大议程。五大议程的确定是为了应对信息化范式及未来社会环境的变化，同时也是对现有电子政务的改进。一是实现世界顶级的移动电子政务。移动电子政务意味着在移动通信的基础上实现服务、行政管理及基础设施的建设。二是建立一个安全可靠的社会。通过应用智能 IT 技术来对预防和应对灾难、防范犯罪、应对食品危机及完善社会福利的建设，以此实现一个能让公民安全、安心生活的社会。三是提倡“智慧工作”来平衡工作及生活。提倡人们改变工作方式，提倡从努力工作向智慧工作转化，这样能使公民不受时间和地点限制、高效、智能地工作。四是通过与公民交流提供个性化的服务。通过社会化媒体和开放信息政策来增加公众对政府治理的参与，为公众提供定制的综合服务。五是建立强大的电子政务基础设施，电子政务的可持续发展依赖于基础设施。构建强大的基础设施可以保证电子政务服务的可靠及不中断。

基础数据篇

2014年全国信息化发展水平评估各省市信息化发展指数

数据来源：中国电子信息产业发展研究院

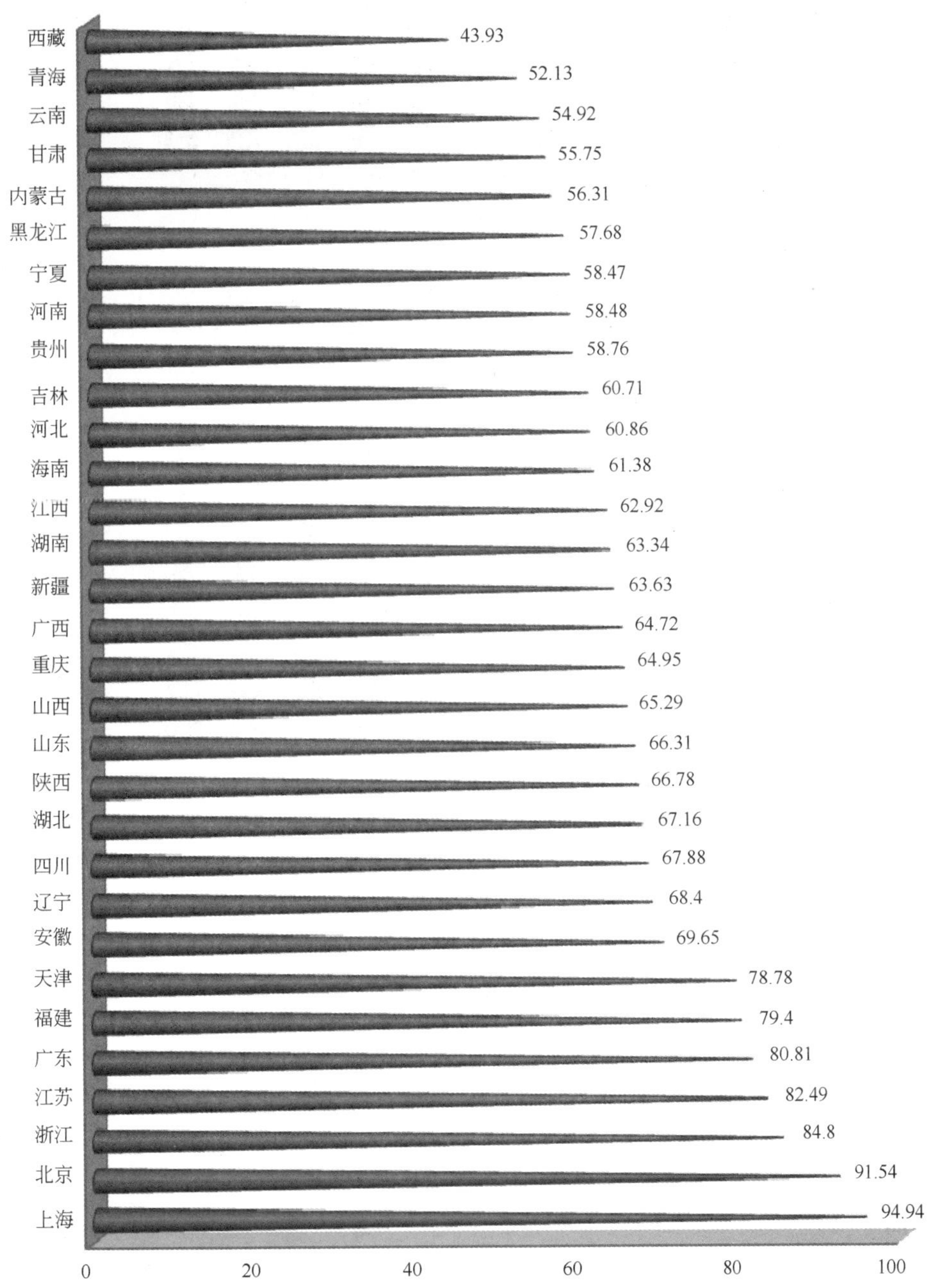

2014 年信息化发展指数增长最快前十名

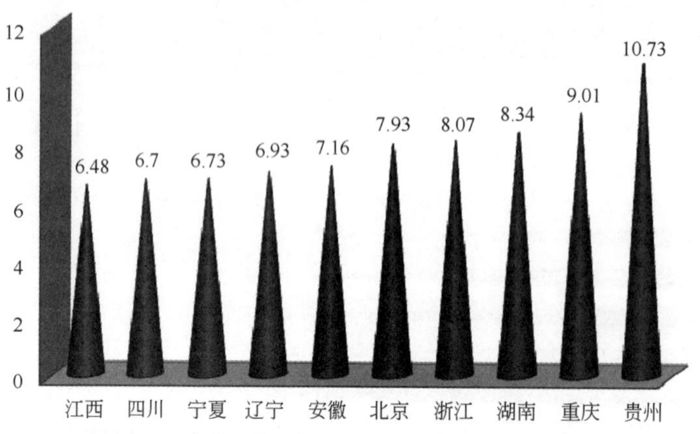

2014 年网络就绪度指数增长最快前十名

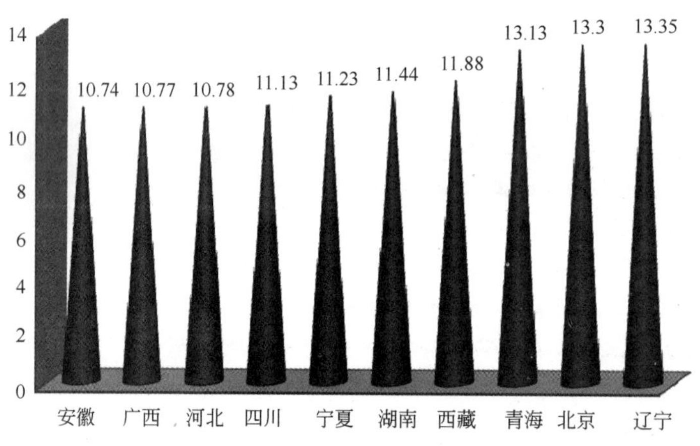

2014 年信息通信技术应用指数增长最快前十名

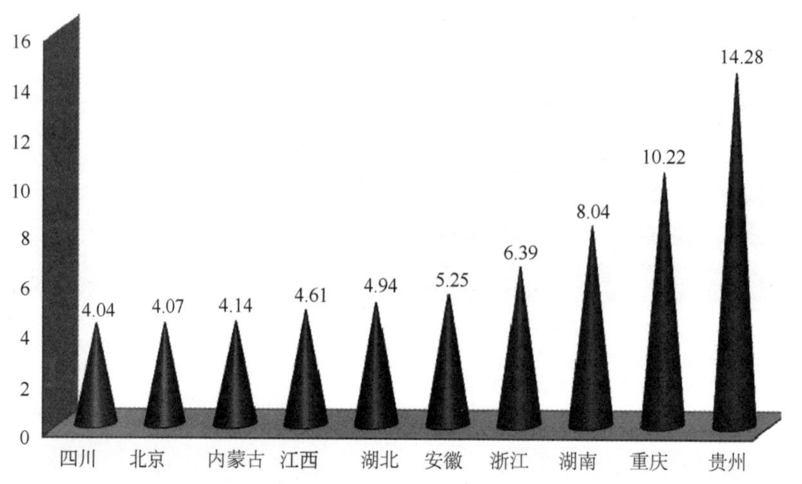

2014年全国信息化发展水平评估各省市信息化发展指数表

序号	省份	网络就绪度指数	信息通信技术应用指数	应用效益指数	信息化发展指数
1	上海	88.45	96.77	104.25	94.94
2	北京	86.65	88.85	106.68	91.54
3	浙江	77.21	83.6	102.35	84.8
4	江苏	76.43	78.53	102.55	82.49
5	广东	71.22	84.87	91.89	80.81
6	福建	72.87	84.37	82.56	79.4
7	天津	71.03	66.49	118.85	78.78
8	安徽	55.46	82.27	74.27	69.95
9	辽宁	65.07	64.4	83.04	68.4
10	四川	59.18	74.74	71.56	67.88
11	湖北	60.52	70.88	72.99	67.16
12	陕西	56.94	69.59	80.87	66.78
13	山东	59.19	63.55	86.07	66.31
14	山西	61.81	69.25	64.34	65.29
15	重庆	57.53	64.55	80.57	64.95
16	广西	59.29	75.18	54.64	64.72
17	新疆	58.93	73.46	53.39	63.63
18	湖南	54.77	70.16	66.83	63.34
19	江西	53.41	73.48	60.83	62.92
20	海南	59.43	68.43	51.2	61.38
21	河北	63.25	57	63.81	60.86
22	吉林	59.03	56.36	72.76	60.71
23	贵州	47.51	73.69	51.41	58.76
24	河南	53.04	60.46	65.42	58.48
25	宁夏	58.59	62.27	50.65	58.47
26	黑龙江	52.36	56.71	70.27	57.68
27	内蒙古	54.24	51.93	69.2	56.31
28	甘肃	47.58	67.53	48.52	55.75
29	云南	50.55	63.1	47.31	54.92
30	青海	56.02	50.16	48.28	52.13
31	西藏	41.47	48.08	40.53	43.93
	全国平均值	60.94	69.38	72.19	66.56

2014年各省市网络就绪度指数

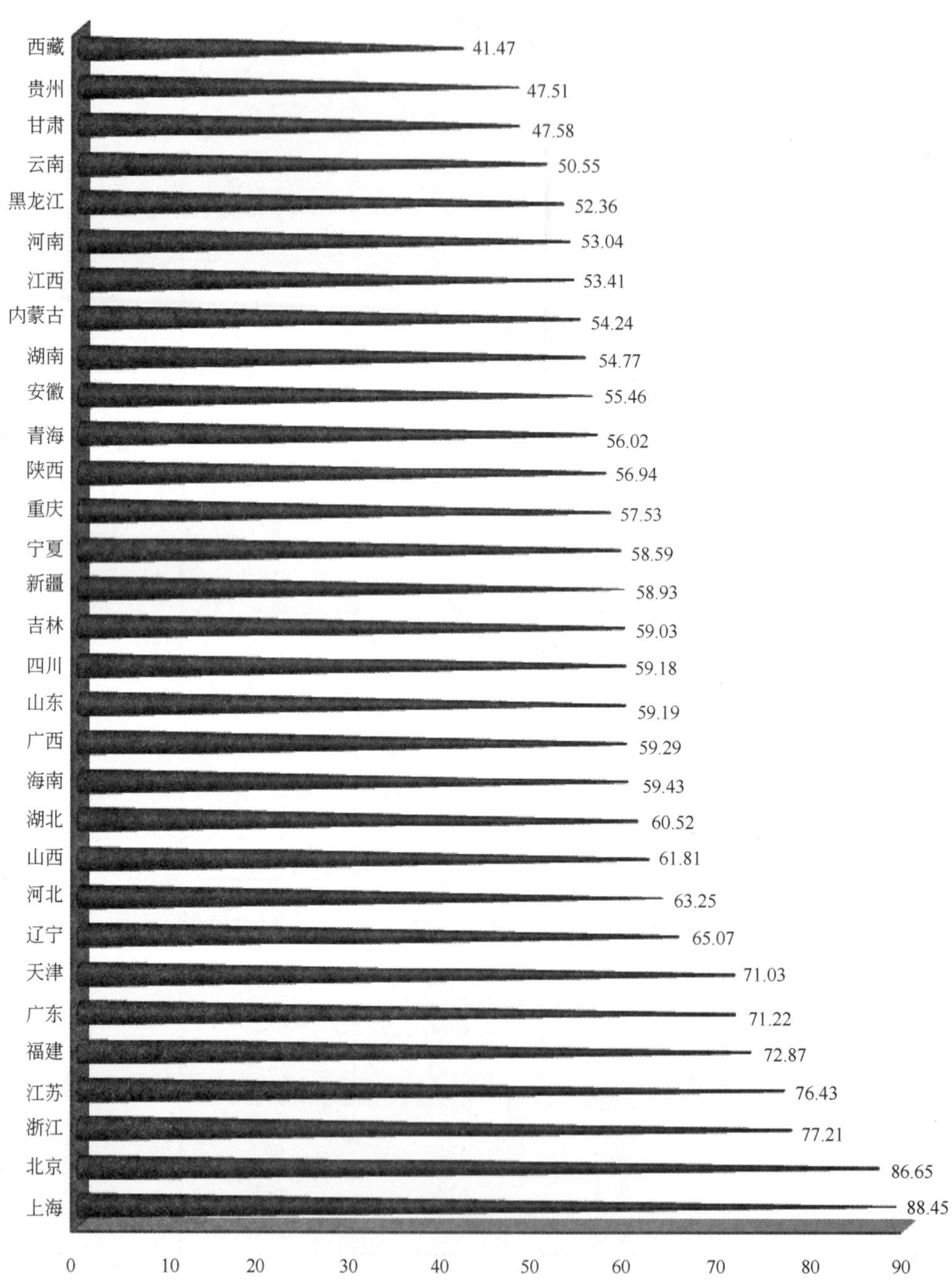

2014年各省市网络就绪度指数表

序号	省份	智能终端普及指数	有线电视发展指数	光纤发展指数	宽带普及指数	宽带速率指数	网络就绪度指数
1	上海	102.13	68.73	108.34	75.13	79.56	88.45
2	北京	100.65	70.39	92.44	85.63	76.58	86.65
3	浙江	88.67	70.8	72.13	77.81	72.2	77.21
4	江苏	81.03	79.16	71.57	76.81	73.1	76.43
5	福建	84.03	56.44	66.64	76.28	74.04	72.87
6	广东	90.68	63.24	46.9	77.06	71.35	71.22
7	天津	81.88	59.85	70.79	67.28	69.84	71.03
8	辽宁	74.52	66.93	44.06	69.61	68.31	65.07
9	河北	66.16	45.83	57.82	70.76	70.6	63.25
10	山西	67.38	49.42	52.66	68.23	66.86	61.81
11	湖北	65.6	59.44	36.82	70.01	69.2	60.52
12	海南	63.26	51.61	41.02	72.79	65.57	59.43
13	广西	62.2	51.19	43.47	67.22	69.61	59.29
14	山东	71.59	48.48	31.71	67.92	70.48	59.19
15	四川	59.07	55.26	48.43	59.78	72.42	59.18
16	吉林	66.79	60.27	34.84	61.58	70.02	59.03
17	新疆	62.08	37.98	53.21	69.77	65.57	58.93
18	宁夏	64.54	51.55	40.45	66.35	66.8	58.59
19	重庆	66.03	54.24	26.6	69.93	67.89	57.53
20	陕西	68.54	53.85	19.2	71.67	67.77	56.94
21	青海	59.29	44.69	43.63	64.15	64.7	56.02
22	安徽	59.01	44.69	37.04	62.39	70.6	55.46
23	湖南	58.19	48.94	28.33	65.88	70.19	54.77
24	内蒙古	67.38	43.49	27	58.92	68.43	54.24
25	江西	58.02	52.95	22.23	63.49	69.08	53.41
26	河南	61.14	39.77	26	64.62	68.31	53.04
27	黑龙江	61.86	52.14	15.63	60.19	69.55	52.36
28	云南	54.49	45.03	22.34	60.52	68.01	50.55
29	甘肃	55.42	35.96	15.4	57.58	68.66	47.58
30	贵州	55.13	43.22	14.64	56.45	65.14	47.51
31	西藏	46.23	0	22.97	60.97	65.63	41.47
全国平均值		68.48	51.79	43.04	67.64	69.55	60.94

2014年各省市智能终端普及指数

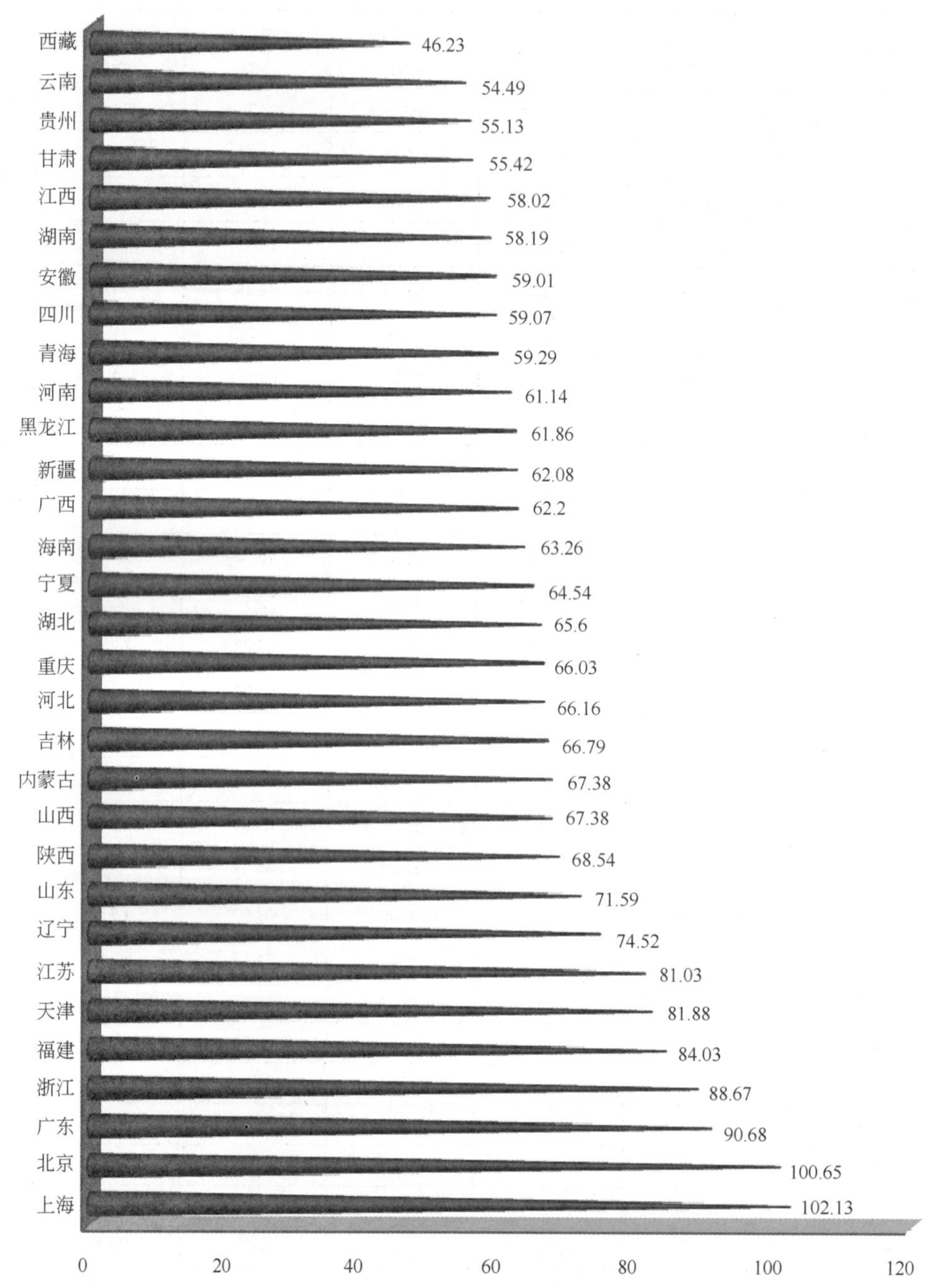

2014 年各省市智能终端普及指数表

序 号	省 份	数 值	序 号	省 份	数 值	序 号	省 份	数 值
1	上海	102.13	11	山西	67.38	21	黑龙江	61.86
2	北京	100.65	12	内蒙古	67.38	22	河南	61.14
3	广东	90.68	13	吉林	66.79	23	青海	59.29
4	浙江	88.67	14	河北	66.16	24	四川	59.07
5	福建	84.03	15	重庆	66.03	25	安徽	59.01
6	天津	81.88	16	湖北	65.6	26	湖南	58.19
7	江苏	81.03	17	宁夏	64.54	27	江西	58.02
8	辽宁	74.52	18	海南	63.26	28	甘肃	55.42
9	山东	71.59	19	广西	62.2	29	贵州	55.13
10	陕西	68.54	20	新疆	62.08	30	云南	54.49
—	—	—	—	—	—	31	西藏	46.23

2014 年各省市有线电视发展指数

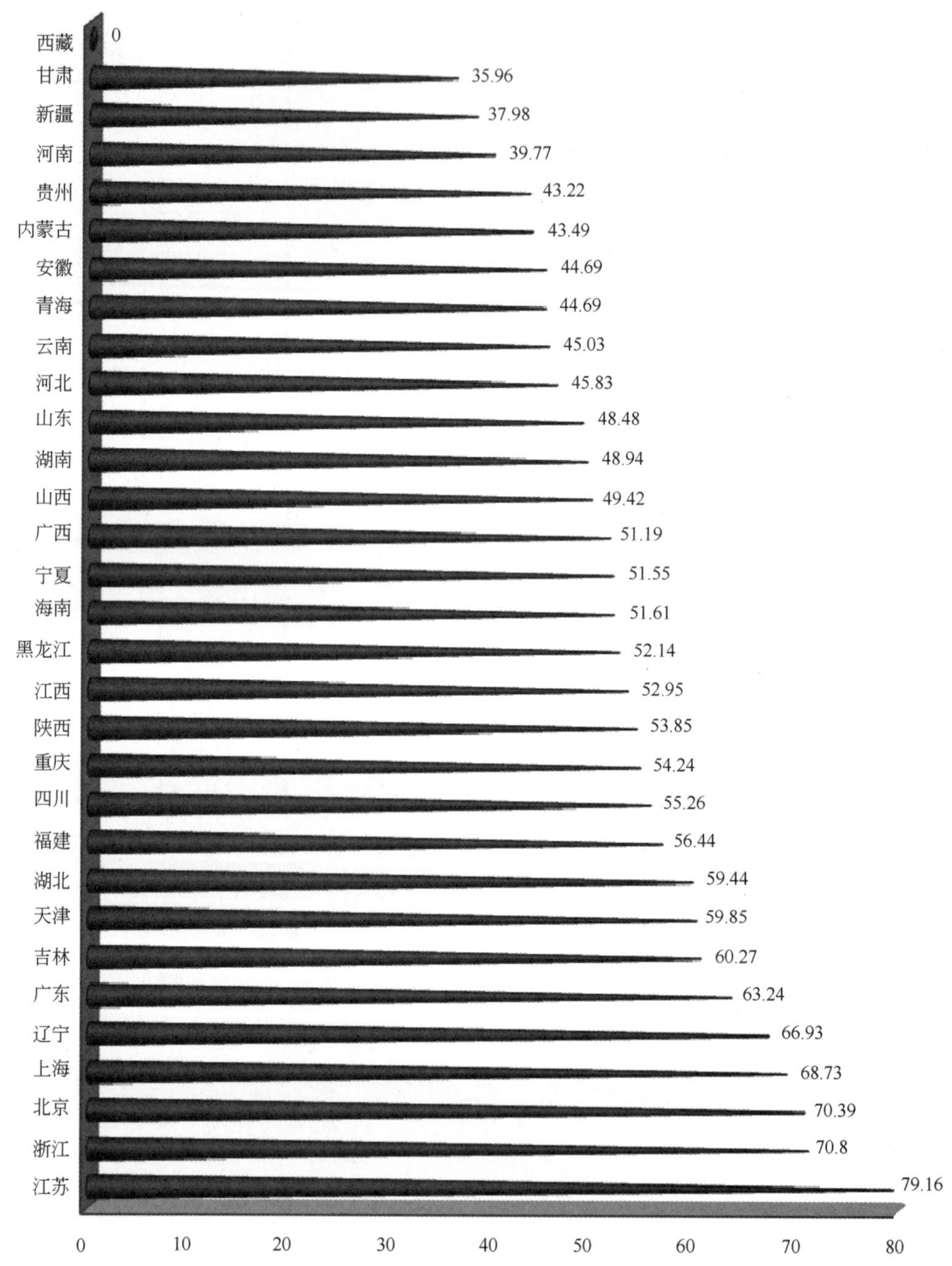

2014年各省市有线电视发展指数表

序号	省份	数值	序号	省份	数值	序号	省份	数值
1	江苏	79.16	11	四川	55.26	21	山东	48.48
2	浙江	70.8	12	重庆	54.24	22	河北	45.83
3	北京	70.39	13	陕西	53.85	23	云南	45.03
4	上海	68.73	14	江西	52.95	24	青海	44.69
5	辽宁	66.93	15	黑龙江	52.14	25	安徽	44.69
6	广东	63.24	16	海南	51.61	26	内蒙古	43.49
7	吉林	60.27	17	宁夏	51.55	27	贵州	43.22
8	天津	59.85	18	广西	51.19	28	河南	39.77
9	湖北	59.44	19	山西	49.42	29	新疆	37.98
10	福建	56.44	20	湖南	48.94	30	甘肃	35.96
—	—	—	—	—	—	31	西藏	0

2014 年各省市光纤发展指数

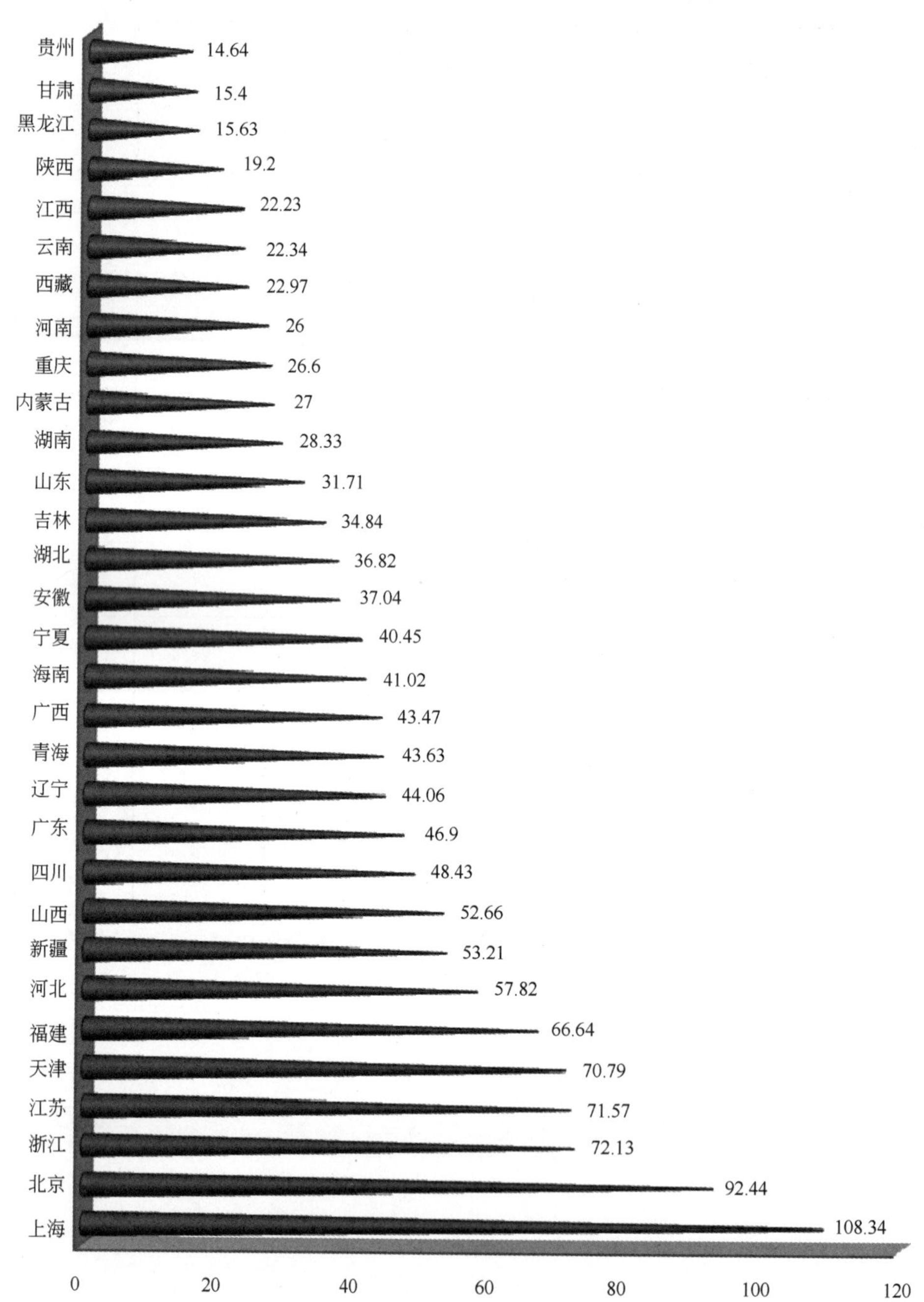

2014 年各省市光纤发展指数表

序　号	省　份	数　值	序　号	省　份	数　值	序　号	省　份	数　值
1	上海	108.34	11	广东	46.9	21	湖南	28.33
2	北京	92.44	12	辽宁	44.06	22	内蒙古	27
3	浙江	72.13	13	青海	43.63	23	重庆	26.6
4	江苏	71.57	14	广西	43.47	24	河南	26
5	天津	70.79	15	海南	41.02	25	西藏	22.97
6	福建	66.64	16	宁夏	40.45	26	云南	22.34
7	河北	57.82	17	安徽	37.04	27	江西	22.23
8	新疆	53.21	18	湖北	36.82	28	陕西	19.2
9	山西	52.66	19	吉林	34.84	29	黑龙江	15.63
10	四川	48.43	20	山东	31.71	30	甘肃	15.4
—	—	—	—	—	—	31	贵州	14.64

2014年各省市宽带普及指数

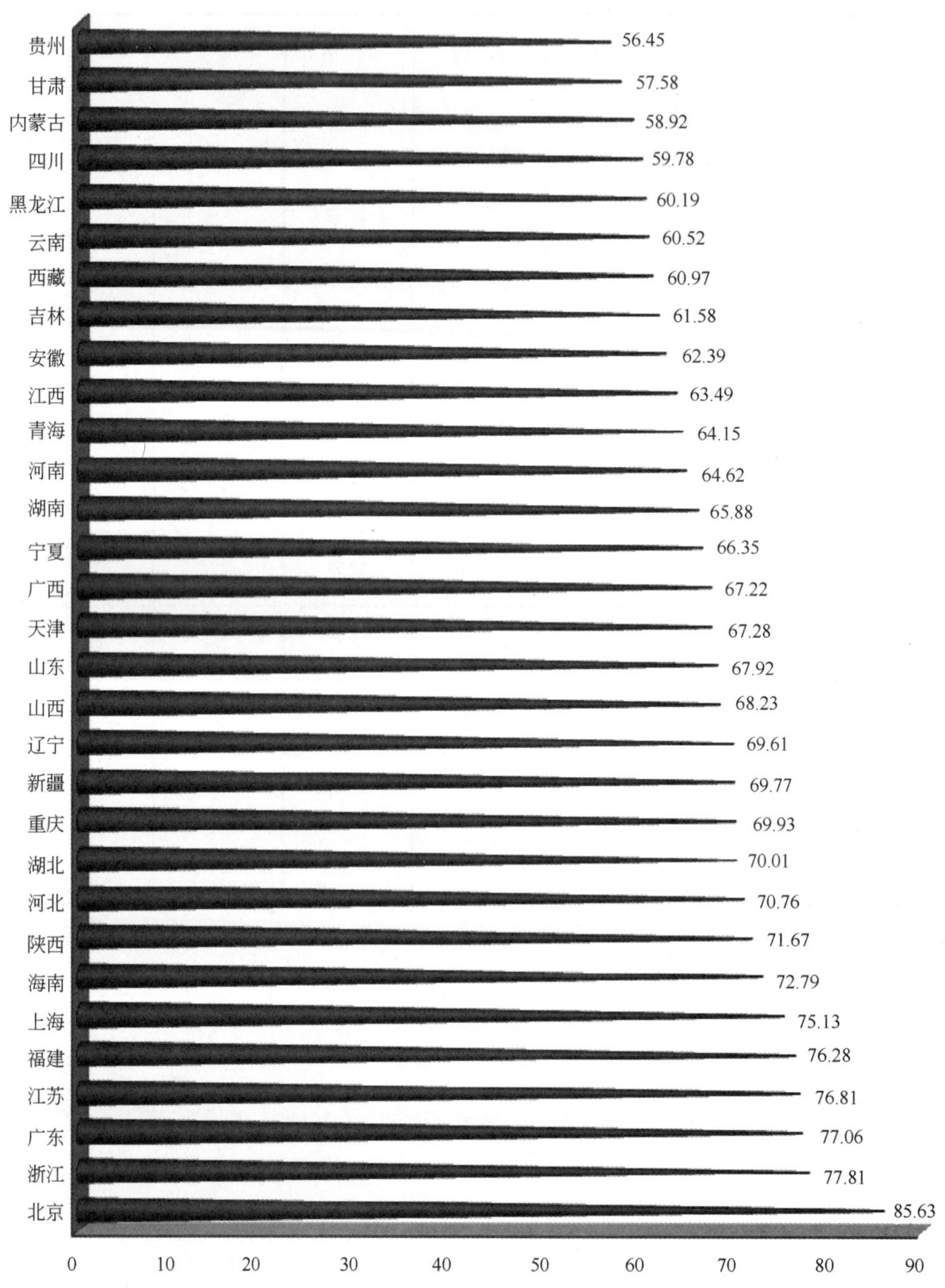

2014年各省市宽带普及指数表

序号	省份	数值	序号	省份	数值	序号	省份	数值
1	北京	85.63	11	重庆	69.93	21	青海	64.15
2	浙江	77.81	12	新疆	69.77	22	江西	63.49
3	广东	77.06	13	辽宁	69.61	23	安徽	62.39
4	江苏	76.81	14	山西	68.23	24	吉林	61.58
5	福建	76.28	15	山东	67.92	25	西藏	60.97
6	上海	75.13	16	天津	67.28	26	云南	60.52
7	海南	72.79	17	广西	67.22	27	黑龙江	60.19
8	陕西	71.67	18	宁夏	66.35	28	四川	59.78
9	河北	70.76	19	湖南	65.88	29	内蒙古	58.92
10	湖北	70.01	20	河南	64.62	30	甘肃	57.58
—	—	—	—	—	—	31	贵州	56.45

2014 年各省市宽带速率指数

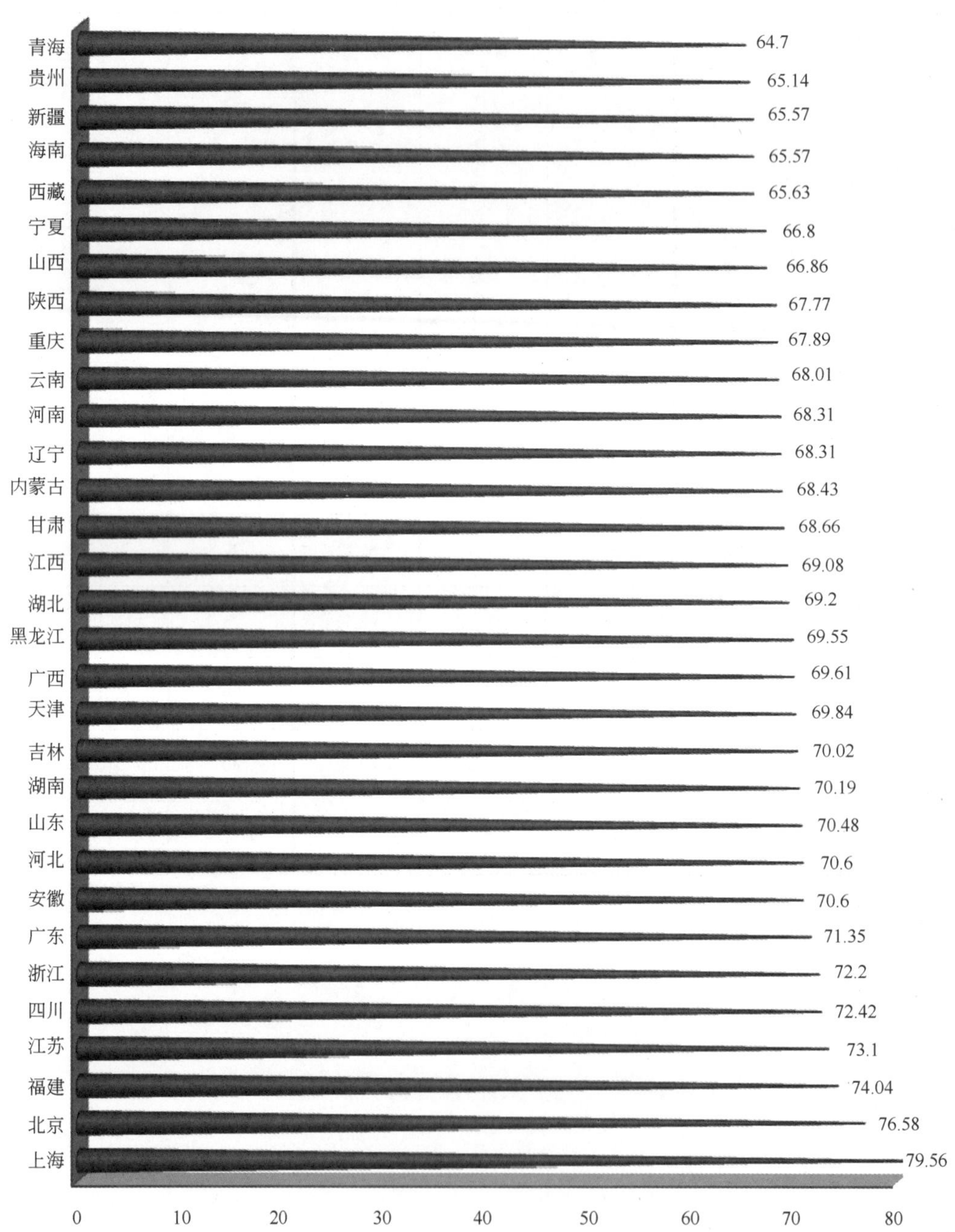

2014 年各省市宽带速率指数表

序 号	省 份	数 值	序 号	省 份	数 值	序 号	省 份	数 值
1	上海	79.56	11	湖南	70.19	21	河南	68.31
2	北京	76.58	12	吉林	70.02	22	云南	68.01
3	福建	74.04	13	天津	69.84	23	重庆	67.89
4	江苏	73.1	14	广西	69.61	24	陕西	67.77
5	四川	72.42	15	黑龙江	69.55	25	山西	66.86
6	浙江	72.2	16	湖北	69.2	26	宁夏	66.8
7	广东	71.35	17	江西	69.08	27	西藏	65.63
8	安徽	70.6	18	甘肃	68.66	28	海南	65.57
9	河北	70.6	19	内蒙古	68.43	29	新疆	65.57
10	山东	70.48	20	辽宁	68.31	30	贵州	65.14
—	—	—	—	—	—	31	青海	64.7

2014年各省市信息通信技术应用指数

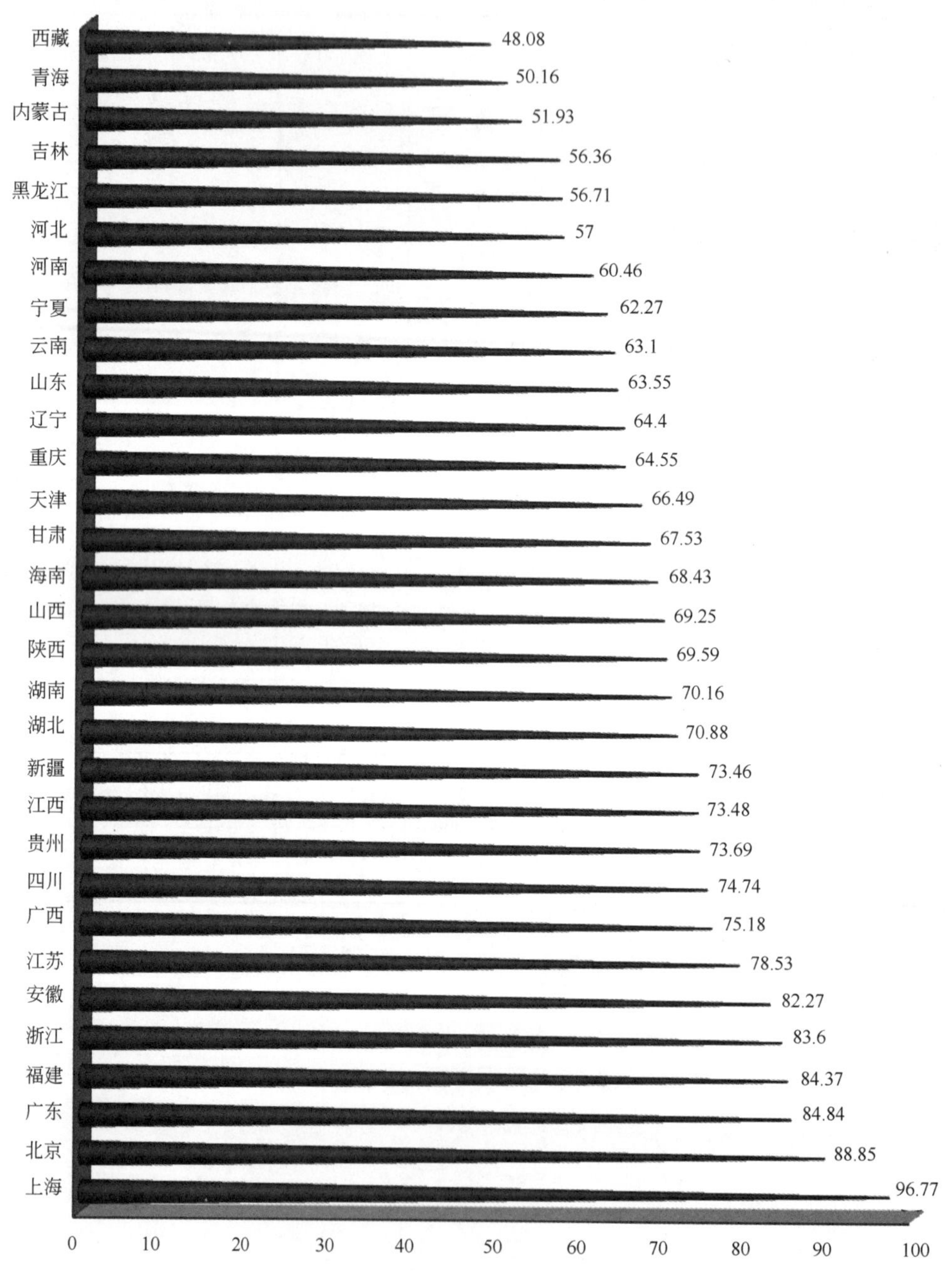

2014 年各省市信息通信技术应用指数表

序 号	省 份	企业应用指数	政务应用指数	居民应用指数	信息通信技术应用指数
1	上海	87.07	79.88	110.07	96.77
2	北京	88.41	82.97	92.01	88.85
3	广东	86.99	75.5	88.49	84.87
4	福建	70.56	81.96	92.47	84.37
5	浙江	90.01	57.49	93.45	83.6
6	安徽	82.35	69.79	88.48	82.27
7	江苏	92.58	61.82	79.86	78.53
8	广西	82.81	57.22	80.35	75.18
9	四川	61.09	78.03	79.91	74.74
10	贵州	67.37	55.91	85.75	73.69
11	江西	76.04	53.58	82.15	73.48
12	新疆	78.2	51.62	82.01	73.46
13	湖北	67.09	76.4	70.01	70.88
14	湖南	63.52	83.56	66.78	70.16
15	陕西	40.64	70.53	83.58	69.59
16	山西	75.39	52.98	74.32	69.25
17	海南	67.53	78.62	63.78	68.43
18	甘肃	66.43	54.22	74.73	67.53
19	天津	70.18	47.37	74.2	66.49
20	重庆	61.4	48.81	74	64.55
21	辽宁	34.83	61.68	80.54	64.4
22	山东	67.47	56.39	65.17	63.55
23	云南	40.44	57.8	77.09	63.1
24	宁夏	56.46	33.41	79.6	62.27
25	河南	84.63	35.41	60.89	60.46
26	河北	53.9	37.49	68.31	57
27	黑龙江	54.38	40.97	65.75	56.71
28	吉林	47.49	38.96	69.49	56.36
29	内蒙古	27.77	52.61	63.68	51.93
30	青海	43.6	51.62	52.7	50.16
31	西藏	30.93	28.25	66.56	48.08
全国平均值		65.08	58.48	76.97	69.38

2014年各省市企业应用指数

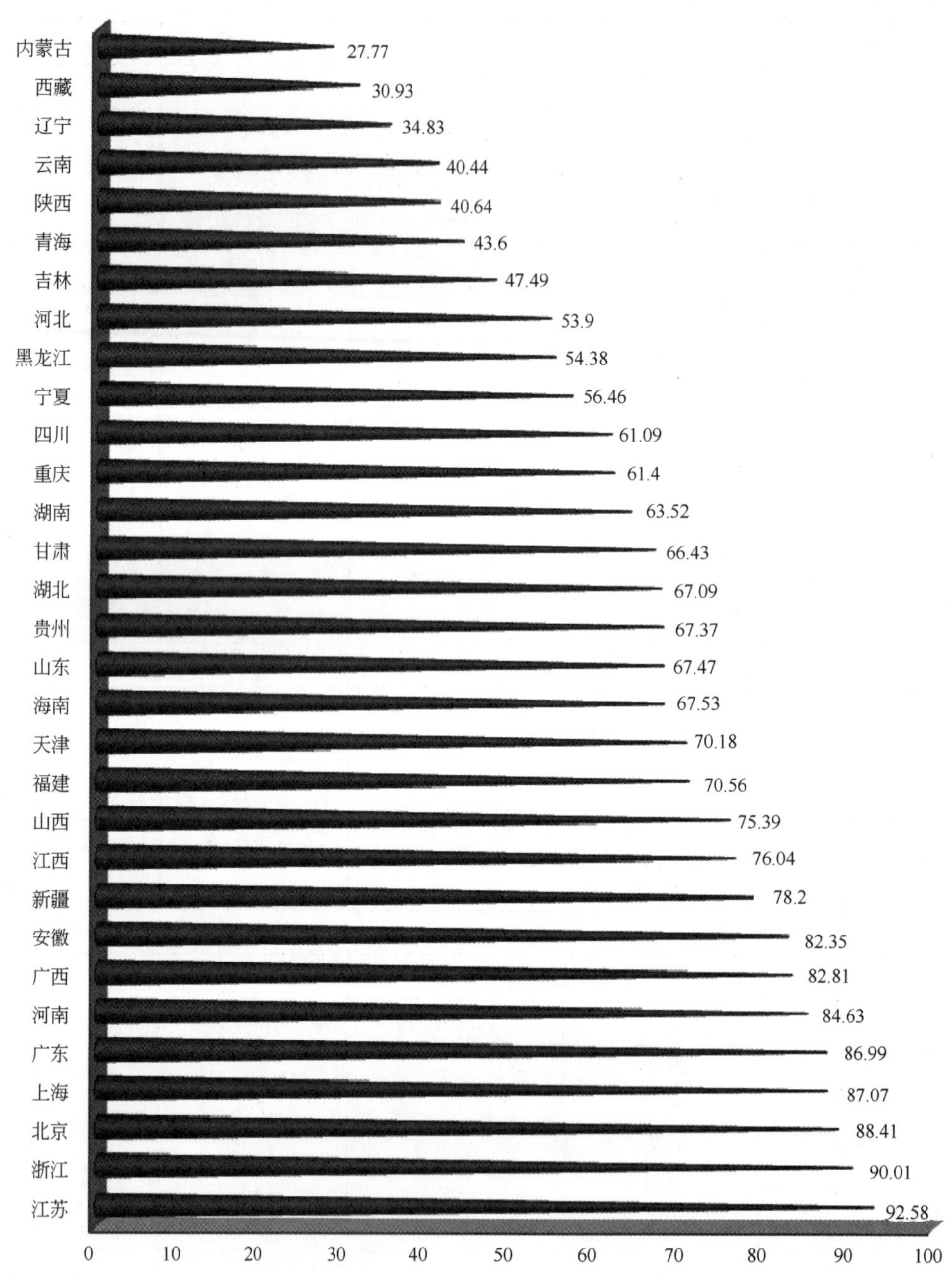

2014年各省市企业应用指数表

序 号	省 份	数 值	序 号	省 份	数 值	序 号	省 份	数 值
1	江苏	92.58	11	山西	75.39	21	四川	61.09
2	浙江	90.01	12	福建	70.56	22	宁夏	56.46
3	北京	88.41	13	天津	70.18	23	黑龙江	54.38
4	上海	87.07	14	海南	67.53	24	河北	53.9
5	广东	86.99	15	山东	67.47	25	吉林	47.49
6	河南	84.63	16	贵州	67.37	26	青海	43.6
7	广西	82.81	17	湖北	67.09	27	陕西	40.64
8	安徽	82.35	18	甘肃	66.43	28	云南	40.44
9	新疆	78.2	19	湖南	63.52	29	辽宁	34.83
10	江西	76.04	20	重庆	61.4	30	西藏	30.93
—	—	—	—	—	—	31	内蒙古	27.77

2014 年各省市居民应用指数

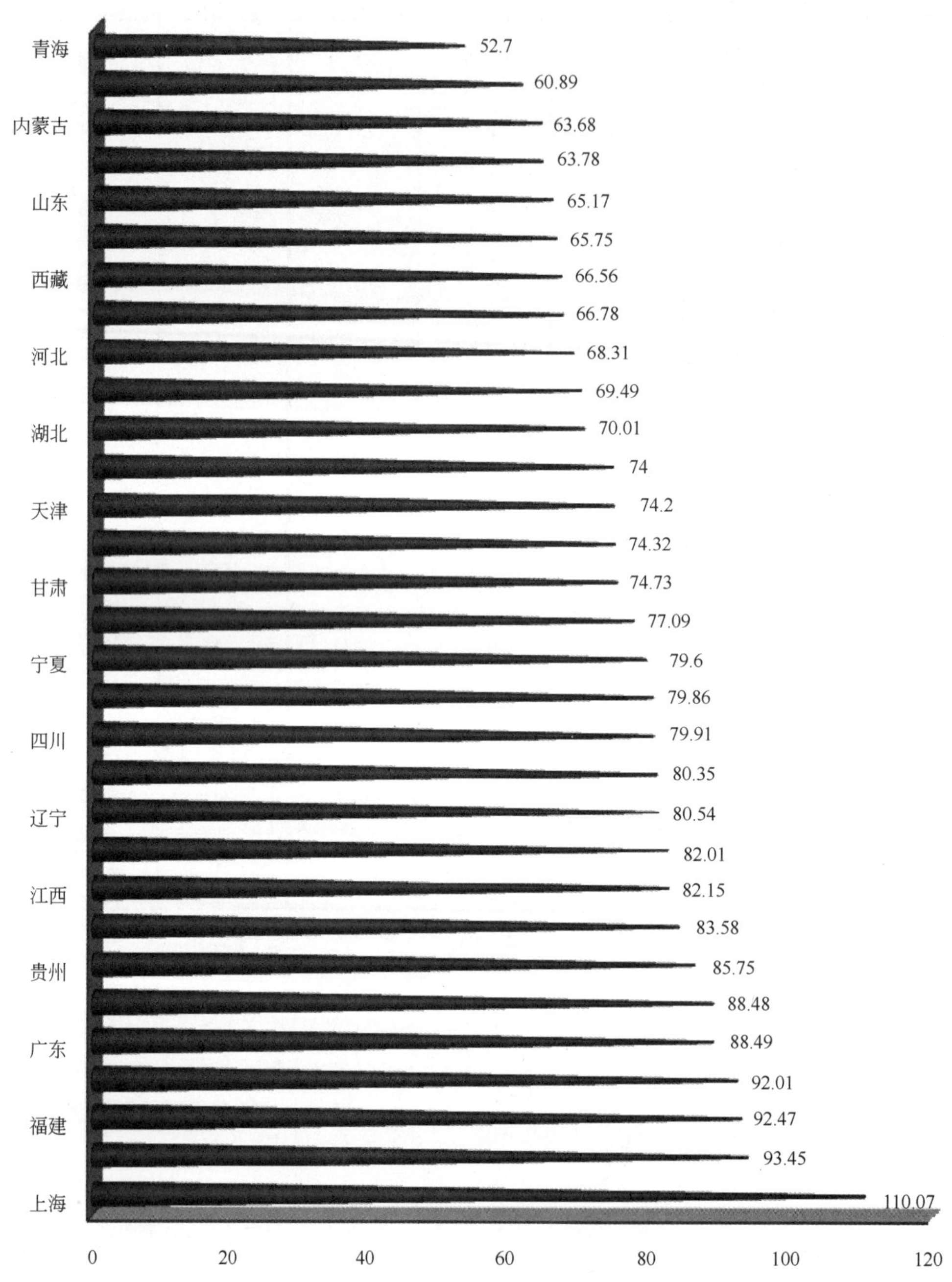

2014年各省市居民应用指数表

序　号	省　份	数　值	序　号	省　份	数　值	序　号	省　份	数　值
1	上海	110.07	11	辽宁	80.54	21	湖北	70.01
2	浙江	93.45	12	广西	80.35	22	吉林	69.49
3	福建	92.47	13	四川	79.91	23	河北	68.31
4	北京	92.01	14	江苏	79.86	24	湖南	66.78
5	广东	88.49	15	宁夏	79.6	25	西藏	66.56
6	安徽	88.48	16	云南	77.09	26	黑龙江	65.75
7	贵州	85.75	17	甘肃	74.73	27	山东	65.17
8	陕西	83.58	18	山西	74.32	28	海南	63.78
9	江西	82.15	19	天津	74.2	29	内蒙古	63.68
10	新疆	82.01	20	重庆	74	30	河南	60.89
—	—	—	—	—	—	31	青海	52.7

2014 年各省市应用效益指数

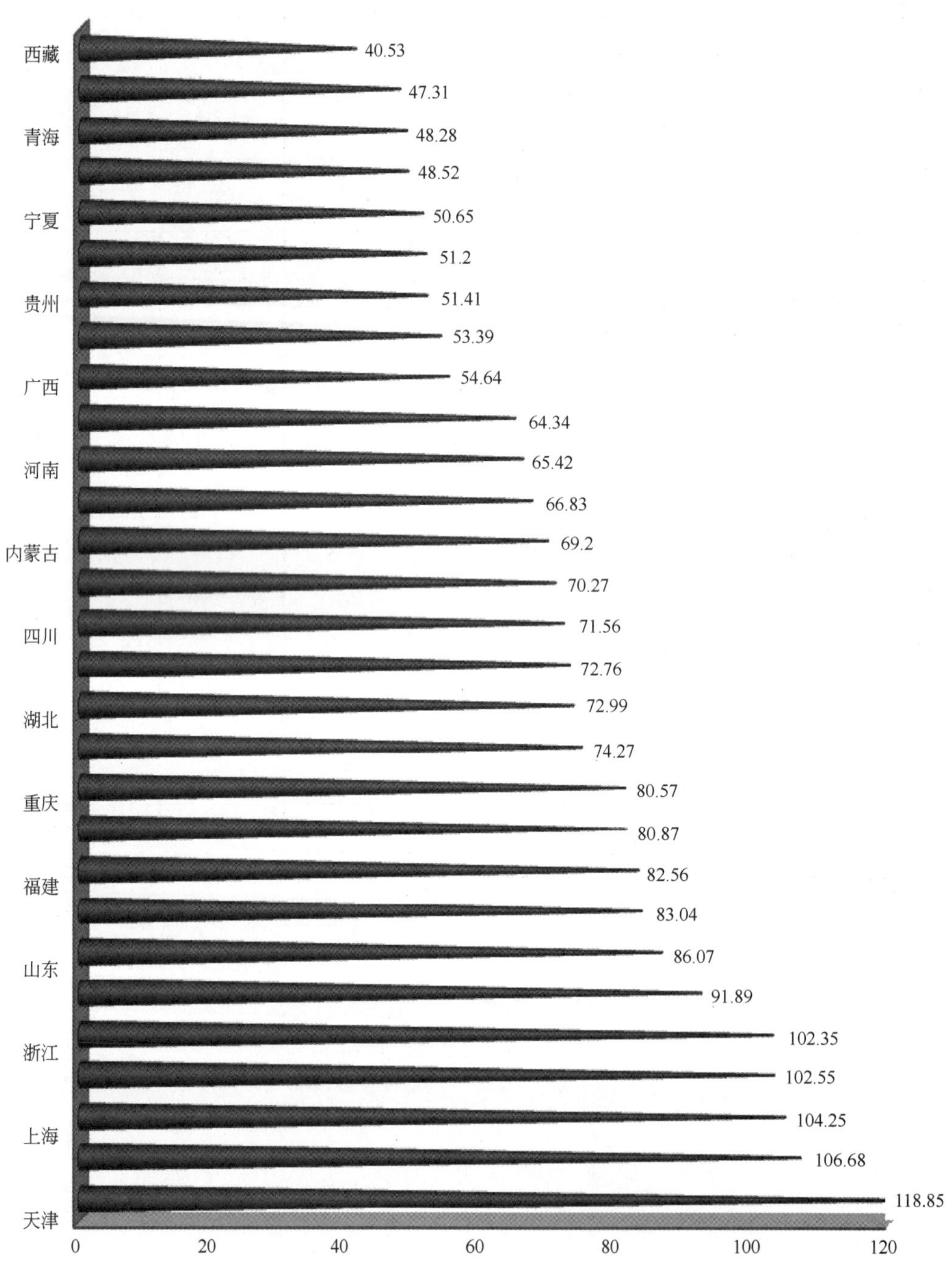

2010—2014 年全国通信业务主要经济指标完成情况

数据来源：《中国统计年鉴》、国家邮政局、工业和信息化部

指　标	单　位	2010 年	2011 年	2012 年	2013 年	2014 年
通信业务总量	亿元	31978.5	13333.5	15019.28	18432.2	21834.4
电信业务总量	亿元	29993.2	11725.8	12982.44	15707.2	18138.3
邮政业务总量	亿元	1985.3	1607.7	2036.84	2725.1	3696.1
通信业务收入	亿元	10264.8	11441.5	12743.8	14236.9	14744.4
电信业务收入	亿元	8988	9880	10762.9	11689.1	11541.1
邮政业务收入	亿元	1276.8	1561.5	1980.9	2547.8	3203.3
电信固定资产投资额	亿元	3021.6	3382.2	3616.2	3754.7	3993.6

2010—2014 年全国通信网络基础设施发展情况

数据来源：《中国统计年鉴》

指　标	单　位	2010 年	2011 年	2012 年	2013 年	2014 年
光缆总长度	万千米	996.2	1211.9	1479.33	1745.37	2061.25
长途光缆总长度	万千米	81.8	84.2	86.8	89.0	92.8
固定长途电话交换机容量	万路端	1641.5	1602.3	1579.7	1280.5	982.9
局用交换机容量	万门	46537.3	43428.4	43749.3	41089.3	40517.1
移动电话交换机容量	万户	150284.9	171636.0	184023.8	196557.3	205024.9
互联网宽带接入端口	万个	18781.1	23239.4	32108.4	35945.3	40546.1

2010—2014 年全国电话用户发展情况

数据来源：《中国统计年鉴》

指　标	单　位	2010 年	2011 年	2012 年	2013 年	2014 年
固定电话用户	万户	29434.2	28509.8	27815.3	26698.5	24943.0
城市电话用户	万户	19658.1	19121.7	18893.4	18456.8	17627.9
农村电话用户	万户	9776.1	9388.1	8921.9	8241.7	7315.1
移动电话用户	万户	85900.3	98625.3	111215.5	122911.3	128609.3
3G 移动电话用户	万户	4705.1	12842.4	23280.3	40161.1	48525.5

2010—2014年全国电话普及情况

数据来源：《中国统计年鉴》

指 标	单 位	2010年	2011年	2012年	2013年	2014年
电话普及率	部/百人	86.41	94.81	103.10	109.95	112.26
移动电话普及率	部/百人	64.36	73.55	82.50	90.33	94.03
已通电话行政村比重	%	100	100	100	100	100
已通宽带行政村比重	%	80.11	84.00	87.90	91.00	93.50

2010—2014年全国互联网用户发展情况

数据来源：中国互联网络信息中心、《中国统计年鉴》

指 标	单 位	2010年	2011年	2012年	2013年	2014年
互联网普及率	%	34.3	38.3	42.1	45.8	47.9
互联网上网人数	万人	45730	51310	56400	61758	64875
手机上网人数	万人	30273	35558	41997	50006	55678
互联网宽带接入用户数	万人	12629.1	15000.1	17518.3	18890.9	20048.3
互联网拨号接入用户数	万人	590.1	550.7	569.8	485.1	441.6

2010—2014 年全国各地区网民规模和互联网普及率

数据来源：中国互联网络信息中心

地　区	2010 年		2011 年		2012 年		2013 年		2014 年	
	网民数（万人）	普及率（%）	网民数（万人）	普及率（%）	网民数（万人）	普及率（%）	网民数（万人）	普及率（%）	网民数（万人）	普及率（%）
北京	1218	69.4	1379	70.3	1458	72.2	1556	75.2	1593	75.3
天津	648	52.7	719	55.6	793	58.5	866	61.3	904	61.4
河北	2197	31.2	2597	36.1	3008	41.5	3389	46.5	3603	49.1
山西	1250	36.5	1405	39.3	1589	44.2	1755	48.6	1838	50.6
内蒙古	747	30.8	854	34.6	965	38.9	1093	43.9	1142	45.7
辽宁	1916	44.4	2092	47.8	2199	50.2	2453	55.9	2580	58.8
吉林	882	32.2	966	35.2	1062	38.6	1163	42.3	1243	45.2
黑龙江	1127	29.5	1206	31.5	1329	34.7	1514	39.5	1599	41.7
上海	1239	64.5	1525	66.2	1606	63.1	1683	70.7	1716	71.1
江苏	3306	42.8	3685	46.8	3952	50.0	4095	51.7	4272	53.8
浙江	2786	53.8	3052	56.1	3221	59.0	3330	60.8	3458	62.9
安徽	1392	22.7	1585	26.6	1869	31.3	2150	35.9	2225	36.9
福建	1848	50.9	2102	57.0	2280	61.3	2402	64.1	2471	65.5
江西	950	21.4	1088	24.4	1267	28.5	1468	32.6	1543	34.1
山东	3332	35.2	3625	37.8	3866	40.1	4329	44.7	4634	47.6
河南	2417	25.5	2582	27.5	2856	30.4	3283	34.9	3474	36.9
湖北	1902	33.3	2129	37.2	2309	40.1	2491	43.1	2625	45.3
湖南	1747	27.3	1936	29.5	2200	33.3	2410	36.3	2579	38.6
广东	5324	55.3	6300	60.4	6627	63.1	6992	66.0	7286	68.5
广西	1226	25.2	1353	29.4	1586	34.2	1774	37.9	1848	39.2
海南	303	35.1	338	38.9	384	43.7	411	46.4	421	47.0
重庆	990	34.6	1068	37.0	1195	40.9	1293	43.9	1357	45.7
四川	1998	24.4	2229	27.7	2562	31.8	2835	35.1	3022	37.3
贵州	751	19.8	840	24.2	991	28.6	1146	32.9	1222	34.9
云南	1021	22.3	1140	24.8	1321	28.5	1528	32.8	1643	35.1
西藏	81	27.9	90	29.9	101	33.3	115	37.4	123	39.4
陕西	1295	34.3	1429	38.3	1551	41.5	1689	45.0	1745	46.4
甘肃	655	24.8	700	27.4	795	31.0	894	34.7	951	36.8
青海	188	33.6	208	36.9	238	41.9	274	47.8	289	50.0
宁夏	175	28.0	207	32.8	258	40.3	283	43.7	295	45.1
新疆	819	37.9	882	40.4	962	43.6	1094	49.0	1139	50.3

2010—2014年各类网络应用用户规模和使用率

数据来源：中国互联网络信息中心

应 用	2010年		2011年		2012年		2013年		2014年	
	用户规模（万人）	使用率（%）	用户规模（万人）	使用率（%）	用户规模（万人）	使用率（%）	用户规模（万人）	使用率（%）	用户规模（万人）	使用率（%）
搜索引擎	37453	81.9	40740	79.4	45110	80.0	48966	79.3	52223	80.5
网络新闻	35304	77.2	36687	71.5	—	—	49132	79.6	51894	80.0
网络购物	16051	35.1	19395	37.8	24202	42.9	30189	48.9	36142	55.7
团购	1875	4.10	6465	12.6	8327	14.8	14067	22.8	17267	26.6
网上支付	13719	30.0	16676	32.5	22065	39.1	26020	42.1	30431	46.9
旅行预订	3613	7.9	4207	8.2	11167	19.8	18077	29.3	22173	34.2
网上银行	13948	30.5	16624	32.4	22148	39.3	25006	40.5	28214	43.5
网络炒股	7088	15.5	4002	7.8	3423	6.1	—	—	—	—
即时通信	35358	77.1	41510	80.9	46775	82.9	53215	86.2	58776	90.6
电子邮件	24969	54.6	24577	47.9	25080	44.5	25921	42.0	25178	38.8
博客/个人空间	29450	64.4	31864	62.1	37299	66.1	43658	70.7	10896	16.8
微博	6311	13.8	24988	48.7	30861	54.7	28078	45.5	24884	38.4
社交网站	23505	51.4	24424	47.6	27505	48.8	27769	45.0	—	—
论坛/BBS	14817	32.4	14469	28.2	14925	26.5	12046	19.5	12908	19.9
网络视频	28398	62.1	32531	63.4	37183	65.9	42820	69.3	43298	66.7
网络游戏	30410	66.5	32428	63.1	33569	59.5	33083	54.7	36585	56.4
网络音乐	36218	79.2	38585	75.2	43586	77.3	45312	73.4	47807	73.7
网络文学	19481	42.6	20267	39.5	23344	41.4	27441	44.4	29385	45.3

2010—2014 年全国互联网资源发展情况

数据来源：中国互联网络信息中心

指 标	单 位	2010 年	2011 年	2012 年	2013 年	2014 年
IPv4 地址数	万个	27764	33044	33053	33031	33199
IPv6 地址数	块/32	—	9398	12535	16670	18797
域名数	万个	865.7	774.8	1341	1844	2060
CN 域名数	万个	435.0	352.9	750.8	1082.9	1108.9
网站数	万个	190.8	229.6	268.1	320.1	334.9
国际出口带宽	Mbps	1098957	1389529	1899792	3406824	4118663

2010—2014 年全国电子信息产业主要经济指标完成情况

数据来源：工业和信息化部历年《电子信息产业统计公报》

指 标	单 位	2010 年	2011 年	2012 年	2013 年	2014 年
主营业务收入	万亿元	7.8	9.3	11.0	12.4	14
固定资产投资	亿元	5993	—	9592	10828	12065
进口总额	亿美元	4216	4680	4888	5495	5340
出口总额	亿美元	5912	6612	6980	7807	7897

2010—2014 年全国电子信息产品制造业主要经济指标完成情况

数据来源：工业和信息化部历年《电子信息产业经济运行公报》、《统计公报》

指 标	单 位	2010 年	2011 年	2012 年	2013 年	2014 年
主营业务收入	亿元	63945	74909	84619	93202	102988
工业增加值增长率	%	16.9	—	12.1	11.3	12.2
利润总额	亿元	2825	3300	3506	4152	5052
税金总额	亿元	950	1245	1513	1845	2021

2010—2014 年全国主要电子信息产品产量情况

数据来源：工业和信息化部、《中国统计年鉴》

指　标	单　位	2010 年	2011 年	2012 年	2013 年	2014 年
集成电路	亿块	652.5	719.52	779.61	903.46	1015.53
程控交换机	万线	3138.0	3034.04	2829.08	2698.53	3123.10
微型计算机	万部	24584.5	32036.93	31806.71	35348.41	35079.63
笔记本电脑	万部	22332.3	29031.9	25289.37	24041.53	22728.73
移动通信手机	万部	99827.4	113257.71	118154.57	152343.90	162719.82
彩色电视机	万台	11830.0	12231.34	12823.52	12745.21	14128.90
数字激光视盘机	万台	15752	16008	12578	9557	8866

2010—2014 年全国主要电子信息产品出口情况

数据来源：工业和信息化部

指　标	单　位	2010 年	2011 年	2012 年	2013 年	2014 年
集成电路	亿块	831.5	904.4	—	—	—
微型计算机	万部	21060	24374.53	—	33674.8	—
笔记本电脑	万部	19386	23400.24	—	32668.2	—
移动通信手机	亿部	7.59	8.75	10.1	11.9	13.1
彩色电视机	万台	6583	6537	6148	5959	7406
数字激光视盘机	万台	13165	13247	10497	8954	8267

2010—2014 年全国软件产业基本情况

数据来源：工业和信息化部、中国软件行业协会、

《中国统计年鉴》、《2014 年 1～12 月软件业经济运行情况》

指　标	单　位	2010 年	2011 年	2012 年	2013 年	2014 年
软件业务收入	亿元	13589	18849	24794	30587	37026
软件产品收入	亿元	4931	6192	7857	9877	12198
信息技术咨询服务收入	亿元	1200	1802	2435	3014	3841
数据处理和存储服务收入	亿元	1763	3066	4156	5482	6843
信息系统集成服务收入	亿元	3117	4084	5583	6549	7679
嵌入式系统软件收入	亿元	2128	3074	3992	4680	6117
集成电路（IC）设计收入	亿元	450	632	770	986	1099
实现利润	亿元	2174	—	—	3831	4826
软件业务出口	亿美元	267.4	304	368	469	487

2014 年各省市两化融合指数

数据来源：中国电子信息产业发展研究院

省 份	基础环境指数	工业应用指数	应用效益指数	总 指 数
江苏	86.31	78	126.37	92.17
上海	90.08	80	113.46	90.89
浙江	93.01	75.33	101.37	86.26
北京	88.84	67.82	114.78	84.81
广东	89.77	54.03	126.21	81.01
山东	79.35	70.47	101.11	80.35
福建	88.77	70.31	90.36	79.94
重庆	66.44	82.6	84.18	78.96
安徽	63.22	85.04	74.49	76.95
湖南	70.67	78.38	76.79	76.06
辽宁	82.58	57.25	90.31	71.85
天津	76.46	53.92	97.93	70.56
江西	70.47	72.92	64.22	70.13
四川	70.53	57.98	91.41	69.47
湖北	70.98	62.85	80.96	69.41
河南	71.73	64.71	71.84	68.25
广西	65.33	74.54	56.77	67.79
黑龙江	73.94	68.63	57.86	67.27
河北	73.37	68.89	57.04	67.05
陕西	75.08	47.09	76.58	61.46
吉林	76.67	51.57	62.76	60.65
贵州	62.58	57.43	50.86	57.08
新疆	68.42	54.04	50.6	56.77
山西	63.36	51.67	49.83	54.13
内蒙古	64.91	44.43	53.61	51.85
宁夏	59.41	46.02	43.66	48.78
青海	70.71	42.8	36.8	48.28
海南	64.97	38.87	49.68	48.09
甘肃	61.58	38.03	42.2	44.96
西藏	37.44	32.96	38.06	35.36
云南	45.89	22.23	44.13	33.62
全国平均值	71.71	59.70	73.43	66.14

2014 年全国两化融合发展水平评估基础环境类指标评估结果

数据来源：中国电子信息产业发展研究院

省　份	城（省）域网出口带宽指数	固定宽带普及率指数	固定宽带端口平均速率指数	移动电话普及率指数	互联网普及率指数	两化融合专项引导资金指数	中小企业信息化服务平台数指数	重点行业典型企业信息化专项规划指数	基础环境指数
浙江	141.91	97.71	72.2	79.43	74.93	100	150	78.77	93.01
上海	113.11	92.9	79.56	81.46	82.15	100	120.75	77.48	90.08
广东	148.7	90.37	71.35	83	78.81	100	150	50.44	89.77
北京	74.16	97.71	76.58	91.21	85.21	100	108.5	72.85	88.84
福建	76.19	95.34	74.04	73.93	77.42	100	150	70.03	88.77
江苏	140.8	85.02	73.1	67.8	67.6	100	145.34	68.93	86.31
辽宁	75.32	82.19	68.31	69.58	71.08	100	150	58.14	82.58
山东	56.74	76.18	70.48	61.3	61.4	100	150	66.53	79.35
吉林	49.32	72.97	70.02	61.39	59.14	100	145.34	59.13	76.67
天津	73.81	69.62	69.84	64.94	75.32	100	98.48	74.43	76.46
陕西	87.43	69.62	67.77	64.81	61.67	100	138.63	39.42	75.08
黑龙江	58.15	66.1	69.55	57.71	56.42	100	132.19	64.92	73.94
河北	83.72	72.97	70.6	59.55	63.04	0	150	78.66	73.37
河南	51.49	62.4	68.31	56.59	51.71	100	150	45.22	71.73
湖北	95.16	72.97	69.2	56.54	59.9	100	81.22	67.11	70.98
青海	12.46	58.5	64.7	65.31	64.21	100	150	31.49	70.71
湖南	71.56	58.5	70.19	52.54	53.18	100	112.4	73.49	70.67
四川	94.32	58.5	72.42	57.2	51.92	100	108.5	61.12	70.53
江西	58.37	54.37	69.08	48.87	49.24	100	148.48	57.27	70.47
新疆	29.38	69.62	65.57	65.71	65.27	100	90.37	48.45	68.42
重庆	22.42	76.18	67.89	58.76	60.65	100	61.12	67.14	66.44
广西	57.73	66.1	69.61	53.24	54.82	100	58.5	74.97	65.33
海南	10.09	66.1	65.57	66.3	62.95	0	141.22	48.9	64.97
内蒙古	47.01	62.4	68.43	71.14	60.65	100	72.97	35.49	64.91
山西	30.26	72.97	66.86	61.25	64.92	100	33.15	63.44	63.36
安徽	76.01	54.37	70.6	51	52.76	100	55.77	74.12	63.22
贵州	29.29	50	65.14	56.49	49.57	100	102.94	47.22	62.58
甘肃	35.31	45.34	68.66	56.64	51.5	100	105.77	32.8	61.58
宁夏	11.99	62.4	66.8	66.3	60.47	100	40.37	42.72	59.41
云南	50.45	54.37	68.01	54.67	49.46	0	36.85	26.75	45.89
西藏	3.26	40.37	65.63	61.49	54.31	0	0	15.21	37.44
全国平均值	63.42	69.49	69.55	63.75	62.31	—	107.71	57.18	71.71

2014年全国两化融合发展水平评估工业应用类指标情况

数据来源：中国电子信息产业发展研究院

省　份	重点行业典型企业ERP普及率指数	重点行业典型企业MES普及率指数	重点行业典型企业PLM普及率指数	重点行业典型企业SCM普及率指数	重点行业典型企业采购环节电子商务应用指数	重点行业典型企业销售环节电子商务应用指数	重点行业典型企业装备数控化率指数	国家新型工业化产业示范基地两化融合发展水平指数	工业应用指数
安徽	76.86	100.12	81.15	71.35	118.77	135.82	59.04	47.77	85.04
重庆	76.12	90.42	47.76	70.37	116.71	128.59	69.42	66.3	82.6
上海	69.85	97.19	77.44	64.66	106.15	112.61	58.26	60.69	80
湖南	72.67	78.81	63.55	68.43	108.74	116.75	51.88	71.74	78.38
江苏	75.06	83.09	61.53	70.39	108.27	113.4	57.8	60.7	78
浙江	65.76	81.59	67.52	43.16	101.74	110.03	66.92	68.45	75.33
广西	68.18	87.17	76.48	63	76.62	93.25	66.46	67.62	74.54
江西	75.01	74.17	58.71	69.35	107	117.68	51.46	39.2	72.92
山东	67.36	59.31	67.05	64.08	79.05	80.7	68.21	77.22	70.47
福建	72.71	67.92	60.5	65.69	70.61	83.97	55.56	85.42	70.31
河北	65.9	70.03	56.88	62.75	74.68	77.95	68.99	73.19	68.89
黑龙江	63.58	52.31	61.74	59.53	93.43	104	49.95	67.78	68.63
北京	58.42	78.81	72.18	56.58	71.62	93.82	60.17	54.43	67.82
河南	63.47	53.51	59.69	59.68	74.73	79.98	54.56	72.49	64.71
湖北	55.52	71.36	49.2	67.26	55.94	59.21	55.13	86.49	62.85
四川	64.86	50.9	53.52	60.43	62.89	83.78	35.23	56.27	57.98
贵州	60.84	74.34	44.14	53.95	62.87	70.23	55.68	40.53	57.43
辽宁	51.62	62.66	50.27	52.82	54.48	56.47	41.79	85.75	57.25
新疆	55.06	68.77	45.54	56.88	58.8	58.8	45.26	45.98	54.04
广东	62.29	61.32	51.26	59.65	43.48	52.76	50.94	51.49	54.03
天津	63.98	61.17	60.37	55.22	48.14	51.36	39.06	54.44	53.92
山西	55.73	64.06	53.01	58.85	57.73	38.7	45.54	42.29	51.67
吉林	69.93	46.72	61.51	66.29	48.12	47.99	31.87	44.61	51.57
陕西	47.45	42.29	42.4	46.89	57.86	51.09	35.83	53.72	47.09
宁夏	54.76	60.59	42.4	53.05	44.22	47.54	32.53	36.84	46.02
内蒙古	48.79	40.33	42.63	48.1	46.25	44.18	36.6	49.1	44.43
青海	42.95	49.27	54.15	38.58	43.16	46.42	39.83	30.59	42.8
海南	43.12	41.63	40.86	46.84	36.97	45.25	20.72	38.6	38.87
甘肃	49.1	50.95	49.16	41.5	34.9	30.45	30.98	21.21	38.03
云南	16.25	11.24	4.6	16.86	26.01	23.08	16.33	58.41	22.23
全国平均值	59.57	62.92	53.83	56.20	68.46	74.36	48.36	56.36	59.70

2014 年全国两化融合发展水平评估应用效益类指标情况

数据来源：中国电子信息产业发展研究院

省 份	工业增加值占 GDP 比重指数	第二产业全员劳动生产率指数	工业成本费用利润率指数	单位工业增加值工业专利量指数	单位地区生产总值电耗指数	电子信息制造业主营业务收入指数	软件业务收入指数	应用效益指数
江苏	49.84	65.35	40.49	146.64	88	292.32	269.65	126.37
广东	50.53	60.08	38.96	144.38	91.88	302.06	265.86	126.21
北京	25.15	82.43	44.07	172.13	119.91	149.77	255.13	114.78
上海	41.21	85.14	46.35	145.08	101.12	200.69	220.01	113.46
浙江	50.07	45.22	37.9	162.88	83.36	166.42	200.2	101.37
山东	50.67	58.87	43.51	100	93.96	199.03	212.16	101.11
天津	52.45	82.25	48.27	122.13	111.8	160.99	136.52	97.93
四川	50.5	54.17	42.28	89.8	94.28	163.09	188.69	91.41
福建	49.98	55.93	40.83	110.65	91.57	159.51	158.77	90.36
辽宁	52.22	87.93	33.95	71.4	94.31	104.74	226.24	90.31
重庆	48.32	48.78	39.31	119.43	102	137.64	120.75	84.18
湖北	49.34	56.44	38.36	96.64	100.49	116.82	136.35	80.96
湖南	47.76	61.16	36.88	102.89	107.58	120.92	79.86	76.79
陕西	52.69	67.29	66.88	73.33	96.02	60.76	134.5	76.58
安徽	52.77	47.08	37.24	147.33	90.2	109.37	41.95	74.49
河南	54.94	50.62	48.75	69.93	84.31	148.37	66.99	71.84
江西	51.15	48.39	44.53	62.6	100.5	129.12	29.97	64.22
吉林	52.45	88.99	39.11	40.93	115.67	21.01	91.02	62.76
黑龙江	42.96	73.18	55.6	66.88	106.93	9.36	47.68	57.86
河北	52.56	54.93	38.91	59.22	72.73	76.21	52.25	57.04
广西	47.05	55.12	37.04	63.7	86.63	82.06	33.82	56.77
内蒙古	53.02	120.74	55.4	27.92	67.32	22.26	14.38	53.61
贵州	41.25	60.39	47.16	86.72	63.8	13.92	32.09	50.86
新疆	43.67	93.8	58.93	62.05	53.03	0.08	23.93	50.6
山西	53.55	65.71	22.55	66.88	62.41	60.28	14.34	49.83
海南	24.42	62.6	46.4	89.8	94.61	13.27	8.51	49.68
云南	39.92	56.55	40.93	61.49	69.09	7.29	26.2	44.13
宁夏	44.25	82.67	30.16	83.49	35.35	3.34	4.4	43.66
甘肃	43.06	57.16	25.86	79.25	55.82	9.25	12.8	42.2
西藏	11.58	63.71	45.86	17.4	132.42	0	0	38.06
青海	52.21	66.9	46.31	34.72	34.86	4.45	0.51	36.8
全国平均值	46.18	66.44	42.54	89.6	87.16	98.21	100.18	73.43

2010—2014年世界各国信息和通信技术服务出口占服务出口总量的比重

数据来源：世界银行数据库

（单位：%）

国家和地区	2010年	2011年	2012年	2013年	2014年
世界	30.49	31.07	31.69	31.66	—
阿尔巴尼亚	10.84	10.54	10.92	11.07	9.18
阿尔及利亚	57.63	61.69	59.43	60.46	—
阿根廷	42.27	45.46	46.01	47.12	42.09
亚美尼亚	17.98	13.34	13.46	14.86	11.02
澳大利亚	17.74	17.79	18.54	19.69	18.29
奥地利	25.63	28.58	30.75	30.62	—
阿塞拜疆	20.12	14.14	14.99	17.18	12.91
孟加拉国	36.21	37.73	26.54	25.14	—
巴巴多斯	25.90	—	—	—	—
白俄罗斯	17.88	17.26	17.97	18.35	20.16
比利时	40.57	41.89	43.14	44.40	—
玻利维亚	11.07	9.83	11.79	10.29	—
博茨瓦纳	42.12	45.33	40.89	33.82	—
巴西	51.97	52.86	55.75	54.23	57.16
保加利亚	19.10	20.21	22.80	21.30	—
柬埔寨	7.02	7.85	8.42	8.44	—
喀麦隆	30.17	37.81	29.74	26.43	—
加拿大	42.66	42.17	41.15	42.83	42.31
佛得角	4.80	5.37	4.56	6.05	9.36
智利	20.78	20.36	21.13	26.03	27.00
中国	31.28	32.85	34.92	34.56	—
哥伦比亚	17.29	14.21	18.55	15.53	13.75
哥斯达黎加	28.24	32.24	32.15	31.63	—
科特迪瓦	28.52	—	—	—	—
克罗地亚	13.46	12.66	14.51	12.67	—
塞浦路斯	24.78	24.98	25.06	15.38	—
捷克	31.47	34.98	36.10	32.52	31.98
多米尼加共和国	4.57	4.30	4.35	6.11	—
阿拉伯埃及共和国	8.77	7.04	7.28	—	—
萨尔瓦多	13.24	10.47	11.47	8.96	9.46
埃塞俄比亚	8.95	5.97	6.48	—	—
法罗群岛	22.99	25.84	—	—	—
斐济	2.94	4.18	4.30	4.44	—

续表

国家和地区	2010 年	2011 年	2012 年	2013 年	2014 年
芬兰	43.50	42.63	45.70	39.29	—
法国	32.95	34.25	32.57	36.00	38.19
格鲁吉亚	4.52	4.60	4.61	4.09	3.91
德国	32.42	32.88	33.72	38.44	38.96
希腊	7.64	7.70	7.87	8.02	8.05
危地马拉	18.90	17.65	21.88	19.92	20.92
几内亚	53.66	49.29	64.94	69.26	—
圭亚那	32.14	34.44	41.41	29.33	—
洪都拉斯	10.60	10.91	11.19	11.23	—
中国香港	16.34	15.35	—	14.77	—
匈牙利	29.02	29.21	27.66	27.72	28.22
冰岛	—	—	—	12.89	13.43
印度	64.10	61.84	65.89	66.73	65.92
印度尼西亚	32.63	34.09	38.23	33.48	—
爱尔兰	64.89	64.91	66.30	68.43	—
以色列	55.03	56.48	59.32	62.47	—
意大利	33.68	34.87	34.87	32.37	32.38
牙买加	8.43	7.81	9.45	7.29	6.88
日本	25.52	28.09	20.71	23.05	24.95
哈萨克斯坦	11.61	11.36	10.89	11.85	—
韩国	20.24	20.44	21.59	19.10	22.01
拉脱维亚	21.55	20.28	20.45	22.01	22.63
黎巴嫩	26.74	48.13	56.76	34.75	—
莱索托	30.56	20.38	18.04	24.34	—
立陶宛	8.72	9.66	9.02	10.66	—
卢森堡	19.08	19.60	21.66	21.74	—
马其顿	29.30	23.07	23.99	24.60	22.65
马来西亚	21.83	24.66	27.86	29.11	—
马耳他	13.97	12.85	12.31	24.96	26.16
毛里求斯	31.88	31.58	35.38	38.04	—
摩尔多瓦	25.71	26.06	25.31	24.88	24.83
蒙古	10.24	21.12	20.69	35.79	—
摩洛哥	20.15	20.11	21.80	22.68	—
莫桑比克	29.76	23.43	31.11	26.15	—
纳米比亚	32.80	26.99	—	38.74	—
荷兰	45.41	45.64	45.20	45.57	—
新喀里多尼亚	12.22	12.66	—	10.66	—
新西兰	17.01	17.89	18.59	14.75	—
尼日尔	5.44	—	—	—	—

续表

国家和地区	2010 年	2011 年	2012 年	2013 年	2014 年
挪威	36.44	27.55	29.06	33.70	—
巴基斯坦	16.35	23.44	20.29	32.64	28.38
巴拿马	8.74	7.21	6.08	5.96	—
巴布亚新几内亚	49.33	73.25	64.16	—	—
巴拉圭	3.13	2.22	1.94	1.64	—
秘鲁	14.01	15.19	15.06	12.52	—
菲律宾	63.47	71.69	67.28	70.89	71.46
波兰	36.01	33.68	33.72	29.49	—
葡萄牙	18.70	18.57	17.77	18.45	—
罗马尼亚	35.07	35.00	37.31	38.09	—
俄罗斯	30.44	30.74	31.92	32.25	32.27
卢旺达	8.27	8.59	3.81	—	—
萨摩亚	9.13	11.24	7.84	6.93	—
塞内加尔	33.64	32.27	—	—	—
新加坡	22.86	23.70	23.96	27.15	27.13
斯洛伐克	22.96	24.51	31.71	26.47	—
斯洛文尼亚	22.00	22.41	22.18	22.02	22.27
所罗门群岛	4.55	4.30	2.41	22.95	—
南非	11.52	11.77	10.56	15.13	15.41
西班牙	29.46	30.02	30.00	31.79	—
斯里兰卡	24.00	22.89	24.62	16.18	—
苏丹	29.49	6.28	3.81	7.39	—
斯威士兰	28.96	47.01	42.69	48.01	—
瑞典	45.96	47.08	46.62	47.71	—
阿拉伯叙利亚共和国	2.46	—	—	—	—
塔吉克斯坦	75.15	48.52	40.74	—	—
坦桑尼亚	12.87	13.87	13.27	12.99	—
汤加	8.84	13.34	12.25	—	—
突尼斯	8.22	10.76	9.56	10.53	—
土耳其	1.98	1.63	1.64	1.54	1.25
乌干达	13.01	11.49	12.95	17.31	—
乌克兰	17.32	17.92	19.34	22.20	—
英国	41.63	39.33	38.98	38.29	33.97
美国	21.06	21.34	22.13	22.82	22.82
乌拉圭	19.15	15.09	15.87	18.97	20.32
委内瑞拉玻利瓦尔共和国	13.00	12.62	11.91	13.36	—
约旦河西岸和加沙地带	6.01	4.35	6.48	18.17	—

2010—2014 年世界各国每百万人安全互联网服务器数量

数据来源：世界银行数据库

（单位：台）

国家和地区	2010 年	2011 年	2012 年	2013 年	2014 年
世界	155.20	184.22	181.93	160.50	190.37
阿富汗	0.70	0.76	1.11	0.98	1.02
阿尔巴尼亚	9.45	15.55	21.42	18.39	23.84
阿尔及利亚	0.84	0.90	1.27	1.53	1.93
安道尔共和国	1001.19	1143.00	906.07	643.79	798.47
安哥拉	2.66	3.07	3.46	3.87	4.97
安提瓜和巴布达	1100.50	1089.03	—	689.00	363.02
阿根廷	26.11	33.64	41.79	42.87	54.21
亚美尼亚	18.22	29.01	26.94	40.31	41.22
阿鲁巴	364.18	500.33	312.55	281.80	338.39
澳大利亚	1784.56	2027.80	1721.40	1252.26	1348.57
奥地利	856.04	994.74	1139.03	1079.33	1267.68
阿塞拜疆	5.08	4.69	6.45	8.50	13.53
巴哈马	352.29	398.55	317.24	267.64	256.16
巴林	98.28	120.67	135.83	141.87	179.30
孟加拉国	0.31	0.63	0.73	0.77	0.86
巴巴多斯	320.97	390.34	374.27	340.78	402.01
白俄罗斯	9.48	12.35	19.55	26.09	44.56
比利时	487.99	597.41	674.41	737.46	854.24
伯利兹	337.01	338.31	283.90	177.76	217.80
贝宁	0.11	0.72	0.70	1.07	2.17
百慕大	5850.38	5328.05	5015.59	4936.64	6489.62
不丹	4.18	5.48	12.13	9.28	14.37
玻利维亚	7.78	9.30	9.72	8.90	12.54
波黑	15.60	19.80	25.82	24.03	35.82
博茨瓦纳	8.63	9.06	11.48	10.39	12.26
巴西	40.68	54.12	54.28	57.45	70.01
文莱达鲁萨兰国	64.91	113.16	111.59	117.29	148.86
保加利亚	74.91	141.53	164.11	145.90	176.72

续表

国家和地区	2010 年	2011 年	2012 年	2013 年	2014 年
布基纳法索	0.26	0.63	0.61	0.83	0.63
布隆迪	0.22	0.10	0.30	0.30	0.57
柬埔寨	1.67	2.46	2.96	2.05	2.99
喀麦隆	0.53	0.99	1.20	1.48	1.67
加拿大	1242.69	1374.20	1237.92	1035.26	1210.00
佛得角	14.36	16.31	24.27	26.06	51.62
开曼群岛	1927.62	2491.12	2553.41	2087.79	2363.83
智利	52.71	67.31	82.17	93.59	127.55
中国	1.92	2.43	3.14	3.87	7.04
哥伦比亚	14.28	21.16	28.45	33.48	46.05
科摩罗	1.46	4.28	1.39	1.36	—
刚果（金）	0.13	0.19	0.26	0.34	0.43
刚果（布）	1.22	1.18	1.38	1.12	1.54
哥斯达黎加	107.50	111.02	94.90	79.02	95.79
科特迪瓦	1.11	0.98	1.46	1.97	2.74
克罗地亚	168.86	231.27	245.11	193.29	219.53
塞浦路斯	838.10	1121.35	786.54	621.29	607.08
捷克共和国	319.73	389.00	518.80	563.51	691.59
丹麦	1872.13	2182.00	2213.87	2103.07	2080.83
吉布提	5.99	5.91	4.65	4.58	10.15
多米尼克	309.13	434.17	488.25	430.54	428.53
多米尼加共和国	15.07	20.10	22.96	20.38	27.92
厄瓜多尔	14.07	18.96	22.14	24.46	34.29
阿拉伯埃及共和国	2.38	3.12	3.70	3.47	5.14
萨尔瓦多	13.35	16.78	20.64	18.77	21.15
赤道几内亚	2.87	2.79	1.36	1.32	3.86
爱沙尼亚	437.11	537.88	667.16	748.90	927.19
埃塞俄比亚	0.13	0.17	0.20	0.17	0.23
斐济	30.21	36.87	35.44	30.64	41.71
芬兰	1245.49	1486.38	1612.68	1546.86	1791.31
法国	296.43	354.60	409.08	486.12	683.51
法属波利尼西亚	85.80	110.75	146.08	133.66	160.81
加蓬	7.71	8.16	11.03	9.57	10.52
冈比亚	2.98	2.88	3.91	4.33	5.76

续表

国家和地区	2010 年	2011 年	2012 年	2013 年	2014 年
格鲁吉亚	11.90	18.74	26.05	28.81	37.08
德国	872.03	1022.51	1110.78	1070.93	1420.02
加纳	1.73	2.22	2.96	2.63	3.74
希腊	126.06	156.88	171.19	136.24	147.38
格陵兰	1089.54	1494.11	1478.61	1434.06	1385.56
格林纳达	85.98	76.14	47.40	28.33	37.63
关岛	244.61	273.53	251.83	242.24	196.96
危地马拉	9.97	13.87	14.12	13.32	17.72
几内亚	0.37	0.45	0.44	0.09	0.33
圭亚那	6.36	8.85	6.29	12.51	9.95
海地	1.01	1.20	1.67	1.07	1.72
洪都拉斯	8.27	7.72	9.45	9.14	11.02
中国香港特别行政区	456.28	570.45	636.65	623.58	790.56
匈牙利	166.20	219.92	247.77	249.46	300.76
冰岛	2524.83	3024.95	3133.61	2922.58	3214.39
印度	2.16	2.90	3.57	3.90	5.66
印度尼西亚	1.99	3.36	3.95	4.12	6.27
伊朗伊斯兰共和国	0.74	1.01	1.35	1.27	2.13
伊拉克	0.13	0.13	0.12	0.27	0.73
爱尔兰	980.67	1131.80	1003.51	718.56	775.03
马恩岛	821.51	1145.84	—	2223.83	2578.78
以色列	396.66	470.14	396.31	270.37	254.28
意大利	157.56	195.34	212.88	203.22	249.20
牙买加	39.39	48.52	51.33	44.57	56.96
日本	649.84	743.93	750.05	736.67	911.68
约旦	19.85	25.24	29.28	26.94	30.42
哈萨克斯坦	5.21	6.34	7.38	9.39	14.46
肯尼亚	2.57	3.14	4.17	4.78	7.68
大韩民国	1128.08	2496.11	2751.54	1994.90	2178.35
科威特	127.02	161.62	179.05	184.94	214.41
吉尔吉斯斯坦	1.10	2.54	4.10	5.42	9.08
老挝	0.78	1.23	0.90	1.03	2.03
拉脱维亚	184.98	221.88	273.31	272.18	360.74
黎巴嫩	27.87	39.93	48.59	42.98	54.99

续表

国家和地区	2010 年	2011 年	2012 年	2013 年	2014 年
利比亚	1.49	1.47	1.79	3.39	3.04
列支敦士登	5758.58	7667.36	—	8232.90	9786.52
立陶宛	188.55	255.93	272.78	256.76	206.87
卢森堡	1412.36	1869.40	1985.14	2190.71	2645.33
中国澳门特别行政区	213.23	243.47	—	310.75	340.58
马其顿王国	23.78	28.04	39.42	51.73	75.41
马达加斯加	0.47	0.51	0.54	0.65	0.93
马拉维	0.27	0.39	0.88	0.92	1.13
马来西亚	41.66	54.63	65.66	66.83	87.68
马尔代夫	52.20	81.33	88.64	86.95	88.18
马里	0.79	1.04	1.01	1.05	1.40
马耳他	1375.12	1672.00	1623.54	1469.47	1691.61
马绍尔群岛	114.44	171.44	133.19	113.99	18.95
毛里塔尼亚	1.94	1.89	1.84	2.06	2.51
毛里求斯	86.66	116.64	134.76	127.29	154.65
墨西哥	19.82	25.80	28.07	26.45	34.55
密克罗尼西亚联邦	38.60	77.35	58.03	19.31	—
摩尔多瓦	13.48	19.66	23.04	24.73	48.36
摩纳哥	2442.67	3059.50	2740.89	2749.07	3178.69
蒙古	10.69	13.80	19.31	22.19	28.81
摩洛哥	3.00	4.34	3.57	3.64	4.99
莫桑比克	0.83	1.10	1.51	1.59	1.81
缅甸	0.06	0.08	0.09	0.13	0.48
纳米比亚	14.69	20.74	19.92	18.23	23.00
尼泊尔	1.68	2.17	2.48	2.37	2.99
荷兰	2276.68	2750.30	2805.86	2382.14	2635.07
新喀里多尼亚	100.00	137.80	217.05	240.46	349.62
新西兰	1489.54	1597.43	1466.05	1100.92	1211.17
尼加拉瓜	7.73	9.99	10.35	8.39	11.02
尼日尔	0.19	0.30	0.29	0.17	0.16
尼日利亚	1.20	1.67	1.74	1.68	2.31
北马里亚纳群岛	92.83	75.15	56.28	37.14	73.35
挪威	1651.17	1810.18	1879.02	1725.74	1941.99
阿曼	27.47	50.25	56.13	62.77	85.57

续表

国家和地区	2010年	2011年	2012年	2013年	2014年
巴基斯坦	0.98	1.12	1.27	1.28	1.85
帕劳	48.85	97.06	96.37	95.61	142.20
巴拿马	121.26	136.62	133.87	89.80	114.87
巴布亚新几内亚	3.21	6.84	7.26	7.79	10.70
巴拉圭	6.66	9.74	10.92	15.44	22.84
秘鲁	14.15	18.50	21.68	21.37	28.24
菲律宾	6.66	7.53	8.62	8.06	10.83
波兰	210.80	267.45	299.67	309.00	429.71
葡萄牙	174.69	225.43	241.18	218.36	262.85
波多黎各	89.49	106.06	113.38	108.99	127.95
卡塔尔	85.73	123.50	140.94	161.85	221.79
罗马尼亚	42.18	56.98	70.73	69.03	125.11
俄罗斯	20.25	26.93	39.04	51.14	84.42
卢旺达	0.65	0.90	2.01	2.55	3.64
萨摩亚	21.50	21.34	26.47	26.26	31.28
圣马力诺	1263.73	1674.83	1664.16	1430.93	1864.91
圣多美和普林西比	16.83	16.38	63.80	46.63	10.11
沙特阿拉伯	17.61	21.79	30.54	34.24	48.25
塞内加尔	1.08	1.35	2.11	2.19	3.57
塞尔维亚	19.89	29.03	37.78	34.76	43.76
塞舌尔	1113.96	1326.61	1121.14	616.78	469.81
塞拉利昂	0.17	0.68	0.67	0.82	0.97
新加坡	529.67	607.29	635.31	609.35	822.35
斯洛伐克共和国	128.54	165.05	226.35	262.83	321.31
斯洛文尼亚	303.62	433.06	557.08	547.44	648.33
所罗门群岛	3.80	7.43	7.28	5.35	3.49
索马里	0.10	0.20	0.10	—	0.09
南非	61.48	72.45	82.01	86.35	115.55
西班牙	230.93	281.63	290.99	269.04	316.76
斯里兰卡	4.45	6.04	7.67	8.98	11.43
圣基茨和尼维斯	1260.70	1208.21	1828.90	1383.99	1277.63
圣卢西亚	124.02	117.14	93.99	71.32	92.59
圣文森特和格林纳丁斯	109.77	128.02	192.00	237.72	192.01
苏丹	0.02	0.02	0.06	0.04	0.03

续表

国家和地区	2010 年	2011 年	2012 年	2013 年	2014 年
苏里南	20.95	33.98	37.42	33.38	55.15
斯威士兰	10.06	13.20	6.50	8.80	10.25
瑞典	1268.38	1451.97	1511.44	1439.14	1602.24
瑞士	1867.63	2136.01	2282.27	2212.84	2820.43
阿拉伯叙利亚共和国	0.09	0.23	0.36	0.44	0.47
坦桑尼亚	0.40	0.50	0.75	1.08	1.54
泰国	13.73	17.29	19.57	18.10	23.52
多哥	1.90	2.01	3.31	3.08	4.29
汤加	19.21	28.69	28.59	18.99	28.36
特立尼达和多巴哥	73.04	86.27	96.45	93.20	112.33
突尼斯	14.12	19.30	13.08	16.99	17.91
土耳其	99.84	143.64	116.76	50.43	57.41
乌干达	0.85	1.48	1.46	1.17	1.57
乌克兰	13.23	17.72	23.49	26.49	45.48
阿拉伯联合酋长国	135.64	159.44	183.69	194.20	283.20
英国	1384.15	1576.98	1467.41	1193.46	1291.23
美国	1445.05	1563.21	1474.27	1305.97	1548.20
乌拉圭	44.78	70.05	80.41	75.14	95.36
乌兹别克斯坦	0.21	0.44	0.67	0.79	1.66
瓦努阿图	215.83	223.35	129.42	43.52	27.10
委内瑞拉玻利瓦尔共和国	7.37	8.00	10.68	11.08	12.12
越南	3.13	4.68	6.70	8.16	11.86
美属维京群岛	385.82	463.21	446.45	401.00	422.39
约旦河西岸和加沙	3.94	4.84	4.69	4.56	5.12
也门共和国	0.31	0.43	0.46	0.66	0.76
赞比亚	1.21	1.54	2.34	2.75	3.59
津巴布韦	0.99	1.27	2.99	3.18	4.73

2014年世界经济论坛网络化准备指数

数据来源:《2014全球信息技术报告》、《世界经济论坛》

2014年排名	国家和地区	指数	2013年排名	2014年排名	国家和地区	指数	2013年排名
1	芬兰	6.04	1	35	智利	4.61	34
2	新加坡	5.97	2	36	斯洛文尼亚	4.60	37
3	瑞典	5.93	3	37	塞浦路斯	4.60	35
4	荷兰	5.79	4	38	哈萨克斯坦	4.58	43
5	挪威	5.70	5	39	拉脱维亚	4.58	41
6	瑞士	5.62	6	40	阿曼	4.56	40
7	美国	5.61	9	41	波多黎各	4.54	36
8	中国香港	5.60	14	42	捷克	4.49	42
9	英国	5.54	7	43	巴拿马	4.36	46
10	韩国	5.54	11	44	约旦	4.36	46
11	卢森堡	5.53	16	45	文莱达鲁萨兰国	4.34	57
12	德国	5.50	13	46	克罗地亚	4.34	51
13	丹麦	5.50	8	47	匈牙利	4.32	44
14	中国台湾	5.47	10	48	毛里求斯	4.31	55
15	以色列	5.42	15	49	阿塞拜疆	4.31	56
16	日本	5.41	21	50	俄罗斯	4.30	54
17	加拿大	5.41	12	51	土耳其	4.30	45
18	澳大利亚	5.40	18	52	黑山	4.27	48
19	冰岛	5.30	17	53	哥斯达黎加	4.25	53
20	新西兰	5.27	20	54	波兰	4.24	49
21	爱沙尼亚	5.27	22	55	巴巴多斯	4.22	39
22	奥地利	5.26	19	56	乌拉圭	4.22	52
23	卡塔尔	5.22	23	57	马其顿	4.19	67
24	阿拉伯联合酋长国	5.20	25	58	意大利	4.18	50
25	法国	5.09	26	59	斯洛伐克	4.12	61
26	爱尔兰	5.07	27	60	格鲁吉亚	4.09	65
27	比利时	5.06	24	61	蒙古	4.07	59
28	马耳他	4.96	28	62	中国	4.05	58
29	巴林	4.86	29	63	哥伦比亚	4.05	66
30	马来西亚	4.83	30	64	印度尼西亚	4.04	76
31	立陶宛	4.78	32	65	亚美尼亚	4.03	82
32	沙特阿拉伯	4.78	31	66	塞舌尔	4.02	79
33	葡萄牙	4.73	33	67	泰国	4.01	74
34	西班牙	4.69	38	68	波黑	3.99	78

续表

2014 年排名	国家和地区	指　数	2013 年排名	2014 年排名	国家和地区	指　数	2013 年排名
69	巴西	3.98	60	109	老挝	3.34	—
70	南非	3.98	70	110	赞比亚	3.34	115
71	特立尼达和多巴哥	3.97	72	111	巴基斯坦	3.33	105
72	科威特	3.96	62	112	尼日利亚	3.31	113
73	保加利亚	3.96	71	113	苏里南	3.30	117
74	希腊	3.95	64	114	塞内加尔	3.30	107
75	罗马尼亚	3.95	75	115	乌干达	3.25	110
76	斯里兰卡	3.94	69	116	洪都拉斯	3.24	109
77	摩尔多瓦	3.89	77	117	津巴布韦	3.24	116
78	菲律宾	3.89	86	118	吉尔吉斯斯坦	3.22	118
79	墨西哥	3.89	63	119	孟加拉国	3.21	114
80	塞尔维亚	3.88	87	120	玻利维亚	3.21	119
81	乌克兰	3.87	73	121	利比里亚	3.19	97
82	厄瓜多尔	3.85	91	122	科特迪瓦	3.14	120
83	印度	3.85	68	123	涅帕	3.09	126
84	越南	3.84	84	124	尼加拉瓜	3.08	125
85	卢旺达	3.78	88	125	坦桑尼亚	3.04	127
86	牙买加	3.77	85	126	斯威士兰	3.00	136
87	突尼斯	3.77	—	127	马里	3.00	122
88	圭亚那	3.77	100	128	加蓬	2.98	121
89	佛得角	3.73	81	129	阿尔及利亚	2.98	131
90	秘鲁	3.71	103	130	埃塞俄比亚	2.95	128
91	埃及	3.71	80	131	喀麦隆	2.94	124
92	肯尼亚	3.71	92	132	马拉维	2.90	129
93	多米尼加共和国	3.69	90	133	莱索托	2.88	138
94	不丹	3.68	—	134	塞拉利昂	2.85	143
95	阿尔巴尼亚	3.66	83	135	贝宁	2.82	123
96	加纳	3.65	95	136	布基纳法索	2.78	130
97	黎巴嫩		94	137	莫桑比克	2.77	133
98	萨尔瓦多	3.63	93	138	利比亚	2.75	132
99	摩洛哥	3.61	89	139	马达加斯加岛	2.74	137
100	阿根廷	3.53	99	140	也门	2.73	139
101	危地马拉	3.52	102	141	东帝汶	2.69	134
102	巴拉圭	3.47	104	142	毛里塔尼亚	2.61	135
103	博茨瓦纳	3.43	96	143	海地	2.52	141
104	伊朗	3.42	101	144	安哥拉	2.52	—
105	纳米比亚	3.41	111	145	几内亚	2.48	140
106	委内瑞拉	3.39	108	146	缅甸	2.35	
107	冈比亚	3.38	98	147	布隆迪	2.31	144
108	柬埔寨	3.36	106	148	乍得	2.22	142

2014 年联合国电子政务发展指数排名

资料来源：联合国经济和社会事务部

排　名	国　家	EGDI	在线服务	通信基础设施	人力资本
1	韩国	0.9462	0.97	0.935	0.9273
2	澳大利亚	0.9103	0.9291	0.8041	0.9978
3	新加坡	0.9076	0.9921	0.8793	0.8515
4	法国	0.8938	1.0000	0.8003	0.8812
5	荷兰	0.8897	0.9291	0.8175	0.9224
6	日本	0.8874	0.9449	0.8553	0.8621
7	美国	0.8748	0.9449	0.7406	0.939
8	英国	0.8695	0.8976	0.8534	0.8574
9	新西兰	0.84	0.8425	0.7506	10000
10	芬兰	0.8449	0.7717	0.8594	0.9037
11	加拿大	0.8418	0.9134	0.7168	0.8952
12	西班牙	0.8410	0.9449	0.6629	0.9152
13	挪威	0.8357	0.7559	0.8133	0.9380
14	瑞典	0.8225	0.7008	0.8866	0.8802
15	爱沙尼亚	0.8180	0.7717	0.7934	0.8889
16	丹麦	0.8162	0.6614	0.8740	0.9132
17	以色列	0.8162	0.8740	0.7200	0.8545
18	巴林	0.8089	0.9370	0.7055	0.7840
19	冰岛	0.7970	0.6142	0.8591	0.9178
20	奥地利	0.7912	0.7480	0.7597	0.8660
21	德国	0.7864	0.6693	0.8038	0.8862
22	爱尔兰	0.7810	0.6772	0.7039	0.9619
23	意大利	0.7593	0.7480	0.6747	0.8552
24	卢森堡	0.7591	0.6220	0.8723	0.7830
25	比利时	0.7564	0.6772	0.6988	0.8932
26	乌拉圭	0.7420	0.8504	0.5607	0.8148
27	俄罗斯	0.7296	0.7087	0.6413	0.8388
28	哈萨克斯坦	0.7283	0.7480	0.5749	0.8619
29	立陶宛	0.7271	0.7559	0.5697	0.8557
30	瑞士	0.7267	0.5039	0.8199	0.8562
31	拉脱维亚	0.7178	0.7008	0.6237	0.8288
32	阿联酋	0.7136	0.8819	0.5932	0.6657
33	智利	0.7122	0.8189	0.4940	0.8236
34	希腊	0.7118	0.6063	0.6549	0.8741
35	列支敦士登	0.6982	0.5118	0.7468	0.8361
36	沙特阿拉伯	0.6900	0.7717	0.5523	0.7461

续表

排　名	国　家	EGDI	在线服务	通信基础设施	人力资本
37	葡萄牙	0.6900	0.6378	0.6094	0.8227
38	摩纳哥	0.6715	0.2205	1.0000	0.7940
39	匈牙利	0.6637	0.5591	0.5654	0.8668
40	马耳他	0.6518	0.4016	0.7683	0.7855
41	斯洛文尼亚	0.6505	0.4252	0.6193	0.9072
42	波兰	0.6482	0.5433	0.5618	0.8396
43	安道尔	0.6426	0.4331	0.7671	0.7277
44	卡塔尔	0.6362	0.6535	0.5879	0.6671
45	黑山	0.6346	0.5276	0.5481	0.8279
46	阿根廷	0.6306	0.5512	0.4835	0.8571
47	克罗地亚	0.6282	0.4646	0.6271	0.7928
48	阿曼	0.6273	0.7323	0.4873	0.6624
49	科威特	0.6268	0.5748	0.5862	0.7194
50	哥伦比亚	0.6173	0.7874	0.3297	0.7348
51	斯洛伐克	0.6148	0.4882	0.5296	0.8265
52	马来西亚	0.6115	0.6772	0.4455	0.7119
53	捷克	0.6070	0.3701	0.5753	0.8755
54	哥斯达黎加	0.6061	0.6142	0.4461	0.7582
55	白俄罗斯	0.6053	0.3228	0.6069	0.8861
56	格鲁吉亚	0.6047	0.5984	0.4261	0.7895
57	巴西	0.6008	0.5984	0.4668	0.7372
58	塞浦路斯	0.5958	0.4724	0.5320	0.7828
59	巴巴多斯	0.5933	0.2205	0.6730	0.8865
60	安提瓜和巴布达	0.5927	0.4173	0.5938	0.7669
61	亚美尼亚	0.5897	0.6142	0.3889	0.7660
62	圣马力诺	0.5823	0.2756	0.6358	0.8354
63	墨西哥	0.5733	0.6614	0.3139	0.7445
64	罗马尼亚	0.5632	0.4409	0.4385	0.8100
65	蒙古	0.5581	0.6142	0.2714	0.7887
66	摩尔多瓦	0.5571	0.5276	0.4236	0.7201
67	委内瑞拉	0.5564	0.5512	0.3495	0.7685
68	阿塞拜疆	0.5472	0.4331	0.4605	0.7480
69	塞尔维亚	0.5472	0.3937	0.4681	0.7796
70	中国	0.5450	0.6063	0.3554	0.6734
71	土耳其	0.5443	0.5591	0.3605	0.7133
72	秘鲁	0.5435	0.6299	0.2718	0.7289
73	保加利亚	0.5421	0.2362	0.5941	0.7960
74	斯里兰卡	0.5418	0.6535	0.2341	0.7376
75	突尼斯	0.5390	0.6378	0.3074	0.6717
76	毛里求斯	0.5338	0.4724	0.4406	0.6882
77	巴拿马	0.5242	0.3701	0.4571	0.7455
78	格林纳达	0.5220	0.3465	0.4029	0.8166
79	约旦	0.5167	0.5197	0.3104	0.7202
80	埃及	0.5129	0.5906	0.3571	0.5912

续表

排　名	国　家	EGDI	在线服务	通信基础设施	人力资本
81	塞舌尔	0.5113	0.3307	0.4721	0.7310
82	摩洛哥	0.5060	0.6929	0.3350	0.4901
83	厄瓜多尔	0.5053	0.4803	0.3318	0.7037
84	阿尔巴尼亚	0.5046	0.4488	0.3548	0.7100
85	斐济	0.5044	0.3937	0.2872	0.8322
86	文莱	0.5042	0.3622	0.3690	0.7815
87	乌克兰	0.5032	0.2677	0.3802	0.8616
88	萨尔瓦多	0.2268	0.0315	0.1200	0.5288
89	黎巴嫩	0.4982	0.3543	0.4030	0.7374
90	圣基茨和尼维斯	0.4980	0.1339	0.6321	0.7279
91	特立尼达和多巴哥	0.4932	0.3307	0.4543	0.6945
92	巴哈马	0.4900	0.3386	0.4176	0.7138
93	南非	0.4869	0.3858	0.3466	0.7282
94	马尔代夫	0.4813	0.3622	0.3952	0.6865
95	菲律宾	0.4768	0.4803	0.2451	0.7051
96	马其顿	0.4720	0.2441	0.4521	0.7198
97	波斯尼亚和黑塞哥维那	0.4707	0.2835	0.3998	0.7288
98	汤加	0.4706	0.3465	0.2348	0.8304
99	越南	0.4705	0.4173	0.3792	0.6148
100	乌兹别克斯坦	0.4695	0.4488	0.2333	0.7264
101	吉尔吉斯斯坦	0.4657	0.2756	0.3801	0.7413
102	泰国	0.4631	0.4409	0.2843	0.6640
103	玻利维亚	0.4562	0.3937	0.2324	0.7424
104	圣卢西亚	0.4525	0.2441	0.4000	0.7133
105	伊朗	0.4508	0.3701	0.2940	0.6882
106	印度尼西亚	0.4487	0.3622	0.3054	0.6786
107	多米尼加	0.4481	0.3858	0.2945	0.6639
108	帕劳	0.4415	0.1654	0.3592	0.7999
109	牙买加	0.4388	0.3150	0.2753	0.7262
110	多米尼加	0.4338	0.1890	0.4424	0.6701
111	萨摩亚	0.4204	0.2441	0.2672	0.7499
112	博茨瓦纳	0.4198	0.3071	0.2969	0.6555
113	圣文森特和格林纳丁斯	0.4525	0.2441	0.4000	0.7133
114	洪都拉斯	0.4083	0.4016	0.19510	0.6281
115	苏里南	0.4045	0.1417	0.3968	0.6749
116	古巴	0.3917	0.2283	0.0969	0.8497
117	纳米比亚	0.3880	0.3228	0.2719	0.5693
118	印度	0.3834	0.5433	0.1372	0.4698
119	肯尼亚	0.3805	0.4252	0.1612	0.5552
120	伯利兹	0.3774	0.378	0.1530	0.6012
121	利比亚	0.3753	0.0157	0.3281	0.7821
122	巴拉圭	0.3740	0.2283	0.2236	0.6700

续表

排　名	国　家	EGDI	在线服务	通信基础设施	人力资本
123	加纳	0.3735	0.3150	0.2444	0.5613
124	圭亚那	0.3695	0.2441	0.2344	0.6301
125	卢旺达	0.3589	0.5118	0.0828	0.4820
126	津巴布韦	0.3585	0.3071	0.2238	0.5445
127	佛得角	0.3551	0.1654	0.2966	0.6032
128	土库曼斯坦	0.3511	0.0866	0.2189	0.7478
129	塔吉克斯坦	0.3395	0.0630	0.2306	0.7249
130	密克罗马尼亚	0.3337	0.1890	0.1099	0.7023
131	加蓬	0.3294	0.0945	0.226	0.6677
132	基里巴斯	0.3201	0.2126	0.0665	0.6812
133	危地马拉	0.3160	0.1496	0.2713	0.5272
134	伊拉克	0.3141	0.1969	0.2173	0.5283
135	叙利亚	0.3134	0.1575	0.1992	0.5835
136	阿尔及利亚	0.3106	0.0787	0.1989	0.6543
137	图瓦卢	0.3059	0.0394	0.1761	0.7022
138	威尔士兰	0.3056	0.1339	0.1629	0.6200
139	柬埔寨	0.2999	0.1732	0.2075	0.5189
140	安哥拉	0.2970	0.2992	0.0978	0.4941
141	尼日利亚	0.2929	0.3071	0.1905	0.3811
142	马绍尔群岛	0.2851	0.1102	0.0448	0.7002
143	不丹	0.2829	0.2441	0.1755	0.4290
144	喀麦隆	0.2782	0.1969	0.0958	0.5421
145	瑙鲁	0.2776	0.0551	0.2159	0.5617
146	坦桑尼亚	0.2764	0.2992	0.0808	0.4492
147	尼加拉瓜	0.2759	0.0945	0.1692	0.5639
148	孟加拉	0.2757	0.3465	0.0941	0.3866
149	朝鲜	0.2753	0.0079	0.0173	0.8007
150	也门	0.2720	0.3071	0.1249	0.3840
151	塞内加尔	0.2666	0.3071	0.1644	0.3283
152	老挝	0.2659	0.1417	0.1618	0.4941
153	莱索托	0.2629	0.1575	0.1179	0.5135
154	苏丹	0.2606	0.2913	0.1847	0.3059
155	马达加斯加	0.2606	0.2441	0.0488	0.4889
156	乌干达	0.2593	0.1496	0.1011	0.5271
157	埃塞俄比亚	0.2589	0.4567	0.0266	0.2934
158	巴基斯坦	0.2580	0.3228	0.1174	0.3337
159	瓦努阿图	0.2571	0.0787	0.1188	0.5736
160	刚果	0.2570	0.1024	0.1453	0.5233
161	东帝汶	0.2528	0.2047	0.0704	0.4831
162	多哥	0.2446	0.1102	0.0836	0.5401

续表

排　名	国　家	EGDI	在线服务	通信基础设施	人力资本
163	赞比亚	0.2389	0.1417	0.1247	0.4504
164	莫桑比克	0.2384	0.3150	0.0545	0.3457
165	尼泊尔	0.2344	0.1575	0.1684	0.3774
166	马拉维	0.2321	0.1732	0.0484	0.4746
167	冈比亚	0.2285	0.2047	0.1482	0.3326
168	赤道几内亚	0.2268	0.0315	0.1200	0.5288
169	圣多美和普林西比	0.2218	0.0079	0.1398	0.5177
170	所罗门群岛	0.2087	0.0551	0.1008	0.4702
171	科特迪瓦	0.2039	0.1732	0.1392	0.2992
172	布隆迪	0.1928	0.0157	0.0233	0.5393
173	阿富汗	0.1900	0.1811	0.1472	0.2418
174	毛里塔尼亚	0.1893	0.0472	0.1626	0.3581
175	缅甸	0.1869	0.0236	0.0084	0.5288
176	海地	0.1809	0.1102	0.0952	0.3372
177	科摩罗	0.1808	0.0157	0.0604	0.4662
178	布基纳法索	0.1804	0.2992	0.0842	0.1578
179	利比里亚	0.1768	0.0787	0.0763	0.3754
180	贝宁	0.1685	0.1102	0.1196	0.2756
181	马里	0.1634	0.1339	0.1350	0.2212
182	几内亚比绍	0.1609	0.0079	0.0878	0.3869
183	刚果	0.1551	0.0472	0.0337	0.3845
184	吉布提	0.1456	0.0630	0.0556	0.3182
185	南苏丹	0.1418	0.0079	0.0141	0.4035
186	塞拉利昂	0.1329	0.0472	0.0821	0.2692
187	中非	0.1257	0.0394	0.0280	0.3099
188	巴布亚新几内亚	0.1203	0.0079	0.0530	0.3000
189	乍得	0.1076	0.0472	0.0415	0.2341
190	几内亚	0.0954	0.0000	0.0504	0.2359
191	尼日尔	0.0946	0.126	0.0385	0.1192
192	厄立特里亚	0.0908	0.0000	0.0000	0.2723
193	索马里	0.0139	0.0157	0.0259	0.0000

2010—2013 年世界各经济体信息化程度排名

资料来源：世界经济论坛

国家和地区	2013 年得分	2013 年排名	2012 年得分	2012 年排名	2011 年得分	2011 年排名	2010 年得分	2010 年排名
芬兰	6.04	1	5.98	1	5.81	3	5.43	3
新加坡	5.97	2	5.96	2	5.86	2	5.59	2
瑞典	5.93	3	5.91	3	5.94	1	5.60	1
荷兰	5.79	4	5.81	4	5.60	6	5.19	11
挪威	5.70	5	5.66	5	5.59	7	5.21	9
瑞士	5.62	6	5.66	6	5.61	5	5.33	4
美国	5.61	7	5.57	9	5.56	8	5.33	5
中国香港	5.60	8	5.40	14	5.46	13	5.19	12
英国	5.54	9	5.64	7	5.50	10	5.12	15
韩国	5.54	10	5.46	11	5.47	12	5.19	10
卢森堡	5.53	11	5.37	16	5.22	21	5.14	14
德国	5.50	12	5.43	13	5.32	16	5.14	13
丹麦	5.50	13	5.58	8	5.70	4	5.29	7
中国台湾	5.47	14	5.47	10	5.48	11	5.30	6
以色列	5.42	15	5.39	15	5.24	20	4.81	22
日本	5.41	16	5.24	21	5.25	18	4.95	19
加拿大	5.41	17	5.44	12	5.51	9	5.21	8
澳大利亚	5.40	18	5.26	18	5.29	17	5.06	17
冰岛	5.30	19	5.31	17	5.33	15	5.07	16
新西兰	5.27	20	5.25	20	5.36	14	5.03	18
爱沙尼亚	5.27	21	5.12	22	5.09	24	4.76	26
奥地利	5.26	22	5.25	19	5.25	19	4.90	21
卡塔尔	5.22	23	5.10	23	4.81	28	4.79	25
阿拉伯联合酋长国	5.20	24	5.07	25	4.77	30	4.80	24
法国	5.09	25	5.06	26	5.12	23	4.92	20
爱尔兰	5.07	26	5.05	27	5.02	25	4.71	29
比利时	5.06	27	5.10	24	5.13	22	4.80	23
马耳他	4.96	28	4.90	28	4.91	26	4.76	27
巴林	4.86	29	4.83	29	4.90	27	4.64	30
马来西亚	4.83	30	4.82	30	4.80	29	4.74	28
立陶宛	4.78	31	4.72	32	4.66	31	4.20	42
沙特阿拉伯	4.78	32	4.82	31	4.62	34	4.44	33
葡萄牙	4.73	33	4.67	33	4.63	33	4.50	32
西班牙	4.69	34	4.51	38	4.54	38	4.33	37
智利	4.61	35	4.59	34	4.44	39	4.28	39
斯洛文尼亚	4.60	36	4.53	37	4.58	37	4.44	34

续表

国家和地区	2013年得分	2013年排名	2012年得分	2012年排名	2011年得分	2011年排名	2010年得分	2010年排名
塞浦路斯	4.60	37	4.59	35	4.66	32	4.50	31
哈萨克斯坦	4.58	38	4.32	43	4.03	55	3.80	67
拉脱维亚	4.58	39	4.43	41	4.35	41	3.93	52
阿曼	4.56	40	4.48	40	4.35	40	4.25	41
波多黎各	4.54	41	4.55	36	4.59	36	4.10	43
捷克	4.49	42	4.38	42	4.33	42	4.27	40
巴拿马	4.36	43	4.22	46	4.01	57	3.89	60
约旦	4.36	44	4.20	47	4.17	47	4.00	50
文莱	4.34	45	4.11	57	4.04	54	3.89	57
克罗地亚	4.34	46	4.17	51	4.22	45	3.91	54
匈牙利	4.32	47	4.29	44	4.30	43	4.03	49
毛里求斯	4.31	48	4.12	55	4.06	53	4.03	47
阿塞拜疆	4.31	49	4.11	56	3.95	61	3.79	70
俄罗斯	4.30	50	4.13	54	4.02	56	3.69	77
土耳其	4.30	51	4.22	45	4.07	52	3.79	71
黑山	4.27	52	4.20	48	4.22	46	4.09	44
哥斯达黎加	4.25	53	4.15	53	4.00	58	4.05	46
波兰	4.24	54	4.19	49	4.16	49	3.84	62
巴巴多斯	4.22	55	4.49	39	4.61	35	4.32	38
乌拉圭	4.22	56	4.16	52	4.28	44	4.06	45
马其顿	4.19	57	3.89	67	3.91	66	3.79	72
意大利	4.18	58	4.18	50	4.17	48	3.97	51
斯洛伐克	4.12	59	3.95	61	3.94	64	3.79	69
格鲁吉亚	4.09	60	3.93	65	3.60	88	3.45	98
蒙古	4.07	61	4.01	59	3.95	63	3.57	85
中国	4.05	62	4.03	58	4.11	51	4.35	36
哥伦比亚	4.05	63	3.91	66	3.87	73	3.89	58
印度尼西亚	4.04	64	3.84	76	3.75	80	3.92	53
亚美尼亚	4.03	65	3.76	82	3.49	94	3.24	109
塞舌尔	4.02	66	3.80	79	—	—	—	—
泰国	4.01	67	3.86	74	3.78	77	3.89	59
波斯尼亚黑塞哥维那	3.99	68	3.80	78	3.65	84	3.24	110
巴西	3.98	69	3.97	60	3.92	65	3.90	56
南非	3.98	70	3.87	70	3.87	72	3.86	61
特立尼达和多巴哥	3.97	71	3.87	72	3.98	60	3.83	63
科威特	3.96	72	3.94	62	3.95	62	3.74	75
保加利亚	3.96	73	3.87	71	3.89	70	3.79	68
希腊	3.95	74	3.93	64	3.99	59	3.83	64
罗马尼亚	3.95	75	3.86	75	3.90	67	3.81	65
斯里兰卡	3.94	76	3.88	69	3.88	71	3.81	66
摩尔多瓦	3.89	77	3.84	77	3.78	78	3.45	97
菲律宾	3.89	78	3.73	86	3.64	86	3.57	86
墨西哥	3.89	79	3.93	63	3.82	76	3.69	78
塞尔维亚	3.88	80	3.70	87	3.64	85	3.52	93
乌克兰	3.87	81	3.87	73	3.85	75	3.53	90
厄瓜多尔	3.85	82	3.58	91	3.46	96	3.26	108
印度	3.85	83	3.88	68	3.89	69	4.03	48
越南	3.84	84	3.74	84	3.70	83	3.90	55

续表

国家和地区	2013年得分	2013年排名	2012年得分	2012年排名	2011年得分	2011年排名	2010年得分	2010年排名
卢旺达	3.78	85	3.68	88	3.70	82	—	—
牙买加	3.77	86	3.74	85	3.87	74	3.78	73
突尼斯	3.77	87	—	—	—	—	—	—
圭亚那	3.77	88	3.45	100	3.58	90	3.43	100
佛得角	3.73	89	3.78	81	3.71	81	3.57	84
秘鲁	3.73	90	3.39	103	3.34	106	3.54	89
埃及	3.71	91	3.78	80	3.77	79	3.76	74
肯尼亚	3.71	92	3.54	92	3.51	93	3.60	81
多米尼加	3.69	93	3.62	90	3.60	87	3.62	79
不丹	3.68	94	—	—	—	—	—	—
阿尔巴尼亚	3.66	95	3.75	83	3.89	68	3.56	87
加纳	3.65	96	3.51	95	3.44	97	3.44	99
黎巴嫩	3.64	97	3.53	94	3.49	95	3.49	95
萨尔瓦多	3.63	98	3.53	93	3.38	103	3.52	92
摩洛哥	3.61	99	3.64	89	3.56	91	3.57	83
阿根廷	3.53	100	3.47	99	3.52	92	3.47	96
危地马拉	3.52	101	3.42	102	3.43	98	3.51	94
巴拉圭	3.47	102	3.37	104	3.25	111	3.00	127
博茨瓦纳	3.43	103	3.50	96	3.58	89	3.53	91
伊朗	3.42	104	3.43	101	3.36	104	3.41	101
纳米比亚	3.41	105	3.29	111	3.35	105	3.58	82
委内瑞拉	3.39	106	3.33	108	3.32	107	3.16	119
赞比亚	3.38	107	3.47	98	3.41	101	3.36	102
柬埔寨	3.36	108	3.34	106	3.32	108	3.23	111
老挝	3.34	109	—	—	—	—	—	—
巴基斯坦	3.33	111	3.35	105	3.39	102	3.54	88
尼日利亚	3.31	112	3.27	113	3.22	112	3.32	104
苏里南	3.30	113	3.13	117	2.99	121	—	—
塞内加尔	3.30	114	3.33	107	3.42	100	3.61	80
乌干达	3.25	115	3.30	110	3.25	110	3.26	107
洪都拉斯	3.24	116	3.32	109	3.43	99	3.34	103
津巴布韦	3.24	117	3.17	116	2.94	124	2.93	132
吉尔吉斯斯坦	3.22	118	3.09	118	3.13	115	3.18	116
孟加拉国	3.21	119	3.22	114	3.20	113	3.19	115
玻利维亚	3.21	120	3.01	119	2.92	127	2.89	135
利比里亚	3.19	121	3.48	97	—	—	—	—
科特迪瓦	3.14	122	3.00	120	2.98	122	3.20	113

续表

国家和地区	2013年得分	2013年排名	2012年得分	2012年排名	2011年得分	2011年排名	2010年得分	2010年排名
尼泊尔	3.09	123	2.93	126	2.92	128	2.97	131
尼加拉瓜	3.08	124	2.93	125	2.84	131	2.99	128
坦桑尼亚	3.04	125	2.92	127	2.95	123	3.16	118
斯威士兰	3.00	126	2.69	136	2.70	136	2.91	134
马里	3.00	127	2.97	122	2.93	126	3.14	120
加蓬	2.98	128	2.97	121	—	—	—	—
阿尔及利亚	2.98	129	2.78	131	3.01	118	3.17	117
埃塞俄比亚	2.95	130	2.85	128	2.85	130	3.08	123
喀麦隆	2.94	131	2.95	124	2.93	125	3.04	125
马拉维	2.90	132	2.83	129	3.05	116	3.31	105
莱索托	2.88	133	2.68	138	2.78	133	3.14	121
塞拉利昂	2.85	134	2.53	143	—	—	—	—
贝宁	2.82	135	2.97	123	3.05	117	3.20	114
布基纳法索	2.78	136	2.80	130	2.72	135	3.09	122
莫桑比克	2.77	137	2.76	133	2.99	120	3.29	106
利比亚	2.75	138	2.77	132	—	—	—	—
马达加斯加	2.74	139	2.69	137	2.73	134	2.98	129
也门	2.73	140	2.63	139	2.41	141	—	—
东帝汶	2.69	141	2.72	134	2.84	132	2.72	136
毛里塔尼亚	2.61	142	2.71	135	2.55	139	2.98	130
海地	2.52	143	2.58	141	2.27	142	—	—
安哥拉	2.52	144	—	—	—	—	—	—
几内亚	2.48	145	2.61	140	—	—	—	—
缅甸	2.35	146	—	—	—	—	—	—
布隆迪	2.31	147	2.30	144	2.57	137	2.67	137
乍得	2.22	148	2.53	142	2.55	138	2.59	138

附　　录

2014年中国政府网站绩效评估排名

资料来源：工业和信息化部中国软件测评中心

（一）2014年部委网站绩效评估前20名

排　名	部　　委	信息公开指数	办事服务指数	互动交流指数	舆论引导指数	功能与管理指数	总分（分）
1	商务部	0.83	0.84	0.73	0.76	0.73	79.0
2	国家林业局	0.81	0.81	0.72	0.77	0.70	77.1
3	国家质检总局	0.82	0.83	0.66	0.71	0.74	76.3
4	交通运输部	0.82	0.84	0.71	0.64	0.70	76.0
5	海关总署	0.76	0.75	0.75	0.79	0.73	75.9
6	国家税务总局	0.77	0.79	0.67	0.73	0.67	73.3
7	工业和信息化部	0.77	0.77	0.63	0.76	0.71	73.0
8	农业部	0.77	0.81	0.63	0.71	0.64	72.3
9	国家工商总局	0.70	0.71	0.74	0.75	0.66	71.3
9	国家食品药品监管总局	0.76	0.78	0.59	0.75	0.64	71.3
11	水利部	0.77	0.71	0.61	0.71	0.66	70.3
12	国家发展改革委	0.76	0.74	0.56	0.74	0.69	70.2
13	公安部	0.65	0.71	0.69	0.72	0.65	67.9
14	财政部	0.73	0.74	0.47	0.72	0.59	65.4
14	科技部	0.73	0.70	0.49	0.71	0.60	65.4
16	国家安全监管总局	0.74	0.57	0.56	0.68	0.60	64.3
17	国土资源部	0.71	0.65	0.51	0.72	0.57	64.0
17	文化部	0.73	0.73	0.42	0.72	0.55	64.0
19	证监会	0.54	0.75	0.55	0.72	0.61	61.7
20	卫生计生委	0.69	0.61	0.39	0.77	0.62	61.2

（二）2014年省级政府网站评估前20名

排　名	省（市）	信息公开指数	办事服务指数	互动交流指数	舆论引导指数	功能与管理指数	总分（分）
1	北京	0.71	0.70	0.85	0.67	0.66	71.6
2	上海	0.70	0.72	0.75	0.65	0.63	70.1
3	四川	0.73	0.68	0.71	0.62	0.59	68.1
4	广东	0.72	0.64	0.72	0.63	0.60	66.9
5	福建	0.66	0.67	0.71	0.61	0.61	65.9
6	海南	0.67	0.64	0.74	0.63	0.57	65.3
7	湖南	0.64	0.64	0.74	0.62	0.59	64.3
8	湖北	0.63	0.58	0.74	0.59	0.59	62.0
9	安徽	0.61	0.57	0.68	0.64	0.60	60.8
10	浙江	0.58	0.64	0.51	0.64	0.62	60.2
11	江苏	0.60	0.54	0.68	0.64	0.60	59.6
12	陕西	0.61	0.51	0.61	0.59	0.56	57.1
13	广西	0.65	0.45	0.54	0.61	0.60	55.9
14	山东	0.63	0.43	0.60	0.61	0.58	55.1
15	贵州	0.60	0.43	0.55	0.59	0.59	53.7
15	云南	0.59	0.42	0.62	0.59	0.55	53.7
17	辽宁	0.59	0.40	0.57	0.63	0.60	53.1
18	黑龙江	0.57	0.43	0.54	0.61	0.58	52.6
19	内蒙古	0.60	0.41	0.60	0.51	0.43	50.9
20	天津	0.56	0.36	0.55	0.55	0.50	48.8

（三）2014年副省级城市政府网站评估结果

排　名	副省级城市	信息公开指数	办事服务指数	互动交流指数	舆论引导指数	功能与管理指数	总分（分）
1	青岛	0.74	0.70	0.82	0.75	0.69	73.1
2	深圳	0.73	0.72	0.77	0.73	0.71	72.9
3	广州	0.76	0.67	0.69	0.74	0.73	71.1
4	成都	0.78	0.67	0.67	0.75	0.67	70.7
5	厦门	0.75	0.69	0.77	0.59	0.68	70.3
6	西安	0.75	0.70	0.66	0.72	0.65	70.1
7	南京	0.74	0.72	0.67	0.64	0.65	69.8
8	济南	0.72	0.63	0.81	0.72	0.69	69.5
8	武汉	0.75	0.65	0.68	0.72	0.71	69.5
10	哈尔滨	0.65	0.44	0.54	0.62	0.52	54.0
11	杭州	0.66	0.42	0.63	0.30	0.63	52.6
12	沈阳	0.62	0.37	0.60	0.62	0.60	52.5
13	宁波	0.58	0.40	0.60	0.58	0.60	52.4
14	大连	0.65	0.39	0.46	0.56	0.52	50.0
15	长春	0.56	0.34	0.53	0.52	0.54	47.1

（四）2014年省会城市政府网站评估前20名

排　名	省会城市	信息公开指数	办事服务指数	互动交流指数	舆论引导指数	功能与管理指数	总分（分）
1	长沙	0.77	0.71	0.71	0.58	0.71	71.3
2	广州	0.76	0.67	0.69	0.74	0.73	71.1
3	成都	0.78	0.67	0.67	0.75	0.67	70.7
4	西安	0.75	0.70	0.66	0.72	0.65	70.1
5	南京	0.74	0.72	0.67	0.64	0.65	69.8
6	济南	0.72	0.63	0.81	0.72	0.69	69.5
6	武汉	0.75	0.65	0.68	0.72	0.71	69.5
8	福州	0.65	0.67	0.74	0.59	0.51	64.0
9	合肥	0.68	0.51	0.64	0.68	0.58	60.0
10	贵阳	0.63	0.52	0.66	0.67	0.54	58.6
11	太原	0.64	0.50	0.42	0.53	0.60	54.2
12	哈尔滨	0.65	0.44	0.54	0.62	0.52	54.0
13	南昌	0.63	0.33	0.53	0.65	0.75	53.3
14	南宁	0.62	0.44	0.48	0.59	0.58	52.9
15	杭州	0.66	0.42	0.63	0.30	0.63	52.6
16	沈阳	0.62	0.37	0.60	0.62	0.60	52.5
17	海口	0.61	0.33	0.46	0.54	0.55	47.5
18	郑州	0.49	0.35	0.61	0.51	0.59	47.4
19	石家庄	0.51	0.36	0.56	0.48	0.58	47.2
20	长春	0.56	0.34	0.53	0.52	0.54	47.1

（五）2014年地市政府网站评估前20名

排　名	地市政府	信息公开指数	办事服务指数	互动交流指数	舆论引导指数	功能与管理指数	总分（分）
1	佛山	0.76	0.62	0.76	0.80	0.79	72.0
2	无锡	0.79	0.59	0.75	0.73	0.73	70.0
3	宿迁	0.77	0.57	0.78	0.79	0.73	69.9
4	中山	0.76	0.58	0.78	0.73	0.74	69.5
5	柳州	0.79	0.60	0.70	0.70	0.67	68.1
6	凉山州	0.77	0.60	0.69	0.67	0.71	67.9
7	温州	0.74	0.59	0.68	0.74	0.66	66.5
8	南平	0.73	0.59	0.68	0.74	0.63	66.0
9	苏州	0.75	0.55	0.61	0.77	0.69	65.5
10	龙岩	0.70	0.59	0.67	0.69	0.66	65.1
11	潍坊	0.74	0.55	0.67	0.68	0.65	64.3
12	镇江	0.71	0.53	0.65	0.74	0.60	62.5
13	鄂尔多斯	0.71	0.52	0.65	0.68	0.61	61.9
14	六安	0.67	0.50	0.66	0.70	0.69	61.7
15	攀枝花	0.71	0.49	0.57	0.72	0.69	61.1
16	宜昌	0.66	0.52	0.63	0.72	0.63	60.8
17	郴州	0.62	0.55	0.60	0.70	0.66	60.7
18	咸阳	0.70	0.50	0.58	0.70	0.66	60.6
19	汕头	0.64	0.51	0.63	0.74	0.63	60.5
20	常州	0.68	0.55	0.53	0.61	0.67	60.4

（六）2014年区县政府网站评估前20名

排　名	区县政府	所属省市	信息公开指数	办事服务指数	互动交流指数	舆论引导指数	功能与管理指数	总分（分）
1	思明区	厦门市	0.77	0.71	0.71	0.62	0.77	72.5
2	福田区	深圳市	0.78	0.73	0.62	0.63	0.77	72.3
3	禅城区	佛山市	0.79	0.72	0.57	0.68	0.78	72.0
4	西城区	北京市	0.76	0.64	0.66	0.63	0.85	69.7
5	罗湖区	深圳市	0.79	0.60	0.71	0.62	0.81	68.7
6	武昌区	武汉市	0.76	0.63	0.61	0.57	0.68	66.0
7	崂山区	青岛市	0.74	0.58	0.76	0.61	0.52	64.3
8	东城区	北京市	0.74	0.57	0.65	0.72	0.63	64.2
9	顺德区	佛山市	0.69	0.65	0.53	0.61	0.65	64.1
10	静安区	上海市	0.72	0.58	0.61	0.71	0.66	63.8
11	鼓楼区	福州市	0.62	0.62	0.66	0.40	0.80	63.1
12	仪征市	扬州市	0.65	0.63	0.48	0.78	0.62	62.7
13	大兴区	北京市	0.76	0.50	0.61	0.62	0.72	61.6
14	南山区	深圳市	0.74	0.50	0.58	0.52	0.82	60.8
15	朝阳区	北京市	0.64	0.63	0.60	0.48	0.57	60.7
15	翔安区	厦门市	0.69	0.57	0.56	0.44	0.73	60.7
17	龙岗区	深圳市	0.65	0.59	0.61	0.52	0.58	60.2
18	花都区	广州市	0.61	0.58	0.61	0.63	0.62	60.0
19	余姚市	宁波市	0.68	0.54	0.70	0.52	0.48	58.9
20	武侯区	成都市	0.61	0.50	0.55	0.61	0.80	58.2

2014年（第二十七届）中国电子元件百强企业名单

排名	企业名称	2013年主营业务收入（千元）	主营产品
1	亨通集团有限公司	29610360	光电线缆
2	瑞声科技控股有限公司	8095889	电声器件
3	中天科技集团有限公司	14527713	光电线缆
4	歌尔声学股份有限公司	9748677	电声器件
5	永鼎集团有限公司	12632181	光电线缆
6	富通集团有限公司	13386659	光电线缆
7	长飞光纤光缆股份有限公司	7760000	光电线缆
8	广东生益科技股份有限公司	6479221	覆铜板
9	浙江富春江通信集团有限公司	11081554	光电线缆
10	潮州三环（集团）股份有限公司	2019650	陶瓷插芯、基座、阻容元件、陶瓷材料
11	厦门宏发电声股份有限公司	3341955	继电器
12	立讯精密工业股份有限公司	4591657	连接器
13	北京中科三环高技术股份有限公司	3627885	磁性材料
14	中航光电科技股份有限公司	2601760	连接器
15	江苏俊知技术有限公司	2458000	光电线缆
16	中山大洋电机股份有限公司	2601169	微特电机
17	横店集团东磁有限公司	4868128	磁性材料
18	广东东阳光铝业股份有限公司	4854543	铝箔
19	浙江长城电工科技股份有限公司	3408588	光电线缆
20	杭州富生电器股份有限公司	2632181	微特电机
21	深圳市德润电子股份有限公司	2041551	连接器
22	国光电器股份有限公司	1963223	电声器件
23	江苏中联科技集团有限公司	1771200	电极箔
24	湖南艾华集团股份有限公司	1487452	铝电解电容器
25	南通江海电容器（集团）股份有限公司	1730242	铝电解电容器
26	贵州航天电器股份有限公司	1359564	连接器、继电器
27	汕头超声印制板公司	1745184	印制电路板
28	厦门法拉电子股份有限公司	1302766	薄膜电容器
29	新疆众和股份有限公司	3721660	电极箔
30	浙江天乐集团有限公司	3464010	电声器件
31	四川九洲线缆有限责任公司	2912053	光电线缆
32	广东风华高新科技股份有限公司	2230701	阻容感元件、电子材料等
33	开平依利安达电子有限公司	1718443	印制电路板
34	江苏华威世纪电子集团有限公司	1600614	铝电解电容器
35	深圳顺络电子股份有限公司	1019802	电感器、LTCC射频器件
36	深圳市崇达电路技术股份有限公司	1203516	印制电路板

续表

排　名	企业名称	2013 年主营业务收入（千元）	主营产品
37	广东江粉磁材股份有限公司	1392409	磁性材料
38	上海京瓷电子有限公司	1459339	MLCC、基座、光器件
39	北京七星华电科技集团有限责任公司	1353082	电声器件、阻容元件、晶体器件等
40	东莞美维电路有限公司	1376742	印制电路板
41	合兴集团有限公司	1027916	连接器
42	安徽铜峰电子集团有限公司	1251741	薄膜电容器及薄膜、石英晶体器件
43	江苏上骐集团有限公司	1036819	微特电机
44	湖北瀛通通讯线材股份有限公司	507392	光电线缆
45	成都宏明电子股份有限公司	837788	陶瓷电容器、电阻器
46	中国振华（集团）新云电子元器件有限责任公司	850871	铝电解电容器
47	电连精密技术有限公司	486433	连接器
48	深圳市凯中精密技术股份有限公司	674753	微特电机
49	杭州日月电器股份有限公司	747994	电接插件
50	天通控股股份有限公司	1155691	磁性材料
51	东莞市大忠电子有限公司	603352	电子变压器
52	深圳市和宏实业股份有限公司	665327	电接插件
53	东莞铭普光磁股份有限公司	845101	电子变压器
54	南通万宝实业有限公司	669251	磁性材料
55	汇港控股集团有限公司	573191	继电器
56	福建火炬电子科技股份有限公司	264596	MLCC
57	山东国瓷功能材料股份有限公司	266449	陶瓷电容器
58	绵阳开元磁性材料有限公司	694748	磁性材料
59	杭州微光电子股份有限公司	342070	微特电机
60	深圳市宇阳科技发展有限公司	603150	MLCC
61	新岱电子（深圳）有限公司	384943	印制电路板
62	浙江凯文磁钢有限公司	471726	磁性材料
63	东莞市三友联众电器有限公司	662146	继电器
64	山东共达电声股份有限公司	507409	电声器件
65	四川永星电子有限公司	258663	电阻器
66	浙江永贵电器股份有限公司	224652	连接器
67	普天法尔胜光通信有限公司	561837	光电线缆
68	宁波福特继电器有限公司	406630	继电器
69	湖北泰晶电子科技股份有限公司	206432	石英晶体器件
70	陕西华达科技股份有限公司（853 厂）	502984	连接器
71	宁波碧彩实业有限公司	535015	薄膜电容器
72	金龙控股集团有限公司	414286	微特电机
73	合肥博维田村电气有限公司	412046	电子变压器
74	海宁联丰瓷业股份有限公司	396818	磁性材料
75	汕头高新区松田实业有限公司	267700	陶瓷电容器等
76	广东惠伦晶体科技股份有限公司	400288	石英晶体器件
77	扬州升达集团	471409	电极箔
78	信华科技（厦门）有限公司	451693	继电器、电感器、滤波器、开关等
79	深圳可立克科技股份有限公司	652269	电子变压器

续表

排 名	企业名称	2013年主营业务收入（千元）	主营产品
80	深圳市京泉华科技股份有限公司	622875	电子变压器
81	江西联创宏声电子有限公司	360665	电声器件
82	北京元六鸿远电子技术有限公司	367481	MLCC
83	常州祥明电机有限公司	267947	微特电机
84	深圳市海光电子有限公司	500478	电子变压器
85	上海埃斯凯变压器有限公司	310867	电子变压器
86	广州市番禺奥迪威电子有限公司	177307	压电电子元器件、传感器
87	深圳市金洋电子股份有限公司	492760	连接器
88	深圳振华富电子有限公司	240398	片式电感器
89	深圳市豪恩声学股份有限公司	309973	电声器件
90	应达利电子（深圳）有限公司	159709	石英晶体器件
91	浙江五峰电子有限公司	281477	薄膜电容器
92	浙江凯恩特种材料股份有限公司	565959	电解纸
93	杭州航天电子技术有限公司	233982	连接器
94	深圳市麦捷微电子科技股份有限公司	158215	电感器、LTCC射频器件
95	四川华丰企业集团有限公司	476133	连接器
96	浙江嘉康电子股份有限公司	149730	陶瓷频率器件
97	肇庆华锋电子铝箔股份有限公司	253958	电极箔
98	嘉兴佳利电子股份有限公司	215910	微波介质器件
99	江苏江佳电子股份有限公司	278051	陶瓷频率器件
100	浙江东晶电子股份有限公司	244347	石英晶体器件

互联网与工业融合创新试点企业名单及创新模式

地　区	编　号	企　　业	创新模式
北京	1	中国国电集团、中国大唐集团	电力互联网创新应用综合平台
	2	北京京东科技有限公司	智能硬件虚拟孵化平台
	3	百度	工业App应用众包研发平台
	4	北京智慧联合科技有限公司	工业企业大数据情报服务平台
河南	5	郑州思念食品有限公司	食品微信直营解决方案
	6	郑州回家软件有限公司	家居行业消费服务模式创新O2O平台
	7	郑州向心力通信技术股份有限公司	电子信息制造业互联网个性化定制解决方案
山东	8	海尔集团	互联网全业务交互式创新体系
	9	好品山东网络营销管理服务平台	消费品行业互联网营销生态服务平台
	10	鲁泰纺织股份有限公司	基于虚拟试衣及大数据技术的网络化定制生产体系
	11	烟台惠通网络技术有限公司	智能移动社区商业O2O服务平台
广东	12	中国南方航空股份有限公司	民航客户服务及管理全流程移动创新体系
	13	广州普金计算机科技股份有限公司	基于制造企业财税外贸数据挖掘的综合服务创新平台
	14	广新信息技术产业发展有限公司	基于防伪溯源技术的移动运营管理创新平台
	15	北江纺织有限公司	基于激光技术的面料工艺创新及在线定制生产
安徽	16	普天新能源有限责任公司	新能源汽车智能管理网络化平台
江苏	17	江苏洋河酒厂股份有限公司	移动互联全柔性生产模式
	18	苏宁云商集团股份有限公司	移动互联网社交营销解决方案
内蒙古	19	内蒙古伊利实业集团股份有限公司	基于大数据的产品创新及透明产业链建设
浙江	20	杭州九阳小家电有限公司	基于用户体验的消费者行为大数据分析平台
	21	浙江维尔科技股份有限公司	移动互联网第三方支付安全保障体系
重庆	22	重庆猪八戒网络有限公司	工业服务众包平台
福建	23	东胜网源信息科技（厦门）有限公司	流体机械制造企业网络化营销服务解决方案

2014 年首批两化融合管理体系贯标咨询服务机构

序　号	贯标服务机构名称
1	工业和信息化部电子第五研究所
2	工业和信息化部电子科学技术情报研究所
3	工业和信息化部电信研究院
4	大连圣达信息工程有限公司
5	上海工业自动化仪表研究院
6	上海东方申信科技发展有限公司
7	上海质量管理科学研究院
8	上海宝信软件股份有限公司
9	山东省计算中心
10	山东省电子产品监督检验所（山东省电子信息产品检验院）
11	山西精英科技股份有限公司
12	广东省电信规划设计院有限公司
13	天津鼎韬外包服务有限公司
14	云南省机械研究设计院
15	太极计算机股份有限公司
16	太钢信息与自动化技术有限公司
17	中汇会计师事务所有限公司
18	中国电力企业联合会科技开发服务中心
19	中国电子技术标准化研究院
20	中国电子信息产业发展研究院
21	中国机械工业企业管理协会
22	中国兵器工业信息中心
23	中国船级社质量认证公司
24	中国船舶重工集团公司第七一四研究所
25	长城（天津）质量保证中心
26	世纪纵横（北京）管理咨询有限公司
27	石化盈科信息技术有限责任公司
28	北京中电力企业管理咨询有限责任公司
29	北京中电普华信息技术有限公司
30	北京中船信息科技有限公司

续表

序　号	贯标服务机构名称
31	北京东方易初标准技术有限公司
32	北京机械工业自动化研究所
33	北京英大长安风险管理咨询有限公司
34	北京国金恒信管理体系认证有限公司
35	北京金源动力信息化测评技术有限公司
36	北京京航计算通讯研究所
37	北京首钢自动化信息技术有限公司
38	北京数码大方科技股份有限公司
39	北京慧点科技有限公司
40	用友软件股份有限公司
41	宁夏菲麦森流程控制技术有限公司
42	吉林省电子信息产品监督检验研究院
43	机械工业第六设计研究院有限公司
44	西安热工研究院有限公司
45	成都市软件产业发展中心
46	合肥昊邦信息科技有限公司
47	江苏金恒信息科技有限公司
48	江苏省生产力促进中心
49	江苏省金思维信息技术有限公司
50	江苏鸿信系统集成有限公司
51	安徽省新世纪认证咨询有限责任公司
52	佛山市顺德区信息化与工业化融合创新中心
53	沈阳格微软件有限责任公司
54	沈阳赛宝科技服务有限公司
55	武汉制造业信息化工程技术有限公司
56	金航数码科技有限责任公司
57	金蝶软件（中国）有限公司
58	河北中机盛科信息技术有限公司
59	河北省电子信息技术研究院
60	建筑材料工业信息中心
61	陕西省信息化工程研究院
62	陕西思宇信息技术有限公司
63	南京慧德信息管理咨询有限公司
64	南瑞集团有限公司

续表

序　号	贯标服务机构名称
65	贵州博网科技咨询有限公司（贵州省信息化促进中心）
66	重庆海特克制造业信息化生产力促进中心有限公司
67	重庆路睿科技有限公司
68	徐州徐工信息技术服务股份有限公司
69	高博技术与战略研究所（杭州）有限公司
70	浙江中控技术股份有限公司
71	浙江省电子信息产品检验所
72	浙江省企业信息化促进会
73	联通系统集成有限公司
74	厦门邑通软件科技有限公司
75	黑龙江省电子信息产品监督检验院
76	湘西自治州德友软件有限责任公司
77	新疆天衡信息系统咨询管理有限公司
78	镇江高科信息科技有限公司
79	德勤华永会计师事务所
80	赣州市企业技术创新促进中心有限公司

2015年中国互联网企业百强名单

资料来源：中国互联网协会

排　名	公司名称	排　名	公司名称
1	阿里巴巴集团	28	网宿科技股份有限公司
2	腾讯公司	29	世纪互联集团
3	百度公司	30	百视通新媒体股份有限公司
4	京东集团	31	北京五八信息技术有限公司
5	奇虎360科技有限公司	32	山景科创网络技术（北京）有限公司
6	搜狐公司	33	前程无忧公司
7	网易公司	34	东方财富信息股份有限公司
8	新浪公司	35	深圳市迅雷网络技术有限公司
9	携程计算机技术（上海）有限公司	36	新华网股份有限公司
10	北京搜房科技发展有限公司	37	人民网股份有限公司
11	鹏博士电信传媒集团股份有限公司	38	第一视频集团有限公司
12	完美世界（北京）网络技术有限公司	39	北京昆仑万维科技股份有限公司
13	优酷土豆公司	40	广州多益网络科技有限公司
14	广州唯品会信息科技有限公司	41	创梦天地科技有限公司
15	金山软件有限公司	42	上海大智慧股份有限公司
16	上海盛大网络发展有限公司	43	福建网龙计算机网络信息技术有限公司
17	欢聚时代科技有限公司	44	聚美国际控股公司
18	小米科技有限责任公司	45	智联招聘有限公司
19	苏宁云商集团股份有限公司	46	深圳市捷旅国际旅行社有限公司
20	易车公司	47	竞技世界(北京)网络技术有限公司
21	北京车之家信息技术有限公司	48	中国当当电子商务有限公司
22	乐居控股有限责任公司	49	上海陆家嘴国际金融资产交易市场股份有限公司
23	三七互娱（上海）科技有限公司	50	北京艺龙信息技术有限公司
24	乐视网信息技术（北京）股份有限公司	51	北京掌趣科技股份有限公司
25	四三九九网络股份有限公司	52	北京三快科技有限公司
26	北京天盈九州网络技术有限公司	53	人人贷商务顾问（北京）有限公司
27	联动优势科技有限公司	54	游族网络股份有限公司

续表

排名	公司名称	排名	公司名称
55	上海二三四五网络科技有限公司	78	正保远程教育控股有限公司
56	杭州顺网科技股份有限公司	79	湖南快乐阳光互动娱乐传媒有限公司
57	二六三网络通信股份有限公司	80	国美在线电子商务有限公司
58	广州摩拉网络科技有限公司	81	联众国际控股有限公司
59	上海巨人网络科技有限公司	82	科通芯城集团
60	河南锐之旗信息技术有限公司	83	中国数码信息有限公司
61	云游控股有限公司	84	炫彩互动网络科技有限公司（中国电信游戏基地）
62	慧聪网有限公司	85	中国金融在线有限公司
63	浙江核新同花顺网络信息股份有限公司	86	斯凯网络科技有限公司
64	北京暴风科技股份有限公司	87	淘米控股有限公司
65	博雅互动国际有限公司	88	黑龙江龙采科技集团有限责任公司
66	上海起凡数字技术有限公司	89	焦点科技股份有限公司
67	天鸽互动控股有限公司	90	上海帝联信息科技股份有限公司
68	四川省艾普网络股份有限公司	91	上海东方网股份有限公司
69	北京亿玛在线科技有限公司	92	上海汉涛信息咨询有限公司
70	深圳市易讯天空网络技术有限公司	93	厦门三五互联科技股份有限公司
71	拓维信息系统股份有限公司	94	广州市久邦数码科技有限公司
72	蓝港互动有限公司	95	深圳中青宝互动网络股份有限公司
73	佳缘国际有限公司	96	北京漫游谷信息技术有限公司
74	北京空中信使信息技术有限公司	97	北京光宇在线科技有限责任公司
75	苏州蜗牛数字科技股份有限公司	98	湖南竞网智赢网络技术有限公司
76	江苏三六五网络股份有限公司	99	上海钢联电子商务股份有限公司
77	广州百田信息科技有限公司	100	天极传媒集团

2015年中国电子信息百强企业名单

资料来源：中国电子信息行业联合会

序　号	企业名称	序　号	企业名称
1	华为技术有限公司	35	震雄铜业集团有限公司
2	海尔集团	36	中利科技集团股份有限公司
3	中国电子信息产业集团有限公司	37	许继集团有限公司
4	TCL 集团股份有限公司	38	广州无线电集团有限公司
5	海信集团	39	中芯国际集成电路制造有限公司
6	四川长虹电子集团有限公司	40	株洲南车时代电气股份有限公司
7	中兴通讯股份有限公司	41	歌尔声学股份有限公司
8	北大方正集团有限公司	42	浙江富春江通信集团有限公司
9	浪潮集团	43	陕西电子信息集团有限公司
10	比亚迪股份有限公司	44	福建省电子信息（集团）有限责任公司
11	京东方科技集团股份有限公司	45	深圳华强集团有限公司
12	亨通集团有限公司	46	紫光股份有限公司
13	上海仪电电子（集团）有限公司	47	江苏协鑫硅材料科技发展有限公司
14	大唐电信科技产业集团	48	普联技术有限公司
15	创维集团有限公司	49	天马微电子股份有限公司
16	富通集团有限公司	50	东莞华贝电子科技有限公司
17	晶龙实业集团有限公司	51	上海斐讯数据通信技术有限公司
18	上海贝尔股份有限公司	52	铜陵精达铜材（集团）有限责任公司
19	南京南瑞集团公司	53	舜宇集团有限公司
20	同方股份有限公司	54	中国四联仪器仪表集团有限公司
21	武汉邮电科学研究院	55	中冶赛迪集团有限公司
22	航天信息股份有限公司	56	东软集团股份有限公司
23	中天科技集团有限公司	57	上饶光电高科技有限公司
24	四川九洲电器集团有限责任公司	58	侨兴集团有限公司
25	宇龙计算机通信科技（深圳）有限公司	59	展讯通信（上海）有限公司
26	深圳欧菲光科技股份有限公司	60	浙江晶科能源有限公司
27	康佳集团股份有限公司	61	宁波均胜电子股份有限公司
28	研祥高科技控股集团有限公司	62	江苏新潮科技集团有限公司
29	河南森源集团有限公司	63	浙江大华技术股份有限公司
30	杭州海康威视数字技术股份有限公司	64	深圳市兆驰股份有限公司
31	通鼎集团有限公司	65	安徽天康（集团）股份有限公司
32	江苏宏图高科技股份有限公司	66	上海华虹（集团）有限公司
33	宝胜集团有限公司	67	普天东方通信集团
34	永鼎集团有限公司	68	福州福大自动化科技有限公司

续表

序　号	企业名称	序　号	企业名称
69	惠科电子（深圳）有限公司	85	双登集团股份有限公司
70	深圳市神舟电脑股份有限公司	86	昆山龙腾光电有限公司
71	万利达集团有限公司	87	深圳市华讯方舟科技有限公司
72	东旭集团有限公司	88	深圳市康冠技术有限公司
73	风帆股份有限公司	89	闻泰通讯股份有限公司
74	大连辽无二电器有限公司	90	山东鲁鑫贵金属有限公司
75	大连环宇阳光集团	91	欣旺达电子股份有限公司
76	长飞光纤光缆股份有限公司	92	北京华胜天成科技股份有限公司
77	哈尔滨光宇集团股份有限公司	93	厦门宏发电声股份有限公司
78	深圳市共进电子股份有限公司	94	河南科隆集团有限公司
79	横店集团东磁有限公司	95	广东汕头超声电子股份有限公司
80	骆驼集团股份有限公司	96	浙大网新科技股份有限公司
81	中国华录集团有限公司	97	浙江南都电源动力股份有限公司
82	南通华达微电子集团有限公司	98	深南电路股份有限公司
83	华润微电子有限公司	99	深圳市航嘉驰源电气股份有限公司
84	广州佳都集团有限公司	100	浙江长城电工科技股份有限公司

2015年（第14届）中国软件业务收入前百家企业名单

资料来源：工业和信息化部

序　号	企业名称	软件业务收入（万元）
1	华为技术有限公司	14817073
2	海尔集团公司	4080220
3	中兴通讯股份有限公司	4004552
4	浪潮集团有限公司	1364293
5	海信集团有限公司	1133763
6	南京南瑞集团公司	1042212
7	北大方正集团有限公司	959353
8	杭州海康威视数字技术股份有限公司	851315
9	东软集团股份有限公司	779633
10	中国银联股份有限公司	756461
11	航天信息股份有限公司	737553
12	株洲南车时代电气股份有限公司	712300
13	熊猫电子集团有限公司	688812
14	同方股份有限公司	647871
15	浙江大华技术股份有限公司	586550
16	东华软件股份公司	519191
17	上海华东电脑股份有限公司	519031
18	福州福大自动化科技有限公司	509530
19	大唐电信科技股份有限公司	507914
20	杭州恒生电子集团有限公司	506000
21	武汉邮电科学研究院	504184
22	中冶赛迪集团有限公司	451460
23	北京中软国际信息技术有限公司	443850
24	亚信科技（中国）有限公司	430485
25	用友网络科技股份有限公司	428733
26	江苏集群软件股份有限公司	425250
27	上海宝信软件股份有限公司	406578
28	神州数码系统集成服务有限公司	388400
29	江苏省通信服务有限公司	384523

续表

序　号	企业名称	软件业务收入（万元）
30	太极计算机股份有限公司	360668
31	上海华讯网络系统有限公司	341268
32	金山软件有限公司	335013
33	软通动力信息技术（集团）有限公司	329365
34	大族科技产业集团股份有限公司	323633
35	中国软件与技术服务股份有限公司	320279
36	中国民航信息网络股份有限公司	310174
37	沈阳先锋计算机工程有限公司	301246
38	上海贝尔软件有限公司	293963
39	深圳市华讯方舟科技有限公司	290750
40	中科软科技股份有限公司	289685
41	四川九洲电器集团有限责任公司	285163
42	北京小米移动软件有限公司	254367
43	北京全路通信信号研究设计院有限公司	252798
44	广州广电运通金融电子股份有限公司	252181
45	四川省通信产业服务有限公司	242263
46	北京神州泰岳软件股份有限公司	239901
47	石化盈科信息技术有限责任公司	234384
48	深圳市金证科技股份有限公司	234026
49	中控科技集团有限公司	232921
50	福建星网锐捷通讯股份有限公司	213704
51	山东中创软件工程股份有限公司	208976
52	福建新大陆科技集团有限公司	198930
53	北京中油瑞飞信息技术有限责任公司	191807
54	卡斯柯信号有限公司	190546
55	联动优势科技有限公司	190150
56	广州海格通信集团股份有限公司	189747
57	信雅达系统工程股份有限公司	189219
58	银江股份有限公司	188321
59	东方电子集团有限公司	184440
60	博雅软件股份有限公司	179802
61	大连环宇阳光集团	178970
62	深圳创维数字技术有限公司	176798
63	文思海辉技术有限公司	176596
64	广联达软件股份有限公司	175954
65	阿里云计算有限公司	167636
66	北明软件股份有限公司	166457

续表

序　号	企业名称	软件业务收入（万元）
67	北京华胜天成科技股份有限公司	165571
68	万达信息股份有限公司	162207
69	深圳市欧珀通信软件有限公司	160950
70	深圳怡化电脑股份有限公司	159540
71	大连华信计算机技术股份有限公司	159296
72	博彦科技股份有限公司	155345
73	平安科技（深圳）有限公司	152907
74	云南南天电子信息产业股份有限公司	152692
75	金蝶软件（中国）有限公司	151894
76	江苏国光信息产业股份有限公司	148801
77	江苏南大苏富特科技股份有限公司	148500
78	北京易华录信息技术股份有限公司	142866
79	北京四方继保自动化股份有限公司	142527
80	先锋软件股份有限公司	141511
81	北京京东尚科信息技术有限公司	140318
82	科大讯飞股份有限公司	138628
83	北京宇信易诚科技有限公司	136361
84	启明信息技术股份有限公司	136302
85	天津天地伟业数码科技有限公司	135607
86	武汉天喻信息产业股份有限公司	134971
87	江苏金智集团有限公司	134500
88	恒宝股份有限公司	132324
89	深圳市紫金支点技术股份有限公司	131784
90	北京握奇数据系统有限公司	130856
91	中煤科工集团重庆研究院有限公司	124324
92	一丁集团股份有限公司	122403
93	杭州士兰微电子股份有限公司	118720
94	北京启明星辰信息技术股份有限公司	117407
95	北京先进数通信息技术股份公司	113909
96	辽宁天久信息科技产业有限公司	112576
97	杭州和利时自动化有限公司	111794
98	北京四维图新科技股份有限公司	105901
99	东信和平科技股份有限公司	105788
100	易讯科技股份有限公司	104981

2015 年两化融合管理体系贯标试点企业名单

资料来源：工业和信息化部

序　号	企业名称	所属省市	归口司局
1	北京四环科宝制药有限公司	北京市	企业局
2	中国三峡新能源公司	北京市	节能司
3	北京首钢冷轧薄板有限公司	北京市	原材料司
4	中国海洋石油总公司销售分公司	北京市	原材料司
5	中国黄金集团黄金珠宝有限公司	北京市	原材料司
6	中化化肥有限公司	北京市	原材料司
7	中建材国际贸易有限公司	北京市	原材料司
8	北京动力机械研究所	北京市	装备司
9	北京福田康明斯发动机有限公司	北京市	装备司
10	北京复盛机械有限公司	北京市	装备司
11	北京航天时代光电科技有限公司	北京市	装备司
12	北京华德液压工业集团有限责任公司	北京市	装备司
13	北京计算机技术及应用研究所	北京市	装备司
14	北京卫星制造厂	北京市	装备司
15	北京现代汽车有限公司	北京市	装备司
16	北京新立机械有限责任公司	北京市	装备司
17	北京新能源汽车股份有限公司	北京市	装备司
18	北京星航机电装备有限公司	北京市	装备司
19	国电联合动力技术有限公司	北京市	装备司
20	普天新能源有限责任公司	北京市	装备司
21	重庆长安汽车股份有限公司北京长安汽车公司	北京市	装备司
22	北京九州通医药有限公司	北京市	消费品司
23	北京利德曼生化股份有限公司	北京市	消费品司
24	北京泰德制药股份有限公司	北京市	消费品司
25	北京威克多制衣中心	北京市	消费品司
26	北京南瑞智芯微电子科技有限公司	北京市	电子司
27	中钢设备有限公司	北京市	信软司、科技司
28	国网天津市电力公司	天津市	节能司
29	天津渤化永利化工股份有限公司	天津市	原材料司
30	天津大沽化工股份有限公司	天津市	原材料司
31	天津市联众钢管有限公司	天津市	原材料司

续表

序　号	企业名称	所属省市	归口司局
32	中材装备集团有限公司	天津市	原材料司
33	航天精工股份有限公司	天津市	装备司
34	天津雷沃动力有限公司	天津市	装备司
35	天津汽车模具股份有限公司	天津市	装备司
36	天津市天发重型水电设备制造有限公司	天津市	装备司
37	爱玛科技股份有限公司	天津市	消费品司
38	天津海鸥表业集团有限公司	天津市	消费品司
39	天津光电集团有限公司	天津市	电子司
40	国网河北省电力公司	河北省	节能司
41	秦皇岛发电有限责任公司	河北省	节能司
42	河北晨阳工贸集团有限公司	河北省	原材料司
43	唐山国丰钢铁有限公司	河北省	原材料司
44	中国石油天然气股份有限公司华北油田分公司	河北省	原材料司
45	中国耀华玻璃集团有限公司	河北省	原材料司
46	格力电器（石家庄）有限公司	河北省	装备司
47	华电曹妃甸重工装备有限公司	河北省	装备司
48	秦皇岛秦冶重工有限公司	河北省	装备司
49	山海关船舶重工有限责任公司	河北省	装备司
50	石家庄凯普特动力传输机械有限责任公司	河北省	装备司
51	石家庄煤矿机械有限责任公司	河北省	装备司
52	唐山轨道客车有限责任公司	河北省	装备司
53	中铁山桥集团有限公司	河北省	装备司
54	中油宝世顺（秦皇岛）钢管有限公司	河北省	装备司
55	河北宁纺集团有限责任公司	河北省	消费品司
56	张北伊利乳业有限责任公司	河北省	消费品司
57	东旭集团有限公司	河北省	电子司
58	河北普兴电子科技股份有限公司	河北省	电子司
59	英利集团有限公司	河北省	电子司
60	山西华鑫电气有限公司	山西省	装备司
61	山西汾西重工有限责任公司	山西省	装备司
62	永济新时速电机电器有限责任公司	山西省	装备司
63	山西普德药业股份有限公司	山西省	消费品司
64	亚宝药业集团股份有限公司	山西省	消费品司
65	山西省工业设备安装有限公司	山西省	信软司、科技司
66	白音华金山发电有限公司	内蒙古自治区	节能司
67	内蒙古太西煤集团股份有限公司	内蒙古自治区	节能司
68	东方希望包头稀土铝业有限责任公司	内蒙古自治区	原材料司

续表

序　号	企业名称	所属省市	归口司局
69	明拓集团铬业科技有限公司	内蒙古自治区	原材料司
70	内蒙古东华能源有限责任公司	内蒙古自治区	原材料司
71	内蒙古庆华集团有限公司	内蒙古自治区	原材料司
72	内蒙古太平矿业有限公司	内蒙古自治区	原材料司
73	苏尼特金曦黄金矿业有限责任公司	内蒙古自治区	原材料司
74	中国黄金集团内蒙古矿业有限公司	内蒙古自治区	原材料司
75	包头天顺风电设备有限公司	内蒙古自治区	装备司
76	鄂尔多斯市西北电缆有限公司	内蒙古自治区	装备司
77	内蒙古华德牧草机械有限责任公司	内蒙古自治区	装备司
78	内蒙古长明机械股份有限公司	内蒙古自治区	装备司
79	蒙羊牧业股份有限公司	内蒙古自治区	消费品司
80	内蒙古蒙古王实业股份有限公司	内蒙古自治区	消费品司
81	通辽梅花生物科技有限公司	内蒙古自治区	消费品司
82	国网辽宁省电力有限公司	辽宁省	节能司
83	华能国际电力股份有限公司大连电厂	辽宁省	节能司
84	辽宁红沿河核电有限公司	辽宁省	节能司
85	鞍钢集团矿业公司	辽宁省	原材料司
86	大连金玛硼业科技集团有限公司	辽宁省	原材料司
87	抚顺新钢铁有限责任公司	辽宁省	原材料司
88	阜新环宇橡胶（集团）有限公司	辽宁省	原材料司
89	辽宁龙栖湾化纤有限公司	辽宁省	原材料司
90	中信锦州金属股份有限公司	辽宁省	原材料司
91	中冶焦耐工程技术有限公司	辽宁省	原材料司
92	大连船舶重工集团有限公司	辽宁省	装备司
93	大连市机床集团有限责任公司	辽宁省	装备司
94	聚龙股份有限公司	辽宁省	装备司
95	奇瑞汽车股份有限公司大连分公司	辽宁省	装备司
96	三一重型装备有限公司	辽宁省	装备司
97	沈阳发动机设计研究所	辽宁省	装备司
98	沈阳飞机设计研究所	辽宁省	装备司
99	沈阳富创精密设备有限公司	辽宁省	装备司
100	沈阳机床（集团）有限责任公司	辽宁省	装备司
101	沈阳黎明航空发动机（集团）有限责任公司	辽宁省	装备司
102	沈阳新松机器人自动化股份有限公司	辽宁省	装备司
103	中国北车集团大连机车研究所有限公司	辽宁省	装备司
104	中国有色（沈阳）冶金机械有限公司	辽宁省	装备司
105	东北制药集团股份有限公司	辽宁省	消费品司

续表

序　号	企业名称	所属省市	归口司局
106	辽宁禾丰牧业股份有限公司	辽宁省	消费品司
107	辽宁辉山乳业集团有限公司	辽宁省	消费品司
108	美罗药业股份有限公司	辽宁省	消费品司
109	沈阳东软医疗系统有限公司	辽宁省	消费品司
110	中钢集团鞍山热能研究院有限公司	辽宁省	信软司、科技司
111	吉林吉恩镍业股份有限公司	吉林省	原材料司
112	吉林新元木业有限公司	吉林省	原材料司
113	吉林远通矿业有限公司	吉林省	原材料司
114	通化矿业（集团）有限责任公司	吉林省	原材料司
115	白城福佳科技有限公司	吉林省	装备司
116	一汽吉林汽车有限公司	吉林省	装备司
117	一汽轿车股份有限公司	吉林省	装备司
118	长春轨道客车股份有限公司	吉林省	装备司
119	中钢集团吉林机电设备有限公司	吉林省	装备司
120	吉林敖东药业集团延吉股份有限公司	吉林省	消费品司
121	吉林华正农牧业开发股份有限公司	吉林省	消费品司
122	吉林化纤集团有限责任公司	吉林省	消费品司
123	辽源市欧蒂爱袜业有限责任公司	吉林省	消费品司
124	中国石油天然气股份有限公司哈尔滨石化分公司	黑龙江省	原材料司
125	哈尔滨第一工具制造有限公司	黑龙江省	装备司
126	九三粮油工业集团有限公司	黑龙江省	消费品司
127	牡丹江恒丰纸业集团有限责任公司	黑龙江省	消费品司
128	上海电力股份有限公司	上海市	节能司
129	上海玻璃钢研究院有限公司	上海市	原材料司
130	上海宝临电气集团有限公司	上海市	装备司
131	上海辰竹仪表有限公司	上海市	装备司
132	上海船舶研究设计院	上海市	装备司
133	上海电气核电设备有限公司	上海市	装备司
134	上海电气集团股份有限公司中央研究院	上海市	装备司
135	上海格尔汽车金属制品有限公司	上海市	装备司
136	上海格拉曼国际消防装备有限公司	上海市	装备司
137	上海锅炉厂有限公司	上海市	装备司
138	上海航天设备制造总厂	上海市	装备司
139	上海坤孚车辆配件有限公司	上海市	装备司
140	上海三菱电梯有限公司	上海市	装备司
141	中船第九设计研究院工程有限公司	上海市	装备司
142	中船工业成套物流有限公司	上海市	装备司

续表

序　号	企业名称	所属省市	归口司局
143	中国船舶工业集团公司第七〇八研究所	上海市	装备司
144	中国东方航空	上海市	装备司
145	中国商用飞机有限责任公司上海飞机设计研究院	上海市	装备司
146	安硕文教用品（上海）股份有限公司	上海市	消费品司
147	海立集团	上海市	消费品司
148	上海现代中医药股份有限公司	上海市	消费品司
149	上海贝尔股份有限公司	上海市	电子司
150	上海鼎讯电子有限公司	上海市	电子司
151	上海维宏电子科技股份有限公司	上海市	电子司
152	上海海得控制系统股份有限公司	上海市	信软司、科技司
153	卡斯柯信号有限公司	上海市	通信司
154	上海铁路通信有限公司	上海市	通信司
155	上海盛东国际集装箱码头有限公司	上海市	信软司、科技司
156	上海现代建筑设计（集团）有限公司	上海市	信软司、科技司
157	华能金陵燃机电厂	江苏省	节能司
158	红太阳集团有限公司	江苏省	原材料司
159	江苏隆力奇生物科技股份有限公司	江苏省	原材料司
160	江苏双乐化工颜料有限公司	江苏省	原材料司
161	江苏天裕能源化工集团有限公司	江苏省	原材料司
162	连云港中复连众复合材料集团有限公司	江苏省	原材料司
163	南京我乐家居制造有限公司	江苏省	原材料司
164	镇江鼎胜铝业股份有限公司	江苏省	原材料司
165	中国石化仪征化纤有限责任公司	江苏省	原材料司
166	中国石油化工股份有限公司江苏油田分公司	江苏省	原材料司
167	中天钢铁集团有限公司	江苏省	原材料司
168	常林股份有限公司	江苏省	装备司
169	常州西电变压器有限责任公司	江苏省	装备司
170	国电南京自动化股份有限公司	江苏省	装备司
171	江苏东源电器集团股份有限公司	江苏省	装备司
172	江苏丰东热技术股份有限公司	江苏省	装备司
173	江苏昊邦科技有限公司	江苏省	装备司
174	江苏恒力制动器制造有限公司	江苏省	装备司
175	江苏仅一包装技术有限公司	江苏省	装备司
176	江苏威腾母线有限公司	江苏省	装备司
177	江苏新世纪江南环保股份有限公司	江苏省	装备司
178	江苏新扬子造船有限公司	江苏省	装备司
179	江苏亚威机床股份有限公司	江苏省	装备司

续表

序　号	企业名称	所属省市	归口司局
180	康力电梯股份有限公司	江苏省	装备司
181	昆山诺克科技汽车装备制造有限公司	江苏省	装备司
182	立讯精密工业（昆山）有限公司	江苏省	装备司
183	南京金鑫传动设备有限公司	江苏省	装备司
184	南京钛能电气有限公司	江苏省	装备司
185	南京西普水泥工程集团有限公司	江苏省	装备司
186	南京中船绿洲机器有限公司	江苏省	装备司
187	南通太平洋海洋工程有限公司	江苏省	装备司
188	南通中集罐式储运设备制造有限公司	江苏省	装备司
189	南通中远川崎船舶工程有限公司	江苏省	装备司
190	润源控股集团有限公司	江苏省	装备司
191	中船动力有限公司	江苏省	装备司
192	中国航空工业集团公司航空动力控制系统研究所	江苏省	装备司
193	基蛋生物科技股份有限公司	江苏省	消费品司
194	江苏豪森药业股份有限公司	江苏省	消费品司
195	江苏恒瑞医药股份有限公司	江苏省	消费品司
196	江苏辉能电气有限公司	江苏省	消费品司
197	江苏今世缘酒业股份有限公司	江苏省	消费品司
198	江苏美的春花电器股份有限公司	江苏省	消费品司
199	昆山宝立无纺布有限公司	江苏省	消费品司
200	南京创维家用电器有限公司	江苏省	消费品司
201	南京卫岗乳业有限公司	江苏省	消费品司
202	南京正大天晴制药有限公司	江苏省	消费品司
203	苏州优尔食品有限公司	江苏省	消费品司
204	宿迁市金田塑业有限公司	江苏省	消费品司
205	真彩文具股份有限公司	江苏省	消费品司
206	正大天晴药业集团股份有限公司	江苏省	消费品司
207	江苏林洋电子股份有限公司	江苏省	电子司
208	江苏中能硅业科技发展有限公司	江苏省	电子司
209	南通富士通微电子股份有限公司	江苏省	电子司
210	双登集团股份有限公司	江苏省	电子司
211	扬州扬杰电子科技股份有限公司	江苏省	电子司
212	中利腾晖光伏科技有限公司	江苏省	电子司
213	南京莱斯信息技术股份有限公司	江苏省	信软司、科技司
214	常州太平通讯科技有限公司	江苏省	通信司
215	江苏俊知技术有限公司	江苏省	通信司
216	江苏南方通信科技有限公司	江苏省	通信司

续表

序　号	企业名称	所属省市	归口司局
217	杭州宏华数码科技股份有限公司	浙江省	企业局
218	大唐国际乌沙山发电公司	浙江省	节能司
219	浙江浙能嘉兴发电有限公司	浙江省	节能司
220	中核核电运行管理有限公司	浙江省	节能司
221	万华化学（宁波）有限公司	浙江省	原材料司
222	雅鼎卫浴股份有限公司	浙江省	原材料司
223	浙江恒逸集团有限公司	浙江省	原材料司
224	浙江龙游道明光学有限公司	浙江省	原材料司
225	浙江新化化工股份有限公司	浙江省	原材料司
226	中国石化销售有限公司浙江石油分公司	浙江省	原材料司
227	中海石油宁波大榭石化有限公司	浙江省	原材料司
228	德力西电气有限公司	浙江省	装备司
229	杭叉集团股份有限公司	浙江省	装备司
230	合兴集团有限公司	浙江省	装备司
231	金海重工股份有限公司	浙江省	装备司
232	利欧集团股份有限公司	浙江省	装备司
233	宁波柯力传感科技股份有限公司	浙江省	装备司
234	奇精机械股份有限公司	浙江省	装备司
235	浙江三一装备有限公司	浙江省	装备司
236	浙江双环传动机械股份有限公司	浙江省	装备司
237	浙江腾龙精线有限公司	浙江省	装备司
238	浙江亚太机电股份有限公司	浙江省	装备司
239	超威电源有限公司	浙江省	消费品司
240	得力集团有限公司	浙江省	消费品司
241	杭州老板电器股份有限公司	浙江省	消费品司
242	杭州千岛湖啤酒有限公司	浙江省	消费品司
243	杭州天堂伞业集团有限公司	浙江省	消费品司
244	纳尼亚纺织有限公司	浙江省	消费品司
245	宁波萌恒服装辅料有限公司	浙江省	消费品司
246	青岛啤酒（杭州）有限公司	浙江省	消费品司
247	万事利集团有限公司	浙江省	消费品司
248	义乌华鼎锦纶股份有限公司	浙江省	消费品司
249	永高股份有限公司	浙江省	消费品司
250	浙江奥康鞋业股份有限公司	浙江省	消费品司
251	浙江大胜达包装有限公司	浙江省	消费品司
252	浙江仙鹤特种纸有限公司	浙江省	消费品司
253	浙江雅莹集团有限公司	浙江省	消费品司

续表

序　号	企业名称	所属省市	归口司局
254	浙江佐力药业股份有限公司	浙江省	消费品司
255	中策橡胶集团有限公司	浙江省	消费品司
256	杭州海康威视数字技术股份有限公司	浙江省	电子司
257	横店集团东磁股份有限公司	浙江省	电子司
258	宁波博一格数码科技有限公司	浙江省	电子司
259	浙江生辉照明有限公司	浙江省	电子司
260	安徽省司尔特肥业股份有限公司	安徽省	原材料司
261	马鞍山钢铁股份有限公司	安徽省	原材料司
262	铜陵新亚星焦化有限公司	安徽省	原材料司
263	安徽福马汽车零部件集团有限公司	安徽省	装备司
264	安徽江淮专用汽车有限公司	安徽省	装备司
265	安徽蓝德集团股份有限公司	安徽省	装备司
266	安徽攀登重工股份有限公司	安徽省	装备司
267	安徽省安庆环新集团有限公司	安徽省	装备司
268	安徽应流集团霍山铸造有限公司	安徽省	装备司
269	昌辉汽车电器（黄山）股份公司	安徽省	装备司
270	合肥神马科技集团有限公司	安徽省	装备司
271	华菱星马汽车（集团）股份有限公司	安徽省	装备司
272	玉柴联合动力股份有限公司	安徽省	装备司
273	安徽贝克联合制药有限公司	安徽省	消费品司
274	安徽丰原药业股份有限公司	安徽省	消费品司
275	安徽康佳电子有限公司	安徽省	消费品司
276	安徽青松食品有限公司	安徽省	消费品司
277	金田集团（桐城）塑业有限公司	安徽省	消费品司
278	安徽四创电子股份有限公司	安徽省	电子司
279	合肥京东方光电科技有限公司	安徽省	电子司
280	东华工程科技股份有限公司	安徽省	信软司、科技司
281	中国化学工程第三建设有限公司	安徽省	信软司、科技司
282	厦门福慧达果蔬股份有限公司	福建省	企业局
283	福建宁德核电有限公司	福建省	节能司
284	华能国际电力股份有限公司福州电厂	福建省	节能司
285	福建三安钢铁有限公司	福建省	原材料司
286	中石化森美（福建）石油有限公司	福建省	原材料司
287	紫金矿业集团股份有限公司	福建省	原材料司
288	福建海源自动化机械股份有限公司	福建省	装备司
289	福建龙基机械设备制造有限公司	福建省	装备司
290	福建南方路面机械有限公司	福建省	装备司

续表

序　号	企业名称	所属省市	归口司局
291	福建上润精密仪器有限公司	福建省	装备司
292	福建兴航机械铸造有限公司	福建省	装备司
293	厦门厦工机械股份有限公司	福建省	装备司
294	才子服饰股份有限公司	福建省	消费品司
295	福建百宏聚纤科技实业有限公司	福建省	消费品司
296	福建鸿星尔克体育用品有限公司	福建省	消费品司
297	福建柒牌集团有限公司	福建省	消费品司
298	福建森宝食品集团股份有限公司	福建省	消费品司
299	福建新坦洋茶业（集团）股份有限公司	福建省	消费品司
300	富贵鸟股份有限公司	福建省	消费品司
301	九牧王股份有限公司	福建省	消费品司
302	乔丹体育股份有限公司	福建省	消费品司
303	青蛙王子（中国）日化有限公司	福建省	消费品司
304	泉州海天材料科技股份有限公司	福建省	消费品司
305	厦门正大农牧有限公司	福建省	消费品司
306	石狮市大帝集团有限公司	福建省	消费品司
307	欣贺股份有限公司	福建省	消费品司
308	雨中鸟（福建）户外用品有限公司	福建省	消费品司
309	长乐恒申合纤科技有限公司	福建省	消费品司
310	福建华映显示科技有限公司	福建省	电子司
311	立达信绿色照明股份有限公司	福建省	电子司
312	宁德时代新能源科技有限公司	福建省	电子司
313	厦门美图移动科技有限公司	福建省	电子司
314	厦门市三安光电科技有限公司	福建省	电子司
315	厦门盈趣科技股份有限公司	福建省	电子司
316	联想移动通信科技有限公司	福建省	通信司
317	江西新余国科科技有限公司	江西省	安全司
318	崇义章源钨业股份有限公司	江西省	原材料司
319	昌河飞机工业（集团）有限责任公司	江西省	装备司
320	江西洪都航空工业集团有限责任公司	江西省	装备司
321	江西银河表计有限公司	江西省	装备司
322	中国直升机设计研究所	江西省	装备司
323	江西恩达麻世纪科技股份有限公司	江西省	消费品司
324	江西科伦医药器械制造公司	江西省	消费品司
325	南昌弘益药业有限公司	江西省	消费品司
326	双胞胎（集团）股份有限公司	江西省	消费品司
327	晶科能源有限公司	江西省	电子司

续表

序　号	企业名称	所属省市	归口司局
328	江西国中安智物流有限公司	江西省	信软司、科技司
329	国电山东电力有限公司	山东省	节能司
330	华能临沂发电有限责任公司	山东省	节能司
331	华能威海发电有限责任公司	山东省	节能司
332	金晶（集团）有限公司	山东省	原材料司
333	平邑中联水泥有限公司	山东省	原材料司
334	平阴山水水泥有限公司	山东省	原材料司
335	青岛明月海藻集团有限公司	山东省	原材料司
336	日照钢铁控股集团有限公司	山东省	原材料司
337	三角轮胎股份有限公司	山东省	原材料司
338	山东昌邑石化有限公司	山东省	原材料司
339	山东华星石油化工集团有限公司	山东省	原材料司
340	山东京博石油化工有限公司	山东省	原材料司
341	山东蓝星东大化工有限责任公司	山东省	原材料司
342	山东清源集团有限公司	山东省	原材料司
343	山东山水水泥集团有限公司	山东省	原材料司
344	正和集团股份有限公司	山东省	原材料司
345	中材高新材料股份有限公司	山东省	原材料司
346	中国石油化工股份有限公司胜利油田分公司	山东省	原材料司
347	康跃科技股份有限公司	山东省	装备司
348	迈赫机器人自动化股份有限公司	山东省	装备司
349	南车四方机车车辆股份有限公司	山东省	装备司
350	青岛市机械工业总公司	山东省	装备司
351	青特集团有限公司	山东省	装备司
352	软控股份有限公司	山东省	装备司
353	山东滨州渤海活塞股份有限公司	山东省	装备司
354	山东常林机械集团股份有限公司	山东省	装备司
355	山东德方液压机械股份有限公司	山东省	装备司
356	山东康泰实业有限公司	山东省	装备司
357	山东泰开隔离开关有限公司	山东省	装备司
358	山东腾达不锈钢制品有限公司	山东省	装备司
359	山东威特人工环境有限公司	山东省	装备司
360	山东五征集团有限公司	山东省	装备司
361	山东新大洋电动车有限公司	山东省	装备司
362	山起重型机械股份公司	山东省	装备司
363	山推工程机械股份有限公司	山东省	装备司
364	特变电工山东鲁能泰山电缆有限公司	山东省	装备司

续表

序　号	企业名称	所属省市	归口司局
365	保龄宝生物股份有限公司	山东省	消费品司
366	东升地毯集团有限公司	山东省	消费品司
367	孚日集团股份有限公司	山东省	消费品司
368	菏泽海普电器股份有限公司	山东省	消费品司
369	华仁药业股份有限公司	山东省	消费品司
370	华盛江泉集团有限公司	山东省	消费品司
371	济南玫德铸造有限公司	山东省	消费品司
372	济南伊利乳业有限责任公司	山东省	消费品司
373	青岛黄海制药有限责任公司	山东省	消费品司
374	山东阜丰发酵有限公司	山东省	消费品司
375	山东恒宇科技有限公司	山东省	消费品司
376	山东景芝酒业股份有限公司	山东省	消费品司
377	山东绿叶制药有限公司	山东省	消费品司
378	山东如意科技集团有限公司	山东省	消费品司
379	山东如意数码科技印染有限公司	山东省	消费品司
380	山东太阳纸业股份有限公司	山东省	消费品司
381	山东泰鹏集团有限公司	山东省	消费品司
382	山东天鼎丰非织造布有限公司	山东省	消费品司
383	威高集团有限公司	山东省	消费品司
384	翔宇药业股份有限公司	山东省	消费品司
385	烟台双塔食品股份有限公司	山东省	消费品司
386	歌尔声学股份有限公司	山东省	电子司
387	山东天海科技股份有限公司	山东省	电子司
388	山东电力工程咨询院有限公司	山东省	信软司、科技司
389	国网河南省电力公司	河南省	节能司
390	中国平煤神马能源化工集团有限责任公司	河南省	节能司
391	昊华骏化集团有限公司	河南省	原材料司
392	河南济源钢铁（集团）有限公司	河南省	原材料司
393	河南省西保冶材集团有限公司	河南省	原材料司
394	河南心连心化肥有限公司	河南省	原材料司
395	河南豫光金铅集团有限责任公司	河南省	原材料司
396	河南中原黄金冶炼厂有限责任公司	河南省	原材料司
397	金龙精密铜管集团股份有限公司	河南省	原材料司
398	天瑞集团水泥有限公司	河南省	原材料司
399	安阳方块锅炉有限公司	河南省	装备司
400	河南航天精工制造有限公司	河南省	装备司
401	河南省中原内配股份有限公司	河南省	装备司

续表

序　号	企业名称	所属省市	归口司局
402	平高集团有限公司	河南省	装备司
403	豫飞重工集团有限公司	河南省	装备司
404	中国空空导弹研究院	河南省	装备司
405	河南省南街村（集团）有限公司	河南省	消费品司
406	天方药业有限公司	河南省	消费品司
407	新乡化纤股份有限公司	河南省	消费品司
408	河南华洋铜业集团有限公司	河南省	通信司
409	葛洲坝集团水泥有限公司	湖北省	原材料司
410	武汉钢铁集团氧气有限责任公司	湖北省	原材料司
411	东风小康汽车有限公司	湖北省	装备司
412	三环集团公司	湖北省	装备司
413	武汉凌云科技集团（空军18厂）	湖北省	装备司
414	安琪酵母股份有限公司	湖北省	消费品司
415	湖北葛店人福药业有限责任公司	湖北省	消费品司
416	湖北良品铺子食品有限公司	湖北省	消费品司
417	武汉凯骏服饰有限公司	湖北省	消费品司
418	武汉马应龙医药集团有限公司	湖北省	消费品司
419	武汉仟吉食品有限公司	湖北省	消费品司
420	宜昌人福药业有限责任公司	湖北省	消费品司
421	远大医药（中国）有限公司	湖北省	消费品司
422	高德红外股份有限公司	湖北省	电子司
423	长飞光纤光缆股份有限公司	湖北省	通信司
424	国网湖南省电力公司	湖南省	节能司
425	晟通科技集团有限公司	湖南省	原材料司
426	中国石油化工股份有限公司长岭分公司	湖南省	原材料司
427	湖南华菱线缆股份有限公司	湖南省	装备司
428	江麓机电集团有限公司	湖南省	装备司
429	南车长江车辆有限公司株洲分公司	湖南省	装备司
430	山河智能装备股份有限公司	湖南省	装备司
431	长沙长泰机械股份有限公司	湖南省	装备司
432	中国南方航空工业（集团）公司	湖南省	装备司
433	中国铁建重工集团有限公司	湖南省	装备司
434	株洲南车时代电气股份有限公司	湖南省	装备司
435	株洲钻石切削刀具股份有限公司	湖南省	装备司
436	湖南汉森制药股份有限公司	湖南省	消费品司
437	加加食品集团股份有限公司	湖南省	消费品司
438	唐人神集团股份有限公司	湖南省	消费品司

续表

序　号	企业名称	所属省市	归口司局
439	迅达科技集团股份有限公司	湖南省	消费品司
440	湖南艾华集团股份有限公司	湖南省	电子司
441	蓝思科技股份有限公司	湖南省	电子司
442	深圳市万华供应链股份有限公司	广东省	企业局
443	广东红海湾发电有限公司	广东省	节能司
444	广东粤电集团有限公司珠海发电厂	广东省	节能司
445	广东华威化工集团有限公司	广东省	安全司
446	广东省四〇一厂	广东省	安全司
447	广东新明珠陶瓷集团有限公司	广东省	原材料司
448	广东兴发铝业有限公司	广东省	原材料司
449	嘉宝莉化工集团股份有限公司	广东省	原材料司
450	南方石化集团有限公司	广东省	原材料司
451	深圳华美板材有限公司	广东省	原材料司
452	大族激光科技产业集团股份有限公司	广东省	装备司
453	广东坚朗五金制品股份有限公司	广东省	装备司
454	广新海事重工股份有限公司	广东省	装备司
455	广州机械科学研究院有限公司	广东省	装备司
456	立信染整机械（深圳）有限公司	广东省	装备司
457	深圳市宝安任达电器实业有限公司	广东省	装备司
458	深圳市陆地方舟新能源电动车集团有限公司	广东省	装备司
459	信义汽车玻璃（深圳）有限公司	广东省	装备司
460	长安标致雪铁龙汽车有限公司	广东省	装备司
461	中船黄埔文冲船舶有限公司	广东省	装备司
462	珠海许继电气有限公司	广东省	装备司
463	东莞市添翔服饰有限公司	广东省	消费品司
464	广东美的厨房电器制造有限公司	广东省	消费品司
465	广东省盐业集团有限公司	广东省	消费品司
466	广州立白（番禺）有限公司	广东省	消费品司
467	广州市拓璞电器发展有限公司	广东省	消费品司
468	康美药业股份有限公司	广东省	消费品司
469	李锦记（新会）食品有限公司	广东省	消费品司
470	深圳市科彩印务有限公司	广东省	消费品司
471	深圳市美盈森环保科技股份有限公司	广东省	消费品司
472	汤臣倍健股份有限公司	广东省	消费品司
473	依波精品（深圳）有限公司	广东省	消费品司
474	中山中荣纸类印刷制品有限公司	广东省	消费品司
475	珠海格力电器股份有限公司	广东省	消费品司

续表

序　号	企业名称	所属省市	归口司局
476	珠海华丰纸业有限公司	广东省	消费品司
477	珠海罗西尼表业有限公司	广东省	消费品司
478	东莞华贝电子科技有限公司	广东省	电子司
479	东莞新能源科技有限公司	广东省	电子司
480	富泰华工业（深圳）有限公司	广东省	电子司
481	鸿富锦精密工业（深圳）有限公司	广东省	电子司
482	深圳创维-RGB 电子有限公司	广东省	电子司
483	深圳市康冠技术有限公司	广东省	电子司
484	珠海市金邦达保密卡有限公司	广东省	电子司
485	顺丰科技有限公司	广东省	信软司、科技司
486	中经汇通有限责任公司	广东省	信软司、科技司
487	广东欧珀移动通信有限公司	广东省	通信司
488	中国电信股份有限公司广东分公司	广东省	通信司
489	深圳市洪涛装饰股份有限公司	广东省	信软司、科技司
490	深圳市信利康供应链管理有限公司	广东省	信软司、科技司
491	中广核工程有限公司	广东省	信软司、科技司
492	中科华核电技术研究院有限公司	广东省	信软司、科技司
493	中域电讯连锁集团股份有限公司	广东省	信软司、科技司
494	国投钦州发电有限公司	广西壮族自治区	节能司
495	史丹利化肥贵港有限公司	广西壮族自治区	原材料司
496	中国有色集团（广西）平桂飞碟股份有限公司	广西壮族自治区	原材料司
497	东风柳州汽车有限公司	广西壮族自治区	装备司
498	广西开元机器制造有限责任公司	广西壮族自治区	装备司
499	柳州五菱柳机动力有限公司	广西壮族自治区	装备司
500	大海粮油（防城港）工业有限公司	广西壮族自治区	消费品司
501	广西皇氏甲天下乳业股份有限公司	广西壮族自治区	消费品司
502	南宁糖业股份有限公司	广西壮族自治区	消费品司
503	海南汉地阳光石油化工有限公司	海南省	原材料司
504	海南海药股份有限公司	海南省	消费品司
505	重庆齿轮箱有限责任公司	重庆市	原材料司
506	重庆钢铁股份有限公司	重庆市	原材料司
507	重庆旗能电铝有限公司	重庆市	原材料司
508	北汽银翔汽车有限公司	重庆市	装备司
509	力帆实业（集团）股份有限公司	重庆市	装备司
510	南方英特空调有限公司	重庆市	装备司
511	神驰机电股份有限公司	重庆市	装备司
512	重庆海通机械制造有限公司	重庆市	装备司

续表

序　号	企业名称	所属省市	归口司局
513	重庆凌云汽车零部件有限公司	重庆市	装备司
514	重庆耐德工业股份有限公司	重庆市	装备司
515	重庆平伟科技（集团）有限公司	重庆市	装备司
516	重庆三信电子股份有限公司	重庆市	装备司
517	重庆铁马工业集团有限公司	重庆市	装备司
518	重庆小康工业集团股份有限公司	重庆市	装备司
519	重庆渝江压铸有限公司	重庆市	装备司
520	重庆长江轴承股份有限公司	重庆市	装备司
521	太极集团有限公司	重庆市	消费品司
522	重庆高密电子有限公司	重庆市	电子司
523	中冶赛迪工程技术股份有限公司	重庆市	信软司、科技司
524	攀钢集团西昌钢钒有限公司	四川省	原材料司
525	宜宾天原集团股份有限公司	四川省	原材料司
526	中核建中核燃料元件有限公司	四川省	原材料司
527	成都安可信电子股份有限公司	四川省	装备司
528	成都飞机工业（集团）有限责任公司	四川省	装备司
529	东方电气集团东方电机有限公司	四川省	装备司
530	绵阳市富临精工机械股份有限公司	四川省	装备司
531	四川省眉山市东升齿轮有限公司	四川省	装备司
532	特变电工（德阳）股份有限公司	四川省	装备司
533	长征机械厂	四川省	装备司
534	成都德贝实业有限公司	四川省	消费品司
535	绵阳双汇食品有限责任公司	四川省	消费品司
536	成都四威高科技产业园有限公司	四川省	电子司
537	中国电子科技集团公司第十研究所	四川省	电子司
538	成都勤智数码科技股份有限公司	四川省	信软司、科技司
539	中电建水电开发集团有限公司	四川省	信软司、科技司
540	中国成达工程有限公司	四川省	信软司、科技司
541	中国电建集团成都勘测设计研究院有限公司	四川省	信软司、科技司
542	贵州西牛王印务有限公司	贵州省	企业局
543	东风发电厂	贵州省	节能司
544	贵州黔桂发电有限责任公司	贵州省	节能司
545	贵州盘江民爆有限公司	贵州省	安全司
546	贵州川恒化工有限责任公司	贵州省	原材料司
547	贵州红林机械有限公司	贵州省	装备司
548	贵州黎阳航空动力有限公司	贵州省	装备司
549	贵州长征电气有限公司	贵州省	装备司

续表

序　号	企业名称	所属省市	归口司局
550	中国航空工业标准件制造有限责任公司	贵州省	装备司
551	中航力源液压股份有限公司	贵州省	装备司
552	贵阳娃哈哈饮料有限公司	贵州省	消费品司
553	贵州海尔电器有限公司	贵州省	消费品司
554	贵州茅台酒厂（集团）习酒有限责任公司	贵州省	消费品司
555	贵州威门药业股份有限公司	贵州省	消费品司
556	昆明钢铁控股有限公司	云南省	原材料司
557	易门铜业有限公司	云南省	原材料司
558	云南江磷集团股份有限公司	云南省	原材料司
559	红云红河烟草（集团）有限责任公司曲靖卷烟厂	云南省	消费品司
560	玉溪环球彩印纸盒有限公司	云南省	消费品司
561	云南优昊实业有限公司	云南省	消费品司
562	陕西神奇实业有限公司	陕西省	企业局
563	陕西煤业化工集团有限责任公司	陕西省	节能司
564	陕西南梁矿业有限公司	陕西省	节能司
565	宝鸡石油钢管有限责任公司石油输送管分公司	陕西省	装备司
566	陕西东风车桥传动系统股份有限公司	陕西省	装备司
567	陕西华燕航空仪表有限公司	陕西省	装备司
568	西安飞机设计研究所	陕西省	装备司
569	西安高压电器研究院有限责任公司	陕西省	装备司
570	西安航天动力机械厂	陕西省	装备司
571	西安煤矿机械有限公司	陕西省	装备司
572	西安西电电力电容器有限责任公司	陕西省	装备司
573	西安西电高压开关操动机构有限责任公司	陕西省	装备司
574	西安西电高压开关有限责任公司	陕西省	装备司
575	西安现代控制技术研究所	陕西省	装备司
576	西北工业集团有限公司	陕西省	装备司
577	中钢集团西安重机有限公司	陕西省	装备司
578	中铁电气化局集团宝鸡器材有限公司	陕西省	装备司
579	陕西泸康酒业（集团）股份有限公司	陕西省	消费品司
580	西安隆基硅材料股份有限公司	陕西省	电子司
581	西安应用光学研究所	陕西省	电子司
582	甘肃祁连山水泥集团股份有限公司	甘肃省	原材料司
583	酒泉钢铁（集团）有限责任公司	甘肃省	原材料司
584	酒泉奥凯种子机械股份有限公司	甘肃省	装备司
585	天水长城开关厂有限公司	甘肃省	装备司
586	甘肃酒泉汉武酒业有限责任公司	甘肃省	消费品司

续表

序　号	企业名称	所属省市	归口司局
587	兰州海红技术股份有限公司	甘肃省	电子司
588	青海盐湖工业股份有限公司	青海省	原材料司
589	宁夏共享机床辅机有限公司	宁夏回族自治区	装备司
590	宁夏巨能机器人系统有限公司	宁夏回族自治区	装备司
591	宁夏天地西北煤机有限公司	宁夏回族自治区	装备司
592	西北轴承股份有限公司	宁夏回族自治区	装备司
593	宁夏红枸杞产业集团有限公司	宁夏回族自治区	消费品司
594	宁夏汇川服装有限公司	宁夏回族自治区	消费品司
595	新特能源股份有限公司	新疆维吾尔自治区	原材料司
596	特变电工新疆新能源股份有限公司	新疆维吾尔自治区	装备司
597	新疆特变电工自控设备有限公司	新疆维吾尔自治区	装备司
598	新疆天山毛纺织股份有限公司	新疆维吾尔自治区	消费品司
599	新疆中泰（集团）有限责任公司有限公司	新疆维吾尔自治区	信软司、科技司
600	新疆生产建设兵团农八师天山铝业有限公司	新疆生产建设兵团	原材料司

2011—2014 年世界各经济体信息化程度排名

资料来源：世界经济论坛

国家和地区	2014 年得分	2014 年排名	2013 年得分	2013 年排名	2012 年得分	2012 年排名	2011 年得分	2011 年排名
新加坡	6.0	1	5.97	2	5.96	2	5.86	2
芬兰	6.0	2	6.04	1	5.98	1	5.81	3
瑞典	5.8	3	5.93	3	5.91	3	5.94	1
荷兰	5.8	4	5.79	4	5.81	4	5.60	6
挪威	5.8	5	5.70	5	5.66	5	5.59	7
瑞士	5.7	6	5.62	6	5.66	6	5.61	5
美国	5.6	7	5.61	7	5.57	9	5.56	8
英国	5.6	8	5.54	9	5.64	7	5.50	10
卢森堡	5.6	9	5.53	11	5.37	16	5.22	21
日本	5.6	10	5.41	16	5.24	21	5.25	18
加拿大	5.5	11	5.41	17	5.44	12	5.51	9
韩国	5.5	12	5.54	10	5.46	11	5.47	12
德国	5.5	13	5.50	12	5.43	13	5.32	16
中国香港特别行政区	5.5	14	5.60	8	5.40	14	5.46	13
丹麦	5.5	15	5.50	13	5.58	8	5.70	4
澳大利亚	5.5	16	5.40	18	5.26	18	5.29	17
新西兰	5.5	17	5.27	20	5.25	20	5.36	14
中国台湾	5.5	18	5.47	14	5.47	10	5.48	11
冰岛	5.4	19	5.30	19	5.31	17	5.33	15
奥地利	5.4	20	5.26	22	5.25	19	5.25	19
以色列	5.4	21	5.42	15	5.39	15	5.24	20
爱沙尼亚	5.3	22	5.27	21	5.12	22	5.09	24
阿拉伯联合酋长国	5.3	23	5.20	24	5.07	25	4.77	30
比利时	5.3	24	5.06	27	5.10	24	5.13	22
爱尔兰	5.2	25	5.07	26	5.05	27	5.02	25
法国	5.2	26	5.09	25	5.06	26	5.12	23
卡塔尔	5.1	27	5.22	23	5.10	23	4.81	28
葡萄牙	4.9	28	4.73	33	4.67	33	4.63	33
马耳他	4.9	29	4.96	28	4.90	28	4.91	26
巴林	4.9	30	4.86	29	4.83	29	4.90	27
立陶宛	4.9	31	4.78	31	4.72	32	4.66	31

续表

国家和地区	2014 年得分	2014 年排名	2013 年得分	2013 年排名	2012 年得分	2012 年排名	2011 年得分	2011 年排名
马来西亚	4.9	32	4.83	30	4.82	30	4.80	29
拉脱维亚	4.7	33	4.58	39	4.43	41	4.35	41
西班牙	4.7	34	4.69	34	4.51	38	4.54	38
沙特阿拉伯	4.7	35	4.78	32	4.82	31	4.62	34
塞浦路斯	4.7	36	4.60	37	4.59	35	4.66	32
斯洛文尼亚	4.6	37	4.60	36	4.53	37	4.58	37
智利	4.6	38	4.61	35	4.59	34	4.44	39
巴巴多斯	4.6	39	4.22	55	4.49	39	4.61	35
哈萨克斯坦	4.5	40	4.58	38	4.32	43	4.03	55
俄罗斯	4.5	41	4.30	50	4.13	54	4.02	56
阿曼	4.5	42	4.56	40	4.48	40	4.35	40
捷克共和国	4.5	43	4.49	42	4.38	42	4.33	42
波多黎各	4.5	44	4.54	41	4.55	36	4.59	36
毛里求斯	4.5	45	4.31	48	4.12	55	4.06	53
乌拉圭	4.5	46	4.22	56	4.16	52	4.28	44
马其顿	4.4	47	4.19	57	3.89	67	3.91	66
土耳其	4.4	48	4.30	51	4.22	45	4.07	52
哥斯达黎加	4.4	49	4.25	53	4.15	53	4.00	58
波兰	4.4	50	4.24	54	4.19	49	4.16	49
巴拿马	4.4	51	4.36	43	4.22	46	4.01	57
约旦	4.3	52	4.36	44	4.20	47	4.17	47
匈牙利	4.3	53	4.32	47	4.29	44	4.30	43
克罗地亚	4.3	54	4.34	46	4.17	51	4.22	45
意大利	4.3	55	4.18	58	4.18	50	4.17	48
黑山共和国	4.3	56	4.27	52	4.20	48	4.22	46
阿塞拜疆	4.3	57	4.31	49	4.11	56	3.95	61
亚美尼亚	4.2	58	4.03	65	3.76	82	3.49	94
斯洛伐克共和国	4.2	59	4.12	59	3.95	61	3.94	64
格鲁吉亚	4.2	60	4.09	60	3.93	65	3.60	88
外蒙古	4.2	61	4.07	61	4.01	59	3.95	63
中国	4.2	62	4.05	62	4.03	58	4.11	51
罗马尼亚	4.2	63	3.95	75	3.86	75	3.90	67
哥伦比亚	4.1	64	4.05	63	3.91	66	3.87	73
斯里兰卡	4.1	65	3.94	76	3.88	69	3.88	71
希腊	4.1	66	3.95	74	3.93	64	3.99	59
泰国	4.0	67	4.01	67	3.86	74	3.78	77
摩尔多瓦	4.0	68	3.89	77	3.84	77	3.78	78

续表

国家和地区	2014年得分	2014年排名	2013年得分	2013年排名	2012年得分	2012年排名	2011年得分	2011年排名
墨西哥	4.0	69	3.89	79	3.93	63	3.82	76
特立尼达和多巴哥	4.0	70	3.97	71	3.87	72	3.98	60
乌克兰	4.0	71	3.87	81	3.87	73	3.85	75
科威特	4.0	72	3.96	72	3.94	62	3.95	62
保加利亚	4.0	73	3.96	73	3.87	71	3.89	70
塞舌尔	4.0	74	4.02	66	3.80	79	—	—
南非	4.0	75	3.98	70	3.87	70	3.87	72
菲律宾	4.0	76	3.89	78	3.73	86	3.64	86
塞尔维亚	4.0	77	3.88	80	3.70	87	3.64	85
摩洛哥	3.9	78	3.61	99	3.64	89	3.56	91
印度尼西亚	3.9	79	4.04	64	3.84	76	3.75	80
萨尔瓦多	3.9	80	3.63	98	3.53	93	3.38	103
突尼斯	3.9	81	3.77	87	—	—	—	—
牙买加	3.9	82	3.77	86	3.74	85	3.87	74
卢旺达	3.9	83	3.78	85	3.68	88	3.70	82
巴西	3.9	84	3.98	69	3.97	60	3.92	65
越南	3.9	85	3.84	84	3.74	84	3.70	83
肯尼亚	3.8	86	3.71	92	3.54	92	3.51	93
佛得角	3.8	87	3.73	89	3.78	81	3.71	81
不丹	3.7	88	3.68	94	—	—	—	—
印度	3.7	89	3.85	83	3.88	68	3.89	69
秘鲁	3.7	90	3.73	90	3.39	103	3.34	106
阿根廷	3.7	91	3.53	100	3.47	99	3.52	92
阿尔巴尼亚	3.7	92	3.66	95	3.75	83	3.89	68
圭亚那	3.7	93	3.77	88	3.45	100	3.58	90
埃及	3.6	94	3.71	91	3.78	80	3.77	79
多米尼加共和国	3.6	95	3.69	93	3.62	90	3.60	87
伊朗	3.6	96	3.42	104	3.43	101	3.36	104
老挝	3.6	97	3.34	109	—	—	—	—
吉尔吉斯共和国	3.5	98	3.22	118	3.09	118	3.13	115
黎巴嫩	3.5	99	3.64	97	3.53	94	3.49	95
洪都拉斯	3.5	100	3.24	116	3.32	109	3.43	99
加纳	3.5	101	3.65	96	3.51	95	3.44	97
纳米比亚	3.5	102	3.41	105	3.29	111	3.35	105
委内瑞拉	3.4	103	3.39	106	3.33	108	3.32	107

续表

国家和地区	2014 年得分	2014 年排名	2013 年得分	2013 年排名	2012 年得分	2012 年排名	2011 年得分	2011 年排名
博茨瓦纳	3.4	104	3.43	103	3.50	96	3.58	89
巴拉圭	3.4	105	3.47	102	3.37	104	3.25	111
塞内加尔	3.3	106	3.30	114	3.33	107	3.42	100
危地马拉	3.3	107	3.52	101	3.42	102	3.43	98
赞比亚	3.3	108	3.38	107	3.47	98	3.41	101
孟加拉国	3.3	109	3.21	119	3.22	114	3.20	113
柬埔寨	3.3	110	3.36	108	3.34	106	3.32	108
玻利维亚	3.3	111	3.21	120	3.01	119	2.92	127
巴基斯坦	3.3	112	3.33	111	3.35	105	3.39	102
苏里南	3.2	113	3.30	113	3.13	117	2.99	121
赞比亚	3.2	114	3.34	110	3.19	115	3.26	109
科特迪瓦	3.2	115	3.14	122	3.00	120	2.98	122
乌干达	3.2	116	3.25	115	3.30	110	3.25	110
塔吉克斯坦	3.2	117	—	—	—	—	—	—
尼泊尔	3.2	118	3.09	123	2.93	126	2.92	128
尼日利亚	3.2	119	3.31	112	3.27	113	3.22	112
阿尔及利亚	3.1	120	2.98	129	2.78	131	3.01	118
津巴布韦	3.1	121	3.24	117	3.17	116	2.94	124
加蓬	3.0	122	2.98	128	2.97	121	—	—
坦桑尼亚	3.0	123	3.04	125	2.92	127	2.95	123
莱索托	3.0	124	2.88	133	2.68	138	2.78	133
斯威士兰	3.0	125	3.00	126	2.69	136	2.70	136
喀麦隆	3.0	126	2.94	131	2.95	124	2.93	125
马里	3.0	127	3.00	127	2.97	122	2.93	126
尼加拉瓜	2.9	128	3.08	124	2.93	125	2.84	131
莫桑比克	2.9	129	2.77	137	2.76	133	2.99	120
埃塞俄比亚	2.9	130	2.95	130	2.85	128	2.85	130
利比亚	2.9	131	2.75	138	2.77	132	—	—
布基纳法索	2.8	132	2.78	136	2.80	130	2.72	135
马拉维	2.8	133	2.90	132	2.83	129	3.05	116
东帝汶	2.8	134	2.69	141	2.72	134	2.84	132
马达加斯加	2.7	135	2.74	139	2.69	137	2.73	134
也门	2.7	136	2.73	140	2.63	139	2.41	141
海地	2.5	137	2.52	143	2.58	141	2.27	142
毛里塔尼亚	2.5	138	2.61	142	2.71	135	2.55	139
缅甸	2.5	139	2.35	146	—	—	—	—
安哥拉	2.5	140	2.52	144	—	—	—	—
布隆迪	2.4	141	2.31	147	2.30	144	2.57	137
几内亚	2.4	142	2.48	145	2.61	140	—	—
乍得	2.3	143	2.22	148	2.53	142	2.55	138